Vergleich der steuerlichen Belastung verschiedener Strukturen
eines internationalen Unternehmens mit Spitzeneinheit
in Deutschland und Grundeinheit in Frankreich

Europäische Hochschulschriften
Publications Universitaires Européennes
European University Studies

Reihe V
Volks- und Betriebswirtschaft

Série V Series V
Sciences économiques, gestion d'entreprise
Economics and Management

Bd./Vol. 3033

PETER LANG
Frankfurt am Main · Berlin · Bern · Bruxelles · New York · Oxford · Wien

René Schäfer

Vergleich der steuerlichen Belastung verschiedener Strukturen eines internationalen Unternehmens mit Spitzeneinheit in Deutschland und Grundeinheit in Frankreich

Betrachtung eines mittelständischen gewerblichen Unternehmens

PETER LANG
Europäischer Verlag der Wissenschaften

Bibliografische Information Der Deutschen Bibliothek
Die Deutsche Bibliothek verzeichnet diese Publikation in der Deutschen Nationalbibliografie; detaillierte bibliografische Daten sind im Internet über <http://dnb.ddb.de> abrufbar.

Zugl.: Saarbrücken, Univ., Diss., 2003

D 291
ISSN 0531-7339
ISBN 3-631-51903-6

www.peterlang.de

Vorwort

Die vorliegende Arbeit entstand während meiner Tätigkeit als Wissenschaftlicher Mitarbeiter am Betriebswirtschaftlichen Institut für Steuerlehre und Entrepreneurship, Lehrstuhl für Betriebswirtschaftslehre, insb. Betriebswirtschaftliche Steuerlehre, Institut für Existenzgründung/Mittelstand, an der Universität des Saarlandes, Saarbrücken. Sie wurde im Sommersemester 2003 von der Rechts- und Wirtschaftswissenschaftlichen Fakultät der Universität des Saarlandes als Dissertation angenommen.

Ein ganz besonderer und herzlicher Dank gilt meinem verehrten akademischen Lehrer und Erstgutachter, Herrn Univ.-Professor Dr. Heinz Kußmaul, für die mir gewährte großzügige und vielfältige Unterstützung während meiner Tätigkeit am Lehrstuhl und für die Betreuung und Umsetzung meines Promotionsvorhabens. Herrn Univ.-Professor Dr. Joachim Zentes danke ich für die Übernahme des Zweitgutachtens.

Dank gebührt auch meinen Kollegen am Lehrstuhl für Betriebswirtschaftliche Steuerlehre. Die überaus freundschaftliche Atmosphäre und die sehr gute Zusammenarbeit am Lehrstuhl haben wesentlich zum Gelingen dieser Arbeit beigetragen. Überdies habe ich aus meinem Freundeskreis wertvolle Unterstützung und großes Verständnis erfahren. Ganz besonders herzlich danke ich Frau Tanja Blank, Frau Dipl.-Kffr. Nicole Klein, meinem Schwager Herrn Dr. Robert König, meiner Schwester Frau Claudia Schäfer, Frau Dr. Miriam Wegener und Herrn Reimund Wießner für ihre Hilfe beim Korrekturlesen. Ferner gilt ein ganz großer Dank Herrn Dr. Udo Beyerlein, der stets zur rechten Zeit mit Rat und Tat für mich da war.

Mein herzlichster Dank gilt schließlich meinen Eltern. Sie haben meine gesamte Ausbildungs- und Promotionsphase liebe- und verständnisvoll begleitet. Ohne ihre Motivation und Unterstützung hätte die Arbeit in dieser Form nicht entstehen können. Ihnen ist diese Arbeit gewidmet.

Saarbrücken, im Oktober 2003 René Schäfer

Inhaltsverzeichnis

Abbildungsverzeichnis

Tabellenverzeichnis

Abkürzungsverzeichnis

a.A.	anderer Ansicht
ABl.	Amtsblatt
Abs.	Absatz
Abschn.	Abschnitt
ACP	Archiv für die civilistische Praxis (Zeitschrift)
a.F.	alte Fassung
AfA	Absetzung für Abnutzung
AG	Aktiengesellschaft
AGFF	Association pour la gestion du fonds de financement AGIRC-ARRCO
AGIRC	Association générale des institutions de retraite des cadres
AK/HK	Anschaffungs-/Herstellungskosten
AktG	Aktiengesetz
Anh.	Anhang
Ann.	annexe
AO	Abgabenordnung
APEC	Association pour l'emploi des cadres
ARD	amortissements réputés différés
ARRCO	Association des régimes de retraite complémentaire
Art.	Artikel bzw. article
AStG	Außensteuergesetz
Aufl.	Auflage
BB	Betriebsberater (Zeitschrift)
bearb.	bearbeitet
begr.	begründet
ber.	berichtigt
BetrVG	Betriebsverfassungsgesetz
BewG	Bewertungsgesetz
BFH	Bundesfinanzhof
BFH/NV	nicht veröffentlichte Entscheidungen des Bundesfinanzhofes
BFuP	Betriebswirtschaftliche Forschung und Praxis (Zeitschrift)
BGB	Bürgerliches Gesetzbuch
BGBl.	Bundesgesetzblatt
BJ	Bulletin Joly (Zeitschrift)
BJS	Bulletin Joly Sociétés (Zeitschrift)
BMF	Bundesministerium der Finanzen

BMWi .... Bundesministerium für Wirtschaft
BNC .... bénéfices non commerciaux
BO .... Bulletin Officiel
BODAC .... Bulletin Officiel des Annonces Commerciales
BODACC .... Bulletin Officiel des Annonces Civiles et Commerciales
BS .... Betriebstätte
BStBl. .... Bundessteuerblatt
BVerfG .... Bundesverfassungsgericht
bzw. .... beziehungsweise

CAA .... Cour Administrative d'Appel
CANAM .... Caisse Nationale d'Assurance Maladie des Professions Indépendantes
C. civ. .... Code civil
C. com. .... Code de commerce
CE .... Conseil d'État
CGA .... centre de gestion agréé
CGI .... Code général des impôts
CNC .... Conseil National de la Comptabilité
CRC .... Comité de la Réglementation Comptable
CRDS .... contribution au remboursement de la dette sociale
CSG .... contribution sociale généralisée
CSS .... Code de la sécurité sociale

D .... Deutschland
D67 .... décret n° 67-236 vom 23.3.1967
DATEV .... Datenverarbeitungsorganisation des steuerberatenden Berufes in der Bundesrepublik Deutschland eG
DB .... Der Betrieb (Zeitschrift)
DBA .... Doppelbesteuerungsabkommen
DBA-D/F .... deutsch-französisches Doppelbesteuerungsabkommen
DBW .... Die Betriebswirtschaft (Zeitschrift)
Déb. AN .... Débats Parlementaires, Assemblée Nationale
DF .... Droit Fiscal (Zeitschrift)
DGI .... Direction Générale des Impôts
d.h. .... das heißt
Diss. .... Dissertation
DM .... Deutsche Mark
doc. adm. .... documentation administrative
DStR .... Deutsches Steuerrecht (Zeitschrift)
DStZ .... Deutsche Steuerzeitung (Zeitschrift)

EDV .... Elektronische Datenverarbeitung
eG .... eingetragene Genossenschaft
ESt .... Einkommensteuer
EStB .... Der Ertragsteuerberater (Zeitschrift)
EStDV .... Einkommensteuerdurchführungsverordnung
EStG .... Einkommensteuergesetz
EStR .... Einkommensteuerrichtlinien
EU .... Europäische Union
EuGH .... Europäischer Gerichtshof
EUR .... Euro
e.V. .... eingetragener Verein
EWG .... Europäische Wirtschaftsgemeinschaft
EWIV .... Europäische Wirtschaftliche Interessenvereinigung

F .... Frankreich
ff. .... fortfolgende
Fn. .... Fußnote
fortgef. .... fortgeführt
FR .... Finanzrundschau (Zeitschrift)
FRF .... Französische Francs

GbR .... Gesellschaft des bürgerlichen Rechts
gem. .... gemäß
GewSt .... Gewerbesteuer
GewStG .... Gewerbesteuergesetz
GewStR .... Gewerbesteuerrichtlinien
GG .... Grundgesetz
GmbH .... Gesellschaft mit beschränkter Haftung
GmbHG .... Gesetz betreffend die Gesellschaften mit beschränkter Haftung
GmbHR .... GmbH-Rundschau (Zeitschrift)
GrEStG .... Grunderwerbsteuergesetz
GrS .... Großer Senat
GrStG .... Grundsteuergesetz
GuV .... Gewinn- und Verlustrechnung

H .... Hinweis (der Einkommensteuerrichtlinien)
HGB .... Handelsgesetzbuch
hrsg. .... herausgegeben
Hrsg. .... Herausgeber

IAS .... International Accounting Standards
i.d.F. .... in der Fassung
i.d.R. .... in der Regel
IDW .... Institut der Wirtschaftsprüfer
IFA .... Invest in France Network/imposition forfaitaire annuelle/ International Fiscal Association
INF .... Die Information über Steuer und Wirtschaft (Zeitschrift)
INPI .... institut national de la propriété industrielle
INSEE .... Institut national des statistiques et des études économiques
IR .... impôt sur le revenu
IS .... impôt sur les sociétés
i.S.d. .... im Sinne des
ISF .... impôt de solidarité sur la fortune
IStR .... Internationales Steuerrecht (Zeitschrift)
i.V.m. .... in Verbindung mit
IWB .... Internationale Wirtschaftsbriefe

JCP éd. E .... Jurisclasseur Périodique: La Semaine Juridique – édition Entreprise (Zeitschrift)
JCP éd. N .... Jurisclasseur Périodique: La Semaine Juridique – édition Notariale et Immobilière (Zeitschrift)
JO .... Journal Officiel
jr. .... junior

KapGes .... Kapitalgesellschaft
KG .... Kommanditgesellschaft
KGaA .... Kommanditgesellschaft auf Aktien
KiSt .... Kirchensteuer
km .... Kilometer
KMU .... kleine und mittlere Unternehmen
KSt .... Körperschaftsteuer
KStG .... Körperschaftsteuergesetz
KStR .... Körperschaftsteuerrichtlinien

L. .... loi
LPF .... Livre des procédures fiscales

MA .... Musterabkommen
m.E. .... meines Erachtens
Mio. .... Million

Mrd. .... Milliarde(n)
m.w.N. .... mit weiteren Nachweisen

n° .... numéro
nP .... natürlichen Personen
Nr. .... Nummer

OECD .... Organization for Economic Cooperation and Development
OFD .... Oberfinanzdirektion
OHG .... offene Handelsgesellschaft
opt. .... optierte
o.V. .... ohne Verfasser

PCG .... plan comptable général
PHG .... Personenhandelsgesellschaft
PS .... Pferdestärke
PublG .... Publizitätsgesetz

quest. .... questions

R .... Richtlinie
RA .... Revue Administrative (Zeitschrift)
RD .... Recueil Dalloz (Zeitschrift)
RDef .... Répertoire Defrénois (Zeitschrift)
rép. .... réponse
RF .... Revue Fiduciaire (Zeitschrift/Verlag)
RFC .... Revue Française de Comptabilité (Zeitschrift)
RFH .... Reichsfinanzhof
RFHE .... Sammlung der Entscheidungen und Gutachten des Reichsfinanzhofs
RIW .... Recht der internationalen Wirtschaft (Zeitschrift)
RIW/AWD .... Recht der internationalen Wirtschaft/Außenwirtschaftsdienst (Zeitschrift)
RJF .... Revue de Jurisprudence Fiscale (Zeitschrift)
Rn. .... Randnummer
RS .... Revue des Sociétés (Zeitschrift)
RStBl. .... Reichssteuerblatt

s. .... siehe
S. .... Seite
SA .... société anonyme

SARL .... société à responsabilité limitée
SAS .... société par actions simplifiée
SCA... société en commandite par actions
SCI .... société civile immobilière
SCS .... société en commandite simple
SNC... société en nom collectif
s.o. .... siehe oben
sog. .... so genannte
SolZ... Solidaritätszuschlag
SolZG... Solidaritätszuschlaggesetz
Sp. .... Spalte(n)
Stbg... Die Steuerberatung (Zeitschrift)
StBp .... Die Steuerliche Betriebsprüfung (Zeitschrift)
SteuerStud...................................... Steuer und Studium (Zeitschrift)
StuB .... Steuern und Bilanzen (Zeitschrift)
StuW .... Steuer und Wirtschaft (Zeitschrift)

TVA .... taxe sur la valeur ajoutée

u.a. .... und andere/unter anderem
UntStFG... Unternehmensteuerfortentwicklungsgesetz
UStG .... Umsatzsteuergesetz

vgl. .... vergleiche

WiSt... Wirtschaftswissenschaftliches Studium (Zeitschrift)
WPg .... Die Wirtschaftsprüfung (Zeitschrift)

z.B. .... zum Beispiel
ZfB... Zeitschrift für Betriebswirtschaft (Zeitschrift)
ZIP .... Zeitschrift für Wirtschaftsrecht und Insolvenzpraxis (Zeitschrift)
ZO .... Zeitschrift für Organisation (Zeitschrift)

1 Einleitung

1.1 Problemstellung und Zielsetzung

Die Globalisierung der Märkte, die Fortschritte in der Informations- und Kommunikationstechnologie und der grenzüberschreitende Kapitalverkehr sind nur einige der Entwicklungen, welche zu einer immer weiter fortschreitenden Internationalisierung der Unternehmenstätigkeit führen.[1] Nicht nur große multinationale Konzerne, auch kleine und mittlere Unternehmen werden von diesem Internationalisierungs-Pull erfasst.[2] Auch sie müssen auf die genannten Veränderungen durch das Erarbeiten eigener Internationalisierungskonzepte reagieren.[3]

Neben diesem Internationalisierungs-Pull verstärkt auch die aktive Suche der Unternehmen nach Wettbewerbsvorteilen, der Internationalisierungs-Push, die Internationalisierung der Unternehmenstätigkeit.[4] Die Motive für die Internationalisierung der unternehmerischen Aktivitäten können sehr unterschiedlich sein und der Gewinn- und Absatzsicherung sowie der Expansion dienen.[5] Eine wichtige, oftmals die wichtigste Rolle spielen die Erschließung und die Sicherung von Absatzmärkten.[6] Darüber hinaus können auch die Beeinflussung der Rohstoffversorgung und das Ausnutzen von Kostenvorteilen von Bedeutung sein.[7]

Die internationale Tätigkeit eines (mittelständischen) Unternehmens kann ganz unterschiedliche Formen annehmen. Dazu gehören der Export sowie das Errichten und Unterhalten einer Verkaufs- bzw. einer Produktionsniederlassung, wobei eine Niederlassung in Form eines Betriebs bzw. einer Betriebstätte,[8] einer Tochtergesellschaft[9] oder eines Joint Venture[10] geführt werden kann.[11] Ein Betrieb und eine Tochtergesellschaft erfordern – im Gegensatz zum Export – einen starken Transfer von Managementleistungen und Kapital ins Ausland[12] und füh-

1 Vgl. KRYSTEK/ZUR, in: KRYSTEK/ZUR, Internationalisierung 2002, S. 3.

2 Vgl. MEFFERT/BOLZ, Internationales Marketing-Management 1998, S. 15.

3 Vgl. EDEN, in: KRYSTEK/ZUR, Internationalisierung 2002, S. 39. Vgl. auch m.w.N. BAMBERGER/WRONA, in: MACHARZINA/OESTERLE, Internationales Management 2002, S. 275.

4 Vgl. MEFFERT/BOLZ, Internationales Marketing-Management 1998, S. 15.

5 Vgl. MEFFERT/BOLZ, Internationales Marketing-Management 1998, S. 97-98.

6 Vgl. KEBSCHULL, in: MACHARZINA/WELGE, Export 1989, Sp. 980. Bezogen auf die internationale Kooperation als eine Form der Internationalisierung mittelständischer Unternehmen resultiert dies auch aus einer Studie von ZENTES/SWOBODA. Vgl. ZENTES/SWOBODA, Motive und Erfolgsgrößen 1999, S. 57.

7 Vgl. ausführlich zu den Internationalisierungsmotiven MEFFERT/BOLZ, Internationales Marketing-Management 1998, S. 97-98. Vgl. auch BRANDIS, Einflußfaktoren 1980, S. 28-34.

8 Vgl. zum Begriff der „Betriebstätte" Kapitel 2.1.2.4.

9 Bei einer ausländischen Tochtergesellschaft wird ein inländisches Unternehmen im Ausland über ein rechtlich verselbständigtes Unternehmen, eine Tochterkapital- oder eine Tochterpersonengesellschaft, tätig. Vgl. SCHEFFLER, Grenzüberschreitende Unternehmenstätigkeit 2002, S. 198 und 224. Vgl. zu den Begriffen „Personengesellschaft" bzw. „Kapitalgesellschaft" Kapitel 2.1.2.5 bzw. Kapitel 2.1.2.6.

10 Ausgehend vom amerikanischen Recht definiert HELLWIG ein Joint Venture als „Zusammenschluß von zwei oder mehr Partnern, die ihre Mittel und Erfahrungen zum Betrieb eines gemeinsamen Unternehmens einsetzen, das ihnen gemeinsam gehört, das sie gemeinsam kontrollieren und dessen Ergebnisse sie teilen." HELLWIG, in: MACHARZINA/WELGE, Export 1989, Sp. 1064.

11 Vgl. DÜLFER, Auswirkungen der Internationalisierung 1985, S. 497. DÜLFER stellt die angesprochenen und weitere Formen internationaler Tätigkeit mittelständischer Unternehmen übersichtsartig dar. Dabei spricht er von „Eigenregie", was m.E. mit dem Unterhalten eines Betriebs gleichzusetzen ist. Vgl. auch FUJITA, Transnationalisierung 1993, S. 247.

12 Vgl. MEISSNER/GERBER, Auslandsinvestition 1980, S. 223-224.

ren zu einer ausgeprägten Ressourcenbindung[13].[14] Sie gehören zu den Kapitalanlagen im Ausland, welche dem Investor eine Kontrollmöglichkeit über das Investitionsobjekt verschaffen, und zählen somit zu den internationalen Direktinvestitionen.[15] Der Begriff der „Direktinvestition" wird am Vorhandensein eines festen Stützpunkts im Ausland festgemacht und demzufolge vom Begriff des „Direktgeschäfts" abgegrenzt. Demnach gehören zu den Direktinvestitionen das Errichten (und Unterhalten) einer Betriebstätte, einer Personengesellschaft oder einer Kapitalgesellschaft im Ausland, während Direktgeschäfte den gesamten grenzüberschreitenden gewerblichen Leistungsaustausch ohne festen Stützpunkt im Ausland einschließen.[16] Im Folgenden wird der Begriff der „Direktinvestition" ausgehend von der Existenz eines festen Stützpunkts im Ausland gebraucht.

Die vorliegende Arbeit greift den beschriebenen Internationalisierungsprozess im Mittelstand auf und betrachtet den Fall einer Direktinvestition in Frankreich unter steuerlichen Gesichtspunkten. Dabei handelt es sich um ein mittelständisches deutsches Unternehmen – eine Gesellschaft mit zwei Gesellschaftern – des produzierenden Gewerbes. Ziel der Untersuchung ist es, die steuerliche Gesamtbelastung der verschiedenen in Frage kommenden grenzüberschreitenden Unternehmensstrukturen auf Gesellschafts- und Gesellschafterebene aufzuzeigen, wobei die Besteuerung der Aufnahme und der Ausübung der unternehmerischen Tätigkeit in Frankreich analysiert werden. Der steuerliche Vergleich wird qualitativ und – bezogen auf die Ausübung der Tätigkeit – quantitativ durchgeführt. Auch wenn eine quantitative Analyse zwangsläufig die Annahme zahlreicher Prämissen voraussetzt, sind die vorgestellten steuerlichen Vergleiche nichtsdestoweniger eine wertvolle Entscheidungshilfe bei der Wahl der optimalen grenzüberschreitenden Unternehmensstruktur.

Zwar werden im Rahmen der vorliegenden Arbeit auch gesellschaftsrechtliche Grundlagen dargestellt, dennoch suggeriert die starke Gewichtung der steuerlichen Aspekte, dass die Besteuerung den wichtigsten Faktor bei der Wahl der optimalen Unternehmensstruktur und somit bei der Wahl der dieser zugrunde liegenden Rechts- bzw. Betätigungsformen[17] bildet. Unternehmer, die eine Direktinvestition im Ausland planen, werden auch andere Faktoren – beispielsweise Haftungsaspekte, Finanzierungsmöglichkeiten und Rechnungslegungsvor-

---

[13] Vgl. ZENTES/SWOBODA, Internationales Management 1997, S. 149. ZENTES/SWOBODA erwähnen zwar nicht explizit den Betrieb als Tätigkeitsform mit starker Ressourcenbindung. Sie sprechen in diesem Zusammenhang aber von Kooperations- und Integrationsformen mit Kapitalbeteiligung, zu denen auch ein Betrieb gezählt werden muss.

[14] Mit gewissen Einschränkungen gelten die Aussagen bezüglich des Transfers von Managementleistungen und Kapital sowie der Ressourcenbindung auch für ein Joint Venture.

[15] Solche Direktinvestitionen schließen neben der Kapitalbewegung – dem Errichten des Betriebs bzw. der Tochtergesellschaft – auch den sich bildenden Kapitalbestand – die Fortführung des Betriebs bzw. der Tochtergesellschaft – ein. Vgl. zum Begriff der „internationalen Direktinvestition" JUNGNICKEL, in: MACHARZINA/WELGE, Export 1989, Sp. 308.

[16] Vgl. JACOBS, Internationale Unternehmensbesteuerung 2002, S. 461. JACOBS orientiert diese Abgrenzung zwar an steuerlichen Gesichtspunkten. Da er aber gesellschaftsrechtliche Beteiligungen mit einer Quote unter 10 % zu den Direktgeschäften rechnet, geht die vorstehend beschriebene Forderung nach Kontrolle offensichtlich auch in seine Begriffsdefinition ein. Vgl. hierzu auch FISCHER, Internationale Steuerlehre 1998, S. 289-292; ROSE, Grundzüge 2000, S. 99; SCHEFFLER, Grenzüberschreitende Unternehmenstätigkeit 2002, S. 159.

[17] Da die ausländische Niederlassung nicht nur als Personenhandels- oder Kapitalgesellschaft, sondern auch – aus steuerlicher Sicht – in der Form einer Betriebstätte geführt werden kann, darf an dieser Stelle nicht nur der Begriff „Rechtsform" angeführt werden, denn die Betriebstätte stellt keine Rechtsform dar. Deshalb wird der weiter gefasste Begriff „Betätigungsform", welcher auch die Betriebstätte einschließen soll, gebraucht. Vgl. zur Betriebstätte Kapitel 2.1.2.4.

schriften – in ihre Überlegungen einbeziehen müssen.[18] Welche Betätigungsform die geeignete ist, hängt von der Gewichtung der einzelnen betätigungsformspezifischen Faktoren durch die Investoren, welche aus deren Internationalisierungsmotiven resultiert, ab.[19] Zum wichtigsten Entscheidungsfaktor wird die Besteuerung aber beim Bestehen großer Unterschiede zwischen den steuerlichen Belastungen der grenzüberschreitenden Unternehmensstrukturen, welche auf den einzelnen Betätigungsformen im Ausland aufbauen.[20] Letztendlich wird also auch das Ergebnis des abschließenden Steuerbelastungsvergleichs über die Bedeutung des Faktors „Besteuerung" bei der Wahl der grenzüberschreitenden Unternehmensstruktur entscheiden. Die hier vorgenommene Fokussierung auf steuerliche Aspekte findet ihre Berechtigung – unabhängig von den Ergebnissen des Steuerbelastungsvergleichs – in der Notwendigkeit der Kenntnis problemspezifischer französischer, deutsch-französischer und deutscher Besteuerungsvorschriften bei der Vornahme einer Direktinvestition in Frankreich. Ohne Kenntnisse im steuerlichen Bereich ist weder die Aufnahme noch die Ausübung einer grenzüberschreitenden unternehmerischen Tätigkeit möglich.

Schließlich bleibt noch die Frage nach dem Zielland der geplanten Direktinvestition. Die getroffene Wahl verdeutlicht die enge wirtschaftliche Verflechtung Deutschlands und Frankreichs: „Für uns Deutsche ist der französische Markt der wichtigste der Welt."[21] Statistische Daten des deutschen Außenhandels belegen diese Aussage.[22] Aber auch umgekehrt ist Deutschland, gemessen an den Exporten und Importen, der wichtigste Handelspartner Frankreichs.[23]

Ein deutsches (mittelständisches) Unternehmen, welches den französischen und in einem weiteren Schritt den ganzen französisch-sprachigen Markt erschließen möchte, sollte eine Direktinvestition in Frankreich in Erwägung ziehen.[24] Die hieraus resultierende ständige Präsenz auf dem Zielmarkt verbunden mit der Schaffung von Arbeitsplätzen im Absatzland sind nur einige ausgewählte Aspekte, die verkaufsfördernde Wirkung besitzen. Tatsächlich spielen deutsche Investitionen in Frankreich eine große Rolle.[25] Wichtige Kriterien für die Ansiedlung in Frankreich sind aus der Sicht deutscher Unternehmen die Qualität des industriellen Umfeldes, die Größe des Marktes, die Qualifikation der Arbeitskräfte, die Qualität der Infrastruktur, die

[18] Eine Auflistung und Beschreibung der Merkmale, die bei der (nationalen) Rechtsformwahl beachtet werden müssen, findet sich beispielsweise bei KÖNIG/SURETH, Besteuerung und Rechtsformwahl 2002, S. 26-30 und sehr ausführlich bei SCHNEELOCH, Rechtsformwahl 1997, S. 17-97.

[19] Vgl. auch KÖNIG/SURETH, Besteuerung und Rechtsformwahl 2002, S. 21.

[20] Vgl. dahingehend WÖHE, Steuerlehre II/1 1990, S. 22.

[21] ZIMMERER/ROGER, in: VON BOEHMER, Deutsche Unternehmen 1991, S. 9.

[22] Die Exporte von Deutschland nach Frankreich betrugen im Jahr 2000 67,4 Mrd. EUR und machten somit 11,3 % der Gesamtexporte aus. Die Importe aus Frankreich nach Deutschland beliefen sich auf 50,9 Mrd. EUR. Dies entspricht 9,5 % der Gesamtimporte. Somit ist Frankreich wichtigster Export- und Importpartner für Deutschland. Vgl. INTERNETSEITEN DES STATISTISCHEN BUNDESAMTES, Außenhandel 2002.

[23] Nach einer Statistik des französischen Finanzministeriums betrugen die Exporte – ohne militärische Ausrüstungsgegenstände – von Frankreich nach Deutschland von Dezember 2000 bis November 2001 46,8 Mrd. EUR. Sie repräsentieren damit 14,3 % des Gesamtexports. Die Importe aus Deutschland – wieder ohne militärische Ausrüstungsgegenstände – betrugen im gleichen Zeitraum 54,9 Mrd. EUR. Dies entspricht 16,6 % der Gesamtimporte. Folglich war Deutschland das wichtigste Export- und Importland Frankreichs. Vgl. INTERNETSEITEN DES FRANZÖSISCHEN FINANZMINISTERIUMS, Außenhandel 2002.

[24] Auch hinsichtlich der Erschließung des südeuropäischen Marktes bietet Frankreich eine interessante Plattform. Vgl. ZIMMERER/ROGER, in: VON BOEHMER, Deutsche Unternehmen 1991, S. 8-9. Vgl. auch BECHTEL, Deutsch-französische Investitionen 1993, S. 16 sowie ZENTES/SWOBODA, in: ZENTES/SWOBODA, Globales Handelsmanagement 1998, S. 13. ZENTES/SWOBODA sehen Direktinvestitionen als ein wesentliches Globalisierungsmerkmal.

[25] Hinsichtlich der Zahl der durch ausländische Investitionen geschaffenen Arbeitsplätze lag Deutschland im Jahr 2000 nach den Vereinigten Staaten auf Platz zwei. Vgl. IFA, Win 2001, S. 1.

geographische Lage und das Lohnkostenniveau.[26] Für die vorliegende Arbeit wurde für die geplante Niederlassung in Frankreich ein grenznaher Standort und somit das Elsaß bzw. Lothringen gewählt. Dabei orientiert sich die Auswahl an der Tatsache, dass deutsche Direktinvestitionen in Frankreich vorzugsweise in diesen Grenzregionen getätigt werden.[27] Neben der geographischen Nähe zu Deutschland spielen hier kulturelle und sprachliche Ähnlichkeiten sowie die zentrale europäische Lage eine Rolle.[28]

1.2 Aufbau der Arbeit und Vorgehensweise

Im zweiten Kapitel werden durch die qualitative und die quantitative Determinierung des Untersuchungsgegenstands die Grundlagen für die Abgrenzung der Untersuchung gelegt. Im Rahmen der qualitativen Determinierung erfolgt zunächst eine allgemeine Darstellung der Struktur des Untersuchungsgegenstands. Anschließend werden hieran anknüpfend dessen wesentliche Merkmale erläutert. Die hierbei vorgenommenen Begriffsdefinitionen bilden die Basis für das Verständnis der nachfolgenden gesellschafts- und steuerrechtlichen Ausführungen. Ferner liefert die quantitative Determinierung bereits an dieser Stelle zahlenmäßige Details bezüglich des Untersuchungsgegenstands. Diese werden zwar hauptsächlich für die Durchführung des abschließenden Steuerbelastungsvergleichs benötigt. Allerdings ermöglichen sie zusammen mit den qualitativen Merkmalen bereits in den dem Steuerbelastungsvergleich vorausgehenden Kapiteln eine am Untersuchungsgegenstand orientierte Vorgehensweise, welche sich in vorgenommenen Abgrenzungen und gewählten Schwerpunkten ausdrückt.

Das dritte Kapitel geht auf gesellschaftsrechtliche Merkmale ausgewählter Rechtsformen deutscher und französischer Handelsgesellschaften ein. Die Auswahl der Rechtsformen basiert auf der vorausgehenden Determinierung des Untersuchungsgegenstands. Doch selbst die nicht näher betrachteten Rechtsformen wurden bereits im Rahmen der Erläuterung der wesentlichen qualitativen Merkmale des Untersuchungsgegenstands in allgemeiner Form erläutert. Auch die Zusammenstellung der beschriebenen gesellschaftsrechtlichen Merkmale der ausgewählten Rechtsformen orientiert sich grundsätzlich an der Determinierung des Untersuchungsgegenstands und an der Zielsetzung der vorliegenden Arbeit. Somit wurde die Sichtweise eines (potentiellen) deutschen Investors herangezogen. Zur Vervollständigung dieses gesellschaftsrechtlichen Grundlagenteils werden aber auch Hinweise zur Auflösung und Beendigung der Gesellschaften in den verschiedenen Rechtsformen aufgenommen. Außerdem ist auf sozialversicherungsrechtliche Aspekte bezogen auf die Tätigkeit der geschäftsführenden Gesellschafter einer französischen Gesellschaft einzugehen, denn zum einen kann aus diesem Bereich eine zusätzliche, wenn auch nichtsteuerliche Belastung resultieren, zum anderen können sozialversicherungsrechtliche Zahlungen Auswirkungen bei der Ermittlung der steuerlichen Belastung der untersuchten Unternehmensstrukturen haben.

Die Merkmale der französischen Rechtsformen erfahren eine ausführliche Beschreibung in den jeweiligen Unterkapiteln, während die korrespondierenden deutschen Rechtsformen lediglich in einer abschließenden Darstellung aufgegriffen werden. Im Rahmen eines tabellarischen Vergleichs sollen dem deutschen Betrachter die als grundsätzlich bekannt vorausgesetzten wesentlichen Merkmale der deutschen Rechtsformen in Erinnerung gerufen und gleichzeitig die Merkmale der französischen Rechtsformen zusammenfassend aufgelistet werden.

---

[26] Vgl. IFA, Deutsche Investitionen 2000, S. 12.

[27] Vgl. BECHTEL, Deutsch-französische Investitionen 1993, S. 16; IFA, Deutsche Investitionen 2000, S. 6.

[28] Vgl. IFA, Deutsche Investitionen 2000, S. 6.

Das vierte Kapitel geht auf Regelungen zur Besteuerung in Frankreich und zur Besteuerung grenzüberschreitender deutsch-französischer Sachverhalte ein. Gliedert man die Aufgaben der Betriebswirtschaftlichen Steuerlehre in die Teilgebiete Steuerrechtsnormendarstellung inklusive internationaler Steuersystemlehre, Steuerwirkungslehre und Steuergestaltungslehre sowie Steuerrechtsgestaltungslehre, so liefert dieses Kapitel eine Steuerrechtsnormendarstellung verbunden mit einer Beschreibung der internationalen, insbesondere der deutsch-französischen Steuersystematik.[29]

Die Auswahl der betrachteten französischen Steuerarten und der betrachteten steuerlichen Teilbereiche sowie die Schwerpunktsetzung orientieren sich an der Determinierung des Untersuchungsgegenstands. Dennoch wird Wert auf eine möglichst umfassende Darstellung gelegt. Demzufolge werden beispielsweise bei der Beschreibung der französischen Einkommensteuer auch Einkunftsarten vorgestellt, die für die in dieser Arbeit vorgenommenen Untersuchungen zwar nicht benötigt werden, die aber für ein grundlegendes Verständnis des französischen Steuerrechts unerlässlich sind. Eine gesonderte Beschreibung deutscher Steuerrechtsnormen unterbleibt. Sie werden erst anschließend im fünften und vor allem im sechsten Kapitel im Zusammenhang mit der Besteuerung der betrachteten Phasen des internationalen Unternehmens auf den jeweiligen Anwendungsfall bezogen beschrieben.

Die abschließende Erläuterung des deutsch-französischen Verständigungs- und Schiedsverfahrens sowie des europäischen Schiedsverfahrens zeigt die Regelungen auf, die greifen können, wenn insbesondere in der anschließend beschriebenen Gründungsphase, aber auch in der Phase der laufenden Tätigkeit eine Doppelbesteuerung entsteht.

Im fünften Kapitel wird die Phase der Errichtung der französischen Grundeinheit aus steuerlicher Sicht betrachtet. Greift man auf die vorstehend beschriebene Aufgabenstrukturierung der Betriebswirtschaftlichen Steuerlehre zurück, so gehört dieses Kapitel in den Bereich der Steuerwirkungslehre. Zunächst erfolgt aber eine problemspezifische Steuerrechtsnormendarstellung, indem Steuererleichterungen für neu gegründete Unternehmen aufgeführt werden. Anschließend werden die steuerlichen Wirkungen der Errichtung der Grundeinheiten der verschiedenen Unternehmensstrukturen ausführlich analysiert. Bei der vorgenommenen, rein qualitativ ausgerichteten Analyse steht die Besteuerung einer Sachgründung im Mittelpunkt der Ausführungen. Dabei ist die Darstellung so aufgebaut, dass ausgehend von den vier verschiedenen Formen der Spitzeneinheit jeweils die steuerlichen Wirkungen bezogen auf die zugehörigen Grundeinheiten untersucht werden. Eine abschließende Übersichtsdarstellung bezüglich der steuerlichen Behandlung des Errichtungsvorgangs rundet die Ausführungen jeweils ab.

Auch das sechste Kapitel gehört in den Bereich der Steuerwirkungslehre, wobei wieder eine Beschränkung auf qualitative Aspekte erfolgt. Hier wird nun die Besteuerung der laufenden Tätigkeit des internationalen Unternehmens näher untersucht. Wie schon vorher bei der Betrachtung der Gründungsphase erfolgt die Analyse gegliedert nach den verschiedenen Formen der Spitzeneinheit und dann jeweils untergliedert nach den zugehörigen Grundeinheiten. Die Komplexität des beschriebenen Bereichs macht eine weitere Unterteilung notwendig, wobei jeweils nacheinander die Ebenen der französischen Betriebstätte bzw. Gesellschaft, der deutschen Gesellschaft und der deutschen natürlichen Personen betrachtet werden. Außerdem erfolgt am Ende der Ausführungen zu einer Unternehmensstruktur eine zusammenfassende

[29] Vgl. zu dieser Aufgabenstrukturierung der Betriebswirtschaftlichen Steuerlehre, welche in der Literatur zur Betriebswirtschaftlichen Steuerlehre verbreitete Einteilungen aufgreift, KUSSMAUL, Betriebswirtschaftliche Steuerlehre 1995, S. 9-10. Diese Art der Strukturierung wurde insbesondere von der Einteilung WÖHES beeinflusst. Vgl. WÖHE, Steuerlehre I/1 1988, S. 28. Vgl. zu einem Gliederungsvorschlag der internationalen Betriebswirtschaftlichen Steuerlehre KLEINEIDAM, Weiterentwicklung 1970, S. 113-114.

Darstellung der Besteuerung der verschiedenen Ebenen unter besonderer Berücksichtigung grenzüberschreitender Besteuerungswirkungen.

Die Ausführungen orientieren sich auch in diesem Kapitel grundsätzlich an der anfänglich vorgenommenen Determinierung des Untersuchungsgegenstands. Darüber hinaus werden aber auch die steuerliche Behandlung von Lieferungs- und Leistungsbeziehungen zwischen der deutschen Spitzeneinheit und der französischen Grundeinheit sowie die steuerliche Einordnung von Sondervergütungen im Rahmen eines Qualifikationskonflikts bei französischen Personenhandelsgesellschaften als Grundeinheit des internationalen Unternehmens angesprochen. Dadurch werden mögliche steuerliche Problembereiche identifiziert und somit die Ergebnisse der qualitativen Steuerwirkungsanalyse vervollständigt.

Im siebten Kapitel wird die Besteuerung der verschiedenen Unternehmensstrukturen in den betrachteten Phasen miteinander verglichen. Zunächst erfolgt ein Vergleich der Besteuerung in der Gründungsphase. Dabei wird auf eine Quantifizierung der steuerlichen Belastung mit Blick auf die komplexe und in diesem Fall zwei Länder betreffende Bewertungsproblematik verzichtet. Anstelle erfolgt eine Zusammenfassung der im fünften Kapitel vorgenommenen Steuerwirkungsanalyse. Anschließend wird die steuerliche Belastung in der Phase der laufenden Tätigkeit verglichen. Auch diese Betrachtung gehört in den Bereich der Steuerwirkungslehre, allerdings erfolgt hier eine Quantifizierung mit Hilfe eines Steuerbelastungsvergleichs. Dazu müssen einige vorbereitende Überlegungen hinsichtlich des Untersuchungsumfangs und der anzuwendenden Analysetechnik vorgenommen werden. Diesbezüglich fällt die Wahl auf die kasuistische Veranlagungssimulation, die mit Hilfe der EDV durchgeführt wird. Nach einer ersten Auswertung der Ergebnisse auf der Grundlage der getroffenen Prämissen werden ausgewählte Parameter im Rahmen einer Sensitivitätsanalyse variiert. Die abschließend vorgenommene Beurteilung der Ergebnisse der Sensitivitätsanalyse liefert Hinweise bezüglich der optimalen internationalen Unternehmensstruktur und kann somit dem Bereich der Steuergestaltungslehre zugeordnet werden.

Im achten Kapitel erfolgt eine Zusammenfassung der wichtigsten Ergebnisse der vorliegenden Arbeit. In diesem Zusammenhang werden einerseits steuerliche Problembereiche, andererseits vorteilhafte steuerliche Regelungen aufgezeigt. Dem Gesetzgeber werden hier Anregungen geliefert, die er bei der Änderung von Steuerrechtsnormen beachten sollte. Somit ist dieser Teil der Arbeit insbesondere der Steuerrechtsgestaltungslehre zuzuordnen.

Die Arbeit berücksichtigt den Rechtsstand und den Stand der Literatur bis zum 1.12.2002. Somit liegen den steuerlichen Betrachtungen im Wesentlichen die Regelungen des Jahres 2002 zugrunde.

2 Determinierung des Untersuchungsgegenstands

2.1 Qualitative Determinierung des Untersuchungsgegenstands

2.1.1 Struktur und qualitative Merkmale des Untersuchungsgegenstands

Ausgangspunkt der Untersuchung sind ein mittelständisches Unternehmen des produzierenden Gewerbes mit Sitz und Geschäftsleitung in Deutschland, welches in der Rechtsform einer Personenhandelsgesellschaft oder einer Kapitalgesellschaft geführt wird, und dessen Eigentümer – die Gesellschafter.[30] Letztere sind zwei natürliche Personen mit Wohnsitz[31] und gewöhnlichem Aufenthalt in Deutschland. Sie sind zu gleichen Teilen am Gesellschaftskapital beteiligt. Außerdem sind beide in der Gesellschaft geschäftsführend tätig.

Das deutsche Unternehmen beabsichtigt die Vornahme einer Direktinvestition in Frankreich in Form einer ausschließlich in Frankreich tätigen Produktions- und Vertriebsniederlassung mit dem Ziel der weiteren Erschließung und Sicherung des französischen Marktes. Ein geeigneter Standort wurde bereits gefunden. Hinsichtlich der Vorgehensweise bei der Errichtung des französischen Unternehmensteils kommt es zu einer Neugründung in Form einer kombinierten Bar- und Sachgründung, wobei die hierfür notwendigen Mittel bzw. Güter aus dem Betriebsvermögen der deutschen Gesellschaft stammen. Ein Unternehmenskauf in Frankreich oder eine grenzüberschreitende Umstrukturierung der deutschen Gesellschaft werden nicht in Betracht gezogen. Ausgehend von der Definition einer Direktinvestition in Kapitel 1.1 kann die französische Grundeinheit in der Form einer Betriebstätte, einer Personenhandelsgesellschaft oder einer Kapitalgesellschaft geführt werden. Hinzu kommt eine steuerliche Besonderheit, denn eine französische Personengesellschaft, insbesondere eine Personenhandelsgesellschaft, kann für eine Besteuerung durch die (französische) Körperschaftsteuer optieren. Somit besteht – aus steuerlicher Sicht – eine vierte mögliche Form der französischen Grundeinheit. Während die Betriebstätte aufgrund der Forderung nach einer gemeinsamen Tätigkeit der beiden deutschen natürlichen Personen als rechtlich unselbständiger Unternehmensteil nur von der deutschen Gesellschaft unterhalten werden kann, ist bezüglich der (optierten) Personenhandelsgesellschaft und der Kapitalgesellschaft eine (Mehrheits-)Beteiligung der deutschen Gesellschaft an der französischen Gesellschaft oder ausschließlich eine unmittelbare Beteiligung der deutschen natürlichen Personen an der französischen Gesellschaft möglich. Somit können die Anteile an der französischen Gesellschaft (hauptsächlich) im Betriebs- bzw. ausschließlich im Privatvermögen gehalten werden.

Soll eine Beteiligung der deutschen natürlichen Personen an der französischen Grundeinheit grundsätzlich vermieden werden, beträgt die Höhe der Beteiligung der deutschen Gesellschaft im Fall einer französischen Kapitalgesellschaft 100 %. Da an einer Personenhandelsgesellschaft mindestens zwei Gesellschafter beteiligt sein müssen, treten im Fall der Beteiligung der

[30] Nachstehend erscheinen zahlreiche Begriffe, die erst im Rahmen der nachfolgenden Kapitel erläutert werden. Aus Gründen der Übersichtlichkeit wurde auf einzelne Verweise verzichtet.

[31] Der Wohnsitz der Gesellschafter liegt außerhalb des Grenzgebiets, das in Art. 13 Abs. 5 Buchstabe b des deutsch-französischen Doppelbesteuerungsabkommens definiert wird. Vgl. hierzu Kapitel 4.2.1.2.6.

deutschen Personenhandels- oder Kapitalgesellschaft an der französischen Personenhandelsgesellschaft aus gesellschaftsrechtlichen Gründen noch die beiden deutschen natürlichen Personen als Beteiligte hinzu. Ihr Anteil am Gesellschaftskapital soll aber lediglich je 0,1 % betragen, der Anteil der deutschen Kapital- oder Personenhandelsgesellschaft somit 99,8 %.

Für den Fall, dass nur die deutschen natürlichen Personen an der französischen Grundeinheit beteiligt sind, soll der Anteil eines jeden Gesellschafters am Gesellschaftskapital der französischen Gesellschaft 50 % betragen. Die möglichen Unternehmensstrukturen in Abhängigkeit vom Vorliegen einer ausschließlich unmittelbaren Beteiligung der deutschen natürlichen Personen an der französischen Grundeinheit werden in Abbildung 1 und in Abbildung 2 dargestellt.

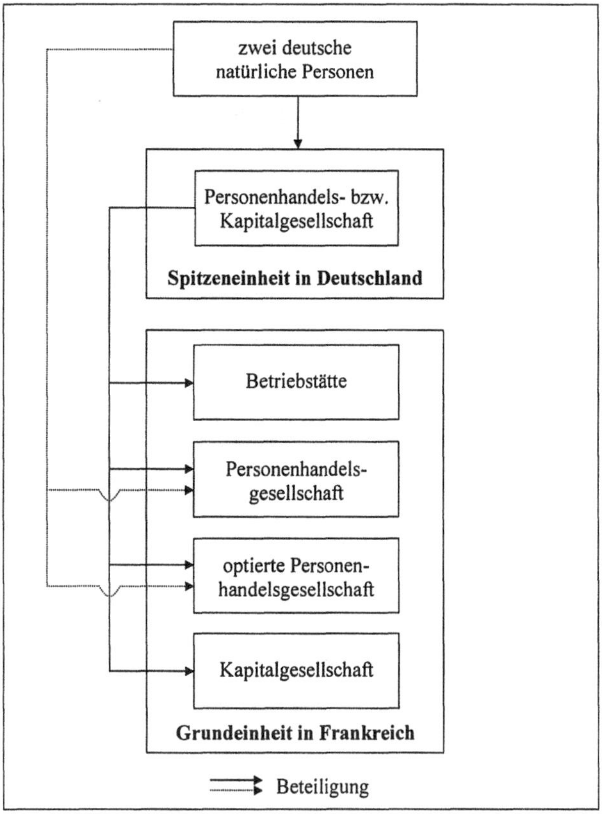

Abbildung 1: Struktur des Untersuchungsgegenstands mit mittelbarer und lediglich gesellschaftsrechtlich notwendiger unmittelbarer Beteiligung der deutschen natürlichen Personen an der französischen Grundeinheit

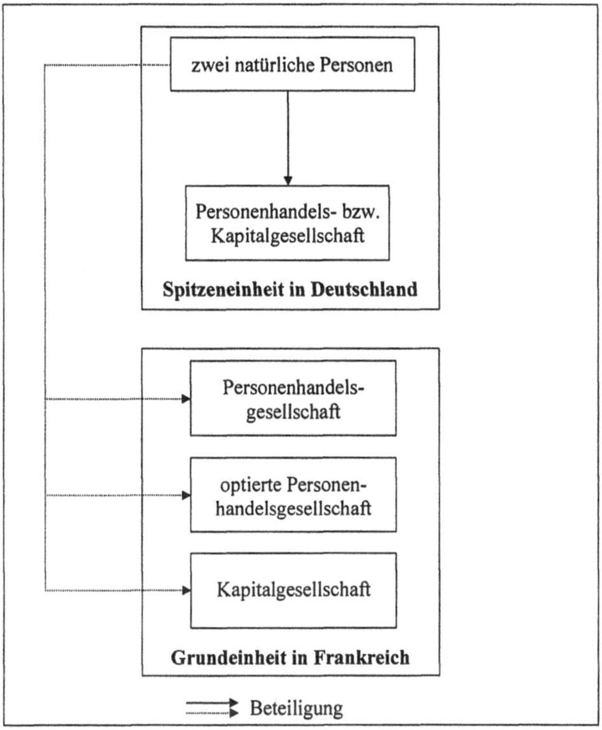

Abbildung 2: Struktur des Untersuchungsgegenstands mit lediglich unmittelbarer Beteiligung der deutschen natürlichen Personen an der französischen Grundeinheit

Folglich ergeben sich 14 grenzüberschreitende Unternehmensstrukturen, welche den Untersuchungsgegenstand der vorliegenden Arbeit bilden: Die vier Formen der deutschen Spitzeneinheit können jeweils mit vier bzw. mit drei verschiedenen Formen der französischen Grundeinheit kombiniert werden. Sind nur die deutschen natürlichen Personen an der französischen Grundeinheit beteiligt, verbleiben lediglich jeweils – bezogen auf die Rechtsform der deutschen Gesellschaft – drei Formen der französischen Grundeinheit, da die Betriebstätte als Betätigungsform ausscheidet.

Das Produktprogramm der französischen Grundeinheit, welche auch zum produzierenden Gewerbe gehört, steht bereits fest. Das französische Produktprogramm ähnelt dem deutschen, wurde aber den französischen Verbraucherwünschen angepasst. Die Beschaffung, die gesamte Produktion und auch der Absatz erfolgen ausschließlich in Frankreich. Laufende Lieferungs- und/oder Leistungsbeziehungen zwischen deutscher Spitzeneinheit und französischer Grundeinheit bestehen nicht.[32] Letztere weist somit eine entsprechend große Selbständigkeit auf.

[32] Lediglich die nachstehend beschriebene geschäftsführende Tätigkeit der beiden deutschen natürlichen Personen in Spitzen- und Grundeinheit schafft eine Beziehung zwischen den laufenden Tätigkeiten der Einheiten.

Eine solche Situation ist dann gegeben, wenn ursprünglich die deutsche Gesellschaft den französischen Markt direkt mit speziell für diesen Markt konzipierten Produkten belieferte. Aus den in Kapitel 1.1 genannten Gründen erfolgt aber eine Direktinvestition in Frankreich und somit auch die Verlagerung der gesamten Produktlinie in die französische Grundeinheit. Folglich kommt es nur im Zusammenhang mit der Errichtung der Grundeinheit zu einem Gütertransfer.

Von der Entsendung deutscher Mitarbeiter nach Frankreich oder umgekehrt von der Entsendung französischer Mitarbeiter nach Deutschland wird abgesehen. Lediglich die beiden deutschen Gesellschafter werden in Frankreich geschäftsführend tätig und erhalten für ihre Tätigkeit auch ein Geschäftsführergehalt. Sie verlagern aber nicht ihren Wohnsitz nach Frankreich. Ihre geschäftsführende Tätigkeit in den beiden Unternehmenseinheiten soll so aufgeteilt sein, dass sie ihre berufliche Haupttätigkeit in Deutschland ausüben und dort ihren gewöhnlichen Aufenthalt beibehalten. Abgesehen von ihrer Geschäftsführertätigkeit werden die beiden deutschen natürlichen Personen nicht für die französische Grundeinheit tätig und stehen ihr auch nicht als Vermieter bzw. Verpächter oder Darlehensgeber gegenüber.

Wird die französische Grundeinheit in der Form einer Betriebstätte betrieben, erhalten die deutschen natürlichen Personen ein entsprechend höheres Geschäftsführergehalt von der deutschen Gesellschaft. Die französische Betriebstätte unterhält eine eigenständige Buchführung und erstellt eigene Abschlüsse. Dort wird der Teil des in Deutschland gezahlten Geschäftsführergehalts, der bei den anderen Unternehmensstrukturen dem von der französischen Gesellschaft gezahlten Geschäftsführergehalt entspricht, nach seiner Zurechnung als Aufwand erfasst.

2.1.2 Erläuterung wesentlicher qualitativer Merkmale des Untersuchungsgegenstands

2.1.2.1 Internationales Unternehmen mit Spitzen- und Grundeinheit

Die in Kapitel 2.1.1 beschriebenen Rechts- und Beteiligungsstrukturen stellen ein Unternehmen[33], insbesondere ein internationales Unternehmen, dar. Dabei wird ein ökonomischer Unternehmensbegriff zugrunde gelegt.[34] Hiervon ausgehend besteht ein Unternehmen aus wirt-

---

33 Auf die betriebswirtschaftliche Diskussion bezüglich der Unterscheidung der Begriffe „Unternehmen" bzw. „Unternehmung" und „Betrieb" wird in der vorliegenden Arbeit nicht näher eingegangen. Eine Zusammenstellung der unterschiedlichen Auffassungen bezüglich der Begriffsinhalte findet sich bei WÖHE/DÖRING, Allgemeine Betriebswirtschaftslehre 2002, S. 12-13. Lediglich die Auffassung von GUTENBERG soll an dieser Stelle herausgestellt werden. Er sieht das Unternehmen – er spricht von der „Unternehmung" – als besonderen, nämlich kapitalistischen Betriebstyp, welcher durch das Autonomieprinzip, das erwerbswirtschaftliche Prinzip und die Alleinbestimmung gekennzeichnet ist. Vgl. GUTENBERG, Grundlagen der Betriebswirtschaftslehre 1983, S. 510-512. In der vorliegenden Arbeit wird der Begriff „Unternehmen" aber so verstanden, dass ein Unternehmen aus mehreren Betrieben bzw. Teilbetrieben bestehen kann.

34 TELKAMP unterscheidet zwischen dem „ökonomischen" und dem „juristischen Unternehmensbegriff". Letzterer setzt die Rechtsform mit dem Unternehmen gleich. Vgl. TELKAMP, Betriebstätte oder Tochtergesellschaft 1975, S. 24. Die Rechtsform eines Unternehmens entspricht dem rechtlichen Rahmen, der die Basis für die Rechtsbeziehungen des Unternehmens im Innen- und im Außenverhältnis bildet. Eine Konkretisierung erfährt die Rechtsform in den durch unterschiedliche Merkmale gekennzeichneten Organisationsstrukturen, die auf staatlichen Vorschriften basieren. Vgl. KOLBECK, in: WITTMANN U.A., Handwörterbuch der Betriebswirtschaft 1993, Sp. 3741-3742. Zu weiteren Definitionen des Unternehmensbegriffs, welche jeweils unterschiedliche Kriterien in den Vordergrund stellen, vgl. GROCHLA, in: VON BECKERATH U.A., Handwörterbuch der Sozialwissenschaften 1959, S. 584-585.

schaftlichen Einheiten, die durch die einheitliche Leitung[35] des Gesamtsystems zusammengehalten werden.[36] Der Bereich des Unternehmens geht also über den der Rechtsform hinaus.[37] Somit werden auch diejenigen Strukturen des Untersuchungsobjekts, welche aus zwei verschiedenen Gesellschaften bestehen, vom hier zugrunde gelegten Unternehmensbegriff erfasst. Dies gilt auch für den Fall, dass zwei Gesellschaften – eine in Deutschland, eine in Frankreich – parallel geführt werden. In diesem Fall wird die Beteiligung an der französischen Gesellschaft nicht von der deutschen Gesellschaft, sondern von deren Gesellschaftern, zwei natürlichen Personen, gehalten. Die einheitliche Leitung durch die geschäftsführenden Gesellschafter gewährleistet dennoch den für eine Anwendung des Unternehmensbegriffs nötigen Zusammenhalt.

Während sich die Aktivitäten nationaler Unternehmen überwiegend auf eine Volkswirtschaft beschränken, sind internationale Unternehmen durch ihre ständigen grenzüberschreitenden Aktivitäten mit mehreren Volkswirtschaften verbunden. Kennzeichnendes Merkmal des internationalen Unternehmens ist die Realisierung von Direktinvestitionen in diesen Volkswirtschaften.[38] Diese Bedingung wird von jeder hier betrachteten Struktur erfüllt, denn es liegen Direktinvestitionen in Form einer Betriebstätte, einer Personenhandelsgesellschaft oder einer Kapitalgesellschaft in zwei Ländern vor. Somit gehört der Untersuchungsgegenstand zur Gruppe der internationalen Unternehmen.

In Abhängigkeit von der Art der rechtlichen Organisation eines nationalen bzw. internationalen Unternehmens können das Einheitsunternehmen, das rechtlich einheitlich organisiert ist, und der Konzern, der organisatorisch in mehrere Rechtsformen aufgegliedert ist, unterschieden werden.[39] Während ein Konzern somit zwangsläufig aus mehreren Einheiten besteht, *kann* ein Einheitsunternehmen aus mehreren Einheiten gebildet werden. In diesem Fall sind diese aber – im Unterschied zum Konzern – rechtlich unselbständig.[40]

Ein Konzern ist definiert als die Zusammenfassung mehrerer rechtlich selbständiger Einheiten zu einer wirtschaftlichen Einheit unter einheitlicher Leitung.[41] Eine gesetzliche Definition des Konzernbegriffs gibt § 18 AktG. Dort werden mehrere Konzernarten unterschieden.[42] Grundsätzlich stehen Unterordnungs- und Gleichordnungskonzern nebeneinander, wobei der Unterordnungskonzern weiterhin unterschieden werden kann in den Vertragskonzern, den Eingliederungskonzern und den faktischen Konzern.[43]

---

35 Vgl. zum Begriff der „einheitlichen Leitung" die nachstehenden Ausführungen.

36 Vgl. GROCHLA, Betriebsverband und Verbandbetrieb 1959, S. 40-41. GROCHLA verwendet hier zwar den Begriff „Betrieb" bzw. „Betriebsverbindung". Seine Ausführungen zur Definition des Begriffs „Betrieb" machen aber deutlich, dass sich sein Betriebsbegriff und der hier gebrauchte Unternehmensbegriff entsprechen. Vgl. GROCHLA, Betriebsverband und Verbandbetrieb 1959, S. 17-18.

37 Vgl. TELKAMP, Betriebstätte oder Tochtergesellschaft 1975, S. 24.

38 Vgl. hierzu BORRMANN, in: PERRIDON, Managementprobleme 1970, S. 20-21; SIEBER, in: ENGELEITER, Gegenwartsfragen 1966, S. 54. Neben dieser Definition finden sich in der Literatur noch zahlreiche andere Definitionen. Vgl. m.w.N. HABERSTOCK, Steuerplanung 1976, S. 95.

39 Vgl. TELKAMP, Betriebstätte oder Tochtergesellschaft 1975, S. 23-24. Vgl. auch KÜTING/ZÜNDORF, in: LÜCK, Rechnungslegung und Abschlussprüfung 1998, S. 465.

40 Vgl. ARBEITSKREIS KRÄHE, Konzernorganisation 1964, S. 16; KÜTING, Konzernstrukturen 1980, S. 6.

41 Vgl. KÄFER/MÜNSTERMANN, Konzernbilanz 1958, S. 9; KÜTING, Konzernstrukturen 1980, S. 6; WOHLGEMUTH, Konzern 1987, S. 349. Vgl. auch ADLER/DÜRING/SCHMALTZ, § 18, Rechnungslegung und Prüfung 1997, Rn. 6. Vgl. zum Begriff der „einheitlichen Leitung" die nachstehenden Ausführungen.

42 Die verschiedenen Konzernarten werden aber nicht ausdrücklich genannt. Vgl. KÜTING, in: KÜTING/WEBER, Handbuch der Konzernrechnungslegung 1998, Rn. 753.

43 Vgl. die Übersicht bei KÜTING/WEBER, Konzernabschluss 2001, S. 19. Vgl. auch BAYER, § 18, in: KROPFF/SEMLER, Münchener Kommentar 2000, Rn. 2-8. Teilweise wird der Unterordnungskonzern nur untergliedert in den faktischen Konzern und den Vertragskonzern. Der Begriff „Vertragskonzern" ist in diesem Fall weiter gefasst und schließt – neben dem Vertragskonzern, der aus dem Abschluss eines Beherrschungs-

Gem. der Definition des Unterordnungskonzerns in § 18 Abs. 1 Satz 1 AktG entsteht dieser durch die Zusammenfassung eines herrschenden und mindestens eines abhängigen Unternehmens[44] unter der einheitlichen Leitung[45] des herrschenden Unternehmens.[46] In einem Unterordnungskonzern besteht demnach ein Über-/Unterordnungsverhältnis zwischen den Konzernunternehmen.[47]

Für den Vertragskonzern und den Eingliederungskonzern, welche zu den Unterformen des Unterordnungskonzerns gehören, geht das Gesetz vom Vorliegen einer einheitlichen Leitung aus.[48] Ein Vertragskonzern entsteht durch den Abschluss eines Beherrschungsvertrags i.S.d. § 291 Abs. 1 Satz 1 AktG,[49] ein Eingliederungskonzern durch die Eingliederung eines Unternehmens in ein anderes gem. §§ 319-327 AktG.[50] Unter der dritten Form des Unterordnungskonzerns – dem faktischen Konzern – werden sämtliche Formen der einheitlichen Leitung, welche nicht aus dem Bestehen eines Beherrschungsvertrags oder dem Vorliegen einer Eingliederung resultieren, zusammengefasst.[51] Hier muss eine fallspezifische Untersuchung bezüglich des Vorliegens einer einheitlichen Leitung vorgenommen werden.[52] Eine solche Untersuchung wird bei einer personellen Verflechtung der Verwaltungen der Konzernunternehmen zu einem positiven Ergebnis führen.[53]

Auch im Gleichordnungskonzern sind die Konzernunternehmen unter einheitlicher Leitung zusammengefasst (§ 18 Abs. 2 AktG).[54] Allerdings besteht hier kein Abhängigkeitsverhältnis und somit auch kein Über-/Unterordnungsverhältnis zwischen den Konzernunternehmen.[55]

---

vertrags entsteht (vgl. hierzu die Ausführungen weiter unten) – auch den Eingliederungskonzern ein. Vgl. GESSLER, § 18, in: GESSLER U.A., Aktiengesetz 1973, Rn. 42-43; IDW, Wirtschaftsprüfer-Handbuch 2000, S. 1926.

44 Hier muss ein Abhängigkeitsverhältnis gem. § 17 AktG vorliegen. Während dieses bereits bei der Möglichkeit der Ausübung eines beherrschenden Einflusses besteht (§ 17 Abs. 1 AktG), muss für das Vorliegen des Konzerntatbestands der beherrschende Einfluss auch tatsächlich ausgeübt werden. Die Möglichkeit zur Ausübung reicht allein nicht aus. Vgl. KOPPENSTEINER, § 18, in: ZÖLLNER, Kölner Kommentar 1988, Rn. 26; KÜTING/WEBER, Konzernabschluss 2001, S. 19.

45 Der Begriff der „einheitlichen Leitung" ist weder gesetzlich definiert, noch hat sich in der Literatur eine einheitliche Begriffsdefinition herausgebildet. Vgl. ADLER/DÜRING/SCHMALTZ, § 18, Rechnungslegung und Prüfung 1997, Rn. 16; KOPPENSTEINER, § 18, in: ZÖLLNER, Kölner Kommentar 1988, Rn. 12. Vgl. auch THEISEN, Konzern 2000, S. 34-38. Jedenfalls soll die einheitliche Leitung mindestens dazu führen, „daß die Konzernleitung die wesentlichen Fragen der Geschäfts- und Unternehmenspolitik der einzelnen Konzernunternehmen aufeinander abstimmt und diese im Konfliktfall eigene Zielvorstellungen gegen den Willen der Konzernleitung auf Dauer nicht durchsetzen können". KÜTING/WEBER, Konzernabschluss 2001, S. 20.

46 Vgl. ADLER/DÜRING/SCHMALTZ, § 18, Rechnungslegung und Prüfung 1997, Rn. 62; BAYER, § 18, in: KROPFF/SEMLER, Münchener Kommentar 2000, Rn. 2.

47 Vgl. SCHUBERT/KÜTING, Unternehmungszusammenschlüsse 1981, S. 79.

48 Vgl. HÜFFER, Aktiengesetz 2002, § 18, Rn. 17.

49 Durch einen Beherrschungsvertrag unterstellt eine Aktiengesellschaft oder eine Kommanditgesellschaft auf Aktien die Leitung ihrer Gesellschaft einem anderen Unternehmen (§ 291 Abs. 1 Satz 1 AktG).

50 „Die Hauptversammlung einer Aktiengesellschaft kann die Eingliederung der Gesellschaft in eine andere Aktiengesellschaft mit Sitz im Inland (Hauptgesellschaft) beschließen, wenn sich alle Aktien der Gesellschaft in der Hand der zukünftigen Hauptgesellschaft befinden" (§ 319 Abs. 1 Satz 1 AktG). Die Bindungsintensität zwischen den Unternehmen ist hier noch stärker als beim Beherrschungsvertrag. Vgl. KÜTING, Konzernstrukturen 1980, S. 6-7.

51 Vgl. HÜFFER, Aktiengesetz 2002, § 18, Rn. 3.

52 Vgl. ADLER/DÜRING/SCHMALTZ, § 18, Rechnungslegung und Prüfung 1997, Rn. 16; IDW, Wirtschaftsprüfer-Handbuch 2000, S. 1926.

53 Vgl. ADLER/DÜRING/SCHMALTZ, § 18, Rechnungslegung und Prüfung 1997, Rn. 25; BAYER, § 18, in: KROPFF/SEMLER, Münchener Kommentar 2000, Rn. 35; KOPPENSTEINER, § 18, in: ZÖLLNER, Kölner Kommentar 1988, Rn. 29.

54 Die einheitliche Leitung ist somit das gemeinsame Merkmal des Unterordnungs- und des Gleichordnungskonzerns. Vgl. ADLER/DÜRING/SCHMALTZ, § 18, Rechnungslegung und Prüfung 1997, Rn. 16.

Ordnet man den hier betrachteten Untersuchungsgegenstand in Abhängigkeit von der Art seiner rechtlichen Organisation den vorstehend beschriebenen Strukturen zu, dann liegen verschiedene Formen eines internationalen Einheitsunternehmens bzw. eines internationalen Konzerns vor:

- Wird in Frankreich eine Betriebstätte unterhalten, dann besteht ein internationales Einheitsunternehmen.[56] Dies ergibt sich aus der fehlenden rechtlichen Selbständigkeit der (ausländischen) Betriebstätte.[57]
- Sofern in Frankreich eine Personenhandelsgesellschaft oder eine Kapitalgesellschaft unterhalten wird, liegt ein internationaler Konzern vor.[58] Im Gegensatz zur Betriebstätte sind hier die ausländischen Einheiten mit der geforderten rechtlichen Selbständigkeit ausgestattet.[59] Ein (internationaler) Konzern liegt auch dann vor, wenn die Konzernunternehmen nur aus Personenhandelsgesellschaften bestehen.[60] Der hier betrachtete internationale Konzern ist überdies ein Unterordnungskonzern.[61] Wird die Beteiligung an der französischen Gesellschaft im Betriebsvermögen der deutschen Gesellschaft gehalten, so besteht aufgrund der Mehrheitsbeteiligung i.S.d. § 16 AktG an dem französischen Unternehmen ein Abhängigkeitsverhältnis i.S.d. § 17 AktG des französischen von dem deutschen Unternehmen. Da der beherrschende Einfluss auf das französische Unternehmen auch tatsächlich ausgeübt wird – einheitliche Leitung aufgrund der personellen Verflechtung zwischen den Unternehmen –, liegt hier ein Unterordnungskonzern in der Form eines faktischen Konzerns vor. Die Konzerneigenschaft ist auch für den Fall, dass die Beteiligung an der französischen Gesellschaft unmittelbar von den deutschen natürlichen Personen gehalten wird, gegeben. Da die Gesellschafter als natürliche Personen Unternehmenseigenschaft i.S.d. Aktiengesetzes inne haben können,[62] liegt auch hier ein Unterordnungskonzern in der Form eines faktischen Konzerns vor.[63] Allerdings sind in diesem Fall beide Gesellschaften abhängige Unternehmen.[64] [65]

---

55 Vgl. SCHUBERT/KÜTING, Unternehmungszusammenschlüsse 1981, S. 81.

56 Vgl. JACOBS, Internationale Unternehmensbesteuerung 2002, S. 370.

57 Vgl. zur Betriebstätte Kapitel 2.1.2.4.

58 Vgl. GESSLER, § 18, in: GESSLER U.A., Aktiengesetz 1973, Rn. 80. GESSLER weist ausdrücklich darauf hin, dass an einem Konzern auch ausländische Unternehmen beteiligt sein können, und nennt diese Strukturen „internationale Konzerne".

59 Vgl. zur Personenhandelsgesellschaft Kapitel 2.1.2.5, zur Kapitalgesellschaft Kapitel 2.1.2.6.

60 Trotz der Regelung im Aktiengesetz wird der Konzernbegriff als rechtsformneutral betrachtet. Vgl. ADLER/DÜRING/SCHMALTZ, § 18, Rechnungslegung und Prüfung 1997, Rn. 5. EMMERICH/SONNENSCHEIN stellen fest, dass sich Unternehmen beliebiger Rechtsform an einer Unternehmensverbindung beteiligen können und sprechen bezüglich der Personengesellschaften von einem „rudimentären Konzernrecht der Personengesellschaften". Vgl. EMMERICH/SONNENSCHEIN, Konzernrecht 2001, S. 502. KÜTING/WEBER stellen klar heraus, dass für das Vorliegen verbundener Unternehmen nach dem AktG – zu diesen gehören auch Konzernunternehmen – die Rechtsform unbedeutend ist. Rechtsfolgen treten allerdings nur dann ein, wenn mindestens eines der beteiligten Unternehmen in der Rechtsform einer Aktiengesellschaft (AG) oder einer Kommanditgesellschaft auf Aktien (KGaA) geführt wird. Vgl. KÜTING/WEBER, Konzernabschluss 2001, S. 9.

61 In einem Konzern, der nur aus Personen(handels-)gesellschaften besteht bzw. in einem Konzern, in dem eine Personen(handels-)gesellschaft beherrscht wird, sind die nachstehenden Regelungen des Aktiengesetzes grundsätzlich anwendbar. Besonderheiten bestehen hinsichtlich des beherrschenden Einflusses in der Personen(handels-)gesellschaft. Vgl. KLEINDIEK, Strukturvielfalt 1991, S. 4-7.

62 Vgl. IDW, Wirtschaftsprüfer-Handbuch 2000, S. 1892. Auch die Tatsache, dass hier eine Abhängigkeit von mehreren „Unternehmen" – den beiden natürlichen Personen – besteht, bereitet keine Probleme, solange sich – was hier der Fall ist – die Gesellschafter über die gemeinsame Ausübung ihres beherrschenden Einflusses verständigen. Vgl. GESSLER, § 17, in: GESSLER U.A., Aktiengesetz 1973, Rn. 72.

63 Vgl. KOPPENSTEINER, § 18, in: ZÖLLNER, Kölner Kommentar 1988, Rn. 6.

64 Auf die Rechtsfolgen, welche aufgrund des Bestehens eines Unterordnungskonzerns und der Beteiligung mindestens einer AG oder KGaA an diesem Konzern eintreten, wird hier nicht eingegangen. Allerdings sei

Grundsätzlich führt die Beschreibung der rechtlichen Organisation eines internationalen Unternehmens zur Identifizierung von drei Einheiten auf drei verschiedenen Ebenen: die Spitzeneinheit, die Zwischeneinheit und die Grundeinheit.[66] Allerdings sind die in der vorliegenden Arbeit untersuchten Unternehmensstrukturen zweistufig und setzen sich lediglich aus einer Spitzen- und einer Grundeinheit zusammen. Folglich besteht hier nicht – wie bei Zwischeneinheiten üblich – die Möglichkeit, Rechte an ausländischen Einheiten zusammenzufassen[67] und damit verbundene Vorteile auszunutzen.[68] Allerdings würde die Einbeziehung einer Zwischeneinheit nicht dem Stadium der Internationalisierung des betrachteten mittelständischen Unternehmens entsprechen. Darüber hinaus würde die hieraus resultierende Komplexitätssteigerung die Untersuchung erschweren, ohne ihre Aussagekraft zu steigern.

Zur Beschreibung der Einheiten des in der vorliegenden Arbeit betrachteten internationalen Unternehmens wird zunächst auf eine Definition von TELKAMP Bezug genommen. Er definiert die Spitzeneinheit[69] eines internationalen Unternehmens „als das kapitalmäßige, die Herrschaftsrechte über die anderen Einheiten mittelbar oder unmittelbar vereinigende und die einheitliche Leitung der Gesamtunternehmung ausübende Zentrum der internationalen Unternehmung“[70]. Ein wesentliches Merkmal für die Qualifizierung als Spitzeneinheit ist also die Ausübung der einheitlichen Leitung.[71] Beschränkt sich die Spitzeneinheit auf diese Funktion, ohne am Leistungserstellungsprozess mitzuwirken, liegt eine Spitzenholding bzw. eine geschäftsführende Holding[72] vor.[73]

---

auf die Konzernrechnungslegungspflicht hingewiesen, sofern verbundene Unternehmen i.S.d. § 271 Abs. 2 HGB vorliegen. Vgl. zu den Rechtsfolgen BAYER, § 18, in: KROPFF/SEMLER, Münchener Kommentar 2000, Rn. 22-25; KOPPENSTEINER, § 18, in: ZÖLLNER, Kölner Kommentar 1988, Rn. 9. Vgl. ausführlich zur Konzernrechnungslegungspflicht KÜTING/WEBER, Konzernabschluss 2001, S. 69-99. Da ein Konzernabschluss nicht als Steuerbemessungsgrundlage dient, wird der Bereich der Konzernrechnungslegung im Folgenden nicht näher betrachtet.

65 Selbst bei einer Vernachlässigung der Beteiligungsverhältnisse führen die personellen Verflechtungen zwischen den beiden Gesellschaften zur Annahme einer einheitlichen Leitung. Vgl. KOPPENSTEINER, § 18, in: ZÖLLNER, Kölner Kommentar 1988, Rn. 29. Dann wäre aber die französische Gesellschaft der deutschen untergeordnet.

66 Vgl. TELKAMP, Betriebstätte oder Tochtergesellschaft 1975, S. 25. Vgl. zu diesen Begriffen FISCHER, Internationale Unternehmung 1967, S. 60. FISCHER spricht hier von „rechtlichen“ Einheiten. Seine Ausführungen zu den Grundeinheiten verdeutlichen, dass er hiermit nicht die rechtliche Selbständigkeit meint. Vgl. FISCHER, Internationale Unternehmung 1967, S. 67-74. Vgl. zu den verschiedenen Einheiten bzw. Ebenen auch ALBRECHT, Organisationsstruktur 1970, S. 2086; KORMANN, Steuerpolitik 1970, S. 15.

67 Vgl. zur Zusammenfassung wirtschaftlicher Einheiten durch Zwischeneinheiten in vielgliedrigen internationalen Unternehmen KORMANN, Steuerpolitik 1970, S. 18.

68 FISCHER unterscheidet zwischen einer Zwischeneinheit im Land der Spitzeneinheit und einer Zwischeneinheit im Ausland und macht die Gründe für ihre Einschaltung von ihrem Standort abhängig. Vgl. FISCHER, Internationale Unternehmung 1967, S. 62-67. Insbesondere die steuerlichen Gründe, die FISCHER für die Einschaltung einer Zwischeneinheit anführt, können grundsätzlich auch für den hier betrachteten Untersuchungsgegenstand von Bedeutung sein.

69 Im Regelfall findet sich in einem internationalen Unternehmen nur eine Spitzeneinheit. Vgl. hierzu – allerdings bezüglich des internationalen Konzerns – KORMANN, Steuerpolitik 1970, S. 16.

70 TELKAMP, Betriebstätte oder Tochtergesellschaft 1975, S. 29. Dabei weist er auf den steuerlichen Aspekt seiner Definition hin.

71 Vgl. TELKAMP, Betriebstätte oder Tochtergesellschaft 1975, S. 30; WÖHE, Steuerlehre II/2 1996, S. 248. TELKAMP geht nicht näher auf den Begriff der „einheitlichen Leitung“ ein. WÖHE weist hinsichtlich dieses Begriffs darauf hin, dass die Grundeinheiten „in organisatorischer Hinsicht ein integrierter Bestandteil des Unternehmenszusammenschlusses“ (WÖHE, Steuerlehre II/2 1996, S. 248) sind. (WÖHE spricht von einem „internationalen Unternehmenszusammenschluss“, um ein internationales Unternehmen im hier verstandenen Sinn zu bezeichnen.) Vgl. auch KORMANN, Steuerpolitik 1970, S. 15.

72 Vgl. zum Begriff einer „geschäftsführenden Holdinggesellschaft“ ARBEITSKREIS KRÄHE, Konzernorganisation 1964, S. 38.

Eine Grundeinheit eines internationalen Unternehmens ist durch die Unterordnung unter die Spitzeneinheit gekennzeichnet.[74] Diese Unterordnung ergibt sich aus der Ausübung der einheitlichen Leitung durch die Spitzeneinheit.[75] Im Gegensatz zur Spitzeneinheit wirkt eine Grundeinheit aber auf jeden Fall unmittelbar am Leistungserstellungsprozess mit.[76] Außerdem kann sie rechtlich selbständig oder unselbständig sein,[77] wobei die rechtlichen Vorschriften des ausländischen Standorts letztendlich den Rahmen für die konkrete rechtlich-organisatorische Struktur der Grundeinheit vorgeben.[78] In Abhängigkeit von der rechtlichen Selbständigkeit bzw. der nicht vorhandenen rechtlichen Selbständigkeit der Grundeinheit oder der einzelnen Grundeinheiten liegt ein internationaler Konzern bzw. ein internationales Einheitsunternehmen vor.[79]

Eine Zuordnung der vorstehenden Begriffe zu den hier untersuchten Unternehmensstrukturen führt zu folgendem Ergebnis:

- Im Fall des internationalen Einheitsunternehmens bildet die deutsche Personenhandels- bzw. Kapitalgesellschaft die Spitzeneinheit, die französische Betriebstätte die Grundeinheit.
- Bei der Begriffszuordnung im internationalen Konzern muss differenziert werden:
  - Werden die Anteile an der französischen Personenhandels- oder Kapitalgesellschaft im Betriebsvermögen der deutschen Personenhandels- oder Kapitalgesellschaft gehalten, bildet die französische Gesellschaft die Grundeinheit, die deutsche Gesellschaft die Spitzeneinheit.
  - Werden die Anteile an der französischen Gesellschaft lediglich unmittelbar von den deutschen natürlichen Personen gehalten, bleibt die Grundeinheit die Gleiche. Die deutschen natürlichen Personen müssen in ihrer Eigenschaft als Gesellschafter der deutschen Gesellschaft aber zur Spitzeneinheit hinzugerechnet werden. Nur so kann obige Definition erfüllt werden. Die einheitliche Leitung wird zwar schon durch die personelle Verflechtung zwischen den Gesellschaften realisiert, aber erst die von den Gesellschaftern gehaltenen Beteiligungen machen die Einheit aus deutscher Gesellschaft und deutschen Gesellschaftern auch zum kapitalmäßigen Zentrum.[80]

2.1.2.2 Mittelstand

Im Folgenden wird eine Definition eines „mittelständischen Unternehmens“ mit dem Ziel seiner Abgrenzung von einem Großunternehmen erarbeitet. Diese Definition liegt der Determinierung des Untersuchungsgegenstands zugrunde und wirkt sich dadurch auf sämtliche Bereiche der vorliegenden Arbeit aus. Sie liefert oftmals die Begründung für die Ausklammerung oder umgekehrt für die ausführliche Darstellung bestimmter Sachverhalte, denn die Betrachtungsschwerpunkte eines mittelständischen Unternehmens unterscheiden sich insbeson-

---

73 Vgl. FISCHER, Internationale Unternehmung 1967, S. 61.

74 Vgl. TELKAMP, Betriebstätte oder Tochtergesellschaft 1975, S. 31. TELKAMP verdeutlicht, dass die Zahl der Grundeinheiten im Gegensatz zur Spitzeneinheit nicht begrenzt ist. Folglich besteht ein internationales Unternehmen aus einer Spitzeneinheit und mindestens einer Grundeinheit.

75 Vgl. TELKAMP, Betriebstätte oder Tochtergesellschaft 1975, S. 31.

76 Vgl. FISCHER, Internationale Unternehmung 1967, S. 67-68; HABERSTOCK, Steuerplanung 1976, S. 97; KORMANN, Steuerpolitik 1970, S. 17.

77 Vgl. HABERSTOCK, Steuerplanung 1976, S. 97; SEIDEL, Gewinnverschiebungen 1972, S. 26.

78 Vgl. FISCHER, Internationale Unternehmung 1967, S. 60; TELKAMP, Betriebstätte oder Tochtergesellschaft 1975, S. 32.

79 Vgl. HABERSTOCK, Steuerplanung 1976, S. 96-97.

80 Vgl. hierzu auch die Darstellung der Spitzeneinheit in Abbildung 2.

dere im gesellschafts- und steuerrechtlichen Bereich mitunter deutlich von denen eines Großunternehmens.[81]

Der Begriff des „mittelständischen Unternehmens“ ist mit zahlreichen, kaum noch zu überblickenden Definitionsvorschlägen verbunden.[82] Diese sind durch das Heranziehen von quantitativen oder von qualitativen Begriffsmerkmalen oder durch das Kombinieren beider Arten von Begriffsmerkmalen gekennzeichnet.[83] Die hier gebrauchte Definition berücksichtigt sowohl quantitative als auch qualitative Merkmale, wobei Ersteren eine geringere Bedeutung beigemessen wird als Letzteren.[84]

Zur Abgrenzung der Gruppe der mittelständischen Unternehmen kann eine Vielzahl quantitativer Merkmale herangezogen werden.[85] Letztendlich ist die Auswahl der Merkmale und auch ihre Höhe zwar zweckabhängig,[86] dennoch haben sich zwei dieser quantitativen Merkmale in den Definitionen des Begriffs eines „mittelständischen Unternehmens“ durchgesetzt: die Mitarbeiterzahl und der Umsatz eines Unternehmens.[87] Diese werden auch für die in der vorliegenden Arbeit gebrauchte Definition aufgegriffen, wobei die vom INSTITUT FÜR MITTELSTANDSFORSCHUNG für seine Untersuchungen gewählten Grenzen von maximal 499 Mitarbeitern und einem wirtschaftsbereichsabhängigen Umsatz von maximal 100 bzw. 25 Mio. DM[88] relevant sein sollen.[89]

---

81 Die hier vorgenommene Klärung und Definition des Begriffs des „mittelständischen Unternehmens“ stützt sich ausschließlich auf die deutsche Literatur. Hierdurch kommt zum Ausdruck, dass der Ausgangspunkt des Internationalisierungsprozesses des betrachteten Unternehmens in Deutschland liegt.

82 Vgl. MARWEDE, Abgrenzungsproblematik 1983, S. 1. Schon zu Beginn der sechziger Jahre registrierte GANTZEL 190 Definitionen des Begriffs „Mittelstand“. Vgl. GANTZEL, Unternehmung 1962, S. 46. Eine allgemein anerkannte oder eine gesetzliche Definition existieren aber nicht. Vgl. KUSSMAUL, Betriebliche Altersversorgung 1994, S. 1.

83 Vgl. MARWEDE, Abgrenzungsproblematik 1983, S. 9.

84 Folglich könnten Unternehmen, welche die zahlenmäßig festgelegten Grenzen zwar überschritten haben und somit die quantitativen Voraussetzungen nicht erfüllen, aber (fast) alle qualitativen Merkmale aufweisen, noch als mittelständische Unternehmen eingestuft werden. Hier wird der Ansicht des INSTITUTS FÜR MITTELSTANDSFORSCHUNG gefolgt. Vgl. zu dieser Ansicht BMWI, Unternehmensgrößenstatistik 1997, S. 3. Auch BICKEL bevorzugt in seiner Definition des gewerblichen Mittelstands qualitative Merkmale, denn quantitative Merkmale sind seiner Ansicht nach willkürlich. Vgl. BICKEL, Gewerblicher Mittelstand 1981, S. 182. LANZ weist darauf hin, dass quantitative Merkmale aus qualitativen resultieren. Vgl. LANZ, Rechtsform 1978, S. 31.

85 Vgl. BMWI, Unternehmensgrößenstatistik 1997, S. 2. BUSSE VON COLBE gibt einen Überblick über diese Merkmale und gliedert sie dabei in Anlehnung an den betrieblichen Leistungsprozess. Vgl. BUSSE VON COLBE, Planung der Betriebsgröße 1964, S. 35-57.

86 Sie variieren mit dem Gesetzes- bzw. dem Forschungszweck. Vgl. WOSSIDLO, in: WITTMANN U.A., Handwörterbuch der Betriebswirtschaft 1993, Sp. 2892.

87 Vgl. REIS, Finanzmanagement 1999, S. 13. BUSSIEK kommt zum gleichen Ergebnis, allerdings nur für Handwerks- und Industrieunternehmen. Vgl. BUSSIEK, Informationsmanagement im Mittelstand 1994, S. 16. Das INSTITUT FÜR MITTELSTANDSFORSCHUNG sieht im Heranziehen dieser beiden Größenindikatoren nicht nur ein pragmatisches, sondern auch ein weltweit angewandtes Verfahren. Vgl. BMWI, Unternehmensgrößenstatistik 1997, S. 2. PFOHL weist auch auf die Größenindikatoren des HGB und der Europäischen Kommission hin. Vgl. PFOHL, in: PFOHL, Betriebswirtschaftslehre 1997, S. 17. § 267 HGB nennt für die größenmäßige Einordnung von Kapitalgesellschaften neben dem Umsatz und der Mitarbeiterzahl auch die Bilanzsumme. Die Europäische Kommission betrachtet darüber hinaus die Unabhängigkeit eines Unternehmens, welche durch eine Beteiligungshöchstgrenze von Großunternehmen an diesem Unternehmen quantifiziert wird, als weiteren Indikator. Vgl. O.V., Definition KMU 1996, S. 591.

88 Bei der Erstellung des in Fn. 89 angeführten Berichts wurden noch DM-Beträge angesetzt. Die entsprechenden EUR-Beträge belaufen sich auf 51,13 Mio. EUR und 12,78 Mio. EUR.

89 Vgl. BMWI, Unternehmensgrößenstatistik 1997, S. 15.

Auch im qualitativen Bereich beinhalten die bestehenden Definitionen eines mittelständischen Unternehmens eine Vielzahl von Merkmalen.[90] Für die vorliegende Arbeit sollen WOSSIDLO folgend die nachstehenden qualitativen Merkmale Gültigkeit haben:[91]

- Das Unternehmen muss rechtlich selbständig sein.[92]
- Eine natürliche Person oder ein kleiner Kreis natürlicher Personen sind die Mehrheitseigentümer des Unternehmens.
- Mindestens einer der Eigentümer ist entscheidend an der Leitung des Unternehmens beteiligt.[93]
- Die wirtschaftliche Existenz mindestens eines Eigentümers ist von dem Unternehmen abhängig.[94]

2.1.2.3 Gewerbliche Tätigkeit

Das internationale Unternehmen, welches den Untersuchungsgegenstand der vorliegenden Arbeit bildet, soll in seiner deutschen Spitzen- und in seiner französischen Grundeinheit einer gewerblichen Tätigkeit nachgehen, wobei weiterhin eine Festlegung auf eine produzierende Tätigkeit besteht. Erst diese Festlegung macht die nachfolgenden rechtlichen Einordnungen möglich. Sie sind nötig, weil das Vorliegen einer gewerblichen Tätigkeit zahlreiche handels-, gesellschafts- und steuerrechtliche Folgen hat.

Im deutschen Handelsrecht ist das Vorliegen einer gewerblichen Tätigkeit aufgrund der Verknüpfung mit dem Kaufmannsbegriff von zentraler Bedeutung. § 1 HGB definiert den Anknüpfungspunkt des Handelsrechts:[95] „Kaufmann im Sinne dieses Gesetzbuchs ist, wer ein Handelsgewerbe betreibt. Handelsgewerbe ist jeder Gewerbebetrieb, es sei denn, dass das Unternehmen nach Art oder Umfang einen in kaufmännischer Weise eingerichteten Geschäftsbetrieb nicht erfordert".[96] Das Ausüben einer gewerblichen Tätigkeit führt also grundsätzlich zur Kaufmannseigenschaft und somit zur Anwendbarkeit des Handelsrechts,[97] mit der

---

90 Eine umfassende überblicksartige Darstellung qualitativer Merkmale mittelständischer Unternehmen gegliedert nach Unternehmensfunktionen liefert PFOHL, in: PFOHL, Betriebswirtschaftslehre 1997, S. 19-22.

91 Vgl. WOSSIDLO, in: WITTMANN U.A., Handwörterbuch der Betriebswirtschaft 1993, Sp. 2890.

92 Eine Betriebstätte kann somit kein mittelständisches Unternehmen sein. Vgl. WOSSIDLO, in: WITTMANN U.A., Handwörterbuch der Betriebswirtschaft 1993, Sp. 2890. Dies schließt aber nicht aus, dass das mittelständische Unternehmen Betriebstätten unterhält und somit das (internationale) Einheitsunternehmen als Ganzes diese Definitionsanforderung erfüllt.

93 Diesem qualitativen Merkmal wird in zahlreichen Definitionen eines mittelständischen Unternehmens zentrale, zumindest aber große Bedeutung beigemessen. Vgl. BICKEL, Gewerblicher Mittelstand 1981, S. 182; BMWI, Unternehmensgrößenstatistik 1997, S. 3; GRUHLER, Wirtschaftsfaktor Mittelstand 1994, S. 21; KUSSMAUL, in: BÜNZ/HEINSIUS, Praxishandbuch Familiengesellschaften 1999, Rn. 3; ZEITEL, Perspektiven 1986, S. 416.

94 Letztendlich kommen in den vorstehenden Merkmalen die beiden von GANTZEL identifizierten Grundmerkmale eines mittelständischen Unternehmens zum Ausdruck. Zum einen nennt er die zentrale Stellung der Persönlichkeit des Unternehmers, zum anderen spricht er vom „personalen Wirtschaftsprinzip" und meint damit, dass der Mensch und nicht das Kapital im Unternehmen im Vordergrund steht. Vgl. GANTZEL, Unternehmung 1962, S. 279.

95 Vgl. KLUNZINGER, Handelsrecht 2003, S. 1.

96 Folgerichtig wird das Handelsrecht als das „Sonderprivatrecht der Kaufleute" bezeichnet. Vgl. m.w.N. CANARIS, Handelsrecht 2000, S. 1. Hierdurch soll angedeutet werden, dass das Handelsrecht auf dem Zivilrecht, insbesondere auf dem Bürgerlichen Gesetzbuch aufbaut und dessen Vorschriften teilweise ergänzt, teilweise abändert. Vgl. BÜLOW, Handelsrecht 2001, S. 1.

97 Ausnahmen bestehen für solche Gewerbetreibende, bei denen der in § 1 Abs. 2 HGB geforderte in kaufmännischer Weise eingerichtete Geschäftsbetrieb nicht erforderlich ist. Ihr Gewerbe erreicht also einen bestimmten Größenzuschnitt nicht und ist somit kein Handelsgewerbe. Vgl. BÜLOW, Handelsrecht 2001, S. 7. Infol-

Folge, dass beispielsweise die Rechtsgeschäfte eines Kaufmanns dem Handelsrecht unterliegen[98] und dass er den handelsrechtlichen Buchführungs- und Rechnungslegungsvorschriften nachkommen muss.[99]

Eine Definition des Gewerbebegriffs ist im HGB nicht enthalten.[100] Allerdings haben sich in Rechtsprechung und Lehre Kriterien herausgebildet, welche für das Vorliegen einer gewerblichen Tätigkeit sprechen.[101] Demnach muss eine nach außen erkennbare, selbständige, legale, dauerhafte, mit Gewinnerzielungsabsicht verfolgte Tätigkeit vorliegen, welche weder zu den freien Berufen, noch zur Land- und Forstwirtschaft zählt.[102] Die produzierende bzw. industrielle Tätigkeit der deutschen Spitzeneinheit weist diese Eigenschaften auf.[103] Somit ist die Kaufmannseigenschaft der deutschen Gesellschaft gegeben. Im Folgenden muss bezüglich des Zustandekommens dieser Kaufmannseigenschaft differenziert werden.

Im gesellschaftsrechtlichen Bereich ist das Vorliegen einer gewerblichen Tätigkeit lediglich für die Spitzeneinheit in der Rechtsform einer Personenhandelsgesellschaft[104] von Bedeutung. Die zu den Personenhandelsgesellschaften zählenden Rechtsformen können grundsätzlich nur angenommen werden, wenn ein Handelsgewerbe betrieben wird.[105] Somit ergibt sich die Kaufmannseigenschaft der Personenhandelsgesellschaften aus dem zwangsläufigen Betrieb eines Handelsgewerbes.[106] Bei Kapitalgesellschaften[107] wird der Betrieb eines Handelsgewer-

---

gedessen werden sie als „Kleingewerbetreibende" bezeichnet. Vgl. KINDLER, § 1, in: BOUJONG/EBENROTH/JOOST, Handelsgesetzbuch 2001, Rn. 2. Wann ein in kaufmännischer Weise eingerichteter Geschäftsbetrieb vorliegt, ist gesetzlich nicht definiert. Ausschlaggebend ist das Gesamtbild. Vgl. HOPT, Handelsgesetzbuch 2000, § 1, Rn. 23; NICKEL, § 1, in: ENSTHALER: Handelsgesetzbuch 1999, Rn. 17. Die gesetzliche Unterscheidung zwischen Muss- und Minderkaufmann existiert nicht mehr. Vgl. WÖHE/KUSSMAUL, Buchführung und Bilanztechnik 2002, S. 21.

98 „Handelsgeschäfte sind alle Geschäfte eines Kaufmanns, die zum Betriebe seines Handelsgewerbes gehören" (§ 343 HGB).

99 Dies ergibt sich aus den Regelungen des dritten Buchs des HGB. Vgl. §§ 238-342a HGB.

100 Vgl. HOPT, Handelsgesetzbuch 2000, § 1, Rn. 11; KLUNZINGER, Handelsrecht 2003, S. 48; NICKEL, § 1, in: ENSTHALER: Handelsgesetzbuch, Rn. 2a; RUSS, § 1, in: GLANEGGER U.A., Handelsgesetzbuch 2002, Rn. 28.

101 Vgl. NICKEL, § 1, in: ENSTHALER: Handelsgesetzbuch 1999, Rn. 2a.

102 Vgl. KLUNZINGER, Handelsrecht 2003, S. 49. KLUNZINGER macht aber auf den streitigen Charakter der Legalität aufmerksam. CANARIS weist auch ausdrücklich darauf hin, dass die Legalität und darüber hinaus die Gewinnerzielungsabsicht zumindest umstritten sind. Er zählt sie zur Gruppe der unwesentlichen Merkmale. Vgl. CANARIS, Handelsrecht 2000, S. 27-28. Vgl. auch BÜLOW, Handelsrecht 2001, S. 8-9; HOPT, Handelsgesetzbuch 2000, § 1, Rn. 12; KINDLER, § 1, in: BOUJONG/EBENROTH/JOOST, Handelsgesetzbuch 2001, Rn. 9; NICKEL, § 1, in: ENSTHALER: Handelsgesetzbuch 1999, Rn. 2b-8; SCHMIDT, Handelsrecht 1999, S. 280-281. Vgl. ausführlich zu den einzelnen Kriterien statt vieler KINDLER, § 1, in: BOUJONG/EBENROTH/JOOST, Handelsgesetzbuch 2001, Rn. 20-38.

103 Eine industrielle Tätigkeit wird als gewerblich eingestuft. Vgl. BÜLOW, Handelsrecht 2001, S. 9.

104 Zu den Personenhandelsgesellschaften gehören die offene Handelsgesellschaft (OHG) und die Kommanditgesellschaft (KG). Vgl. hierzu ausführlich Kapitel 2.1.2.5.

105 Vgl. für die OHG § 105 Abs. 1 HGB; für die KG § 161 Abs. 1 HGB. § 105 Abs. 2 HGB ermöglicht aber auch gewerblichen Gesellschaften, bei denen ein in kaufmännischer Weise eingerichteter Geschäftsbetrieb nicht vorliegt – „kleingewerblichen Unternehmen" (vgl. zu diesem Begriff statt vieler KINDLER, § 1, in: BOUJONG/EBENROTH/JOOST, Handelsgesetzbuch 2001, Rn. 7) –, die Annahme der Rechtsform einer OHG. Voraussetzung ist die Eintragung ins Handelsregister. Dies gilt auch für die KG. Vgl. JACOBS, Unternehmensbesteuerung 2002, S. 21 und 28. Eine Ausnahme bilden auch die vermögensverwaltenden Gesellschaften, welche wie die kleingewerblichen Unternehmen durch Handelsregistereintragung zu Personenhandelsgesellschaften werden (§ 105 Abs. 2 HGB). (Das Handelsregister ist ein Verzeichnis aller Unternehmen mit Kaufmannseigenschaft. Es wird vom Amtsgericht geführt und erfasst alle Unternehmen eines Amtsgerichtsbezirks. Vgl. MEMENTO VERLAG AG, Gesellschaftsrecht 2002, Rn. 690-691.)

106 Vgl. CANARIS, Handelsrecht 2000, S. 45.

107 Zu den Kapitalgesellschaften zählen die AG, die KGaA und die Gesellschaft mit beschränkter Haftung (GmbH). Vgl. hierzu ausführlich Kapitel 2.1.2.6.

bes nicht gefordert.[108] Sie sind unabhängig von der Art ihrer Geschäfte Formkaufleute gem. § 6 HGB.[109]

Im Steuerrecht findet sich im Gegensatz zum Handels- bzw. Gesellschaftsrecht eine gesetzliche Fixierung des Gewerbebegriffs. § 15 Abs. 2 Satz 1 EStG definiert einen Gewerbebetrieb als eine „selbständige nachhaltige Betätigung, die mit der Absicht, Gewinn zu erzielen, unternommen wird und sich als Beteiligung am allgemeinen wirtschaftlichen Verkehr darstellt".[110] Auch hier erfolgt eine Abgrenzung von der Land- und Forstwirtschaft und von anderen selbständigen Tätigkeiten, insbesondere den freien Berufen.[111] Eine Übereinstimmung mit dem handelsrechtlichen Gewerbebegriff ist zwar nicht gegeben,[112] die Tätigkeit der im Folgenden betrachteten Spitzeneinheit wird steuerlich aber unstreitig als gewerblich eingestuft werden. Die Gründe für das Vorliegen einer gewerblichen Tätigkeit im steuerlichen Sinn sind unterschiedlich. Hier muss wieder nach den Rechtsformen der Personenhandelsgesellschaften und der Kapitalgesellschaften differenziert werden. Erstere müssen – und dies ist in dem betrachteten Fall einer produzierenden Tätigkeit gegeben – die Kriterien des § 15 Abs. 2 EStG erfüllen. Letztere sind auch hier unabhängig von ihrer eigentlichen Tätigkeit Gewerbebetriebe im steuerlichen Sinn.[113] Die steuerlichen Folgen dieser Einordnung zeigen sich beispielsweise bei der Art der Ermittlung der Einkünfte und bei der Gewerbesteuer hinsichtlich des Umstands, dass die Steuer überhaupt erhoben wird.[114]

Eine Analyse des Gewerbebegriffs im französischen Handels-, Gesellschafts- und Steuerrecht zeigt gleich zu Anfang einen konzeptionellen Unterschied zwischen dem deutschen und dem französischen Rechtsbereich. Im Gegensatz zum deutschen Handelsrecht, welches als Sonderrecht bzw. Sonderprivatrecht der Kaufleute konzipiert wurde, ist das französische Handelsrecht als das Sonderrecht bestimmter Rechtsgeschäfte – der „Handelsgeschäfte" („actes de commerce") – gestaltet worden. Aus diesem Grund wird dem deutschen Handelsrecht ein subjektiver, dem französischen ein objektiver Charakter zugesprochen.[115] Letztendlich wer-

---

108 Vgl. CANARIS, Handelsrecht 2000, S. 47.

109 Vgl. KLUNZINGER, Handelsrecht 2003, S. 56.

110 Vgl. ausführlich zu den einzelnen Merkmalen statt vieler MEMENTO VERLAG AG, Steuerrecht 2002, Rn. 510-514.

111 Außerdem kann die Gewinnerzielungsabsicht auch Nebenzweck sein (§ 15 Abs. 2 Satz 3 EStG).

112 Vgl. BFH vom 2.11.1971, BStBl. II 1972, S. 360. In seiner Entscheidung sieht der BFH keine wesentliche Beeinflussung des steuerlichen Gewerbebegriffs durch nichtsteuerliche Bereiche. Demnach kann nicht von einer Übereinstimmung des handels- und des steuerrechtlichen Gewerbebegriffs ausgegangen werden. Vgl. darüber hinaus HOPT, Handelsgesetzbuch 2000, § 1, Rn. 11. Vgl. auch CANARIS, Handelsrecht 2000, S. 24; KINDLER, § 1, in: BOUJONG/EBENROTH/JOOST, Handelsgesetzbuch 2001, Rn. 19; RUSS, § 1, in: GLANEGGER U.A., Handelsgesetzbuch 2002, Rn. 28.

113 Dies ergibt sich zum einen aus § 8 KStG: „Bei Steuerpflichtigen, die nach den Vorschriften des Handelsgesetzbuchs zur Führung von Büchern verpflichtet sind, sind alle Einkünfte als Einkünfte aus Gewerbebetrieb zu behandeln" (§ 8 Abs. 2 KStG – die handelsrechtliche Buchführungspflicht resultiert aus der Formkaufmannseigenschaft und aus § 238 Abs. 1 HGB). Diese Regelung betrifft aber nicht die Personenhandelsgesellschaften, denn sie sind aufgrund von § 1 Abs. 1 KStG nicht körperschaftsteuerpflichtig und werden somit nicht von den Vorschriften des KStG erfasst. Zum anderen ergibt sich dies auch aus § 2 GewStG: „Als Gewerbebetrieb gilt stets und in vollem Umfang die Tätigkeit der Kapitalgesellschaften" (§ 2 Abs. 2 Satz 1 GewStG).

114 Vgl. hierzu ausführlich Kapitel 6.

115 Vgl. hierzu SONNENBERGER, Handels- und Wirtschaftsrecht 1991, Rn. II 1. Bestimmte Rechtsgeschäfte sind also auch dann Handelsgeschäfte, wenn sie von Privatpersonen vorgenommen werden (so genannte „actes de commerce par la forme"). Vgl. HÜBNER/CONSTANTINESCO, Recht 2001, S. 238. VOGEL weist auf einen möglichen Zusammenhang zwischen dem objektiven Charakter des französischen Handelsrechts und dem Gleichheitsgedanken der französischen Revolution hin, den manche Autoren entdecken. Gleichzeitig zeigt er, dass auch Elemente einer subjektiven Konzeption enthalten sind. Vgl. VOGEL, Droit commercial 2002, Rn. 6. KORT geht darauf ein, dass in der Literatur zum französischen Gesellschaftsrecht immer öfter der

den diese Handelsgeschäfte aber vor allem zur Bestimmung der Kaufmannseigenschaft herangezogen.[116] Dabei erfolgt eine Orientierung an den in Art. L. 110-1 und L. 110-2 C. com.[117] aufgeführten Handelsgeschäften.[118] Kaufmann ist, wer diese Handelsgeschäfte berufsmäßig betreibt.[119] Diese Berufsmäßigkeit ist dann gegeben, wenn die Tätigkeit regelmäßig, mit einem Mindestmaß an Organisation, mit Gewinnerzielungsabsicht sowie auf eigenen Namen und auf eigene Rechnung ausgeführt wird.[120] Im Ergebnis findet man also im HGB und im C. com. den Kaufmann kraft Handelsgewerbes,[121] woraus – wie auch im deutschen Handelsrecht – zahlreiche Konsequenzen – beispielsweise die Pflicht zur Buchführung und Rechnungslegung –[122] resultieren.[123]

Für den gesellschaftsrechtlichen Bereich der vorliegenden Arbeit ist – mit Blick auf die französischen Rechtsformen – das tatsächliche Vorliegen einer Tätigkeit, die zur Kaufmannseigenschaft führt, grundsätzlich nicht erforderlich, denn die Rechtsformen der Personenhandelsgesellschaften[124] und der Kapitalgesellschaften[125], die in der Folge betrachtet werden, zählen unabhängig vom Gegenstand des jeweiligen Unternehmens zu den Handelsgesellschaften.[126] Ihre Kaufmannseigenschaft resultiert also – wie bei den deutschen Kapitalgesellschaften – aus der Rechtsform.[127]

Mischcharakter – das Vorhandensein objektiver und subjektiver Elemente – des französischen Handelsrechts herausgestellt wird. Vgl. KORT, Begriff des Kaufmanns 1993, S. 466-467.

116 Vgl. SONNENBERGER, Handels- und Wirtschaftsrecht 1991, Rn. II 47.

117 Das französische Handelsrecht ist im Code de commerce (C. com.), der im Jahr 2000 neu gefasst wurde, kodifiziert. Die Neufassung war notwendig geworden, weil zahlreiche Vorschriften in speziellen Gesetzen – beispielsweise im Gesetz über die Handelsgesellschaften (loi n° 66-537 vom 24.7.1966) und im Insolvenzgesetz (loi n° 85-98 vom 25.1.1985) – verstreut waren und der C. com. somit erheblich an Bedeutung verloren hatte. Die Einbeziehung dieser Spezialgesetze und die Neufassung des C. com. erfolgten unter der Prämisse, das materielle Recht unverändert zu lassen. Vgl. HÜBNER/CONSTANTINESCO, Recht 2001, S. 235-236.

118 Eine allgemeine Definition des Begriffs der „Handelsgeschäfte" – bzw. des „Handelsgewerbes", wie sie in § 1 Abs. 2 HGB vorkommt – ist im C. com. nicht enthalten. Vgl. HÜBNER/CONSTANTINESCO, Recht 2001, S. 238; KORT, Begriff des Kaufmanns 1993, S. 465. Die Liste der Handelsgeschäfte in Art. L. 110-1 und L. 110-2 C. com. ist nicht abschließend. Letztendlich muss die Rechtsprechung über eine Zuordnung zu den Handelsgeschäften entscheiden. Vgl. VOGEL, Droit commercial 2002, Rn. 127-128.

119 Dies ergibt sich aus Art. L. 121-1 C. com. Vgl. SONNENBERGER/AUTEXIER, Französisches Recht 2000, S. 185. Vgl. auch VOGEL, Droit commercial 2002, Rn. 8.

120 Vgl. SONNENBERGER/AUTEXIER, Französisches Recht 2000, S. 185. Ein Mindestmaß an Organisation im Sinne eines Unternehmens, das einen bestimmten organisatorischen Rahmen vorgibt, muss nicht in jedem Fall gegeben sein. Das Ausüben einer den Lebensunterhalt sichernden Tätigkeit kann ausreichend sein. Vgl. PÉDAMON, Droit commercial 2000, Rn. 78. Vgl. auch LEGEAIS, Droit commercial 2001, Rn. 59-60; MESTRE/PANCRAZI, Droit commercial 2001, Rn. 142.

121 Vgl. KORT, Begriff des Kaufmanns 1993, S. 480; SONNENBERGER, Handels- und Wirtschaftsrecht 1991, Rn. II 48. Die Kaufmannsbegriffe sind aber nicht identisch. So zählen beispielsweise im französischen Handelsrecht kleine Handwerker nicht zu den Kaufleuten. Erst wenn ihre Tätigkeit bestimmte Grenzen überschreitet, werden sie zu solchen. Vgl. VOGEL, Droit commercial 2002, Rn. 191-192.

122 Dies ergibt sich aus Art. L. 123-12 C. com.

123 Vgl. zu den Rechten und Pflichten eines Kaufmanns MESTRE/PANCRAZI, Droit commercial 2001, Rn. 161-166. Außerdem hat das Vorliegen von Handelsgeschäften – wie bereits gezeigt sind diese mit einer gegebenen Kaufmannseigenschaft untrennbar verbunden – zahlreiche Konsequenzen für diese Geschäfte selbst. Vgl. zu diesen Konsequenzen HÜBNER/CONSTANTINESCO, Recht 2001, S. 238.

124 Hierzu zählen die „société en nom collectif" (SNC) und die „société en commandite simple" (SCS). Vgl. hierzu ausführlich Kapitel 2.1.2.5.

125 Zu ihnen werden in der vorliegenden Arbeit die „société anonyme" (SA), die „société en commandite par actions" (SCA), die „société à responsabilité limitée" (SARL) und die „société par actions simplifiée" (SAS) gerechnet. Vgl. hierzu ausführlich Kapitel 2.1.2.6.

126 Dies ergibt sich aus Art. L. 210-1 Abs. 2 C. com.

127 Vgl. PÉDAMON, Droit commercial 2000, Rn. 100.

Abschließend muss noch der französische steuerliche Gewerbebegriff betrachtet werden. Zwar finden sich auch im französischen Steuerrecht Einkünfte aus Gewerbebetrieb,[128] allerdings fehlt hier eine Definition des Gewerbebegriffs, wie sie im deutschen Steuerrecht enthalten ist.[129] In der Literatur zum französischen Steuerrecht und in den Verwaltungsanweisungen der französischen Finanzverwaltung wird aber ebenfalls gefordert, dass die Tätigkeit nachhaltig, selbständig und mit Gewinnerzielungsabsicht verfolgt werden muss und weder landwirtschaftlicher noch freiberuflicher Natur sein darf.[130] Ein Vergleich des steuerlichen Gewerbebegriffs, welcher bei der Abgrenzung der gewerblichen Einkünfte zur Anwendung kommt, mit dem handelsrechtlichen, welcher für die Bestimmung der Kaufmannseigenschaft herangezogen wird, zeigt, dass der steuerliche Begriff weiter und uneinheitlicher als der handelsrechtliche ist.[131] Hinsichtlich der Bedeutung des steuerlichen Gewerbebegriffs muss – wie auch in Deutschland – zwischen Personenhandels- und Kapitalgesellschaften unterschieden werden. Personenhandelsgesellschaften erzielen gewerbliche Einkünfte, wenn diese tatsächlich aus dem gewerblichen Bereich stammen.[132] Dies ist aufgrund der produzierenden Tätigkeit der in der vorliegenden Arbeit betrachteten Personenhandelsgesellschaft gegeben.[133] Bei Gesellschaften, die der „impôt sur les sociétés"[134] unterliegen, also insbesondere Kapitalgesellschaften,[135] kommen ohnehin grundsätzlich die Vorschriften zur Ermittlung der gewerblichen Einkünfte zur Anwendung.[136] Somit wirkt sich auch hier die Erfassung durch den steuerlichen Gewerbebegriff auf die Art der Einkünfteermittlung aus. Anders als im deutschen Steuerrecht wird aber keine spezielle Ertragsteuer im gewerblichen Bereich erhoben.[137]

---

128 Im „Code général des impôts" (CGI) tragen sie die Bezeichnung „bénéfices industriels et commerciaux". (Im CGI ist das materielle französische Steuerrecht kodifiziert. Vgl. hierzu Kapitel 4.1.)

129 In Art. 34 CGI wird lediglich aufgezählt, dass bei den gewerblichen Einkünften die Gewinne einer natürlichen Person aus der Ausübung eines Handels-, Industrie- oder Handwerksberufs erfasst werden.

130 Vgl. DUTHILLEUL, Anh., in: DEBATIN/WASSERMEYER, Doppelbesteuerung 2002, Rn. 61. Vgl. ohne den Hinweis auf den landwirtschaftlichen bzw. freiberuflichen Bereich LEFEBVRE, Fiscal 2002, Rn. 511. Von der Finanzverwaltung werden diese Kriterien in doc. adm. 4 F 1111 vom 7.7.1998, Rn. 11 genannt.

131 Grundsätzlich wird auf die handelsrechtliche Abgrenzung zurückgegriffen. Allerdings erfasst Art. 34 Abs. 1 CGI sämtliche handwerklichen Einkünfte. Darüber hinaus werden in Art. 34 Abs. 2 und Art. 35-I CGI noch zahlreiche Tätigkeiten als gewerblich eingestuft, welche handelsrechtlich nicht zur Kaufmannseigenschaft führen würden. Vgl. COZIAN, Précis de fiscalité 2002, Rn. 140-143. Vgl. auch GROSCLAUDE/MARCHESSOU, Droit fiscal 2001, Rn. 106-109. Auch hinsichtlich des Begriffs „commercial" muss zwischen Handels- und Steuerrecht differenziert werden. Während „commercial" handelsrechtlich für „handelsgewerblich" steht, wird die gleiche Bezeichnung steuerrechtlich lediglich im Sinne von „auf den Handel bezogen" gebraucht. Die aus der Ausübung eines Handelsberufs stammenden Gewinne bilden somit nur einen Teil der gewerblichen Einkünfte.

132 Vgl. MERCADAL/JANIN, Mémento Sociétés Commerciales 2002, Rn. 3503; TILLMANNS, in: HOHLOCH, Gesellschaftsrecht 2001, Rn. 86. Vgl. für die SNC COZIAN/VIANDIER/DEBOISSY, Droit des Sociétés 2002, Rn. 1470; MESTRE/VELARDOCCHIO, Lamy Sociétés Commerciales 2002, Rn. 2542. Die Gewinnermittlung einer Personen-, insbesondere einer Personenhandelsgesellschaft, erfolgt grundsätzlich auf der Ebene der Gesellschaft nach den Regelungen der relevanten Einkunftsart. Vgl. LEFEBVRE, Fiscal 2001, Rn. 3312. Vgl. hierzu aber auch Kapitel 4.2.1.2.3.

133 Vgl. LEFEBVRE, Fiscal 2002, Rn. 511.

134 Die „impôt sur les sociétés" (IS) ist die französische Körperschaftsteuer. Vgl. hierzu ausführlich Kapitel 4.2.2.

135 Vgl. hierzu Kapitel 4.2.2.1.

136 Vgl. GROSCLAUDE/MARCHESSOU, Droit fiscal 2001, Rn. 103; MERCIER/PLAGNET, Impôts 2002, Rn. 130.

137 Die „taxe professionnelle" betrifft neben den Gewerbetreibenden auch die freien Berufe und ist gewinnunabhängig. Vgl. hierzu ausführlich Kapitel 4.3.1.

2.1.2.4 Betriebstätte

Bei der Beschreibung der Struktur des Untersuchungsgegenstands der vorliegenden Arbeit wurde festgelegt, dass die französische Grundeinheit des betrachteten internationalen Unternehmens hinsichtlich des durchzuführenden Steuerbelastungsvergleichs auch die Form einer Betriebstätte annehmen kann. Folglich muss nicht nur der Begriff der „Betriebstätte" erläutert werden. Darüber hinaus ist zu untersuchen, ob der Untersuchungsgegenstand bezüglich seiner französischen Grundeinheit, welche in diesem Fall eine rechtlich unselbständige Einheit eines internationalen Unternehmens des produzierenden Gewerbes darstellt, von dem deutschen, dem französischen und dem abkommensrechtlichen Betriebstättenbegriff erfasst wird. Hierdurch soll geklärt werden, ob hinsichtlich der Anwendung von Regelungen des deutschen Außensteuerrechts nach deutschem Steuerrecht eine Betriebstätte besteht. Ferner ist zu prüfen, ob nach französischem Steuerrecht eine Betriebstätte vorliegt und somit in Frankreich ein Besteuerungsrecht besteht. Schließlich muss noch eine mögliche Einschränkung des französischen Besteuerungsrechts durch Regelungen des deutsch-französischen Doppelbesteuerungsabkommens[138] ausgeschlossen werden.[139]

Der Begriff der „Betriebstätte" existiert weder im Handels- noch im Gesellschaftsrecht,[140] sondern er findet sich lediglich im steuerlichen Bereich.[141] Dort bezeichnet er in seiner allgemeinen Form eine feste Geschäftseinrichtung, in der die Tätigkeit eines Unternehmens ganz oder teilweise ausgeübt wird.[142] Es handelt sich bei der Betriebstätte also um einen Unternehmensteil mit wirtschaftlicher, aber ohne rechtliche Selbständigkeit.[143] Da der Betriebstättenbegriff im Gesellschaftsrecht nicht enthalten ist, unterscheidet er sich zwangsläufig vom Begriff der dort geregelten „Rechtsformen".[144] Er orientiert sich nicht am Zivilrecht, sondern an tatsächlichen Verhältnissen.[145]

Der Betriebstättenbegriff taucht sowohl im nationalen Steuerrecht als auch im Abkommensrecht auf.[146] Allerdings erfüllt er jeweils andere Funktionen.

Im deutschen Steuerrecht dient er der Begründung des Besteuerungsrechts des deutschen Staats.[147] Im französischen Steuerrecht dient er der Abgrenzung der Körperschaftsteuerpflicht.

---

138 Doppelbesteuerungsabkommen (DBA) sollen eine internationale Doppelbesteuerung vermeiden oder wenigstens verringern. Durch Verteilungs- und Verzichtsnormen wird die Besteuerung im Fall der Überschneidung der Steueransprüche zweier Staaten geregelt. Vgl. JACOBS, Internationale Unternehmensbesteuerung 2002, S. 36. Vgl. grundsätzlich zum deutsch-französischen Doppelbesteuerungsabkommen (DBA-D/F) Kapitel 4.1.

139 Die steuerlichen Folgen des Vorliegens einer Betriebstätte in den verschiedenen Bereichen werden insbesondere in Kapitel 6 beschrieben.

140 Vgl. ROSE, Grundzüge 2000, S. 30. Im Handelsrecht taucht in § 13 HGB lediglich der enger gefasste Begriff der Zweigniederlassung auf. Vgl. SCHRÖDER, in: MÖSSNER, Steuerrecht 1998, Rn. C 1-C 2.

141 Vgl. DOUVIER, Fiscalité Internationale 1996, Rn. 241; ROSE, Grundzüge 2000, S. 30.

142 Vgl. TELKAMP, Betriebstätte oder Tochtergesellschaft 1975, S. 77.

143 Vgl. BARANOWSKI, Beste uerung 1996, Rn. 213; JACOBS, Internationale Unternehmensbesteuerung 2002, S. 369-370; SCHEFFLER, Gre nzüberschreitende Unternehmenstätigkeit 2002, S. 173. Vgl. auch DOUVIER, Fiscalité Internationale 1996, Rn. 241.

144 Vgl. zum Begriff „Rechtsform" Fn. 34.

145 Vgl. TELKAMP, Betriebstätte oder Tochtergesellschaft 1975, S. 76. Vgl. auch ROSE, Grundzüge 2000, S. 30.

146 Vgl. BREITHECKER, Internationale Steuerlehre 2002, S. 271; GROTHERR/HERFORT/STRUNK, Internationales Steuerrecht 1998, S. 465.

147 Er kommt aber nicht nur bei internationalen, sondern auch bei rein nationalen Sachverhalten zur Anwendung. Vgl. GROTHERR/HERFORT/STRUNK, Internationales Steuerrecht 1998, S. 464-465; KLUGE, Internationales Steuerrecht 2000, S. 496. In seiner nationalen Funktion wird der Betriebstättenbegriff u.a. bei der Aufteilung der Gewerbesteuer eines Unternehmens mit rechtlich unselbständigen Untereinheiten auf verschiedene Gemeinden herangezogen. Vgl. ROSE, Ertragsteuern 2001, S. 169. Vgl. auch AX/GROSSE/MELCHIOR,

Dies ergibt sich aus dem Umstand, dass für diese in Frankreich nicht das Universalitäts-, sondern das Territorialitätsprinzip gilt.[148] Letztendlich liegt die Funktion des französischen Betriebstättenbegriffs also auch in der Begründung eines Besteuerungsrechts, in diesem Fall dem des französischen Staats.

In den DBA dient er der Aufteilung des Besteuerungsrechts der Vertragsstaaten.[149] Folglich kann das Besteuerungsrecht eines Staates durch DBA-Regelungen eingeschränkt werden, denn die abkommensrechtlichen Regelungen gehen den nationalen Regelungen vor.[150]

Untersucht man den Begriff der „Betriebstätte" im deutschen Steuerrecht, so stößt man zunächst auf die allgemeine Definition in § 12 Satz 1 AO.[151] Demnach ist eine Betriebstätte „jede feste Geschäftseinrichtung oder Anlage, die der Tätigkeit eines Unternehmens dient".[152] Hieraus können vier kumulativ zu erfüllende Tatbestandsmerkmale abgeleitet werden: Es muss eine **feste Geschäftseinrichtung** oder Anlage vorhanden sein, die der **Verfügungsmacht** eines Unternehmens unterliegt und dem **Tätigkeitsbereich** dieses Unternehmens **nachhaltig** dient.[153] § 12 Satz 2 AO enthält einen Katalog mit Beispielen typischer Betriebstätten, welche die genannten Tatbestandsmerkmale regelmäßig erfüllen.[154] Zu diesen Beispielen für Betriebstätten gehören auch Zweigniederlassungen. Da die Grundeinheit des in der vorliegenden Arbeit betrachteten internationalen Unternehmens mit einer gewissen Selbständigkeit ausgestattet ist, liegt eine solche Zweigniederlassung und somit eine Betriebstätte i.S.d. § 12 AO vor.[155]

Abgabenordnung 2001, Rn. 117; GERSCH, § 12, in: KLEIN/ORLOPP: Abgabenordnung 2000, Rn. 1. Vgl. zu weiteren Anwendungsfällen im rein nationalen Bereich BIRK, § 12, in: HÜBSCHMANN/HEPP/SPITALER, Abgabenordnung 2002, Rn. 6.

148 Vgl. DUTHILLEUL, Anh., in: DEBATIN/WASSERMEYER, Doppelbesteuerung 2002, Rn. 121. Vgl. hierzu die nachstehenden Ausführungen in diesem Kapitel.

149 Vgl. BMF vom 24.12.1999, BStBl. I 1999, S. 1076, Rn. 1.2.1. Vgl. auch GERSCH, § 12, in: KLEIN/ORLOPP: Abgabenordnung 2000, Rn. 19.

150 Dies ergibt sich für das deutsche Steuerrecht aus Art. 59 GG, wonach DBA durch Zustimmungsgesetz für rechtlich verbindlich erklärt werden und aus § 2 AO, der hieran anschließend einen Vorrang der DBA-Vorschriften vor innerstaatlichem Recht regelt. Vgl. BMF vom 24.12.1999, BStBl. I 1999, S. 1076, Rn. 1.1. Im französischen Steuerrecht ergibt sich aufgrund von Art. 55 der Verfassung ein Vorrang von parlamentarisch gebilligten DBA-Regelungen vor nationalen Gesetzen. Vgl. hierzu Kapitel 4.1.

151 MÖSSNER nennt diese Definition eine „generalklauselartige Beschreibung". Vgl. MÖSSNER, in: MÖSSNER, Steuerrecht 1998, Rn. B 80.

152 Die Bestellung eines ständigen Vertreters wird der Gründung einer Betriebstätte gleichgestellt. Vgl. KLUGE, Internationales Steuerrecht 2000, S. 495. Gesetzlich wird der Begriff des „ständigen Vertreters" in § 13 AO fixiert.

153 Vgl. ausführlich zu diesen Merkmalen JACOBS, Internationale Unternehmensbesteuerung 2002, S. 371-375; MÖSSNER, in: MÖSSNER, Steuerrecht 1998, Rn. B 81-B 88. Vgl. auch BIRK, § 12, in: HÜBSCHMANN/HEPP/SPITALER, Abgabenordnung 2002, Rn. 8-23.

154 Vgl. JACOBS, Internationale Unternehmensbesteuerung 2002, S. 376. Der BFH sieht in § 12 Satz 2 AO nicht nur einen Beispielkatalog, sondern eine Definitionserweiterung. Vgl. BFH vom 28.7.1993, BStBl. II 1994, S. 148. JACOBS spricht mit Blick auf dieses Urteil von einer „Betriebsstättenfiktion", sieht in § 12 Satz 2 AO aber lediglich eine Aufzählung von Betriebstättenbeispielen. Folglich fordert er, dass für jedes Beispiel des § 12 Satz 2 AO geprüft wird, ob die Tatbestandsmerkmale des § 12 Satz 1 AO erfüllt sind. Vgl. JACOBS, Internationale Unternehmensbesteuerung 2002, S. 376. Vgl. auch BIRK, § 12, in: HÜBSCHMANN/HEPP/SPITALER, Abgabenordnung 2002, Rn. 25; MÖSSNER, in: MÖSSNER, Steuerrecht 1998, Rn. B 83 und B 90. Mit Blick auf das genannte BFH-Urteil empfiehlt MÖSSNER bezüglich einer praktischen Vorgehensweise, zunächst die Voraussetzungen der einzelnen Aufzählungselemente des § 12 Satz 2 AO zu prüfen und, falls diese nicht vorliegen, § 12 Satz 1 AO heranzuziehen.

155 Vgl. zur näheren Beschreibung einer Zweigniederlassung i.S.d. § 12 Satz 2 AO beispielsweise MÖSSNER, in: MÖSSNER, Steuerrecht 1998, Rn. B 92. Aufgrund der Struktur des hier betrachteten internationalen Unternehmens sind darüber hinaus auch die Tatbestandsmerkmale des § 12 Satz 1 AO erfüllt. Somit braucht die

Die Definition des Betriebstättenbegriffs im deutschen Steuerrecht und die Definition im Abkommensrecht stimmen regelmäßig nicht überein.[156] Ein Grund für diese unterschiedlichen Definitionen ist der die nationalen Betriebstättentatbestände einschränkende Negativkatalog der DBA.[157] Somit kann nach deutschem Recht eine Betriebstätte vorliegen, aufgrund des Negativkatalogs des relevanten DBA ist gegebenenfalls trotzdem keine Betriebstätte gegeben.[158]

Im französischen Steuerrecht muss hinsichtlich der Besteuerung einer Betriebstätte unterschieden werden, ob das ausländische Stammhaus in Frankreich körperschaftsteuerpflichtig wäre – also einer Besteuerung durch die IS unterliegen würde – oder nicht.[159]

Im ersten Fall muss weiter differenziert werden, ob ein DBA vorliegt oder nicht. Besteht kein DBA, so kommt im Rahmen der Abgrenzung der Körperschaftsteuerpflicht[160] in Art. 209 I. Abs. 1 CGI ein Konzept, welches eng an den abkommensrechtlichen Betriebstättenbegriff angelehnt ist, zur Anwendung.[161] Dort taucht aber nicht der abkommensrechtliche Ausdruck „Betriebstätte" („établissement stable"[162]) auf.[163] Vielmehr verweisen die steuerlichen Regelungen auf „in Frankreich betriebene Unternehmen" („entreprises exploitées en France"[164]), welche der IS unterliegen. Während der nationale Betriebstättenbegriff in Deutschland gesetzlich definiert ist, enthält der CGI keine entsprechende Definition. Zur Klärung des Begriffs eines „in Frankreich" bzw. „im Ausland betriebenen Unternehmens" wird deshalb die Rechtsprechung des „Conseil d'État"[165] herangezogen.[166] Letzterer hat Kriterien entwickelt, die stark am abkommensrechtlichen Betriebstättenbegriff angelehnt sind. Demnach muss eine **feste**, der **Verfügungsmacht** eines Unternehmens unterliegende **Geschäftseinrichtung** vor-

Diskussion, ob es sich bei der Aufzählung des § 12 Satz 2 AO nicht nur um Betriebstättenbeispiele, sondern um Betriebstättenfiktionen handelt, an dieser Stelle nicht weiter verfolgt zu werden.

156 Vgl. AX/GROSSE/MELCHIOR, Abgabenordnung 2001, Rn. 117; GROTHERR/HERFORT/STRUNK, Internationales Steuerrecht 1998, S. 465; ROSE, Grundzüge 2000, S. 31. Vgl. auch WILKE, Internationales Steuerrecht 2002, Rn. 310. Vgl. detailliert zu Abweichungen zwischen dem Betriebstättenbegriff des § 12 AO und dem des OECD-MA BARANOWSKI, Besteuerung 1996, Rn. 231. (Die OECD hat Musterabkommen (OECD-MA) im Bereich der Steuern vom Einkommen und Vermögen sowie im Bereich der Steuern von Erbschaften und Nachlässen erarbeitet. Sie machen Vorschläge für die Aushandlung von Doppelbesteuerungsabkommen zwischen zwei Staaten. Diese Vorschläge der OECD werden in zunehmendem Maße aufgegriffen. Vgl. statt vieler ROSE, Grundzüge 2000, S. 68.)

157 Vgl. GÖTTSCHE/STANGL, Betriebsstättenerlass 2000, S. 500.

158 Während § 12 AO einen weiten Betriebstättenbegriff verwendet, ist der abkommensrechtliche eher eng gefasst. Vgl. WASSERMEYER, Art. 5, in: DEBATIN/WASSERMEYER, Doppelbesteuerung 2002, Rn. 9. Grundsätzlich kann auch der seltene Fall eintreten, dass abkommensrechtlich eine Betriebstätte gegeben ist, nach den deutschen steuerrechtlichen Vorschriften aber nicht. Infolgedessen unterbleibt eine Besteuerung in Deutschland. Vgl. GROTHERR/HERFORT/STRUNK, Internationales Steuerrecht 1998, S. 465.

159 Eine Körperschaftsteuerpflicht des Stammhauses im Ausland ist nicht erforderlich. Hier geht es lediglich um die Einstufung nach dem französischen Steuerrecht. Vgl. DUTHILLEUL, Anh., in: DEBATIN/WASSERMEYER, Doppelbesteuerung 2002, Rn. 126.

160 Dieser unterliegen im Wesentlichen Kapitalgesellschaften. Vgl. hierzu Kapitel 4.2.2.1.

161 Vgl. GOUTHIÈRE, Impôts 2001, Rn. 701 und 301.

162 Art. 2 Abs. 1 Nr. 7 DBA-D/F.

163 Vgl. auch DOUVIER, Fiscalité Internationale 1996, Rn. 240.

164 Art. 209-I Abs. 1 CGI.

165 Der „Conseil d'État" ist das höchste französische Verwaltungsgericht. Er besteht aus fünf Abteilungen, von denen vier eine beratende Funktion haben, die fünfte eine streitentscheidende. Vgl. HÜBNER/CONSTANTINESCO, Recht 2001, S. 19-21. Hinsichtlich der Rechtsprechung im steuerlichen Bereich ist der „Conseil d'État" für die wichtigsten Steuerarten zuständig. Vgl. BRACHET, Système fiscal 1997, S. 60.

166 Vgl. hierzu DUTHILLEUL, Anh., in: DEBATIN/WASSERMEYER, Doppelbesteuerung 2002, Rn. 122. Daneben hat auch die Finanzverwaltung zur Begriffsklärung beigetragen. Vgl. hierzu Kapitel 4.2.2.1. Die Kriterien, welche bei in Frankreich bzw. im Ausland betriebenen Unternehmen zur Anwendung kommen, müssen die gleichen sein. Vgl. GOUTHIÈRE, Impôts 2001, Rn. 311.

liegen, in der mit einem **Mindestmaß an Autonomie dauerhaft** die **Tätigkeit des Unternehmens** ausgeübt werden soll.[167]

Eine andere Situation ergibt sich, wenn ein DBA besteht. Die IS wird nämlich auch auf Gewinne erhoben „deren Besteuerung Frankreich durch ein internationales Doppelbesteuerungsabkommen zugewiesen ist" („dont l'imposition est attribuée à la France par une convention internationale relative aux doubles impositions"[168]). Folglich ist hinsichtlich der steuerlichen Einordnung der in der vorliegenden Arbeit betrachteten französischen Grundeinheit der DBA-Fall und somit der Betriebstättenbegriff des DBA-D/F relevant.[169] Dieser schließt gem. Art. 2 Abs. 1 Nr. 7 Buchstabe a Doppelbuchstabe bb DBA-D/F eine Zweigniederlassung ein. Also liegt für den Fall einer deutschen Spitzeneinheit in der Form einer Kapitalgesellschaft hinsichtlich der Grundeinheit in Frankreich eine Betriebstätte bzw., da der Begriff der „Betriebstätte" nicht gebraucht wird, eine dem Konzept der Betriebstätte entsprechende Einheit i.S.d. Art. 209 I. Abs. 1 CGI vor.

Im Fall von Stammhäusern, die in Frankreich nicht körperschaftsteuerpflichtig wären, kommen die einkommensteuerlichen Regelungen zur Besteuerung von Personengesellschaften zur Anwendung.[170] Demnach werden in Frankreich nur die Ergebnisse besteuert, die in französischen Betrieben erwirtschaftet wurden.[171] Zur Abgrenzung dieser Ergebnisteile muss letztendlich der oben dargelegte Begriff eines „in Frankreich betriebenen Unternehmens" bzw. die hierzu ergangene Rechtsprechung des „Conseil d'État" herangezogen werden.[172] Eine Zweigniederlassung mit der hier betrachteten Tätigkeit wird hiervon unstreitig erfasst,[173] so dass auch im Fall einer deutschen Spitzeneinheit in der Form einer Personen(handels-)gesellschaft eine dem Konzept der Betriebstätte entsprechende Einheit i.S.d. Art. 209 I. Abs. 1 CGI besteht.

Hinsichtlich der Situation in Frankreich sollten die Übereinstimmungen zwischen dem Begriff eines „in Frankreich betriebenen Unternehmens" und dem abkommensrechtlichen Betriebstättenbegriff groß sein. Hier wirkt sich der Umstand aus, dass sich der „Conseil d'État" bei seiner Begriffsklärung am abkommensrechtlichen Betriebstättenbegriff orientiert hat.[174]

Abschließend muss noch der Betriebstättenbegriff des DBA-D/F näher betrachtet werden. Im Zusammenhang mit dem französischen Begriff wurde bereits Art. 2 Abs. 1 Nr. 7 Buchstabe a Doppelbuchstabe bb DBA-D/F angesprochen, wo eine Zweigniederlassung als mögliche

---

167 Außerdem umschließt der Begriff „eines in Frankreich betriebenen Unternehmens" auch einen abhängigen Vertreter und den so genannten „vollständigen gewerblichen Kreis" („cycle commercial complet"). Vgl. hierzu ausführlich doc. adm. 4 H 1412 vom 1.3.1995. Vgl. auch Kapitel 4.2.2.1. Ein Beispiel für das Vorliegen eines vollständigen gewerblichen Kreises ist der in Frankreich vorgenommene Verkauf von in Frankreich gekauften Waren durch ein ausländisches Unternehmen. Vgl. GOUTHIÈRE, Impôts 2001, Rn. 317.

168 Art. 209-I Abs. 1 CGI.

169 Vgl. auch HELLIO/THILL, Steuern in Frankreich 2002, Rn. 230; LEFEBVRE, Fiscal 2001, Rn. 3117 und 3119.

170 Grundsätzlich wäre auch eine Körperschaftsteuerpflicht und somit eine steuerliche Einordnung als Kapitalgesellschaft denkbar. Vgl. DOUVIER, Fiscalité Internationale 1996, Rn. 127; GOUTHIÈRE, Impôts 2001, Rn. 1212.

171 Vgl. doc. adm. 4 H 1422 vom 1.3.1995, Rn. 57.

172 Vgl. GOUTHIÈRE, Impôts 2001, Rn. 1212.

173 Vgl. GROSCLAUDE/MARCHESSOU, Droit fiscal 2001, Rn. 305.

174 Vgl. dahingehend auch DUTHILLEUL, Anh., in: DEBATIN/WASSERMEYER, Doppelbesteuerung 2002, Rn. 122; GOUTHIÈRE, Impôts 2001, Rn. 701; GROSCLAUDE/MARCHESSOU, Droit fiscal 2001, Rn. 306. TILLMANNS stellt allerdings – ohne dies näher zu erläutern – fest, dass der nationale Begriff weiter als der abkommensrechtliche ist. Vgl. TILLMANNS, in: MENNEL/FÖRSTER, Steuern 2002, Rn. 214. Wäre das ausländische Stammhaus in Frankreich körperschaftsteuerpflichtig, kann der in Fn. 158 für Deutschland beschriebene Fall nie eintreten. Das französische Besteuerungsrecht – die Körperschaftsteuerpflicht – entsteht in diesem Fall schließlich erst durch Rückgriff auf den abkommensrechtlichen Betriebstättenbegriff.

Form einer Betriebstätte genannt wird. Nach dieser expliziten Nennung fehlt eine Zweigniederlassung natürlich im Negativkatalog des DBA-D/F in Art. 2 Abs. 1 Nr. 7 Buchstabe b DBA-D/F. Die Grundeinheit in Frankreich stellt somit auch eine Betriebstätte i.S.d. DBA-D/F dar.

2.1.2.5 Personenhandelsgesellschaft

Sowohl die deutsche Spitzeneinheit als auch die französische Grundeinheit nehmen im Rahmen der Untersuchungen der vorliegenden Arbeit u.a. die Form einer Personenhandelsgesellschaft an. Somit ist eine auf dem deutschen bzw. französischen Gesellschaftsrecht basierende Begriffsklärung unumgänglich. Sie schafft zum einen die Grundlage für die in Kapitel 3.1 durchgeführte Bestimmung der Rechtsformen, welche eingehender betrachtet werden sollen, zum anderen ist sie auch für das Verständnis der detaillierten gesellschaftsrechtlichen Ausführungen zu den ausgewählten Rechtsformen in den Kapiteln 3.2 und 3.3 notwendig.

In der Literatur zum deutschen Gesellschaftsrecht werden die Gesellschaft bürgerlichen Rechts (GbR), die OHG, die KG, die Partnerschaftsgesellschaft und die stille Gesellschaft zu den Personengesellschaften gezählt.[175] Die Erläuterung des Begriffs der „Personenhandelsgesellschaften", welche eine Teilmenge der Personengesellschaften darstellen, ist zwangsläufig mit einem Hinweis auf die GbR verbunden, denn Letztere bildet die Grundform der Personengesellschaften.[176] Wie alle Gesellschaften ist auch die GbR eine Zweckgemeinschaft.[177] Während eine GbR aber einen beliebigen Zweck haben kann, muss eine Personenhandelsgesellschaft, welche in der Rechtsform einer OHG oder einer KG vorliegen kann, auf den Betrieb eines Handelsgewerbes gerichtet sein.[178] Folglich hat sie Kaufmannseigenschaft[179].[180] Die OHG und die besondere Form der OHG, die KG, sind also spezielle Formen der GbR.[181]

---

[175] Diese Einteilung entspricht dem „kleinsten gemeinsamen Nenner", der in der gesellschaftsrechtlichen Literatur ausgemacht werden kann. Vgl. EISENHARDT, Gesellschaftsrecht 2002, Rn. 12; KESSLER/SCHIFFERS, § 1, in: MÜLLER/HOFFMANN, Beck'sches Handbuch Personengesellschaften 2002, Rn. 1; KRAFT/KREUTZ, Gesellschaftsrecht 2000, S. 3; MEMENTO VERLAG AG, Gesellschaftsrecht 2002, Rn. 17; SCHMIDT, Gesellschaftsrecht 2002, S. 46. KLUNZINGER zählt davon abweichend die Partnerschaftsgesellschaft zu den „Sonderformen für bestimmte Bereiche". Vgl. KLUNZINGER, Gesellschaftsrecht 2002, S. 3. Vgl. zur Gruppe der Personengesellschaften auch HOMMELHOFF, in: WITTMANN U.A., Handwörterbuch der Betriebswirtschaft 1993, Sp. 1436; RAISER, Kapitalgesellschaften 2001, S. 2. Beispiele für Abgrenzungen, die über die oben genannten Rechtsformen hinausgehen, finden sich bei KRAFT/KREUTZ und SCHMIDT. Sie führen auch die Europäische Wirtschaftliche Interessenvereinigung (EWIV) und die Reederei innerhalb der Gruppe der Personengesellschaften auf. Vgl. KRAFT/KREUTZ, Gesellschaftsrecht 1997, S. 3; SCHMIDT, Gesellschaftsrecht 2002, S. 46. Im Folgenden werden lediglich die OHG und die KG eingehender, die GbR ansatzweise beschrieben. Vgl. ausführlich zu den anderen möglichen Rechtsformen einer Personengesellschaft – einschließlich der GbR – SCHMIDT, Gesellschaftsrecht 2002, S. 1689-1910.

[176] Vgl. EISENHARDT, Gesellschaftsrecht 2002, Rn. 12; JACOBS, Unternehmensbesteuerung 2002, S. 14; KESSLER/SCHIFFERS, § 1, in: MÜLLER/HOFFMANN, Beck'sches Handbuch Personengesellschaften 2002, Rn. 3; WESTERMANN, in: WESTERMANN/WESTERMANN, Personengesellschaften 2001, Rn. 17.

[177] Sie beruht auf einem Vertrag, in dem sich die Gesellschafter gegenseitig verpflichten, die „Erreichung eines gemeinsamen Zweckes in der durch den Vertrag bestimmten Weise zu fördern" (§ 705 BGB). Dies grenzt die Gesellschaft von einer Rechtsgemeinschaft ab. Eine Rechtsgemeinschaft liegt vor, sobald ein Recht mehreren Personen gemeinschaftlich zusteht, ohne dass eine Verbindung zu einem gemeinsamen Zweck besteht. Vgl. HUECK, Gesellschaftsrecht 1991, S. 2.

[178] Vgl. KESSLER/SCHIFFERS, § 1, in: MÜLLER/HOFFMANN, Beck'sches Handbuch Personengesellschaften 2002, Rn. 3 und 5. Vgl. zum Begriff des „Handelsgewerbes" Kapitel 2.1.2.3. Vgl. zu Ausnahmen bezüglich der geforderten Ausübung eines Handelsgewerbes Fn. 105. Die Tatsache, dass die GbR die Grundform der Personengesellschaften darstellt, zeigt sich auch an den Fundstellen der gesetzlichen Regelungen zur OHG bzw. zur KG. Die Regelungen zur OHG finden sich in den §§ 105-160 HGB. Sofern aber im HGB keine Sonderregelungen anzutreffen sind, kommen die Regelungen der §§ 705-740 BGB zur GbR zur Anwendung (§ 105

Grundsätzlich endet eine GbR bei jedem Gesellschafterwechsel.[182] Auch bei der OHG und der KG kann es grundsätzlich keinen freien Wechsel der Gesellschafter geben.[183] Eine Personenhandelsgesellschaft geht also von der unveränderten Zusammensetzung ihrer Gesellschafter aus.[184] Außerdem beruht sie auf dem persönlichen Vertrauen zwischen den einzelnen Gesellschaftern.[185] WESTERMANN spricht hier von der „Personenbezogenheit des Gesellschaftsverhältnisses"[186]. Folglich ist die persönliche Mitarbeit der Gesellschafter, welche grundsätzlich selbst geschäftsführend tätig werden (Selbstorganschaft), erforderlich.[187] Entscheidungen müssen die Gesellschafter grundsätzlich einstimmig treffen (Einstimmigkeitsprinzip).[188] Auch die Tatsache, dass alle Gesellschafter einer Personenhandelsgesellschaft solidarisch mit ihrem gesamten Vermögen für die Verbindlichkeiten der Gesellschaft haften,[189] deutet auf die Grundannahme des Bestehens eines persönlichen Vertrauens zwischen den Gesellschaftern hin. Da die Gesellschafter unbeschränkt für die Verbindlichkeiten der Gesellschaft haften,[190] ist für die Personenhandelsgesellschaften kein Mindestgesellschaftskapital vorgeschrieben.[191]

Personenhandelsgesellschaften können Träger von Rechten und Pflichten sein.[192] In dieser Hinsicht haben sie also die Eigenschaften einer juristischen Person[193], ohne eine solche zu sein.[194] Trotz der rechtlichen Verselbständigung der Personenhandelsgesellschaften sind diese

---

Abs. 3 HGB). Die KG ist in den §§ 161-177a HGB geregelt. § 161 Abs. 2 HGB verweist auf die Vorschriften für die OHG. Somit gelten – mangels spezifischer Regelungen im HGB – auch für die KG die Regelungen der §§ 705-740 BGB zur GbR. Vgl. hierzu auch Kapitel 3.2.1.2 bzw. Kapitel 3.2.2.2.

179 Vgl. zum Begriff des „Kaufmanns" Kapitel 2.1.2.3.

180 Anders als die Kapitalgesellschaften sind sie aber keine Formkaufleute i.S.d. § 6 HGB. Ihre Kaufmannseigenschaft ergibt sich grundsätzlich aus dem Betrieb eines Handelsgewerbes und ist somit abhängig von der Art der Betätigung. Vgl. BÜLOW, Handelsrecht 2001, S. 20-21. Vgl. zu Ausnahmen Fn. 105.

181 Vgl. JACOBS, Unternehmensbesteuerung 2002, S. 20 und 28.

182 Der Gesellschaftsvertrag kann davon abweichend aber auch das Fortbestehen der Gesellschaft regeln. Vgl. ROSE/GLORIUS-ROSE, Unternehmen 2001, S. 42-43.

183 Vgl. KLUNZINGER, Gesellschaftsrecht 2002, S. 87 und 120.

184 Vgl. MEMENTO VERLAG AG, Gesellschaftsrecht 2002, Rn. 18.

185 Vgl. KLUNZINGER, Gesellschaftsrecht 2002, S. 87 und 120. Vgl. grundsätzlich für die Personengesellschaften EISENHARDT, Gesellschaftsrecht 2002, Rn. 12.

186 WESTERMANN, in: WESTERMANN/WESTERMANN, Personengesellschaften 2001, Rn. 8. KÜBLER bezeichnet die Bindung an die anderen Gesellschafter als „eng und intensiv" (KÜBLER, Gesellschaftsrecht 1998, S. 21). Vgl. auch KRAFT/KREUTZ, Gesellschaftsrecht 2000, S. 4.

187 Vgl. HUECK, Gesellschaftsrecht 1991, S. 13; MEMENTO VERLAG AG, Gesellschaftsrecht 2002, Rn. 18; WESTERMANN, in: WESTERMANN/WESTERMANN, Personengesellschaften 2001, Rn. 9.

188 Vgl. § 119 HGB. Vgl. auch KÜBLER, Gesellschaftsrecht 1998, S. 21.

189 Dies gilt nicht für den Kommanditisten einer KG. Vgl. KESSLER/SCHIFFERS, § 1, in: MÜLLER/HOFFMANN, Beck'sches Handbuch Personengesellschaften 2002, Rn. 4. JÄGER weist aber auch auf Haftungsrisiken für den Kommanditisten hin. Vgl. JÄGER, in: SUDHOFF, Personengesellschaften 1999, S. 9-10.

190 Dies gilt – mit Blick auf die KG – zumindest für einen Gesellschafter.

191 Vgl. KESSLER/SCHIFFERS, § 1, in: MÜLLER/HOFFMANN, Beck'sches Handbuch Personengesellschaften 2002, Rn. 18. Vgl. auch JACOBS, Unternehmensbesteuerung 2002, S. 23; JÄGER, in: SUDHOFF, Personengesellschaften 1999, S. 7.

192 Vgl. MEMENTO VERLAG AG, Gesellschaftsrecht 2002, Rn. 19.

193 Eine Definition des Begriffs der juristischen Person liefert BAUMANN: „Juristische Personen sind Gebilde (aus Personen und [oder] Sachen), die das Recht der natürlichen Person gleichstellt, denen es Rechtsfähigkeit verleiht und damit die Möglichkeit eröffnet, als **selbständige** Träger von Rechten und Pflichten am Rechtsverkehr teilzunehmen." BAUMANN, Rechtswissenschaft 1989, S. 126.

194 Vgl. KLUNZINGER, Gesellschaftsrecht 2002, S. 54-55 und 101. Hinsichtlich des Vorliegens der Eigenschaften einer juristischen Person verweist KLUNZINGER in erster Linie auf § 124 HGB, der die Regelungen zur Rechtsfähigkeit enthält. Als Gründe, die gegen das Bestehen einer juristischen Person sprechen, führt er u.a. das Fehlen einer körperschaftlichen Strukturierung und körperschaftlicher Organe an. Vgl. zum Begriff der „Körperschaft" Fn. 241.

Gesamthandsgemeinschaften.[195] Für das Gesellschaftsvermögen bedeutet dies, dass es den Gesellschaftern – nicht der Gesellschaft – zugeordnet wird.[196] Allerdings haben die Gesellschafter Anteile am ganzen Gesellschaftsvermögen, nicht Anteile an den einzelnen Gegenständen des Gesellschaftsvermögens, inne.[197] Demnach können die Gesellschafter nur gemeinsam über das Gesellschaftsvermögen verfügen.[198] Aus der Zuordnung des Gesellschaftsvermögens ergibt sich auch, dass Wertänderungen im Gesamthandsvermögen automatisch zu Wertänderungen der Anteile der Gesellschafter führen.[199]

Ein weiteres Kennzeichen einer Personenhandelsgesellschaft und auch der GbR ist deren große Gestaltungsfreiheit.[200] Zahlreiche Rechtsbeziehungen, insbesondere im Verhältnis der Gesellschafter zueinander,[201] sind zwar grundsätzlich gesetzlich vorgeschrieben, durch Gesellschaftsvertrag aber abänderbar.[202]

Ein letztes charakteristisches Merkmal der Personenhandelsgesellschaften, welches in der Folge noch ausführlich darzustellen sein wird, ist deren steuerliche, insbesondere deren ertragsteuerliche Behandlung. Die Personenhandelsgesellschaften sind im Rahmen der Erhebung der Einkommen- bzw. – in Abhängigkeit von ihren Gesellschaftern – der Körperschaftsteuer selbst nicht steuerpflichtig.[203] Die Besteuerung erfolgt beim einzelnen Gesellschafter, dem seine Gewinnanteile zugerechnet werden.[204] Demnach kommt hier das Transparenzprinzip zur Anwendung.[205] Hinsichtlich der Erhebung anderer Steuern – beispielsweise der Gewerbe- oder der Grundsteuer – besitzen die Personenhandelsgesellschaften aber eine relative Steuerfähigkeit.[206]

In der Literatur zum französischen Gesellschaftsrecht werden die „société civile“[207], die SNC[208] und die SCS[209] zu den Personengesellschaften gerechnet.[210] Während im deutschen

---

195 Vgl. MEMENTO VERLAG AG, Gesellschaftsrecht 2002, Rn. 19.

196 Vgl. KÜBLER, Gesellschaftsrecht 1998, S. 29.

197 Vgl. ROSE/GLORIUS-ROSE, Unternehmen 2001, S. 7.

198 Vgl. KLUNZINGER, Gesellschaftsrecht 2002, S. 62. Dies ergibt sich für die OHG aus § 105 Abs. 3 HGB i.V.m. §§ 718 und 719 BGB, für die KG aus dem Verweis des § 161 Abs. 2 HGB auf die Regelungen zur OHG. Der Verweis auf die Vorschriften des BGB zeigt, dass auch die GbR eine Gesamthandsgemeinschaft ist.

199 Vgl. ROSE/GLORIUS-ROSE, Unternehmen 2001, S. 8-9.

200 Vgl. HOMMELHOFF, in: WITTMANN U.A., Handwörterbuch der Betriebswirtschaft 1993, Sp. 1436.

201 „Das Rechtsverhältnis der Gesellschafter untereinander richtet sich zunächst nach dem Gesellschaftsvertrage; die Vorschriften der §§ 110 bis 122 finden nur insoweit Anwendung, als nicht durch den Gesellschaftsvertrag ein anderes bestimmt ist“ (§ 109 HGB).

202 Vgl. MEMENTO VERLAG AG, Gesellschaftsrecht 2002, Rn. 24; ROSE/GLORIUS-ROSE, Unternehmen 2001, S. 51 und 52. Die gesetzlichen Regelungen haben also meistens dispositiven Charakter. Vgl. KLUNZINGER, Gesellschaftsrecht 2002, S. 53.

203 Vgl. KESSLER/SCHIFFERS, § 1, in: MÜLLER/HOFFMANN, Beck'sches Handbuch Personengesellschaften 2002, Rn. 21; MEMENTO VERLAG AG, Gesellschaftsrecht 2002, Rn. 21.

204 Vgl. ROSE/GLORIUS-ROSE, Unternehmen 2001, S. 49 und 52; WALPERT, in: SUDHOFF, Personengesellschaften 1999, S. 13.

205 Vgl. KUSSMAUL, Betriebswirtschaftliche Steuerlehre 2000, S. 436.

206 Vgl. HEIGL, Unternehmensbesteuerung 1996, S. 2. Vgl. hinsichtlich der Gewerbesteuer auch JACOBS, Unternehmensbesteuerung 2002, S. 250.

207 Die „société civile“ ist in Frankreich von größerer Bedeutung als die GbR in Deutschland und kommt hauptsächlich in der Form der „Grundstücksgesellschaft“ („société civile immobilière“ – SCI) vor. Vgl. TILLMANNS, in: HOHLOCH, Gesellschaftsrecht 2001, Rn. 30. TILLMANNS bezeichnet die GbR zwar als „deutsche Schwester“ der „société civile“ (vgl. TILLMANNS, in: HOHLOCH, Gesellschaftsrecht 2001, Rn. 30), SONNENBERGER/AUTEXIER warnen aber vor einer Verwechslung der beiden, denn die „société civile“ hat Rechtspersönlichkeit und ihr Gesellschaftszweck muss auf Gewinn- oder Ersparniserzielung gerichtet sein. Vgl. SONNENBERGER/AUTEXIER, Französisches Recht 2000, S. 192. Eine weitgehende Unterscheidung der „société

Gesellschaftsrecht die GbR als Grundform der Personengesellschaften gilt, wird im französischen Gesellschaftsrecht die SNC als Personengesellschaft schlechthin bezeichnet.[211] Umgekehrt weist die „société civile" nach einer Gesetzesänderung im Jahr 1978 nun viele Eigenschaften der SNC auf.[212] Innerhalb der Gruppe der Personengesellschaften bilden die SNC und die SCS die Personenhandelsgesellschaften.[213] Sie sind unabhängig von dem eigentlichen Gegenstand ihres Unternehmens[214] Handelsgesellschaften und haben somit Kaufmannseigenschaft.[215] Demnach kann eine Personenhandelsgesellschaft auch dann gegründet werden, wenn kein Handelsgewerbe ausgeübt werden soll.[216]

---

civile" von der GbR stellen auch HÜBNER/CONSTANTINESCO fest. Vgl. HÜBNER/CONSTANTINESCO, Recht 2001, S. 242.

208 Die SNC entspricht der deutschen OHG. Vgl. CHAUSSADE-KLEIN, Gesellschaftsrecht 1998, S. 10; GERMAIN, Droit commercial 2002, Rn. 1174; SONNENBERGER/AUTEXIER, Französisches Recht 2000, S. 192. Vgl. auch BMF vom 24.12.1999, BStBl. I 1999, S. 1076, Anhang, Tabelle 1.

209 Die SCS entspricht der deutschen KG. Vgl. CHAUSSADE-KLEIN, Gesellschaftsrecht 1998, S. 10; GERMAIN, Droit commercial 2002, Rn. 1215; SONNENBERGER/AUTEXIER, Französisches Recht 2000, S. 192; TILLMANNS, in: HOHLOCH, Gesellschaftsrecht 2001, Rn. 143. Vgl. auch BMF vom 24.12.1999, BStBl. I 1999, S. 1076, Anhang, Tabelle 1.

210 Vgl. CHAUSSADE-KLEIN, Gesellschaftsrecht 1998, S. 13; MERLE, Sociétés commerciales 2001, Rn. 12. TILLMANNS zählt auch die „société en participation" zu den Personengesellschaften. Vgl. das Inhaltsverzeichnis bei TILLMANNS, in: HOHLOCH, Gesellschaftsrecht 2001, S. 1-4. Die „société en participation" kann eine reine Innengesellschaft – und somit stille Gesellschaft –, aber auch eine Außengesellschaft sein. Vgl. CHAUSSADE-KLEIN, Gesellschaftsrecht 1998, S. 36. VIDAL schließt darüber hinaus auch die „société créée de fait" ein. Vgl. das Inhaltsverzeichnis bei VIDAL, Droit des Sociétés 2001, S. 588. Die „société créée de fait" entsteht, wenn sich mindestens zwei Personen wie Gesellschafter verhalten, ohne einen Gesellschaftsvertrag abgeschlossen zu haben. Im Folgenden werden lediglich die SNC und die SCS ausführlich besprochen. Vgl. ausführlich zur „société civile", zur „société en participation" und zur „société créée de fait" COZIAN/VIANDIER/DEBOISSY, Droit des Sociétés 2002, Rn. 1490-1571.

211 Vgl. JUGLART/IPPOLITO, Sociétés commerciales 1999, Rn. 16; MERLE, Sociétés commerciales 2001, Rn. 129. Dies ergibt sich auch aus den Ausführungen bei GERMAIN, Droit commercial 2002, Rn. 1164-1165 und bei SONNENBERGER, Handels- und Wirtschaftsrecht 1991, Rn. III 139.

212 Vgl. GERMAIN, Droit commercial 2002, Rn. 1158; MERLE, Sociétés commerciales 2001, Rn. 11. Einige grundsätzliche Regelungen für alle Gesellschaften – dies betrifft Personen- und Kapitalgesellschaften gleichermaßen – finden sich zwar im Code civil (C. civ.) (vgl. hierzu Kapitel 3.2.1.2), die Vorschriften zur „société civile" sind aber in einem gesonderten Teil des C. civ. enthalten. Vgl. CHAUSSADE-KLEIN, Gesellschaftsrecht 1998, S. 1. Somit wird nicht – analog zum deutschen Gesellschaftsrecht – bei fehlenden handelsrechtlichen Vorschriften auf die Vorschriften zur „société civile" zurückgegriffen. Vgl. auch Fn. 178. (Der C. civ., in dem das französische Zivilrecht kodifiziert ist, kann trotz unterschiedlicher Strukturierung grundsätzlich mit dem BGB verglichen werden. Vgl. SONNENBERGER/AUTEXIER, Französisches Recht 2000, S. 108-109.)

213 Vgl. MERLE, Sociétés commerciales 2001, vor Rn. 129; PÉDAMON, Droit commercial 2000, Rn. 102; SONNENBERGER, Handels- und Wirtschaftsrecht 1991, Rn. III 9. Vgl. auch MERCADAL/JANIN, Mémento Sociétés Commerciales 2002, Rn. 6 und 10. Gelegentlich wird auch die „société en participation" (vgl. Fn. 210) zu den Handelsgesellschaften gezählt. Sie ist aber nur bedingt mit der SNC und der SCS vergleichbar. Vgl. GERMAIN, Droit commercial 2002, Rn. 1170. Somit wird sie in der Folge nicht zu den Personenhandelsgesellschaften gerechnet.

214 Bei einer französischen Gesellschaft steht der Gegenstand des Unternehmens für die Tätigkeiten, welche die Gesellschaft mit dem Ziel der Gewinnerzielung oder der Erwirtschaftung von Ersparnissen ausübt. Vgl. GERMAIN, Droit commercial 2002, Rn. 1056-58; MESTRE/PANCRAZI, Droit commercial 2001, Rn. 217. Dies ergibt sich aus der Definition der Gesellschaft im C. civ., wonach diese auf die Erzielung eines Gewinns oder die Erwirtschaftung von Ersparnissen gerichtet sein muss (Art. 1832 Abs. 1 C. civ.).

215 Vgl. Art. L. 210-1 Abs. 2 C. com. Vgl. hierzu auch Kapitel 2.1.2.3. Die SNC und die SCS sind somit Formkaufleute. Dagegen sind die OHG und die KG aufgrund des grundsätzlich notwendigen Betriebs eines Handelsgewerbes Kaufleute. Sie sind nicht Formkaufleute i.S.d. § 6 HGB. Vgl. KLUNZINGER, Handelsrecht 2003, S. 56.

216 Vgl. CHAUSSADE-KLEIN, Gesellschaftsrecht 1998, S. 10-11; SONNENBERGER, Handels- und Wirtschaftsrecht 1991, Rn. III 20.

Auch die französischen Personenhandelsgesellschaften gehen von der unveränderten Zusammensetzung ihrer Gesellschafter aus.[217] Wie in Deutschland spielt bei den französischen Personenhandelsgesellschaften das enge Verhältnis der einzelnen Gesellschafter zueinander und deren gegenseitiges Vertrauen eine herausragende Rolle.[218] Folglich kann die Bezeichnung der „Personenbezogenheit des Gesellschaftsverhältnisses" auf die französischen Personenhandelsgesellschaften übertragen werden.[219] Zwar liegt regelmäßig Selbstorganschaft vor.[220] Im Gegensatz zum deutschen Recht dürfen aber auch Personen, die nicht Gesellschafter sind, in einer Personenhandelsgesellschaft geschäftsführend tätig werden.[221] Des Weiteren gilt auch für die Gesellschafter einer französischen Personenhandelsgesellschaft in vielen Fällen das Einstimmigkeitsprinzip.[222] Ebenso wie im deutschen Gesellschaftsrecht haftet jeder Gesellschafter solidarisch und unbeschränkt für die Verbindlichkeiten der Gesellschaft.[223] Folglich ist auch kein Mindestgesellschaftskapital vorgeschrieben.[224]

Nach dem französischen Gesellschaftsrecht haben Personenhandelsgesellschaften nicht nur die Eigenschaften einer juristischen Person, sondern sie werden mit ihrer Eintragung in das „Handelsregister" („registre du commerce et des sociétés")[225] juristische Personen[226].[227] Aus

---

[217] So ist die Übertragung eines Gesellschaftsanteils nur mit der Zustimmung aller anderen Gesellschafter möglich, und der Tod eines Gesellschafters bedeutet grundsätzlich das Ende der Personenhandelsgesellschaft. Vgl. DIDIER, Droit commercial 1999, S. 67-68; JUGLART/IPPOLITO, Sociétés commerciales 1999, Rn. 15; MERCADAL/JANIN, Mémento Sociétés Commerciales 2002, Rn. 10; MERLE, Sociétés commerciales 2001, Rn. 12. Vgl. auch SONNENBERGER/AUTEXIER, Französisches Recht 2000, S. 191.

[218] Vgl. MERLE, Sociétés commerciales 2001, Rn. 12. Vgl. auch CHAUSSADE-KLEIN, Gesellschaftsrecht 1998, S. 13; GERMAIN, Droit commercial 2002, Rn. 1164; JUGLART/IPPOLITO, Sociétés commerciales 1999, Rn. 15.

[219] In diesem Zusammenhang findet sich der Ausdruck des „intuitus personae" („in Anbetracht der Person"). Vgl. MESTRE/PANCRAZI, Droit commercial 2001, Rn. 287. Vgl. hierzu auch COZIAN/VIANDIER/DEBOISSY, Droit des Sociétés 2002, Rn. 40; MERCADAL/JANIN, Mémento Sociétés Commerciales 2002, Rn. 10.

[220] Vgl. SONNENBERGER, Handels- und Wirtschaftsrecht 1991, Rn. III 140.

[221] Vgl. SONNENBERGER/AUTEXIER, Französisches Recht 2000, S. 192; TILLMANNS, in: HOHLOCH, Gesellschaftsrecht 2001, Rn. 115; VIDAL, Droit des Sociétés 2001, Rn. 867 und 879.

[222] Vgl. MERCADAL/JANIN, Mémento Sociétés Commerciales 2002, Rn. 4070-4071 und 4830-4831.

[223] Vgl. Art. L. 221-1 Abs. 1 C. com. und Art. L. 222-1 Abs. 1 C. com. Dies gilt nicht für die Kommanditisten einer SCS Vgl. Art. L. 222-1 Abs. 2 C. com.

[224] Vgl. MERCADAL/JANIN, Mémento Sociétés Commerciales 2002, Rn. 3572 und 4738. Vgl. auch COZIAN/VIANDIER/DEBOISSY, Droit des Sociétés 2002, Rn. 1441.

[225] Das Handelsregister ist gem. Art. L. 123-1 C. com. ein beim Handelsgericht geführtes Verzeichnis aller Einzelkaufleute und Gesellschaften des Bezirks dieses Handelsgerichts. Außerdem sind ausländische Gesellschaften verzeichnet, die in Frankreich eine Niederlassung unterhalten. Gesellschaften, die keine juristischen Personen sind, werden nicht aufgeführt. SONNENBERGER weist darauf hin, dass sich das französische Handelsregister nach Inhalt und Funktion von dem deutschen Handelsregister unterscheidet. Vgl. SONNENBERGER, Handels- und Wirtschaftsrecht 1991, Rn. II 71.

[226] Auch im französischen Recht ist die juristische Person selbständiger Rechtsträger. Vgl. SONNENBERGER/AUTEXIER, Französisches Recht 2000, S. 121. Allerdings existieren für bestimmte juristische Personen Einschränkungen ihrer Vermögensfähigkeit. So z.B. für die „associations" („Vereinigungen"). Vgl. CABRILLAC, Droit 2001, Rn. 67; SONNENBERGER/AUTEXIER, Französisches Recht 2000, S. 121. KRAMER weist darauf hin, dass der Begriff der „juristischen Person" in beiden Rechtsordnungen im Wesentlichen gleich ist. Gleichzeitig betont er, dass in beiden Rechtsordnungen Unklarheiten bezüglich der Bedeutung dieses Begriffs bestehen. Vgl. KRAMER, Art. 2, in: DEBATIN/WASSERMEYER, Doppelbesteuerung 2002, Rn. 12 und 15.

[227] Vgl. COZIAN/VIANDIER/DEBOISSY, Droit des Sociétés 2002, Rn. 40; MERLE, Sociétés commerciales 2001, Rn. 74. Dies gilt auch für die „société civile". Vgl. TILLMANNS, in: HOHLOCH, Gesellschaftsrecht 2001, Rn. 21. HÜBNER/CONSTANTINESCO stellen fest, dass die Zugehörigkeit der französischen Personenhandelsgesellschaften zu den juristischen Personen im Vergleich zur Situation der deutschen Personenhandelsgesellschaften praktisch nicht bedeutsam ist. Zum einen können deutsche Personenhandelsgesellschaften Träger von Rechten und Pflichten sein, ohne eine juristische Person zu sein. Zum anderen gilt auch für die Ge-

diesem Grund existiert die Gesamthandsgemeinschaft im französischen Recht nicht.[228] Die Personenhandelsgesellschaften haben ihr eigenes, vom Vermögen der Gesellschafter losgelöstes Vermögen.[229] Die Gesellschafter sind lediglich Eigentümer der Anteile an der Gesellschaft.[230]

Französische Personenhandelsgesellschaften unterliegen ebenso wie die deutschen einer großen vertraglichen Gestaltungsfreiheit.[231] Zahlreiche Regelungen sind dispositiv.[232] Die rechtlich unumgänglichen Vorschriften beschränken sich auf ein Minimum.[233]

Hinsichtlich der steuerlichen Behandlung erfolgt im Rahmen der Erhebung der Ertragsteuern eine anteilige Zurechnung des Gesellschaftsergebnisses zum Gesellschafter und dort – in Abhängigkeit von der Art des Gesellschafters – eine Erfassung durch die „impôt sur le revenu“[234] bzw. durch die IS.[235] Somit gilt auch hier das Transparenzprinzip.[236] Im Rahmen der Erhebung anderer Steuern unterliegen aber wieder die Personenhandelsgesellschaften selbst der Besteuerung.[237]

2.1.2.6 Kapitalgesellschaft

Neben den Rechtsformen, die zu den Personenhandelsgesellschaften zählen, können Spitzen- und Grundeinheit in der vorliegenden Arbeit auch die Rechtsformen der Kapitalgesellschaften annehmen. Somit ist auch hier aus den in Kapitel 2.1.2.5 genannten Gründen eine auf dem deutschen bzw. französischen Gesellschaftsrecht basierende Begriffsklärung erforderlich.

---

sellschafter einer französischen Personenhandelsgesellschaft die unbeschränkte persönliche Haftung. Vgl. HÜBNER/CONSTANTINESCO, Recht 2001, S. 243.

228 Vgl. TILLMANNS, in: HOHLOCH, Gesellschaftsrecht 2001, Rn. 20. Vgl. zu historischen Aspekten der Konzeption der „gesamten Hand“ im französischen Gesellschaftsrecht GERMAIN, Droit commercial 2002, Rn. 1056-16-1056-17.

229 Vgl. CHAUSSADE-KLEIN, Gesellschaftsrecht 1998, S. 22; JUGLART/IPPOLITO, Sociétés commerciales 1999, Rn. 68. Vgl. auch SERLOOTEN, Transparence fiscale 1999, S. 1477. Die Gesellschaften – und somit auch die Personenhandelsgesellschaften – gehören zu der Gruppe juristischer Personen, für die keine Einschränkungen ihrer Vermögensfähigkeit bestehen. Vgl. SONNENBERGER/AUTEXIER, Französisches Recht 2000, S. 121.

230 Vgl. MERLE, Sociétés commerciales 2001, Rn. 91-92. Die unbeschränkte Haftung und die weiter unten dargestellte Besteuerung der einzelnen Gesellschafter bleiben von dieser Vermögensloslösung natürlich unberührt. Vgl. GERMAIN, Droit commercial 2002, Rn. 1147.

231 Vgl. COZIAN/VIANDIER/DEBOISSY, Droit des Sociétés 2002, Rn. 1452 und 1487; SONNENBERGER/AUTEXIER, Französisches Recht 2000, S. 190. Vgl. dahingehend auch DIDIER, Droit commercial 1999, S. 60.

232 Vgl. CHAUSSADE-KLEIN, Gesellschaftsrecht 1998, S. 40.

233 Vgl. COZIAN/VIANDIER/DEBOISSY, Droit des Sociétés 2002, Rn. 1452 und 1487. Vgl. dahingehend auch MERLE, Sociétés commerciales 2001, Rn. 58.

234 Die „impôt sur le revenu“ (IR) ist die französische Einkommensteuer. Vgl. hierzu ausführlich Kapitel 4.2.1.

235 Vgl. MERLE, Sociétés commerciales 2001, Rn. 13-1. Die Kommanditisten einer SCS unterliegen mit ihrem Ergebnis zwangsläufig der IS. Vgl. COZIAN, Précis de fiscalité 2002, Rn. 1041.

236 Vgl. DISLE/SARAF, Droit fiscal 2002, S. 152; GROSCLAUDE/MARCHESSOU, Droit fiscal 2001, Rn. 295. COZIAN erkennt verschiedene Abstufungen der Transparenz. Deshalb bezeichnet er Personengesellschaften als „halb-transparent“ („semi-transparentes“), weist aber gleichzeitig darauf hin, dass andere Autoren hier eine vollständige Transparenz erkennen. Vgl. COZIAN, Précis de fiscalité 2002, Rn. 1031-1032. Trotz unterschiedlicher Begrifflichkeiten entsprechen sich die bei den deutschen und den französischen Personenhandelsgesellschaften zur Anwendung kommenden Besteuerungskonzepte grundsätzlich. Vgl. hierzu auch Kapitel 6.1.2.1.

237 Vgl. beispielsweise für die „taxe professionnelle“ COZIAN, Précis de fiscalité 2002, Rn. 1962. Vgl. zur Besteuerung der französischen Personenhandelsgesellschaften auch Kapitel 6.1.2.1.

Zu den Kapitalgesellschaften werden in der Literatur zum deutschen Gesellschaftsrecht die AG, die KGaA und die GmbH gerechnet.[238] Während die Personen-, insbesondere die Personenhandelsgesellschaften, auf die GbR zurückzuführen sind, bildet der eingetragene Verein[239] den Grundtyp der Kapitalgesellschaften.[240] Folglich gehören die Kapitalgesellschaften – wie der eingetragene Verein auch – zu den Körperschaften[241].[242] Kapitalgesellschaften zählen zwar zu den Handelsgesellschaften und haben somit Kaufmannseigenschaft, hinsichtlich des Gegenstands des Unternehmens müssen sie aber – im Gegensatz zu den Personenhandelsgesellschaften – nicht auf den Betrieb eines Handelsgewerbes gerichtet sein.[243]

Die Kapitalgesellschaft besteht als Körperschaft auch bei einem Gesellschafterwechsel grundsätzlich fort.[244] Außerdem ist sie auf eine große Mitgliederzahl ausgelegt.[245] Demzufolge steht nicht das Vertrauensverhältnis zwischen den Gesellschaftern, sondern deren jeweilige Kapitalbeteiligung im Vordergrund.[246] Die persönliche Mitarbeit der Gesellschafter ist nicht erforderlich.[247] Überdies kann die Geschäftsführung auch von Personen, die nicht Gesellschafter

---

238 Diese Einteilung findet sich im überwiegenden Teil der gesellschaftsrechtlichen Literatur. Vgl. EISENHARDT, Gesellschaftsrecht 2002, Rn. 22; HUECK, Gesellschaftsrecht 1991, S. 14; KLUNZINGER, Gesellschaftsrecht 2002, S. 3; MEMENTO VERLAG AG, Gesellschaftsrecht 2002, Rn. 17; RAISER, Kapitalgesellschaften 2001, S. 2; ROSE/GLORIUS-ROSE, Unternehmen 2001, S. 57; SCHMIDT, Gesellschaftsrecht 2002, S. 46. Gelegentlich werden die AG und die GmbH als die wichtigsten Beispiele für die Kapitalgesellschaft genannt, ohne die KGaA gesondert zu erwähnen. Vgl. HOHLOCH, in: HOHLOCH, Gesellschaftsrecht 2001, Rn. 13; KÜBLER, Gesellschaftsrecht 1998, S. 23. KRAFT/KREUTZ weisen darauf hin, dass lediglich die AG die reine Form einer Kapitalgesellschaft darstellt. Vgl. KRAFT/KREUTZ, Gesellschaftsrecht 2000, S. 5. Vgl. hierzu auch Fn. 268. Die KGaA wird im Folgenden nur ansatzweise behandelt. Vgl. hierzu ausführlich SCHMIDT, Gesellschaftsrecht 2002, S. 971-981.

239 Der eingetragene Verein gehört zur Gruppe der rechtsfähigen Vereine und ist somit juristische Person. Vgl. KRAFT/KREUTZ, Gesellschaftsrecht 2000, S. 3-4. Hierin unterscheidet er sich von dem nichtrechtsfähigen Verein, der keine juristischen Person ist. Vgl. HUECK, Gesellschaftsrecht 1991, S. 9. Eines der kennzeichnenden Merkmale des Vereins ist, dass dieser körperschaftlich organisiert ist. Vgl. WALLENHORST/HALACZINSKY, Vereine und Stiftungen 2000, S. 1. Vgl. zur Körperschaft Fn. 241.

240 Vgl. EISENHARDT, Gesellschaftsrecht 2002, Rn. 12-13; KÜBLER, Gesellschaftsrecht 1998, S. 20. KLUNZINGER bezeichnet den eingetragenen Verein als „Prototyp der Aktiengesellschaft". Vgl. KLUNZINGER, Gesellschaftsrecht 2002, S. 148. Wichtig ist der Zusammenhang zwischen dem eingetragenen Verein und den Kapitalgesellschaften bei bestehenden Regelungslücken in den speziellen Gesetzen für Kapitalgesellschaften. In diesem Fall wird auf das Vereinsrecht des BGB zurückgegriffen. Vgl. HOHLOCH, in: HOHLOCH, Gesellschaftsrecht 2001, Rn. 11; HUECK, Gesellschaftsrecht 1991, S. 10.

241 Körperschaften sind Personenvereinigungen, die auf Dauer angelegt sind, überindividuelle Zwecke verfolgen, vom Wechsel der Mitglieder unabhängig sind, nach außen unter einem Namen als Einheit auftreten, nach einer Satzung organisiert sind, ihren Willen nach dem Mehrheitsprinzip in der Mitgliederversammlung bilden und durch ein ausführendes Organ (den Vorstand) handeln. Vgl. RAISER, Kapitalgesellschaften 2001, S. 10. Vgl. zu den Körperschaften auch BAUMANN, Rechtswissenschaft 1989, S. 130. Vgl. hierzu auch die nachstehenden Ausführungen.

242 Vgl. HOHLOCH, in: HOHLOCH, Gesellschaftsrecht 2001, Rn. 14.

243 Kapitalgesellschaften sind unabhängig von der Art ihrer Geschäfte Formkaufleute gem. § 6 HGB. Vgl. hierzu Kapitel 2.1.2.3. Somit sind Personenhandels- und Kapitalgesellschaften – allerdings aus unterschiedlichen Gründen – Kaufleute i.S.d. HGB. Vgl. hierzu auch Fn. 180.

244 Vgl. KÜBLER, Gesellschaftsrecht 1998, S. 22; ROSE/GLORIUS-ROSE, Unternehmen 2001, S. 57.

245 Vgl. MEMENTO VERLAG AG, Gesellschaftsrecht 2002, Rn. 18.

246 Vgl. HOMMELHOFF, in: WITTMANN U.A., Handwörterbuch der Betriebswirtschaft 1993, Sp. 1441; HUECK, Gesellschaftsrecht 1991, S. 13; KESSLER/SCHIFFERS, § 1, in: MÜLLER/HOFFMANN, Beck'sches Handbuch Personengesellschaften 2002, Rn. 16; KÜBLER, Gesellschaftsrecht 1998, S. 23. Die Tatsache, dass die Höhe der eingezahlten Kapitalbeträge die Basis für Entscheidungen und für die Gewinnverteilung ist, unterstreicht die Bedeutung der Kapitalbeteiligung und erklärt das Zustandekommen des Begriffs „Kapitalgesellschaft". Vgl. EISENHARDT, Gesellschaftsrecht 2002, Rn. 22.

247 Vgl. HUECK, Gesellschaftsrecht 1991, S. 13; KÜBLER, Gesellschaftsrecht 1998, S. 13.

sind, wahrgenommen werden (Fremdorganschaft).[248] Entscheidungen werden nach dem Mehrheitsprinzip getroffen.[249] Ein weiterer wesentlicher Unterschied zu den Personenhandelsgesellschaften resultiert aus den Haftungsverhältnissen der Kapitalgesellschaften. Hier haftet lediglich das Gesellschaftsvermögen für die Verbindlichkeiten der Gesellschaft. Eine persönliche unbeschränkte Haftung der Gesellschafter besteht grundsätzlich nicht.[250] Aus Gläubigerschutzgründen ist somit ein Mindestgesellschaftskapital unumgänglich.[251]

Kapitalgesellschaften sind juristische Personen[252] und somit selbständige Träger von Rechten und Pflichten.[253] Im Gegensatz zu den Personenhandelsgesellschaften, die zwar auch Träger von Rechten und Pflichten sein können, führt die Eigenschaft, juristische Person zu sein, zum Eigentum der Kapitalgesellschaften am Gesellschaftsvermögen.[254] Hieraus folgt wiederum, dass sich der Wert der Gesellschaftsanteile unabhängig vom Wert des Gesellschaftsvermögens entwickeln kann.[255]

Im Vergleich zu den Personenhandelsgesellschaften ist die Gestaltungsfreiheit der Rechtsbeziehungen der Kapitalgesellschaften, insbesondere im Verhältnis der Gesellschafter zueinander, eingeschränkt.[256] Dennoch bestehen zumindest für die GmbH und die KGaA Freiräume.[257]

Schließlich muss noch die unterschiedliche steuerliche Behandlung der Personenhandels- und Kapitalgesellschaften herausgestellt werden. Letztere sind selbst Steuersubjekt und unterliegen der Körperschaftsteuer.[258] Kommt es zu einer Ausschüttung an die Gesellschafter, unterliegen diese – im Fall natürlicher Personen als Gesellschafter – der Einkommensteuer. Um die Folgen einer doppelten steuerlichen Erfassung der ausgeschütteten Beträge zu mildern, greift auf der Ebene der einkommensteuerpflichtigen Gesellschafter das Halbeinkünfteverfahren.[259] Sind die Gesellschafter körperschaftsteuerpflichtig, erfolgt keine Besteuerung der empfangenen Dividenden.[260] Bei der Besteuerung der Kapitalgesellschaften und deren Anteilseigner

---

248 Vgl. HOMMELHOFF, in: WITTMANN U.A., Handwörterbuch der Betriebswirtschaft 1993, Sp. 1441; KESSLER/SCHIFFERS, § 1, in: MÜLLER/HOFFMANN, Beck'sches Handbuch Personengesellschaften 2002, Rn. 16; KÜBLER, Gesellschaftsrecht 1998, S. 13; MEMENTO VERLAG AG, Gesellschaftsrecht 2002, Rn. 18. HUECK spricht in diesem Zusammenhang von „Drittorganschaft“. Vgl. HUECK, Gesellschaftsrecht 1991, S. 13.

249 Vgl. KÜBLER, Gesellschaftsrecht 1998, S. 22. Ausnahmen bestehen für die Komplementäre einer KGaA. Sie müssen Beschlüsse grundsätzlich einstimmig fassen. Vgl. SEMLER, § 278, in: GESSLER U.A., Aktiengesetz 1986, Rn. 64.

250 Vgl. zu den Haftungsverhältnissen HUECK, Gesellschaftsrecht 1991, S. 13; MEMENTO VERLAG AG, Gesellschaftsrecht 2002, Rn. 20. Dies gilt nicht für den persönlich haftenden Gesellschafter einer KGaA (§ 278 Abs. 1 AktG).

251 Vgl. KÜBLER, Gesellschaftsrecht 1998, S. 23. Vgl. auch KESSLER/SCHIFFERS, § 1, in: MÜLLER/HOFFMANN, Beck'sches Handbuch Personengesellschaften 2002, Rn. 18; ROSE/GLORIUS-ROSE, Unternehmen 2001, S. 57.

252 Vgl. HOMMELHOFF, in: WITTMANN U.A., Handwörterbuch der Betriebswirtschaft 1993, Sp. 1442; HUECK, Gesellschaftsrecht 1991, S. 9; KLUNZINGER, Gesellschaftsrecht 2002, S. 148, 202 und 220; MEMENTO VERLAG AG, Gesellschaftsrecht 2002, Rn. 19.

253 Vgl. HOHLOCH, in: HOHLOCH, Gesellschaftsrecht 2001, Rn. 19.

254 Vgl. ROSE/GLORIUS-ROSE, Unternehmen 2001, S. 9. Vgl. für die Körperschaft auch KÜBLER, Gesellschaftsrecht 1998, S. 22.

255 Vgl. ROSE/GLORIUS-ROSE, Unternehmen 2001, S. 9.

256 Vgl. MEMENTO VERLAG AG, Gesellschaftsrecht 2002, Rn. 24.

257 Vgl. ROSE/GLORIUS-ROSE, Unternehmen 2001, S. 64, 70 und 73. Vgl. auch KLUNZINGER, Gesellschaftsrecht 2002, S. 221. KLUNZINGER weist auf die im Vergleich zur AG stärkere personalistische Strukturierung der GmbH hin.

258 Vgl. HEIGL, Unternehmensbesteuerung 1996, S. 2.

259 Vgl. ausführlich zum Halbeinkünfteverfahren Kapitel 6.2.1.3.

260 Vgl. ROSE, Ertragsteuern 2001, S. 153.

kommt also das Trennungsprinzip zur Anwendung.[261] Im Rahmen der Erhebung anderer Steuern – beispielsweise der Gewerbesteuer oder der Grundsteuer – sind die Kapitalgesellschaften auch selbst Steuersubjekt.[262]

Die Zuordnung bestimmter Rechtsformen zur Gruppe der Kapitalgesellschaften wird in der Literatur zum französischen Gesellschaftsrecht – sofern der Begriff der „Kapitalgesellschaft“ überhaupt gebraucht wird – nicht einheitlich vorgenommen. Weitgehende Einigkeit besteht hinsichtlich der Zugehörigkeit der SA[263].[264] Darüber hinaus werden bezüglich der Rechtsformen, deren deutsche Entsprechungen den Kapitalgesellschaften zugerechnet werden, unterschiedliche Ansichten vertreten. Die SCA[265] wird überwiegend zur Gruppe der Kapitalgesellschaften gezählt.[266] Eine Einstufung der SARL[267] als „reine“ Kapitalgesellschaft existiert nicht. So werden zumindest ihre personengesellschaftsgleichen Züge herausgestellt.[268] Teilweise wird sie den Kapitalgesellschaften aber auch überhaupt nicht zugerechnet.[269] Somit bleibt noch die dem deutschen Gesellschaftsrecht unbekannte SAS[270], die auch nicht einheit-

261 Vgl. KUSSMAUL, Betriebswirtschaftliche Steuerlehre 2000, S. 436.

262 Vgl. hierzu die Ausführungen in Kapitel 6.2.1.2.

263 Sie entspricht der deutschen AG. Vgl. CHAUSSADE-KLEIN, Gesellschaftsrecht 1998, S. 10. Vgl. auch BMF vom 24.12.1999, BStBl. I 1999, S. 1076, Anhang, Tabelle 1.

264 Vgl. CHAUSSADE-KLEIN, Gesellschaftsrecht 1998, S. 13; GERMAIN, Droit commercial 2002, Rn. 1164; MERCADAL/JANIN, Mémento Sociétés Commerciales 2002, Rn. 10; MERLE, Sociétés commerciales 2001, Rn. 12; VIDAL, Droit des Sociétés 2001, Rn. 976. COZIAN/VIANDIER/DEBOISSY rechnen aber nur kapitalmarktorientierte SA zu den Kapitalgesellschaften. Bei SA, die sich nicht an den öffentlichen Kapitalmarkt wenden, steht in ihren Augen der einzelne Gesellschafter im Vordergrund. Demnach zählen sie diese Gesellschaften nicht zu den Kapitalgesellschaften. Vgl. COZIAN/VIANDIER/DEBOISSY, Droit des Sociétés 2002, Rn. 40.

265 Sie entspricht der deutschen KGaA. Vgl. CHAUSSADE-KLEIN, Gesell schaftsrecht 1998, S. 10. Vgl. auch BMF vom 24.12.1999, BStBl. I 1999, S. 1076, Anhang, Tabelle 1.

266 Vgl. GERMAIN, Droit commercial 2002, Rn. 1165; MERCADAL/JANIN, Mémento Sociétés Commerciales 2002, Rn. 10. Vgl. auch das Inhaltsverzeichnis bei TILLMANNS, in: HOHLOCH, Gesellschaftsrecht 2001, S. 4 und bei VIDAL, Droit des Sociétés 2001, S. 590. MERLE differenziert bezüglich der Gesellschafter. Während die SCA für den Komplementär eine Personengesellschaft darstellt, ist sie für die Kommanditaktionäre eine Kapitalgesellschaft. Vgl. MERLE, Sociétés commerciales 2001, Rn. 12.

267 Sie wurde 1925 nach dem Vorbild der deutschen GmbH geschaffen. Vgl. GERMAIN, Droit commercial 2002, Rn. 1166.

268 Vgl. CHAUSSADE-KLEIN, Gesellschaftsrecht 1998, S. 13; GERMAIN, Droit commercial 2002, Rn. 1166. Auch in der Literatur zum deutschen Gesellschaftsrecht finden sich Hinweise auf die personengesellschaftsähnlichen Züge der deutschen GmbH, ohne aber deren Einstufung als Kapitalgesellschaft in Frage zu stellen. Vgl. HUECK, Gesellschaftsrecht 1991, S. 14; KESSLER/SCHIFFERS, § 1, in: MÜLLER/HOFFMANN, Beck'sches Handbuch Personengesellschaften 2002, Rn. 19; SCHMIDT, Gesellschaftsrecht 2002, S. 47.

269 MERCADAL/JANIN, MESTRE/VELARDOCCHIO sowie PÉDAMON ordnen sie zwischen den Personen- und den Kapitalgesellschaften ein. Vgl. MERCADAL/JANIN, Mémento Sociétés Commerciales 2002, Rn. 11; MESTRE/VELARDOCCHIO, Lamy Sociétés Commerciales 2002, Rn. 2705; PÉDAMON, Droit commercial 2000, Rn. 104. MESTRE/PANCRAZI stufen sie eher als Personengesellschaft ein. Vgl. MESTRE/PANCRAZI, Droit commercial 2001, Rn. 310. COZIAN/VIANDIER/DEBOISSY lehnen die Einordnung der SARL als Kapitalgesellschaft aufgrund deren Gesellschafterbezogenheit nachdrücklich ab. Vgl. COZIAN/VIANDIER/DEBOISSY, Droit des Sociétés 2002, Rn. 40. VIDAL geht sogar von einem weit gefassten Begriff der „Personengesellschaften“ aus und zählt folglich auch die SARL zu den Personengesellschaften. Vgl. VIDAL, Droit des Sociétés 2001, Rn. 819.

270 Diese Mitte der neunziger Jahre geschaffene Rechtsform zeichnet sich dadurch aus, dass sie einen großen Freiraum bei der Gestaltung der Gesellschaft lässt. Vgl. VIDAL, Droit des Sociétés 2001, Rn. 1216. Sie bietet somit einen geeigneten Rahmen für die Zusammenarbeit mehrerer Unternehmen. Sie ist mittlerweile aber auch eine interessante Rechtsform für den Mittelstand. Vgl. MERCADAL/JANIN, Mémento Sociétés Commerciales 2002, Rn. 14905. Aufgrund des großen Gestaltungsfreiraums kann sie am ehesten mit einer „Personengesellschaft mit beschränkter Haftung“ verglichen werden. Vgl. ausführlich zur SAS Kapitel 3.3.2.

lich als Kapitalgesellschaft eingestuft wird.[271] Aufgrund der Vielzahl der unterschiedlichen gesellschaftsrechtlichen Abgrenzungen wird im Folgenden die steuerliche Sichtweise herangezogen. Demnach gehören die SA, die SCA, die SAS und die SARL zu den Kapitalgesellschaften.[272]

Ein Grundtyp, auf den die Kapitalgesellschaften zurückgeführt werden könnten, kann nicht identifiziert werden. Ähnlich wie die SNC bei den Personengesellschaften wird aber die SA als reinste Form der Kapitalgesellschaft bezeichnet.[273] Auch Kapitalgesellschaften gehören unabhängig vom eigentlichen Gegenstand des Unternehmens zu den Handelsgesellschaften.[274] Somit sind sie – wie die Personenhandelsgesellschaften – Kaufleute.[275]

Grundsätzlich besteht eine Kapitalgesellschaft auch bei einem Gesellschafterwechsel fort.[276] Darüber hinaus sind zumindest die SA und die SCA auf eine große Mitgliederzahl ausgelegt.[277] Außerdem steht bei ihnen die Kapitalbeteiligung im Vordergrund.[278] Wie bei den deutschen Kapitalgesellschaften und den französischen Personenhandelsgesellschaften besteht ferner für die französischen Kapitalgesellschaften – mit einer Ausnahme – die Möglichkeit der Fremdorganschaft.[279] Auch für sie gilt (grundsätzlich) das Mehrheitsprinzip.[280] Hinsichtlich der Haftungsverhältnisse gilt für alle Kapitalgesellschaften, dass lediglich das Gesell-

---

271 Zwischen den Personen- und den Kapitalgesellschaften ordnen sie MERCADAL/JANIN ein. Vgl. MERCADAL/JANIN, Mémento Sociétés Commerciales 2002, Rn. 11. JUGLART/IPPOLITO bezeichnen sie als „hybriden" Gesellschaftstyp. Vgl. JUGLART/IPPOLITO, Sociétés commerciales 1999, Rn. 18. An anderen Stellen wird sie zu den Kapitalgesellschaften gezählt. Vgl. CHAUSSADE-KLEIN, Gesellschaftsrecht 1998, S. 13; MERLE, Sociétés commerciales 2001, Rn. 246.

272 Vgl. MERLE, Sociétés commerciales 2001, Rn. 13. Die SCA erfährt im Folgenden nur marginale Beachtung. Auch die SA wird nur ansatzweise behandelt. Vgl. ausführlich zur SA bzw. zur SCA COZIAN/VIANDIER/DEBOISSY, Droit des Sociétés 2002, Rn. 601-1124 bzw. Rn. 1200-1218.

273 Vgl. GERMAIN, Droit commercial 2002, Rn. 1164; MERLE, Sociétés commerciales 2001, Rn. 12; VIDAL, Droit des Sociétés 2001, Rn. 14.

274 Gem. Art. L. 210-1 Abs. 2 C. com. gehören u.a. die SARL sowie alle „Aktiengesellschaften" („sociétés par actions") zu den Handelsgesellschaften. Zu diesen „Aktiengesellschaften" werden auch die SCA und die SAS gezählt. Vgl. MERCADAL/JANIN, Mémento Sociétés Commerciales 2002, Rn. 14001 und 14902.

275 Vgl. hierzu Kapitel 2.1.2.3. Da die Zugehörigkeit zu den Handelsgesellschaften und die Kaufmannseigenschaft aus der Rechtsform folgen, können die Kapitalgesellschaften als Formkaufleute bezeichnet werden.

276 Vgl. MERLE, Sociétés commerciales 2001, Rn. 12.

277 Vgl. dahingehend GERMAIN, Droit commercial 2002, Rn. 1164; VIDAL, Droit des Sociétés 2001, Rn. 975. Bei der SARL besteht eine Beschränkung der Gesellschafterzahl auf 50 Personen. Vgl. Art. L. 223-3 C. com. Für die SAS besteht zwar keine Beschränkung der Gesellschafterzahl; aufgrund ihrer starken Gesellschafterbezogenheit ist ihre Gesellschafterzahl aber meistens recht klein. Vgl. MERCADAL/JANIN, Mémento Sociétés Commerciales 2002, Rn. 14925.

278 Vgl. JUGLART/IPPOLITO, Sociétés commerciales 1999, Rn. 17; MERLE, Sociétés commerciales 2001, Rn. 246. Die einzelnen Gesellschafter kennen sich i.d.R. nicht. Vgl. MERCADAL/JANIN, Mémento Sociétés Commerciales 2002, Rn. 10. Hinsichtlich der SAS ist aber wieder auf deren Gesellschafterbezogenheit hinzuweisen. Vgl. Fn. 277. Auch die SARL stellt die Gesellschafter in den Vordergrund. Vgl. COZIAN/VIANDIER/DEBOISSY, Droit des Sociétés 2002, Rn. 40.

279 Vgl. zur SARL Kapitel 3.3.1.8 und zur SAS Kapitel 3.3.2.8. Vgl. zur SCA GERMAIN, Droit commercial 2002, Rn. 2024. In einer SA mit einem „Verwaltungsrat" („conseil d'administration") ist Fremdorganschaft nicht erlaubt. Die Mitglieder des Verwaltungsrats müssen auch Aktionäre der SA sein (Art. L. 225-25 C. com.). Die Vorstandsmitglieder einer SA mit einem „Vorstand" („directoire") müssen nicht Aktionäre sein (Art. L. 225-59 Abs. 3 C. com.). (Die Geschäftsleitung einer SA kann aus einem Verwaltungsrat oder aus einem Vorstand und einem „Aufsichtsrat" („conseil de surveillance") bestehen. Letztere Organisationsform gilt zwar als modernere, ist aber seltener anzutreffen. Vgl. TILLMANNS, in: HOHLOCH, Gesellschaftsrecht 2001, Rn. 223-224.)

280 Für die SA ergibt sich dies aus Art. L. 225-98 Abs. 3 C. com. bzw. aus Art. L. 225-96 Abs. 3 C. com. Vgl. zur SARL Kapitel 3.3.1.8 und zur SAS Kapitel 3.3.2.8. Für die SCA gilt dies für die Kommanditaktionäre. Die Komplementäre müssen grundsätzlich einstimmig entscheiden. Vgl. MERCADAL/JANIN, Mémento Sociétés Commerciales 2002, Rn. 14411.

schaftsvermögen für die Verbindlichkeiten der Gesellschaft haftet. Eine persönliche unbeschränkte Haftung besteht grundsätzlich nicht.[281] Folglich wird auch hier ein Mindestgesellschaftskapital gefordert.[282]

Kapitalgesellschaften sind juristische Personen.[283] Das Gesellschaftsvermögen befindet sich also im Eigentum der Kapitalgesellschaft.[284] Die Aussage bezüglich der Wertentwicklung der Anteile an einer deutschen Kapitalgesellschaft, welche unabhängig von der Entwicklung des Gesellschaftsvermögens ist, kann demnach auf die französische Kapitalgesellschaft übertragen werden.[285]

Die Gestaltungsfreiheit ist bei den verschiedenen Rechtsformen der Kapitalgesellschaften unterschiedlich ausgeprägt. Während die Vorschriften zur SA kaum Freiheiten lassen, gilt für die SAS eine große Gestaltungsfreiheit.[286] Auch die Vorschriften zur SCA und zur SARL sind weniger einengend als die Vorschriften zur SA.[287]

Abschließend bleibt noch die Betrachtung der steuerlichen Behandlung der Kapitalgesellschaften. Hinsichtlich der ertragsteuerlichen Behandlung unterliegen sie der IS.[288] Im Fall einer Ausschüttung kommt es prinzipiell zu einer Doppelbesteuerung durch eine weitere steuerliche Erfassung der ausgeschütteten Gewinne auf der Ebene des empfangenden Gesellschafters. Eine Doppelbesteuerung wird aber durch die Anwendung des Anrechnungsverfahrens größtenteils vermieden.[289] Hier gilt also ebenso das Trennungsprinzip.[290] Auch bezüglich der Erhebung anderer Steuern unterliegt die Kapitalgesellschaft selbst der Besteuerung.[291]

---

281 Vgl. COZIAN/VIANDIER/DEBOISSY, Droit des Sociétés 2002, Rn. 40; MERLE, Sociétés commerciales 2001, Rn. 12; TILLMANNS, in: HOHLOCH, Gesellschaftsrecht 2001, Rn. 17. Dies gilt nicht für die Komplementäre einer SCA. Vgl. Art. L. 226-1 Abs. 1 C. com.

282 Vgl. DIDIER, Droit commercial 1999, S. 96. DIDIER erwähnt zwar nur die SA und die SARL, spricht aber generell von einem gesetzlich vorgeschriebenen Mindestgesellschaftskapital für Gesellschaften, in denen lediglich das Gesellschaftsvermögen für die Verbindlichkeiten der Gesellschaft haftet.

283 Vgl. CHAUSSADE-KLEIN, Gesellschaftsrecht 1998, S. 10; COZIAN/VIANDIER/DEBOISSY, Droit des Sociétés 2002, Rn. 40; VIDAL, Droit des Sociétés 2001, Rn. 13.

284 Vgl. CHAUSSADE-KLEIN, Gesellschaftsrecht 1998, S. 51; MERLE, Sociétés commerciales 2001, Rn. 91; VIDAL, Droit des Sociétés 2001, Rn. 139.

285 Vgl. hierzu auch DIDIER, Droit commercial 1999, S. 98.

286 Vgl. COZIAN/VIANDIER/DEBOISSY, Droit des Sociétés 2002, Rn. 1230-1232. Vgl. zur SA auch DIDIER, Droit commercial 1999, S. 60. Vgl. zur SAS auch Fn. 270.

287 Vgl. COZIAN/VIANDIER/DEBOISSY, Droit des Sociétés 2002, Rn. 1214 und 1252.

288 Vgl. MERLE, Sociétés commerciales 2001, Rn. 13.

289 Vgl. COZIAN, Précis de fiscalité 2002, Rn. 1220.

290 COZIAN spricht hier von der „steuerlichen Undurchdringlichkeit" („opacité fiscale"). Vgl. COZIAN, Précis de fiscalité 2002, Rn. 111.

291 Vgl. beispielsweise für die „taxe professionnelle" das Rechenbeispiel bei DISLE/SARAF, Droit fiscal 2002, S. 555, wo eine SARL besteuert wird. Vgl. zur Besteuerung der französischen Kapitalgesellschaften auch Kapitel 6.1.4.1.

2.2 Quantitative Determinierung des Untersuchungsgegenstands

Bei der nachstehenden quantitativen Determinierung des Untersuchungsgegenstands wird die Annahme zugrunde gelegt, dass die Gründungsphase der französischen Grundeinheit abgeschlossen ist. Sie soll bereits seit mehreren Jahren ihrer Geschäftstätigkeit nachgehen.[292]

Zunächst werden die Bilanzen der Gesellschaft der Spitzeneinheit und der Grundeinheit dargestellt. Die Darstellung orientiert sich hinsichtlich der Gliederung an dem Bilanzgliederungsschema für Kapitalgesellschaften in § 266 HGB.[293] Die Bilanzstruktur beider Einheiten wurde aus statistischem Datenmaterial der Deutschen Bundesbank, welches Bilanzdaten von westdeutschen Unternehmen des verarbeitenden Gewerbes des Jahres 1996 aufgreift, abgeleitet.[294] Auf rechtsformspezifische Eigenheiten wird bei der Darstellung der Bilanzen nicht eingegangen.[295] Beide erfüllen jeweils die handels- und die steuerrechtlichen Anforderungen. Außerdem soll die Bilanz der französischen Grundeinheit gleichzeitig den deutschen und den französischen Bilanzierungsvorschriften entsprechen.

Für die Unternehmensstrukturen, die eine Betriebstätte in Frankreich einschließen, ergäbe sich eine besondere Bilanz der Gesellschaft der deutschen Spitzeneinheit. Die Bilanzpositionen der inländischen Gesellschaft und der französischen Grundeinheit müssten dort zusammengefasst dargestellt werden.[296] Die vorgestellte Bilanz der deutschen Gesellschaft weist hierfür aber lediglich einen entsprechenden Wert bei der Bilanzposition „Beteiligungen" aus. Auf eine gesonderte Darstellung der Bilanz der deutschen Gesellschaften der Unternehmensstrukturen mit französischer Betriebstätte wird verzichtet. Ferner ist der Ausweis der Beteiligung an einer Personen(handels-)gesellschaft in der Steuerbilanz eines Unternehmens streitig.[297] Dabei wird diskutiert, ob ein entsprechender Posten überhaupt in der Steuerbilanz erscheinen darf. Folglich gelten die in Tabelle 1 und in Tabelle 2 dargestellten Bilanzen der Unternehmenseinheiten im Fall einer Grundeinheit in Form einer Kapitalgesellschaft.

Zwischen der deutschen Gesellschaft und den deutschen natürlichen Personen wurde im Gesellschaftsvertrag ein jährliches Geschäftsführergehalt in Höhe von jeweils 50.000 EUR vereinbart.[298] Die Grundeinheit zahlt den deutschen natürlichen Personen jeweils ein gesellschaftsvertraglich vereinbartes Jahresgeschäftsführergehalt in Höhe von 25.000 EUR.[299] Darüber hinaus bestehen keine vertraglichen Vereinbarungen zwischen den Einheiten des internationalen Unternehmens und den deutschen natürlichen Personen.

---

[292] Im Anfangsstadium einer unternehmerischen Tätigkeit zu beobachtende Schwankungen sind somit nicht mehr zu verzeichnen, weshalb von einer gewissen im Zeitablauf vorliegenden Konstanz der angenommenen Daten ausgegangen werden kann.

[293] Grundsätzlich wurde auch das Bilanzgliederungsschema in Art. 521-1 PCG beachtet. Vgl. zu diesem die Erläuterungen in Kapitel 4.2.1.2.3.2.4.2.

[294] Vgl. DEUTSCHE BUNDESBANK, Jahresabschlüsse westdeutscher Unternehmen 1999, S. 26.

[295] Dementsprechend wird beispielsweise auf eine detaillierte Darstellung der Bilanzposition Eigenkapital verzichtet.

[296] Vgl. hierzu Kapitel 6.1.1.2.

[297] Vgl. hierzu Kapitel 6.1.2.2.

[298] Die Zahlungen werden auch im Fall einer deutschen Personenhandelsgesellschaft als Gehaltsaufwand erfasst.

[299] Sofern die Grundeinheit in der Form einer Betriebstätte geführt wird, entfällt diese Zahlung. Dafür erhöht sich das von der deutschen Gesellschaft gezahlte Geschäftsführergehalt um jeweils 25.000 EUR. Als Ausgleich tätigt die Grundeinheit eine Zahlung an die Spitzeneinheit in entsprechender Höhe.

Aktiva	Bilanz der deutschen Gesellschaft zum 1.1. (EUR)		Passiva
A. Anlagevermögen		**A. Eigenkapital**	2.450.000
I. Sachanlagen		**B. Rückstellungen**	2.650.000
1. Grundstücke und Gebäude (Einheitswert 200.000)	950.000	**C. Verbindlichkeiten**	
2. Sonstiges Sachanlagevermögen	1.400.000	1. Kurzfristige	3.750.000
II. Finanzanlagen		2. Langfristige	1.150.000
1. Beteiligungen	1.600.000		
2. Sonstiges Finanzanlagevermögen	150.000		
B. Umlaufvermögen			
I. Vorräte			
1. Roh-, Hilfs- und Betriebsstoffe	500.000		
2. Erzeugnisse	1.600.000		
II. Forderungen	3.150.000		
III. Wertpapiere	150.000		
IV. Zahlungsmittel	500.000		
Summe	**10.000.000**	**Summe**	**10.000.000**

Tabelle 1: Bilanz der Gesellschaft der deutschen Spitzeneinheit

Aktiva	Bilanz der französischen Grundeinheit zum 1.1. (EUR)		Passiva
A. Anlagevermögen		**A. Eigenkapital**	1.600.000
I. Sachanlagen		**B. Verbindlichkeiten**	
1. Grundstücke und Gebäude	500.000	1. Kurzfristige	1.150.000
2. Sonstiges Sachanlagevermögen	900.000	2. Langfristige	750.000
B. Umlaufvermögen			
I. Vorräte			
1. Roh-, Hilfs- und Betriebsstoffe	200.000		
2. Erzeugnisse	550.000		
II. Forderungen	1.100.000		
III. Wertpapiere	50.000		
IV. Zahlungsmittel	200.000		
Summe	**3.500.000**	**Summe**	**3.500.000**

Tabelle 2: Bilanz der französischen Grundeinheit

Im Betrachtungszeitraum erzielt die deutsche Spitzeneinheit bei einem Umsatz von 4.000.000 EUR einen handels- und steuerrechtlichen Jahresüberschuss vor Steuern in Höhe von 400.000 EUR. Er resultiert u.a. aus dem Ansatz von Zinsaufwendungen i.S.d. § 8 Nr. 1 GewStG in Höhe von 10 % der langfristigen Verbindlichkeiten und aus dem Ansatz der vorstehend aufgeführten Geschäftsführergehälter. Das Ergebnis der französischen Grundeinheit ist hierin nicht eingeschlossen. Gewinne der Grundeinheit werden aber komplett an die deutschen natürlichen Personen weitergeleitet.[300] Neben der Beteiligung an der französischen Grundeinheit hält die deutsche Spitzeneinheit keine weiteren Anteile an Gesellschaften.

Sämtliche Grundstücke der französischen Grundeinheit sind bebaut. Die Anschaffungskosten der in der Bilanz aufgeführten Grundstücke und Gebäude betrugen zum Anschaffungszeitpunkt im Jahr 1996 600.000 EUR. Die Anschaffungskosten der nicht grundsteuerpflichtigen Gegenstände des Anlagevermögens belaufen sich auf 1.200.000 EUR.[301] Die Grundeinheit beschäftigt 15 Mitarbeiter,[302] an die im letzten und vorletzten Jahr jeweils eine Lohnsumme in Höhe von 600.000 EUR gezahlt wurde. Diese diente auch als Bemessungsgrundlage der Sozialversicherungsbeiträge.

Im Betrachtungszeitraum erwirtschaftet die französische Grundeinheit bei einem Umsatz von 2.000.000 EUR und einer Wertschöpfung[303] von 1.200.000 EUR einen handels- und steuerrechtlichen Jahresüberschuss vor Steuern in Höhe von 200.000 EUR. Dieser Jahresüberschuss wurde durch von der Grundeinheit gezahlte oder ihr zugerechnete Geschäftsführergehälter gemindert.

Ausgehend von der im Rahmen der qualitativen Determinierung getroffenen Annahme, dass zwischen Grund- und Spitzeneinheit weder Lieferungs- noch Leistungsbeziehungen bestehen, gilt für sämtliche Forderungen und Verbindlichkeiten, dass diese gegenüber fremden Dritten bestehen. Sofern die französische Grundeinheit die Form einer Betriebstätte annimmt, orientiert sich die relative Höhe der ausgewiesenen Verbindlichkeiten an vergleichbaren Unternehmen. Schließlich hält die französische Grundeinheit keine Anteile an einer Gesellschaft.

Die persönlichen Daten der beiden natürlichen Personen, die Gesellschafter der deutschen und gegebenenfalls der französischen Gesellschaft sind, und ihrer Familienmitglieder sollen sich jeweils entsprechen. Sie werden in Tabelle 3 aufgelistet.

Gesellschafter	
Nationalität:	deutsch
Religionszugehörigkeit:	römisch-katholisch
Geburtsjahr:	1960
Einkünfte außer aus Gesellschafterstellung und Geschäftsführertätigkeit:	keine
Ehestand:	verheiratet (nicht dauernd getrennt lebend)
Art der Veranlagung (Deutschland):	Zusammenveranlagung nach § 26b EStG

300 Folglich wird eine Sofortausschüttung bzw. eine Sofortentnahme unterstellt.

301 Neben den bilanziell ausgewiesenen Gegenständen wurden keine weiteren gemietet oder geleast. Ferner sollen sich die Anschaffungskosten der Gegenstände des Anlagevermögens in den letzten beiden Jahren nicht verändert haben.

302 Dabei wurden die beiden Geschäftsführer nicht mitgerechnet.

303 Hiermit ist die Wertschöpfung für Zwecke der „taxe professionnelle" angesprochen. Vgl. hierzu Kapitel 4.3.3.

Ehepartner	
Geburtsjahr:	1960
Einkünfte:	keine
Religionszugehörigkeit:	römisch-katholisch
Kinder	
Anzahl:	2
Alter:	13 bzw. 15 Jahre

Tabelle 3: Persönliche Daten der natürlichen Personen und ihrer Familienmitglieder

3 Gesellschaftsrechtliche Merkmale deutscher und französischer Handelsgesellschaften

3.1 Auswahl der betrachteten Rechtsformen

Eine Darlegung gesellschaftsrechtlicher Merkmale der möglichen Rechtsformen der französischen Grundeinheit ist hinsichtlich der vorzunehmenden Rechtsformwahl und Unternehmensstrukturgestaltung, welche nicht nur von steuerlichen Faktoren beeinflusst werden, unumgänglich. Sie wird außerdem für das Verständnis der in den nachfolgenden Kapiteln aufgezeigten steuerlichen Zusammenhänge benötigt.

Im Rahmen der qualitativen Determinierung des Untersuchungsgegenstands in Kapitel 2.1 wurden die grundsätzlich wählbaren rechtlich selbständigen Formen der französischen Grundeinheit auf die Rechtsformen der Personenhandelsgesellschaften und der Kapitalgesellschaften beschränkt. Somit kommen die in Kapitel 2.1.2.5 und in Kapitel 2.1.2.6 aufgeführten Rechtsformen der SNC, der SCS, der SARL, der SA, der SCA und der SAS in Frage. Allerdings sind nicht alle diese Rechtsformen für die Realisierung der geplanten grenzüberschreitenden Unternehmensstruktur geeignet. Aus diesem Grund wird im Folgenden eine Auswahl der Rechtsformen, welche genauer betrachtet werden sollen, vorgenommen.

Die SNC ist nicht nur die Personengesellschaft – und folglich auch die Personenhandelsgesellschaft – schlechthin.[304] Sie eignet sich auch sehr gut für den Fall, dass sich beide Gesellschafter der deutschen Gesellschaft direkt an der französischen Grundeinheit beteiligen möchten. Da die Mindestgesellschafterzahl einer SNC zwei Personen beträgt,[305] kann die deutsche Gesellschaft im Fall einer Beteiligung an der französischen Grundeinheit nicht als Alleingesellschafter der französischen SNC eingesetzt werden. Aus diesem Grund wird eine Beteiligung – im betrachteten Fall eine Minderheitsbeteiligung in Höhe von 0,1 %[306] – der deutschen Gesellschafter an der französischen SNC nötig.[307] Der Nachteil der SNC ist allerdings die unbeschränkte solidarische Haftung ihrer Gesellschafter für die Verbindlichkeiten der Gesellschaft,[308] so dass auch im Fall der Beteiligung einer deutschen Kapitalgesellschaft an der französischen Personenhandelsgesellschaft aufgrund der unumgänglichen Minderheitsbeteiligungen letztendlich doch eine unbeschränkte Haftung der deutschen Gesellschafter gegeben ist.

Dieser Nachteil kann durch die Rechtsform der SCS umgangen werden. Hier kann die deutsche Gesellschaft als unbeschränkt haftender Mehrheitsgesellschafter (Komplementär) eingesetzt werden, während die deutschen Gesellschafter beschränkt haftende Gesellschafter

---

304 Vgl. hierzu Kapitel 2.1.2.5.

305 Vgl. hierzu Kapitel 3.2.1.4.

306 Vgl. hierzu Kapitel 2.1.1. Grundsätzlich können die Beteiligungsverhältnisse an einer Gesellschaft vollkommen frei gestaltet werden. Demnach ist es zulässig, dass ein Gesellschafter fast den gesamten Teil des Gesellschaftskapitals hält, während der andere (oder die anderen) Gesellschafter lediglich den Rest halten. Vgl. DIDIER, Droit commercial 1999, S. 114.

307 Die Beteiligung *eines* deutschen Gesellschafters würde natürlich schon reichen. Allerdings sollen die Gesellschafter an sämtlichen Unternehmensteilen zu gleichen Teilen beteiligt sein. Auch aus haftungsrechtlichen Gründen ist eine Beteiligung beider Gesellschafter anzustreben. Vgl. hierzu die Ausführungen weiter unten in diesem Kapitel.

308 Vgl. hierzu Kapitel 3.2.1.6.

(Kommanditisten) sind.[309] Somit besteht zumindest im Fall einer deutschen Kapitalgesellschaft als Spitzeneinheit eine beschränkte Haftung der Gesellschafter im gesamten Unternehmen.[310]

Eine Kapitalgesellschaft als französische Grundeinheit bietet in erster Linie eine lediglich beschränkte Haftung aller Gesellschafter für die Verbindlichkeiten der Gesellschaft.[311] Zählt man die SARL – wie in Kapitel 2.1.2.6 festgelegt – zu den Kapitalgesellschaften, sollten zunächst die Rechtsformen der SARL und der SA miteinander verglichen werden. Die Errichtung einer SA verlangt gem. Art. L. 225-1 C. com. das Vorhandensein von sieben Gründern bzw. Gesellschaftern, während eine SARL auch mit nur einem Gesellschafter betrieben werden kann, wobei dieser eine juristische Person sein darf.[312] Darüber hinaus ist die SARL auch einfacher strukturiert und weniger kostenintensiv als die SA.[313] Somit wird die SA aus den folgenden Betrachtungen ausgeklammert.

Die SCA kommt zwar grundsätzlich auch als Rechtsform für die französische Grundeinheit in Frage. Allerdings besteht hier wieder eine unbeschränkte Haftung des Komplementärs oder der Komplementäre für die Verbindlichkeiten der Gesellschaft (Art. L. 226-1 Abs. 1 C. com.), so dass die deutschen natürlichen Personen zumindest im Fall einer deutschen Personenhandelsgesellschaft als Spitzeneinheit unbeschränkt haften. Da außerdem mindestens drei Kommanditaktionäre gefordert werden (Art. L. 226-1 Abs. 1 C. com.), ist die SCA als Grundeinheit der hier betrachteten Unternehmensstruktur ungeeignet.

Die letzte noch nicht betrachtete Rechtsform der französischen Kapitalgesellschaften, die SAS, wird künftig möglicherweise deutlich an Popularität gewinnen. Diese dem deutschen Gesellschaftsrecht unbekannte Rechtsform zeichnet sich durch eine sehr große vertragliche Gestaltungsfreiheit aus.[314] Da sie darüber hinaus die für Kapitalgesellschaften typische Haftungsbeschränkung der Gesellschafter bietet,[315] stellt sie eine weitere geeignete und außerdem innovative Rechtsform für die französische Grundeinheit des betrachteten internationalen Unternehmens dar.[316]

Den ausgewählten französischen Rechtsformen wird die deutsche Entsprechung jeweils in einer abschließenden tabellarischen Übersicht gegenübergestellt. Auch die SAS wird mit einer deutschen Rechtsform verglichen. Aufgrund der Neuerungen durch das „Gesetz für kleine Aktiengesellschaften und zur Deregulierung des Aktienrechts" vom 2.8.1994[317] fiel die Wahl auf die (kleine) AG. Das genannte Gesetz sollte die AG für mittelständische Unternehmen zugänglich machen und zielte deswegen auf eine Deregulierung der Vorschriften für die AG

309 Vgl. zur Gesellschafterhaftung bei der SCS Kapitel 3.2.2.6.

310 Für eine direkte Beteiligung der deutschen Gesellschafter an der französischen Grundeinheit ohne Beteiligung der deutschen Gesellschaft ist die Rechtsform der SCS aufgrund der unterschiedlichen Haftungsverhältnisse der Gesellschafter nicht geeignet.

311 Eine Ausnahme bildet allerdings der Komplementär einer SCA. Vgl. zur Gesellschafterhaftung bei den französischen Kapitalgesellschaften Kapitel 2.1.2.6.

312 Vgl. hierzu Kapitel 3.3.1.4.

313 Beispielsweise bestehen für die SARL geringere Formerfordernisse, sie verlangt keine doppelten Verwaltungsorgane und Abschlussprüfer werden nur beim Überschreiten bestimmter Grenzen erforderlich. Vgl. COZIAN/VIANDIER/DEBOISSY, Droit des Sociétés 2002, Rn. 1252. Vgl. auch MERLE, Sociétés commerciales 2001, Rn. 175.

314 Vgl. hierzu Kapitel 3.3.2.1.

315 Vgl. hierzu Kapitel 3.3.2.6.

316 Allerdings ist sie im Gegensatz zur SARL in jedem Fall prüfungspflichtig. Vgl. hierzu Kapitel 3.3.1.10 und 3.3.2.10.

317 BGBl. I 1994 I, S. 1961.

ab.[318] In diesem Zusammenhang wird zwar von der „kleinen AG" gesprochen,[319] allerdings entstand durch die Deregulierung keine neue Rechtsform,[320] welche mit der SAS verglichen werden könnte. Dennoch gehen die Öffnung der SAS[321] und der AG für den Mittelstand grundsätzlich in die gleiche Richtung, so dass ein Vergleich der SAS mit der nicht börsennotierten AG gerechtfertigt ist.[322]

Sofern für die steuerlichen Betrachtungen in den nachfolgenden Kapiteln rechtsformspezifische Merkmale herangezogen werden müssen, wird auf deutscher Seite grundsätzlich das Vorliegen einer OHG bzw. einer GmbH, auf französischer Seite analog das Vorliegen einer SNC bzw. einer SARL unterstellt.

3.2 Personenhandelsgesellschaften

3.2.1 SNC

3.2.1.1 Begriff und Einordnung

Wie die OHG[323] ist auch die SNC eine Personenhandelsgesellschaft, zu deren wichtigsten kennzeichnenden Merkmalen die unbeschränkte solidarische Haftung der Gesellschafter für die Verbindlichkeiten der Gesellschaft gehört. Allerdings ist sie im Gegensatz zur OHG Formkaufmann und juristische Person mit eigenem Gesellschaftsvermögen.[324]

Die SNC ist von geringerer Bedeutung als die SARL oder die SA.[325] Dies resultiert aus der Tatsache, dass die Personengesellschaften, insbesondere die Personenhandelsgesellschaften, nicht zu den klassischen Rechtsformen des französischen Mittelstandes gehören.[326] Die SNC kommt bei der Gründung einer Gesellschaft mit nur wenigen Gesellschaftern zwar grundsätzlich in Frage, allerdings steht sie hier in Konkurrenz zur SARL.[327] Obwohl die SNC leichter

---

318 Vgl. Begründung zum Entwurf eines Gesetzes für kleine Aktiengesellschaften und zur Deregulierung des Aktienrechts, Bundestagsdrucksache 12/6721 vom 1.2.1994, S. 5-6.

319 Vgl. statt vieler SEIBERT, Kleine AG 1994, S. 247.

320 Vgl. MEMENTO VERLAG AG, Gesellschaftsrecht 2002, Rn. 4730.

321 Vgl. hierzu Kapitel 3.3.2.1.

322 Letztendlich sind die deutschen Maßnahmen hinsichtlich der Kapitalmarktorientierung weitreichender als die französischen. Nach der Annahme der Rechtsform der AG soll der so entstandenen „kleinen AG" in einem nächsten Schritt auch der Gang zur Börse möglich sein. Vgl. SEIBERT, Kleine AG 1994, S. 248. Demgegenüber besteht für die SAS ein Verbot, sich an den öffentlichen Kapitalmarkt zu wenden. Vgl. hierzu Kapitel 3.3.2.4.

323 Die französische SNC entspricht der deutschen OHG. Vgl. hierzu Kapitel 2.1.2.5.

324 Vgl. hierzu Kapitel 2.1.2.5.

325 Vgl. MESTRE/VELARDOCCHIO, Lamy Sociétés Commerciales 2002, Rn. 2543. Vgl. zur geringen wirtschaftlichen Bedeutung gewerblicher Personengesellschaften im Vergleich zu den Kapitalgesellschaften DUTHIL-LEUL, Anh., in: DEBATIN/WASSERMEYER, Doppelbesteuerung 2002, Rn. 64. Zum 1. März 2002 waren 845.470 SARL, 149.108 SA und nur 29.150 SNC im Handelsregister eingetragen. Vgl. INSEE in COZIAN/VIANDIER/DEBOISSY, Droit des Sociétés 2002, Rn. 9.

326 Vgl. HELLIO/RÄDLER, Option zur Körperschaftsteuer 2000, S. 402. Dahingegen ist die OHG die typische Rechtsform des deutschen Mittelstandes. Vgl. KLUNZINGER, Gesellschaftsrecht 2002, S. 55.

327 Vgl. MERCADAL/JANIN, Mémento Sociétés Commerciales 2002, Rn. 3510; MESTRE/VELARDOCCHIO, Lamy Sociétés Commerciales 2002, Rn. 2543.

zu gründen und zu betreiben ist, spricht für die SARL die Haftungsbeschränkung.[328] Die Gründung einer SNC kommt aber nicht nur für Gesellschafter, deren Beziehungen sich durch ein besonderes Vertrauensverhältnis auszeichnen, in Frage. Sie wird auch von größeren Unternehmen als Gestaltungselement genutzt.[329]

3.2.1.2 Rechtsgrundlagen

Für die SNC gelten zunächst die allen Gesellschaften gemeinsamen Vorschriften der Art. 1832-Art. 1844-17 C. civ. Darüber hinaus müssen die Art. L. 210-1-Art. L. 210-9 C. com., Art. L. 232-1-Art. L. 237-31 C. com. und Art. L. 247-1-Art. L. 247-8 C. com., welche alle Handelsgesellschaften betreffen, beachtet werden.[330] Schließlich sind noch die nur für die SNC geltenden Vorschriften der Art. L. 221-1-Art. L. 221-16 C. com. und der Art. 6-Art. 16 des décret n° 67-236 vom 23.3.1967[331] relevant.[332]

3.2.1.3 Gründung

Am Anfang des Gründungsprozesses einer Gesellschaft, insbesondere einer SNC, steht das schriftliche Abfassen (Art. 1835 C. civ.) und Unterzeichnen eines Gesellschaftsvertrags[333].[334] Eine notarielle Beurkundung ist grundsätzlich nicht erforderlich. Ausnahmen bestehen für den Fall, dass im Gesellschaftsvertrag eine Sacheinlage vorgesehen ist, die eine grundbuchrechtliche Eintragung erfordert.[335]

Die Mindestangaben für den Gesellschaftsvertrag werden in Art. L. 210-2 C. com. festgelegt und gelten somit für alle Handelsgesellschaften: die gewählte Rechtsform,[336] die Dauer der Gesellschaft,[337] die Firma,[338] der Sitz der Gesellschaft,[339] der Gegenstand des Unterneh-

[328] Vgl. CHAUSSADE-KLEIN, Gesellschaftsrecht 1998, S. 34; MERLE, Sociétés commerciales 2001, Rn. 175. Vgl. auch MESTRE/PANCRAZI, Droit commercial 2001, Rn. 286. Die Haftungsbeschränkung bei der SARL gilt allerdings nicht uneingeschränkt. Vgl. hierzu Kapitel 3.3.1.6.

[329] In diesem Fall wird der Gesellschafterkreis von Kapitalgesellschaften gebildet. Vgl. JUGLART/IPPOLITO, Sociétés commerciales 1999, Rn. 199.

[330] Durch die ordonnance n° 2000-912 vom 18.9.2000 sind die früher im loi n° 66-537 vom 24.7.1966 enthaltenen Teile des Gesellschaftsrechts in das zweite Buch des C. com. übernommen worden. Die Übernahme geschah unter der Prämisse, das materielle Recht nicht zu verändern. Vgl. hierzu Fn. 117.

[331] Im Folgenden D67 genannt.

[332] Das décret Nr. 67-236 vom 23.3.1967 ist die Durchführungsverordnung zu dem nun in den C. com. übernommenen loi Nr. 66-537 vom 24.7.1966. Das décret soll erst zu einem späteren Zeitpunkt in den C. com. übernommen werden. Vgl. MERCADAL/JANIN, Mémento Sociétés Commerciales 2002, Rn. 22.

[333] Im C. civ. trägt der Gesellschaftsvertrag die Bezeichnung „statuts" („Satzung"). Dennoch wird im Folgenden in Anlehnung an die deutsche Bezeichnung der Begriff „Gesellschaftsvertrag" gebraucht.

[334] Vgl. zum Ablauf des Gründungsprozesses CHAUSSADE-KLEIN, Gesellschaftsrecht 1998, S. 16-19; MESTRE/PANCRAZI, Droit commercial 2001, Rn. 227-232.

[335] Vgl. COZIAN/VIANDIER/DEBOISSY, Droit des Sociétés 2002, Rn. 242; DIDIER, Droit commercial 1999, S. 136; JUGLART/IPPOLITO, Sociétés commerciales 1999, Rn. 206. Die entsprechenden grundbuchrechtlichen Regelungen finden sich in Art. 4 und 28 décret n° 55-22 vom 4.1.1955.

[336] In diesem Fall natürlich die der SNC. An dieser allgemein formulierten Forderung wird deutlich, dass diese Vorschrift in dem alle Handelsgesellschaften betreffenden Teil enthalten ist.

[337] Sie darf 99 Jahre nicht übersteigen (Art. L. 210-2 C. com.). Vor dem Ende des vertraglich festgelegten Zeitraums können die Gesellschafter aber eine Fortführung der Gesellschaft beschließen. Vgl. MERCADAL/JANIN, Mémento Sociétés Commerciales 2002, Rn. 1175.

[338] Vgl. hierzu die Ausführungen weiter unten in diesem Kapitel.

[339] Der Sitz einer Gesellschaft ist der Ort, an dem sich ihre Geschäftsführungsorgane und ihre wichtigsten Verwaltungseinrichtungen befinden. Er ist aber nicht zwingend mit dem Ort der Ausübung der unternehmerischen Tätigkeit identisch. Vgl. MESTRE/PANCRAZI, Droit commercial 2001, Rn. 242.

mens[340] und die Höhe des Gesellschaftskapitals[341]. Darüber hinaus sollten auch Angaben zu den Gesellschaftern gemacht werden.[342]

Der Name einer SNC – die „Firma" („dénomination sociale") – ist in Art. 221-2 C. com. geregelt. Nach dieser Vorschrift darf in der Firma der Name eines oder mehrerer Gesellschafter erscheinen. Sie kann sich auch auf den Gegenstand des Unternehmens beziehen oder vollkommen frei erfunden sein.[343] Die Bezeichnung „société en nom collectif" muss aber enthalten sein.[344]

Der Gegenstand des Unternehmens ist für die SNC von geringerer Bedeutung als für die OHG.[345] Unabhängig vom eigentlichen Gegenstand des Unternehmens ist die SNC eine Handelsgesellschaft und hat Kaufmannseigenschaft.[346] Somit hat sie die gleichen Rechte und Pflichten wie natürliche Personen, die Kaufleute i.S.d. C. com. sind.[347]

Nach dem Verfassen des Gesellschaftsvertrags tritt der Gründungsprozess in die Phase der Gründungspublizität. Die hier greifenden Publizitätsvorschriften stammen aus verschiedenen Quellen und gelten für alle Handelsgesellschaften. Relevant sind Art. L. 210-4-Art. L. 210-9 C. com., Art. 281-Art. 286 D67, das Dekret über das Handelsregister[348] und die hieraus in Art. L. 123-1-Art. L. 123-11 C. com übernommenen Vorschriften.[349]

Zunächst ist die Veröffentlichung einer Anzeige in einer hierzu ermächtigten Zeitung des „départements", in dem sich der Sitz der Gesellschaft befindet, vorgeschrieben (Art. 285 Abs. 1 D67). Der Inhalt dieser Anzeige ist in Art. 285 Abs. 3 und 4 D67 festgelegt. Neben den Mindestangaben des Gesellschaftsvertrags müssen u.a. Angaben zu den unbeschränkt haftenden Gesellschaftern und zu den Geschäftsführern gemacht werden.

Anschließend sind zwei Exemplare des Gesellschaftsvertrags[350] bei der „Geschäftsstelle des Handelsgerichts" („greffe") zu hinterlegen (Art. 47 und 48 décret n° 84-406 vom 30.5.1984). Außerdem muss ein Antrag auf Eintragung in das Handelsregister gestellt werden (Art. 7

340 Vgl. zum Gegenstand des Unternehmens einer französischen Gesellschaft Fn. 214.

341 Vgl. zum Gesellschaftskapital Kapitel 3.2.1.5.

342 MERCADAL/JANIN sowie MESTRE/VELARDOCCHIO schlagen vor, den Namen, den Beruf, den Wohnsitz und die Nationalität jedes Gesellschafters im Gesellschaftsvertrag aufzuführen. Vgl. MERCADAL/JANIN, Mémento Sociétés Commerciales 2002, Rn. 3631; MESTRE/VELARDOCCHIO, Lamy Sociétés Commerciales 2002, Rn. 2558.

343 Vgl. DIDIER, Droit commercial 1999, S. 86; GERMAIN, Droit commercial 2002, Rn. 1143.

344 Gem. Art. 8 D67 ist die Firma auf jedem nach außen gerichteten Schriftstück der Gesellschaft aufzuführen. Auf diesen Schriftstücken muss die Rechtsformbezeichnung nicht voll ausgeschrieben werden. Hier ist die Verwendung der Abkürzung SNC erlaubt (Art. 8 D67).

345 Dennoch sollte der Gegenstand des Unternehmens sorgfältig formuliert werden. Die Gesellschafter der SNC können sich im Fall der Fremdorganschaft vor der Haftung für Handlungen der Geschäftsführer schützen, wenn diese Handlungen nicht durch den vertraglich vereinbarten Gegenstand des Unternehmens erfasst werden. Vgl. MERLE, Sociétés commerciales 2001, Rn. 134; MESTRE/VELARDOCCHIO, Lamy Sociétés Commerciales 2002, Rn. 2551. Vgl. auch JUGLART/IPPOLITO, Sociétés commerciales 1999, Rn. 210 und Kapitel 3.2.1.8.

346 Dies ergibt sich aus Art. L. 210-1 Abs. 2 C. com. Vgl. hierzu auch Kapitel 2.1.2.3. Da das Ausüben eines Handelsgewerbes keine Voraussetzung für die Gründung einer SNC ist, können sich in Frankreich also auch Freiberufler oder Landwirte in einer SNC zusammenschließen. Vgl. CHAUSSADE-KLEIN, Gesellschaftsrecht 1998, S. 10-11.

347 Vgl. MERCADAL/JANIN, Mémento Sociétés Commerciales 2002, Rn. 1605. Vgl. hierzu auch Kapitel 2.1.2.3.

348 Décret n° 84-406 vom 30.5.1984.

349 Vgl. DALLOZ, Méga Code 2002, S. 2670.

350 Außer dem Gesellschaftsvertrag müssen noch zwei Exemplare der Ernennungsurkunde der Geschäftsführer der Gesellschaft – falls die Ernennung nicht ohnehin im Gesellschaftsvertrag erfolgt ist (vgl. CHAUSSADE-KLEIN, Gesellschaftsrecht 1998, S. 18) – und gegebenenfalls zwei Exemplare des Berichts des „Einlagenprüfers" („commissaire aux apports") über die Bewertung der Sacheinlagen eingereicht werden. Vgl. hierzu Kapitel 3.3.1.3.

décret n° 84-406 vom 30.5.1984).[351] Die Handelsregistereintragung hat besondere Bedeutung, weil die Gesellschaft erst hierdurch die eigene „Rechtspersönlichkeit" („personnalité morale")[352] erlangt (Art. L. 210-6 Abs. 1 C. com.). Den Abschluss des Gründungsprozesses bildet die Anzeige der Gesellschaftsgründung im „Bulletin officiel des annonces civiles et commerciales" (BODACC)[353] (Art. 286 D67 und Art. 73 décret n° 84-406 vom 30.5.1984).[354]

3.2.1.4 Gesellschafter

Eine SNC besteht aus mindestens zwei Gesellschaftern,[355] die aufgrund der Regelung in Art. L. 221-1 Abs. 1 C. com. Kaufmannseigenschaft haben. Aus diesem Grund haben die Gesellschafter bestimmte Anforderungen, die auch an einen Kaufmann gestellt werden, zu erfüllen.[356] Ausländer können gem. Art. 3 décret n°98-58 vom 28.1.1998 erst dann Gesellschafter einer SNC werden, wenn sie Inhaber einer speziellen Ausweiskarte („carte d'identité de commerçant")[357] sind. Staatsangehörige eines zum „Europäischen Wirtschaftsraum" („Espace économique européen")[358] gehörenden Landes sind hiervon aber ausgenommen (Art. 1 Abs. 2 décret n° 98-58 vom 28.1.1998). Schließlich muss noch erwähnt werden, dass auch juristische Personen Gesellschafter einer SNC sein können.[359]

---

[351] Die vorstehend aufgeführten Unterlagen müssen neuerdings bei den „centres de formalités des entreprises" eingereicht werden. Diese kümmern sich dann um die Weiterleitung an die Geschäftsstelle des Handelsgerichts. Die „centres de formalités des entreprises" sollen Unternehmensgründungen erleichtern, indem sie die Weiterleitung zahlreicher Unterlagen, die für die Gründung benötigt werden, nicht nur an die Geschäftsstelle des Handelsgerichts, sondern auch an andere für Unternehmensgründungen zuständige Verwaltungsstellen übernehmen. Vgl. JUGLART/IPPOLITO, Sociétés commerciales 1999, Rn. 93. Vgl. die entsprechenden Vorschriften in Art. 2 loi n° 94-126 vom 11.2.1994 i.V.m. Art. 1 décret n° 96-650 vom 19.7.1996.

[352] Wie in Kapitel 2.1.2.5 bereits aufgezeigt, ist die SNC juristische Person. Diese rechtliche Verselbständigung der Gesellschaft erfährt allerdings durch die Haftungsregelungen eine Einschränkung, denn analog zur Situation der OHG in Deutschland haften auch die Gesellschafter einer SNC unbeschränkt und solidarisch für die Verbindlichkeiten der Gesellschaft. Vgl. hierzu Kapitel 3.2.1.6. Somit sind die aus der eigenen Rechtspersönlichkeit der SNC resultierenden Unterschiede zur OHG praktisch nicht bedeutsam, den die OHG kann aufgrund von § 124 HGB Trägerin von Rechten und Pflichten sein und hat insofern Eigenschaften einer juristischen Person (vgl. Fn. 194). Vgl. HÜBNER/CONSTANTINESCO, Recht 2001, S. 243.

[353] Das BODACC ist ein Anhang zum „Journal officiel" (Im „Journal officiel" werden die französischen Gesetze veröffentlicht; vgl. SONNENBERGER/AUTEXIER, Französisches Recht 2000, S. 23.) und wird somit auf nationaler Ebene veröffentlicht. Es dient dem Zweck, die Gründungsinformationen über den Bezirk des zuständigen Handelsgerichts hinaus bekannt zu machen. Vgl. SONNENBERGER, Handels- und Wirtschaftsrecht 1991, Rn. II 75. Der „Beamte der Geschäftsstelle des Handelsgerichts" („greffier") sendet außerdem die Gründungsunterlagen an das „institut national de la propriété industrielle" (INPI), welches ein nationales Handelsregister unterhält. KOVARIK vergleicht das BODAC – den Vorgänger des BODACC (vgl. VOGEL, Droit commercial 2002, Rn. 295) – mit dem Bundesanzeiger. Vgl. KOVARIK, Droit allemand 1973, S. 262.

[354] Die Übermittlung an das BODACC erfolgt durch den Beamten der Geschäftsstelle des zuständigen Handelsgerichts (Art. 76 décret n° 84-406 vom 30.5.1984).

[355] Dies ergibt sich aus Art. 1832 C. civ. und dem Umstand, dass Einmann-Gründungen einer SNC nicht explizit erlaubt sind.

[356] Vgl. COZIAN/VIANDIER/DEBOISSY, Droit des Sociétés 2002, Rn. 1449; GERMAIN, Droit commercial 2002, Rn. 1177; MESTRE/VELARDOCCHIO, Lamy Sociétés Commerciales 2002, Rn. 2546. Vgl. auch JUGLART/IPPOLITO, Sociétés commerciales 1999, Rn. 203. Folglich müssen sie beispielsweise volljährig sein und dürfen nicht unter Vormundschaft stehen. Vgl. MERCADAL/JANIN, Mémento Sociétés Commerciales 2002, Rn. 3554-3555.

[357] Sie wird auch „carte de commerçant étranger" genannt. Vgl. CHAUSSADE-KLEIN, Gesellschaftsrecht 1998, S. 15-16; MERLE, Sociétés commerciales 2001, Rn. 131.

[358] Er wird aus den Ländern der Europäischen Union, Island, Norwegen und Liechtenstein gebildet. Vgl. MERCADAL/JANIN, Mémento Sociétés Commerciales 2002, Rn. 29049.

[359] Vgl. COZIAN/VIANDIER/DEBOISSY, Droit des Sociétés 2002, Rn. 1449; JUGLART/IPPOLITO, Sociétés commerciales 1999, Rn. 203; MESTRE/VELARDOCCHIO, Lamy Sociétés Commerciales 2002, Rn. 2546.

Die Anteile an einer SNC können nur unter der Zustimmung aller Gesellschafter übertragen werden (Art. L. 221-13 Abs. 1 C. com.).[360] Diese Vorschrift kann nicht durch eine abweichende Regelung im Gesellschaftsvertrag ersetzt werden (Art. L. 221-13 Abs. 2 C. com.). Der Tod eines Gesellschafters führt zum Ende der SNC, falls der Gesellschaftsvertrag keine anderen Regelungen enthält (Art. L. 221-15 Abs. 1 C. com.). Eine solche Regelung kann beispielsweise vorsehen, dass die Gesellschaft mit den verbleibenden Gesellschaftern[361] oder – die Zustimmung der anderen Gesellschafter vorausgesetzt – mit den Erben des verstorbenen Gesellschafters[362] weitergeführt wird (Art. L. 221-15 Abs. 2 C. com.).

Die Gesellschafter, die nicht an der Geschäftsführung beteiligt sind,[363] haben bestimmte Informations- und Mitwirkungsrechte.[364] Darüber hinaus bestehen für alle Gesellschafter Vermögensrechte. Hier sind das Recht auf Gewinnbeteiligung[365] und das Recht auf Rückzahlung der Einlage und auf Beteiligung am Liquidationserlös[366] zu nennen. Zu den Gesellschafterpflichten gehört in erster Linie die unbeschränkte und solidarische Haftung für die Verbindlichkeiten der Gesellschaft.[367] Außerdem muss sich der Gesellschafter an den Verlusten der Gesellschaft beteiligen.[368]

3.2.1.5 Gesellschaftskapital

Für die SNC ist kein Mindestkapital vorgeschrieben.[369] Allerdings sind die Gesellschafter zur Erbringung von Einlagen verpflichtet (Art. 1832 Abs. 1 C. civ. i.V.m. Art. 1843-3 Abs. 1 C. civ.). Grundsätzlich können drei verschiedene Arten von Einlagen unterschieden werden: „Bareinlagen“ („apports en numéraire“)[370], „Sacheinlagen“ („apports en nature“)[371] und „Ein-

---

[360] Die Übertragung muss schriftlich festgehalten (Art. L. 221-14 Abs. 1 C. com.) und im Handelsregister eingetragen werden (Art. 22 décret n° 84-406 vom 30.5.1984). Erst dann ist sie im Außenverhältnis wirksam (Art. L. 221-14 Abs. 2 C. com.). Außerdem ist die Veröffentlichung einer Anzeige in einer hierzu ermächtigten Zeitung des „départements“, in dem sich der Sitz der Gesellschaft befindet, vorgeschrieben (Art. 287 D67 i.V.m. Art. 285 D67). Schließlich muss wieder eine Anzeige im BODACC veröffentlicht werden (Art. 74 décret n° 84-406 vom 30.5.1984). Die Übermittlung an das BODACC erfolgt durch den Beamten der Geschäftsstelle des zuständigen Handelsgerichts (Art. 76 décret n° 84-406 vom 30.5.1984).

[361] Verbleibt nach dem Tod eines Gesellschafters nur noch ein Gesellschafter in der SNC, so muss dieser Zustand innerhalb eines Jahres behoben werden (Art. 1844-5 Abs. 1 C. civ.).

[362] Ist mindestens einer der Erben minderjährig, muss die SNC innerhalb eines Jahres nach dem Tod des Gesellschafters in eine SCS umgewandelt werden. Der minderjährige Erbe wird dann automatisch Kommanditist der SCS (Art. L. 221-15 Abs. 7 C. com.).

[363] Vgl. hierzu Kapitel 3.2.1.8.

[364] Wichtige Informationsrechte dieser Gesellschafter sind in Art. L. 221-8 C. com. i.V.m. Art. 13 D67 fixiert. Demnach dürfen sie zweimal im Jahr Bücher und Dokumente der Gesellschaft einsehen und auch kopieren sowie in schriftlicher Form Fragen zur Führung der Gesellschaft stellen. Außerdem haben sie ein Recht auf Information während der Gesellschafterversammlung, die einmal jährlich mit dem Ziel der Entscheidung über die Zustimmung zum Jahresabschluss abgehalten wird. Vgl. hierzu Kapitel 3.2.1.8. Zu ihren Mitwirkungsrechten gehört das Recht zur Teilnahme an gemeinsamen Entscheidungen (Art. 1844 Abs. 1 C. civ.). Dies betrifft Entscheidungen, die über die Befugnisse der Geschäftsführer hinausgehen (Art. L. 221-6 Abs. 1 C. com.). Solche Entscheidungen können entweder in einer Versammlung oder schriftlich getroffen werden (Art. 9 D67).

[365] Vgl. hierzu Kapitel 3.2.1.7.

[366] Vgl. hierzu Kapitel 3.2.1.11.

[367] Vgl. hierzu Kapitel 3.2.1.6.

[368] Vgl. hierzu Kapitel 3.2.1.7.

[369] Vgl. JUGLART/IPPOLITO, Sociétés commerciales 1999, Rn. 205; MERLE, Sociétés commerciales 2001, Rn. 132.

[370] Hierunter werden alle Einlagen in Geldform zusammengefasst. Vgl. COZIAN/VIANDIER/DEBOISSY, Droit des Sociétés 2002, Rn. 141.

lagen in Form von Dienstleistungen" („apports en industrie")[372].[373] Hinsichtlich des Mindestwerts der Einlagen oder des Zeitpunkts der Leistung bestehen keine gesetzlichen Vorschriften. Hier müssen die Gesellschafter der SNC selbst entsprechende Vereinbarungen treffen.[374] Für die Erbringung der Einlagen erhalten die Gesellschafter im Gegenzug Anteile an der Gesellschaft.[375] Hieraus folgt, dass für Sacheinlagen eine Bewertung im Vorfeld der Einbringung notwendig wird.[376] Diese Bewertung, der alle Gesellschafter zustimmen müssen, erfolgt im Gesellschaftsvertrag.[377]

3.2.1.6 Gesellschafterhaftung

Die Gesellschafter einer SNC haften alle unbeschränkt[378] und solidarisch für die Verbindlichkeiten der Gesellschaft (Art. L. 221-1 Abs. 1 C. com.).[379] Allerdings besteht im Vergleich zur deutschen OHG eine Besonderheit bezüglich der Gesellschafterhaftung. Gem. Art. L. 221-1 Abs. 2 C. com. i.V.m. Art. 15 D67 muss ein Gläubiger zunächst die Gesellschaft selbst in Verzug setzen. Erst wenn die Gesellschaft nach Ablauf des Zeitraums von einer Woche noch nicht gezahlt und auch keine Garantie geliefert hat, darf ein Gesellschafter in Verzug gesetzt werden.

---

371 Sie bezeichnen alle Einlagen von Gütern, die nicht in Geldform bestehen. Vgl. DIDIER, Droit commercial 1999, S. 100.

372 Hier stellt der Gesellschafter seine Dienste oder seine technischen Kenntnisse zur Verfügung und erhält im Gegenzug Anteile an der Gesellschaft, die aber keine Anteile am Gesellschaftskapital sein dürfen (Art. 1843-2 Abs. 2 C. civ.). Einlagen in Form von Dienstleistungen sind in der Praxis kaum anzutreffen. In den meisten Fällen wird ein Vertrag zwischen der Gesellschaft und dem Gesellschafter geschlossen, der eine Entlohnung des Gesellschafters für seine Dienste vorsieht. Vgl. zu den Einlagen in Form von Dienstleistungen MERCADAL/JANIN, Mémento Sociétés Commerciales 2002, Rn. 670-671. Vgl. auch DIDIER, Droit commercial 1999, S. 101-102.

373 Dies ergibt sich aus Art. 1843-3 Abs. 1 C. civ.

374 Gesetzliche Regelungen zur Vorgehensweise bei der Leistung der Einlagen sind nicht notwendig, weil die Gesellschafter unbeschränkt für die Verbindlichkeiten der Gesellschaft haften. Vgl. hierzu MESTRE/VELARDOCCHIO, Lamy Sociétés Commerciales 2002, Rn. 2554.

375 Vgl. COZIAN/VIANDIER/DEBOISSY, Droit des Sociétés 2002, Rn. 140.

376 Vgl. MERCADAL/JANIN, Mémento Sociétés Commerciales 2002, Rn. 522.

377 Vgl. GERMAIN, Droit commercial 2002, Rn. 1180. Im Gesellschaftsrecht sind für SNC keine Regelungen zur Bewertung von Sacheinlagen enthalten. Somit bleibt es den Gesellschaftern überlassen, eine Bewertung durchzuführen. Vgl. COZIAN/VIANDIER/DEBOISSY, Droit des Sociétés 2002, Rn. 147. Die Begründung hierfür liegt in der unbeschränkten Haftung der Gesellschafter für die Verbindlichkeiten der Gesellschaft. Da sie auch mit ihrem Privatvermögen haften, interessieren letztendlich nur sie sich für den Wert der Einlagen. Vgl. DIDIER, Droit commercial 1999, S. 118.

378 Im Gesellschaftsvertrag kann die Haftung bestimmter Gesellschafter – allerdings nur im Innenverhältnis – auf einen bestimmten Betrag oder auf die Höhe der Einlagen beschränkt werden. In diesem Fall hat der betroffene Gesellschafter einen Anspruch gegenüber den anderen Gesellschaftern. Vgl. MERLE, Sociétés commerciales 2001, Rn. 152.

379 Bei Zahlungsverzug der Gesellschaft kann ein Gläubiger also irgendeinen Gesellschafter auswählen und von ihm die Rückzahlung sämtlicher Forderungen, die der Gläubiger gegenüber der Gesellschaft hat, verlangen. Der betroffene Gesellschafter kann sich dann an seine Mitgesellschafter wenden und von ihnen einen Beitrag zu den von ihm beglichenen Verbindlichkeiten fordern. Dieser Beitrag ergibt sich aus dem Verlustverteilungsschlüssel. Vgl. COZIAN/VIANDIER/DEBOISSY, Droit des Sociétés 2002, Rn. 1461. Vgl. zur Berechtigung eines Gesellschafters einer SNC, von seinen Mitgesellschaftern deren Beitrag zu den von ihm beglichenen Verbindlichkeiten zu fordern, Cour de Cassation vom 12.10.1976, Bulletin des arrêts de la cour de cassation civile 1976, IV, n° 258, S. 220. Vgl. auch MESTRE/PANCRAZI, Droit commercial 2001, Rn. 300; MESTRE/VELARDOCCHIO, Lamy Sociétés Commerciales 2002, Rn. 2608. (Die „Cour de Cassation", das oberste französische Gericht in Zivil- und Strafsachen, besteht aus sechs Kammern, wovon eine für handels- und wirtschaftsrechtliche Streitigkeiten zuständig ist. Er kann die Urteile untergeordneter Gerichte aufheben und deren erneute Verhandlung verlangen. Vgl. ZWEIGERT/KÖTZ, Rechtsvergleichung 1996, S. 118-120.)

Ein Gesellschafter haftet auch nach seinem Ausscheiden aus der Gesellschaft für die Verbindlichkeiten der Gesellschaft, die bis zum Zeitpunkt seines Ausscheidens entstanden sind.[380] Falls die gesetzlichen Vorschriften bezüglich eines Gesellschafterwechsels, insbesondere die Veröffentlichung des Vorgangs im Handelsregister,[381] nicht eingehalten wurden, haftet er auch für Verbindlichkeiten, die erst nach dem Zeitpunkt seines Ausscheidens entstehen (Art. L.221-14 Abs. 2 C. com.).[382]

Abschließend muss noch die Haftung der (künftigen) Gesellschafter in der Gründungsphase der SNC betrachtet werden. Dabei kann die Gründungsphase unterschieden werden in den Zeitraum bis zur Unterzeichnung des Gesellschaftsvertrags und in den Zeitraum ab der Unterzeichnung des Gesellschaftsvertrags bis zur Eintragung der Gesellschaft in das Handelsregister. Für die gesamte Gründungsphase gilt Art. L. 210-6 Abs. 2 C. com.[383] Demnach sind alle Personen, die für die Gesellschaft bis zum Zeitpunkt des Entstehens der Rechtspersönlichkeit der Gesellschaft[384] Geschäfte vornehmen, unbeschränkt und solidarisch für die Ansprüche aus diesen Rechtsgeschäften verpflichtet.[385] Im Gesellschaftsvertrag kann aber vereinbart werden, dass die Verpflichtungen, die bis zum Zeitpunkt der Unterzeichnung des Gesellschaftsvertrags entstanden sind, durch die Gesellschaft im Moment der Eintragung der Gesellschaft in das Handelsregister übernommen werden (Art. 26 Abs. 2 D67).[386] Darüber hinaus kann im Gesellschaftsvertrag für die verbleibende Zeit – ab der Unterzeichnung des Gesellschaftsvertrags bis zur Eintragung der Gesellschaft in das Handelsregister – ein Auftrag an bestimmte Gesellschafter[387] erteilt werden, genau festgelegte Rechtsgeschäfte vorzunehmen (Art. 26 Abs. 3 D67). Die Verpflichtungen aus diesen Rechtsgeschäften werden dann im Moment der Eintragung der Gesellschaft in das Handelsregister automatisch von der Gesellschaft übernommen (Art. 26 Abs. 3 D67).[388]

---

380 Vgl. VIANDIER/CAUSSAIN, Droit des sociétés 1994, S. 270.

381 Vgl. Fn. 360.

382 Ein neu eingetretener Gesellschafter haftet für die gesamten Verbindlichkeiten der Gesellschaft, also auch für solche, die vor seinem Eintreten entstanden sind. Folglich sollte der Kaufpreis der Anteile deren tatsächlichen Wert – unter Berücksichtigung der bestehenden Verbindlichkeiten der Gesellschaft – zum Ausdruck bringen. Vgl. COZIAN/VIANDIER/DEBOISSY, Droit des Sociétés 2002, Rn. 1465.

383 Folglich sind diese Regelungen zur Haftung in der Gründungsphase für alle Handelsgesellschaften von Bedeutung. Vgl. hierzu Kapitel 3.2.1.2.

384 Die Rechtspersönlichkeit entsteht mit der Eintragung in das Handelsregister. Vgl. hierzu Kapitel 3.2.1.3.

385 Die unbeschränkte und solidarische Verpflichtung gilt nur für die künftigen Gesellschafter, welche die Geschäfte vorgenommen haben. Vgl. Cour de Cassation vom 4.5.1981, RD 1982, S. 482; Cour de Cassation vom 25.10.1983, RS 1984, S. 523. Beispiele für solche Geschäfte sind das Anmieten von Immobilien, das Abschließen eines Franchising-Vertrags oder die Eröffnung eines Bankkontos. Vgl. MESTRE/PANCRAZI, Droit commercial 2001, Rn. 233.

386 Voraussetzung ist das Erstellen einer detaillierten Liste der ausgeführten Rechtsgeschäfte und der daraus für die Gesellschaft entstehenden Verpflichtungen, welche als Anhang in den Gesellschaftsvertrag aufgenommen werden muss (Art. 26 Abs. 1 und 2 D67).

387 Auch künftige Geschäftsführer, die nicht Gesellschafter sind, können beauftragt werden (Art. 26 Abs. 3 D67).

388 Rechtsgeschäfte, die über diesen Auftrag hinausgehen, verpflichten nur die sie vornehmenden Personen. Allerdings können die Gesellschafter nach der Eintragung der Gesellschaft in das Handelsregister beschließen, dass die Gesellschaft auch die Verpflichtungen aus diesen Rechtsgeschäften übernimmt. Vgl. DIDIER, Droit commercial 1999, S. 148; JUGLART/IPPOLITO, Sociétés commerciales 1999, Rn. 63. Die gesetzliche Grundlage für die Übernahme der Verpflichtungen durch die Gesellschaft findet sich in Art. L. 210-6 Abs. 2 C. com.

3.2.1.7 Gewinn- und Verlustverteilung

Die Gewinn- und Verlustverteilung ist grundsätzlich in Art. 1844-1 C. civ. geregelt und gilt somit für alle Gesellschaften.[389] Gem. Art. 1844-1 Abs. 1 C. civ. erfolgt die Gewinn- bzw. die Verlustverteilung proportional zur Höhe der Anteile der Gesellschafter am Gesellschaftskapital. Der Gesellschaftsvertrag kann hiervon abweichende Regelungen treffen (Art. 1844-1 Abs. 1 C. civ.).[390] Gesellschaftsvertragliche Vereinbarungen, wonach bestimmte Gesellschafter gar nicht am Gewinn oder am Verlust teilhaben oder wonach ihnen der gesamte Gewinn oder Verlust zusteht, sind gesetzlich nicht zulässig (Art. 1844-1 Abs. 2 C. civ.).

Die Gesellschafter entscheiden in ihrer jährlichen Versammlung[391] über den Teil der Gewinne, der tatsächlich ausgeschüttet wird (Art. L. 232-12 Abs. 1 C. com.).[392] Der Rest wird in eine Rücklage eingestellt oder in das nächste Wirtschaftsjahr vorgetragen.[393] Ein Verlust wirkt sich grundsätzlich erst im Moment der Auflösung der Gesellschaft aus. Allerdings kann der Gesellschaftsvertrag vorsehen, dass die Gesellschafter im Moment der Verlustentstehung für ihren jeweiligen Verlustanteil aufkommen müssen.[394]

3.2.1.8 Organe

Eine SNC ist gem. Art. L. 221-7 C. com. verpflichtet, spätestens sechs Monate nach dem Bilanzstichtag eine Gesellschafterversammlung, während der u.a. dem Jahresabschluss zugestimmt wird, abzuhalten.[395] Abgesehen von dieser regelmäßigen Gesellschafterversammlung kann auch aufgrund des in Kapitel 3.2.1.4 beschriebenen Mitwirkungsrechts der Gesellschafter eine Gesellschafterversammlung einberufen werden (Art. L. 221-6 Abs. 2 C. com.).[396] Da der Ablauf einer Gesellschafterversammlung gesetzlich nicht geregelt ist, muss hier der Gesellschaftsvertrag eine Regelung treffen.[397] Abstimmungen sind aber gesetzlich geregelt, wobei der Gesellschaftsvertrag hiervon abweichen kann.[398]

---

389 Vgl. hierzu Kapitel 3.2.1.2.

390 Eine Ergebnisverteilung, die sich nicht nach der Höhe des Anteils am Gesellschaftskapital richtet, ist somit auch zulässig. Vgl. COZIAN/VIANDIER/DEBOISSY, Droit des Sociétés 2002, Rn. 161. Außerdem muss die Gewinnverteilung nicht der Verlustverteilung entsprechen. Vgl. MESTRE/PANCRAZI, Droit commercial 2001, Rn. 225.

391 Vgl. hierzu Kapitel 3.2.1.8.

392 Diese Vorschrift gilt für alle Handelsgesellschaften. Vgl. hierzu Kapitel 3.2.1.2. Sämtliche Unternehmen mit mindestens 50 Arbeitnehmern müssen aber gem. Art. L. 442-1 Code du travail i.V.m. Art. L. 442-2 Code du travail einen bestimmten Teil ihres Gewinns in die „Sonderrücklage für Arbeitnehmerbeteiligung" („réserve spéciale de participation des salariés") einstellen.

393 Vgl. GERMAIN, Droit commercial 2002, Rn. 1187. Die Gesellschafter der SNC müssen aber unabhängig von dem Betrag, der tatsächlich ausgeschüttet wird, ihren jeweiligen Gewinnanteil versteuern. Vgl. COZIAN/VIANDIER/DEBOISSY, Droit des Sociétés 2002, Rn. 1470. Vgl. hierzu auch Kapitel 6.1.2.1.

394 Vgl. hierzu Cour de Cassation vom 3.3.1975, RS 1975, S. 454. Vgl. auch MESTRE/VELARDOCCHIO, Lamy Sociétés Commerciales 2002, Rn. 2609.

395 Außerdem wird dem Lagebericht und dem Inventar zugestimmt (Art. L. 221-7 Abs. 1 C. com.). Vgl. zu diesen Rechnungslegungsdokumenten Kapitel 3.2.1.9.

396 Diesbezüglich muss mindestens einer der nicht an der Geschäftsführung beteiligten Gesellschafter lediglich die Geschäftsführer auffordern, eine solche Gesellschafterversammlung einzuberufen. Abgesehen von diesem Fall und von der gesetzlich vorgeschriebenen jährlichen Gesellschafterversammlung können Entscheidungen auch schriftlich getroffen werden (Art. 9 D67). Vgl. MERCADAL/JANIN, Mémento Sociétés Commerciales 2002, Rn. 4020.

397 Vgl. COZIAN/VIANDIER/DEBOISSY, Droit des Sociétés 2002, Rn. 1468. Hinsichtlich der Einberufung der Versammlung enthält Art. 12-2 Abs. 1 und 2 D67 eine Regelung, wonach den Gesellschaftern mindestens zwei Wochen vor der Versammlung die für die Versammlung relevanten Unterlagen zugestellt werden müs-

Grundsätzlich sind sämtliche Gesellschafter einer SNC zur Geschäftsführung verpflichtet (Art. L. 221-3 Abs. 1 C. com.). Außerdem können im Gesellschaftsvertrag oder durch einen separaten Beschluss Personen, die nicht Gesellschafter sind, zu Geschäftsführern bestellt werden (Art. L. 221-3 Abs. 1 C. com.). Sogar juristische Personen können als Geschäftsführer einer SNC tätig werden, wobei deren Mitglieder der Unternehmensleitung den gleichen Verantwortlichkeiten und Verpflichtungen unterliegen, als ob sie selbst Geschäftsführer wären (Art. L. 221-3 Abs. 2 C. com.).

Die Geschäftsführer können, müssen aber nicht zwangsläufig ein Gehalt für ihre Tätigkeit erhalten. Eine Gehaltsvereinbarung kann gegebenenfalls im Gesellschaftsvertrag oder durch einen separaten Beschluss der Gesellschafter getroffen werden.[399] In diesem Zusammenhang stellt sich die Frage nach dem sozialversicherungsrechtlichen Status der geschäftsführenden Gesellschafter. Letztere werden sozialversicherungsrechtlich als Nichtarbeitnehmer – und somit als Selbständige – eingestuft.[400] Bei einer Tätigkeit in einer SNC des produzierenden Gewerbes unterliegen sie demnach der Kranken- und Mutterschutzversicherung der Nichtarbeitnehmer im nichtlandwirtschaftlichen Bereich, der Rentenversicherung der gewerblichen Berufe, der Invaliditäts- und Todesfallversicherung der gewerblichen Berufe und dem Kindergeldbeitrag der Arbeitgeber und der unabhängig Tätigen.[401] Hinsichtlich einer eventuellen Sozialversicherungspflicht eines EU-Ausländers in Frankreich, der geschäftsführender Gesellschafter einer SNC ist, müssen die Vorschriften der Europäischen Union beachtet werden.[402]

Im Jahr 2002 gelten die in Tabelle 4 aufgeführten Beitragsätze und Maximalbeiträge, wobei gem. Art. L. 131-6 Abs. 1 und 2 Code de la sécurité sociale (CSS) jeweils die einkommensteuerpflichtigen Einkünfte aus Gewerbebetrieb[403] eines geschäftsführenden Gesellschafters die Bemessungsgrundlage bilden.

Im „Innenverhältnis" („dans les rapports entre associés") erstrecken sich die Befugnisse der Geschäftsführer auf alle „Geschäftsführungsmaßnahmen" („actes de gestion"), die im Interesse der Gesellschaft liegen (Art. L. 221-4 Abs. 1 C. com.).[404] Der Gesellschaftsvertrag kann aber eine Einschränkung ihrer Befugnisse vorsehen (Art. L. 221-4 Abs. 1 C. com.). Bei mehreren Geschäftsführern stehen jedem einzelnen die gesetzlich oder gesellschaftsvertraglich festgelegten Befugnisse zu, wobei die jeweils anderen aber ein Widerspruchsrecht haben (Art.

---

sen bzw. eine Einsichtnahmemöglichkeit eingeräumt werden muss. Im Fall der Selbstorganschaft entfaltet diese Regelung aber keine Wirkung (Art. 12-2 Abs. 3 D67). Vgl. auch Fn. 413.

398 Grundsätzlich sind Entscheidungen der Gesellschafter einstimmig zu treffen (Art. L. 221-6 Abs. 1 C. com.). Eine gesellschaftsvertragliche Bestimmung kann aber auch Mehrheitsentscheidungen festlegen (Art. L. 221-6 Abs. 1 C. com.). Für bestimmte schwerwiegende Entscheidungen greift eine solche gesellschaftsvertragliche Regelung nicht. Hier muss Einstimmigkeit vorliegen. Vgl. MERLE, Sociétés commerciales 2001, Rn. 147.

399 Vgl. LEFEBVRE, Création d'entreprise 2000, Rn. 4720. Die geschäftsführenden Gesellschafter einer SNC können aber nicht gleichzeitig auf gesellschaftsrechtlicher Basis eine Geschäftsführertätigkeit vereinbaren und mit der Gesellschaft einen Arbeitsvertrag abschließen. Vgl. LEFEBVRE, Social 2002, Rn. 3705.

400 Vgl. MESTRE/VELARDOCCHIO, Lamy Sociétés Commerciales 2002, Rn. 2584.

401 Außerdem können die geschäftsführenden Gesellschafter einer SNC eine Arbeitsunfallversicherung abschließen und unter bestimmten Bedingungen auch einer Arbeitslosenversicherung für Unternehmensleiter beitreten. Vgl. LEFEBVRE, Création d'entreprise 2000, Rn. 4780-4781.

402 Hier greift die Verordnung Nr. 1408/71 vom 14.6.1971. Eine Person, die gleichzeitig in zwei Mitgliedsstaaten der Europäischen Union eine selbständige Tätigkeit gewöhnlich ausübt, unterliegt den sozialversicherungsrechtlichen Vorschriften des Staates, in dem sie wohnt, sofern sie in diesem Staat einen Teil ihrer Tätigkeit ausübt. Vgl. Art. 14a Nr. 2 Verordnung Nr. 1408/71 vom 14.6.1971.

403 Vgl. hierzu Kapitel 4.2.1.2.3.

404 Eine Maßnahme liegt dann im Interesse der Gesellschaft, wenn sie für sie vorteilhaft ist. MERCADAL/JANIN, Mémento Sociétés Commerciales 2002, Rn. 3882.

L. 221-4 Abs. 2 C. com.). Im „Außenverhältnis" („dans les rapports avec les tiers") darf jeder Geschäftsführer die Gesellschaft verpflichtende Handlungen vornehmen, solange diese Handlungen vom Gegenstand des Unternehmens gedeckt werden (Art. L. 221-5 Abs. 1 C. com.).[405] Gesellschaftsvertragliche Einschränkungen können nach außen hin nicht geltend gemacht werden (Art. L. 221-5 Abs. 3 C. com.).[406]

Sozialversicherungsart	**Beitragssatz**	**Maximaler Jahresbeitrag**
Kranken- und Mutterschutzversicherung		
Teil der Einkünfte bis 28.224 EUR		
	7,00 %	7,00 % von 28.224 EUR = 1.975,68 EUR
Teil der Einkünfte von 28.224 EUR bis 141.120 EUR		
	6,40 %	6,40 % von 112.896 EUR = 7.225,34 EUR
Kindergeldbeitrag	5,40 %	–
Invaliditäts- und Todesfallversicherung	122 EUR (Pauschalbeitrag)	
Rentenversicherung	16,35 %	16,35 % von 28.224 EUR = 4.614,62 EUR
Zusatzrentenversicherung zugunsten von Ehepartnern von Unternehmern		
Teil der Einkünfte bis 9.408 EUR		
	2,50 %	2,50 % von 9.408 EUR = 235,20 EUR
Teil der Einkünfte von 9.408 EUR bis 28.224 EUR		
	3,95 %	3,95 % von 18.816 EUR = 743,23 EUR

Tabelle 4: Sozialversicherungsbeitragssätze der geschäftsführenden Gesellschafter einer SNC des produzierenden Gewerbes[407]

3.2.1.9 Buchführungs- und Rechnungslegungspflichten

Wie alle Kaufleute ist auch die SNC verpflichtet, sämtliche Vorfälle, die sich auf das Vermögen ihres Unternehmens auswirken, chronologisch in ihren Büchern zu erfassen (Art. L. 123-12 Abs. 1 C. com.). Darüber hinaus muss einmal alle zwölf Monate ein Inventar mit allen Aktiva und Passiva des Unternehmens erstellt werden (Art. L. 123-12 Abs. 2 C. com.). Schließlich ist am Ende eines Wirtschaftsjahrs basierend auf der Buchführung und dem In-

[405] Hier geht es also um die Vertretung der Gesellschaft. Vgl. hierzu auch die tabellarische Darstellung in Kapitel 3.2.1.12.

[406] Somit wird deutlich, weshalb der Gegenstand des Unternehmens in einer SNC mit Fremdorganschaft sorgfältig festgelegt werden sollte. Er ist für die unbeschränkt haftenden Gesellschafter die einzige Möglichkeit, sich gegen bestimmte Handlungen der Geschäftsführer zu schützen. Vgl. MERCADAL/JANIN, Mémento Sociétés Commerciales 2002, Rn. 3565.

[407] Tabelle 4 basiert auf der Übersicht in CANAM, Objectif entreprise 2002, S. 68-69.

ventar ein „Jahresabschluss" („comptes annuels") bestehend aus der Bilanz[408], der Gewinn- und Verlustrechnung[409] und dem Anhang[410] zu erstellen (Art. L. 123-12 Abs. 3 C. com.). Handelsgesellschaften, zu denen die SNC gehört, müssen zusätzlich zum Jahresabschluss noch einen „Lagebericht" („rapport de gestion")[411] erstellen (Art. L. 232-1 I. C. com.).

Für die Erstellung des Inventars, des Jahresabschlusses und des Lageberichts sind der oder die Geschäftsführer verantwortlich (Art. L. 232-1 I. C. com.).[412] Die Zustimmung zu den genannten Rechnungslegungsdokumenten erfolgt – wie in Kapitel 3.2.1.8 beschrieben – in der einmal pro Jahr stattfindenden Gesellschafterversammlung. Somit ergibt sich auch die Aufstellungsfrist von sechs bzw. fünfeinhalb Monaten ab dem Bilanzstichtag.[413] Für prüfungspflichtige Unternehmen[414] kann sich diese Frist auf viereinhalb Monate verkürzen.[415]

Eine Besonderheit gilt u.a. für große Handelsgesellschaften.[416] Sie müssen „Planungsunterlagen" („documents de gestion prévisionnelle")[417] erstellen. Die Pflicht zur Erstellung entsteht mit dem Überschreiten der Grenze von 300 Mitarbeitern oder der Umsatzgrenze von 18 Mio. EUR (Art. L. 232-2 C. com. i.V.m. Art. 244 Abs. 1 D67).[418] Zu den Planungsunterlagen gehören eine Zusammenstellung der „veräußerbaren und verfügbaren Aktiva" („actif réalisable et

---

[408] Hinsichtlich der Gliederung der Bilanz steht im C. com. lediglich, dass die einzelnen Elemente der Aktiva und der Passiva getrennt aufzuführen sind und dass das Eigenkapital anzugeben ist (Art. L. 123-13 Abs. 1 C. com.). Struktur und Inhalt der Bilanz sind in Art. 11-Art. 13 décret n° 83-1020 vom 29.11.1983 festgelegt. Außerdem muss ein Anhang zur Bilanz u.a. eine Übersicht über die von dem Unternehmen gewährten Bürgschaften (Art. L. 232-1 I. C. com.) und über die Tochtergesellschaften und Beteiligungen des Unternehmens enthalten (Art. L. 233-15 C. com.). Vgl. hierzu auch Kapitel 4.2.1.2.3.2.4.2.

[409] Sie zeigt die einzelnen nach Kategorien geordneten Aufwendungen und Erträge des Geschäftsjahres. Für die Darstellung kann die Konto- oder die Staffelform gewählt werden (Art. L. 123-13 Abs. 2 C. com.). Inhalt und Gliederung der Gewinn- und Verlustrechnung werden in Art. 14 décret n° 83-1020 vom 29.11.1983 und Art. 15 décret n° 83-1020 vom 29.11.1983 festgelegt.

[410] Der Anhang ergänzt und kommentiert den Inhalt von Bilanz und Gewinn- und Verlustrechnung. (Art. L. 123-13 Abs. 4 C. com.). Die einzelnen Informationen, die im Anhang enthalten sein müssen, sind in Art. 24 décret n° 83-1020 vom 29.11.1983 aufgeführt.

[411] Der Lagebericht beschreibt die wirtschaftliche Lage der Gesellschaft im zurückliegenden Wirtschaftsjahr, ihre vermutliche Entwicklung, wichtige Ereignisse zwischen dem Bilanzstichtag und dem Zeitpunkt der Erstellung des Lageberichts und die Forschungs- und Entwicklungsaktivitäten der Gesellschaft (Art. L. 232-1 II. C. com.).

[412] Die nachfolgend dargestellten Rechnungslegungsvorschriften gelten aufgrund ihrer Position im C. com. grundsätzlich für alle Handelsgesellschaften. Vgl. hierzu Kapitel 3.2.1.2.

[413] Die jährliche Gesellschafterversammlung muss nach spätestens sechs Monaten abgehalten werden (vgl. hierzu Kapitel 3.2.1.8). In Gesellschaften, in denen mindestens ein Gesellschafter nicht an der Geschäftsführung beteiligt ist, verkürzt sich die Aufstellungsfrist auf fünfeinhalb Monate. Dies ergibt sich aus Art. L. 221-7 Abs. 2 C. com. i.V.m. Art. 12-2 Abs. 1 D67, wonach die Rechnungslegungsdokumente, über die während der Gesellschafterversammlung entschieden werden muss, den Gesellschaftern spätestens zwei Wochen vor dieser Versammlung zur Verfügung zu stellen sind. Diese Regelung greift nicht, wenn alle Gesellschafter Geschäftsführer sind (Art. 12-2 Abs. 3 D67).

[414] Vgl. hierzu Kapitel 3.2.1.10.

[415] Gem. Art. L. 221-11 Abs. 3 C. com. i.V.m. Art. 12-1 D67 müssen dem Abschlussprüfer die zu prüfenden Unterlagen einen Monat vor der Einberufung der jährlichen Gesellschafterversammlung zur Verfügung stehen. In Gesellschaften, in denen nicht alle Gesellschafter Geschäftsführer sind, muss die Einberufung spätestens zwei Wochen vor der Gesellschafterversammlung vorgenommen werden, um den Gesellschaftern rechtzeitig die nötigen Rechnungslegungsdokumente zukommen zu lassen. Vgl. MESTRE/VELARDOCCHIO, Lamy Sociétés Commerciales 2002, Rn. 2626 und 2631.

[416] Vgl. zu weiteren Unternehmen und Vereinigungen, welche die nachfolgend beschriebenen Planungsunterlagen erstellen müssen DUFILS/LOPATER/GUYOMARD, Mémento Comptable 2002, Rn. 3709-1.

[417] Vgl. zu diesem Begriff MERCADAL/JANIN, Mémento Sociétés Commerciales 2002, Rn. 25050.

[418] Die Pflicht zur Erstellung endet erst in dem zweiten aufeinander folgenden Wirtschaftsjahr, in dem beide der oben genannten Grenzen unterschritten werden (Art. L. 232-2 C. com. i.V.m. Art. 244 Abs. 2 D67).

disponible“) sowie der „fälligen Passiva“ („passif exigible“),[419] eine „vorausschauende Gewinn- und Verlustrechnung“ („compte de résultat prévisionnel“), eine „Kapitalflussrechnung“[420] („tableau de financement“) und ein „vorausschauender Finanzplan“ („plan de financement prévisionnel“)[421] (Art. L. 232-2 Abs. 1 C. com.).[422] Die Zusammenstellung der veräußerbaren und verfügbaren Aktiva sowie der fälligen Passiva muss zweimal im Jahr, spätestens vier Monate nach Beginn des Wirtschaftsjahrs bzw. nach Beginn des zweiten Halbjahrs aufgestellt werden (Art. 244-1 1° D67). Die restlichen Planungsunterlagen müssen einmal im Jahr, spätestens vier Monate nach Beginn des Wirtschaftsjahrs erstellt werden (Art. 244-1 2° c) D67).[423] Da die Kapitalflussrechnung zusammen mit dem Jahresabschluss erstellt werden muss (Art. 244-1 2° a) D67), verkürzt sich die Aufstellungsfrist für den Jahresabschluss für große Handelsgesellschaften, hier also für große SNC, auf vier Monate.

3.2.1.10 Prüfungs- und Offenlegungspflichten

Die Prüfungspflicht einer SNC resultiert aus dem Überschreiten bestimmter Grenzen, die in Art. L. 221-9 Abs. 2 C. com. i.V.m. Art. 12 Abs. 1 D67 definiert sind.[424] [425] Diese Grenzen sind die Bilanzsumme (1.550.000 EUR), der Umsatz (3.100.000 EUR) und die Mitarbeiterzahl (50). Werden am Ende eines Wirtschaftsjahrs zwei dieser Grenzen überschritten, muss ein Abschlussprüfer bestellt werden (Art. L. 221-9 Abs. 2 C. com.).[426] Die Prüfungspflicht fällt weg, wenn in den beiden Jahren vor Ende des Prüfungsauftrags des Abschlussprüfers

---

419 Der genaue Inhalt dieser Zusammenstellung ist gesetzlich nicht festgelegt. Hier existieren verschiedene Interpretationsmöglichkeiten, da keine Einigkeit bezüglich der einzubeziehenden Aktiva bzw. Passiva besteht. Die Liste reicht bei den Aktiva von den Kassenbeständen über Aktiva, die unverzüglich in liquide Mittel umgewandelt werden können, Forderungen mit Fälligkeit unter einem Jahr bis hin zu sämtlichen Forderungen. Bei den Passiva werden alternativ bereits fällige Verbindlichkeiten, solche mit einer Fälligkeit bis zu einem Jahr oder auch sämtliche Verbindlichkeiten einbezogen. Vgl. DUFILS/LOPATER/GUYOMARD, Mémento Comptable 2002, Rn. 3726.

420 Kapitalflussrechnungen sind „zeitraumbezogene, d.h. auf Stromgrößen basierende Rechnungen zur Finanzlage der Unternehmung“ (BIEG/KUSSMAUL, Finanzwirtschaftliche Entscheidungen 2000, S. 297). Dabei steht die Betrachtung eines so genannten „Fonds“ im Mittelpunkt. Vgl. BIEG, Schwebende Geschäfte 1977, S. 225.

421 Die Kapitalflussrechnung und der vorausschauende Finanzplan geben einen Überblick über vorgenommene und geplante Finanzierungsmaßnahmen des Unternehmens. Vgl. MESTRE/VELARDOCCHIO, Lamy Sociétés Commerciales 2002, Rn. 2069. Vgl. auch Art. 244-3 Abs. 4 D67.

422 Außerdem müssen diese Dokumente in zusätzlich zu erstellenden Berichten über die Entwicklung der Gesellschaft analysiert werden (Art. L. 232-3 C. com. i.V.m. Art. L. 232-4 C. com.).

423 Die vorausschauende Gewinn- und Verlustrechnung muss außerdem spätestens vier Monate nach Beginn des zweiten Halbjahrs angepasst werden (Art. 244-1 2° c) D67).

424 Unabhängig vom Überschreiten dieser Grenzen können die Gesellschafter einer SNC die Ernennung eines Abschlussprüfers beschließen (Art. L. 221-9 Abs. 1 C. com.). Außerdem kann auch ein einzelner Gesellschafter die Ernennung eines Abschlussprüfers auf gerichtlichem Weg durchsetzen (Art. L. 221-9 Abs. 3 C. com. i.V.m. Art. 12 Abs. 3 D67).

425 Eine Prüfungspflicht besteht für sämtliche (großen) Personenhandels- und Kapitalgesellschaften. Vgl. CHAUSSADE-KLEIN, Gesellschaftsrecht 1998, S. 80.

426 Grundsätzlich sind in Frankreich Angehörige zweier Berufsgruppen im externen Prüfungswesen tätig. Die „experts comptables“ und die „commissaires aux comptes“. Die „experts comptables“ dürfen in einem Unternehmen auch Dienstleistungstätigkeiten wie die Buchführung und die Organisation des Rechnungswesens ausüben. Ihre Prüfungstätigkeit muss aber auf freiwillige Prüfungen beschränkt bleiben. Gesetzlich vorgeschriebene Abschlussprüfungen dürfen nur von den „commissaires aux comptes“ vorgenommen werden. Die Mehrzahl der „experts comptables“ ist aber berechtigt, die Funktionen eines „commissaire aux comptes“ auszuüben. In diesem Fall dürfen sie aber nicht gleichzeitig Dienstleistungen eines „expert comptable“ in dem zu prüfenden Unternehmen erbringen. Vgl. hierzu ausführlich PERRIDON, in: COENENBERG/VON WYSOCKI, Handwörterbuch der Revision 1992, S. 2240-2254.

jeweils höchstens eine der oben genannten Grenzen überschritten wird (Art. 12 Abs. 2 D67). Da sich der Prüfungsauftrag eines Abschlussprüfers auf sechs Wirtschaftsjahre erstreckt (Art. L. 221-10 I. C. com.), bleibt die Prüfungspflicht einer SNC nach dem einmaligen Überschreiten der oben genannten Grenzen mindestens während sechs Jahren bestehen, auch wenn sie die Voraussetzungen für die Prüfungspflicht zwischenzeitlich nicht mehr erfüllt.[427] Zu den prüfungspflichtigen Dokumenten gehören das Inventar, der Jahresabschluss und der Lagebericht (Art. L. 232-1 C. com.). Darüber hinaus müssen, sofern eine Aufstellungspflicht besteht, die in Kapitel 3.2.1.9 beschriebenen Planungsunterlagen geprüft werden (Art. L. 232-4 C. com.). Der mit der Prüfung beauftragte Abschlussprüfer muss den Gesellschaftern der geprüften SNC das Ergebnis seiner Prüfung mitteilen. Dies geschieht in einem Bericht, der an die Gesellschafterversammlung, die über den Jahresabschluss entscheidet, gerichtet ist (Art. L. 221-11 Abs. 1 C. com. i.V.m. Art. 193 D67). Hier kann der Abschlussprüfer die Ordnungsmäßigkeit des Jahresabschlusses uneingeschränkt bestätigen, mit Einschränkungen bestätigen oder aber die Bestätigung der Ordnungsmäßigkeit verweigern (Art. L. 221-11 Abs. 1 C. com. i.V.m. Art. 193 1. D67).

Eine Offenlegungspflicht besteht für SNC grundsätzlich nicht. Eine Ausnahme bilden SNC, deren Gesellschafter lediglich SARL oder Aktiengesellschaften – SA, SCA oder SAS – sind (Art. L. 232-21 I. C. com.) sowie SNC, deren Gesellschafter wieder nur SNC oder SCS sind, wobei deren vollhaftende Gesellschafter ausschließlich SARL oder Aktiengesellschaften sind (Art. L. 232-21 III. C. com.).[428]

3.2.1.11 Auflösung und Beendigung

Art. 1844-7 C. civ. zählt Auflösungsgründe auf, die für alle Gesellschaften gelten.[429] Darüber hinaus bestehen besondere, nur für die SNC relevante Auflösungsgründe. Grundsätzlich führt der Tod eines Gesellschafters[430] oder die Abberufung eines geschäftsführenden Gesellschafters, sofern alle Gesellschafter Geschäftsführer sind oder sofern die geschäftsführenden Gesellschafter im Gesellschaftsvertrag bestellt wurden (Art. L. 221-12 Abs. 1 C. com.),[431] zur Auflösung. Außerdem können auch verschiedene Ereignisse, welche die Person eines Gesellschafters betreffen, zur Auflösung der Gesellschaft führen. Zu diesen Ereignissen gehören die gerichtliche Anordnung eines Liquidationsverfahrens oder eines Gesamtveräußerungsplans hinsichtlich des Vermögens eines Gesellschafters,[432] das Vorliegen eines Verbots zur Ausübung eines kaufmännischen Berufs oder die Feststellung, dass ein Gesellschafter geschäftsunfähig[433] ist (Art. L. 221-16 Abs. 1 C. com.).[434]

---

[427] Vgl. MERCADAL/JANIN, Mémento Sociétés Commerciales 2002, Rn. 3990.

[428] Vgl. zur Vorgehensweise bei der Offenlegung Kapitel 3.3.1.10.

[429] MESTRE/PANCRAZI unterscheiden zwischen normalen und zufälligen Auflösungsgründen. Zu den normalen Auflösungsgründen zählen sie beispielsweise das Ende der gesellschaftsvertraglich vereinbarten Dauer der Gesellschaft (Art. 1844-7 1° C. civ.). Zu den zufälligen rechnen sie die durch die Gesellschafter beschlossene vorzeitige Auflösung der Gesellschaft (Art. 1844-7 4° C. civ.). Vgl. MESTRE/PANCRAZI, Droit commercial 2001, Rn. 273-275.

[430] Vgl. hierzu Kapitel 3.2.1.4.

[431] Gem. Art. L. 221-12 Abs. 1 C. com. kann der Gesellschaftsvertrag hiervon abweichende Regelungen treffen oder aber die verbleibenden Gesellschafter beschließen einstimmig, die Gesellschaft weiter zu führen.

[432] Ein Insolvenzverfahren endet entweder mit der Sanierung oder – wie hier – mit der Liquidation bzw. der Veräußerung. Vgl. SONNENBERGER, Handels- und Wirtschaftsrecht 1991, Rn. VII 14.

[433] Geschäftsunfähigkeit liegt vor, wenn der betroffene Gesellschafter unter Vormundschaft oder Pflegschaft steht. Vgl. MERCADAL/JANIN, Mémento Sociétés Commerciales 2002, Rn. 4501; MESTRE/VELARDOCCHIO, Lamy Sociétés Commerciales 2002, Rn. 2651.

Die Auflösung ist mit zahlreichen Publizitätsvorschriften verbunden.[435] Zunächst ist die Veröffentlichung einer Anzeige in einer hierzu ermächtigten Zeitung des „départements", in dem sich der Sitz der Gesellschaft befindet, vorgeschrieben (Art. 287 D67 i.V.m. Art. 285 D67). Die Bestellung des „Liquidators" („liquidateur") muss auch in einer solchen Anzeige bekannt gegeben werden (Art. L. 237-3 C. com. i.V.m. Art. 290 Abs. 1 D67). Außerdem muss die Auflösung, sofern sie nach außen Wirkung entfalten soll, im Handelsregister eingetragen werden (Art. L. 237-2 Abs. 3 C. com.). Schließlich erfolgt noch eine Veröffentlichung der Auflösung im BODACC.[436]
Gem. Art. L. 237-2 Abs. 1 C. com. zieht die Auflösung der Gesellschaft ihre Liquidation nach sich.[437] Die Liquidation umfasst sämtliche Maßnahmen, die auf die Veräußerung des Vermögens einer aufzulösenden Gesellschaft und die Befriedigung der Gesellschaftsgläubiger gerichtet sind, mit dem Ziel, das verbleibende Vermögen zwischen den Gesellschaftern aufzuteilen.[438] Die im Rahmen der Liquidation zur Anwendung kommenden Regelungen sind zum Teil zwingendes, zum Teil dispositives Recht.[439] Zum zwingenden Recht gehört, dass die Liquidation durch einen Liquidator durchgeführt wird.[440]

Außerdem muss die Liquidation durch einen entsprechenden Beschluss einer letzten Gesellschafterversammlung abgeschlossen werden.[441] Somit erlischt auch die Rechtspersönlichkeit der Gesellschaft, welche während der Liquidationsphase weiter bestand (Art. L. 237-2 Abs. 2 C. com.).[442] Hinsichtlich des nach der Befriedigung der Gläubiger verbleibenden Vermögens werden – sofern das Vermögen hierzu ausreicht – zunächst die Nominalanteile der Gesellschafter am Gesellschaftskapital zurückgezahlt.[443] Die Verteilung von darüber hinausgehenden Beträgen richtet sich grundsätzlich nach den Bestimmungen des Gesellschaftsvertrags, ansonsten erfolgt eine Verteilung im Verhältnis der Anteile der Gesellschafter am Gesellschaftskapital (Art. 237-29 C. com.).[444]

---

434 Auch hier kann der Gesellschaftsvertrag abweichende Regelungen treffen oder aber die verbleibenden Gesellschafter beschließen einstimmig, die Gesellschaft weiter zu führen (Art. L. 221-16 Abs. 1 C. com.).

435 Diese und die für die Beendigung geltenden Publizitätsvorschriften sind für alle Handelsgesellschaften anzuwenden.

436 Die Veranlassung der Anzeige erfolgt wieder durch den Beamten der Geschäftsstelle des zuständigen Handelsgerichts (Art. 76 décret n° 84-406 vom 30.5.1984).

437 Auch die Regelungen zur Liquidation gelten für alle Handelsgesellschaften.

438 Vgl. GERMAIN, Droit commercial 2002, Rn. 1107. Vgl. auch VIDAL, Droit des Sociétés 2001, Rn. 356.

439 Art. L. 237-2-Art. L. 237-13 C. com. müssen auf jeden Fall beachtet werden (Art. L. 237-1 C. com.). Art. L. 237-14-Art. L. 237-31 C. com. kommen nur zur Anwendung, wenn der Gesellschaftsvertrag keine abweichenden Regelungen vorsieht oder wenn die Mehrheit der Gesellschafter einer SNC einen Gerichtsentscheid beantragt hat, der eine Liquidation gem. diesen Vorschriften vorsieht (Art. L. 237-14 C. com.).

440 Dies ergibt sich aus Art. L. 237-3 C. com. Vgl. auch Cour de Cassation vom 24.10.1989, RS 1990, S. 264. Das Stadium der Liquidation muss durch den Firmenzusatz „in der Liquidation befindliche Gesellschaft" („société en liquidation") angezeigt werden (Art. L. 237-2 Abs. 1 C. com.). Dieser Zusatz und der Name des Liquidators müssen auf sämtlichen nach außen gerichteten Dokumenten der Gesellschaft erscheinen (Art. 266 Abs. 1 D67).

441 Sie entscheidet auch über die abschließenden Konten der Gesellschaft und über die Handlungen und die Entlassung des Liquidators (Art. L. 237-9 C. com.). Alternativ kann das Ende der Liquidation durch Gerichtsbeschluss herbeigeführt werden (Art. L. 237-10 C. com.).

442 Da die Gesellschaft auch während der Liquidationsphase als juristische Person weiter besteht, kann sie beispielsweise vor Gericht Forderungen einklagen. Vgl. VIDAL, Droit des Sociétés 2001, Rn. 353.

443 Vgl. COZIAN/VIANDIER/DEBOISSY, Droit des Sociétés 2002, Rn. 553; MERCADAL/JANIN, Mémento Sociétés Commerciales 2002, Rn. 27952; MERLE, Sociétés commerciales 2001, Rn. 125. Vgl. auch GERMAIN, Droit commercial 2002, Rn. 1124.

444 Bei diesem die Nominalanteile übersteigenden Betrag handelt es sich um den Liquidationserlös. Vgl. JUGLART/IPPOLITO, Sociétés commerciales 1999, Rn. 153; MESTRE/PANCRAZI, Droit commercial 2001, Rn. 281.

Schließlich müssen wieder Publizitätsvorschriften beachtet werden. Zuerst ist der Beschluss der abschließenden Gesellschafterversammlung bei der Geschäftsstelle des Handelsgerichts zu hinterlegen (Art. 270 D67). Anschließend muss das Ende der Liquidation wieder in einer hierzu ermächtigten Zeitung des „départements", in dem sich der Sitz der Gesellschaft befindet, veröffentlicht werden (Art. L. 237-11 C. com. i.V.m. Art. 292 Abs. 1 D67). Nun wird die Gesellschaft auf Verlangen des Liquidators aus dem Handelsregister gelöscht (Art. 271 D67 i.V.m. Art. 24 Abs. 1 décret n° 84-406 vom 30.5.1984). Abschließend wird wieder eine Veröffentlichung der Beendigung der Gesellschaft im BODACC vorgenommen.[445]

3.2.1.12 Tabellarischer Vergleich SNC – OHG

Rechtsform Merkmal	SNC	OHG
Begriff und Einordnung	Personenhandelsgesellschaft mit unbeschränkter solidarischer Haftung der Gesellschafter für die Verbindlichkeiten der Gesellschaft; Formkaufmann und juristische Person mit eigenem Gesellschaftsvermögen.	Personenhandelsgesellschaft (§ 105 Abs. 1 HGB) mit unbeschränkter solidarischer Haftung der Gesellschafter für die Verbindlichkeiten der Gesellschaft (§ 128 HGB); Kaufmann aufgrund der Art ihrer Betätigung (§ 105 Abs. 1 HGB), teilweise mit Eigenschaften einer juristischen Person (§ 124 HGB); Gesellschaftsvermögen ist Gesellschaftern gesamthänderisch zugeordnet (§ 105 Abs. 3 HGB i.V.m. §§ 718 und 719 BGB).
Rechtsgrundlagen	Vorschriften für alle Gesellschaften: Art. 1832-Art. 1844-17 C. civ.; Vorschriften für alle Handelsgesellschaften: Art. L. 210-1-Art. L. 210-9 C. com., Art. L. 232-1-Art. L. 237-31 C. com., Art. L. 247-1-Art. L. 247-8 C. com.; spezifische Vorschriften für die SNC: Art. L. 221-1-Art. L. 221-16 C. com., Art. 6-Art. 16 D67.	Spezifische Vorschriften für die OHG: §§ 105-160 des HGB; bei fehlenden spezifischen Regelungen Anwendung der Vorschriften zur GbR (§ 105 Abs. 3 HGB): §§ 705-740 BGB.
Gründung	Schriftlich abgefasster Gesellschaftsvertrag mit gesetzlich vorgeschriebenen Mindestangaben; notarielle Beurkundung des Gesellschaftsvertrags nur in Ausnahmefällen erforderlich;	Schriftform nicht erforderlich (vgl. SAUTER, § 2, in: MÜLLER/HOFFMANN, Beck'sches Handbuch Personengesellschaften 2002, Rn. 16); keine gesetzlich vorgeschriebenen Mindestangaben; notarielle Beurkundung des Gesellschaftsvertrags nur in Ausnahmefällen erforderlich (vgl. HUECK, Gesellschaftsrecht 1991, S. 49 und 96);

[445] Die Übermittlung an das BODACC erfolgt auch hier wieder durch den Beamten der Geschäftsstelle des zuständigen Handelsgerichts (Art. 76 décret n° 84-406 vom 30.5.1984).

Rechtsform / Merkmal	SNC	OHG
	Firma frei wählbar, lediglich Angabe der Rechtsform muss enthalten sein; Handelsgesellschaft und Formkaufmann unabhängig vom Gegenstand des Unternehmens; umfangreiche Publizitätsvorschriften, u.a. Pflicht zur Handelsregistereintragung.	Firma frei wählbar, lediglich Angabe der Rechtsform muss enthalten sein (§§ 18 und 19 HGB); Handelsgesellschaft und Kaufmann grundsätzlich aufgrund der Art ihrer Betätigung, die auf Betrieb eines Handelsgewerbes gerichtet sein muss (§ 105 Abs. 1 HGB); neben Pflicht zur Handelsregistereintragung (§ 106 Abs. 1 HGB) keine weiteren Publizitätsvorschriften.
Gesellschafter	Mindestens zwei Gesellschafter, die aufgrund gesetzlicher Regelung Kaufmannseigenschaft haben; Übertragung von Gesellschaftsanteilen nur mit Zustimmung aller Gesellschafter; Tod eines Gesellschafters führt grundsätzlich zur Auflösung der Gesellschaft; Informations-, Mitwirkungs- und Vermögensrechte der Gesellschafter.	Mindestens zwei Gesellschafter (vgl. MEMENTO VERLAG AG, Gesellschaftsrecht 2002, Rn. 1160), die Kaufmannseigenschaft haben (streitig; vgl. MÜLLER, § 4, in: MÜLLER/HOFFMANN, Beck'sches Handbuch Personengesellschaften 2002, Rn. 10); Übertragung von Gesellschaftsanteilen grundsätzlich unmöglich (§ 105 Abs. 3 HGB i.V.m. § 717 BGB); abweichende gesellschaftsvertragliche Regelungen sind möglich; Tod eines Gesellschafters führt grundsätzlich nicht zur Auflösung der OHG (§ 131 Abs. 2 und Abs. 3 Nr. 1 HGB; vgl. MÜLLER, § 8, in: MÜLLER/HOFFMANN, Beck'sches Handbuch Personengesellschaften 2002, Rn. 39); Informations- (§ 118 HGB), Mitwirkungs- (vgl. MÜLLER, § 4, in: MÜLLER/HOFFMANN, Beck'sches Handbuch Personengesellschaften 2002, Rn. 87-89) und Vermögensrechte (§§ 120, 121 HGB) der Gesellschafter.
Gesellschaftskapital	Mindestkapital nicht vorgeschrieben; Bar-, Sacheinlagen oder Einlagen in Form von Dienstleistungen müssen erbracht werden.	Mindestkapital nicht vorgeschrieben (vgl. KLUNZINGER, Gesellschaftsrecht 2002, S. 62); Bar-, Sacheinlagen oder Einlagen in Form von Dienstleistungen müssen erbracht werden (§ 105 Abs. 3 HGB i.V.m. §§ 705 und 706 BGB; vgl. KLUNZINGER, Gesellschaftsrecht 2002, S. 63).

Rechtsform / Merkmal	SNC	OHG
Gesellschafterhaftung	Unbeschränkte und solidarische Haftung der Gesellschafter für die Verbindlichkeiten der Gesellschaft;	Unmittelbare, unbeschränkte und solidarische Haftung der Gesellschafter für die Verbindlichkeiten der Gesellschaft (§ 128 HGB);
	Gesellschafterhaftung greift nur, wenn vorher Gesellschaft selbst für eine Woche erfolglos in Verzug gesetzt wurde;	–
	Haftung eines Gesellschafters für bis zum Zeitpunkt seines Ausscheidens entstandene Verbindlichkeiten der SNC auch nach dem Ausscheiden;	Haftung eines Gesellschafters für bis zum Zeitpunkt seines Ausscheidens entstandene Verbindlichkeiten der OHG auch nach dem Ausscheiden (mit zeitlicher Beschränkung – § 160 Abs. 1 HGB);
	Personen, die für Gesellschaft im Gründungsstadium handeln, sind grundsätzlich unbeschränkt und solidarisch für Ansprüche verpflichtet;	OHG – und somit unbeschränkte und solidarische Haftung der Gesellschafter – entsteht mit Aufnahme ihrer Geschäfte (§ 123 Abs. 2 HGB); bei Kleingewerbetreibenden haften bis zum Zeitpunkt der Handelsregistereintragung nur die Handelnden (vgl. KÜBLER, Gesellschaftsrecht 1998, S. 68).
	Übernahme ihrer Verpflichtungen durch Gesellschaft bei Handelsregistereintragung kann vereinbart werden.	–
Gewinn- und Verlustverteilung	Grundsätzlich proportional zur Höhe der Anteile am Gesellschaftskapital;	Gewinnanteil entspricht grundsätzlich zunächst 4 % des jeweiligen Kapitalanteils, übersteigender Teil des Jahresgewinns wird grundsätzlich nach Köpfen verteilt (§ 121 HGB); Verlustanteil wird grundsätzlich nach Köpfen berechnet (§ 121 Abs. 3 HGB);
	Gesellschafterversammlung beschließt über auszuschüttenden Teil der Gewinne.	keine Gewinnausschüttung; Gewinnanteile gelangen durch gesetzlich geregelte Entnahmen zu den Gesellschaftern (§ 122 HGB).
Organe	Jährliche Gesellschafterversammlung; Möglichkeit weiterer Gesellschafterversammlungen;	Keine regelmäßige Gesellschafterversammlung; Möglichkeit Gesellschafterversammlungen einzuberufen (vgl. HUECK, Gesellschaftsrecht 1991, S. 108-109);
	alle Gesellschafter sind grundsätzlich Geschäftsführer;	alle Gesellschafter sind grundsätzlich Geschäftsführer (§ 114 HGB);
	Geschäftsführung durch Nicht-Gesellschafter möglich (Fremdorganschaft – auch durch juristische Personen);	Geschäftsführung durch Nicht-Gesellschafter nicht möglich (Selbstorganschaft – vgl. HOPT, Handelsgesetzbuch 2000, § 114, Rn. 24); sofern Gesellschafter juristische Personen sind, können sie auch Geschäftsführer sein (vgl. HOPT, Handelsgesetzbuch 2000, § 114, Rn. 4);

Rechtsform Merkmal	SNC	OHG
	im Innenverhältnis alle Geschäftsführungsmaßnahmen, die im Interesse der Gesellschaft liegen, erlaubt; im Außenverhältnis (Vertretung) alle Handlungen, die vom Gegenstand des Unternehmens gedeckt werden, erlaubt.	im Innenverhältnis alle Geschäftsführungsmaßnahmen, die gewöhnliche Geschäfte darstellen, erlaubt (§ 116 Abs. 1 HGB); im Außenverhältnis (Vertretung) alle Geschäfte und Rechtshandlungen, unabhängig von der Art der Geschäfte und vom Gegenstand des Unternehmens (§ 126 HGB; vgl. MEMENTO VERLAG AG, Gesellschaftsrecht 2002, Rn. 1257).
Buchführungs- und Rechnungslegungspflichten	Buchführungspflicht; Erstellungspflicht für: – Inventar, – Jahresabschluss mit Bilanz, GuV und Anhang, – Lagebericht; Aufstellungsfrist vier bis sechs Monate; Pflicht zur Erstellung von Planungsunterlagen für große Handelsgesellschaften.	Buchführungspflicht (§ 238 Abs. 1 HGB); Erstellungspflicht für: – Inventar (§ 240 Abs. 1 HGB), – Jahresabschluss mit Bilanz (§ 242 Abs. 1 HGB) und GuV (§ 242 Abs. 2 HGB); keine konkreten zeitlichen Vorgaben: „Der Jahresabschluss ist innerhalb der einem ordnungsmäßigen Geschäftsgang entsprechenden Zeit aufzustellen" (§ 243 Abs. 3 HGB). –
Prüfungs- und Offenlegungspflichten	Prüfungspflicht für große Gesellschaften; grundsätzlich keine Offenlegungspflicht.	Keine Prüfungspflicht; keine Offenlegungspflicht.
Auflösung und Beendigung	Allgemeine und rechtsformspezifische Auflösungsgründe; umfangreiche Publizitätsvorschriften für Auflösung und Beendigung; Liquidation durch Liquidator; abschließende Gesellschafterversammlung.	Rechtsformspezifische Auflösungsgründe (§ 131 Abs. 1 HGB); Eintragung von Auflösung (§ 143 Abs. 1 HGB) und Beendigung in das Handelsregister (§ 157 Abs. 1 HGB); Liquidation durch Liquidator (§ 146 HGB); keine abschließende Gesellschafterversammlung.

3.2.2 SCS

3.2.2.1 Begriff und Einordnung

Wie die KG[446] ist die SCS eine Personenhandelsgesellschaft, bei der mindestens ein Gesellschafter, der „Komplementär" („commandité"), unbeschränkt und – bei mehreren Komplementären – solidarisch für die Verbindlichkeiten der Gesellschaft haftet und mindestens ein

[446] Die SCS entspricht der deutschen KG. Vgl. hierzu Kapitel 2.1.2.5.

anderer Gesellschafter, der „Kommanditist" („commanditaire"), lediglich mit seiner Einlage für die Verbindlichkeiten der Gesellschaft haftet. Wie die SNC ist auch die SCS – im Gegensatz zur KG – Formkaufmann und juristische Person mit eigenem Gesellschaftsvermögen.[447] Die SCS kommt in Frankreich nur sehr selten vor.[448] Neugründungen finden kaum noch statt.[449] Dies hängt u.a. mit der Besteuerung der SCS zusammen.[450] Die meisten SCS entstehen aus der Umwandlung einer SNC nach dem Tod eines Gesellschafters und der Fortführung der Gesellschaft mit seinem oder seinen Erben.[451]

3.2.2.2 Rechtsgrundlagen

Im Rahmen der für die SCS relevanten Rechtsgrundlagen müssen wiederum die allen Gesellschaften gemeinsamen Vorschriften des C. civ. und die für alle Handelsgesellschaften relevanten Vorschriften des C. com. beachtet werden.[452] Nur für die SCS geltende Regelungen sind in Art. L. 222-1-Art. L. 222-11 C. com. und in Art. 17-Art. 19 D67 enthalten. Gem. Art. L. 222-2 C. com. und Art. 17 D67 sind darüber hinaus grundsätzlich die Vorschriften zur SNC in Art. L. 221-1-Art. L. 221-16 C. com. und in Art. 6-Art. 16 D67 zu beachten, sofern die spezifischen Vorschriften für die SCS keine abweichenden Regelungen enthalten.

3.2.2.3 Gründung

Grundsätzlich gelten für die Gründung einer SCS die Vorschriften für die Gründung einer SNC.[453] Die Mindestangaben im Gesellschaftsvertrag gehen aber über diejenigen der SNC hinaus.[454] Gem. Art. L. 222-4 C. com. müssen der Gesamtbetrag sämtlicher Einlagen der Gesellschafter, der Anteil jedes Komplementärs bzw. jedes Kommanditisten an diesem Gesamtbetrag und der Gesamtanteil der Komplementäre sowie der Anteil jedes Kommanditisten am Gewinn und am Liquidationserlös angegeben werden.

---

447 Vgl. hierzu Kapitel 2.1.2.5.

448 Vgl. MERCADAL/JANIN, Mémento Sociétés Commerciales 2002, Rn. 4711; TILLMANNS, in: HOHLOCH, Gesellschaftsrecht 2001, Rn. 145. Zum 1. März 2002 waren nur 1.330 SCS im Handelsregister eingetragen. Vgl. INSEE in COZIAN/VIANDIER/DEBOISSY, Droit des Sociétés 2002, Rn. 9.

449 Vgl. MESTRE/PANCRAZI, Droit commercial 2001, Rn. 286.

450 Der Gewinnanteil des Kommanditisten einer SCS unterliegt nicht den einkommensteuerlichen Regelungen zur Besteuerung von Personengesellschaften, sondern der IS. Vgl. TILLMANNS, in: HOHLOCH, Gesellschaftsrecht 2001, Rn. 145. Vgl. zu weiteren Gründen für die geringe Popularität der SCS MESTRE/VELARDOCCHIO, Lamy Sociétés Commerciales 2002, Rn. 2666.

451 Vgl. MESTRE/VELARDOCCHIO, Lamy Sociétés Commerciales 2002, Rn. 2667. Vgl. zur Zwangsumwandlung bei minderjährigen Erben Fn. 362. Außerdem kann auch der Fall vorkommen, dass die Erben des verstorbenen Gesellschafters nicht an seine Stelle als unbeschränkt und solidarisch haftender Gesellschafter treten wollen. Vgl. zur Umwandlung nach dem Tod eines Gesellschafters MERCADAL/JANIN, Mémento Sociétés Commerciales 2002, Rn. 4711. JUGLART/IPPOLITO weisen darauf hin, dass die SCS u.a. ein geeignetes Instrument für die frühzeitige Vorbereitung eines Unternehmensübergangs auf einen ausgewählten Nachfolger darstellt. Vgl. JUGLART/IPPOLITO, Sociétés commerciales 1999, Rn. 228.

452 Vgl. hierzu Kapitel 3.2.1.2.

453 Vgl. TILLMANNS, in: HOHLOCH, Gesellschaftsrecht 2001, Rn. 150-151. Vgl. insbesondere zur Bedeutung der genauen Abgrenzung des Gegenstands des Unternehmens Kapitel 3.2.1.3.

454 Die Mindestangaben des Art. L. 210-2 C. com. gelten für alle Handelsgesellschaften. Außerdem ist der nachstehend beschriebene, nur für die SCS geltende Art. L. 222-4 C. com. zu beachten.

Die Vorschriften zur Bildung der Firma einer SCS in Art. L. 222-3 C. com. entsprechen den Vorschriften für die SNC. Hier muss aber im Namen der Gesellschaft der Zusatz „société en commandite simple" enthalten sein.[455]

Auch die SCS ist unabhängig vom eigentlichen Gegenstand ihres Unternehmens Handelsgesellschaft und hat Kaufmannseigenschaft.[456] Folglich hat sie ebenfalls die gleichen Rechte und Pflichten wie natürliche Personen, die Kaufleute i.S.d. C. com. sind.

Die in Kapitel 3.2.1.3 dargestellten Vorschriften zur Gründungspublizität gelten für alle Handelsgesellschaften und somit auch für die SCS. Aus diesem Grund kann auf die entsprechenden Ausführungen verwiesen werden.

3.2.2.4 Gesellschafter

Eine SCS besteht aus mindestens zwei Gesellschaftern: einem Komplementär und einem Kommanditisten.[457] Art. L. 222-1 Abs. 1 C. com. verweist bezüglich der Komplementäre auf den Status der Gesellschafter einer SNC. Folglich haben auch die Komplementäre einer SCS Kaufmannseigenschaft und müssen die Anforderungen erfüllen, die an einen Kaufmann gestellt werden.[458] Die Kommanditisten haben dahingegen keine Kaufmannseigenschaft;[459] deshalb müssen sie lediglich weniger strengen Anforderungen genügen.[460] Hinsichtlich der Eignung juristischer Personen als Gesellschafter einer SCS können diese sowohl Komplementär als auch Kommanditist sein.[461]

Gesellschaftsanteile sind grundsätzlich nur unter der Zustimmung aller Gesellschafter übertragbar (Art. L. 222-8 I. C. com.).[462] Im Gegensatz zur SNC kann der Gesellschaftsvertrag aber hiervon abweichende Regelungen enthalten (Art. L. 222-8 II. C. com.). Neben der freien Übertragbarkeit von Kommanditistenanteilen zwischen Gesellschaftern (Art. L. 222-8 II. 1° C. com.) kann auch deren Übertragbarkeit an fremde Dritte gesellschaftsvertraglich vereinbart werden. Voraussetzung ist die Zustimmung aller Komplementäre und der nach Gesellschafterzahl und Kapitalanteilen berechneten Mehrheit der Kommanditisten (Art. L. 222-8 II. 2° C. com.). Unter der gleichen Voraussetzung kann ein Komplementär einen Teil seiner Anteile an einen Kommanditisten oder an einen fremden Dritten übertragen (Art. L. 222-8 II. 3° C. com.). Der Tod eines Komplementärs führt grundsätzlich zur Auflösung der SCS.[463] Anders verhält es sich mit dem Tod eines Kommanditisten, welcher aufgrund einer ausdrückli-

---

455 Gem. Art. 17 D67 i.V.m. Art. 8 D67 muss die Firma auf jedem nach außen gerichteten Schriftstück erscheinen.

456 Dies ergibt sich aus Art. L. 210-1 Abs. 2 C. com. Vgl. hierzu auch Kapitel 2.1.2.5.

457 Die Mindestanzahl ergibt sich aus Art. 1832 C. civ. Außerdem nennt Art. L. 221-1 C. com. die vorstehend genannten Gesellschaftergruppen.

458 Vgl. hierzu Kapitel 3.2.1.4.

459 Vgl. JUGLART/IPPOLITO, Sociétés commerciales 1999, Rn. 231; MERLE, Sociétés commerciales 2001, Rn. 162; MESTRE/VELARDOCCHIO, Lamy Sociétés Commerciales 2002, Rn. 2677.

460 Vgl. zu diesen Anforderungen MERCADAL/JANIN, Mémento Sociétés Commerciales 2002, Rn. 4732.

461 Vgl. MESTRE/VELARDOCCHIO, Lamy Sociétés Commerciales 2002, Rn. 2668.

462 Aufgrund des Verweises des Art. L. 222-2 C. com. auf die Regelungen zur SNC und somit insbesondere auf Art. L. 221-14 Abs. 1 C. com. muss auch hier die Übertragung schriftlich festgehalten werden. Außerdem greifen wieder die für die SNC beschriebenen Publizitätsvorschriften, da diese für alle Handelsgesellschaften gelten. Vgl. zu diesen Publizitätsvorschriften Fn. 360.

463 Hier greift die Regelung des Art. L. 222-1 Abs. 1 C. com., wonach die Komplementäre den Status eines Gesellschafters einer SNC haben. Vgl. zu möglichen abweichenden Regelungen des Gesellschaftsvertrags Kapitel 3.2.1.4.

chen gesetzlichen Regelung keinen Auflösungsgrund darstellt (Art. L. 222-10 Abs. 1 C. com.).[464]

Die Komplementäre einer SCS haben die gleichen Rechte und Pflichten wie die Gesellschafter einer SNC.[465] Auch die Kommanditisten haben Informations- und Mitwirkungsrechte[466] sowie Vermögensrechte, die sich im Recht auf Gewinnbeteiligung[467] sowie im Recht auf Rückzahlung der Einlage und auf Beteiligung am Liquidationserlös[468] konkretisieren. Hinsichtlich ihrer Pflichten muss insbesondere auf die Vorschriften zur Haftung verwiesen werden.[469]

3.2.2.5 Gesellschaftskapital

Wie für die SNC ist auch für die SCS kein Mindestkapital vorgeschrieben.[470] Zwar sind auch hier die Gesellschafter zur Erbringung von Einlagen verpflichtet (Art. 1832 Abs. 1 C. civ. i.V.m. Art. 1843-3 Abs. 1 C. civ.), allerdings dürfen die Kommanditisten keine Einlagen in Form von Dienstleistungen erbringen (Art. L. 222-1 Abs. 2 C. com.).[471] Ansonsten kann auf die Regelungen für die SNC in Kapitel 3.2.1.5 verwiesen werden.

3.2.2.6 Gesellschafterhaftung

Die Komplementäre einer SCS haften unbeschränkt und solidarisch für die Verbindlichkeiten der Gesellschaft (Art. L. 222-1 Abs. 1 C. com. i.V.m. Art. L. 221-1 Abs. 1 C. com.).[472] Für die Kommanditisten gilt gem. Art. L. 222-1 Abs. 2 C. com. eine Beschränkung ihrer Haftung für die Verbindlichkeiten der Gesellschaft auf die Höhe ihrer Einlagen.[473] Diese Beschränkung gilt allerdings nur, wenn sie sich nicht in die Geschäftsführung einmischen (Art. L. 222-6 Abs. 1 C. com.). Falls ein Kommanditist gegen diese Vorschrift verstößt, haftet er solida-

---

464 Eine besondere Regelung gilt für den Fall, dass der einzige Komplementär stirbt und alle seine Erben minderjährig sind. Hier muss innerhalb eines Jahres entweder ein neuer Komplementär gefunden oder die Gesellschaft umgewandelt werden (Art. L. 221-10 Abs. 2 C. com.).

465 Dies ergibt sich wieder aus Art. L. 222-1 Abs. 1 C. com.

466 Die Informationsrechte der Kommanditisten einer SCS sind explizit in Art. L. 222-7 C. com. i.V.m Art. 19 und 13 D67 fixiert. Wie die Gesellschafter einer SNC und die Komplementäre haben sie das Recht, zweimal im Jahr Bücher und Dokumente der Gesellschaft einzusehen und auch zu kopieren sowie in schriftlicher Form Fragen zur Führung der Gesellschaft zu stellen. Darüber hinaus stehen den Kommanditisten die Mitwirkungsrechte der Gesellschafter einer SNC zu (Art. L. 222-2 C. com. i.V.m. Art. L. 221-6 C. com.). Allerdings ist Art. L. 222-6 C. com. zu beachten, wonach für die Kommanditisten aus Haftungsgründen ein Einmischungsverbot in die Geschäftsführung besteht.

467 Vgl. hierzu Kapitel 3.2.2.7.

468 Vgl. hierzu Kapitel 3.2.2.11.

469 Vgl. hierzu Kapitel 3.2.2.6.

470 Vgl. JUGLART/IPPOLITO, Sociétés commerciales 1999, Rn. 233; MERLE, Sociétés commerciales 2001, Rn. 167.

471 Dies hat mit der Beschränkung ihrer Haftung auf die Höhe ihrer Einlagen zu tun. Diese wäre im Fall von Einlagen in Form von Dienstleistungen nicht bestimmbar. Vgl. MERLE, Sociétés commerciales 2001, Rn. 167. In Kapitel 3.2.1.5 wurde bereits gezeigt, dass Einlagen in Form von Dienstleistungen keine Anteile am Gesellschaftskapital vermitteln dürfen.

472 Auch hier gilt die in Kapitel 3.2.1.6 beschriebene Besonderheit im Vergleich zum deutschen Recht bezüglich der Erfordernis, zunächst die Gesellschaft selbst in Verzug zu setzen.

473 Falls sie ihre Einlagen noch nicht vollständig geleistet haben, können sie von Gesellschaftsgläubigern aufgefordert werden, ihre Einlagen vollständig zu leisten. Vgl. MESTRE/PANCRAZI, Droit commercial 2001, Rn. 301.

risch, zusammen mit den Komplementären, für die Verbindlichkeiten, die infolge dieser Einmischung entstehen (Art. L. 222-6 Abs. 2 C. com.).[474]

Hinsichtlich der Haftung bei einem Gesellschafterwechsel bzw. in der Gründungsphase gelten die Regelungen, die in Kapitel 3.2.1.6 beschrieben wurden.

3.2.2.7 Gewinn- und Verlustverteilung

Da die Vorschriften zur Gewinn- und Verlustverteilung für alle Gesellschaften und die Regelungen zur Ausschüttung von Gewinnen für alle Handelsgesellschaften gelten, kann an dieser Stelle auf Kapitel 3.2.1.7 verwiesen werden.

3.2.2.8 Organe

Durch den Verweis des Art. L. 222-2 C. com. gilt Art. L. 221-7 C. com. auch für die SCS. Demzufolge muss die SCS eine jährliche Gesellschafterversammlung abhalten, während der u.a. über den Jahresabschluss entschieden wird.[475] Ferner können ebenfalls weitere Gesellschafterversammlungen einberufen werden.[476]

Grundsätzlich sind alle Komplementäre Geschäftsführer (Art. L. 222-1 Abs. 1 C. com.). Auch Personen, die nicht Gesellschafter sind und juristische Personen können als Geschäftsführer einer SCS tätig werden (Art. L. 222-2 C. com. i.V.m. Art. L. 221-3 C. com.). Eine Beschränkung gilt lediglich für die Kommanditisten. Für sie resultiert aus einer Einmischung in die Geschäftsführung[477] der in Kapitel 3.2.2.6 beschriebene teilweise oder vollständige Wegfall ihrer Haftungsbeschränkung (Art. L. 222-6 C. com.).[478]

Hinsichtlich der Entlohnung und des sozialversicherungsrechtlichen Status der geschäftsführenden Gesellschafter (Komplementäre) einer SCS gelten die Ausführungen zu den geschäftsführenden Gesellschaftern einer SNC.[479] Sie unterliegen also aufgrund ihres sozialversicherungsrechtlichen Status von Nichtarbeitnehmern der Kranken- und Mutterschutzversicherung der Nichtarbeitnehmer im nichtlandwirtschaftlichen Bereich, der Rentenversicherung der gewerblichen Berufe – einschließlich der Zusatzrentenversicherung zugunsten von Ehepartnern von Unternehmern –, der Invaliditäts- und Todesfallversicherung der gewerblichen Berufe und dem Kindergeldbeitrag der Arbeitgeber und der unabhängig Tätigen. Bezüglich einer

---

474 In besonders schweren Fällen muss er unbeschränkt und solidarisch für die gesamten Verbindlichkeiten der Gesellschaft haften (Art. L. 222-6 Abs. 2 C. com.).

475 Vgl. zu weiteren Einzelheiten bezüglich dieser Gesellschafterversammlung Kapitel 3.2.1.8.

476 Hier muss ein Komplementär oder die nach der Gesellschafterzahl und den Kapitalanteilen berechnete Mehrheit der Kommanditisten einen entsprechenden Wunsch äußern (Art. L. 222-5 C. com.). Entscheidungen der Gesellschafter werden nach den Regelungen des Gesellschaftsvertrags getroffen. Lediglich für bestimmte, den Gesellschaftsvertrag betreffende Entscheidungen muss entweder Einstimmigkeit herrschen, oder es müssen alle Komplementäre und die nach der Gesellschafterzahl und den Kapitalanteilen berechnete Mehrheit der Kommanditisten zustimmen. Vgl. JUGLART/IPPOLITO, Sociétés commerciales 1999, Rn. 238; MERCADAL/JANIN, Mémento Sociétés Commerciales 2002, Rn. 4830-4831; MERLE, Sociétés commerciales 2001, Rn. 169.

477 In Art. L. 222-6 Abs. 1 C. com. ist hinsichtlich der Einmischung in die Geschäftsführung von einer „nach außen gerichteten Geschäftsführungshandlung" („acte de gestion externe") die Rede. Art. 18 D67 stellt klar, dass Beratungs- und Überwachungstätigkeiten – lediglich nach innen gerichtete Handlungen (vgl. MERLE, Sociétés commerciales 2001, Rn. 168) – nicht zu diesen Handlungen gehören und somit nicht von Art. L. 222-6 Abs. 1 C. com. erfasst werden.

478 Auch bezüglich der Befugnisse der Geschäftsführer im Innen- bzw. im Außenverhältnis wird wegen Art. L. 222-2 C. com. auf Kapitel 3.2.1.8 verwiesen.

479 Vgl. zur Entlohnung MERCADAL/JANIN, Mémento Sociétés Commerciales 2002, Rn. 4781. Vgl. zum sozialversicherungsrechtlichen Status LEFEBVRE, Social 2002, Rn. 3736.

eventuellen Sozialversicherungspflicht in Frankreich eines EU-Ausländers, der als geschäftsführender Gesellschafters einer SCS tätig wird, kann auf die Aussagen in Kapitel 3.2.1.8 verwiesen werden.

3.2.2.9 Buchführungs- und Rechnungslegungspflichten

Die für die SNC dargestellten Buchführungs- und Rechnungslegungspflichten gelten auch für die SCS. Also besteht Buchführungspflicht sowie die Pflicht zur Erstellung eines Inventars, eines Jahresabschlusses und eines Lageberichts. Die Aufstellungsfristen für die Dokumente hängen vom Überschreiten bestimmter Grenzen ab und liegen zwischen vier und sechs Monaten. Planungsunterlagen müssen ebenfalls nur von großen Gesellschaften erstellt werden.[480]

3.2.2.10 Prüfungs- und Offenlegungspflichten

Aufgrund des Verweises in Art. L. 222-2 C. com. auf die Regelungen zur SNC gilt Art. L. 221-9 Abs. 2 C. com. auch für die SCS. Somit besteht beim Überschreiten der in Kapitel 3.2.1.10 beschriebenen Grenzen Prüfungspflicht.[481] Hinsichtlich der Offenlegung fehlt für die SCS eine entsprechende Regelung bezüglich einer Pflicht zur Offenlegung, wenn lediglich Kapitalgesellschaften unmittelbar oder unter Zwischenschaltung einer Personenhandelsgesellschaft als Gesellschafter einer SNC anzutreffen sind. Somit besteht in keinem Fall eine Offenlegungspflicht für eine SCS.

3.2.2.11 Auflösung und Beendigung

Zunächst sind auch für die SCS die für alle Gesellschaften relevanten Auflösungsgründe zu beachten.[482] Außerdem wird eine SCS grundsätzlich aufgelöst, falls ein Insolvenz- oder ein Liquidationsverfahren über das Vermögen eines Komplementärs eröffnet wird,[483] ein Verbot zur Ausübung eines kaufmännischen Berufs oder die Feststellung, dass ein Komplementär geschäftsunfähig ist, vorliegt, es sei denn, mindestens ein weiterer Komplementär ist vorhanden und der Gesellschaftsvertrag regelt die Weiterführung der Gesellschaft oder die Gesellschafter beschließen dies einstimmig (Art. L. 222-11 C. com.). Auch der Tod eines Komplementärs führt grundsätzlich zur Gesellschaftsauflösung (Art. L. 222-10 Abs. 2 C. com.).[484] Der Tod eines Kommanditisten hat aber nicht die Auflösung der Gesellschaft zur Folge (Art. L. 222-10 Abs. 1 C. com.).

Hinsichtlich der für die Auflösung und die Beendigung geltenden Publizitätsvorschriften und hinsichtlich des Ablaufs der Liquidation gelten die für alle Handelsgesellschaften relevanten Vorschriften, die bereits in Kapitel 3.2.1.11 beschrieben wurden.

---

480 Vgl. hierzu Kapitel 3.2.1.9.

481 Auch die anderen Ausführungen zur Prüfungspflicht können auf die SCS übertragen werden.

482 Vgl. hierzu Kapitel 3.2.1.11.

483 Vor einer Reform des französischen Insolvenzrechts im Jahr 1994 stand am Anfang eines Insolvenzverfahrens zwangsläufig eine Beobachtungsphase, die mit der Sanierung, der Veräußerung oder der Liquidation eines Unternehmens endete. Nun kann diese Beobachtungsphase entfallen, was die unmittelbare Liquidation des Unternehmens zur Folge hat. Vgl. DAMMANN, Insolvenzrecht 1996, S. 302. Im Gegensatz zur SNC führt bei der SCS schon die *Eröffnung* eines Insolvenzverfahrens über das Vermögen eines Gesellschafters – hier eines Komplementärs – zur Auflösung der Gesellschaft. Vgl. zur SNC Kapitel 3.2.1.11.

484 Vgl. hierzu auch Fn. 464.

3.2.2.12 Tabellarischer Vergleich SCS – KG

Rechtsform Merkmal	SCS	KG
Begriff und Einordnung	Personenhandelsgesellschaft mit mindestens einem unbeschränkt (Komplementär) und mindestens einem beschränkt (Kommanditist) für die Verbindlichkeiten der Gesellschaft haftenden Gesellschafter; Formkaufmann und juristische Person mit eigenem Gesellschaftsvermögen.	Personenhandelsgesellschaft mit mindestens einem unbeschränkt (Komplementär) und mindestens einem beschränkt (Kommanditist) für die Verbindlichkeiten der Gesellschaft haftenden Gesellschafter (§ 161 Abs. 1 HGB); Kaufmann aufgrund ihrer Betätigungsart (§ 161 Abs. 1 HGB) mit Eigenschaften einer juristischen Person (§ 161 Abs. 2 HGB i.V.m. § 124 HGB); Gesellschaftsvermögen ist Gesellschaftern gesamthänderisch zugeordnet (§ 161 Abs. 2 HGB i.V.m. § 105 Abs. 3 HGB i.V.m. §§ 718 und 719 BGB).
Rechtsgrundlagen	Vorschriften für alle Gesellschaften und für alle Handelsgesellschaften; spezifische Vorschriften für die SCS: Art. L. 222-1-Art. L. 222-11 C. com., Art. 17-Art. 19 D67; gem. Art. L. 222-2 C. com. und Art. 17 D67 Vorschriften zur SNC, sofern die Vorschriften für die SCS keine abweichenden Regelungen enthalten.	Spezifische Vorschriften für die KG: §§ 161-177a HGB; bei fehlenden spezifischen Regelungen Anwendung der Vorschriften zur OHG bzw. zur GbR (§ 161 Abs. 2 HGB bzw. § 161 Abs. 2 HGB i.V.m. § 105 Abs. 3 HGB).
Gründung	S. SNC mit umfangreicheren Mindestangaben im Gesellschaftsvertrag.	S. OHG mit Unterschieden bei Handelsregistereintragung (vgl. KLUNZINGER, Gesellschaftsrecht 2002, S. 104).
Gesellschafter	Mindestens zwei Gesellschafter: ein Komplementär und ein Kommanditist; Komplementär hat Kaufmannseigenschaft; Kommanditist hat keine Kaufmannseigenschaft; Übertragung von Gesellschaftsanteilen bei gesellschaftsvertraglicher Regelung auch ohne Zustimmung aller Gesellschafter möglich;	Mindestens zwei Gesellschafter: ein Komplementär und ein Kommanditist (§ 161 Abs. 1 HGB); Komplementär hat Kaufmannseigenschaft; Kommanditist hat keine Kaufmannseigenschaft (vgl. MÜLLER, § 4, in: MÜLLER/HOFFMANN, Beck'sches Handbuch Personengesellschaften 2002, Rn. 11); Übertragung von Gesellschaftsanteilen grundsätzlich unmöglich (§ 161 Abs. 2 HGB i.V.m. § 105 Abs. 3 HGB i.V.m. § 717 BGB); abweichende gesellschaftsvertragliche Regelungen sind möglich;

Rechtsform Merkmal	SCS	KG
	Tod eines Komplementärs führt grundsätzlich zur Auflösung der Gesellschaft (gilt nicht bei Tod eines Kommanditisten); Informations-, Mitwirkungs- und Vermögensrechte (auch für Kommanditisten).	Tod eines Komplementärs führt nicht zur Auflösung der KG (vgl. GRUNEWALD, Gesellschaftsrecht 2002, S. 114 und 143); gilt auch für Tod eines Kommanditisten (§ 177 HGB); Komplementär: Informations-, Mitwirkungs- und Vermögensrechte wie Gesellschafter einer OHG; Kommanditist: Informationsrechte im Vergleich zu Gesellschafter einer OHG eingeschränkt (§ 166 HGB); Mitwirkungsrechte auch für Kommanditisten (§ 164 HGB); Vermögensrechte wie Gesellschafter einer OHG (§ 167 Abs. 1 HGB).
Gesellschaftskapital	Mindestkapital nicht vorgeschrieben; Einlagen wie bei SNC, aber keine Einlagen in Form von Dienstleistungen durch Kommanditisten.	Mindestkapital nicht vorgeschrieben (vgl. KLUNZINGER, Gesellschaftsrecht 2002, S. 62 und S. 111); Bar-, Sacheinlagen oder Einlagen in Form von Dienstleistungen müssen erbracht werden (§ 161 Abs. 2 HGB i.V.m. § 105 Abs. 3 HGB i.V.m. §§ 705 und 706 BGB; vgl. MEMENTO VERLAG AG, Gesellschaftsrecht 2002, Rn. 1327 und 1334).
Gesellschafterhaftung	Haftung der Komplementäre wie Gesellschafter einer SNC; Kommanditisten haften für die Verbindlichkeiten der Gesellschaft nur bis zur Höhe ihrer Einlagen, Ausnahme: Einmischung in die Geschäftsführung der SCS; bezüglich Haftung bei Gesellschafterwechsel s. SNC; bezüglich Haftung in der Gründungsphase s. SNC.	Haftung der Komplementäre wie Gesellschafter einer OHG (§ 161 Abs. 2 HGB i.V.m. § 128 HGB); Kommanditisten haften für die Verbindlichkeiten der Gesellschaft nur bis zur Höhe ihrer Einlage (§ 161 Abs. 1 HGB); bezüglich Haftung bei Gesellschafterwechsel s. OHG (§ 161 Abs. 2 HGB i.V.m. § 160 Abs. 1 HGB); vor der Handelsregistereintragung haftet Komplementär wie OHG-Gesellschafter (§ 161 Abs. 2 HGB i.V.m. § 123 Abs. 2 HGB), Kommanditist wie Komplementär (§ 176 Abs. 1 HGB) (vgl. KÜBLER, Gesellschaftsrecht 1998, S. 97).

Rechtsform Merkmal	SCS	KG
Gewinn- und Verlustverteilung	Grundsätzlich proportional zur Höhe der Anteile am Gesellschaftskapital; Gesellschafterversammlung beschließt über auszuschüttenden Teil der Gewinne.	Gewinnanteil entspricht grundsätzlich zunächst 4 % des jeweiligen Kapitalanteils, übersteigender Teil des Jahresgewinns wird in „angemessenem Verhältnis" verteilt (§ 168 HGB); Verlustanteil wird grundsätzlich in „angemessenem Verhältnis" verteilt (§ 168 Abs. 2 HGB); Komplementäre haben Entnahmerechte wie Gesellschafter einer OHG (§ 161 Abs. 2 HGB i.V.m. § 122 HGB); Kommanditisten haben kein Entnahmerecht, aber Anspruch auf Auszahlung ihres Gewinnanteils (§ 169 Abs. 1 HGB).
Organe	Jährliche Gesellschafterversammlung; Möglichkeit weiterer Gesellschafterversammlungen; Geschäftsführung und Vertretung für Komplementäre wie bei SNC; Einmischung in Geschäftsführung durch Kommanditisten führt zu Verlust seiner Haftungsbeschränkung.	Keine regelmäßige Gesellschafterversammlung; Möglichkeit Gesellschafterversammlungen einzuberufen (vgl. MEMENTO VERLAG AG, Gesellschaftsrecht 2002, Rn. 1303-1304); Geschäftsführung (§ 164 HGB; vgl. MEMENTO VERLAG AG, Gesellschaftsrecht 2002, Rn. 1253) und Vertretung für Komplementäre grundsätzlich wie bei OHG (§ 161 Abs. 2 HGB i.V.m. § 116 Abs. 2 HGB); Kommanditist ist von Geschäftsführung grundsätzlich ausgeschlossen (§ 164 HGB; vgl. HOPT, Handelsgesetzbuch 2000, § 164, Rn. 1 und 7); Ausschluss von Vertretung ist zwingend (§ 170 HGB; vgl. EISENHARDT, Gesellschaftsrecht 2002, Rn. 391).
Buchführungs- und Rechnungslegungspflichten	S. SNC.	S. OHG.
Prüfungs- und Offenlegungspflichten	Prüfungspflicht für große Gesellschaften; in keinem Fall Offenlegungspflicht.	Keine Prüfungspflicht; keine Offenlegungspflicht.
Auflösung und Beendigung	S. SNC, geringfügige Unterschiede bei rechtsformspezifischen Auflösungsgründen.	S. OHG.

3.3 Kapitalgesellschaften

3.3.1 SARL

3.3.1.1 Begriff und Einordnung

Die SARL wurde 1925 nach dem Vorbild der deutschen GmbH geschaffen. Während Letztere aber in der Literatur zum deutschen Gesellschaftsrecht den Kapitalgesellschaften zugerechnet wird, ist dies bezüglich der SARL in Frankreich überwiegend nicht der Fall. Sie wird aufgrund von Merkmalen, die eigentlich Personengesellschaften zugeschrieben werden, oftmals als Mischform zwischen den Personen- und den Kapitalgesellschaften eingeordnet.[485] Dennoch gilt auch für die SARL eine Beschränkung der Haftung der Gesellschafter für die Verbindlichkeiten der Gesellschaft. Außerdem ist sie auch Formkaufmann und juristische Person mit eigenem Gesellschaftsvermögen.[486]

Die SARL ist sehr stark verbreitet.[487] Die Gründe hierfür können durch eine Gegenüberstellung mit den Rechtsformen, die mit der SARL konkurrieren, erklärt werden:[488] Im Vergleich zur SNC bietet die SARL eine Haftungsbeschränkung der Gesellschafter.[489] Im Gegensatz zur SA erfordert die SARL eine geringere Mindestgesellschafterzahl und die Formvorschriften sind weniger umfangreich.[490] Sie ist somit die ideale Gesellschaftsform für mittelständische Familienunternehmen[491] und folglich auch für mittelständische Unternehmen mit wenigen Gesellschaftern, deren Beziehung zueinander durch ein besonderes Vertrauensverhältnis geprägt ist.

3.3.1.2 Rechtsgrundlagen

Neben den für alle Gesellschaften geltenden Vorschriften im C. civ. und den Regelungen des C. com., die für alle Handelsgesellschaften relevant sind,[492] muss die SARL rechtsformspezifische Vorschriften beachten. Diese finden sich in Art. L. 223-1-Art. L. 223-43 C. com., Art. L. 241-1-Art. L. 241-9 C. com. und in Art. 20-Art. 53 D67.

---

[485] Vgl. zu solchen personengesellschaftsähnlichen Merkmalen TILLMANNS, in: HOHLOCH, Gesellschaftsrecht 2001, Rn. 296.

[486] Vgl. hierzu Kapitel 2.1.2.6.

[487] Zum 1. März 2002 waren 845.470 SARL im Handelsregister eingetragen. Vgl. INSEE in COZIAN/VIANDIER/DEBOISSY, Droit des Sociétés 2002, Rn. 9. Somit ist die SARL die am häufigsten gewählte Gesellschaftsform.

[488] Vgl. MERCADAL/JANIN, Mémento Sociétés Commerciales 2002, Rn. 5008.

[489] Vgl. MERLE, Sociétés commerciales 2001, Rn. 173. Allerdings kann diese Haftungsbeschränkung faktisch und rechtlich eingeschränkt sein. Vgl. hierzu Kapitel 3.3.1.6.

[490] Vgl. COZIAN/VIANDIER/DEBOISSY, Droit des Sociétés 2002, Rn. 1252; JUGLART/IPPOLITO, Sociétés commerciales 1999, Rn. 771. Vgl. auch MERLE, Sociétés commerciales 2001, Rn. 173. Vgl. sehr ausführlich zu den Vorteilen der SARL gegenüber der SA MESTRE/VELARDOCCHIO, Lamy Sociétés Commerciales 2002, Rn. 2709.

[491] Vgl. COZIAN/VIANDIER/DEBOISSY, Droit des Sociétés 2002, Rn. 1252; MESTRE/VELARDOCCHIO, Lamy Sociétés Commerciales 2002, Rn. 2710.

[492] Vgl. hierzu Kapitel 3.2.1.2.

3.3.1.3 Gründung

Auch für die Gründung einer SARL gelten grundsätzlich die von allen Gesellschaften bzw. von allen Handelsgesellschaften zu beachtenden Vorschriften, welche bereits im Zusammenhang mit der Gründung einer SNC beschrieben wurden.[493] Über die dort aufgeführten Mindestangaben hinaus muss der Gesellschaftsvertrag einer SARL auch die nachstehenden Angaben enthalten: die Verteilung der Anteile an der SARL zwischen den Gesellschaftern (Art. L. 223-7 Abs. 3 C. com.), die Bewertung der Sacheinlagen (Art. L. 223-9 Abs. 1 C. com.), einen Hinweis auf die eingezahlten Einlagen (Art. 22 Abs. 2 D67) und auf den Ort der Verwahrung der eingezahlten Einlagen (Art. 22 Abs. 2 D67).[494]

Die SARL muss ebenfalls einen Namen – die Firma – tragen (Art. L. 223-1 Abs. 3 C. com.). Diesbezüglich kann wieder auf die Ausführungen zur Firma der SNC verwiesen werden.[495] Die Firma muss hier aber den Zusatz „société à responsabilité limitée" bzw. „SARL" und die Angabe der Höhe des Gesellschaftskapitals enthalten (Art. L. 223-1 Abs. 3 C. com.).[496]

Auch die SARL ist unabhängig vom Gegenstand ihres Unternehmens eine Handelsgesellschaft und hat Kaufmannseigenschaft.[497]

Schließlich müssen die für alle Handelsgesellschaften geltenden Vorschriften zur Gründungspublizität beachtet werden.[498] Grundsätzlich bestehen hier keine Besonderheiten für die SARL.[499]

3.3.1.4 Gesellschafter

Eine SARL darf aus nur einem Gesellschafter bestehen (Art. L. 223-1 Abs. 1 C. com.). Ihre maximale Gesellschafterzahl ist auf 50 beschränkt (Art. L. 223-3 C. com.).[500] Die Gesellschafter haben im Gegensatz zu den Gesellschaftern der Personenhandelsgesellschaften keine Kaufmannseigenschaft.[501] Dementsprechend müssen sie auch nicht die Anforderungen erfüllen, die an einen Kaufmann gestellt werden.[502] Ausländer müssen nicht Inhaber der in Kapi-

---

493 Vgl. hierzu Kapitel 3.2.1.3.

494 Vgl. zu weiteren Angaben im Gesellschaftsvertrag, die für das Funktionieren einer SARL unerlässlich sind MERCADAL/JANIN, Mémento Sociétés Commerciales 2002, Rn. 5131.

495 Vgl. hierzu Kapitel 3.2.1.3.

496 Die Firma – einschließlich der beschriebenen Zusätze – muss auf allen nach außen gerichteten Schriftstücken der Gesellschaft aufgeführt werden (Art. 28 D67).

497 Dies ergibt sich aus Art. L. 210-1 Abs. 2 C. com. Vgl. hierzu auch Kapitel 2.1.2.6.

498 Vgl. hierzu Kapitel 3.2.1.3.

499 Allerdings ergibt sich eine Besonderheit bei der Einreichung der beiden Exemplare des Gesellschaftsvertrags bei der Geschäftsstelle des Handelsgerichts. Hier müssen zwei Exemplare des Berichts des Einlagenprüfers über die Bewertung der Sacheinlagen beigefügt werden (Art. 48 Nr. 1 b) und Nr. 2 b) décret n° 84-406 vom 30.5.1984). Vgl. zur Bewertung der Sacheinlagen durch einen Einlagenprüfer Kapitel 3.3.1.5.

500 Übersteigt die Zahl der Gesellschafter im Laufe des Bestehens der SARL die zulässige Maximalzahl, muss die Gesellschaft, um eine Zwangsauflösung zu vermeiden, innerhalb von zwei Jahren in eine SA umgewandelt werden, sofern die Gesellschafterzahl in diesem Zeitraum nicht wieder unter 50 fällt (Art. L. 223-3 C. com.).

501 Vgl. GERMAIN, Droit commercial 2002, Rn. 1272; JUGLART/IPPOLITO, Sociétés commerciales 1999, Rn. 792; MESTRE/PANCRAZI, Droit commercial 2001, Rn. 315.

502 Vgl. MERLE, Sociétés commerciales 2001, Rn. 177. Im Vergleich zu den Personenhandelsgesellschaften dürfen somit beispielsweise auch Minderjährige und Personen, die unter Vormundschaft stehen, Gesellschafter einer SARL sein. Vgl. JUGLART/IPPOLITO, Sociétés commerciales 1999, Rn. 766.

tel 3.2.1.4 beschriebenen speziellen Ausweiskarte sein.[503] Auch juristische Personen können Gesellschafter einer SARL sein.[504]

Die Übertragung von Anteilen an der SARL an Nicht-Gesellschafter ist nur mit Zustimmung der Mehrheit der Gesellschafter[505] möglich (Art. L. 223-14 Abs. 1 C. com.).[506] Diese Vorschrift darf nicht durch eine abweichende gesellschaftsvertragliche Regelung ersetzt werden (Art. L. 223-14 Abs. 7 C. com.). Übertragungen an andere Gesellschafter sind grundsätzlich ohne Einschränkungen erlaubt (Art. L. 223-16 Abs. 1 C. com.).[507] Stirbt einer der Gesellschafter, sind seine Anteile an der SARL im Rahmen einer Nachfolgeregelung grundsätzlich frei übertragbar (Art. L. 223-13 Abs. 1 C. com.).[508] Die SARL besteht also auch nach dem Tod eines Gesellschafters fort.[509]

Auch die Gesellschafter einer SARL haben bestimmte Informations- und Mitwirkungsrechte.[510] Als Vermögensrechte sind das Recht auf Gewinnbeteiligung[511] sowie das Recht auf

---

503 Diese wird nur für unbeschränkt und solidarisch haftende Gesellschafter und somit nicht für Gesellschafter einer SARL gefordert (Art. 3 décret n°98-58 vom 28.1.1998). Eine hiervon abweichende Regelung gilt aber für die Geschäftsführer und für geschäftsführende Gesellschafter einer SARL. Vgl. hierzu Kapitel 3.3.1.8.

504 Vgl. MERCADAL/JANIN, Mémento Sociétés Commerciales 2002, Rn. 5059. Dies gilt nicht für SARL mit nur einem Gesellschafter, falls dieser ebenso eine SARL mit nur einem Gesellschafter ist (Art. L. 223-5 Abs. 1 C. com.).

505 Zum einen muss die nach der Zahl der Köpfe ermittelte Mehrheit der Gesellschafter zustimmen. Zum anderen müssen diese mehr als drei Viertel der Gesellschaftsanteile besitzen. Dies ergibt sich aus Art. L. 223-14 Abs. 1 C. com. Vgl. COZIAN/VIANDIER/DEBOISSY, Droit des Sociétés 2002, Rn. 1351. Diese gesetzlich geforderten Mehrheitsverhältnisse können gesellschaftsvertraglich nicht abgeändert werden. Vgl. MERLE, Sociétés commerciales 2001, Rn. 220. Der Gesellschafter, der seine Anteile übertragen möchte, darf an der entsprechenden Abstimmung teilnehmen. Somit muss seine Stimme bei der Ermittlung der Mehrheitsverhältnisse berücksichtigt werden. Vgl. MESTRE/VELARDOCCHIO, Lamy Sociétés Commerciales 2002, Rn. 3009.

506 Lehnen die Gesellschafter die Veräußerung der Anteile ab, müssen sie selbst die Anteile erwerben bzw. für einen Erwerb durch Dritte sorgen (Art. L. 223-14 Abs. 3 C. com.) oder die Gesellschaft selbst erwirbt die Anteile und setzt gleichzeitig ihr Gesellschaftskapital um den Teil herab, der den erworbenen Anteilen entspricht (Art. L. 223-14 Abs. 4 C. com.). Hinsichtlich der bei der Veräußerung zu beachtenden Form- und Publizitätsvorschriften kann auf die Ausführungen zur SNC in Kapitel 3.2.1.4 verwiesen werden. Dies ergibt sich zum einen aus dem Verweis des Art. L. 223-17 C. com. auf Art. L. 221-14 C. com. Zum anderen gelten die dort beschriebenen Publizitätsvorschriften für alle Handelsgesellschaften.

507 Sofern der Gesellschaftsvertrag diesbezüglich Einschränkungen enthält, kommen die Regelungen des Art. L. 223-14 C. com. zur Anwendung. Vgl. hierzu Fn. 506. Auch Veräußerungen an Ehegatten, Vor- oder Nachfahren sind grundsätzlich erlaubt (Art. L. 223-13 Abs. 1 C. com.). Auch hier kann der Gesellschaftsvertrag Einschränkungen beinhalten (Art. L. 223-13 Abs. 2 C. com.). Kommt es zu einer Verweigerung der Übertragung, greifen die Regelungen des Art. L. 223-14 Abs. 3 und 4 C. com. (Art. L. 223-13 Abs. 2 C. com.). Vgl. hierzu Fn. 506.

508 Der Gesellschaftsvertrag kann diese freie Übertragbarkeit einschränken (Art. L. 223-13 Abs. 2 C. com.). Wird die Zustimmung zur Übertragung verweigert, greifen ebenfalls Art. L. 223-14 Abs. 3 und 4 C. com. (Art. L. 223-13 Abs. 2 C. com.). Vgl. hierzu Fn. 506.

509 Vgl. MERLE, Sociétés commerciales 2001, Rn. 229.

510 Zu den Informationsrechten gehört die Möglichkeit zur Einsichtnahme in bestimmte Dokumente, welche in Art. L. 223-26 Abs. 4 C. com. i.V.m. Art. 33 Abs. 1 D67 geregelt ist. Zu diesen Dokumenten, die für die letzten drei Wirtschaftsjahre eingesehen werden können, gehören der Jahresabschluss, das Inventar und andere, die Gesellschafterversammlungen betreffende Dokumente. Außerdem kann jeder Gesellschafter im Vorfeld der jährlichen Gesellschafterversammlung Fragen in Schriftform an die Geschäftsführung richten, welche Letztere während der Versammlung beantworten muss (Art. L. 223-26 Abs. 3 C. com.). Ferner kann jeder Gesellschafter, der nicht Geschäftsführer ist, zweimal im Jahr schriftlich formulierte Fragen zu Sachverhalten, die den Fortbestand des Unternehmens gefährden könnten, an die Geschäftsführung richten (Art. L. 223-36 C. com.). Schließlich besteht noch für einzelne Gesellschafter oder für eine Gruppe von Gesellschaftern, sofern sie insgesamt mindestens ein Zehntel des Gesellschaftskapitals repräsentieren, die Möglichkeit, auf gerichtlichem Weg einen Experten einsetzen zu lassen. Dieser muss dann einen Bericht zu einer bestimmten Geschäftsführungsmaßnahme anfertigen (Art. L. 223-37 Abs. 1 C. com.). Hinsichtlich der Mit-

Rückzahlung ihrer Einlage und auf Beteiligung am Liquidationserlös[512] zu nennen. Zu ihren Pflichten gehört die Erbringung der Einlagen[513] und die Haftung für die Verbindlichkeiten der Gesellschaft.[514]

3.3.1.5 Gesellschaftskapital

Das Gesellschaftskapital einer SARL, welches in gleiche Gesellschaftsanteile zerlegt werden muss (Art. L. 223-2 Abs. 1 C. com.),[515] beträgt mindestens 7.500 EUR (Art. L. 223-2 Abs. 1 C. com.). Hinsichtlich der Verpflichtung zur Erbringung von Einlagen und der Arten der Einlagen gelten die Ausführungen zur SNC.[516] Für die Einzahlung der Bareinlagen greift die Regelung des Art. L. 223-7 Abs. 1 C. com., wonach diese zunächst nur zu mindestens einem Fünftel geleistet werden müssen, der Rest in den fünf Jahren, die auf den Zeitpunkt der Eintragung der SARL in das Handelsregister folgen.[517] Eine weitere Besonderheit gilt für Sacheinlagen. Diese sind grundsätzlich durch einen Einlagenprüfer, der einstimmig durch die Gesellschafter bestimmt werden muss, zu bewerten (Art. L. 223-9 Abs. 1 C. com.).[518] Die Bewertung durch den Einlagenprüfer kann unterbleiben, wenn keine der Sacheinlagen den Wert von 7.500 EUR übersteigt und wenn der Gesamtwert der Sacheinlagen maximal die Hälfte des Gesellschaftskapitals beträgt (Art. L. 223-9 Abs. 2 C. com.).

3.3.1.6 Gesellschafterhaftung

Die Gesellschafter einer SARL haften grundsätzlich lediglich mit ihrer Einlage für die Verbindlichkeiten der Gesellschaft (Art. L. 223-1 Abs. 1 C. com.). Hiervon existieren einige Ausnahmen, die nachstehend beschrieben werden.[519]

Wurden bei der Gründung der SARL Sacheinlagen getätigt und diese nicht durch einen Einlagenprüfer bewertet oder wurde für diese Sacheinlagen ein Wert angesetzt, der nicht dem des

---

wirkungsrechte der Gesellschafter ist das unabdingbare Recht auf Teilnahme an den Gesellschaftsentscheidungen zu nennen (Art. L. 223-28 Abs. 1 C. com. i.V.m. Art. L. 223-28 Abs. 5 C. com.).

511 Vgl. hierzu Kapitel 3.3.1.7.

512 Vgl. hierzu Kapitel 3.3.1.11.

513 Vgl. hierzu Kapitel 3.3.1.5.

514 Diese ist zwar im Regelfall auf die Höhe der Gesellschaftereinlage beschränkt; in Ausnahmefällen kann die Beschränkung auch wegfallen bzw. eingeschränkt werden. Vgl. zur Gesellschafterhaftung Kapitel 3.3.1.6.

515 Der Nominalwert dieser Anteile kann frei bestimmt werden. Vgl. GERMAIN, Droit commercial 2002, Rn. 1278; JUGLART/IPPOLITO, Sociétés commerciales 1999, Rn. 780. Die Verteilung der Anteile auf die Gesellschafter muss aber im Gesellschaftsvertrag angegeben werden (Art. L. 223-7 Abs. 3 C. com.). Vgl. hierzu auch Kapitel 3.3.1.3.

516 Vgl. hierzu Kapitel 3.2.1.5. Auch Einlagen in Form von Dienstleistungen sind ausdrücklich erlaubt. Lediglich die entsprechenden Einbringungsmodalitäten müssen im Gesellschaftsvertrag festgelegt werden (Art. L. 223-7 Abs. 2 C. com.).

517 Die Einzahlung des verbleibenden Betrags erfolgt in einem oder auf mehrere Male verteilt, jeweils auf Aufforderung der Geschäftsführung (Art. L. 223-7 Abs. 1 C. com.).

518 Die Bewertung erfolgt in einem Bericht des Einlagenprüfers, der im Anhang des Gesellschaftsvertrags enthalten sein muss (Art. L. 223-9 Abs. 1 C. com.). Allerdings sind die Gesellschafter letztendlich nicht an die Bewertung des Einlagenprüfers gebunden. Dies erklärt die in Kapitel 3.3.1.6 dargelegte Vorschrift bezüglich der Haftung der Gesellschafter für eine abweichende Bewertung. Vgl. MESTRE/VELARDOCCHIO, Lamy Sociétés Commerciales 2002, Rn. 2735.

519 Vgl. MERCADAL/JANIN, Mémento Sociétés Commerciales 2002, Rn. 6040; MESTRE/VELARDOCCHIO, Lamy Sociétés Commerciales 2002, Rn. 2706. MESTRE/VELARDOCCHIO weisen darüber hinaus auf eine mögliche Haftung der Geschäftsführer – und damit insbesondere der geschäftsführenden Gesellschafter – einer SARL für Steuerschulden der Gesellschaft hin.

Einlagenprüfers entsprach,[520] haften die Gesellschafter fünf Jahre lang solidarisch für diesen von ihnen festgelegten Wert der Sacheinlage (Art. L. 223-9 Abs. 4 C. com.).[521]

Darüber hinaus kann es im Fall eines Insolvenz- oder eines Liquidationsverfahrens der SARL zu einer Haftung der Geschäftsführer und somit insbesondere der geschäftsführenden Gesellschafter für die Verbindlichkeiten der Gesellschaft kommen.[522] Voraussetzung ist, dass ihnen im Rahmen ihrer geschäftsführenden Tätigkeit Fehler unterlaufen sind (Art. L. 223-24 C. com. i.V.m. Art. L. 624-3 Abs. 1 C. com.).[523] Ist diese Voraussetzung erfüllt und reicht das Vermögen einer SARL im Rahmen eines Insolvenz- oder eines Liquidationsverfahrens nicht zur Begleichung ihrer Verbindlichkeiten aus, können die Geschäftsführer, insbesondere die geschäftsführenden Gesellschafter, zur Begleichung der Verbindlichkeiten der SARL verpflichtet werden (Art. L. 223-24 C. com. i.V.m. Art. L. 624-3 C. com.).[524]

Schließlich ist die Haftungsbeschränkung der Gesellschafter in der Praxis oftmals nur von eingeschränkter Bedeutung. Dies hängt mit der Tatsache zusammen, dass Banken ihre Kreditvergabe von einer Bürgschaft der Geschäftsführer, insbesondere der geschäftsführenden Gesellschafter oder der wichtigsten Gesellschafter einer SARL abhängig machen.[525] Somit haften oftmals zumindest einige der Gesellschafter mit Teilen ihres Privatvermögens für die Verbindlichkeiten der SARL.

Für die Haftung der (künftigen) Gesellschafter der SARL in der Gründungsphase gelten die alle Handelsgesellschaften betreffenden Vorschriften, die schon für die SNC dargelegt wurden.[526]

3.3.1.7 Gewinn- und Verlustverteilung

Die Gewinn- und Verlustverteilung richtet sich nach den in Kapitel 3.2.1.7 dargestellten für alle Gesellschaften geltenden Regelungen. Demnach erfolgt die Gewinn- bzw. die Verlustverteilung gemäß den Bestimmungen des Gesellschaftsvertrags bzw. – sofern Letztere nicht vor-

---

[520] Hier wird nur ein Wert angesetzt werden, der über dem durch den Einlagenprüfer vorgeschlagenen Wert liegt. Vgl. JUGLART/IPPOLITO, Sociétés commerciales 1999, Rn. 778.

[521] Die gleiche Regelung gilt auch bei einer Kapitalerhöhung durch Sacheinlagen. Die solidarische Haftung beschränkt sich in diesem Fall aber auf die Geschäftsführer und die Personen, die an der Kapitalerhöhung beteiligt waren (Art. L. 223-33 Abs. 2 C. com.). Außerdem sieht Art. L. 241-3 1° C. com. eine Geld- und Freiheitsstrafe für Personen vor, die einer Sacheinlage in betrügerischer Weise einen zu hohen Wert beimessen.

[522] Die nachfolgend dargestellten Regelungen betreffen sämtliche Geschäftsführer einer SARL (Art. L. 223-24 C. com. i.V.m. Art. L. 624-3 Abs. 1 C. com.). Dabei werden nicht nur die ordentlich bestellten Geschäftsführer erfasst, sondern auch Personen, die sich ohne ordentliche Bestellung in die Geschäftsführung der SARL eingemischt haben. Vgl. MESTRE/PANCRAZI, Droit commercial 2001, Rn. 1125.

[523] Schon kleine Fehler in der Geschäftsführung können zu einer Erfassung durch Art. L. 223-24 C. com. i.V.m. Art. L. 624-3 Abs. 1 C. com. führen. Vgl. zu Beispielen für solche Fehler MERCADAL/JANIN, Mémento Sociétés Commerciales 2002, Rn. 28778.

[524] Allerdings muss ein Zusammenhang zwischen dem Fehler in der Geschäftsführung und der Tatsache, dass die Verbindlichkeiten der SARL nicht durch ihr Vermögen gedeckt werden, nachgewiesen werden. Vgl. MERLE, Sociétés commerciales 2001, Rn. 200. Die Verpflichtung zur Begleichung der Verbindlichkeiten bleibt während eines Zeitraums von drei Jahren ab dem Zeitpunkt der Eröffnung des Insolvenz- oder Liquidationsverfahrens bestehen (Art. L. 223-24 C. com. i.V.m. Art. L. 624-3 Abs. 2 C. com.).

[525] Vgl. MERLE, Sociétés commerciales 2001, Rn. 173. Vgl. auch JUGLART/IPPOLITO, Sociétés commerciales 1999, Rn. 771; MESTRE/PANCRAZI, Droit commercial 2001, Rn. 308.

[526] Vgl. hierzu Kapitel 3.2.1.6.

handen sind – proportional zur Höhe der Anteile der Gesellschafter am Gesellschaftskapital der SARL.[527]

Auch bei der SARL entscheiden die Gesellschafter in der jährlich stattfindenden Gesellschafterversammlung über den Teil des Gewinns, der ausgeschüttet wird (Art. L. 232-12 Abs. 1 C. com.). Hierbei muss aber die Pflicht zur Einstellung eines Teils des Gewinns der SARL in die „gesetzliche Rücklage" („réserve légale") beachtet werden (Art. L. 232-10 C. com.).[528]

3.3.1.8 Organe

Auch die SARL ist verpflichtet, spätestens sechs Monate nach dem Bilanzstichtag eine Gesellschafterversammlung abzuhalten, in der die Gesellschafter u.a. über die Zustimmung zum Jahresabschluss entscheiden (Art. L. 223-26 Abs. 1 C. com.).[529] Außerdem kann auch auf Verlangen der Gesellschafter eine Gesellschafterversammlung[530] einberufen werden.[531] Der Ablauf einer Gesellschafterversammlung ist größtenteils gesetzlich geregelt.[532] Dies gilt insbesondere für die Abstimmungen der Gesellschafter.[533] Bezüglich der erforderlichen Mehrheiten bei diesen Abstimmungen muss zwischen gewöhnlichen und außergewöhnlichen Entscheidungen differenziert werden.[534]

---

527 Letztendlich kann die Beteiligung eines Gesellschafters an den Verlusten der SARL seinen Anteil am Gesellschaftskapital nicht übersteigen. Dies ergibt sich aus Art. L. 223-1 Abs. 1 C. com. Vgl. MERCADAL/JANIN, Mémento Sociétés Commerciales 2002, Rn. 5100. Vgl. auch Cour de Cassation vom 17.12.1979, RS 1981, S. 81.

528 Der Betrag, der eingestellt werden muss, beträgt ein Zwanzigstel des um einen eventuell vorhandenen Verlustvortrag geminderten Gewinns der SARL (Art. L. 232-10 Abs. 1 C. com.). Die Pflicht zur Einstellung endet, sobald die gesetzliche Rücklage ein Zehntel des Gesellschaftskapitals erreicht hat.

529 Außerdem müssen sie dem Lagebericht und dem Inventar zustimmen (Art. L. 223-26 Abs. 1 C. com.). Die Vorgehensweise bei der Einberufung ist gesetzlich geregelt. Zwei Wochen vor der Versammlung muss die Geschäftsführung den Gesellschaftern die für die Versammlung erforderlichen Dokumente zustellen bzw. eine Einsichtnahmemöglichkeit einräumen (Art. L. 223-26 Abs. 2 C. com. i.V.m. Art. 36 D67).

530 Grundsätzlich werden Entscheidungen der Gesellschafter in Versammlungen getroffen. Der Gesellschaftsvertrag kann aber auch – mit Ausnahme der Zustimmung zum Jahresabschluss – Entscheidungen auf dem Briefweg oder aber in Form eines Schriftstücks mit der Unterschrift aller Gesellschafter ermöglichen (Art. L. 223-27 Abs. 1 C. com.). Letztere Möglichkeit erleichtert die Verwaltung kleiner SARL. Vgl. COZIAN/VIANDIER/DEBOISSY, Droit des Sociétés 2002, Rn. 1345. In SARL mit nur einem Gesellschafter trifft dieser allein die Entscheidungen, die (grundsätzlich) in Gesellschafterversammlungen getroffen werden müssten (Art. L. 223-1 Abs. 2 C. com.). Diese werden dann in einem Register festgehalten (Art. L. 223-31 Abs. 3 C. com.).

531 Die Gesellschafter, die eine solche Versammlung verlangen, müssen entweder mindestens die Hälfte der Gesellschaftsanteile halten oder aber sie repräsentieren gleichzeitig zahlenmäßig mindestens ein Viertel der Gesellschafter und mindestens ein Viertel der Gesellschaftsanteile (Art. L. 223-27 Abs. 3 C. com.). Die Einberufung muss mindestens zwei Wochen vor der Versammlung erfolgen (Art. 38 Abs. 1 D67).

532 Vgl. hierzu MERLE, Sociétés commerciales 2001, Rn. 212.

533 So steht jedem Gesellschafter eine Stimmenzahl zu, die der Zahl seiner Gesellschaftsanteile entspricht (Art. L. 223-28 Abs. 1 C. com.).

534 Gewöhnliche Entscheidungen haben – im Gegensatz zu außergewöhnlichen Entscheidungen – weder eine Änderung des Gesellschaftsvertrags, noch die Zustimmung zu neuen Gesellschaftern zum Inhalt. Vgl. MERLE, Sociétés commerciales 2001, Rn. 215-216. Für gewöhnliche Entscheidungen reicht gem. Art. L. 223-29 C. com. eine absolute Mehrheit. Die Forderung nach der absoluten Mehrheit gilt für die erste Abstimmung. Hier müssen die Stimmen, welche sich für die Entscheidung aussprechen, mindestens die Hälfte der Gesellschaftsanteile ausmachen. Ist dies nicht der Fall, muss die Zustimmung in einer zweiten Abstimmung mindestens der Hälfte der abgegebenen Stimmen – und somit der Hälfte der in der Abstimmung repräsentierten Gesellschaftsanteile – entsprechen. Außergewöhnliche Entscheidungen erfordern grundsätzlich eine Dreiviertelmehrheit. Die Stimmen, welche sich für eine Zustimmung zu der betreffenden Entscheidung aussprechen, müssen mehr als drei Viertel der Gesellschaftsanteile repräsentieren (Art. L. 223-14 Abs. 1 C. com. bzw. Art. L. 223-30 Abs. 2 C. com.). Für einige außergewöhnliche Entscheidungen sind aber andere Mehr-

Die Geschäftsführung einer SARL kann von Gesellschaftern und von fremden Dritten wahrgenommen werden (Art. L. 223-18 Abs. 2 C. com.). Juristische Personen dürfen nicht als Geschäftsführer einer SARL tätig werden (Art. L. 223-18 Abs. 1 C. com.).[535]

Der geschäftsführende Gesellschafter einer SARL muss nicht zwangsläufig ein Gehalt für seine Tätigkeit als Geschäftsführer erhalten.[536] Soll ein Gehalt an ihn ausgezahlt werden, kann eine entsprechende Vereinbarung im Gesellschaftsvertrag oder durch einen gesonderten Beschluss der Gesellschafter getroffen werden.[537] Sein sozialversicherungsrechtlicher Status hängt von seiner möglichen Einstufung als geschäftsführender Mehrheitsgesellschafter ab. Letzteres ist dann der Fall, wenn der Gesellschafter, sein Ehepartner und seine minderjährigen Kinder zusammen mit anderen geschäftsführenden Gesellschaftern, deren Ehepartnern und deren minderjährigen Kindern mehr als 50 % des Gesellschaftskapitals halten.[538] Geschäftsführende Mehrheitsgesellschafter haben den sozialversicherungsrechtlichen Status von Nichtarbeitnehmern.[539] Daher unterliegen sie der Kranken- und Mutterschutzversicherung der Nichtarbeitnehmer im nichtlandwirtschaftlichen Bereich, der Rentenversicherung der gewerblichen Berufe – einschließlich der Zusatzrentenversicherung zugunsten von Ehepartnern von Unternehmern –, der Invaliditäts- und Todesfallversicherung der gewerblichen Berufe und dem Kindergeldbeitrag der Arbeitgeber und der unabhängig Tätigen.[540] Hinsichtlich der Beitragsätze und der maximalen Jahresbeiträge ist an dieser Stelle ein Verweis auf die SNC ausreichend.[541] Ein wichtiger Unterschied zur Situation der geschäftsführenden Gesellschafter einer SNC besteht aber hinsichtlich der Bemessungsgrundlage der Beiträge. Sofern die betrachtete SARL körperschaftsteuerpflichtig ist,[542] bilden lediglich die Einkünfte aus Geschäftsführergehältern,[543] nicht die Ausschüttungen aus der Gesellschaft[544] die Bemessungsgrundlage für die Sozialversicherungsbeiträge.[545] Für eine eventuelle Sozialversicherungspflicht in Frankreich eines EU-Ausländers, der geschäftsführender Mehrheitsgesellschafter einer SARL ist, gelten wieder die Vorschriften des EU-Rechts.[546] [547]

---

heitsverhältnisse erforderlich. Vgl. ausführlich MESTRE/VELARDOCCHIO, Lamy Sociétés Commerciales 2002, Rn. 2955. Vgl. auch MERLE, Sociétés commerciales 2001, Rn. 216.

535 Geschäftsführer und geschäftsführende Gesellschafter einer SARL müssen im Besitz der in Kapitel 3.2.1.4 beschriebenen speziellen Ausweiskarte sein, es sei denn, sie sind Staatsangehörige eines zum Europäischen Wirtschaftsraum gehörenden Landes (Art. 3 décret n° 98-58 vom 28.1.1998 i.V.m. Art. 1 décret n° 98-58 vom 28.1.1998).

536 Vgl. MERCADAL/JANIN, Mémento Sociétés Commerciales 2002, Rn. 5400.

537 Vgl. LEFEBVRE, Création d'entreprise 2000, Rn. 3200-3201.

538 Dies ergibt sich aus Art. L. 311-3 11° CSS. Außerdem können auch indirekt, über eine andere Gesellschaft gehaltene Anteile in die Berechnung einer Mehrheitsbeteiligung einbezogen werden, sofern der oder die Geschäftsführer die Kontrolle über diese andere Gesellschaft haben. Vgl. mit einem Hinweis auf die Rechtsprechung LEFEBVRE, Social 2002, Rn. 3733.

539 Vgl. LEFEBVRE, Social 2002, Rn. 3732.

540 Außerdem können geschäftsführende Mehrheitsgesellschafter einer SARL einer freiwilligen Arbeitslosenversicherung beitreten. Vgl. LEFEBVRE, Création d'entreprise 2000, Rn. 3301.

541 Vgl. hierzu Kapitel 3.2.1.8.

542 Bestimmte SARL können auch nach den einkommensteuerlichen Regelungen für Personengesellschaften besteuert werden. Vgl. hierzu Kapitel 4.2.2.1.

543 Vgl. hierzu Kapitel 4.2.1.2.4.

544 Sie gehören in die Kategorie der Einkünfte aus Kapitalvermögen. Vgl. hierzu Kapitel 4.2.1.2.8.

545 Vgl. LEFEBVRE, Création d'entreprise 2000, Rn. 3300. Vgl. zur Bemessungsgrundlage der Sozialversicherungsbeiträge auch Kapitel 3.2.1.8.

546 Vgl. hierzu Kapitel 3.2.1.8.

547 Der sozialversicherungsrechtliche Status von geschäftsführenden Minderheitsgesellschaftern entspricht demjenigen von abhängig Beschäftigten. Vgl. MESTRE/VELARDOCCHIO, Lamy Sociétés Commerciales 2002, Rn. 2857. Vgl. zu den hieraus resultierenden Sozialversicherungspflichten Kapitel 3.3.2.8. Ein Hinweis auf eine eventuelle Sozialversicherungspflicht in Frankreich eines EU-Ausländers, der geschäftsführender Min-

Im Innenverhältnis sind die Befugnisse des Geschäftsführers bzw. der Geschäftsführer im Gesellschaftsvertrag geregelt (Art. L. 223-18 Abs. 4 C. com.).[548] Bei mehreren Geschäftsführern darf grundsätzlich jeder Geschäftsführer einzeln handeln, wobei die jeweils anderen aber ein Widerspruchsrecht haben.[549] Im Außenverhältnis können die Befugnisse des Geschäftsführers bzw. der Geschäftsführer nicht eingeschränkt werden. Die SARL ist grundsätzlich aufgrund der von den Geschäftsführern vorgenommenen Geschäfte auch dann verpflichtet, wenn diese außerhalb des Gegenstands des Unternehmens liegen (Art. L. 223-18 Abs. 5 C. com.).[550] Bei mehreren Geschäftsführern darf jeder einzeln handeln, wobei der Widerspruch der jeweils anderen Geschäftsführer nur dann Wirkung entfaltet, wenn der Geschäftspartner davon Kenntnis hatte (Art. L. 223-18 Abs. 7 C. com.). Gesellschaftsvertragliche Beschränkungen der Befugnisse der Geschäftsführer im Außenverhältnis sind Dritten gegenüber nicht wirksam (Art. L. 223-18 Abs. 6 C. com.).[551]

3.3.1.9 Buchführungs- und Rechnungslegungspflichten

Die Ausführungen zu den Buchführungs- und Rechnungslegungspflichten einer SNC, welche in Kapitel 3.2.1.9 dargestellt wurden, gelten für alle Kaufleute bzw. für alle Handelsgesellschaften. Somit besteht auch für die SARL Buchführungspflicht. Außerdem muss sie ein Inventar, einen Jahresabschluss und einen Lagebericht erstellen. Die Aufstellungsfristen liegen auch hier – in Abhängigkeit vom Überschreiten bestimmter Grenzen[552] – zwischen vier und sechs Monaten. Schließlich müssen Planungsunterlagen nur von großen SARL erstellt werden.

3.3.1.10 Prüfungs- und Offenlegungspflichten

Auch hinsichtlich der Prüfungspflicht einer SARL wird zunächst auf die Ausführungen zur SNC verwiesen. Hier gelten die gleichen Grenzen,[553] wovon am Ende eines Wirtschaftsjahrs mindestens zwei überschritten werden müssen.[554] Auch für eine SARL beträgt der Prüfungs-

---

derheitsgesellschafter in einer SARL und somit aus sozialversicherungsrechtlicher Sicht abhängig Beschäftigter ist, findet sich in Kapitel 3.3.2.8.

548 Enthält der Gesellschaftsvertrag keine entsprechenden Regelungen, kommt Art. L. 221-4 C. com., welcher die Befugnisse der Geschäftsführer einer SNC festlegt, zur Anwendung (Art. L. 223-18 Abs. 4 C. com.). Vgl. hierzu Kapitel 3.2.1.8.

549 Dies ergibt sich aus Art. L. 223-18 Abs. 4 C. com., der bei fehlenden gesellschaftsvertraglichen Regelungen auf Art. L. 221-4 C. com. und somit insbesondere auf Art. L. 221-4 Abs. 2 C. com. verweist.

550 Eine Ausnahme gilt nur, wenn der Geschäftspartner wusste, dass die Handlung außerhalb des Gegenstands des Unternehmens lag (Art. L. 223-18 Abs. 5 C. com.).

551 Eine SARL kann außerdem mit einem Aufsichtsrat ausgestattet werden. In diesem Fall muss aber sichergestellt sein, dass sich dessen Kompetenzen nicht mit denen der gesetzlich vorgeschriebenen Organe überschneiden. Vgl. rép. Bourgeois vom 4.12.1975.

552 Vgl. bezüglich der Grenzen für die Prüfungspflicht einer SARL Kapitel 3.3.1.10 bzw. für die Notwendigkeit zur Erstellung von Planungsunterlagen Kapitel 3.2.1.9.

553 Art. L. 223-35 Abs. 2 C. com., welcher die Prüfungspflicht einer SARL vom Überschreiten bestimmter Grenzen abhängig macht, verweist auf D67. Somit kommt aufgrund des Verweises in Art. 43 D67 der auch für die SNC geltende Art. 12 D67 zur Anwendung.

554 Diese Grenzen sind die Bilanzsumme (1.550.000 EUR), der Umsatz (3.100.000 EUR) und die Mitarbeiterzahl (50). Unabhängig vom Überschreiten dieser Grenzen können die Gesellschafter einer SARL einen Prüfungsauftrag an einen Abschlussprüfer erteilen (Art. L. 223-35 Abs. 1 C. com.). Die Erteilung eines solchen Prüfungsauftrags gehört zu den in Kapitel 3.3.1.8 beschriebenen gewöhnlichen Entscheidungen. Außerdem besteht die Möglichkeit, auf gerichtlichem Weg einen Abschlussprüfer zu beauftragen. Voraussetzung ist, dass die Gesellschafter, die dies beantragen, mindestens 10 % des Gesellschaftskapitals repräsentieren (Art. L. 223-35 Abs. 3 C. com.).

zeitraum eines Abschlussprüfers sechs Jahre (Art. L. 223-39 Abs. 1 C. com. i.V.m. Art. L. 225-229 Abs. 1 C. com.). Somit besteht auch hier die Prüfungspflicht für mindestens sechs Jahre.[555] Der Prüfungsauftrag des Abschlussprüfers schließt das Inventar, den Jahresabschluss, den Lagebericht (Art. L. 232-1 C. com.) und – gegebenenfalls – die Planungsunterlagen (Art. L. 232-4 C. com.) ein. Schließlich muss auch der Abschlussprüfer einer SARL in einem Bericht an die jährliche Gesellschafterversammlung über die Ordnungsmäßigkeit der von ihm geprüften Rechnungslegungsdokumente berichten (Art. L. 223-39 Abs. 1 C. com. i.V.m. Art. 193 D67).[556]

Für die SARL besteht eine Offenlegungspflicht. Demnach muss jede SARL spätestens einen Monat nach Zustimmung der Gesellschafter zum Jahresabschluss und zu den anderen zustimmungspflichtigen Rechnungslegungsdokumenten zwei Exemplare des Jahresabschlusses, des Lageberichts, des Berichts des Abschlussprüfers über den Jahresabschluss[557] und des Vorschlags an die Gesellschafterversammlung über die Verwendung des Jahresergebnisses sowie des Beschlusses der Gesellschafterversammlung über die Ergebnisverwendung bei der Geschäftsstelle des Handelsgerichts einreichen (Art. L. 232-22 I. C. com.). Anschließend wird im BODACC ein Hinweis auf die Hinterlegung der offenlegungspflichtigen Dokumente bei der Geschäftsstelle des zuständigen Handelsgerichts veröffentlicht.[558]

3.3.1.11 Auflösung und Beendigung

Die für alle Gesellschaften geltenden Auflösungsgründe des Art. 1844-7 C. civ. sind auch für die SARL relevant. Darüber hinaus bestehen noch einige für die SARL spezifische Auflösungsgründe.[559] Dazu gehört die Vorschrift, dass eine SARL beim Überschreiten der maximal zulässigen Gesellschafterzahl (50) grundsätzlich aufgelöst wird (Art. L. 223-3 C. com.).[560] Außerdem darf das Gesellschaftskapital der SARL nicht unter 7.500 EUR sinken.[561] Unterbleibt eine Kapitalerhöhung oder eine Umwandlung in eine andere Rechtsform, kann die SARL aufgelöst werden (Art. L. 223-2 Abs. 2 C. com.). Schließlich können auch Verluste, welche insgesamt mehr als die Hälfte des Gesellschaftskapitals ausmachen, zur Auflösung der SARL führen.[562]

Hinsichtlich der Publizitätsvorschriften, welche für die Auflösung und die Beendigung einer SARL gelten, sowie der Vorschriften zum Ablauf der Liquidation einer SARL kann auf die für alle Handelsgesellschaften relevanten Vorschriften, die bereits in Kapitel 3.2.1.11 be-

[555] Vgl. hierzu Kapitel 3.2.1.10.

[556] Vgl. zu den verschiedenen Aussagen bezüglich deren Ordnungsmäßigkeit Kapitel 3.2.1.10.

[557] Dies gilt nur bei Vorliegen einer Prüfungspflicht. Sofern der Abschlussprüfer keine Vorbehalte hat, kann sein Bericht recht knapp gefasst werden. Falls Einschränkungen bestehen oder falls die Bestätigung der Ordnungsmäßigkeit verweigert wird, müssen die entsprechenden Gründe in seinem Bericht präzisiert werden. Vgl. zum Inhalt des Berichts des Abschlussprüfers MESTRE/VELARDOCCHIO, Lamy Sociétés Commerciales 2002, Rn. 1158.

[558] Die Veröffentlichung im BODACC wird durch den Beamten der Geschäftsstelle des zuständigen Handelsgerichts veranlasst (Art. 44-2 D67).

[559] Vgl. GERMAIN, Droit commercial 2002, Rn. 1338; JUGLART/IPPOLITO, Sociétés commerciales 1999, Rn. 845-847; MERCADAL/JANIN, Mémento Sociétés Commerciales 2002, Rn. 6251.

[560] Vgl. hierzu Kapitel 3.3.1.4.

[561] JUGLART/IPPOLITO weisen aber darauf hin, dass dies de facto nicht vorkommen kann. Vgl. JUGLART/IPPOLITO, Sociétés commerciales 1999, Rn. 775.

[562] Hier müssen die Gesellschafter über eine mögliche Auflösung der SARL entscheiden (Art. L. 223-42 Abs. 1 C. com.). Wird eine Auflösung abgelehnt, bleibt ein Zeitraum von zwei Jahren, um eine Kapitalherabsetzung durchzuführen, falls das (tatsächliche) Eigenkapital bis dahin nicht wieder mindestens die Hälfte des Gesellschaftskapitals beträgt (Art. L. 223-42 Abs. 2 C. com.).

schrieben wurden, verwiesen werden. Da an einer SARL auch nur ein Gesellschafter beteiligt sein kann, können hier zusätzliche Sonderregelungen greifen. Ist der einzige Gesellschafter einer SARL keine natürliche Person, unterbleibt die Liquidation der Gesellschaft. Allerdings geht dann das Vermögen der Gesellschaft auf den Gesellschafter über (Art. 1844-5 Abs. 3 und 4 C. civ.).

3.3.1.12 Tabellarischer Vergleich SARL – GmbH

Rechtsform **Merkmal**	**SARL**	**GmbH**
Begriff und Einordnung	Kapitalgesellschaft bzw. Mischform zwischen Kapital- und Personengesellschaft mit auf die Einlage beschränkter Haftung der Gesellschafter für die Verbindlichkeiten der Gesellschaft; Formkaufmann und juristische Person mit eigenem Gesellschaftsvermögen.	Kapitalgesellschaft (vgl. SCHMIDT, Gesellschaftsrecht 2002, S. 985) mit auf die Einlage beschränkter Haftung der Gesellschafter für die Verbindlichkeiten der Gesellschaft (§ 13 Abs. 2 GmbHG); Formkaufmann (§ 6 HGB) und juristische Person (§ 13 Abs. 1 GmbHG) mit eigenem Gesellschaftsvermögen (vgl. ROSE/GLORIUS-ROSE, Unternehmen 2001, S. 9).
Rechtsgrundlagen	Vorschriften für alle Gesellschaften und für alle Handelsgesellschaften; spezifische Vorschriften für die SARL: Art. L. 223-1-Art. L. 223-43 C. com., Art. L. 241-1-Art. L. 241-9 C. com., Art. 20-Art. 53 D67.	GmbHG; bei Regelungslücken Vorschriften zum Verein in §§ 21-79 BGB (vgl. RAISER, Kapitalgesellschaften 2001, S. 393).
Gründung	Schriftlich abgefasster Gesellschaftsvertrag mit gesetzlich vorgeschriebenen Mindestangaben; notarielle Beurkundung des Gesellschaftsvertrags nur in Ausnahmefällen erforderlich; Firma frei wählbar, lediglich Angabe der Rechtsform muss enthalten sein; Handelsgesellschaft und Formkaufmann unabhängig vom Gegenstand des Unternehmens; umfangreiche Publizitätsvorschriften, u.a. Pflicht zur Handelsregistereintragung.	Schriftlich abgefasster Gesellschaftsvertrag mit gesetzlich vorgeschriebenen Mindestangaben (§ 3 Abs. 1 GmbHG); notarielle Beurkundung des Gesellschaftsvertrags zwingend erforderlich (§ 2 Abs. 1 GmbHG); Firma frei wählbar (vgl. HUECK/FASTRICH, § 4, in: FASTRICH U.A., GmbH-Gesetz 2000, Rn. 1), lediglich Angabe der Rechtsform muss enthalten sein (§ 4 GmbHG); Handelsgesellschaft (§ 13 Abs. 3 GmbHG) und Formkaufmann unabhängig vom Gegenstand des Unternehmens (§ 6 HGB); Pflicht zur Handelsregistereintragung (§ 7 Abs. 1 GmbHG); Bekanntmachung der Eintragung durch Registergericht in Bundesanzeiger und in anderem Blatt (§ 10 Abs. 1 HGB).

Rechtsform / Merkmal	SARL	GmbH
Gesellschafter	Einmann-Gesellschaften sind erlaubt; maximal 50 Gesellschafter; Gesellschafter sind keine Kaufleute;	Einmann-Gesellschaften sind erlaubt (§ 1 GmbHG); keine Beschränkung der Gesellschafterzahl; Gesellschafter sind keine Kaufleute (vgl. MEMENTO VERLAG AG, Gesellschaftsrecht 2002, Rn. 57);
	Übertragung von Gesellschaftsanteilen an Dritte nur unter Zustimmung der Mehrheit der Gesellschafter; Übertragung von Gesellschaftsanteilen an andere Gesellschafter grundsätzlich ohne Einschränkungen zulässig;	Gesellschaftsanteile grundsätzlich frei übertragbar (§ 15 Abs. 1 GmbHG); Übertragbarkeit von Gesellschaftsanteilen kann an gesellschaftsvertragliche Voraussetzungen, insbesondere an Zustimmung der Gesellschafter geknüpft werden (§ 15 Abs. 5 GmbHG);
	Tod eines Gesellschafters führt nicht zur Auflösung der Gesellschaft;	Tod eines Gesellschafters führt nicht zur Auflösung der Gesellschaft (§ 15 Abs. 1 GmbHG; vgl. RAISER, Kapitalgesellschaften 2001, S. 692);
	Informations-, Mitwirkungs- und Vermögensrechte der Gesellschafter.	Informations- (§ 51a GmbHG), Mitwirkungs- (§ 47 GmbHG) und Vermögensrechte (§ 29 GmbHG, § 72 GmbHG) der Gesellschafter.
Gesellschaftskapital	Mindestkapital in Höhe von 7.500 EUR;	Mindestkapital (Mindeststammkapital) in Höhe von 25.000 EUR (§ 5 Abs. 1 GmbHG);
	Bar-, Sacheinlagen oder Einlagen in Form von Dienstleistungen sind zulässig;	Bar- und Sacheinlagen sind zulässig (vgl. HOHLOCH in: HOHLOCH, Gesellschaftsrecht 2001, Rn. 309);
	anfängliche Mindesteinzahlung der Bareinlagen beträgt 20 %;	anfängliche Mindesteinzahlung der Bareinlagen beträgt 25 %, aber eingezahlte Bareinlagen und Sacheinlagen müssen zusammen 12.500 EUR (Hälfte des Mindeststammkapitals) erreichen (§ 7 Abs. 2 GmbHG); bei Einmann-Gründungen muss Gründer für nicht eingezahlten Teil des Gesellschaftskapitals eine Sicherung bestellen (§ 7 Abs. 2 Satz 3 GmbHG);
	Sacheinlagen müssen grundsätzlich durch einen Einlagenprüfer bewertet werden.	keine Bewertung der Sacheinlagen durch externen Prüfer (vgl. KÜBLER, Gesellschaftsrecht 1998, S. 233), aber Sachverständigengutachten bzw. Prüfungsbescheinigungen können erforderlich sein (vgl. WIESE, § 4, in: RÖMERMANN, GmbH-Recht 2002, Rn. 148-150).

Rechtsform Merkmal	SARL	GmbH
Gesellschafterhaftung	Gesellschafter haften nur mit ihrer Einlage für die Verbindlichkeiten der Gesellschaft;	Gesellschafter haften nur mit ihrer Einlage für die Verbindlichkeiten der Gesellschaft (§ 13 Abs. 2 GmbHG);
	–	Gesellschaftsvertrag kann beschränkte und unbeschränkte Nachschusspflichten vorsehen (§ 26 GmbHG; BIEG/KUSSMAUL, Finanzierung 2000, S. 57);
	gegebenenfalls haften Gesellschafter fünf Jahre lang für den von ihnen bestimmten Wert der Sacheinlagen;	Gesellschafter haften fünf Jahre lang für eine Überbewertung ihrer Sacheinlagen (§ 9 GmbHG);
	Fehler in der Geschäftsführung können zu einer Haftungsausweitung der Geschäftsführer (insbesondere der geschäftsführenden Gesellschafter) im Rahmen eines Insolvenz- oder eines Liquidationsverfahrens führen;	von der Rechtsprechung entwickelte Durchgriffshaftung kann in Ausnahmefällen greifen (vgl. HOHLOCH in: HOHLOCH, Gesellschaftsrecht 2001, Rn. 343 und 285-286);
	tatsächliche Ausweitung der Gesellschafterhaftung durch Erfordernis der Bürgschaftsübernahme bei Kreditvergabe;	tatsächliche Ausweitung der Gesellschafterhaftung durch Erfordernis der Bürgschaftsübernahme bei Kreditvergabe (vgl. KÜBLER, Gesellschaftsrecht 1998, S. 245);
	Personen, die für Gesellschaft im Gründungsstadium handeln, haften grundsätzlich unbeschränkt und solidarisch für hieraus entstehende Ansprüche;	Personen, die für Gesellschaft im Zeitraum zwischen Unterzeichnung des Gesellschaftsvertrags und Handelsregistereintragung handeln, haften persönlich und solidarisch für hieraus entstehende Ansprüche (§ 11 Abs. 2 GmbHG; vgl. MEMENTO VERLAG AG, Gesellschaftsrecht 2002, Rn. 1987);
	Übernahme ihrer Verpflichtungen durch Gesellschaft bei Handelsregistereintragung kann vereinbart werden.	Haftung geht mit Handelsregistereintragung auf Gesellschaft über; danach aber Unterbilanzhaftung der Gesellschafter (vgl. MEMENTO VERLAG AG, Gesellschaftsrecht 2002, Rn. 1987 und 2134-2135).
Gewinn- und Verlustverteilung	Grundsätzlich proportional zur Höhe des jeweiligen Anteils am Gesellschaftskapital;	Grundsätzlich proportional zur Höhe des jeweiligen Anteils am Gesellschaftskapital (§ 29 Abs. 3 GmbHG);
	jährliche Gesellschafterversammlung beschließt auszuschüttenden Teil der Gewinne; Pflicht zur Bildung einer gesetzlichen Rücklage muss beachtet werden.	Gesellschafter beschließen über Ausschüttung der Gewinne (§ 46 Nr. 1 GmbHG); keine Pflicht zur Bildung einer gesetzlichen Rücklage.

Rechtsform / Merkmal	SARL	GmbH
Organe	Jährliche Gesellschafterversammlung;	Jährliche Gesellschafterversammlung nicht nötig wegen Möglichkeit des schriftlichen Beschlussverfahrens (vgl. HUECK, Gesellschaftsrecht 1991, S. 354);
	weitere Gesellschafterversammlungen können von Gesellschaftern verlangt werden;	Gesellschafterversammlungen können von Gesellschaftern verlangt werden (§ 50 Abs. 1 GmbHG); sie müssen in ausdrücklich bestimmten Fällen (§ 49 Abs. 2 GmbHG) – d.h. bei Entscheidungen, die in die Zuständigkeit der Gesellschafterversammlung fallen (vgl. RAISER, Kapitalgesellschaften 2001, S. 394) – und bei Verlust der Hälfte des Gesellschaftskapitals einberufen werden (§ 49 Abs. 3 GmbHG);
	Geschäftsführer sind Gesellschafter und/oder fremde Dritte (keine juristischen Personen);	Geschäftsführer sind Gesellschafter und/oder fremde Dritte (§ 6 Abs. 3 GmbHG) (keine juristischen Personen – § 6 Abs. 2 GmbHG);
	im Innenverhältnis grundsätzlich alle Geschäftsführungsmaßnahmen, die im Interesse der Gesellschaft liegen, erlaubt;	im Innenverhältnis alle erforderlichen gewöhnlichen Maßnahmen im Rahmen des Gegenstands des Unternehmens (vgl. MEMENTO VERLAG AG, Gesellschaftsrecht 2002, Rn. 2544);
	im Außenverhältnis (Vertretung) ist Gesellschaft auch durch Maßnahmen verpflichtet, die außerhalb des Gegenstands des Unternehmens liegen;	im Außenverhältnis (Vertretung) wird Gesellschaft durch sämtliche Handlungen der Gesellschafter verpflichtet, unabhängig von innergesellschaftlichen Beschränkungen (§ 37 Abs. 2 GmbHG);
	Bildung eines Aufsichtsrats ist möglich.	Aufsichtsrat muss in Gesellschaften mit mehr als 500 Arbeitnehmern gebildet werden (§ 77 Abs. 1 BetrVG 1952).
Buchführungs- und Rechnungslegungspflichten	Buchführungspflicht;	Buchführungspflicht (§ 238 Abs. 1 HGB);
	Erstellungspflicht für: – Inventar, – Jahresabschluss mit Bilanz, GuV und Anhang, – Lagebericht;	Erstellungspflicht für: – Inventar (§ 240 Abs. 1 HGB), – Jahresabschluss mit Bilanz (§ 242 Abs. 1 HGB), GuV (§ 242 Abs. 2 HGB) und Anhang (§ 264 Abs. 1 HGB), – Lagebericht (nur mittelgroße und große Gesellschaften – § 264 Abs. 1 HGB);
	Aufstellungsfrist vier bis fünfeinhalb Monate;	– Aufstellungsfrist drei (mittelgroße und große Gesellschaften) bzw. sechs (kleine Gesellschaften) Monate (§ 264 Abs. 1 HGB).

Rechtsform Merkmal	SARL	GmbH
	für große Handelsgesellschaften Pflicht zur Erstellung von Planungsunterlagen.	–
Prüfungs- und Offenlegungspflichten	Prüfungspflicht für große Gesellschaften; Offenlegungspflicht bezüglich: – Jahresabschluss, – Lagebericht, – Bericht des Abschlussprüfers (bei bestehender Prüfungspflicht; s. o.), – Vorschlag zur Ergebnisverwendung, – Beschluss über Ergebnisverwendung.	Prüfungspflicht für mittelgroße und große Gesellschaften (§ 316 Abs. 1 HGB); Offenlegungspflicht bezüglich (§ 325 Abs. 1 HGB): – Jahresabschluss, – Lagebericht (gegebenenfalls), – Bericht des Aufsichtsrats (gegebenenfalls), – Vorschlag zur Ergebnisverwendung, – Beschluss über Ergebnisverwendung.
Auflösung und Beendigung	Allgemeine und rechtsformspezifische Auflösungsgründe; umfangreiche Publizitätsvorschriften für Auflösung und Beendigung; Liquidation durch Liquidator; abschließende Gesellschafterversammlung; Liquidation unterbleibt bei SARL mit nur einem Gesellschafter, der keine natürliche Person ist; dort Vermögensübergang auf Gesellschafter.	Rechtsformspezifische Auflösungsgründe (§ 60 GmbHG); Eintragung der Auflösung (§ 65 Abs. 1 GmbHG) und Beendigung (§ 74 Abs. 1 Satz 1 GmbHG) im Handelsregister sowie dreimalige Bekanntmachung in öffentlichen Blättern (§ 65 Abs. 2 GmbHG); Liquidation durch Liquidator (§ 66 Abs. 1 GmbHG); keine abschließende Gesellschafterversammlung. –

3.3.2 SAS

3.3.2.1 Begriff und Einordnung

Die SAS[563] gehört zur Gruppe der Kapitalgesellschaften und zeichnet sich folglich durch eine beschränkte Haftung ihrer Gesellschafter für die Verbindlichkeiten der Gesellschaft aus. Auch sie ist Formkaufmann und juristische Person mit eigenem Gesellschaftsvermögen.[564]

Die SAS wurde ursprünglich geschaffen, um Kooperationen zwischen Unternehmen im Rahmen einer gesellschaftsvertraglich sehr flexibel gestaltbaren Rechtsform zu erleichtern.[565] Aus diesem Grund konnten vor einer Gesetzesänderung im Jahr 1999[566] nur große Gesellschaften

563 Im deutschen Gesellschaftsrecht existiert keine der SAS entsprechende Rechtsform.

564 Vgl. hierzu Kapitel 2.1.2.6.

565 Vgl. JEANTIN, Associés 1994, S. 223-224; MERCADAL/JANIN, Mémento Sociétés Commerciales 2002, Rn. 14900; MESTRE/VELARDOCCHIO, Lamy Sociétés Commerciales 2002, Rn. 3924.

566 Art. 3 loi n° 99-587 vom 12.7.1999.

Gesellschafter[567] einer SAS werden.[568] Mittlerweile ist die SAS nicht mehr nur als Kooperationsform zwischen Gesellschaften konzipiert, sondern steht durch die Öffnung für natürliche Personen als Gesellschafter auch mittelständischen Einzelunternehmen und Gesellschaften als Rechtsform zur Verfügung.[569] Somit tritt sie in Konkurrenz zur SARL und zur SA.[570] Insbesondere im Vergleich zur SA, welche mit umfangreichen Formvorschriften verbunden ist, wirken sich bei einer Entscheidung für die SAS die großen Freiheiten bei deren Gestaltbarkeit aus.[571] Demzufolge könnte die Rechtsform der SAS künftig immer häufiger vorkommen.[572]

3.3.2.2 Rechtsgrundlagen

Zunächst sind erneut die für alle Gesellschaften geltenden Regelungen des C. civ. und die Vorschriften für alle Handelsgesellschaften im C. com. zu beachten.[573] Außerdem bestehen für alle Aktiengesellschaften – SA, SCA und SAS – relevante Regelungen in Art. L. 224-1-Art. L. 224-3 C. com., Art. L. 228-1-Art. L. 228-97 C. com. und in Art. 54-57 D67. Die spezifischen Vorschriften für die SAS finden sich in Art. L. 227-1-Art. L. 227-20 C. com. und in Art. L. 244-1-Art. L. 244-4 C. com. Gem. Art. L. 227-1 Abs. 3 C. com. sind darüber hinaus bestimmte Vorschriften zur SA, nämlich die in Art. L. 225-1-Art. L. 225-16 C. com. und die in Art. L. 225-127-Art. L. 225-257 C. com. (Art. L. 225-243 C. com. ausgenommen) relevant, sofern sie mit den für die SAS spezifischen Regelungen vereinbar sind.[574]

3.3.2.3 Gründung

Auch die Gründung einer SAS unterliegt den Vorschriften, welche für alle Gesellschaften bzw. Handelsgesellschaften gelten. Insofern wird auf die Ausführungen zur Gründung einer SNC verwiesen.[575] Der Gesellschaftsvertrag[576] einer SAS muss über die in Art. L. 210-2

[567] Obwohl die SAS zu den Aktiengesellschaften gehört, wird im C. com. der Begriff „Gesellschafter", nicht „Aktionär" gebraucht.

[568] Ihr Gesellschaftskapital musste mindestens 1.500.000 FRF – dies entspricht 228.674 EUR – betragen. Vgl. Art. 262-1 Abs. 1 loi n° 66-537 vom 24.7.1966 i.V.m. Art. 71 Abs. 1 loi n° 66-537 vom 24.7.1966 i.d.F. vor der Änderung durch Art. 3 loi n° 99-587 vom 12.7.1999.

[569] Vgl. COZIAN/VIANDIER/DEBOISSY, Droit des Sociétés 2002, Rn. 1232.

[570] Vgl. GERMAIN, SAS libérée 1999, S. 1505; MESTRE/VELARDOCCHIO, Lamy Sociétés Commerciales 2002, Rn. 3929. Zum 1. März 2002 waren 24.890 SAS im Handelsregister eingetragen. Dieser Zahl stehen 845.470 SARL und 149.108 SA gegenüber. Doch die eingetragenen SAS machen bereits 85 % der eingetragenen SNC aus. Außerdem entspricht dies einem Anstieg bei den SAS in Höhe von 51,62 % innerhalb eines Zeitraums von 10 Monaten. Vgl. INSEE in COZIAN/VIANDIER/DEBOISSY, Droit des Sociétés 2002, Rn. 9 und INSEE in COZIAN/VIANDIER/DEBOISSY, Droit des Sociétés 2001, Rn. 9.

[571] Vgl. MERCADAL/JANIN, Mémento Sociétés Commerciales 2002, Rn. 14905. Die SAS ermöglicht eine individualisierte Ausgestaltung ihrer Organisation, wobei – wie bei den Personengesellschaften – die Personenbezogenheit des Gesellschaftsverhältnisses eine große Rolle spielt. Vgl. MERLE, Sociétés commerciales 2001, Rn. 595-1.

[572] Vgl. MESTRE/VELARDOCCHIO, Lamy Sociétés Commerciales 2002, Rn. 3924. DAIGRE geht sogar davon aus, dass die Rechtsform der SARL möglicherweise nicht mehr gebraucht werden könnte und folglich abgeschafft werden sollte, während die SA den Gesellschaften, die sich an den öffentlichen Kapitalmarkt wenden wollen, vorbehalten wäre. Vgl. DAIGRE, Société 1999, S. 978.

[573] Vgl. hierzu Kapitel 3.2.1.2.

[574] Somit wird nicht auf alle für die SA spezifischen Regelungen verwiesen. Durch die gesetzlich festgelegten Ausnahmen bezüglich der Anwendung der Vorschriften zur SA kommen in erster Linie die Vorschriften zur Leitung und zur Hauptversammlung der SA nicht zur Anwendung. Vgl. JUGLART/IPPOLITO, Sociétés commerciales 1999, Rn. 753; MESTRE/PANCRAZI, Droit commercial 2001, Rn. 497-1.

[575] Vgl. hierzu Kapitel 3.2.1.3.

[576] Bezüglich des Gesellschaftsvertrags einer SAS wird im C. com. der Begriff „statuts" gebraucht. Die Unterschiede zur SA bzw. zur AG rechtfertigen aber die Verwendung des Begriffs „Gesellschaftsvertrag".

C. com. genannten Mindestangaben hinaus noch weitere Angaben enthalten:[577] die Namen der natürlichen oder juristischen Personen, die den Gesellschaftsvertrag unterzeichnet haben (Art. 55 8° D67),[578] die Bewertung der Sacheinlagen (Art. L. 227-1 Abs. 3 C. com. i.V.m. Art. L. 225-14 Abs. 1 C. com.), die Namen der Personen, die Sacheinlagen geleistet haben, der jeweilige Wert der Sacheinlagen und die Zahl der Aktien, die im Gegenzug ausgegeben wurden (Art. 55 4° D67),[579] Angaben zu den ausgegebenen Aktien (Art. 55 1° und 2° D67), Angaben zu möglichen Einschränkungen bezüglich der Übertragbarkeit der Aktien an der SAS (Art. 55 3° D67),[580] die Namen von Personen, denen besondere Vorteile gewährt wurden und Angaben zur Art dieser Vorteile (Art. 55 5° D67), die Ernennung der ersten Abschlussprüfer der SAS (Art. L. 227-1 Abs. 3 C. com. i.V.m. Art. L. 225-16 C. com.),[581] Einzelheiten bezüglich der Zusammensetzung, des Funktionierens und der Befugnisse der Organe der Gesellschaft (Art. 55 6° D67), die Regelungen bezüglich der Organisation der Unternehmensleitung der SAS (Art. L. 227-5 C. com.),[582] eine Aufzählung der Entscheidungen, die von allen Gesellschaftern gemeinsam getroffen werden müssen und die Modalitäten beim Treffen dieser Entscheidungen (Art. L. 227-9 Abs. 1 C. com.)[583] sowie die Regelungen zur Ergebnisverteilung, zur Rücklagenbildung und zur Verteilung des Liquidationserlöses (Art. 55 7° D67).[584]

Die Firma einer SAS muss einen Hinweis auf die Rechtsform und die Angabe der Höhe des Gesellschaftskapitals enthalten (Art. L. 224-1 Abs. 1 C. com.). Darüber hinaus gelten die Ausführungen bezüglich der Firma einer SNC.[585]

Ferner ist auch die SAS unabhängig vom eigentlichen Gegenstand des Unternehmens eine Handelsgesellschaft und hat Kaufmannseigenschaft.[586]

Schließlich ist die Gründungspublizität einer SAS in den für alle Handelsgesellschaften geltenden Vorschriften geregelt;[587] es ergeben sich hier grundsätzlich keine Besonderheiten für die SAS.[588]

---

577 Vgl. MERCADAL/JANIN, Mémento Sociétés Commerciales 2002, Rn. 14997; MESTRE/VELARDOCCHIO, Lamy Sociétés Commerciales 2002, Rn. 3939.

578 Vgl. hierzu Kapitel 3.3.2.4.

579 Vgl. zu den Sacheinlagen Kapitel 3.3.2.5.

580 Vgl. hierzu Kapitel 3.3.2.4.

581 Vgl. hierzu Kapitel 3.3.2.10.

582 Vgl. zu den Organen, insbesondere zur Geschäftsführung der SAS, Kapitel 3.3.2.8.

583 Vgl. hierzu Kapitel 3.3.2.8.

584 Vgl. zur Ergebnisverteilung und zur Rücklagenbildung Kapitel 3.3.2.7. Vgl. zur Liquidation Kapitel 3.3.2.11.

585 Vgl. hierzu Kapitel 3.2.1.3. Gem. Art. L. 244-2 Abs. 1 C. com. – hier wird eine Geldstrafe im Falle der Unterlassung festgelegt – muss auf jedem nach außen gerichteten Schriftstück die Firma einschließlich Rechtsformhinweis („société par actions simplifiée" oder „SAS") und die Angabe der Höhe des Gesellschaftskapitals aufgeführt sein.

586 Dies ergibt sich aus Art. L. 210-1 Abs. 2 C. com. Dort wird auf die Aktiengesellschaften und somit – neben der SA und der SCA – auch auf die SAS verwiesen. Vgl. hierzu auch Kapitel 2.1.2.6.

587 Vgl. hierzu Kapitel 3.2.1.3.

588 Allerdings müssen auch bei der SAS zusammen mit den beiden Exemplaren des Gesellschaftsvertrags zwei Exemplare des Berichts des Einlagenprüfers über die Bewertung der Sacheinlagen bei der Geschäftsstelle des Handelsgerichts eingereicht werden (Art. 48 Nr. 1 b) und Nr. 2 b) décret n° 84-406 vom 30.5.1984). Vgl. zur Bewertung der Sacheinlagen durch einen Einlagenprüfer Kapitel 3.3.2.5.

3.3.2.4 Gesellschafter

Auch eine SAS kann aus nur einem Gesellschafter bestehen (Art. L. 227-1 Abs. 1 C. com.). Der bzw. die Gesellschafter haben keine Kaufmannseigenschaft und müssen somit nicht die Anforderungen erfüllen, die an einen Kaufmann gestellt werden.[589] Somit gelten auch hier im Vergleich zu den Personenhandelsgesellschaften bestimmte Erleichterungen, insbesondere hinsichtlich der speziellen Ausweiskarte für Ausländer.[590] Außerdem können juristische Personen Gesellschafter der SAS sein.[591]

Grundsätzlich ist die Übertragbarkeit der Aktien an einer SAS durch das Verbot, sich an den öffentlichen Kapitalmarkt zu wenden, eingeschränkt (Art. L. 227-2 C. com.).[592] Darüber hinaus existieren keine gesetzlichen Vorschriften, die die Übertragung der Aktien regeln. In diesem Bereich dürfen aber gesellschaftsvertragliche Regelungen getroffen werden. Insbesondere kann im Gesellschaftsvertrag ein generelles, aber auf maximal zehn Jahre beschränktes Übertragungsverbot vereinbart werden (Art. L. 227-13 C. com.). Außerdem kann durch eine entsprechende gesellschaftsvertragliche Regelung eine Übertragung von Aktien an der SAS von der Zustimmung der Gesellschaft abhängig gemacht werden (Art. L. 227-14 C. com.).[593]

Den Gesellschaftern einer SAS stehen bestimmte Informations- und Mitwirkungsrechte zu.[594] Zu den Vermögensrechten gehören das Recht auf Gewinnbeteiligung[595] sowie das Recht auf Rückzahlung der Einlage und auf Beteiligung am Liquidationserlös.[596] Die Haftung der Gesellschafter für die Verbindlichkeiten der Gesellschaft stellt die herauszuhebende Gesellschafterpflicht dar.[597]

3.3.2.5 Gesellschaftskapital

Das Gesellschaftskapital einer SAS muss mindestens 37.000 EUR betragen (Art. L. 224-2 Abs. 1 C. com.).[598] Bezüglich der Erbringung von Einlagen gelten grundsätzlich die Ausfüh-

---

589 Vgl. PAILLUSSEAU, Société 1999, S. 337.

590 Vgl. hierzu Kapitel 3.2.1.4.

591 Vgl. GERMAIN, SAS libérée 1999, S. 1505; PAILLUSSEAU, Société 1999, S. 334.

592 Hierdurch soll die Personenbezogenheit des Gesellschafterverhältnisses gewahrt werden. Vgl. COZIAN/VIANDIER/DEBOISSY, Droit des Sociétés 2002, Rn. 1235.

593 Der Gesellschaftsvertrag bestimmt dann, welches Gesellschaftsorgan eine entsprechende Entscheidung zu treffen hat. Vgl. JEANTIN, Associés 1994, S. 232-233. Vgl. auch DIDIER, Droit commercial 1999, S. 530. Im Gesellschaftsvertrag kann außerdem festgelegt werden, dass ein Gesellschafter unter bestimmten Bedingungen seine Aktien abgeben muss (Art. L. 227-16 Abs. 1 C. com.).

594 Die gesetzlich fixierten Informationsrechte können aber nur geltend gemacht werden, wenn die betroffenen Gesellschafter mindestens ein Zwanzigstel des Gesellschaftskapitals repräsentieren. Zum einen können diese Gesellschafter zweimal im Jahr schriftlich formulierte Fragen an die Geschäftsführung der SAS richten, sofern es sich um Sachverhalte handelt, die den Unternehmensfortbestand gefährden könnten (Art. L. 227-1 Abs. 3 C. com. i.V.m. Art. L. 225-232 C. com.). Zum anderen können sie in Schriftform Fragen zu bestimmten Geschäftsführungshandlungen an die Geschäftsführung richten (Art. L. 227-1 Abs. 3 C. com. i.V.m. Art. L. 225-231 Abs. 1 C. com.). Die Mitwirkungsrechte der Gesellschafter einer SAS zeigen sich in ihrem Recht zur Teilnahme an gemeinsamen Entscheidungen, wobei die Ausgestaltung dieses Rechts im Gesellschaftsvertrag erfolgen muss. Vgl. MERCADAL/JANIN, Mémento Sociétés Commerciales 2002, Rn. 16085-16086.

595 Vgl. hierzu Kapitel 3.3.2.7.

596 Vgl. hierzu Kapitel 3.3.2.11.

597 Vgl. hierzu Kapitel 3.3.2.6.

598 Art. L. 224-2 C. com. gehört zu den Regelungen, die für alle Aktiengesellschaften gelten. Er macht das Mindestgesellschaftskapital einer Aktiengesellschaft davon abhängig, ob sich die Gesellschaft an den öffentlichen Kapitalmarkt wendet (225.000 EUR) oder nicht (37.000 EUR). Da für eine SAS die Zuwendung zum öffentlichen Kapitalmarkt untersagt ist (vgl. hierzu Kapitel 3.3.2.4), ergibt sich zwangsläufig das niedrigere Mindestgesellschaftskapital.

rungen zur SNC,[599] allerdings besteht ein Unterschied hinsichtlich der Einlagen in Form von Dienstleistungen. Diese sind gem. Art. L. 227-1 Abs. 3 C. com. i.V.m. Art. L. 225-3 Abs. 4 C. com. im Rahmen einer SAS nicht zulässig. Bareinlagen müssen gem. Art. L. 227-1 Abs. 3 C. com. i.V.m. Art. L. 225-12 C. com. i.V.m. Art. L. 225-3 Abs. 2 C. com. nicht sofort vollständig eingezahlt werden. Bei der Gründung der SAS ist zunächst lediglich mindestens die Hälfte der Bareinlagen einzuzahlen. Der Rest wird – verteilt auf einen Zeitraum von maximal fünf Jahren ab der Handelsregistereintragung – in einem oder in mehreren Zahlungsvorgängen auf Aufforderung der Unternehmensleitung geleistet. Bei Sacheinlagen muss ein Einlagenprüfer bestellt werden, der auf Verlangen eines Gesellschafters oder mehrerer Gesellschafter auf gerichtlichem Weg bestellt wird (Art. L. 227-1 Abs. 3 C. com. i.V.m. Art. L. 225-12 C. com. i.V.m. Art. L. 225-8 Abs. 1 C. com.).[600]

3.3.2.6 Gesellschafterhaftung

Die Haftung der Gesellschafter einer SAS für die Verbindlichkeiten der Gesellschaft ist grundsätzlich auf ihre Einlagen beschränkt (Art. L. 227-1 Abs. 1 C. com.). Allerdings bestehen auch für die SAS einige Ausnahmen von dieser Haftungsbeschränkung.

Art. L. 624-3 C. com. ist über Art. L. 227-1 Abs. 3 C. com. i.V.m. Art. L. 225-255 C. com. auch für die SAS relevant. Somit gelten die Aussagen bezüglich einer eventuellen Haftungsausweitung der Geschäftsführer, insbesondere der geschäftsführenden Gesellschafter einer SARL, im Rahmen eines Insolvenz- oder eines Liquidationsverfahrens analog für die Gesellschafter einer SAS, die an der Unternehmensleitung der Gesellschaft beteiligt sind bzw. waren.[601] Außerdem gilt auch für die SAS, dass Banken eine Kreditvergabe oftmals von der Übernahme einer persönlichen Bürgschaft durch die Gesellschafter oder Mitglieder der Unternehmensleitung der Gesellschaft abhängig machen. Folglich kommt die Haftungsbeschränkung der Gesellschafter, die Mitglieder der Unternehmensleitung sind, nur eingeschränkt zum Tragen.[602]

Die Haftung der (künftigen) Gesellschafter der SAS in der Gründungsphase der Gesellschaft basiert auf den Regelungen, die bereits für die SNC dargestellt wurden.[603]

3.3.2.7 Gewinn- und Verlustverteilung

Die in Kapitel 3.2.1.7 dargestellten Regelungen zur Gewinn- und Verlustverteilung gelten für alle Gesellschaften und somit auch für die SAS. Somit erfolgt die Gewinn- und Verlustverteilung entsprechend den gesellschaftsvertraglichen Bestimmungen und – falls diese fehlen – proportional zur Höhe der Anteile der Gesellschafter am Gesellschaftskapital der SAS.[604]

---

599 Vgl. hierzu Kapitel 3.2.1.5.

600 Der Bericht des Einlagenprüfers wird zusammen mit dem Gesellschaftsvertrag bei der Geschäftsstelle des Handelsgerichts eingereicht (Art. L. 227-1 Abs. 3 C. com. i.V.m. Art. L. 225-12 C. com. i.V.m. Art. L. 225-8 Abs. 2 C. com.).

601 Vgl. hierzu Kapitel 3.3.1.6.

602 Vgl. hierzu Kapitel 3.3.1.6. Eine Haftung, die aus der Überbewertung von Sacheinlagen resultiert, existiert für die Gesellschafter einer SAS nicht. Allerdings sieht Art. L. 242-2 C. com. auch eine Geld- und Freiheitsstrafe für Personen vor, die einer Sacheinlage in betrügerischer Weise einen zu hohen Wert beimessen.

603 Vgl. hierzu Kapitel 3.2.1.6.

604 Aufgrund der Haftungsbeschränkung der Gesellschafter in Art. L. 227-1 Abs. 1 C. com. kann deren Verlustzuweisung ihren jeweiligen Anteil am Gesellschaftskapital nicht übersteigen. Vgl. hierzu Kapitel 3.3.1.7.

In einer SAS entscheiden die Gesellschafter – nicht zwingend in einer (jährlichen) Gesellschafterversammlung[605] – über die vorzunehmenden Gewinnausschüttungen (Art. L. 232-12 Abs. 1 C. com.), wobei die Regelungen zur Bildung der gesetzlichen Rücklage beachtet werden müssen (Art. L. 232-10 C. com.).[606]

3.3.2.8 Organe

Eine jährlich stattfindende Gesellschafterversammlung, während der über den Jahresabschluss entschieden wird, ist für die SAS nicht verpflichtend.[607] Auch andere Gesellschafterversammlungen sind für die SAS nicht vorgesehen. Bestimmte Entscheidungen müssen zwar von den Gesellschaftern gemeinsam getroffen werden, die Vorgehensweise bei der Entscheidungsfindung kann aber gesellschaftsvertraglich in beliebiger Weise geregelt werden.[608] Auch die erforderlichen Mehrheitsverhältnisse beim Treffen der Entscheidungen werden im Gesellschaftsvertrag festgelegt (Art. L. 227-9 Abs. 1 C. com.).[609]

Die Unternehmensleitung der SAS kann von ihren Gesellschaftern im Gesellschaftsvertrag fast vollkommen frei geregelt werden.[610] Lediglich ein Präsident[611] muss die Gesellschaft

---

605 Vgl. hierzu Kapitel 3.3.2.8.

606 Die gesetzliche Rücklage muss von der SARL und von den Aktiengesellschaften (SA, SCA und SAS) gebildet werden. Vgl. zu den einzustellenden Beträgen und zur angestrebten Höhe der gesetzlichen Rücklage Fn. 528.

607 RANDOUX betont, dass die Zustimmung zum Jahresabschluss auch schriftlich erfolgen kann. Vgl. RANDOUX, Liberté contractuelle 1994, S. 73. JEANTIN weist darauf hin, dass eine Gesellschafterversammlung selbst bei Entscheidungen, die aufgrund gesetzlicher Regelungen von allen Gesellschaftern gemeinsam getroffen werden müssen, nicht erforderlich ist. Vgl. JEANTIN, Associés 1994, S. 236. Zwar schreibt Art. L. 232-12 Abs. 1 C. com. für alle Handelsgesellschaften vor, dass die *Gesellschafterversammlung* zunächst dem Jahresabschluss zustimmt und anschließend über die auszuschüttenden Summen entscheidet. Art. L. 244-2 Abs. 2 C. com., welcher sich nur auf die SAS bezieht, verlangt aber nur, dass die Unternehmensleitung einer SAS die *Zustimmung* der Gesellschafter zum Jahresabschluss einholen muss, um einer Freiheits- und Geldstrafe zu entgehen. Im Zuge der Vorbereitung ihrer Entscheidung über den Jahresabschluss müssen den Gesellschaftern der SAS die relevanten Rechnungslegungsdokumente zur Verfügung gestellt werden. Hierbei sind die entsprechenden gesellschaftsvertraglichen Regelungen zu beachten. Fehlen diese, muss den Gesellschaftern ein ausreichender Zeitraum verbleiben, in dem sie vom Inhalt des Jahresabschlusses Kenntnis nehmen und ihre Entscheidung vorbereiten können. Vgl. MERCADAL/JANIN, Mémento Sociétés Commerciales 2002, Rn. 16046. Hinsichtlich des Zeitpunkts der Entscheidung über den Jahresabschluss und über die auszuschüttenden Beträge ist Art. L. 232-13 Abs. 2 C. com. zu beachten, wonach die Auszahlung der Ausschüttung spätestens neun Monate nach dem Bilanzstichtag erfolgen muss.

608 Dabei sind nicht nur Gesellschafterversammlungen, sondern auch Entscheidungen durch Briefverkehr, durch Unterzeichnung eines Schriftstücks oder mit Hilfe von Telekommunikationsgeräten erlaubt. Vgl. MERLE, Sociétés commerciales 2001, Rn. 595-10; MESTRE/PANCRAZI, Droit commercial 2001, Rn. 497-7. Vgl. auch DIDIER, Droit commercial 1999, S. 529. Zu den Entscheidungen, die von den Gesellschaftern gemeinsam getroffen werden müssen, gehören gem. Art. L. 227-9 Abs. 2 C. com. Kapitalerhöhungen und -herabsetzungen, die Verschmelzung, Spaltung und Auflösung der Gesellschaft, die Umwandlung in eine Gesellschaft anderer Rechtsform, die Ernennung der Abschlussprüfer, die Zustimmung zum Jahresabschluss und der Ergebnisverwendungsbeschluss. Darüber hinaus werden im Gesellschaftsvertrag gegebenenfalls andere Entscheidungen festgelegt, die von den Gesellschaftern gemeinsam getroffen werden müssen (Art. L. 227-9 Abs. 1 C. com.).

609 Allerdings können bestimmte gesellschaftsvertragliche Bestimmungen, welche sich auf die Zusammensetzung der Gesellschafter auswirken, nur einstimmig angenommen oder abgeändert werden (Art. L. 227-19 C. com.). Besteht der Gesellschafterkreis einer SAS nur aus einer Person, muss diese die oben genannten Entscheidungen treffen (Art. L. 227-1 Abs. 2 C. com.) und das Ergebnis ihrer Entscheidungen in einem Register festhalten (Art. L. 227-9 Abs. 3 C. com.)

610 Vgl. DIDIER, Droit commercial 1999, S. 527-528; MESTRE/VELARDOCCHIO, Lamy Sociétés Commerciales 2002, Rn. 3955.

nach außen vertreten (Art. L. 227-6 Abs. 1 C. com.).[612] Die Unternehmensleitung der SAS kann also ganz einfach – nur der Präsident – oder auch komplex – Präsident, ein oder mehrere Unternehmensleiter, andere an der Unternehmensleitung beteiligte Organe – ausgestaltet werden.[613] Außerdem dürfen auch juristische Personen bei der Unternehmensleitung einer SAS mitwirken (Art. L. 227-7 C. com.).

Die Gehaltsvereinbarung eines Gesellschafters, der an der Leitung der SAS mitwirkt, wird in einem schuldrechtlichen Vertrag getroffen.[614] Der sozialversicherungsrechtliche Status von Mitgliedern der Unternehmensleitung einer SAS entspricht demjenigen von abhängig Beschäftigten (Art. L. 311-3 23° CSS). Die Bemessungsgrundlage ihrer Sozialversicherungsbeiträge entspricht somit den Gehältern, die sie für ihre Arbeit im Rahmen der Leitung der SAS beziehen (Art. L. 242-1 Abs. 1 CSS).[615] Im Wesentlichen unterliegen sie der allgemeinen Kranken- und Mutterschutzversicherung, Rentenversicherung, Invaliditäts- und Todesfallversicherung, Arbeitsunfallversicherung und dem allgemeinen Kindergeldbeitrag. Außerdem werden sie aufgrund ihrer Pflichtmitgliedschaft in der allgemeinen Rentenversicherung automatisch in bestimmten Zusatzrentenversicherungen erfasst.[616] Hinsichtlich einer eventuellen Sozialversicherungspflicht in Frankreich eines EU-Ausländers, der Mitglied der Unternehmensleitung einer SAS ist, gelten die Vorschriften des EU-Rechts.[617]

Tabelle 5 stellt die verschiedenen Sozialversicherungsbeitragssätze dar. Im Gegensatz zu den Beitragssätzen für Selbständige besteht hier – aufgrund der unterschiedlichen Konzeption – eine Unterteilung in Arbeitnehmer- und Arbeitgeberanteil.

Versicherungsart	**Beitragssatz Arbeitnehmer**	**Beitragssatz Arbeitgeber**	**Maximalbeitrag**
Kranken- und Mutterschutzversicherung, Invaliditäts- und Todesfallversicherung	0,75 %	12,80 %	–
Witwenrente	0,10 %	–	–
Kindergeldbeitrag	–	5,40 %	–
Arbeitsunfallversicherung	Unternehmensabhängiger Satz		–

611 Art. L. 227-6 Abs. 1 C. com. sieht nur einen Präsidenten der SAS vor. Um diese Einschränkung de facto zu umgehen, kann eine andere Gesellschaft – juristische Person (vgl. hierzu die Ausführungen weiter unten in diesem Kapitel) – mit zwei Geschäftsführern als Präsident bestellt werden. Außerdem besteht auch die Möglichkeit einer rotierenden Präsidentschaft. Vgl. LE CANNU, Dirigeants 1994, S. 249.

612 Er muss nicht Gesellschafter der SAS sein. Vgl. RANDOUX, Liberté contractuelle 1994, S. 71. Letztendlich sind die gesellschaftsvertraglichen Regelungen entscheidend. Vgl. MERLE, Société s commerciales 2001, Rn. 595-8.

613 Vgl. MERLE, Sociétés commerciales 2001, Rn. 595-7. Vgl. zur Organisationsstruktur der Geschäftsführung auch GERMAIN, Société 1994; PAILLUSSEAU, Société 1999, S. 338.

614 Vgl. LEFEBVRE, Création d'entreprise 2000, Rn. 6131.

615 Vgl. auch LEFEBVRE, Social 2002, Rn. 3741.

616 Eine Pflichtzugehörigkeit zur allgemeinen Arbeitslosenversicherung besteht nicht. Hier besteht aber die Möglichkeit, einer freiwilligen Arbeitslosenversicherung beizutreten. Vgl. zu den einzelnen Komponenten der Sozialversicherungsmitgliedschaft eines Mitglieds der Unternehmensleitung einer SAS LEFEBVRE, Création d'entreprise 2000, Rn. 5555 und 5558.

617 Auch hier greift die Verordnung Nr. 1408/71 vom 14.6.1971. Eine Person, die in verschiedenen Mitgliedsstaaten der Europäischen Union gleichzeitig eine abhängige und eine selbständige Tätigkeit ausübt, unterliegt den sozialversicherungsrechtlichen Vorschriften des Staates, in dem sie ihre abhängige Beschäftigung ausübt. Vgl. Art. 14c Buchstabe a Verordnung Nr. 1408/71 vom 14.6.1971.

Versicherungsart	Beitragssatz Arbeitnehmer	Beitragssatz Arbeitgeber	Maximalbeitrag
Wohnungsbeihilfe	–	0,10 %	0,10 % von 28.224 EUR = 28,22 EUR
	–	0,40 %[618]	–
Rentenversicherung	6,55 %	8,20 %	14,75 % von 28.224 EUR = 4.163,04 EUR
	–	1,60 %[619]	–
Zusatzrentenversicherungen[620]			
Gehaltsbestandteil bis 28.224 EUR			
ARRCO	3,00 %	4,50 %	7,50 % von 28.224 EUR = 2.116,80 EUR
AGFF	0,80 %	1,20 %	2,00 % von 28.224 EUR = 564,48 EUR
Todesfallversicherung	–	1,50 %	1,50 % von 28.224 EUR = 423,36 EUR
Gehaltsbestandteil von 28.224 EUR bis 112.896 EUR			
AGIRC	7,50 %	12,50 %	20 % von 84.672 EUR = 16.934,40 EUR
AGFF	0,90 %	1,30 %	2,20 % von 84.672 EUR = 1.862,78 EUR
APEC[621]	0,024 %	0,036 %	0,06 % von 84.672 EUR = 50,80 EUR
Gehaltsbestandteil von 112.896 EUR bis 225.792 EUR			
AGIRC	20,00 % (frei aufteilbar zwischen Arbeitnehmer und Arbeitgeber)		20 % von 112.896 EUR = 22.579,20 EUR
Gehaltsbestandteil von 0 EUR bis 225.792 EUR			
AGIRC (Zusatzbeitrag „CET“)	0,13 %	0,22 %	0,35 % von 225.792 EUR = 790,27 EUR

Tabelle 5: Sozialversicherungsbeiträge im Zusammenhang mit einem Mitglied der Unternehmensleitung einer SAS[622]

618 Nur in Unternehmen mit mehr als neun Beschäftigten.

619 Nur vom Arbeitgeber zu tragender unbegrenzter Beitrag.

620 Die Pflichtmitgliedschaft in der allgemeinen Rentenversicherung bedingt eine zwangsläufige Mitgliedschaft in den Zusatzrentenversicherungen. Vgl. LEFEBVRE, Création d'entreprise 2000, Rn. 3370.

621 Außerdem muss ein Pauschalbeitrag von 16,93 EUR (= 10,16 EUR Arbeitnehmeranteil + 6,77 EUR Arbeitgeberanteil) entrichtet werden.

622 Tabelle 5 basiert auf der Übersicht in CANAM, Objectif entreprise 2002, S. 68-69. Vgl. hierzu auch die ähnliche Übersicht bei LEFEBVRE, Social 2002, Rn. 9500.

Im Innenverhältnis müssen die Befugnisse des Präsidenten gesellschaftsvertraglich geregelt werden.[623] Im Außenverhältnis stehen dem Präsidenten sämtliche Befugnisse zu, solange der Gegenstand des Unternehmens beachtet wird (Art. L. 227-6 Abs. 1 C. com.). Aber auch Handlungen des Präsidenten, die nicht dem Gegenstand des Unternehmens entsprechen, verpflichten grundsätzlich die Gesellschaft (Art. L. 227-6 Abs. 2 C. com.). Die Befugnisse des Präsidenten im Außenverhältnis können nicht durch den Gesellschaftsvertrag beschränkt werden (Art. L. 227-6 Abs. 3 C. com.). Die Befugnisse anderer an der Unternehmensleitung beteiligter Personen sind nicht gesetzlich geregelt.[624] Hier muss gegebenenfalls der Gesellschaftsvertrag entsprechende Regelungen enthalten.[625]

3.3.2.9 Buchführungs- und Rechnungslegungspflichten

Da auch die SAS Kaufmannseigenschaft hat und zu den Handelsgesellschaften zählt, wird bezüglich der Buchführungs- und Rechnungslegungspflichten grundsätzlich auf die entsprechenden Ausführungen zur SNC in Kapitel 3.2.1.9 verwiesen. Demnach besteht für die SAS Buchführungspflicht sowie die Pflicht zur Erstellung eines Inventars, eines Jahresabschlusses und eines Lageberichts. Die Aufstellungsfristen hängen von dem gesellschaftsvertraglich festgelegten Zeitpunkt, an dem über den Jahresabschluss entschieden wird, ab.[626] Da für die SAS Prüfungspflicht besteht,[627] müssen dem Abschlussprüfer die zu prüfenden Rechnungslegungsdokumente mindestens einen Monat vor der Entscheidung über den Jahresabschluss zur Verfügung gestellt werden (Art. L. 232-1 III. C. com. i.V.m. Art. 243 Abs. 1 D67), wodurch sich die Aufstellungsfristen entsprechend verkürzen. Große SAS müssen außerdem Planungsunterlagen erstellen, weshalb sich für sie die Aufstellungsfrist für den Jahresabschluss auf vier Monate verkürzt.

3.3.2.10 Prüfungs- und Offenlegungspflichten

Eine SAS ist auf jeden Fall prüfungspflichtig (Art. L. 227-9 Abs. 2 C. com.). Die Bestellung des Abschlussprüfers gehört zu den Entscheidungen der Gesellschafter der SAS, die aufgrund einer gesetzlichen Vorschrift gemeinsam getroffen werden müssen.[628] Die zu prüfenden Dokumente ergeben sich aus Art. L. 232-1 C. com. und aus Art. L. 232-4 C. com. Demnach müssen das Inventar, der Jahresabschluss, der Lagebericht und – sofern eine Aufstellungspflicht besteht – die Planungsunterlagen geprüft werden. Der Prüfungszeitraum beträgt wieder sechs Jahre (Art. L. 225-229 Abs. 1 C. com.) Außerdem gilt Art. 193 D67, der einen Bericht des Abschlussprüfers über die Ordnungsmäßigkeit der von ihm geprüften Rechnungslegungsdokumente an die Gesellschafter[629] vorschreibt, für alle Aktiengesellschaften und somit auch für die SAS.

Eine Offenlegungspflicht besteht für alle Aktiengesellschaften, insbesondere für die SAS. Gem. Art. L. 232-23 I. C. com. muss die SAS spätestens einen Monat nach Zustimmung ihrer

---

623 Vgl. MESTRE/VELARDOCCHIO, Lamy Sociétés Commerciales 2002, Rn. 3960.
624 Vgl. MERLE, Sociétés commerciales 2001, Rn. 595-7.
625 Vgl. COZIAN/VIANDIER/DEBOISSY, Droit des Sociétés 2002, Rn. 1241.
626 Vgl. hierzu Kapitel 3.3.2.8.
627 Vgl. hierzu Kapitel 3.3.2.10.
628 Vgl. hierzu Kapitel 3.3.2.8. Der erste Abschlussprüfer der SAS muss im Gesellschaftsvertrag bestellt werden. Vgl. hierzu Kapitel 3.3.2.3. Da der Prüfungszeitraum des Abschlussprüfers einer SAS auch sechs Jahre beträgt (Art. L. 227-1 Abs. 3 C. com. i.V.m. Art. L. 225-229 Abs. 1 C. com.), müssen die Gesellschafter erst nach Ablauf dieses Zeitraums erstmalig über die Bestellung eines Abschlussprüfers entscheiden.
629 Eigentlich an die jährliche Gesellschafterversammlung. Vgl. hierzu Kapitel 3.3.2.8.

Gesellschafter zum Jahresabschluss zwei Exemplare des Jahresabschlusses, des Lageberichts, des Berichts des Abschlussprüfers über den Jahresabschluss sowie des Vorschlags an die Gesellschafter über die Verwendung des Jahresergebnisses und des Beschlusses der Gesellschafter über die Ergebnisverwendung bei der Geschäftsstelle des Handelsgerichts hinterlegen. Auf die Hinterlegung der offenlegungspflichtigen Dokumente bei der Geschäftsstelle des zuständigen Handelsgerichts durch die SAS wird im BODACC hingewiesen.[630]

3.3.2.11 Auflösung und Beendigung

Neben den für alle Gesellschaften geltenden Auflösungsgründen in Art. 1844-7 C. civ. bestehen für die SAS noch weitere.

Aus Art. L. 224-2 Abs. 2 C. com. ergibt sich, dass das Absinken des Gesellschaftskapitals einer SAS unter 37.000 EUR die Auflösung der Gesellschaft zur Folge haben kann. Dies kann lediglich durch eine Kapitalerhöhung oder durch Umwandlung in eine andere Rechtsform vermieden werden.

Darüber hinaus kann die Auflösung der SAS auch durch Verluste, die insgesamt mehr als die Hälfte des Gesellschaftskapitals ausmachen, hervorgerufen werden (Art. L. 244-1 Abs. 1 C. com. i.V.m. Art. L. 242-29 C. com.).[631]

Die in Kapitel 3.2.1.11 beschriebenen Publizitätsvorschriften bezüglich der Auflösung und der Beendigung sowie zur Liquidation einer SNC gelten für alle Handelsgesellschaften und somit auch für die SAS. An dieser Stelle wird lediglich auf diese Ausführungen verwiesen. Ein Sonderfall tritt dann ein, wenn der einzige Gesellschafter einer SAS keine natürliche Person ist. Hier wird auf die entsprechenden Ausführungen zur SARL verwiesen.[632]

3.3.2.12 Tabellarischer Vergleich SAS – (kleine) AG

Rechtsform Merkmal	SAS	AG
Begriff und Einordnung	Kapitalgesellschaft mit auf die Einlage beschränkter Haftung der Gesellschafter für die Verbindlichkeiten der Gesellschaft; Formkaufmann und juristische Person mit eigenem Gesellschaftsvermögen.	Kapitalgesellschaft (vgl. RAISER, Kapitalgesellschaften 2001, S. 2) mit auf die Einlage beschränkter Haftung der Gesellschafter (Aktionäre) für die Verbindlichkeiten der Gesellschaft (§ 1 Abs. 1 Satz 2 AktG); Formkaufmann (§ 6 HGB) und juristische Person (§ 1 Abs. 1 Satz 1 AktG) mit eigenem Gesellschaftsvermögen (§ 1 Abs. 2 AktG).

[630] Der Beamte der Geschäftsstelle des zuständigen Handelsgerichts nimmt die Übermittlung der Anzeige an das BODACC vor (Art. 293-1 D67).

[631] Die Unternehmensleitung muss in diesem Fall zunächst die Gesellschafter befragen, ob die Gesellschaft vorzeitig aufgelöst werden soll (Art. L. 242-29 1° C. com., Art. L. 227-1 Abs. 3 C. com. i.V.m. Art. L. 225-248 Abs. 1 C. com.). Wird die Auflösung der Gesellschaft von den Gesellschaftern abgelehnt, muss innerhalb von zwei Jahren eine Kapitalherabsetzung durchgeführt werden, falls der Eigenkapitalanteil nicht mindestens die Hälfte des Gesellschaftskapitals erreicht (Art. L. 227-1 Abs. 3 C. com. i.V.m. Art. L. 225-248 Abs. 2 C. com.).

[632] Vgl. hierzu Kapitel 3.3.1.11.

Rechtsform / Merkmal	SAS	AG
Rechtsgrundlagen	Vorschriften für alle Gesellschaften und für alle Handelsgesellschaften; Vorschriften für alle Aktiengesellschaften: Art. L. 224-1-Art. L. 224-3 C. com., Art. L. 228-1-Art. L. 228-97 C. com., Art. 54-57 D67; spezifische Vorschriften für die SAS: Art. L. 227-1-Art. L. 227-20 C. com., Art. L. 244-1-Art. L. 244-4 C. com.; Vorschriften zur SA in: Art. L. 225-1-Art. L. 225-16 C. com., Art. L. 225-127-Art. L. 225-257 C. com. (Art. L. 225-243 C. com. ausgenommen), sofern sie mit den für die SAS spezifischen Regelungen vereinbar sind.	AktG; bei Regelungslücken Vorschriften zum Verein in §§ 21-79 BGB (vgl. HOHLOCH in: HOHLOCH, Gesellschaftsrecht 2001, Rn. 237).
Gründung	Schriftlich abgefasster Gesellschaftsvertrag mit gesetzlich vorgeschriebenen Mindestangaben;	Schriftlich abgefasster Gesellschaftsvertrag (Satzung) mit gesetzlich vorgeschriebenen Mindestangaben (§ 23 Abs. 3 und 4 AktG; auch § 23 Abs. 2 AktG);
	notarielle Beurkundung des Gesellschaftsvertrags nur in Ausnahmefällen erforderlich;	notarielle Beurkundung des Gesellschafsvertrags erforderlich (§ 23 Abs. 1 Satz 1 AktG);
	Firma frei wählbar, lediglich Angabe der Rechtsform muss enthalten sein;	Firma frei wählbar (vgl. HEIDER, § 4, in: KROPFF/SEMLER, Münchener Kommentar 2000, Rn. 14), lediglich Angabe der Rechtsform muss enthalten sein (§ 4 AktG);
	Handelsgesellschaft und Formkaufmann unabhängig vom Gegenstand des Unternehmens;	Handelsgesellschaft (§ 3 AktG) und Formkaufmann unabhängig vom Gegenstand des Unternehmens (§ 6 HGB);
	umfangreiche Publizitätsvorschriften, u.a. Pflicht zur Handelsregistereintragung.	Pflicht zur Handelsregistereintragung (§ 36 Abs. 1 AktG); Bekanntmachung der Eintragung durch Registergericht in Bundesanzeiger und in anderem Blatt (§ 10 Abs. 1 HGB).
Gesellschafter	Einmann-Gesellschaften sind erlaubt; Gesellschafter haben keine Kaufmannseigenschaft;	Mindestens ein Gesellschafter (§ 2 AktG); Gesellschafter haben keine Kaufmannseigenschaft (vgl. MEMENTO VERLAG AG, Gesellschaftsrecht 2002, Rn. 57);
	Grundsätzliche Einschränkung der Übertragbarkeit von Aktien an der SAS durch Verbot der Zuwendung zum öffentlichen Kapitalmarkt;	Übertragbarkeit grundsätzlich frei möglich (vgl. RAISER, Kapitalgesellschaften 2001, S. 120 und 122);
	gesellschaftsvertragliche Regelungen mit Verbot bzw. Einschränkung der Übertragung von Aktien an der SAS sind gesetzlich explizit gestattet;	Gesellschaftsvertrag kann Übertragung von bestimmten Aktien an Zustimmung der Gesellschaft binden (§ 68 Abs. 2 AktG);

Rechtsform / Merkmal	SAS	AG
	Tod eines Gesellschafters führt nicht zur Auflösung der Gesellschaft;	Tod eines Gesellschafters führt nicht zur Auflösung der Gesellschaft (vgl. RAISER, Kapitalgesellschaften 2001, S. 355-357);
	Informations-, Mitwirkungs- und Vermögensrechte der Gesellschafter.	Informations- (§ 131 AktG), Mitwirkungs- (§ 134 AktG) und Vermögensrechte (§ 58 Abs. 4 AktG, § 186 AktG, § 271 AktG) der Gesellschafter.
Gesellschaftskapital	Mindestkapital in Höhe von 37.000 EUR;	Mindestkapital (Mindestgrundkapital) in Höhe von 50.000 EUR (§ 7 AktG);
	Bar- und Sacheinlagen sind zulässig;	Bar- und Sacheinlagen sind zulässig (vgl. MEMENTO VERLAG AG, Gesellschaftsrecht 2002, Rn. 3447);
	anfängliche Mindesteinzahlung der Bareinlagen beträgt 50 %;	anfängliche Mindesteinzahlung der Bareinlagen muss mindestens 25 % des geringsten Ausgabebetrags der Aktien und – sofern vorgesehen – das volle Aufgeld (Agio) betragen (§ 36a Abs. 1 AktG); bei Einmann-Gründungen muss der Gründer für den Teil, der den eingeforderten Betrag übersteigt, eine Sicherung bestellen (§ 36 Abs. 2 Satz 2 AktG);
	Sacheinlagen müssen grundsätzlich durch einen Einlagenprüfer bewertet werden.	bei Sacheinlagen Prüfung der Gründung durch externen Gründungsprüfer (§ 33 Abs. 2 Nr. 4 AktG).
Gesellschafterhaftung	Gesellschafter haften nur mit ihrer Einlage für die Verbindlichkeiten der Gesellschaft;	Gesellschafter haften nur mit ihrer Einlage für die Verbindlichkeiten der Gesellschaft (§ 1 Abs. 1 Satz 2 AktG);
	–	Gesellschafter haften für eine Überbewertung ihrer Sacheinlagen (vgl. HÜFFER, Aktiengesetz 2002, § 9, Rn. 6);
	–	von der Rechtsprechung entwickelte Durchgriffshaftung kann in Ausnahmefällen greifen (vgl. HOHLOCH in: HOHLOCH, Gesellschaftsrecht 2001, Rn. 285-286);
	Fehler bei der Ausübung der Unternehmensleitung können zu einer Haftungsausweitung der Unternehmensleitung (insbesondere der Gesellschafter, die an der Unternehmensleitung beteiligt sind) im Rahmen eines Insolvenz- oder eines Liquidationsverfahrens führen;	gröbliche Pflichtverletzung eines Vorstandsmitglieds (insbesondere Vorstandsmitglied, das Gesellschafter ist) kann zur Geltendmachung eines Ersatzanspruchs der Gesellschaft durch Gläubiger führen, falls keine Befriedigung von Gesellschaft erlangt werden kann (§ 93 Abs. 5 AktG);
	tatsächliche Ausweitung der Gesellschafterhaftung durch Erfordernis der Bürgschaftsübernahme bei Kreditvergabe;	tatsächliche Ausweitung der Gesellschafterhaftung durch Erfordernis der Bürgschaftsübernahme bei Kreditvergabe (Aussage bezüglich GmbH ist übertragbar auf „kleine AG“);

Rechtsform Merkmal	SAS	AG
	Personen, die für Gesellschaft im Gründungsstadium handeln, sind grundsätzlich unbeschränkt und solidarisch für Ansprüche verpflichtet; Übernahme ihrer Verpflichtungen durch Gesellschaft bei Handelsregistereintragung kann vereinbart werden.	Personen, die für Gesellschaft im Gründungsstadium handeln, haften grundsätzlich unbeschränkt und solidarisch (§ 41 Abs. 1 Satz 2 AktG); Übernahme ihrer Verpflichtungen durch Gesellschaft bis zu drei Monate nach Handelsregistereintragung kann vereinbart werden (§ 41 Abs. 2 AktG), allerdings Unterbilanzhaftung der Gesellschafter nach Handelsregistereintragung der Gesellschaft (vgl. HÜFFER, Aktiengesetz 2002, § 41, Rn. 8).
Gewinn- und Verlustverteilung	Grundsätzlich im Verhältnis der Anteile der Gesellschafter am Gesellschaftskapital; Gesellschafter beschließen über auszuschüttenden Teil der Gewinne; Pflicht zur Bildung einer gesetzlichen Rücklage muss beachtet werden.	Grundsätzlich im Verhältnis der Anteile der Gesellschafter am Gesellschaftskapital (§ 60 AktG); Gesellschafter beschließen in ordentlicher Hauptversammlung über Gewinnverwendung (§ 174 Abs. 1 AktG); Pflicht zur Bildung einer gesetzlichen Rücklage muss beachtet werden (§ 150 AktG).
Organe	Gesellschafterversammlungen nicht nötig wegen Möglichkeit anderer Beschlussfassungsverfahren;	Jährliche ordentliche Hauptversammlung (§ 175 AktG);
	–	außerordentliche Hauptversammlungen können von Gesellschaftern verlangt werden (§ 122 Abs. 1 AktG) und müssen bei Verlust in Höhe der Hälfte des Gesellschaftskapitals einberufen werden (§ 92 Abs. 1 AktG);
	lediglich ein Präsident, der natürliche oder juristische Person sein kann und nicht Gesellschafter sein muss, ist vorgesehen;	Leitung der Gesellschaft durch Vorstand (§ 76 Abs. 1 AktG), der aus natürlichen Personen besteht, die keine Gesellschafter sein müssen (vgl. RAISER, Kapitalgesellschaften 2001, S. 148);
	im Innenverhältnis erfolgt gesellschaftsvertragliche Festlegung der Befugnisse des Präsidenten;	im Innenverhältnis erfolgt gesellschaftsvertragliche Festlegung der Befugnisse des Vorstands (vgl. KLUNZINGER, Gesellschaftsrecht 2002, S. 169);
	im Außenverhältnis (Vertretung) ist Gesellschaft auch durch Maßnahmen des Präsidenten verpflichtet, die außerhalb des Gegenstands des Unternehmens liegen.	im Außenverhältnis (Vertretung) ist Befugnis des Vorstands nicht beschränkbar (§ 82 Abs. 1 AktG);
	–	Aufsichtsrat muss immer gebildet werden (§ 95 AktG).

Rechtsform Merkmal	SAS	AG
Buchführungs- und Rechnungslegungspflichten	Buchführungspflicht;	Buchführungspflicht (§ 238 Abs. 1 HGB);
	Erstellungspflicht für: – Inventar, – Jahresabschluss mit Bilanz, GuV und Anhang, – Lagebericht;	Erstellungspflicht für: – Inventar (§ 240 Abs. 1 HGB), – Jahresabschluss mit Bilanz (§ 242 Abs. 1 HGB), GuV (§ 242 Abs. 2 HGB) und Anhang (§ 264 Abs. 1 HGB), – Lagebericht (nur mittelgroße und große Gesellschaften – § 264 Abs. 1 HGB);
	Aufstellungsfrist vier bis acht Monate;	Aufstellungsfrist drei (mittelgroße und große Gesellschaften) bzw. sechs (kleine Gesellschaften) Monate (§ 264 Abs. 1 HGB).
	für große Handelsgesellschaften Pflicht zur Erstellung von Planungsunterlagen.	–
Prüfungs- und Offenlegungspflichten	Prüfungspflicht;	Prüfungspflicht für mittelgroße und große Gesellschaften (§ 316 Abs. 1 HGB);
	Offenlegungspflicht bezüglich: – Jahresabschluss, – Lagebericht, – Bericht des Abschlussprüfers, – Vorschlag zur Ergebnisverwendung, – Beschluss über Ergebnisverwendung.	Offenlegungspflicht bezüglich (§ 325 Abs. 1 HGB): – Jahresabschluss, – Lagebericht (gegebenenfalls), – Bericht des Aufsichtsrats, – Vorschlag zur Ergebnisverwendung, – Beschluss über Ergebnisverwendung.
Auflösung und Beendigung	Allgemeine und rechtsformspezifische Auflösungsgründe;	Rechtsformspezifische Auflösungsgründe (§ 262 AktG);
	umfangreiche Publizitätsvorschriften für Auflösung und Beendigung;	Eintragung der Auflösung (§ 263 AktG) und Beendigung der AG (§273 Abs. 1 AktG) im Handelsregister;
	Liquidation durch Liquidator; abschließende Gesellschafterversammlung;	Liquidation durch Liquidator (§ 265 Abs. 1-3 AktG); keine abschließende außerordentliche Hauptversammlung.
	Liquidation unterbleibt bei SAS mit nur einem Gesellschafter, der keine natürliche Person ist; dort Vermögensübergang auf Gesellschafter.	–

4 Ausgewählte Regelungen des französischen Steuerrechts, des deutsch-französischen Doppelbesteuerungsabkommens und des Europarechts

4.1 Quellen des französischen Steuerrechts

Auch in Frankreich bilden die Steuergesetze die wichtigste Quelle des Steuerrechts.[633] Dies ergibt sich aus Art. 34 der Verfassung, wonach die Steuerbemessungsgrundlage, der Tarif und die Erhebungsmodalitäten sämtlicher Steuerarten gesetzlich geregelt werden müssen.[634] Die Kodifizierung des Steuerrechts erfolgte zum einen im CGI, zum anderen im „Livre des procédures fiscales“ (LPF).[635]

Der CGI legt das materielle Steuerrecht fest.[636] Er besteht aus einem Hauptteil und vier „Anhängen“ („annexes“). Der Hauptteil enthält die vom Parlament beschlossenen Gesetze.[637] In den Anhängen finden sich „Durchführungsverordnungen“ („textes réglementaires“), welche die Anwendung der im Hauptteil aufgeführten Steuergesetze regeln.[638]

Das formelle Steuerrecht ist im LPF enthalten.[639] Hierzu gehören sämtliche Vorschriften, die das Verhältnis zwischen dem Steuerpflichtigen und dem Fiskus regeln.[640] Sie betreffen beispielsweise die Bereiche der Steuerberechnung, -überprüfung und -erhebung.[641]

Steuerrechtsänderungen erfolgen regelmäßig am Jahresende durch das „Finanzgesetz“ („loi de finances“) und außerdem durch das „berichtigende Finanzgesetz“ („loi de finances rectificative“), wobei diese Änderungen teilweise schon für das abgelaufene Jahr gelten.[642]

---

633 Vgl. COZIAN, Précis de fiscalité 2002, Rn. 3; DISLE/SARAF, Droit fiscal 2002, S. 9; SERLOOTEN, Droit commercial 1997, Rn. 12. BELTRAME unterstreicht aber auch die große praktische Bedeutung der Rechtsprechung und der Verwaltungsanweisungen, die nachstehend beschrieben werden. Vgl. BELTRAME, Fiscalité 2001, S. 117. BRACHET weist auf deren interpretierende Beiträge hin. Vgl. BRACHET, Système fiscal 1997, S. 59.

634 Vgl. SERLOOTEN, Droit commercial 1997, Rn. 12.

635 Vgl. COZIAN, Précis de fiscalité 2002, Rn. 4.

636 Vgl. TILLMANNS, in: MENNEL/FÖRSTER, Steuern 2002, Rn. 2. Der CGI trat 1950 in Kraft und entstand durch die Übernahme sämtlicher, zu diesem Zeitpunkt schon sehr zahlreicher Steuergesetze in ein einziges Buch, welches fortan anstelle der Einzelgesetze galt. Vgl. SERLOOTEN, Droit commercial 1997, Rn. 12.

637 Vgl. TILLMANNS, in: MENNEL/FÖRSTER, Steuern 2002, Rn. 4. Der Hauptteil besteht aus zwei Büchern. Das erste Buch enthält die Vorschriften zur „Steuerbemessungsgrundlage“ und zur „Steuerentrichtung“ („assiette et liquidation de l'impôt“), das zweite zur „Steuererhebung“ („recouvrement de l'impôt“).

638 Vgl. SERLOOTEN, Droit commercial 1997, Rn. 12. Die verschiedenen Durchführungsverordnungen sind – jeweils nach Normenkategorien geordnet – in den vier Anhängen untergebracht. Vgl. hierzu ausführlich MERCIER/PLAGNET, Impôts 2002, Rn. 32.

639 Vgl. TILLMANNS, in: MENNEL/FÖRSTER, Steuern 2002, Rn. 2. Das LPF entstand 1981 durch die Ausgliederung der entsprechenden Vorschriften aus dem CGI. Diese Ausgliederung war notwendig geworden, weil der CGI aufgrund zahlreicher Erweiterungen – unter Beibehaltung seiner ursprünglichen Struktur – immer unübersichtlicher geworden war. Das LPF stellt den ersten Teil eines seit Anfang der sechziger Jahre (!) geplanten neuen Steuergesetzbuchs dar. Vgl. ZAQUIN, Introduction 1981, S. 1189-1190.

640 Vgl. GROSCLAUDE/MARCHESSOU, Droit fiscal 2001, Rn. 42.

641 Auch das LPF ist in einen Teil mit Gesetzen und in einen Teil mit Durchführungsverordnungen unterteilt. Vgl. SERLOOTEN, Droit commercial 1997, Rn. 12.

642 Vgl. TILLMANNS, in: MENNEL/FÖRSTER, Steuern 2002, Rn. 3. Vgl. auch DISLE/SARAF, Droit fiscal 2002, S. 9. Das rückwirkende In-Kraft-Treten von Steuerrechtsänderungen soll unerwünschte Reaktionen der Steuerpflichtigen vermeiden. Diese manifestieren sich im Fall von Steuerverschärfungen in Ausweichreakti-

Neben den Gesetzen stellen Verwaltungsanweisungen eine wichtige Rechtsquelle dar.[643] Sie liefern Mitarbeitern der Finanzverwaltung Hinweise bezüglich der Auslegung und der Anwendung von Steuergesetzen.[644] Grundsätzlich haben Verwaltungsanweisungen keine bindende Wirkung für die Steuerpflichtigen,[645] jedoch für die Mitarbeiter der Finanzverwaltung.[646] Somit wirken sie sich auf die Arbeit der Finanzverwaltung und letztendlich auf die Besteuerung der Steuerpflichtigen aus.[647]

Auch die Rechtsprechung gehört zu den Quellen des Steuerrechts. Natürlich kann sie keine Normen schaffen.[648] Zum einen hat sie aber einige allgemeine steuerrechtliche Theorien entwickelt, die heute in zahlreichen Fällen herangezogen werden.[649] Zum anderen werden Urteile, die eigentlich nur die Prozessbeteiligten binden, in ähnlichen Fällen als Argumentationsbasis gegenüber der Finanzverwaltung herangezogen.[650]

Ferner bilden die von Frankreich geschlossenen DBA eine wichtige Quelle des Steuerrechts. Art. 55 der Verfassung regelt nämlich den Vorrang von parlamentarisch gebilligten DBA-Regelungen vor nationalen Gesetzen.[651] Auch zwischen Deutschland und Frankreich wurde 1959 ein DBA geschlossen.[652] Es beschränkt sich allerdings auf die Ertragsteuern, die Ver-

---

onen, im Fall von Steuererleichterungen im Hinauszögern bestimmter Handlungen. Vgl. GROSCLAUDE/MARCHESSOU, Droit fiscal 2001, Rn. 51.

643 COZIAN spricht in diesem Zusammenhang von der „doctrine administrative" und fasst hierunter „Anweisungen" („instructions") und „Rundschreiben" („circulaires") zusammen. Sie stellt für ihn neben den Gesetzen die wichtigste Quelle des Steuerrechts dar. Vgl. COZIAN, Précis de fiscalité 2002, Rn. 8. Die gleiche Wirkung wie die nachstehend beschriebenen Verwaltungsanweisungen haben „ministerielle Antworten" („réponses ministérielles"), die bestehende Rechtsnormen auslegen. Diese ministeriellen Antworten, die auf nationaler Ebene veröffentlicht werden, beziehen sich auf Fragen von Abgeordneten und Senatoren, die diese an den Finanzminister gerichtet haben. Vgl. MERCIER/PLAGNET, Impôts 2002, Rn. 41. Dies erklärt auch, warum die ministeriellen Antworten mit Namen von Abgeordneten bzw. von Senatoren versehen sind. Vgl. TILLMANNS, in: MENNEL/FÖRSTER, Steuern 2002, Rn. 6. GROSCLAUDE/MARCHESSOU fassen den Begriff der „Verwaltungsanweisungen" sehr weit und schließen u.a. sogar Schreiben, die per Telefax an die örtlichen Stellen der Finanzverwaltung gerichtet wurden, ein. Die meisten dieser Dokumente sind zwar der Öffentlichkeit zugänglich, aber weder vollständig, noch zusammengefasst in einem einzigen Werk vorhanden. Vgl. GROSCLAUDE/MARCHESSOU, Procédures fiscales 2001, Rn. 9.

644 Vgl. BELTRAME, Fiscalité 2001, S. 122. Durch diese Auslegungshinweise soll die Anwendung der steuerlichen Regelungen vereinfacht und letztendlich auch vereinheitlicht werden. Vgl. GROSCLAUDE/MARCHESSOU, Droit fiscal 2001, Rn. 44.

645 Vgl. SERLOOTEN, Droit commercial 1997, Rn. 20.

646 Vgl. MERCIER/PLAGNET, Impôts 2002, Rn. 40.

647 Im Fall der Anwendung gesetzeswidriger Verwaltungsanweisungen bleibt den betroffenen Steuerpflichtigen die Möglichkeit, gerichtlich gegen diese vorzugehen. Vgl. HELLIO/THILL, Steuern in Frankreich 2002, Rn. 12.

648 Vgl. BRACHET, Système fiscal 1997, S. 60.

649 Vgl. SERLOOTEN, Droit commercial 1997, Rn. 18. Vgl. auch BELTRAME, Fiscalité 2001, S. 123.

650 Vgl. TILLMANNS, in: MENNEL/FÖRSTER, Steuern 2002, Rn. 7. Eine Reaktion auf ein Urteil kann in einer von der Regierung angeregten Gesetzesänderung bestehen, so dass die von der Rechtsprechung entwickelte Interpretation letztendlich doch keine Wirkung entfalten muss. Vgl. DISLE/SARAF, Droit fiscal 2002, S. 11; HELLIO/THILL, Steuern in Frankreich 2002, Rn. 19; MERCIER/PLAGNET, Impôts 2002, Rn. 38.

651 Vgl. DGI, Précis 2002, Rn. 13; LAMY, Fiscal 2002, Rn. 3990; OUDENOT, Fiscalité approfondie 2001, Rn. 170. Anfang 2002 hatte Frankreich bereits mit mehr als 100 Ländern DBA auf dem Gebiet der Ertragsteuern und teilweise auch der Vermögen- bzw. der Erbschaftsteuer abgeschlossen. Vgl. BO 14 A-1-02 vom 19.2.2002.

652 Abkommen zwischen der Bundesrepublik Deutschland und der Französischen Republik zur Vermeidung der Doppelbesteuerungen und über gegenseitige Amts- und Rechtshilfe auf dem Gebiete der Steuern vom Einkommen und vom Vermögen sowie der Gewerbesteuern und der Grundsteuern vom 21.7.1959, BGBl. II 1961, S. 398 (DBA-D/F). Es trat am 4.11.1961 in Kraft (BGBl. II 1961, S. 1659). Das DBA-D/F wurde bisher dreimal geändert: Durch das Revisionsprotokoll vom 9.6.1969, BGBl. II 1970, S. 719, das Zusatzabkommen vom 28.9.1989, BGBl. II 1990, S. 772 und das Zusatzabkommen vom 20.12.2001, BGBl. I 2002,

mögensteuer,[653] die Gewerbesteuer und die Grundsteuer. Für die Erbschaft- und Schenkungsteuer besteht kein deutsch-französisches DBA.[654]

Schließlich wirkt sich die Zugehörigkeit Frankreichs zur Europäischen Union auf das französische Steuerrecht aus, denn die Mitgliedsstaaten der Europäischen Union sind verpflichtet, die nationalen Steuergesetze an die Vorgaben in den Richtlinien anzupassen.[655] Das hierbei von der Europäischen Union angestrebte Ziel ist eine Harmonisierung der steuerlichen Regelungen der Mitgliedsstaaten.[656]

4.2 Ertragsabhängige Steuern im französischen Steuerrecht

4.2.1 Impôt sur le revenu

4.2.1.1 Steuerpflicht

4.2.1.1.1 Unbeschränkte Steuerpflicht

Der unbeschränkten Einkommensteuerpflicht unterliegen natürliche Personen (Art. 1 Abs. 1 CGI), die in Frankreich ihren „steuerlichen Wohnsitz" („domicile fiscal") haben (Art. 4 A Abs. 1 CGI). Ist diese Bedingung erfüllt, erfasst die IR das gesamte Jahreseinkommen der betreffenden Person (Art. 1 Abs. 1 CGI und Art. 4 A Abs. 1 CGI).[657] Art. 4 B CGI definiert den steuerlichen Wohnsitz in Frankreich. Demnach ist dieser gegeben, wenn eine natürliche Person:[658]

- ihren „Familienwohnsitz" bzw. „Haushalt" („foyer") in Frankreich hat (Art. 4 B 1. a) CGI);[659]

S. 2370. Im Moment der Fertigstellung der vorliegenden Arbeit stand die Notifikation des Zusatzabkommens vom 20.12.2001 noch aus. Somit war dieses trotz des Vorliegens der deutschen innerstaatlichen Voraussetzungen für das Inkrafttreten noch nicht in Kraft.

653 Die Vermögensteuer wird in Deutschland nicht mehr erhoben. Vgl. BVerfG-Beschluss vom 22.6.1995, BStBl. II 1995, S. 653.

654 Vgl. LEFEBVRE, Allemagne 2000, Rn. 4263. Im Folgenden werden ausgewählte Regelungen des DBA-D/F kontextabhängig beschrieben.

655 Richtlinien der Europäischen Union müssen von ihren Mitgliedsstaaten in deren nationales Recht umgesetzt werden. Somit kommt letztendlich nicht die Richtlinie, sondern das angepasste nationale Recht zur Anwendung. Vgl. DISLE/SARAF, Droit fiscal 2002, S. 10.

656 Vgl. COZIAN, Précis de fiscalité 2002, Rn. 6. Dabei ist die Harmonisierung der Mehrwertsteuersysteme bisher am weitesten fortgeschritten. Vgl. BELTRAME, Fiscalité 2001, S. 128.

657 In diesem Jahreseinkommen sind grundsätzlich auch die Einkünfte aus ausländischer Quelle eingeschlossen. Allerdings müssen hier eventuell bestehende abkommensrechtliche Regelungen beachtet werden. Vgl. DGI, Précis 2002, Rn. 11. Die unbeschränkte Steuerpflicht erfasst somit das Welteinkommen einer natürlichen Person.

658 Die nachfolgenden Kriterien müssen lediglich alternativ, nicht kumulativ erfüllt werden. Vgl. GOUTHIÈRE, Impôts 2001, Rn. 1401. Vgl. zur Gliederung der Kriterien und deren Bezeichnung DAVID U.A., Grands arrêts 2000, S. 192; LAMY, Fiscal 2002, Rn. 4028-4031; LEFEBVRE, Fiscal 2002, Rn. 17; TILLMANNS, in: MENNEL/FÖRSTER, Steuern 2002, Rn. 40.

659 Der Familienwohnsitz befindet sich dort, wo eine Person normalerweise wohnt und wo sie das Zentrum ihrer familiären Interessen hat. Vorübergehende Aufenthalte an anderen Orten aus beruflichen oder anderen außergewöhnlichen Gründen wirken sich somit nicht aus. Vgl. CE vom 3.11.1995, n° 126513. Insofern werden von dieser Regelung Personen erfasst, die vorübergehend im Ausland tätig sind, deren Familie aber in

- ihren „gewöhnlichen Aufenthalt“ („séjour principal“) in Frankreich hat (Art. 4 B 1. a) CGI);[660]
- ihre „berufliche Haupttätigkeit“ („activité professionnelle“)[661] in Frankreich ausübt (Art. 4 B 1. b) CGI);[662]
- das „Zentrum ihrer wirtschaftlichen Interessen“ („centre de leurs [bzw. „ses“; der Verf.] intérêts économiques“) in Frankreich hat (Art. 4 B 1. c) CGI).[663] [664]

Dieser Kriterienkatalog zeigt, dass der im CGI definierte Begriff des „steuerlichen Wohnsitzes“ sehr weit gefasst ist.[665] Allerdings kann die aus dem Vorliegen der Kriterien resultierende unbeschränkte Einkommensteuerpflicht nur dann ihre volle Wirkung entfalten, wenn ein DBA keine einschränkenden Regelungen enthält.[666] Das DBA-D/F definiert in Art. 2 Abs. 1 Nr. 4 Buchstabe a DBA-D/F zunächst den Begriff einer „in einem Vertragsstaat ansässigen Person“. Demnach ist die Ansässigkeit in einem Staat gegeben, wenn eine Person dort auf-

---

Frankreich geblieben ist. Vgl. doc. adm. 5 B 1121 vom 1.9.1999, Rn. 5. Das hier betrachtete Kriterium gilt als nicht erfüllt, wenn eine Person lediglich eine Zweitwohnung in Frankreich besitzt. Vgl. GOUTHIÈRE, Impôts 2001, Rn. 1403. Eine Person kann nur einen Familienwohnsitz haben. Vgl. KRAMER, Art. 2, in: DEBATIN/WASSERMEYER, Doppelbesteuerung 2002, Rn. 33.

660 Verweilt eine Person mehr als sechs Monate im Jahr in Frankreich, so hat sie dort grundsätzlich ihren gewöhnlichen Aufenthalt und somit ihren steuerlichen Wohnsitz. Vgl. doc. adm. 5 B 1121 vom 1.9.1999, Rn. 6. Der Ort, an dem sich die betreffende Person aufhält, ist hier nicht entscheidend. Es kann sich hierbei um eine Eigentumswohnung, eine gemietete Wohnung, eine ihr zur Verfügung gestellte Wohnung oder auch um ein Hotelzimmer handeln. Vgl. GOUTHIÈRE, Impôts 2001, Rn. 1404. Das Kriterium des gewöhnlichen Aufenthalts kann nur dann den steuerlichen Wohnsitz einer Person festlegen, wenn nicht irgendwo ein Familienwohnsitz besteht. De facto kann dies nur bei Alleinstehenden der Fall sein. Vgl. CE vom 3.11.1995, n° 126513 und die diesbezüglichen Ausführungen bei GOUTHIÈRE, Impôts 2001, Rn. 1404-1. Dieses und das vorausgehende Kriterium werden als persönliches Kriterium bezeichnet. Bei verheirateten Personen mit Familienwohnsitz im Ausland wird das persönliche Kriterium nicht zu einer unbeschränkten Steuerpflicht in Frankreich führen. Somit können lediglich die beiden nachstehenden Kriterien einen steuerlichen Wohnsitz zur Folge haben.

661 Zunächst ist nur von der „beruflichen Tätigkeit“ („activité professionnelle“) die Rede. Die weiteren Ausführungen bestimmen aber, dass diese keine Nebentätigkeit sein darf: „à moins qu'elles ne justifient que cette activité y est exercée à titre accessoire“ (Art. 4 B 1. b) CGI). Somit muss es sich um die berufliche Haupttätigkeit einer natürlichen Person handeln.

662 Hierbei handelt es sich um das berufliche Kriterium. Übt eine Person den gleichen Beruf in mehreren Ländern aus, hat sie dann ihren steuerlichen Wohnsitz in Frankreich, wenn ihre Haupttätigkeit – gemessen an der hierfür effektiv benötigten Zeit – in Frankreich ausgeübt wird. Dabei ist es nicht notwendig, dass ihre Haupteinkunftsquelle aus dieser Tätigkeit stammt. Die Höhe der Einkünfte ist erst dann ausschlaggebend, wenn der zeitliche Maßstab nicht herangezogen werden kann. Vgl. doc. adm. 5 B 1121 vom 1.9.1999, Rn. 16.

663 Das Konzept des „Zentrums der wirtschaftlichen Interessen“ umfasst den Ort, wo eine Person ihre wichtigsten Investitionen getätigt hat, den Ort des Zentrums ihrer Geschäfte oder den Ort, von dem aus sie ihr Vermögen verwaltet. Außerdem kann es sich um das Zentrum ihrer beruflichen Aktivitäten oder um den Ort der Herkunft des größten Teils ihrer Bruttoeinnahmen handeln. Übt eine Person mehrere Tätigkeiten aus oder hat sie mehrere Einnahmequellen, wird das Zentrum der wirtschaftlichen Interessen dem Land zugeordnet, aus dem der Hauptteil ihrer Bruttoeinnahmen stammt. Vgl. doc. adm. 5 B 1121 vom 1.9.1999, Rn. 17 und 19. Vgl. zur Forderung nach der Betrachtung der Brutto-, nicht der Nettoeinnahmen Cour de Cassation vom 30.5.2000, RJF 2000, n° 1178. Dieses Kriterium wird als wirtschaftliches Kriterium bezeichnet. Das Konzept des Zentrums der wirtschaftlichen Interessen ähnelt der entsprechenden Anwendungsvoraussetzung der in § 2 AStG geregelten erweiterten beschränkten Steuerpflicht im Rahmen der Einkommensteuer. Eine der Voraussetzungen für ihre Anwendung auf die betreffende Person ist das Vorliegen wesentlicher wirtschaftlicher Interessen in Deutschland (§ 2 Abs. 1 Nr. 2 AStG).

664 Außerdem bestimmt Art. 4 B 2. CGI, dass bestimmte im Ausland tätige Staatsbedienstete ihren steuerlichen Wohnsitz in Frankreich haben.

665 Vgl. DAVID U.A., Grands arrêts 2000, S. 192; GOUTHIERE, Impôts 2001, Rn. 1401.

666 Vgl. TILLMANNS, in: MENNEL/FÖRSTER, Steuern 2002, Rn. 40.

grund eines Merkmals wie ihres Wohnsitzes oder ihres Aufenthalts steuerpflichtig ist. Die Ansässigkeit richtet sich also nach dem Recht des jeweiligen Staates.[667] Ist eine Person aufgrund der jeweiligen nationalen Regelungen in Deutschland und in Frankreich steuerpflichtig und somit grundsätzlich in beiden Staaten ansässig, greift Art. 2 Abs. 1 Nr. 4 Buchstabe b DBA-D/F. Dort wird in einer über vier Unterpunkte – Doppelbuchstaben aa-dd – verteilten Stufenregelung der Ansässigkeitsvorrang bestimmt. Letztendlich gibt die „stärkere Verwurzelung“ in einem der beiden Staaten den Ausschlag.[668] Hierbei werden nacheinander die Kriterien der „ständigen Wohnstätte“, der „engeren persönlichen und wirtschaftlichen Beziehungen“, des „gewöhnlichen Aufenthalts“ und der „Staatsangehörigkeit“ herangezogen (Art. 2 Abs. 1 Nr. 4 Buchstabe b Doppelbuchstaben aa-cc DBA-D/F). Führt auch das Heranziehen dieser Kriterien zu keinem Ergebnis, müssen sich die zuständigen deutschen und französischen Behörden untereinander einigen (Art. 2 Abs. 1 Nr. 4 Buchstabe b Doppelbuchstabe dd DBA-D/F).[669]

4.2.1.1.2 Beschränkte Steuerpflicht

Die beschränkte Einkommensteuerpflicht ergibt sich aus Art. 4 A Abs. 2 CGI. Sie betrifft natürliche Personen, die keinen steuerlichen Wohnsitz in Frankreich haben, und erfasst lediglich ihre aus einer französischen Quelle stammenden Einkünfte. Art. 164 B CGI enthält einen abschließenden Katalog der Einkünfte, die als aus einer französischen Quelle stammend eingestuft werden.[670] Zu diesem Katalog gehören:

- Einkünfte aus französischen Grundstücken oder aus Rechten an diesen Grundstücken (Art. 164 B I. a) CGI);
- Einkünfte aus französischen Wertpapieren und anderen in Frankreich angelegten Kapitalanlagen[671] (Art. 164 B I. b) CGI);
- Einkünfte aus in Frankreich betriebenen Unternehmen (Art. 164 B I. c) CGI);[672]
- Einkünfte aus in Frankreich ausgeübten selbständigen oder nichtselbständigen beruflichen Tätigkeiten (Art. 164 B I. d) CGI);[673]
- bestimmte Veräußerungsgewinne und Gewinne aus bestimmten mit Gewinnerzielungsabsicht ausgeübten Tätigkeiten[674], sofern ein Zusammenhang mit einem französischen Ge-

---

667 Vgl. KRAMER, Art. 2, in: DEBATIN/WASSERMEYER, Doppelbesteuerung 2002, Rn. 32. Vgl. auch LEHNER, Art. 4, in: VOGEL, Doppelbesteuerungsabkommen 1996, Rn. 23.

668 Vgl. KRAMER, Art. 2, in: DEBATIN/WASSERMEYER, Doppelbesteuerung 2002, Rn. 34. WASSERMEYER spricht von der „stärkeren persönlichen Bindung“. Vgl. WASSERMEYER, Art. 1, in: DEBATIN/WASSERMEYER, Doppelbesteuerung 2002, Rn. 37.

669 Vgl. ausführlich zu dieser Stufenregelung WASSERMEYER, Art. 4, in: DEBATIN/WASSERMEYER, Doppelbesteuerung 2002, Rn. 51-86. WASSERMEYER spricht hier allerdings von der „tie-breaker-rule“. WILKE verdeutlicht, dass zwischen den Abgrenzungskriterien im DBA-D/F und im OECD-MA lediglich sprachliche Abweichungen bestehen. Vgl. WILKE, Art. 2, in: BECKER U.A., DBA-Kommentar 2002, Rn. 12.

670 Vgl. zum abschließenden Charakter dieses Katalogs doc. adm. 5 B 111 vom 1.9.1999, Rn. 7.

671 Hierzu zählen beispielsweise Gesellschaftsanteile und festverzinsliche Kapitalanlagen wie Staatsanleihen, Obligationen oder Bürgschaften. Vgl. doc. adm. 5 B 7111 vom 1.7.1997, Rn. 5.

672 Um festzustellen, ob ein Unternehmen in Frankreich betrieben wird, kommen die in Kapitel 2.1.2.4 beschriebenen Regelungen zur Abgrenzung der Körperschaftsteuerpflicht zur Anwendung. Vgl. doc. adm. 5 B 7111 vom 1.7.1997, Rn. 6.

673 Das Gehalt des Geschäftsführers einer französischen Gesellschaft gehört auch zu diesen Einkünften. Vgl. doc. adm. 5 B 7111 vom 1.7.1997, Rn. 7.

674 Eine ausführliche Auflistung dieser Tätigkeiten findet sich in Art. 35 CGI. Zu diesen Tätigkeiten zählt beispielsweise das Handeln mit Immobilien.

schäftsbetrieb[675], mit in Frankreich belegenen Immobilien, mit Rechten an diesen Immobilien oder mit Anteilen an Gesellschaften, deren Vermögen hauptsächlich aus den genannten Gütern besteht, gegeben ist (Art. 164 B I. e) CGI);

- Gewinne aus der Veräußerung von mehr als 25 %igen Beteiligungen an körperschaftsteuerpflichtigen Gesellschaften mit Sitz in Frankreich (Art. 164 B I. f) CGI);[676]
- Einkünfte aus in Frankreich ausgeübten künstlerischen oder sportlichen Tätigkeiten (Art. 164 B I. g) CGI).

Unter der Bedingung, dass der Schuldner der Einkünfte seinen steuerlichen Wohnsitz in Frankreich hat (natürliche Person) oder in Frankreich niedergelassen ist (juristische Person), gelten auch nachstehende Einkünfte als aus französischer Quelle stammend (Art. 164 B II. CGI):

- Pensionen und Leibrenten (Art. 164 B II. a) CGI);
- Einkünfte aus Urheberrechten, aus Schutzrechten, aus der Vergabe von Lizenzen und ähnliche Einkünfte (Art. 164 B II. b) CGI);
- Einkünfte aus Dienstleistungen, wenn diese in Frankreich erbracht oder verwertet werden (Art. 164 B II. c) CGI).[677]

Eine Steuerpflicht besteht auch dann, wenn eine natürliche Person zwar nicht ihren steuerlichen Wohnsitz in Frankreich hat, dort aber mindestens eine Wohnung besitzt. Gem. Art. 164 C Abs. 1 CGI unterliegt eine solche Person der IR, wobei der dreifache Mietwert der Wohnung oder der Wohnungen als Bemessungsgrundlage herangezogen wird. Erzielt sie aber Einkünfte aus französischer Quelle, welche den dreifachen Mietwert übersteigen, dienen diese Einkünfte als Bemessungsgrundlage zur Ermittlung der IR (Art. 164 C Abs. 1 CGI). Ausgenommen von dieser Vorschrift sind Personen mit steuerlichem Wohnsitz in einem Staat, der mit Frankreich ein Doppelbesteuerungsabkommen abgeschlossen hat.[678] [679]

4.2.1.2 Einkunftsarten

4.2.1.2.1 Überblick über die Einkunftsarten

Im Rahmen der Ermittlung der Steuerbemessungsgrundlage der IR müssen zunächst die Einkünfte im Rahmen der verschiedenen Einkunftsarten ermittelt werden (Art. 13 2. CGI). Eine Aufzählung der einkommensteuerlichen Einkunftsarten findet sich in Art. 1 Abs. 2 CGI:[680]

---

675 Ein „Geschäftsbetrieb" („fonds de commerce") umfasst sämtliche Rechte und Güter, die für den Betrieb eines Gewerbes benötigt werden. Vgl. LEFEBVRE/PÖLLATH/RÄDLER, Steuern in Frankreich 1976, Rn. 970.

676 Die Vorgehensweise bei der Ermittlung dieser Anteile bestimmt Art. 164 B I. f) CGI. Demnach musste die Beteiligung zu irgendeinem Zeitpunkt innerhalb der letzten fünf Jahre zu einem Anteil von mehr als 25 % an den Gewinnen der Gesellschaft berechtigen. Dabei werden die – direkt oder indirekt gehaltenen – Anteile von Eheleuten zusammengerechnet. Auch die Anteile von Vor- und Nachfahren werden einbezogen.

677 Vgl. ausführlich zu diesen Dienstleistungen doc. adm. 5 B 7111 vom 1.7.1997, Rn. 19-29.

678 Diese Ausnahmeregelung gilt unabhängig von der Nationalität einer Person, d.h., sie betrifft Franzosen und Ausländer gleichermaßen. Vgl. LEFEBVRE, Fiscal 2002, Rn. 449.

679 Die aus dem Vorliegen einer Wohnung resultierende beschränkte Steuerpflicht kommt tatsächlich nur sehr selten vor. Sofern sie relevant ist, wird der Mietwert bei einer Mietwohnung unter Heranziehung der gezahlten Miete bestimmt. Ansonsten erfolgt ein Vergleich mit ähnlichen Wohnungen, die vermietet sind. Vgl. LEFEBVRE, Fiscal 2002, Rn. 451.

680 Während in der Literatur zum deutschen Steuerrecht eine Unterteilung der Einkunftsarten in die Gruppen „Gewinneinkunftsarten" und „Überschusseinkunftsarten" üblich ist (vgl. hierzu beispielsweise KUSSMAUL, Betriebswirtschaftliche Steuerlehre 2000, S. 286; ROSE, Ertragsteuern 2001, S. 45), unterbleibt in der Litera-

- Einkünfte aus Grundvermögen;
- Einkünfte aus Gewerbebetrieb;
- Einkünfte aus Geschäftsführergehältern;
- Einkünfte aus Land- und Forstwirtschaft;
- Einkünfte aus nichtselbständiger Arbeit und Renten;
- Einkünfte aus selbständiger Arbeit;
- Einkünfte aus Kapitalvermögen;
- Einkünfte aus Veräußerungsgewinnen.[681]

Eine Zuordnung der Einkünfte eines Steuerpflichtigen zu einer Einkunftsart ist aufgrund der spezifischen Einkunftsermittlungsvorschriften notwendig.[682] Diesem Umstand werden die nachfolgenden Ausführungen durch eine nach Einkunftsarten getrennte Betrachtung der Einkünfte gerecht.

4.2.1.2.2 Einkünfte aus Grundvermögen

In die Kategorie der Einkünfte aus Grundvermögen[683] i.S.d. Art. 14 CGI gehören sämtliche Einnahmen aus bebauten (Art. 14 1° CGI) und aus unbebauten Grundstücken (Art. 14 2° CGI). Somit stammen die Einkünfte aus Grundvermögen im Wesentlichen aus der Vermietung von Grundstücken.[684] Sofern die genannten Einnahmen aber zu den Gewinnen eines gewerblichen bzw. eines landwirtschaftlichen Unternehmens oder einer selbständigen Tätigkeit gehören, werden sie nicht bei den Einkünften aus Grundvermögen, sondern bei der dann jeweils relevanten Einkunftsart erfasst (Art. 14 CGI).[685]

Im Rahmen der Ermittlung der Einkünfte aus Grundvermögen dürfen auch bestimmte in Art. 29 Abs. 1 CGI und Art. 31 I. CGI definierte Ausgaben geltend gemacht werden. Hierzu gehören beispielsweise Reparatur- und Erhaltungsausgaben (Art. 31 I. 1° a) CGI bzw. Art. 31 I. 2° a) CGI i.V.m. Art. 31 I. 1° a) CGI), Schuldzinsen (Art. 31 I. 1° d) CGI bzw. Art. 31 I. 2°

---

tur zum französischen Steuerrecht oftmals eine Gruppierung der Einkunftsarten. Vgl. die Aufzählung der Einkunftsarten bei DGI, Précis 2002, Rn. 52; LEFEBVRE, Fiscal 2002, Rn. 72; REVUE FIDUCIAIRE, Fiscal 2002, Rn. 4792; SERLOOTEN, Droit commercial 1997, Rn. 516. In einigen Fällen wird eine Unterteilung in „berufliche Einkunftsarten" („revenus des activités professionnelles" bzw. „revenus professionnels") und in „Vermögenseinkunftsarten" („revenus du patrimoine" bzw. „revenus patrimoniaux") vorgenommen. Vgl. GROSCLAUDE/MARCHESSOU, Droit fiscal 2001, Rn. 90; MERCIER/PLAGNET, Impôts 2002, vor Rn. 120. Die nachstehend bei der Aufzählung der Einkunftsarten gebrauchte Reihenfolge folgt der Vorgabe in Art. 1 Abs. 2 CGI.

681 Bei der Übersetzung wurde mit Blick auf die sprachliche Handhabung im deutschen Steuerrecht durchgehend der Begriff „Einkünfte" gebraucht. In Art. 1 Abs. 2 CGI finden sich dagegen ganz unterschiedliche Begriffe. So werden dort beispielsweise „Einkünfte" („revenus"), „Gewinne" („bénéfices"), „Entlohnungen" („rémunérations") und „Veräußerungsgewinne" („plus-values de cession") genannt. Auch über den Begriff der „Einkünfte" hinaus orientieren sich die hier aufgeführten Bezeichnungen der Einkunftsarten an den deutschen Ausdrücken.

682 Vgl. REVUE FIDUCIAIRE, Fiscal 2002, Rn. 4792.

683 Im CGI werden sie als „revenus fonciers" bezeichnet.

684 Darüber hinaus werden in dieser Einkunftsart auch Nebeneinnahmen erfasst. Dabei handelt es sich beispielsweise um die in Art. 29 Abs. 2 CGI genannten Einnahmen aus der Vermietung von Werbeflächen oder der Einräumung von Jagd- bzw. von Abbaurechten. Vgl. doc. adm. 5 D 11 vom 10.3.1999 (keine Rn.) und doc. adm. 5 D 113 vom 10.3.1999, Rn. 1. Auch Einnahmen eines Steuerpflichtigen aus Anteilen oder Aktien an bestimmten Immobiliengesellschaften werden in der Kategorie der Einkünfte aus Grundvermögen erfasst. Vgl. REVUE FIDUCIAIRE, Fiscal 2002, Rn. 4901.

685 Dies ist dann der Fall, wenn das die Einnahmen generierende Grundvermögen Teil eines Betriebsvermögens ist. Vgl. LEFEBVRE, Fiscal 2002, Rn. 2412.

a) CGI i.V.m. Art. 31 I. 1° d) CGI) und eine Pauschale, die u.a. bestimmte Verwaltungsausgaben und Abschreibungen repräsentiert (Art. 31 I. 1° e) CGI bzw. Art. 31 I. 2° d) CGI).[686]

Liegen die Einnahmen, die in die Kategorie der Einkünfte aus Grundvermögen gehören, unter 15.000 EUR, wird gem. Art. 32 1. CGI grundsätzlich ein vereinfachtes Ermittlungsverfahren – das „micro-foncier" – herangezogen.[687] Die Einkünfte aus Grundvermögen betragen demnach lediglich 60 % der Einnahmen. Eine Optionsmöglichkeit für eine reguläre Besteuerung besteht aber (Art. 32 4. Abs. 1 CGI).

Gem. Art. 164 B I. a) CGI werden Einkünfte aus französischen Grundstücken als aus französischer Quelle stammend eingestuft und fallen somit unter die beschränkte Einkommensteuerpflicht. Daran ändert auch das DBA-D/F nichts, denn Art. 3 Abs. 1 und 4 DBA-D/F weisen die Einkünfte aus unbeweglichem Vermögen[688], insbesondere aus der Vermietung oder Verpachtung dieses Vermögens, dem Belegenheitsstaat zu.[689]

4.2.1.2.3 Einkünfte aus Gewerbebetrieb

4.2.1.2.3.1 Abgrenzung der Einkünfte aus Gewerbebetrieb

Die Einkünfte aus Gewerbebetrieb i.S.d. Art. 34 CGI erfassen sämtliche Einkünfte, die aus der Ausübung einer Handels-, Industrie- oder Handwerkstätigkeit stammen (Art. 34 Abs. 1 CGI).[690] Darüber hinaus werden in Art. 34 Abs. 2 CGI und in Art. 35 I. CGI Einkünfte aus bestimmten grundsätzlich nichtgewerblichen Tätigkeiten[691] den Einkünften aus Gewerbebetrieb zugeordnet.[692] Art. 34 Abs. 1 CGI nennt im Rahmen der Festlegung der Einkünfte aus Gewerbebetrieb natürliche Personen, welche diese Einkünfte erzielen. Somit gehören die Ergebnisse gewerblicher Einzelunternehmen zu dieser Einkunftsart. Aber auch die anteiligen

---

686 Für einige neue Gebäude dürfen spezielle in Art. 31 I. 1° f) CGI und Art. 31 I. 1° g) CGI festgelegte Abschreibungsbeträge angesetzt werden. In diesen Fällen reduziert sich aber die oben genannte Pauschale (Art. 31 I. 1° e) Abs. 1 CGI).

687 Vgl. hierzu ausführlich BO 5 D-1-98 vom 19.3.1998.

688 Was unter dem Begriff „unbewegliches Vermögen" zu verstehen ist, bestimmt sich nach dem Recht des Belegenheitsstaats (Art. 3 Abs. 2 DBA-D/F). Somit muss die entsprechende Definition des C. civ. herangezogen werden. Vgl. KRAMER, Art. 3, in: DEBATIN/WASSERMEYER, Doppelbesteuerung 2002, Rn. 10. Vgl. zu Beispielen für unbewegliches Vermögen FRANKOWSKI, DBA-Frankreich 1994, Rn. 0304.

689 Allerdings hat Deutschland in diesem Fall das Recht zur Anwendung des Progressionsvorbehalts (Art. 20 Abs. 1 Buchstabe a DBA-D/F), welches aufgrund von § 32b Abs. 1 Nr. 3 EStG auch tatsächlich wahrgenommen wird. Bei negativen ausländischen Einkünften und des sich grundsätzlich hieraus ergebenden negativen Progressionsvorbehalts sind die Verlustverrechnungsbeschränkungen des § 2a EStG zu beachten. Gem. § 2a Abs. 1 Satz 1 Nr. 6 Buchstabe a EStG gilt eine Verlustverrechnungsbeschränkung für negative Einkünfte aus der Vermietung oder der Verpachtung von im Ausland belegenem unbeweglichem Vermögen, woraus sich also entsprechende Auswirkungen auf den negativen Progressionsvorbehalt ergeben. Die Verlustverrechnungsbeschränkung bewirkt, dass die in § 2a Abs. 1 EStG genannten negativen Einkünfte nur mit positiven Einkünften der jeweils selben Art und aus demselben Staat verrechnet werden dürfen. Auch ein Abzug nach § 10d EStG ist nicht erlaubt. Lediglich eine Verrechnungsmöglichkeit mit positiven Einkünften der jeweils selben Art und aus demselben Staat in den nachfolgenden Veranlagungszeiträumen wird eingeräumt. Vgl. zum Progressionsvorbehalt Kapitel 6.1.1.3.

690 Vgl. ausführlich zum steuerlichen Gewerbebegriff und zu dessen Abgrenzung vom handelsrechtlichen Gewerbebegriff Kapitel 2.1.2.3.

691 Dies bedeutet, dass eine solche Tätigkeit nicht bereits durch Art. 34 Abs. 1 CGI erfasst wird.

692 Dies betrifft Einkünfte, die im Zusammenhang mit Abbaurechten im Bergbau und mit Abbaurechten an bestimmten Rohstoffen anfallen (Art. 34 Abs. 2 CGI). Darüber hinaus werden u.a. Einkünfte aus Tätigkeiten im Immobilienbereich (Art. 35 I. 1°-4° CGI) und aus der Vermietung funktionsfähiger Handels- oder Industrieeinrichtungen (Art. 35 I. 5° CGI) als gewerblich eingestuft.

Ergebnisse der vollhaftenden Gesellschafter einer Personenhandelsgesellschaft (Art. 8 Abs. 1 CGI) und der Gesellschafter anderer Personengesellschaften bzw. bestimmter anderer Gesellschaften (Art. 8 Abs. 2 1°-5° CGI) unterliegen bei den jeweiligen Gesellschaftern der IR.[693] Sofern eine solche Gesellschaft einer – im steuerlichen Sinn – gewerblichen oder als gewerblich eingestuften Tätigkeit nachgeht, fallen auch hier aufgrund der eingangs dargestellten Regelungen Einkünfte aus Gewerbebetrieb an.[694]

Einkünfte aus Land- und Forstwirtschaft[695] und Einkünfte aus selbständiger Arbeit[696] können auch bei den Einkünften aus Gewerbebetrieb erfasst werden. Dies ist dann der Fall, wenn ein gewerbliches Unternehmen seine Tätigkeiten auf Bereiche, deren Einkünfte grundsätzlich bei den genannten Einkunftsarten erfasst werden, ausweitet (Art. 155 CGI).[697]

Einkünfte aus Gewerbebetrieb, die von Personen ohne steuerlichen Wohnsitz in Frankreich erzielt werden, unterliegen aufgrund der Regelung in Art. 164 B I. c) CGI der beschränkten Steuerpflicht, wenn diese Personen in Frankreich ein Unternehmen betreiben. Somit kommen die Regelungen zur Abgrenzung der Körperschaftsteuerpflicht zur Anwendung.[698] Das DBA-D/F macht das Recht auf Besteuerung von Einkünften aus Gewerbebetrieb vom Vorliegen einer Betriebstätte in dem jeweiligen Staat abhängig (Art. 4 Abs. 1 DBA-D/F). Da das bei der Abgrenzung der Körperschaftsteuerpflicht zugrunde gelegte Konzept eng an den abkommensrechtlichen Betriebstättenbegriff angelehnt ist, sollte die sich aus Art. 164 B I. c) CGI ergebende beschränkte Steuerpflicht durch die genannte abkommensrechtliche Vorschrift i.d.R. nicht eingeschränkt werden.[699] [700]

---

693 Ist der Gesellschafter eine körperschaftsteuerpflichtige Gesellschaft, unterliegt das jeweilige Ergebnis bei diesem Gesellschafter der IS (Art. 218 bis CGI). Außerdem müssen auf der Ebene der Gesellschaft, an der die körperschaftsteuerpflichtige Gesellschaft beteiligt ist, die körperschaftsteuerlichen Gewinnermittlungsvorschriften beachtet werden (Art. 238 bis K I. Abs. 1 CGI).

694 Gehören die Anteile an einer solchen Gesellschaft zum Betriebsvermögen eines Unternehmens, ist die Tätigkeit dieses Unternehmens ausschlaggebend für die Vorgehensweise bei der Gewinnermittlung auf der Ebene der Gesellschaft. Außerdem werden die Gewinne aus der Gesellschaft in der Einkunftsart, welche für das die Anteile haltende Unternehmen greift, erfasst (Art. 238 bis K CGI). Vgl. hierzu auch SERLOOTEN, Droit commercial 1997, Rn. 650-651.

695 Vgl. hierzu Kapitel 4.2.1.2.5.

696 Vgl. hierzu Kapitel 4.2.1.2.7.

697 Art. 155 CGI kommt aber nur zur Anwendung, wenn gleichzeitig zwei Voraussetzungen erfüllt sind. Zum einen muss ein enger Zusammenhang zwischen der gewerblichen Tätigkeit und der land- und forstwirtschaftlichen bzw. der selbständigen Tätigkeit des Unternehmens vorliegen. Zum anderen muss die gewerbliche Tätigkeit im Vordergrund stehen. Vgl. BERGERÈS, Caractère attractif 1983, S. 381-382.

698 Vgl. doc. adm. 5 B 7111 vom 1.7.1997, Rn. 6. Vgl. hierzu Kapitel 2.1.2.4.

699 Vgl. hierzu Kapitel 2.1.2.4.

700 In Deutschland kommt wieder aufgrund Art. 20 Abs. 1 Buchstabe a DBA-D/F und § 32b Abs. 1 Nr. 3 EStG der Progressionsvorbehalt zur Anwendung. Auch hier muss § 2a EStG beachtet werden. § 2a Abs. 1 Satz 1 Nr. 2 EStG enthält zwar eine Verlustverrechnungsbeschränkung für Einkünfte aus ausländischen gewerblichen Betriebstätten, diese gilt aber gem. § 2a Abs. 2 EStG nicht, sofern die ausländische Betriebstätte bestimmten ausdrücklich genannten Tätigkeiten nachgeht. Hierzu gehört insbesondere die Herstellung von Waren. Außerordentliche Einkünfte – sie sind in § 34 EStG und in § 34b EStG definiert – sind nur zu einem Fünftel bei der Ermittlung des sich aus der Anwendung des Progressionsvorbehalts ergebenden Steuersatzes zu berücksichtigen (§ 32b Abs. 2 Nr. 2 EStG). Zu diesen außerordentlichen Einkünften gehört gem. § 34 Abs. 2 Nr. 1 EStG i.V.m. § 16 Abs. 1 Nr. 1 EStG auch der Gewinn aus der Veräußerung einer Betriebstätte (eines Teilbetriebs). Vgl. zum Progressionsvorbehalt Kapitel 6.1.1.3.

4.2.1.2.3.2 Gewerbliche Gewinnermittlungsarten

4.2.1.2.3.2.1 Überblick über die gewerblichen Gewinnermittlungsarten

Für gewerbliche Unternehmen bestehen grundsätzlich zwei Gewinnermittlungsarten: das Verfahren der „micro-entreprises" und das Verfahren des „réel", welches wiederum in das des „réel simplifié"[701] und des „réel normal" unterteilt wird.[702]

Anwendungsbereich / Gewinnermittlungsart	Gewerblicher Bereich ohne Dienstleistungen	Gewerbliche Dienstleistungen
Micro-entreprises	Jahresumsatz unter 76.300 EUR (Art. 50-0 1. Abs. 1 CGI); optional réel simplifié (Art. 302 septies A bis III. a. CGI); optional réel normal (Art. 50-0 4. Abs. 1 CGI).	Jahresumsatz unter 27.000 EUR (Art. 50-0 1. Abs. 1 CGI); optional réel simplifié (Art. 302 septies A bis III. a. CGI); optional réel normal (Art. 50-0 4. Abs. 1 CGI).
Réel simplifié	Jahresumsatz zwischen 76.300 EUR und 763.000 EUR (Art. 302 septies A bis III. b. CGI); optional réel normal (Ann. II, Art. 267 septies A CGI).	Jahresumsatz zwischen 27.000 EUR und 230.000 EUR (Art. 302 septies A bis III. b. CGI); optional réel normal (Ann. II, Art. 267 septies A CGI).
Réel normal	Jahresumsatz über 763.000 EUR.	Jahresumsatz über 230.000 EUR.

Tabelle 6: Gewinnermittlungsarten in Abhängigkeit vom Tätigkeitsbereich und vom Umsatz[703]

Welches Verfahren zur Anwendung kommt, hängt einerseits vom Umsatz, andererseits vom Tätigkeitsbereich des betrachteten Unternehmens ab.[704] Die verschiedenen Verfahren unterscheiden sich bezüglich der aus ihrer Anwendung resultierenden Steuerlast und der mit ihnen verbundenen Formvorschriften, so dass die Gewinnermittlungsart letztendlich der Unternehmensgröße gerecht wird.[705] Im Folgenden werden die verschiedenen Gewinnermittlungsarten dargestellt, wobei der Schwerpunkt der Ausführungen auf dem Verfahren des „réel normal", welches für die Grundeinheit des in der vorliegenden Arbeit betrachteten internationalen Un-

701 Das Verfahren des „réel simplifié" stellt eigentlich keine eigenständige „Gewinnermittlungsart" dar. Lediglich die mit diesem Verfahren verbundenen Formvorschriften sind weniger streng als die des Verfahrens des „réel normal". Vgl. hierzu Kapitel 4.2.1.2.3.2.3.

702 Vgl. MERCIER/PLAGNET, Impôts 2002, Rn. 1227-1228. Vgl. auch DGI, Précis 2002, Rn. 1320. Bis 1998 existierte noch eine weitere Gewinnermittlungsart: der „forfait". Vgl. zu dieser Gewinnermittlungsart LEFEBVRE, Fiscal 1998, Rn. 7930-7957. Der „forfait" wurde durch das Finanzgesetz 1999 abgeschafft. Vgl. Art. 7 loi n° 98-1266 vom 30.12.1998.

703 Tabelle 6 basiert auf der Übersichtsdarstellung bei LEFEBVRE, Fiscal 2002, Rn. 7620. Insbesondere die Bezeichnungen der Tätigkeitsbereiche wurden von dort übernommen.

704 Die Anwendung eines Verfahrens mit niedrigen Umsatzgrenzen ist aber nicht zwingend. Ein Unternehmen kann sich auch für die Anwendung des Verfahrens der darüber liegenden Kategorie entscheiden. Vgl. DISLE/SARAF, Droit fiscal 2002, S. 575.

705 Vgl. COZIAN, Précis de fiscalité 2002, Rn. 690. Insbesondere kleine Unternehmen sollen durch die Anwendung des Verfahrens der „micro-entreprises" von Erleichterungen profitieren. Vgl. MERCIER/PLAGNET, Impôts 2002, Rn. 1220.

ternehmens als einziges herangezogen werden kann, liegt. Tabelle 6 gibt einen Überblick über die verschiedenen Gewinnermittlungsarten und deren Anwendungsgrenzen.

4.2.1.2.3.2.2 Micro-entreprises

Die Anwendungsvoraussetzungen der Gewinnermittlung nach dem Verfahren der „micro-entreprises" hinsichtlich der Umsatzgrenzen in Abhängigkeit vom Tätigkeitsbereich wurden in Tabelle 6 aufgezeigt. Darüber hinaus dürfen lediglich Einzelunternehmen dieses Verfahren anwenden.[706] Unternehmen, bei denen die Anwendungsvoraussetzungen für das Verfahren der „micro-entreprises" vorliegen, dürfen auch für eine Anwendung des „réel normal" optieren (Art. 50-0 4. Abs. 1 CGI). Die Option ist dann für zwei Jahre gültig (Art. 50-0 4. Abs. 2 CGI). Ferner besteht die Möglichkeit zur Option für das Verfahren des „réel simplifié" (Art. 302 septies A bis III. a. CGI). Dieses muss auch für zwei Jahre beibehalten werden (Art. 50-0 4. Abs. 2 CGI).[707]

Erfüllt ein Unternehmen die genannten Voraussetzungen, sind weder die üblichen Bücher zu führen (Art. 6-2 Abs. 1 décret n° 83-1020 vom 29.11.1983), noch ist ein Jahresabschluss zu erstellen (Art. L. 123-28 Abs. 1 C. com.). Kleine Unternehmen müssen lediglich die Ein- und Auszahlungen aufzeichnen (Art. L. 123-28 Abs. 1 C. com.). Große Unternehmen müssen außerdem eine Zusammenstellung ihrer Finanzschulden, ihres Anlagevermögens und ihrer nach einer vereinfachten Methode bewerteten Vorräte erstellen (Art. L. 123-28 Abs. 1 C. com.).[708]

Das zu versteuernde Jahresergebnis eines Unternehmens, welches das Verfahren der „micro-entreprises" anwendet, basiert auf dem Umsatz des Unternehmens ohne Berücksichtigung der Gewinne oder Verluste, die aus der Veräußerung[709] von Wirtschaftsgütern des Anlagevermögens, die der unternehmerischen Tätigkeit dienen,[710] stammen (Art. 50-0 1. Abs. 3 CGI).[711]

---

706 Dies ergibt sich aus Art. 50-0 2. c. und d. CGI, wonach weder Unternehmen, die nach den einkommensteuerlichen Regelungen für Personengesellschaften besteuert werden, noch Unternehmen, die der IS unterliegen, das Verfahren der „micro-entreprises" anwenden dürfen. In Art. 50-0 2. CGI sind darüber hinaus noch weitere Anwendungsvoraussetzungen definiert. Vgl. BO 4 G-2-99 vom 30.7.1999, Rn. 23.

707 Die Gründe für die Optionsausübung können in der nur bei Anwendung eines Verfahrens des „réel" möglichen Inanspruchnahme bestimmter steuerlicher Vorteile liegen. Hier sind beispielsweise ein Abschlag bei der Steuerbemessungsgrundlage für Angehörige eines „centre de gestion agréé" (CGA) (Art. 158 4 bis. Abs. 1 CGI) oder Steuerbefreiungen für neu gegründete Unternehmen (vgl. hierzu Kapitel 5.1) zu nennen. (Die CGA unterstützen ihre Mitglieder bei der Unternehmensführung sowie im steuerlichen und im buchhalterischen Bereich. Sie haben das Ziel, die Rechnungslegung ihrer Mitglieder zu entwickeln. Außerdem soll diesen die Erfüllung ihrer Pflichten gegenüber der Verwaltung, insbesondere der Finanzverwaltung, erleichtert werden. Vgl. DGI, Précis 2002, Rn. 7840. Vgl. auch DISLE/SARAF, Droit fiscal 2002, S. 582 und 587. Der oben genannte Abschlag kommt zwar nur bei Anwendung eines Verfahrens des „réel" zur Anwendung. Die Mitgliedschaft in einem CGA – unabhängig von dem Abschlag – setzt aber nicht eine bestimmte Gewinnermittlungsart voraus. Vgl. BO 5 J-3-99 vom 21.6.1999 (keine Rn.). Auch körperschaftsteuerpflichtige Gesellschaften können einem CGA beitreten. Bei ihnen kommt aber nicht der genannte Abschlag zur Anwendung. Vgl. doc. adm. 4 F 23 vom 7.7.1998, Rn. 5.)

708 Die Grenze hinsichtlich der Unterscheidung zwischen kleinen und großen Unternehmen bezieht sich auf den Jahresumsatz und liegt bei 18.293,88 EUR. (Dieser Wert ergibt sich aus der Umrechnung des Betrags von 120.000 FRF aus dem C. com.)

709 Hier wird in den meisten Fällen ein Verkauf stattfinden. Möglich ist aber auch eine Einbringung in ein Betriebsvermögen, ein Tausch oder eine Enteignung. Vgl. BO 4 G-2-99 vom 30.7.1999, Rn. 31.

710 Zu den Wirtschaftsgütern, die der unternehmerischen Tätigkeit dienen, gehören Gegenstände, die ihrer Art nach nur im Unternehmen eingesetzt werden können und Gegenstände, die grundsätzlich im privaten und im unternehmerischen Bereich eingesetzt werden können, deren Einsatzzweck aber ein unternehmerischer ist. Vgl. BO 4 G-2-99 vom 30.7.1999, Rn. 32-34.

Von diesem Betrag wird dann im Fall gewerblicher Tätigkeiten außer gewerblichen Dienstleistungen ein Freibetrag von 70 % abgezogen, im Fall gewerblicher Dienstleistungen ein Freibetrag von 50 % (Art. 50-0 1. Abs. 3 CGI).[712]

4.2.1.2.3.2.3 Réel simplifié

Die Anwendungsvoraussetzungen des Verfahrens des „réel simplifié" hinsichtlich der Umsatzgrenzen in Abhängigkeit vom Tätigkeitsbereich wurden in Tabelle 6 aufgezeigt.[713] Die Optionsmöglichkeit für eine Besteuerung nach dem Verfahren des „réel normal" für Unternehmen, die eigentlich das Verfahren des „réel simplifié" anwenden müssten, ist in Ann. II, Art. 267 septies A CGI i.V.m. Ann. II, Art. 267 quinquies III. CGI geregelt. Die Ausübung einer solchen Option wirkt sich während einer Periode von zwei Jahren aus (Ann. II, Art. 267 quinquies III. 2. Abs. 1 CGI).

Bei Anwendung des Verfahrens des „réel simplifié" müssen die betreffenden Unternehmen zwar die gleichen Vorschriften für die Ermittlung des steuerpflichtigen Gewinns beachten wie Unternehmen, die das Verfahren des „réel normal" anwenden,[714] allerdings genügt das Erstellen vereinfachter Rechnungslegungs- und Steuerunterlagen.[715] Außerdem bestehen hauptsächlich für (bestimmte) Einzelunternehmen Erleichterungen im Bereich der Buchführung, der Rechnungslegung und der Gewinnermittlung (Art. 302 septies A bis VI. CGI und Art. 302 septies A ter A 1. CGI).

4.2.1.2.3.2.4 Réel normal

4.2.1.2.3.2.4.1 Vorgehensweise bei der Ermittlung des steuerpflichtigen Ergebnisses

Die Einkünfte aus Gewerbebetrieb ergeben sich aus dem steuerpflichtigen Gewinn, der durch eine der in Kapitel 4.2.1.2.3.1 genannten Tätigkeiten erzielt wird. Der CGI enthält gleich zwei Definitionen des steuerpflichtigen Gewinns. Art. 38 1. CGI definiert ihn als den „Reingewinn" („bénéfice net"), der sich aus der Gesamtheit der Geschäftsvorfälle, insbesondere der Geschäftsvorfälle, welche die Veräußerung von Gegenständen des Betriebsvermögens zum Gegenstand haben, ergibt. Art. 38 2. CGI bestimmt, dass sich der Reingewinn aus der Veränderung des „Reinvermögens" („actif net")[716] während einer Periode, abzüglich der Einlagen

---

711 Die Gewinne oder Verluste aus der Veräußerung der vorstehend genannten Wirtschaftsgüter unterliegen – sofern sie überhaupt steuerpflichtig sind – den speziellen Vorschriften zur Besteuerung von Veräußerungsgewinnen (Art. 50-0 1. Abs. 4 CGI). Vgl. zur Besteuerung von Veräußerungsgewinnen Kapitel 4.2.1.3.

712 Der Abschlag beträgt aber mindestens 305 EUR.

713 Im Gegensatz zum Verfahren der „micro-entreprises" dürfen aufgrund ausdrücklicher gesetzlicher Regelung auch juristische Personen, die der IS unterliegen, das Verfahren des „réel simplifié" anwenden (Art. 302 septies A bis IV. CGI). Außerdem besteht keine Vorschrift, die Unternehmen, die nach den einkommensteuerlichen Regelungen für Personengesellschaften besteuert werden, von seiner Anwendung ausschließt.

714 Vgl. zum Verfahren des „réel normal" Kapitel 4.2.1.2.3.2.4.

715 Vgl. doc. adm. 4 G 343 vom 25.6.1998, Rn. 1-2. Vgl. auch DISLE/SARAF, Droit fiscal 2002, S. 579-580. Gem. Ann. II, Art. 38 bis II. CGI i.V.m. Ann. III, Art. 38 III. Abs. 1 CGI genügt beispielsweise eine vereinfachte Bilanz und Gewinn- und Verlustrechnung.

716 Das Reinvermögen entspricht dem Überschuss der Aktiva über die Summe der passivisch ausgewiesenen Verbindlichkeiten gegenüber Dritten, (berechtigten) Rückstellungen und Abschreibungen (Art. 38 2. CGI). Passivisch werden lediglich die „Sonderabschreibungen" („amortissements dérogatoires") – bei den „provisions réglementées" – ausgewiesen. Die „Rückstellungen für Wertberichtigungen" („provisions pour dépréciation") haben zwar abschreibungsgleichen Charakter, sie werden in der Definition des Art. 38 2. CGI

und zuzüglich der Entnahmen, errechnet.[717] Die erste Definition wird als analytische, auf der Gewinn- und Verlustrechnung basierende Definition der Gewinnermittlung, die zweite als synthetische, auf der Bilanz basierende Definition der Gewinnermittlung bezeichnet.[718] Das Nebeneinander der beiden Theorien resultiert aus einer langwierigen Entwicklung hinsichtlich der steuerlichen Berücksichtigung von Veräußerungsgewinnen.[719]

Ann. III, Art. 38 quater CGI legt fest, dass Unternehmen die Definitionen des „Plan Comptable Général" (PCG) – einen einheitlichen, allgemein verbindlichen Kontenplan mit den zugehörigen Vorschriften –[720] beachten müssen, falls die steuerrechtlichen Vorschriften zur Bestimmung der Bemessungsgrundlage keine abweichenden Regelungen vorsehen. Demnach wird der steuerpflichtige Gewinn grundsätzlich aus dem Handelsbilanzgewinn abgeleitet.[721] Letzterer wird durch steuerrechtlich bedingte Hinzurechnungen und Kürzungen auf einem die Handelsbilanz ergänzenden Steuerformular – Formular n° 2058-A – modifiziert.[722] Eine eigenständige Steuerbilanz wird nicht erstellt.[723] Trotz der grundsätzlichen Anwendung handelsbilanzieller Vorschriften bei der Ermittlung der steuerlichen Bemessungsgrundlage kann aber auch das Steuerrecht Auswirkungen auf die Gestaltung der Handelsbilanz haben.[724]

---

allerdings schon durch den Ausdruck „Rückstellungen" („provisions") erfasst. Vgl. hierzu Kapitel 4.2.1.2.3.2.4.2.

717 Diese Definition des steuerpflichtigen Gewinns entspricht der Definition des Gewinnbegriffs in § 4 Abs. 1 Satz 1 EStG: „Gewinn ist der Unterschiedsbetrag zwischen dem Betriebsvermögen am Schluss des Wirtschaftsjahres und dem Betriebsvermögen am Schluss des vorangegangenen Wirtschaftsjahres, vermehrt um den Wert der Entnahmen und vermindert um den Wert der Einlagen."

718 Vgl. COZIAN, Précis de fiscalité 2002, Rn. 170; DAVID U.A., Grands arrêts 2000, S. 448-449.

719 Die ursprüngliche, im Steuergesetz enthaltene Gewinndefinition ließ die steuerliche Behandlung von Veräußerungsgewinnen offen, weshalb die Rechtsprechung die Grundlage für deren steuerliche Erfassung als nicht eindeutig gegeben sah. Folglich wurde eine gesetzliche Regelung geschaffen, die heute in Art. 38 1. CGI – analytische Definition – enthalten ist und die Behandlung von Veräußerungsgewinnen explizit regelt. Da diese Regelung aber auf Geschäftsvorfälle im Sinne von Handlungen durch das Unternehmen abstellt, lehnte die Rechtsprechung eine steuerliche Erfassung von Gewinnen, die aus Vorgängen wie Enteignungen oder Beschlagnahmungen stammten, ab. Folglich trat mit der synthetischen Definition in Art. 38 2. CGI eine diesbezüglich eindeutige Regelung in Kraft, denn hier wird auf die Veränderung des Reinvermögens unabhängig von den zugrunde liegenden Vorgängen abgestellt. Vgl. DAVID U.A., Grands arrêts 2000, S. 447-448. Vgl. auch GROSCLAUDE/MARCHESSOU, Droit fiscal 2001, Rn. 110.

720 Vgl. ausführlich zum PCG COLASSE, Comptabilité Générale 2001, S. 80-83.

721 Vgl. COZIAN, Précis de fiscalité 2002, Rn. 114; GROSCLAUDE/MARCHESSOU, Droit fiscal 2001, Rn. 112; LAMY, Fiscal 2002, Rn. 323; LEFEBVRE, Fiscal 2002, Rn. 545; REVUE FIDUCIAIRE, Fiscal 2002, Rn. 614. Somit kann von einer Maßgeblichkeit der Handels- für die „Steuerbilanz" gesprochen werden. Dahingehend auch DURAND, der in dieser Regelung eine Angleichung steuerrechtlicher Konzeptionen an handelsrechtliche erkennt. Vgl. DURAND, Autonomie 1994, S. 252. Vgl. auch DUTHILLEUL, Anh., in: DEBATIN/WASSERMEYER, Doppelbesteuerung 2002, Rn. 69. A.A. TILLMANNS, in: MENNEL/FÖRSTER, Steuern 2002, Rn. 228. GERBINO konstatiert, dass Ann. III, Art. 38 quater CGI ganz unterschiedlich interpretiert wird. Einerseits kann er als grundsätzliche Angleichung des Steuerrechts an die handelsrechtlichen Rechnungslegungsvorschriften gewertet werden. Andererseits ist er auch als Zeichen des Übergewichts des Steuerrechts deutbar. Vgl. GERBINO, Immobilisations corporelles 1999, S. 1112.

722 Vgl. DGI, Précis 2002, Rn. 1012; DISLE/SARAF, Droit fiscal 2002, S. 150-151; LAMY, Fiscal 2002, Rn. 263. Vgl. ausführlich zur Vorgehensweise bei der Modifikation des handelsrechtlichen Ergebnisses Kapitel 4.2.1.2.3.2.4.4.

723 Vgl. STAWINOGA, Körperschaftsteuer 1994, S. 39; TILLMANNS, in: MENNEL/FÖRSTER, Steuern 2002, Rn. 228.

724 So wird steuerlich die Bildung einer „Sonderabschreibung" („amortissement dérogatoire") nur anerkannt, wenn sie auch in der Handelsbilanz – also nicht nur auf dem Steuerformular n° 2058-A – gebildet wird. Dies ergibt sich aus Art. 39 1. 2° Abs. 1 CGI. Generell müssen die Bestandteile der „provisions réglementées" die gleichen Anforderungen wie die normalen Rückstellungen erfüllen. Somit ist auch für sie ein Ausweis in der Handelsbilanz unumgänglich. Vgl. GROSCLAUDE/MARCHESSOU, Droit fiscal 2001, Rn. 161. Vgl. zu den „provisions réglementées" Kapitel 4.2.1.2.3.2.4.2.

Durch den grundsätzlichen Rückgriff des CGI auf den Handelsbilanzgewinn haben die handelsrechtlichen Rechnungslegungsvorschriften letztendlich auch Bedeutung im Rahmen der steuerlichen Gewinnermittlung. Eine wichtige Grundlage der handelsrechtlichen Rechnungslegung stellen der C. com. und die entsprechenden Anwendungsvorschriften dar, denn sie beinhalten einige grundsätzliche Vorschriften zur Rechnungslegung, die von allen Kaufleuten befolgt werden müssen.[725] Des Weiteren müssen alle buchführungspflichtigen Unternehmen den PCG beachten.[726] Außerdem beeinflussen noch einige Institutionen, insbesondere der „Conseil National de la Comptabilité" (CNC) und das „Comité de la Réglementation Comptable" (CRC) die Rechnungslegungsvorschriften.[727]

Im Folgenden werden handelsrechtliche Ansatz- und Bewertungsvorschriften dargestellt, um hiervon ausgehend die Vorgehensweise bei der Ableitung des steuerpflichtigen Gewinns aufzuzeigen.

4.2.1.2.3.2.4.2 Handelsrechtliche Ansatzvorschriften

Überträgt man die deutschen Begriffe „Vermögensgegenstände" und „Schulden" auf die entsprechenden französischen Definitionen im PCG, dann zählen zu den Vermögensgegenständen sämtliche Vermögensteile mit einem „positiven Wirtschaftswert" („valeur économique positive") für das Unternehmen (Art. 211-1 PCG).[728] Umgekehrt bestehen die Schulden aus den Vermögensteilen mit einem „negativen Wirtschaftswert" („valeur économique négative") für das Unternehmen (Art. 212-1 1. PCG).[729] Der Mindestinhalt der handelsrechtlichen Bilanz ergibt sich aus Art. 11-Art. 13 décret n° 83-1020 vom 29.11.1983. Er findet sich auch im grundlegenden Bilanzgliederungsschema des PCG in Art. 521-1 PCG, welches in Abbildung 3 dargestellt wird, wieder.[730]

---

[725] Vgl. DUFILS/LOPATER/GUYOMARD, Mémento Comptable 2002, Rn. 201; KÜTING/ALTMEIER/GÜNTHER, Französisches Bilanzrecht 1998, S. 530-531. Vgl. auch DISLE/SARAF, Droit fiscal 2002, S. 20.

[726] Die Bedeutung des PCG für die handelsrechtliche Bilanzierung ist somit mit der des CGI für die Besteuerung vergleichbar. Vgl. LEFEBVRE/PRICE WATERHOUSE COOPERS, PCG 1999, S. 6.

[727] Der CNC ist ein den Wirtschaftsminister beratendes Organ. Seine Aufgabe besteht darin, im Bereich der Rechnungslegung Stellungnahmen und Empfehlungen zu erarbeiten. Der CNC soll nicht nur seine Ansicht zu nationalen, gemeinschaftlichen und internationalen Normen äußern. Er soll auch Vorschläge erarbeiten und koordinierend tätig werden. Vgl. Art. 1-2 décret n° 96-749 vom 26.8.1996. Das CRC soll – in Zusammenarbeit mit dem CNC – handelsrechtliche Bilanzierungsvorschriften erarbeiten. Vgl. Art. 1 und 3 loi n° 98-261 vom 6.4.1998. Dies geschieht in der Form, dass bestimmte als besonders wichtig erachtete Schriften des CNC in Vorschriften des CRC übernommen und durch ministeriellen Erlass für verbindlich erklärt werden. Vgl. COLASSE, Comptabilité Générale 2001, S. 74.

[728] Neben den Vermögensgegenständen kann die Aktivseite einer Bilanz aber auch aktivierte Aufwendungen – beispielsweise die nachstehend beschriebenen Gründungsaufwendungen oder die Forschungs- und Entwicklungsaufwendungen – enthalten, die keine Vermögensgegenstände im Sinne der vorstehenden Definition sind. Vgl. REVUE FIDUCIAIRE, Comptable 2000, S. 40.

[729] Eine Schuld ist eine Verpflichtung des Unternehmens gegenüber einem Dritten, die möglicherweise oder mit Sicherheit zu einem Mittelabfluss zugunsten dieses Dritten führen wird. Von ihm wird gar keine bzw. keine gleichwertige Gegenleistung erwartet (Art. 212-1 1. PCG).

[730] Daneben existiert noch eine verkürzte Version des Bilanzgliederungsschemas in Art. 522-1 PCG. Diese Version berücksichtigt den Umstand, dass kleinere Unternehmen, die bestimmte in Art. 17 décret n° 83-1020 vom 29.11.1983 definierte Grenzen nicht überschreiten, eine vereinfachte Jahresabschlussdarstellung und somit insbesondere eine vereinfachte Bilanzdarstellung wählen können (Art. L. 123-16 C. com.). Die Bestandteile dieser vereinfachten Bilanz sind in Art. 18 décret n° 83-1020 vom 29.11.1983 aufgeführt. Außerdem schlägt der PCG auch ein – verglichen mit dem grundlegenden Bilanzgliederungsschema – „weiterentwickeltes" („système développé") Bilanzgliederungsschema in Art. 523-1 PCG vor. Dieses ist eine mit

Aktiva (actif) **Bilanz (bilan)**	**Passiva (passif)**
Anlagevermögen (actif immobilisé) Immaterielle Vermögensgegenstände (immobilisations incorporelles) Sachanlagen (immobilisations corporelles) Finanzanlagen (immobilisations financières)	**Eigenkapital** (capitaux propres) Gezeichnetes Kapital (capital) Neubewertungsrücklage (écarts de réévaluation) Rücklagen (réserves) Vortrag (report à nouveau) Jahresergebnis (résultat de l'exercice) Sonderposten mit Rücklageanteil (provisions réglementées)
Umlaufvermögen (actif circulant) Vorräte (außer Waren) (stocks et en-cours [autres que marchandises]) Waren (marchandises) Geleistete Anzahlungen (avances et acomptes versés sur commandes) Forderungen (créances) Wertpapiere (valeurs mobilières de placement) Flüssige Mittel (außer Kasse) (disponibilités [autres que caisse]) Kasse (caisse)	**Rückstellungen** (provisions pour risques et charges) **Verbindlichkeiten** (dettes) Schuldverschreibungen und ähnliche Verbindlichkeiten (emprunts et dettes assimilées) Erhaltene Anzahlungen auf Bestellungen (avances et acomptes reçus sur commandes en cours) Verbindlichkeiten aus Lieferungen und Leistungen und angegliederte Konten (fournisseurs et comptes rattachés) Sonstige Verbindlichkeiten (autres)
Rechnungsabgrenzungsposten (charges constatées d'avance)	Rechnungsabgrenzungsposten (produits constatés d'avance)

Abbildung 3: Bilanzgliederungsschema des PCG in Art. 521-1 PCG

Die wichtigsten Gruppen der Aktivseite sind das „Anlagevermögen" („actif immobilisé") und das „Umlaufvermögen" („actif circulant"). Auf der Passivseite sind das „Eigenkapital" („capitaux propres"), die „Rückstellungen" („provisions pour risques et charges")[731] und die „Ver-

weiteren Details versehene Version des grundlegenden Schemas, welche verbesserte Analysemöglichkeiten bietet (Art. 517-1 Abs. 3 PCG).

731 Der Begriff „Rückstellungen" („provisions") ist im französischen Handels- und Steuerrecht weiter gefasst als im deutschen Recht. Den Rückstellungen im deutschen Sinn entsprechen grundsätzlich die „provisions pour risques et charges". In Frankreich werden aber auch die „Rückstellungen für Wertberichtigungen"

bindlichkeiten" („dettes") zu nennen (Art. 11 und 13 décret n° 83-1020 vom 29.11.1983). Nachstehend werden die einzelnen Hauptgruppen der Bilanz sowie ausgewählte Bilanzpositionen dargestellt.

Das **Anlagevermögen** besteht aus den Vermögensgegenständen, die dem Unternehmen dauerhaft zu dienen bestimmt sind (Art. 211-1 Abs. 2 PCG). Dabei dürfen grundsätzlich nur solche Vermögensgegenstände als Teil des Anlagevermögens aufgeführt werden, die sich im Eigentum des bilanzierenden Unternehmens befinden.[732]

Bezüglich der Aktivierung von „Gründungsaufwendungen" („frais d'établissement") eines Unternehmens besteht ein Wahlrecht (Art. 19 Abs. 1 décret n° 83-1020 vom 29.11.1983). Sie werden gegebenenfalls bei den immateriellen Vermögensgegenständen des Anlagevermögens aufgeführt (Art. 12 1° décret n° 83-1020 vom 29.11.1983). Zu ihnen gehören die Aufwendungen, die für den Bestand oder die Entwicklung des Unternehmens notwendig sind und die weder einem Produkt noch einer Dienstleistung zugeordnet werden können (Art. 19 Abs. 1 décret n° 83-1020 vom 29.11.1983).[733] Hierzu zählen beispielsweise Beratungs- und Bankdienstleistungsaufwendungen sowie Aufwendungen für die Erfüllung gesetzlicher Anforderungen und für Kommunikationsmaßnahmen.[734]

Bei den immateriellen Vermögensgegenständen finden sich auch die „Forschungs- und Entwicklungsaufwendungen" („frais de recherche et de développement"). Für sie besteht ebenfalls ein Aktivierungswahlrecht, sofern sie sich auf ausreichend bestimmbare Projekte mit ernsthaften Chancen auf wirtschaftlichen Erfolg beziehen (Art. 19 Abs. 2 décret n° 83-1020 vom 29.11.1983). Art. 361-2 Abs. 1 PCG fordert darüber hinaus, dass die Aufwendungen des zugrunde liegenden Projekts ermittelt werden können.[735] Durch die Möglichkeit, Forschungs- und Entwicklungsaufwendungen zu aktivieren, können letztendlich auch die Aufwendungen für die Entwicklung eigener Patente aktiviert werden.[736]

Neben den Gründungsaufwendungen und den Forschungs- und Entwicklungsaufwendungen dürfen auch bestimmte andere, gesetzlich definierte Aufwendungen aktiviert und anschließend über mehrere Wirtschaftsjahre verteilt als Aufwendungen geltend gemacht werden.[737] Zu diesen Aufwendungen, die als „(auf mehrere Wirtschaftsjahre) zu verteilende Aufwen-

---

(„provisions pour dépréciation") und die „provisions réglementées", die mit dem deutschen Sonderposten mit Rücklageanteil vergleichbar sind, hierunter gefasst. Vgl. hierzu die nachstehenden Ausführungen. Im Folgenden werden mit dem Begriff „Rückstellungen" – wenn nicht anders angegeben – lediglich die „provisions pour risques et charges" bezeichnet.

[732] Diese Regelung zielt in erster Linie auf Vermögensgegenstände ab, die dem Unternehmen aufgrund eines Leasingvertrags zur Verfügung stehen. Sie dürfen also nicht aktiviert werden. Vgl. DUFILS/LOPATER/GUYOMARD, Mémento Comptable 2002, Rn. 1453. Vermögensgegenstände, die unter Eigentumsvorbehalt erworben werden, müssen aber im Moment der Lieferung aktiviert werden (Art. 313-3 PCG).

[733] Die Untergliederung des Kontos „Gründungsaufwendungen" im Kontenplan gem. Art. 432-1 PCG verdeutlicht, dass auch Kapitalerhöhungs- und Umwandlungsaufwendungen zu dieser Bilanzposition gehören.

[734] Vgl. CNC, avis n° 2000-D des Comité d'urgence vom 21.12.2000, annexe 1.

[735] Hier wird auch ein technischer Erfolg des Projekts verlangt. Dieser dürfte aber ohnehin eine notwendige Voraussetzung für den wirtschaftlichen Erfolg sein.

[736] Vgl. DUFILS/LOPATER/GUYOMARD, Mémento Comptable 2002, Rn. 1563; REVUE FIDUCIAIRE, Comptable 2000, S. 242. Im Moment der Patentierung erfolgt eine Umbuchung von den Forschungs- und Entwicklungsaufwendungen zu den Patenten (Art. 331-2 PCG). Letztere werden im Bilanzgliederungsschema des PCG auch bei den immateriellen Vermögensgegenständen aufgeführt.

[737] Dies resultiert aus Art. 361-4 PCG, Art. 361-6 PCG und Art. 361-7 PCG.

dungen" („charges à répartir (sur plusieurs exercices)") bezeichnet werden, gehören beispielsweise die Aufwendungen für die Ausgabe von Schuldverschreibungen.[738]

Eine Aktivierungspflicht unter der Position „Geschäfts- oder Firmenwert" („fonds commercial") besteht für die Teile eines erworbenen „Geschäftsbetriebs" („fonds de commerce")[739], die keinem anderen Bilanzposten zugeordnet werden können (Art. 19 Abs. 3 décret n° 83-1020 vom 29.11.1983).[740]

Zum **Umlaufvermögen** gehören sämtliche Vermögensgegenstände, die aufgrund ihres Zwecks oder ihrer Art nicht dazu bestimmt sind, dem Unternehmen dauerhaft zu dienen (Art. 211-1 Abs. 2 PCG). Auch hier gilt wieder, dass grundsätzlich nur solche Vermögensgegenstände beim Umlaufvermögen ausgewiesen werden, die sich im Eigentum des bilanzierenden Unternehmens befinden.[741]

Bestimmte Vermögensgegenstände von geringem Wert müssen nicht aktiviert werden. Sie gelten in dem Moment, in dem sie in Gebrauch genommen werden, als verbraucht (Art. 331-4 PCG). Da der PCG weder den Wert, noch die Art dieser Vermögensgegenstände präzisiert, erfolgt ein Rückgriff auf die steuerrechtlichen Regelungen.[742] Demnach liegt die wertmäßige Grenze für eine Aktivierungspflicht bei 381,12 EUR.[743] Eine Auflistung der hiervon betroffenen Gegenstände enthält die Verwaltungsanweisung doc. adm. 4 C 221 vom 30.10.1997. Beispielsweise zählen Werkzeuge, Büroeinrichtungsgegenstände und Software hierzu.

Innerhalb des **Eigenkapitals** verdienen die „Neubewertungsrücklage" („écarts de réévaluation") und der „Sonderposten mit Rücklageanteil" („provisions réglementées") besondere Beachtung. Erstere entsteht durch die Neubewertung bestimmter Vermögensgegenstände. Sie wird in Kapitel 4.2.1.2.3.2.4.3 dargestellt. Letzterer trägt zwar die Bezeichnung „Rückstellung" („provision"), hat aber nicht den gleichen Zweck wie eine normale Rückstellung (Art. 441 14. PCG). Der Sonderposten mit Rücklageanteil wird aufgrund expliziter gesetzlicher Regelungen, welche Teil des Steuerrechts sind,[744] gebildet (Art. 441 14. PCG). Er ist mit einer Rücklage, die nicht endgültig steuerbefreit ist, vergleichbar.[745]

Art. 441 14. PCG nennt Beispiele für Sachverhalte, die im Sonderposten mit Rücklageanteil abgebildet werden. Demnach gehört die „Preissteigerungsrückstellung" („provision pour hausse des prix") hierzu. Sie darf steuermindernd gebildet werden, wenn der Preis bestimmter Werkstoffe oder Produkte in bis zu zwei vorausgehenden Wirtschaftsjahren mehr als 10 % angestiegen ist (Art. 39 1. 5° Abs. 8 CGI).[746] Nach spätestens sechs Jahren muss sie steuerwirksam aufgelöst werden (Art. 39 1. 5° Abs. 9 CGI).

---

738 Vgl. REVUE FIDUCIAIRE, Comptable 2000, S. 334. In den deutschen Vorschriften zur handelsrechtlichen Bilanzierung findet sich keine Entsprechung für dieses Aktivierungswahlrecht. Die hier entstehenden Aktivposten haben den Charakter von allgemeinen Bilanzierungshilfen.

739 Vgl. hierzu Fn. 675.

740 Hierbei handelt es sich also um diejenigen immateriellen Bestandteile eines Geschäftsbetriebs, die in der Bilanz eines Unternehmens weder gesondert aufgeführt noch bewertet werden (Art. 442 20. PCG).

741 Eine Ausnahme besteht wieder für Vermögensgegenstände, die unter Eigentumsvorbehalt erworben wurden. Sie müssen im Moment der Lieferung aktiviert werden (Art. 313-3 PCG).

742 Vgl. LEFEBVRE/PRICE WATERHOUSE COOPERS, PCG 1999, Kommentierung zu Art. 331-4 PCG.

743 Dies ergibt sich aus doc. adm. 4 C 221 vom 30.10.1997. Dort ist noch ein Wert von 2.500 FRF aufgeführt. Eine Verwaltungsanweisung, die eine Wertgrenze in EUR liefert, steht noch aus. Vgl. DGI, Précis 2002, Rn. 1055. Eine Umrechnung mit dem offiziellen Kurs liefert einen Wert von 381,12 EUR.

744 Vgl. DUFILS/LOPATER/GUYOMARD, Mémento Comptable 2002, Rn. 3222. Vgl. auch DISLE/SARAF, Droit fiscal 2002, S. 214.

745 Vgl. COLASSE, Comptabilité Générale 2001, S. 121; REVUE FIDUCIAIRE, Comptable 2000, S. 1133.

746 Der Betrag, der in die Preissteigerungsrückstellung eingestellt werden darf, entspricht dem Teil der Preissteigerung, der 10 % übersteigt (Ann. III, Art. 10 nonies 1. Abs. 1 CGI).

Ein weiteres Beispiel für einen Bestandteil des Sonderpostens mit Rücklageanteil sind „Sonderabschreibungen" („amortissements dérogatoires").[747] Gem. Art. 322-2 PCG handelt es sich hierbei um Abschreibungen, die nicht den gleichen Zweck wie normale Abschreibungen haben und die aufgrund spezieller Regelungen zulässig sind. Diese Regelungen sind meist steuerlicher Natur[748] und verfolgen wirtschafts- oder sozialpolitische Ziele.[749]

Handelsrechtliche **Rückstellungen**[750] – eine weitere Hauptgruppe der Passivseite – wurden zum 1.1.2002 neu geregelt.[751] Die Basis hierfür bildeten das avis n° 00-01 vom 21.4.2000 des CNC und das règlement n° 2000-06 vom 7.12.2000 des CRC.[752] Gem. den nun modifizierten Vorschriften des PCG ist eine Rückstellung eine Schuld, deren Fälligkeit oder Höhe nicht feststeht (Art. 212-3 PCG). Wie alle Schulden beruhen auch die Rückstellungen auf einer Verpflichtung gegenüber einem Dritten.[753] Letztere kann eine rechtliche oder eine wirtschaftliche Grundlage haben.[754] Existiert eine solche Verpflichtung am Ende des Wirtschaftsjahres und wird ein Mittelabfluss zugunsten dieses Dritten wahrscheinlich oder sicher erfolgen, ohne dass eine zumindest gleichwertige Gegenleistung erwartet werden kann, besteht eine Passivierungspflicht für die zugehörige Rückstellung (312-1 2. PCG).[755] Voraussetzung ist aber, dass die Höhe der Verpflichtung mit ausreichender Sicherheit bestimmt werden kann (Art. 312-3 PCG). Fallen die Gründe für die Bildung einer Rückstellung weg, muss diese gewinnerhöhend aufgelöst werden.[756]

Die letzte Hauptgruppe der Passivseite bilden die **Verbindlichkeiten**. Sie sind in Art. 212-2 PCG als sichere Schuld mit genau bestimmter Fälligkeit und genau bestimmter Höhe definiert. Somit muss eine Verbindlichkeit zum einen von den vorstehend beschriebenen Rückstellungen, zum anderen aber auch von den „Eventualverbindlichkeiten" („passif éventuel")

---

747 Die Sonderabschreibungen werden buchtechnisch wie die eigentlichen „provisions réglementées" behandelt (Art. 441 14. Abs. 4 PCG). Dies kommt auch dadurch zum Ausdruck, dass beide im Bilanzgliederungsschema des PCG in der Position „provisions réglementées" ausgewiesen werden.

748 Vgl. doc. adm. 4 D 111 vom 26.11.1996, Rn. 14.

749 Vgl. OUDENOT, Fiscalité approfondie 2001, Rn. 879.

750 Die „Rückstellungen für Wertberichtigungen" („provisions pour dépréciation") werden aufgrund ihres abschreibungsgleichen Charakters zusammen mit den Abschreibungen in Kapitel 4.2.1.2.3.2.4.3 beschrieben.

751 Vgl. CRC, règlement n° 2000-06 vom 7.12.2000, Art. 16.

752 Das règlement n° 2000-06 vom 7.12.2000 des CRC regelt die Übernahme der Stellungnahme des CNC im avis n° 00-01 vom 21.4.2000 in den PCG. Die neuen Vorschriften im PCG betreffen Wirtschaftsjahre, die ab dem 1.1.2002 begonnen haben, konnten aber schon seit dem Wirtschaftsjahr 2000 angewendet werden. Vgl. CRC, règlement n° 2000-06 vom 7.12.2000, Art. 16.

753 Vgl. Fn. 729. Dies schließt aber nicht aus, dass Rückstellungen für mehrjährige Großreparaturen – beispielsweise aus Sicherheitsgründen durchgeführte Wartungsarbeiten an Flugzeugen – gebildet werden. Hier besteht eine Verpflichtung aufgrund gesetzlicher Vorschriften, anderer Regelungen oder aufgrund des üblichen Verhaltens des Unternehmens. Vgl. DUFILS/LOPATER/GUYOMARD, Mémento Comptable 2002, Rn. 1635. COZIAN stellt aber die Vereinbarkeit dieser Art von Rückstellungen mit den neuen handelsrechtlichen Regelungen in Frage. Vgl. COZIAN, Précis de fiscalité 2002, Rn. 561.

754 Eine wirtschaftliche Grundlage ist dann gegeben, wenn ein Unternehmen aufgrund einer bei Dritten erzeugten Erwartungshaltung einer Verpflichtung nachkommen muss (Art. 212-1 2. PCG). Einen Überblick über die verschiedenen Rückstellungsarten bietet die Kontengruppe 15 „provisions pour risques et charges" des PCG.

755 Art. 312-2 PCG verdeutlicht die Passivierungspflicht für Rückstellungen, indem die Bildung von Rückstellungen, die die Voraussetzungen des 312-1 2. PCG erfüllen, auch für den Fall eines nicht vorhandenen oder nicht ausreichenden Gewinns gefordert wird. Eine Ausnahme bilden Pensionsrückstellungen. Für sie besteht gem. Art. 312-4 PCG i.V.m. Art. 335-1 PCG ein Passivierungswahlrecht.

756 Dies ist dann der Fall, wenn die Verpflichtung des Unternehmens nicht mehr besteht oder wenn der angesprochene Mittelabfluss nicht mehr wahrscheinlich ist (Art. 312-10 PCG).

abgegrenzt werden.[757] Eventualverbindlichkeiten bestehen entweder in möglichen Verpflichtungen des Unternehmens gegenüber Dritten, die auf unsicheren, vom Unternehmen nicht vollständig kontrollierbaren künftigen Ereignissen beruhen oder in Verpflichtungen des Unternehmens gegenüber Dritten, wobei ein Mittelabfluss ohne eine zumindest gleichwertige Gegenleistung weder wahrscheinlich noch sicher ist (Art. 212-4 PCG).[758] Eine Eventualverbindlichkeit darf nicht passiviert werden. Sie ist im Anhang anzugeben (Art. 312-5 PCG).

4.2.1.2.3.2.4.3 Handelsrechtliche Bewertungsvorschriften

Die „Anschaffungskosten" („coût d'acquisition") und die „Herstellungskosten" („coût de production") sowie der „Verkaufswert" („valeur vénale") bilden die zentralen Bewertungsmaßstäbe des französischen Bilanzrechts. Dies ergibt sich aus Art. 321-1 Abs. 1 PCG, wonach Zugänge zum Betriebsvermögen in Abhängigkeit von der Art des Zugangs mit Hilfe dieser Wertmaßstäbe bewertet werden.

Die Anschaffungskosten sind in Art. 321-2 PCG definiert. Sie werden zur Bewertung von Gegenständen, die durch eine Gegenleistung erworben wurden, herangezogen (Art. 321-1 Abs. 1 PCG).[759] Demnach bestehen die Anschaffungskosten aus dem Kaufpreis zuzüglich der Nebenkosten.[760] Steuern, die das Unternehmen zurückfordern kann, müssen abgezogen werden (Art. 321-2 I. PCG). Die Nebenkosten fallen aufgrund des Erwerbsvorgangs an und sind notwendig, um den Vermögensgegenstand in einen betriebsbereiten Zustand zu versetzen (Art. 321-2 II. Abs. 1 PCG). Auch die Nebenkosten verstehen sich ausschließlich der Steuern, die das Unternehmen zurückfordern kann (Art. 321-2 II. Abs. 1 PCG).

Art. 321-3 PCG regelt die Ermittlung der Herstellungskosten. Sie dienen der Bewertung von durch das Unternehmen selbst erstellten Gegenständen (Art. 321-1 Abs. 1 PCG).[761] Die Herstellungskosten umfassen die Materialaufwendungen sowie die anderen Aufwendungen, die bei der Herstellung angefallen sind. Hierbei handelt es sich um die direkten und die indirekten Aufwendungen, soweit Letztere dem Gegenstand oder der Dienstleistung sinnvoll zugeordnet werden können (Art. 321-3 Abs. 1 PCG).[762] Zinsen für ein Darlehen, welches für die Herstellung eines Vermögensgegenstands aufgenommen wurde, dürfen in die Herstellungskosten einbezogen werden, sofern sie sich auf den Herstellungszeitraum beziehen (Art. 321-3 Abs. 3 PCG i.V.m. Art. 331-1 PCG).[763] Forschungs- und Entwicklungsaufwendungen sowie allge-

757 Der CNC nennt in diesem Zusammenhang noch die „zu zahlenden Aufwendungen" („charges à payer"). Hierbei handelt es sich um Schulden, deren Fälligkeit oder Höhe bisweilen geschätzt werden muss. Dabei ist die Ungewissheit weniger ausgeprägt als bei den Rückstellungen. Die zu zahlenden Aufwendungen werden aber ohnehin den Verbindlichkeiten angegliedert. Vgl. CNC, avis n° 00-01 vom 21.4.2000, Rn. 1.2.

758 Während Rückstellungen also sichere oder wahrscheinliche Verbindlichkeiten sind, die aber hinsichtlich ihrer Höhe oder ihrer Fälligkeit ungewiss sind, sind Eventualverbindlichkeiten entweder Verpflichtungen, die weder sicher noch wahrscheinlich sind oder wahrscheinliche Verpflichtungen, deren Mittelabfluss nicht wahrscheinlich ist. Vgl. CNC, avis n° 00-01 vom 21.4.2000, Rn. 1.2.

759 Art. 333-1 Abs. 1 PCG stellt durch einen Verweis auf Art. 321-2 PCG ausdrücklich klar, dass der nachstehend beschriebene Anschaffungskostenbegriff auch für Vorräte gilt.

760 Art. 321-2 I. PCG enthält auch Vorschriften zur Kaufpreisermittlung bei Kauf durch Rentenzahlung, bei Sacheinlagen und bei Tausch. Demnach entspricht der Kaufpreis einer Sacheinlage dem bei der Einlage vertraglich vereinbarten Wert (Art. 321-2 I. Abs. 2 b) PCG).

761 Der nachstehend dargestellte Herstellungskostenbegriff gilt grundsätzlich auch für Vorräte, denn Art. 333-1 Abs. 1 PCG verweist auf 321-3 PCG.

762 Direkte Aufwendungen zeichnen sich dadurch aus, dass sie einem Bezugsobjekt ohne weitere Berechnungen zugeordnet werden können (Art. 321-3 Abs. 2 PCG).

763 Für die Ermittlung der Herstellungskosten von Gegenständen des Vorratsvermögens gilt die gleiche Regelung. Allerdings muss darüber hinaus der Produktionszyklus dieser Gegenstände länger als zwölf Monate dauern (Art. 333-1 Abs. 2 PCG).

meine Verwaltungsaufwendungen stellen nur ausnahmsweise – wenn besondere betriebliche Umstände dies rechtfertigen – einen Bestandteil der Herstellungskosten dar (Art. 321-3 Abs. 4 PCG). Kosten einer eventuellen Unterbeschäftigung dürfen nicht in die Herstellungskosten einbezogen werden (Art. 321-3 Abs. 5 PCG).

Eine Definition des Verkaufswerts findet sich in Art. 321-5 PCG. Er kommt bei Gegenständen, die unentgeltlich erworben wurden, zur Anwendung (Art. 321-1 Abs. 1 PCG). Gem. Art. 321-5 Abs. 1 PCG entspricht der Verkaufswert eines Gegenstands dem Preis, der unter normalen Marktgegebenheiten hätte entrichtet werden müssen. Ist kein Markt vorhanden, ist der Verkaufswert gleich dem Preis, den ein Erwerber des gesamten Unternehmens für den Gegenstand in seinem gegebenen Zustand entrichtet hätte (Art. 321-5 Abs. 2 PCG).

Das Bindeglied zwischen den vorstehend beschriebenen Wertmaßstäben und den nachstehend erläuterten Abschreibungen stellt der Begriff des „Restbuchwerts"[764] dar. Der Restbuchwert eines Vermögensgegenstands entspricht seinem Zugangswert – Anschaffungskosten, Herstellungskosten bzw. Verkaufswert (Art. 321-1 Abs. 1 PCG) – abzüglich der Abschreibungen und der Rückstellungen für Wertberichtigungen (Art. 322-1 Abs. 1 und 2 PCG).

Abnutzbare Gegenstände des Anlagevermögens unterliegen planmäßigen Abschreibungen (Art. 331-8 Abs. 1 und 2 PCG). Abnutzbar ist ein Gegenstand des Anlagevermögens dann, wenn sein Leistungsvorrat mit der Zeit, durch Gebrauch, durch technischen Fortschritt oder durch andere Ursachen abnimmt (Art. 322-2 Abs. 6 PCG). Abschreibungen müssen auf jeden Fall vorgenommen werden, auch dann, wenn ein Gewinn nicht vorhanden oder nicht ausreichend ist (Art. 311-1 Abs. 1 PCG).

Der Restbuchwert eines abnutzbaren Gegenstands des Anlagervermögens wird mit Hilfe eines Abschreibungsplans bestimmt (Art. 331-8 Abs. 1 PCG). In diesem Abschreibungsplan erfolgt die Verteilung des Zugangswerts eines Vermögensgegenstands auf seine wahrscheinliche Nutzungsdauer (Art. 331-8 Abs. 2 PCG).[765] Die Nutzungsdauern und die hieraus resultierenden Abschreibungssätze werden von der Unternehmensleitung unter Berücksichtigung der unternehmens- und branchenspezifischen Gegebenheiten bestimmt.[766] Aus Vereinfachungsgründen können auch die von der Finanzverwaltung vorgeschlagenen (steuerlichen) Abschreibungssätze herangezogen werden.[767] Die Finanzverwaltung verlangt ohnehin, dass sich die handelsrechtlichen und die steuerrechtlichen Nutzungsdauern entsprechen.[768] Handelsrechtlich wird keine Abschreibungsmethode vorgeschrieben, allerdings muss die letztendlich zur Anwendung kommende Methode die tatsächliche Wertminderung mit ausreichender Genauigkeit zum Ausdruck bringen. Folglich sind grundsätzlich die lineare, die leistungsabhängige, die degressive und die progressive Abschreibungsmethode zulässig.[769]

Für einige Bilanzposten enthält der PCG konkrete Vorschriften hinsichtlich der Länge des Abschreibungszeitraums. So wird für die Gründungsaufwendungen und für die Forschungs-

---

764 Die Bezeichnung im PCG lautet „Nettobuchwert" („valeur nette comptable").

765 Liegt die Nutzungsdauer eines Vermögensgegenstands deutlich unter seiner erwarteten Lebensdauer, wird der Ausgangswert der Abschreibungen um einen Liquidationserlös vermindert (Art. 331-8 Abs. 2 PCG).

766 Vgl. REVUE FIDUCIAIRE, Comptable 2000, S. 76.

767 Vgl. DUFILS/LOPATER/GUYOMARD, Mémento Comptable 2002, Rn. 1584-1. Einige Abschreibungssätze ergeben sich aber auch aus der Rechtsprechung. Vgl. hierzu Kapitel 4.2.1.2.3.2.4.4.

768 Vgl. doc. adm. 4 D 141 vom 26.11.1996, Rn. 3.

769 Vgl. hierzu REVUE FIDUCIAIRE, Comptable 2000, S. 1021-1022. Eine ausführliche Darstellung der linearen und der degressiven Abschreibungsmethode als steuerlich zulässige Methoden findet sich in Kapitel 4.2.1.2.3.2.4.4.

und Entwicklungsaufwendungen, sofern diese aktiviert werden,[770] eine maximale Nutzungsdauer von fünf Jahren vorgegeben (Art. 361-3 Abs. 1 PCG).[771]

Am Ende eines Wirtschaftsjahrs wird der Restbuchwert eines Vermögensgegenstands mit seinem Inventarwert verglichen (Art. 322-2 Abs. 1 PCG). Letzterer entspricht dem aktuellen Wert des Vermögensgegenstands, welcher in Abhängigkeit von den Marktgegebenheiten und vom Nutzen des Vermögensgegenstands für das Unternehmen ermittelt wird (Art. 322-1 Abs. 3 PCG). Dabei werden beispielsweise der Marktpreis, Tabellen, Marktberichte und spezifische Indizes herangezogen (Art. 322-1 Abs. 4 PCG). Liegt der Inventarwert über dem Restbuchwert, erfolgt keine buchtechnische Erfassung dieses Mehrwerts (Art. 322-2 Abs. 4 PCG). Im umgekehrten Fall muss zwischen der Art der Wertminderung unterschieden werden. Bei vorübergehenden Wertminderungen muss eine Rückstellung für Wertberichtigungen gebildet werden (Art. 322-2 Abs. 5 PCG). Entfällt der Grund für eine Rückstellung für Wertberichtigung, ist diese gewinnerhöhend aufzulösen (Art. 311-1 Abs. 2 PCG). Dauernde Wertminderungen werden durch eine außerplanmäßige Abschreibung berücksichtigt (Art. 322-2 Abs. 6 PCG und Art. 331-8 Abs. 6 PCG). Art. 311-1 Abs. 1 PCG, nach dem Abschreibungen auf jeden Fall vorgenommen werden müssen, gilt auch für außerplanmäßige Abschreibungen. Dort werden auch Rückstellungen für Wertberichtigungen explizit erwähnt.[772]

Abweichend von bzw. zusätzlich zu diesen allgemeinen Bewertungsregelungen müssen nachstehende Besonderheiten beachtet werden. Außerplanmäßige Abschreibungen bei abnutzbaren Gegenständen des Anlagevermögens führen zu einer Anpassung des Restbuchwerts im Abschreibungsplan (Art. 331-8 Abs. 6 PCG). Zu einer außerplanmäßigen Abschreibung oder zu einer Rückstellung für Wertberichtigungen bei einem materiellen oder immateriellen Gegenstand des Anlagevermögens kommt es aber nur, wenn sein aktueller Wert deutlich unter dem Restbuchwert liegt (Art. 331-9 Abs. 2 PCG). Bei Gegenständen des Vorratsvermögens müssen hinsichtlich der Bildung von Rückstellungen für Wertberichtigungen außerdem noch die Verkaufspreise und die Verkaufsperspektiven dieser Gegenstände berücksichtigt werden (Art. 333-3 Abs. 4 PCG). Auch für Wertpapiere gelten Ausnahmeregelungen hinsichtlich ihrer Bewertung. Je nachdem, ob es sich um Beteiligungen,[773] Wertpapiere des Finanzanlagevermögens, die unter Rentabilitätsaspekten gehalten werden[774] oder um andere Wertpapiere

[770] Vgl. hierzu Kapitel 4.2.1.2.3.2.4.2.

[771] Für den Geschäfts- oder Firmenwert existieren keine handelsrechtlichen Abschreibungsvorschriften. Allerdings enthält der Kontenplan des PCG ein Konto „Abschreibungen auf den Geschäfts- oder Firmenwert". Vgl. REVUE FIDUCIAIRE, Comptable 2000, S. 723. COLASSE weist darauf hin, dass es in der Praxis üblich ist, den Geschäfts- oder Firmenwert recht schnell abzuschreiben. Vgl. COLASSE, Comptabilité Générale 2001, S. 112. DUFILS/LOPATER/GUYOMARD halten die Anwendung der steuerrechtlichen Regelungen im handelsrechtlichen Bereich und somit die Abschreibung von Teilen des Geschäfts- oder Firmenwerts für zulässig. Vgl. DUFILS/LOPATER/GUYOMARD, Mémento Comptable 2002, Rn. 1613. Vgl. zu den steuerrechtlichen Regelungen Kapitel 4.2.1.2.3.2.4.4.

[772] In den vorstehend beschriebenen Bewertungsregelungen kommt das Vorsichtsprinzip zum Ausdruck. Demnach werden nicht realisierte Gewinne (Mehrwerte) nicht erfasst, während sämtliche Verluste (Minderwerte) am Ende eines Wirtschaftsjahres erfasst werden. Vgl. LEFEBVRE/PRICE WATERHOUSE COOPERS, PCG 1999, Kommentierung zu Art. 322-2 Abs. 4 PCG.

[773] Beteiligungen sind Anteile an einem anderen Unternehmen, die eine dauerhafte Verbindung zu diesem herstellen und der Tätigkeit des die Beteiligung haltenden Unternehmens dienen (Art. 20 décret n° 83-1020 vom 29.11.1983).

[774] Eine Beeinflussung der Unternehmensführung wird nicht angestrebt. Vgl. LEFEBVRE/PRICE WATERHOUSE COOPERS, PCG 1999, Einleitung vor Art. 332-1 PCG.

des Finanzanlage- oder Umlaufvermögens handelt, werden unterschiedliche Kriterien für die Bewertung herangezogen.[775]

Der Betrag, mit dem eine Rückstellung bewertet wird, muss bestmöglich geschätzt werden (Art. 323-2 PCG). Bei dieser Schätzung werden bei zahlreichen und gleichartigen Verpflichtungen – beispielsweise bei Produktgarantien – statistische Methoden herangezogen (Art. 323-2 1. PCG), bei einer einzelnen Verpflichtung wird die wahrscheinlichste Bewertungsvermutung ausgewählt (Art. 323-2 2. PCG).

Dauerhafte Werterhöhungen von Verbindlichkeiten werden bei den Verbindlichkeiten ausgewiesen, vorübergehende Werterhöhungen bei den Rückstellungen für Wertberichtigungen. Eine Wertminderung einer Verbindlichkeit wird analog zu den Werterhöhungen bei den Verbindlichkeiten selbst ausgewiesen, allerdings nur sofern sie genau bestimmt werden kann.[776]

Grundsätzlich darf der Zugangswert eines Vermögensgegenstands nicht überschritten werden.[777] Allerdings wurde bereits in Kapitel 4.2.1.2.3.2.4.2 die Neubewertungsrücklage als Bestandteil des Eigenkapitals angesprochen. Sie ist das Ergebnis einer Neubewertung, die innerhalb des Sach- und Finanzanlagevermögens für die Gesamtheit dieser Vermögensgegenstände durchgeführt werden darf (Art. 350-1 Abs. 1 PCG). Die bei einer Neubewertung ermittelte Differenz zwischen dem aktuellen Wert und dem Restbuchwert der betroffenen Vermögensgegenstände muss in die Neubewertungsrücklage, für die eine Ausschüttungssperre besteht (Art. L 232-11 Abs. 4 C. com.), eingestellt werden.[778] Sie darf keine Auswirkungen auf das Ergebnis des Wirtschaftsjahres haben (Art. 350-1 Abs. 2 PCG), insbesondere darf sie nicht zur Verlustverrechnung verwendet werden (Art. L. 123-18 Abs. 4 C. com.). Es besteht aber die Möglichkeit, sie für eine Kapitalerhöhung zu verwenden und sie anschließend mit Verlusten zu verrechnen (Art. 350-1 PCG).

4.2.1.2.3.2.4.4 Ermittlung des steuerpflichtigen Ergebnisses aus dem handelsrechtlichen Ergebnis

Art. 38 1. CGI weist darauf hin, dass der steuerpflichtige Gewinn eine Nettogröße ist. Art. 39 1. CGI führt weiter aus, dass bei der Ermittlung des steuerpflichtigen Gewinns – abgesehen von einigen gesetzlich definierten Ausnahmen – sämtliche Aufwendungen abgezogen werden. Diese Aufwendungen können – basierend auf Art. 39 CGI – in drei Kategorien eingeteilt werden: laufende Aufwendungen, Abschreibungen und Rückstellungen.[779] Die Besonderheiten, die für die einzelnen Kategorien gelten, werden im Folgenden aufgezeigt.

---

[775] Dies ergibt sich aus Art. 332-3 PCG, Art. 332-4 PCG, Art. 332-6 PCG und aus Art. 332-9 PCG, der auf Art. 332-6 PCG verweist. Dabei kann in Ausnahmefällen eine Rückstellung für Wertberichtigungen vermieden werden, wenn ein Ausgleich zwischen Mehr- und Minderwerten verschiedener Wertpapiere möglich ist (Art. 332-7 PCG).

[776] Da der PCG keine genauen Regelungen mehr enthält, empfehlen DUFILS/LOPATER/GUYOMARD die aufgezeigte Vorgehensweise. Vgl. DUFILS/LOPATER/GUYOMARD, Mémento Comptable 2002, Rn. 787. Dieser Vorschlag entspricht den ursprünglichen Vorschriften des PCG. Vgl. zu diesen Vorschriften LEFEBVRE/PRICE WATERHOUSE COOPERS, PCG 1999, Art. 322-4 PCG. Wertminderungen von Verbindlichkeiten durften nur dann ausgewiesen werden, wenn sie dauerhaft waren. Vgl. LEFEBVRE/PRICE WATERHOUSE COOPERS, PCG 1999, Kommentierung zu Art. 322-4 PCG.

[777] Dies ergibt sich aus Art. L. 123-18 C. com.

[778] Dies ergibt sich aus Art. L. 123-18 Abs. 4 C. com., Art. 350-1 Abs. 4 PCG und aus dem Bilanzgliederungsschema des PCG in Art. 521-1 PCG. Die Methoden, welche zur Bestimmung der aktuellen Werte herangezogen werden, sowie die von der Neubewertung betroffenen Bilanzpositionen und Posten der Gewinn- und Verlustrechnung mit den jeweiligen neu bewerteten Beträgen müssen im Anhang angegeben werden (Art. 24 6. décret n° 83-1020 vom 29.11.1983).

[779] Vgl. SERLOOTEN, Droit commercial 1997, Rn. 391.

Auch im Steuerrecht existiert ein Aktivierungswahlrecht bezüglich der Gründungsaufwendungen.[780] Hier wird aber nicht nur die Länge des Abschreibungszeitraums vorgegeben, sondern auch die Abschreibungsmethode. Demnach müssen die aktivierten Gründungsaufwendungen über einen Zeitraum von maximal fünf Jahren linear abgeschrieben werden.[781]

Des Weiteren gilt auch für die Forschungs- und Entwicklungsaufwendungen wie im Handelsrecht ein steuerrechtliches Aktivierungswahlrecht.[782] So wie bei den Gründungsaufwendungen wird auch hier neben dem Abschreibungszeitraum die Abschreibungsmethode vorgegeben, so dass eine lineare Abschreibung über maximal fünf Jahre erfolgen muss.[783] Die „zu verteilenden Aufwendungen" („charges à répartir"), für welche ein handelsrechtliches Aktivierungswahlrecht besteht, dürfen steuerrechtlich größtenteils gar nicht, einige wenige unter restriktiven Voraussetzungen aktiviert und abgeschrieben werden.[784]

Aufgrund des grundsätzlichen Rückgriffs auf die handelsrechtlichen Regelungen besteht auch steuerrechtlich eine Aktivierungspflicht für die in Kapitel 4.2.1.2.3.2.4.2 beschriebenen Teile eines erworbenen Geschäftsbetriebs unter der Bilanzposition „Geschäfts- oder Firmenwert". Gem. Ann. III, Art. 38 sexies CGI gehört ein Geschäftsbetrieb – und somit auch der hieraus resultierende Geschäfts- oder Firmenwert – zu den Wirtschaftsgütern des Anlagevermögens, deren Wertminderungen durch Rückstellungen für Wertberichtigungen berücksichtigt werden müssen. Ein Geschäfts- oder Firmenwert kann aber grundsätzlich nicht abgeschrieben werden.[785]

Lohn- und Gehaltsaufwendungen sind grundsätzlich steuerlich abziehbar (Art. 39 1° Abs. 1 CGI).[786] Eine Ausnahme bilden die Gehälter von geschäftsführenden Gesellschaftern einer Personengesellschaft, die nicht der IS unterliegt. Diese stellen keine abzugsfähige Betriebsausgabe, sondern einen Teil des Gewinns, der an die Gesellschafter verteilt wird, dar

---

780 Vgl. doc. adm. 4 C 231 vom 30.10.1997, Rn. 3-4. Die Ausführungen in dieser Verwaltungsanweisung verdeutlichen, dass sich dieses Wahlrecht aus den handelsrechtlichen Regelungen ergibt. Folglich ist von einer einheitlichen Ausübung des Aktivierungswahlrechts auszugehen.

781 Die Abschreibungen folgen einem Abschreibungsplan, der nicht modifiziert werden darf. Dementsprechend ergeben sich jährliche Abschreibungsbeträge von mindestens einem Fünftel bzw. höchstens der Hälfte der Gründungsaufwendungen. Vgl. doc. adm. 4 C 231 vom 30.10.1997, Rn. 4.

782 Das steuerrechtliche Aktivierungswahlrecht ist in Art. 236 I. Abs. 1 CGI geregelt. Die Präzisierung erfolgt in einer Verwaltungsanweisung. Dort wird ausgeführt, dass die Vorgehensweise in der Handelsbilanz die Vorgehensweise in der Steuerbilanz bestimmt. Also muss auch hier das Wahlrecht einheitlich ausgeübt werden. Vgl. doc. adm. 4 C 232 vom 30.10.1997, Rn. 7.

783 Der ursprüngliche Abschreibungsplan darf nicht geändert werden. Vgl. doc. adm. 4 C 232 vom 30.10.1997, Rn. 10. Allerdings kann die Abschreibung ausnahmsweise auch über einen Zeitraum von mehr als fünf Jahren erfolgen, sofern sich die zugrunde liegenden Forschungs- und Entwicklungsaufwendungen auf ein besonderes Projekt beziehen. Dieser Abschreibungszeitraum darf die Nutzungsdauer der zugehörigen Vermögensgegenstände nicht überschreiten. Vgl. doc. adm. 4 C 232 vom 30.10.1997, Rn. 9.

784 Vgl. REVUE FIDUCIAIRE, Comptable 2000, S. 335. Steuerlich dürfen sie also bei einem Aktivierungsverbot – sofern überhaupt eine steuerliche Abzugsfähigkeit besteht – nur sofort im Zeitpunkt ihres Anfallens geltend gemacht werden. Vgl. DUFILS/LOPATER/GUYOMARD, Mémento Comptable 2002, Rn. 2303-2.

785 Vgl. DUFILS/LOPATER/GUYOMARD, Mémento Comptable 2002, Rn. 1613. Vgl. auch COZIAN, Précis de fiscalité 2002, Rn. 428. Unter bestimmten, restriktiven Bedingungen können nach der jüngsten Rechtsprechung aber zumindest Teile eines Geschäftsbetriebs – bzw. eines hieraus resultierenden Geschäfts- oder Firmenwerts – abgeschrieben werden. Hierfür muss aber zum einen gezeigt werden, dass diese Teile ab einem bestimmten künftigen Zeitpunkt keine Vorteile mehr für das bilanzierende Unternehmen haben werden. Zum anderen müssen sie eine gewisse Eigenständigkeit aufweisen. Vgl. ROSSIGNOL, Éléments incorporels 2000, S. 77.

786 Dies betrifft auch die Arbeitgeberbeiträge zur Sozialversicherung. Vgl. doc. adm. 4 C 4422 vom 30.10.1997, Rn. 1.

und sind bei diesen innerhalb der Einkunftsart, die sich aus der Tätigkeit der Gesellschaft ergibt, zu versteuern.[787]

Zinsen, die an Gesellschafter einer Gesellschaft[788] für ein von ihnen gewährtes Darlehen gezahlt werden, sind nur dann steuerlich abzugsfähig, wenn nachstehende Bedingungen erfüllt werden: Zum einen darf der den Zahlungen zugrunde liegende Zinssatz einen im Bankbereich für bestimmte Kredite durchschnittlich geforderten Zinssatz nicht übersteigen (Art. 39 1. 3° Abs. 1 CGI).[789] Zum anderen muss das Gesellschaftskapital bereits vollständig eingezahlt worden sein (Art. 39 1. 3° Abs. 2 CGI).

Steuern, die das Unternehmen trägt, sind grundsätzlich abzugsfähig (Art. 39 1. 4° Abs. 1 CGI). Allerdings sind einige Steuern aufgrund ausdrücklicher gesetzlicher Regelungen nichtabzugsfähig. Hierzu gehört insbesondere die IR (Art. 153 CGI). Auch steuerlich bedingte Strafzahlungen sind grundsätzlich nichtabzugsfähig (Art. 39 2. CGI).

Des Weiteren sind einige „Luxusausgaben" („dépenses somptuaires")[790] steuerlich nichtabzugsfähig. Gem. Art. 39 4. CGI gehören hierzu Aufwendungen für die Jagd oder für nicht beruflich ausgeübten Fischfang, Aufwendungen, die im Zusammenhang mit Freizeitunterkünften angefallen sind, Abschreibungen auf Personenkraftwagen, die den Teil des Kaufpreises betreffen, der 18.300 EUR übersteigt[791] sowie Aufwendungen, die im Zusammenhang mit Jachten oder Freizeitbooten angefallen sind.[792] [793]

Aufwendungen sind außerdem nur dann steuerlich abzugsfähig, wenn sie der betrieblichen Tätigkeit dienen oder im Rahmen von normalen Geschäftsführungshandlungen erfolgen.[794] Ist dies nicht gegeben, geht die Rechtsprechung von einer „unüblichen Geschäftsführungshandlung" („acte anormal de gestion") aus.[795] Diese wird dadurch charakterisiert, dass das Unternehmen finanziell geschädigt wird, um einem Dritten einen Vorteil zu verschaffen.[796] Eine Verminderung des steuerpflichtigen Gewinns ist lediglich eine Konsequenz hieraus.[797] Beispiele für solche unüblichen Geschäftsführungshandlungen sind überzogene Beratungshono-

---

787 Vgl. CE vom 28.10.1981, n° 22280; doc. adm. 4 F 1221 vom 7.7.1998, Rn. 5. Vgl. auch SERLOOTEN, Rémunération 2000, S. 887.

788 Diese Regelungen gelten für Gesellschaften jeder Rechtsform (Art. 39 1. 3° Abs. 1 CGI).

789 Dieser Zinssatz wird regelmäßig im „Journal Officiel" veröffentlicht. Vgl. LAMY, Fiscal 2002, Rn. 641.

790 Vgl. zu diesem Begriff beispielsweise doc. adm. 4 C 31 vom 30.10.1997, vor Rn. 1.

791 Das Gleiche gilt für Leasing- oder Mietzahlungen, die sich auf den entsprechenden Teil des Kaufpreises beziehen.

792 Eine steuerliche Abzugsfähigkeit ist aber dennoch gegeben, wenn die Aufwendungen durch die unternehmerische Tätigkeit bedingt waren. Dies ist dann der Fall, wenn der Gegenstand des Unternehmens in der Vermietung oder dem Verkauf der Gegenstände, die zu diesen Aufwendungen geführt haben, besteht. Vgl. doc. adm. 4 C 31 vom 30.10.1997, Rn. 6-7.

793 Das angesprochene Abzugsverbot betrifft – wenn nicht ohnehin bereits explizit angesprochen – insbesondere den Teil der Aufwendungen, der auf Abschreibungen zurückzuführen ist. Vgl. DGI, Précis 2002, Rn. 1030.

794 Vgl. doc. adm. 4 C 11 vom 30.10.1997, Rn. 2.

795 Vgl. COZIAN, Précis de fiscalité 2002, Rn. 3020-3021. Die Rechtsprechung stützt ihre Entscheidungen auf den CGI. Gem. Art. 39 1. CGI darf ein Unternehmen zur Ermittlung des steuerpflichtigen Gewinns sämtliche Aufwendungen geltend machen. Diese Regelung ist aber so zu interpretieren, dass diese Aufwendungen im Interesse des Unternehmens liegen müssen. Diese Auslegung wird durch das Abzugsverbot für bestimmte Aufwendungen in Art. 39 CGI unterstrichen. Vgl. DAVID U.A., Grands arrêts 2000, S. 465.

796 Dieser Dritte kann – bezogen auf das Unternehmen – ein fremder Dritter, ein Mitglied der Unternehmensleitung, eine Gesellschaft des gleichen Unternehmensverbunds oder ein ausländischer Partner sein. Vgl. COZIAN, Les grands principes 1999, S. 100-102.

797 Vgl. COZIAN, Les grands principes 1999, S. 102. Eine rechtswidrige Handlung muss aber nicht zwangsläufig eine unübliche Geschäftsführungshandlung sein. Vgl. CE vom 11.7.1983, n° 33942 und CE vom 7.1.2000, n° 186108.

rare[798] oder überhöhte Reisekosten[799].[800] Bezüglich der steuerlichen Folgen gilt aber, dass die Abzugsfähigkeit der betreffenden Aufwendungen gegebenenfalls nur teilweise versagt wird.[801]

Auch steuerrechtlich bestehen die Anschaffungskosten gem. Ann. III, Art. 38 quinquies Abs. 3 CGI (Wirtschaftsgüter des Anlagevermögens) und gem. Ann. III, Art. 38 nonies Abs. 3 CGI (Vorräte) aus dem Kaufpreis zuzüglich der Nebenkosten. Die steuerrechtlichen Anschaffungskosten werden grundsätzlich aus den handelsrechtlichen Anschaffungskosten abgeleitet.[802]

Die steuerrechtlichen Herstellungskosten sind in Ann. III, Art. 38 quinquies Abs. 6 CGI (Wirtschaftsgüter des Anlagevermögens) und in Ann. III, Art. 38 nonies Abs. 4 CGI (Vorräte) definiert. Demnach umfassen sie die Materialaufwendungen und die direkten und indirekten Aufwendungen der Produktion, aber keine Finanzierungsaufwendungen. Somit entsprechen die steuerrechtlichen Herstellungskosten – abgesehen von den Finanzierungsaufwendungen – den handelsrechtlichen.[803]

Die steuerrechtlichen planmäßigen Abschreibungen richten sich grundsätzlich nach den branchenspezifischen Gegebenheiten.[804] Unter Beachtung dieser Gegebenheiten werden für abnutzbare Wirtschaftsgüter des Anlagevermögens Nutzungsdauern ermittelt, aus welchen der Abschreibungssatz resultiert.[805] Zahlreiche Abschreibungssätze – sie ergeben sich aus angenommenen Nutzungsdauern – werden von der Finanzverwaltung vorgegeben.[806] Allerdings dürfen auch kürzere Nutzungsdauern zur Anwendung kommen, sofern besondere Umstände vorliegen.[807]

Grundsätzlich kommt die lineare Abschreibungsmethode zur Anwendung.[808] Bei bestimmten Wirtschaftsgütern ist aber auch die degressive Abschreibungsmethode zulässig.[809] Welche

---

798 Vgl. CE vom 2.3.1988, n° 45625.

799 Vgl. CE vom 9.1.1985, n° 40589.

800 Vgl. zu weiteren Beispielen DAVID U.A., Grands arrêts 2000, S. 467-469.

801 Vgl. SERLOOTEN, Droit commercial 1997, Rn. 411.

802 Vgl. doc. adm. 4 D 1321 vom 26.11.1996, Rn. 1.

803 Vgl. DUFILS/LOPATER/GUYOMARD, Mémento Comptable 2002, Rn. 1170. Dies kann auch aus der Rechtsprechung geschlossen werden. Demnach werden beispielsweise allgemeine Verwaltungsaufwendungen nur ausnahmsweise, wenn besondere betriebliche Umstände dies rechtfertigen, in die Herstellungskosten von Vorräten einbezogen. Vgl. CE vom 17.5.1989, n° 45220. Außerdem verdeutlicht der CE in seinem Urteil vom 27.6.1994, n° 121748, dass für die Bestimmung der steuerrechtlichen Herstellungskosten von Gegenständen des Vorratsvermögens die handelsrechtlichen herangezogen werden.

804 Dies schließt der „Conseil d'État" aus der Regelung in Art. 39 1. 2° Abs. 1 CGI. Vgl. CE vom 11.3.1988, n° 50774.

805 Hierbei ist die Forderung der Finanzverwaltung nach der Übereinstimmung der handels- und steuerrechtlichen Nutzungsdauern zu beachten. Vgl. doc. adm. 4 D 141 vom 26.11.1996, Rn. 2-3.

806 Somit werden die handelsrechtlichen Abschreibungen de facto – bezüglich der Nutzungsdauern und der hieraus resultierenden Abschreibungssätze – durch die steuerrechtlichen Abschreibungen festgelegt. Vgl. zu den handelsrechtlichen Abschreibungen Kapitel 4.2.1.2.3.2.4.3. Eine mit den deutschen AfA-Tabellen vergleichbare, von der Finanzverwaltung erarbeitete Übersicht, welche Abschreibungssätze gesammelt darstellt, existiert in Frankreich nicht. Einige Abschreibungssätze ergeben sich überdies aus der Rechtsprechung. Eine Zusammenstellung verschiedener Abschreibungssätze mit Hinweisen auf die Fundstellen findet sich bei REVUE FIDUCIAIRE, Comptable 2000, S. 77. Vgl. auch LAMY, Fiscal 2002, Rn. 743.

807 Wenn diese besonderen Umstände von den betroffenen Unternehmen nachgewiesen werden und die kürzeren Nutzungsdauern maximal 20 % von den üblichen Nutzungsdauern abweichen, werden sie von der Finanzverwaltung akzeptiert. Vgl. doc. adm. 4 D 141 vom 26.11.1996, Rn. 4. Ein Beispiel für besondere Umstände ist das Produzieren in zwei oder drei Schichten. Vgl. doc. adm. 4 D 143 vom 26.11.1996, Rn. 4.

808 Die nachstehend beschriebene degressive Abschreibungsmethode wird – sofern zulässig – nur wahlweise herangezogen. Dies ergibt sich aus der Formulierung in Art. 39 A 1. Abs. 1 CGI, wonach diese Methode „zur Anwendung kommen kann". Vgl. OUDENOT, Fiscalité approfondie 2001, Rn. 874.

Wirtschaftsgüter hiervon betroffen sind, ergibt sich aus Art. 39 A CGI i.V.m. Ann. II, Art. 22 CGI.[810] Die jährlichen Abschreibungsbeträge bei Anwendung der degressiven Methode ergeben sich durch Multiplikation des Restbuchwerts des betreffenden Wirtschaftsguts mit einem bestimmten Abschreibungssatz (Art. 39 A 1. Abs. 2 und 3 CGI). Letzterer ist das Produkt aus dem linearen Abschreibungssatz mit einem gesetzlich vorgegebenen, von der Nutzungsdauer abhängigen Koeffizienten (Art. 39 A 1. Abs. 2 CGI i.V.m. Ann. II, Art. 24 CGI).[811] Unterschreitet der degressive Abschreibungsbetrag den Betrag, der sich ergibt, wenn der Restbuchwert eines Wirtschaftsguts gleichmäßig auf die Restnutzungsdauer verteilt wird, darf Letzterer anstelle des degressiven Betrags angesetzt werden (Ann. II, Art. 23 2° Abs. 2 CGI).[812] Wird von dieser Möglichkeit kein Gebrauch gemacht, wird der Restbuchwert im letzten Jahr des sich aus der Nutzungsdauer ergebenden Nutzungszeitraums komplett abgeschrieben.[813]

Wird bei Anwendung der linearen Methode ein Wirtschaftsgut im Laufe eines Jahres in Gebrauch genommen, erfolgt die Berechnung des Abschreibungsbetrags im ersten Jahr des Nutzungszeitraums pro rata temporis, also lediglich unter Berücksichtigung des Zeitraums des tatsächlichen Gebrauchs.[814] Für das Jahr des Ausscheidens des betreffenden Wirtschaftsguts ist grundsätzlich analog vorzugehen.[815] Wird ein Wirtschaftsgut nach der degressiven Methode abgeschrieben, wird der Abschreibungsbetrag im ersten Jahr der Nutzung auch pro rata temporis bestimmt.[816] Das Gleiche gilt für das Wirtschaftsjahr, in dem das Wirtschaftsgut ausscheidet.[817]

Aufgrund einer gesetzlichen Regelung im CGI besteht für ein Unternehmen die Möglichkeit, einen Teil der grundsätzlich vorzunehmenden Abschreibungen zu unterlassen. Art. 39 B Abs. 1 CGI verlangt, dass die Summe der tatsächlich vorgenommenen Abschreibungen am Ende eines Wirtschaftsjahres lediglich der Summe der linearen Abschreibungsbeträge, die bisher hätten vorgenommen werden müssen, entsprechen muss. Ist diese Anwendungsvoraussetzung in der Folge von bisher im Rahmen der degressiven Methode vorgenommenen Abschreibungen oder von außerplanmäßigen Abschreibungen erfüllt, darf aus steuerrechtlicher Sicht auf einen Teil der oder sogar auf sämtliche planmäßigen Abschreibungen verzichtet

---

809 Bei im Moment der Anschaffung bereits gebrauchten Wirtschaftsgütern oder bei Wirtschaftsgütern mit einer Nutzungsdauer unter drei Jahren darf die degressive Abschreibungsmethode aber auf keinen Fall angewendet werden (Ann. II, Art. 22 Abs. 2 CGI).

810 Ausdrücklich ausgenommen von der Möglichkeit der Anwendung der degressiven Abschreibungsmethode sind Wohngebäude, Baustellen und die Räumlichkeiten, in denen der beruflichen Tätigkeit nachgegangen wird (Art. 39 A 1. Abs. 1 CGI).

811 Dieser Koeffizient beträgt 1,25 – Nutzungsdauern von drei oder vier Jahren –, 1,75 – Nutzungsdauern von fünf oder sechs Jahren – oder 2,25 – Nutzungsdauern von mehr als sechs Jahren (Art. 39 A 1. Abs. 2 CGI). Dadurch ergeben sich Abschreibungssätze zwischen 11,25 % und 41,67 %.

812 Somit darf also ein Wechsel von der degressiven zur linearen Abschreibungsmethode vorgenommen werden.

813 Vgl. doc. adm. 4 D 2223 vom 26.11.1996, Rn. 8.

814 Dabei wird jeder einzelne Tag berücksichtigt. Vgl. doc. adm. 4 D 2123 vom 26.11.1996, Rn. 7.

815 Vgl. doc. adm. 4 D 2123 vom 26.11.1996, Rn. 8.

816 Allerdings ist hier eine monatsgenaue Berücksichtigung bezogen auf den Monat der Anschaffung oder Fertigstellung – nicht auf den Monat der Ingebrauchnahme – ausreichend. Folglich wird der Zeitraum einschließlich des Monats, in dem das Wirtschaftsgut angeschafft oder hergestellt wird, bis zum Jahresende berücksichtigt (Ann. II, Art. 23 1° CGI). Für die Bestimmung des Abschreibungszeitraums wird das erste Jahr auch dann voll gezählt, wenn die Anschaffung oder Herstellung des betreffenden Wirtschaftsguts während des Jahres erfolgte. Vgl. doc. adm. 4 D 2223 vom 26.11.1996, Rn. 10.

817 Hier erfolgt wieder eine Berechnung des Abschreibungsbetrags pro rata temporis, wobei eine nur monatsgenaue Berechnung bis zum Beginn des Monats des Ausscheidens zulässig ist. Vgl. doc. adm. 4 D 2223 vom 26.11.1996, Rn. 11.

werden.[818] Dieser Verzicht stellt aber einen Verstoß gegen handelsrechtliche Regelungen dar.[819] Anders verhält es sich bei den „amortissements réputés différés“ (ARD), also Abschreibungen, die zwar handelsrechtlich gebildet wurden, aber aufgrund einer Regelung in Art. 39 B Abs. 2 CGI steuerrechtlich hinausgezögert werden dürfen, sofern in dem betreffenden Wirtschaftsjahr ein Verlust vorliegt.

Wurden Abschreibungen handels- und steuerrechtlich aufgrund der Regelung in Art. 39 B Abs. 1 CGI in einem Wirtschaftsjahr, in dem ein Verlust vorlag,[820] nicht vorgenommen, müssen sie in dem ersten Wirtschaftsjahr, in dem wieder ein Gewinn erzielt wird, verrechnet werden.[821] Diese Vortragsmöglichkeit unterliegt keiner zeitlichen Beschränkung.[822] Wurde in dem Wirtschaftsjahr, in dem die Abschreibungen nicht vorgenommen wurden, ein Gewinn festgestellt, werden die unterlassenen Abschreibungen bei Anwendung der linearen Methode nach Ablauf der Nutzungsdauer mit dem normalen Abschreibungssatz oder in dem Moment, in dem das betreffende Wirtschaftsgut außer Betrieb genommen wird, nachgeholt (Ann. II, Art. 25 2. Abs. 2 CGI). Bei Anwendung der degressiven Methode werden die Abschreibungen durch Anwendung des degressiven Abschreibungssatzes auf die Restbuchwerte der nachfolgenden Wirtschaftsjahre nachgeholt (Ann. II, Art. 25 2. Abs. 1 CGI). Die ARD müssen ebenfalls im ersten Wirtschaftsjahr, in dem wieder ein Gewinn festgestellt wird, nachgeholt werden.[823] Auch hier besteht keine zeitliche Beschränkung bezüglich ihrer Vortragsfähigkeit (Art. 209 I. Abs. 4 CGI).

Neben den planmäßigen dürfen außerplanmäßige Abschreibungen vorgenommen werden. Voraussetzung ist aber, dass am Ende eines Wirtschaftsjahres bei dem betreffenden Wirtschaftsgut eine auf außergewöhnlichen Umständen beruhende dauernde Wertminderung festgestellt wird.[824] Bei einer nur vorübergehenden Wertminderung wird eine Rückstellung für Wertberichtigungen gebildet.[825] [826]

Schließlich müssen noch die nur steuerlich zulässigen Abschreibungen, die handelsrechtlich zur Bildung eines Sonderpostens mit Rücklageanteil führen, erwähnt werden.[827] Hierzu gehört beispielsweise die in Art. 39 quinquies D CGI geregelte Sonderabschreibung in Höhe von 25 % auf neu erbaute gewerbliche Gebäude in bestimmten ländlichen oder städtischen Förderzonen.[828]

---

818 Vgl. SERLOOTEN, Droit commercial 1997, Rn. 438.

819 Eine dieser Regelungen ist gegebenenfalls der in Kapitel 4.2.1.2.3.2.4.3 dargestellte Art. 311-1 Abs. 1 PCG, der vorschreibt, dass Abschreibungen auch dann vorgenommen werden müssen, wenn ein Gewinn nicht vorhanden oder nicht ausreichend ist. Vgl. COZIAN, Précis de fiscalité 2002, Rn. 462.

820 Hier wird auf den handelsrechtlichen Verlust abgestellt. Bei den ARD hingegen ist der steuerrechtliche Verlust entscheidend. Vgl. doc. adm. 4 D 1542 vom 26.11.1996, Rn. 4.

821 Vgl. CAA Nancy vom 29.6.2000, n° 962660. (Die „Cours Administratives d'Appel“ (CAA) stehen zwischen den erstinstanzlichen Verwaltungsgerichten – den „Tribunaux Administratifs“ – und dem „Conseil d'État“. Vgl. HÜBNER/CONSTANTINESCO, Recht 2001, S. 21.)

822 Vgl. doc. adm. 4 D 1543 vom 26.11.1996, Rn. 16.

823 Dies ergibt sich aus Art. 39 B Abs. 2 CGI i.V.m. Art. 39 1. 2° CGI.

824 Vgl. CE vom 24.10.1980, n° 17147.

825 Vgl. doc. adm. 4 E 3 vom 26.11.1996. Vgl. hierzu auch Kapitel 4.2.1.2.3.2.4.3. Die gesetzlichen Grundlagen hierzu finden sich in Ann. III, Art. 38 sexies CGI, Ann. III, Art. 38 septies Abs. 6 CGI und Ann. III, Art. 38 decies CGI.

826 Bei Anlagegütern beschränkt sich der Anwendungsbereich der Rückstellungen für Wertberichtigungen in der Praxis in den meisten Fällen auf nichtabnutzbare Wirtschaftsgüter. Vgl. LEFEBVRE, Fiscal 2002, Rn. 966.

827 Vgl. hierzu Kapitel 4.2.1.2.3.2.4.2.

828 Allerdings müssen die Unternehmen, die die Abschreibungen vornehmen wollen, bestimmte in Art. 39 quinquies D Abs. 2 CGI definierte Größenkriterien erfüllen.

In Kapitel 4.2.1.2.3.2.4.2 wurde gezeigt, dass für Rückstellungen eine handelsrechtliche Passivierungspflicht besteht. Aufgrund des grundsätzlichen Verweises auf handelsrechtliche Vorschriften besteht somit auch eine steuerrechtliche Passivierungspflicht für Rückstellungen.[829] Einige Ausnahmen hiervon werden im Folgenden aufgezeigt.

Rückstellungen für wirtschaftlich bedingte Entlassungen dürfen gem. Art. 39 1. 5° Abs. 30 CGI steuerrechtlich keine Auswirkungen haben. Sofern sie handelsrechtlich gebildet wurden, muss bei der Ermittlung des steuerpflichtigen Ergebnisses eine Hinzurechnung erfolgen. Eine Entlassung ist dann wirtschaftlich bedingt, wenn sie nicht in der Person des Arbeitnehmers begründet liegt, sondern wenn sie Folge wirtschaftlicher Schwierigkeiten oder technologischer Veränderungen ist.[830]

Auch Pensionsrückstellungen dürfen keine Auswirkungen auf das steuerpflichtige Ergebnis eines Unternehmens haben (Art. 39 1. 5° Abs. 1 CGI). Sofern das handelsrechtliche Passivierungswahlrecht ausgeübt wurde,[831] muss im steuerlichen Bereich eine Hinzurechnung erfolgen.[832]

Schließlich existiert noch eine steuerrechtliche Beschränkung hinsichtlich der Bildung von Rückstellungen für drohende Verluste aus schwebenden Geschäften. Der Betrag, der bei der Ermittlung des steuerpflichtigen Ergebnisses berücksichtigt werden kann, darf lediglich dem Teil der Aufwendungen für die bisher ausgeführten Arbeiten, um den diese die zugehörigen Verkaufserlöse übersteigen, entsprechen (Art. 39 1. 5° Abs. 1 CGI).[833] [834]

Neben diesen Besonderheiten bei der steuerrechtlichen Behandlung von Aufwendungen müssen bei der Ermittlung des steuerlichen Ergebnisses noch die nachstehenden Punkte beachtet werden.

In Kapitel 4.2.1.2.3.2.4.3 wurde dargestellt, dass das Ergebnis einer Neubewertung keine Auswirkungen auf das handelsrechtliche Ergebnis des Wirtschaftsjahres haben darf. Dies gilt nicht für den steuerlichen Bereich, denn dort gehört der im Rahmen einer Neubewertung festgestellte Mehrwert zum steuerpflichtigen Ergebnis und kann somit auch mit einem Verlustvortrag oder mit ARD verrechnet werden.[835]

---

829 Wird eine Rückstellung nicht gebildet, ist dies ein Verstoß gegen handelsrechtliche Vorschriften. Im Steuerrecht existieren aber keine Sanktionen für diesen Fall. Vgl. COZIAN, Précis de fiscalité 2002, Rn. 530.

830 Vgl. BO 4 E-1-98 vom 27.3.1998, Rn. 8.

831 Vgl. hierzu Fn. 755.

832 Vgl. LAMY, Fiscal 2002, Rn. 912.

833 Können für die Aufwendungen, die aus den bisher ausgeführten Arbeiten resultieren, nicht die zugehörigen Verkaufserlöse bestimmt werden, dürfen Letztere ermittelt werden, indem auf den gesamten Verkaufserlös der Quotient aus den bisher ausgeführten Arbeiten und den insgesamt auszuführenden Arbeiten angewendet wird. Vgl. doc. adm. 4 A 2532 vom 1.9.1993, Rn. 19.

834 Bestimmte Passiva, die handelsrechtlich bei den Verbindlichkeiten ausgewiesen werden, sind steuerrechtlich gesehen Rückstellungen. Hierbei handelt es sich um die in Kapitel 4.2.1.2.3.2.4.2 beschriebenen „zu zahlenden Aufwendungen" („charges à payer"). Auf diese unterschiedliche Einstufung muss bei der Ermittlung des steuerpflichtigen Ergebnisses hingewiesen werden. Beispielsweise ist die anstehende Entrichtung der Ausbildungsteuer (vgl. hierzu Kapitel 4.3.4.2) handelsrechtlich eine „zu zahlende Aufwendung" – hierbei handelt es sich um Schulden, deren Fälligkeit oder Höhe bisweilen geschätzt werden muss, wobei die Ungewissheit aber weniger ausgeprägt ist als bei den Rückstellungen (vgl. hierzu Kapitel 4.2.1.2.3.2.4.2) –, steuerrechtlich gehört sie zu den Rückstellungen. Vgl. doc. adm. 4 E vom 26.11.1996, Rn. 30-34.

835 Vgl. DGI, Précis 2002, Rn. 1270. Da keine Befreiungsregelung existiert, geht der durch die Neubewertung festgestellte Mehrwert aufgrund von Art. 38 2. CGI – synthetische Definition der Gewinnermittlung – in die Steuerbemessungsgrundlage ein. Vgl. COZIAN, Précis de fiscalité 2002, Rn. 646. Somit ist die Ausübung des Wahlrechts für die Vornahme einer Neubewertung u.a. dann lohnenswert, wenn ein Verlustvortrag aufgrund der zeitlichen Beschränkung auf fünf Jahre verloren gehen würde. Vgl. LAMY, Fiscal 2002, Rn. 838. Vgl. zur Verlustbehandlung Kapitel 4.2.1.4.

Abschließend ist noch auf die besondere steuerliche Behandlung betrieblicher Veräußerungsgewinne hinzuweisen.[836] Gegebenfalls müssen sie aus dem handelsrechtlichen Ergebnis herausgerechnet und gesondert versteuert werden.

4.2.1.2.4 Einkünfte aus Geschäftsführergehältern

Die Einkunftsart „Einkünfte aus Geschäftsführergehältern"[837] i.S.d. Art. 62 CGI erfasst nur einen Teil der Geschäftsführergehälter. Dies wird schon im Rahmen der Aufzählung der verschiedenen Einkunftsarten der IR in Art. 1 Abs. 2 CGI klar. Dort werden die Gehälter von geschäftsführenden Mehrheitsgesellschaftern einer SARL[838] genannt, wobei die Gesellschaft nicht für eine Besteuerung nach den einkommensteuerlichen Vorschriften für Personengesellschaften optiert haben darf.[839] Außerdem werden in dieser Einkunftsart die Gehälter der Geschäftsführer einer SCA[840] sowie die der Gesellschafter einer optierten Personengesellschaft bzw. einer optierten „société en participation" erfasst.[841] Die Besteuerung dieser Gehälter erfolgt seit dem Veranlagungszeitraum 1996 nach den Regelungen zur Besteuerung von Einkünften aus nichtselbständiger Arbeit und Renten (Art. 62 Abs. 2 CGI).[842] Somit hat die Unterscheidung zwischen Einkünften aus Geschäftsführergehältern und Einkünften aus nichtselbständiger Arbeit im Bereich der IR ihre Bedeutung verloren.[843] An dieser Stelle wird folglich auf die Ausführungen in Kapitel 4.2.1.2.6 verwiesen.

---

836 Vgl. hierzu Kapitel 4.2.1.3.

837 Art. 1 Abs. 2 CGI enthält keine Bezeichnung für diese Einkunftsart, lediglich eine Aufzählung der einzelnen Elemente. Eine mögliche Bezeichnung – verbunden mit dem Hinweis, dass es sich um diejenigen Geschäftsführergehälter handelt, die in einer eigenständigen Einkunftsart erfasst werden – ist „rémunérations des dirigeants (de certaines sociétés)". Vgl. BELTRAME, Fiscalité 2001, S. 54.

838 Ein geschäftsführender Gesellschafter gilt dann als geschäftsführender Mehrheitsgesellschafter, wenn er allein oder zusammen mit anderen geschäftsführenden Gesellschaftern mehr als die Hälfte der Gesellschaftsanteile hält. Vgl. DGI, Précis 2002, Rn. 263.

839 Bestimmte SARL mit familiären Strukturen dürfen eine solche Option ausüben. Vgl. hierzu Kapitel 4.2.2.1.

840 In Art. 62 Abs. 1 b) CGI ist lediglich von den Geschäftsführern einer SCA die Rede. In der Literatur findet sich aber eine Eingrenzung auf Geschäftsführer, die auch Komplementäre sind. Vgl. HELLIO/THILL, Steuern in Frankreich 2002, Rn. 90; LEFEBVRE, Fiscal 2002, Rn. 2045. Dies hängt womöglich mit der Beobachtung zusammen, dass tatsächlich kaum Geschäftsführer, die nicht an der SCA beteiligt sind, angetroffen werden. Vgl. MERCADAL/JANIN, Mémento Sociétés Commerciales 2002, Rn. 14200.

841 Bestimmte Personengesellschaften dürfen für eine Besteuerung durch die IS optieren. Vgl. hierzu Kapitel 4.2.2.1.

842 Somit wurde insbesondere eine Angleichung der steuerlichen Behandlung von geschäftsführenden Mehrheitsgesellschaftern einer SARL an Mitglieder der Leitung eines Unternehmens, die als Angestellte behandelt werden, erreicht. Vgl. BO 5 H-1-97 vom 10.7.1997, „Présentation générale" (keine Rn.). Seither ist im direkten Vergleich der Rechtsformen der SARL und der SA ein Anreiz, Letztere zu wählen, weggefallen. Dieser bestand in den steuerlichen Freibeträgen für Einkünfte aus nichtselbständiger Arbeit (und Renten), die bis dorthin aufgrund der entsprechenden steuerlichen Einordnung zwar den Mitgliedern der Unternehmensleitung einer SA, nicht aber den geschäftsführenden Mehrheitsgesellschaftern einer SARL gewährt wurden. Vgl. zum Wechsel bei der steuerlichen Einordnung der Geschäftsführergehälter GROSCLAUDE/MARCHESSOU, Droit fiscal 2001, Rn. 299 bis. Vgl. zu diesen Freibeträgen Kapitel 4.2.1.2.6.

843 Sie hat aber noch eine Bedeutung im Rahmen der Ermittlung der „impôt de solidarité sur la fortune" (ISF). (Die ISF ist die französische Vermögensteuer. Vgl. hierzu Kapitel 4.3.1.) Außerdem unterliegen geschäftsführende Mehrheits- bzw. Minderheitsgesellschafter einer unterschiedlichen sozialversicherungsrechtlichen Behandlung. Vgl. SERLOOTEN, Droit commercial 1997, Rn. 856. Vgl. bezüglich der Bedeutung der Unterscheidung für die ISF Kapitel 4.3.1. Vgl. zum sozialversicherungsrechtlichen Status der geschäftsführenden Gesellschafter einer SARL Kapitel 3.3.1.8.

4.2.1.2.5 Einkünfte aus Land- und Forstwirtschaft

Zu den Einkünften aus Land- und Forstwirtschaft[844] i.S.d. Art. 63 CGI gehören die Einkünfte aus Bodenbewirtschaftung und aus Viehzucht.[845] Einnahmen aus Tätigkeiten, die keine Verbindung zur landwirtschaftlichen Tätigkeit haben, werden grundsätzlich in der sie betreffenden Einkunftsart erfasst.[846] Hiervon macht Art. 75 CGI eine Ausnahme, wonach solche „Einnahmen aus Nebentätigkeiten" („produits des activités accessoires") bei den Einkünften aus Land- und Forstwirtschaft erfasst werden können, wenn sie maximal 30 % der Einnahmen aus der landwirtschaftlichen Tätigkeit bzw. maximal 30.000 EUR betragen.[847]

Auch die anteiligen Ergebnisse der vollhaftenden Gesellschafter einer Personengesellschaft bzw. bestimmter anderer Gesellschaften unterliegen – wie bereits grundsätzlich in Kapitel 4.2.1.2.3.1 dargelegt – bei den jeweiligen Gesellschaftern der IR bzw. der IS. Hier fallen dann wieder auf der Ebene der Gesellschafter, sofern diese der IR unterliegen, Einkünfte aus Land- und Forstwirtschaft an.[848]

Bei den Einkünften aus Land- und Forstwirtschaft kommen drei (bzw. noch vier) Gewinnermittlungsarten zur Anwendung:

- das Verfahren des „forfait";
- das Verfahren des „transitoire";
- das Verfahren des „réel" (unterteilt in „réel simplifié" und „réel normal").

Das Verfahren des „forfait" greift nur, wenn der durchschnittliche Umsatz eines Landwirts in den beiden vorausgehenden Jahren höchstens 76.300 EUR betrug (Art. 64 1. CGI i.V.m. Art. 69 I. CGI). Im Rahmen dieses Verfahrens wird der steuerpflichtige Gewinn von der Verwaltung als Pauschale festgelegt.[849] Die Anwendung des „forfait" führt meistens zu einer niedrigeren Steuerlast als die Anwendung eines Verfahrens, das den tatsächlichen Gewinn durch ordentliche Buchführung ermittelt.[850] Eine Option für das Verfahren des „réel simplifié" oder des „réel normal" ist möglich (Art. 69 II. a) CGI und Art. 69 III. Abs. 2 CGI).

[844] Die Bezeichnung im CGI lautet „bénéfices de l'exploitation agricole". Aufgrund des Inhalts dieser Einkunftsart ist die gewählte deutsche Bezeichnung „Einkünfte aus Land- und Forstwirtschaft" gerechtfertigt.

[845] Vgl. doc. adm. 5 E 1111 vom 15.5.2000, Rn. 1. Art. 63 CGI enthält eine Aufzählung von Tätigkeiten, die zu Einkünften führen, welche in dieser Einkunftsart erfasst werden. Hier wird auch explizit die forstwirtschaftliche Produktion genannt. Außerdem werden in dieser Einkunftsart nicht nur Verkäufe, sondern auch der Eigenverbrauch erfasst. Vgl. doc. adm. 5 E 1111 vom 15.5.2000, Rn. 2.

[846] Vgl. doc. adm. 5 E 1112 vom 15.5.2000, Rn. 21. Dies gilt beispielsweise für den Verkauf von zugekauften Erzeugnissen. Die Einnahmen aus dem Verkauf dieser Erzeugnisse gehören zu den Einkünften aus Gewerbebetrieb. Vgl. doc. adm. 5 E 1112 vom 15.5.2000, Rn. 22.

[847] Die angegebenen Grenzen beziehen sich auf die Einnahmen – aus Nebentätigkeiten bzw. aus landwirtschaftlicher Tätigkeit – des Kalenderjahrs vor dem Beginn des aktuellen Wirtschaftsjahrs (Art. 75 CGI). Diese Regelung greift auch nur bei einer Gewinnermittlung nach dem Verfahren des „réel" oder des „transitoire" (Art. 75 CGI). Vgl. zu diesen Gewinnermittlungsarten die nachstehenden Ausführungen.

[848] Vgl. auch LAMY, Fiscal 2002, Rn. 4119.

[849] Dies erfolgt gem. Art. 64 CGI i.V.m. Art. L. 1-L. 4 LPF durch eine Vorgabe durchschnittlicher Gewinne bezogen auf bestimmte Schlüsselgrößen eines landwirtschaftlichen Betriebs. Der steuerpflichtige Gewinn ergibt sich dann aus der Multiplikation des durchschnittlichen Gewinns pro Schlüsselgröße mit der zugehörigen Schlüsselgröße. Vgl. REVUE FIDUCIAIRE, Fiscal 2002, Rn. 2622. Für forstwirtschaftliche Betriebe gilt ein besonderes Verfahren, welches auf Werten, die für die Grundsteuer relevant sind, basiert (Art. 76 CGI).

[850] Vgl. TILLMANNS, in: MENNEL/FÖRSTER, Steuern 2002, Rn. 123. Vgl. auch COZIAN, Précis de fiscalité 2002, Rn. 784. COZIAN stellt aber gleichzeitig fest, dass die bei Anwendung des Verfahrens des „forfait" ermittelten steuerpflichtigen Einkünfte in den letzten Jahren deutlich angestiegen sind.

Das Verfahren des „transitoire" kommt zwar momentan noch zur Anwendung, kann aber nicht mehr gewählt werden und wird nach dem Veranlagungszeitraum 2004 keine Bedeutung mehr haben.[851]

Die Gewinnermittlung unter Anwendung des Verfahrens des „réel" erfolgt grundsätzlich nach den Regelungen, die schon im Rahmen der Darstellung der Einkünfte aus Gewerbebetrieb dargestellt wurden,[852] allerdings werden die Eigenheiten landwirtschaftlicher Betriebe berücksichtigt (Art. 72 I. CGI). Das Verfahren des „réel simplifié" betrifft landwirtschaftliche Betriebe, deren durchschnittlicher Umsatz in den beiden zurückliegenden Jahren mehr als 76.300 EUR und höchstens 274.400 EUR betragen hat (Art. 69 I. und II. b) CGI). Eine Option für das Verfahren des „réel normal", welches beim Überschreiten der Umsatzgrenze von 274.400 EUR[853] zwangsläufig angewendet wird (Art. 69 III. Abs. 1 CGI), ist wieder möglich (Art. 69 III. Abs. 2 CGI). Der Unterschied zwischen den beiden Varianten des „réel" liegt in vereinfachten Gewinnermittlungs- und Bewertungsvorschriften sowie in vereinfachten Rechnungslegungs- und Dokumentationspflichten bei Anwendung des „réel simplifié" (Art. 74 CGI und Ann. III, Art. 38 sexdecies RB CGI).

Ausländische natürliche Personen, die keinen steuerlichen Wohnsitz in Frankreich haben, sind mit ihren Einkünften aus in Frankreich betriebenen landwirtschaftlichen Unternehmen beschränkt einkommensteuerpflichtig (Art. 164 B I. c) CGI). Art. 3 Abs. 1 DBA-D/F teilt das Besteuerungsrecht für Einkünfte aus Land- und Forstwirtschaft[854] dem Belegenheitsstaat und somit im vorstehenden Fall Frankreich zu.[855]

4.2.1.2.6 Einkünfte aus nichtselbständiger Arbeit und Renten

Die Einkünfte aus nichtselbständiger Arbeit und Renten[856] i.S.d. Art. 79 CGI umfassen neben den weiter unten behandelten Renten sämtliche Einnahmen aus einer Tätigkeit als Arbeitnehmer. Die Arbeitnehmereigenschaft ergibt sich aus dem Vorliegen eines Arbeitsvertrags mit einem Arbeitgeber, eines Unterordnungs- oder eines starken Abhängigkeitsverhältnisses.[857]

---

[851] Dieses Verfahren konnte optional von bestimmten kleineren landwirtschaftlichen Einzelunternehmen gewählt werden, allerdings nur bis zum Veranlagungszeitraum 2000 (Art. 68 F 1. CGI i.V.m. Art. 68 F 3. CGI). Da sich eine Option gem. Art. 68 F 1. Abs. 3 CGI über einen Zeitraum von fünf Jahren auswirkte, wird das Verfahren des „transitoire" nach 2004 nicht mehr relevant sein. Seine Anwendung führte grundsätzlich zu einer Besteuerung des landwirtschaftlichen Unternehmens nach den Vorschriften zur Besteuerung von Einkünften aus Gewerbebetrieb, allerdings wurden nur Ein- und Auszahlungen berücksichtigt (Art. 68 G Abs. 2 CGI). Vgl. auch LAMY, Fiscal 2002, Rn. 4147.

[852] Vgl. hierzu Kapitel 4.2.1.2.3.

[853] Auch hier wird wieder der durchschnittliche Umsatz der beiden vorausgehenden Jahre herangezogen.

[854] In Art. 3 Abs. 1 DBA-D/F werden zwar nur Einkünfte aus unbeweglichem Vermögen genannt. Spätestens Art. 3 Abs. 4 DBA-D/F stellt aber klar, dass hierunter auch die Einkünfte aus Land- und Forstwirtschaft fallen.

[855] Auch hier greift wieder der in § 32b Abs. 1 Nr. 3 EStG geregelte Progressionsvorbehalt aufgrund von Art. 20 Abs. 1 Buchstabe a DBA-D/F. Allerdings sieht § 2a Abs. 1 Satz 1 Nr. 1 EStG eine Verlustverrechnungsbeschränkung für ausländische land- und forstwirtschaftliche Betriebstätten vor. Außerdem gehört zu den außerordentlichen Einkünften, die im Rahmen der Anwendung des Progressionsvorbehalts eine besondere Behandlung erfahren, auch der Gewinn aus der Veräußerung eines landwirtschaftlichen Betriebs oder Teilbetriebs (§ 14 EStG). Vgl. zum Progressionsvorbehalt Kapitel 6.1.1.3.

[856] Die Bezeichnung für diese Einkunftsart im CGI lautet „traitements, salaires, indemnités, émoluments, pensions et rentes viagères".

[857] Außerdem können bestimmte Personen auch den Status eines Angestellten inne haben. Dies betrifft beispielsweise die Ehegatten von Einzelunternehmern und von Gesellschaftern von Personengesellschaften, die für ihre Tätigkeit im Unternehmen eine Entlohnung erhalten. Vgl. hierzu und zu den Kriterien für das Vorliegen einer Arbeitnehmereigenschaft LEFEBVRE, Fiscal 2002, Rn. 1814-1815.

Zu den Einkünften aus nichtselbständiger Arbeit gehören insbesondere die Gehälter der Mitglieder der Unternehmensleitung einer SA (Art. 80 ter b) 1° CGI), einer SAS (Art. 1655 quinquies CGI i.V.m. Art. 80 ter b) 3° CGI) und der geschäftsführenden Minderheitsgesellschafter einer SARL (Art. 80 ter b) 2° CGI).[858] In dieser Einkunftsart werden nicht nur die eigentlichen Löhne und Gehälter, sondern beispielsweise auch Zuschläge für Überstunden oder Nachtarbeit, Zusatzleistungen in Form von (Aufwands-)Entschädigungen, Unterstützungszahlungen, Gratifikationen, Prämien, Sozialleistungen oder Gewinnbeteiligungen und auch Leistungen in Form von Sachgütern erfasst.[859]

Im Rahmen der Ermittlung der Einkünfte aus nichtselbständiger Arbeit dürfen zwangsweise vom Arbeitnehmer geleistete Beiträge zur Renten- und Vorsorgeversicherung grundsätzlich in Abzug gebracht werden (Art. 83 1° und 2° CGI).[860] Auch seine Beiträge zur Arbeitslosenversicherung können geltend gemacht werden (Art. 83 2° bis CGI).

Darüber hinaus dürfen Zinsen für Kredite, die zur Finanzierung von Beteiligungen am Kapital von neu gegründeten gewerblichen oder freiberuflichen Gesellschaften aufgenommen wurden, bei der Einkunftsermittlung abgezogen werden (Art. 83 2° quater Abs. 1 CGI). Der jährliche Abzugsbetrag ist aber auf 50 % des Arbeitsentgelts, das der Arbeitnehmer von der neu gegründeten Gesellschaft erhält, und auf den Maximalbetrag von 15.250 EUR beschränkt (Art. 83 2° quater Abs. 2 CGI).[861]

Schließlich dürfen noch „frais professionnels“[862] in Abzug gebracht werden. Grundsätzlich ist ein pauschaler Abzug in Höhe von 10 % der Bruttoeinnahmen, die zuvor um die vorstehend genannten Sozialversicherungsbeiträge und Finanzierungszinsen vermindert wurden, vorgesehen (Art. 83 3° Abs. 2 CGI). Dieser pauschale Abzugsbetrag beträgt aber mindestens 364 EUR – ohne die Bruttoeinnahmen zu übersteigen – und höchstens 12.229 EUR (Art. 83 3° Abs. 2 und 5 CGI).[863] Trotz des Abzugs dieses Pauschalbetrags dürfen Aufwandsentschädigungen, die vom Arbeitgeber für bestimmte außergewöhnliche beruflich bedingte Ausgaben an den Arbeitnehmer geleistet werden, steuerfrei vereinnahmt werden.[864] [865]

Alternativ zum Ansatz des Pauschalbetrags dürfen gem. Art. 83 3° Abs. 7 CGI auch die tatsächlich angefallenen „frais professionnels“ angesetzt werden.[866] Folglich dürfen vom Arbeitgeber geleistete Aufwandsentschädigungen, die sich auf in Abzug gebrachte „frais pro-

858 Außerdem werden die in Kapitel 4.2.1.2.4 genannten Gehälter von Mitgliedern der Leitung bestimmter Unternehmen nach den Regelungen für Einkünfte aus nichtselbständiger Arbeit besteuert.

859 Vgl. doc. adm. 5 F 1121 vom 10.3.1999, Rn. 2.

860 Dabei wird unterschieden zwischen Beiträgen für Basis- und Zusatzleistungen. Vgl. doc. adm. 5 F 2312 vom 10.3.1999, Rn. 1. Letztere sind gem. Art. 83 2° Abs. 2 CGI nur beschränkt abzugsfähig.

861 In Art. 83 2° quater Abs. 3 a)-c) CGI sind darüber hinaus noch weitere Voraussetzungen definiert, die von der neu gegründeten Gesellschaft erfüllt werden müssen.

862 Sie sind mit den Werbungskosten bei den Einkünften aus nichtselbständiger Arbeit im deutschen Einkommensteuerrecht vergleichbar.

863 Hierbei handelt es sich um die für den Veranlagungszeitraum 2001 gültigen Beträge.

864 Die Finanzverwaltung unterscheidet zwischen laufenden und außergewöhnlichen beruflich bedingten Ausgaben. Aufwandsentschädigungen durch den Arbeitgeber für Erstere – beispielsweise Ausgaben für den Weg von der Wohnung zum Arbeitsplatz – dürfen nicht zusammen mit dem Abzug des obigen Pauschalbetrags steuerfrei vereinnahmt werden. Vgl. doc. adm. 5 F 1151 vom 10.3.1999, Rn. 11. Letztere – beispielsweise Ausgaben für Geschäftsreisen – sind gem. Art. 81 1° CGI steuerfrei und bleiben dies auch trotz des Abzugs des obigen Pauschalbetrags. Vgl. doc. adm. 5 F 1151 vom 10.3.1999, Rn. 12.

865 Dies gilt nicht für Aufwandsentschädigungen, die an Mitglieder der Leitung eines Unternehmens, deren Gehälter bei den Einkünften aus nichtselbständiger Arbeit erfasst werden, gezahlt werden (Art. 80 ter CGI).

866 Der Abzug der angefallenen „frais professionnels“ ist nur zusammen mit einem Nachweis, dass sie tatsächlich angefallen, beruflich bedingt und auch in der angegebenen Höhe angefallen sind, möglich. Vgl. LEFEBVRE, Fiscal 2002, Rn. 1897.

fessionnels" beziehen, nicht steuerfrei vereinnahmt werden.[867] Beziehen sich „frais professionnels" auf Wirtschaftsgüter mit einer Nutzungsdauer von über einem Jahr, darf lediglich die Wertminderung des betreffenden Veranlagungszeitraums geltend gemacht werden (Art. 83 3° Abs. 7 CGI). Art. 83 3° Abs. 9 CGI regelt die Abzugsmöglichkeit der „frais professionnels" für die Fahrt von der Wohnung des Arbeitsnehmers zu seinem Arbeitsplatz. Hier können grundsätzlich nur die Ausgaben, die sich auf eine Entfernung zwischen Wohnung und Arbeitsplatz von weniger als 40 km beziehen, abgezogen werden.[868] Weitere, allerdings nicht explizit im CGI genannte Beispiele für „frais professionnels", sind durch einen Umzug bedingte Ausgaben, Ausgaben für eine doppelte Haushaltsführung und Ausgaben für ein Arbeitszimmer.[869]

Auf die Einkünfte aus nichtselbständiger Arbeit, die sich nach der Anwendung des Art. 83 CGI und somit nach Abzug der Sozialversicherungsbeiträge, Finanzierungszinsen und der pauschalierten bzw. der tatsächlich angefallenen „frais professionnels" von den Einnahmen aus nichtselbständiger Arbeit ergeben, wird ein Freibetrag von 20 % angewendet (Art. 158 5. a) Abs. 4 CGI). Dieser bezieht sich aber lediglich auf den Teil der Einkünfte, der den Betrag von 111.900 EUR nicht übersteigt (Art. 158 5. a) Abs. 5 CGI). Somit werden Einnahmen aus nichtselbständiger Arbeit nach Abzug der Sozialversicherungsbeiträge und der Finanzierungszinsen bei Anwendung der pauschalierten „frais professionnels" nur zu 72 % versteuert.[870]

Neben den genannten Einkünften aus Arbeitnehmertätigkeit werden auch Pensionen und Leibrenten in dieser Einkunftsart erfasst. Diese bestehen in regelmäßigen Zuwendungen, die grundsätzlich, aber nicht notwendigerweise, auf Lebenszeit geleistet werden.[871] Der Gesamtbetrag dieser Bezüge wird zunächst um 10 % vermindert (Art. 158 5. a) Abs. 2 CGI). Dieser Abzugsbetrag beträgt aber mindestens 323 EUR – ohne den Gesamtbetrag der Bezüge zu überschreiten – und höchstens 3.160 EUR (Art. 158 5. a) Abs. 2 und 3 CGI). Außerdem kommt der oben dargestellte 20 %ige Freibetrag auf die Einkünfte aus nichtselbständiger Arbeit auch bei den um 10 % bzw. um den entsprechenden Mindest- oder Höchstbetrag verminderten Rentenbezügen zur Anwendung (Art. 158 5. a) Abs. 4 CGI).[872]

---

[867] Die steuerfreie Vereinnahmung ist lediglich möglich, wenn kein Zusammenhang zwischen den vom Arbeitgeber geleisteten Aufwandsentschädigungen und den in Abzug gebrachten „frais professionnels" besteht. Vgl. doc. adm. 5 F 1151 vom 10.3.1999, Rn. 7.

[868] Der Abzug von Ausgaben, die sich auf eine darüber hinausgehende Entfernung beziehen, ist nur möglich, wenn besondere mit dem Arbeitsplatz zusammenhängende Umstände vorliegen (Art. 83 3° Abs. 9 CGI). Ein solcher besonderer Umstand ist beispielsweise dann gegeben, wenn sich die Entfernung zwischen Wohnung und Arbeitsplatz des Arbeitnehmers durch eine beruflich bedingte Veränderung, wie beispielsweise einen Umzug des Unternehmens, vergrößert. Vgl. doc. adm. 5 F 2542 vom 10.3.1999, Rn. 5. Die Ausgaben für die Fahrt mit dem eigenen Fahrzeug für den Weg von der Wohnung zum Arbeitsplatz des Arbeitnehmers können basierend auf den von der Finanzverwaltung jährlich herausgegebenen Kilometerpauschalen – der relevante Betrag pro Kilometer hängt von der Motorleistung des Fahrzeugs und von der gefahrenen Strecke ab – ermittelt werden. Der Arbeitnehmer kann aber auch höhere, tatsächlich angefallene Ausgaben pro Kilometer nachweisen. Vgl. doc. adm. 5 F 2542 vom 10.3.1999, Annexe I.

[869] Vgl. hierzu ausführlich doc. adm. 5 F 2542 vom 10.3.1999.

[870] Greifen gleichzeitig die Begrenzungen für die pauschalierten „frais professionnels" und für den genannten Freibetrag, gehen lediglich die um ((111.900 EUR * 0,20 =) 22.380 EUR + 12.229 EUR =) 34.609 EUR verminderten Einnahmen aus nichtselbständiger Arbeit – nach Abzug der Sozialversicherungsbeiträge und der Finanzierungszinsen – in die Bemessungsgrundlage der IR ein.

[871] Vgl. doc. adm. 5 F 121 vom 10.3.1999, „Généralités" (keine Rn.).

[872] Renten auf Gegenleistung gehen lediglich zu einem vom Alter des Rentenempfängers abhängigen Teilbetrag in die Bemessungsgrundlage der IR ein (Art. 158 6. Abs. 1 CGI).

Einkünfte aus nichtselbständiger Arbeit fallen gem. Art. 164 B I. d) CGI unter die beschränkte Steuerpflicht.[873] Art. 13 Abs. 1 DBA-D/F weist das Besteuerungsrecht für diese Einkünfte dem Staat zu, in dem die Tätigkeit ausgeübt wird.[874] Somit kommt grundsätzlich das Arbeitsortprinzip zur Anwendung.[875] Allerdings enthält Art. 13 Abs. 4 DBA-D/F eine Ausnahme hiervon. Demnach liegt das Besteuerungsrecht im Ansässigkeitsstaat des Beziehers der Einkünfte, wenn sich Letzterer während des betrachteten Veranlagungszeitraums nicht länger als 183 Tage im Tätigkeitsstaat aufhält, wenn sein Arbeitgeber nicht im Tätigkeitsstaat ansässig ist und wenn seine Vergütung nicht durch eine Betriebstätte im Tätigkeitsstaat gezahlt wird. Für eine Besteuerung im Ansässigkeitsstaat müssen sämtliche dieser drei Bedingungen erfüllt sein.[876] Eine weitere Ausnahme von der Besteuerung der Einkünfte aus Arbeitnehmertätigkeit im Tätigkeitsstaat findet sich in Art. 13 Abs. 5 DBA-D/F, wonach diese Einkünfte gegebenenfalls im Ansässigkeitsstaat des Beziehers besteuert werden. Voraussetzung ist, dass der Arbeitnehmer im Grenzgebiet des Tätigkeitsstaats arbeitet, im Grenzgebiet des Ansässigkeitsstaats wohnt und in der Regel jeden Tag[877] zu seinem Wohnsitz zurückkehrt (Art. 13 Abs. 5 Buchstabe a DBA-D/F).[878] Art. 13 Abs. 5 Buchstabe b DBA-D/F beschreibt das Grenzgebiet aus deutscher Sicht.[879] Demnach gehören zu diesem Gebiet sämtliche Gemeinden, deren Gebiet zumindest teilweise höchstens 20 km von der Grenze entfernt liegt.[880] Art. 13 DBA-D/F betrifft explizit auch die Einkünfte aus der Tätigkeit der Mitglieder der Leitung bzw. der Geschäftsführung einer Gesellschaft, die der Körperschaftsteuer unterliegt (Art. 13 Abs. 7 DBA-D/F).[881]

Pensionen und Leibrenten werden von der beschränkten Steuerpflicht erfasst, wenn der Schuldner der Leistungen im Fall einer natürlichen Person seinen steuerlichen Wohnsitz in Frankreich hat oder im Fall einer juristischen Person in Frankreich niedergelassen ist (Art. 164 B II. a) CGI).[882] Aufgrund der abkommensrechtlichen Vorschriften ergeben sich teilweise hiervon abweichende Regelungen. Das Besteuerungsrecht für Ruhegehälter aus öffentlichen Kassen (Art. 14 Abs. 1 Satz 1 DBA-D/F) bzw. für Bezüge aus der gesetzlichen

---

873 Vgl. hierzu Kapitel 4.2.1.1.2.

874 Sofern das Besteuerungsrecht in Frankreich liegt, greift der Progressionsvorbehalt des § 32b Abs. 1 Nr. 3 EStG. Abkommensrechtlich darf er gem. Art. 20 Abs. 1 Buchstabe a DBA-D/F zur Anwendung kommen. Eine Verlustverrechnungsbeschränkung besteht im Fall der Einkünfte aus nichtselbständiger Arbeit nicht. Vgl. zum Progressionsvorbehalt Kapitel 6.1.1.3.

875 Vgl. KRAMER, Art. 13, in: DEBATIN/WASSERMEYER, Doppelbesteuerung 2002, Rn. 46; PROKISCH, Art. 15, in: VOGEL, Doppelbesteuerungsabkommen 1996, Rn. 6.

876 Vgl. VOGELGESANG, Art. 13, in: BECKER U.A., DBA-Kommentar 2002, Rn. 16.

877 Um ungewollte Härten zu vermeiden, haben sich die deutsche und die französische Finanzverwaltung in einer Verständigungsvereinbarung geeinigt, dass die betreffende Person nicht täglich an ihren Wohnsitz zurückkehren muss oder auch an Arbeitsorten außerhalb des Grenzgebiets beschäftigt sein darf. Allerdings ist dies an maximal 45 Tagen zulässig. Vgl. BMF vom 20.2.1980, BStBl. I 1980, S. 88.

878 Somit fallen Grenzgänger unter diese Regelung. Vgl. zum Ausdruck „Grenzgänger" beispielsweise FÖRSTER, Besteuerung von Auslandsbeziehungen 2003, S. 347.

879 „Aus deutscher Sicht" bedeutet, dass der Wohnsitz des Arbeitnehmers in Deutschland liegt.

880 Die hiervon betroffenen Städte und Gemeinden sind im BMF-Schreiben vom 1.7.1985, BStBl. I 1985, S. 310 aufgeführt. Das Grenzgebiet aus französischer Sicht – der Wohnsitz des Arbeitnehmers ist also in Frankreich – ist in Art. 13 Abs. 5 Buchstabe c DBA-D/F definiert und besteht auf französischer Seite aus den Grenzdepartements und auf deutscher Seite aus sämtlichen Städten und Gemeinden, deren Gebiet zumindest teilweise höchstens 30 km von der Grenze entfernt liegt sowie aus sämtlichen Städten und Gemeinden des Saarlandes. Letzteres ergibt sich aus einem hierzu verfassten BMF-Schreiben, welches eine entsprechende Auflistung enthält. Vgl. BMF vom 11.6.1996, BStBl. I 1996, S. 645.

881 In Art. 13 DBA-D/F ist von „Einkünften aus nichtselbständiger Arbeit" die Rede. Art. 13 Abs. 7 DBA-D/F stellt klar, dass auch Einkünfte aus der Ausübung von Leitungs- und Geschäftsführungsaufgaben in Gesellschaften, die der Körperschaftsteuer unterliegen, in den Anwendungsbereich des Art. 13 DBA-D/F fallen.

882 Vgl. hierzu Kapitel 4.2.1.1.2.

Sozialversicherung[883] (Art. 14 Abs. 2 Nr. 1 DBA-D/F i.V.m. Art. 14 Abs. 1 Satz 1 DBA-D/F) wird dem jeweiligen Kassenstaat zugewiesen.[884] Dagegen werden private Ruhegehälter und Leibrenten nur im Ansässigkeitsstaat des Bezugsberechtigten besteuert (Art. 13 Abs. 8 DBA-D/F).[885]

4.2.1.2.7 Einkünfte aus selbständiger Arbeit

Gem. Art. 92 1. CGI gehören zu den Einkünften aus selbständiger Arbeit[886] die Einkünfte aus einer freiberuflichen Tätigkeit[887], aus der Ausübung von Ämtern[888] und aus sonstigen Tätigkeiten und Einkunftsquellen, die keiner anderen Einkunftsart zugeordnet werden können.[889] Wie bei den Einkünften aus Gewerbebetrieb und den Einkünften aus Land- und Forstwirtschaft können die Einkünfte aus selbständiger Arbeit grundsätzlich auch in einer Gesellschaft erzielt werden. Die anteiligen Ergebnisse der vollhaftenden Gesellschafter einer Personengesellschaft bzw. bestimmter anderer Gesellschaften unterliegen dann wieder bei den jeweiligen Gesellschaftern gegebenenfalls der IR und werden dann den Einkünften aus selbständiger Arbeit zugerechnet.[890]

Grundsätzlich kommt bei den Einkünften aus selbständiger Arbeit die Gewinnermittlungsart der „déclaration contrôlée" zur Anwendung.[891] Hierbei werden lediglich die Ein- und Auszahlungen, die im Rahmen der Ausübung der selbständigen Tätigkeit anfallen, herangezogen (Art. 93 1. Abs. 1 CGI).[892] Optional kann sich der Steuerpflichtige, der Einkünfte aus selb-

---

883 Hierunter fallen auch Sozialversicherungsrenten. Vgl. LEFEBVRE, Allemagne 2000, Rn. 4197.

884 Die Regelung bezüglich der Ruhegehälter aus öffentlichen Kassen greift aber nicht, wenn der Empfänger der Einkünfte nicht die Staatsangehörigkeit des Kassenstaats, sondern die des Ansässigkeitsstaats hat. In diesem Fall liegt das Besteuerungsrecht beim Ansässigkeitsstaat (Art. 14 Abs. 1 Satz 2 DBA-D/F).

885 In den Fällen, in denen Frankreich ein Besteuerungsrecht hat, greift wieder der Progressionsvorbehalt des § 32b Abs. 1 Nr. 3 EStG aufgrund von Art. 20 Abs. 1 Buchstabe a DBA-D/F. Verlustverrechnungsbeschränkungen sind hier nicht zu beachten. Vgl. zum Progressionsvorbehalt Kapitel 6.1.1.3.

886 Die Bezeichnung im CGI lautet „bénéfices des professions non commerciales et revenus y assimilés". In der Literatur wird die Kurzbezeichnung „bénéfices non commerciaux" gebraucht. Vgl. LAMY, Fiscal 2002, Rn. 4223; LEFEBVRE, Fiscal 2002, Rn. 1200; REVUE FIDUCIAIRE, Fiscal 2002, Rn. 760.

887 Eine freiberufliche Tätigkeit vollzieht sich im wissenschaftlichen oder künstlerischen Bereich, wobei die intellektuelle Leistung der ausübenden Person, die vollkommen unabhängig sein muss, im Vordergrund steht. Somit sind beispielsweise Ärzte, Schriftsteller und Wirtschaftsprüfer freiberuflich tätig. Vgl. doc. adm. 5 G 112 vom 15.12.1995, Rn. 1-2 und 5.

888 Der Inhaber eines solchen Amts darf aber nicht Kaufmann sein. Diese „Ämter" („charges et offices") bestehen in der Wahrnehmung öffentlicher Funktionen und umfassen beispielsweise die Tätigkeit eines Anwalts am „Conseil d'État" oder an der „Cour de Cassation", eines Notars oder eines Gerichtsvollziehers. Vgl. doc. adm. 5 G 113 vom 15.12.1995, Rn. 1-2.

889 Somit werden die Einkünfte aus selbständiger Arbeit zu einem Sammelposten. Vgl. doc. adm. 5 G 114 vom 15.12.1995, Rn. 1. COZIAN spricht in diesem Zusammenhang von einer „Besen-Kategorie" („catégorie-balai"). Vgl. COZIAN, Précis de fiscalité 2002, Rn. 807. Dieser Umstand kommt auch in Art. 1 Abs. 2 CGI bei der Aufzählung der Einkunftsarten durch den Zusatz „und ähnliche Einkünfte" („et revenus y assimilés") zum Ausdruck. Art. 92 Abs. 2 CGI nennt als Beispiele für solche Einkünfte u.a. Einkünfte aus regelmäßig ausgeübten Börsenoperationen, Einkünfte aus Autorenrechten und Einkünfte aus der Verwertung von Erfindungen. Insbesondere durch die Existenz dieses Sammelpostens wird ein weit gefasster Begriff des „Nettoeinkommens" bzw. des „zu versteuernden Einkommens" geschaffen. Nicht steuerbar sind beispielsweise Spielgewinne, Preisgelder und Schadensersatzleistungen. Vgl. GROSCLAUDE/MARCHESSOU, Droit fiscal 2001, Rn. 80.

890 Vgl. hierzu Kapitel 4.2.1.2.3.1. Vgl. auch LAMY, Fiscal 2002, Rn. 4067.

891 Dies ergibt sich aus Art. 93 A I. Abs. 1 CGI, der nur auf Wunsch der Steuerpflichtigen eine alternative Gewinnermittlungsart bereithält.

892 Abschreibungen bilden eine Ausnahme von dieser Regelung. Sie werden nach den Vorschriften, wie sie für die Einkünfte aus Gewerbebetrieb gelten, vorgenommen (Art. 93 1. 2° CGI). Vgl. hierzu Kapi-

ständiger Arbeit erzielt, auch für die Gewinnermittlung basierend auf den entstandenen Forderungen und Verbindlichkeiten entscheiden (Art. 93 A I. Abs. 1 CGI). Somit ändert sich lediglich die Vorgehensweise bei der Gewinnermittlung. Hierdurch entsteht aber beispielsweise nicht die Pflicht, eine Bilanz zu erstellen[893] oder die Möglichkeit, Rückstellungen zu bilden.[894]

Für Steuerpflichtige, die Einkünfte aus selbständiger Arbeit erzielen und deren Einnahmen maximal 27.000 EUR pro Jahr betragen, kommt die Gewinnermittlungsart des „micro-BNC" zur Anwendung (Art. 102 ter 1. Abs. 1 CGI).[895] Demnach unterliegen die Einnahmen dieser Steuerpflichtigen einem pauschalen Freibetrag von 35 % bzw. einem Minimalbetrag von 305 EUR.[896] Eine Optionsmöglichkeit für eine Anwendung der „déclaration contrôlée" – die Gewinnermittlungsart der darüber liegenden Kategorie – besteht auch hier (Art. 102 ter 5. Abs. 1 CGI).[897]

Beschränkte Steuerpflicht besteht für die Bezieher von Einkünften aus selbständiger Arbeit aufgrund von Art. 164 B I. d) CGI, Art. 164 B I. g) CGI sowie – sofern der Schuldner der Leistungen seinen steuerlichen Wohnsitz in Frankreich hat oder in Frankreich niedergelassen ist – aufgrund von Art. 164 B II. b) CGI und Art. 164 B II. c) CGI).[898] Das DBA-D/F weist das Besteuerungsrecht für Einkünfte aus selbständiger Arbeit dem Staat zu, in dem die Tätigkeit ausgeübt wird (Art. 12 Abs. 1 DBA-D/F).[899] Allerdings muss für die Ausübung der Tätigkeit eine ständige Einrichtung in dem betreffenden Staat genutzt werden (Art. 12 Abs. 2 DBA-D/F).[900] Eine eigenständige abkommensrechtliche Regelung existiert für Lizenzgebühren und ähnliche Einkünfte. Sie werden gem. Art. 15 Abs. 1 DBA-D/F im Ansässigkeitsstaat des Bezugsberechtigten besteuert. Können diese Einkünfte aber einer Betriebstätte des Be-

tel 4.2.1.2.3.2.4.3 und 4.2.1.2.3.2.4. Zu den Einkünften aus selbständiger Arbeit gehören gem. Art. 93 1. Abs. 1 CGI auch explizit die Gewinne oder Verluste aus Veräußerungsvorgängen. Sofern Gegenstände des Anlagevermögens betroffen sind, unterliegen diese Veräußerungsgewinne den in Kapitel 4.2.1.3 dargestellten Regelungen.

893 Steuerpflichtige, die Einkünfte aus selbständiger Arbeit erzielen, müssen auch keine Bücher nach handelsrechtlichen Vorschriften führen. Lediglich für steuerliche Zwecke ist ein „Grundbuch" („livre-journal") mit einer detaillierten Aufzeichnung der Ein- und Auszahlungen zu führen (Art. 99 Abs. 1 CGI). Außerdem muss ein Verzeichnis der Gegenstände des Betriebsvermögens und der zugehörigen Abschreibungen geführt werden (Art. 99 Abs. 3 CGI).

894 Abschreibungen auf Forderungen dürfen aber vorgenommen werden. Vgl. BO 5 G-2-97 vom 17.1.1997, Rn. 10. TILLMANNS spricht in diesem Zusammenhang von der Möglichkeit, partiell zu bilanzieren. Vgl. TILLMANNS, in: MENNEL/FÖRSTER, Steuern 2002, Rn. 125.

895 Vgl. zur Bezeichnung „micro-BNC" DISLE/SARAF, Droit fiscal 2002, S. 453; LAMY, Fiscal 2002, Rn. 4431; LEFEBVRE, Fiscal 2002, Rn. 7750.

896 Auch in diesem Fall unterliegen aber Veräußerungsgewinne aus der Veräußerung von Gegenständen des Anlagevermögens den in Kapitel 4.2.1.3 beschriebenen Regelungen und werden somit separat behandelt (Art. 102 ter 1. Abs. 2 CGI). Neben den steuerlichen Erleichterungen genügt auch eine stark vereinfachte Form der Buchführung, wonach lediglich die täglichen Einzahlungen aufgezeichnet werden müssen (Art. 102 ter 4. Abs. 1 CGI).

897 Erst die Anwendung der „déclaration contrôlée" ermöglicht den Abschlag bei der Steuerbemessungsgrundlage für Angehörige eines CGA (Art. 158 4 bis. Abs. 1 CGI). Vgl. zu den CGA Fn. 707.

898 Vgl. hierzu Kapitel 4.2.1.1.2.

899 Der Umfang der Einkünfte aus selbständiger Arbeit bestimmt sich nach innerstaatlichem Recht. Somit wird für Frankreich Art. 92 CGI herangezogen. Vgl. KRAMER, Art. 12, in: DEBATIN/WASSERMEYER, Doppelbesteuerung 2002, Rn. 6.

900 Eine ständige Einrichtung ist dann gegeben, wenn die Kriterien für das Vorliegen einer Betriebstätte erfüllt sind. Vgl. LAMY, Fiscal 2002, Rn. 3955. Vgl. zum Begriff „Betriebstätte" Kapitel 2.1.2.4. Werden die Einkünfte aus selbständiger Arbeit von bestimmten Künstlern und Berufssportlern erzielt, muss keine ständige Einrichtung gegeben sein (Art. 12 Abs. 2 DBA-D/F).

zugsberechtigten im Quellenstaat zugerechnet werden, greift Art. 15 Abs. 5 DBA-D/F, wonach in diesem Fall eine Besteuerung im Quellenstaat erfolgt.[901]

4.2.1.2.8 Einkünfte aus Kapitalvermögen

Die Einkünfte aus Kapitalvermögen[902] können in zwei Hauptgruppen unterteilt werden. Die erste umfasst Einkünfte, die aus Gewinnausschüttungen von körperschaftsteuerpflichtigen Gesellschaften[903] stammen. Die zweite beinhaltet Einkünfte aus festverzinslichen Kapitalforderungen wie Schuldverschreibungen, Darlehen und bei Kreditinstituten verwahrten Geldern.[904] Die betrachteten Einkünfte entstehen, nachdem von den Einnahmen aus den genannten Kapitalvermögensformen bestimmte hiermit zusammenhängende Ausgaben abgezogen wurden.[905] Außerdem unterliegen die in Art. 158 3. Abs. 3 CGI festgelegten Einkünfte aus Kapitalvermögen einem Freibetrag von 1.220 EUR (Alleinstehende) bzw. von 2.440 EUR (Verheiratete).[906]

Hinsichtlich der Einkünfte der ersten Hauptgruppe gilt, dass diese – sofern sie aus Gesellschaften mit Sitz in Frankreich stammen – aus dem ausgeschütteten Betrag zuzüglich eines „Anrechnungsguthabens" („avoir fiscal") bestehen (Art. 158 bis I. Abs. 1 CGI).[907] Dieses Anrechungsguthaben, das der Hälfte des ausgeschütteten Betrags entspricht (Art. 158 bis I. Abs. 2 CGI),[908] ist auf die Einkommensteuerschuld anrechenbar (Art. 158 bis I. Abs. 4 CGI).[909] Das Besteuerungsrecht für diese Einkünfte – mittlerweile ausschließlich des „avoir fiscal"[910] – wird durch Art. 9 Abs. 1 DBA-D/F dem Ansässigkeitsstaat des Beziehers der Ein-

---

901 Steht Frankreich das Besteuerungsrecht zu, greift der in § 32b Abs. 1 Nr. 3 EStG geregelte Progressionsvorbehalt, welcher aufgrund des Art. 20 Abs. 1 Buchstabe a DBA-D/F zur Anwendung kommen darf. Eine Verlustverrechnungsbeschränkung besteht im Fall der Einkünfte aus selbständiger Arbeit nicht. Allerdings können im Zusammenhang mit einer selbständigen Tätigkeit außerordentliche Einkünfte i.S.d. § 34 Abs. 2 Nr. 1 EStG i.V.m. § 18 Abs. 3 EStG entstehen, welche gem. § 32b Abs. 2 Nr. 2 EStG einer besonderen Behandlung im Rahmen der Anwendung des Progressionsvorbehalts unterliegen. Vgl. hierzu Fn. 699. Vgl. zum Progressionsvorbehalt Kapitel 6.1.1.3.

902 Im CGI werden sie mit „revenus de capitaux mobiliers" bezeichnet.

903 Vgl. zu den hierzu zählenden Gesellschaften Kapitel 4.2.2.1.

904 Vgl. zu den beiden Hauptgruppen der Einkünfte aus Kapitalvermögen LAMY, Fiscal 2002, Rn. 4844; LEFEBVRE, Fiscal 2002, Rn. 2100; REVUE FIDUCIAIRE, Fiscal 2002, Rn. 4852.

905 Vgl. doc. adm. 5 I 3226 vom 15.12.1991, vor Rn. 1. Eine Auflistung mit Beispielen für solche abziehbaren Ausgaben enthält doc. adm. 5 I 3226 vom 15.12.1991, Rn. 6.

906 Zu diesen Einkünften gehören vor allem Ausschüttungen auf Aktien von französischen Gesellschaften, sofern der betreffende Aktionär im Fall von nicht börsennotierten Gesellschaften nicht mehr als 35 % der Aktien hält (Art. 158 3. Abs. 3 3° CGI), und Ausschüttungen aus Anteilen an einer SARL, sofern die Beteiligung nicht mehr als 35 % beträgt (Art. 158 3. Abs. 3 5° CGI).

907 Die Ausschüttungen von einigen in Art. 158 quater CGI genannten körperschaftsteuerpflichtigen Gesellschaften sind allerdings vom nachstehend beschriebenen Anrechnungsverfahren ausgenommen.

908 Sofern der Ausschüttungsempfänger keine natürliche Person ist, beträgt das Anrechnungsguthaben grundsätzlich nur 15 % des ausgeschütteten Betrags (Art. 158 bis II. Abs. 3 CGI). Vgl. hierzu ausführlich Kapitel 4.2.2.3.

909 Übersteigt das Anrechnungsguthaben die Einkommensteuerschuld, wird der übersteigende Betrag an den Steuerpflichtigen ausbezahlt (Art. 158 bis I. Abs. 5 CGI). Vgl. zur Funktionsweise des Anrechnungsverfahrens Kapitel 4.2.2.3.

910 Der „avoir fiscal" wurde bis zu einer Änderung des DBA-D/F mit Wirkung ab dem Jahr 2002 auch grenzüberschreitend für Ausschüttungen von französischen Gesellschaften an in Deutschland ansässige natürliche Personen und an in Deutschland ansässige juristische Personen, die zu weniger als 10 % an der ausschüttenden französischen Gesellschaft beteiligt waren, gewährt. Vgl. zur Situation bis zur Änderung des DBA-D/F LEFEBVRE, Allemagne 2000, Rn. 4074. Vgl. auch LAMY, Fiscal 2002, Rn. 3976. Durch die Abschaffung des Anrechnungsverfahrens in Deutschland und durch die Einführung des Halbeinkünfteverfahrens bzw. der generellen Dividendenfreistellung bestand aber keine Notwendigkeit mehr zur Beibehaltung der grenzüber-

künfte zugeteilt. Allerdings steht dem Quellenstaat grundsätzlich das Recht auf Erhebung einer Quellensteuer zu.[911] Art. 9 Abs. 8 DBA-D/F enthält eine Ausnahmeregelung hiervon. Demnach gelten die in Kapitel 4.2.1.2.3.1 beschriebenen Regelungen zur Besteuerung von Betriebstätteneinkünften, wenn die Anteile an der ausschüttenden Gesellschaft zum Betriebsvermögen einer Betriebstätte im Quellenstaat gehören.

Einkünfte aus Kapitalvermögen, die aus festverzinslichen Kapitalforderungen stammen,[912] unterliegen entweder einer pauschalen oder der regulären Besteuerung.[913] Die pauschale Besteuerung, die – optional – nur bei natürlichen Personen zur Anwendung kommen kann und eine befreiende Wirkung hat,[914] besteht in der Anwendung eines niedrigen Steuersatzes von i.d.R. 15 %.[915] Der Steuerpflichtige muss die Anwendung der pauschalen Besteuerung beantragen (Art. 125 A I. Abs. 1 CGI). Allerdings kommt sie in bestimmten Fällen grundsätzlich und die reguläre Besteuerung nur optional zur Anwendung (Art. 125 A II. CGI). Im Fall von Personen, die ihren steuerlichen Wohnsitz bzw. ihren Sitz nicht in Frankreich haben, sowie bei Einkünften, die außerhalb Frankreichs gezahlt werden, erfolgt die Pauschalbesteuerung zwangsweise (Art. 125 A III. Abs. 1 CGI). In diesem Zusammenhang sind aber wieder die abkommensrechtlichen Regelungen zu beachten. Demnach greift die in Art. 125 A III. Abs. 1 CGI definierte Pauschalbesteuerung nicht bei Personen mit steuerlichem Wohnsitz bzw. Sitz in Deutschland, denn das Besteuerungsrecht liegt hier beim Ansässigkeitsstaat des Bezugsberechtigten der Einkünfte (Art. 10 Abs. 1 DBA-D/F). Eine Ausnahme von dieser Regelung gilt für den Fall, dass der Bezugsberechtigte der Einkünfte im Quellenstaat eine Betriebstätte unterhält und die zugehörige Kapitalforderung zum Betriebsvermögen der Betriebstätte gehört. In diesem Fall gelten die in Kapitel 4.2.1.2.3.1 beschriebenen Regelungen zur Besteuerung von Betriebstätteneinkünften (Art. 10 Abs. 2 DBA-D/F).

---

schreitenden Anrechnung. Vgl. Entwurf eines Gesetzes zu dem Zusatzabkommen vom 20.12.2001 zwischen der Regierung der Bundesrepublik Deutschland und der Regierung der Französischen Republik zum Abkommen vom 21.7.1959 zwischen der Bundesrepublik Deutschland und der Französischen Republik zur Vermeidung der Doppelbesteuerungen und über gegenseitige Amts- und Rechtshilfe auf dem Gebiete der Steuern vom Einkommen und vom Vermögen sowie der Gewerbesteuern und der Grundsteuern, Bundesratsdrucksache 215/02 vom 15.3.2002, S. 9. Wurde der „précompte“ durch eine französische Kapitalgesellschaft für eine Ausschüttung an eine in Deutschland ansässige Person entrichtet, wird Letzterer der „précompte“ erstattet. Allerdings wird diese Erstattung wie eine Dividende behandelt und ist somit gegebenenfalls – wie in Kapitel 4.2.1.6 beschrieben – quellensteuerpflichtig (Art. 9 Abs. 4 DBA-D/F). Vgl. zum „précompte“ Kapitel 4.2.2.3.

911 Vgl. hierzu ausführlich Kapitel 4.2.1.6.

912 Hierbei handelt es sich um die Einkünfte aus Kapitalvermögen der zweiten oben beschriebenen Hauptgruppe.

913 Vgl. BELTRAME, Fiscalité 2001, S. 50; MERCIER/PLAGNET, Impôts 2002, Rn. 236. Art. 125 A CGI enthält die entsprechende gesetzliche Regelung.

914 Sofern die hier betrachteten Einkünfte aus Kapitalvermögen zum Einkommen eines gewerblichen, landwirtschaftlichen bzw. eines freiberuflichen oder ähnlichen Unternehmens gehören, entfaltet die pauschale Besteuerung keine befreiende Wirkung (Art. 125 A V. CGI).

915 Vgl. DUTHILLEUL, Anh., in: DEBATIN/WASSERMEYER, Doppelbesteuerung 2002, Rn. 92. Hier müssen die in Kapitel 4.2.1.5 beschriebenen steuerlichen Zusatzzahlungen berücksichtigt werden, so dass sich ein effektiver Steuersatz von 25 % ergibt.

4.2.1.2.9 Einkünfte aus privaten Veräußerungsgewinnen

Veräußerungsgewinne werden in Frankreich im Gegensatz zu Deutschland systematisch erfasst.[916] Zu dieser Einkunftsart gehören insbesondere die Einkünfte aus der Veräußerung von Immobilien und aus der Veräußerung von Wertpapieren.[917]

Im Rahmen der Gewinne aus der Veräußerung von Immobilien nehmen die Gewinne aus der Veräußerung des „Hauptwohnsitzes" („résidence principale") eine Sonderstellung ein. Sie sind gem. Art. 150 C I. Abs. 1 CGI von der Besteuerung ausgenommen.[918] Steuerpflichtige Veräußerungsgewinne, welche sich aus der Differenz zwischen Veräußerungspreis und Anschaffungskosten ergeben (Art. 150 H Abs. 1 CGI), müssen in lang- (Anschaffung der Immobilie vor mehr als zwei Jahren) und kurzfristige (Anschaffung der Immobilie vor höchstens zwei Jahren) unterteilt werden, denn Erstere unterliegen einer besonderen steuerlichen Behandlung.[919] Hierzu gehört einerseits die Multiplikation der Anschaffungskosten mit einem Preissteigerungsindikator bezogen auf das Jahr der Anschaffung (Art. 150 K CGI). Zum anderen wird auf langfristige Veräußerungsgewinne ein Freibetrag von 5 % für jedes Jahr der über das zweite Jahr hinausgehenden Besitzdauer angewendet (Art. 150 M CGI).[920] Bei der Berechnung der Einkommensteuer kommt außerdem bezüglich der langfristigen Veräußerungsgewinne aus Immobilien eine progressionsmildernde Regelung zur Anwendung (Art. 150 R CGI).[921]

Eine beschränkte Steuerpflicht für Veräußerungsgewinne aus in Frankreich belegenen Immobilien besteht gem. Art. 164 B I. e) CGI. Diese bleibt auch im Verhältnis Deutschland-Frankreich bestehen, denn Art. 3 Abs. 4 DBA-D/F i.V.m. Art. 3 Abs. 1 DBA-D/F teilt das Besteuerungsrecht für Gewinne aus der Veräußerung von Immobilien dem Belegenheitsstaat der Immobilien zu.[922]

Art. 150-0 A CGI nennt die Wertpapiere und Gesellschaftsanteile, deren Veräußerungsgewinne in der hier betrachteten Einkunftsart erfasst werden. Für diese Veräußerungsgewinne, die sich aus der Differenz zwischen dem Veräußerungspreis und den Anschaffungskosten ergeben (Art. 150-0 D 1. CGI), gilt eine Freigrenze von 7.650 EUR (Art. 150-0 A I. Abs. 1 CGI). Überschreiten Sie die genannte Freigrenze, unterliegen sie einem pauschalen Steuersatz von 16 % (Art. 200 A 2. CGI).[923]

---

916 Vgl. DUTHILLEUL, Anh., in: DEBATIN/WASSERMEYER, Doppelbesteuerung 2002, Rn. 95. Vgl. auch TILLMANNS, in: MENNEL/FÖRSTER, Steuern 2002, Rn. 85. Dies zeigt sich nicht nur an der Zusammenfassung der relevanten steuerlichen Regelungen, sondern auch an der expliziten Nennung der Einkünfte aus Veräußerungsgewinnen bei der Aufzählung der verschiedenen Einkunftsarten in Art. 1 Abs. 2 CGI. (Die Bezeichnung im CGI lautet „plus-values de cession à titre onéreux de biens ou de droits de toute nature".)

917 Außerdem wird auch die Veräußerung von – bezogen auf die Wertpapiere – sonstigen beweglichen Sachen steuerlich erfasst. Allerdings fallen nur sehr wenige Güter in den Anwendungsbereich dieser Untergruppe. Vgl. REVUE FIDUCIAIRE, Fiscal 2002, Rn. 3831. Zu diesen Gütern gehören beispielsweise Freizeitboote und Rennpferde. Vgl. doc. adm. 8 O 112 vom 15.6.1993, R. 1-2.

918 Art. 150 C I. Abs. 2 CGI definiert den Begriff des „Hauptwohnsitzes".

919 Vgl. LAMY, Fiscal 2002, Rn. 5117.

920 Somit ergibt sich nach 22 Jahren eine Steuerfreiheit für Veräußerungsgewinne aus Immobilien. Außerdem unterliegt die Summe aus den (lang- und kurzfristigen) Veräußerungsgewinnen aus Immobilien eines Jahres einem generellen Abschlag von 915 EUR (Art. 150 Q Abs. 1 CGI).

921 Diese gilt nicht für beschränkt Steuerpflichtige. Vgl. hierzu Kapitel 4.2.1.6.

922 In Deutschland greift aber wieder der Progressionsvorbehalt gem. § 32b Abs. 1 Nr. 3 EStG, welcher aufgrund des Art. 20 Abs. 1 Buchstabe a DBA-D/F zur Anwendung kommen darf. Verlustverrechnungsbeschränkungen sind hier nicht zu beachten. Vgl. zum Progressionsvorbehalt Kapitel 6.1.1.3.

923 Effektiv beträgt dieser Satz aufgrund der Zusatzzahlungen zur IR wieder 26 %. Vgl. hierzu Kapitel 4.2.1.5.

Eine beschränkte Steuerpflicht für Gewinne aus der Veräußerung von mehr als 25 %igen Beteiligungen an körperschaftsteuerpflichtigen Gesellschaften mit Sitz in Frankreich ergibt sich aus Art. 244 bis B Abs. 1 CGI i.V.m. Art. 164 B I. f) CGI.[924] Allerdings dürfen diese gem. Art. 7 Abs. 1 DBA-D/F nur im Ansässigkeitsstaat des Veräußerers besteuert werden.[925] Alle anderen Gewinne aus der Veräußerung von Wertpapieren und Gesellschaftsanteilen sind gem. Art. 244 bis C Abs. 1 CGI ausdrücklich von der beschränkten Steuerpflicht ausgenommen. Somit werden die entsprechenden Einkünfte von in Deutschland unbeschränkt Steuerpflichtigen aufgrund des dort zur Anwendung kommenden Welteinkommensprinzips[926] ausschließlich in Deutschland nach den deutschen Vorschriften besteuert.

4.2.1.3 Besteuerung von betrieblichen Veräußerungsgewinnen

Eine isolierte, von der Darstellung der betroffenen Einkunftsarten losgelöste Betrachtung der Besteuerung betrieblicher Veräußerungsgewinne bietet sich aus verschiedenen Gründen an. Zum einen gelten die nachfolgend dargestellten Regelungen für die Einkünfte aus Gewerbebetrieb, aus Land- und Forstwirtschaft und aus selbständiger Arbeit gleichermaßen, da die Veräußerungsgewinne innerhalb jeder dieser drei Einkunftsarten getrennt behandelt werden.[927] Zum anderen sind sie teilweise auch für die IS von Bedeutung.[928]

Wenn die Jahresumsätze gewerblicher, freiberuflicher oder landwirtschaftlicher Unternehmen[929] bestimmte Grenzen nicht überschreiten, werden die Gewinne, die diese Unternehmen aus der Veräußerung von Wirtschaftsgütern des Anlagevermögens[930] erzielen, überhaupt nicht besteuert.[931] Kommt eine Steuerfreiheit nicht in Betracht, unterliegen ihre Gewinne bzw. Verluste aus der Veräußerung von Wirtschaftsgütern des Anlagevermögens den nachstehend beschriebenen Vorschriften zur Besteuerung von lang- bzw. kurzfristigen Veräußerungsgewinnen (Art. 39 duodecies 1. CGI).[932]

---

924 Vgl. hierzu Kapitel 4.2.1.1.2.

925 In der abkommenrechtlichen Regelung ist hinsichtlich der betreffenden Gesellschaften von „Kapitalgesellschaften" die Rede. Zur Bestimmung der Rechtsformen, die zu den Kapitalgesellschaften gerechnet werden, wird das jeweilige nationale Recht herangezogen. Dies ergibt sich aus Art. 2 Abs. 2 DBA-D/F, wonach diese Vorgehensweise für sämtliche Begriffe, die nicht im Abkommen selbst definiert sind, anzuwenden ist.

926 Vgl. zum Welteinkommensprinzip statt vieler BREITHECKER, Internationale Steuerlehre 2002, S. 148.

927 Vgl. hierzu die nachstehenden Ausführungen.

928 Vgl. hierzu Kapitel 4.2.2.2.

929 Hierbei handelt es sich um Unternehmen – Einzelunternehmen und Personengesellschaften –, die der IR unterliegen bzw. nach den einkommensteuerlichen Regelungen für Personengesellschaften besteuert werden. Vgl. doc. adm. 4 B 213 vom 7.6.1999, Rn. 3.

930 Vgl. doc. adm. 4 B 213 vom 7.6.1999, Rn. 7.

931 Für gewerbliche Unternehmen, die keine Dienstleistungen erbringen, beträgt diese Grenze 152.600 EUR (Art. 151 septies Abs. 1 CGI i.V.m. Art. 50-0 Abs. 1 CGI). Für Unternehmen, die gewerbliche Dienstleistungen erbringen und für freiberufliche Unternehmen gilt die Grenze von 54.000 EUR (Art. 151 septies Abs. 1 CGI i.V.m. Art. 50-0 Abs. 1 CGI und Art. 151 septies Abs. 1 CGI i.V.m. Art. 102 ter 1. Abs. 1 CGI). Landwirtschaftliche Unternehmen dürfen in den zwei Jahren, die der Entstehung der betreffenden Veräußerungsgewinne vorausgehen, im Durchschnitt maximal einen Jahresumsatz von 152.600 EUR erzielt haben (Art. 151 septies Abs. 2 CGI). Sämtliche Unternehmen müssen seit mindestens fünf Jahren tätig sein (Art. 151 septies Abs. 1 CGI). Außerdem darf es sich bei den Gütern, bei deren Veräußerung ein Gewinn realisiert wurde, nicht um Baugrundstücke handeln (Art. 151 septies Abs. 1 CGI i.V.m. Art. 1594-0 G A. CGI). Aus der Veräußerung von Baugrundstücken resultierende Veräußerungsgewinne sind nicht steuerfrei. Sie unterliegen den Vorschriften zur Besteuerung von privaten Veräußerungsgewinnen (Art. 151 septies Abs. 7 CGI). Vgl. zur Besteuerung privater Veräußerungsgewinne Kapitel 4.2.1.2.9.

932 Art. 39 duodecies 1. CGI gilt für gewerbliche Unternehmen. Die Gewinnermittlungsvorschriften für landwirtschaftliche Unternehmen verweisen auf die gewerblichen Gewinnermittlungsvorschriften und somit insbesondere auf die Vorschriften zur Behandlung von Veräußerungsgewinnen (Art. 72 I. Abs. 1 CGI). Inner-

Kurzfristige Veräußerungsgewinne entstehen bei der Veräußerung von Wirtschaftsgütern, die vor weniger als zwei Jahren angeschafft oder hergestellt wurden (Art. 39 duodecies 2. a) CGI), und bei der Veräußerung von Wirtschaftsgütern, die vor mindestens zwei Jahren angeschafft oder hergestellt wurden, dann aber nur in Höhe der vorgenommenen Abschreibungen (Art. 39 duodecies 2. b) CGI).[933] Alle anderen Veräußerungsgewinne zählen zu den langfristigen (Art. 39 duodecies 3. CGI). Kurzfristige Veräußerungsverluste entstehen bei der Veräußerung von nichtabnutzbaren Wirtschaftsgütern, die vor weniger als zwei Jahren angeschafft oder hergestellt wurden (Art. 39 duodecies 4. a) CGI), und bei der Veräußerung von abnutzbaren Wirtschaftsgütern, unabhängig vom Zeitpunkt, an dem sie angeschafft oder hergestellt wurden (Art. 39 duodecies 4. b) CGI). Alle anderen Veräußerungsverluste werden zu den langfristigen gezählt (Art. 39 duodecies 5. CGI).[934]

Übersteigen die kurzfristigen Veräußerungsgewinne die -verluste – liegt also ein kurzfristiger Nettoveräußerungsgewinn vor –, kann der übersteigende Betrag gleichmäßig auf das Jahr der Veräußerung und die beiden darauf folgenden Jahre verteilt werden (Art. 39 quaterdecies 1. Abs. 1 und 2 CGI).[935] Ein kurzfristiger Nettoveräußerungsverlust kann lediglich mit dem Ergebnis des Veräußerungsjahrs verrechnet werden (Art. 39 quaterdecies 3. CGI). Für den die langfristigen Veräußerungsverluste übersteigenden Teil der langfristigen Veräußerungsgewinne existiert ein spezieller Einkommensteuersatz von 16 % (Art. 39 quindecies I. 1. Abs. 1 und 2 CGI).[936] [937] Alternativ zu seiner separaten Besteuerung ist auch eine Verrechnung mit dem Verlust des betreffenden Wirtschaftsjahres möglich (Art. 39 quindecies I. 1. Abs. 3 CGI). Langfristige Nettoveräußerungsverluste können nur mit langfristigen Nettoveräußerungsgewinnen der darauf folgenden zehn Jahre verrechnet werden (Art. 39 quindecies I. 2. Abs. 1 CGI).[938]

4.2.1.4 Verlustbehandlung

Grundsätzlich ist die Verlustbehandlung im Rahmen der IR in Art. 156 I. Abs. 1 CGI geregelt, wonach bei der Ermittlung der Summe der Einkünfte eine Verlustverrechnung zwischen den verschiedenen Einkunftsarten zulässig ist. Reichen die positiven Einkünfte nicht für eine vollständige Verrechnung mit den negativen Einkünften aus, kann der verbleibende Verlust

halb der Vorschriften zur Ermittlung der Einkünfte aus selbständiger Arbeit findet sich ein expliziter Verweis auf die Vorschriften zur Behandlung gewerblicher Veräußerungsgewinne (Art. 93 quater I. CGI). Für körperschaftsteuerpflichtige Unternehmen gelten die in Kapitel 4.2.2.2 aufgezeigten Regelungen.

933 Der den Abschreibungen entsprechende Teil wird nicht als begünstigt besteuerter – vgl. hierzu die nachstehenden Ausführungen – langfristiger Veräußerungsgewinn eingestuft, weil die Abschreibungen im Moment ihrer Vornahme den normal besteuerten Gewinn gemindert haben. Vgl. COZIAN, Précis de fiscalité 2002, Rn. 604.

934 Bestimmte Einkünfte werden unabhängig von den genannten Kriterien durch eine explizite gesetzliche Regelung in Art. 39 terdecies CGI zu den langfristigen Veräußerungsgewinnen bzw. -verlusten gezählt. Hierzu gehören beispielsweise Gewinne oder -verluste aus der Veräußerung von Patenten sowie Lizenzeinkünfte, die bestimmte Bedingungen erfüllen (Art. 39 terdecies 1. Abs. 1 CGI).

935 Durch die Verteilung können die Auswirkungen der Progression abgeschwächt werden. Vgl. HELLIO/THILL, Steuern in Frankreich 2002, Rn. 64.

936 Berücksichtigt man die in Kapitel 4.2.1.5 beschriebenen einkommensteuerlichen Zusatzzahlungen – die CSG, die CRDS und den „prélèvement social" –, ergibt sich ein effektiver Steuersatz von 26 %.

937 Dieser Satz gilt nicht für den Teil der langfristigen Veräußerungsgewinne einer Personengesellschaft, der auf einen körperschaftsteuerpflichtigen Gesellschafter entfällt, denn hier gelten die in Kapitel 4.2.2.2 dargestellten Regelungen.

938 Vgl. zur Einschränkung auf eine Verrechnung mit den Nettoveräußerungsgewinnen – und somit nicht mit den Veräußerungsgewinnen vor Verrechnung mit den Veräußerungsverlusten des gleichen Jahres – REVUE FIDUCIAIRE, Fiscal 2002, Rn. 4042.

bis zu fünf Jahre lang vorgetragen werden. Eine Ausnahme bilden die ARD, denn für sie besteht keine zeitliche Beschränkung hinsichtlich ihrer Verrechnungsmöglichkeit mit künftigen Gewinnen.[939] Allerdings ist die Verlustverrechnung zwischen den Einkunftsarten durch mehrere Vorschriften eingeschränkt.

Zunächst schreibt Art. 156 I. 1° CGI vor, dass negative Einkünfte aus landwirtschaftlichen Unternehmen nicht mit anderen Einkünften verrechnet werden dürfen, wenn die Summe der Einkünfte aus anderen Kategorien 53.360 EUR übersteigt. Allerdings dürfen die negativen Einkünfte aus landwirtschaftlichen Unternehmen bis zu fünf Jahre lang vorgetragen und mit positiven Einkünften der gleichen Art verrechnet werden.

Außerdem schränkt Art. 156 I. 1° bis CGI die Verlustverrechnungsmöglichkeiten für bestimmte Einkünfte aus Gewerbebetrieb ein. Dabei handelt es sich um solche Einkünfte, die zwar aus einer gewerblichen Tätigkeit stammen, bei der aber keine persönliche, direkte und nachhaltige Mitarbeit des Beziehers der Einkünfte oder eines Mitglieds seines steuerlichen Haushalts vorliegt.[940] Hier besteht nur eine Ausgleichsmöglichkeit mit gleichartigen Einkünften des betrachteten oder der fünf darauf folgenden Veranlagungszeiträume (Art. 156 I. 1° bis Abs. 1 bis CGI). Letztendlich soll diese Regelung verhindern, dass Verluste aus gewerblichen Tätigkeiten, die tatsächlich lediglich Kapitalanlageformen ohne Risikoübernahme des Anlegers darstellen, steuerlich geltend gemacht werden können.[941]

Verluste, die im Rahmen der Einkünfte aus selbständiger Arbeit anfallen, die aber weder aus der Ausübung einer freiberuflichen Tätigkeit noch aus der Ausübung von Ämtern stammen, können nicht mit anderen Einkünften verrechnet werden. Sie können nur mit gleichartigen Einkünften des gleichen oder der fünf darauf folgenden Zeiträume verrechnet werden (Art. 156 I. 2° CGI).[942]

Auch negative Einkünfte aus Grundvermögen unterliegen grundsätzlich einer Verlustverrechnungsbeschränkung. Sie dürfen gem. Art. 156 I. 3° Abs. 1 CGI nur mit Einkünften aus Grundvermögen der zehn auf die Verlustentstehung folgenden Veranlagungszeiträume verrechnet werden. Art. 156 I. 3° Abs. 8 CGI legt aber eine Ausnahme hiervon fest. Demnach dürfen negative Einkünfte aus Grundvermögen, sofern sie nicht aus der Zahlung von Fremdkapitalzinsen resultieren, bis zu einer Höhe von 10.700 EUR[943] mit der Summe der Einkünfte verrechnet werden. Der Teil der negativen Einkünfte, der diese Grenze übersteigt und die ne-

939 Das Gleiche gilt für Abschreibungen, die in Wirtschaftsjahren, in denen ein Verlust festgestellt wurde, aufgrund der Regelung des Art. 39 B Abs. 1 CGI nicht vorgenommen wurden. Vgl. hierzu Kapitel 4.2.1.2.3.2.4.4.

940 Diese Verlustverrechnungsbeschränkung betrifft sämtliche Tätigkeiten, die seit dem 1.1.1996 begonnen oder ausgeweitet wurden. Bei der Ausweitung einer Tätigkeit sind die hieraus resultierenden Verluste in einer gesonderten Buchführung aufzuzeichnen (Art. 156 I. 1° bis Abs. 3 CGI). Auch Investitionen, die nach dem 1.1.1996 im Rahmen einer vor dem 1.1.1996 begonnenen Tätigkeit durchgeführt wurden, lösen die beschriebene Verlustverrechnungsbeschränkung aus. Hier wird der betroffene Verlustanteil durch eine Bestimmung des Verhältnisses der Neuinvestitionen zum gesamten Betriebsvermögen ermittelt (Art. 156 I. 1° bis Abs. 4 CGI).

941 Vgl. BO 4 A-7-96 vom 14.8.1996, Rn. 19.

942 Somit hängt eine Verlustverrechnungsmöglichkeit negativer Einkünfte aus selbständiger Tätigkeit davon ab, ob die Tätigkeit, welche zu den Einkünften führt, beruflich ausgeübt wird oder nicht, denn eine freiberufliche Tätigkeit i.S.d. Art. 92 1. CGI setzt eine berufsmäßige Ausübung voraus. Eine solche ist gegeben, wenn die freiberufliche Tätigkeit gewohnheitsmäßig, nachhaltig und mit Gewinnerzielungsabsicht ausgeübt wird. Vgl. doc. adm. 5 G 25 vom 15.12.1995, Rn. 3-4.

943 Bei Anwendung einer bestimmten Abschreibungsart wird diese Grenze auf 15.300 EUR heraufgesetzt (Art. 156 I. 3° Abs. 9 CGI).

gativen Einkünfte, die auf Fremdkapitalzinsen zurückzuführen sind, unterliegen aber dennoch der eingangs genannten Beschränkung.[944]

Verluste aus der Veräußerung von Immobilien, die in die Einkünfte aus Veräußerungsgewinnen gehören, können steuerlich nicht geltend gemacht werden (Art. 150 N bis CGI). Weder eine Verrechnung mit Gewinnen aus der Veräußerung von anderen Immobilien, noch eine Verrechnung mit anderen Einkunftsarten ist erlaubt.[945] Verluste aus der Veräußerung der in Kapitel 4.2.1.2.9 genannten Wertpapiere und Gesellschaftsanteile können nur mit Gewinnen der gleichen Art desselben Jahres oder der fünf darauf folgenden Jahre verrechnet werden (Art. 150-0 D 11. CGI).

Schließlich muss an dieser Stelle noch auf die Verrechnungsbeschränkungen für langfristige Verluste aus der Veräußerung von Wirtschaftsgütern, die zum Anlagevermögen eines Unternehmens gehören, hingewiesen werden.[946] Die besondere Behandlung der langfristigen Nettoveräußerungsverluste führt dazu, dass sie nicht mit positiven Einkünften anderer Einkunftsarten verrechnet werden können.

4.2.1.5 Ermittlung der Steuerbemessungsgrundlage und Steuertarif

Die grundsätzliche Vorgehensweise bei der Ermittlung der Steuerbemessungsgrundlage der IR ist in Art. 13 2. CGI definiert. Demnach bildet die Summe der einzelnen Einkunftsarten[947] unter Berücksichtigung der in Kapitel 4.2.1.4 dargestellten Verlustbehandlungsvorschriften[948] den Ausgangspunkt der Berechnungen, das „Bruttoeinkommen" („revenu brut global"). Das „Nettoeinkommen" („revenu net global") erhält man durch den Abzug bestimmter gesetzlich zulässiger Ausgaben.[949] Nach Abzug weiterer Freibeträge – hierzu gehört beispielsweise der Altersfreibetrag – gelangt man zum „zu versteuernden (Netto-)Einkommen" („revenu net imposable").[950]

Bei der Berechnung des Bruttoeinkommens werden die verschiedenen Einkünfte des Steuerpflichtigen und sämtlicher Personen, die zu seinem steuerlichen Haushalt gehören, zusam-

---

944 Art. 156 I. 3° CGI enthält außerdem noch weitere Ausnahmen von der Verlustverrechnungsbeschränkung. Eine solche Ausnahme besteht beispielsweise für historische Gebäude (Art. 156 I. 3° Abs. 1 CGI).

945 Vgl. GROSCLAUDE/MARCHESSOU, Droit fiscal 2001, Rn. 256.

946 Vgl. hierzu Kapitel 4.2.1.3. Eine weitere Verlustverrechnungsbeschränkung betrifft Einkünfte aus Geschäften an Terminbörsen und ähnliche Einkünfte. Vgl. hierzu doc. adm. 5 B 221 vom 1.9.1999, Rn. 35-36.

947 Die Summe der Einkünfte enthält nicht die privaten Veräußerungsgewinne. Dies ergibt sich aus Art. 13 2. CGI bei der Nennung der einzubeziehenden Einkunftsarten. Die Erklärung hierfür basiert auf dem Umstand, dass sich die IR auf diese Einkünfte durch Anwendung besonderer Ermittlungsvorschriften bzw. eines besonderen Steuersatzes ergibt.

948 Auch beschränkt Steuerpflichtige dürfen bei der Ermittlung ihres Bruttoeinkommens Verluste ansetzen, sofern diese in Frankreich angefallen sind. Vgl. doc. adm. 5 B 7122 vom 1.7.1997, Rn. 7.

949 DUTHILLEUL vergleicht sie mit den (deutschen) Sonderausgaben. DUTHILLEUL, Anh., in: DEBATIN/WASSERMEYER, Doppelbesteuerung 2002, Rn. 39. Vgl. zu den Sonderausgaben Kapitel 6.1.1.3.

950 Die Bezeichnungen der einzelnen Zwischenstufen auf dem Weg zum zu versteuernden Einkommen finden sich so nicht im CGI. Sie werden lediglich in Teilen der Literatur, aber auch von der DGI verwendet. Vgl. DGI, Précis 2002, Rn. 51-1; DISLE/SARAF, Droit fiscal 2002, S. 423; LEFEBVRE, Fiscal 2002, Rn. 70. Vgl. auch DUTHILLEUL, Anh., in: DEBATIN/WASSERMEYER, Doppelbesteuerung 2002, Rn. 39; REVUE FIDUCIAIRE, Fiscal 2002, Rn. 4791. (Die „Direction Générale des Impôts" – DGI – steht an der Spitze von einem der drei Zweige der französischen Finanzverwaltung. Bei ihr werden die wichtigsten Befugnisse innerhalb der Finanzverwaltung gebündelt. Sie ist für sämtliche steuerliche Fragen zuständig. Ihr Aufgabenbereich reicht von statistischen Untersuchungen bis hin zu Rechtsstreitigkeiten. Die anderen Zweige der Finanzverwaltung sind für die Erhebung der Steuern bzw. für die Zölle und die Besteuerung von Mineralölerzeugnissen verantwortlich. Vgl. BRACHET, Système fiscal 1997, S. 49-53.)

mengefasst.[951] Zu seinem steuerlichen Haushalt gehören in erster Linie sein Ehegatte (Art. 6 1. Abs. 2 CGI),[952] seine minderjährigen oder behinderten Kinder (Art. 6 1. Abs. 1 CGI i.V.m. Art. 196 1° CGI)[953] sowie auf Antrag und unter bestimmten Bedingungen auch Kinder über 18 Jahren (Art. 6 3. CGI).[954]

Das Bruttoeinkommen wird durch den gegebenenfalls vorgenommenen Abzug bestimmter gesetzlich zulässiger Ausgaben zum Nettoeinkommen. Diese Abzüge werden gesetzlich abschließend aufgeführt.[955] An dieser Stelle sollen lediglich Unterhaltszahlungen (Art. 156 II. 2° CGI) sowie Kapitalverluste von Unternehmensgründern (Art. 163 octodecies A CGI)[956] genannt werden.[957] Die vorstehend beschriebenen Abzüge dürfen ohnehin nur von unbeschränkt Steuerpflichtigen angesetzt werden.[958]

Der Schritt vom Nettoeinkommen zum zu versteuernden Einkommen vollzieht sich durch das eventuelle Ansetzen zweier Freibeträge. Der erste Freibetrag kommt zum Ansatz, wenn ein Steuerpflichtiger gem. Art. 6 3. CGI ein Kind unter 21 Jahren oder, sofern das Kind studiert, unter 25 Jahren bzw. – altersunabhängig – ein Kind, das seinen Militärdienst leistet oder behindert ist, in seinem steuerlichen Haushalt aufnimmt und das Kind die Aufnahme beantragt. Wenn dieses Kind verheiratet ist oder das Sorgerecht für Kinder hat, darf der Steuerpflichtige, zu dessen steuerlichen Haushalt das Kind nun gehört, einen Freibetrag in Höhe von 3.824 EUR geltend machen (Art. 196 B Abs. 2 CGI). Außerdem besteht für Personen über 65 Jahre und für bestimmte behinderte Personen die Möglichkeit, einen von der Höhe des Nettoeinkommens abhängigen Freibetrag geltend zu machen (Art. 157 bis Abs. 1 CGI). Allerdings gilt auch hier, dass beschränkt Steuerpflichtige diese Freibeträge nicht geltend machen können (Art. 164 A CGI).

Zur Ermittlung der Steuerschuld eines Einkommensteuerpflichtigen wird sein zu versteuerndes Einkommen durch eine bestimmte Anzahl von „Teilen" („parts") geteilt (Art. 193 Abs. 1 CGI). Somit ergibt sich der so genannte Familienquotient.[959] Die Anzahl der Teile hängt zunächst davon ab, ob der Steuerpflichtige verheiratet oder ledig, geschieden bzw. verwitwet ist (Art. 194 I. Abs. 1 CGI). An dieser Stelle sollen lediglich verheiratete Steuerpflichtige näher betrachtet werden. Ohne Kinder dürfen sie zwei Teile, für das erste und zweite Kind jeweils

---

951 Dies ergibt sich aus Art. 6 CGI.

952 Ein Wahlmöglichkeit für eine getrennte Veranlagung, wie sie im deutschen Einkommensteuerrecht gem. § 26 Abs. 2 EStG besteht, existiert im französischen Einkommensteuerrecht nicht. Eine getrennte Veranlagung erfolgt lediglich, wenn Ehegatten dauernd getrennt leben oder wenn sie gerade geschieden werden (Art. 6 4. CGI).

953 Der Steuerpflichtige kann aber auch eine getrennte Veranlagung seiner Kinder beantragen, sofern Letztere eigene Arbeitseinkünfte oder Einkünfte aus einem von seinem getrennten Vermögen beziehen (Art. 6 2. CGI).

954 Diese Möglichkeit besteht für Kinder unter 21 Jahren sowie für Kinder unter 25 Jahren, sofern diese studieren, oder – altersunabhängig – für Kinder, die ihren Militärdienst absolvieren (Art. 6 3. CGI).

955 Vgl. LAMY, Fiscal 2002, Rn. 5314. Obwohl zahlreiche dieser Abzugsmöglichkeiten in Art. 156 II. CGI geregelt sind, geschieht die Nennung nicht zusammengefasst an einer Gesetzesstelle.

956 Steuerpflichtige, die am Gesellschaftskapital von bestimmten neu gegründeten oder sanierten Unternehmen beteiligt waren und die dieses Kapital oder Teile davon aufgrund einer Zahlungseinstellung des Unternehmens verloren haben, dürfen diesen Kapitalverlust in bestimmten Grenzen steuerlich geltend machen (Art. 163 octodecies A CGI).

957 TILLMANNS, der diese Abzüge – wie DUTHILLEUL (vgl. Fn. 949) – (implizit) mit den deutschen Sonderausgaben vergleicht, stellt fest, dass an dieser Stelle auf dem Weg zur Ermittlung des zu versteuernden Einkommens nur wenige Abzugsmöglichkeiten bestehen. Er führt dies u.a. darauf zurück, dass Sozialversicherungsbeiträge bereits im Rahmen der Ermittlung der einzelnen Einkunftsarten berücksichtigt wurden. Vgl. TILLMANNS, in: MENNEL/FÖRSTER, Steuern 2002, Rn. 149.

958 Für beschränkt Steuerpflichtige besteht gem. Art. 164 A CGI ein Abzugsverbot.

959 Vgl. DGI, Précis 2002, Rn. 86.

einen halben Teil, ab dem dritten Kind jeweils einen weiteren Teil ansetzen (Art. 194 I. Abs. 1 CGI).[960] Für jeden Teil wird basierend auf einem gesetzlich definierten Stufentarif die entsprechende Steuerschuld ermittelt (Art. 193 Abs. 2 CGI). Die Steuerschuld eines Steuerpflichtigen resultiert dann aus der Multiplikation dieser Steuerschuld für einen einzelnen Teil mit der Anzahl der Teile (Art. 193 Abs. 3 CGI). Die Steuerschuld pro Teil ergibt sich, indem dieser Betrag in die nachstehenden Intervalle aufgeteilt und auf jeden Teilbetrag der zugehörige Steuersatz angewendet wird (Art. 197 I. 1. CGI). Der Einkommensteuertarif für das Jahr 2001 wird in Tabelle 7 dargestellt. Dabei muss aber eine durch das „berichtigende Finanzgesetz für 2002" („loi de finances rectificative pour 2002") eingefügte Änderung beachtet werden. Demnach wird der sich aus der Anwendung des dargestellten Steuertarifs ergebende Steuerbetrag um 5 % vermindert.[961]

Intervalluntergrenze in EUR (ausschließlich)	**Intervallobergrenze in EUR (einschließlich)**	**Steuersatz**
	4.121	0,00
4.121	8.104	7,50
8.104	14.264	21,00
14.264	23.096	31,00
23.096	37.579	41,00
37.579	46.343	46,75
46.343		52,75

Tabelle 7: Einkommensteuertarif 2001

Art. 197 I. 2. CGI beschränkt den steuerlichen Vorteil, der sich aus der Anwendung des Familienquotienten ergibt. Die Höhe der Beschränkung bzw. die Art ihrer Berechnung ist abhängig von den persönlichen Verhältnissen des Steuerpflichtigen. So unterscheidet sich beispielsweise die Art der Berechnung der Beschränkung für verheiratete Steuerpflichtige einerseits und für ledige, geschiedene bzw. verwitwete Steuerpflichtige andererseits (Art. 197 I. 2. Abs. 1 CGI). Hier sollen lediglich verheiratete Steuerpflichtige näher betrachtet werden. Der sich aus der Anwendung des Familienquotienten ergebende Steuervorteil wird für jeden halben Teil, der über die zwei Teile, die für kinderlose Ehepaare anzusetzen sind, hinausgeht, auf 2.017 EUR begrenzt (Art. 197 I. 2. Abs. 1 CGI).

Sofern die sich aus den vorstehenden Regelungen ergebende Steuerschuld einen Betrag von 760 EUR nicht überschreitet, wird sie um die Differenz zwischen 380 EUR und der Hälfte ihres Betrags vermindert (Art. 197 I. 4. CGI).

Die vorstehend beschriebenen Regelungen – insbesondere die Anwendung des aufgezeigten Einkommensteuertarifs und des Familienquotienten – gelten auch für beschränkt Steuerpflichtige (Art. 197 A CGI), allerdings kommt für sie – sofern sie keine Wohnung in Frankreich besitzen – ein Mindeststeuersatz von 25 % bezogen auf ihr in Frankreich zu versteuerndes Einkommen zur Anwendung (Art. 197 A a) CGI).[962] Übersteigt die sich aus der Anwendung

[960] Behinderte Personen können Kindern bezüglich der Ermittlung der Teile gleichgestellt werden (Art. 196 A bis CGI).

[961] Vgl. Art. 1 loi n° 2002-1050 vom 6.8.2002.

[962] Der beschränkt Steuerpflichtige kann aber auch nachweisen, dass der tatsächliche französische Steuersatz auf sein Welteinkommen – bestehend aus seinen Einkünften aus französischer Quelle und seinen übrigen

des Mindeststeuersatzes ergebende Steuerschuld nicht den Betrag von 304,90 EUR, wird auf deren Erhebung verzichtet.[963]

Von der berechneten Steuerschuld werden abschließend noch Anrechnungsguthaben,[964] Steuergutschriften[965] und Quellensteuern, die keine befreiende Wirkung haben,[966] abgezogen (Art. 197 I. 5. CGI). Außerdem dürfen gegebenenfalls noch bestimmte in Art. 199 quater B-Art. 200 CGI definierte Abzüge von der Steuerschuld vorgenommen werden (Art. 197 I. 5. CGI). Hierzu gehört beispielsweise der Abzugsbetrag, der Steuerpflichtigen zusteht, die im Rahmen der Gründung oder der Kapitalerhöhung bestimmter nicht börsennotierter Unternehmen Bareinlagen leisten (Art. 199 terdecies-0 A CGI). Die angesprochenen gesetzlich definierten Abzugsmöglichkeiten bestehen nicht für beschränkt Steuerpflichtige.[967]

Bestimmte Einkünfte unterliegen bezüglich der Ermittlung der aus ihnen resultierenden Steuerschuld einer besonderen Behandlung. Dabei handelt es sich um „außerordentliche Einkünfte" („revenus exceptionnels") bzw. um „zeitlich verzögerte Einkünfte" („revenus différés").[968] Zur ersten Kategorie gehören beispielsweise Abfindungszahlungen oder Gewinne aus der Veräußerung eines Geschäftsbetriebs,[969] zur zweiten beispielsweise rückständige Mieten.[970] Die Steuerschuld, die auf diese Einkünfte entfällt, wird ermittelt, indem dem zu versteuernden Einkommen ein Viertel der außerordentlichen und der zeitlich verzögerten Einkünfte hinzugerechnet wird. Die hieraus resultierende zusätzliche Einkommensteuerschuld wird anschließend vervierfacht (Art. 163-0 A Abs. 1 CGI).

Abschließend müssen noch steuerliche Zusatzzahlungen betrachtet werden, die zusammen mit der IR auf die Einkünfte von natürlichen Personen erhoben werden können. Es handelt sich hierbei um die „contribution sociale généralisée" (CSG), die „contribution au remboursement de la dette sociale" (CRDS) und den „prélèvement social". Sie haben zwar den Charakter von Steuerzahlungen, ihre Erlöse kommen aber den Sozialversicherungen zugute.[971] [972]

Einkünften – niedriger als dieser Mindeststeuersatz von 25 % wäre. Dann kommt bei der Besteuerung seiner Einkünfte aus französischer Quelle dieser tatsächliche niedrigere Satz zur Anwendung (Art. 197 A a) CGI).

963 Vgl. doc. adm. 5 B 7123 vom 1.7.1997, Rn. 4. Dort wird allerdings noch ein Betrag von 2.000 FRF aufgeführt, welcher nach Umrechnung 304,90 EUR beträgt.

964 Vgl. hierzu Kapitel 4.2.1.2.8 sowie Kapitel 4.2.2.3.

965 Beispielsweise führt die zwischen dem 15.9.1999 und dem 31.12.2002 vorgenommene Anschaffung von großen Geräten für die Herstellung oder Ersetzung eines Heizungs-, Aufzugs- oder Sanitärsystems im französischen Hauptwohnsitz eines Steuerpflichtigen zu einer Steuergutschrift (Art. 200 quater 1. Abs. 1 CGI).

966 Hierzu gehört beispielsweise der in Kapitel 4.2.1.6 beschriebene anrechenbare Teil der Quellensteuer auf Einkünfte aus nichtselbständiger Arbeit und Renten von beschränkt Steuerpflichtigen.

967 Vgl. doc. adm. 5 B 7122 vom 1.7.1997, Rn. 8-9. Eine Ausnahme ergibt sich aufgrund der Regelung in Art. 199 sexies B CGI. Demnach können auch beschränkt Steuerpflichtige unter bestimmten Bedingungen die steuerliche Abzugsmöglichkeit des Art. 199 sexies CGI für Zinsen zur Finanzierung des Hauptwohnsitzes in Anspruch nehmen. Das entsprechende Darlehen muss aber vor dem 1.1.1997 bzw. vor dem 1.1.1998 aufgenommen worden sein (Art. 199 sexies II. CGI).

968 Vgl. zu den Begriffen beispielsweise doc. adm. 5 B 2611 vom 1.9.1999 sowie doc. adm. 5 B 2612 vom 1.9.1999.

969 Vgl. doc. adm. 5 B 2611 vom 1.9.1999, Rn. 5. Vgl. auch die gesetzliche Definition in Art. 163-0 A Abs. 1 CGI. Vgl. zum Begriff „Geschäftsbetrieb" Fn. 675.

970 Vgl. doc. adm. 5 B 2612 vom 1.9.1999 (keine Rn.). Vgl. auch die gesetzliche Definition in Art. 163-0 A Abs. 2 CGI.

971 Vgl. LEFEBVRE, Fiscal 2002, Rn. 3000. Dies entspricht der nationalen Sichtweise. Der EuGH hat hinsichtlich der Abgrenzung der Sozialversicherungspflicht entschieden, dass die CRDS und die CSG den Charakter von Sozialversicherungsbeiträgen haben. Vgl. EuGH vom 15.2.2000, C-34/98 und EuGH vom 15.2.2000, C-169/98.

972 Die CSG ist von großer Bedeutung. Ihr Aufkommen ist mittlerweile – bezogen auf das Jahr 1998 – so groß, dass sie als „heimliche Einkommensteuer" bezeichnet wird. Vgl. DUTHILLEUL, Anh., in: DEBATIN/WASSERMEYER, Doppelbesteuerung 2002, Rn. 15.

Der Anwendungsbereich dieser steuerlichen Zusatzzahlungen ist unterschiedlich. Der erste Anwendungsbereich der CSG und der CRDS sind Löhne und Gehälter, sonstige berufliche Einkünfte, die keine Löhne und Gehälter sind, und Lohn- bzw. Gehaltsersatzleistungen wie Pensionen und Arbeitslosengeld (Art. L. 136-1-136-4 CSS und Art. 14 der ordonnance n° 96-50 vom 24.1.1996). Der Satz der CSG beträgt grundsätzlich 7,5 %, bei den Lohn- bzw. Gehaltsersatzleistungen 6,2 % bzw. 3,8 %, bei der CRDS beträgt er 0,5 % des sozialversicherungspflichtigen Lohns bzw. Gehalts (Art. L. 136-8 CSS und Art. 19 der ordonnance n° 96-50 vom 24.1.1996).[973] Die CSG ist grundsätzlich zu 5,1 Prozentpunkten, bei Lohn- bzw. Gehaltsersatzleistungen zu 3,8 Prozentpunkten steuerlich abzugsfähig (Art. 154 quinquies I. CGI). Beide Zusatzzahlungen werden nicht bei beschränkt Steuerpflichtigen erhoben.[974]

Der zweite Anwendungsbereich der CSG und der CRDS zusammen mit dem „prélèvement social" liegt bei bestimmten Einkünften, die aus Kapital- bzw. Immobilienvermögen stammen.[975] Der Satz der CSG beträgt hier einheitlich 7,5 % (Art. 1600-0 E CGI), bei der CRDS 0,5 % (Art. 1600-0 L CGI) und bei dem „prélèvement social" 2 % (Art. 1600-0 F bis III. 1. CGI) der jeweiligen Einkünfte. Außerdem liegt auch hier eine steuerliche Abzugsfähigkeit der CSG vor. Sie beträgt 5,1 Prozentpunkte (Art. 154 quinquies II. CGI).

4.2.1.6 Erhebung der impôt sur le revenu

Gem. Art. 170 Abs. 1 CGI muss jeder Einkommensteuerpflichtige eine Einkommensteuererklärung abgeben. Dies gilt auch für beschränkt Steuerpflichtige.[976] Auf der Grundlage dieser Steuererklärung erstellt die Finanzverwaltung dann einen an den Steuerpflichtigen gerichteten Steuerbescheid (Art. L. 253 LPF).

Hinsichtlich der Zahlung der IR muss jeder Einkommensteuerpflichtige, dessen Einkommensteuerschuld im vorausgehenden Veranlagungszeitraum mindestens 296 EUR betrug, zum 31.1. und zum 30.4. eine Vorauszahlung auf die Einkommensteuerschuld des laufenden Veranlagungszeitraums leisten (Art. 1664 1. Abs. 1 CGI).[977] Die Höhe einer Vorauszahlung beläuft sich auf ein Drittel der Einkommensteuerschuld des vorausgehenden Veranlagungszeitraums (Art. 1664 1. Abs. 2 CGI).[978] Der Differenzbetrag zur tatsächlichen Einkommensteuerschuld des laufenden Veranlagungszeitraums wird dann im Steuerbescheid der Finanzverwaltung ermittelt (Art. 1664 3. Abs. 1 CGI). Dieses Zahlungsverfahren gilt grundsätzlich auch für beschränkt Steuerpflichtige.[979] In diesem Zusammenhang ist darauf hinzuweisen, dass das französische Steuerrecht eine der deutschen Lohnsteuer vergleichbare Erhebungsform der IR nicht kennt.[980]

---

[973] Bei Löhnen und Gehältern wird die Bemessungsgrundlage um 5 % verringert.

[974] Dies gilt auch für den „prélèvement social". Vgl. GOUTHIÈRE, Impôts 2001, Rn. 246.

[975] Dies ergibt sich aus Art. 1600-0 C CGI, Art. 1600-0 D CGI, Art. 1600-0 F bis CGI, Art. 1600-0 G CGI, Art. 1600-0 H CGI, Art. 1600-0 I CGI und Art. 1600-0 J CGI.

[976] Die Pflicht zur Abgabe einer Steuererklärung gilt für alle Einkommensteuerpflichtige. Art. 170 Abs. 1 CGI enthält keine Einschränkung in Abhängigkeit vom Umfang der Steuerpflicht.

[977] Die Vorauszahlungen müssen spätestens am 15. des Folgemonats, also am 15.2. bzw. am 15.5. geleistet werden. Ansonsten wird ein Säumniszuschlag in Höhe von 10 % des Vorauszahlungsbetrags fällig (Art. 1762 1. Abs. 1 CGI).

[978] Alternativ können sich Einkommensteuerpflichtige auch für monatliche Vorauszahlungen, die dann von Januar bis Oktober entrichtet werden müssen, entscheiden (Art. 1681 A CGI und Art. 1681 B CGI).

[979] Art. 1664 CGI betrifft sämtliche Steuerpflichtigen, ohne die beschränkt Steuerpflichtigen auszunehmen. Allerdings müssen gegebenenfalls die unten genannten Quellensteuern berücksichtigt werden.

[980] Vgl. DUTHILLEUL, Anh., in: DEBATIN/WASSERMEYER, Doppelbesteuerung 2002, Rn. 52; HELLIO/THILL, Steuern in Frankreich 2002, Rn. 102.

Bezüglich der Erhebung der IR im Rahmen der beschränkten Steuerpflicht wird bei bestimmten Einkunftsarten eine Quellensteuer erhoben, die befreiende Wirkung haben kann oder aber auf die tatsächliche Einkommensteuerschuld angerechnet wird. Im Folgenden werden die einzelnen Quellensteuerarten dargestellt.

Einkünfte aus nichtselbständiger Arbeit und Renten unterliegen einer in Art. 182 A CGI geregelten Quellensteuerpflicht. Die Einkünfte müssen aus französischer Quelle stammen und an Personen geleistet werden, die ihren steuerlichen Wohnsitz nicht in Frankreich haben (Art. 182 A I. CGI). Bemessungsgrundlage der Quellensteuer sind die entsprechenden Einkünfte[981], die sich aus der Anwendung der Regelungen zur Ermittlung der Einkünfte aus nichtselbständiger Arbeit und Renten ergeben, wobei allerdings nicht die tatsächlichen „frais professionnels" angesetzt werden dürfen (Art. 182 A II. CGI). Der pauschale Abzugsbetrag von 10 % und auch der Freibetrag von 20 % dürfen aber zur Anwendung gebracht werden.[982] Die Höhe der Quellensteuer ist in Art. 182 A III. und IV. CGI geregelt und hängt vom Betrag der erzielten Einkünfte in der hier betrachteten Kategorie ab. Analog zur Berechnung der IR wird der quellensteuerpflichtige Betrag in Intervalle mit unterschiedlichen Quellensteuersätzen aufgeteilt. Für den Teil der jährlichen Einkünfte unter 9.839 EUR fällt keine Quellensteuer an. Ab 9.839 EUR bis einschließlich 28.548 EUR beträgt sie 15 %. Für den Teil der jährlichen Einkünfte, der den Betrag von 28.548 EUR übersteigt, beträgt der Quellensteuersatz 25 %. Grundsätzlich ist die Quellensteuer auf Einkünfte aus nichtselbständiger Arbeit und Renten auf die tatsächliche Einkommensteuerschuld anrechenbar (Art. 182 A V. CGI). Allerdings besteht gem. Art. 197 B CGI eine Ausnahme für den Teil der Einkünfte, der unter der Grenze zur Anwendung des Satzes von 25 % liegt. Dieser Teil wird nicht für die Ermittlung der aus der beschränkten Steuerpflicht resultierenden IR herangezogen. Außerdem hat die Quellensteuer auf diesen Teil der Einkünfte befreiende Wirkung.[983]

In Kapitel 4.2.1.2.6 wurde bereits gezeigt, dass Einkünfte aus nichtselbständiger Arbeit im Quellenstaat besteuert werden. Somit steht Frankreich auch das Recht zur Erhebung einer Quellensteuer auf diese Einkünfte zu. Art. 182 A CGI kommt zur Anwendung. Anders verhält es sich mit privaten Ruhegehältern und Leibrenten. Sie dürfen nur im Ansässigkeitsstaat des Beziehers der Einkünfte besteuert werden. Die in Art. 182 A CGI geregelte Quellensteuer greift also nicht. Ruhegehälter aus öffentlichen Kassen und Bezüge aus der gesetzlichen Sozialversicherung werden aber im Kassenstaat besteuert. Ist Frankreich also Kassenstaat, dürfen dort auch Quellensteuern erhoben werden.[984]

Entlohnungen für berufliche Tätigkeiten, die bei den Einkünften aus selbständiger Arbeit aufgezählt werden (Art. 182 B I. a) CGI), Einkünfte aus Urheberrechten, aus Schutzrechten, aus Lizenzgebühren und ähnliche Einkünfte (Art. 182 B I. b) CGI), Einkünfte aus Dienstleistungen, wenn diese in Frankreich erbracht oder verwertet werden (Art. 182 B I. c) CGI) und Einkünfte aus in Frankreich ausgeübten künstlerischen oder sportlichen Tätigkeiten (Art. 182 B I. d) CGI) unterliegen gegebenenfalls einer Quellensteuer. Voraussetzung ist, dass der Schuldner der Zahlungen eine Tätigkeit in Frankreich ausübt und dass der Empfänger der Einkünfte im Rahmen der Ausübung seiner Tätigkeit keine ständige Einrichtung in Frankreich unterhält (Art. 182 B I. CGI). Der Quellensteuersatz beträgt 33 1/3 % bzw. – im Fall der Einkünfte aus

---

981 Laut Art. 182 A II. CGI handelt es sich hierbei – was aus dem deutschen Begriff „Einkünfte" ohnehin hervorgeht – um einen Nettobetrag.

982 Vgl. LEFEBVRE, Fiscal 2002, Rn. 472. Vgl. zu dem Abzugsbetrag und zu dem Freibetrag Kapitel 4.2.1.2.6.

983 Voraussetzung ist, dass der Empfänger der Einkünfte entweder französischer Staatsbürger ist oder seinen steuerlichen Wohnsitz in einem DBA-Staat hat. (Einige wenige DBA-Staaten, zu denen Deutschland nicht gehört, sind hier aber ausgenommen). Vgl. LEFEBVRE, Fiscal 2002, Rn. 478 und 7525.

984 Vgl. hierzu Kapitel 4.2.1.2.6.

künstlerischen oder sportlichen Tätigkeiten – 15 % und kann auf die tatsächliche Einkommensteuerschuld angerechnet werden (Art. 182 B II. CGI).

Wie bereits in Kapitel 4.2.1.2.7 aufgezeigt, fordert das DBA-D/F für das Besteuerungsrecht des Tätigkeits- bzw. Quellenstaats die Ausübung einer selbständigen Tätigkeit in einer ständigen Einrichtung (Art. 12 Abs. 2 DBA-D/F)[985] bzw. die Zuordnung der Lizenzgebühren zu einer Betriebstätte in dem betreffenden Staat (Art. 15 Abs. 5 DBA-D/F). Eine solche darf aber für die Anwendung des Art. 182 B CGI nicht gegeben sein. Somit kann Frankreich auf die oben genannten Einkünfte, die von beschränkt Steuerpflichtigen mit steuerlichem Wohnsitz in Deutschland erzielt werden, keine Quellensteuer erheben.[986]

Bei Einkünften aus Kapitalvermögen muss unterschieden werden zwischen Ausschüttungen und Einkünften aus festverzinslichen Kapitalforderungen. Grundsätzlich wird bei Ausschüttungen körperschaftsteuerpflichtiger Gesellschaften mit Sitz in Frankreich an Anteilseigner mit steuerlichem Wohnsitz oder Sitz im Ausland Quellensteuer in Höhe von 25 % einbehalten (Art. 119 bis 2. CGI i.V.m. Art. 187 1. CGI).[987] Dieser Quellensteuersatz kommt aber letztendlich für Ausschüttungen von Frankreich nach Deutschland nicht zur Anwendung, denn gem. Art. 9 Abs. 2 DBA-D/F darf eine Quellensteuer auf Ausschüttungen 15 % nicht übersteigen. Eine eigenständige Regelung besteht für französische Gesellschaften, insbesondere für Personengesellschaften, die für eine Besteuerung durch die IS optiert haben.[988] Ihre Ausschüttungen unterliegen aber auch dem Quellensteuersatz von 15 % (Art. 9 Abs. 7 DBA-D/F i.V.m. Art. 9 Abs. 2 DBA-D/F).

Bezüglich der Einkünfte aus Kapitalvermögen, die aus festverzinslichen Kapitalforderungen stammen, wurde bereits in Kapitel 4.2.1.2.8 gezeigt, dass im Fall einer Zahlung an Personen, die keinen steuerlichen Wohnsitz bzw. Sitz in Frankreich haben, zwangsläufig eine Pauschalbesteuerung mit befreiender Wirkung zur Anwendung kommt. Allerdings wurde gleichzeitig gesagt, dass die Steuererhebung durch abkommensrechtliche Regelungen zwischen Deutschland und Frankreich unterbunden wird.[989]

Die in Kapitel 4.2.1.2.9 dargestellte beschränkte Steuerpflicht für Gewinne aus der Veräußerung von mehr als 25 %igen Beteiligungen an körperschaftsteuerpflichtigen Gesellschaften mit Sitz in Frankreich führt grundsätzlich zu einer pauschalen Besteuerung dieser Gewinne in Höhe von 16 % (Art. 244 bis B Abs. 1 CGI i.V.m. Art. 200 A 2. CGI) mit befreiender Wirkung.[990] Allerdings verhindert Art. 7 Abs. 1 DBA-D/F eine Erhebung dieser Quellensteuer, denn hier wird dem Ansässigkeitsstaat des Veräußerers das Besteuerungsrecht zugewiesen.

---

985 Werden die Einkünfte aus selbständiger Arbeit von bestimmten Künstlern und Berufssportlern erzielt, muss keine ständige Einrichtung gegeben sein (Art. 12 Abs. 2 DBA-D/F).

986 Aufgrund der Ausnahme für Künstler und Berufssportler liegt das Besteuerungsrecht für die entsprechenden Einkünfte beim Ausübungsstaat. Folglich kommt die für diese Einkünfte in Art. 182 B CGI vorgesehene Quellensteuer in der genannten Höhe zur Anwendung.

987 Im Fall einer natürlichen Person als Empfänger der Ausschüttungen hat die einbehaltene Quellensteuer befreiende Wirkung (Art. 199 quater A CGI).

988 Art. 9 Abs. 7 DBA-D/F stellt auf Personengesellschaften – dies ergibt sich aus einem Verweis auf Art. 4 Abs. 3 DBA-D/F – ab, deren Gewinnausschüttungen nach den französischen Vorschriften als Dividenden eingestuft werden. Demnach werden u.a. auch die Gewinnanteile von Kommanditisten, die der IS unterliegen, von dieser Regelung erfasst. Vgl. KRAMER, Art. 9, in: DEBATIN/WASSERMEYER, Doppelbesteuerung 2002, Rn. 58.

989 Ferner unterliegen bestimmte Anleihen einer Quellensteuer in Höhe von 10 % bzw. 12 % (Art. 119 bis 1. CGI i.V.m. Art. 187 1. CGI). Diese ist auf den Betrag, der sich aus der pauschalen Besteuerung ergibt, anrechenbar (Art. 125 A I. Abs. 2 CGI). Allerdings fällt auch diese Quellensteuer unter Art. 10 Abs. 1 des DBA-D/F, so dass auch hier Steuerfreiheit der Einkünfte in Frankreich gewährleistet ist. Vgl. LEFEBVRE, Allemagne 2000, Rn. 4114.

990 Vgl. zur befreienden Wirkung der Pauschalbesteuerung GOUTHIÈRE, Impôts 2001, Rn. 2235.

Veräußerungsgewinne aus Immobilien, die von beschränkt Steuerpflichtigen erzielt werden,[991] unterliegen einem pauschalen Steuersatz von 33 1/3 % (Art. 244 bis A I. Abs. 1 CGI). Die Entrichtung dieser Quellensteuer hat befreiende Wirkung (Art. 244 bis A II. Abs. 2 CGI). Hieran ändert auch das DBA-D/F nichts, denn es teilt das Besteuerungsrecht für Gewinne aus der Veräußerung von Immobilien dem Belegenheitsstaat der Immobilien zu (Art. 3 Abs. 4 DBA-D/F i.V.m. Art. 3 Abs. 1 DBA-D/F). Eine besondere Regelung gilt für Gewinne aus gewerblichem Immobilienhandel, die von beschränkt Steuerpflichtigen erzielt werden.[992] Sie unterliegen einem pauschalen Quellensteuersatz von 50 % (Art. 244 bis Abs. 1 CGI), der befreiende Wirkung hat (Art. 244 bis Abs. 4 CGI). Auch hier greift Art. 3 Abs. 4 DBA-D/F i.V.m. Art. 3 Abs. 1 DBA-D/F, so dass der genannte pauschale Quellensteuersatz Anwendung findet.[993]

4.2.2 Impôt sur les sociétés

4.2.2.1 Steuerpflicht

Kapitelgesellschaften, wie sie in Kapitel 2.1.2.6 abgegrenzt wurden, und Genossenschaften sind gem. Art. 206 1. CGI körperschaftsteuerpflichtig.[994] Ausnahmen bestehen für eine SARL mit familiären Strukturen[995] und für SARL mit nur einer natürlichen Person als Gesellschafter. Erstere können sich für eine Besteuerung nach den einkommensteuerlichen Vorschriften, die für Personengesellschaften gelten, entscheiden (Art. 239 bis AA CGI).[996] Somit erfolgt eine Besteuerung auf der Ebene der einzelnen Gesellschafter, welche in diesem Fall – die Familienmitglieder sind zwangsläufig natürliche Personen – der IR unterliegen. SARL mit nur einer natürlichen Person als Gesellschafter werden grundsätzlich wie ein Einzelunternehmen besteuert. Hier erfolgt also eine Erhebung der IR beim Gesellschafter selbst. Solche SARL können aber für eine Besteuerung durch die IS auf der Ebene der Gesellschaft optieren (Art. 239 1. Abs. 1 CGI i.V.m. Art. 206 3. CGI).

Darüber hinaus enthält Art. 206 3. CGI eine Aufzählung von Gesellschaften, hauptsächlich Personengesellschaften, und „Vereinigungen" („groupements"), die für eine Besteuerung durch die IS auf der Ebene der Gesellschaft optieren können.[997] Zu diesen Personengesellschaften zählen u.a. die SNC und die SCS.[998] Unabhängig von einer solchen Option unterliegen die Gewinnanteile eines Kommanditisten einer SCS immer der IS (Art. 206 4. CGI).[999]

991 Vgl. hierzu Kapitel 4.2.1.2.9.

992 Die hiervon betroffenen Gewinne werden in Art. 35 I. CGI aufgezählt. Zu ihnen gehören beispielsweise Gewinne aus dem gewohnheitsmäßigen An- und Verkauf von Immobilien oder aus dem gewohnheitsmäßigen Verkauf von Grundstücken mit selbst errichteten Gebäuden.

993 Einkünfte aus Immobilienvermögen werden immer im Belegenheitsstaat der Immobilien besteuert. Vgl. LEFEBVRE, Allemagne 2000, Rn. 4202-4203.

994 Die SA, die SCA und die SARL werden in Art. 206 1. CGI genannt. Die SAS unterliegt der IS aufgrund ihrer in Art. 1655 quinquies CGI geregelten steuerlichen Gleichstellung mit der SA.

995 Solche Strukturen sind gem. Art. 239 bis AA CGI dann gegeben, wenn sämtliche Gesellschafter einer SARL in direkter Linie miteinander verwandt bzw. Geschwister sind. Auch die jeweiligen Ehegatten können Gesellschafter einer solchen SARL sein.

996 Eine Optionsmöglichkeit für eine Besteuerung nach den einkommensteuerlichen Vorschriften für Personengesellschaften besteht für diese familiär strukturierten SARL aber nur, wenn sie gewerblich oder landwirtschaftlich tätig sind.

997 Vgl. zu den unmittelbaren steuerlichen Folgen einer solchen Option Kapitel 5.2.1.3.

998 Außerdem besteht die Optionsmöglichkeit für die „société civile" und bestimmte Sonderformen davon, die „société en participation", die bereits vorstehend erwähnte SARL, die nur eine natürliche Person als Gesell-

Körperschaftsteuerpflichtig sind auch „sociétés civiles“, die eine im steuerlichen Sinne gewerbliche Tätigkeit ausüben (Art. 206 2. Abs. 1 CGI)[1000], und die Gewinnanteile eines beschränkt haftenden Gesellschafters einer „société en participation“ sowie eines Gesellschafters, dessen Name und Adresse der Finanzverwaltung nicht vorliegen (Art. 206 4. CGI). Schließlich besteht noch eine Körperschaftsteuerpflicht für bestimmte, in Art. 206 5.-11. CGI genannte Körperschaften, Vereinigungen und Einrichtungen.

Die Abgrenzung der Körperschaftsteuerpflicht erfolgt in Art. 209 I. Abs. 1 CGI. Dort wird das bereits in Kapitel 2.1.2.4 erläuterte Konzept eines „in Frankreich betriebenen Unternehmens“ („entreprise exploitée en France“) herangezogen. Besteht ein in Frankreich betriebenes Unternehmen oder wird Frankreich durch ein internationales Doppelbesteuerungsabkommen ein entsprechendes Besteuerungsrecht zugewiesen, wird die IS erhoben (Art. 209 I. Abs. 1 CGI). Eine Unterscheidung zwischen unbeschränkter und beschränkter Körperschaftsteuerpflicht, wie sie im deutschen Steuerrecht anzutreffen ist, existiert somit im französischen Steuerrecht nicht.[1001]

Wann die Voraussetzungen für ein in Frankreich bzw. für ein im Ausland betriebenes Unternehmen vorliegen, wurde bereits in Kapitel 2.1.2.4 ausführlich erläutert. An dieser Stelle sollen lediglich nochmals die Begriffe des „abhängigen Vertreters“ und des so genannten „vollständigen gewerblichen Kreises“ („cycle commercial complet“) aufgegriffen werden, welche neben dem Bestehen einer Betriebstätte zur Annahme eines in Frankreich betriebenen Unternehmens führen.[1002]

Ein abhängiger Vertreter ist durch eine berufliche Abhängigkeit von dem Unternehmen, für welches er arbeitet, gekennzeichnet. Außerdem handelt er auf Rechnung dieses Unternehmens.[1003] Kommissionäre und Makler werden also nicht als abhängige Vertreter im steuerlichen Sinn betrachtet.[1004]

Ein vollständiger gewerblicher Kreis liegt dann vor, wenn eine Folge von Handlungen im Bereich des Handels, der Industrie oder des Handwerks mit einem bestimmten Ziel verfolgt wird und diese Handlungen eine zusammenhängende Einheit bilden. Das herausragende Beispiel für solch eine Folge von Handlungen ist der Kauf von Waren gefolgt von ihrem Verkauf.[1005] Darüber hinaus können auch Abbautätigkeiten, Bearbeitungsverfahren und Dienstleistungen einen vollständigen gewerblichen Kreis darstellen, sobald diesen gewohnheitsmäßig nachgegangen wird und sie sich von den anderen unternehmerischen Tätigkeiten unterscheiden.[1006]

---

schafter hat und bestimmte explizit genannte Vereinigungen, die eine Kooperationsform für kommunale Körperschaften in Mitgliedsländern der Europäischen Union darstellen. Vgl. ausführlich zu den Gesellschaften bzw. Vereinigungen, für die eine solche Optionsmöglichkeit besteht, KUSSMAUL/SCHÄFER, Option von Personengesellschaften 2000, S. 162-164.

999 Die somit anfallende IS wird auf Gesellschaftsebene erhoben. Vgl. DUTHILLEUL, Anh., in: DEBATIN/WASSERMEYER, Doppelbesteuerung 2002, Rn. 112.

1000 Eine „société civile“, die eine gewerbliche Tätigkeit ausübt, ist privatrechtlich nicht zulässig. Da die steuerrechtliche Definition einer gewerblichen Tätigkeit aber weiter gefasst ist als die privatrechtliche – vgl. hierzu auch Kapitel 2.1.2.3 und 4.2.1.2.3.1 –, kann eine privatrechtlich zulässige „société civile“ eine gewerbliche Tätigkeit im steuerrechtlichen Sinn ausüben. Vgl. COZIAN, Odieux traquenard 1996, S. 103-104.

1001 Vgl. TILLMANNS, in: MENNEL/FÖRSTER, Steuern 2002, Rn. 208.

1002 Vgl. hierzu Fn. 167.

1003 Vgl. doc. adm. 4 H 1412 vom 1.3.1995, Rn. 17.

1004 Vgl. doc. adm. 4 H 1412 vom 1.3.1995, Rn. 15.

1005 Vgl. rép. Valleix vom 22.9.1980.

1006 Vgl. doc. adm. 4 H 1412 vom 1.3.1995, Rn. 20. Das Konzept des vollständigen gewerblichen Kreises wird in der Praxis aber nur selten herangezogen. Vgl. DUTHILLEUL, Anh., in: DEBATIN/WASSERMEYER, Doppelbesteuerung 2002, Rn. 124.

Ein abhängiger Vertreter i.S.d. DBA-D/F liegt dann vor, wenn eine Person die Vollmacht eines Unternehmens hat, Verträge abzuschließen und wenn sie diese Vollmacht gewöhnlich auch ausübt (Art. 2 Abs. 1 Nr. 7 Buchstabe c DBA-D/F). Auch hier gelten Kommissionäre und Makler als unabhängige Vertreter (Art. 2 Abs. 1 Nr. 7 Buchstabe e DBA-D/F). Das Konzept des vollständigen gewerblichen Kreises ist im DBA-D/F nicht enthalten. Ihm geht die Betriebstättendefinition in Art. 2 Abs. 1 Nr. 7 DBA-D/F vor. Folglich besteht eine Körperschaftsteuerpflicht in Frankreich erst dann, wenn ein deutsches Unternehmen eine Betriebstätte i.S.d. DBA unterhält.[1007]

4.2.2.2 Ermittlung der Steuerbemessungsgrundlage

Art. 209 I. Abs. 1 CGI verweist bezüglich der Ermittlung des körperschaftsteuerpflichtigen Ergebnisses auf die Vorschriften zur Ermittlung der Einkünfte aus Gewerbebetrieb, welche zu den Einkunftsarten der IR gehören. Folglich gelten grundsätzlich auch bei der IS die Definitionen des steuerpflichtigen Gewinns in Art. 38 1. und 2. CGI, die handelsrechtlichen Ansatz- und Bewertungsvorschriften und die Regelungen bei der Ableitung des steuerpflichtigen Ergebnisses aus dem handelsrechtlichen Ergebnis.[1008] Einige körperschaftsteuerliche Besonderheiten werden im Folgenden dargestellt.

Auch im Rahmen der IS unterliegen Veräußerungsgewinne – hier jedoch nur teilweise – einer besonderen Behandlung, welche gegebenenfalls Auswirkungen auf die Ermittlung der Steuerbemessungsgrundlage hat.[1009] Allerdings werden seit dem Veranlagungszeitraum 1997 nur noch wenige Veräußerungsgewinne als langfristige eingestuft und somit begünstigt behandelt; alle anderen Veräußerungsgewinne unterliegen der normalen Besteuerung durch die IS.[1010] Zu den begünstigt behandelten gehören:

- Gewinne aus der Veräußerung von Beteiligungen (Art. 219 I. a quater CGI i.V.m. Art. 219 I. a ter Abs. 1 CGI).[1011]
- Gewinne aus der Veräußerung von Anteilen an bestimmten „risikobehafteten Fonds" („fonds communs de placement à risques") oder an bestimmten „Risikokapitalbeteiligungsgesellschaften" („sociétés de capital-risque"), sofern diese mindestens fünf Jahre

[1007] Vgl. TILLMANNS, in: MENNEL/FÖRSTER, Steuern 2002, Rn. 221.

[1008] Vgl. hierzu ausführlich Kapitel 4.2.1.2.3. Während das Verfahren der „micro-entreprises" nur auf Einzelunternehmen beschränkt ist, darf das Verfahren des „réel simplifié" – bei Vorliegen der genannten Voraussetzungen – auch bei körperschaftsteuerpflichtigen Unternehmen angewendet werden (Art. 302 septies A bis IV. CGI).

[1009] Diese besondere Behandlung gilt auch für den entsprechenden Teil des Ergebnisses einer nichtoptierten Personengesellschaft und somit insbesondere einer Personenhandelsgesellschaft, der einem körperschaftsteuerpflichtigen Gesellschafter zusteht (Art. 238 bis K I. Abs. 1 CGI).

[1010] Vgl. doc. adm. 4 B 231 vom 7.6.1999, Rn. 14. Dies ergibt sich auch aus Art. 219 I. a quater Abs. 1 CGI.

[1011] Diese werden nur dann als langfristige Veräußerungsgewinne eingestuft, wenn sie mindestens zwei Jahre lang von der veräußernden Gesellschaft gehalten wurden (Art. 39 3. duodecies CGI). Art. 219 I. a ter Abs. 3 CGI definiert, wann Anteile an einer anderen Gesellschaft als Beteiligungen im steuerlichen Sinn eingestuft werden. Diese Definition beinhaltet Anteile, die handelsrechtlich als Beteiligungen eingeordnet werden, die durch ein öffentliches Kauf- oder Tauschangebot erworben wurden, die zum „Schachtelprivileg" („régime des sociétés mères") berechtigen – Voraussetzung für die Anwendung des Schachtelprivilegs ist eine mindestens 5 %ige Beteiligung am Gesellschaftskapital der Gesellschaft, deren Anteile gehalten werden (vgl. zum Schachtelprivileg Kapitel 4.2.2.3.) –, sowie Anteile, die einen Anschaffungspreis von mindestens 22.800.000 EUR hatten. Eine Behandlung als langfristige Veräußerungsgewinne ist aber nur dann möglich, wenn die entsprechenden Beteiligungen in der Bilanz in einer speziellen Position ausgewiesen werden.

lang von der veräußernden Gesellschaft gehalten wurden (Art. 219 I. a quater CGI i.V.m. Art. 219 I. a ter Abs. 1 CGI).[1012]

- Einkünfte aus der Vergabe von Lizenzen auf Patente oder Produktionsverfahren (Art. 39 terdecies 1. CGI).[1013] Diese werden wie langfristige Veräußerungsgewinne behandelt. Gewinne aus deren Veräußerung sind aber von der begünstigten Behandlung als langfristige Veräußerungsgewinne ausgeschlossen.[1014]

Die besondere Behandlung der vorstehend genannten langfristigen Veräußerungsgewinne besteht in einer ermäßigten Besteuerung der langfristigen Nettoveräußerungsgewinne – also nach einer Verrechnung der Veräußerungsgewinne mit den -verlusten – mit einem Körperschaftsteuersatz von 19 % (Art. 219 I. a Abs. 1 CGI).[1015] Langfristige Nettoveräußerungsverluste dürfen nur mit Veräußerungsgewinnen der zehn darauf folgenden Wirtschaftsjahre verrechnet werden (Art. 219 I. a Abs. 2 CGI). Langfristige Nettoveräußerungsgewinne dahingegen können mit langfristigen Nettoveräußerungsverlusten der zehn vorausgehenden Wirtschaftsjahre oder gegebenenfalls mit dem Verlust des laufenden Wirtschaftsjahrs oder mit einem bestehenden Verlustvortrag verrechnet werden.[1016]

Der ermäßigte Steuersatz für langfristige Veräußerungsgewinne greift aber nur, wenn diese nach Abzug der IS in eine speziell für ihre Aufnahme gebildete Rücklage eingestellt werden (Art. 209 quater 1. CGI).[1017] Die Begünstigung der langfristigen Veräußerungsgewinne wird auch nur so lange aufrecht erhalten, wie diese im Unternehmen investiert bleiben.[1018] Die Entnahme aus der Rücklage und anschließende Ausschüttung eines langfristigen Veräußerungsgewinns führt gem. Art. 209 quater 2. CGI zur nachträglichen Herstellung der normalen Steuerbelastung.[1019]

[1012] Die Bedingungen, die diese Fonds bzw. Beteiligungsgesellschaften erfüllen müssen, sind in Art. 163 quinquies B II. CGI bzw. in Art. 1er und Art. 1er-1 loi n° 85-695 vom 11.7.1985 definiert. Neben den Veräußerungsgewinnen werden auch bestimmte in Art. 39 terdecies 4. bzw. 5. CGI definierte Ausschüttungen von Risikokapitalbeteiligungsgesellschaften von den Begünstigungsregelungen für langfristige Veräußerungsgewinne erfasst. Die seit 1997 gültigen Einschränkungen betreffen nicht die vorstehend genannten Vorschriften, die eine Gleichstellung dieser Ausschüttungen mit langfristigen Veräußerungsgewinnen erreichen. Vgl. 4 B 231 vom 7.6.1999, Rn. 13.

[1013] Art. 219 I. a quater CGI nimmt lediglich hiermit zusammenhängende Veräußerungsgewinne von einer Einstufung als langfristige Veräußerungsgewinne aus. Die Regelungen des Art. 39 terdecies 1. CGI, welche die genannten Einkünfte mit langfristigen Veräußerungsgewinnen gleichstellen, bleiben hiervon unberührt. Vgl. doc. adm. 4 B 231 vom 7.6.1999, Rn. 12.

[1014] Art. 219 I. a quater CGI, welcher die vorstehend genannten Einschränkungen regelt und explizit auf Veräußerungsgewinne abstellt, greift auch bei Gewinnen aus der Veräußerung von Patenten und Produktionsverfahren. Vgl. doc. adm. 4 B 231 vom 7.6.1999, Rn. 13.

[1015] Aufgrund der in Kapitel 4.2.2.3 beschriebenen Zuschläge zur IS – die „contribution sur l'impôt sur les sociétés" und die „contribution sociale sur l'impôt sur les sociétés" – ergeben sich effektive Steuersätze von 19,57 % bzw. von 20,20 %.

[1016] Vgl. doc. adm. 4 B 2243 vom 7.6.1999, Rn. 46. Die Verwaltungsanweisung gibt keine Verrechnungsreihenfolge vor. Eine vorrangige Verrechnung mit laufenden oder vorgetragenen Verlusten scheint somit möglich und ist mit Blick auf den im Folgenden beschriebenen, auf fünf Jahre beschränkten Vortragszeitraum unter Umständen auch vorteilhaft.

[1017] Die in Kapitel 4.2.2.3 beschriebenen Zuschläge zur IS haben keine Auswirkungen auf den Betrag, der in die Rücklage für langfristige Veräußerungsgewinne eingestellt wird. Somit besteht die Einstellung aus dem Veräußerungsgewinn abzüglich der ermäßigten IS ohne Zuschläge. Vgl. BO 4 A-7-96 vom 14.8.1996, Rn. 42.

[1018] Vgl. doc. adm. 4 H 2132 vom 1.3.1995, Rn. 3.

[1019] Vgl. doc. adm. 4 H 2132 vom 1.3.1995, Rn. 2. Eine Verwendung der in die Rücklage eingestellten langfristigen Veräußerungsgewinne führt nur dann nicht zu einer nachträglichen Herstellung der normalen Steuerbelastung, wenn die Gesellschaft aufgelöst wird, wenn die Rücklage für eine Kapitalerhöhung verwendet wird oder wenn die Rücklage mit einem Verlust verrechnet wird (Art. 209 quater 3. CGI).

Eine besondere steuerliche Behandlung erfahren Investmentfondsanteile. Diese werden am Ende eines Wirtschaftsjahres mit ihrem „Kurswert" („valeur liquidative") bewertet (Art. 209-0 A 1° Abs. 1 CGI). Die Differenz zwischen diesem Wert und dem Kurswert am Anfang des Wirtschaftsjahres geht dann in das laufende steuerliche Ergebnis ein (Art. 209-0 A 1° Abs. 2 CGI). Folglich werden auch nicht realisierte Wertsteigerungen besteuert.[1020] Bei der Veräußerung von Anteilen an einem Investmentfonds werden die Wertschwankungen, die bereits steuerlich erfasst wurden, bei der Besteuerung des Ergebnisses aus der Veräußerung entsprechend berücksichtigt (Art. 209-0 A 2° Abs. 1 CGI).[1021]

Während Gehälter von Mitgliedern der Unternehmensleitung einer körperschaftsteuerpflichtigen Gesellschaft grundsätzlich voll abzugsfähig sind,[1022] gelten die Bedingungen, die im Rahmen der Ermittlung der Einkünfte aus Gewerbebetrieb an eine steuerliche Abzugsfähigkeit von Zinsen auf Gesellschafterdarlehen geknüpft werden, auch für körperschaftsteuerpflichtige Gesellschaften (Art. 212 Abs. 1 CGI). Somit müssen also die Beschränkung des Zinssatzes und die Verpflichtung zur vollständigen Einzahlung des Gesellschaftskapitals beachtet werden (Art. 39 1. 3° CGI).[1023] Darüber hinaus greift bei körperschaftsteuerpflichtigen Gesellschaften auch eine Beschränkung der Darlehenssumme – bezogen auf sämtliche nachstehend bezeichneten Gesellschafter – auf das 1,5fache des Gesellschaftskapitals, sofern der jeweilige Gesellschafter, der das Darlehen gewährt, faktisch oder rechtlich die Gesellschaft leitet oder mehr als 50 % der Anteile an der Gesellschaft hält (Art. 212 Abs. 2 CGI).[1024]

Während auch bei der Ermittlung der Bemessungsgrundlage der IS die in Kapitel 4.2.1.2.3.2.4.4 angesprochene grundsätzliche Abzugsfähigkeit von durch das Unternehmen getragenen Steuern gilt, besteht hier analog zur IR bei der Ermittlung der Einkünfte aus Gewerbebetrieb ein Abzugsverbot für die IS (Art. 213 Abs. 1 CGI).

Die Verlustbehandlung im Rahmen der IS ist in Art. 209 I. Abs. 3 und 4 CGI und in Art. 220 quinquies CGI geregelt. Grundsätzlich sieht Art. 209 I. Abs. 3 CGI einen auf fünf Jahre beschränkten Verlustvortrag vor,[1025] wobei der Verlustvortrag nur innerhalb derselben Gesellschaft erfolgen kann.[1026] Die zeitliche Beschränkung des Vortrags gilt nicht für den Teil des

---

[1020] Vgl. COZIAN, Précis de fiscalité 2002, Rn. 1075.

[1021] Die Veräußerungsergebnisse unterliegen dem normalen Satz der IS. Vgl. DISLE/SARAF, Droit fiscal 2002, S. 319.

[1022] Vgl. doc. adm. 4 C 4451 vom 30.10.1997, Rn. 1 und 3. Allerdings muss Art. 39 1. 1° Abs. 2 CGI beachtet werden, wonach einer Entlohnung eine tatsächlich geleistete Arbeit gegenüber stehen muss und wonach die Entlohnung im Vergleich zu den erbrachten Leistungen nicht übertrieben sein darf. Diese Regelung gilt zwar grundsätzlich für sämtliche Mitarbeiter. In der Regel wird sie aber lediglich auf Mitglieder der Unternehmensleitung, insbesondere auf solche, die eine bedeutende Beteiligung am Gesellschaftskapital halten, angewendet. Vgl. doc. adm. 4 C 441 vom 30.10.1997, Rn. 13-14. Der als überhöht eingestufte Teil der Gehälter von Mitgliedern der Unternehmensleitung führt bei den Gesellschaftern zu Einkünften aus Kapitalvermögen. Vgl. CE vom 21.4.1989, n° 79683. Bei der Gesellschaft darf er nicht in Abzug gebracht werden. Vgl. SERLOOTEN, Rémunération 2000, S. 891.

[1023] Vgl. hierzu Kapitel 4.2.1.2.3.2.4.4.

[1024] Diese Beschränkung entfällt aber, wenn die Darlehenssumme unter bestimmten Bedingungen für eine Kapitalerhöhung verwendet werden soll (Art. 212 1° Abs. 2 a) CGI i.V.m. Art. 125 C CGI) oder wenn das Darlehen von einer Muttergesellschaft, die das in Art. 145 CGI geregelte Schachtelprivileg in Anspruch nehmen darf, gewährt wird (Art. 212 1° Abs. 2 b) CGI). Dies gilt auch für die Betriebstätte einer ausländischen Gesellschaft, die die Voraussetzungen für die Anwendung des Schachtelprivilegs erfüllt. Vgl. LAMY, Fiscal 2002, Rn. 646. Vgl. zur möglichen Anwendung des Schachtelprivilegs bei der inländischen Betriebstätte einer ausländischen Gesellschaft Fn. 1068.

[1025] Der vorgetragene Verlust muss grundsätzlich mit dem ersten künftigen Gewinn verrechnet werden. Vgl. die Ausführungen zum „précompte" in Kapitel 4.2.2.3.

[1026] Somit geht die Verlustvortragsmöglichkeit beispielsweise bei einer Änderung des Unternehmensgegenstands verloren. Vgl. doc. adm. 4 H 2211 vom 30.10.1996, Rn. 2-3.

Verlusts, der aus den in Kapitel 4.2.1.2.3.2.4.4 beschriebenen ARD besteht.[1027] Wahlweise kann ein Verlust auch bis zu drei Jahre zurückgetragen werden (Art. 220 quinquies I. Abs. 1 CGI).[1028] Eine Verrechnung ist aber nur mit bestimmten vergangenen Gewinnen bzw. Gewinnbestandteilen möglich.[1029] Grundsätzlich muss der gesamte Verlust zurückgetragen werden, wobei hier möglicherweise eine Beschränkung durch – verglichen mit der Verlustsumme – kleinere verrechenbare zurückliegende Gewinne besteht.[1030] Durch den Verlustrücktrag und die anschließende Verrechnung mit zurückliegenden Gewinnen entsteht eine Forderung gegenüber dem Finanzamt in Höhe der IS, mit welcher der verrechnete Gewinn belastet war (Art. 220 quinquies I. Abs. 3 CGI).[1031] Diese wird entweder mit künftigen Körperschaftsteuerschulden verrechnet oder nach Ablauf von fünf Jahren nach überhaupt nicht oder nur teilweise erfolgter Verrechnung ganz oder teilweise ausgezahlt (Art. 220 quinquies I. Abs. 4 CGI).

4.2.2.3 Körperschaftsteuertarif und Besteuerung von Ausschüttungen

Grundsätzlich beträgt der Körperschaftsteuersatz 33 1/3 % (Art. 219 I. Abs. 2 CGI). Ausnahmen hiervon bilden der ermäßigte Satz auf langfristige Veräußerungsgewinne in Höhe von 19 %[1032] und der ermäßigte Satz von 15 % auf einen Teil der Gewinne von Unternehmen, die bestimmte Anforderungen erfüllen. Zu diesen Anforderungen gehört zum einen, dass der Umsatz weniger als 7.630.000 EUR beträgt (Art. 219 I. b Abs. 1 CGI), zum anderen, dass bei Gesellschaften das Gesellschaftskapital voll eingezahlt ist und es zu mindestens 75 % von Gesellschaftern, die natürliche Personen sind, gehalten wird (Art. 219 I. b Abs. 2 CGI).[1033] Werden diese Anforderungen erfüllt, wird der Teil des Gewinns bis zu 38.120 EUR[1034] nur mit dem ermäßigten Satz von 15 % besteuert (Art. 219 I. b Abs. 1 CGI).[1035] [1036]

1027 Die unbeschränkte Vortragsmöglichkeit der ARD kann aber im Fall einer Unternehmensübernahme wegfallen (Art. 209 I. Abs. 4 CGI).

1028 Die Verlustverrechnung beginnt mit dem ältesten der drei Wirtschaftsjahre (Art. 220 quinquies I. Abs. 1 CGI). Nicht nur der Verlust des aktuellen Wirtschaftsjahrs, auch die Verluste der vorausgehenden Wirtschaftsjahre können zurückgetragen werden. Vgl. doc. adm. 4 H 2222 vom 30.10.1996, Rn. 15.

1029 Art. 220 quinquies I. Abs. 1 CGI bestimmt, welche zurückliegenden Gewinne mit dem zurückgetragenen Verlust verrechnet werden dürfen. Ausgeschlossen sind demnach u.a. ausgeschüttete Gewinne und Gewinne, deren zugehörige Steuerlast mit einem Steuer- oder Anrechnungsguthaben beglichen wurde. Vgl. auch doc. adm. 4 H 2222 vom 30.10.1996, Rn. 21 und 22. Außerdem können nur Gewinne, die dem normalen Steuersatz unterlegen haben, verrechnet werden. Vgl. doc. adm. 4 H 2222 vom 30.10.1996, Rn. 19.

1030 Vgl. doc. adm. 4 H 2222 vom 30.10.1996, Rn. 36.

1031 Im Gegensatz zum Verlustvortrag finden die Zusatzsteuern beim Verlustrücktrag keine Berücksichtigung. Vgl. LAMY, Fiscal 2002, Rn. 1377. Die Forderung gegenüber dem Finanzamt ergibt sich also lediglich aus der Anwendung des in der Vergangenheit gültigen Satzes der IS auf den verrechneten Gewinn.

1032 Vgl. hierzu Kapitel 4.2.2.2.

1033 Der zu mindestens 75 % beteiligte Gesellschafter kann auch eine weitere Gesellschaft, welche die gleichen vorstehend genannten Anforderungen erfüllt und deren Gesellschaftskapital zu mindestens 75 % von natürlichen Personen gehalten wird, sein (Art. 219 I. b Abs. 2 CGI).

1034 Dies gilt für den Teil des Gewinns, der grundsätzlich einer normalen Besteuerung unterliegt und für den Teil, der eigentlich von dem reduzierten Satz für langfristige Veräußerungsgewinne erfasst wird. Vgl. BO 4 H-4-02 vom 11.10.2002, Rn. 3.

1035 Aufgrund dieses erniedrigten Satzes auf einen Teil der Bemessungsgrundlage kann von einer gewissen Progressivität in der IS gesprochen werden. Vgl. auch COZIAN, Précis de fiscalité 2002, Rn. 1170. COZIAN spricht hier allerdings von einer „Degressivität“.

1036 Außerdem müssen öffentliche Einrichtungen, Vereinigungen und Körperschaften ohne Gewinnerzielungsabsicht bestimmte gesetzlich definierte Einkünfte nur mit einem ermäßigten Körperschaftsteuersatz von 24 % bzw. 10 % versteuern (Art. 219 bis I. CGI i.V.m. Art. 206 5. CGI).

Zusätzlich zu der nach den vorstehenden Sätzen erhobenen IS werden gegebenenfalls noch zwei Zuschläge erhoben, die „contribution sur l'impôt sur les sociétés" und die „contribution sociale sur l'impôt sur les sociétés". Die „contribution sur l'impôt sur les sociétés" beträgt 3 % der Körperschaftsteuerschuld, die sich aus der Anwendung des normalen Körperschaftsteuersatzes bzw. der ermäßigten Körperschaftsteuersätze von 19 % auf langfristige Veräußerungsgewinne oder von 15 % bei den vorstehend beschriebenen Unternehmen ergibt (Art. 235 ter ZA I. CGI).[1037] Auch die „contribution sociale sur l'impôt sur les sociétés" basiert auf der Körperschaftsteuerschuld eines Unternehmens (Art. 235 ter ZC I. CGI). Sie beträgt 3,3 % der um 763.000 EUR[1038] verringerten Körperschaftsteuerschuld (Art. 235 ter ZC I. Abs. 1 und 2 CGI).[1039] Sie wird auch auf die Körperschaftsteuerschuld, die sich aus der Anwendung des normalen sowie des ermäßigten Körperschaftsteuersatzes von 19 % auf langfristige Veräußerungsgewinne ergibt, erhoben.[1040] Ausgenommen sind aber Unternehmen, welche die Voraussetzungen für die Anwendung des ermäßigten Satzes von 15 % erfüllen.[1041] Anrechnungsguthaben, Steuergutschriften und auch die IFA[1042] wirken sich nicht mindernd auf die Bemessungsgrundlage der Zuschläge aus (Art. 235 ter ZA IV. CGI und Art. 235 ter ZC IV. CGI). Die effektiven Körperschaftsteuersätze unter Berücksichtigung der genannten Zuschläge gestalten sich wie in Tabelle 8 dargestellt:

	Normaler Steuersatz: 33 1/3 %	Ermäßigter Steuersatz: 19 %	Ermäßigter Steuersatz: 15 %
Zuschlag von 3 %	34,33 %	19,57 %	15,45 %
Zuschlag von 3 % und von 3,3 %[1043]	35,43 %	20,20 %	–[1044]

Tabelle 8: Effektive Körperschaftsteuersätze

In Kapitel 4.2.1.2.8 wurde bereits darauf hingewiesen, dass Ausschüttungen einer körperschaftsteuerpflichtigen Gesellschaft grundsätzlich mit einem „Anrechnungsguthaben" („avoir fiscal") verbunden sind, welches zusammen mit dem ausgeschütteten Betrag versteuert werden muss (Art. 158 bis CGI). Hinsichtlich der steuerlichen Behandlung der Ausschüttung muss nach deren Empfänger unterschieden werden. Ist dieser eine natürliche Person mit steu-

1037 Art. 235 ter ZA I. Abs. 1 CGI verweist auf Art. 219 I. CGI. Dort werden der normale und die genannten ermäßigten Steuersätze definiert. Die in Fn. 1035 aufgeführten ermäßigten Steuersätze unterliegen nicht diesem Zuschlag.

1038 Dieser Abschlag bezieht sich auf ein Wirtschaftsjahr von zwölf Monaten und muss bei kürzeren oder längeren Wirtschaftsjahren entsprechend vermindert oder erhöht werden (Art. 235 ter ZC I. Abs. 1 CGI).

1039 Somit wird die „contribution sociale sur l'impôt sur les sociétés" bei ausschließlicher Anwendung des normalen Körperschaftsteuersatzes erst ab einer körperschaftsteuerlichen Bemessungsgrundlage von 2.289.000 EUR erhoben. (2.289.000 EUR × 33 1/3 % = 763.000 EUR.)

1040 Auch Art. 235 ter ZC I. Abs. 1 CGI verweist auf Art. 219 I. CGI.

1041 Die in Art. 235 ter ZC I. Abs. 3 CGI genannten Voraussetzungen für die Nichtanwendung der „contribution sociale sur l'impôt sur les sociétés" entsprechen den Voraussetzungen in Art. 219 I. b CGI hinsichtlich der Anwendung des ermäßigten Körperschaftsteuersatzes von 15 %. COZIAN schätzt, dass lediglich 4.000 Unternehmen der „contribution sociale sur l'impôt sur les sociétés" unterliegen. Vgl. COZIAN, Précis de fiscalité 2002, Rn. 1125.

1042 Vgl. hierzu Kapitel 4.2.2.4.

1043 Aufgrund des vorstehend genannten Abschlags gelten diese Effektivsteuersätze nur für den Teil der Bemessungsgrundlage, dessen korrespondierende Körperschaftsteuerschuld 763.000 EUR übersteigt.

1044 Da sich die Voraussetzungen für die Anwendung des ermäßigten Steuersatzes von 15 % und für die Nichtanwendung des Zuschlags von 3,3 % entsprechen, hat dieser Steuersatz keine Relevanz.

erlichem Wohnsitz in Frankreich (Art. 158 ter 1. Abs. 2 CGI), beträgt das Anrechnungsguthaben 50 % der erhaltenen Ausschüttung (Art. 158 bis I. Abs. 2 CGI). Das Anrechnungsguthaben wird mit der Einkommensteuerschuld des Ausschüttungsempfängers verrechnet (Art. 158 bis I. Abs. 4 CGI). Übersteigt das Anrechnungsguthaben die Einkommensteuerschuld des Empfängers, wird diesem der übersteigende Betrag erstattet (Art. 158 bis I. Abs. 5 CGI). Die steuerliche Behandlung der Ausschüttung einer körperschaftsteuerpflichtigen Gesellschaft an eine natürliche Person in Abhängigkeit von ihrem persönlichen durchschnittlichen Einkommensteuersatz stellt sich also folgendermaßen dar:[1045]

Gewinn vor Steuern der ausschüttenden Gesellschaft	100.000	
– IS auf Gewinn (effektiver Satz von 34,33 %; lediglich Zuschlag von 3 %)	34.333	
= Ausschüttung an Gesellschafter	65.667	
+ Anrechnungsguthaben (50 % von 65.667)	32.833	
= Steuerbemessungsgrundlage bei Gesellschafter	98.500	
→ Einkommensteuerschuld bei individuellem durchschnittlichem Einkommensteuersatz von: 40 % / 30 %	39.400	29.550
– Anrechnung Guthaben	– 32.833	– 32.833
= Einkommensteuerzahllast / Einkommensteuererstattung	6.567	3.283

Tabelle 9: Steuerliche Behandlung der Ausschüttung einer körperschaftsteuerpflichtigen Gesellschaft an eine natürliche Person

Ist der Empfänger der Ausschüttung eine körperschaftsteuerpflichtige juristische Person mit Sitz in Frankreich, greift zwar auch das Anrechnungsverfahren (Art. 209 bis 1. CGI), allerdings beträgt das Anrechnungsguthaben grundsätzlich lediglich 15 % der empfangenen Ausschüttung (Art. 158 bis II. Abs. 3 CGI).[1046] Hier muss weiter unterschieden werden, ob auf der Ebene der ausschüttenden Gesellschaft der „précompte“[1047] erhoben wurde. Ist dies der Fall, erhöht sich das Anrechnungsguthaben um 70 % des „précompte“ (Art. 158 bis II. Abs. 3 CGI). Von dieser Erhöhung ausgenommen sind Ausschüttungen, welche die Erhebung eines „précompte“ aufgrund einer Entnahme aus der Rücklage für langfristige Veräußerungsgewinne ausgelöst haben (Art. 158 bis II. Abs. 2 CGI). Somit ergibt sich die nachstehend darge-

1045 Beträge jeweils in EUR.

1046 Außerdem ist eine Erstattung gem. Art. 209 bis 1. CGI ausgeschlossen.

1047 Vgl. hierzu die nachstehenden Ausführungen.

stellte steuerliche Behandlung der Ausschüttung einer körperschaftsteuerpflichtigen Gesellschaft an eine andere körperschaftsteuerpflichtige Gesellschaft:[1048]

Gewinn vor Steuern der ausschüttenden Gesellschaft	100.000
– IS auf Gewinn (keine Erhebung des „précompte"; effektiver Satz von 34,33 %; lediglich Zuschlag von 3 %)	34.333
= Ausschüttung an Gesellschafter	65.667
+ Anrechnungsguthaben (15 % von 65.667)	9.850
= Steuerbemessungsgrundlage bei Gesellschafter	75.517
→ Körperschaftsteuerschuld (Steuersatz von 33 1/3 %)	25.172
→ Zuschlag von 3 %	755
– Anrechnung Guthaben	– 9.850
= Körperschaftsteuerzahllast	16.077

Tabelle 10: Steuerliche Behandlung der Ausschüttung einer körperschaftsteuerpflichtigen Gesellschaft an eine andere körperschaftsteuerpflichtige Gesellschaft

Bei der Ermittlung der IS auf eine Ausschüttung von einer körperschaftsteuerpflichtigen Gesellschaft an eine andere körperschaftsteuerpflichtige Gesellschaft ist gem. Ann. II, Art. 136 CGI auch eine alternative Vorgehensweise zulässig. Dabei geht nur der Ausschüttungsbetrag ohne Anrechnungsguthaben in die Bemessungsgrundlage ein. Das Anrechnungsguthaben, welches sich mindernd auf die IS der empfangenden Gesellschaft auswirkt, reduziert sich dann aber auf die Differenz zwischen dem eigentlichen, mit der Ausschüttung verbundenen Anrechnungsguthaben und dem Produkt aus dem Körperschaftsteuersatz und diesem Anrechnungsguthaben. Tabelle 11 veranschaulicht die Vorgehensweise bei der Berechnung der IS auf diesem Weg. Die Gesamtzahllast verringert sich im Vergleich zur Anwendung des ungekürzten Anrechnungsguthabens, da sich der Zuschlag zur IS ausgehend von einer verminderten Grundlage – IS auf Ausschüttung ohne Anrechnungsguthaben – berechnet. Die letztendlich vorliegende Steuerersparnis resultiert also lediglich aus einer gesetzlich explizit erlaubten alternativen Vorgehensweise bei der Berechnung der Körperschaftsteuerschuld.[1049]

[1048] Beträge jeweils in EUR.

[1049] Vgl. auch COZIAN, Précis de fiscalité 2002, Rn. 1126; LEFEBVRE, Fiscal 2002, Rn. 3219.

Gewinn vor Steuern der ausschüttenden Gesellschaft	100.000
– IS auf Gewinn (keine Erhebung des „précompte“; effektiver Satz von 34,33 % – lediglich Zuschlag von 3 %)	34.333
= Ausschüttung an Gesellschafter = Steuerbemessungsgrundlage bei Gesellschafter	65.667
→ Körperschaftsteuerschuld (Steuersatz von 33,33 %)	21.889
→ Anrechnung Guthaben (15 % von 65.667 – 33,33 % von 15 % von 65.667 =)	– 6.567
= Körperschaftsteuerschuld nach Anrechnungsguthaben	15.322
→ Zuschlag von 3 % auf 21.889	657
= Körperschaftsteuerzahllast	15.979

Tabelle 11: Steuerliche Behandlung der Ausschüttung einer körperschaftsteuerpflichtigen Gesellschaft an eine andere körperschaftsteuerpflichtige Gesellschaft bei reduziertem Anrechnungsguthaben

Das Anrechnungsguthaben wurde bis zum 31.12.2001 aufgrund einer abkommensrechtlichen Regelung auch grenzüberschreitend für Ausschüttungen von Frankreich nach Deutschland an in Deutschland ansässige natürliche Personen und an in Deutschland ansässige juristische Personen, die zu weniger als 10 % an der ausschüttenden französischen Gesellschaft beteiligt waren, gewährt.[1050] Während diese Anrechnungsmöglichkeit weggefallen ist, wird der nachstehend beschriebene „précompte“ auf Ausschüttungen an in Deutschland ansässige Personen immer noch erstattet, wobei er aber wie eine Dividende behandelt wird und somit gegebenenfalls einer Quellensteuer unterliegt (Art. 9 Abs. 4 DBA-D/F).[1051]

Der „précompte“ kommt immer dann zur Anwendung, wenn der ausgeschüttete Betrag bei der ausschüttenden körperschaftsteuerpflichtigen Gesellschaft nicht dem normalen Satz der IS unterlag (Art. 223 sexies 1. Abs. 1 CGI).[1052] Er wird außerdem fällig, wenn Gewinne ausgeschüttet werden, die in vor mehr als fünf Jahren abgeschlossenen Wirtschaftsjahren erzielt

[1050] Vgl. Fn. 910.

[1051] Vgl. zur steuerlichen Behandlung von Ausschüttungen an deutsche Kapitalgesellschaften Kapitel 4.2.2.4. Vgl. hierzu auch Kapitel 6.2.4.2.

[1052] Grundsätzlich ist die Gewährung des Anrechnungsguthabens durch die Tatsache, dass die ausgeschütteten Gewinne bereits auf der Ebene der Gesellschaft besteuert wurden, gerechtfertigt. Ist dies nicht oder nur unter Anwendung eines ermäßigten Steuersatzes der Fall, dürfte die Ausschüttung dieser Gewinne nicht mit dem (vollen) Anrechnungsguthaben verbunden sein. Aus Vereinfachungsgründen wird in diesen Fällen nicht auf der Ebene des Ausschüttungsempfängers das Anrechnungsguthaben gestrichen (bzw. verringert) – dies wäre jeweils mit einer aufwendigen Einordnung der Ausschüttung verbunden –, sondern auf der Ebene der Gesellschaft der „précompte“ erhoben. Vgl. SERLOOTEN, Droit commercial 1997, Rn. 793.

wurden (Art. 223 sexies 1. Abs. 2 CGI)[1053] oder die mit einem Verlustrücktrag verrechnet wurden und somit zur Entstehung einer entsprechenden Forderung gegenüber dem Finanzamt beigetragen haben (Art. 223 sexies 1. Abs. 3 CGI).[1054] Sobald eine Ausschüttung mit einem Anrechnungsguthaben verbunden ist, wird der „précompte" – unter den genannten Voraussetzungen – unabhängig von der Person des Ausschüttungsempfängers fällig (Art. 223 sexies 1. Abs. 1 CGI). Dies gilt auch dann, wenn der Ausschüttungsempfänger das Anrechnungsguthaben nicht geltend machen kann.[1055]

Grundsätzlich entspricht die Höhe des „précompte" dem Anrechnungsguthaben, welches natürlichen Personen gewährt wird.[1056] Sofern Gewinne ausgeschüttet werden, die der Rücklage für langfristige Veräußerungsgewinne entnommen wurden oder die vor maximal fünf Jahren erwirtschaftet und mit dem ermäßigten Steuersatz für bestimmte kleinere körperschaftsteuerpflichtige Unternehmen besteuert wurden, entspricht der „précompte" der Differenz aus dem Betrag der IS, der sich durch Anwendung des normalen Körperschaftsteuersatzes auf den entnommenen Betrag zuzüglich der ursprünglich bei der Entstehung des Gewinns erhobenen IS ergibt und eben diesem Betrag (Art. 223 sexies 1. Abs. 4 CGI). Unterlag ein aus den Rücklagen entnommener Betrag von 81.000 EUR also einem (ermäßigten) Körperschaftsteuersatz von 19 %, beträgt der „précompte" [33 1/3 % × (81.000 EUR + 19.000 EUR) – 19.000 EUR =] 14.333 EUR.

Zu den Einkünften, die entweder gar nicht oder nur ermäßigt besteuert werden und folglich nicht dem normalen Satz der IS unterliegen, gehören u.a.:[1057]

- langfristige Veräußerungsgewinne;[1058]
- Teile der Gewinne bestimmter kleiner körperschaftsteuerpflichtiger Unternehmen;[1059]
- Schachteldividenden;[1060]
- Einkünfte aus ausländischen Betriebstätten.[1061]

Ann. III, Art. 46 quater-0 D CGI und Ann. III, Art. 46 quater-0 E CGI enthalten Vorschriften zur Ergebnisverwendung, insbesondere zur Verrechnung der Ausschüttungen mit dem nach-

[1053] Hier sollen regelmäßige Gewinnausschüttungen der Kapitalgesellschaften erreicht werden, indem stark verspätete Ausschüttungen durch die Erhebung des „précompte" bestraft werden. Vgl. MERCIER/PLAGNET, Impôts 2002, Rn. 1106. Vgl. auch DISLE/SARAF, Droit fiscal 2002, S. 369.

[1054] Vgl. zum Verlustrücktrag Kapitel 4.2.2.2. Der „précompte" wird auch erhoben, wenn Gewinne ausgeschüttet werden, die mit einem Verlustvortrag verrechnet wurden. Grundsätzlich muss ein vorgetragener Verlust im ersten Wirtschaftsjahr, in dem wieder ein Gewinn ausgewiesen wird, verrechnet werden. Um die bei einer anschließenden Ausschüttung erfolgende Belastung durch den „précompte" zu vermeiden, erlaubt die Finanzverwaltung, den Verlust innerhalb des in Kapitel 4.2.2.2 genannten Zeitraums von fünf Jahren zu verteilen, um somit immer nur einen Teil des jeweiligen Gewinns mit dem vorgetragenen Verlust zu verrechnen. Vgl. doc. adm. 4 J 1321 vom 1.11.1995, Rn. 37-38. Der nicht verrechnete Teil des Gewinns darf dann ohne Erhebung des précompte ausgeschüttet werden.

[1055] Vgl. REVUE FIDUCIAIRE, Fiscal 2002, Rn. 4122. In Kapitel 4.2.1.2.8 wurde bereits gezeigt, dass in Deutschland ansässige Empfänger von Ausschüttungen französischer Kapitalgesellschaften das Anrechnungsguthaben nicht mehr nutzen können. Allerdings wird der „précompte" erstattet.

[1056] Art. 223 sexies 1. Abs. 1 CGI verweist auf Art. 158 bis I. CGI. Das Anrechnungsguthaben entspricht 50 % des Betrags, der tatsächlich ausgeschüttet wird. Vgl. die vorstehenden Ausführungen zu Ausschüttungen an natürliche Personen.

[1057] Vgl. hierzu auch LEFEBVRE, Fiscal 2002, Rn. 2171.

[1058] Vgl. hierzu Kapitel 4.2.2.2.

[1059] Vgl. hierzu die vorstehenden Ausführungen.

[1060] Vgl. hierzu die nachstehenden Ausführungen.

[1061] Einkünfte aus ausländischen Betriebstätten unterliegen gem. Art. 209 I. Abs. 1 CGI nicht der IS, denn sie stammen nicht aus einem in Frankreich betriebenen Unternehmen. Vgl. hierzu Kapitel 4.2.2.1 und Kapitel 2.1.2.4.

steuerlichen Ergebnis – dem verwendbaren Eigenkapital – und somit zur Ermittlung der Höhe des „précompte“.[1062] Zunächst werden die IS und die gesetzliche Rücklage[1063] verrechnet (Ann. III, Art. 46 quater-0 E Abs. 1 CGI),[1064] anschließend die Ausschüttungen, gleichgültig ob sie mit einem Anrechnungsguthaben verbunden sind oder nicht (Ann. III, Art. 46 quater-0 D II bis. CGI).[1065] Die Vorschrift besagt lediglich, dass sie zunächst mit den nachsteuerlichen Ergebnissen der letzten fünf Jahre verrechnet werden müssen. Folglich sollte ein ausschüttendes Unternehmen erst einmal die Ausschüttungen, die nicht mit einem Anrechnungsguthaben verbunden sind – und somit auch nicht zur Erhebung des „précompte“ führen können – mit den Teilen des verwendbaren Eigenkapitals verrechnen, die nicht dem normalen Körperschaftsteuersatz unterlegen haben und die Ausschüttungen, die zu einem Anrechnungsguthaben berechtigen, mit den ältesten Teilen des verwendbaren Eigenkapitals – innerhalb des Fünfjahreszeitraums –, die dem normalen Körperschaftsteuersatz unterlegen haben.[1066]

Die Anwendung des „Schachtelprivilegs“ („régime fiscal des sociétés mères“) führt zu einer besonderen Behandlung von Ausschüttungen zwischen Gesellschaften – und anderen Einrichtungen –, die der IS unterliegen. Das Schachtelprivileg greift nur auf Antrag.[1067] Art. 145 CGI nennt die Bedingungen für seine wahlweise Anwendung. Die Muttergesellschaft muss demnach eine Gesellschaft oder eine andere Einrichtung, die dem normalen Satz der IS unterliegt, sein (Art. 145 1. CGI).[1068] Grundsätzlich hat die Rechtsform der Tochtergesellschaft keine Auswirkungen auf die Anwendung des Schachtelprivilegs, allerdings darf die Tochtergesellschaft keine Personengesellschaft, die nach den einkommensteuerlichen Vorschriften für Personengesellschaften besteuert wird, sein.[1069] Außerdem müssen die Anteile an der Tochtergesellschaft mindestens 5 % ihres Gesellschaftskapitals repräsentieren (Art. 145 1. b) Abs. 1 CGI) und mit einem Stimmrecht verbunden sein (Art. 145 6. b ter) CGI).[1070] Die Regelungen

---

1062 Vgl. doc. adm. 4 J 1322 vom 1.11.1995, Rn. 1.

1063 Vgl. hierzu Kapitel 3.3.1.7.

1064 Die Zuschläge zur IS wirken sich nicht auf den Betrag aus, der ohne Erhebung des „précompte“ ausgeschüttet werden kann. Vgl. BO 4 L-1-95 vom 21.9.1995, Rn. 43.

1065 Zu den Ausschüttungen, die nicht mit einem Anrechnungsguthaben verbunden sind, gehören beispielsweise die in Kapitel 4.2.1.2.3.2.4.4 beschriebenen Luxusausgaben. Sie werden gem. Art. 111 e) CGI als Ausschüttungen eingestuft. Da sie aber nicht auf einem regulären Beschluss der zuständigen Gesellschaftsorgane beruhen, berechtigen sie gem. Art. 158 ter 1. Abs. 1 CGI nicht zu einem Anrechnungsguthaben.

1066 Vgl. REVUE FIDUCIAIRE, Fiscal 2002, Rn. 4132. Vor dem 1.1.2000 mussten aufgrund expliziter gesetzlicher Vorschriften zunächst die Ausschüttungen, die nicht zu einem Anrechnungsguthaben berechtigten und anschließend die Ausschüttungen, die hierzu berechtigten jeweils in einer größtenteils vorgegebenen Reihenfolge mit bestimmten Teilen des verwendbaren Eigenkapitals verrechnet werden. Vgl. hierzu ausführlich KUSSMAUL/SCHÄFER, Gliederung des Eigenkapitals 1999, S. 744-746.

1067 Die Muttergesellschaft stellt einen Antrag, der sich zwar auf alle Anteile an einer Tochtergesellschaft beziehen muss, der aber jedes Jahr neu ausgeübt werden kann. Bei dem Antrag handelt es sich lediglich um eine Eintragung auf dem Steuerformular n° 2058-A. Vgl. doc. adm. 4 H 2113 vom 1.3.1995, Rn. 10-12. Die gesetzliche Grundlage für die wahlweise Anwendung des Schachtelprivilegs ist offenbar in Art. 145 1. CGI enthalten. Dort heißt es: „Das Schachtelprivileg [...] ist anwendbar auf ...“ („Le régime fiscal des sociétés mères [...] est applicable aux ...“).

1068 Eine Beschreibung der verschiedenen Formen der Muttergesellschaften, welche das Schachtelprivileg in Anspruch nehmen können, findet sich in doc. adm. 4 H 2112 vom 1.3.1995, Rn. 3-6. Demnach steht auch Personengesellschaften, die für eine Besteuerung durch die IS optiert haben und grundsätzlich auch inländischen Betriebstätten von ausländischen Gesellschaften, sofern die Betriebstätten körperschaftsteuerpflichtig sind, die wahlweise Anwendung des Schachtelprivilegs offen.

1069 Vgl. doc. adm. 4 H 2112 vom 1.3.1995, Rn. 19-20.

1070 Außerdem wird in Art. 145 1. c) Abs. 1 CGI verlangt, dass die Anteile seit ihrer Ausgabe gehalten werden oder aber dass sich die Muttergesellschaft verpflichtet, die Anteile mindestens zwei Jahre zu halten. Art. 145 CGI nennt außerdem noch weitere Anwendungsvoraussetzungen und Einschränkungen des Schachtelprivilegs.

des Schachtelprivilegs greifen unabhängig vom Sitz der Tochtergesellschaft.[1071] Folglich kommt das Schachtelprivileg auch bei ausländischen Tochtergesellschaften zur Anwendung.

Werden die vorstehend genannten Voraussetzungen erfüllt, sind die Ausschüttungen der Tochtergesellschaft (Schachteldividenden) bei der empfangenden Muttergesellschaft grundsätzlich steuerfrei (Art. 216 I. Abs. 1 CGI). 5 % der vereinnahmten Schachteldividenden zuzüglich etwaiger Steuergutschriften müssen aber als nichtabziehbare Betriebsausgaben behandelt werden (Art. 216 I. Abs. 1 und 2 CGI).[1072] Die bei der Ermittlung der nichtabziehbaren Betriebsausgaben hinzuzurechnenden Steuergutschriften sind zum einen die vorstehend beschriebenen, mit den Ausschüttungen verbundenen Anrechnungsguthaben. Sie betragen im Rahmen des Schachtelprivilegs nicht nur 15 %, wie bei körperschaftsteuerpflichtigen juristischen Personen üblich, sondern 50 % der empfangenen Ausschüttung (Art. 158 bis II. Abs. 1 CGI). Zum anderen kann es sich auch um die mit der Ausschüttung von einer ausländischen Tochtergesellschaft verbundenen Steuergutschriften handeln. Sie entsprechen der im Ausland auf die Ausschüttung einbehaltenen Quellensteuer, gehören grundsätzlich – bei der Anwendung des Schachtelprivilegs wird ja gerade auf eine Besteuerung verzichtet – zum steuerpflichtigen Einkommen der inländischen Gesellschaft und werden letztendlich bei einer erfolgenden Ausschüttung von der Steuerschuld abgezogen.[1073]

Da Schachteldividenden von Tochtergesellschaften steuerfrei sind, darf bei deren Thesaurierung ein zugehöriges Anrechnungsguthaben oder eine zugehörige Steuergutschrift nicht auf die zu zahlende IS der Muttergesellschaft angerechnet werden.[1074] Anders verhält es sich bei einer Weiterausschüttung der von der Tochtergesellschaft empfangenen Dividende durch die Muttergesellschaft. Dann wird zwar gem. Art. 223 sexies 1. Abs. 1 CGI der „précompte" fällig, das mit der Ausschüttung verbundene Anrechnungsguthaben bzw. die mit ihr verbundene Steuergutschrift darf aber mit diesem verrechnet werden (Art. 146 2. CGI).[1075]

Das „System der Konzernbesteuerung" („régime fiscal des groupes de sociétés") geht noch einen Schritt weiter als das Schachtelprivileg, weil es nicht nur steuerfreie Ausschüttungen, sondern auch Verlustverrechnungen[1076] und steuerfreie Transaktionen zwischen Konzerngesellschaften ermöglicht.[1077] Voraussetzung für die Anwendung des Systems der Konzernbesteuerung ist eine direkte oder indirekte – über andere Konzerngesellschaften hergestellte – Beteiligung der Muttergesellschaft an den Tochtergesellschaften in Höhe von 95 % des Gesellschaftskapitals (Art. 223 A Abs. 1 CGI). Außerdem müssen die einzelnen Konzerngesell-

---

[1071] Vgl. doc. adm. 4 H 2112 vom 1.3.1995, Rn. 21.

[1072] Liegen die tatsächlichen Betriebsausgaben der Muttergesellschaft unter diesem Betrag von 5 %, bilden diese den Hinzurechnungsbetrag (Art. 216 I. Abs. 2 CGI).

[1073] Vgl. GOUTHIÈRE, Impôts 2001, Rn. 2010-2011.

[1074] Dies ergibt sich aus Art. 209 bis 1. CGI, wonach nur dann eine Anrechnungsmöglichkeit auf die Steuerschuld des Ausschüttungsempfängers besteht, wenn die Ausschüttung in dessen Steuerbemessungsgrundlage eingeht. Vgl. doc. adm. 4 H 2114 vom 1.3.1995, Rn. 16.

[1075] Die Anrechnungsmöglichkeit des Anrechnungsguthabens bzw. der Steuergutschrift auf den „précompte" bleibt für einen Zeitraum von bis zu fünf Jahren nach Erhalt der Ausschüttung bestehen. Ein Anrechnungsguthaben, das mit einer Ausschüttung von einer inländischen Tochtergesellschaft zusammenhängt, beträgt hier – wie vorstehend bereits dargestellt – aufgrund der Ausnahmeregelung in Art. 158 bis II. Abs. 1 CGI 50 % der empfangenen Ausschüttung.

[1076] Verluste einer Konzerngesellschaft, die vor der Anwendung des Systems der Konzernbesteuerung entstanden sind, können nur bei dieser Gesellschaft selbst, nicht aber mit Gewinnen der anderen Konzerngesellschaften verrechnet werden (Art. 223 I 1. a) CGI).

[1077] Vgl. COZIAN, Précis de fiscalité 2002, Rn. 1191. Während die Finanzverwaltung die Bezeichnung „régime fiscal des groupes de sociétés" gewählt hat, findet sich in der Literatur die Bezeichnung „régime de l'intégration fiscale". Vgl. zur Bezeichnung in der Literatur statt vieler LAMY, Fiscal 2002, Rn. 1725. Vgl. zur Bezeichnung durch die Finanzverwaltung doc. adm. 4 H 66 vom 12.7.1997, Rn. 1.

schaften der Konzernbesteuerung zustimmen (Art. 223 A Abs. 4 CGI). Der Anwendungsbereich dieses Systems ist aber auf Gesellschaften, die in Frankreich der IS unterliegen, beschränkt (Art. 223 A Abs. 4 CGI).[1078] [1079]

Sofern eine ministerielle Zustimmung vorliegt, können französische körperschaftsteuerpflichtige Gesellschaften gem. Art. 209 quinquies CGI auch die Ergebnisse ihrer ausländischen Betriebstätten – „bénéfice mondial“ – und darüber hinaus auch die Ergebnisse ihrer ausländischen Tochtergesellschaften – „bénéfice consolidé“ – in ihr körperschaftsteuerpflichtiges Ergebnis einbeziehen.[1080] Die praktische Bedeutung dieser beiden Besteuerungskonzepte ist jedoch sehr gering.[1081]

4.2.2.4 Entrichtung der impôt sur les sociétés

Körperschaftsteuererklärungen müssen spätestens drei Monate nach Schluss eines Wirtschaftsjahres abgegeben werden (Art. 223 1. Abs. 2 CGI). Danach erfolgt umgehend die Entrichtung der IS, basierend auf dem in der Steuererklärung ermittelten körperschaftsteuerpflichtigen Ergebnis (Art. 1668 2. CGI). Diese abschließende Körperschaftsteuerzahlung wird aber mit bereits geleisteten vierteljährlichen Vorauszahlungen, welche sich nach dem körperschaftsteuerpflichtigen Ergebnis des vorausgehenden Wirtschaftsjahres bemessen,[1082] verrechnet (Art. 1668 1. und 2. CGI). Geht ein Unternehmen während eines Wirtschaftsjahres davon aus, dass die Summe der bisher geleisteten Vorauszahlungen der Körperschaftsteuerschuld des laufenden Wirtschaftsjahres entspricht oder diese übersteigt, kann es die noch ausstehenden Vorauszahlungen unterlassen (Art. 1668 4 bis. CGI). Stellt sich letztendlich aber heraus, dass die tatsächliche Körperschaftsteuerschuld doch größer als die im Vorjahr geleisteten Vorauszahlungen ist, wird ein Zuschlag von 10 % auf die nicht geleisteten Zahlungen erhoben (Art. 1762 3. Abs. 2 CGI). Da bezüglich der Körperschaftsteuerpflicht ohnehin keine Unterscheidung hinsichtlich einer beschränkten und einer unbeschränkten Steuerpflicht gemacht wird, gelten die vorstehenden Regelungen auch für Kapitalgesellschaften mit Sitz in Deutschland, die ein Unternehmen in Frankreich betreiben.

Von einigen Ausnahmen abgesehen müssen körperschaftsteuerpflichtige juristische Personen auch in Verlustjahren eine „pauschale Jahressteuer“ („imposition forfaitaire annuelle“ – IFA) entrichten.[1083] Ihre Höhe richtet sich nach dem Vorjahresumsatz einschließlich Steuern der betreffenden juristischen Person (Art. 223 septies Abs. 2 CGI). Der Tarif der IFA ist in Art. 223 septies Abs. 1 CGI geregelt und hat den in Tabelle 12 dargestellten Verlauf.

[1078] Dies betrifft die Muttergesellschaft und die Tochtergesellschaften gleichermaßen. Vgl. doc. adm. 4 H 6611 vom 12.7.1997, Rn. 2. Allerdings können in Frankreich körperschaftsteuerpflichtige Betriebstätten ausländischer Gesellschaften als Muttergesellschaft in ein System der Konzernbesteuerung einbezogen werden. Vgl. doc. adm. 4 H 6611 vom 12.7.1997, Rn. 6.

[1079] Das französische „System der Konzernbesteuerung“ kann durchaus mit der deutschen „Organschaft“ verglichen werden. Vgl. hierzu auch COZIAN, Précis de fiscalité 2002, Rn. 1191. Allerdings erfolgt im Rahmen der Organschaft in jedem Fall eine Besteuerung des addierten, nicht des teilweise konsolidierten Erfolgs der beteiligten Unternehmen. Vgl. KUSSMAUL, Betriebswirtschaftliche Steuerlehre 2000, S. 570.

[1080] Die Beteiligungen an den ausländischen Tochtergesellschaften müssen jeweils mit mindestens 50 % der Stimmrechte verbunden sein. Vgl. zum „bénéfice mondial“ und zum „bénéfice consolidé“ REVUE FIDUCIAIRE, Fiscal 2002, Rn. 597.

[1081] Lediglich einige große Konzerne sind hiervon betroffen. Vgl. LAMY, Fiscal 2002, Rn. 1724. Vgl. auch DISLE/SARAF, Droit fiscal 2002, S. 286; MERCIER/PLAGNET, Impôts 2002, Rn. 518.

[1082] Neu gegründete Gesellschaften sind in den ersten zwölf Monaten ihres Bestehens von diesen Vorauszahlungen befreit (Art. 1668 1. Abs. 4 CGI).

[1083] Vgl. doc. adm. 4 L 6 vom 30.8.1997. Eine Befreiung von der IFA besteht beispielsweise für bestimmte neu gegründete Unternehmen. Vgl. hierzu Kapitel 5.1.

Bruttovorjahresumsatz in EUR			IFA in EUR
bis 76.000			0
76.000	bis	150.000	750
150.000	bis	300.000	1.125
300.000	bis	750.000	1.575
750.000	bis	1.500.000	2.175
1.500.000	bis	7.500.000	3.750
7.500.000	bis	15.000.000	15.000
15.000.000	bis	75.000.000	18.750
ab 75.000.000			30.000

Tabelle 12: Tarif der IFA

Die IFA kann im Jahr ihrer Fälligkeit oder in den beiden darauf folgenden Jahren mit der Körperschaftsteuerschuld des jeweiligen Jahres verrechnet werden (Art. 220 A CGI). Zwar ist die IFA eine von der IS verschiedene Steuer, sie kann aber trotzdem nicht von der Bemessungsgrundlage der IS abgezogen werden, auch dann nicht, wenn sie nach Ablauf von drei Jahren nicht mit der IS verrechnet werden konnte.[1084] Somit ist die IFA, da sie auch in Verlustjahren erhoben wird, eine Strafsteuer für Unternehmen, die drei Jahre in Folge keine steuerlichen Gewinne ausweisen.[1085]

Auch bei der IS wird gegebenenfalls eine Quellensteuer erhoben, die befreiende Wirkung haben kann oder aber auf die tatsächliche Körperschaftsteuerschuld angerechnet wird. Möglich sind die nachstehend beschriebenen Quellensteuerformen.

Wie in Kapitel 4.2.1.6 bereits dargestellt, wird bei Ausschüttungen körperschaftsteuerpflichtiger Gesellschaften mit Sitz in Frankreich an Anteilseigner mit (steuerlichem Wohnsitz oder) Sitz im Ausland grundsätzlich Quellensteuer in Höhe von 25 % einbehalten (Art. 119 bis 2. CGI i.V.m. Art. 187 1. CGI). Allerdings wird dieser Satz durch Art. 9 Abs. 2 DBA-D/F auf 15 % begrenzt.

Außerdem wird keine Quellensteuer erhoben, wenn die Ausschüttung von einer Kapitalgesellschaft stammt[1086] und der Ausschüttungsempfänger eine juristische Person ist, die bestimmte Bedingungen erfüllt (Art. 119 ter 1. CGI). Zu diesen Bedingungen gehört, dass sie ihren Sitz in der Europäischen Union (Art. 119 ter 2. a) CGI) sowie eine durch Erlass festgelegte Rechtsform hat (Art. 119 ter 2. b) CGI),[1087] seit mindestens zwei Jahren ununterbrochen und unmittelbar zu mindestens 25 % an der französischen Gesellschaft beteiligt ist (Art. 119 ter 2. c) CGI) und dass sie in ihrem Sitzstaat der Körperschaftsteuer unterliegt (Art. 119 ter 2. d)

1084 Vgl. doc. adm. 4 L 65 vom 30.8.1997 (keine Rn.).

1085 Vgl. GROSCLAUDE/MARCHESSOU, Droit fiscal 2001, Rn. 332. Ihre Erhebung soll einer systematischen Verlusterzielung entgegenwirken. Vgl. BELTRAME, Fiscalité 2001, S. 79.

1086 Art. 119 ter 1. CGI nennt bezüglich der Rechtsformen der ausschüttenden Gesellschaft zwar lediglich die SA, die SCA und die SARL. Da die SAS im steuerlichen Bereich aber der SA gleich gestellt wird (Art. 1655 quinquies CGI), zählt auch sie zu den von der beschriebenen Regelung betroffenen Gesellschaften.

1087 Art. 1 c) arrêté vom 21.1.1992 nennt – bezogen auf Deutschland – die AG, die KGaA, die GmbH und die bergrechtliche Gewerkschaft. Das arrêté vom 24.2.1997 nennt neben den vorstehend genannten auch entsprechende Rechtsformen für andere Länder.

CGI).[1088] Allerdings muss hierbei Art. 9 Abs. 3 DBA-D/F beachtet werden. Demnach reicht für einen Wegfall der Quellensteuer schon eine Beteiligung einer in Deutschland ansässigen Kapitalgesellschaft an einer in Frankreich ansässigen Kapitalgesellschaft in Höhe von mindestens 10 %.[1089] Eine Mindestbesitzdauer wie in der französischen Regelung ist nicht vorgesehen. Hier gehen die günstigeren abkommensrechtlichen Vorschriften den französischen vor.

Die abkommensrechtliche Regelung für Ausschüttungen von französischen Personengesellschaften, die für eine Besteuerung durch die IS optiert haben, gilt auch für deutsche Kapitalgesellschaften als Empfänger der Ausschüttung.[1090] Diese Ausschüttungen unterliegen einem Quellensteuersatz von 15 % (Art. 9 Abs. 7 DBA-D/F i.V.m. Art. 9 Abs. 2 DBA-D/F).

In diesem Zusammenhang muss eine im französischen Steuerrecht enthaltene, dem deutschen Steuerrecht unbekannte Steuer, die „Ausschüttungsteuer" („impôt de distribution")[1091] erwähnt werden.[1092] Sofern eine ausländische Gesellschaft in Frankreich – u.a. in einer Betriebstätte – Gewinne erwirtschaftet, die der IS unterliegen, gelten diese als an Anteilseigner dieser Gesellschaft, die keinen steuerlichen Wohnsitz bzw. keinen Sitz in Frankreich haben, ausgeschüttet (Art. 115 quinquies 1. CGI). Dies hat wiederum die Erhebung einer Quellensteuer in Höhe von 25 % zur Folge (Art. 119 bis 2. Abs. 1 CGI i.V.m. Art. 187 1. CGI). Aber auch hier kommt diese Quellensteuer im Verhältnis Deutschland-Frankreich nicht zur Anwendung. Zum einen schreibt Art. 115 quinquies 3. CGI vor, dass die Ausschüttungsteuer nicht erhoben wird, wenn die ausländische Gesellschaft ihren Sitz in einem Staat der Europäischen Union hat und dort tatsächlich und unwiderruflich der Körperschaftsteuer unterliegt. Zum anderen verhindert Art. 8 DBA-D/F ohnehin die Anwendung der Ausschüttungsteuer auf die in einer französischen Betriebstätte erzielten Gewinne einer deutschen Gesellschaft.[1093]

Darüber hinaus fallen einige der in Kapitel 4.2.1.6 beschriebenen Quellensteuern grundsätzlich auch bei Kapitalgesellschaften mit Sitz in Deutschland, die entsprechende Einkünfte erzielen, an. Zu diesen Einkünften gehören:

- die in Art. 182 B CGI definierten Einkünfte wie beispielsweise die Einkünfte aus Urheberrechten, aus Schutzrechten und aus Lizenzgebühren. Die Quellensteuer in Höhe von 33 1/3 % bzw. – bei künstlerischen oder sportlichen Tätigkeiten – in Höhe von 15 % greift gem. Art. 182 B I. CGI auch ausdrücklich bei körperschaftsteuerpflichtigen Gesellschaften und ist gem. Art. 219 quinquies CGI auf die IS anrechenbar. Neben der Voraussetzung, dass der Schuldner der Zahlungen eine Tätigkeit in Frankreich ausüben muss, wird auch hier gefordert, dass der Empfänger der Einkünfte im Rahmen der Ausübung seiner Tätigkeit keine ständige Einrichtung in Frankreich unterhalten darf (Art. 182 B I. CGI). Gerade dies ist aber die abkommensrechtliche Voraussetzung für ein Besteuerungsrecht des Tätigkeits- bzw. Quellenstaats (Art. 12 Abs. 2 DBA-D/F bzw. Art. 15 Abs. 5 DBA-D/F). Auf die genannten Einkünfte wird somit keine Quellensteuer erhoben.
- die Einkünfte aus Kapitalvermögen, die aus festverzinslichen Kapitalforderungen stammen. Die in Kapitel 4.2.1.2.8 beschriebene Pauschalbesteuerung mit befreiender Wirkung gilt gem. Art. 125 A III. Abs. 1 CGI grundsätzlich auch für juristische Personen, die ihren

[1088] Außerdem darf sie nicht Anspruch auf ein Anrechnungsguthaben, das die abkommensrechtlich festgelegte Quellensteuer übersteigt, haben (Art. 119 ter 2. e) CGI).

[1089] Welche Rechtsformen zu den Kapitalgesellschaften gehören, bestimmt sich nach den französischen bzw. deutschen steuerrechtlichen Vorschriften (Art. 2 Abs. 2 DBA-D/F).

[1090] Vgl. hierzu Kapitel 4.2.1.6.

[1091] Diese Bezeichnung ist zwar nicht in Art. 115 quinquies CGI enthalten. Allerdings taucht sie in Art. 8 DBA-D/F auf.

[1092] Vgl. LEFEBVRE, Allemagne 2000, Rn. 4066.

[1093] Vgl. TISCHBIREK, Art. 10, in: VOGEL, Doppelbesteuerungsabkommen 1996, Rn. 273.

Sitz außerhalb Frankreichs haben. Hier greifen aber wieder die dargestellten abkommensrechtlichen Regelungen, wonach eine Besteuerung in Frankreich unterbleiben muss.

- die Gewinne aus der Veräußerung von mehr als 25 %igen Beteiligungen an körperschaftsteuerpflichtigen Gesellschaften mit Sitz in Frankreich. Gem. Art. 244 bis B Abs. 1 CGI müssen auch juristische Personen mit Sitz außerhalb Frankreichs diese Veräußerungsgewinne versteuern.[1094] Art. 7 Abs. 1 DBA-D/F verhindert wieder eine Erhebung der Quellensteuer, indem er dem Ansässigkeitsstaat des Veräußerers das Besteuerungsrecht zuweist.
- Veräußerungsgewinne aus Immobilien. Der pauschale Steuersatz von 33 1/3 % gilt auch bei juristischen Personen mit Sitz außerhalb Frankreichs (Art. 244 bis A I. Abs. 1 CGI). Allerdings hat die Entrichtung der Quellensteuer keine befreiende Wirkung. Hier erfolgt eine Anrechnung auf die zu entrichtende IS (Art. 244 bis A II. Abs. 2 CGI). Das Besteuerungsrecht für Gewinne aus der Veräußerung von Immobilien steht nach dem DBA-D/F dem Belegenheitsstaat der Immobilien zu (Art. 3 Abs. 4 DBA-D/F i.V.m. Art. 3 Abs. 1 DBA-D/F). Somit wird die Quellensteuer tatsächlich erhoben.
- Einkünfte aus gewerblichem Immobilienhandel. Art. 244 bis CGI greift auch bei körperschaftsteuerpflichtigen Gesellschaften. Auch hier hat die Entrichtung des sich aus der Anwendung des pauschalen Quellensteuersatzes ergebenden Betrags – 50 % der Einkünfte – keine befreiende Wirkung. Er kann ebenfalls auf die IS – deren Satz ohnehin deutlich unter dem pauschalen Quellensteuersatz liegt – angerechnet werden (Art. 244 bis Abs. 5 CGI). Aufgrund von Art. 3 Abs. 4 DBA-D/F i.V.m. Art. 3 Abs. 1 DBA-D/F wird der Quellensteuersatz auch tatsächlich angewendet.

4.3 Ertragsunabhängige Steuern im französischen Steuerrecht

4.3.1 Impôt de solidarité sur la fortune

Der ISF unterliegen nur natürliche, nicht aber juristische Personen.[1095] Hinsichtlich des Umfangs kann zwischen einer unbeschränkten und einer beschränkten Vermögensteuerpflicht unterschieden werden. Eine unbeschränkte Vermögensteuerpflicht liegt gem. Art. 885 A Abs. 1 1° CGI dann vor, wenn eine natürliche Person ihren steuerlichen Wohnsitz in Frankreich hat. Folglich wird ihr in Frankreich und im Ausland belegenes Vermögen von der ISF erfasst.[1096] Natürliche Personen ohne steuerlichen Wohnsitz in Frankreich sind gem. Art. 885 A Abs. 1 2° CGI nur beschränkt steuerpflichtig. Bei ihnen unterliegt nur ihr in Frankreich belegenes Vermögen der ISF. In beiden Fällen greift die Vermögensteuerpflicht aber nur, wenn der Nettowert des Vermögens der jeweiligen Personen einen gesetzlich definierten Grenzwert übersteigt.[1097] Hinsichtlich des Bestimmungsfaktors für den Umfang der Steuer-

[1094] Hinsichtlich des anzuwendenden Steuersatzes und einer eventuellen befreienden Wirkung der Steuerzahlung enthält der CGI keine Hinweise.

[1095] Da somit Gesellschaften selbst nicht, aber die Anteile ihrer Gesellschafter an der Gesellschaft grundsätzlich der ISF unterliegen, wird eine Doppelbesteuerung des Gesellschaftskapitals vermieden. Vgl. doc. adm. 7 S 211 vom 1.10.1999, Rn. 1 und 3.

[1096] Im Ausland gezahlte Vermögensteuer ist auf die ISF anrechenbar (Art. 885 D CGI i.V.m. Art. 784 A CGI).

[1097] Vgl. doc. adm. 7 S 212 vom 1.10.1999, Rn. 1 und doc. adm. 7 S 213 vom 1.10.1999, Rn. 1.

pflicht – den steuerlichen Wohnsitz – wird auf den einkommensteuerrechtlichen Begriff des Art. 4 B CGI zurückgegriffen.[1098]

Auch bei der ISF wird eine Besteuerung des Haushalts vorgenommen. Demnach gilt für Ehepaare eine Zusammenveranlagung (Art. 885 A Abs. 2 CGI). Das Vermögen der minderjährigen Kinder geht in die Bemessungsgrundlage der Eltern ein (Art. 885 E Abs. 1 CGI). Besteuert wird somit der Nettowert sämtlicher Güter, Rechte und Werte, die den steuerpflichtigen Personen und den Mitgliedern ihres Haushalts am 1. Januar des Veranlagungszeitraums gehörten (Art. 885 E Abs. 1 CGI). Bei der Bestimmung der steuerpflichtigen Vermögensteile wird grundsätzlich auf die Regelungen der Erbschaft- und Schenkungsteuer zurückgegriffen, sofern die vermögensteuerlichen Vorschriften keine Abweichungen vorsehen (Art. 885 D CGI). Somit unterliegen der ISF hauptsächlich bebaute und unbebaute Grundstücke, grundstücksgleiche Rechte, gewerbliche, landwirtschaftliche und freiberufliche Unternehmen,[1099] Einrichtungsgegenstände, Wertpapiere, Fahrzeuge, Schmuck und Edelmetalle.[1100]

Einige Gegenstände sind aufgrund der Art. 885 H-Art. 885 L CGI explizit von der Besteuerung durch die Vermögensteuer ausgenommen. Hierzu gehören beispielsweise Antiquitäten und Kunstgegenstände sowie Rentenansprüche. Ausgenommen ist außerdem gem. Art. 885 A Abs. 5 CGI das in Art. 885 N-Art. 885 R CGI definierte berufliche Vermögen. Hierzu gehören in erster Linie Vermögenswerte, die für den Betrieb eines gewerblichen, landwirtschaftlichen oder freiberuflichen Einzelunternehmens notwendig sind, sowie Gesellschaftsanteile.[1101]

Beim beruflichen Vermögen muss hinsichtlich der Voraussetzungen für eine Steuerfreiheit weiter differenziert werden. Für die Steuerfreiheit des Betriebsvermögens eines Einzelunternehmens wird von der Finanzverwaltung gefordert, dass der Steuerpflichtige seine berufliche Haupttätigkeit tatsächlich in dem betreffenden Unternehmen ausübt.[1102] Bei den Gesellschaftsanteilen handelt es sich entweder um Anteile an Gesellschaften, die nach den einkommensteuerlichen Vorschriften für Personengesellschaften besteuert werden (Art. 885 O CGI), oder um Anteile an körperschaftsteuerpflichtigen Gesellschaften (Art. 885 O bis CGI). Für die Steuerfreiheit von Anteilen an Personengesellschaften[1103] werden die gleichen Voraussetzungen wie bei Einzelunternehmen gefordert.[1104] Bei körperschaftsteuerpflichtigen Gesellschaften muss der Steuerpflichtige eine bestimmte Leitungs- oder Aufsichtsfunktion in der Gesellschaft tatsächlich ausüben und die Entlohnung für seine Tätigkeit muss mindestens die Hälfte seiner einkommensteuerpflichtigen beruflichen Einkünfte[1105] ausmachen (Art. 885 O

[1098] Vgl. doc. adm. 7 S 212 vom 1.10.1999, Rn. 2. Vgl. zur Bestimmung des steuerlichen Wohnsitzes im Einkommensteuerrecht Kapitel 4.2.1.1.1.

[1099] Sofern diese bzw. die Anteile an diesen nicht als berufliches Vermögen eingestuft werden. Vgl. hierzu die nachstehenden Ausführungen.

[1100] Vgl. die nicht abschließende Aufzählung in doc. adm. 7 S 3211 vom 1.10.1999, Rn. 3-17.

[1101] Außerdem werden hier auch bestimmte andere zum landwirtschaftlichen Bereich gehörende Vermögenswerte erfasst. Vgl. doc. adm. 7 S 33 vom 1.10.1999, Rn. 2.

[1102] Vgl. doc. adm. 7 S 331 vom 1.10.1999, Rn. 1.

[1103] Basierend auf den vorstehenden Ausführungen sind hiermit also Gesellschaften, die wie Personengesellschaften besteuert werden, gemeint.

[1104] Der Steuerpflichtige muss also seine berufliche Haupttätigkeit tatsächlich in dem betreffenden Unternehmen ausüben. Vgl. doc. adm. 7 S 3321 vom 1.10.1999, Rn. 3-7.

[1105] Die Bezeichnung „berufliche Einkünfte" stammt aus doc. adm. 7 S 3322 vom 1.10.1999, Rn. 16. In Art. 885 O bis 1° Abs. 2 CGI erfolgt lediglich eine Aufzählung verschiedener Einkunftsarten: Einkünfte aus nichtselbständiger Arbeit, Einkünfte aus Gewerbebetrieb, Einkünfte aus Land- und Forstwirtschaft, Einkünfte aus selbständiger Arbeit und Einkünfte aus Geschäftsführergehältern. „Vermögenseinkünfte" – Einkünfte aus Grundvermögen und Einkünfte aus Kapitalvermögen – werden also bei der Bestimmung dieser Grenze nicht herangezogen. Vgl. zur Bezeichnung „Vermögenseinkünfte" COZIAN, Précis de fiscalité 2002, Rn. 2171.

bis 1° CGI). Sofern der Steuerpflichtige weder Mehrheitsgeschäftsführer in einer SARL, Geschäftsführer einer SCA noch Gesellschafter in einer optierten Personengesellschaft ist,[1106] muss er außerdem grundsätzlich mindestens 25 % der stimmberechtigten Anteile am Gesellschaftskapital halten (Art. 885 O bis 2° CGI).[1107]

Im Rahmen der Bewertung des vermögensteuerpflichtigen Vermögens erfolgt ein Rückgriff auf die Bewertungsvorschriften der Erbschaft- und Schenkungsteuer (Art. 885 S Abs. 1 CGI). Folglich wird grundsätzlich der „Verkaufswert" („valeur vénale") des Vermögens herangezogen.[1108] Dieser wird von der Finanzverwaltung in diesem Zusammenhang als der Preis definiert, der sich bei einem Verkauf eines Gegenstands ergeben hätte, wobei die aus tatsächlichen Verkäufen resultierenden Preise von Gegenständen mit gleichen Eigenschaften und Einsatzgebieten beachtet werden müssen.[1109] [1110] Gem. Art. 885 E Abs. 1 CGI unterliegt der Nettowert des Vermögens eines Steuerpflichtigen der ISF. Somit werden bei der Ermittlung des steuerpflichtigen Vermögens die zugehörigen Schulden unter Anwendung der Vorschriften der Erbschaft- und Schenkungsteuer abgezogen.[1111]

Der in Art. 885 U CGI geregelte Vermögensteuertarif ist in Tabelle 13 dargestellt.

Steuerpflichtiger Nettowert des Vermögensteils in EUR			**zugehöriger Steuersatz in %**
bis 720.000			0
720.000	bis	1.160.000	0,55
1.160.000	bis	2.300.000	0,75
2.300.000	bis	3.600.000	1,00
3.600.000	bis	6.900.000	1,30
6.900.000	bis	15.000.000	1,65
ab 15.000.000			1,80

Tabelle 13: Vermögensteuertarif

Die Vermögensteuerschuld berechnet sich also durch die Anwendung der angegebenen Steuersätze auf die zugehörigen Vermögenswertintervalle und durch abschließende Addition der hieraus resultierenden Beträge.[1112] Somit wird deutlich, dass der eingangs angesprochene

[1106] Art. 885 O bis 2° Abs. 2 CGI verweist hinsichtlich der vorstehend genannten Tätigkeiten auf die Einkünfte i.S.d. Art. 62 CGI. Somit behält die in Kapitel 4.2.1.2.4 beschriebene Einkunftsart „Einkünfte aus Geschäftsführergehältern" zumindest im Rahmen der ISF eine Bedeutung.

[1107] Diese Grenze ist nicht relevant, wenn der Wert der Anteile an der Gesellschaft 75 % des Bruttowerts seines steuerpflichtigen Vermögens übersteigt (Art. 885 O bis 2° Abs. 3 CGI).

[1108] Vgl. doc. adm. 7 S 351 vom 1.10.1999, Rn. 1.

[1109] Die Veröffentlichung von Bewertungstabellen lehnt die Finanzverwaltung ausdrücklich als „nicht dem Geist des Gesetzes entsprechend" („contraires à l'esprit de la loi") ab. Nichtsdestotrotz veröffentlicht sie ein „Bewertungshandbuch" („guide de l'évaluation des biens"), in dem Bewertungsmethoden – nach Kategorien von Vermögenswerten geordnet – vorgestellt werden. Vgl. doc. adm. 7 S 351 vom 1.10.1999, Rn. 3-4.

[1110] Im Fall einer Immobilie, die dem Steuerpflichtigen als Hauptwohnsitz dient, darf der Verkaufswert um einen Abschlag in Höhe von 20 % verringert werden (Art. 885 S Abs. 2 CGI). Der Verkaufswert selbst kann nur durch einen Vergleich mit vorausgehenden, tatsächlich realisierten Verkäufen bestimmt werden. Vgl. BO 13 L-3-93 vom 15.3.1993, Rn. 1.

[1111] Vgl. doc. adm. 7 S 36 vom 1.10.1999 (keine Rn.).

[1112] Vgl. das Rechenbeispiel in doc. adm. 7 S 41 vom 1.10.1999, Rn. 13.

Grenzwert, welcher für das Entstehen einer unbeschränkten bzw. einer beschränkten Vermögensteuerpflicht überschritten werden muss, bei 720.000 EUR liegt. Begrenzt wird die Vermögensteuerschuld durch eine Vorschrift in Art. 885 V bis CGI, welche aber nur bei unbeschränkt Steuerpflichtigen greift. Durch die Begrenzung kann die Summe aus der geschuldeten ISF und der geschuldeten IR den Betrag von 85 % der Vorjahreseinkünfte nicht übersteigen (Art. 885 V bis Abs. 1 CGI).

Der Umfang der beschränkten Steuerpflicht einer Person ohne steuerlichen Wohnsitz in Frankreich ergibt sich aus Art. 885 A CGI – dort wird die beschränkte Steuerpflicht definiert – und aus Art. 885 L CGI – hier wird die nachstehend beschriebene Ausnahme von der Bemessungsgrundlage geregelt. Bei der Abgrenzung der Steuerbemessungsgrundlage werden auch hier die Regelungen der Erbschaft- und Schenkungsteuer herangezogen.[1113] Somit sind in Frankreich belegene materielle Vermögenswerte – Grundstücke, in Frankreich betriebene Unternehmen – und immaterielle Vermögenswerte – Forderungen gegenüber einem Schuldner mit steuerlichem Wohnsitz in Frankreich, in Frankreich verwertete gewerbliche Schutzrechte – vermögensteuerpflichtig.[1114] Art. 885 L CGI enthält für beschränkt Steuerpflichtige eine wichtige Ausnahme von der Bemessungsgrundlage der ISF. Nach dieser Vorschrift sind ihre Kapitalanlagen von der Vermögensteuerpflicht ausgenommen. Hierzu gehören grundsätzlich sämtliche Anlagen, deren Einkünfte zur Kategorie der Einkünfte aus Kapitalvermögen gehören. Zu diesen Anlagen zählen auch Aktien und Gesellschaftsanteile.[1115] Allerdings werden bestimmte Anteile von der Finanzverwaltung als Beteiligungen eingestuft und unterliegen in der Folge doch der ISF.[1116] Eine solche Beteiligung ist dann gegeben, wenn die Anteile die Ausübung eines bestimmten Einflusses auf die ausgebende Gesellschaft ermöglichen. Eine vom Steuerpflichtigen widerlegbare Beteiligungsvermutung besteht schon ab einer Beteiligung von 10 % am Kapital einer Gesellschaft,[1117] sofern die Anteile seit ihrer Ausgabe oder über einen Zeitraum von mindestens zwei Jahren gehalten wurden.[1118] Ferner gehören auch bestimmte in Art. 885 L Abs. 2 CGI definierte Immobiliengesellschaften nicht zu den steuerbefreiten Kapitalanlagen.

Die in diesem Zusammenhang relevanten abkommensrechtlichen Regelungen sind in Art. 19 DBA-D/F enthalten. Gem. Art. 19 Abs. 1 DBA-D/F liegt das Besteuerungsrecht für unbewegliches Vermögen beim Belegenheitsstaat. Somit greift im Fall von Frankreich als Belegenheitsstaat aufgrund von Art. 885 A Abs. 1 2° CGI die beschränkte Vermögensteuerpflicht. Gegebenenfalls gilt das unbewegliche Vermögen aber als berufliches Vermögen i.S.d. Art. 885 A Abs. 5 CGI, so dass letztendlich eine Besteuerung in Frankreich unterbleibt.[1119] Bewegliches Vermögen einer Betriebstätte wird im Betriebstättenstaat erfasst (Art. 19 Abs. 3 DBA-D/F). Da hier aber berufliches Vermögen i.S.d. Art. 885 A Abs. 5 CGI vorliegt, kommt es in Frankreich nicht zu einer Besteuerung durch die ISF.[1120] Art. 19 Abs. 5 DBA-D/F weist

---

[1113] Vgl. doc. adm. 7 S 213 vom 1.10.1999, Rn. 4.

[1114] Vgl. doc. adm. 7 S 213 vom 1.10.1999, Rn. 5.

[1115] Vgl. doc. adm. 7 S 346 vom 1.10.1999, Rn. 2.

[1116] Vgl. doc. adm. 7 S 346 vom 1.10.1999, Rn. 3.

[1117] Die Finanzverwaltung verweist in diesem Zusammenhang auf die Anwendungsvoraussetzungen für das Schachtelprivileg und gibt als Beteiligungsgrenze 10 % an. Diese wurde mittlerweile aber auf 5 % gesenkt, so dass hinsichtlich der Einstufung als Beteiligung im Sinne der ISF wohl auch diese Grenze gilt. Vgl. GOUTHIÈRE, Impôts 2001, Rn. 1914.

[1118] Vgl. doc. adm. 7 S 346 vom 1.10.1999, Rn. 4. Allerdings greift beim Vorliegen der oben beschriebenen Voraussetzungen die beschriebene Befreiung von der ISF für berufliches Vermögen. Vgl. GOUTHIÈRE, Impôts 2001, Rn. 1914.

[1119] Vgl. KRAMER, Art. 19, in: DEBATIN/WASSERMEYER, Doppelbesteuerung 2002, Rn. 12.

[1120] Vgl. KRAMER, Art. 19, in: DEBATIN/WASSERMEYER, Doppelbesteuerung 2002, Rn. 33. Dies gilt zumindest, sofern die vorstehend genannten Kriterien für eine Steuerfreiheit erfüllt sind.

das Besteuerungsrecht für sämtliche nicht explizit in Art. 19 DBA-D/F genannten Vermögensteile dem Ansässigkeitsstaat der betreffenden Person zu.[1121] Demnach dürfen französische Kapitalanlagen von in Deutschland ansässigen Personen, insbesondere von der französischen Finanzverwaltung als Beteiligungen eingestufte Anteile, nicht in Frankreich besteuert werden.[1122] [1123]

4.3.2 Taxe foncière

Der „Grundsteuer" („taxe foncière") unterliegen – abgesehen von einigen gesetzlichen Ausnahmen – alle bebauten (Art. 1380 CGI) und alle unbebauten (Art. 1393 CGI) in Frankreich belegenen Grundstücke. Grundsätzlich sind die Grundstückseigentümer zur Zahlung der Grundsteuer verpflichtet (Art. 1400 I. CGI). Ausnahmen bestehen lediglich für den Fall des Nießbrauchs, für bestimmte Pachtformen und für bestimmte Immobiliengesellschaften (Art. 1400 II. und III. CGI).

Zu den bebauten Grundstücken, welche von den entsprechenden Grundsteuervorschriften erfasst werden, zählen auch bestimmte explizit genannte gewerblich genutzte Grundstücke wie Baustellen und Warenlagerplätze (Art. 1381 5° CGI). Art. 1382 CGI zählt Arten von bebauten Grundstücken auf, die überhaupt nicht der Grundsteuer unterliegen.[1124] Hierzu gehören beispielsweise Grundstücke, die landwirtschaftlichen Betrieben dienen (Art. 1382 6° CGI). Darüber hinaus bestehen noch einige in Art. 1383-Art. 1387 CGI definierte zeitlich beschränkte Ausnahmen. So unterliegen etwa Neubauten zwei Jahre lang nicht der Grundsteuer (Art. 1383 I. CGI).[1125]

Die Bemessungsgrundlage für die Berechnung der Grundsteuer auf bebaute Grundstücke ist gem. Art. 1388 CGI der durch einen 50 %igen Abschlag verminderte „Katastermietwert" („valeur locative cadastrale").[1126] Die Basis für diese Katastermietwerte bilden alle sechs Jahre durchgeführte „allgemeine Neubewertungen" („révisions générales"),[1127] welche wiederum im Abstand von drei Jahren aktualisiert werden (Art. 1516 CGI). Im Zeitraum zwischen diesen Aktualisierungen werden die Katastermietwerte jährlich durch die Anwendung pauschaler Koeffizienten, welche die Veränderungen des Mietniveaus ausdrücken sollen, erhöht (Art. 1518 bis CGI). Außerdem werden jedes Jahr Überprüfungen auf eventuelle Veränderungen der Grundstücke – hierzu gehören beispielsweise die Erstellung von Neubauten oder substantielle Veränderungen – durchgeführt (Art. 1517 I. CGI).

Mit Ausnahme von industriellen Grundstücken beziehen sich die nach einer allgemeinen Neubewertung ermittelten Katastermietwerte auf das Datum der letzten allgemeinen Neube-

---

1121 Neben dem unbeweglichen Vermögen und dem beweglichen Vermögen einer Betriebstätte werden in Art. 19 DBA-D/F auch die Besteuerung von Anteilen an Gesellschaften, die Grundstücke halten (Art. 19 Abs. 2 DBA-D/F), und von Schiffen und Luftfahrzeugen (Art. 19 Abs. 4 DBA-D/F) ausdrücklich geregelt.

1122 Vgl. auch die Aufzählung der Bestandteile des sonstigen Vermögens bei WASSERMEYER, Art. 22, in: DEBATIN/WASSERMEYER, Doppelbesteuerung 2002, Rn. 97.

1123 Eine besondere Regelung enthält Art. 19 Abs. 6 DBA-D/F. Demnach sind deutsche Staatsangehörige, die in Frankreich ansässig sind, in den ersten fünf Jahren ihrer Ansässigkeit nur mit ihrem in Frankreich belegenem Vermögen steuerpflichtig. FRANKOWSKI erläutert, dass diese Regelung mit Blick auf die Mobilität leitender Angestellter geschaffen wurde. Vgl. FRANKOWSKI, DBA-Frankreich 1994, Rn. 1929.

1124 Vgl. doc. adm. 6 C 12 vom 15.12.1988 (keine Rn.).

1125 Vgl. doc. adm. 6 C 13 vom 15.12.1988 (keine Rn.). Vgl. zu einer weiteren Ausnahme Kapitel 5.1.

1126 Der Abschlag soll Verwaltungskosten, Versicherungsprämien, Abschreibungen, Unterhaltungs- und Reparaturkosten berücksichtigen (Art. 1388 CGI).

1127 Die letzte allgemeine Neubewertung fand auf den 1.1.1970 statt. Vgl. TILLMANNS, Besteuerung französischen Grundbesitzes 2001, S. 1287.

wertung.[1128] Die Bewertungsvorschriften für nicht industriell genutzte bebaute Grundstücke finden sich in Art. 1496-Art. 1497 CGI (Wohngrundstücke und freiberuflich genutzte Grundstücke) sowie in Art. 1498 CGI (gewerblich, aber nicht industriell genutzte Grundstücke). Industriell genutzte Grundstücke[1129] werden grundsätzlich nach der in Art. 1499 CGI und Art. 1499 A CGI geregelten „buchhalterischen Methode" („méthode comptable") bewertet.[1130] Danach ergibt sich der Katastermietwert dieser Grundstücke aus der Anwendung eines gesetzlich definierten Zinssatzes auf die – bei älteren Grundstücken modifizierten – Anschaffungs- oder Herstellungskosten (Art. 1499 CGI).[1131] Dieser Zinssatz hängt zum einen von der Art der Grundstücke, zum anderen vom Zeitpunkt der Anschaffung oder Herstellung ab (Ann. II, Art. 310 L CGI i.V.m. Ann. II, Art. 310 J bis CGI und Ann. II, Art. 310 K CGI). Für bebaute industriell genutzte Grundstücke, die nach dem 1.1.1976 angeschafft oder hergestellt wurden, beträgt der anzuwendende Zinssatz 8 %.

Auch bestimmte unbebaute Grundstücke sind dauernd[1132] (Art. 1394-Art. 1394 B CGI) oder zeitweise[1133] (Art. 1395-Art. 1395 B CGI) von einer Besteuerung durch die Grundsteuer ausgenommen. Außerdem bildet auch hier der Katastermietwert den Ausgangswert für die Ermittlung der Bemessungsgrundlage. Bei den unbebauten Grundstücken beträgt der vorzunehmende Abschlag aber nur 20 % (Art. 1396 Abs. 1 CGI). Hinsichtlich der Neubewertung und der regelmäßigen Aktualisierung des Katastermietwerts kann auf die Ausführungen zu den bebauten Grundstücken verwiesen werden.[1134] Eigentlich sollte der Katastermietwert bei diesen unbebauten Grundstücken den jeweiligen Einnahmen entsprechen, die der Grundstückseigentümer aus der Verpachtung des Grundstücks erzielt bzw. erzielen könnte, allerdings erfolgt keine eigenständige Bewertung der einzelnen Grundstücke, sondern eine Berechnung des jeweiligen Katastermietwerts mit Hilfe kommunaler, von der Grundstücksart abhängiger Bewertungssätze.[1135]

Bei der Ermittlung der Grundsteuerschuld werden die Verhältnisse am 1.1. des Veranlagungszeitraums zugrunde gelegt.[1136] Die ausgehend von diesen Verhältnissen nach den vorstehend beschriebenen Regelungen ermittelte Bemessungsgrundlage wird anschließend mit gem. Art. 1636 B sexies I. 1. CGI von den Gebietskörperschaften festgelegten Steuersätzen multi-

---

[1128] Nicht die aktuellen Mietwerte sollen ermittelt werden, sondern die normale Durchschnittsmiete der betreffenden Gemeinde zum Zeitpunkt der letzten allgemeinen Neubewertung. Der gegenwärtige Bezugszeitpunkt ist somit der 1.1.1970. Vgl. doc. adm. 6 C 211 vom 15.12.1988, Rn. 6. Somit besteht hier eine Vergleichbarkeit zur Situation in Deutschland. Dort fand die letzte Hauptfeststellung zum 1.1.1964 statt. Vgl. hierzu Kapitel 6.1.1.2.

[1129] Diese werden in doc. adm. 6 C 251 vom 15.12.1988, Rn. 1 definiert. Demnach gehören u.a. Fabriken, in denen Produkte mit Hilfe einer relativ bedeutenden Werkzeugausstattung hergestellt werden, dazu.

[1130] Vgl. doc. adm. 6 C 2521 vom 15.12.1988, vor Rn. 1.

[1131] Die Anschaffungs- oder Herstellungskosten von vor 1959 angeschafften oder hergestellten Grundstücken werden außerdem noch gem. Art. 1499 Abs. 1 CGI durch die Anwendung von in Ann. III, Art. 21 CGI definierten, vom Jahr der Anschaffung oder Herstellung abhängigen Koeffizienten, welche der bilanziellen Neubewertung dienten, erhöht. Vgl. doc. adm. 6 C 2531 vom 15.12.1988, Rn. 14-15. Darüber hinaus werden die Anschaffungskosten von „Grund und Boden" („sols et terrains") für jedes Jahr seit der Anschaffung bis zum 1.1.1970 um 3 % erhöht (Art. 1499 Abs. 2 CGI). Vgl. auch das Bewertungsbeispiel in doc. adm. 6 C 2523 vom 15.12.1988, Rn. 6.

[1132] Vgl. doc. adm. 6 B 12 vom 15.12.1988, Überschrift.

[1133] Vgl. doc. adm. 6 B 131 vom 15.12.1988, Überschrift.

[1134] Die relevanten Regelungen gelten für bebaute und für unbebaute Grundstücke.

[1135] Vgl. doc. adm. 6 B 2 vom 15.12.1988, Rn. 4-5. Die Bewertungsvorschriften für unbebaute Grundstücke sind in Art. 1509-Art. 1515 CGI enthalten.

[1136] Der Schuldner der Grundsteuer ist somit der am 1.1. des Veranlagungszeitraums festgestellte Eigentümer. Vgl. doc. adm. 6 C 41 vom 15.12.1988, Rn. 3.

pliziert, woraus sich letztendlich die Grundsteuerschuld ergibt.[1137] Da für die Grundsteuer kein Abzugsverbot besteht, mindert sie gem. Art. 39 1. 4° Abs. 1 CGI die ertragsteuerliche Bemessungsgrundlage einer grundsteuerpflichtigen Gesellschaft.

Eingangs wurde bereits erwähnt, dass die Grundsteuer bei allen bebauten und allen unbebauten in Frankreich belegenen Grundstücken anfällt. Dies bedeutet, dass bei der französischen Grundsteuer das Territorialitätsprinzip zur Anwendung kommt.[1138] Somit sind auch in Deutschland ansässige Personen von der französischen Grundsteuer betroffen, sofern sie Eigentümer eines solchen Grundstücks sind. Zu einer Doppelbesteuerung kann es in diesem Fall nicht kommen, weil im deutschen Steuerrecht bei der Erhebung der Grundsteuer ebenfalls das Territorialitätsprinzip zur Anwendung kommt.[1139] Abkommensrechtlich liegt das Besteuerungsrecht für unbewegliches Vermögen im Belegenheitsstaat (Art. 19 Abs. 1 DBA-D/F).

Ferner muss im Zusammenhang mit der Grundsteuer auch die „Wohnsteuer" („taxe d'habitation") erwähnt werden. Sie wird grundsätzlich auf möblierte Räumlichkeiten, auch auf solche von Gesellschaften, erhoben (Art. 1407 I. CGI). Allerdings fällt die Wohnsteuer nicht an, wenn die entsprechenden Räumlichkeiten bereits der „taxe professionnelle"[1140] unterliegen (Art. 1407 I. 2° CGI). Somit wird auf eine weitere Betrachtung verzichtet. Außerdem ist noch ein Hinweis auf eine auf Grundstücke erhobene Zusatzsteuer erforderlich. Sie beträgt 3 % des Verkaufswerts eines Grundstücks und wird von sämtlichen juristischen Personen erhoben, die direkt oder indirekt – über zwischengeschaltete Personen – Eigentümer von in Frankreich belegenen Grundstücken sind (Art. 990 D Abs. 1 CGI). Art. 990 E CGI enthält aber zahlreiche Ausnahmeregelungen, welche zu einer Nichterhebung der Steuer führen. Hierzu gehört die Vorschrift, dass die Zusatzsteuer nicht anfällt, sofern die betreffende juristische Person ihren Sitz in einem Land hat, mit dem Frankreich ein Abkommen über gegenseitige Amtshilfe zur Bekämpfung der Steuerhinterziehung und der Steuerflucht geschlossen hat (Art. 990 E 2° CGI). Da dies im Verhältnis Deutschland-Frankreich aufgrund von Art. 22 und Art. 23 DBA-D/F gegeben ist, kann auf eine weitere Darstellung verzichtet werden.

Schließlich muss noch erwähnt werden, dass von den Gemeinden gegebenenfalls eine „Hausmüllentsorgungssteuer" („taxe d'enlèvement des ordures ménagères") erhoben werden darf. Sie fällt dann für sämtliche Grundstücke an, die der Grundsteuer für bebaute Grundstücke unterliegen (Art. 1521 I. CGI) und wird ausgehend von der Bemessungsgrundlage der Grundsteuer berechnet (Art. 1522 Abs. 1 CGI).

[1137] Vgl. REVUE FIDUCIAIRE, Fiscal 2002, Rn. 5817. Da sich die kommunalen Steuersätze letztendlich nach gemeindespezifischen finanziellen Gegebenheiten richten, können gleiche Sachverhalte ganz unterschiedlich besteuert werden. Vgl. LEFEBVRE, Fiscal 2002, Rn. 3703. Im Jahr 1999 betrug der nationale Durchschnittssatz der von den Gebietskörperschaften festgelegten Steuersätze 34,56 %. Vgl. hierzu Kapitel 7.2.2.1.

[1138] Nach dem Territorialitätsprinzip erfasst ein Staat nur diejenigen Steuertatbestände, die auf seinem Staatsgebiet verwirklicht werden. Vgl. statt vieler BREITHECKER, Internationale Steuerlehre 2002, S. 24.

[1139] Vgl. allgemein zur nicht vorhandenen Doppelbesteuerungsproblematik bei der Grundsteuer ROSE, Grundzüge 2000, S. 38.

[1140] Vgl. hierzu Kapitel 4.3.3.

4.3.3 Taxe professionnelle

Die „taxe professionnelle“[1141] wird von sämtlichen natürlichen und juristischen Personen erhoben, die einer selbständigen beruflichen Tätigkeit nachgehen (Art. 1447 I. CGI). Basierend auf dieser gesetzlichen Regelung hat die Finanzverwaltung Kriterien entwickelt, die eine Tätigkeit für eine Besteuerung durch die „taxe professionnelle“ erfüllen muss. Demnach muss eine Tätigkeit gewohnheitsmäßig, beruflich – also mit Gewinnerzielungsabsicht – und ohne lohn- oder gehaltsmäßige Entlohnung[1142] in Frankreich ausgeübt werden.[1143] Ausnahmen von einer Erfassung durch die „taxe professionnelle“ sind in Art. 1449-Art. 1466 C CGI geregelt. Zu diesen Ausnahmen gehören beispielsweise handwerkliche Tätigkeiten, die in einem kleinen Rahmen ausgeübt werden,[1144] und landwirtschaftliche Tätigkeiten.[1145] Außerdem können bestimmte neu gegründete Unternehmen von der „taxe professionnelle“ befreit werden.[1146]

Die Bemessungsgrundlage der „taxe professionnelle“ besteht grundsätzlich aus dem Mietwert der materiellen Gegenstände des Anlagevermögens, welche der Steuerpflichtige für die Ausübung seiner beruflichen Tätigkeit benötigt (Art. 1467 1° a) CGI), und aus einem Teil der gezahlten Lohnsumme (Art. 1467 1° b) CGI). Für einige Steuerpflichtige, hauptsächlich freiberuflich Tätige, gelten hiervon abweichende Regelungen. Sofern sie weniger als fünf Angestellte haben, werden nur grundsteuerpflichtige Gegenstände ihres Anlagevermögens und ein Teil – 10 % – ihrer Umsätze für die Bemessungsgrundlage herangezogen (Art. 1467 2° CGI).[1147] Der Bezugszeitraum für die Ermittlung der Bemessungsgrundlage ist das vorletzte Jahr bezogen auf das Jahr der Besteuerung oder – hinsichtlich der Gegenstände des Anlagevermögens und gegebenenfalls der Umsätze – das letzte, zwölf Monate umfassende Wirtschaftsjahr, welches in diesem Jahr endete, sofern dieses Wirtschaftsjahr nicht mit dem Kalenderjahr übereinstimmte (Art. 1467 A CGI).

Die Vorgehensweise bei der Ermittlung des Mietwerts der in die Steuerbemessungsgrundlage eingehenden materiellen Gegenstände des Anlagevermögens ist in Art. 1469 CGI geregelt.[1148] Vorab ist aber die Frage zu klären, welche Gegenstände einem Steuerpflichtigen bei der Ausübung seiner Tätigkeit zur Verfügung standen und somit in die Bemessungsgrundlage eingehen (Art. 1467 1° a) CGI). Hierzu gehören die Gegenstände, die sich in seinem Eigentum be-

1141 Auf eine Übersetzung mit dem Begriff „Gewerbesteuer“ wird in der vorliegenden Arbeit verzichtet, denn ein Vergleich mit der deutschen Gewerbesteuer wäre irreführend. Die nachstehenden Ausführungen werden nämlich zeigen, dass die „taxe professionnelle“ nicht nur bei Ausübung eines Gewerbes anfällt und dass ihre Bemessungsgrundlage ertragsunabhängig ist. (Allerdings kann sie von der Wertschöpfung des betreffenden Unternehmens abhängen.)

1142 Personen, die Einkünfte aus nichtselbständiger Arbeit beziehen und somit in einem Unterordnungsverhältnis zu einem Arbeitgeber stehen, unterliegen also nicht der „taxe professionnelle“. Vgl. doc. adm. 6 E 121 vom 1.9.1991, Rn. 33.

1143 Vgl. doc. adm. 6 E 121 vom 1.9.1991, Rn. 1 und doc. adm. 6 E 122 vom 1.9.1991, Rn. 1.

1144 Die Mitarbeit von Lehrlingen und Familienmitgliedern führt nicht zu einer Erhebung der „taxe professionnelle“ (Art. 1452 CGI).

1145 Die entsprechenden Regelungen finden sich in Art. 1450 CGI und Art. 1451 CGI. Im Gegensatz zur deutschen Gewerbesteuer unterliegen aber auch freiberufliche Tätigkeiten der „taxe professionnelle“.

1146 Vgl. hierzu Kapitel 5.1.

1147 Außerdem existiert eine Regelung, wonach bei (sämtlichen) Steuerpflichtigen, die von ihrer Tätigkeit abhängige Umsatzgrenzen nicht überschreiten, nicht sämtliche materiellen Gegenstände des Anlagevermögens, sondern nur die grundsteuerpflichtigen herangezogen werden (Art. 1469 4° Abs. 1 CGI).

1148 Erfasst werden sämtliche Gegenstände, über die der Steuerpflichtige während des gesamten Bezugszeitraums oder eines Teils des Bezugszeitraums verfügt hat. Wurde ein Gegenstand während des Bezugszeitraums veräußert oder zerstört, geht sein Mietwert nicht in die Bemessungsgrundlage ein. Vgl. doc. adm. 6 E 22 vom 10.9.1996 (keine Rn.). Somit werden die Gegenstände erfasst, die am Ende des Bezugszeitraums noch vorhanden waren.

fanden, sowie die Gegenstände, die ihm aufgrund eines Leasing-Vertrags überlassen wurden (Art. 1469 3° Abs. 1 CGI).[1149] Ferner werden auch Gegenstände, die von ihm gemietet wurden, erfasst.[1150] Bei grundsteuerpflichtigen Gegenständen des Anlagevermögens wird der in die Bemessungsgrundlage der „taxe professionnelle“ eingehende Mietwert nach den Bewertungsvorschriften, die für die Grundsteuer gelten, ermittelt.[1151] Bei allen anderen Gegenständen des Anlagevermögens entspricht der Mietwert 16 % der Anschaffungs- oder Herstellungskosten bzw. – bei gemieteten Gegenständen – der tatsächlichen Jahresmiete[1152] (Art. 1469 3° Abs. 1 und 2 CGI).[1153]

Der zweite Teil der Bemessungsgrundlage der „taxe professionnelle“ beträgt 18 % der im Bezugszeitraum gezahlten Lohnsumme (Art. 1467 1° b) CGI).[1154] Von diesem Betrag geht seit dem Veranlagungszeitraum 1999 ein jährlich wachsender Abschlag, welcher 2002 914.694 EUR betrug, ab (Art. 1467 bis CGI). Im Veranlagungszeitraum 2003 wird die Lohnsumme komplett aus der Bemessungsgrundlage der „taxe professionnelle“ herausfallen.[1155]

Die nach den vorstehenden Vorschriften ermittelte Bemessungsgrundlage der „taxe professionnelle“ wird anschließend um bestimmte Abschläge vermindert. Hier kann unterschieden werden zwischen Abschlägen, die nur bestimmten Gruppen von Steuerpflichtigen zustehen, und Abschlägen, die allen Steuerpflichtigen zustehen.[1156] Ein Beispiel für die erstgenannten Abschläge findet sich in Art. 1468 I. 2° CGI. Demnach dürfen Handwerker, die bestimmte Anforderungen erfüllen und maximal drei Mitarbeiter beschäftigen, ihre Bemessungsgrundlage für die „taxe professionnelle“ um bis zu drei Viertel verringern.[1157] Der Abschlag, der allen Steuerpflichtigen zusteht, ist in Art 1472 A bis CGI geregelt. Er beträgt 16 % der Bemessungsgrundlage und betrifft ohne Ausnahme alle Steuerpflichtigen.[1158]

Übt ein Steuerpflichtiger seine Tätigkeit an verschiedenen Standorten aus, wird die „taxe professionnelle“ zwischen den betroffenen Gemeinden aufgeteilt, wobei die jeweiligen Mietwer-

---

[1149] Vgl. doc. adm. 6 E 2211 vom 10.9.1996, Rn. 5.

[1150] Generell werden vermietete Gegenstände beim Mieter erfasst, sofern Letzterer der „taxe professionnelle“ unterliegt (Art. 1469 1° Abs. 4 CGI).

[1151] Vgl. zu diesen Bewertungsvorschriften Kapitel 4.3.2.

[1152] Der Mietwert von gemieteten Gegenständen muss aber auf jeden Fall in einem geschlossenen Intervall, welches 20 % um den Betrag von 16 % der Anschaffungs- oder Herstellungskosten des Gegenstands schwankt, liegen (Art. 1469 3° Abs. 1 CGI). Bei Über- oder Unterschreiten einer Intervallgrenze wird die jeweilige Intervallgrenze als Mietwert herangezogen. Vgl. doc. adm. 6 E 2222 vom 10.9.1996, Rn. 9.

[1153] Bei nicht grundsteuerpflichtigen Gegenständen des Anlagevermögens, deren Nutzungsdauer mindestens 30 Jahre beträgt, werden die bei der Grundsteuer zur Anwendung kommenden Bewertungsvorschriften für industriell genutzte Grundstücke herangezogen (Art. 1469 2° CGI). Außerdem kommt für bestimmte ältere Unternehmen ein pauschaler Abschlag und bei anderen Unternehmen, deren Jahresumsätze innerhalb bestimmter Grenzen liegen, ein auf die nicht grundsteuerpflichtigen Gegenstände des Anlagevermögens bezogener umsatzabhängiger Abschlag zur Anwendung (Art. 1469 B CGI).

[1154] In diese Lohnsumme werden Zahlungen an unter Vertrag stehende Auszubildende und an körperlich Behinderte nicht einbezogen. Zahlungen, welche beim Empfänger bei den Einkünften aus Geschäftsführergehältern erfasst werden, gehen aufgrund expliziter gesetzlicher Vorschriften in die relevanten Entlohnungen ein (Art. 1467 1° b) CGI). Allerdings besteht ein Verweis auf die Bemessungsgrundlage der „Lohsummensteuer“ („taxe sur les salaires“). Vgl. hierzu Kapitel 4.3.4.1. Dort wird auf die Bemessungsgrundlage für die Sozialversicherungsbeiträge abgestellt. Somit gehen also nur sozialversicherungspflichtige Lohn- und Gehaltszahlungen in den entsprechenden Bemessungsgrundlagenteil der „taxe professionnelle“ ein.

[1155] Vgl. Art. 44 I. 1. a) loi n° 98-1266 vom 30.12.1998. Vgl. zu besonderen Ermittlungsmodalitäten der „taxe professionnelle“ im Gründungszeitraum Kapitel 5.1.

[1156] Vgl. doc. adm. 6 E 241 vom 10.9.1996 (keine Rn.).

[1157] Der Abschlag beträgt für einen Mitarbeiter drei Viertel der Bemessungsgrundlage, für zwei Mitarbeiter die Hälfte und für drei Mitarbeiter ein Viertel (Art. 1468 2° a.-c. CGI).

[1158] Er ist – bis auf eine Ausnahme – nach den gruppenabhängigen Abschlägen vorzunehmen. Vgl. doc. adm. 6 E 242 vom 10.9.1996, vor Rn. 1 und Rn. 1.

te und die jeweils gezahlten Löhne als Aufteilungsmaßstab dienen (Art. 1473 Abs. 1 CGI). Die Person, die am 1.1. eines Jahres eine Tätigkeit ausübt, schuldet die hierdurch entstehende „taxe professionnelle" für das ganze Jahr (Art. 1478 I. Abs. 1 CGI).

Die Steuerschuld ergibt sich auch hier durch Anwendung eines gem. Art. 1636 B sexies I. 1. CGI von den Gebietskörperschaften festgelegten Steuersatzes.[1159] Der geschuldete Betrag darf eine bestimmte, in der Gemeinde des Hauptbetriebs des Unternehmens festgelegte Mindeststeuerschuld nicht unterschreiten (Art. 1647 D CGI).[1160] Darüber hinaus besteht noch für Unternehmen mit einem Umsatz über 7.600.000 EUR im Besteuerungsjahr[1161] eine Mindeststeuerschuld, welche 1,5 % der vom Unternehmen erwirtschafteten Wertschöpfung[1162] beträgt (Art. 1647 E I. Abs. 1 CGI). Schließlich muss von Betrieben, die in Gemeinden belegen sind, deren Steuersätze unter dem landesweiten Durchschnittssatz des Vorjahres liegen, eine „Ausgleichsabgabe" („cotisation de péréquation") entrichtet werden (Art. 1648 D I. CGI). Die Höhe der Ausgleichsabgabe hängt vom Ausmaß des Unterschreitens des landesweiten Durchschnittssatzes ab. Je stärker Letzterer unterschritten wird, desto höher ist die Ausgleichsabgabe.[1163]

Neben diesen Regelungen, welche zu einer Erhöhung der Steuerschuld führen, existieren auch Vorschriften, die eine Verminderung zur Folge haben. So können Steuerpflichtige, deren Steuerbemessungsgrundlage gesunken ist, eine Steuerentlastung beantragen. Die Höhe der Entlastung hängt vom Ausmaß des Rückgangs der Steuerbemessungsgrundlage des dem Besteuerungsjahr vorausgehenden Jahres im Vergleich zur Steuerbemessungsgrundlage des vorletzten Jahres ab (Art. 1647 bis Abs. 1 CGI). Ferner wird die Steuerschuld der „taxe professionnelle" auf Antrag des Steuerpflichtigen beschränkt. Der Maximalbetrag der Steuerschuld wird ausgehend von der im Besteuerungsjahr[1164] durch das Unternehmen erwirtschafteten Wertschöpfung[1165] berechnet (Art. 1647 B sexies I. Abs. 1 CGI). Die Steuerschuld ergibt sich somit aus der Anwendung der in Tabelle 14 gezeigten umsatzabhängigen Sätze auf die Wertschöpfung (Art. 1647 B sexies I. Abs. 2 CGI).[1166] Für viele Unternehmen wird somit die

---

[1159] Vgl. LAMY, Fiscal 2002, Rn. 3462. Der nationale Durchschnittssatz dieses Steuersatzes der Gebietskörperschaften betrug im Jahr 1999 26,38 %. Vgl. hierzu Kapitel 7.2.2.1.

[1160] Von dieser Vorschrift sind hauptsächlich kleine Unternehmen betroffen. Vgl. DISLE/SARAF, Droit fiscal 2002, S. 553.

[1161] Der Bezugszeitraum für die Messung der Umsatzgrenze ist entweder das zwölf Monate dauernde Wirtschaftsjahr, das im Besteuerungsjahr endet oder, falls das Wirtschaftsjahr mit dem Kalenderjahr identisch ist, das Besteuerungsjahr (Art. 1647 E I. Abs. 1 CGI).

[1162] Bezüglich der Wertschöpfung wird auf Art. 1647 B sexies II. CGI verwiesen, wo ausführliche Berechnungsvorschriften aufgeführt sind. Die Wertschöpfung berechnet sich demnach aus den Umsatzerlösen korrigiert um die Lagerbestandsveränderungen, abzüglich der Roh-, Hilfs- und Betriebsstoffe sowie der Waren und abzüglich der von Dritten bezogenen Güter und Dienstleistungen. Der Begriff der „Wertschöpfung" findet sich auch im System der Allphasen-Nettoumsatzsteuer. Aus diesem Grund wird dieses auch als Mehrwertsteuersystem bezeichnet. Vgl. zu diesem System WÖHE/KUSSMAUL, Buchführung und Bilanztechnik 2002, S. 135. Vgl. hierzu auch Kapitel 4.3.6.

[1163] Im Jahr 2002 beträgt die Ausgleichsabgabe bis zu 3,05 % der Bemessungsgrundlage der „taxe professionnelle" (Art. 1648 D II bis. CGI).

[1164] Wenn das Wirtschaftsjahr des Unternehmens vom Kalenderjahr abweicht, wird das im Besteuerungsjahr endende Wirtschaftsjahr zur Berechnung der Wertschöpfung herangezogen (Art. 1647 B sexies I. Abs. 1 CGI).

[1165] Bezüglich der Wertschöpfung wird wie bei der Ermittlung der von der Wertschöpfung abhängigen Mindeststeuerschuld auf Art. 1647 B sexies II. CGI verwiesen. Vgl. Fn. 1162.

[1166] Die sich tatsächlich ergebende Steuerschuld kann aber höher sein, sofern sich die Sätze der „taxe professionnelle" seit 1995 verändert haben. Vgl. DISLE/SARAF, Droit fiscal corrigés 2002, S. 193.

Wertschöpfung tendenziell zur tatsächlichen Bemessungsgrundlage der „taxe professionnelle“.[1167]

Umsatz des Besteuerungsjahrs in EUR	**zugehöriger Satz in %**
unter 21.350.000	3,5
21.350.000 bis 76.225.000	3,8
über 76.225.000	4,0

Tabelle 14: Umsatzabhängige Sätze zur Berechnung des Maximalbetrags der „taxe professionnelle“

Die „taxe professionnelle“ mindert gem. Art. 39 1. 4° Abs. 1 CGI die ertragsteuerliche Bemessungsgrundlage des steuerpflichtigen Unternehmens, da für sie kein ausdrückliches Abzugsverbot besteht.

Eingangs wurde gezeigt, dass die Voraussetzung für die Erhebung der „taxe professionnelle“ das Ausüben einer Tätigkeit in Frankreich unter den genannten Bedingungen ist. Wann eine Tätigkeit als „in Frankreich ausgeübt“ eingestuft wird, ist abkommensrechtlich geregelt. Art. 4 Abs. 7 DBA-D/F dehnt das in Kapitel 4.2.1.2.3.1 und in Kapitel 2.1.2.4 beschriebene Betriebstättenprinzip auch auf die „taxe professionnelle“ aus.[1168] Sie darf also beim Bestehen einer Betriebstätte in Frankreich erhoben werden.[1169] Art. 12 DBA-D/F, der die Besteuerung von Einkünften aus selbständiger Tätigkeit regelt, enthält keine Vorschrift, welche Art. 4 Abs. 7 DBA-D/F entspricht. Dennoch kann die Forderung nach dem Vorliegen einer Betriebstätte als Voraussetzung für ein Besteuerungsrecht auf den Anwendungsbereich der „taxe professionnelle“ übertragen werden.[1170]

4.3.4 Lohnsummenabhängige Steuern

4.3.4.1 Taxe sur les salaires

Die „Lohnsummensteuer“ („taxe sur les salaires“) wird grundsätzlich immer dann fällig, wenn Lohn- und Gehaltszahlungen geleistet werden (Art. 231 1. Abs. 1 CGI). Eine Steuerpflicht besteht aber nur dann, wenn ein Arbeitgeber der „Mehrwertsteuer“ („taxe sur la valeur ajoutée“ – TVA)[1171] überhaupt nicht unterliegt oder im Jahr, welches den Lohn- und Gehaltszahlungen vorausging, mit weniger als 90 % seiner Umsätze der TVA unterlag (Art. 231 1.

[1167] Vgl. COZIAN, Précis de fiscalité 2002, Rn. 1974. Steuerpflichtige, die der „taxe professionnelle“ unterliegen, müssen außerdem Beiträge an die Industrie- und Handelskammer bzw. an die Handwerkskammer abführen (Art. 1600 CGI und Art. 1601 CGI).

[1168] In Art. 4 Abs. 7 DBA-D/F ist noch von der „contribution des patentes“, der Vorgängerin der „taxe professionnelle“, die Rede. Vgl. zur Ablösung der „contribution des patentes“ durch die „taxe professionnelle“ LEFEBVRE/PÖLLATH/RÄDLER, Steuern in Frankreich 1976, Rn. 642-655.

[1169] Vgl. KRAMER, Art. 4, in: DEBATIN/WASSERMEYER, Doppelbesteuerung 2002, Rn. 106.

[1170] Vgl. LEFEBVRE, Allemagne 2000, Rn. 4261.

[1171] Vgl. zur TVA Kapitel 4.3.6.

Abs. 1 CGI). Somit unterliegen letztendlich nur wenige Unternehmen der Lohnsummensteuer.[1172]

Bemessungsgrundlage der Lohnsummensteuer sind die vom Arbeitgeber gezahlten Bruttolöhne und -gehälter, welche als Bemessungsgrundlage für die Sozialversicherungsbeiträge herangezogen werden (Art. 231 1. Abs. 1 CGI i.V.m. Ann. III, Art. 51 CGI). Der Betrag der geschuldeten Lohnsummensteuer ergibt sich durch Zerlegung der jeweiligen Einzeljahreslöhne und -gehälter in verschiedene Teilsummen, die den in Tabelle 15 aufgeführten Steuersätzen unterliegen (Art. 231. 1. Abs. 1 und 2 bis. Abs. 1 CGI). Steuerpflichtig ist aber nur der Teil der Löhne und Gehälter, der dem Verhältnis des umsatzsteuerfreien Umsatzanteils zum Gesamtumsatz entspricht (Art. 231 1. Abs. 1 CGI).[1173]

Lohn- bzw. Gehaltsteil in EUR	**zugehöriger Steuersatz in %**
unter 6.563	4,25
6.563 bis 13.114	8,50
über 13.114	13,60

Tabelle 15: Tarif der Lohnsummensteuer

Die Lohnsummensteuer wird nur dann erhoben, wenn der Arbeitgeber seinen steuerlichen Wohnsitz in Frankreich hat oder wenn er in Frankreich „niedergelassen“ („établi“) ist.[1174] Der Begriff „niedergelassen“ ist in diesem Zusammenhang weiter gefasst als der abkommensrechtlich übliche Begriff der „Betriebstätte“. In diesem Fall wird von der Finanzverwaltung lediglich ein „Operationszentrum“ („centre d’opérations“) mit „ausreichender Dauerhaftigkeit“ („un caractère de permanence suffisant“) und einer „gewissen Selbständigkeit“ („certaine autonomie“) gefordert.[1175] Ob das DBA-D/F auch auf die Lohnsummensteuer Anwendung findet, ist unklar.[1176] Aufgrund des stark eingeschränkten Anwendungsbereichs der Lohnsummensteuer dürften Probleme, die aus ihrer Erhebung resultieren, kaum von Bedeutung sein.

4.3.4.2 Taxe d’apprentissage

Der „Ausbildungsteuer“ („taxe d’apprentissage“) unterliegen u.a. natürliche Personen und Personenhandelsgesellschaften, die nicht optiert haben, sofern sie einer Tätigkeit nachgehen, die im Rahmen der IR zu Einkünften aus Gewerbebetrieb führt, sowie körperschaftsteuerpflichtige Gesellschaften (Art. 224 2. CGI). Ihre Bemessungsgrundlage – die Lohnsumme – entspricht derjenigen, die auch für die Berechnung der Sozialversicherungsbeiträge gilt (Art. 225 Abs. 1 CGI). Der Steuersatz beträgt 0,50 % (Art. 225 Abs. 2 CGI). Eine Ausnahme

[1172] COZIAN schätzt, dass lediglich 350.000 Unternehmen die Lohnsummensteuer entrichten müssen. Vgl. COZIAN, Précis de fiscalité 2002, Rn. 332. Aufgrund ihres geringen Aufkommens wird die Existenzberechtigung der Lohnsummensteuer sogar in Frage gestellt. Vgl. BRACHET, Système fiscal 1997, S. 128.

[1173] Die sich so ergebende Verhältniszahl wird erst dann auf die Löhne und Gehälter angewendet, wenn diese bereits in die in Tabelle 15 dargestellten Bestandteile zerlegt worden sind. Vgl. CE vom 23.11.1998, n° 197839.

[1174] Vgl. doc. adm. 5 L 121 vom 1.6.1995, Rn. 7.

[1175] Vgl. zum Verhältnis der beiden Begriffe zueinander und zu den geforderten Kriterien doc. adm. 5 L 121 vom 1.6.1995, Rn. 8.

[1176] Vgl. KRAMER, Art. 1, in: DEBATIN/WASSERMEYER, Doppelbesteuerung 2002, Rn. 39.

hiervon bilden die „départements“ Bas-Rhin, Haut-Rhin und Moselle, wo er lediglich 0,20 % beträgt (Art. 230 B CGI i.V.m. Art. R. 119-33-1 Abs. 1 Code du travail i.V.m. R. 119-1 Abs. 1 Code du travail). Sofern ein Steuerpflichtiger Ausgaben tätigt, welche in den Bereich der Erstausbildung fließen, kann er eine teilweise oder vollständige Befreiung von der Ausbildungsteuer erreichen.[1177]

Hinsichtlich der Abgrenzung der aus der „Ausbildungsteuer“ resultierenden Steuerpflicht greifen die Regelungen, die im Rahmen der IR bzw. der IS zur Anwendung kommen.[1178] Außerdem wird sie explizit bei den von dem DBA-D/F betroffenen Steuerarten genannt (Art. 1 Abs. 2 Nr. 1 Buchstabe e DBA-D/F). Somit kann auf die entsprechenden Ausführungen in Kapitel 4.2.1.1 sowie in Kapitel 2.1.2.4 und Kapitel 4.2.2.1 verwiesen werden.

4.3.4.3 Participation à la formation professionnelle continue

Gem. Art. 235 ter C CGI unterliegt grundsätzlich jeder Arbeitgeber der „Weiterbildungsteuer“ („participation à la formation professionnelle continue“).[1179] Ihre Bemessungsgrundlage entspricht ebenfalls der Lohnsumme, die für die Berechnung der Sozialversicherungsbeiträge herangezogen wird (Art. 235 ter D CGI und Art. 235 ter KA Abs. 1 CGI). Der anzuwendende Steuersatz hängt von der Zahl der Arbeitnehmer des Steuerpflichtigen ab. Für Arbeitgeber mit weniger als zehn Arbeitnehmern beträgt der Steuersatz 0,15 % (Art. 235 ter KA Abs. 1 CGI). Arbeitgeber, die der Ausbildungsteuer unterliegen, müssen zusätzlich 0,10 % der Bemessungsgrundlage zahlen (Art. 235 ter KE Abs. 1 CGI). Der Steuersatz für Arbeitgeber mit mindestens zehn Arbeitnehmern beträgt 1,5 % (Art. 235 ter D CGI). Analog zur Ausbildungsteuer können Ausgaben, die der Weiterbildung direkt zugute kommen, wieder zu einer (teilweisen) Steuerbefreiung führen.[1180]

Bei der Abgrenzung der Steuerpflicht der Weiterbildungsteuer fordert die Finanzverwaltung das Vorliegen der Kriterien – steuerlicher Wohnsitz bzw. Niederlassung in Frankreich –, die auch bei der Lohnsummensteuer zur Anwendung kommen.[1181] Somit ist an dieser Stelle ein Verweis auf die entsprechenden Ausführungen ausreichend.[1182] Die Weiterbildungsteuer ist im DBA-D/F nicht explizit aufgeführt, so dass keine abkommensrechtlichen Einschränkungen hinsichtlich des französischen Besteuerungsrechts bestehen.

4.3.4.4 Participation des employeurs à l'effort de construction

Arbeitgeber, die wenigstens zehn Mitarbeiter beschäftigen, unterliegen gem. Art. 235 bis 1. Abs. 1 CGI und Art. L. 313-1 Abs. 1 Code de la construction et de l'habitation der „Wohnungsbausteuer“ („participation des employeurs à l'effort de construction“).[1183] Die Höhe der Wohnungsbausteuer beträgt 2 % der Lohnsumme, die als Grundlage für die Berechnung der Sozialversicherungsbeiträge dient (Art. 235 bis CGI). Sofern der Steuerpflichtige aber einen

---

1177 Vgl. doc. adm. 4 L 23 vom 30.8.1997 (keine Rn.). Welche Ausgaben zu einer Steuerbefreiung führen und wie der Steuerpflichtige vorgehen muss, ist in Art. 226 B-228 CGI und in Art. 230 B CGI geregelt.

1178 Vgl. doc. adm. 4 L 213 vom 30.8.1997, Rn. 1.

1179 Ausgenommen sind der Staat, die Gebietskörperschaften und deren Verwaltungseinrichtungen.

1180 Hierzu zählen beispielsweise individuell gewährter Bildungsurlaub oder Ausbildungsmaßnahmen für die Mitarbeiter. Vgl. DISLE/SARAF, Droit fiscal 2002, S. 598; LAMY, Fiscal 2002, Rn. 3212.

1181 Vgl. doc. adm. 5 L 321 vom 1.6.1995 (keine Rn.).

1182 Vgl. hierzu Kapitel 4.3.4.1.

1183 Sie sollte im Moment ihrer Einführung zur Überwindung der Wohnungsbaukrise, die vor allem Beschäftigte mit schwachem Einkommen traf, beitragen und die Investitionen im Immobilienbereich fördern. Vgl. BRACHET, Système fiscal 1997, S. 129.

Betrag in Höhe von lediglich 0,45 % der gleichen Bemessungsgrundlage in dem Wohnungsbau dienende Zwecke investiert, entfällt die Erhebung der Wohnungsbausteuer.[1184]

Da für keine der lohnsummenabhängigen Steuern ein steuerliches Abzugsverbot besteht, mindern sie gem. Art. 39 1. 4° Abs. 1 CGI die ertragsteuerliche Bemessungsgrundlage des Steuerpflichtigen.

Art. L. 313-1 Abs. 1 Code de la construction et de l'habitation knüpft bezüglich der Erhebung der Wohnungsbausteuer an die Lohnsummensteuer an. Somit kann wieder auf die Kriterien zur Abgrenzung der Steuerpflicht bei der Lohnsummensteuer – Arbeitgeber mit steuerlichem Wohnsitz in Frankreich oder dort niedergelassener Arbeitgeber – verwiesen werden.[1185] Im DBA-D/F findet die Wohnungsbausteuer keine Berücksichtigung. Somit kann das diesbezügliche französische Besteuerungsrecht abkommensrechtlich nicht eingeschränkt werden.

4.3.5 Droits d'enregistrement

4.3.5.1 Anwendungsbereiche der Registersteuern

„Registersteuern" („droits d'enregistrement") waren ursprünglich Gebühren, die bei der Eintragung bestimmter Vorgänge in ein Register erhoben wurden.[1186] Heute werden sie zum einen bei entgeltlichen und bei unentgeltlichen Übertragungen fällig, zum anderen führen bestimmte gesellschaftsrechtliche Vorgänge zu ihrer Erhebung.[1187] Sie können somit einerseits als Transaktionssteuern, andererseits als Steuern auf die Eintragung bestimmter Vorgänge charakterisiert werden. Teilweise überschneiden sich die Anwendungsbereiche auch.[1188]

Hinsichtlich der entgeltlichen Übertragung muss zwischen Immobilien und beweglichen Gegenständen unterschieden werden.[1189] Eine eingehende Betrachtung dieser Vorgänge ist durch den Umstand, dass sie auch im Rahmen einer unternehmerischen Tätigkeit anfallen können, gerechtfertigt. Darüber hinaus sind die in diesem Zusammenhang relevanten Regelungen gegebenenfalls auch bei gesellschaftsrechtlichen Vorgängen von Bedeutung.

Registersteuern auf unentgeltliche Übertragungen betreffen den Erwerb von Todes wegen sowie Schenkungen unter Lebenden.[1190] Sie können folglich mit der deutschen Erbschaft- und Schenkungsteuer verglichen werden und sind im Folgenden ausgeklammert, denn eine Übertragung des betrachteten Unternehmens soll nicht erfolgen.

Von Interesse sind die Registersteuern auf gesellschaftsrechtliche Vorgänge. Insbesondere die steuerlichen Vorschriften, die bei der Gründung einer Gesellschaft zur Anwendung kommen, erfordern eine ausführliche Darstellung.

Allen Registersteuern ist gemeinsam, dass sie im Rahmen der steuerlichen Ergebnisermittlung eine abzugsfähige Betriebsausgabe darstellen. Dies ergibt sich wieder aus Art. 39 1. 4° Abs. 1 CGI und aus dem Umstand, dass für sie kein Abzugsverbot besteht. Werden Registersteuern aufgrund der Übertragung von Eigentum an Gegenständen erhoben, ist grundsätzlich der neue

---

1184 Unternehmen können beispielsweise langfristige Kredite an Mitarbeiter für die Errichtung eines Eigenheims vergeben. Vgl. LAMY, Fiscal 2002, Rn. 3267.

1185 Vgl. hierzu Kapitel 4.3.4.1.

1186 Vgl. COZIAN, Précis de fiscalité 2002, Rn. 2000.

1187 Vgl. BELTRAME, Fiscalité 2001, S. 106.

1188 Vgl. hierzu GROSCLAUDE/MARCHESSOU, Droit fiscal 2001, Rn. 404.

1189 Vgl. GROSCLAUDE/MARCHESSOU, Droit fiscal 2001, Rn. 446.

1190 Vgl. TILLMANNS, in: MENNEL/FÖRSTER, Steuern 2002, Rn. 346.

Eigentümer der Steuerschuldner. Eine hiervon abweichende vertragliche Vereinbarung ist aber möglich (Art. 1712 CGI).

Bei der Abgrenzung der Steuerpflicht im Bereich der Registersteuern wird in den meisten Fällen auf die Belegenheit der betreffenden Wirtschaftsgüter abgestellt.[1191] In einigen wenigen Fällen ist der Ort der Eintragung des Vorgangs ausschlaggebend.[1192] Zwar werden Registersteuern im DBA-D/F nicht berücksichtigt, sofern in Deutschland aber eine entsprechende Steuer überhaupt erhoben wird, sollten aufgrund der überwiegenden Anwendung des Belegenheitsprinzips ohnehin keine Doppelbesteuerungsprobleme auftreten.

4.3.5.2 Registersteuern auf entgeltliche Übertragungen

4.3.5.2.1 Entgeltliche Übertragung von Immobilien

Bei der entgeltlichen Übertragung von Eigentum oder Nießbrauch an Immobilien[1193] fallen Registersteuern an (Art. 683 I. Abs. 1 CGI). Bemessungsgrundlage ist gem. Art. 683 I. Abs. 2 CGI und Art. L. 17 Abs. 1 LPF der vertraglich vereinbarte Kaufpreis oder, falls dieser höher ist, der „Verkaufswert" („valeur vénale").[1194] Die Steuerschuld resultiert aus der Anwendung verschiedener Steuersätze. Zunächst greift ein Steuersatz von 3,60 % (Art. 1594 D Abs. 1 CGI).[1195] Die aus der Anwendung dieses Steuersatzes resultierenden Steuern stehen dem „département" zu, in dessen Gebiet die Immobilie belegen ist (Art. 1594 A 1° CGI). Hinzu kommt ein Steuersatz von 1,20 %. Er wird in Abhängigkeit vom Vorliegen bestimmter gesetzlich definierter Kriterien entweder von der Gemeinde, in der die Immobilie belegen ist, erhoben (Art. 1584 1. 1° CGI), oder die hieraus resultierende Steuerschuld fließt in einen Ausgleichsfonds des „départements" (Art. 1595 bis 1° CGI). Außerdem erhebt der Staat noch eine Gebühr, welche ausgehend von der Steuerschuld, die dem „département" zusteht, berechnet wird. Der hier zur Anwendung kommende Satz beträgt 2,50 % (Art. 1647 V. a) CGI). Somit ergibt sich ein effektiver Steuersatz von 4,89 %.[1196]

[1191] Dies gilt beispielsweise für die nachstehend beschriebenen einfachen Einlagen in Gesellschaften. Vgl. doc. adm. 7 H 14 vom 1.9.1999, Rn. 2.

[1192] Hiervon ist beispielsweise die entgeltliche Übertragung von Gesellschaftsrechten betroffen. Vgl. doc. adm. 7 H 14 vom 1.9.1999, Rn. 3.

[1193] Welche Güter in diesem Zusammenhang als Immobilien einzustufen sind, richtet sich – sofern keine steuerlichen Regelungen bestehen – nach zivilrechtlichen Vorschriften. Vgl. doc. adm. 7 C 1213 vom 20.12.1996, Rn. 1.

[1194] Falls die Finanzverwaltung der Auffassung ist, dass der vertraglich vereinbarte Kaufpreis unter dem tatsächlichen Verkaufswert der Immobilie liegt, darf sie Letzteren als Bemessungsgrundlage heranziehen. Allerdings muss sie dann beweisen, dass der vertraglich vereinbarte Kaufpreis zu niedrig ist. Vgl. doc. adm. 7 C 1225 vom 20.12.1996, Rn. 5. Der Verkaufswert einer Immobilie wird von der Finanzverwaltung ausgehend von der Rechtsprechung als der Preis, der sich aus dem Zusammenspiel von Angebot und Nachfrage auf einem echten Markt ergeben würde, definiert, wobei die Objektivität dieses Preises durch die Annahme irgendeines – nicht eines bestimmten – Verkäufers erreicht wird. Vgl. doc. adm. 7 C 1225 vom 20.12.1996, Rn. 1.

[1195] Die „conseils généraux" können diesen Steuersatz innerhalb eines Bereichs von 1 % und 3,60 % festlegen (Art. 1594 D Abs. 2 CGI). Eine Änderung tritt jeweils zum 1.6. eines Jahres in Kraft (Art. 1594 E Abs. 2 CGI). (Die „coneils généraux" sind gewählte Versammlungen auf der Ebene eines „départements". Sie regeln die Angelegenheiten ihres jeweiligen „départements" und sind neben der Verabschiedung und dem Vollzug des Haushalts auch für die Schaffung und die Organisation der öffentlichen Einrichtungen ihres „départements" verantwortlich. Vgl. HARDY, Collectivités locales 1998, S. 43-44.)

[1196] 3,60 % (Steuer des „départements") + 3,60 % × 2,50 % (staatliche Gebühr) + 1,20 % (Steuer der Gemeinde bzw. des Ausgleichsfonds) = 4,89 %. Dieser effektive Satz gilt natürlich nur dann, wenn die „conseils

Der Verkauf bestimmter Immobilien unterliegt der TVA.[1197] Zu den hiervon betroffenen Immobilien gehören Baugrundstücke[1198], mit deren Bebauung innerhalb von vier Jahren nach dem Kauf begonnen wird oder aufgrund einer Baugenehmigung begonnen werden darf (Art. 257 7° 1. a) Abs. 1 und 2 CGI),[1199] sowie Gebäude, die vor weniger als fünf Jahren fertig gestellt wurden und die seither noch nicht Gegenstand eines Verkaufs[1200] waren (Art. 257 7° 1. b) CGI i.V.m. Art. 257 7° 2. CGI). Im Fall einer Besteuerung durch die TVA unterliegen Baugrundstücke grundsätzlich überhaupt nicht den Registersteuern (Art. 1594-0 G A. CGI), Gebäude lediglich einer reduzierten Registersteuer in Höhe von 0,60 % (Art. 1594 F quinquies A. CGI) zuzüglich der staatlichen Gebühr von 2,50 % auf die hieraus resultierende Steuerschuld (Art. 1647 V. a) CGI).[1201] Somit beträgt der effektive Steuersatz 0,615 %.

4.3.5.2.2 Entgeltliche Übertragung von beweglichen Gegenständen

Auch bei der Veräußerung bestimmter beweglicher Gegenstände fallen Registersteuern an. Zu diesen Gegenständen zählen in erster Linie Geschäftsbetriebe und Kundenstämme sowie Gesellschaftsanteile.[1202]

Nicht nur die Veräußerung eines ganzen Geschäftsbetriebs, auch die Veräußerung von Teilen eines Geschäftsbetriebs kann den Registersteuern unterliegen. Letzteres ist dann der Fall, wenn die einzelnen Teile kurz nacheinander an die gleiche Person veräußert werden oder wenn zusammen mit Teilen des Geschäftsbetriebs auch der Kundenstamm oder Teile des Kundenstamms veräußert werden.[1203] Bemessungsgrundlage der Registersteuern bei der Veräußerung eines Geschäftsbetriebs oder eines Kundenstamms ist wieder der Kaufpreis oder, falls dieser höher ist, der Verkaufswert.[1204] Der bei der Veräußerung zur Anwendung kommende Steuersatz von 4,80 % setzt sich aus verschiedenen Einzelsteuersätzen zusammen und kommt im Ergebnis nur auf den Teil der Bemessungsgrundlage, der den Wert von 23.000 EUR übersteigt, zur Anwendung.[1205]

---

généraux“ nicht von dem vorstehend beschriebenen Recht zur Herabsetzung des Steuersatzes des „départements“ Gebrauch machen.

[1197] Ein umsatzsteuerpflichtiger Erwerber kann die TVA auf den Immobilienkauf als Vorsteuer geltend machen, allerdings muss dann bei bestimmten nachfolgenden Veräußerungsvorgängen eine Berichtigung des Vorsteuerabzugs vorgenommen werden. Vgl. hierzu das Beispiel bei HELLIO/THILL, Steuern in Frankreich 2002, Rn. 769.

[1198] Diese sind in Art. 1594-0 G A. I. CGI definiert.

[1199] Hiervon ausgenommen sind aber Baugrundstücke, die von natürlichen Personen mit der Absicht, Gebäude für Wohnzwecke zu errichten, erworben wurden (Art. 257 7° 1. a) Abs. 3 CGI). Dies gilt auch, wenn diese Gebäude vermietet werden sollen. Vgl. BO 8 A-6-99 vom 24.6.99, Rn. 26.

[1200] Hiervon ausgenommen ist der Verkauf an einen Immobilienhändler.

[1201] Die Gemeindesteuer sowie die Steuer, deren Betrag in den Ausgleichsfonds des „départements“ fließt, werden aufgrund einer ausdrücklichen Regelung in Art. 1584 1. 1° CGI bzw. in Art. 1595 bis 1° CGI nicht erhoben.

[1202] Daneben kann auch die Veräußerung von Mietrechten und von öffentlichen Ämtern den Registersteuern unterliegen. Vgl. doc. adm. 7 D 112 vom 15.6.2000, Rn. 1.

[1203] Vgl. doc. adm. 7 D 2111 vom 15.6.2000, Rn. 12-13.

[1204] Vgl. auch doc. adm. 7 D 221 vom 15.6.2000, Rn. 1. Die Forderung nach dem Heranziehen des Verkaufswerts im Fall eines zu niedrigen Kaufpreises findet sich in Art. L. 17 Abs. 1 LPF.

[1205] Die in Art. 719 CGI (grundlegender Steuersatz), Art. 1595 CGI (Steuersatz des „départements“) und in Art. 1584 1. CGI bzw. Art. 1595 bis CGI (Steuersatz der Gemeinde bzw. des Ausgleichsfonds des „départements“) definierten Steuersätze sind eigentlich nach Wertanteilen der Bemessungsgrundlage gestaffelt. Durch die Addition der Einzelsteuersätze ist eine differenzierte Betrachtung nicht nötig. Wird der Grenzwert nicht überschritten, entspricht die Steuerschuld gem. Art. 674 CGI dem Mindestbetrag von 15 EUR. Vgl. doc. adm. 7 D 23 vom 15.6.2000, Rn. 2.

Die Erhebung von Registersteuern auf die Veräußerung von Gesellschaftsanteilen ist in Art. 726 CGI geregelt. Die Bemessungsgrundlage bildet grundsätzlich der Verkaufspreis der Gesellschaftsanteile (Art. 726 II. Abs. 1 CGI). Art. L. 17 Abs. 1 LPF, wonach gegebenenfalls der höhere Verkaufswert angesetzt wird, muss auch hier beachtet werden. Aus Art. 726 CGI ergibt sich, dass einerseits zwischen Aktien von börsennotierten und nicht börsennotierten Gesellschaften unterschieden werden muss. Andererseits ist auch zwischen Gesellschaften, die überwiegend im Immobilienbereich tätig sind und Gesellschaften mit anderem Tätigkeitsschwerpunkt zu differenzieren. Folglich ergeben sich die in Tabelle 16 dargestellten Steuersätze.

Art der Gesellschaftsanteile	Relevanter Registersteuersatz	
	Veräußerung von Anteilen an einer Gesellschaft mit Tätigkeitsschwerpunkt im Immobilienbereich[1206]	Veräußerung von Anteilen an einer Gesellschaft mit anderem Tätigkeitsschwerpunkt
Aktien (börsennotierte Gesellschaft)[1207]	–[1208]	1 % (maximal 3.049 EUR)
Aktien (nicht börsennotierte Gesellschaft)	4,80 %	1 % (maximal 3.049 EUR)
Anteile an anderen Gesellschaften	4,80 %	4,80 %

Tabelle 16: Registersteuersätze auf die Veräußerung von Gesellschaftsanteilen

4.3.5.3 Registersteuern auf gesellschaftsrechtliche Vorgänge

Die Gründung einer Gesellschaft ist mit der Erbringung von Einlagen verbunden und kann somit zur Erhebung von Registersteuern führen. Hinsichtlich der Einlagen müssen mit Blick auf ihre Belastung durch Registersteuern drei verschiedene Einlagearten unterschieden werden: „einfache Einlagen" („apports purs et simples"), „Einlagen mit Gegenleistung" („apports à titre onéreux") und „gemischte Einlagen" („apports mixtes").[1209]

Bei einfachen Einlagen werden im Gegenzug zur Einbringung Gesellschaftsrechte, die mit sämtlichen unternehmerischen Risiken verbunden sind, gewährt.[1210] Im Gegensatz hierzu ist die Vergütungsform bei Einlagen mit Gegenleistung frei von unternehmerischen Risiken. Hier besteht die Gegenleistung in Form einer Geldzahlung, in der Ausgabe von Schuldverschreibungen oder in der Übernahme von Verbindlichkeiten des Einbringenden durch das Unternehmen.[1211] Bei gemischten Einlagen werden für die Einbringung teils Gesellschaftsrechte

---

1206 Ein solcher Tätigkeitsschwerpunkt ist gegeben, wenn das Vermögen einer Gesellschaft im Jahr vor der Veräußerung hauptsächlich aus Grundstücken oder Rechten an Grundstücken bestand (Art. 726 I. 2° CGI).

1207 Die Registersteuer wird hier nur fällig, wenn die Übertragung der Aktien beurkundet wird. Vgl. doc. adm. 7 D 50 vom 15.6.2000, Rn. 6.

1208 Ein Tätigkeitsschwerpunkt im Immobilienbereich – im steuerlichen Sinn – kann nur bei nicht börsennotierten Gesellschaften vorliegen. Vgl. doc. adm. 7 D 5112 vom 15.6.2000, Rn. 17.

1209 Vgl. doc. adm. 7 H 21 vom 1.9.1999, Rn. 1.

1210 Zu diesen Gesellschaftsrechten zählen insbesondere Anteile an Personenhandelsgesellschaften und an Kapitalgesellschaften. Vgl. doc. adm. 7 H 21 vom 1.9.1999, Rn. 2.

1211 Zivilrechtlich gesehen handelt es sich hierbei nicht um Einlagen. Vgl. doc. adm. 7 H 21 vom 1.9.1999, Rn. 3. COZIAN spricht in diesem Zusammenhang von „unechten Einlagen" („des faux apports"). Vgl. COZIAN, Précis de fiscalité 2002, Rn. 2332.

– einfache Einlage –, teils andere Vergütungsformen – Einlage mit Gegenleistung – gewährt.[1212]

Auf einfache Einlagen wird grundsätzlich keine Registersteuer erhoben (Art. 810 bis Abs. 1 CGI). Die gilt nicht für einfache Einlagen von Personen[1213], die nicht der IS unterliegen, in eine Gesellschaft, die juristische Person ist und der IS unterliegt (Art. 809 I. 3° CGI). In diesem Fall unterliegt die Einbringung von Grundstücken, grundstücksgleichen Rechten, Geschäftsbetrieben, Kundenstämmen oder „Mietrechten" („droit à un bail" bzw. „droit à une promesse de bail") an Grundstücken einer proportionalen Registersteuer (Art. 809 I. 3° CGI i.V.m. Art. 810 III. Abs. 1 CGI). Der hier zur Anwendung kommende Registersteuersatz beträgt 4,80 %.[1214] Bei Geschäftsbetrieben, Kundenstämmen und Mietrechten gilt er aber nur für den Teil der Bemessungsgrundlage, der 23.000 EUR übersteigt.[1215]

Die Erhebung der Steuer kann umgangen werden. Sofern sich der Einbringende verpflichtet, die als Gegenleistung für die Einbringung der in Art. 809 I. 3° CGI genannten Wirtschaftsgüter gewährten Gesellschaftsrechte mindestens drei Jahre lang zu halten, fallen auch hier keine Registersteuern an (Art. 810 III. Abs. 2 CGI i.V.m. Art. 810 bis Abs. 1 CGI).[1216] Wird die Frist von drei Jahren nicht beachtet, kommt der eigentlich vorgesehene Steuersatz von 4,80 % nachträglich zur Anwendung (Art. 810 III. Abs. 4 CGI).

Bei der Einbringung bestimmter Wirtschaftsgüter wird die TVA fällig. Dies betrifft die in Kapitel 4.3.5.2.1 genannten Immobilien – bestimmte Baugrundstücke und neue Gebäude –, bei deren Verkauf TVA erhoben wird.[1217] Art. 810 IV. CGI i.V.m. Art. 810 bis Abs. 1 CGI befreien diese bereits durch die TVA belasteten Einbringungsvorgänge von den Registersteuern.

Einlagen mit Gegenleistung werden steuerlich wie die entgeltliche Übertragung der entsprechenden Wirtschaftsgüter behandelt. Somit kann an dieser Stelle auf die Ausführungen zur Erhebung der Registersteuern auf die entgeltliche Übertragung von Immobilien[1218] bzw. von beweglichen Gegenständen[1219] verwiesen werden.

Da gemischte Einlagen einerseits aus einer einfachen Einlage, andererseits aus einer Einlage mit Gegenleistung bestehen, kommen die entsprechenden steuerlichen Vorschriften zur An-

---

1212 Hinsichtlich des Teils der Einlage, der als Einlage mit Gegenleistung eingestuft wird, übernimmt die empfangende Gesellschaft in den meisten Fällen Verbindlichkeiten des Einbringenden. Vgl. doc. adm. 7 H 21 vom 1.9.1999, Rn. 4. Ein Beispiel hierfür ist die Einbringung eines Grundstücks, das mit einer Hypothek belastet ist. In Höhe der Hypothek wird die Einbringung als Einlage mit Gegenleistung eingestuft. Ein weiteres Beispiel ist die Einbringung eines Geschäftsbetriebs mit den zugehörigen Verbindlichkeiten in eine Gesellschaft. Vgl. SERLOOTEN, Droit commercial 1997, Rn. 606.

1213 Dabei kann es sich um natürliche oder juristische Personen handeln. Vgl. doc. adm. 7 H 2221 vom 1.9.1999, Rn. 13.

1214 Für Grundstücke und grundstücksgleiche Rechte ergibt sich dies aus Art. 810 III. Abs. 1 CGI, Art. 1595 CGI, Art. 1584 CGI bzw. Art. 1595 bis CGI, für die anderen vorstehend genannten Wirtschaftsgüter aus Art. 719 CGI, Art. 1595 CGI, Art. 1584 CGI bzw. Art. 1595 bis CGI. Hinsichtlich des Zustandekommens des Steuersatzes der letztgenannten Wirtschaftsgüter gelten aufgrund der relevanten gesetzlichen Vorschriften die Ausführungen in Fn. 1205.

1215 Vgl. hierzu Fn. 1205.

1216 Bei der Einbringung von Grundstücken oder grundstücksgleichen Rechten muss außerdem noch die Voraussetzung erfüllt werden, dass diese gleichzeitig mit dem gesamten dem Geschäftsbetrieb dienenden Anlagevermögen eingebracht werden (Art. 810 III. Abs. 2 CGI).

1217 Art. 257 7° 1. a) Abs. 1 CGI nennt neben dem Verkauf explizit die Einbringung in eine Gesellschaft. Art. 257 7° 1. b) CGI spricht zwar nur vom Verkauf. Die Finanzverwaltung stellt aber klar, dass auch die Einbringung – in Form von einfachen Einlagen und von Einlagen mit Gegenleistung – unter diese Vorschrift fällt. Vgl. doc. adm. 8 A 1121 vom 15.12.1995, Rn. 71.

1218 Vgl. hierzu Kapitel 4.3.5.2.1.

1219 Vgl. hierzu Kapitel 4.3.5.2.2.

wendung.[1220] Bei der Einbringung können die beteiligten Parteien innerhalb der wertmäßigen Grenzen aber frei festlegen, welche Wirtschaftsgüter welcher Einlageform zugeordnet werden sollen.[1221] Bei der Zuordnung zu den Einlagen mit Gegenleistung sollten somit solche Wirtschaftsgüter bevorzugt werden, bei deren Veräußerung keine Registersteuern anfallen – hierzu gehören beispielsweise Forderungen – oder bei deren Veräußerung die TVA erhoben wird, denn diese kann von der die Einlage empfangenden Gesellschaft über den Vorsteuerabzug zurückgefordert werden.[1222] Unterbleibt die Zuordnung durch die beteiligten Parteien, wird die bei der Einbringung erbrachte Gegenleistung sämtlichen eingebrachten Wirtschaftsgütern mit den jeweiligen steuerlichen Folgen proportional zugeordnet.[1223]

Eine gemischte Einlage kann grundsätzlich auch bei der Einbringung eines Einzelunternehmens in eine Gesellschaft vorliegen, nämlich dann, wenn es zur Übernahme der Verbindlichkeiten des eingebrachten Unternehmens durch die empfangende Gesellschaft kommt. Art. 809 I bis. Abs. 1 CGI verweist in diesem Fall – eine entsprechende Zuordnung der Verbindlichkeiten vorausgesetzt – auf Art. 809 I. 3° CGI, weshalb der bei einer einfachen Einlage gültige Registersteuersatz von 4,80 % zur Anwendung kommt. Verpflichtet sich aber der Einbringende, die im Gegenzug zur Einlage gewährten Gesellschaftsrechte mindestens drei Jahre lang zu halten, fällt bei der Einbringung des Einzelunternehmens keine Registersteuer an (Art. 809 I bis. Abs. 1 CGI i.V.m. Art. 810 bis Abs. 1 CGI).

Registersteuern können nicht nur bei Gesellschaftsgründungen anfallen, sondern auch bei zahlreichen weiteren gesellschaftsrechtlichen Vorgängen. Hierzu gehören auch Kapitalerhöhungen. Werden in diesem Zusammenhang Einlagen getätigt, greifen die vorstehend beschriebenen Regelungen zur Besteuerung von Einlagen bei der Gründung einer Gesellschaft.[1224] Erfolgt die Kapitalerhöhung aus Gesellschaftsmitteln, unterliegt sie einer Registersteuer in Höhe von 230 EUR (Art. 812 I. CGI).

Bei einer Kapitalherabsetzung muss unterschieden werden, ob es dabei zu einer Zahlung von Gesellschaftsmitteln an die Gesellschafter kommt oder ob eine solche unterbleibt. Im letzten Fall soll meistens ein von der Gesellschaft erlittener Verlust ausgeglichen werden. Hier fällt lediglich eine Registersteuer in Höhe von 75 EUR an (Art. 680 CGI).[1225] Werden aber Gesellschaftsmittel an die Gesellschafter gezahlt, kommen die Vorschriften, die bei einer Verteilung des Gesellschaftsvermögens im Rahmen einer Gesellschaftsauflösung greifen, zur Anwendung.[1226]

Bei Verschmelzungen und Spaltungen von Gesellschaften sowie bei Teileinbringungen in Gesellschaften kann grundsätzlich auf die registersteuerlichen Regelungen für Kapitalerhöhungen von bereits bestehenden Gesellschaften bzw. für Neugründungen von Gesellschaften verwiesen werden.[1227] Allerdings existieren hier steuerliche Begünstigungsregelungen. Somit

---

1220 Vgl. doc. adm. 7 H 24 vom 1.9.1999, Rn. 3.

1221 Vgl. doc. adm. 7 H 24 vom 1.9.1999, Rn. 1.

1222 Vgl. SERLOOTEN, Droit commercial 1997, Rn. 607.

1223 Vgl. doc. adm. 7 H 24 vom 1.9.1999, Rn. 2.

1224 Vgl. doc. adm. 7 H 321 vom 1.9.1999, vor Rn. 1.

1225 Vgl. doc. adm. 7 H 331 vom 1.9.1999, Rn. 3. Art. 680 CGI gilt für sämtliche rechtliche Vorgänge, die weder von einer anderen Vorschrift erfasst werden, noch explizit von einer Besteuerung durch die Registersteuern ausgenommen sind.

1226 Vgl. doc. adm. 7 H 331 vom 1.9.1999, Rn. 4. Vgl. zu diesen Vorschriften die Ausführungen am Ende dieses Kapitels.

1227 Vgl. doc. adm. 7 H 3712 vom 1.9.1999, Rn. 1.

unterliegen die genannten Umwandlungsvorgänge unter bestimmten Bedingungen lediglich einer Registersteuer in Höhe von 230 EUR.[1228]

Bei der Option einer bisher nicht körperschaftsteuerpflichtigen Gesellschaft für eine Besteuerung durch die IS greift grundsätzlich Art. 809 II. CGI, wonach die vorstehend beschriebenen Vorschriften zur Erhebung von Registersteuern bei einfachen Einlagen angewendet werden.[1229] Allerdings kann hier Art. 810 III. Abs. 2 CGI zur Anwendung kommen, wonach lediglich eine Registersteuer in Höhe von 230 EUR anfällt, sofern die Gesellschafter die im Moment der Option gehaltenen Gesellschaftsanteile ab der Optionsausübung mindestens drei Jahre lang halten werden.[1230]

Eine Gesellschaftsauflösung, die nicht mit einer Übertragung von Gütern verbunden ist, unterliegt lediglich einer Registersteuer in Höhe von 230 EUR (Art. 811 2° CGI). Kommt es aber im Rahmen der Auflösung zu einer Verteilung des Gesellschaftsvermögens, wird grundsätzlich eine Registersteuer in Höhe von 1 % auf das Nettogesellschaftsvermögen erhoben (Art. 746 CGI). Werden außerdem Ausgleichszahlungen geleistet oder werden bestimmte Wirtschaftsgüter an andere Personen als die Gesellschafter, die diese Wirtschaftsgüter in die Gesellschaft eingebracht haben, verteilt, fallen außerdem die Registersteuern auf entgeltliche Übertragungen an.[1231]

4.3.6 Taxe sur la valeur ajoutée

Der TVA liegt in Frankreich – wie auch in Deutschland – das System der Allphasen-Nettoumsatzsteuer zugrunde.[1232] Demzufolge wird auf jeder Produktions- und Handelsstufe lediglich der erzeugte Mehrwert besteuert, so dass die insgesamt entrichtete Steuer ausgehend vom Endverkaufspreis berechnet wird.[1233] Dies wird dadurch erreicht, dass die TVA, die im Zusammenhang mit einem umsatzsteuerpflichtigen Vorgang entrichtet wurde – die Vorsteuer –, von der hierauf erhobenen TVA abgezogen werden darf (Art. 271 I. 1. CGI).[1234]

Der Umsatzsteuer unterliegen grundsätzlich sämtliche Lieferungen von Gütern und Leistungen, die ein Steuerpflichtiger gegen Entgelt ausführt (Art. 256 I. CGI).[1235] Darüber hinaus unterliegen zahlreiche Vorgänge aufgrund expliziter gesetzlicher Regelungen der TVA (Art. 257 CGI). Hierzu gehören beispielsweise bestimmte Vorgänge im Immobilienbereich

---

[1228] Für Verschmelzungen ergibt sich dies aus Art. 816 CGI und aus Art. 816 A CGI, für Spaltungen und Teileinbringungen aus Art. 817 CGI i.V.m. Art. 816 CGI und Art. 816 A CGI. Vgl. hierzu auch KUSSMAUL/SCHÄFER, Verschmelzung von Kapitalgesellschaften 2000, S. 108.

[1229] Vgl. doc. adm. 7 H 351 vom 1.9.1999, Rn. 6.

[1230] Vgl. zur Optionsausübung Kapitel 5.2.1.3.

[1231] Vgl. REVUE FIDUCIAIRE, Fiscal 2002, Rn. 3407-3408.

[1232] Vgl. zu diesem und zu weiteren Umsatzsteuersystemen KUSSMAUL, Betriebswirtschaftliche Steuerlehre 2000, S. 390-393. Vgl. zu den verschiedenen Umsatzsteuersystemen aus französischer Sicht und zu deren Entwicklung in Frankreich BELTRAME, Fiscalité 2001, S. 82-84.

[1233] Vgl. REVUE FIDUCIAIRE, Fiscal 2002, Rn. 6180.

[1234] In der praktischen Durchführung werden nicht einzelne Vorgänge, sondern ganze Abrechnungsperioden betrachtet. Vgl. LEFEBVRE, Fiscal 2002, Rn. 4904.

[1235] Hieraus können drei Kriterien für den Anwendungsbereich der Umsatzsteuer abgeleitet werden: 1. Es müssen steuerbare Vorgänge vorliegen. 2. Die steuerbaren Vorgänge müssen gegen Entgelt geleistet werden. 3. Sie müssen von einem Steuerpflichtigen ausgeführt werden. Vgl. MERCIER/PLAGNET, Impôts 2002, Rn. 943. Ihre gesetzliche Definition erfahren diese Kriterien in Art. 256 CGI und in Art. 256 A CGI. Der aus dem deutschen Steuerrecht bekannte Begriff des „Unternehmers“ existiert im französischen Steuerrecht nicht. Vgl. HELLIO/THILL, Steuern in Frankreich 2002, Rn. 663.

(Art. 257 7° CGI).[1236] Der Regelsteuersatz der TVA beträgt 19,6 % (Art. 278 CGI), der reduzierte Steuersatz auf bestimmte Güter 5,5 % (Art. 278 bis CGI).[1237] [1238]

Analog zu den gewerblichen Gewinnermittlungsarten[1239] bestehen auch im Bereich der TVA verschiedene Besteuerungskonzepte, die mit entsprechenden Erleichterungen im Besteuerungsverfahren verbunden sind. Auch hier werden das Verfahren der „micro-entreprises", das Verfahren des „réel simplifié" und das des „réel normal" unterschieden.[1240]

Hinsichtlich der Abgrenzung der TVA erfolgt eine Besteuerung, sofern der gesetzlich definierte Ort der Lieferung (Art. 258 I. CGI) bzw. der gesetzlich definierte Ort der Leistung (Art. 259 CGI) in Frankreich liegt. Ein Exportvorgang sowie – sofern das Bestimmungsland Mitglied der EU ist – eine innergemeinschaftliche Lieferung sind von der TVA befreit. Ein Importvorgang sowie – sofern das Herkunftsland Mitglied der EU ist – ein innergemeinschaftlicher Erwerb unterliegen der TVA.[1241] Die in diesem Zusammenhang gezahlte TVA kann aber als Vorsteuer geltend gemacht werden.[1242]

4.3.7 Weitere Steuern und steuerähnliche Abgaben

4.3.7.1 Taxe sur les véhicules des sociétés

Die Personenkraftwagen, die bei einer Gesellschaft zum Einsatz kommen, unterliegen gem. Art. 1010 Abs. 1 CGI der „Steuer auf Fahrzeuge der Gesellschaften" („taxe sur les véhicules des sociétés"). Der jährliche Steuerbetrag pro Fahrzeug richtet sich nach der „Steuerstärke" („puissance fiscale") der Fahrzeuge. Für Personenkraftwagen mit maximal sieben Steuer-PS[1243] beträgt die Steuer 1.130 EUR pro Fahrzeug (Art. 1010 Abs. 1 a. CGI). Für alle anderen Personenkraftwagen beläuft sie sich auf 2.440 EUR pro Fahrzeug (Art. 1010 Abs. 1 b. CGI). Die Steuer auf Fahrzeuge der Gesellschaften mindert zwar die Bemessungsgrundlage der IR,[1244] nicht aber die der IS (Art. 1010 Abs. 1 CGI).[1245]

1236 Ferner gehört hierzu der „Eigenverbrauch" („livraisons à soi-même de biens ou services"; insbesondere Art. 257 8° CGI). Vgl. zum Eigenverbrauch doc. adm. 3 A 1221 vom 20.10.1999.

1237 Zu diesen Gütern gehören beispielsweise bestimmte Lebensmittel (Art. 278 bis 1° und 2° CGI) und Bücher (Art. 278 bis 6° CGI).

1238 Neben einem Satz von 2,1 % auf bestimmte Medikamente und Presseprodukte existieren noch verschiedene gebietsabhängige Sätze. Vgl. MERCIER/PLAGNET, Impôts 2002, Rn. 1001.

1239 Vgl. hierzu Kapitel 4.2.1.2.3.2.

1240 Vgl. GROSCLAUDE/MARCHESSOU, Droit fiscal 2001, Rn. 385. Vgl. ausführlich zu den einzelnen Verfahren DISLE/SARAF, Droit fiscal 2002, S. 123-140.

1241 Vgl. PELLAS, Fiscalité internationale 2002, S. 122-123. Von diesem bei innergemeinschaftlichen Vorgängen zur Anwendung kommenden Prinzip existieren auch Ausnahmen. Demzufolge unterliegt beispielsweise ein Erwerbsvorgang, der von einer Privatperson durchgeführt wird, grundsätzlich der Mehrwertsteuer des Herkunftslandes. Vgl. GROSCLAUDE/MARCHESSOU, Droit fiscal 2001, Rn. 365.

1242 Vgl. GOUTHIÈRE, Impôts 2001, Rn. 1326.

1243 Vgl. zu diesem Ausdruck TILLMANNS, in: MENNEL/FÖRSTER, Steuern 2002, Rn. 481.

1244 Da kein explizites gesetzliches Abzugsverbot besteht, ist sie gem. Art. 39 1. 4° Abs. 1 CGI bei der Ermittlung der IR eine abzugsfähige Betriebsausgabe.

1245 Außerdem unterliegen bestimmte Fahrzeuge einer Gesellschaft der „vignette". Die Höhe dieser Steuer ist u.a. von der Steuerstärke und vom Alter des betreffenden Fahrzeugs abhängig. Zum einen betrifft sie Fahrzeuge mit mehr als 3,5 t Gewicht. Zum anderen wird sie – bezogen auf die anderen Fahrzeugtypen – erst ab dem vierten Fahrzeug einer Gesellschaft erhoben. Vgl. REVUE FIDUCIAIRE, Fiscal 2002, Rn. 5967-5969.

4.3.7.2 Taxe sur certaines dépenses de publicité

Die „Steuer auf bestimmte Werbungsausgaben" („taxe sur certaines dépenses de publicité") wird von sämtlichen Personen, die der Umsatzsteuer unterliegen, erhoben, sofern ihr Vorjahresumsatz ohne TVA mehr als 763.000 EUR betrug (Art. 302 bis MA II. CGI). Die Werbungsausgaben, die zu einer Steuerpflicht führen, sind in Art. 302 bis MA II. CGI genannt. Demnach gehören hierzu u.a. Ausgaben für die Herstellung und Verteilung von Werbeprospekten. Der Steuersatz beträgt 1 % der betreffenden Ausgaben (Art. 302 bis MA IV. CGI). Da kein ausdrückliches gesetzliches Abzugsverbot besteht, gehört die Steuer gem. Art. 39 1. 4° Abs. 1 CGI zu den abzugsfähigen Betriebsausgaben.

4.3.7.3 Contribution sociale de solidarité des sociétés

Die „contribution sociale de solidarité des sociétés" ist ein Beitrag von Gesellschaften mit gesetzlich festgelegten Rechtsformen, der bestimmten Sparten des Sozialversicherungssystems der Selbständigen zugute kommt (Art. L. 651-1 CSS). Zu den beitragspflichtigen Rechtsformen gehören insbesondere die Personenhandels- und Kapitalgesellschaften (Art. L. 651-1 1°, 2°, 3° und 6° CSS). Eine Beitragspflicht liegt aber erst dann vor, wenn der Jahresumsatz der Gesellschaft mindestens 760.000 EUR beträgt (Art. L. 651-3 Abs. 1 CSS). Der somit erhobene Beitrag beträgt 0,13 % des Jahresumsatzes ohne umsatzabhängige Steuern (Art. L. 651-3 Abs. 1 CSS i.V.m. Art. L. 651-5 Abs. 1 CSS) und mindert als abzugsfähige Betriebsausgabe die Steuerbemessungsgrundlage (Art. 39 1. 6° CGI).

4.4 Verständigungsverfahren und Schiedsverfahren

Trotz des Bestehens eines Doppelbesteuerungsabkommens kann es aufgrund unterschiedlicher Auslegung durch die Abkommensstaaten oder bei Regelungslücken in den Doppelbesteuerungsabkommen zu einer Doppelbesteuerung kommen.[1246] Das in Doppelbesteuerungsabkommen enthaltene Verständigungsverfahren ermöglicht es den zuständigen Behörden eines Staates mit den zuständigen Behörden des anderen Staates in Kontakt zu treten, um eine Einigung in Einzelfällen oder in allgemeinen Fragen zu erzielen.[1247] Auch das DBA-D/F enthält in Art. 25 DBA-D/F Regelungen zu einem Verständigungsverfahren. Im Einzelfall ist der Antrag eines Steuerpflichtigen erforderlich. Er muss nachweisen, dass er durch Maßnahmen der Finanzbehörden einer Doppelbesteuerung[1248] unterlag oder unterlegen könnte (Art. 25 Abs. 1 DBA-D/F und Art. 25a Abs. 1 DBA-D/F). Dieser Antrag muss an die zuständige Behörde des Ansässigkeitsstaats gerichtet werden.[1249] Hält diese Behörde die Einwendungen für begründet, muss sie sich mit der zuständigen Behörde des anderen Staates verständigen, um eine Doppelbesteuerung (möglichst) zu vermeiden (Art. 25 Abs. 2 DBA-D/F). Es besteht aber keine Pflicht zur Erzielung einer Einigung.[1250]

[1246] Vgl. ROSE, Grundzüge 2000, S. 72.
[1247] Vgl. BMF vom 1.7.1997, BStBl. I 1997, S. 717, Rn. 1.1.
[1248] Art. 25 DBA-D/F deckt auch Fälle einer wirtschaftlichen Doppelbesteuerung ab. Dabei ist aber nicht ganz klar, ob Art. 25 Abs. 1 DBA-D/F oder Art. 25 Abs. 3 DBA-D/F solche Fälle erfasst. Vgl. KRAMER, Art. 25, in: DEBATIN/WASSERMEYER, Doppelbesteuerung 2002, Rn. 15-16.
[1249] Vgl. BMF vom 1.7.1997, BStBl. I 1997, S. 717, Rn. 2.1.2.
[1250] Vgl. MA-Kommentar zu Art. 25 Abs. 2 OECD-MA, Rn. 26, abgedruckt bei DEBATIN/WASSERMEYER, Doppelbesteuerung 2002; STAWINOGA, Körperschaftsteuer 1994, S. 223. Der Steuerpflichtige hat also keinen Anspruch auf den Erfolg eines Verständigungsverfahrens und somit auf eine Vermeidung der Doppelbesteuerung. Vgl. ROSE, Grundzüge 2000, S. 73.

Art. 25a DBA-D/F enthält eine Regelung, die sich nicht im OECD-MA findet.[1251] Erzielen die zuständigen Behörden innerhalb von zwei Jahren nach Eingang des Antrags eines Steuerpflichtigen keine Einigung in einem Verständigungsverfahren, können sie eine Schiedskommission anrufen (Art. 25a Abs. 1 DBA-D/F). Die Behörden sind hierzu aber nicht verpflichtet.[1252] Die Schiedskommission setzt sich aus einem deutschen und einem französischen Mitglied sowie aus einem Mitglied aus einem Drittstaat zusammen (Art. 25a Abs. 2 DBA-D/F). Sie entscheidet unter Heranziehung von völkerrechtlichen Grundsätzen und von Regelungen des DBA-D/F (Art. 25a Abs. 4 DBA-D/F).

In Verrechnungspreisfällen[1253] oder bei Gewinnabgrenzungsproblemen im Fall von Betriebstätten[1254] sollen Doppelbesteuerungsprobleme innerhalb der EU durch die so genannte Schiedsverfahrenskonvention[1255] vermieden werden.[1256] Sie ist ein multilateraler Vertrag zwischen den Mitgliedsstaaten der Europäischen Union.[1257] Am Anfang eines durch diesen Vertrag geregelten Verfahrens zur Vermeidung der Doppelbesteuerung steht ein Verständigungsverfahren, welches größtenteils dem Verständigungsverfahren eines Doppelbesteuerungsabkommens entspricht.[1258] Eingeleitet wird ein solches Verfahren durch ein betroffenes Unternehmen (Art. 6 (1) Schiedsverfahrenskonvention). Kommen die zuständigen Behörden innerhalb von zwei Jahren nicht zu einer Einigung hinsichtlich der Beseitigung einer Doppelbesteuerung, muss der so genannte „Beratende Ausschuss" eingesetzt werden (Art. 7 (1) Schiedsverfahrenskonvention). Somit beginnt das eigentliche Schlichtungsverfahren.[1259]

Während einige deutsche Doppelbesteuerungsabkommen, wie auch das DBA-D/F, bereits ein solches Schlichtungs- oder Schiedsverfahren enthalten, werden diese abkommensrechtlich geregelten Schlichtungsverfahren aber nur eingeleitet, wenn sich die zuständigen Behörden hinsichtlich einer Einleitung einig sind.[1260] Auch im Verhältnis Deutschland-Frankreich haben die von einer Doppelbesteuerung betroffenen Steuerpflichtigen keinen Anspruch auf die Einleitung eines Schiedsverfahrens, so dass sie das endgültige Scheitern eines Verständigungsverfahrens nicht vermeiden können.[1261]

Der Beratende Ausschuss gibt innerhalb von sechs Monaten eine Stellungsnahme ab (Art. 11 (1) Schiedsverfahrenskonvention),[1262] worauf die zuständigen Behörden wieder innerhalb von sechs Monaten im gegenseitigen Einvernehmen eine Entscheidung zur Beseitigung der Doppelbesteuerung treffen müssen (Art. 12 (1) Abs. 1 Schiedsverfahrenskonvention).[1263] Im Ge-

[1251] Vgl. KRAMER, Art. 25a, in: DEBATIN/WASSERMEYER, Doppelbesteuerung 2002, Rn. 1.

[1252] Vgl. BOURMONT/RUBECHI, Verrechnungspreise 2002, S. 499; STAWINOGA, Körperschaftsteuer 1994, S. 223.

[1253] Vgl. hierzu insbesondere Kapitel 6.1.4.

[1254] Vgl. hierzu Kapitel 6.1.1.

[1255] Übereinkommen über die Beseitigung der Doppelbesteuerung im Falle von Gewinnberichtigungen zwischen verbundenen Unternehmen (90/436/EWG), BStBl. I 1993, S. 819. Vgl. zur Bezeichnung Schiedsverfahrenskonvention statt vieler BERNHARD, Verlängerung der Schiedsverfahrenskonvention 1999, S. 243.

[1256] Dies ergibt sich aus Art. 1 (1) und (2) und Art. 4 Schiedsverfahrenskonvention.

[1257] Ihre Laufzeit war zunächst auf fünf Jahre bis zum 31.12.1999 begrenzt. Nun gilt sie aber für weitere fünf Jahre und verlängert sich anschließend automatisch um jeweils fünf Jahre. Vgl. BERNHARD, Verlängerung der Schiedsverfahrenskonvention 1999, S. 243 und 245.

[1258] Vgl. SASS, Schlichtungsverfahren 1991, S. 985.

[1259] Vgl. SASS, Schlichtungsverfahren 1991, S. 986.

[1260] Vgl. KRABBE, in: FISCHER, Grenzüberschreitende Aktivitäten 1997, S. 83-84.

[1261] Vgl. KRAMER, Art. 25a, in: DEBATIN/WASSERMEYER, Doppelbesteuerung 2002, Rn. 2.

[1262] Die Entscheidung über die Stellungnahme wird letztendlich von Personen, die von den zuständigen Behörden unabhängig sind, herbeigeführt. Vgl. MENCK, in: MÖSSNER, Steuerrecht 1998, Rn. D 61.

[1263] Ihre Entscheidung kann von der Stellungnahme des Beratenden Ausschusses abweichen. Sofern sie aber keine Einigung erzielen, müssen sie sich an die Stellungnahme halten (Art. 12 (1) Abs. 2 Schiedsverfahrenskonvention).

gensatz zu den in den Doppelbesteuerungsabkommen geregelten Verständigungsverfahren besteht hier also ein Einigungszwang der Finanzbehörden der betroffenen Staaten.[1264] Allerdings ist der Anwendungsbereich der Schiedsverfahrenskonvention auf die vorstehend genannten Problembereiche beschränkt und deckt nicht sämtliche Streitfälle, die sich aus einem Doppelbesteuerungsabkommen ergeben können, ab.[1265]

[1264] Vgl. MENCK, in: MÖSSNER, Steuerrecht 1998, Rn. D 61.
[1265] Vgl. KRABBE, in: FISCHER, Grenzüberschreitende Aktivitäten 1997, S. 85.

5 Steuerliche Aspekte der Errichtung einer Grundeinheit in Frankreich durch ein Unternehmen mit Spitzeneinheit in Deutschland

5.1 Steuererleichterungen für neu gegründete Unternehmen

Steuererleichterungen, die im Zusammenhang mit der Gründung eines Unternehmens bzw. einer Unternehmenseinheit gewährt werden, bilden einen wichtigen Aspekt der hier betrachteten Phase des Untersuchungsgegenstands. In Frankreich existieren zahlreiche solcher Erleichterungen bei verschiedenen Steuerarten. Allerdings sind sie mit vielfältigen und teilweise stark restriktiven Anwendungsvoraussetzungen verbunden. Aus diesem Grund muss eine detaillierte Beschreibung dieser Voraussetzungen zeigen, inwiefern das hier betrachtete internationale Unternehmen bestehende Steuererleichterungen für seine französische Grundeinheit beanspruchen kann.

Neu gegründete Unternehmen können zunächst vollständig, dann teilweise von der Zahlung der IR bzw. der IS befreit werden. Die entsprechenden Regelungen sind in Art. 44 sexies CGI definiert. Dort sind zahlreiche Voraussetzungen aufgelistet, die für eine Befreiung erfüllt werden müssen.[1266]

Bezüglich der Gewinnermittlungsart wird die Anwendung eines Verfahrens des „réel" verlangt.[1267] Dabei wird keine Unterscheidung gemacht, ob das Verfahren zwangsläufig oder aufgrund der Ausübung eines Wahlrechts zur Anwendung kommt (Art. 44 sexies I. Abs. 1 CGI). Auch die Art der von dem Unternehmen ausgeübten Tätigkeit muss bestimmte Bedingungen erfüllen. Somit werden lediglich gewerbliche Tätigkeiten i.S.d. Art. 34 CGI[1268] und i.S.d. Art. 35 I. 5° CGI (Art. 44 sexies I. Abs. 1 CGI) begünstigt[1269] sowie selbständige Tätigkeiten i.S.d. Art. 92 1. CGI (Art. 44 sexies I. Abs. 3 CGI).[1270]

[1266] Neben dieser Befreiungsmöglichkeit werden auch neu gegründete körperschaftsteuerpflichtige Unternehmen unter bestimmten Bedingungen von der IS befreit, sofern sie eigens für die Übernahme Not leidender Unternehmen gegründet wurden (Art. 44 septies CGI). Die Struktur und Zielsetzung des hier untersuchten internationalen Unternehmens macht eine Darstellung dieser Regelung entbehrlich. Bis zum 31.12.2001 bestand außerdem eine Befreiungsmöglichkeit für Unternehmen, die in so genannten „zones franches urbaines" gegründet wurden. Diese in Art. 44 octies CGI kodifizierte Vorschrift wird aufgrund des Betrachtungszeitraums der vorliegenden Arbeit nicht näher untersucht.

[1267] Somit kann das Verfahren des „réel simplifié" oder das Verfahren des „réel normal" zur Anwendung kommen. Vgl. hierzu Kapitel 4.2.1.2.3.2.3 bzw. Kapitel 4.2.1.2.3.2.4.

[1268] Demnach sind – abgesehen von Art. 35 I. 5° CGI – die in Art. 35 I. CGI genannten Tätigkeiten, welche im steuerlichen Bereich den gewerblichen gleichgestellt werden, von der Befreiungsregel des Art. 44 sexies CGI ausgenommen. Vgl. zu diesen Tätigkeiten Kapitel 2.1.2.3 und Kapitel 4.2.1.2.3.1.

[1269] In Art. 35 I. 5° CGI werden Einkünfte aus der Vermietung funktionsfähiger Einrichtungen im Handels- oder Industriebereich erfasst. Folglich müssen die wichtigsten Gegenstände, die für den Betrieb der Einrichtung notwendig sind, vermietet werden. Vgl. BO 4 A-6-01 vom 20.11.2001, Rn. 18. Dabei muss es sich aber nicht um einen kompletten „Geschäftsbetrieb" („fonds de commerce") handeln, denn die Vermietung der immateriellen Bestandteile eines solchen wird nicht gefordert (Art. 35 I. 5° CGI). Diese Vermietungstätigkeiten werden jedoch nicht generell, sondern nur innerhalb so genannter „zones de revitalisation rurale" gefördert (Art. 44 sexies I. Abs. 1 CGI). Eine Beschreibung dieser „zones de revitalisation rurale" findet sich in Art. 1465 A CGI. BO 4 A-6-01 vom 20.11.2001, Annexe 4 enthält eine Zusammenstellung der hiervon betroffenen Gebiete.

[1270] Vgl. hierzu die Ausführungen zu den Einkünften aus selbständiger Arbeit in Kapitel 4.2.1.2.7. In einem solchen Unternehmen müssen aber mindestens drei fest angestellte Mitarbeiter tätig sein.

Einige Tätigkeiten sind aber explizit von einer Befreiungsmöglichkeit ausgenommen. Dies betrifft im Wesentlichen den Bank-, Finanz- und Versicherungsbereich sowie den Bereich der Verwaltung oder der Vermietung von Immobilien (Art. 44 sexies I. Abs. 4 CGI).[1271]

Die Anwendung der Begünstigungsvorschrift des Art. 44 sexies CGI ist auf die Zeit vom 1.1.1995 bis zum 31.12.2004 beschränkt (Art. 44 sexies I. Abs. 2 CGI). Eine Unternehmensgründung muss also innerhalb dieses Zeitraums stattfinden, wobei hinsichtlich der Beurteilung des Entstehungszeitpunkts des zu begünstigenden Unternehmens gegebenenfalls umsatzsteuerliche Kriterien herangezogen werden.[1272] Darüber hinaus ist auch der räumliche Anwendungsbereich der Vorschrift eingeschränkt. Die Unternehmensgründungen müssen gem. Art. 44 sexies I. Abs. 2 CGI in so genannten „zones d'aménagement du territoire", „territoires ruraux de développement prioritaire" oder in „zones de redynamisation urbaine" stattfinden.[1273] Dies bedeutet, dass sich der Sitz des Unternehmens in diesen Gebieten befinden und die unternehmerische Tätigkeit dort ausgeübt werden muss. Außerdem sollen die Mitarbeiter des Unternehmens in einem der Fördergebiete tätig sein und die betrieblichen Gegenstände müssen dort zum Einsatz kommen.[1274]

Art. 44 sexies III. CGI definiert den Begriff eines „neu gegründeten Unternehmens".[1275] Die Steuerbefreiung greift nur, wenn das betreffende Unternehmen weder aus einem Konzentrations- oder Umstrukturierungsprozess, noch aus der Ausweitung oder Wiederaufnahme bereits bestehender Tätigkeiten entstanden ist (Art. 44 sexies III. Abs. 1 CGI). Das Bestehen eines Vertrags, welcher eine Zusammenarbeit festlegt und welcher zu einer Unterstützung durch einen Partner führt, wird als Ausweitung einer bereits bestehenden Tätigkeit eingestuft (Art. 44 sexies III. Abs. 2 CGI). Eine solche Einstufung nimmt die Finanzverwaltung auch dann vor, wenn einerseits zwischen einem bereits bestehenden und einem neu gegründeten Unternehmen gemeinsame Interessen bestehen. Dies ist der Fall, wenn eine Abhängigkeit aus personellen, finanziellen oder wirtschaftlichen Beziehungen resultiert. Andererseits erfolgt eine solche Einstufung, wenn die Tätigkeit des neu gegründeten Unternehmens die Verlängerung der Tätigkeit eines bereits bestehenden Unternehmens darstellt.[1276] Beide Kriterien gelten als erfüllt, wenn ein ausländisches Unternehmen eine französische Niederlassung gründet.[1277]

Des Weiteren werden Anforderungen bezüglich der Anteilseigner gestellt, sofern es sich bei dem neu gegründeten Unternehmen um eine Gesellschaft handelt. Gem. Art. 44 sexies II. Abs. 1 CGI darf an diesem Unternehmen keine mehr als 50 %ige Beteiligung durch eine andere Gesellschaft gehalten werden. Dies gilt für eine direkte und eine indirekte Beteiligung.

[1271] Ausdrücklich zugelassen ist aber die Vermietung der vorstehend beschriebenen Einrichtungen, denn hier liegt eine Tätigkeit i.S.d. Art. 35 I. 5° CGI vor. Vgl. BO 4 A-6-01 vom 20.11.2001, Rn. 35.

[1272] Ein umsatzsteuerpflichtiges Unternehmen muss spätestens zwei Wochen nach der Aufnahme seiner Tätigkeit eine Meldung zur Anzeige des Bestehens abgeben. Vgl. BO 4 A-6-01 vom 20.11.2001, Rn. 12.

[1273] Art. 1465 CGI bzw. Art. 1466 A CGI enthalten jeweils eine Definition dieser Gebiete. Eine detaillierte Aufzählung wird in BO 4 A-6-01 vom 20.11.2001, Annexe 1-3 und Annexe 5 geliefert. Diese Auflistungen enthalten auch Gebiete im Elsaß und in Lothringen.

[1274] Vgl. BO 4 A-6-01 vom 20.11.2001, Rn. 43-44.

[1275] Die Betriebstätte einer ausländischen Gesellschaft ist aus französischer Sicht „ein in Frankreich betriebenes Unternehmen". Somit sollte sie gegebenenfalls auch als neu gegründetes Unternehmen begünstigt werden. Hier existiert aber eine Liste der Finanzverwaltung hinsichtlich der grundsätzlich von den Begünstigungsregelungen betroffenen Unternehmensformen, in die die Betriebstätte nicht aufgenommen wurde. Vgl. BO 4 A-6-01 vom 20.11.2001, Rn. 9. Unterstellt man dieser Liste einen abschließenden Charakter, können Betriebstätten die Begünstigungsregelungen unabhängig vom Vorliegen der geforderten Anwendungsvoraussetzungen nicht in Anspruch nehmen.

[1276] Vgl. hierzu BO 4 A-6-01 vom 20.11.2001, Rn. 61.

[1277] Vgl. BO 4 A-6-01 vom 20.11.2001, Rn. 62.

Letztere ist gegeben, wenn ein Gesellschafter eine leitende Funktion in einem anderen Unternehmen ausübt, wobei dieses andere Unternehmen einer – bezogen auf das neu gegründete Unternehmen – ähnlichen oder einer ergänzenden Tätigkeit nachgeht (Art. 44 sexies II. Abs. 2 a) CGI). An die Stelle der Ausübung einer leitenden Funktion kann auch eine mindestens 25 %ige Beteiligung an einem solchen anderen Unternehmen durch einen Gesellschafter des neu gegründeten Unternehmens bzw. durch Mitglieder des steuerlichen Haushalts eines Gesellschafters treten (Art. 44 sexies II. Abs. 2 b) CGI).

Die Steuerbefreiung des Art. 44 sexies CGI besteht in einer vollständigen Befreiung von der IR bzw. der IS in den ersten 23 Monaten des Bestehens. Nach diesem Zeitraum der vollständigen Freistellung wird die eigentliche Steuerbemessungsgrundlage jeweils für ein Jahr nur zu 25 %, 50 % und schließlich zu 75 % erfasst (Art. 44 sexies I. Abs. 1 CGI).[1278] Allerdings besteht hier für Unternehmensgründungen, die seit dem 1.1.2000 erfolgt sind, eine Beschränkung hinsichtlich des von der Besteuerung ausgenommenen Betrags. Dieser darf innerhalb eines Zeitraums von 36 Monaten maximal 225.000 EUR betragen.

Die Anwendung der vorstehend beschrieben Befreiungsregelung auf die Grundeinheit des in der vorliegenden Arbeit betrachteten internationalen Unternehmens ist grundsätzlich nicht möglich. Zum einen greift im Fall einer Personenhandels- oder Kapitalgesellschaft als Spitzeneinheit Art. 44 sexies II. Abs. 1 CGI, weil hier eine mehr als 50 %ige Beteiligung durch eine andere Gesellschaft besteht. Aber auch für den Fall, dass natürliche Personen unmittelbar an der französischen Grundeinheit beteiligt sind, greifen Art. 44 sexies II. Abs. 2 a) und b) CGI, denn zum einen üben die Gesellschafter eine leitende Funktion in einer anderen Gesellschaft, die die geforderten Bedingungen erfüllt, aus, zum anderen halten die Gesellschafter eine mindestens 25 %ige Beteiligung an einer solchen anderen Gesellschaft. Lediglich für den Fall, dass die französische Grundeinheit – bezogen auf die deutsche Gesellschaft – weder eine ähnliche noch eine ergänzende Tätigkeit ausübt, kann Art. 44 sexies II. Abs. 2 CGI umgangen werden. Somit müssten die hergestellten Erzeugnisse unterschiedlich sein und die Tätigkeiten der Unternehmenseinheiten dürften nicht voneinander abhängen oder im gleichen Tätigkeitsbereich liegen.[1279]

Selbst wenn Art. 44 sexies II. CGI nicht greifen würde, bliebe immer noch Art. 44 sexies III. CGI. Hier geht die Finanzverwaltung bei der Errichtung der französischen Grundeinheit durch eine deutsche Spitzeneinheit in der Form einer Personenhandelsgesellschaft oder einer Kapitalgesellschaft grundsätzlich von der Ausweitung einer bereits bestehenden Tätigkeit aus. Im Fall der ausschließlichen unmittelbaren Beteiligung natürlicher Personen an der französischen Grundeinheit wäre diese Bedingung aber – sofern keine personellen Beziehungen unterstellt werden – nicht erfüllt. Werden dann noch unterschiedliche Erzeugnisse in den zum internationalen Unternehmen gehörenden Unternehmensteilen hergestellt, ist die Anwendung der steuerlichen Befreiungsregelungen des Art. 44 sexies CGI zumindest denkbar. Jedenfalls wären die gesetzlichen Anforderungen erfüllt.

[1278] Entsprechendes gilt gem. doc. adm. 4 L 753 vom 30.8.1997, Rn. 3 und 4 für die Zuschläge zur IS. Sie richten sich nach der Körperschaftsteuerschuld und entfallen somit anfangs vollständig, anschließend teilweise. Diese Verwaltungsanweisung bezieht sich lediglich auf den ersten Zuschlag, der zum Zeitpunkt der Erstellung der Anweisung noch 10 % betrug. Aufgrund der Berechnungsmodalität beider Zuschläge – Anknüpfung an die Körperschaftsteuerschuld – ist eine Übertragung auf den aktuellen Satz und den zweiten Zuschlag unbedenklich.

[1279] Vgl. BO 4 A-6-01 vom 20.11.2001, Rn. 86.

An die Körperschaftsteuerbefreiung nach Art. 44 sexies CGI knüpft die Befreiung von der IFA an (Art. 223 nonies Abs. 1 CGI).[1280] Die Befreiung bezieht sich auf das gleiche Wirtschaftsjahr und erfolgt gegebenenfalls auch nur teilweise. Darüber hinaus sind auch Gesellschaften, deren Gesellschaftskapital mindestens zur Hälfte aus Bareinlagen besteht, von der Entrichtung der IFA befreit. Diese Befreiung gilt für die ersten drei Jahre des Bestehens (Art. 223 septies Abs. 4 CGI).

Im Bereich der „taxe professionnelle" bestehen zunächst für sämtliche neu gegründete Unternehmen Steuererleichterungen. Im Gründungsjahr eines Unternehmens fällt keine „taxe professionnelle" an (Art. 1478 II. Abs. 1 CGI). In den beiden auf die Gründung folgenden Jahren wird die Bemessungsgrundlage ausgehend vom am 31.12. des Gründungsjahrs vorhandenen Anlagevermögen und von den im Gründungsjahr gezahlten Löhnen und Gehältern oder vom Umsatz des Gründungsjahres – Löhne und Gehälter bzw. Umsätze jeweils hochgerechnet auf ein ganzes Jahr – ermittelt (Art. 1478 II. Abs. 2 CGI). Im ersten Jahr nach der Unternehmensgründung wird die so ermittelte Bemessungsgrundlage der „taxe professionnelle" überdies halbiert (Art. 1478 II. Abs. 3 CGI).

Auch können neu gegründete Unternehmen in den ersten beiden Jahren, die auf das Jahr ihrer Gründung folgen, von der Besteuerung durch die „taxe professionnelle" befreit werden. Neben der gleichzeitigen Befreiung von der IR bzw. der IS gem. Art. 44 sexies CGI[1281] ist ein entsprechender Beschluss der zuständigen Gebietskörperschaften erforderlich (Art. 1464 B I. CGI i.V.m. Art. 1464 C I. Abs. 1 CGI).[1282] Unter den gleichen Voraussetzungen greift auch eine zweijährige Befreiung von der Grundsteuer auf bebaute Grundstücke, sofern die der Steuer zugrunde liegenden Gebäude selbst errichtet oder von einem Not leidenden Unternehmen übernommen wurden (Art. 1383 A I. CGI i.V.m. Art. 1464 C I. Abs. 1 CGI).[1283] Die Befreiung kann für die „taxe professionnelle" und die Grundsteuer gleichzeitig oder auch nur für eine der beiden Steuern greifen (Art. 1464 C II. 1° CGI).

Überdies besteht eine Befreiungsmöglichkeit von der „taxe professionnelle" u.a. für Unternehmen, die in den bereits oben vorgestellten „zones d'aménagement du territoire" oder in den „territoires ruraux de développement prioritaire" eine industrielle Tätigkeit aufnehmen (Art. 1465 Abs. 1 CGI). Eine ministerielle oder eine andere Form der Zustimmung zur Steuerbefreiung ist bei dieser Art der Tätigkeit nicht notwendig (Art. 1465 Abs. 2 CGI).[1284] Die Befreiung von der Steuer bezieht sich gem. Art. 1465 Abs. 4 CGI auf die durch die Schaffung neuer Arbeitsplätze und die durch die neuen Anlagegüter verursachte Nettoerhöhung der Bemessungsgrundlage der „taxe professionnelle". Die Vergleichsgröße ist hierbei die Bemessungsgrundlage des Jahres, welches der die Befreiung auslösenden Investition vorausgeht oder – falls diese größer ist – die durchschnittliche Bemessungsgrundlage der drei vorausgehenden Jahre. Hinsichtlich der von der Besteuerung ausgenommenen Anlagegüter greift aber eine Beschränkung. Demnach dürfen ihre Anschaffungs- oder Herstellungskosten 1.524.490 EUR pro geschaffenem Arbeitsplatz oder einen von den Gebietskörperschaften

[1280] Das Gleiche gilt für die hier nicht näher betrachtete Befreiung von der IS gem. Art. 44 septies CGI (Art. 223 nonies Abs. 1 CGI) und gem. Art. 44 octies CGI (Art. 223 nonies Abs. 3 CGI).

[1281] Eine analoge Regelung gilt wieder für Art. 44 septies CGI.

[1282] Um eine Befreiung zu erreichen, muss das betreffende Unternehmen bis zum 1.1. des auf die Gründung folgenden Jahres einen entsprechenden Antrag gestellt haben (Art. 1464 B II. CGI).

[1283] In diesem Fall muss der Erwerbsvorgang innerhalb von zwei Wochen nach seiner Beurkundung gemeldet werden (Art. 1383 A II. CGI).

[1284] Bei bestimmten anderen Tätigkeiten muss grundsätzlich der Wirtschafts- und Finanzminister zustimmen (Art. 1465 Abs. 2 CGI i.V.m. Art. 1649 nonies CGI). Bei kleineren Unternehmen kommen aber dezentralisierte Entscheidungsprozesse zur Anwendung (Art. 1465 Abs. 3 CGI).

festgelegten kleineren Betrag nicht überschreiten.[1285] Der Umfang der Befreiung – vollständige oder teilweise Befreiung der relevanten Bemessungsgrundlage – sowie deren Dauer – bis zu fünf Jahre – werden von den Gebietskörperschaften festgelegt (Art. 1465 Abs. 1 CGI).

Die Befreiung von der „taxe professionnelle" nach Art. 1464 B CGI und nach Art. 1465 CGI schließen sich gegenseitig aus. Sofern ein Unternehmen beide Anwendungsvoraussetzungen erfüllt, muss es sich für eines der beiden Verfahren entscheiden (Art. 1464 B III. CGI).[1286]

Schließlich bestehen noch weitere gebietsabhängige Befreiungen von der „taxe professionnelle". Die erste hier relevante kann von einer Gemeinde für bestimmte Unternehmensgründungen in so genannten „zones urbaines sensibles" ausgesprochen werden (Art. 1466 A I. Abs. 1 CGI). Auf diesem Weg kann aber maximal ein Bemessungsgrundlagenteil in Höhe von 124.250 EUR[1287] von der „taxe professionnelle" freigestellt werden (Art. 1466 A I. Abs. 3 CGI).[1288] Ferner werden bestimmte Unternehmensgründungen in den oben beschriebenen „zones de redynamisation urbaine" grundsätzlich von der „taxe professionnelle" ausgenommen,[1289] wobei der maximal freigestellte Bemessungsgrundlagenteil dem in Art. 1466 A I. Abs. 3 CGI definierten Betrag in Höhe von 124.250 EUR entspricht (Art. 1466 A I ter. Abs. 1 CGI).[1290] Beiden Vorschriften ist gemeinsam, dass sie nicht zusammen mit den vorstehend beschriebenen Regelungen in Art. 1464 B CGI bzw. in Art. 1465 CGI zur Anwendung kommen können. Unternehmen, welche sämtliche Anwendungsvoraussetzungen erfüllen, müssen sich in einer unumkehrbaren Entscheidung für eines der Befreiungsverfahren entscheiden (Art. 1466 A II. Abs. 2 CGI).

5.2 Besteuerung der Errichtung einer Grundeinheit in Frankreich

5.2.1 Personenhandelsgesellschaft als Spitzeneinheit

5.2.1.1 Betriebstätte als Grundeinheit

Grundsätzlich kann die Errichtung einer ausländischen Grundeinheit und somit auch der ausländischen Betriebstätte auf dem Wege der Bargründung, der Sachgründung und der Kombination dieser beiden Gründungsarten erfolgen. Während die Bargründung keiner Besteuerung unterliegt, verlangt die Sachgründung eine genaue Betrachtung der steuerlichen Wirkungen.[1291] Umsatzsteuerlich führt der Errichtungsvorgang nicht zu definitiven Belastungen.[1292]

[1285] Eine Befreiung von der „taxe professionnelle" ist hier aber nur möglich, wenn das betreffende Unternehmen zusammen mit der Abgabe der Steuererklärung, welche zum ersten Mal die neuen Elemente der Bemessungsgrundlage der „taxe professionnelle" enthält, eine solche Befreiung beantragt (Art. 1465 Abs. 5 CGI).

[1286] Die Entscheidung ist unumkehrbar (Art. 1464 B III. CGI).

[1287] 113.600 EUR ab dem Jahr 2003.

[1288] Außerdem können nur Unternehmen mit weniger als 150 Mitarbeitern von dieser Regelung profitieren (Art. 1466 A I. Abs. 1 CGI).

[1289] Die betreffenden Gebietskörperschaften können sich auch gegen eine solche Befreiung aussprechen.

[1290] Auch hier wird der Anwendungsbereich auf Unternehmen mit weniger als 150 Mitarbeitern beschränkt (Art. 1466 A I ter. Abs. 4 CGI).

[1291] Vgl. zu möglichen Formen der Errichtung einer Betriebstätte und generell zu deren steuerlichen Konsequenzen ROSE, Grundzüge 2000, S. 106. Vgl. auch KLEINEIDAM, Rechnungslegung bei Auslandsbeziehungen 1992, S. 184-185. KLEINEIDAM spricht von der „Barerrichtung" und der „Sacherrichtung".

Die bestehenden Vorschriften zur Besteuerung der Überführung von Wirtschaftsgütern aus dem Gesamthandsvermögen einer deutschen Personenhandelsgesellschaft in eine ausländische – hier eine französische – Betriebstätte können nur aus deren historischen Entwicklung heraus verstanden werden. Die steuerliche Behandlung der Überführung von Wirtschaftsgütern richtete sich in der Vergangenheit nach der von der Finanzrechtsprechung entwickelten Theorie der „Gewinnverwirklichung durch Steuerentstrickung".[1293] Demnach kam es zu einer Besteuerung der in einem Wirtschaftsgut enthaltenen stillen Reserven, wenn die empfangende Betriebstätte in einem Staat lag, mit dem Deutschland ein DBA abgeschlossen hatte, welches Betriebstättengewinne von einer Besteuerung im Inland befreite und das Besteuerungsrecht dem Betriebstättenstaat zuwies. Der Überführungsvorgang wurde als Entnahme eingestuft,[1294] welche eine Bewertung des betreffenden Wirtschaftsguts mit dem Teilwert[1295] zur Folge hatte.[1296] Folglich wurde der Begriff der „finalen Entnahmetheorie" geprägt.[1297] Sie sollte verhindern, dass die in dem überführten Wirtschaftsgut enthaltenen stillen Reserven der deutschen Besteuerung verloren gingen, da sie bei einer späteren Realisierung lediglich vom Betriebstättenstaat besteuert werden könnten.[1298]

Die Rechtsprechung zur „finalen Entnahmetheorie" wurde in der Literatur stark kritisiert,[1299] worauf die Finanzverwaltung letztendlich in einem BMF-Schreiben[1300] reagierte.[1301] Dem-

---

1292 Die Überführung eines Wirtschaftsguts aus der deutschen Personenhandelsgesellschaft in die französische Betriebstätte unterliegt zwar in Frankreich der TVA, da hier ein (fiktiver) innergemeinschaftlicher Erwerb vorliegt. Allerdings kann diese als Vorsteuer geltend gemacht werden. Vgl. LEFEBVRE, Fiscal 2002, Rn. 4342-4347 und Rn. 4351. Vgl. hierzu auch Kapitel 4.3.6. Vgl. allgemein zum innergemeinschaftlichen Erwerb bzw. zum innerbetrieblichen Verbringen über die Grenze SCHEFFLER, Besteuerung von Unternehmen 2002, S. 325-327.

1293 Vgl. DEBATIN, Steuerentstrickung 1990, S. 827; SCHRÖDER, in: MÖSSNER, Steuerrecht 1998, Rn. C 101. Als grundlegende Urteile der Finanzrechtsprechung bei der Entwicklung dieser Theorie führen DEBATIN und SCHRÖDER nachstehende BFH-Urteile an: BFH vom 16.7.1969, BStBl. II 1970, S. 175 – dort wird der Begriff der „Gewinnverwirklichung durch Steuerentstrickung" gebraucht – und BFH vom 30.5.1972, BStBl. II 1972, S. 760. Vgl. auch FISCHER, Internationale Steuerlehre 1998, S. 295; JACOBS, Internationale Unternehmensbesteuerung 2002, S. 636; STRUNK/KAMINSKI, Betriebsstättenerlaß 2000, S. 36. Sie führen neben den vorstehend genannten noch weitere BFH-Urteile bzw. einen BFH-Beschluss an. Einen Überblick über wichtige Urteile im Bereich der Entstrickung mit jeweils kurzer Erläuterung liefert SCHAUMBURG, in: RUPPE, Gewinnrealisierung im Steuerrecht 1981, S. 248-249.

1294 Hierbei sollte es sich um eine Entnahme i.S.d. § 4 Abs. 1 Satz 2 EStG handeln. Entnahmen sind definiert als „alle Wirtschaftsgüter (Barentnahmen, Waren, Erzeugnisse, Nutzungen und Leistungen), die der Steuerpflichtige dem Betrieb für sich, für seinen Haushalt oder für andere betriebsfremde Zwecke im Laufe des Wirtschaftsjahrs entnommen hat" (§ 4 Abs. 1 Satz 2 EStG). Da aber die Überführung eines Wirtschaftsguts vom Stammhaus in eine seiner Betriebstätten ein lediglich in einer Standortänderung resultierender rein innerbetrieblicher Vorgang ist, können diese Tatbestandsmerkmale nicht erfüllt sein. Gerade dieser Umstand wurde und wird immer wieder herausgestellt und die Einstufung des Vorgangs als Entnahme kritisiert. Vgl. BARANOWSKI, Grundsätze der Verwaltung 2002, S. 830. Vgl. auch PACH-HANSSENHEIMB, Transfer von Wirtschaftsgütern 1992, S. 2121.

1295 Vgl. ausführlich zum Begriff des „Teilwerts" die nachstehenden Ausführungen.

1296 Vgl. hierzu BFH vom 16.7.1969, BStBl. II 1970, S. 175. Hier finden sich neben den ausführlichen Entscheidungsgründen des Senats auch die Ausführungen des dem Verfahren beigetretenen Bundesministers der Finanzen.

1297 Vgl. JACOBS, Internationale Unternehmensbesteuerung 2002, S. 636; STRUNK/KAMINSKI, Betriebsstättenerlaß 2000, S. 36.

1298 Vgl. FISCHER, Internationale Steuerlehre 1998, S. 295; PFAAR, Überführung von Wirtschaftsgütern 2000, S. 43. Vgl. auch JACOBS, Internationale Unternehmensbesteuerung 2002, S. 636; STRUNK/KAMINSKI, Betriebsstättenerlaß 2000, S. 36. Bei abnutzbaren Wirtschaftsgütern existieren die Realisierungstatbestände Veräußerung, Entnahme und Verbrauch. Vgl. PACH-HANSSENHEIMB, Transfer von Wirtschaftsgütern 1992, S. 2122.

1299 Eine Übersicht über die zahlreichen kritischen Anmerkungen zur „finalen Entnahmetheorie" liefert KAMINSKI, Steuerliche Gestaltungsmöglichkeiten 1996, S. 116-119.

nach konnte eine sofortige Besteuerung der stillen Reserven bei der Überführung von Wirtschaftsgütern in eine Betriebstätte in einem DBA-Staat mit Freistellungsmethode vermieden werden.[1302] Diese Regelungen wurden schließlich größtenteils in den so genannten „Betriebsstättenerlass"[1303] der Finanzverwaltung übernommen.[1304] In diesem wird ausgeführt, dass bei der Überführung eines Wirtschaftsguts in eine Betriebstätte in einem DBA-Staat mit Freistellungsmethode grundsätzlich eine Aufdeckung der in dem Wirtschaftsgut enthaltenen stillen Reserven erfolgt, wobei zur Ermittlung ihrer Höhe der Fremdvergleichspreis herangezogen wird.[1305] Die Besteuerung der stillen Reserven kann aber vermieden werden.[1306] Hinsichtlich der Vorgehensweise bei der Vermeidung der Besteuerung werden die Kategorien „Anlagevermögen", „Umlaufvermögen" und „immaterielle Wirtschaftsgüter" unterschieden.

Bei einem Wirtschaftsgut des Anlagevermögens ergibt sich ein aus der Überführung resultierender Gewinn oder Verlust aus der Differenz zwischen dem Fremdvergleichspreis und dem Buchwert des betreffenden Wirtschaftsguts im Überführungszeitpunkt.[1307] Die Besteuerung dieses Gewinns oder Verlusts wird aber durch einen in einer bilanziellen Nebenrechnung zu bildenden Ausgleichsposten vermieden.[1308] Dieser ist erst beim Ausscheiden des betreffenden

[1300] BMF-Schreiben vom 12.2.1990, BStBl. I 1990, S. 72.

[1301] Vgl. DEBATIN, S teuerentstrickung 1990, S. 827; JACOBS, Internationale Unternehmensbesteuerung 2002, S. 636; SCHRÖDER, in: MÖSSNER, Steuerrecht 1998, Rn. C 106. In diesem Zusammenhang muss auch das BMF-Schreiben vom 3.6.1992, DB 1992, S. 1655 genannt werden, welches die steuerliche Behandlung der Überführung von Wirtschaftsgütern aus einer inländischen Betriebstätte in das ausländische Stammhaus regelt.

[1302] Vgl. BMF-Schreiben vom 12.2.1990, BStBl. I 1990, S. 72. Somit wurde der Begriff der „Methode der aufgeschobenen Gewinnrealisierung" geprägt. Vgl. FISCHER, Internationale Steuerlehre 1998, S. 296.

[1303] Grundsätze der Verwaltung für die Prüfung der Aufteilung der Einkünfte bei Betriebsstätten international tätiger Unternehmen (Betriebsstätten-Verwaltungsgrundsätze), BMF vom 24.12.1999, BStBl. I 1999, S. 1076.

[1304] Vgl. KRAMER, Verbringung von Wirtschaftsgütern 2000, S. 450; KUMPF/ROTH, Betriebsstätten-Verwaltungsgrundsätze 2000, S. 787; RÖHNER, Betriebsstättenerlass 2000, S. 184. Dort findet sich nun ein Punkt 2.6 „Überführung von Wirtschaftsgütern". Vgl. zum Begriff „Betriebsstättenerlass" statt vieler STRUNK/ KAMINSKI, Betriebsstättenerlaß 2000, S. 33. Auch nach der Übernahme der erwähnten Regelungen in den Betriebsstättenerlass fehlt ein Hinweis auf eine wichtige Anwendungsvoraussetzung. Diese besteht darin, dass bei der Gewinnabgrenzung zwischen Stammhaus und Betriebstätte die direkte Methode der Gewinnabgrenzung zur Anwendung kommen muss. Vgl. KRAMER, Verbringung von Wirtschaftsgütern 2000, S. 450. In dem hier betrachteten internationalen Unternehmen kommt im Fall der Grundeinheit in Form einer Betriebstätte die direkte Gewinnabgrenzungsmethode zur Anwendung. Vgl. hierzu und zu den Gewinnabgrenzungsmethoden bei Betriebstätten Kapitel 6.1.1.1.

[1305] Vgl. zum Fremdvergleichspreis die Ausführungen weiter unten. Bei der Überführung eines Wirtschaftsguts in eine Betriebstätte in einem Nicht-DBA-Staat oder in einem DBA-Staat mit Anrechnungsmethode wird auf keinen Fall eine Besteuerung ausgelöst. Voraussetzung ist, dass die Erfassung der stillen Reserven gewährleistet ist. Vgl. BMF vom 24.12.1999, BStBl. I 1999, S. 1076, Rn. 2.6.1.

[1306] Vgl. BMF vom 24.12.1999, BStBl. I 1999, S. 1076, Rn. 2.6.1. Dies gilt trotz der Vorschrift in § 6 Abs. 5 Satz 1 EStG, welche entgegen der Absicht des Gesetzgebers auf die Überführung von Wirtschaftsgütern in eine ausländische Betriebstätte nicht angewendet werden kann. Vgl. BUCIEK, § 6 Abs. 5 EStG 2000, S. 639; HOFFMANN, Transfer von Einzel-Wirtschaftsgütern 2002, S. 127; PFAAR, Überführung von Wirtschaftsgütern 2000, S. 46.

[1307] Gegen eine Bewertung des betreffenden Wirtschaftsguts im Zeitpunkt der tatsächlichen Realisierung der stillen Reserven, welche aus theoretischer Sicht eine Berechtigung hat, sprechen vor allem praktische Gründe. Vgl. ROTH, in: GROTHERR, Internationale Steuerplanung 2000, S. 85-87.

[1308] Im Falle eines Gewinns wird ein passiver, im Falle eines Verlusts ein aktiver Ausgleichsposten gebildet. Vgl. FISCHER, Internationale Steuerlehre 1998, S. 296. Die Forderung, den Ausgleichsposten in einer Nebenrechnung zu bilden, gehört zu den Neuerungen des Betriebsstättenerlasses. Im BMF-Schreiben vom 12.2.1990 wurde noch ein Ausweis dieses Ausgleichspostens in der Steuerbilanz verlangt. Vgl. KRAMER, Verbringung von Wirtschaftsgütern 2000, S. 452. Seine Bildung in der Steuerbilanz war aber gesetzeswidrig. Vgl. KRAMER, Gewinnabgrenzung und Gewinnermittlung 1991, S. 160. Doch das Führen des Aus-

Wirtschaftsguts, spätestens aber zehn Jahre nach der Überführung erfolgswirksam aufzulösen.[1309] Bei einem abnutzbaren Wirtschaftsgut erfolgt die Auflösung des Ausgleichspostens schon vorher verteilt über die Restnutzungsdauer.[1310] Für Wirtschaftsgüter des Umlaufvermögens gelten hinsichtlich der Gewinn- bzw. Verlustermittlung und der Bildung des Ausgleichspostens grundsätzlich die gleichen Regelungen.[1311] Auch bei der Überführung von immateriellen Wirtschaftsgütern kommen die vorstehenden Vorschriften prinzipiell zur Anwendung. Allerdings wird hier schon die Nutzung oder Verwertung solcher Wirtschaftsgüter durch die ausländische Betriebstätte als Überführung eingestuft.[1312] Explizit erwähnt werden Fertigungs- und Produktions-Know-how, die im Rahmen einer Produkt- bzw. Produktionslinienverlagerung ins Ausland verwendet werden.[1313] Die erfolgswirksame Auflösung gilt in allen Fällen über § 7 GewStG auch für die Gewerbesteuer.

Auf Wunsch des Steuerpflichtigen kann eine Besteuerung aber auch schon im Moment der Überführung erfolgen, wobei dieses Wahlrecht für Wirtschaftsgüter des Anlage- und des Umlaufvermögens getrennt ausgeübt werden darf.[1314] Die Ausübung des Wahlrechts hinsichtlich

gleichspostens in einer Nebenrechnung ist aus praktischer Sicht aufwendiger. Vgl. KUMPF/ROTH, Betriebsstätten-Verwaltungsgrundsätze 2000, S. 788.

1309 Die praktische Bedeutung dieser Zwangsauflösung des Ausgleichspostens nach zehn Jahren dürfte relativ gering sein, da nur wenige Wirtschaftsgüter eine entsprechend lange Nutzungsdauer haben. Vgl. GÜNKEL U.A., in: HERZIG/GÜNKEL/NIEMANN, Steuerberater-Jahrbuch 1998, RUNGE, S. 514; PFAAR, Überführung von Wirtschaftsgütern 2000, S. 46. Als wesentliche Anwendungsfälle sehen STRUNK/KAMINSKI lediglich Grundstücke und Beteiligungen. Vgl. STRUNK/KAMINSKI, Betriebsstättenerlaß 2000, S. 37.

1310 Vgl. zu den Regelungen für Wirtschaftsgüter des Anlagevermögens BMF vom 24.12.1999, BStBl. I 1999, S. 1076, Rn. 2.6.1 Buchstabe a. Eine Präzisierung des Begriffs „Restnutzungsdauer" fehlt im Betriebsstättenerlass. So kann hiermit eine neu ermittelte oder die sich aus dem ursprünglichen Abschreibungsplan ergebende Restnutzungsdauer gemeint sein. Auch hinsichtlich der Art der Auflösung des Ausgleichspostens – grundsätzlich linear oder bei entsprechender Abschreibungsmethode degressiv – werden keine Aussagen gemacht. Vgl. KUMPF/ROTH, Betriebsstätten-Verwaltungsgrundsätze 2000, S. 788.

1311 Vgl. BMF vom 24.12.1999, BStBl. I 1999, S. 1076, Rn. 2.6.1 Buchstabe b. Natürlich liegen hier keine abnutzbaren Wirtschaftsgüter, bei denen die Auflösung des Ausgleichspostens verteilt über die Restnutzungsdauer erfolgt, vor. Auch die Vorschrift hinsichtlich der zwangsweise erfolgenden erfolgswirksamen Auflösung nach Ablauf von zehn Jahren fehlt verständlicherweise.

1312 KUMPF/ROTH weisen darauf hin, dass durch die geänderte Formulierung im Betriebsstättenerlass im Vergleich zum BMF-Schreiben vom 12.2.1990 nun auch schon eine nur anteilige, nicht ausschließliche Nutzung oder Verwertung durch die ausländische Betriebstätte zur Annahme einer Überführung führt. Vgl. KUMPF/ROTH, Betriebsstätten-Verwaltungsgrundsätze 2000, S. 788.

1313 Vgl. zu den Regelungen für immaterielle Wirtschaftsgüter des Anlagevermögens BMF vom 24.12.1999, BStBl. I 1999, S. 1076, Rn. 2.6.1 Buchstabe c. Eine Entnahme eines immateriellen Wirtschaftsguts liegt auch im Fall einer Marktüberlassung vor. Diese ist dann gegeben, wenn ein Stammhaus selbst in einem DBA-Staat einen Markt für seine Produkte geschaffen hat und diesen Markt anschließend seiner Betriebstätte in diesem DBA-Staat überlässt. Vgl. SCHELLE, Geschäftsverlagerung 1995, S. 308.

1314 Vgl. zur optionalen sofortigen Versteuerung BMF vom 24.12.1999, BStBl. I 1999, S. 1076, Rn. 2.6.1 Buchstabe d. Vor der Änderung der Modalitäten der Teilwertabschreibung durch das Steuerentlastungsgesetz 1999/2000/2002 vom 24.3.1999, BGBl. I 1999, S. 402 war das Wahlrecht zur sofortigen Gewinn- oder Verlustrealisation zumindest im Umlaufvermögen materiell bedeutungslos. Eine Teilwertabschreibung hat Vorrang vor der Bildung eines Ausgleichspostens. Aufgrund des im Umlaufvermögen geltenden strengen Niederstwertprinzips kam sie in Verbindung mit dem Maßgeblichkeitsprinzip schon bei einer voraussichtlich nur vorübergehenden Wertminderung zur Anwendung. Vgl. KAMINSKI, Überführung von Wirtschaftsgütern 1996, S. 1795. Die Bildung eines aktiven Ausgleichspostens kam also ohnehin nicht in Betracht. Darüber hinaus machte eine Gewinnrealisation höchstens zur Ausnutzung von Progressionseffekten Sinn. Vgl. FISCHER, Internationale Steuerlehre 1998, S. 299. Mittlerweile sind Teilwertabschreibungen nur noch bei voraussichtlich dauernden Wertminderungen zulässig (§ 6 Abs. 1 Nr. 2 Satz 2 EStG). Ein aktiver Ausgleichsposten kann nun durchaus gebildet werden. Dementsprechend ist zumindest das Wahlrecht zur sofortigen Verlustrealisation von Bedeutung.

der Versteuerung der stillen Reserven wirkt sich über § 7 GewStG auch auf die Gewerbesteuer aus.[1315]

Sofern die Grundeinheit des in der vorliegenden Arbeit betrachteten internationalen Unternehmens die Form einer Betriebstätte annimmt, muss der vorstehend beschriebene Betriebsstättenerlass beachtet werden. Dies ergibt sich aus dem Umstand, dass Art. 4 Abs. 1 DBA-D/F i.V.m. Art. 20 Abs. 1 Buchstabe a DBA-D/F in einer französischen Betriebstätte erwirtschaftete Gewinne von einer Besteuerung im deutschen Stammhaus ausnimmt und dem Betriebstättenstaat – Frankreich – das Besteuerungsrecht zuweist. Somit liegt hier bezüglich der Besteuerung der Betriebstätte ein DBA mit Freistellungsmethode vor.[1316]

Die Überführung eines Wirtschaftsguts in die französische Betriebstätte hat zwar – bei entsprechender Ausübung des Wahlrechts – keine unmittelbaren steuerlichen Folgen. Allerdings führt die nach der Überführung erfolgende sukzessive oder einmalige und vollständige Auflösung eines passiven Ausgleichspostens – bei der Überführung entstand also aufgrund eines über dem Buchwert liegenden Fremdvergleichspreises ein Gewinn – zu einer Erfolgserhöhung und somit zu einer Besteuerung bei dem deutschen Stammhaus.

Bei der Überführung abnutzbarer Wirtschaftsgüter kommt es zu einer zeitlich vorverlagerten Besteuerung,[1317] denn eine Auflösung stiller Reserven würde ohne die Überführung des betreffenden Wirtschaftsguts erst im Moment seines tatsächlichen Ausscheidens aus dem Betriebsvermögen erfolgen. Der Erfolgserhöhung im inländischen Stammhaus stehen aber die Abschreibungen bei der französischen Betriebstätte gegenüber. Diese berechnen sich ausgehend von dem Wert des Wirtschaftsguts, der in der französischen Betriebstätte angesetzt wird. Wichtig ist in diesem Zusammenhang, dass der bei der Überführung zur Anwendung kommende Fremdvergleichspreis, der für die Höhe des Ausgleichspostens maßgebend ist, lediglich für deutsche Besteuerungszwecke eine Rolle spielt. Er muss nicht dem Wert entsprechen, der in der französischen Betriebstätte ausgehend von den entsprechenden französischen Rechtsvorschriften angesetzt wird.[1318] Somit können der im deutschen Stammhaus die deutsche Steuerbemessungsgrundlage erhöhende Auflösungsbetrag und der in der französischen Betriebstätte die französische Steuerbemessungsgrundlage vermindernde korrespondierende Teil des Jahresabschreibungsbetrags voneinander abweichen. Ist Letzterer kleiner als Ersterer, resultiert aus diesem Umstand bezogen auf den Differenzbetrag eine Doppelbesteuerung.[1319] Diese ergibt sich aus der Besteuerung des Ausgleichspostens im deutschen Stammhaus und aus dem vergleichsweise geringeren Abschreibungsvolumen in Frankreich.

Beispiel:

Vor der Überführung hat ein abnutzbares Wirtschaftsgut des Anlagevermögens in der Steuerbilanz des Stammhauses einen Buchwert von 100.000 EUR. Der Fremdvergleichspreis zum Überführungszeitpunkt beträgt 150.000 EUR. Folglich wird im Stammhaus zur Vermeidung der sofortigen Besteuerung ein passiver Ausgleichsposten in Höhe von 50.000 EUR gebildet. Bei einer Restnutzungsdauer von 5 Jahren und bei Anwendung der linearen Abschreibungsmethode ist dieser Ausgleichsposten beim inländischen Stammhaus jährlich mit 10.000 EUR

[1315] Vgl. KAMINSKI, Überführung von Wirtschaftsgütern 1996, S. 1795.

[1316] Art. 20 Abs. 1 Buchstabe a DBA-D/F räumt Deutschland aber das Recht zur Anwendung des Progressionsvorbehalts ein. Vgl. hierzu Kapitel 6.1.1.3.

[1317] Vgl. FISCHER, Internationale Steuerlehre 1998, S. 301.

[1318] Vgl. KRAMER, Verbringung von Wirtschaftsgütern 2000, S. 451 und 455. Vgl. auch STRUNK/KAMINSKI, Betriebsstättenerlaß 2000, S. 37.

[1319] Dasselbe Steuerobjekt wird bei demselben Steuersubjekt für denselben Zeitraum von zwei Staaten der Besteuerung durch eine gleichartige Steuer unterworfen. Vgl. zur Definition des Begriffs „Doppelbesteuerung" KUSSMAUL, Betriebswirtschaftliche Steuerlehre 2000, S. 679; WÖHE/BIEG, Grundzüge 1995, S. 181.

erfolgswirksam aufzulösen. Beträgt aber der nach französischen Vorschriften anzusetzende Wert im Überführungszeitpunkt nur 120.000 EUR, steht dem beim Stammhaus zu versteuernden Betrag in Höhe von 10.000 EUR/Jahr lediglich ein anteiliger Abschreibungsbetrag in Höhe von ((120.000 EUR – 100.000 EUR) / 5 Jahre =) 4.000 EUR/Jahr gegenüber.[1320] Der Differenzbetrag unterliegt somit einer Doppelbesteuerung.

Scheidet das betrachtete Wirtschaftsgut aus dem Vermögen der französischen Betriebstätte aus, wird der im deutschen Stammhaus gegebenenfalls noch vorhandene Ausgleichsposten aufgelöst und besteuert. In der französischen Betriebstätte erfolgt eine Besteuerung der seit der Überführung gebildeten stillen Reserven, welche sich ausgehend von dem nach französischen Vorschriften im Überführungszeitpunkt festgesetzten Wert bemessen. Ist dieser Wert niedriger als der im deutschen Stammhaus angesetzte Fremdvergleichspreis, erfolgt letztendlich eine teilweise Doppelbesteuerung der im Moment der Überführung im betreffenden Wirtschaftsgut enthaltenen stillen Reserven.[1321]

Beispiel:
Die Ausgangsdaten entsprechen denjenigen des vorausgehenden Beispiels. Allerdings soll hier ein nichtabnutzbares Wirtschaftsgut des Anlagevermögens betrachtet werden, so dass einerseits eine sukzessive Auflösung des passiven Ausgleichspostens im deutschen Stammhaus ausbleibt. Andererseits werden in der französischen Betriebstätte keine planmäßigen Abschreibungen vorgenommen.[1322] Wird das betrachtete Wirtschaftsgut veräußert, besteht im Moment der Veräußerung im deutschen Stammhaus ein Ausgleichsposten in Höhe von 50.000 EUR, der nach französischen Vorschriften gebildete Buchwert in der Betriebstätte beträgt 120.000 EUR. Beläuft sich der Veräußerungspreis auf 180.000 EUR, müssen in der französischen Betriebstätte stille Reserven in Höhe von 60.000 EUR versteuert werden. Gleichzeitig muss im deutschen Stammhaus der passive Ausgleichsposten in Höhe von 50.000 EUR erfolgswirksam aufgelöst werden. Da der nach französischen Vorschriften gebildete Buchwert um 30.000 EUR unter dem für deutsche Besteuerungszwecke relevanten Fremdvergleichspreis lag, werden stille Reserven in Höhe von 30.000 EUR im Moment der Veräußerung doppelt besteuert.

Somit ist auch hier die Gefahr einer teilweisen Doppelbesteuerung gegeben.[1323] In beiden geschilderten Fällen kann diese dann nur noch durch ein Verständigungs- bzw. ein Schiedsverfahren vermieden werden.[1324] Eine nähere Betrachtung des im deutschen Stammhaus zur Anwendung kommenden Fremdvergleichspreises und des bei der französischen Betriebstätte relevanten anzusetzenden Werts leistet einen Beitrag zur Einschätzung der Gefahr einer Doppelbesteuerung.

Der Fremdvergleichspreis kam schon in dem oben genannten BMF-Schreiben der Finanzverwaltung, welches eine Antwort auf die Kritik in der Literatur war, anstelle des bis dahin von der Rechtsprechung herangezogenen Teilwerts zur Ermittlung der in den überführten Wirt-

---

1320 Hierbei wird also davon ausgegangen, dass in der französischen Betriebstätte lediglich ein anderer Wert im Zeitpunkt der Überführung und somit eine andere Abschreibungsbasis anzusetzen ist. Hinsichtlich der Abschreibungsmethode und der (Rest-)Nutzungsdauer bestehen keine Unterschiede. Vgl. hierzu auch ROTH, in: GROTHERR, Internationale Steuerplanung 2000, S. 93.

1321 Vgl. dahingehend KRAMER, Verbringung von Wirtschaftsgütern 2000, S. 451.

1322 Auch werden in dem Beispiel keine außerplanmäßigen Abschreibungen durchgeführt.

1323 Grundsätzlich ist auch der Fall einer Minderbesteuerung möglich. Vgl. PACH-HANSSENHEIMB, Transfer von Wirtschaftsgütern 1992, S. 2122.

1324 Vgl. KRAMER, Verbringung von Wirtschaftsgütern 2000, S. 451. Vgl. zu diesen Verfahren Kapitel 4.4.

schaftsgütern enthaltenen stillen Reserven zur Anwendung.[1325] Den Fremdvergleichspreis definiert die Finanzverwaltung als den „Preis, den unabhängige Dritte unter gleichen oder ähnlichen Bedingungen vereinbart hätten“[1326]. Aus der Sicht der französischen Betriebstätte ist dies also der Preis, den sie hätte aufwenden müssen, um das überführte Wirtschaftsgut von einem Dritten zu erwerben.[1327] Zur Auslegung dieses Maßstabs ist ein Rückgriff auf die Regelungen in Art. 7 Abs. 2 OECD-MA, der mit Art. 4 Abs. 2 DBA-D/F verglichen werden kann,[1328] möglich.[1329] Dort wird festgelegt, nach welchen Grundsätzen einer Betriebstätte Teile des Unternehmensergebnisses zuzurechnen sind. Letztendlich erfolgt ein Rückgriff auf den „dealing at arm's length-Grundsatz“.[1330] Dementsprechend wird für die Ermittlung des Fremdvergleichspreises von der Fiktion der rechtlichen Selbständigkeit der Betriebstätte ausgegangen.[1331] Allerdings bedeutet dies nicht, dass die Regelungen, welche für die Ergebnisabgrenzung zwischen gesellschaftsrechtlich verbundenen selbständigen Unternehmen bestehen, uneingeschränkt herangezogen werden dürfen.[1332] Dieser Ansicht schloss sich die OECD offenbar an, indem sie einen speziell für Betriebstätten entwickelten Bericht, der in erster Linie Gewinne aus Transaktionen zwischen Stammhaus und Betriebstätte behandelt, vorlegte.[1333]

Die gesetzliche Definition des Begriffs „Teilwert“, der vor dem Fremdvergleichspreis zur Anwendung kam, findet sich in § 6 Abs. 1 Nr. 1 Satz 3 EStG: „Teilwert ist der Betrag, den

[1325] Vgl. KAMINSKI, Überführung von Wirtschaftsgütern 1996, S. 1794. Offenbar ging die Finanzverwaltung davon aus, dass der Ansatz des Teilwerts nicht zur Erfassung sämtlicher stiller Reserven führen würde. Vgl. DEBATIN, Steuerentstrickung 1990, S. 827.

[1326] BMF vom 24.12.1999, BStBl. I 1999, S. 1076, Rn. 2.6.1. Bei den Ausführungen zur Überführung von Wirtschaftsgütern des Anlage- bzw. Umlaufvermögens – vgl. BMF vom 24.12.1999, BStBl. I 1999, S. 1076, Rn. 2.6.1 Buchstabe a und b – weist die Finanzverwaltung darauf hin, dass voraussichtlich dauernde Wertminderungen im Überführungszeitpunkt zu beachten sind. KUMPF/ROTH sehen hierin die Anwendung von Bilanzierungsvorschriften, welche mit dem Fremdvergleichsgrundsatz unvereinbar seien. Vgl. KUMPF/ROTH, Betriebsstätten-Verwaltungsgrundsätze 2000, S. 788. Voraussichtlich dauernde Wertminderungen führen aufgrund von § 253 Abs. 2 und 3 HGB – gemildertes und strenges Niederstwertprinzip – und § 5 Abs. 1 Satz 1 EStG i.V.m. § 6 Abs. 1 Nr. 1 und 2 EStG zu einer Teilwertabschreibung.

[1327] Vgl. PACH-HANSSENHEIMB, Transfer von Wirtschaftsgütern 1992, S. 2121.

[1328] Vgl. KRAMER, Art. 4, in: DEBATIN/WASSERMEYER, Doppelbesteuerung 2002, Rn. 2.

[1329] Vgl. BARANOWSKI, Besteuerung 1996, Rn. 302; ROTH, in: GROTHERR, Internationale Steuerplanung 2000, S. 83.

[1330] Vgl. WASSERMEYER, Art. 7, in: DEBATIN/WASSERMEYER, Doppelbesteuerung 2002, Rn. 311.

[1331] Vgl. SCHRÖDER, in: MÖSSNER, Steuerrecht 1998, Rn. C 10.

[1332] SCHRÖDER sieht keine völlige Übereinstimmung zwischen dem Fremdvergleich für Stammhaus und Betriebstätte einerseits und für gesellschaftsrechtlich selbständige Unternehmen andererseits. Vgl. SCHRÖDER, in: MÖSSNER, Steuerrecht 1998, Rn. C 10. WASSERMEYER stellt hinsichtlich einer möglichen Gewinnrealisierung durch Vermögensverschiebung einen wesentlichen Unterschied zwischen beiden Arten des Fremdvergleichs fest und fordert, die Verrechnungspreisrichtlinien der OECD zur Gewinnermittlung bei rechtlich selbständigen verbundenen Unternehmen nicht unbesehen zu übernehmen. Vgl. WASSERMEYER, Art. 7, in: DEBATIN/WASSERMEYER, Doppelbesteuerung 2002, Rn. 185-186. ROTH verweist aber u.a. gerade auf die Verrechnungspreisrichtlinien der OECD. Vgl. ROTH, in : GROTHERR, Internationale Steuerplanung 2000, S. 83. Einen Überblick über die Methoden der Fremdvergleichspreisermittlung, die in den Verrechnungspreisrichtlinien der OECD enthalten sind, liefert FEDERMANN, Bilanzierung 2000, S. 359-360. Vgl. auch KUSSMAUL, Angemessene Verrechnungspreise 1987, S. 683-686. Vgl. hierzu auch Kapitel 6.1.4.2. (Die Artikel der Doppelbesteuerungsabkommen, die das „dealing at arm's length-Prinzip“ beinhalten, geben keine ausreichenden Hinweise für seine praktische Anwendung. Deswegen haben die Finanzverwaltungen der OECD-Staaten Richtlinien erarbeitet, die Anwendungshilfen darstellen sollen. Allerdings bieten die Richtlinien oftmals nur Kompromisslösungen. Vgl. VÖGELE/VÖGELE, Verbindliche Auskünfte 2002, S. 84.)

[1333] Grundsätzlich kommen zwar auch hier die Verrechnungspreisrichtlinien der OECD zur Anwendung. Dies ergibt sich aus einem Verweis auf Art. 9 OECD-MA. Einige Transaktionen sind aber hiervon ausgenommen. Vgl. hierzu ausführlich SIEKER, Betriebsstättengewinn und Fremdvergleichsgrundsatz 1996, S. 110-111. Vgl. auch MENCK, Gewinnermittlung bei Betriebsstätten 1994, S. 1.

ein Erwerber des ganzen Betriebs im Rahmen des Gesamtkaufpreises für das einzelne Wirtschaftsgut ansetzen würde; dabei ist davon auszugehen, dass der Erwerber den Betrieb fortführt." Durch diese Definition kommt zum Ausdruck, dass sich die Betriebszugehörigkeit eines Wirtschaftsguts auf dessen Wert auswirkt und sich dieser somit vom Einzelveräußerungspreis dieses Wirtschaftsguts bzw. vom Wert eines solchen Wirtschaftsguts, das nicht Teil eines Betriebsvermögens ist, unterscheidet.[1334] Im Gegensatz zum marktpreisabhängigen gemeinen Wert[1335] soll also für ein Wirtschaftsgut ein Wert gefunden werden, der dessen Ertragsabhängigkeit in Folge seiner Zugehörigkeit zu einem Betriebsvermögen berücksichtigt.[1336] Während sich der Teilwert theoretisch als der auf die einzelnen Wirtschaftsgüter verteilte Unternehmensgesamtwert ergibt, bereitet seine praktische Ermittlung erhebliche Schwierigkeiten.[1337] Um diese Ermittlungsschwierigkeiten zu vermindern, hat die Rechtsprechung Teilwertgrenzen entwickelt.[1338] Die Obergrenze wird demnach von den Wiederbeschaffungskosten, die Untergrenze vom Einzelveräußerungspreis gebildet. Welchem dieser Werte sich der Teilwert eines Wirtschaftsguts im Einzelfall annähert, hängt von dessen Rentabilität und dessen Nutzenwert ab.[1339] Um eine Objektivierung, Vereinfachung und Vereinheitlichung zu erreichen, hat die Rechtsprechung außerdem so genannte Teilwertvermutungen entwickelt, welche aber vom Steuerpflichtigen durch Tatsachen entkräftet werden können.[1340] Diese Teilwertvermutungen besagen, dass der Teilwert im Zeitpunkt der Anschaffung oder Herstellung den Anschaffungs- oder Herstellungskosten, nach diesem Zeitpunkt den Wiederbeschaffungskosten oder – falls kein Marktpreis vorliegt – den gegebenenfalls um Absetzungen für Abnutzung verringerten Anschaffungs- oder Herstellungskosten entspricht.[1341] Somit orientiert sich der Teilwert in der Praxis im Gegensatz zu seiner theoretischen Konzeption oftmals doch wieder an Marktpreisen.[1342]

In der praktischen Anwendung wird sich der Ansatz des Fremdvergleichspreises im Vergleich zum Heranziehen des Teilwerts – zumindest bei selbst hergestellten Wirtschaftsgütern – in einem Gewinnaufschlag auf Letzteren ausdrücken.[1343] Somit weicht der Fremdvergleichspreis bei der Überführung von Erzeugnissen vom Teilwert, welcher hier den Wiederherstellungskosten entspricht, ab.[1344] Auch bei Wirtschaftsgütern des Anlagevermögens sind Unterschiede

[1334] Vgl. FEDERMANN, Bilanzierung 2000, S. 338.
[1335] Vgl. zum gemeinen Wert Kapitel 5.2.1.4.
[1336] Vgl. HABERSTOCK, Steuerbilanz und Vermögensaufstellung 1991, S. 121.
[1337] Vgl. BIERGANS, Einkommensteuer und Steuerbilanz 1992, S. 421; KNOBBE-KEUK, Bilanz- und Unternehmenssteuerrecht 1993, S. 175; WÖHE, Steuerlehre I/2 1992, S. 178.
[1338] Vgl. BFH vom 25.8.1983, BStBl. II 1984, S. 33; BFH vom 4.12.1986, BFH NV 1987, S. 296.
[1339] Vgl. FEDERMANN, Bilanzierung 2000, S. 340.
[1340] Vgl. BFH vom 12.4.1989, BStBl. II 1989, S. 545. Vgl. zur Möglichkeit der Widerlegung der Teilwertvermutungen durch den Steuerpflichtigen auch BFH vom 8.5.1981, BStBl. II 1981, S. 700; BFH vom 8.5.1981, BStBl. II 1981, S. 702.
[1341] Vgl. BFH vom 12.4.1989, BStBl. II 1989, S. 545.
[1342] Vgl. BIEG/KUSSMAUL, Externes Rechnungswesen 2003, S. 126; HABERSTOCK, Steuerbilanz und Vermögensaufstellung 1991, S. 124.
[1343] Vgl. WASSERMEYER, in: PILTZ/SCHAUMBURG, Internationale Betriebsstättenbesteuerung 2001, S. 39-40. Vgl. auch KUMPF, in: CURTIUS-HARTUNG/HERZIG/NIEMANN, Steuerberater-Jahrbuch 1989, S. 412-413; POHL, in: LÜDICKE, Internationale Unternehmensbesteuerung 2002, S. 43; SCHAUMBURG U.A., in: PILTZ/SCHAUMBURG, Internationale Betriebsstättenbesteuerung 2001, SCHAUMBURG, S. 81; SCHRÖDER, Betriebsstätte 1978, S. 175.
[1344] SCHRÖDER sieht auch bei Handelswaren, deren Teilwert den Wiederbeschaffungskosten entspricht, Abweichungen zwischen Teilwert und Fremdvergleichspreis. Vgl. SCHRÖDER, in: MÖSSNER, Steuerrecht 1998, Rn. C 102. WASSERMEYER erkennt zumindest bei selbst hergestellten Produkten Unterschiede zwischen dem Teilwert und dem Fremdvergleichspreis, denn die Wiederbeschaffungskosten, welche die Obergrenze des Teilwerts bilden, entsprechen hier den Herstellungskosten. Vgl. GÜNKEL U.A., in: HERZIG/GÜNKEL/NIEMANN, Steuerberater-Jahrbuch 1998, WASSERMEYER, S. 519.

zwischen dem Teilwert und dem Fremdvergleichspreis möglich.[1345] Sicher ist jedenfalls, dass oftmals, insbesondere bei der Überführung und anschließenden Bewertung selbst geschaffener immaterieller Wirtschaftsgüter, die Ermittlung eines Fremdvergleichspreises nicht möglich sein oder sich nur mit unverhältnismäßig hohem Aufwand bestimmen lassen wird.[1346]

Eine Möglichkeit zur Vermeidung einer Doppel- oder Minderbesteuerung besteht also nur, wenn auch im französischen Recht der „dealing at arm's length-Grundsatz" herangezogen wird und somit eine Bewertung der überführten Wirtschaftsgüter mit dem Fremdvergleichspreis erfolgt.[1347] Aus französischer Sicht ist die rechtliche Grundlage für die Bewertung dieser Güter Art. 57 CGI.[1348] In Art. 57 Abs. 1 CGI werden die Anwendungsvoraussetzungen für diese Vorschrift definiert. Demnach greift sie, sofern eine Abhängigkeit eines französischen Unternehmens[1349] von einem ausländischen Unternehmen besteht und es zu indirekten Gewinnverschiebungen hin zu diesem ausländischen Unternehmen kommt.[1350] Die Festlegung von Ankaufs- bzw. von Verkaufspreisen – diese sind im vorliegenden Fall natürlich fiktiv und wirken sich nur innerhalb des internationalen Einheitsunternehmens aus – wird als eine Möglichkeit zur Realisierung einer indirekten Gewinnverschiebung genannt. Hinsichtlich der Anwendung dieser Vorschrift bei der Beurteilung der Verrechnungspreisgestaltung – hier also der Bewertung der überführten Wirtschaftsgüter – empfiehlt die Finanzverwaltung, einen Vergleich mit der Preisgestaltung gegenüber fremden Dritten vorzunehmen.[1351] Demzufolge kommt auch in Frankreich bei der Bewertung der überführten Wirtschaftsgüter der Fremdvergleich zur Anwendung. Ob sich die so in Deutschland bzw. in Frankreich ermittelten Werte, welche letztendlich in beiden Fällen Fremdvergleichspreise sind, decken, hängt von der Auffassung der jeweiligen Finanzverwaltung ab, so dass gegebenenfalls ein Verständigungs- bzw. ein Schiedsverfahren eine Entscheidung bringen sollte bzw. muss.[1352]

Eine Belastung der Überführung von Wirtschaftsgütern in die französische Betriebstätte durch Registersteuern besteht nicht. Eine solche wird im Zusammenhang mit einer Unternehmensgründung erst dann fällig, wenn Einlagen getätigt werden.[1353] Bei der hier betrachteten Unter-

1345 KRAMER sieht – ohne nach den Vermögensgruppen Anlage- und Umlaufvermögen zu differenzieren – nur eine geringe praktische Bedeutung des Unterschieds zwischen den gleichermaßen unbestimmten Maßstäben Teilwert und Fremdvergleichspreis. Er weist aber auf Fälle hin, in denen ein Wirtschaftsgut des Anlagevermögens aufgrund seiner speziellen Eignung für den betreffenden Betrieb einen im Vergleich zum Fremdvergleichspreis wesentlich höheren Teilwert haben kann. Vgl. KRAMER, Gewinnabgrenzung und Gewinnermittlung 1991, S. 157. WASSERMEYER kommt zu der Feststellung, dass sich Teilwert und Fremdvergleichspreis in vielen Fällen, vor allem bei angeschafften Wirtschaftsgütern, entsprechen. Vgl. WASSERMEYER, in: PILTZ/SCHAUMBURG, Internationale Betriebsstättenbesteuerung 2001, S. 39. SCHRÖDER konstatiert diese Übereinstimmung generell bei der Überführung von Wirtschaftsgütern des Anlagevermögens. Vgl. SCHRÖDER, in: MÖSSNER, Steuerrecht 1998, Rn. C 102.

1346 Vgl. FISCHER, Internationale Steuerlehre 1998, S. 299. Vgl. auch KAMINSKI, Überführung von Wirtschaftsgütern 1996, S. 1797.

1347 Vgl. allgemein zur Gewinnabgrenzung in Stammhaus- und Betriebstättenstaat PACH-HANSSENHEIMB, Transfer von Wirtschaftsgütern 1992, S. 2122.

1348 Vgl. CHAMBAULT, France 1986, Rn. 9.3.

1349 Mit dem Begriff „Unternehmen" ist hier also die französische Betriebstätte gemeint. Der gleiche Begriff – „ein in Frankreich betriebenes Unternehmen" – wird auch bei der Festlegung des Betriebstättenbegriffs bzw. des entsprechenden Konzepts im französischen Steuerrecht gebraucht. Vgl. hierzu Kapitel 2.1.2.4. Vgl. zur Anwendbarkeit des Art. 57 CGI auf Betriebstätten CE vom 14.6.1974, n° 80624.

1350 Eine Gewinnverschiebung ist hier durch den Ansatz zu hoher Werte für die überführten Wirtschaftsgüter möglich. Das Kriterium der Abhängigkeit ist bei einer Betriebstätte ohnehin erfüllt.

1351 Vgl. doc. adm. 4 A 1211 vom 1.9.1993, Rn. 17. Dabei können spezifische Eigenheiten der betrachteten Wirtschaftsgüter einen solchen Vergleich erheblich erschweren. Vgl. doc. adm. 4 A 1211 vom 1.9.1993, Rn. 18. Vgl. hierzu auch die Beispiele aus der Rechtsprechung bei GOUTHIÈRE, Impôts 2001, Rn. 2631.

1352 Vgl. hierzu die vorstehenden Ausführungen.

1353 Vgl. hierzu Kapitel 4.3.5.3.

nehmensstruktur wird lediglich eine Betriebstätte errichtet. Die Überführung der Wirtschaftsgüter stellt somit überhaupt keine Einlage dar, da hier lediglich ein Vorgang innerhalb derselben Gesellschaft abläuft.

Tabelle 17 fasst die vorstehenden Aussagen zur steuerlichen Behandlung des Errichtungsvorgangs zusammen.

Unternehmensstruktur Land	Personenhandelsgesellschaft – Betriebstätte
Deutschland	Ansatz des Fremdvergleichspreises; Wahlrecht zur Bildung eines Ausgleichspostens.
Frankreich	Ansatz des Fremdvergleichspreises; keine Erhebung von Registersteuern.

Tabelle 17: Steuerliche Behandlung des Errichtungsvorgangs: Personenhandelsgesellschaft – Betriebstätte

5.2.1.2 Personenhandelsgesellschaft als Grundeinheit

Die Gründung einer französischen Personenhandelsgesellschaft durch eine deutsche Personenhandelsgesellschaft erfordert wieder eine Analyse der steuerlichen Auswirkungen einer Sachgründung.[1354] [1355] Ausgangspunkt der Betrachtungen ist der Umstand, dass eine französische Personenhandelsgesellschaft auch aus deutscher steuerrechtlicher Sicht als Personengesellschaft eingestuft wird.[1356] Somit stellt die hier betrachtete Unternehmensstruktur eine doppelstöckige Personengesellschaft[1357] dar. Hieran anknüpfend stellt sich die Frage, ob die Begünstigungsregelung des § 6 Abs. 5 EStG auf den betrachteten Sachverhalt angewendet werden kann, denn somit müsste eine Überführung zum Buchwert erfolgen. Aus deutscher Sicht liegt hier – unabhängig vom grenzüberschreitenden Charakter des Vorgangs – eine Überführung aus dem Betriebsvermögen eines Mitunternehmers in das Gesamthandsvermögen einer Mitunternehmerschaft[1358] vor.[1359] Folglich muss § 6 Abs. 5 Satz 3 Nr. 1 EStG greifen und

[1354] Die Vornahme einer Sachgründung hat analog zur Sachgründung einer Betriebstätte keine umsatzsteuerliche Definitivbelastung zur Folge. Zwar wird die Überführung von Wirtschaftsgütern als innergemeinschaftlicher Erwerb eingestuft. Die dabei in Frankreich anfallende TVA kann aber als Vorsteuer geltend gemacht werden. Schließlich hat eine Bargründung auch in diesem Fall keine steuerlichen Konsequenzen. Vgl. hierzu Kapitel 5.2.1.1 und Kapitel 4.3.6.

[1355] Eine Überführung von Wirtschaftsgütern aus dem Privatvermögen der beiden deutschen natürlichen Personen, welche hier lediglich aus gesellschaftsrechtlichen Gründen eine Minderheitsbeteiligung an der französischen Personenhandelsgesellschaft halten, soll bei dieser Form der Spitzeneinheit aus Gründen der Vergleichbarkeit der verschiedenen Gründungsvorgänge nicht betrachtet werden. Die unmittelbare Beteiligung der natürlichen Personen wird aus diesem Grund auf dem Weg einer Bareinlage hergestellt.

[1356] Vgl. hierzu ausführlich Kapitel 6.1.2.2.

[1357] Eine solche liegt dann vor, wenn eine Personengesellschaft – Obergesellschaft – Gesellschafterin einer anderen Personengesellschaft – Untergesellschaft – ist. Vgl. JACOBS, Unternehmensbesteuerung 2002, S. 229-230.

[1358] Aus deutscher Sicht hat zumindest eine französische SNC Gesamthandsvermögen und die an ihr beteiligten deutschen Gesellschafter haben gegebenenfalls Sonderbetriebsvermögen. Dies ergibt sich aus BFH vom 19.5.1993, BStBl. II 1993, S. 714. Vgl. ausführlich zum Sonderbetriebsvermögen der Gesellschafter einer deutschen Personengesellschaft Kapitel 6.1.1.3.

[1359] Vgl. BFH vom 11.12.2001, BFH NV 2002, S. 576. In diesem Urteil geht es um die Überführung eines einzelnen Wirtschaftsguts aus dem Betriebsvermögen einer KG in das Gesamthandsvermögen einer anderen KG.

somit eine Überführung zum Buchwert erfolgen.[1360] Eine Gewinnrealisierung könnte also vermieden werden. Allerdings muss auch § 6 Abs. 5 Satz 1 EStG beachtet werden, wonach eine Buchwertüberführung nur dann in Frage kommt, wenn die Besteuerung der stillen Reserven – dies bezieht sich auf die überführten Wirtschaftsgüter – sichergestellt ist. Sofern die französische Personenhandelsgesellschaft ihrer gewerblichen Tätigkeit in Frankreich durch eine Betriebstätte im abkommensrechtlichen Sinne nachgeht – dies ist im Fall der hier betrachteten Unternehmensstruktur gegeben –, erfolgt für einkommensteuerliche Zwecke eine Zurechnung der Betriebstätte zu den deutschen Gesellschaftern in ihrer Eigenschaft als Mitunternehmer.[1361] Die französische Personenhandelsgesellschaft bzw. die jeweilige Beteiligung an dieser stellt also eine anteilige Betriebstätte der deutschen Gesellschafter dar. Folglich ist die Überführung von Wirtschaftsgütern in die französische Personenhandelsgesellschaft hinsichtlich der Beurteilung, ob die Besteuerung der stillen Reserven sichergestellt ist, grundsätzlich wie die Überführung von Wirtschaftsgütern in eine französische Betriebstätte anzusehen.[1362] Die Frage, ob eine Besteuerung der in Deutschland gebildeten stillen Reserven der überführten Wirtschaftgüter nach deren Überführung in eine Betriebstätte in einem DBA-Land mit Freistellungsmethode sichergestellt ist, wird in der Literatur nicht einheitlich beantwortet.[1363]

Unabhängig von der Zulässigkeit einer Buchwertüberführung nach § 6 Abs. 5 EStG verbietet eine Regelung im Betriebsstättenerlass der Finanzverwaltung ohnehin eine Überführung zum Buchwert.[1364] Dort wird der Ansatz des Fremdvergleichspreises gefordert. Eine aufgeschobene Besteuerung, wie sie bei der Überführung von Wirtschaftsgütern in eine ausländische Betriebstätte in einem DBA-Staat mit Freistellungsmethode besteht, ist aufgrund dieser Regelung der Finanzverwaltung bei Überführung in eine Personenhandelsgesellschaft nicht möglich.[1365] Ein hieraus resultierender Gewinn oder Verlust wirkt sich über § 7 GewStG auch auf

---

1360 Vgl. BFH vom 11.12.2001, BFH NV 2002, S. 576. Vgl. hierzu auch – allerdings noch bezogen auf die nachstehend beschriebene Situation zwischen dem 1.1.1999 und dem 1.1.2001 – BUCIEK, in: PILTZ/SCHAUMBURG, Internationale Betriebsstättenbesteuerung 2001, S. 51. Vgl. auch – allerdings bezogen auf einen rein inländischen Vorgang – HOFFMANN, Transfer von Einzel-Wirtschaftsgütern 2002, S. 133; MITSCH/GRÜTER, Steuerneutrale Übertragung 2000, S. 623-624. MITSCH/GRÜTER untersuchen die Übertragungsmöglichkeiten einzelner Wirtschaftsgüter bei einer doppelstöckigen Personengesellschaft und inwiefern § 6 Abs. 5 EStG auf diese verschiedenen Möglichkeiten anwendbar ist. (Nach einer starken Einschränkung zum 1.1.1999 sollten die Regelungen des Mitunternehmererlasses durch eine Änderung des § 6 Abs. 5 Satz 3 EStG mit Wirkung vom 1.1.2001 wieder eingeführt werden. Vgl. DÜLL/FUHRMANN/EBERHARD, Wiedereinführung des Mitunternehmererlasses 2000, S. 1713; HOFFMANN, Transfer von Einzel-Wirtschaftsgütern 2002, S. 125-126.)

1361 Vgl. KRAMER, Art. 4, in: DEBATIN/WASSERMEYER, Doppelbesteuerung 2002, Rn. 61. Vgl. hierzu auch Kapitel 6.1.2.2.

1362 Vgl. hierzu IDW, Verwaltungsgrundsätze 1997, S. 643.

1363 Zumindest rechtlich sei das Besteuerungsrecht auch nach der Überführung gesichert. So PFAAR, Überführung von Wirtschaftsgütern 2000, S. 45-46. KROPPEN/SCHREIBER sehen eine grundsätzliche Sicherung des Besteuerungsrechts als gegeben. Vgl. KROPPEN/SCHREIBER, International relevante Aspekte 1999, S. 1232. Vgl. dahingehend auch KNOBBE-KEUK, Bilanz- und Unternehmenssteuerrecht 1993, S. 276; POHL, in: LÜDICKE, Internationale Unternehmensbesteuerung 2002, S. 42-43; WASSERMEYER, Art. 7, in: DEBATIN/WASSERMEYER, Doppelbesteuerung 2002, Rn. 246. Stellt man aber auf eine tatsächliche Sicherstellung der Besteuerung ab, so kann diese aufgrund fehlender Überprüfungsmöglichkeiten der deutschen Finanzverwaltung auch verneint werden. Vgl. BUCIEK, in: PILTZ/SCHAUMBURG, Internationale Betriebsstättenbesteuerung 2001, S. 50. CATTELAENS sieht die Besteuerung der in Deutschland gelegten stillen Reserven nach der Überführung in eine Betriebstätte in einem DBA-Staat nicht gesichert. Eine Begründung hierfür liefert er aber nicht. Vgl. CATTELAENS, Übertragung von Wirtschaftsgütern 1999, S. 1083.

1364 Vgl. BMF vom 24.12.1999, BStBl. I 1999, S. 1076, Rn. 2.6.4.

1365 Eigentlich wurde diese Regelung für Fälle geschaffen, welche sich von dem hier betrachteten unterscheiden. Der Finanzverwaltung war bei der Ausarbeitung der vorstehend genannten Regelung des Betriebsstättenerdie Gewerbesteuer aus. Die Regelung bezüglich der unumgänglichen sofortigen Besteuerung wird in der Literatur kritisiert.[1366] Die Anwendung der Regelungen mit einem Wahlrecht bezüglich einer aufgeschobenen Besteuerung, welche bei ausländischen Betriebstätten zur Anwendung kommen, wird auch bei Überführungen in ausländische Personengesellschaften gefordert.[1367]

Die Überlegungen, welche hinsichtlich der Gefahr einer Doppelbesteuerung bei der Überführung von Wirtschaftsgütern in eine französische Betriebstätte angestellt wurden,[1368] können auch auf den vorliegenden Fall übertragen werden. Die Besteuerung der stillen Reserven bei der deutschen Personenhandelsgesellschaft erfolgt bei der hier betrachteten Unternehmensstruktur aber aufgrund der oben genannten Regelung der Finanzverwaltung auf jeden Fall sofort, so dass Zins- und Liquiditätseffekte eventuelle Doppelbesteuerungen noch verstärken. Letztendlich ist wieder der Wert, der nach den Vorschriften des französischen Steuerrechts für das überführte Wirtschaftsgut bei der französischen Personenhandelsgesellschaft angesetzt wird, ausschlaggebend für eine mögliche Doppelbesteuerung.

Die französische Finanzverwaltung akzeptiert grundsätzlich die bei der französischen Gesellschaft, in diesem Fall der französischen Personenhandelsgesellschaft, in der Bilanz angesetzten Werte der überführten Wirtschaftsgüter,[1369] wobei diese den „tatsächlichen Werten" („valeurs réelles") annähernd entsprechen sollten.[1370] Letztere können durch Orientierung an den bzw. Rückgriff auf die Vorschriften zu den Registersteuern ermittelt werden.[1371] Im Rahmen der Ausführungen zu den Registersteuern wurde aufgezeigt, dass die Finanzverwaltung in diesem Bereich den tatsächlichen Wert durch Heranziehen des „Verkaufswerts" („valeur vénale") bestimmt.[1372] Dieser orientiert sich am Marktpreis der betreffenden Wirtschaftsgü-

---

lasses anscheinend bewusst, dass doppelstöckige Personengesellschaften mit vollständiger Übereinstimmung der Gesellschafter und der Beteiligungsverhältnisse – eine solche Unternehmensstruktur liegt hier vor – durchaus eine Ausnahme darstellen sollten. Vgl. GÜNKEL U.A., in: HERZIG/GÜNKEL/NIEMANN, Steuerberater-Jahrbuch 1998, RUNGE, S. 516. Die endgültige Vorschrift des Betriebsstättenerlasses geht aber nicht auf solche Ausnahmefälle ein, so dass auch hier eine Besteuerung der stillen Reserven erfolgt.

1366 Vgl. GÖTTSCHE/STANGL, Betriebsstättenerlass 2000, S. 507; GREIF, in: MÖSSNER, Steuerrecht 1998, Rn. E 88; IDW, Verwaltungsgrundsätze 1997, S. 643; JACOBS, Internationale Unternehmensbesteuerung 2002, S. 1100; LÜDICKE, in: HERZIG/GÜNKEL/NIEMANN, Steuerberater-Jahrbuch 1998, S. 490-491. STRUNK/KAMINSKI stimmen aber dieser Vorgehensweise zu, sofern es sich um Gesamthandsvermögen der ausländischen Personengesellschaft handelt, weil hier der deutsche Besteuerungsanspruch verloren ginge. Vgl. STRUNK/KAMINSKI, Betriebsstättenerlaß 2000, S. 41. Sie unterlassen dabei eine differenzierte Beurteilung in Abhängigkeit vom Gesellschafterkreis der ausländischen Personengesellschaft. Vgl. hierzu Fn. 1365.

1367 Vgl. GREIF, in: MÖSSNER, Steuerrecht 1998, Rn. E 55. Vgl. auch STRUNK/KAMINSKI, Betriebsstättenerlaß 2000, S. 41.

1368 Vgl. hierzu Kapitel 5.2.1.1.

1369 In Kapitel 3.2.1.5 wurde für die SNC bereits gezeigt, dass die festgelegten Werte der Sacheinlagen lediglich auf den Vereinbarungen der Gesellschafter basieren.

1370 Vgl. doc. adm. 4 B 131 vom 7.6.1999, Rn. 34. In dieser Anweisung der Finanzverwaltung wird die Ermittlung der aus einer Sacheinlage resultierenden steuerpflichtigen Gewinne beim Einlegenden geregelt. Dabei wird verdeutlicht, dass eine Korrektur der angesetzten Werte beim aufnehmenden Unternehmen erst dann erfolgt, wenn diese deutlich niedriger als die tatsächlichen Werte sind. Bei dem hier betrachteten Vorgang werden aber zu hohe Werte beanstandet werden, denn sie erhöhen das die französische Steuerbemessungsgrundlage mindernde Abschreibungsvolumen und sie führen zu geringeren stillen Reserven, die beim Ausscheiden der überführten Wirtschaftsgüter aus dem Betriebsvermögen zu einer Erhöhung der französischen Steuerbemessungsgrundlage führen. Unabhängig von der Richtung, in welcher der angesetzte Wert von dem „tatsächlichen Wert" abweicht, interessiert hier vorrangig der nachstehend genannte Wertmaßstab, den die Finanzverwaltung bei ihrer Beurteilung heranzieht.

1371 Vgl. doc. adm. 4 B 131 vom 7.6.1999, Rn. 35-36.

1372 Vgl. hierzu Kapitel 4.3.5.

ter[1373] und ist somit mit dem Fremdvergleichspreis vergleichbar. Eine Übereinstimmung des letztendlich herangezogenen deutschen Fremdvergleichspreises mit dem französischen Verkaufswert ist wieder von den Auffassungen der nationalen Finanzverwaltungen abhängig. Außerdem ist die französische Finanzverwaltung trotz des grundsätzlichen Verweises nicht an den Verkaufswert als Wertmaßstab gebunden.[1374]

Wird anstelle der vorstehend genannten Vorschriften Art. 57 CGI zur Beurteilung der Angemessenheit des bei der französischen Personenhandelsgesellschaft angesetzten Werts herangezogen, kommt der Fremdvergleichspreis zur Anwendung.[1375] Selbst wenn die Finanzverwaltung den Verkaufswert als Vergleichsmaßstab ablehnen sollte, wird daher letztendlich dennoch ein Wertmaßstab herangezogen, welcher dem deutschen entspricht.

Hinsichtlich der Belastung der Gründung der französischen Personenhandelsgesellschaft durch Registersteuern muss zunächst geklärt werden, welche Art von Einlagen getätigt wird. Im Gegenzug zu der Sacheinlage durch die deutsche Personenhandelsgesellschaft werden lediglich Gesellschaftsrechte gewährt, so dass hier einfache Einlagen vorliegen. Demzufolge wird grundsätzlich keine Registersteuer erhoben. Zwar unterliegt die deutsche Personenhandelsgesellschaft nicht der IS,[1376] allerdings gilt dies auch für die französische Personenhandelsgesellschaft. Folglich greift nicht die Ausnahmeregelung, wonach auf die Einbringung bestimmter Wirtschaftsgüter wie beispielsweise Kundenstämme eine Registersteuer erhoben wird.[1377]

Tabelle 18 gibt einen Überblick über die vorstehenden Aussagen.

Unternehmensstruktur Land	Personenhandelsgesellschaft – Personenhandelsgesellschaft
Deutschland	Ansatz des Fremdvergleichspreises; zwangsweise Auflösung und Versteuerung der stillen Reserven.
Frankreich	Ansatz des Verkaufswerts bzw. des Fremdvergleichspreises; keine Erhebung von Registersteuern.

Tabelle 18: Steuerliche Behandlung des Errichtungsvorgangs: Personenhandelsgesellschaft – Personenhandelsgesellschaft

5.2.1.3 Optierte Personenhandelsgesellschaft als Grundeinheit

Die Betrachtung der steuerlichen Belastung der Gründung einer optierten Personenhandelsgesellschaft in Frankreich erfordert, dass zunächst die Modalitäten und die Auswirkungen der Optionsausübung analysiert werden. Dies erklärt sich aus dem Umstand, dass die Personen-

1373 Vgl. hierzu beispielsweise die Ausführungen in Fn. 1194.

1374 Vgl. mit einem Hinweis auf die Rechtsprechung CHAPPERT, Constitution de société 1990, S. 520.

1375 Vgl. zur Anwendbarkeit des Art. 57 CGI auf den betrachteten Überführungsvorgang CHAMBAULT, France 1986, Rn. 9.1. und 9.4. Hinsichtlich der Anwendungsvoraussetzungen des Art. 57 CGI kann eine Gewinnverschiebung wieder auf dem Weg der Wertfestsetzung erfolgen. Eine Abhängigkeit ist nach Ansicht der Finanzverwaltung unter Berufung auf die Rechtsprechung u.a. dann gegeben, wenn ein Unternehmen die Mehrheit der Anteile an einem anderen Unternehmen hält und wenn darüber hinaus die Geschäftsleitung von den gleichen Personen wahrgenommen wird. Vgl. doc. adm. 4 A 1211 vom 1.9.1993, Rn. 3. Vgl. die Zusammenstellung möglicher Arten von Abhängigkeitsverhältnissen bei GOUTHIÈRE, Impôts 2001, Rn. 2625-2629.

1376 Vgl. hierzu Kapitel 6.1.2.1.

1377 Vgl. hierzu Kapitel 4.3.5.3.

handelsgesellschaft ab dem Zeitpunkt ihrer Gründung grundsätzlich den einkommensteuerlichen Regelungen zur Besteuerung von Personengesellschaften unterliegt. In Kapitel 4.2.2.1 wurde bereits gezeigt, dass bestimmte Personengesellschaften – darunter auch die Personenhandelsgesellschaften – für eine Besteuerung durch die IS optieren dürfen. Da die hier untersuchte Grundeinheit von Anfang an einer Besteuerung durch die IS unterliegen soll, ist die Option so früh wie möglich im Anschluss an die Gesellschaftsgründung auszuüben. Eine möglicherweise im Zusammenhang mit der Optionsausübung entstehende steuerliche Belastung gehört somit zur Besteuerung der Errichtung der Grundeinheit in Frankreich.

Die Modalitäten der Ausübung einer Option für die IS sind in Art. 239 CGI und Ann. IV, Art. 22 CGI und Ann. IV, Art. 23 CGI geregelt. Gem. Art. 239 1. Abs. 2 CGI i.V.m. Ann. IV, Art. 22 Abs. 1 CGI muss die Optionsausübung der Finanzverwaltung spätestens bis zum Ende des dritten Monats des Wirtschaftsjahres, für welches erstmalig eine Besteuerung durch die IS erfolgen soll, mitgeteilt werden.[1378] Für neu gegründete Gesellschaften bedeutet dies, dass die Mitteilung spätestens drei Monate nach der Gründung erfolgen muss.[1379] Eine Rückkehr zur Besteuerung von Personengesellschaften nach den einkommensteuerlichen Vorschriften ist nicht möglich, denn die Optionsausübung ist grundsätzlich unwiderruflich (Art. 239 1. Abs. 2 CGI und Ann. IV, Art. 22 Abs. 3 CGI).[1380]

Die steuerlichen Folgen der Optionsausübung einer Personengesellschaft, insbesondere einer Personenhandelsgesellschaft, für die Besteuerung durch die IS sind in Art. 202 ter CGI geregelt. Demnach kommen grundsätzlich die Regelungen zur Besteuerung der Beendigung der Unternehmenstätigkeit zur Anwendung.[1381] Somit werden gem. Art. 201 1. Abs. 1 CGI alle bisher noch nicht versteuerten Gewinne der Gesellschaft sofort besteuert. Zu diesen Gewinnen gehören der Gewinn des laufenden Wirtschaftsjahres, die Gewinne, die bisher einer aufgeschobenen Besteuerung unterlagen, und die in den Wirtschaftsgütern des Betriebsvermögens enthaltenen stillen Reserven.[1382]

Zu den Gewinnen, die bisher einer aufgeschobenen Besteuerung unterlagen, gehören die Rückstellungen, die steuerfrei gebildet wurden, und Veräußerungsgewinne, deren Besteuerung hinausgeschoben wurde.[1383] Der Begriff „Rückstellungen" umschließt hier neben den Rückstellungen im deutschen Sinn – den „provisions pour risques et charges" – auch die Rückstellungen für Wertberichtigungen und den Sonderposten mit Rücklageanteil.[1384] Bei den Veräußerungsgewinnen, deren Besteuerung hinausgeschoben wurde, handelt es sich um kurzfristige Nettoveräußerungsgewinne, die gem. Art. 39 quaterdecies 1. Abs. 1 und 2 CGI auf das Jahr der Veräußerung und die beiden darauf folgenden Jahre verteilt wurden.[1385]

1378 Sofern der Gesellschaftsvertrag keine andere Bestimmung enthält, muss die Anzeige der Optionsausübung von allen Gesellschaftern unterzeichnet werden (Ann. IV, Art. 22 Abs. 2 CGI).

1379 Das erste Wirtschaftsjahr einer solchen Gesellschaft beginnt schließlich im Zeitpunkt der Gründung.

1380 Die einzige Ausnahme hiervon greift bei Personengesellschaften, die vor dem 1.1.1981 gegründet wurden. Sie können unter Zustimmung sämtlicher Gesellschafter die Optionsausübung rückgängig machen, wenn sie zum einen gewerblich tätig sind, zum anderen lediglich Gesellschafter umfassen, die in direkter Linie miteinander verwandt oder Geschwister bzw. deren jeweilige Ehegatten sind (Art. 239 3. CGI).

1381 Art. 202 ter I. Abs. 1 CGI verweist für den Fall, dass eine Personengesellschaft nicht mehr den Regelungen zur Besteuerung von Personengesellschaften unterliegt, auf die Art. 201 CGI und Art. 202 CGI. Dort ist die Besteuerung der Folgen des Todes des Steuerpflichtigen sowie der Übertragung und der Beendigung geregelt.

1382 Vgl. BO 4 A-1-92 vom 31.12.1991, Rn. 16.

1383 Vgl. BO 4 A-1-92 vom 31.12.1991, Rn. 18.

1384 Vgl. zum Begriff der „Rückstellungen" Fn. 731.

1385 Vgl. hierzu Kapitel 4.2.1.3.

Die in den Wirtschaftsgütern des Betriebsvermögens enthaltenen stillen Reserven ergeben sich aus der Differenz zwischen dem tatsächlichen Wert dieser Wirtschaftsgüter und deren Buchwert.[1386] Sie unterliegen grundsätzlich den besonderen Vorschriften zur Besteuerung betrieblicher Veräußerungsgewinne.[1387]

Die sofortige Besteuerung der Gewinne, die bisher einer aufgeschobenen Besteuerung unterlagen, und der stillen Reserven in den Wirtschaftsgütern des Betriebsvermögens kann vermieden werden. Folglich müssen nur noch die Gewinne des laufenden Wirtschaftsjahres versteuert werden.[1388] Die Voraussetzungen hierfür sind in Art. 202 ter I. Abs. 2 CGI geregelt. Zum einen darf keine neue juristische Person entstehen.[1389] Dies ist im Fall der Optionsausübung durch eine Personenhandelsgesellschaft gegeben. Zum anderen dürfen die einzelnen Bilanzpositionen in der Folge der Ausübung der Option nicht verändert werden[1390] und die Besteuerung der oben genannten Gewinne und stillen Reserven muss sichergestellt sein.[1391] Auch diese Voraussetzung ist im betrachteten Fall leicht erfüllbar bzw. ohnehin gegeben. Wenn nun die Option unmittelbar nach der Gründung ausgeübt wird und somit noch keine laufenden Gewinne entstanden sind, treten beim Wechsel des Besteuerungsverfahrens keine ertragsteuerlichen Folgen auf.

Eine Besteuerung kann aber auch im Bereich der Registersteuern erfolgen. Hier gilt grundsätzlich Art. 809 II. CGI, wonach nachträglich auf bestimmte einfache Einlagen, die seit dem 1.8.1965 durch Personen, die nicht der IS unterlagen, getätigt wurden, die Registersteuern auf entgeltliche Übertragungen fällig werden. Somit unterliegen die in Kapitel 4.3.5.2.1 und in Kapitel 4.3.5.2.2 genannten Wirtschaftsgüter – in erster Linie Grundstücke, Geschäftsbetriebe und Kundenstämme – dem hier relevanten Registersteuersatz von 4,80 %. Da Gründungszeitpunkt und Wirkung der Optionsausübung zusammenfallen, ist diese Vorschrift hier nicht relevant, denn somit unterliegen Einlagen – wie nachstehend beschrieben – ohnehin von Anfang an der Registersteuer.[1392]

1386 Die Finanzverwaltung macht keine Angaben zur Vorgehensweise bei der Ermittlung des tatsächlichen Wertes. Konsequenterweise sollte hier der bereits mehrfach beschriebene „Verkaufswert" („valeur vénale") herangezogen werden. Vgl. zu diesem Wertmaßstab beispielsweise Fn. 1194.

1387 Vgl. BO 4 A-1-92 vom 31.12.1991, Rn. 20. Vgl. ausführlich zur Behandlung der betrieblichen Veräußerungsgewinne bzw. -verluste im Moment der Optionsausübung KUSSMAUL/SCHÄFER, Option von Personengesellschaften 2000, S. 165-166.

1388 Vgl. LEFEBVRE, Fiscal 2002, Rn. 3425.

1389 Hier wird deutlich, dass Art. 202 ter CGI nicht nur bei der Optionsausübung einer Personengesellschaft für eine Besteuerung durch die Körperschaftsteuer greift, sondern allgemein für den Fall, dass eine Personengesellschaft nicht mehr den Regelungen zur Besteuerung von Personengesellschaften unterliegt. Somit sind auch Umwandlungsfälle von dieser Vorschrift betroffen. Doch selbst hier entsteht nur in wenigen Ausnahmefällen eine neue juristische Person. Vgl. SERLOOTEN, Droit commercial 1997, Rn. 915.

1390 Im Besonderen dürfen die Buchwerte der Wirtschaftsgüter des Betriebsvermögens nicht erhöht werden. Vgl. BO 4 A-1-92 vom 31.12.1991, Rn. 25. Somit können die in diesen Wirtschaftsgütern enthaltenen stillen Reserven beim späteren Ausscheiden aus dem Betriebsvermögen besteuert werden. Vgl. MERCIER/PLAGNET, Impôts 2002, Rn. 1275.

1391 Diese Voraussetzung ist dann nicht erfüllt, wenn der Gegenstand der Gesellschaft ausschließlich im Verwalten ihres Immobilienbesitzes besteht. Vgl. SERLOOTEN, Droit commercial 1997, Rn. 918.

1392 Außerdem können sich die Gesellschafter der optierenden Gesellschaft auch im Fall einer späteren Optionsausübung verpflichten, ihre Gesellschaftsanteile mindestens drei Jahre lang – bezogen auf den Zeitpunkt der Optionsausübung – zu halten. Dann wird lediglich eine pauschale Registersteuer von 230 EUR fällig (Art. 810 III. Abs. 2 und Abs. 3 CGI). Halten sich die Gesellschafter aber nicht an diese Verpflichtung, wird nachträglich die Differenz zwischen dem normalen Registersteuersatz und der pauschalen Registersteuer fällig (Art. 810 III. Abs. 4 CGI).

Hinsichtlich der Beurteilung der steuerlichen Wirkung einer Sacheinlage[1393] durch die deutsche Personenhandelsgesellschaft[1394] in die optierte französische Personenhandelsgesellschaft muss zunächst beachtet werden, dass Letztere aus deutscher steuerrechtlicher Sicht als Personengesellschaft eingeordnet wird.[1395] Deshalb muss bei einer Sachgründung wieder die in Kapitel 5.2.1.2 dargestellte Vorschrift des Betriebsstättenerlasses beachtet werden, die den Ansatz des Fremdvergleichspreises fordert, wobei die Kritikpunkte natürlich die gleichen bleiben. Ein aus dem Ansatz des Fremdvergleichspreises resultierender Gewinn oder Verlust bei der deutschen Personenhandelsgesellschaft hat über § 7 GewStG wieder Auswirkungen auf die Gewerbesteuer. Hinsichtlich der Gefahr einer Doppelbesteuerung gelten grundsätzlich die in den vorstehenden Kapiteln gemachten Aussagen analog,[1396] allerdings müssen auch hier wieder die relevanten Bewertungsregelungen des französischen Steuerrechts untersucht werden, welche letztendlich – wie bei der nichtoptierten Personenhandelsgesellschaft auch –[1397] zum Ansatz des Fremdvergleichspreises bzw. des mit diesem vergleichbaren Verkaufswerts führen.

Werden auch hier einfache Einlagen getätigt, sind die Anwendungsvoraussetzungen für die Anwendung der Ausnahmeregelung hinsichtlich der Besteuerung bestimmter einfacher Einlagen erfüllt: Eine Person, die nicht der IS unterliegt, tätigt einfache Einlagen in eine Gesellschaft, die der IS unterliegt.[1398] Also wird auf die Einbringung von Kundenstämmen und von bestimmten anderen Wirtschaftsgütern eine Registersteuer in Höhe von 4,80 % erhoben. Diese Besteuerung kann aber durch die Verpflichtung des Einbringenden, die im Gegenzug zur Einbringung gewährten Gesellschaftsrechte mindestens drei Jahre lang zu halten, umgangen werden. Demzufolge fällt auch bei der Errichtung der hier betrachteten Unternehmensstruktur keine Registersteuer an.

Tabelle 19 resümiert die Aussagen zur steuerlichen Behandlung des Errichtungsvorgangs.

Unternehmensstruktur Land	Personenhandelsgesellschaft – optierte Personenhandelsgesellschaft
Deutschland	Ansatz des Fremdvergleichspreises; zwangsweise Auflösung und Versteuerung der stillen Reserven.
Frankreich	Ansatz des Verkaufswerts bzw. des Fremdvergleichspreises; keine Erhebung von Registersteuern bei Verpflichtung, die im Gegenzug zur Einbringung gewährten Gesellschaftsrechte mindestens drei Jahre lang zu halten.

Tabelle 19: Steuerliche Behandlung des Errichtungsvorgangs: Personenhandelsgesellschaft – optierte Personenhandelsgesellschaft

[1393] Umsatzsteuerlich entsteht keine Definitivbelastung. Eine Bargründung ist wieder steuerlich unbeachtlich. Vgl. hierzu Kapitel 5.2.1.1 und Kapitel 5.2.1.2.

[1394] Die gesellschaftsrechtlich notwendige Minderheitsbeteiligung der beiden natürlichen Personen wird auf dem Weg einer Bareinlage hergestellt.

[1395] Vgl. hierzu Kapitel 6.1.3.2.

[1396] Vgl. hierzu Kapitel 5.2.1.1 und Kapitel 5.2.1.2.

[1397] Vgl. hierzu Kapitel 5.2.1.2.

[1398] Vgl. hierzu Kapitel 4.3.5.3.

5.2.1.4 Kapitalgesellschaft als Grundeinheit

Ausgehend von der Feststellung, dass eine französische Kapitalgesellschaft auch aus deutscher steuerrechtlicher Sicht als Kapitalgesellschaft eingestuft wird,[1399] können die steuerlichen Wirkungen einer Sachgründung betrachtet werden.[1400] Die Einbringung eines Wirtschaftsguts in eine ausländische Kapitalgesellschaft gegen Gewährung von Gesellschaftsrechten wird als Vorgang, dessen Besteuerung nach den allgemeinen Tauschgrundsätzen durchzuführen ist, eingestuft.[1401] Folglich greift § 6 Abs. 6 Satz 1 EStG, wonach die aus der Einbringung resultierenden Anteile an der ausländischen Kapitalgesellschaft mit dem gemeinen Wert der hingegebenen Wirtschaftsgüter bewertet werden müssen.[1402]

Definiert wird der gemeine Wert in § 9 Abs. 2 BewG: „Der gemeine Wert wird durch den Preis bestimmt, der im gewöhnlichen Geschäftsverkehr nach der Beschaffenheit des Wirtschaftsgutes bei einer Veräußerung zu erzielen wäre. Dabei sind alle Umstände, die den Preis beeinflussen, zu berücksichtigen. Ungewöhnliche oder persönliche Verhältnisse sind nicht zu berücksichtigen." Der gemeine Wert ist ein vom Absatzmarkt her bestimmter Einzelveräußerungspreis, der sich aus dem Verkaufspreis abzüglich der noch entstehenden Verkaufskosten ergibt.[1403] Während der gemeine Wert eines Wirtschaftsguts, für das ein repräsentativer Markt besteht, relativ leicht als Marktpreis der jeweiligen Handelsstufe ermittelt werden kann, muss er im anderen Fall durch eine Anlehnung an erzielte Verkaufspreise für ähnliche Güter ermittelt werden.[1404] Gemeiner Wert und Teilwert[1405] stimmen in der Praxis oftmals überein. Ihre unterschiedlichen theoretischen Begründungen können aber zu Unterschieden in der Höhe ihrer Beträge führen.[1406] Hier wirkt sich aus, dass die betriebliche Zugehörigkeit eines Wirtschaftsguts bei der Bestimmung des gemeinen Werts keine Auswirkungen hat, sondern dass lediglich die Absatzmarktorientierung ausschlaggebend ist.[1407] Vergleicht man die vorstehende Definition des gemeinen Werts mit der Definition des Fremdvergleichspreises in Kapitel 5.2.1.1, so erkennt man eine gleiche Grundkonzeption. Demzufolge kann eine (grundsätzliche) Übereinstimmung dieser beiden Wertmaßstäbe konstatiert werden.[1408]

[1399] Vgl. hierzu Kapitel 6.1.4.2.

[1400] Eine Beschränkung auf die ertragsteuerlichen Wirkungen ist ausreichend, da keine umsatzsteuerliche Definitivbelastung besteht. Eine Bargründung hat ohnehin keine steuerlichen Folgen. Vgl. hierzu Kapitel 5.2.1.1 und Kapitel 5.2.1.2.

[1401] Vgl. ohne ausdrückliche Nennung grenzüberschreitender Sachverhalte BFH vom 24.3.1987, BStBl. II 1987, S. 705; WASSERMEYER, Tausch und Einlage 1990, S. 856. HENKEL spricht – bezogen auf einen grenzüberschreitenden Sachverhalt – von einem „tauschähnlichen Vorgang". Vgl. HENKEL, in: MÖSSNER, Steuerrecht 1998, Rn. E 140. HOFFMANN verdeutlicht, dass die Einordnung einer Sacheinlage in eine Kapitalgesellschaft in der Literatur nicht einheitlich ist. Die verschiedenen Bezeichnungen reichen vom „Tausch" über den „tauschähnlichen Vorgang" bis zu einem „dem Tausch vergleichbaren Vorgang". Vgl. m.w.N. HOFFMANN, in: WIDMANN, Besteuerung 1997, S. 181.

[1402] PATT stellt klar, dass § 6 Abs. 6 Satz 1 EStG auch auf tauschähnliche Vorgänge anwendbar ist. Vgl. PATT, § 6 Abs. 3-7 EStG, in: RAUPACH/PRINZ/WENDT, HERRMANN/HEUER/RAUPACH 2001, Rn. 150. JACOBS weist in diesem Zusammenhang auch auf das BFH-Urteil vom 25.1.1984, BStBl. II 1984, S. 422, hin, welches vor der Einführung des § 6 Abs. 6 EStG die gleiche Wirkung hatte. Vgl. JACOBS, Unternehmensbesteuerung 2002, S. 392.

[1403] Vgl. HABERSTOCK, Steuerbilanz und Vermögensaufstellung 1991, S. 125; KUSSMAUL, Betriebswirtschaftliche Steuerlehre 2000, S. 63.

[1404] Vgl. ROSE, Erbschaftsteuer 2002, S. 74.

[1405] Vgl. ausführlich zum Teilwert Kapitel 5.2.1.1.

[1406] Vgl. HABERSTOCK, Steuerbilanz und Vermögensaufstellung 1991, S. 125; KUSSMAUL, Betriebswirtschaftliche Steuerlehre 2000, S. 63.

[1407] Vgl. FEDERMANN, Bilanzierung 2000, S. 345. Diese alleinige Absatzmarktorientierung des gemeinen Werts wird auch als sein entscheidender Mangel angesehen. Vgl. WÖHE, Steuerlehre I/2 1992, S. 177.

[1408] Vgl. PACH-HANSSENHEIMB, Verstrickung von Wirtschaftsgütern 1991, S. 196.

Bei einer Sachgründung werden also stets eventuell vorhandene stille Reserven realisiert und sofort besteuert.[1409] Dies gilt aufgrund von § 7 GewStG auch für die Gewerbesteuer. Die früher geltende Ausnahme, wonach zumindest Anteile an Kapitalgesellschaften ohne eine Realisierung stiller Reserven getauscht[1410] werden konnten, besteht aufgrund der Vorschrift in § 6 Abs. 6 Satz 1 EStG nicht mehr.[1411]

Eine Doppelbesteuerung entsteht dementsprechend, wenn die im Rahmen der Sachgründung in die französische Kapitalgesellschaft überführten Wirtschaftsgüter nach den Vorschriften des französischen Steuerrechts mit einem von dem gemeinen Wert abweichenden Wert bewertet werden.[1412] In Kapitel 5.2.1.2 wurde bereits aufgezeigt, dass die in Frankreich zur Anwendung kommenden Regelungen den Ansatz des Fremdvergleichspreises bzw. des Verkaufswerts fordern. Beide Wertmaßstäbe stimmen zwar aufgrund ihrer Marktpreisabhängigkeit – zumindest grundsätzlich – konzeptionell mit dem gemeinen Wert überein, hängen aber in ihrer endgültigen Höhe von der Einschätzung der französischen Finanzverwaltung ab.

Die hier betrachtete Unternehmensstruktur entspricht für Zwecke der Registersteuern auf einfache Einlagen der in Kapitel 5.2.1.3 beschriebenen. Demzufolge unterliegt auch hier die Einbringung bestimmter Wirtschaftsgüter dem Registersteuersatz in Höhe von 4,80 %. Allerdings kann die Erhebung der Registersteuer durch die Verpflichtung, die im Gegenzug zur Einbringung gewährten Anteile mindestens drei Jahre lang zu halten, umgangen werden.

Tabelle 20 fasst die vorstehenden Aussagen zusammen.

Unternehmensstruktur **Land**	**Personenhandelsgesellschaft – Kapitalgesellschaft**
Deutschland	Ansatz des gemeinen Werts; zwangsweise Auflösung und Versteuerung der stillen Reserven.
Frankreich	Ansatz des Verkaufswerts bzw. des Fremdvergleichspreises; keine Erhebung von Registersteuern bei Verpflichtung, die im Gegenzug zur Einbringung gewährten Gesellschaftsrechte mindestens drei Jahre lang zu halten.

Tabelle 20: Steuerliche Behandlung des Errichtungsvorgangs: Personenhandelsgesellschaft – Kapitalgesellschaft

5.2.2 Kapitalgesellschaft als Spitzeneinheit

5.2.2.1 Betriebstätte als Grundeinheit

Hinsichtlich der Besteuerung der Errichtung einer Betriebstätte in Frankreich durch eine deutsche Kapitalgesellschaft kann auf die entsprechen Ausführungen zur Spitzeneinheit in Form einer Personengesellschaft in Kapitel 5.2.1.1 verwiesen werden. Somit gelten auch hier für die

---

1409 Vgl. auch JACOBS, Unternehmensbesteuerung 2002, S. 392.

1410 Dies entspricht – wie bereits vorstehend gezeigt – einer Sacheinlage.

1411 Vgl. GLANEGGER, § 6, in: SCHMIDT, Einkommensteuergesetz 2002, Rn. 542. Basierend auf dem so genannten „Tauschgutachten" des BFH (vgl. BFH vom 16.12.1958, BStBl. III 1959, S. 30) war ein steuerneutraler Tausch von wert-, art- und funktionsgleichen Wirtschaftsgütern möglich. In der Praxis betraf diese Regelung fast ausschließlich Anteile an Kapitalgesellschaften. Vgl. kritisch zu diesem Gutachten, insbesondere zu dessen Anwendung auf grenzüberschreitende Vorgänge, WASSERMEYER, Tausch und Einlage 1990, S. 855-859.

1412 Vgl. hierzu grundsätzlich Kapitel 5.2.1.1.

Überführung von Wirtschaftsgütern die Regelungen des Betriebsstättenerlasses zur Bildung eines Ausgleichspostens unter Anwendung des Fremdvergleichspreises. Alternativ zur aufgeschobenen Besteuerung kann sich die deutsche Kapitalgesellschaft auch für eine sofortige Besteuerung entscheiden. Über § 7 GewStG wirkt sich die Ausübung des Wahlrechts wieder auf die Gewerbesteuer aus.

Hinsichtlich einer möglichen Doppel- oder Minderbesteuerung müssen erneut die französischen Vorschriften zur Bewertung der überführten Wirtschaftsgüter betrachtet werden. Diesbezüglich wurde aufgezeigt, dass in Frankreich ebenfalls der Fremdvergleichspreis herangezogen wird.

Hier liegt ebenso wenig wie im Fall eines Stammhauses in Form einer Personenhandelsgesellschaft eine Gesellschaftsgründung vor, so dass sich die Frage nach der Erhebung von Registersteuern erst gar nicht stellt, denn schließlich erfolgt keine Sacheinlage, sondern lediglich eine Überführung von Wirtschaftsgütern innerhalb derselben Gesellschaft.[1413]

Tabelle 21 fasst die vorstehenden Aussagen zur steuerlichen Behandlung des Errichtungsvorgangs zusammen.

Unternehmensstruktur Land	Kapitalgesellschaft – Betriebstätte
Deutschland	Ansatz des Fremdvergleichspreises; Wahlrecht zur Bildung eines Ausgleichspostens.
Frankreich	Ansatz des Fremdvergleichspreises; keine Erhebung von Registersteuern.

Tabelle 21: Steuerliche Behandlung des Errichtungsvorgangs: Kapitalgesellschaft – Betriebstätte

5.2.2.2 Personenhandelsgesellschaft als Grundeinheit

Die Ausführungen zur Gründung einer französischen Personenhandelsgesellschaft durch eine deutsche Personenhandelsgesellschaft in Kapitel 5.2.1.2 gelten analog. Hier ist also abermals der Betriebsstättenerlass zu beachten. Demnach muss bei der Überführung von Wirtschaftsgütern aus einem inländischen Betriebsvermögen in eine ausländische Personengesellschaft der Fremdvergleichspreis angesetzt werden. Wie bei der Spitzeneinheit in Form einer Personenhandelsgesellschaft erfolgt also auch bei der Kapitalgesellschaft als Spitzeneinheit eine sofortige Besteuerung der in den überführten Wirtschaftsgütern enthaltenen stillen Reserven. Dies gilt aufgrund von § 7 GewStG auch für die Gewerbesteuer.

Die Ausführungen zu einer möglichen Doppelbesteuerung im Fall einer deutschen Personenhandelsgesellschaft als Spitzeneinheit und einer französischen Personenhandelsgesellschaft als Grundeinheit können übertragen werden. Bei der Bewertung der überführten Wirtschaftsgüter nach den Vorschriften des französischen Steuerrechts wird jedenfalls ein Wertmaßstab herangezogen, der dem Fremdvergleichspreis entspricht bzw. mit ihm vergleichbar ist. Registersteuern fallen im Fall einfacher Einlagen nicht an, denn die Sacheinlage erfolgt in eine Gesellschaft, die nicht der IS unterliegt.[1414]

Tabelle 22 stellt die vorstehenden Aussagen überblicksartig dar.

[1413] Vgl. hierzu Kapitel 4.3.5.3.
[1414] Vgl. hierzu Kapitel 4.3.5.3.

Unternehmensstruktur Land	Kapitalgesellschaft – Personenhandelsgesellschaft
Deutschland	Ansatz des Fremdvergleichspreises; zwangsweise Auflösung und Versteuerung der stillen Reserven.
Frankreich	Ansatz des Verkaufswerts bzw. des Fremdvergleichspreises; keine Erhebung von Registersteuern.

Tabelle 22: Steuerliche Behandlung des Errichtungsvorgangs: Kapitalgesellschaft – Personenhandelsgesellschaft

5.2.2.3 Optierte Personenhandelsgesellschaft als Grundeinheit

Zunächst gilt die bekannte Darstellung der steuerlichen Folgen der Optionsausübung durch eine französische Personenhandelsgesellschaft.[1415] Darüber hinaus kann auf die Ausführungen zur Besteuerung der Gründung einer Grundeinheit in Form einer Personenhandelsgesellschaft durch eine Spitzeneinheit in Form einer Personenhandelsgesellschaft in Kapitel 5.2.1.2 verwiesen werden. Folge ist also auch hier eine sofortige Besteuerung der in den überführten Wirtschaftsgütern enthaltenen stillen Reserven aufgrund des zwangsläufigen Ansatzes des Fremdvergleichspreises. Des Weiteren fällt ebenfalls auf den so realisierten Gewinn gem. § 7 GewStG Gewerbesteuer an, und eine mögliche Doppelbesteuerung hängt von den beschriebenen Faktoren ab, wobei der in Frankreich herangezogene Wertmaßstab dem Fremdvergleichspreis entspricht bzw. mit diesem vergleichbar ist.

Bei der nun betrachteten Unternehmensstruktur fallen grundsätzlich Registersteuern bei der Tätigung einfacher Einlagen an, denn hier greift die Ausnahmeregelung bezüglich der Besteuerung der Einbringung von Kundenstämmen und von bestimmten anderen Wirtschaftsgütern mit einem Registersteuersatz von 4,80 %.[1416] Die Einlage erfolgt – wie gefordert – in eine Gesellschaft, die der IS unterliegt, durch eine Person, die nicht der IS unterliegt. Dies ergibt sich aus den Vorschriften zur Abgrenzung der Körperschaftsteuerpflicht in Frankreich.[1417] Eine Körperschaftsteuerpflicht der deutschen Kapitalgesellschaft in Frankreich bestünde erst dann, wenn ein „in Frankreich betriebenes Unternehmen" vorläge. Die deutsche Kapitalgesellschaft selbst unterhält aber keine Betriebstätte in Frankreich und erfüllt auch darüber hinaus nicht die für eine Körperschaftsteuerpflicht in Frankreich geforderten Kriterien des Vorliegens eines abhängigen Vertreters oder eines vollständigen gewerblichen Kreises. Letztendlich kann die Erhebung der Steuer aber wieder umgangen werden. Hierzu reicht die Verpflichtung, die im Gegenzug zur Einbringung gewährten Gesellschaftsrechte mindestens drei Jahre lang zu halten.

Tabelle 23 greift die Aussagen zur steuerlichen Behandlung des Errichtungsvorgangs abschließend auf.

[1415] Vgl. hierzu Kapitel 5.2.1.3.
[1416] Vgl. hierzu Kapitel 4.3.5.3.
[1417] Vgl. doc. adm. 7 H 2221 vom 1.9.1999, Rn. 13. Vgl. zur Körperschaftsteuerpflicht in Frankreich Kapitel 4.2.2.1.

Unternehmensstruktur Land	Kapitalgesellschaft – optierte Personenhandelsgesellschaft
Deutschland	Ansatz des Fremdvergleichspreises; zwangsweise Auflösung und Versteuerung der stillen Reserven.
Frankreich	Ansatz des Verkaufswerts bzw. des Fremdvergleichspreises; keine Erhebung von Registersteuern bei Verpflichtung, die im Gegenzug zur Einbringung gewährten Gesellschaftsrechte mindestens drei Jahre lang zu halten.

Tabelle 23: Steuerliche Behandlung des Errichtungsvorgangs: Kapitalgesellschaft – optierte Personenhandelsgesellschaft

5.2.2.4 Kapitalgesellschaft als Grundeinheit

An dieser Stelle wird ein Verweis auf die entsprechenden Ausführungen zur Gründung einer französischen Kapitalgesellschaft durch eine deutsche Personenhandelsgesellschaft in Kapitel 5.2.1.4 gemacht. Folglich wird eine Sacheinlage als tauschähnlicher Vorgang eingestuft, die Bewertung der hingegeben Wirtschaftsgüter erfolgt zum gemeinen Wert[1418] und die zwangsläufige sofortige Realisierung stiller Reserven wirkt sich über § 7 GewStG auch auf die Gewerbesteuer aus. Eine Doppelbesteuerung hängt wieder vom Ergebnis der Anwendung der dargestellten französischen Bewertungsvorschriften ab, wonach der Fremdvergleichspreis bzw. ein mit ihm vergleichbarer Maßstab herangezogen wird.

Hinsichtlich der Besteuerung des Einbringungsvorgangs durch Registersteuern wird an dieser Stelle lediglich auf Kapitel 5.2.2.3 verwiesen. Letztendlich entspricht die hier betrachtete Unternehmensstruktur aus registersteuerlicher Sicht der dort beschriebenen. Dementsprechend fallen auch hier bei der Tätigung einfacher Einlagen grundsätzlich die dargestellten Registersteuern an. Eine Verpflichtung, die gewährten Gesellschaftsrechte drei Jahre lang zu halten, ermöglicht aber deren Umgehung.

Tabelle 24 resümiert die vorstehenden Aussagen.

Unternehmensstruktur Land	Kapitalgesellschaft – Kapitalgesellschaft
Deutschland	Ansatz des gemeinen Werts; zwangsweise Auflösung und Versteuerung der stillen Reserven.
Frankreich	Ansatz des Verkaufswerts bzw. des Fremdvergleichspreises; keine Erhebung von Registersteuern bei Verpflichtung, die im Gegenzug zur Einbringung gewährten Gesellschaftsrechte mindestens drei Jahre lang zu halten.

Tabelle 24: Steuerliche Behandlung des Errichtungsvorgangs: Kapitalgesellschaft – Kapitalgesellschaft

[1418] § 6 Abs. 6 Satz 1 EStG kommt hier wegen § 8 Abs. 1 Satz 1 KStG zur Anwendung.

5.2.3 Natürliche Personen und Personenhandelsgesellschaft als Spitzeneinheit

5.2.3.1 Personenhandelsgesellschaft als Grundeinheit

Sollen sich die Anteile an der französischen Personenhandelsgesellschaft nach deren Gründung im Privatvermögen der Gesellschafter der deutschen Personenhandelsgesellschaft befinden, so können die Überlegungen hinsichtlich der steuerlichen Wirkungen der Bargründung, welche steuerlich neutral verläuft, auf diese Unternehmensstruktur übertragen werden. Aber auch hier verlangt die Sachgründung wieder eine genauere Betrachtung. Da die französische Personenhandelsgesellschaft aus deutscher steuerrechtlicher Sicht eine Personenhandelsgesellschaft darstellt,[1419] entspricht die schließlich vorliegende grenzüberschreitende Struktur Schwesterpersonengesellschaften mit Gesellschafter- und Beteiligungsidentität.[1420] Um eine vergleichbare Situation zu schaffen, sollen Wirtschaftsgüter aus dem Gesamthandsvermögen der deutschen Personenhandelsgesellschaft in das – aus deutscher Sicht – Gesamthandsvermögen der französischen Personenhandelsgesellschaft übertragen werden.

Hinsichtlich einer möglichen steuerlichen Begünstigung des Überführungsvorgangs muss untersucht werden, ob § 6 Abs. 5 EStG im vorliegenden Fall zur Anwendung kommen kann. Steuerpflichtiger i.S.d. § 6 Abs. 5 Satz 2 und 3 EStG ist jeder Mitunternehmer.[1421] Hier nehmen also zwei Steuerpflichtige – die natürlichen Personen, die Mitunternehmer der beiden Personenhandelsgesellschaften sind – eine Überführung von Wirtschaftsgütern aus dem Gesamthandsvermögen einer Mitunternehmerschaft in das Gesamthandsvermögen einer anderen Mitunternehmerschaft vor, wobei die betrachteten Gesellschaften Schwesterpersonengesellschaften sind. Die steuerlich relevante Vorschrift für diese Überführung, welche gegen Gewährung von Gesellschaftsrechten abläuft, ist § 6 Abs. 5 Satz 3 Nr. 2 EStG:[1422] „Satz 1 gilt entsprechend, soweit ein Wirtschaftsgut […] 2. unentgeltlich oder gegen Gewährung oder Minderung von Gesellschaftsrechten aus dem Sonderbetriebsvermögen eines Mitunternehmers in das Gesamthandsvermögen derselben Mitunternehmerschaft oder einer anderen Mitunternehmerschaft, an der er beteiligt ist, und umgekehrt […] übertragen wird."[1423] Die Überführung erfolgt also auf dem Umweg über das Sonderbetriebsvermögen[1424] der deutschen natürlichen Personen bei der abgebenden Personenhandelsgesellschaft.[1425] [1426] Eine solche

---

1419 Vgl. hierzu Kapitel 6.1.2.2.

1420 Vgl. zum Begriff „Schwesterpersonengesellschaft" BFH vom 22.11.1994, BStBl. II 1996, S. 93. Eine Schwesterpersonengesellschaft liegt demnach auch schon dann vor, wenn zwei Personengesellschaften nur teilweise identisch sind.

1421 Vgl. GLANEGGER, § 6, in: SCHMIDT, Einkommensteuergesetz 2002, Rn. 530.

1422 Vgl. GLANEGGER, § 6, in: SCHMIDT, Einkommensteuergesetz 2002, Rn. 531.

1423 In dem angesprochenen § 6 Abs. 5 Satz 1 EStG wird die Möglichkeit einer Buchwertübertragung von Wirtschaftsgütern zwischen verschiedenen Betriebsvermögen eines Steuerpflichtigen unter der Bedingung der Sicherstellung der Besteuerung der stillen Reserven geregelt.

1424 Vgl. ausführlich zum Begriff „Sonderbetriebsvermögen" Kapitel 6.1.1.3.

1425 Vgl. GLANEGGER, § 6, in: SCHMIDT, Einkommensteuergesetz 2002, Rn. 531; MITSCH, Übertragungen 2002, S. 81; RÖDDER/SCHUMACHER, Regierungsentwurf 2001, S. 1636. Vgl. auch FICHTELMANN, Übertragung von Wirtschaftsgütern 2002, S. 186-187 sowie grundsätzlich auch KEMPER/KONOLD, Übertragu ng von Wirtschaftsgütern 2000, S. 2120-2121. Dahingehend kann auch die Begründung im Gesetzentwurf der Bundesregierung zum UntStFG vom 20.12.2001, BGBl. I 2001, S. 3858, gedeutet werden. Dort wird zunächst die steuerneutrale Übertragung aus einem Gesamthandsvermögen einer Mitunternehmerschaft in das Sonderbetriebsvermögen eines Mitunternehmers und anschließend die steuerneutrale Übertragung aus dem Sonderbetriebsvermögen eines Mitunternehmers in das Gesamthandsvermögen einer Schwesterpersonengesellschaft angesprochen. Vgl. Bundestagsdrucksache 14/6882 vom 10.9.2001, S. 32. Vgl. zur Forderung nach einer

Vorgehensweise könnte aber gem. § 42 AO durch die Finanzverwaltung als Missbrauch von Gestaltungsmöglichkeiten eingestuft werden.[1427]

Die Möglichkeit der Überführung zum Buchwert und somit der Vermeidung der Realisierung und Versteuerung der in den überführten Wirtschaftsgütern enthaltenen stillen Reserven erfordert, dass die Besteuerung dieser stillen Reserven auch nach der Überführung gesichert ist (§ 6 Abs. 5 Satz 1 EStG). In Kapitel 5.2.1.2 wurde bereits gezeigt, dass in der Literatur diesbezüglich keine einheitliche Meinung besteht.

Ausgehend von der Auffassung der Finanzverwaltung kann eine Realisierung und Besteuerung der in den überführten Wirtschaftsgütern enthaltenen stillen Reserven nicht verhindert werden. Wird zunächst eine steuerneutrale Überführung aus dem Gesamthandsvermögen der deutschen Personenhandelsgesellschaft in das jeweilige Sonderbetriebsvermögen der Gesellschafter vorgenommen (§ 6 Abs. 5 Satz 3 Nr. 2 EStG), kommt bei der anschließenden Überführung in das – aus deutscher Sicht – Gesamthandsvermögen der französischen Personenhandelsgesellschaft der Betriebsstättenerlass der Finanzverwaltung zur Anwendung, wonach die Wirtschaftsgüter mit dem Fremdvergleichspreis bewertet werden müssen.[1428] Die hieraus resultierende Besteuerung der stillen Reserven gilt aufgrund von § 7 GewStG auch für die Gewerbesteuer. Die Verweise auf kritische Stimmen in der Literatur bezüglich der Besteuerung der grenzüberschreitenden Überführung von Wirtschaftsgütern zwischen doppelstöckigen Personengesellschaften können auch im Fall der Schwesterpersonengesellschaften angeführt werden.[1429]

Sofern nicht der Umweg über das Sonderbetriebsvermögen genommen wird, bleiben zwei Möglichkeiten, die gewünschte Unternehmensstruktur herzustellen. Zum einen kann die deutsche Personenhandelsgesellschaft selbst die Einlage der Wirtschaftsgüter in das aus deutscher Sicht bestehende Gesamthandsvermögen der französischen Personenhandelsgesellschaft vornehmen. Die somit bei der deutschen Personenhandelsgesellschaft vorliegende Beteiligung an der französischen Personenhandelsgesellschaft muss anschließend durch eine Entnahme in das Privatvermögen der deutschen natürlichen Personen überführt werden. Zum anderen können die betreffenden Wirtschaftsgüter von den Gesellschaftern der deutschen Personenhandelsgesellschaft entnommen und hinterher von ihnen selbst in die französische Personenhandelsgesellschaft eingelegt werden.

Im ersten Fall besteht hinsichtlich der steuerlichen Folgen zunächst kein Unterschied zur doppelstöckigen Personengesellschaft.[1430] Aufgrund der bekannten Regelung im Betriebstättenerlass muss bei der Überführung der Fremdvergleichspreis angesetzt werden, wodurch stille Reserven realisiert und besteuert werden. Dies gilt gem. § 7 GewStG auch für die Gewerbesteuer. Die dann folgende Entnahme der Beteiligung gegen Minderung von Gesellschaftsrech-

---

steuerfreien Übertragung zwischen den Gesamthandsvermögen von Schwesterpersonengesellschaften REISS, Vorschläge des BMF 2001, S. 1227; SCHMITT/FRANZ, Umstrukturierung von Personenunternehmen 2001, S. 1280.

[1426] Zum Sonderbetriebsvermögen zählen auch Wirtschaftsgüter, die einer Bruchteilsgemeinschaft, an der mehrere Gesellschafter oder – wie in diesem Fall – alle Gesellschafter beteiligt sind, gehören. Vgl. BMF vom 20.12.1977, BStBl. I 1978, S. 8, Rn. 11.

[1427] Vgl. MITSCH, Übertragungen 2002, S. 81. Vgl. auch kritisch zur Übertragung über das Sonderbetriebsvermögen GROH, Vermögensübertragung auf Schwesterpersonengesellschaften 2002, S. 1906. GROH sieht eine Zulässigkeit der Übertragung zum Buchwert ohne Zwischenschaltung des Sonderbetriebsvermögens.

[1428] Dies ergibt sich wieder aus BMF vom 24.12.1999, BStBl. I 1999, S. 1076, Rn. 2.6.4. Hier liegt eindeutig eine Überführung eines Wirtschaftsgutes aus einem inländischen Betriebsvermögen in eine ausländische Personengesellschaft vor.

[1429] Vgl. hierzu Kapitel 5.2.1.2.

[1430] Vgl. hierzu Kapitel 5.2.1.2.

ten[1431] wird von der Finanzverwaltung als tauschähnlicher Vorgang eingestuft.[1432] Somit wird die Beteiligung auf der Ebene der Personenhandelsgesellschaft mit dem gemeinen Wert bewertet (§ 6 Abs. 6 Satz 1 EStG).[1433] Aufgrund der unmittelbaren zeitlichen Aufeinanderfolge von Überführung und Entnahme können keine stillen Reserven entstanden sein. Der Entnahmevorgang hat also keine ertragsteuerlichen Konsequenzen.

Im zweiten Fall, bei der Entnahme der Wirtschaftsgüter aus dem Gesamthandsvermögen der deutschen Personenhandelsgesellschaft in das Privatvermögen ihrer Gesellschafter und anschließender Einlage in das – aus deutscher Sicht – Gesamthandsvermögen der französischen Personenhandelsgesellschaft, liegt hinsichtlich der Entnahme gegen Minderung von Gesellschaftsrechten – wie vorstehend dargelegt – nach Meinung der Finanzverwaltung wieder ein tauschähnlicher Vorgang vor. Durch den Ansatz des gemeinen Werts entsteht im Moment der Entnahme durch die Auflösung der in den entnommenen Wirtschaftsgütern möglicherweise enthaltenen stillen Reserven auf der Ebene der deutschen Personenhandelsgesellschaft ein Gewinn.[1434] Aufgrund von § 7 GewStG erfolgt auch eine Belastung mit der Gewerbesteuer. Nach der Entnahme befinden sich die zu überführenden Wirtschaftsgüter also zunächst im Privatvermögen der deutschen Gesellschafter. Die anschließende Einbringung in das Gesamthandsvermögen einer Personenhandelsgesellschaft, hier in das – aus deutscher Sicht – Gesamthandsvermögen der französischen Personenhandelsgesellschaft, wird von der Rechtsprechung und der Finanzverwaltung als tauschähnlicher Vorgang eingestuft.[1435] Somit liegt gegebenenfalls ein Veräußerungsgeschäft i.S.d. § 17 Abs. 1 EStG oder i.S.d. § 23 Abs. 1 Satz 1 Nr. 1 oder 2 EStG vor.[1436]

§ 17 Abs. 1 EStG greift, sofern eine Beteiligung am Gesellschaftskapital einer Kapitalgesellschaft von mindestens 1 % in die französische Personenhandelsgesellschaft eingebracht wird. Der Veräußerungsgewinn, welcher der Differenz aus dem Veräußerungspreis der Anteile und deren Anschaffungskosten entspricht, muss versteuert werden (§ 17 Abs. 2 EStG). Allerdings

---

[1431] Eine Minderung von Gesellschaftsrechten ist dann gegeben, wenn die durch die Übertragung bei der Gesellschaft eintretende Vermögensminderung dem Kapitalkonto des Gesellschafters belastet wird. Vgl. BMF vom 20.12.1977, BStBl. I 1978, S. 8, Rn. 32.

[1432] Vgl. BMF vom 29.3.2000, BStBl. I 2000, S. 462. Die Vorschrift der Finanzverwaltung stützt sich auf das BFH-Urteil vom 19.10.1998, BStBl. II 2000, S. 230. Vgl. hierzu auch die nachstehenden Ausführungen.

[1433] § 6 Abs. 6 EStG gilt nicht nur für den betrieblichen Bereich, sondern auch für Tauschvorgänge, die sich zwischen dem privaten und dem betrieblichen Bereich abspielen. Vgl. MÄRKLE, Rechtsprechung zur Mitunternehmerschaft 2000, S. 806. Vgl. dahingehend auch MÜLLER, Bewertung von Sacheinlagen 2002, S. 167.

[1434] Letztendlich wird dieser aufgrund der bei Personen- bzw. Personenhandelsgesellschaften geltenden Besteuerungskonzeption bei den beiden Gesellschaftern besteuert. Vgl. hierzu Kapitel 6.1.1.2 und Kapitel 6.1.1.3. Da die Entnahme durch die beiden alleinigen Gesellschafter erfolgt, soll ein aus der Auflösung etwaiger stiller Reserven entstehender Gewinn den beiden Gesellschaftern zu gleichen Teilen zugerechnet werden. Vgl. bezüglich der steuerlichen Behandlung stiller Reserven, die durch eine Entnahme aus dem Gesamthandsvermögen einer Personengesellschaft realisiert werden, BFH vom 28.9.1995, BStBl. II 1996, S. 276. Vgl. auch JACOBS, Unternehmensbesteuerung 2002, S. 204-205.

[1435] Vgl. BFH vom 19.10.1998, BStBl. II 2000, S. 230. In diesem Urteil des BFH wird zwar nur über eine Beteiligung i.S.d. § 17 Abs. 1 EStG entschieden. Die Finanzverwaltung hat aber in ihrem Schreiben vom 29.3.2000 den Anwendungsbereich generell auf die Überführung von Wirtschaftsgütern aus einem Privatvermögen in das Gesamthandsvermögen einer Personengesellschaft gegen die Gewährung von Gesellschaftsrechten ausgedehnt. Vgl. BMF vom 29.3.2000, BStBl. I 2000, S. 462.

[1436] Vgl. BMF vom 29.3.2000, BStBl. I 2000, S. 462. Vgl. auch GLANEGGER, § 6, in: SCHMIDT, Einkommensteuergesetz 2002, Rn. 440 („Gesellschaftsrechtl Einlagen (offene Einlagen)“); MÄRKLE, Rechtsprechung zur Mitunternehmerschaft 2000, S. 806. Vgl. auch DÜLL/FUHRMANN/EBERHARD, Wiedereinführung des Mitunternehmererlasses 2000, S. 1717.

kommt hier das Halbeinkünfteverfahren[1437] zur Anwendung, wonach der Veräußerungsgewinn nur zur Hälfte in die Bemessungsgrundlage des Steuerpflichtigen eingeht (§ 3 Nr. 40 Satz 1 Buchstabe c EStG).[1438] Der Veräußerungspreis ergibt sich bei einem Tauschgeschäft aus dem gemeinen Wert des hingegebenen Wirtschaftsguts (§ 6 Abs. 6 Satz 1 EStG). Die Anschaffungskosten entsprechen aufgrund der vorausgehenden Entnahme aus dem Gesamthandsvermögen der deutschen Personenhandelsgesellschaft ohnehin dem gemeinen Wert der Wirtschaftsgüter im Entnahmezeitpunkt. Um eine Vergleichbarkeit zu den in Kapitel 5.2.1 und Kapitel 5.2.2 beschriebenen Vorgängen – Überführungen zwischen Betriebsvermögen bzw. innerhalb eines Betriebsvermögens, bei denen keine zeitlichen Verzögerungen auftreten können – herzustellen, sollen Entnahme und Einbringung als Sacheinlage unmittelbar aufeinander folgen. Dementsprechend sind Anschaffungskosten und gemeiner Wert im Überführungszeitpunkt gleich groß. Ein Veräußerungsgewinn kann erst gar nicht entstehen. Dies gilt auch, sofern ein privates Veräußerungsgeschäft i.S.d. § 23 Abs. 1 EStG vorliegt (§ 22 Nr. 2 EStG), denn auch hier entspricht der Veräußerungspreis dem gemeinen Wert der hingegebenen Wirtschaftsgüter (§ 6 Abs. 6 Satz 1 EStG). Von der Vorschrift in § 23 Abs. 1 EStG sind aber nicht nur Beteiligungen an Kapitalgesellschaften betroffen, sondern sämtliche Arten von Wirtschaftsgütern. Ein privates Veräußerungsgeschäft liegt dann vor, wenn die Sacheinlage in die französische Kapitalgesellschaft bei Grundstücken innerhalb von zehn Jahren (§ 23 Abs. 1 Satz 1 Nr. 1 EStG), bei anderen Wirtschaftsgütern innerhalb von einem Jahr (§ 23 Abs. 1 Satz 1 Nr. 2 EStG) nach der Entnahme erfolgt.[1439] Ausgehend von den vorstehenden Ausführungen sind die Anwendungsvoraussetzungen des § 23 Abs. 1 Satz 1 Nr. 1 bzw. Nr. 2 EStG immer erfüllt. Auch in diesem Fall greift – sofern die Sacheinlage bestimmte Anteile, insbesondere Anteile an Kapitalgesellschaften[1440] umfasst – wieder das Halbeinkünfteverfahren, wonach nur die Hälfte eines Veräußerungsgewinns versteuert werden muss (§ 3 Nr. 40 Satz 1 Buchstabe j EStG).[1441]

Darüber hinaus führt die Entnahme der betreffenden Wirtschaftsgüter aus dem Betriebsvermögen der deutschen Personenhandelsgesellschaft gegebenenfalls zu einer bei den bisher betrachteten Unternehmensstrukturen nicht angefallenen umsatzsteuerlichen Definitivbelastung. Gem. § 3 Abs. 1b Satz 1 Nr. 1 UStG wird die Entnahme der Wirtschaftsgüter einer Lieferung gegen Entgelt gleichgestellt und ist gem. § 1 Abs. 1 Nr. 1 UStG umsatzsteuerpflichtig. Die folglich von den Gesellschaftern der deutschen Personenhandelsgesellschaft entrichtete Umsatzsteuer kann von diesen aufgrund ihrer fehlenden Unternehmereigenschaft (§ 2 Abs. 1 UStG) nicht als Vorsteuer geltend gemacht werden (§ 15 Abs. 1 UStG). Die Entnahme der Gesellschaftsanteile ist aber umsatzsteuerfrei.[1442] [1443]

1437 Vgl. zur Wirkungsweise des Halbeinkünfteverfahrens bei Ausschüttungen aus Kapitalgesellschaften Kapitel 6.2.1.3.

1438 In § 3 Nr. 40 Satz 1 Buchstabe c EStG ist lediglich vom Veräußerungspreis die Rede. § 3c Abs. 2 EStG stellt sicher, dass auch nur die Hälfte der mit der Veräußerung zusammenhängenden Abzugsbeträge steuerlich erfasst wird. Im Ergebnis unterliegt nur die Hälfte der Einkünfte, hier also die Hälfte des Veräußerungsgewinns, der Besteuerung. Vgl. HEINICKE, § 3c, in: SCHMIDT, Einkommensteuergesetz 2002, Rn. 25.

1439 Grundsätzlich wird auf den Zeitpunkt der Anschaffung abgestellt. In § 23 Abs. 1 Satz 2 EStG wird eine Entnahme einer Anschaffung gleich gestellt.

1440 Die Abgrenzung der betroffenen Anteile ergibt sich aus § 3 Nr. 40 Satz 1 Buchstabe j EStG i.V.m. § 20 Abs. 1 Nr. 1 EStG. Demnach werden auch Veräußerungsgewinne aus Anteilen an anderen Körperschaften, an Personenvereinigungen und an Vermögensmassen vom Halbeinkünfteverfahren erfasst, sofern deren Leistungen zu den Einnahmen i.S.d. § 20 Abs. 1 Nr. 1 EStG gehören.

1441 Die hälftige Erfassung des Veräußerungsgewinns, nicht nur des Veräußerungspreises, wird wieder durch § 3c Abs. 2 EStG erreicht.

1442 Zum einen hatten die Gesellschaftsanteile nicht zum Vorsteuerabzug berechtigt (§ 3 Abs. 1b Satz 2 UStG). Zum anderen sind Umsätze von Gesellschaftsanteilen steuerfrei (§ 4 Nr. 8 Buchstabe f UStG).

Eine Doppelbesteuerung im ertragsteuerlichen Bereich kann nur vermieden werden, wenn die Anwendung der im französischen Steuerrecht geltenden Wertmaßstäbe zum Ansatz von Werten führt, welche den deutschen Werten, die auf dem Wertmaßstab des Fremdvergleichspreises bzw. des gemeinen Werts basieren, entsprechen. In Kapitel 5.2.1.2 wurden zunächst die Vorschriften der französischen Finanzverwaltung für Einbringungsvorgänge erläutert. Demnach wird grundsätzlich der Verkaufswert als Beurteilungsmaßstab herangezogen. Hinsichtlich der Anwendung des Art. 57 CGI, welcher zum Ansatz des Fremdvergleichspreises führt, muss zunächst geklärt werden, ob ein Abhängigkeitsverhältnis gegenüber einem ausländischen Unternehmen – hier also gegenüber der deutschen Personenhandelsgesellschaft – besteht.[1444] Ein solches ist nach Auffassung der französischen Finanzverwaltung bereits dann gegeben, wenn ein ausländisches Unternehmen durch zwischengeschaltete Personen Funktionen der Entscheidungsausübung in dem französischen Unternehmen wahrnimmt.[1445] Somit besteht aufgrund der geschäftsführenden Tätigkeit der deutschen Gesellschafter in der deutschen und gleichzeitig in der französischen Personenhandelsgesellschaft ein Abhängigkeitsverhältnis, welches ausschlaggebend für die Erfüllung der Anwendungsvoraussetzungen des Art. 57 CGI ist. Also sind auch hier wieder auf der französischen Seite der Verkaufswert oder eben der Fremdvergleichspreis, welche beide zumindest konzeptionell dem deutschen Fremdvergleichspreis bzw. dem gemeinen Wert entsprechen, relevant.

Registersteuern können bei einfachen Einlagen nicht anfallen, denn die Gesellschaft, welche die Sacheinlagen empfängt, unterliegt nicht der IS.[1446]

Tabelle 25 gibt einen Überblick über die Aussagen zur Besteuerung des Errichtungsvorgangs.

Unternehmensstruktur Land	**Personenhandelsgesellschaft – natürliche Personen – Personenhandelsgesellschaft**
Deutschland	Ansatz des Fremdvergleichspreises bzw. des gemeinen Werts; zwangsweise Auflösung und Versteuerung der stillen Reserven; gegebenenfalls Umsatzsteuer auf Entnahmevorgang.
Frankreich	Ansatz des Verkaufswerts bzw. des Fremdvergleichspreises; keine Erhebung von Registersteuern.

Tabelle 25: Steuerliche Behandlung des Errichtungsvorgangs: Personenhandelsgesellschaft – natürliche Personen – Personenhandelsgesellschaft

5.2.3.2 Optierte Personenhandelsgesellschaft als Grundeinheit

Die steuerlichen Folgen der Optionsausübung einer französischen Personenhandelsgesellschaft wurden in Kapitel 5.2.1.3 ausführlich dargestellt. Hinsichtlich der deutschen steuerlichen Behandlung der Sachgründung[1447] einer optierten französischen Personenhandelsgesellschaft gelten die in Kapitel 5.2.3.1 gemachten Ausführungen zur Gründung einer Grundeinheit in der Form einer Personenhandelsgesellschaft durch eine Spitzeneinheit, die sich aus

[1443] Außerdem unterliegt die Entnahme von Grundstücken im hier betrachteten Fall nicht der Grunderwerbsteuer (§ 6 Abs. 1 Satz 1 GrEStG).

[1444] Eine Gewinnverschiebung hin zu dem deutschen Unternehmen findet hier indirekt, auf dem Umweg über die deutschen Gesellschafter, statt.

[1445] Vgl. doc. adm. 4 A 1211 vom 1.9.1993, Rn. 3 und 4.

[1446] Vgl. hierzu Kapitel 4.3.5.3.

[1447] Eine Bargründung hat keine steuerlichen Konsequenzen.

natürlichen Personen und einer Personenhandelsgesellschaft zusammensetzt, analog.[1448] Eine Überführung von Wirtschaftsgütern in die französische Grundeinheit ist also nur in Verbindung mit der Aufdeckung der in den überführten Wirtschaftsgütern enthaltenen stillen Reserven unter Heranziehung des Fremdvergleichspreises bzw. des gemeinen Werts auf der Ebene der deutschen Personenhandelsgesellschaft möglich. Dies gilt wegen § 7 GewStG auch für die Gewerbesteuer. Außerdem fällt bei den deutschen natürlichen Personen gegebenenfalls Umsatzsteuer auf die Entnahmen aus der deutschen Personenhandelsgesellschaft an.

Hinsichtlich einer möglichen Doppelbesteuerung sind wieder die im französischen Steuerrecht bei der Bewertung der überführten Wirtschaftsgüter zur Anwendung kommenden Wertmaßstäbe des Verkaufswerts oder des Fremdvergleichspreises ausschlaggebend.

Registersteuern fallen bei dieser Unternehmensstruktur grundsätzlich an: Die einbringende deutsche Personenhandelsgesellschaft bzw. die einbringenden natürlichen Personen unterliegen auf keinen Fall der IS, die empfangende optierte französische Personengesellschaft unterliegt ihr dagegen. Aber auch hier gilt, dass die Erhebung der Registersteuern durch die Verpflichtung, die im Gegenzug zur Sacheinlage gewährten Gesellschaftsrechte drei Jahre lang zu halten, umgangen werden kann. Wird die Beteiligung an der französischen Gesellschaft aber – wie bei einer der Gründungsvarianten vorgesehen – aus dem Betriebsvermögen der deutschen Personenhandelsgesellschaft entnommen, ist diese Bedingung nicht mehr erfüllt. Die Registersteuer wird somit nachträglich erhoben.[1449]

Tabelle 26 fasst die vorstehenden Aussagen zusammen.

Unternehmensstruktur Land	Personenhandelsgesellschaft – natürliche Personen – optierte Personenhandelsgesellschaft
Deutschland	Ansatz des Fremdvergleichspreises bzw. des gemeinen Werts; zwangsweise Auflösung und Versteuerung der stillen Reserven; gegebenenfalls Umsatzsteuer auf Entnahmevorgang.
Frankreich	Ansatz des Verkaufswerts bzw. des Fremdvergleichspreises; keine Erhebung von Registersteuern bei Verpflichtung, die im Gegenzug zur Einbringung gewährten Gesellschaftsrechte mindestens drei Jahre lang zu halten (Ausnahme: Entnahme der Beteiligung).

Tabelle 26: Steuerliche Behandlung des Errichtungsvorgangs: Personenhandelsgesellschaft – natürliche Personen – optierte Personenhandelsgesellschaft

5.2.3.3 Kapitalgesellschaft als Grundeinheit

Auch hier muss die Besteuerung einer Sachgründung untersucht werden.[1450] Im Fall einer Spitzeneinheit in Form einer Personenhandelsgesellschaft und zweier natürlicher Personen und einer Grundeinheit in Form einer Kapitalgesellschaft läuft die Vorschrift in § 6 Abs. 5 EStG ins Leere.[1451] Hier erfolgt zwangsläufig eine Entnahme aus dem Gesamthandsvermögen

[1448] Dies ergibt sich aus der in Deutschland vorgenommenen steuerlichen Einordnung der optierten französischen Personenhandelsgesellschaft als Personengesellschaft. Vgl. hierzu Kapitel 6.1.3.2.

[1449] Vgl. hierzu Kapitel 4.3.5.3.

[1450] Eine Bargründung ist steuerlich unbeachtlich.

[1451] Steuerpflichtiger i.S.d. § 6 Abs. 5 Satz 2 und 3 EStG ist jeder Mitunternehmer. Die Überführung muss aber – sofern andere Gesellschaften beteiligt sind – in das Gesamthands- oder Sonderbetriebsvermögen einer anderen Mitunternehmerschaft und nicht wie hier in das Betriebsvermögen einer Kapitalgesellschaft erfolgen. Vgl. GLANEGGER, § 6, in: SCHMIDT, Einkommensteuergesetz 2002, Rn. 530. (Die französische Kapitalgeeiner Personenhandelsgesellschaft. Sie betrifft entweder die aus der Überführung der Wirtschaftsgüter resultierende Beteiligung an der französischen Kapitalgesellschaft oder die zu überführenden Wirtschaftsgüter. Diesbezüglich kann auf die Ausführungen in Kapitel 5.2.1.4 bzw. in Kapitel 5.2.3.1 verwiesen werden. In beiden Fällen werden stille Reserven in Höhe der Differenz zwischen dem Buchwert der überführten bzw. entnommenen Wirtschaftsgüter und deren gemeinem Wert realisiert. Eine gewerbesteuerliche Belastung fällt an (§ 7 GewStG).

Sofern die zu überführenden Wirtschaftsgüter entnommen werden und anschließend ein e Sacheinlage in das Vermögen der französischen Kapitalgesellschaft erfolgt, hat diese grundsätzlich keine ertragsteuerlichen Konsequenzen.[1452] Dies gilt aber nicht, wenn entweder die Voraussetzungen des § 17 Abs. 1 EStG oder des § 23 Abs. 1 Satz 1 Nr. 1 oder 2 EStG vorliegen, denn die Sacheinlage in die französische Kapitalgesellschaft wird wie die Sacheinlage in das Gesamthandsvermögen einer Personengesellschaft als tauschähnlicher Vorgang eingestuft.[1453] Somit kann auch in dieser Hinsicht auf Kapitel 5.2.3.1 verwiesen werden. Folglich unterbleibt also eine ertragsteuerliche Belastung auf der Ebene der Gesellschafter. Allerdings fällt bei Letzteren aufgrund des Entnahmevorgangs gegebenenfalls eine umsatzsteuerliche Definitivbelastung an.

Hinsichtlich einer möglichen Doppelbesteuerung gelten die entsprechenden Ausführungen in Kapitel 5.2.3.1. Demzufolge ist in Frankreich der Verkaufswert bzw. der Fremdvergleichspreis als Bewertungsmaßstab relevant.

Die in Kapitel 5.2.3.2 gemachten Aussagen bezüglich der Erhebung von Registersteuern können unmittelbar auf die vorliegende Unternehmensstruktur übertragen werden. Die Erhebung der hier relevanten Registersteuer auf einfache Einlagen kann durch die Verpflichtung der Gesellschafter, die gewährten Gesellschaftsrechte drei Jahre lang zu halten, umgangen werden, sofern nicht der Weg, welcher die Entnahme der Beteiligung vorsieht, gewählt wird.

Tabelle 27 stellt die vorstehenden Aussagen zur Besteuerung des Errichtungsvorgangs überblicksartig dar.

Unternehmensstruktur **Land**	**Personenhandelsgesellschaft – natürliche Personen – Kapitalgesellschaft**
Deutschland	Ansatz des gemeinen Werts; zwangsweise Auflösung und Versteuerung der stillen Reserven; gegebenenfalls Umsatzsteuer auf Entnahmevorgang.
Frankreich	Ansatz des Verkaufswerts bzw. des Fremdvergleichspreises; keine Erhebung von Registersteuern bei Verpflichtung, die im Gegenzug zur Einbringung gewährten Gesellschaftsrechte mindestens drei Jahre lang zu halten (Ausnahme: Entnahme der Beteiligung).

Tabelle 27: Steuerliche Behandlung des Errichtungsvorgangs: Personenhandelsgesellschaft – natürliche Personen – Kapitalgesellschaft

sellschaft entspricht auch aus deutscher steuerrechtlicher Sicht einer Kapitalgesellschaft. Vgl. hierzu Kapitel 6.1.4.2.)

1452 Vgl. JACOBS, Unternehmensbesteuerung 2002, S. 391.

1453 Vgl. – bezogen auf eine Sacheinlage in eine deutsche Kapitalgesellschaft – GLANEGGER, § 6, in: SCHMIDT, Einkommensteuergesetz 2002, Rn. 440 („Gesellschaftsrechtl Einlagen (offene Einlagen)“).

5.2.4 Natürliche Personen und Kapitalgesellschaft als Spitzeneinheit

5.2.4.1 Personenhandelsgesellschaft als Grundeinheit

Auch im Fall einer deutschen Kapitalgesellschaft sowie deren Gesellschafter als Spitzeneinheit und einer französischen Personenhandelsgesellschaft als Grundeinheit kommt hinsichtlich der Durchführung einer Sachgründung[1454] § 6 Abs. 5 EStG nicht zur Anwendung.[1455] Dementsprechend sollte wie in Kapitel 5.2.3.1 zwangsläufig eine Entnahme aus dem Vermögen der deutschen Gesellschaft erfolgen. Allerdings sind Entnahmen bei Kapitalgesellschaften rechtlich nicht möglich.[1456] Die Errichtung der gewünschten Unternehmensstruktur durch (direkte oder indirekte) Überführung von Wirtschaftsgütern aus dem Betriebsvermögen der deutschen Gesellschaft kann lediglich auf dem Weg einer Ausschüttung und eines anschließenden Erwerbsvorgangs vollzogen werden.[1457] Dabei stehen – analog zu den Ausführungen bei den Schwesterpersonengesellschaften – zwei Vorgehensweisen zur Verfügung. Zum einen kann die Kapitalgesellschaft selbst die Überführung der Wirtschaftsgüter vornehmen. In der Folge hält sie eine entsprechende Beteiligung an der französischen Personenhandelsgesellschaft.[1458] Anschließend erfolgt eine Gewinnausschüttung[1459] an die Gesellschafter der Kapitalgesellschaft, welche somit die nötigen Mittel haben, um die Beteiligung von der Kapitalgesellschaft zu erwerben. Zum anderen kann die Ausschüttung vorab an die Gesellschafter der Kapitalgesellschaft erfolgen. Danach erwerben sie die zu überführenden Wirtschaftsgüter von der Kapitalgesellschaft und stellen ihre Beteiligung an der französischen Personenhandelsgesellschaft durch eine Sacheinlage, welcher diese Wirtschaftsgüter zugrunde liegen, her. Im Folgenden sollen die steuerlichen Belastungen der beiden Überführungsmöglichkeiten untersucht werden.

Die Besteuerung der Überführung eines Wirtschaftsguts aus dem Betriebsvermögen einer deutschen Kapitalgesellschaft in das – aus deutscher Sicht – Gesamthandsvermögen einer französischen Personenhandelsgesellschaft wurde bereits in Kapitel 5.2.2.2 untersucht. Aufgrund einer Regelung im Betriebsstättenerlass muss also im Moment der Überführung der Fremdvergleichspreis der überführten Wirtschaftsgüter angesetzt werden. Eine Realisierung

---

[1454] Eine Bargründung hat keine steuerlichen Konsequenzen.

[1455] Vgl. hierzu – in diesem Fall allerdings in der umgekehrten Richtung – Fn. 1451. (Die französische Personenhandelsgesellschaft entspricht aus deutscher steuerrechtlicher Sicht einer Personenhandelsgesellschaft. Vgl. hierzu Kapitel 6.1.2.2.)

[1456] Vgl. JACOBS, Unternehmensbesteuerung 2002, S. 151; SCHRÖDER, in: MÖSSNER, Steuerrecht 1998, Rn. C 102. Der Begriff der „Entnahme“ existiert nur bei Einzelunternehmen und Personengesellschaften. Vgl. BELLSTEDT, Besteuerung 1973, S. 222; FALTERBAUM/BOLK/REISS, Buchführung und Bilanz 2001, S. 864. An die Stelle der Entnahmeregelung tritt bei einer Kapitalgesellschaft die nachstehend beschriebene verdeckte Gewinnausschüttung. Vgl. BFH vom 26.10.1987, BStBl. II 1988, S. 348. Vgl. hierauf verweisend WASSERMEYER, Einkommens- und Vermögensminderung 1990, S. 550; WESTERFELHAUS, Definition 1994, S. 225.

[1457] Von der Vornahme einer verdeckten Gewinnausschüttung wird abgesehen.

[1458] Aus gesellschaftsrechtlichen Gründen – wegen der geforderten Mindestgesellschafterzahl – müssen auch die Gesellschafter der deutschen Kapitalgesellschaft an der französischen Personenhandelsgesellschaft beteiligt sein. Diese Beteiligungen sollen – auf steuerlich neutrale Weise – durch eine Bareinlage hergestellt werden.

[1459] Im hier betrachteten Fall einer GmbH – grundsätzlich wird von einer Kapitalgesellschaft in der Rechtsform einer GmbH ausgegangen; vgl. hierzu Kapitel 3.1 – kann die Ausschüttung auf dem Weg einer Vorabausschüttung bzw. einer Zwischendividende erfolgen. Vgl. BRÖNNER/BAREIS, Besteuerung der Gesellschaften 1999, Rn. C 635; RAISER, Kapitalgesellschaften 2001, S. 632. Zeitliche Probleme bzw. die Notwendigkeit einer vorausschauenden Ausschüttungsplanung bestehen also nicht.

und Besteuerung etwaiger stiller Reserven ist also – auch hinsichtlich der Gewerbesteuer (§ 7 GewStG) – unvermeidlich.

Die anschließende Gewinnausschüttung der für den Erwerb benötigten Mittel unterliegt dem so genannten Halbeinkünfteverfahren.[1460] Demnach wird die Gewinnausschüttung auf der Ebene der Gesellschafter bei ihren Einkünften aus Kapitalvermögen erfasst. Allerdings geht nur die Hälfte der Ausschüttung in die einkommensteuerliche Bemessungsgrundlage der Anteilseigner ein.

Der Erwerb der Beteiligung an der französischen Personenhandelsgesellschaft durch die beiden Gesellschafter aus dem Betriebsvermögen der Kapitalgesellschaft bereitet grundsätzlich keine steuerlichen Probleme. Allerdings muss der zwischen Gesellschaft und Gesellschafter vereinbarte Kaufpreis angemessen sein, ansonsten erfolgt eine Korrektur wegen der Annahme einer verdeckten Gewinnausschüttung.

Eine gesetzliche Definition des Begriffs der „verdeckten Gewinnausschüttung" existiert nicht.[1461] Einen bedeutenden Beitrag zur Begriffsklärung leistet aber die Rechtsprechung. Demnach ist eine verdeckte Gewinnausschüttung eine bei einer Kapitalgesellschaft vorliegende Vermögensminderung oder verhinderte Vermögensmehrung, die durch das Gesellschaftsverhältnis veranlasst ist, sich auf die Höhe des Einkommens auswirkt und nicht im Zusammenhang mit einer offenen Gewinnausschüttung steht.[1462] Basierend auf der Rechtsprechung werden in Abschn. 31 Abs. 3 KStR zahlreiche Beispiele für verdeckte Gewinnausschüttungen aufgeführt. Hierzu gehört auch der hier gegebenenfalls relevante Fall der Veräußerung eines Wirtschaftsguts durch eine Kapitalgesellschaft an einen ihrer Gesellschafter zu einem ungewöhnlich niedrigen Preis (Abschn. 31 Abs. 3 Satz 8 Nr. 6 KStR).

Bei der Prüfung, ob eine Veranlassung durch das Gesellschaftsverhältnis gegeben ist, wird ein Fremdvergleich durchgeführt, d.h., es wird untersucht, ob ein ordentlicher und gewissenhafter Geschäftsführer[1463] die Vermögensminderung oder verhinderte Vermögensmehrung gegenüber einer anderen Person unter sonst gleichen Umständen akzeptiert hätte.[1464] Somit wird als Prüfungsmaßstab der gemeine Wert – in dem hier relevanten Fall der gemeine Wert der veräußerten Beteiligung – herangezogen.[1465]

Wird der vereinbarte Veräußerungspreis als unangemessen eingestuft, erfolgt eine Gewinnerhöhung auf der Ebene der Kapitalgesellschaft.[1466] Dies ergibt sich aus § 8 Abs. 3 KStG: „Für die Ermittlung des Einkommens ist es ohne Bedeutung, ob das Einkommen verteilt wird. Auch verdeckte Gewinnausschüttungen [...] mindern das Einkommen nicht." Auf der Ebene der Kapitalgesellschaft erfolgt eine Besteuerung wie bei einer offenen Gewinnausschüt-

---

[1460] Vgl. ausführlich zum Halbeinkünfteverfahren Kapitel 6.2.1.3.

[1461] Vgl. JACOBS, Unternehmensbesteuerung 2002, S. 168; SCHEFFLER, Besteuerung von Unternehmen 2002, S. 173; WESTERFELHAUS, Definition 1994, S. 224.

[1462] Vgl. BFH vom 1.2.1989, BStBl. II 1989, S. 522; BFH vom 22.2.1989, BStBl. II 1989, S. 475. WESTERFELHAUS unternimmt einen Definitionsversuch basierend auf einer systematischen Aufbereitung von Rechtsprechung und Literatur. Vgl. WESTERFELHAUS, Definition 1994, S. 226-229.

[1463] Die grundlegenden gesetzlichen Regelungen für den Fremdvergleich finden sich in § 93 Abs. 1 Satz 1 AktG bzw. in § 43 Abs. 1 GmbHG. Dort sind Vorschriften zu Schadensersatzansprüchen einer Kapitalgesellschaft gegen ihre Leitungsorgane aufgrund nicht ordnungsmäßiger Geschäftsführung aufgeführt. Vgl. WASSERMEYER, Fremdvergleich als Tatbestandsmerkmal 1994, S. 1107.

[1464] Vgl. HEIGL, Unternehmensbesteuerung 1996, S. 266.

[1465] Vgl. m.w.N. KNOBBE-KEUK, Bilanz- und Unternehmenssteuerrecht 1993, S. 644. Vgl. auch – mit Hinweisen auf die Rechtsprechung – Abschn. 31 Abs. 10 KStR.

[1466] Die Hinzurechnung erfolgt außerbilanziell im Zeitpunkt der unangemessenen Gewinnminderung. Vgl. JACOBS, Unternehmensbesteuerung 2002, S. 171.

tung.[1467] Auf der Ebene des Ausschüttungsempfängers gehört die verdeckte Gewinnausschüttung zu den Einkünften aus Kapitalvermögen.[1468]

Sofern der Kaufpreis aber dem Buchwert der Beteiligung bei der Kapitalgesellschaft entspricht, kann die Annahme einer verdeckten Gewinnausschüttung vermieden werden. Immerhin erfolgt die Veräußerung aus Gründen der Vergleichbarkeit mit den anderen Überführungsvorgängen unmittelbar nach der Überführung der Wirtschaftsgüter durch die Kapitalgesellschaft. Somit entspricht der Buchwert der Beteiligung an der französischen Personenhandelsgesellschaft, die ihre Tätigkeit noch nicht aufgenommen hat, dem aktuellen Fremdvergleichspreis der überführten Wirtschaftsgüter. Der hieraus resultierende Kaufpreis für die Beteiligung wäre so also auch zwischen fremden Dritten vereinbart worden.

Bei der anderen Überführungsmöglichkeit steht am Anfang eine Gewinnausschüttung durch die deutsche Kapitalgesellschaft an ihre Gesellschafter. Hier bestehen keine Unterschiede zu dem vorstehend beschriebenen Vorgang. Auf der Ebene der Gesellschafter erfolgt eine Erfassung der Gewinnausschüttung bei den Einkünften aus Kapitalvermögen, wobei aufgrund des Halbeinkünfteverfahrens nur die Hälfte der Ausschüttung in deren einkommensteuerliche Bemessungsgrundlage eingeht.

Für die darauf folgende Veräußerung der zu überführenden Wirtschaftsgüter durch die deutsche Kapitalgesellschaft an deren Gesellschafter muss wieder die Möglichkeit einer Einstufung als verdeckte Gewinnausschüttung berücksichtigt werden. In diesem Fall ist zu beachten, dass die stillen Reserven der betreffenden Wirtschaftsgüter bisher noch nicht realisiert wurden. Ein angemessener Kaufpreis muss somit ihrem gemeinen Wert entsprechen. Eine Realisierung und Besteuerung der in den Wirtschaftsgütern enthaltenen stillen Reserven auf der Ebene der Kapitalgesellschaft, die auch Auswirkungen auf die Gewerbesteuer hat (§ 7 GewStG), ist die Folge.

Die steuerliche Behandlung der Überführung der Wirtschaftsgüter aus dem Privatvermögen der Gesellschafter in das – aus deutscher Sicht – Gesamthandsvermögen der französischen Personenhandelsgesellschaft entspricht der Darstellung in Kapitel 5.2.3.1. Demzufolge fallen auf der Ebene der Gesellschafter keine Ertragsteuern an.

Der Verkauf der einzelnen zu überführenden Wirtschaftsgüter an die Gesellschafter der deutschen Kapitalgesellschaft stellt eine umsatzsteuerpflichtige Lieferung dar (§ 3 Abs. 1 UStG i.V.m. § 1 Abs. 1 UStG).[1469] Da die Gesellschafter keine Unternehmereigenschaft haben (§ 2 Abs. 1 UStG), können sie die anfallende Umsatzsteuer auch nicht als Vorsteuer geltend machen (§ 15 Abs. 1 UStG). Somit entsteht durch den Verkauf eine umsatzsteuerliche Definitivbelastung.[1470]

Eine mögliche Doppelbesteuerung bei den Ertragsteuern ist von den in Kapitel 5.2.3.1 beschriebenen Faktoren abhängig. In Frankreich greifen die Wertmaßstäbe des Verkaufswerts bzw. des Fremdvergleichspreises.

[1467] Vgl. SCHIFFERS, Konsequenzen verdeckter Gewinnausschüttungen 2001, S. 887.

[1468] Außerdem kommt das Halbeinkünfteverfahren zur Anwendung. Vgl. zur steuerlichen Behandlung verdeckter Gewinnausschüttungen JACOBS, Unternehmensbesteuerung 2002, S. 171; SCHEFFLER, Besteuerung von Unternehmen 2002, S. 176; SCHIFFERS, Konsequenzen verdeckter Gewinnausschüttungen 2001, S. 887-892. Vgl. auch den Überblick zu den steuerrechtlichen und handelsrechtlichen Folgen einer verdeckten Gewinnausschüttung bei KUSSMAUL/KLEIN, Maßgeblichkeitsprinzip 2001, S. 193-194.

[1469] Die Veräußerung der Anteile an der französischen Gesellschaft ist gem. § 4 Nr. 8 Buchstabe f UStG umsatzsteuerfrei.

[1470] Der Verkauf eines Grundstücks führt zur Erhebung der Grunderwerbsteuer (§ 1 Abs. 1 Nr. 1 GrEStG).

Eine Erhebung von Registersteuern bleibt aus. Die Gesellschaft, welche die Sacheinlage empfängt, unterliegt nicht der IS. Folglich kann die Ausnahmeregelung zur Erhebung von Registersteuern auf einfache Einlagen nicht greifen.[1471]

Tabelle 28 fasst die vorstehenden Aussagen zusammen.

Unternehmensstruktur Land	Kapitalgesellschaft – natürliche Personen – Personenhandelsgesellschaft
Deutschland	Ansatz des Fremdvergleichspreises bzw. des gemeinen Werts; zwangsweise Auflösung und Versteuerung der stillen Reserven; Anwendung des Halbeinkünfteverfahrens; gegebenenfalls Umsatzsteuer auf Veräußerungsvorgang.
Frankreich	Ansatz des Verkaufswerts bzw. des Fremdvergleichspreises; keine Erhebung von Registersteuern.

Tabelle 28: Steuerliche Behandlung des Errichtungsvorgangs: Kapitalgesellschaft – natürliche Personen – Personenhandelsgesellschaft

5.2.4.2 Optierte Personenhandelsgesellschaft als Grundeinheit

Die steuerlichen Konsequenzen der Option einer französischen Personenhandelsgesellschaft für eine Besteuerung durch die IS wurden in Kapitel 5.2.1.3 beschrieben. Hinsichtlich der Besteuerung einer Sachgründung[1472] kann auf die Ausführungen in Kapitel 5.2.4.1 verwiesen werden.[1473] Bei der Kapitalgesellschaft erfolgt durch Ansatz des Fremdvergleichspreises oder des gemeinen Werts eine Realisierung der in den überführten Wirtschaftsgütern enthaltenen stillen Reserven. Eine Besteuerung – wegen § 7 GewStG auch durch die Gewerbesteuer – auf der Ebene der deutschen Kapitalgesellschaft ist die Folge. Bei den Gesellschaftern ergeben sich durch die Gewinnausschüttung ertragsteuerliche und durch den Erwerbsvorgang gegebenenfalls endgültige umsatzsteuerliche Folgen.

Ob eine Doppelbesteuerung erfolgt, hängt von den in Kapitel 5.2.3.1 aufgezeigten Größen ab. In Frankreich sind die bekannten Wertmaßstäbe – Verkaufswert bzw. Fremdvergleichspreis – relevant.

Hinsichtlich der Erhebung von Registersteuern muss nicht nach der Vorgehensweise bei der Herstellung der gewünschten Unternehmensstruktur differenziert werden. Erfolgt die Überführung der Wirtschaftsgüter durch die deutsche Kapitalgesellschaft, wird grundsätzlich die Registersteuer auf einfache Einlagen erhoben. Dies folgt aus dem Umstand, dass die deutsche Kapitalgesellschaft nicht der IS unterliegt.[1474] Auch für den Fall der Überführung der Wirtschaftsgüter durch die deutschen natürlichen Personen erfolgt die Einlage durch Personen, die nicht der IS unterliegen. Eine Umgehung ist dagegen wieder durch die Verpflichtung, die im Gegenzug zur Einbringung gewährten Gesellschaftsrechte drei Jahre lang zu halten, möglich. Allerdings wird gerade diese Bedingung nicht erfüllt, wenn die deutsche Kapitalgesellschaft die Beteiligung an der französischen Gesellschaft an die deutschen natürlichen Personen ver-

[1471] Vgl. hierzu Kapitel 4.3.5.3.
[1472] Eine Bargründung hat keine steuerlichen Folgen.
[1473] Dies ergibt sich aus der deutschen steuerrechtlichen Einstufung der optierten französischen Personenhandelsgesellschaft als Personenhandelsgesellschaft. Vgl. hierzu ausführlich Kapitel 6.1.3.2.
[1474] Vgl. hierzu Kapitel 5.2.2.3.

äußert. In der Folge müsste die entsprechende Registersteuer nachträglich entrichtet werden.[1475]

Tabelle 29 greift die Aussagen zur Besteuerung des Errichtungsvorgangs abschließend auf.

Unternehmensstruktur **Land**	**Kapitalgesellschaft – natürliche Personen – optierte Personenhandelsgesellschaft**
Deutschland	Ansatz des Fremdvergleichspreises bzw. des gemeinen Werts; zwangsweise Auflösung und Versteuerung der stillen Reserven; Anwendung des Halbeinkünfteverfahrens; gegebenenfalls Umsatzsteuer auf Veräußerungsvorgang.
Frankreich	Ansatz des Verkaufswerts bzw. des Fremdvergleichspreises; keine Erhebung von Registersteuern bei Verpflichtung, die im Gegenzug zur Einbringung gewährten Gesellschaftsrechte mindestens drei Jahre lang zu halten (Ausnahme: Veräußerung der Beteiligung).

Tabelle 29: Steuerliche Behandlung des Errichtungsvorgangs: Kapitalgesellschaft – natürliche Personen – optierte Personenhandelsgesellschaft

5.2.4.3 Kapitalgesellschaft als Grundeinheit

Wieder kann hinsichtlich der Besteuerung der Sachgründung[1476] zunächst grundsätzlich auf Kapitel 5.2.4.1 verwiesen werden.[1477] Wird die Überführung der Wirtschaftsgüter durch die deutsche Kapitalgesellschaft vorgenommen, ist außerdem ein Verweis auf Kapitel 5.2.2.4, bei der Überführung durch die natürlichen Personen auf Kapitel 5.2.3.3 notwendig. Auf der Ebene der deutschen Kapitalgesellschaft erfolgt also durch Ansatz des gemeinen Werts der betreffenden Wirtschaftsgüter eine ertragsteuerlich – dies betrifft also auch die Gewerbesteuer (§ 7 GewStG) – relevante Realisierung der in ihnen enthaltenen stillen Reserven. Bei den Gesellschaftern der deutschen Kapitalgesellschaft wird die beschriebene Gewinnausschüttung bei den Einkünften aus Kapitalvermögen erfasst. Außerdem führt der für die Herstellung der Unternehmensstruktur notwendige Kauf von Wirtschaftsgütern durch die Gesellschafter der deutschen Kapitalgesellschaft gegebenenfalls zu einer definitiven umsatzsteuerlichen Belastung.

Hinsichtlich einer Doppelbesteuerung sind die entsprechenden Hinweise in Kapitel 5.2.3.1 zu beachten. In Frankreich gelten die Wertmaßstäbe des Verkaufswerts bzw. des Fremdvergleichspreises.

Die Aussagen zur Erhebung von Registersteuern aus Kapitel 5.2.4.2 können auf den hier untersuchten Sachverhalt unmittelbar übertragen werden. Die Erhebung der Registersteuern auf einfache Einlagen kann also durch die Verpflichtung der Gesellschafter, die gewährten Gesellschaftsrechte drei Jahre lang zu halten, vermieden werden. Allerdings darf dann die Betei-

[1475] Vgl. zu der hier relevanten Registersteuer Kapitel 4.3.5.3.

[1476] Eine Bargründung ist steuerlich unbeachtlich.

[1477] Da die französische Kapitalgesellschaft aus deutscher steuerrechtlicher Sicht einer Kapitalgesellschaft entspricht (vgl. hierzu Kapitel 6.1.4.2.), liegen bei der hier betrachteten grenzüberschreitenden Unternehmensstruktur Schwesterkapitalgesellschaften vor. Vgl. BFH vom 26.10.1987, BStBl. II 1988, S. 348. In diesem Beschluss spricht der BFH zwar nur von einem maßgeblich beteiligten Gesellschafter, der Begriff der „Schwestergesellschaften" bzw. „Schwesterkapitalgesellschaften" ist aber ausgehend von seiner Konzeption auf die vorliegende Unternehmensstruktur übertragbar.

ligung an der französischen Gesellschaft nicht an die deutschen natürlichen Personen veräußert werden.

Tabelle 30 gibt einen Überblick über die vorstehenden Aussagen.

Unternehmensstruktur Land	Kapitalgesellschaft – natürliche Personen – Kapitalgesellschaft
Deutschland	Ansatz des gemeinen Werts; zwangsweise Auflösung und Versteuerung der stillen Reserven; Anwendung des Halbeinkünfteverfahrens; gegebenenfalls Umsatzsteuer auf Veräußerungsvorgang.
Frankreich	Ansatz des Verkaufswerts bzw. des Fremdvergleichspreises; keine Erhebung von Registersteuern bei Verpflichtung, die im Gegenzug zur Einbringung gewährten Gesellschaftsrechte mindestens drei Jahre lang zu halten (Ausnahme: Veräußerung der Beteiligung).

Tabelle 30: Steuerliche Behandlung des Errichtungsvorgangs: Kapitalgesellschaft – natürliche Personen – Kapitalgesellschaft

6 Steuerliche Aspekte der laufenden Tätigkeit eines internationalen Unternehmens mit Spitzeneinheit in Deutschland und Grundeinheit in Frankreich

6.1 Personenhandelsgesellschaft als Spitzeneinheit[1478]

6.1.1 Betriebstätte als Grundeinheit

6.1.1.1 Ebene der französischen Betriebstätte

Zunächst ist zu klären, ob die französische Betriebstätte der deutschen Personenhandelsgesellschaft einer französischen Ertragsteuer unterliegt bzw. ob sie zur Erhebung einer solchen führt. Zur Beantwortung dieser Frage wird auf Kapitel 2.1.2.4 verwiesen. Dort wurde herausgearbeitet, dass im Fall von Betriebstätten, deren ausländische Stammhäuser in Frankreich körperschaftsteuerpflichtig wären, die IS erhoben wird. Im Fall von nicht körperschaftsteuerpflichtigen Stammhäusern kommen die einkommensteuerlichen Regelungen zur Besteuerung von Personengesellschaften zur Anwendung. Somit muss aus französischer Sicht zunächst eine steuerliche Einordnung des ausländischen Stammhauses – hier der deutschen Personenhandelsgesellschaft – vorgenommen werden.[1479] Entspricht die ausländische Personenhandelsgesellschaft einer der in Art. 8 CGI genannten Personengesellschaften,[1480] besteht eine Steuerpflicht für das Ergebnis ihres „in Frankreich betriebenen Unternehmens"[1481] basierend auf den einkommensteuerlichen Vorschriften zur Besteuerung von Personengesellschaften.

Bei der steuerlichen Einordnung des ausländischen Stammhauses wird auf verschiedene Kriterien abgestellt.[1482] Zu diesen gehört neben der Erkennbarkeit der Strukturen der ausländischen Gesellschaft und der bestehenden oder nicht bestehenden Möglichkeit einer freien Übertragbarkeit der Anteile insbesondere der Umfang der Haftung der Gesellschafter der ausländischen Personengesellschaft.[1483] Bei unbeschränkter und solidarischer Haftung der Gesellschafter für die Verbindlichkeiten der Gesellschaft geht die französische Finanzverwaltung vom Vorliegen einer der SNC entsprechenden Personengesellschaft aus. Demnach unterliegen

---

1478 Vgl. zur Darstellung dieser Unternehmensstrukturen Abbildung 1 in Kapitel 2.1.1.

1479 Vgl. DOUVIER, Fiscalité Internationale 1996, Rn. 272. Dabei wird das französische Recht als Maßstab herangezogen. Vgl. mit Nachweisen zur Rechtsprechung LE GALL, Sociétés de personnes 2000, S. 625.

1480 Art. 8 CGI regelt die Zurechnung des Ergebnisses einer Personengesellschaft auf ihre Gesellschafter und erreicht so die Besteuerung des anteiligen Ergebnisses bei den Gesellschaftern. Zu den in Art. 8 CGI genannten Personengesellschaften gehören u.a. die französischen Personenhandelsgesellschaften: die SNC und die SCS. Vgl. hierzu Kapitel 4.2.1.2.3.1. Vgl. zu Art. 8 CGI und seiner Wirkungsweise auch Kapitel 6.1.2.1.

1481 Eine so bezeichnete Einheit entspricht dem Konzept einer Betriebstätte. Vgl. hierzu Kapitel 2.1.2.4.

1482 Vgl. zu den Kriterien, welche in einem solchen Fall herangezogen werden, BO 14 B-3-99 vom 6.5.1999, Rn. 30. Dort geht es zwar um die Qualifikation einer amerikanischen Personengesellschaft, die Vorgehensweise ist aber auf andere ausländische Personengesellschaften und somit auch auf die hier betrachtete deutsche Personenhandelsgesellschaft übertragbar. Vgl. zur generellen Anwendbarkeit der Vorschriften auf ausländische Personengesellschaften GOUTHIÈRE, Impôts 2001, Rn. 1212; LE GALL, Sociétés de personnes 2000, S. 623; PELLAS, Fiscalité internationale 2002, S. 81-82.

1483 Vgl. hierzu auch die Merkmale deutscher bzw. französischer Personenhandelsgesellschaften in Kapitel 2.1.2.5.

die Gesellschafter – nicht die Gesellschaft selbst – mit ihrem in der französischen Betriebstätte erwirtschafteten Ergebnisanteil einer französischen Ertragsteuer.[1484] Sofern natürliche Personen Gesellschafter der ausländischen Personengesellschaft – hier der annahmegemäß vorliegenden deutschen OHG – sind, unterliegen diese also mit ihrem Ergebnisanteil, der Einkünfte aus Gewerbebetrieb darstellt, der IR.[1485]

Anschließend müssen die abkommensrechtlichen Vorschriften des DBA-D/F beachtet werden. Das Besteuerungsrecht hinsichtlich des Anteils eines Mitunternehmers an dem Ergebnis einer Personengesellschaft ist in Art. 4 Abs. 3 DBA-D/F geregelt. Dort werden bezüglich des Anwendungsbereichs der Vorschrift neben der GbR ausdrücklich die deutschen Rechtsformen der OHG und der KG genannt. Das Besteuerungsrecht knüpft an das Bestehen einer Betriebstätte in dem jeweiligen Staat an und beschränkt die Steuerbemessungsgrundlage jeweils auf den Anteil eines Mitunternehmers am Ergebnis der Betriebstätte. Die sich aus den französischen Vorschriften ergebende Einkommensteuerpflicht der Gesellschafter der deutschen OHG mit ihren anteiligen Betriebstättenergebnissen wird also durch das DBA-D/F nicht eingeschränkt, sondern bestätigt.

In Kapitel 2.1.2.4 wurde bereits gezeigt, dass eine Betriebstätte lediglich wirtschaftlich, nicht aber rechtlich selbständig ist. Demnach muss das in dem internationalen Unternehmen erwirtschaftete Ergebnis zwischen dem deutschen Stammhaus und der französischen Betriebstätte aufgeteilt werden.[1486] Bei dieser vorzunehmenden Ergebnisabgrenzung können die indirekte und die direkte Methode unterschieden werden.[1487]

Bei der indirekten Methode wird zunächst das gesamte von dem internationalen Einheitsunternehmen erwirtschaftete Ergebnis herangezogen.[1488] Dieses wird anschließend mittels eines branchenspezifischen Maßstabs zerlegt und den einzelnen Einheiten des Unternehmens – Stammhaus und Betriebstätte – zugeteilt.[1489]

Die Höhe der zugeordneten Ergebnisteile wird also ganz entscheidend von dem bei der Zerlegung zur Anwendung kommenden Maßstab beeinflusst.[1490] Dieser besteht aus einer Schlüsselgröße wie dem Umsatz oder dem eingesetzten Kapital.[1491] Aufgrund der Vielzahl der Faktoren, die sich auf das Ergebnis eines Unternehmens bzw. einer Unternehmenseinheit auswirken, und aufgrund der unterstellten Proportionalität zwischen Schlüsselgröße und zu ermittelnder Größe – dem anteiligen Ergebnis – führt die Anwendung eines solchen Maßstabs zu Verfälschungen.[1492] Die so erreichte Ergebniszuordnung kann nicht als verursachungsgerecht bezeichnet werden.[1493] Eine Lösung für dieses Problem scheint nicht zu bestehen, denn schon

---

1484 Vgl. GOUTHIÈRE, Impôts 2001, Rn. 1212.

1485 Vgl. BO 14 B-3-99 vom 6.5.1999, Rn. 30. Vgl. hierzu auch Kapitel 4.2.1.2.3.1. Im Fall einer deutschen KG sollte eine Übereinstimmung mit den Strukturen einer französischen SCS festgestellt werden. Demzufolge unterlägen die Kommanditisten der deutschen KG mit ihrem Ergebnisanteil der IS. Vgl. BO 14 B-3-99 vom 6.5.1999, Rn. 30. Vgl. zur Besteuerung der Kommanditisten einer SCS Kapitel 4.2.2.1.

1486 Vgl. KRAMER, Art. 4, in: DEBATIN/WASSERMEYER, Doppelbesteuerung 2002, Rn. 16.

1487 Vgl. BARANOWSKI, Besteuerung 1996, Rn. 285; SCHAUMBURG, Internationales Steuerrecht 1998, Rn. 18.24; SCHRÖDER, in: MÖSSNER, Steuerrecht 1998, Rn. C 38.

1488 Vgl. DEBATIN, Betriebsstättenprinzip 1989, S. 1696; KRAMER, Gewinnabgrenzung und Gewinnermittlung 1991, S. 154; TELKAMP, Betriebstätte oder Tochtergesellschaft 1975, S. 198.

1489 Vgl. JACOBS, Internationale Unternehmensbesteuerung 2002, S. 621; STORCK, Ausländische Betriebstätten 1980, S. 274. Vgl. auch BMF vom 24.12.1999, BStBl. I 1999, S. 1076, Rn. 2.3.2. Dort ist von einem „sachgerechten Schlüssel" die Rede.

1490 Vgl. BARANOWSKI, Besteuerung 1996, Rn. 324.

1491 Vgl. KUMPF, Besteuerung inländischer Betriebstätten 1982, S. 117.

1492 Vgl. BÄHR, Gewinnermittlung ausländischer Zweigbetriebe 1971, S. 152.

1493 Vgl. JACOBS, Internationale Unternehmensbesteuerung 2002, S. 621.

allein das Erarbeiten eines theoretisch richtigen Schlüssels ist kaum möglich.[1494] Doch selbst wenn er bestimmt werden könnte, wäre ein theoretisch richtiger Schlüssel aufgrund seiner Komplexität in der Praxis nicht einsetzbar.[1495]

Aus praktischer Sicht stellen zunächst die nationalen Ergebnisermittlungsvorschriften ein Problem dar. Bei der Anwendung der indirekten Methode wird jeder Staat bei der Ermittlung des Gesamtergebnisses des internationalen Einheitsunternehmens seine nationalen Gewinnermittlungsvorschriften anwenden.[1496] Somit wird das Gesamtergebnis aus inländischer Sicht regelmäßig nicht dem Gesamtergebnis aus ausländischer Sicht entsprechen.[1497] In der Folge wird es aufgrund der Zielsetzung der jeweiligen nationalen Ergebnisermittlung – Maximierung der Steuerbemessungsgrundlage – zu einer Doppelbesteuerung kommen.[1498] Darüber hinaus bereitet schon die Ermittlung des Gesamtergebnisses aus der Sicht des Betriebstättenstaates Schwierigkeiten. Während nach nationalen Vorschriften zwar eine Buchführungspflicht für eine inländische Betriebstätte besteht,[1499] so fehlen die rechtlichen Grundlagen für eine Ermittlung des Gesamtergebnisses des internationalen Einheitsunternehmens, denn für das Heranziehen der Buchführungsunterlagen des ausländischen Stammhauses existieren keine entsprechenden nationalen Vorschriften im Betriebstättenstaat.[1500] Schließlich ist auch nicht gewährleistet, dass beide Staaten bei ihrer Abgrenzung die gleiche Schlüsselgröße verwenden.[1501] Somit kann auch hier eine Doppelbesteuerung entstehen.[1502]

Bei der direkten Methode wird die Betriebstätte als selbständiger Unternehmensteil betrachtet (Selbständigkeitsfiktion).[1503] Aus diesem Grund erfolgt die Ergebnisermittlung von Stammhaus und Betriebstätte mit Hilfe einer jeweils eigenständigen Buchführung.[1504] Probleme bereitet bei dieser Methode die Erfassung der Lieferungs- und Leistungsbeziehungen zwischen

---

1494 Vgl. SCHRÖDER, in: MÖSSNER, Steuerrecht 1998, Rn. C 27; STORCK, Ausländische Betriebstätten 1980, S. 285. Vgl. auch BREITHECKER, Internationale Steuerlehre 2002, S. 327.

1495 Vgl. ROSE, Grundzüge 2000, S. 76.

1496 Vgl. MA-Kommentar zu Art. 7 Abs. 4 OECD-MA, Rn. 28, abgedruckt bei DEBATIN/WASSERMEYER, Doppelbesteuerung 2002.

1497 Vgl. BÄHR, Gewinnermittlung ausländischer Zweigbetriebe 1971, S. 148; STORCK, Ausländische Betriebstätten 1980, S. 295.

1498 Vgl. TELKAMP, Betriebstätte oder Tochtergesellschaft 1975, S. 199.

1499 Beispielsweise ergibt sich dies in Deutschland aus § 13b Abs. 1 HGB und § 238 HGB i.V.m. § 140 AO bzw. aus § 141 AO. Vgl. KLEINEIDAM, Rechnungslegung bei Auslandsbeziehungen 1992, S. 147. In Frankreich besteht eine faktische Buchführungspflicht. Vgl. hierzu Kapitel 6.1.1.2.

1500 Vgl. RFH vom 25.5.1938, RStBl. 1938, S. 619. Vgl. auch BÄHR, Gewinnermittlung ausländischer Zweigbetriebe 1971, S. 150; DEBATIN, Betriebsstättenprinzip 1989, S. 1696; JACOBS, Internationale Unternehmensbesteuerung 2002, S. 623; STORCK, Ausländische Betriebstätten 1980, S. 295.

1501 Vgl. SCHEFFLER, Grenzüberschreitende Unternehmenstätigkeit 2002, S. 283-284.

1502 In der Praxis wird die indirekte Methode in erster Linie bei ähnlich strukturierten Unternehmen – beispielsweise Versicherungsunternehmen – angewendet. Außerdem ist die Anwendung der indirekten Methode in den meisten Fällen mit einer Verständigung der betroffenen nationalen Finanzbehörden verbunden. Vgl. BARANOWSKI, Besteuerung 1996, Rn. 325-327. Vgl. auch TELKAMP, Betriebstätte oder Tochtergesellschaft 1975, S. 202-203.

1503 Vgl. BARANOWSKI, Besteuer ung 1996, Rn. 286; FÖRSTER, Besteueru ng von Auslandsbeziehungen 2003, S. 98.

1504 Vgl. ROSE, Grundzüge 2000, S. 77. Vgl. auch HAISS, Gewinnabgrenzung bei Betriebsstätten 2000, S. 44; HEMMELRATH, Art. 7, in: VOGEL, Doppelbesteuerungsabkommen 1996, Rn. 91. DEBATIN sieht keine Notwendigkeit einer eigenständigen Betriebstättenbuchführung. Seiner Ansicht nach kann das Betriebstättenergebnis auch ganz oder teilweise geschätzt werden. Bei einer solchen Schätzung müssen lediglich die geschäftlichen Aktivitäten der Betriebstätte unmittelbar berücksichtigt werden. Vgl. DEBATIN, Betriebsstättenprinzip 1989, S. 1696.

Stammhaus und Betriebstätte.[1505] Hierbei geht es insbesondere um die Bewertung dieser Lieferungen und Leistungen.[1506]

Im Rahmen der Durchführung der direkten Methode soll eine verursachungsgerechte Ergebniszuordnung mit Hilfe des bereits erläuterten „dealing at arm's length-Grundsatzes"[1507] erreicht werden.[1508] Also werden Lieferungs- und Leistungsbeziehungen wie zwischen fremden Dritten unterstellt.[1509] Somit sind grundsätzlich Fremdvergleichspreise heranzuziehen.[1510] Sofern diese nicht bestimmt werden können oder sollen, werden die bei der liefernden oder leistenden Einheit anfallenden Aufwendungen angesetzt, wobei ein Gewinnaufschlag hinzugerechnet werden sollte.[1511]

Im hier betrachteten Fall enthält Art. 4 Abs. 2 DBA-D/F die Grundregel der Einkünftezurechnung.[1512] Demnach sind der Betriebstätte „diejenigen Gewinne zuzurechnen, die sie hätte erzielen können, wenn sie sich als selbständiges Unternehmen mit gleichen oder ähnlichen Geschäften unter gleichen oder ähnlichen Bedingungen befasst und mit dem Unternehmen, dessen Betriebstätte sie ist, Geschäfte wie ein unabhängiges Unternehmen getätigt haben würde."[1513] Bei der Einkünftezurechnung kommt also der „dealing at arm's length-Grundsatz" zur Anwendung, d.h., für die Betriebstätte gilt die Fiktion eines selbständigen und unabhängigen Unternehmens.[1514] Die Selbständigkeitsfiktion verdeutlicht, dass die direkte Methode im DBA-D/F – wie generell im Abkommensrecht – bevorzugt wird.[1515] Hieran anknüpfend wird in Art. 4 Abs. 6 DBA-D/F vorgeschrieben, dass bei der Gewinnermittlung einer Betriebstätte grundsätzlich „vom Bilanzergebnis der Betriebstätte auszugehen"[1516] ist. Dementsprechend muss die Betriebstätte prinzipiell eigene Bücher führen.[1517] Die indirekte Methode ist zwar zulässig, sie stellt aber den Ausnahmefall dar: „In besonderen Fällen kann bei der Ermittlung des Gewinns der Gesamtgewinn des Unternehmens aufgeteilt werden"[1518].[1519]

Diese Vorgehensweise entspricht auch der Ansicht der deutschen Finanzverwaltung. Im Betriebsstättenerlass wird die direkte Methode als „Regelmethode" bezeichnet. Dabei erfolgt ein

---

1505 Dabei handelt es sich nicht um einen rechtsgeschäftlichen Leistungsaustausch, sondern lediglich um einen Leistungsfluss innerhalb desselben Einheitsunternehmens. Ein Rechtsgeschäft zwischen dem Stammhaus und der rechtlich unselbständigen Betriebstätte ist nicht möglich. Vgl. BECKER, Funktionsnutzen oder Erwirtschaftungsgrundsatz 1990, S. 392.

1506 Vgl. JACOBS, Internationale Unternehmensbesteuerung 2002, S. 626.

1507 Vgl. hierzu Kapitel 5.2.1.1.

1508 Vgl. TELKAMP, Betriebstätte oder Tochtergesellschaft 1975, S. 204.

1509 Vgl. SCHEFFLER, Grenzüberschreitende Unternehmenstätigkeit 2002, S. 285.

1510 Vgl. HEMMELRATH, Art. 7, in: VOGEL, Doppelbesteuerungsabkommen 1996, Rn. 60.

1511 Vgl. BARANOWSKI, Besteuerung 1996, Rn. 314-315; JACOBS, Internationale Unternehmensbesteuerung 2002, S. 629. Vgl. auch HAISS, Gewinnabgrenzung bei Betriebsstätten 2000, S. 45-47.

1512 Vgl. KRAMER, Art. 4, in: DEBATIN/WASSERMEYER, Doppelbesteuerung 2002, Rn. 31; MA-Kommentar zu Art. 7 Abs. 2 OECD-MA, Rn. 11, abgedruckt bei DEBATIN/WASSERMEYER, Doppelbesteuerung 2002.

1513 Art. 4 Abs. 2 DBA-D/F.

1514 Vgl. SCHRÖDER, in: MÖSSNER, Steuerrecht 1998, Rn. C 10 und C 20; WASSERMEYER, Art. 7, in: DEBATIN/WASSERMEYER, Doppelbesteuerung 2002, Rn. 184.

1515 Vgl. KRAMER, Art. 4, in: DEBATIN/WASSERMEYER, Doppelbesteuerung 2002, Rn. 34; WASSERMEYER, Art. 7, in: DEBATIN/WASSERMEYER, Doppelbesteuerung 2002, Rn. 190.

1516 Art. 4 Abs. 6 Satz 1 DBA-D/F.

1517 Vgl. MA-Kommentar zu Art. 7 Abs. 2 OECD-MA, Rn. 12, abgedruckt bei DEBATIN/WASSERMEYER, Doppelbesteuerung 2002.

1518 Art. 4 Abs. 6 Satz 3 DBA-D/F.

1519 Anwendungsfälle sind beispielsweise Unternehmen, in denen die Geschäfte von Betriebstätte und Stammhaus sehr eng miteinander verbunden sind, oder sehr kleine Unternehmen, die noch keine eigenen Bücher für die Betriebstätte führen können. Vgl. MA-Kommentar zu Art. 7 Abs. 3 OECD-MA, Rn. 24, abgedruckt bei DEBATIN/WASSERMEYER, Doppelbesteuerung 2002.

Verweis auf die Rechtsprechung und das OECD-MA.[1520] Ein Anwendungsfall der indirekten Methode ist bei gleicher Funktion und bei gleicher innerer Struktur von Stammhaus und Betriebstätte gegeben.[1521]

Auch die französische Finanzverwaltung geht im Regelfall vom Vorliegen einer getrennten Betriebstättenbuchführung und in der Folge von der Anwendung der direkten Methode aus.[1522] Die indirekte Methode greift, wenn weder die Buchführung, noch die Struktur des betreffenden Unternehmens eine (direkte) Ermittlung des Betriebstättenergebnisses zulassen.[1523]

Im Rahmen der qualitativen Determinierung des Untersuchungsgegenstands der vorliegenden Arbeit wurde bereits festgelegt, dass die französische Betriebstätte eine eigene Buchführung unterhalten und eigene Abschlüsse erstellen soll.[1524] Somit ist im Rahmen der Ergebnisabgrenzung die direkte Methode heranzuziehen.[1525] Darüber hinaus bestehen weder Lieferungs- noch Leistungsbeziehungen zwischen Spitzen- und Grundeinheit, hier also zwischen deutscher Personenhandelsgesellschaft und französischer Betriebstätte.[1526] Sämtliche der Betriebstätte zurechenbaren Ausgaben ergeben sich aus deren Büchern. Dabei werden bei der Ermittlung des in Frankreich zu versteuernden Betriebstättenergebnisses die französischen Buchführungs- und Bilanzierungsregeln herangezogen.[1527] Diese sind in dem hier betrachteten Fall die einkommensteuerlichen Vorschriften zur Ermittlung des gewerblichen Gewinns eines Unternehmens, wobei das Verfahren des „réel normal“ angewendet werden muss.[1528]

Auf eine Zurechnung eines Teils der „Generalunkosten“, wie dies in Art. 4 Abs. 6 Satz 2 DBA-D/F gefordert wird, soll aus Gründen der Vergleichbarkeit mit den anderen in der Folge betrachteten Strukturen des internationalen Unternehmens grundsätzlich verzichtet werden.[1529] Lediglich der durch die französische Betriebstätte verursachte Teil der Zahlungen an die deutschen natürlichen Personen für deren geschäftsführende Tätigkeit in dem internationalen Unternehmen wird bei der Betriebstätte als Aufwand erfasst. Dies entspricht der Auffassung der deutschen Finanzverwaltung, wonach einer Betriebstätte Geschäftsführungsaufwendungen zugeordnet werden dürfen, sofern diese Aufwendungen durch eine entsprechende

---

[1520] Vgl. mit Nachweisen zur Rechtsprechung BMF vom 24.12.1999, BStBl. I 1999, S. 1076, Rn. 2.3.

[1521] Vgl. BMF vom 24.12.1999, BStBl. I 1999, S. 1076, Rn. 2.3.2.

[1522] Die direkte Methode wird zwar nicht explizit genannt. Die Ausführungen der französischen Finanzverwaltung, welche eine Ergebnisermittlung der Betriebstätte ausgehend von einer getrennten Buchführung vorsehen, verdeutlichen jedoch, dass hiermit die vorstehend beschriebene direkte Methode gemeint ist. Vgl. doc. adm. 4 H 1414 vom 1.3.1995, Rn. 10 und 13.

[1523] Vgl. doc. adm. 4 H 1414 vom 1.3.1995, Rn. 13. Die Finanzverwaltung schlägt im Rahmen der Anwendung der indirekten Methode zum einen die Aufteilung des Ergebnisses mit Hilfe einer Schlüsselgröße vor. Zum anderen kann auch eine prozentuale Verteilung des Ergebnisses zwischen Stammhaus und Betriebstätte vorgenommen werden, wobei sich der hierbei anzuwendende Prozentsatz durch Vergleich mit der Situation bei einem vergleichbaren unabhängigen Unternehmen ergibt. Vgl. doc. adm. 4 H 1414 vom 1.3.1995, Rn. 14.

[1524] Vgl. hierzu Kapitel 2.1.1. Für die Betriebstätte besteht ohnehin eine (faktische) Buchführungspflicht. Vgl. hierzu Kapitel 6.1.1.2.

[1525] Der MA-Kommentar schreibt vor, dass die Gewinnermittlung einer Betriebstätte grundsätzlich aufgrund ihrer Buchführung vorzunehmen ist, sofern diese – und davon ist in dem hier betrachteten Fall auszugehen – die tatsächlichen Verhältnisse wiedergibt. Vgl. MA-Kommentar zu Art. 7 Abs. 4 OECD-MA, Rn. 25, abgedruckt bei DEBATIN/WASSERMEYER, Doppelbesteuerung 2002.

[1526] Vgl. hierzu Kapitel 2.1.1.

[1527] Vgl. KRAMER, Art. 4, in: DEBATIN/WASSERMEYER, Doppelbesteuerung 2002, Rn. 94.

[1528] Vgl. hierzu Kapitel 4.2.1.2.3.2.4.

[1529] Der ungewöhnliche Begriff „Generalunkosten“ steht für Verwaltungsgemeinkosten und andere Gemeinkosten, die sich nicht unmittelbar der Betriebstätte zurechnen lassen. Somit wird im DBA-D/F bei der Anwendung der direkten Methode ein Element der indirekten Methode vorgeschrieben. Vgl. KRAMER, Art. 4, in: DEBATIN/WASSERMEYER, Doppelbesteuerung 2002, Rn. 96.

Leistung des Stammhauses gegenüber der Betriebstätte hervorgerufen wurden.[1530] Die französische Finanzverwaltung lässt ausdrücklich die Zuordnung eines Teils der Gehaltsaufwendungen für die Geschäftsführer eines Unternehmens zu einer französischen Betriebstätte zu.[1531]

Hinsichtlich der bei der Betriebstätte erhobenen ertragsunabhängigen Steuern müssen die Grundsteuer, die „taxe professionnelle“ und die lohnsummenabhängigen Steuern betrachtet werden.

Die bebauten in Frankreich belegenen Grundstücke[1532] der französischen Betriebstätte unterliegen der Grundsteuer auf bebaute Grundstücke.[1533] Da die bebauten Grundstücke industriell genutzt werden, erfolgt die Ermittlung ihres Katastermietwerts mit der buchhalterischen Methode, wonach ein Zinssatz von 8 % auf die Anschaffungskosten angewendet und der so ermittelte Wert durch den pauschalen Koeffizienten[1534] erhöht wird. In die Bemessungsgrundlage der Grundsteuer gehen schließlich 50 % des so ermittelten Werts ein. Die endgültige Grundsteuerschuld ergibt sich durch Multiplikation der Bemessungsgrundlage mit dem von den betreffenden Gebietskörperschaften festgelegten Steuersatz. Wohnsteuer fällt weder bei dieser, noch bei den anderen betrachteten Unternehmensstrukturen an, da immer die „taxe professionnelle“ erhoben wird.[1535] Zu einer Doppelbesteuerung kann es aufgrund des in Deutschland und in Frankreich zur Anwendung kommenden Territorialitätsprinzips nicht kommen.

Da die deutsche Personenhandelsgesellschaft über ihre französische Betriebstätte eine berufliche Tätigkeit in Frankreich ausübt, unterliegt Letztere der „taxe professionnelle“.[1536] Dies wird durch eine abkommensrechtliche Regelung in Art. 4 Abs. 7 DBA-D/F bestätigt, wonach die Voraussetzung für das Erheben der „taxe professionnelle“ das Bestehen einer Betriebstätte ist.

Für die Berechnung der Steuer wird der Mietwert der materiellen Gegenstände des Anlagevermögens und die Lohnsumme, jeweils bezogen auf das vorletzte Jahr, herangezogen. Der Mietwert des Anlagevermögens entspricht 16 % der Anschaffungs- oder Herstellungskosten der Gegenstände, die am Ende des Bezugszeitraums noch in der Betriebstätte vorhanden waren. Die Lohnsumme des Bezugszeitraums geht nur zu 18 % in die Bemessungsgrundlage der „taxe professionnelle“ ein. Da außerdem noch ein Abschlag von 914.694 EUR zur Anwendung kommt, wirkt sie sich im vorliegenden Fall überhaupt nicht auf die zu entrichtende „taxe professionnelle“ aus.

Schließlich greift noch der sämtlichen Steuerpflichtigen zustehende Abschlag in Höhe von 16 % der Bemessungsgrundlage. Die ausgehend von der Wertschöpfung errechnete Mindeststeuer, die beim Überschreiten eines Jahresumsatzes von 7.600.000 EUR relevant wird, muss

---

1530 Vgl. BMF vom 24.12.1999, BStBl. I 1999, S. 1076, Rn. 3.4.1. Dabei kommt es nicht darauf an, wo die Aufwendungen tatsächlich angefallen sind. Hier wird lediglich über die Zurechnung zur Betriebstätte oder zum Stammhaus entschieden. Dies ergibt sich aus dem BFH-Urteil, auf welches sich die deutsche Finanzverwaltung bezieht. Vgl. BFH vom 20.7.1988, BStBl. II 1989, S. 140.

1531 Vgl. doc. adm. 4 H 1422 vom 1.3.1995, Rn. 28.

1532 Vgl. hierzu Kapitel 2.2.

1533 Vgl. zur Grundsteuer Kapitel 4.3.2.

1534 Dabei handelt es sich um den in Kapitel 4.3.2 beschriebenen Koeffizienten, der die Veränderung des Mietniveaus ausdrücken soll. Das Bezugsdatum des jährlich festgelegten pauschalen Koeffizienten ist jeweils der 1.1. des vorletzten Jahres. Hier kommen also nur die Koeffizienten zur Anwendung, deren Bezugsdatum nach dem Zeitpunkt der Anschaffung oder Herstellung liegt. Vgl. doc. adm. 6 E 2221 vom 10.9.1996, Rn. 2.

1535 Die Hausmüllentsorgungssteuer wird aus der Betrachtung ausgeklammert.

1536 Vgl. zur „taxe professionnelle“ Kapitel 4.3.3. Die Beiträge zur Industrie- und Handelskammer werden hier nicht berücksichtigt.

nicht beachtet werden.[1537] Eine Steuerentlastung kann nur bei einer abnehmenden Steuerbemessungsgrundlage beantragt werden. Ausgehend von der im Besteuerungsjahr erwirtschafteten Wertschöpfung ist zu prüfen, ob eine Beschränkung der „taxe professionnelle" beantragt werden kann.

Grundsätzlich muss die französische Betriebstätte auf die von ihr gezahlten Löhne und Gehälter die Lohnsummensteuer entrichten, denn die Betriebstätte gilt als ein in Frankreich niedergelassener Arbeitgeber.[1538] Da sie aber umsatzsteuerpflichtig ist[1539] und folglich mehr als 90 % ihrer Umsätze der TVA unterliegen, fällt letztendlich doch keine Lohnsummensteuer an.[1540]

Die Gesellschafter der deutschen Personenhandelsgesellschaft erzielen über ihre französische Betriebstätte Einkünfte aus Gewerbebetrieb. Demzufolge muss die Ausbildungsteuer entrichtet werden. Da sich die Steuerpflicht an den Regelungen zur Abgrenzung der IR richtet, werden die von der Betriebstätte gezahlten Löhne und Gehälter, welche als Bemessungsgrundlage für die Sozialversicherungsbeiträge herangezogen werden, mit dem für Elsaß und Lothringen gültigen Satz von 0,20 % besteuert.[1541]

Die Erhebung der Weiterbildungsteuer hängt von den gleichen Kriterien – Vorliegen eines in Frankreich niedergelassenen Arbeitgebers – ab wie die Erhebung der Lohnsummensteuer. Da bei der Weiterbildungsteuer aber keine Ausnahmeregelung besteht, wird sie im Gegensatz zur Lohnsummensteuer auch tatsächlich erhoben. Auf die Löhne und Gehälter, die für die Berechnung der Sozialversicherungsbeiträge herangezogen werden, wird aufgrund der Arbeitnehmerzahl ein Steuersatz von 1,5 %[1542] angewendet.[1543]

Neben der Weiterbildungsteuer knüpft auch die Wohnungsbausteuer bezüglich ihrer Erhebung an die Kriterien der Steuerpflicht bei der Lohnsummensteuer an. Dementsprechend muss die französische Betriebstätte die Wohnungsbausteuer in Höhe von 2 % der Löhne und Gehälter, die der Berechnung der Sozialversicherungsbeiträge dienen, abführen.[1544] [1545]

6.1.1.2 Ebene der deutschen Personenhandelsgesellschaft

In Kapitel 6.1.1.1 wurde bereits geklärt, dass die Gesellschafter der deutschen Personenhandelsgesellschaft mit ihrem anteiligen Betriebstättenergebnis der IR unterliegen. Auch aus deutscher Sicht wird das Ergebnis einer Personenhandelsgesellschaft und somit grundsätzlich auch das Ergebnis einer von ihr unterhaltenen ausländischen Betriebstätte unmittelbar ihren Gesellschaftern zugerechnet.[1546] An dieser Stelle muss aber aus deutscher Sicht untersucht werden, welche Auswirkungen das Unterhalten der französischen Betriebstätte bei der deutschen Personenhandelsgesellschaft im Rahmen ihrer Gewinnermittlung hat. Darüber hinaus

---

[1537] Ferner soll die in der betreffenden Gemeinde festgelegte Mindeststeuerschuld überschritten sein.

[1538] In Kapitel 4.3.4.1 wurde gezeigt, dass der Begriff des „niedergelassenen Arbeitsgebers" weiter gefasst ist als der Begriff der „Betriebstätte".

[1539] Vgl. hierzu Kapitel 4.3.6.

[1540] Vgl. zur Lohnsummensteuer Kapitel 4.3.4.1.

[1541] Im Fall einer Betriebstätte im Elsaß oder in Lothringen ist lediglich ein ermäßigter Steuersatz von 0,20 % anzuwenden. Vgl. zur Ausbildungsteuer Kapitel 4.3.4.2.

[1542] Die französische Betriebstätte beschäftigt mehr als 10 Arbeitnehmer. Vgl. hierzu Kapitel 2.2.

[1543] Vgl. zur Weiterbildungsteuer Kapitel 4.3.4.3.

[1544] Vgl. zur Wohnungsbausteuer Kapitel 4.3.4.4.

[1545] Die „contribution sociale de solidarité des sociétés", die Steuer auf Fahrzeuge der Gesellschaften und die Steuer auf bestimmte Werbungsausgaben werden mit Blick auf den abschließenden Steuerbelastungsvergleich nicht betrachtet. Das Gleiche gilt für die TVA. Vgl. hierzu Kapitel 7.2.1.2.

[1546] Vgl. hierzu die nachstehenden Ausführungen.

muss eine Betrachtung der steuerlichen Folgen der in Deutschland ausgeübten gewerblichen Tätigkeit der deutschen Personenhandelsgesellschaft erfolgen.

Hinsichtlich der Ertragsteuern, welche die deutsche Personenhandelsgesellschaft betreffen bzw. durch sie verursacht werden, wird zunächst die Einkommensteuer dargestellt. Hier kommt das in Kapitel 2.1.2.5 angesprochene Transparenzprinzip zum Tragen. Demzufolge ist die Gesellschaft selbst nicht einkommensteuerpflichtig.[1547] Sie verwirklicht zwar Merkmale eines Besteuerungstatbestandes[1548] und ist insofern partielles Steuerrechtssubjekt.[1549] Eine Einkommensteuerpflicht besteht aber lediglich bei ihren Gesellschaftern, den deutschen natürlichen Personen.[1550] Ihnen wird das Ergebnis der Personenhandelsgesellschaft anteilig zugerechnet.[1551] Bei der Einordnung der Einkünfte der Gesellschafter in eine Einkunftsart ist in dem hier betrachteten Fall zunächst zu prüfen, ob der Tatbestand des § 15 EStG erfüllt ist und somit Einkünfte aus Gewerbebetrieb vorliegen.[1552] Hierzu muss die Personenhandelsgesellschaft eine gewerbliche Tätigkeit ausüben (§ 15 Abs. 1 Satz 1 Nr. 1 Satz 1 EStG) und die Gesellschafter müssen als Mitunternehmer eingestuft werden (§ 15 Abs. 1 Satz 1 Nr. 2 Satz 1 EStG).[1553]

In Kapitel 2.1.2.3 wurde bereits geklärt, dass die deutsche Personenhandelsgesellschaft gewerblich tätig ist.[1554] Als Mitunternehmer[1555] werden die Gesellschafter einer Personengesellschaft angesehen, wenn sie Mitunternehmerrisiko tragen und Mitunternehmerinitiative entfalten können.[1556] Ein Gesellschafter trägt Mitunternehmerrisiko, wenn er am Gewinn und Verlust der Gesellschaft sowie an den stillen Reserven des Anlagevermögens – einschließlich des Geschäftswerts – beteiligt ist.[1557] Die Entfaltung von Mitunternehmerinitiative äußert sich in der Teilhabe an unternehmerischen Entscheidungen, zumindest aber in der Möglichkeit zur Ausübung von Stimm-, Kontroll- und Widerspruchsrechten.[1558]

Demzufolge liegen in dem hier betrachteten Fall bei den Gesellschaftern Einkünfte aus Gewerbebetrieb vor. Diese bestehen einerseits aus den Gewinnanteilen der Gesellschafter und andererseits grundsätzlich aus den Vergütungen, welche die Gesellschafter für Tätigkeiten im

---

1547 Vgl. BFH vom 3.7.1995, BStBl. II 1995, S. 617.

1548 Dabei handelt es sich insbesondere um die Verwirklichung des Tatbestands einer Einkunftsart und um die Gewinnerzielung innerhalb dieser Einkunftsart. Vgl. BFH vom 25.6.1984, BStBl. II 1984, S. 751.

1549 Vgl. SCHMIDT, § 15, in: SCHMIDT, Einkommensteuergesetz 2002, Rn. 164.

1550 Vgl. BFH vom 3.7.1995, BStBl. II 1995, S. 617. Vgl. hierzu auch JACOBS, Unternehmensbesteuerung 2002, S. 194; KUSSMAUL, Betriebswirtschaftliche Steuerlehre 2000, S. 436.

1551 Vgl. BFH vom 3.5.1993, BStBl. II 1993, S. 616.

1552 Vgl. BRÖNNER/BAREIS, Besteuerung der Gesellschaften 1999, Rn. B 401.

1553 Vgl. BRÖNNER/BAREIS, Besteuerung der Gesellschaften 1999, Rn. B 401; KUSSMAUL, Betriebswirtschaftliche Steuerlehre 2000, S. 439.

1554 Für die Bestimmung der Einkunftsart der Gesellschafter ist also die Tätigkeit der Gesellschaft ausschlaggebend. Vgl. JACOBS, Unternehmensbesteuerung 2002, S. 195.

1555 Nicht jeder, der Gesellschafter einer Personenhandelsgesellschaft ist, wird auch als Mitunternehmer eingestuft. Die Begriffe „Mitunternehmer“ und „Gesellschafter“ sind nicht deckungsgleich. Für den Begriff des „Mitunternehmers“ existiert keine abschließende Definition mit einer begrenzten Zahl an Kriterien. Bei einer Beurteilung muss immer das Gesamtbild herangezogen werden, wobei bestimmte typische Kriterien auch fehlen können, während mindestens einige andere vorhanden sein müssen. Vgl. BFH vom 21.2.1974, BStBl. II 1974, S. 404.

1556 Vgl. BFH vom 19.2.1981, BStBl. II 1981, S. 602; BFH vom 29.4.1981, BStBl. II 1981, S. 663; BFH vom 28.1.1982, BStBl. II 1982, S. 389. Vgl. jeweils m.w.N. BFH vom 10.11.1977, BStBl. II 1978, S. 15; BFH vom 25.6.1984, BStBl. II 1984, S. 751. Beide Merkmale müssen zwar immer vorhanden sein, sie können aber in ihren Ausprägungen schwanken. Vgl. m.w.N. BFH vom 28.10.1999, BStBl. II 2000, S. 183.

1557 Vgl. BFH vom 19.2.1981, BStBl. II 1981, S. 602; BFH vom 4.11.1997, BStBl. II 1999, S. 384. Vgl. auch BFH vom 29.4.1981, BStBl. II 1981, S. 663.

1558 Vgl. m.w.N. BFH vom 25.6.1984, BStBl. II 1984, S. 751.

Dienst der Gesellschaft, für die Hingabe von Darlehen oder für die Überlassung von Wirtschaftsgütern erhalten haben (§ 15 Abs. 1 Satz 1 Nr. 2 Satz 1 EStG). Demnach erfolgt die Einkünfteermittlung in zwei Stufen.[1559] Die erste Stufe wird nachstehend aus der Sicht der Personenhandelsgesellschaft beschrieben.[1560]

Auf der ersten Stufe wird der steuerliche Gewinn der Personenhandelsgesellschaft ermittelt. Da die Personenhandelsgesellschaft Kaufmann ist, muss sie gem. § 238 Abs. 1 Satz 1 HGB und § 140 AO Bücher führen und gem. § 242 HGB einen Jahresabschluss erstellen. Aus diesem handelsrechtlichen Jahresabschluss wird die Steuerbilanz[1561] abgeleitet (§ 5 Abs. 1 Satz 1 EStG) und somit unter Beachtung der steuerlichen Bilanzierungs- und Bewertungsvorschriften in den §§ 4-7k EStG der Steuerbilanzgewinn der Personengesellschaft ermittelt. Letzterer berücksichtigt demzufolge die Rechtsbeziehungen zwischen Gesellschaft und Gesellschafter,[1562] denn diese haben den Steuerbilanzgewinn der Gesellschaft beeinflusst. Anschließend erfolgt die Verteilung des steuerlichen Gewinns der Gesellschaft auf die einzelnen Gesellschafter – die Mitunternehmer – unter Anwendung eines Gewinnverteilungsschlüssels.[1563]

Im Rahmen der Ermittlung der Einkünfte aus Gewerbebetrieb der Gesellschafter der deutschen Personenhandelsgesellschaft ist Art. 4 Abs. 3 DBA-D/F i.V.m. Art. 20 Abs. 1 Buchstabe a DBA-D/F zu beachten. Diese weisen Frankreich das Besteuerungsrecht für die Betriebstättengewinne zu und stellen diese von einer Besteuerung in Deutschland frei. Dort kommt aber dennoch aufgrund von Art. 20 Abs. 1 Buchstabe a DBA-D/F und § 32b Abs. 1 Nr. 3 EStG der in Kapitel 6.1.1.3 darzustellende Progressionsvorbehalt – welcher sich auf die Einkommensteuerschuld der deutschen natürlichen Personen und somit der Gesellschafter auswirkt – zur Anwendung.[1564] Bei der Ermittlung des in den Progressionsvorbehalt eingehenden Betriebstättenergebnisses werden die deutschen Buchführungs- und Bilanzierungsregeln angewendet.[1565] Hinsichtlich der praktischen Durchführung muss das deutsche Stammhaus wie vorstehend ausgeführt grundsätzlich im Inland Bücher führen, wobei hier auch die Geschäftsvorfälle, welche die Betriebstätte betreffen, zu erfassen sind.[1566] Allerdings regeln Art. 146

1559 Vgl. BRÖNNER/BAREIS, Besteuerung der Gesellschaften 1999, Rn. B 406; HEIGL, Unternehmensbesteuerung 1996, S. 177. Letztendlich wird auf diese Weise der Gesamtgewinn der Mitunternehmerschaft ermittelt. Vgl. UELNER, in: DORALT, Probleme des Steuerbilanzrechts 1991, S. 142.

1560 Vgl. zur Vervollständigung der zweistufigen Einkünfteermittlung Kapitel 6.1.1.3.

1561 Eine Steuerbilanz ist nicht unbedingt erforderlich. Sofern die Handelsbilanz Ansätze oder Werte enthält, die nicht den steuerlichen Vorschriften entsprechen, müssen diese aber zumindest durch Zusätze oder Anmerkungen angepasst werden (§ 60 Abs. 2 EStDV).

1562 Vgl. BRÖNNER/BAREIS, Besteuerung der Gesellschaften 1999, Rn. B 409.

1563 Vgl. HEIGL, Unternehmensbesteuerung 1996, S. 177; JACOBS, Unternehmensbesteuerung 2002, S. 195.

1564 In Teilen der Literatur wird eine Anwendung des Progressionsvorbehalts abgelehnt. Vgl. KROPPEN, Art. 4, in: BECKER U.A., DBA-Kommentar 2002, Rn. 2; RÄDLER/BULLINGER, Direktinvestitionen in Frankreich 1999, S. 229. Begründet wird die Ablehnung mit einem Verweis auf Art. 4 Abs. 1 Satz 3 DBA-D/F. (KROPPEN verweist auf Satz 2, meint aber offensichtlich Satz 3.) Demnach hat der Sitzstaat des Unternehmens, das die Betriebstätte unterhält, kein Besteuerungsrecht hinsichtlich der ausländischen Betriebstättengewinne. Die Freistellung des französischen Betriebstättengewinns in Deutschland ergäbe sich somit unmittelbar aus Art. 4 Abs. 1 DBA-D/F, weshalb Art. 20 Abs. 1 Buchstabe a DBA-D/F und somit der Progressionsvorbehalt erst gar nicht zur Anwendung kommen könnten. KRAMER sieht die Steuerfreistellung bereits durch Art. 4 Abs. 1 Satz 3 DBA-D/F zwar als gegeben an, geht aber dennoch von einer Anwendung des Progressionsvorbehalts aus. Vgl. KRAMER, Art. 20, in: DEBATIN/WASSERMEYER, Doppelbesteuerung 2002, Rn. 20. Die Steuerbefreiung, die Anwendungsvoraussetzung für den Progressionsvorbehalt ist, muss sich lediglich aus dem Abkommen, nicht aus – in diesem Fall – Art. 20 Abs. 1 Buchstabe a DBA-D/F ergeben. Vgl. WASSERMEYER, Art. 23A, in: DEBATIN/WASSERMEYER, Doppelbesteuerung 2002, Rn. 122.

1565 Vgl. IDW, Ermittlung des Betriebsstättengewinns 1988, S. 310.

1566 Dies ergibt sich aus § 146 Abs. 2 Satz 1 AO. Vgl. IDW, Ermittlung des Betriebsstättengewinns 1988, S. 311; KLEINEIDAM, Rechnungslegung bei Auslandsbeziehungen 1992, S. 145; SCHRÖDER, in: MÖSSNER, Steuerrecht 1998, Rn. C 30-C 31. Vgl. auch BARANOWSKI, Besteuerung 1996, Rn. 291.

Abs. 2 Sätze 2-4 AO eine Ausnahme hiervon. Demnach müssen in Deutschland für die Ermittlung des Betriebstättenergebnisses keine Bücher geführt werden, sofern im Betriebstättenstaat nach den dort geltenden Vorschriften eine Buchführungspflicht für die Betriebstätte besteht. Für die französische Betriebstätte, welche die Grundeinheit der hier betrachteten Unternehmensstruktur bildet, besteht in Frankreich faktisch eine Buchführungspflicht,[1567] so dass zwar auf eine inländische Betriebstättenbuchführung verzichtet werden kann. Nichtsdestotrotz sind bei der Übernahme des Betriebstättenergebnisses, welches unter Anwendung der in Kapitel 4.2.1.2.3.2 dargestellten französischen Regelungen ermittelt wurde, in die Buchführung des Stammhauses gegebenenfalls Anpassungen an die deutschen steuerrechtlichen Vorschriften vorzunehmen.[1568]

Eine weitere Ertragsteuer, die an dieser Stelle beschrieben werden muss, ist die Gewerbesteuer. Der Gewerbesteuer unterliegt ein im Inland betriebener Gewerbebetrieb (§ 2 Abs. 1 Satz 1 GewStG). Bei der vorliegenden Unternehmensstruktur ist die deutsche Personenhandelsgesellschaft ein solcher Gewerbebetrieb, denn bezüglich deren Einordnung wird auf den Gewerbebegriff des Einkommensteuergesetzes zurückgegriffen (§ 2 Abs. 1 Satz 2 GewStG). Im Gegensatz zur vorstehend dargestellten Einkommensteuer muss die Gewerbesteuer von der Personenhandelsgesellschaft selbst entrichtet werden (§ 5 Abs. 1 Satz 3 GewStG).

Die Bemessungsgrundlage der Gewerbesteuer ist der Gewerbeertrag (§ 6 GewStG). Dieser wird in dem hier betrachteten Fall ausgehend von dem einkommensteuerlichen Gewinn aus Gewerbebetrieb ermittelt (§ 7 Satz 1 GewStG). Letzterer entspricht der Summe der gewerblichen Einkünfte aller Mitunternehmer, so dass die Rechtsbeziehungen zwischen Gesellschaft und Gesellschafter keine Auswirkungen auf die Bemessungsgrundlage der Gewerbesteuer haben.[1569] Der Gewinn aus Gewerbebetrieb unterliegt zunächst den in § 8 GewStG (Hinzurechnungen) und in § 9 GewStG (Kürzungen) vorgeschriebenen Modifikationen.[1570] Gegebenenfalls erfolgt dann der Abzug eines aus den vorausgehenden Wirtschaftsjahren vorgetragenen Gewerbeverlusts (§ 10a Satz 1 GewStG).[1571] Bei Personengesellschaften (und bei Einzelunternehmen) wird außerdem ein Freibetrag in Höhe von 24.500 EUR angesetzt (§ 11 Abs. 1 Satz 3 Nr. 1 GewStG).

Der so ermittelte Gewerbeertrag wird mit einer gestaffelten Steuermesszahl multipliziert, welche bei 1 % beginnend in auf den Gewerbeertrag bezogenen Intervallen von 12.000 EUR in

---

[1567] Da die französische Betriebstätte keine juristische Person ist und keine Kaufmannseigenschaft hat, muss sie nach den französischen handelsrechtlichen Vorschriften keine Bücher führen. Allerdings ist für steuerliche Zwecke ihr steuerpflichtiges Ergebnis – in diesem Fall das den deutschen Mitunternehmern anteilig zurechenbare Ergebnis – zu ermitteln, so dass eine Betriebstättenbuchführung nach handelsrechtlichen Vorschriften zumindest empfehlenswert ist. Vgl. DUFILS/LOPATER/GUYOMARD, Mémento Comptable 2002, Rn. 4063. Vgl. auch die Darstellung der Rechtsprechung bei CHAMBAULT, France 1986, Rn. 9.3.

[1568] Dabei kann nicht das Betriebstättenergebnis als Ganzes korrigiert werden. Hier müssen die betreffenden Posten des Betriebstättenabschlusses bei der Übernahme an die deutschen steuerrechtlichen Vorschriften angepasst werden. Vgl. SCHRÖDER, in: MÖSSNER, Steuerrecht 1998, Rn. C 38. Vgl. auch KLEINEIDAM, Rechnungslegung bei Auslandsbeziehungen 1992, S. 148. Eine Übernahme und Anpassung der einzelnen Posten ist aber ausreichend, so dass eine Erfassung sämtlicher Geschäftsvorfälle der Betriebstätte nicht nötig ist. Vgl. IDW, Ermittlung des Betriebsstättengewinns 1988, S. 311.

[1569] Grundlage für die Berechnung der Gewerbesteuer ist der Gesamtgewinn der Mitunternehmerschaft, welcher die jeweiligen Gewinnanteile und von der Gesellschaft an die Mitunternehmer gezahlte Vergütungen einschließt. Vgl. hierzu Kapitel 6.1.1.3.

[1570] Zu diesen Modifikationen gehört beispielsweise die nachstehend beschriebene Kürzungsvorschrift des § 9 Nr. 3 GewStG oder die Hinzurechnungsvorschrift des § 8 Nr. 1 GewStG, welche sich auf die Hälfte der Dauerschuldzinsen bezieht.

[1571] Ein Verlustrücktrag ist nicht möglich. Vgl. KUSSMAUL, Betriebswirtschaftliche Steuerlehre 2000, S. 381.

Schritten von 1 % ansteigt, bis sie 5 % erreicht hat (§ 11 Abs. 2 Nr. 1 GewStG).[1572] Die Anwendung der (gestaffelten) Steuermesszahl auf den Gewerbeertrag ergibt den Steuermessbetrag (§ 11 Abs. 1 Satz 1 und 2 GewStG). Aus diesem wird durch Multiplikation mit einem gemeindeabhängigen Hebesatz die Gewerbesteuerschuld ermittelt (§ 16 Abs. 1 GewStG). Bei der Berechnung der Gewerbesteuerschuld muss aber berücksichtigt werden, dass die Gewerbesteuer eine abziehbare Betriebsausgabe ist und somit ihre eigene Bemessungsgrundlage mindert.[1573]

Das Ergebnis der französischen Betriebstätte geht nicht in den Gewerbeertrag der deutschen Personenhandelsgesellschaft ein. Dies ergibt sich aus der Freistellung des Betriebstättenergebnisses von der Besteuerung durch deutsche Ertragsteuern in Art. 4 Abs. 3 DBA-D/F i.V.m. Art. 20 Abs. 1 Buchstabe a DBA-D/F.[1574]

Die in Deutschland belegenen Betriebsgrundstücke der deutschen Personenhandelsgesellschaft unterliegen der Grundsteuer (§ 1 Abs. 1 GrStG und § 2 Nr. 2 GrStG).[1575] Schuldner der Grundsteuer ist die Personenhandelsgesellschaft selbst (§ 10 Abs. 1 GrStG). Bei der Berechnung der Grundsteuerschuld wird der Einheitswert ihres Grundbesitzes herangezogen (§ 13 Abs. 1 Satz 2 GrStG). Dieser bezieht sich in den alten Bundesländern grundsätzlich noch auf die Wertfeststellung zum 1.1.1964, welche die letzte Hauptfeststellung darstellt.[1576] Lediglich bei einer Änderung des Bebauungszustands wird ein neuer Einheitswert ermittelt (§ 22 Abs. 1 BewG), welcher aber auch auf den Wertverhältnissen der letzten Hauptfeststellung zum 1.1.1964 basiert (§ 27 BewG). Aus der Multiplikation des Einheitswerts mit der Steuermesszahl für Grundstücke in Höhe von 0,35 % (§ 15 Abs. 1 GrStG) resultiert der Steuermessbetrag (§ 13 Abs. 1 Satz 1 GrStG). Letzterer wird anschließend mit dem von der Gemeinde festgelegten Hebesatz für Betriebs- und Wohngrundstücke multipliziert (§ 25 Abs. 1 GrStG). Das Ergebnis entspricht dann der Grundsteuerschuld für das betrachtete Kalenderjahr[1577] und ist als Betriebsausgabe abziehbar.[1578]

Schließlich muss eine mögliche Erhebung der ISF in Frankreich betrachtet werden. Grundsätzlich unterliegt dort auch Betriebstättenvermögen der beschränkten Vermögensteuerpflicht.[1579] Die ISF wird aber nur von natürlichen Personen erhoben, während in dem hier betrachteten Fall das Betriebstättenvermögen der deutschen Personenhandelsgesellschaft gehört. Letztere ist im Gegensatz zu einer französischen Personenhandelsgesellschaft keine juristische Person, obwohl sie Merkmale einer solchen aufweist.[1580] Auch im französischen Gesellschaftsrecht existieren Vereinigungen, die keine oder nur eine eingeschränkte Rechts-

---

[1572] Die Staffelung der Steuermesszahl entspricht einem zusätzlichen Freibetrag für Personenunternehmen von bis zu 24.000 EUR. Vgl. JACOBS, Unternehmensbesteuerung 2002, S. 509.

[1573] Vgl. hierzu und zur Anwendung des Staffeltarifs unter Berücksichtigung der Abzugsfähigkeit der Gewerbesteuer von ihrer eigenen Bemessungsgrundlage – allerdings noch unter Heranziehung der DM-Beträge – KÖNIG/KUNKEL/STEGMAIER, Einführung des Staffeltarifs 1992, S. 922-924.

[1574] Ohne eine solche abkommensrechtliche Regelung würde § 9 Nr. 3 GewStG eine Freistellung von der deutschen Gewerbesteuer erreichen. Dort werden generell ausländische Betriebstättenergebnisse bei der Ermittlung des Gewerbeertrags aus dem einkommensteuerlichen Gewinn aus Gewerbebetrieb gekürzt.

[1575] Nur im Inland belegener Grundbesitz kann Objekt der Grundsteuer sein. Vgl. SCHEFFLER, Besteuerung von Unternehmen 2002, S. 286.

[1576] Vgl. HORSCHITZ/GROSS/SCHNUR, Bewertungsrecht 2001, Rn. 404.

[1577] Hierbei handelt es sich um die „Grundsteuer B", während die Grundsteuer für Betriebe der Land- und Forstwirtschaft als „Grundsteuer A" bezeichnet wird. Vgl. MEMENTO VERLAG AG, Steuerrecht 2002, Rn. 7820.

[1578] Dies ergibt sich aus § 12 Abs. 3 EStG, wonach für die Grundsteuer kein explizites Abzugsverbot besteht.

[1579] Vgl. zur ISF Kapitel 4.3.1.

[1580] Vgl. hierzu Kapitel 2.1.2.5.

persönlichkeit haben.[1581] Hinsichtlich dieser Vereinigungen hat die französische Finanzverwaltung klargestellt, dass sie wie juristische Personen nicht der Vermögensteuerpflicht unterliegen.[1582] Diese Aussage gilt zwar nicht ausdrücklich für ausländische Gesellschaften bzw. Vereinigungen, allerdings sind diese auch nicht explizit ausgenommen. In diesem Zusammenhang hilft die Begründung für den Anwendungsbereich der ISF weiter. Gesellschaften und Vereinigungen sollen nicht vermögensteuerpflichtig sein, weil die Anteile, die an ihnen gehalten werden, bei den Anteilseignern (grundsätzlich) der ISF unterliegen. Die Steuerbefreiung auf Gesellschafts- bzw. Vereinigungsebene hilft somit bei der Vermeidung einer Doppelbesteuerung im Rahmen der ISF.[1583] Bei der hier betrachteten Unternehmensstruktur sind die Gesellschafter der betreffenden Gesellschaft im Ausland ansässig und können mit ihren Anteilen an der deutschen Gesellschaft nicht der ISF unterliegen. Die Gefahr einer Doppelbesteuerung ist hier also nicht gegeben. Ein ähnlicher Fall kann aber auch in Frankreich vorliegen, nämlich dann, wenn die Anteile an der betrachteten Gesellschaft bei ihren Anteilseignern als berufliches Vermögen eingestuft und somit nicht vermögensteuerpflichtig sind. Die ISF wird aber auch in solch einem Fall nicht erhoben. Folglich darf auch die deutsche Personenhandelsgesellschaft mit ihrem Betriebstättenvermögen nicht der ISF unterliegen.

Abschließend muss noch ein Blick auf die im Bereich der Vermögensteuer relevanten abkommensrechtlichen Vorschriften geworfen werden. Zwar wird die Vermögensteuer in Deutschland nicht mehr erhoben,[1584] so dass die Problematik einer Doppelbesteuerung im vermögensteuerlichen Bereich erst gar nicht bestehen kann. Die nach wie vor bestehenden abkommensrechtlichen Vorschriften teilen den Abkommensstaaten aber Besteuerungsrechte zu. Somit ist eine Situation denkbar, in der in Deutschland ein abkommensrechtlich eingeräumtes Besteuerungsrecht vorliegt, dieses aber nicht wahrgenommen werden kann, in Frankreich umgekehrt kein abkommensrechtliches Besteuerungsrecht besteht, obwohl nationale Vorschriften ein solches ausfüllen könnten. Im vorliegenden Fall muss hinsichtlich einer Anwendung des DBA-D/F zunächst der Umstand berücksichtigt werden, dass deutsche Personengesellschaften, insbesondere Personenhandelsgesellschaften für vermögensteuerliche Zwecke keinen Abkommensschutz genießen.[1585] Aus diesem Grund ist auf die einzelnen Gesellschafter abzustellen. Sie gelten abkommensrechtlich als in Deutschland ansässige Personen[1586] und genießen aus diesem Grund Abkommensschutz. Die somit relevanten abkommensrechtlichen Vorschriften sind Art. 19 Abs. 1 DBA-D/F (unbewegliches Vermögen) und Art. 19 Abs. 3 DBA-D/F (bewegliches Betriebstättenvermögen). Beide weisen Frankreich als Belegenheits- bzw. Betriebstättenstaat das Besteuerungsrecht zu. Folglich wird eine Besteuerung durch die ISF allein aufgrund der vorstehend beschriebenen nationalen Vorschrift unterbleiben.

[1581] Hierzu zählt beispielsweise die „société en participation". Vgl. doc. adm. 7 S 211 vom 1.10.1999, Rn. 2. Vgl. zur „société en participation" Kapitel 2.1.2.5.

[1582] Vgl. doc. adm. 7 S 211 vom 1.10.1999, Rn. 1-2.

[1583] Vgl. doc. adm. 7 S 211 vom 1.10.1999, Rn. 3.

[1584] Vgl. BVerfG-Beschluss vom 22.6.1995, BStBl. II 1995, S. 653.

[1585] Das Abkommen bezieht sich auf „die in einem der Vertragsstaaten ansässigen Personen" (Art. 1 Abs. 1 DBA-D/F). Personen i.S.d. Abkommens können natürliche und juristische Personen sein (Art. 2 Abs. 1 Nr. 3 DBA-D/F). Personenvereinigungen und Vermögensmassen, die wie eine juristische Person besteuert werden, sind den juristischen Personen gleichgestellt. Eine deutsche Personengesellschaft wird aber lediglich im Rahmen der Gewerbe- bzw. der Grundsteuer wie eine juristische Person besteuert. Somit liegt für Zwecke der Vermögensteuer schon allein aufgrund der fehlenden Einstufung als Person kein Abkommensschutz vor. Vgl. KRAMER, Art. 1, in: DEBATIN/WASSERMEYER, Doppelbesteuerung 2002, Rn. 16.

[1586] Vgl. hierzu Kapitel 6.1.1.3.

6.1.1.3 Ebene der deutschen natürlichen Personen

In Kapitel 6.1.1.1 wurde bereits herausgearbeitet, dass die Gesellschafter einer deutschen Personenhandelsgesellschaft mit ihrem in einer französischen Betriebstätte erwirtschafteten Ergebnisanteil einer französischen Ertragsteuer unterliegen. Handelt es sich bei dem jeweiligen Gesellschafter der ausländischen Personenhandelsgesellschaft um eine körperschaftsteuerpflichtige juristische Person, greift die IS. Bei einer ausländischen natürlichen Person wird basierend auf Art. 8 CGI die IR erhoben. Dementsprechend unterliegen die beiden deutschen natürlichen Personen, die Gesellschafter der deutschen Personenhandelsgesellschaft sind, mit ihrem in der französischen Betriebstätte erwirtschafteten Ergebnis der IR, da hier aus französischer Sicht ein Betrieb – ein „in Frankreich betriebenes Unternehmen" –[1587] einer Gesellschaft, die mit einer SNC vergleichbar ist, vorliegt.[1588]

Auf der Grundlage dieser Einordnung muss auch das bei der Betriebstätte als Aufwand gebuchte anteilige Geschäftsführergehalt[1589] betrachtet werden. Da die Betriebstätte wie ein Betrieb einer Personenhandelsgesellschaft besteuert wird, sind auch die Gehaltszahlungen entsprechend zu behandeln. Demzufolge mindern sie nicht das Ergebnis der Betriebstätte und gehören zu den Einkünften aus Gewerbebetrieb der deutschen natürlichen Personen.[1590]

Die aus den Einkünften aus Gewerbebetrieb resultierende Einkommensteuerschuld der deutschen natürlichen Personen in Frankreich kann aber erst dann korrekt ermittelt werden, wenn geklärt wurde, ob sie einer beschränkten oder einer unbeschränkten Einkommensteuerpflicht in Frankreich unterliegen. In Kapitel 2.1.1 wurde festgelegt, dass die natürlichen Personen ihren Wohnsitz nicht nach Frankreich verlagern. Auch ihre geschäftsführende Tätigkeit in den beiden Unternehmenseinheiten ist so aufgeteilt, dass sie ihre berufliche Haupttätigkeit in Deutschland ausüben. Liegt dann auch noch das Zentrum ihrer wirtschaftlichen Interessen i.S.d. Art. 4 B 1. c) CGI in Deutschland, was hier der Fall sein soll, besteht – unter Berücksichtigung der Tatsache, dass der Familienwohnsitz der Gesellschafter in Deutschland liegt – keine unbeschränkte Einkommensteuerpflicht in Frankreich.

Insbesondere in der Anfangsphase der unternehmerischen Tätigkeit in Frankreich könnte aber der Fall gegeben sein, dass die berufliche Tätigkeit der Gesellschafter aufgrund ihrer Tätigkeit in der französischen Grundeinheit – hier der Betriebstätte – überwiegend in Frankreich ausgeübt wird. Somit ist gem. den nationalen Vorschriften aufgrund der beruflichen Haupttätigkeit unbeschränkte Einkommensteuerpflicht in Frankreich (Art. 4 B 1. b) CGI) und aufgrund des Wohnsitzes[1591] unbeschränkte Einkommensteuerpflicht in Deutschland (§ 1 Abs. 1 EStG)[1592]

[1587] Ein solches liegt beim Unterhalten einer Zweigniederlassung auf jeden Fall vor. Vgl. hierzu Kapitel 2.1.2.4.

[1588] Vgl. zu dieser Einordnung auch STAWINOGA, Körperschaftsteuer 1994, S. 37. Grundsätzlich wird in der vorliegenden Arbeit bei steuerlichen Betrachtungen von einer OHG ausgegangen. Vgl. hierzu Kapitel 3.1. Im Fall einer deutschen KG, die eine Betriebstätte in Frankreich unterhält, unterliegt der Ergebnisanteil des Kommanditisten der IS. Vgl. hierzu Kapitel 6.1.1.1.

[1589] Vgl. hierzu Kapitel 6.1.1.1.

[1590] Vgl. hierzu die Ausführungen zur Besteuerung von französischen Personenhandelsgesellschaften in Kapitel 6.1.2.1.

[1591] Die deutsche steuerliche Definition des Wohnsitzes einer natürlichen Person ist in § 8 AO enthalten. Demnach befindet sich der Wohnsitz einer Person dort, wo sie eine Wohnung unter Umständen innehat, die darauf schließen lassen, dass sie die Wohnung beibehalten und benutzen wird.

[1592] Der unbeschränkten Einkommensteuerpflicht in Deutschland unterliegen sämtliche natürlichen Personen, die ihren Wohnsitz oder ihren gewöhnlichen Aufenthalt in Deutschland haben (§ 1 Abs. 1 Satz 1 EStG). Der gewöhnliche Aufenthalt einer natürlichen Person i.S.d. § 9 Satz 1 AO ist dort, wo sie sich unter Umständen aufhält, die erkennen lassen, dass sie in diesem Gebiet nicht nur vorübergehend verweilt. In § 9 Satz 2 AO wird ein zeitlich zusammenhängender Aufenthalt von mehr als sechs Monaten Dauer in Deutschland als Krigegeben. Die Gesellschafter wären gem. Art. 2 Abs. 1 Nr. 4 Buchstabe a DBA-D/F grundsätzlich in Deutschland und in Frankreich ansässig. Der nur in Deutschland bestehende Wohnsitz würde dann aber dennoch dazu führen, dass sie für Zwecke des Abkommens nur in Deutschland ansässig wären (Art. 2 Abs. 1 Nr. 4 Buchstabe b Doppelbuchstabe aa DBA-D/F).[1593] Im Ergebnis sind die beiden deutschen natürlichen Personen also aufgrund der dargestellten abkommensrechtlichen Vorschrift auch in diesem Fall in Deutschland unbeschränkt, in Frankreich beschränkt einkommensteuerpflichtig.[1594]

Ausgehend von diesen Überlegungen kann nun die französische Einkommensteuerschuld der deutschen natürlichen Personen berechnet werden.[1595] Neben ihren Einkünften aus Gewerbebetrieb, die ihrem Anteil am Ergebnis der französischen Betriebstätte entsprechen,[1596] liegen bei ihnen keine weiteren Einkunftsarten vor. Nichtsdestotrotz gelten die in Kapitel 4.2.1.4 beschriebenen Verlustbehandlungsvorschriften grundsätzlich auch für beschränkt Einkommensteuerpflichtige hinsichtlich ihrer Einkünfte aus französischer Quelle.[1597] Die Abzüge bzw. die Freibeträge, welche auf dem Weg vom Bruttoeinkommen über das Nettoeinkommen zum zu versteuernden Einkommen zum Ansatz gebracht werden dürfen, können von beschränkt Steuerpflichtigen nicht in Anspruch genommen werden. Somit bildet das anteilige Betriebstättenergebnis einschließlich des zugerechneten Geschäftsführergehalts unmittelbar das zu versteuernde Einkommen der deutschen natürlichen Personen. Im Rahmen der Anwendung des Einkommensteuertarifs auf ihr zu versteuerndes Einkommen wird auch bei ihnen als beschränkt Steuerpflichtigen zunächst der Familienquotient ermittelt. Demzufolge stehen den beiden hier betrachteten natürlichen Personen jeweils drei Teile zu: zwei Teile für verheiratete Steuerpflichtige und für das erste und zweite Kind jeweils ein halber Teil. Allerdings wird der Vorteil, der aus der Anwendung des Familienquotienten resultiert, beschränkt. Die Beschränkung beträgt für jeden halben Teil, der über die zwei Teile für kinderlose Ehepaare hinausgeht, 2.017 EUR. Bei der Ermittlung der Einkommensteuerschuld muss ohnehin beachtet werden, dass bei beschränkt Einkommensteuerpflichtigen ein Mindeststeuersatz von 25 % auf das zu versteuernde Einkommen gilt. Von der Einkommensteuerschuld können im hier betrachteten Fall keine Abzüge vorgenommen werden. Einerseits verfügen die beiden natürlichen Personen weder über ein Anrechnungsguthaben oder eine Steuergutschrift, noch über Quellensteuern, die sie geltend machen könnten. Andererseits stehen ihnen die gesetzlich definierten Abzüge als beschränkt Steuerpflichtigen nicht zu bzw. haben in ihrem Fall keine Relevanz. Schließlich werden die zusammen mit der IR anfallenden steuerlichen Zusatzzahlungen – in diesem Fall die CSG und die CRDS – bei beschränkt Steuerpflichtigen nicht erhoben.[1598]

---

terium für das Vorliegen eines gewöhnlichen Aufenthalts in Deutschland angeführt. Kurzfristige Unterbrechungen werden dabei nicht berücksichtigt.

[1593] Vgl. auch CE vom 25.4.1990, n° 58034. Vgl. zu den Kriterien für das Vorliegen einer unbeschränkten Einkommensteuerpflicht in Frankreich Kapitel 4.2.1.1.1.

[1594] Die Ansässigkeit wird abkommensrechtlich als Grundlage für die Zuteilung von Besteuerungsrechten herangezogen. Somit wird eine aufgrund nationaler Vorschriften bestehende unbeschränkte Steuerpflicht gegebenenfalls durch die jeweilige Regelung des DBA-D/F eingeschränkt. Eine Übersicht über die Vorschriften des DBA-D/F, die sich auf den Begriff der „in einem Vertragsstaat ansässigen Person" beziehen, liefert KRAMER, Art. 2, in: DEBATIN/WASSERMEYER, Doppelbesteuerung 2002, Rn. 31.

[1595] Vgl. zur Berechnung der Einkommensteuerschuld in Frankreich Kapitel 4.2.1.5.

[1596] In Kapitel 2.1.2.3 wurde bereits geklärt, dass die Tätigkeit der französischen Grundeinheit vom französischen steuerlichen Gewerbebegriff erfasst wird. Somit liegen bei den deutschen natürlichen Personen aus französischer Sicht Einkünfte aus Gewerbebetrieb vor. Vgl. hierzu Kapitel 4.2.1.2.3.

[1597] Vgl. hierzu Kapitel 4.2.1.5.

[1598] Vgl. zur Ermittlung der Steuerbemessungsgrundlage und zum Steuertarif Kapitel 4.2.1.5.

Um die Besteuerung in Deutschland aufzuzeigen, wird nachstehend die Vervollständigung der zweistufigen Ermittlung der Einkünfte aus Gewerbebetrieb aus der Sicht der deutschen natürlichen Personen – der Gesellschafter der deutschen Personenhandelsgesellschaft – dargestellt. Auf der ersten Stufe wurde bisher der Anteil des jeweiligen Mitunternehmers am Steuerbilanzgewinn der Gesellschaft unter Berücksichtigung der vertraglichen Vereinbarungen zwischen Gesellschaft und Gesellschafter ermittelt.[1599] Zur ersten Stufe gehört ferner die Berücksichtigung der Ergebnisse aus eventuell bestehenden Ergänzungsbilanzen.[1600] Ergänzungsbilanzen beziehen sich auf Wirtschaftsgüter, die zum Gesamthandsvermögen der Personengesellschaft gehören. Die nachstehend beschriebenen Sonderbilanzen dagegen weisen Wirtschaftsgüter, die zum Vermögen der Gesellschafter gehören, aus.[1601] Ergänzungsbilanzen werden beispielsweise[1602] dann gebildet, wenn bestimmte Steuerbegünstigungen personenbezogen sind und nicht von allen Gesellschaftern in Anspruch genommen werden können. Die Auswirkungen dieser Steuerbegünstigungen werden somit in Ergänzungsbilanzen erfasst.[1603] Des Weiteren kommen Ergänzungsbilanzen in der Folge eines Gesellschafterwechsels zum Einsatz. In diesem Bereich sollen sie Unterschiede in der Bewertung des Gesamthandsvermögens und der Anschaffungskosten des Gesellschaftsanteils ausgleichen.[1604] Bei der hier betrachteten Unternehmensstruktur liegen keine Ergänzungsbilanzen vor. Somit müssen auf dieser Stufe der Einkünfteermittlung auch nicht die Ergebnisse aus Ergänzungsbilanzen beachtet werden. Bisher bestehen die Einkünfte aus Gewerbebetrieb lediglich aus den Gewinnanteilen der Gesellschafter, wobei die Auswirkungen der vertraglichen Vereinbarungen zwischen der Gesellschaft und ihren Gesellschaftern – hier lediglich die Vergütungen für deren Tätigkeit als Geschäftsführer – beachtet wurden.[1605]

Auf der zweiten Stufe der Ermittlung der Einkünfte aus Gewerbebetrieb werden bestehende Sonderbilanzen der Mitunternehmer berücksichtigt. Diese Sonderbilanzen weisen Wirtschaftsgüter, die sich im rechtlichen oder wirtschaftlichen Eigentum eines Mitunternehmers befinden, aber dem Gesellschaftszweck dienen, aus.[1606] Das Sonderbetriebsvermögen wird in zwei Kategorien eingeteilt. Im Sonderbetriebsvermögen I befinden sich sämtliche zum Eigentum eines Mitunternehmers gehörenden Wirtschaftsgüter, die dem Betrieb der Personengesellschaft unmittelbar dienen.[1607] Dies betrifft zum einen Wirtschaftsgüter, die der Mitunternehmer der Gesellschaft zur betrieblichen Nutzung überlässt.[1608] Zum anderen werden auch

---

[1599] Vgl. hierzu Kapitel 6.1.1.2.

[1600] Auf der ersten Stufe der Einkünfteermittlung wird der Gewinnanteil aus der Gesellschaftsbilanz abgeleitet. Zu dieser Gesellschaftsbilanz gehört die Ergänzungsbilanz. Erst durch ihre Einbeziehung wird der steuerlich korrekte Wert des Anteils eines Gesellschafters am Gesamthandsvermögen ausgewiesen. Somit muss das Ergebnis aus der Ergänzungsbilanz in die Ermittlung des Gewinnanteils einbezogen werden. Vgl. LANG, § 9, in: TIPKE/LANG, Steuerrecht 2002, Rn. 528. Vgl. auch ROSE, Ertragsteuern 2001, S. 83.

[1601] Vgl. HEIGL, Unternehmensbesteuerung 1996, S. 185; JACOBS, Unternehmensbesteuerung 2002, S. 200. Weder der Begriff „Ergänzungsbilanz", noch der Begriff „Sonderbilanz" ist aber gesetzlich definiert. Vgl. UELNER, in: DORALT, Probleme des Steuerbilanzrechts 1991, S. 139.

[1602] Einen Überblick mit Beispielen zu Anwendungsbereichen von Ergänzungsbilanzen liefert REGNIET, Ergänzungsbilanzen 1990, S. 143-192. Vgl. auch FRIEDRICH, § 6, in: MÜLLER/HOFFMANN, Beck'sches Handbuch Personengesellschaften 2002, Rn. 76-83; MEMENTO VERLAG AG, Steuerrecht 2002, Rn. 4327-4329.

[1603] Vgl. ausführlich UELNER, in: DORALT, Probleme des Steuerbilanzrechts 1991, S. 151-154.

[1604] Vgl. LANG, § 9, in: TIPKE/LANG, Steuerrecht 2002, Rn. 535.

[1605] Insbesondere wirken sich auf dieser Stufe der Einkünfteermittlung Tätigkeitsvergütungen an die Gesellschafter, die den handelsrechtlichen Gewinn gemindert haben, aus. Vgl. KNOBBE-KEUK, Bilanz- und Unternehmenssteuerrecht 1993, S. 423-424.

[1606] Vgl. JACOBS, Unternehmensbesteuerung 2002, S. 224. Vgl. auch WÖHE, Steuerlehre II/1 1990, S. 85-86.

[1607] Vgl. WÖHE, Steuerlehre II/1 1990, S. 88.

[1608] SCHÖN weist darauf hin, dass die Rechtsprechung in zunehmendem Maße nicht nur Wirtschaftsgüter, die einer Gesellschaft zur Nutzung überlassen wurden, erfasst. Vielmehr reicht u.a. auch schon, dass Wirtdie zu den überlassenen Wirtschaftsgütern gehörenden Verbindlichkeiten des Gesellschafters im Sonderbetriebsvermögen I aufgeführt.[1609] Im Sonderbetriebsvermögen II befinden sich solche Wirtschaftsgüter, die zwar nicht unmittelbar der Gesellschaft, aber der Beteiligung des Mitunternehmers an der Gesellschaft dienen.[1610] Zum Sonderbetriebsvermögen II können auch Verbindlichkeiten des Gesellschafters zählen, sofern sie für die Finanzierung der entsprechenden Wirtschaftsgüter eingegangen wurden.[1611]

Hinsichtlich der Bestimmung des Umfangs des Sonderbetriebsvermögens eines Mitunternehmers wird zwischen notwendigem und gewillkürtem Sonderbetriebsvermögen unterschieden.[1612] Gewillkürtes Sonderbetriebsvermögen kann von einem Gesellschafter gebildet werden, wenn ein Wirtschaftsgut nicht notwendiges Sonderbetriebsvermögen darstellt, den Betrieb der Gesellschaft oder die Beteiligung des Gesellschafters aber fördern kann.[1613] Das notwendige Privatvermögen besteht demzufolge aus allen verbleibenden Wirtschaftsgütern, die zum Eigentum des Mitunternehmers gehören und weder notwendiges noch gewillkürtes Sonderbetriebsvermögen darstellen.[1614]

Neben der Sonderbilanz muss auch eine Sonder-Gewinn- und Verlustrechnung erstellt werden. Sie nimmt die Sonderbetriebseinnahmen und -ausgaben eines Gesellschafters auf.[1615] Zu den Sonderbetriebseinnahmen gehören die Erträge des Mitunternehmers, die im wirtschaftlichen Zusammenhang mit seiner Mitunternehmerstellung stehen.[1616] Sie umfassen hauptsächlich die in § 15 Abs. 1 Satz 1 Nr. 2 Satz 1 EStG genannten Sondervergütungen, zu denen auch Geschäftsführergehälter gehören.[1617] Die Sonderbetriebsausgaben umfassen – analog zu den Sonderbetriebseinnahmen – die Aufwendungen, die wirtschaftlich durch die Beteiligung an der Personengesellschaft verursacht werden.[1618] Bei der vorliegenden Unternehmensstruktur fallen demzufolge nur Sonderbetriebseinnahmen, welche wiederum lediglich aus den Geschäftsführergehältern der beiden Mitunternehmer bestehen, an.[1619] [1620]

---

schaftsgüter in einem gewissen Zusammenhang mit dem Betrieb der Gesellschaft stehen. Vgl. SCHÖN, Sonderbetriebsvermögen 1993, S. 185.

1609 Vgl. BFH vom 28.1.1993, BStBl. II 1993, S. 509. Vgl. auch SCHMIDT, § 15, in: SCHMIDT, Einkommensteuergesetz 2002, Rn. 521. Beispielsweise überlässt ein Mitunternehmer der Mitunternehmerschaft ein Grundstück, welches sich in seinem Eigentum befindet, zur Nutzung. Die Anschaffung des Grundstücks musste er mit Hilfe einer Hypothek finanzieren. Somit gehört nicht nur das Grundstück, sondern auch die Hypothek zum Sonderbetriebsvermögen I des Mitunternehmers. Vgl. BIERGANS, Einkommensteuer und Steuerbilanz 1992, S. 254-255.

1610 Vgl. zum Inhalt des Sonderbetriebsvermögens I und II beispielsweise BFH vom 12.11.1985, BStBl. II 1986, S. 55; BFH vom 6.5.1986, BStBl. II 1986, S. 838; BFH vom 14.4.1988, BStBl. II 1988, S. 667; BFH vom 19.2.1991, BStBl. II 1991, S. 789.

1611 Vgl. BIERGANS, Einkommensteuer und Steuerbilanz 1992, S. 259; FEDERMANN, Bilanzierung 2000, S. 95. Vgl. generell zur Möglichkeit negativen Sonderbetriebsvermögens UELNER, in: DORALT, Probleme des Steuerbilanzrechts 1991, S. 146.

1612 Vgl. BMF vom 20.12.1977, BStBl. I 1978, S. 8, Rn. 10.

1613 Vgl. BFH vom 23.10.1990, BStBl. II 1991, S. 401. Hier muss der betreffende Gesellschafter eine entsprechende Widmung verbunden mit einem bilanzmäßigen Ausweis vornehmen. Vgl. BFH vom 20.6.1985, BStBl. II 1985, S. 654. Vgl. auch KUSSMAUL, Nutzungsrechte 1987, S. 142.

1614 Dies ergibt sich aus BFH vom 24.7.1990, BFH NV 1991, S. 588.

1615 Vgl. HEIGL, Unternehmensbesteuerung 1996, S. 183-184.

1616 Vgl. BRÖNNER/BAREIS, Besteuerung der Gesellschaften 1999, Rn. B 533.

1617 Vgl. LANG, § 9, in: TIPKE/LANG, Steuerrecht 2002, Rn. 529. Vgl. zu einem Überblick über mögliche Arten von Sonderbetriebseinnahmen MEMENTO VERLAG AG, Steuerrecht 2002, Rn. 4341-4342.

1618 Vgl. BRÖNNER/BAREIS, Besteuerung der Gesellschaften 1999, Rn. B 533.

1619 Wäre das Geschäftsführergehalt in der Form eines erhöhten Gewinnanteils gezahlt worden, hätte eine Erfassung als Bestandteil des Gewinnanteils bereits auf der ersten Stufe der Einkünfteermittlung erfolgen müssen. Vgl. JACOBS, Unternehmensbesteuerung 2002, S. 230.

Die Addition der Ergebnisse der beiden Stufen führt also jeweils zu den Einkünften aus Gewerbebetrieb eines Gesellschafters.[1621] Dabei richtet sich die Zurechnung der Einkünfte zu den Gesellschaftern nicht nach dem Zeitpunkt ihrer tatsächlichen Zahlung, sondern nach dem Zeitpunkt ihrer Entstehung.[1622] Sind diese Einkünfte negativ, können sie zunächst mit möglicherweise bestehenden anderen Einkünften aus Gewerbebetrieb verrechnet werden (horizontaler Verlustausgleich).[1623] Eine Verrechnung kann grundsätzlich auch mit anderen Einkünften des Gesellschafters erfolgen (vertikaler Verlustausgleich).[1624] Hierbei müssen jedoch die Beschränkungen des § 2 Abs. 3 EStG beachtet werden.[1625] Zum einen liegt hier aber ohnehin nur eine Einkunftsart vor und die bei dieser erfassten Einkünfte stammen aus einem einzigen Gewerbebetrieb. Zum anderen sind diese Einkünfte positiv.

Aus der Zusammenfassung der einzelnen Einkünfte entsteht die Summe der Einkünfte, welche hier unmittelbar dem Gesamtbetrag der Einkünfte entspricht.[1626] Von diesem Gesamtbetrag der Einkünfte wird ein eventuell bestehender Verlustvortrag aus den Vorjahren gem. § 10d Abs. 2 EStG abgezogen.[1627]

Anschließend vermindern Sonderausgaben[1628] und außergewöhnliche Belastungen[1629] den Gesamtbetrag der Einkünfte. Hieraus resultiert das Einkommen (§ 2 Abs. 4 EStG). Während außergewöhnliche Belastungen im vorliegenden Fall nicht angefallen sind, müssen Sonder-

---

1620 Hier darf aber nur der Teil der Geschäftsführergehälter berücksichtigt werden, der nicht der französischen Betriebstätte zugerechnet wird. Vgl. hierzu Kapitel 6.1.1.1.

1621 Die Summe der so ermittelten Einkünfte aus Gewerbebetrieb der Gesellschafter entspricht dem Gesamtgewinn der Mitunternehmerschaft. Vgl. BFH vom 10.11.1980, BStBl. II 1981, S. 164. Dieser bildet den Ausgangspunkt für die Berechnung der Gewerbesteuer und ist somit für diese maßgebend. Vgl. BFH vom 25.2.1991, BStBl. II 1991, S. 691.

1622 Vgl. JACOBS, Unternehmensbesteuerung 2002, S. 241.

1623 Vgl. RISTHAUS/PLENKER, Geänderte Verlustverrechnungsmöglichkeiten 1999, S. 605; ROSE, Ertragsteuern 2001, S. 52.

1624 Vgl. KUSSMAUL, Betriebswirtschaftliche Steuerlehre 2000, S. 321.

1625 § 2 Abs. 3 EStG stellt sicher, dass – bei zusammen veranlagten Ehegatten – positive Einkünfte nur noch bis zu 103.000 EUR zuzüglich 50 % der übersteigenden positiven Einkünfte im Rahmen des vertikalen Verlustausgleichs mit negativen Einkünften verrechnet werden können. Vgl. RISTHAUS/PLENKER, Geänderte Verlustverrechnungsmöglichkeiten 1999, S. 605. Die in der Folge nicht ausgeglichenen negativen Einkünfte gehen im Rahmen einer Verhältnisrechnung in den nachstehend beschriebenen Verlustabzug nach § 10d EStG ein. Vgl. hierzu die ausführlichen Berechnungsbeispiele in H 3 EStR.

1626 Dies ergibt sich aus § 2 Abs. 3 Satz 1 EStG, denn die deutschen natürlichen Personen haben weder einen Anspruch auf den Altersentlastungsbetrag, noch auf den Freibetrag aus Land- und Forstwirtschaft. Vgl. zu den einzelnen Schritten bei der Ermittlung des zu versteuernden Einkommens aus der Summe der Einkünfte auch das Berechnungsschema in R 3 Abs. 1 EStR.

1627 § 10d Abs. 1 EStG ermöglicht außerdem einen Verlustrücktrag. Demzufolge können 511.500 EUR vorrangig vor den nachstehend beschriebenen Sonderausgaben und außergewöhnlichen Belastungen vom Gesamtbetrag der Einkünfte des unmittelbar vorangegangenen Veranlagungszeitraums abgezogen werden. Auch bei der Anwendung des § 10d EStG sind die Beschränkungen des § 2 Abs. 3 EStG zu beachten.

1628 Sonderausgaben sind private Ausgaben, die nicht in einem wirtschaftlichen Zusammenhang mit einer Einkunftsart stehen und somit nicht unmittelbar bei einer solchen angesetzt werden dürfen. Sofern sie aber ausdrücklich bei den gesetzlich definierten Sonderausgaben (§§ 10 EStG-10i EStG) genannt werden, können sie vom Gesamtbetrag der Einkünfte abgezogen werden und mindern somit die Bemessungsgrundlage der Einkommensteuer. Vgl. HEINICKE, § 10, in: SCHMIDT, Einkommensteuergesetz 2002, Rn. 1.

1629 Außergewöhnliche Belastungen sind wie Sonderausgaben private Ausgaben eines Steuerpflichtigen. Vgl. BIERGANS, Einkommensteuer und Steuerbilanz 1992, S. 1473. Gem. § 33 Abs. 1 EStG müssen sie einem Steuerpflichtigen zwangsläufig erwachsen und größer sein, als bei der überwiegenden Mehrzahl der Steuerpflichtigen gleicher Einkommens- und Vermögensverhältnisse sowie gleichen Familienstands. In diesem Fall darf der Teil der Ausgaben, der die dem Steuerpflichtigen zumutbare Belastung übersteigt, vom Gesamtbetrag der Einkünfte abgezogen werden. Während einige Arten außergewöhnlicher Belastungen in §§ 33a EStG-33c EStG gesetzlich definiert sind, erfasst § 33 EStG allgemeine Fälle außergewöhnlicher Belastungen. Vgl. SCHEFFLER, Besteuerung von Unternehmen 2002, S. 106.

ausgaben angesetzt werden.[1630] Diese bestehen zum einen aus der gezahlten Kirchensteuer (§ 10 Abs. 1 Nr. 4 EStG), zum anderen aus den Vorsorgeaufwendungen, welche sich wiederum aus den Beiträgen zu den Sozialversicherungen, zu Unfall- und Haftpflichtversicherungen, zu bestimmten Lebensversicherungen und zu zusätzlichen freiwilligen Pflegeversicherungen zusammensetzen (§ 10 Abs. 1 Nr. 2 EStG).[1631] Die Vorsorgeaufwendungen sind nur beschränkt abzugsfähig (§ 10 Abs. 3 EStG). Insgesamt können bei zusammen veranlagten Ehegatten maximal 10.506 EUR abgezogen werden. Dieser Höchstbetrag besteht aus verschiedenen Komponenten. Zunächst darf ein Vorwegabzug in Höhe von 6.136 EUR angesetzt werden (§ 10 Abs. 3 Nr. 2 Satz 1 EStG). Dieser muss um 16 % der Einnahmen – nicht der Einkünfte – aus nichtselbständiger Arbeit gekürzt werden (§ 10 Abs. 3 Nr. 2 Satz 2 Buchstabe a EStG). Da im vorliegenden Fall lediglich Einkünfte aus Gewerbebetrieb erzielt werden, entfällt diese Kürzung. Außerdem geht der Grundhöchstbetrag in Höhe von 2.668 EUR (§ 10 Abs. 3 Nr. 1 EStG) und der Höchstbetrag für die zusätzliche freiwillige Pflegeversicherung in Höhe von 368 EUR (§ 10 Abs. 3 Nr. 3 EStG) in den Höchstbetrag der abzugsfähigen Vorsorgeaufwendungen ein. Abschließend darf die Hälfte der bisher nicht berücksichtigten Vorsorgeaufwendungen, maximal die Hälfte des Grundhöchstbetrags (hälftiger Höchstbetrag), also 1.334 EUR, berücksichtigt werden (§ 10 Abs. 3 Nr. 4 EStG). Wegen der letztgenannten Komponente kann der Maximalbetrag von 10.506 EUR nur angesetzt werden, wenn insgesamt Vorsorgeaufwendungen von mindestens 11.840 EUR nachgewiesen werden.[1632]

Vom Einkommen werden nun gegebenenfalls die Freibeträge nach § 32 Abs. 6 EStG abgezogen[1633] und somit das zu versteuernde Einkommen, die Bemessungsgrundlage der Einkommensteuer, ermittelt (§ 2 Abs. 5 Satz 1 EStG). Die Freibeträge nach § 32 Abs. 6 EStG – der Kinderfreibetrag und der Freibetrag für Betreuung, Erziehung und Ausbildung – werden aber nur angesetzt, wenn die aus ihrem Ansatz resultierende Minderung der Einkommensteuer höher ist, als das während des Veranlagungszeitraums ausgezahlte Kindergeld.[1634] Letzteres beträgt bei zwei Kindern für jedes Kind 154 EUR/Monat (§ 66 Abs. 1 EStG) und somit für beide Kinder zusammen 3.696 EUR/Jahr. Die Freibeträge nach § 32 Abs. 6 EStG betragen insgesamt 11.616 EUR. Dieser Betrag setzt sich aus dem Kinderfreibetrag in Höhe von 3.648 EUR und dem Freibetrag für Betreuung, Erziehung und Ausbildung in Höhe von 2.160 EUR jeweils für jedes Kind zusammen (§ 32 Abs. 6 Sätze 1 und 2 EStG).[1635] Ob die Freibeträge angesetzt werden, muss im Einzelfall anhand der steuerlichen Auswirkungen geprüft werden. Im Falle des Ansatzes wird das bereits gezahlte Kindergeld der Einkommensteuer des jeweiligen Steuerpflichtigen hinzugerechnet (§ 36 Abs. 2 Satz 1 EStG).

Ausgehend vom zu versteuernden Einkommen wird die tarifliche Einkommensteuer berechnet.[1636] Der Steuersatz eines Steuerpflichtigen wird durch Anwendung des in § 32a EStG de-

---

[1630] Die geschäftsführenden Gesellschafter einer Personenhandelsgesellschaft unterliegen nicht der Sozialversicherungspflicht. Vgl. DATEV, Lexikon Sozialversicherungsrecht 2001, S. 373-374. Demzufolge werden sie freiwillig Ausgaben tätigen, die dem nachstehend beschriebenen Bereich der Vorsorgeaufwendungen zugerechnet werden können.

[1631] Vgl. hierzu auch die Ausführungen zu Lebensversicherungen für Selbständige bei KUSSMAUL, Betriebswirtschaftslehre für Existenzgründer 2001, S. 501-502.

[1632] Verbleiben nach Abzug der Beträge in § 10 Abs. 3 Nr. 1-3 EStG mindestens noch zu berücksichtigende Vorsorgeaufwendungen in Höhe von 2.668 EUR, wird der hälftige Höchstbetrag in Höhe von 1.334 EUR angesetzt. Somit ergibt sich ein Gesamtbetrag an nachzuweisenden Vorsorgeaufwendungen in Höhe von 6.136 EUR + 2.668 EUR + 368 EUR + 2.668 EUR = 11.840 EUR.

[1633] Außerdem kann an dieser Stelle in erster Linie noch der in § 32 Abs. 7 EStG geregelte, hier nicht relevante Haushaltsfreibetrag angesetzt werden (§ 2 Abs. 5 Satz 1 EStG).

[1634] Dies ergibt sich aus § 31 EStG.

[1635] Die genannten Beträge greifen nur bei Zusammenveranlagung (§ 32 Abs. 2 Satz 2 EStG).

[1636] Vgl. auch R 4 EStR.

finierten Einkommensteuertarifs ermittelt. Da die hier betrachteten steuerpflichtigen natürlichen Personen verheiratet sind und beide die Zusammenveranlagung nach § 26b EStG gewählt haben, kommt bei ihnen jeweils das Splittingverfahren nach § 32a Abs. 5 EStG zur Anwendung. Demnach setzt sich ihr gemeinsam mit ihren Ehepartnern zu versteuerndes Einkommen aus ihren Einkünften und aus denen ihrer Ehepartner zusammen.[1637] Für die Hälfte dieses Betrages wird zunächst die entsprechende Einkommensteuerschuld berechnet. Die tatsächliche Einkommensteuerschuld entspricht dann dem Doppelten des so ermittelten Betrags.

Allerdings muss auch im Rahmen des Splittingverfahrens der nachstehend beschriebene Progressionsvorbehalt berücksichtigt werden.[1638] In Deutschland unterliegt das nach deutschen Vorschriften ermittelte Betriebstättenergebnis, welches jeweils einem Gesellschafter zugerechnet wird, dem Progressionsvorbehalt.[1639] Dieser bewirkt, dass auf das zu versteuernde Einkommen eines Gesellschafters der deutschen Personenhandelsgesellschaft ein besonderer Steuersatz angewendet wird (§ 32b Abs. 1 EStG). Er entspricht in dem vorliegenden Fall dem Steuersatz, der sich ergibt, wenn das zu versteuernde Einkommen eines in Deutschland unbeschränkt Steuerpflichtigen – eines Gesellschafters der deutschen Personenhandelsgesellschaft – unter Berücksichtigung des nach dem DBA-D/F freigestellten Betriebstättenergebnisses ermittelt wird (§ 32b Abs. 2 Nr. 2 EStG). Somit unterliegt das verbleibende zu versteuernde Einkommen – ohne das Betriebstättenergebnis – derjenigen prozentualen Belastung, die sich ergeben würde, wenn das DBA nicht bestehen würde.[1640] Dementsprechend wirkt sich auch ein negatives ausländisches Betriebstättenergebnis auf den deutschen Steuersatz aus. Diese den Steuersatz vermindernde Auswirkung wird als negativer Progressionsvorbehalt bezeichnet.[1641] In diesem Zusammenhang ist die in § 2a Abs. 1 Satz 1 Nr. 2 EStG definierte Verlustverrechnungsbeschränkung für Einkünfte aus ausländischen gewerblichen Betriebstätten zu beachten. Grundsätzlich verhindert sie die Anwendung des negativen Progressionsvorbehalts.[1642] Da die hier betrachtete französische Betriebstätte aber eine produzierende Tätigkeit ausübt, greift die Verlustverrechnungsbeschränkung aufgrund der in § 2a Abs. 2 Satz 1 1. Halbsatz EStG enthaltenen Ausnahmeregelung für dort definierte bestimmte Betriebstättentätigkeiten nicht.[1643]

Die so ermittelte tarifliche Einkommensteuer wird abschließend noch um Steuerermäßigungen, hier die Steuerermäßigung bei Einkünften aus Gewerbebetrieb, verringert (§ 2 Abs. 6 Satz 1 EStG). Letztere ergibt sich aus § 35 Abs. 1 Nr. 2 EStG. Bei einem Mitunternehmer i.S.d. § 15 Abs. 1 Satz 1 Nr. 2 EStG beträgt die Steuerermäßigung das 1,8fache des anteiligen Gewerbesteuermessbetrags. Dieser berechnet sich unter Heranziehung des allgemeinen Gewinnverteilungsschlüssels nach dem Anteil des Mitunternehmers am Gewinn der Mitunter-

1637 In Kapitel 2.2 wurde festgelegt, dass die Ehepartner der Gesellschafter keine Einkünfte erzielen. Folglich ergibt sich das zu versteuernde Einkommen hier jeweils nur aus den Einkünften eines Gesellschafters.

1638 Vgl. BFH vom 6.10.1982, BStBl. II 1982, S. 34.

1639 Vgl. hierzu Kapitel 6.1.1.2.

1640 Vgl. BFH vom 30.5.1990, BStBl. II 1990, S. 906; BFH vom 13.11.1991, BStBl. II 1992, S. 345.

1641 Vgl. BFH vom 17.10.1990, BStBl. II 1991, S. 136.

1642 Vgl. BFH vom 17.10.1990, BStBl. II 1991, S. 136; BFH vom 17.11.1999, BStBl. II 2000, S. 605; H 185 EStR.

1643 Das grundsätzlich für sämtliche gewerbliche Betriebstätten geltende Verlustverrechnungsverbot aus § 2a Abs. 1 Satz 1 Nr. 2 EStG wird hier relativiert. Folglich wird die generelle Verlustverrechnungsbeschränkung für Betriebstätten, die ausschließlich oder fast ausschließlich die Herstellung oder Lieferung von Waren, außer Waffen, die Gewinnung von Bodenschätzen sowie die Bewirkung gewerblicher Leistungen zum Gegenstand haben, aufgehoben. Voraussetzung ist, dass keine Verbindung zum Fremdenverkehr besteht und dass keine Vermietung oder Verpachtung vorliegt (§ 2a Abs. 2 Satz 1 1. Halbsatz EStG).

nehmerschaft (§ 35 Abs. 3 EStG).[1644] Die Steuerermäßigung nach § 35 EStG ist auf den Teil der Einkommensteuer des Mitunternehmers beschränkt, der auf die in seinem zu versteuernden Einkommen enthaltenen gewerblichen Einkünfte entfällt (§ 35 Abs. 1 EStG).[1645] Aus dieser Vorschrift ergeben sich hier keine besonderen Schwierigkeiten, denn das zu versteuernde Einkommen enthält lediglich gewerbliche Einkünfte. Letztendlich wird auf diese Weise die festzusetzende Einkommensteuer des betrachteten Veranlagungszeitraums ermittelt (§ 2 Abs. 6 Satz 1 EStG).[1646]

Da die deutschen natürlichen Personen in Deutschland einkommensteuerpflichtig sind, unterliegen sie auch der Abgabepflicht für den Solidaritätszuschlag (§ 2 Nr. 1 SolZG). Der Solidaritätszuschlag ist eine Ergänzungsabgabe zur Einkommensteuer (§ 1 Abs. 1 SolZG) und mindert nicht deren Bemessungsgrundlage (§ 12 Nr. 3 EStG). Der Solidaritätszuschlagsatz beträgt 5,5 % (§ 4 Abs. 1 Satz 1 SolZG) und wird auf die festzusetzende Einkommensteuer erhoben (§ 3 Abs. 1 Nr. 1 SolZG i.V.m. § 3 Abs. 2 EStG). Dabei wird allerdings in jedem Fall die Einkommensteuer herangezogen, die unter Berücksichtigung der Freibeträge nach § 32 Abs. 6 EStG festzusetzen wäre.[1647]

Außerdem wird aufgrund der Kirchenzugehörigkeit der deutschen natürlichen Personen Kirchensteuer erhoben. Ihre Sätze betragen je nach Bundesland 8 % bzw. 9 %.[1648] Ihre Bemessungsgrundlage ist grundsätzlich die festzusetzende Einkommensteuer.[1649] Allerdings ergeben sich diesbezüglich gem. § 51a Abs. 2 EStG einige Besonderheiten. Demnach müssen auch für die Ermittlung der Bemessungsgrundlage der Kirchensteuer grundsätzlich die Freibeträge nach § 32 Abs. 6 EStG angesetzt werden. Außerdem darf § 35 EStG die Bemessungsgrundlage nicht mindern. Somit muss im vorliegenden Fall die Einkommensteuer für die Berechnung der Kirchensteuer gesondert ermittelt werden.[1650] [1651]

[1644] Dabei sind Vorabgewinnanteile gem. § 35 Abs. 3 Satz 2 2. Halbsatz EStG nicht zu berücksichtigen. Dies gilt auch für gewinnunabhängige Sondervergütungen und für Ergebnisse aus Sonder- und Ergänzungsbilanzen. Vgl. BMF vom 15.5.2002, BStBl. I 2002, S. 533, Rn. 21.

[1645] Zu den gewerblichen Einkünften gehören in erster Linie die Einkünfte aus Gewerbebetrieb i.S.d. § 15 EStG. Die in § 16 EStG und § 17 EStG definierten Veräußerungsgewinne, welche bei den Einkünften aus Gewerbebetrieb erfasst werden, sind grundsätzlich ausgenommen. Vgl. BMF vom 15.5.2002, BStBl. I 2002, S. 533, Rn. 10.

[1646] Vgl. zur Ermittlung der festzusetzenden Einkommensteuer aus der tariflichen Einkommensteuer R 4 EStR.

[1647] Vgl. auch MEMENTO VERLAG AG, Steuerrecht 2002, Rn. 3651.

[1648] Vgl. ROSE, Ertragsteuern 2001, S. 137.

[1649] Vgl. SCHEFFLER, Besteuerung von Unternehmen 2002, S. 241.

[1650] Vgl. SCHEFFLER, Besteuerung von Unternehmen 2002, S. 241.

[1651] Der Solidaritätszuschlag und die Kirchensteuer werden als Zuschlagsteuern bezeichnet. Vgl. SEER, § 21, in: TIPKE/LANG, Steuerrecht 2002, Rn. 89.

6.1.1.4 Zusammenfassende Darstellung

Land / Ebene	Frankreich	Deutschland
Französische Betriebstätte	**Grundsteuer; „taxe professionnelle"; lohnsummenabhängige Steuern.**	–
Deutsche Personenhandelsgesellschaft	**Keine ISF.**	**Gewerbesteuer** – keine Besteuerung des französischen Betriebstättenergebnisses und der zugerechneten Geschäftsführergehälter; **Grundsteuer.**
Deutsche natürliche Personen	**IR** – anteiliges französisches Betriebstättenergebnis und zugerechnetes Geschäftsführergehalt.	**Einkommensteuer** – Progressionsvorbehalt auf anteiliges Betriebstättenergebnis und zugerechnetes Geschäftsführergehalt; **Solidaritätszuschlag;** **Kirchensteuer.**

6.1.2 Personenhandelsgesellschaft als Grundeinheit

6.1.2.1 Ebene der französischen Personenhandelsgesellschaft

Eingangs ist die Frage zu klären, ob die hier betrachtete französische Personenhandelsgesellschaft, die einen rein deutschen Gesellschafterkreis hat, einer französischen Ertragsteuer unterliegt oder eine solche auslöst. Die Antwort auf diese Frage liefert die französische Rechtsprechung.[1652] Übt demnach eine Personengesellschaft – und somit insbesondere eine Personenhandelsgesellschaft – mit Sitz in Frankreich eine Tätigkeit in Frankreich aus, müssen ihre Gesellschafter im Verhältnis ihrer Anteile an der Gesellschaft eine Steuer auf das von der Gesellschaft erwirtschaftete Ergebnis entrichten. Ausländische Gesellschafter sind ausdrücklich auch hiervon betroffen. Dies ergibt sich aus dem Umstand, dass die Gesellschaft selbst Steuersubjekt ist, da auf der Ebene der Gesellschaft das Steuerobjekt bestimmt wird.[1653] Somit ist sie bzw. ihre Tätigkeit für eine Steuerschuld ihrer Gesellschafter ausschlaggebend.[1654] Die Gesellschaft ist nach dieser Sichtweise steuerlich nicht vollkommen transparent, obwohl die Ertragsteuern letztendlich bei ihren Gesellschaftern erhoben werden.[1655]

Sobald also eine Beteiligung eines ausländischen Gesellschafters an einer französischen Personenhandelsgesellschaft, die in Frankreich tätig ist, besteht, kommen die einkommensteuer-

---

1652 Vgl. CAA Paris vom 12.11.1992, n° 90556 – bestätigt durch CE vom 4.4.1997, n° 144211 – und CE vom 9.2.2000, n° 178389.

1653 Vgl. GEST, Fiscalité internationale 1995, S. 53-54 ; GOUTHIERE, Impôts 2001, Rn. 1213. Vgl. auch OECD, Partnerships 1999, Annex II, Rn. 2. A.A. DEROUIN, Transparence fiscale 1997, S. 1449.

1654 Die französische Personengesellschaft muss tatsächlich eine Tätigkeit in Frankreich ausüben, um eine Steuerschuld ihrer Gesellschafter in Frankreich zu bewirken. Vgl. DE WAAL, Transparence, translucidité 1994, S. 1627. Vgl. auch PELLAS, Fiscalité internationale 2002, S. 82 und – mit Hinweisen zur Rechtsprechung – DEROUIN, Transparence fiscale 1997, S. 1484.

1655 Vgl. DE WAAL, Transparence, translucidité 1994, S. 1625.

lichen Vorschriften zur Besteuerung von Personen- bzw. von Personenhandelsgesellschaften zur Anwendung. Grundsätzlich ist die Besteuerung von Personengesellschaften in Art. 8 CGI geregelt. Folglich unterliegen u.a. die Gesellschafter einer Personenhandelsgesellschaft mit ihrem Anteil am Ergebnis der Gesellschaft der IR (Art. 8 Abs. 1 CGI). Art. 218 bis CGI enthält eine entsprechende Regelung für Gesellschafter, die körperschaftsteuerpflichtige Gesellschaften oder körperschaftsteuerpflichtige juristische Personen sind. Sie unterliegen mit ihrem Ergebnisanteil der IS. In Kapitel 6.1.1.1 wurde gezeigt, dass die deutsche Personenhandelsgesellschaft – nach wie vor wird für die steuerliche Betrachtung grundsätzlich von einer OHG ausgegangen – aus französischer Sicht einer SNC entspricht. Eine SNC ist aber – abgesehen von der Ausübung einer Option für eine Besteuerung durch die IS – nicht körperschaftsteuerpflichtig. Demzufolge wird bei der Entscheidung über die in Frankreich erhobene Steuerart auf die Person der Gesellschafter der deutschen Personenhandelsgesellschaft abgestellt.[1656] Beide Gesellschafter sind in dem vorliegenden Fall natürliche Personen und unterliegen somit in Frankreich mit ihrem Anteil am Ergebnis der französischen Personenhandelsgesellschaft der IR.[1657]

Die hier anwendbaren abkommensrechtlichen Regelungen führen zum gleichen Ergebnis. Art. 4 Abs. 3 DBA-D/F macht das Besteuerungsrecht eines Staates bezüglich der Ergebnisse einer Personengesellschaft vom Vorliegen einer Betriebstätte der Personengesellschaft in dem jeweiligen Staat abhängig. Ist eine solche gegeben, unterliegt der Mitunternehmer mit seinem Anteil am Betriebstättenergebnis einer Ertragsteuer des betreffenden Staates. Die französische Personenhandelsgesellschaft muss also in Frankreich eine Betriebstätte i.S.d. DBA-D/F unterhalten. Diesbezüglich wurde bereits in Kapitel 2.1.2.4 geklärt, dass im Fall der hier betrachteten Grundeinheit eine Zweigniederlassung und somit eine Betriebstätte gem. Art. 2 Abs. 1 Nr. 7 Buchstabe a Doppelbuchstabe bb DBA-D/F vorliegt.[1658] Somit sind die Gesellschafter der deutschen Personenhandelsgesellschaft aufgrund der Beteiligung der deutschen Gesellschaft an der französischen aus abkommensrechtlicher Sicht Mitunternehmer[1659] und dürfen mit ihrem Ergebnisanteil der französischen Besteuerung, in diesem Fall der IR, unterworfen werden.[1660]

[1656] Dies ergibt sich aus Art. 8 Abs. 1 CGI bzw. Art. 218 bis CGI. Vgl. dahingehend auch GEST, Fiscalité internationale 1995, S. 56. Er fordert eine genaue Betrachtung der Merkmale einer ausländischen Gesellschaft, die an einer französischen Personengesellschaft beteiligt ist und lehnt eine zwangsläufige Körperschaftsteuerpflicht ab. Werden die Anteile an einer Personengesellschaft in einem Betriebsvermögen gehalten, wirkt sich außerdem die Tätigkeit des die Anteile haltenden Unternehmens gem. Art. 238 bis K I. Abs. 1 CGI auf die Vorgehensweise bei der Gewinnermittlung der Personengesellschaft aus. Vgl. hierzu Kapitel 4.2.1.2.3.1. In dem hier betrachteten Fall sind beide Gesellschaften – die deutsche und die französische – gewerblich tätig, so dass diese Vorschrift keine Auswirkungen auf die Vorgehensweise bei der Gewinnermittlung der französischen Personenhandelsgesellschaft hat. Letztendlich führt die gewerbliche Tätigkeit der deutschen Personenhandelsgesellschaft ohnehin zum Vorliegen von französischen Einkünften aus Gewerbebetrieb. Dies resultiert aus dem Umstand, dass die Einkünfte aus der deutschen Personenhandelsgesellschaft in Frankreich zu den Einkünften aus Gewerbebetrieb zählen würden. Vgl. GOBERT-CHERAMY, Fiscalité immobilière 2002, Rn. 273.

[1657] Vgl. im Ergebnis auch HELFRE/SPENGEL, Optimisation fiscale 1998, S. 26-27. Dies gilt ohnehin für den Teil des Ergebnisses der französischen Personenhandelsgesellschaft, der auf die gesellschaftsrechtlich unverzichtbaren Minderheitsbeteiligungen der deutschen natürlichen Personen entfällt. Die entsprechenden Anteile werden unmittelbar von natürlichen Personen gehalten, die somit der IR unterliegen. Vgl. zur Besteuerung der Gesellschafter Kapitel 6.1.2.3.

[1658] GOUTHIÈRE weist darauf hin, dass praktisch jede nach französischem Recht gebildete Personengesellschaft in Frankreich eine Betriebstätte i.S.d. DBA-D/F unterhält. Vgl. GOUTHIÈRE, Impôts 2001, Rn. 1221.

[1659] Da die deutsche Personenhandelsgesellschaft selbst nicht abkommensberechtigt ist, muss auf ihre einzelnen Gesellschafter abgestellt werden. Vgl. BMF vom 20.2.1981, BStBl. I 1981, S. 74.

[1660] Das Gleiche gilt für die deutschen natürlichen Personen in ihrer Eigenschaft als unmittelbare Minderheitsgesellschafter der französischen Personenhandelsgesellschaft.

Die Schwierigkeiten, welche sich im Fall einer französischen Betriebstätte bei der Ergebnisaufteilung ergeben,[1661] bestehen bei der hier betrachteten Unternehmensstruktur in dieser Form nicht. Die französische Personenhandelsgesellschaft bildet eine rechtlich selbständige Einheit des internationalen Unternehmens und ist buchführungs- und rechnungslegungspflichtig.[1662] Somit wird aus französischer Sicht das Ergebnis der französischen Personenhandelsgesellschaft nach den französischen Vorschriften für die Einkünfte aus Gewerbebetrieb[1663] ermittelt und den deutschen natürlichen Personen zugerechnet. Lediglich Lieferungs- und Leistungsbeziehungen zwischen der französischen und der deutschen Personenhandelsgesellschaft werden genauer betrachtet. Auf der französischen Seite wird bezüglich der Beurteilung der Angemessenheit und der Korrektur solcher Beziehungen Art. 57 CGI herangezogen.[1664] Demzufolge kommt in Frankreich der Fremdvergleichspreis als Vergleichs- und Korrekturmaßstab zur Anwendung.[1665]

In Kapitel 6.1.1.2 wurde gezeigt, dass Vergütungen, die eine deutsche Personenhandelsgesellschaft im Rahmen von Vereinbarungen zwischen der Gesellschaft und ihren Gesellschaftern an Letztere zahlt, im deutschen Steuerrecht zu den gewerblichen Einkünften der Mitunternehmer gehören und somit den Gesamtgewinn der Mitunternehmerschaft nicht mindern. Im französischen Steuerrecht muss hinsichtlich der Art der gezahlten Vergütungen differenziert werden. Zivilrechtlich können gerade in Frankreich Vereinbarungen zwischen der Personenhandelsgesellschaft und ihren Gesellschaftern getroffen werden, denn schließlich sind Personenhandelsgesellschaften dort juristische Personen.[1666] Im steuerlichen Bereich werden solche Vereinbarungen aber nicht durchgehend berücksichtigt. Demzufolge dürfen Geschäftsführergehälter,[1667] die an die Gesellschafter für ihre Tätigkeit in der Gesellschaft gezahlt werden, das steuerliche Ergebnis der Personenhandelsgesellschaft nicht mindern.[1668] Sie gehören zu den Einkünften aus Gewerbebetrieb der einzelnen Gesellschafter.[1669] Eine hiervon abweichende steuerliche Behandlung erfahren beispielsweise Zins- und Mietzahlungen an die Gesellschafter.[1670] Die steuerliche Behandlung von Zinsen, die an einen Gesellschafter einer Personenhandelsgesellschaft für ein von ihm gewährtes Darlehen gezahlt werden, wurde bereits in Kapitel 4.2.1.2.3.2.4.4 aufgezeigt. Sofern die gesetzlich geforderten Bedingungen – Beachtung eines bestimmten Zinssatzes und vollständige Einzahlung des Gesellschaftskapitals – erfüllt werden, sind die Darlehenszinsen auf der Ebene der Gesellschaft steuerlich abzugsfä-

---

[1661] Vgl. hierzu Kapitel 6.1.1.1.
[1662] Vgl. für die SNC Kapitel 3.2.1.9.
[1663] Vgl. hierzu Kapitel 4.2.1.2.3.
[1664] Art. 57 Abs. 1 CGI stellt jeweils auf in- bzw. ausländische „Unternehmen" („entreprises") ab. Da die OHG mit der SNC aus französischer ertragsteuerlicher Sicht vergleichbar ist (vgl. hierzu Kapitel 6.1.1.1), kann von einer Anwendbarkeit des Art. 57 CGI auf Lieferungs- und Leistungsbeziehungen zwischen einer deutschen und einer französischen Personenhandelsgesellschaft ausgegangen werden. Die in Art. 57 Abs. 1 CGI geforderte Abhängigkeit zwischen den Unternehmen liegt vor. Vgl. hierzu auch Kapitel 5.2.1.1.
[1665] Vgl. hierzu Kapitel 5.2.1.1.
[1666] Vgl. HELLIO/RÄDLER, Option zur Körperschaftsteuer 2000, S. 402; SERLOOTEN, Droit commercial 1997, Rn. 643. Vgl. zur eigenen Rechtspersönlichkeit der französischen Personenhandelsgesellschaften Kapitel 2.1.2.5.
[1667] Die Zahlung von Geschäftsführergehältern an die Gesellschafter kann im Gesellschaftsvertrag oder durch eine gesonderte Vereinbarung der Gesellschafter festgelegt werden. Vgl. hierzu Kapitel 3.2.1.8.
[1668] Vgl. CE vom 28.10.1981, n° 22280; CE vom 13.5.1988, n° 49437; doc. adm. 4 F 1221 vom 7.7.1998, Rn. 5.
[1669] Vgl. COZIAN, Précis de fiscalité 2002, Rn. 3216-3217; DUTHILLEUL, A nh., in: DEBATIN/WASSERMEYER, Doppelbesteuerung 2002, Rn. 63. Sie werden lediglich als besondere Form der Gewinnverteilung durch die Gesellschaft eingestuft. Vgl. CE vom 28.10.1981, n° 22280. Vgl. hierzu auch Kapitel 4.2.1.2.3.2.4.4.
[1670] Vgl. hierzu und zu weiteren Vereinbarungen zwischen einer Personengesellschaft und ihren Gesellschaftern GOUTHIÈRE, Impôts 2001, Rn. 1204.

hig.[1671] Auch Mietzahlungen an einen Gesellschafter mindern das steuerliche Ergebnis der Personenhandelsgesellschaft.[1672] Sämtliche Vereinbarungen zwischen der Gesellschaft und ihren Gesellschaftern können aber gegebenenfalls als eine „unübliche Geschäftsführungshandlung" („acte anormal de gestion") eingestuft und ihre steuerliche Anerkennung in der Folge zumindest teilweise versagt werden.[1673] [1674]

Die steuerliche Behandlung der vorstehend beschriebenen Vereinbarungen zeigt also, dass das aus dem deutschen Steuerrecht bekannte Mitunternehmerkonzept bei französischen Personenhandelsgesellschaften nur teilweise zur Anwendung kommt.[1675] Eine vollständige steuerliche Nichtanerkennung und Umqualifizierung findet lediglich bei den hier relevanten Geschäftsführergehältern statt.

Auch die französische Personenhandelsgesellschaft unterliegt der Grundsteuer, der „taxe professionnelle" und den lohnsummenabhängigen Steuern. Im Vergleich zur Besteuerung der französischen Betriebstätte einer deutschen Personenhandelsgesellschaft bestehen hier keine Besonderheiten.[1676] Aus diesem Grund wird an dieser Stelle lediglich auf Kapitel 6.1.1.1 verwiesen.

6.1.2.2 Ebene der deutschen Personenhandelsgesellschaft

Die steuerliche Behandlung des Ergebnisses aus der Beteiligung an der französischen Personenhandelsgesellschaft bei ihren deutschen Gesellschaftern, zu denen hauptsächlich die deutsche Personenhandelsgesellschaft zählt, kann erst dargestellt werden, nachdem geklärt wurde, ob die französische Personenhandelsgesellschaft aus deutscher steuerlicher Sicht auch als Personengesellschaft eingestuft wird. Die steuerliche Einordnung der ausländischen Gesellschaft wird als Subjektqualifikation bezeichnet und bildet einen Bestandteil der so genannten Qualifikationsproblematik, welche – bezogen auf die hier betrachtete Unternehmensstruktur – nachstehend beschrieben wird.[1677]

Für die Besteuerung in Deutschland ist die steuerliche Einordnung der ausländischen Gesellschaft in ihrem Sitzstaat nicht maßgebend.[1678] Ihre ertragsteuerliche Behandlung in Deutschland richtet sich nach den leitenden Gedanken des deutschen Einkommen- und Körperschaftsteuerrechts.[1679] Somit wird durch Analogie im Rahmen eines Rechtstypenvergleichs festge-

[1671] Die genannten Bedingungen müssen auch bei ausländischen Gesellschaftern eingehalten werden. Vgl. doc. adm. 4 C 551 vom 30.10.1997, Rn. 4.

[1672] Vgl. KRAMER, Französisches Steuerrecht 1981, S. 830; SERLOOTEN, Droit commercial 1997, Rn. 643.

[1673] Vgl. zu den unüblichen Geschäftsführungshandlungen Kapitel 4.2.1.2.3.2.4.4.

[1674] Die aufgezeigte Behandlung von Vereinbarungen zwischen einer französischen Personenhandelsgesellschaft und ihren Gesellschaftern führt zu dem Ergebnis, dass im französischen Steuerrecht weder Ergänzungsbilanzen, noch Sonderbetriebsvermögen existieren. Vgl. HELLIO/RÄDLER, Option zur Körperschaftsteuer 2000, S. 402.

[1675] Vgl. KRAMER, Art. 4, in: DEBATIN/WASSERMEYER, Doppelbesteuerung 2002, Rn. 52. Vgl. auch ROHRLACK-SOTH/KAUFMANN, Besteuerung französischer Gesellschaften 1992, S. 98.

[1676] Da die deutschen natürlichen Personen in Bezug auf ihre Tätigkeit als Geschäftsführer in der französischen Personenhandelsgesellschaft nicht der französischen Sozialversicherungspflicht unterliegen, ist die Bemessungsgrundlage der lohnsummenabhängigen Steuern im hier betrachteten Fall im Vergleich zum Betriebstättenfall unverändert. Vgl. zur Sozialversicherungspflicht der geschäftsführenden Gesellschafter einer SNC Kapitel 3.2.1.8. Vgl. hierzu auch Kapitel 6.1.2.3.

[1677] Vgl. zu den Bestandteilen der Qualifikationsproblematik bei ausländischen Gesellschaften JACOBS, Internationale Unternehmensbesteuerung 2002, S. 557.

[1678] Vgl. GREIF, in: MÖSSNER, Steuerrecht 1998, Rn. E 5.

[1679] Dies ergibt sich aus der Rechtsprechung des BFH. Vgl. m.w.N. BFH vom 3.2.1988, BStBl. II 1988, S. 588. In dem vorstehend genannten Urteil wird an erster Stelle auf ein Urteil des RFH, welches bereits im Jahr 1930 ergangen und bis heute richtungweisend ist, verwiesen. Vgl. RFH vom 12.2.1930, RFHE 27, S. 73.

stellt, ob die ausländische Gesellschaft aufgrund ihrer rechtlichen Organisation und Struktur näher an einer deutschen Personen- oder an einer deutschen Kapitalgesellschaft liegt.[1680] Hinsichtlich der französischen Personenhandelsgesellschaften hat die deutsche Finanzverwaltung festgelegt, dass die SNC mit der OHG und die SCS mit der KG vergleichbar ist.[1681] Aber auch ausgehend von der Rechtsprechung wird zumindest eine SNC aus deutscher steuerlicher Sicht als Personengesellschaft eingestuft.[1682] Nach der Ansicht des BFH liegt bei der OHG und der SNC eine Übereinstimmung im zivilrechtlichen und im steuerrechtlichen Bereich vor. Als wichtige Hinweise hierfür werden zum einen die unbeschränkte Haftung der Gesellschafter einer SNC für die Verbindlichkeiten der Gesellschaft genannt. Zum anderen wird auf die Besteuerung der SNC nach den Grundsätzen für Personengesellschaften[1683] verwiesen.[1684]

Anschließend ist zu prüfen, ob die ausländische Personengesellschaft eine gewerbliche oder nichtgewerbliche Personengesellschaft ist, denn nur im ersten Fall liegt eine gewerbliche Mitunternehmerschaft i.S.d. § 15 Abs. 1 Satz 1 Nr. 2 EStG vor.[1685] Basierend auf den Ausführungen in Kapitel 2.1.2.3 muss eine nach deutschen steuerrechtlichen Grundsätzen vorliegende gewerbliche Tätigkeit der hier betrachteten französischen Personenhandelsgesellschaft bejaht werden. Somit ist die deutsche Personenhandelsgesellschaft Mitunternehmer der hier bestehenden Mitunternehmerschaft.[1686] Aufgrund von § 15 Abs. 1 Satz 1 Nr. 2 Satz 2 EStG sind aber auch die nur mittelbar über die deutsche Personenhandelsgesellschaft beteiligten deutschen natürlichen Personen Mitunternehmer. Diese Regelung bewirkt, dass die Vorschriften über die Sondervergütungen und über das Sonderbetriebsvermögen auch auf sie, die nur mittelbar beteiligten Gesellschafter, angewendet werden.[1687]

Die Vorgehensweise bei der Ermittlung der Einkünfte aus Gewerbebetrieb der Gesellschafter der deutschen Personenhandelsgesellschaft unterscheidet sich bei der hier betrachteten Unternehmensstruktur grundsätzlich nicht von der in Kapitel 6.1.1.2 und 6.1.1.3 beschriebenen. Auch hier erfolgt eine Einkünfteermittlung in zwei Stufen, wonach zunächst der Steuerbilanzgewinn der Personenhandelsgesellschaft ermittelt und anschließend mit Hilfe des bestehenden Gewinnverteilungsschlüssels auf die Gesellschafter verteilt wird. Geklärt werden muss aber, wie sich das Ergebnis der französischen Personenhandelsgesellschaft im Rahmen dieser zweistufigen Einkünfteermittlung auswirkt. Diesbezüglich ist zu beachten, dass die französische Personenhandelsgesellschaft auch aus deutscher steuerrechtlicher Sicht als Per-

---

Vgl. auch mit Hinweisen auf die ältere Rechtsprechung DEBATIN, Mitunternehmerschaften im Ausland 1978, S. 669.

1680 Vgl. GREIF, in: HAARMANN, Unternehmensstrukturen und Rechtsformen 1996, S. 94. Dies ergibt sich aus der Rechtsprechung. Vgl. mit Nachweisen zur Rechtsprechung BMF vom 1.12.1980, DB 1981, S. 139. Vgl. außerdem BFH vom 23.6.1992, BStBl. II 1992, S. 972.

1681 Vgl. BMF vom 24.12.1999, BStBl. I 1999, S. 1076, Anhang, Tabelle 1.

1682 Für eine SNC geht das ganz deutlich aus einem Urteil des BFH hervor. Vgl. BFH vom 19.5.1993, BStBl. II 1993, S. 714.

1683 In Kapitel 6.1.2.1 wurde bereits gezeigt, dass bei der Besteuerung der französischen Personenhandelsgesellschaft in Frankreich das Mitunternehmerkonzept, wie es im deutschen Steuerrecht vorkommt, zumindest teilweise zur Anwendung kommt. Als Ausnahme führt der BFH aber explizit die abweichende steuerliche Behandlung von Gesellschafterdarlehen an.

1684 Der Umstand, dass eine französische Personenhandelsgesellschaft im Unterschied zu einer deutschen Personenhandelsgesellschaft eine juristische Person ist, wirkt sich in diesem Zusammenhang offenbar nicht aus. Die Ausführungen in Kapitel 2.1.2.5 haben ohnehin gezeigt, dass die gesellschaftsrechtlichen Gemeinsamkeiten zwischen der SNC und der OHG, abgesehen von dem Merkmal der bestehenden bzw. nicht vorhandenen Rechtspersönlichkeit, sehr groß sind.

1685 Vgl. JACOBS, Internationale Unternehmensbesteuerung 2002, S. 558-559.

1686 Das Gleiche gilt für die beiden deutschen natürlichen Personen aufgrund ihrer gesellschaftsrechtlich notwendigen unmittelbaren Minderheitsbeteiligung an der französischen Personenhandelsgesellschaft.

1687 Vgl. BFH vom 31.8.1999, BStBl. II 1999, S. 794; BFH vom 6.9.2000, BStBl. II 2001, S. 731.

sonenhandelsgesellschaft eingestuft wird. Die Behandlung von Beteiligungen an einer Personenhandelsgesellschaft und von den zugehörigen Gewinnanteilen in der Steuerbilanz eines Gesellschafters, in diesem Fall der deutschen Personenhandelsgesellschaft, ist in der deutschen Literatur streitig. Teilweise wird gefordert, dass sich die Gewinnanteile in der Steuerbilanz nicht als Betriebsertrag auswirken dürfen.[1688] Eine Zurechnung des Gewinnanteils müsse außerhalb der Bilanz erfolgen.[1689] Unabhängig von der letztendlich vorgenommenen bilanziellen Behandlung geht der Anteil am Ergebnis der Personenhandelsgesellschaft, an der die Beteiligung besteht, in den Gesamtgewinn der beteiligten Personenhandelsgesellschaft ein und muss somit von deren Gesellschaftern – den deutschen natürlichen Personen – (grundsätzlich) anteilig versteuert werden.[1690] Die Betrachtung der steuerlichen Einordnung der Gewinnanteile aus der französischen Personenhandelsgesellschaft wird nachstehend auf der Ebene der deutschen Personenhandelsgesellschaft vorgenommen. Dies bietet sich schon allein aufgrund des Umstands an, dass sich die Ergebnisanteile aus der französischen Personenhandelsgesellschaft bei einer eventuellen steuerlichen Berücksichtigung in Deutschland als Teil der Einkünfte aus Gewerbebetrieb auf den Gesamtgewinn der Mitunternehmerschaft und somit auf den Gewerbeertrag und die Gewerbesteuer der deutschen Personenhandelsgesellschaft auswirken.

Die vorstehenden Ausführungen haben gezeigt, dass in Deutschland und Frankreich hinsichtlich der französischen Personenhandelsgesellschaft eine übereinstimmende Subjektqualifikation vorliegt. Dies kommt auch in Art. 4 Abs. 3 DBA-D/F zum Ausdruck. Dort werden bei den Mitunternehmerschaften die SNC und die SCS genannt. Die Auswirkungen der Vorschriften in Art. 4 Abs. 3 DBA-D/F wurden bereits in Kapitel 6.1.2.1 dargestellt. Der deutsche Mitunternehmer unterliegt mit seinem Anteil am Ergebnis der Betriebstätte der französischen Personenhandelsgesellschaft der französischen Besteuerung. Somit wird die Beteiligung eines deutschen Gesellschafters an der – nichtoptierten – französischen Personenhandelsgesellschaft aus der Sicht des Abkommens als ein inländisches Unternehmen des Gesellschafters, das seiner Tätigkeit in Frankreich durch eine Betriebstätte nachgeht, eingestuft.[1691] In Deutschland sind diese Ergebnisanteile zwar von einer Besteuerung freigestellt (Art. 4 Abs. 3 DBA-D/F i.V.m. Art. 20 Abs. 1 Buchstabe a DBA-D/F). Aufgrund von Art. 20 Abs. 1 Buchstabe a DBA-D/F und § 32b Abs. 1 Nr. 3 EStG kommt aber der Progressionsvorbehalt zur Anwendung. Letzterer wirkt sich wegen der vorstehend beschriebenen unmittelbaren Zurechnung des Ergebnisses zu den Mitunternehmern der deutschen Personenhandelsgesellschaft auf deren Einkommensteuerschuld aus.[1692] Somit hat die Beteiligung an der französischen Personenhandelsgesellschaft keine einkommensteuerlichen Wirkungen auf der Ebene der deutschen Personenhandelsgesellschaft.

Schließlich stellt sich noch die Frage, ob die deutsche Personenhandelsgesellschaft – analog zum Fall einer französischen Betriebstätte –[1693] die Geschäftsvorfälle, welche die französische Personenhandelsgesellschaft betreffen, in ihren Büchern verzeichnen muss. Diesbezüglich

---

1688 Vgl. m.w.N. BÜRKLE/KNEBEL, Beteiligungen an Personengesellschaften 1998, S. 1071; SCHMIDT, § 15, in: SCHMIDT, Einkommensteuergesetz 2002, Rn. 690. A.A. GROH, Bilanzen der Mitunternehmerschaft 1995, S. 385; HEBELER, Beteiligung an Personengesellschaften 1998, S. 208; REISS, Beteiligungen an Personengesellschaften 1998, S. 1890.

1689 Vgl. KNOBBE-KEUK, Bilanz- und Unternehmenssteuerrecht 1993, S. 537.

1690 Vgl. SCHMIDT, § 15, in: SCHMIDT, Einkommensteuergesetz 2002, Rn. 619.

1691 Vgl. GREIF/FISCHER, Internationale Einkommensteuerprobleme 1995, S. 1382.

1692 Vgl. hierzu Kapitel 6.1.2.3.

1693 Vgl. hierzu Kapitel 6.1.1.2.

ergibt sich aus der Rechtsprechung, dass für deutsche Gesellschafter einer ausländischen Personenhandelsgesellschaft in Deutschland keine Buchführungspflicht besteht.[1694]

Zu Problemen kann die entgeltliche Veräußerung von Wirtschaftsgütern zwischen der französischen Personenhandelsgesellschaft und der deutschen Personenhandelsgesellschaft führen. Diesbezüglich ist zunächst darauf hinzuweisen, dass solche Vorgänge steuerlich wie Veräußerungen zwischen Fremden zu behandeln sind.[1695] Unangemessene Entgelte führen zu Gewinnverlagerungen zwischen den betreffenden Ländern und müssen demzufolge korrigiert werden.[1696] Hinsichtlich der aus deutscher Sicht anzuwendenden Korrekturmethoden existieren in der Literatur verschiedene Ansichten. Zum einen wird eine Korrektur mittels Einlage- und Entnahmeregelungen gefordert. Demzufolge wird das vereinbarte Entgelt mit dem Teilwert[1697] verglichen und dieser dient gegebenenfalls auch als Korrekturmaßstab.[1698] Grundsätzlich ist aber auch die Anwendung des § 1 AStG[1699] auf die beschriebenen Sachverhalte denkbar.[1700] Die französische Personenhandelsgesellschaft wäre in Bezug auf die deutsche Personenhandelsgesellschaft eine nahestehende Person, weil Letztere eine mehr als 25 %ige Beteiligung an der französischen Gesellschaft hält (§ 1 Abs. 2 Nr. 1 AStG).[1701] Gem. § 1 Abs. 1 AStG würde somit der Fremdvergleichspreis als Vergleichs- und Korrekturmaßstab greifen. Außerdem könnte § 1 AStG sämtliche Lieferungs- und Leistungsbeziehungen – insbesondere Nutzungsvorteile und Dienstleistungen – erfassen.[1702] Selbst bei Ablehnung der Anwendung des § 1 AStG sollten die Grundsätze zur Erfolgsabgrenzung bei Betriebstätten und somit auch der Fremdvergleichspreis als Maßstab herangezogen werden.[1703]

1694 Vgl. BFH vom 13.9.1989, BStBl. II 1990, S. 57. Vgl. hierzu auch IDW, Ermittlung des Betriebsstättengewinns 1988, S. 310; KLEINEIDAM, Rechnungslegung bei Auslandsbeziehungen 1992, S. 221-224.

1695 Dies bezieht der BFH auf eine deutsche Personengesellschaft und einen ihrer Gesellschafter. Die Tatsache, dass eine deutsche Personengesellschaft keine juristische Person ist, stellt hier kein Problem dar. Letztendlich vollzieht sich bei der Veräußerung zivilrechtlich gesehen ein Wechsel der Rechtszuständigkeit, der auch steuerrechtlich beachtet werden muss. Vgl. BFH vom 28.1.1976, BStBl. II 1976, S. 744.

1696 Vgl. JACOBS, Internationale Unternehmensbesteuerung 2002, S. 697.

1697 Vgl. zum Teilwert Kapitel 5.2.1.1.

1698 Vgl. PILTZ, Personengesellschaften 1981, S. 96-97.

1699 Vgl. hierzu ausführlich Kapitel 6.1.4.2.

1700 Vgl. JACOBS, Internationale Unternehmensbesteuerung 2002, S. 697-698. Vgl. hierzu auch Kapitel 6.1.4.2. Das BMF spricht sich sogar ausdrücklich für seine Anwendung bei ganz oder teilweise beteiligungsidentischen in- und ausländischen Personengesellschaften aus. Vgl. BMF vom 2.12.1994, BStBl. I 1995, Sondernummer 1, Rn. 1.4.3. Vgl. zur Anwendbarkeit des § 1 AStG auch MANKE, in: DEUTSCHES ANWALTSINSTITUT E.V., Jahrbuch der Fachanwälte 1978, S. 339-340. GREIF und PILTZ lehnen aber die Anwendung des § 1 AStG ab. Vgl. GREIF, in: MÖSSNER, Steuerrecht 1998, Rn. E 85; PILTZ, Personengesellschaften 1981, S. 105.

1701 Gerade dies wird aber in Frage gestellt. Eine ausländische Personengesellschaft könne keine Person i.S.d. § 1 AStG sein. Vgl. GREIF, in: MÖSSNER, Steuerrecht 1998, Rn. E 85. Diese Ablehnung ist aber nicht nachvollziehbar, wenn in Betracht gezogen wird, dass einerseits eine französische Personenhandelsgesellschaft mit einer deutschen Personenhandelsgesellschaft vergleichbar ist und andererseits der BFH für eine deutsche Personenhandelsgesellschaft festgestellt hat, dass sie bei der Anwendung des Rechtsinstituts der verdeckten Einlage eine nahestehende Person sein könne. Vgl. BFH vom 1.10.1986, BStBl. II 1987, S. 459. Vgl. zur verdeckten Einlage Kapitel 6.1.4.2.

1702 Sofern diese nicht ohnehin in den Bereich der Sondervergütungen fallen. Vgl. hierzu Kapitel 6.1.2.3.

1703 JACOBS begründet dies mit der steuerrechtlichen Einordnung einer Beteiligung eines inländischen Gesellschafters an einer ausländischen Personengesellschaft. Demnach muss er so behandelt werden, als ob er – wie vorstehend für das Abkommensrecht beschrieben – in dem Sitzstaat der ausländischen Personengesellschaft eine Betriebstätte unterhielte. Vgl. JACOBS, Internationale Unternehmensbesteuerung 2002, S. 696 und 698. JACOBS verweist in diesem Zusammenhang auf die Rechtsprechung – BFH vom 27.2.1991, BStBl. II 1991, S. 444 –, welche wiederum auf abkommensrechtliche Vorschriften verweist. KRAMER stellt diesbezüglich klar, dass nicht schon die Beteiligung an einer ausländischen Personengesellschaft zu der genannten Behandlung führt. Hierzu muss die ausländische Personengesellschaft auch tatsächlich eine Betriebstätte unterhalten. Vgl. KRAMER, Art. 4, in: DEBATIN/WASSERMEYER, Doppelbesteuerung 2002, Rn. 61.

In Kapitel 6.1.2.1 wurde bereits gezeigt, dass in Frankreich bei der Beurteilung der Angemessenheit von Lieferungs- und Leistungsbeziehungen zwischen der französischen Personenhandelsgesellschaft und der deutschen Personenhandelsgesellschaft der Fremdvergleichspreis als Vergleichs- und Korrekturmaßstab dient. Sofern auf der deutschen Seite nicht der Teilwert, sondern der Fremdvergleichspreis eingesetzt wird, entsprechen sich die deutsche und die französische Konzeption zumindest im Grunde. Die von den jeweiligen Finanzverwaltungen als zutreffend erachteten Preise können aber dennoch voneinander abweichen.[1704] Letztendlich muss gegebenenfalls ein Verständigungs- bzw. ein Schiedsverfahren eingeleitet werden.[1705] [1706]

Hinsichtlich der Erhebung der Gewerbesteuer ergeben sich bei der hier betrachteten Form des internationalen Unternehmens keine Besonderheiten im Vergleich zu den Ausführungen in Kapitel 6.1.1.2. Das Ergebnis – in diesem Fall – der französischen Personenhandelsgesellschaft geht wieder aufgrund von Art. 4 Abs. 3 DBA-D/F i.V.m. Art. 20 Abs. 1 Buchstabe a DBA-D/F nicht in den Gewerbeertrag der deutschen Personenhandelsgesellschaft ein.[1707] Auch bei der Erhebung der Grundsteuer auf die in Deutschland belegenen Betriebsgrundstücke der deutschen Personenhandelsgesellschaft kann auf Kapitel 6.1.1.2 verwiesen werden.

Schließlich muss eine mögliche Erhebung der ISF in Frankreich betrachtet werden. Grundsätzlich unterliegen dort auch Gesellschaftsanteile der beschränkten Vermögensteuerpflicht.[1708] Die ISF wird aber nur von natürlichen Personen erhoben, während in dem hier betrachteten Fall der größte Teil der Anteile von der deutschen Personenhandelsgesellschaft gehalten wird. Somit greift wieder die in Kapitel 6.1.1.2 beschriebene Vorschrift, wonach Vereinigungen, die keine oder nur eine eingeschränkte Rechtspersönlichkeit haben, wie juristische Personen nicht der Vermögensteuerpflicht unterliegen. Die deutsche Personenhandelsgesellschaft ist in Frankreich somit nicht vermögensteuerpflichtig.

Hinsichtlich der abkommensrechtlichen Regelungen muss wieder beachtet werden, dass die deutsche Personenhandelsgesellschaft nicht abkommensberechtigt ist. Somit wird auf die deutschen natürlichen Personen abgestellt. Abkommensrechtlich ist Art. 19 DBA-D/F relevant. Grundsätzlich könnten die Anteile an der französischen Personenhandelsgesellschaft als „andere Vermögensteile" i.S.d. Art. 19 Abs. 5 DBA-D/F angesehen werden.[1709] Somit läge das Besteuerungsrecht im Ansässigkeitsstaat der Gesellschafter. In Frankreich müsste eine Besteuerung durch die ISF auf jeden Fall unterbleiben. Allerdings unterliegen die deutschen natürlichen Personen mit ihrem Anteil am „Betriebstättengewinn" der französischen Personenhandelsgesellschaft der IR, denn aus abkommensrechtlicher Sicht wird eine Betriebstätte in Frankreich betrieben.[1710] Überträgt man diese Forderung in den vermögensteuerlichen Bereich, müssten die abkommensrechtlichen Vorschriften für die Besteuerung von Betriebstättenvermögen herangezogen werden. Aus diesem Grund soll das bewegliche und unbewegliche Betriebsvermögen einer Personengesellschaft anteilig ihren Gesellschaftern zugerechnet

[1704] Vgl. hierzu auch Kapitel 5.2.1.1.

[1705] Vgl. zum Verständigungs- bzw. zum Schiedsverfahren Kapitel 4.4.

[1706] Zwischen den Einheiten des hier betrachteten internationalen Unternehmens bestehen – wie in Kapitel 2.1.1 festgelegt – keine Lieferungs- und Leistungsbeziehungen.

[1707] Auch ohne diese abkommensrechtliche Regelung würde eine gewerbesteuerliche Kürzungsvorschrift, hier § 9 Nr. 2 GewStG, zu einer Freistellung des Ergebnisses der französischen Personenhandelsgesellschaft von der deutschen Gewerbesteuer führen. In § 9 Nr. 2 GewStG werden u.a. Gewinnanteile aus einer in- oder ausländischen Personenhandelsgesellschaft von der Gewerbesteuer ausgenommen.

[1708] Vgl. zur ISF Kapitel 4.3.1.

[1709] Vgl. GREIF, in: Internationales Umwandlungssteuerrecht 1997, S. 231.

[1710] Vgl. hierzu Kapitel 6.1.2.1.

werden.[1711] Frankreich hat demnach ein Besteuerungsrecht,[1712] welches aus den vorstehend genannten Gründen nicht ausgefüllt wird.

6.1.2.3 Ebene der deutschen natürlichen Personen

In Kapitel 6.1.2.1 wurde gezeigt, dass die deutschen natürlichen Personen mit ihrem Anteil am Ergebnis der französischen Betriebstätte der französischen Personenhandelsgesellschaft der IR unterliegen. Dabei werden die Anteile, die ihnen unmittelbar und die Anteile, die ihnen mittelbar, über die deutsche Personenhandelsgesellschaft gehören, zusammengerechnet. Sie erzielen Einkünfte aus Gewerbebetrieb, zu denen auch ihre Gehälter für ihre Tätigkeit als Geschäftsführer in der französischen Personenhandelsgesellschaft zählen.[1713] Mit den genannten Einkünften, welche wieder unmittelbar ihr zu versteuerndes Einkommen bilden, sind die beiden deutschen natürlichen Personen in Frankreich beschränkt einkommensteuerpflichtig.[1714] Ihre Einkommensteuerschuld wird durch Anwendung des Familienquotienten unter Berücksichtigung des Mindeststeuersatzes von 25 % ermittelt. Weder die CSG, noch die CRDS werden erhoben.

In Deutschland wurden im Rahmen der Ermittlung der Einkünfte aus Gewerbebetrieb der deutschen natürlichen Personen aufgrund ihrer Eigenschaft als Gesellschafter der deutschen Personenhandelsgesellschaft bisher nur ihre Anteile am Steuerbilanzgewinn der deutschen Personenhandelsgesellschaft ermittelt, wobei dieser Steuerbilanzgewinn durch bestehende Vereinbarungen zwischen der Gesellschaft und ihren Gesellschaftern gemindert worden war. Ergänzungsbilanzen liegen nicht vor und müssen dementsprechend auch nicht berücksichtigt werden. Die erste Stufe der Einkünfteermittlung ist also abgeschlossen. Da auch keine Sonderbilanzen vorliegen, müssen auf der zweiten Stufe der Ermittlung der Einkünfte aus Gewerbebetrieb lediglich die Geschäftsführergehälter der beiden Mitunternehmer einbezogen werden.[1715]

Die Berücksichtigung der von der deutschen Personenhandelsgesellschaft gezahlten Geschäftsführergehälter bereitet keine Probleme. Hinsichtlich der Gehälter, die die deutschen natürlichen Personen von der französischen Personenhandelsgesellschaft erhalten, entspricht deren in Frankreich vorgenommene steuerliche Einordnung der deutschen. Aufgrund ihrer Minderheitsbeteiligungen sind die deutschen natürlichen Personen Gesellschafter der französischen Personenhandelsgesellschaft und somit geschäftsführende Gesellschafter. Ihre Gehälter gehören also zu ihren Einkünften aus Gewerbebetrieb. Demzufolge liegt hier eine überein-

[1711] Vgl. WASSERMEYER, Art. 22, in: DEBATIN/WASSERMEYER, Doppelbesteuerung 2002, Rn. 42. Vgl. weniger deutlich GREIF, in: Internationales Umwandlungssteuerrecht 1997, S. 231. Eine solche Vorgehensweise entspricht auch dem MA-Kommentar, wonach die Besteuerung des Vermögens der Besteuerung der Einkünfte entsprechen soll. Vgl. MA-Kommentar zu Art. 22 OECD-MA, Rn. 2, abgedruckt bei DEBATIN/WASSERMEYER, Doppelbesteuerung 2002.

[1712] Vgl. hierzu Kapitel 6.1.1.2.

[1713] Sozialversicherungsbeiträge der Geschäftsführer einer französischen Personenhandelsgesellschaft können bei der Ermittlung der Einkünfte aus Gewerbebetrieb abgezogen werden (Art. 154 bis CGI). In dem hier betrachteten Fall sind aber die deutschen natürlichen Personen trotz ihrer Tätigkeit als Geschäftsführer in einer französischen Personenhandelsgesellschaft in Frankreich nicht sozialversicherungspflichtig. Dies ergibt sich aus den angeführten Vorschriften der EU, wonach bei einer gleichzeitigen selbständigen Tätigkeit in zwei Ländern der EU die Regelungen des Wohnsitzstaates, hier also Deutschlands, ausschlaggebend sind. Vgl. hierzu Kapitel 3.2.1.8. In Deutschland besteht keine Sozialversicherungspflicht. Vgl. hierzu Kapitel 6.1.1.3.

[1714] Bei der Ermittlung des zu versteuernden Einkommens und der Einkommensteuerschuld ergeben sich keine Unterschiede im Vergleich zu Kapitel 6.1.1.3.

[1715] Vgl. ausführlich zu diesem Teil der zweistufigen Ermittlung der Einkünfte aus Gewerbebetrieb bei Mitunternehmern Kapitel 6.1.1.3.

stimmende Einkunftsqualifikation vor. Neben der in Kapitel 6.1.2.2 dargestellten Subjektqualifikation bildet die Einkunftsqualifikation den zweiten Bestandteil der Qualifikationsproblematik.[1716]

Problematisch gestaltet sich in diesem Zusammenhang gegebenenfalls die steuerliche Behandlung von Vergütungen, welche die deutschen natürlichen Personen für die Hingabe von Darlehen oder die Überlassung von Wirtschaftsgütern an die französische Personenhandelsgesellschaft erhalten. In Kapitel 6.1.2.1 wurde bereits dargestellt, dass diese Vergütungen bei der französischen Gesellschaft grundsätzlich als Betriebsausgaben abziehbar sind. Bei den Gesellschaftern führen sie aus der Sicht des französischen Steuerrechts beispielsweise zu Einkünften aus Kapital- oder Grundvermögen. Das Besteuerungsrecht für Einkünfte aus Grundvermögen liegt unter Beachtung der betreffenden abkommensrechtlichen Regelungen bei Frankreich.[1717] Einkünfte aus Kapitalvermögen, welche aus der Hingabe von Darlehen stammen, dürfen lediglich im Ansässigkeitsstaat der Bezugsberechtigten, hier also in Deutschland, besteuert werden.[1718]

Aus deutscher Sicht führt die Beteiligung der deutschen natürlichen Personen an der französischen Personenhandelsgesellschaft – dies gilt für die mittelbare und die unmittelbare Beteiligung – zu einer Mitunternehmerschaft i.S.d. § 15 Abs. 1 Satz 1 Nr. 2 EStG.[1719] Demnach sind die vorstehend beschriebenen Vergütungen aus deutscher Sicht grundsätzlich Bestandteil der Einkünfte aus Gewerbebetrieb der deutschen Gesellschafter.[1720]

Die tatsächliche steuerliche Behandlung der an die Gesellschafter gezahlten Vergütungen hängt letztendlich von der Anwendung der bestehenden abkommensrechtlichen Regelungen ab. Art. 4 Abs. 3 DBA-D/F stellt die Beteiligung an einer Personengesellschaft dem Bestehen einer Betriebstätte gleich, sofern die Personengesellschaft in dem betrachteten Land tatsächlich eine Betriebstätte unterhält.[1721] Da die Vergütungen der Gesellschafter aus deutscher Sicht zu ihrem Anteil am Ergebnis der französischen Betriebstätte der französischen Personenhandelsgesellschaft zählen, müssten diese in Deutschland unter Progressionsvorbehalt freigestellt werden.[1722] Auch der Betriebsstättenerlass der Finanzverwaltung ordnet Sondervergütungen eines inländischen Gesellschafters einer ausländischen Personengesellschaft als abkommensrechtliche Unternehmensgewinne ein.[1723] Somit bestünde also in Deutschland eine Besteuerungsfreiheit (unter Progressionsvorbehalt).[1724] Diese verneint der Betriebsstättenerlass aber genau dann, wenn der ausländische Staat eine vom deutschen Steuerrecht abweichende Qualifizierung der Sondervergütungen – beispielsweise als Zins- oder Mieteinkünfte – vornimmt und diese in der Folge aufgrund abkommensrechtlicher Regelungen gar nicht besteuert oder sie lediglich einer befreienden Quellensteuer unterwirft.[1725] In diesem Fall soll in

---

[1716] Vgl. zu diesen Begriffen JACOBS, Internationale Unternehmensbesteuerung 2002, S. 557.

[1717] Vgl. hierzu Kapitel 4.2.1.2.2.

[1718] Vgl. hierzu Kapitel 4.2.1.2.8.

[1719] Vgl. hierzu Kapitel 6.1.2.2.

[1720] Vgl. am Beispiel von Darlehenszinsen BFH vom 27.2.1991, BStBl. II 1991, S. 444.

[1721] Vgl. hierzu Kapitel 6.1.2.1.

[1722] Vgl. BRENNER, in: HAARMANN, Unternehmensstrukturen und Rechtsformen 1996, S. 66.

[1723] Vgl. BMF vom 24.12.1999, BStBl. I 1999, S. 1076, Rn. 1.2.3.

[1724] Vgl. KRABBE, Behandlung von Sondervergütungen 2001, S. 129.

[1725] Vgl. BMF vom 24.12.1999, BStBl. I 1999, S. 1076, Rn. 1.2.3. Die Finanzverwaltung stützt sich diesbezüglich auf das Ergebnis zweier BFH-Urteile. Hierbei handelt es sich um die Urteile des BFH vom 27.2.1991, BStBl. II 1991, S. 444 und vom 14.7.1993, BB 1994, S. 59. GÜNKEL/LIEBER sprechen diesbezüglich aber von einem „irreführenden Hinweis“. Vgl. GÜNKEL/LIEBER, Qualifikation von Sondervergütungen 2000, S. 856. Außerdem wurde eines dieser Urteile in der Literatur stark kritisiert, teilweise sogar abgelehnt. Vgl. DEBATIN, Beteiligungen an Personengesellschaften 1992, S. 1188; GLESSNER, Grenzüberschreitende stille Gesellschaft 2000, S. 212-215; KÖHLER, Betriebsstättenprinzip 1991, S. 1032-1034. Dem BFH-Urteil zu-

Deutschland die Anrechnungsmethode[1726] zur Anwendung kommen,[1727] wobei diese Regelung des Erlasses im Einklang mit den Ansichten der OECD steht.[1728]

Die vorstehend beschriebenen Qualifikationsprobleme treten im vorliegenden Fall nicht auf, weil die deutschen Gesellschafter der französischen Personenhandelsgesellschaft keine vertraglichen Vereinbarungen mit Letzterer hinsichtlich der Hingabe von Darlehen oder der Überlassung von Wirtschaftsgütern getroffen haben. Die hier relevanten von der französischen Personenhandelsgesellschaft gezahlten Geschäftsführergehälter unterliegen – wie vorstehend beschrieben – einer übereinstimmenden Einkunftsqualifikation.

Auf dem Weg zur Ermittlung des in Deutschland zu versteuernden Einkommens ergeben sich keine Besonderheiten im Vergleich zur steuerlichen Behandlung der Gesellschafter der in Kapitel 6.1.1 beschriebenen Unternehmensstruktur mit der französischen Betriebstätte einer deutschen Personenhandelsgesellschaft. Somit kann hinsichtlich der einzelnen Zwischenschritte und der möglichen Abzüge auf Kapitel 6.1.1.3 verwiesen werden. In den Progressionsvorbehalt geht hier das anteilige Ergebnis eines Gesellschafters an der französischen Betriebstätte der französischen Personenhandelsgesellschaft einschließlich seines Geschäftsführergehalts ein.[1729]

Außer den Anteilen der deutschen Personenhandelsgesellschaft müssen auch die Minderheitsbeteiligungen der deutschen natürlichen Personen auf eine mögliche diesbezüglich bestehende Vermögensteuerpflicht in Frankreich untersucht werden. Die entsprechenden Anteile unterliegen grundsätzlich der ISF. Eine Vermögensteuerpflicht besteht aber nicht, wenn die Anteile als berufliches Vermögen eingestuft werden. Hierzu müssten die deutschen natürlichen Personen ihre berufliche Haupttätigkeit in der französischen Personenhandelsgesellschaft ausüben. Dies kann in der Anfangsphase ihrer unternehmerischen Tätigkeit in Frankreich der Fall sein, danach werden sie ihre berufliche Haupttätigkeit aber wieder in Deutschland ausüben.[1730] Demnach wären die deutschen natürlichen Personen vermögensteuerpflichtig. Aller-

---

stimmend FISCHER-ZERNIN, Sondervergütungen und DBA 1991, S. 493. Allerdings wird im Betriebstättenerlass eben nur auf das Ergebnis der Urteile abgestellt. Dies ergibt sich auch aus KRABBE, Behandlung von Sondervergütungen 2001, S. 131.

1726 Die Anrechnungsmethode besteht in einer Anrechnung der im Quellenstaat gezahlten Steuer auf die Steuerschuld im Wohnsitzstaat, wobei der Quellenstaat nur die Einkünfte aus Tätigkeiten auf seinem Gebiet, der Wohnsitzstaat sämtliche Einkünfte des Steuerpflichtigen besteuert. Vgl. BREITHECKER, Internationale Steuerlehre 2002, S. 62; WÖHE/BIEG, Grundzüge 1995, S. 185.

1727 Vgl. GÖTTSCHE/STANGL, Betriebsstättenerlass 2000, S. 501; SCHILD/EHLERMANN, in: GROTHERR, Internationale Steuerplanung 2000, S. 1252. GÜNKEL/LIEBER stehen dieser Vorgehensweise sehr kritisch gegenüber. Vgl. GÜNKEL/LIEBER, Qualifikation von Sondervergütungen 2000, S. 858.

1728 KRABBE erläutert die Vorschrift des Betriebsstättenerlasses. Sofern der ausländische Staat die Vergütungen eines Gesellschafters nicht als Einkünfte aus Gewerbebetrieb einstuft und sie deshalb nicht oder wegen der Erhebung einer befreienden Quellensteuer nur ermäßigt besteuert, ändert dies nichts an der deutschen Einordnung der Einkünfte als solche aus Gewerbebetrieb. Dennoch greift nicht die abkommensrechtlich vorgesehene Steuerbefreiung in Deutschland, denn die relevante Regelung des Abkommens muss in diesem Fall einschränkend ausgelegt werden, so dass die Freistellung in Deutschland unterbleibt. Vgl. KRABBE, Betriebsstätten-Verwaltungsgrundsätze und Personengesellschaften 2000, S. 866-867. KRABBE bezieht sich dabei auf die Ansichten des OECD-Steuerausschusses. Vgl. diesbezüglich OECD, Partnerships 1999, Rn. 109-110. Vgl. auch MA-Kommentar zu Art. 23 B OECD-MA, Rn. 32.6, abgedruckt bei DEBATIN/WASSERMEYER, Doppelbesteuerung 2002.

1729 Das Ergebnis aus der französischen Personenhandelsgesellschaft wird bei der Berücksichtigung im Rahmen des Progressionsvorbehalts an die deutschen steuerrechtlichen Vorschriften angepasst. Vgl. BFH vom 22.5.1991, BStBl. II 1992, S. 94. Dort ist im Zusammenhang mit der Ermittlung der Einkünfte von den „einschlägigen deutschen Vorschriften" die Rede. Vgl. auch IDW, Ermittlung des Betriebsstättengewinns 1988, S. 310.

1730 Vgl. hierzu Kapitel 2.1.1.

dings existiert für den hier betrachteten Fall eine Regelung der Finanzverwaltung. Dabei geht es um Anteile an verschiedenen Personengesellschaften, die von demselben Steuerpflichtigen gehalten werden. Diese werden hinsichtlich der Beurteilung, wo der Steuerpflichtige seine berufliche Haupttätigkeit ausübt, als einheitliches berufliches Vermögen betrachtet, wenn die Gesellschaften ähnliche oder zusammenhängende Tätigkeiten ausüben.[1731] Somit werden im vorliegenden Fall die Anteile an der deutschen und der französischen Personenhandelsgesellschaft zusammengefasst. Für die Minderheitsbeteiligungen besteht also keine Vermögensteuerpflicht. Außerdem läge der Wert der Beteiligungen ohnehin unterhalb der Eingangsstufe der ISF.[1732]

Abkommensrechtlich sind die in Kapitel 6.1.2.2 beschriebenen Vorschriften relevant. Demzufolge liegt das Besteuerungsrecht für die von den deutschen natürlichen Personen unmittelbar gehaltenen Anteile bei Frankreich, kann aber aufgrund der vorstehend beschriebenen Regelungen nicht wahrgenommen werden.

6.1.2.4 Zusammenfassende Darstellung

Land Ebene	Frankreich	Deutschland
Französische Personenhandelsgesellschaft	**Grundsteuer;** **„taxe professionnelle";** **lohnsummenabhängige Steuern.**	–
Deutsche Personenhandelsgesellschaft	**Keine ISF.**	**Gewerbesteuer** – keine Besteuerung des Ergebnisses der französischen Personenhandelsgesellschaft und der französischen Geschäftsführergehälter; **Grundsteuer.**
Deutsche natürliche Personen	**IR** – anteiliges Ergebnis der französischen Personenhandelsgesellschaft zuzüglich französisches Geschäftsführergehalt; **keine ISF.**	**Einkommensteuer** – Progressionsvorbehalt auf anteiliges Ergebnis der französischen Personenhandelsgesellschaft zuzüglich französisches Geschäftsführergehalt; **Solidaritätszuschlag;** **Kirchensteuer.**

1731 Vgl. doc. adm. 7 S 3321 vom 1.10.1999, Rn. 6-7.

1732 Der Wert der Anteile an einer französischen Personenhandelsgesellschaft richtet sich nach den Bewertungsvorschriften der Erbschaft- und Schenkungsteuer und entspricht somit dem Verkaufswert. Vgl. hierzu Kapitel 4.3.1. Dieser sollte nach Ansicht der Finanzverwaltung im vorliegenden Fall durch gleichzeitiges Heranziehen des Substanzwerts und des Ertragswerts ermittelt werden. Die grundsätzlich relevanten Wertermittlungsmethoden sind zwar der „mathematische Wert" („valeur mathématique"), der „Ertragswert" („valeur de rendement") und der „Vergleichswert" („valeur de comparaison"). Vgl. rép. Balligand vom 28.1.1991. Die letzte Methode scheidet im vorliegenden Fall aufgrund fehlender Vergleichsmöglichkeiten aus. Demzufolge können nur die verbleibenden angewendet werden. Der mathematische Wert ermittelt das Reinvermögen unter Verwendung der tatsächlichen Werte der einzelnen Wirtschaftsgüter. Der Ertragswert basiert auf den kapitalisierten vergangenen Ergebnissen der Gesellschaft, wobei in mittelständischen Unternehmen hierbei auch die Gehälter der geschäftsführenden Gesellschafter einbezogen werden. Vgl. ausführlich zu den aufgeführten Wertermittlungsmethoden LEFEBVRE, Évaluation 2001, Rn. 1000-1254.

6.1.3 Optierte Personenhandelsgesellschaft als Grundeinheit

6.1.3.1 Ebene der optierten französischen Personenhandelsgesellschaft

Vorab muss wieder geklärt werden, ob die optierte französische Personenhandelsgesellschaft einer französischen Ertragsteuer unterliegt oder zur Erhebung einer solchen führt. Diesbezüglich wird auf Kapitel 4.2.2.1 verwiesen. Dort wurde festgestellt, dass eine optierte Personenhandelsgesellschaft gem. Art. 206 3. CGI in Frankreich körperschaftsteuerpflichtig ist.[1733] Sie – die Gesellschaft selbst, nicht ihre Gesellschafter – unterliegt mit dem Ergebnis ihres in Frankreich betriebenen Unternehmens der IS.[1734] Da eine optierte französische Personenhandelsgesellschaft abkommensberechtigt ist,[1735] greift im hier betrachteten Fall Art. 4 Abs. 1 DBA-D/F,[1736] wonach allerdings wieder eine Betriebstätte der Anknüpfungspunkt des Besteuerungsrechts eines der Vertragsstaaten ist.[1737]

Auch die optierte französische Personenhandelsgesellschaft ist eine rechtlich selbständige Einheit eines internationalen Unternehmens und unterliegt in Frankreich der Pflicht zur Buchführung und zur Rechnungslegung,[1738] so dass Ergebnisabgrenzungsprobleme, wie sie zwischen der deutschen Personenhandelsgesellschaft und ihrer französischen Betriebstätte bestehen, in dieser Form nicht vorliegen. Allerdings werden gegebenenfalls bestehende Lieferungs- und Leistungsbeziehungen zwischen der optierten französischen Personenhandelsgesellschaft und der deutschen Personenhandelsgesellschaft wieder unter Heranziehung des Art. 57 CGI mit Hilfe des Fremdvergleichspreises beurteilt und nötigenfalls korrigiert.

Die nur auf Frankreich bezogene steuerliche Behandlung von Vergütungen, welche von der Gesellschaft an ihre Gesellschafter gezahlt werden, gestaltet sich hier im Vergleich zu einer nichtoptierten Personenhandelsgesellschaft weniger kompliziert. Eine Umqualifizierung der Gehälter der geschäftsführenden Gesellschafter in Einkünfte aus Gewerbebetrieb findet nicht statt, denn die entsprechenden Vorschriften gelten nur für Gesellschaften, die nach den einkommensteuerlichen Regelungen für Personengesellschaften besteuert werden. Da hier mit der optierten Personenhandelsgesellschaft eine körperschaftsteuerpflichtige Gesellschaft vorliegt, besteht eine steuerliche Abzugsfähigkeit der Gehälter auf der Ebene der Gesellschaft.[1739] Allerdings muss dem Gehalt eine tatsächlich geleistete Arbeit gegenüberstehen und das Gehalt darf im Vergleich zur erbrachten Leistung nicht übertrieben sein.[1740]

Auch Zinszahlungen für Darlehen, welche die Gesellschafter der Gesellschaft zur Verfügung gestellt haben, mindern das steuerpflichtige Ergebnis der Gesellschaft. Allerdings müssen hinsichtlich des Zinssatzes und der Verpflichtung zur vollständigen Einzahlung des Gesellschaftskapitals die schon bekannten Beschränkungen für französische Personenhandelsgesell-

---

[1733] Eine Unterscheidung zwischen beschränkter und unbeschränkter Steuerpflicht wird nicht gemacht.

[1734] Vgl. hierzu auch Kapitel 2.1.2.3.

[1735] Eine optierte französische Personenhandelsgesellschaft ist abkommensrechtlich einer juristischen Person gleichgestellt (Art. 2 Abs. 1 Nr. 3 Buchstabe b DBA-D/F). Ist sie darüber hinaus noch aufgrund ihrer dortigen Steuerpflicht in Frankreich ansässig (Art. 2 Abs. 1 Nr. 4 Buchstabe a DBA-D/F), ist sie auch abkommensberechtigt. Vgl. KRAMER, Art. 1, in: DEBATIN/WASSERMEYER, Doppelbesteuerung 2002, Rn. 18-19. Vgl. auch STAWINOGA, Körperschaftsteuer 1994, S. 216; VOGEL, Art. 1, in: VOGEL, Doppelbesteuerungsabkommen 1996, Rn. 27b.

[1736] Vgl. hierzu Kapitel 6.1.3.2.

[1737] Dass in Frankreich eine Betriebstätte vorliegt, wurde bereits in Kapitel 2.1.2.3 gezeigt.

[1738] Vgl. für die SNC Kapitel 3.2.1.9. Die Optionsausübung ändert nichts am Bestehen dieser Pflichten.

[1739] Vgl. HELLIO/THILL, Steuern in Frankreich 2002, Rn. 89; SERLOOTEN, Droit commercial 1997, Rn. 676. Vgl. hierzu auch Kapitel 4.2.1.2.3.2.4.4.

[1740] Vgl. hierzu Kapitel 4.2.2.2.

schaften, die nicht optiert haben, beachtet werden.[1741] Da es sich in dem hier betrachteten Fall um eine körperschaftsteuerpflichtige Gesellschaft handelt und da die deutschen natürlichen Personen Gesellschafter sind und die Gesellschaft rechtlich leiten bzw. da die deutsche Personenhandelsgesellschaft Mehrheitsgesellschafter ist, greift die in Kapitel 4.2.1.5 beschriebene Beschränkung der Darlehenssumme – bezogen auf sämtliche gesetzlich genannten Gesellschafter – auf das 1,5fache des Gesellschaftskapitals. Für Vergütungen, welche von der optierten Personenhandelsgesellschaft an ihre Gesellschafter für die Überlassung von Wirtschaftsgütern gezahlt werden, bestehen keine Besonderheiten in Bezug auf den gleichen Sachverhalt bei nichtoptierten Personenhandelsgesellschaften. Grundsätzlich können wieder sämtliche Vereinbarungen zwischen der Gesellschaft und ihren Gesellschaftern als unübliche Geschäftsführungshandlung eingestuft werden.[1742]

Sofern die optierte französische Personenhandelsgesellschaft einen Verlust erwirtschaftet hat, erfolgt die Verlustberücksichtigung nach den in Kapitel 4.2.2.2 dargestellten Regelungen auf der Ebene der Gesellschaft. Grundsätzlich unterliegt das steuerpflichtige Ergebnis der Gesellschaft dem regulären Körperschaftsteuersatz von 33 1/3 %.[1743] Die betrachtete Gesellschaft erfüllt aber die Voraussetzungen für die Anwendung des ermäßigten Satzes von 15 % auf einen Teil des Ergebnisses: der Umsatz liegt unter 7.630.000 EUR und das voll eingezahlte Gesellschaftskapital wird zu mindestens 75 % von einer Gesellschaft[1744] gehalten, welche die gleichen Bedingungen erfüllt und deren Gesellschaftskapital zu mindestens 75 % von natürlichen Personen gehalten wird. Der ermäßigte Körperschaftsteuersatz kommt auf den Teil des Ergebnisses zur Anwendung, der 38.120 EUR nicht übersteigt. Sofern langfristige Veräußerungsgewinne erzielt werden, unterliegen diese dem reduzierten Steuersatz von 19 %.[1745] Zusätzlich zur IS wird die „contribution sur l'impôt sur les sociétés" erhoben. Sie beträgt 3 % der Körperschaftsteuerschuld, so dass die effektiven Körperschaftsteuersätze 34,33 %, 15,45 % bzw. 19,57 % betragen.[1746] Bei der Ausschüttung des Teils des Ergebnisses, der lediglich einem ermäßigten Körperschaftsteuersatz unterlag oder gar nicht besteuert wurde, wird bei der ausschüttenden Gesellschaft der „précompte" erhoben. Letztendlich erfolgt also auch hier, allerdings erst im Moment der Ausschüttung, eine Besteuerung mit dem normalen Satz der IS. Schließlich muss noch die IFA erwähnt werden, die auch in Verlustjahren zu einer Körperschaftsteuerzahlung führt.[1747]

Bei den hier betrachteten ertragsunabhängigen Steuern – der Grundsteuer, der „taxe professionnelle" und den lohnsummenabhängigen Steuern[1748] – bestehen keine Besonderheiten im Vergleich zu Kapitel 6.1.1.1.

[1741] Vgl. hierzu Kapitel 4.2.1.2.3.2.4.4.

[1742] Vgl. hierzu Kapitel 6.1.2.1.

[1743] Vgl. zum Körperschaftsteuertarif und zur Besteuerung von Ausschüttungen Kapitel 4.2.2.3.

[1744] In Art. 219 I. b Abs. 2 CGI werden keine Einschränkungen hinsichtlich des Sitzes oder der steuerlichen Behandlung dieser Gesellschaft gemacht. Somit sollte der ermäßigte Steuersatz auch bei der optierten französischen Personenhandelsgesellschaft, deren Gesellschaftskapital fast vollständig von einer deutschen Personenhandelsgesellschaft gehalten wird, greifen.

[1745] Mit Ausnahme des Teils der langfristigen Veräußerungsgewinne, der bereits dem ermäßigten Körperschaftsteuersatz von 15 % unterliegt. Vgl. hierzu Kapitel 4.2.2.3.

[1746] Die „contribution sociale sur l'impôt sur les sociétés", die 3,3 % der Körperschaftsteuerschuld beträgt, betrifft nur den Teil der Körperschaftsteuerschuld, der 763.000 EUR übersteigt.

[1747] Vgl. hierzu Kapitel 4.2.2.4.

[1748] Die Bemessungsgrundlage ist unverändert, weil die deutschen natürlichen Personen wie bereits bei der nichtoptierten französischen Personenhandelsgesellschaft nicht der französischen Sozialversicherungspflicht unterliegen. Vgl. für die SNC Kapitel 3.2.1.8.

6.1.3.2 Ebene der deutschen Personenhandelsgesellschaft

Die steuerliche Behandlung des Ergebnisses der optierten französischen Personenhandelsgesellschaft bei ihren deutschen Gesellschaftern – bei den natürlichen Personen und der hier betrachteten Personenhandelsgesellschaft – richtet sich grundsätzlich nach der steuerlichen Einordnung der französischen Personenhandelsgesellschaft aus deutscher Sicht. Hier muss also wieder durch Analogie im Rahmen eines Rechtstypenvergleichs festgestellt werden, ob die ausländische Gesellschaft aufgrund ihrer rechtlichen Organisation und Struktur näher an einer deutschen Personen- oder an einer deutschen Kapitalgesellschaft liegt.[1749] Ein solcher Vergleich wird auch im Fall einer optierten französischen Personenhandelsgesellschaft zu dem Ergebnis führen, dass sie aus deutscher steuerrechtlicher Sicht eine Mitunternehmerschaft ist.[1750] In Frankreich wird die optierte Personenhandelsgesellschaft aber wie eine (körperschaftsteuerpflichtige) Kapitalgesellschaft behandelt.[1751] Somit liegt hinsichtlich der steuerlichen Einordnung der Grundeinheit der hier betrachteten Unternehmensstruktur ein subjektiver Qualifikationskonflikt vor.[1752] Das DBA-D/F enthält im Gegensatz zu einigen anderen DBA keine Lösungshinweise für einen solchen Qualifikationskonflikt.[1753] Somit stellt sich die Frage, wie die Gewinnanteile der deutschen Gesellschafter unter Beachtung der abkommensrechtlichen Vorschriften letztendlich besteuert werden. Dabei gilt auch hier der Hinweis, dass in Teilen der Literatur ein Ausweis von Gewinnanteilen aus Personengesellschaften in der Steuerbilanz des Gesellschafters abgelehnt wird.[1754] Dennoch wird ihre steuerliche Betrachtung aus den bekannten Gründen bereits an dieser Stelle vorgenommen.

In Frankreich erfolgt zunächst eine Besteuerung auf der Ebene der optierten Personenhandelsgesellschaft. Ihr Ergebnis unterliegt der IS. Bei der Ausschüttung von Gewinnen an beschränkt steuerpflichtige Gesellschafter wird gem. den französischen steuerrechtlichen Vorschriften eine Quellensteuer in Höhe von 25 % erhoben, welche durch eine abkommensrechtliche Regelung auf 15 % begrenzt ist.[1755] Diese Begrenzung resultiert aus einem Verweis in Art. 9 Abs. 7 DBA-D/F. Dort wird auf die in Art. 4 Abs. 3 DBA-D/F genannten Personengesellschaften, die – in dem hier betrachteten Fall – gem. Art. 4 DBA-D/F in Frankreich besteuert werden dürfen, abgestellt. Ihre Gewinnausschüttungen, die nach den französischen Gesetzesvorschriften als Dividenden eingestuft werden, können in Frankreich unter Heranziehung des Art. 9 Abs. 2 DBA-D/F besteuert werden. Art. 9 Abs. 2 DBA-D/F schreibt die Begrenzung der in Frankreich erhobenen Quellensteuer vor. Eine Begrenzung der Quellensteuer würde auch ohne den expliziten Verweis in Art. 9 Abs. 7 DBA-D/F erreicht werden. Gewinnausschüttungen aus optierten französischen Personengesellschaften, insbesondere aus optierten Personenhandelsgesellschaften, müssten aufgrund von Art. 9 Abs. 6 Satz 2 Buchstabe a DBA-D/F ohnehin als Dividenden eingestuft und somit von Art. 9 Abs. 2 DBA-D/F erfasst

---

[1749] Vgl. hierzu Kapitel 6.1.2.2.

[1750] Vgl. JACOBS, Internationale Unternehmensbesteuerung 2002, S. 561. Vgl. – nur zur SNC – GREIF, in: MÖSSNER, Steuerrecht 1998, Rn. E 34. Vgl. allgemein zu optierten ausländischen Personengesellschaften KNOBBE-KEUK, Qualifikationskonflikte 1991, S. 313. Vgl. allgemein zu nach ausländischem Steuerrecht als Körperschaften behandelten Personengesellschaften – mit Nachweisen zur Rechtsprechung – KRABBE, Personengesellschaften 1998, S. 753.

[1751] Vgl. hierzu Kapitel 4.2.2.1 und Kapitel 6.1.3.1.

[1752] Vgl. KNOBBE-KEUK, Bilanz- und Unternehmenssteuerrecht 1993, S. 551; SCHAUMBURG, Personengesellschaft 1999, S. 157. Vgl. auch OFD Frankfurt am Main vom 25.10.1994, DB 1994, S. 2372.

[1753] Einen Überblick über DBA mit Lösungsansätzen für solche Konflikte liefert KRABBE, Personengesellschaften 1998, S. 758-760.

[1754] Vgl. hierzu Kapitel 6.1.2.2.

[1755] Vgl. hierzu auch Kapitel 4.2.1.6.

werden.[1756] Die Bedeutung des Art. 9 Abs. 7 DBA-D/F lag wohl in der bis zur jüngsten Änderung des DBA-D/F[1757] gewährten grenzüberschreitenden Anrechnungsmöglichkeit des „avoir fiscal". Eine solche Anrechnungsmöglichkeit, die gem. Art. 9 Abs. 3 DBA-D/F a.F. bestand, sollte für grenzüberschreitende Gewinnausschüttungen von optierten Personenhandelsgesellschaften nicht bestehen. Dies wurde durch den Verweis in Art. 9 Abs. 7 DBA-D/F auf Art. 9 Abs. 2 DBA-D/F erreicht.[1758] Nachdem der „avoir fiscal" im Verhältnis Deutschland-Frankreich nun ohnehin nicht mehr gewährt wird, ist Art. 9 Abs. 7 DBA-D/F – sofern eine Erfassung der besagten Gewinnausschüttungen durch Art. 9 Abs. 6 Satz 2 Buchstabe a DBA-D/F vorausgesetzt wird – nicht mehr notwendig.

Die steuerliche Behandlung in Deutschland hängt von der Anwendung der abkommensrechtlichen Regelungen auf das Ergebnis der bzw. auf die Ausschüttungen aus der optierten französischen Personenhandelsgesellschaft ab. In der Literatur wird diesbezüglich gefordert, dass die Qualifikation des Sitzstaats der Personengesellschaft, hier der optierten Personenhandelsgesellschaft, herangezogen werden soll.[1759] Als Begründung wird der Umstand, dass eine optierte (französische) Personenhandelsgesellschaft als abkommensberechtigte Person eingestuft wird, angeführt.[1760] Das Ergebnis der optierten französischen Personenhandelsgesellschaft fällt aufgrund ihrer Abkommensberechtigung unter Art. 4 Abs. 1 DBA-D/F, wonach Gewinne eines Unternehmens nur im Betriebstättenstaat – hier also in Frankreich – erfasst werden können.[1761] Demnach sind sie gem. Art. 4 Abs. 1 DBA-D/F i.V.m. Art. 20 Abs. 1 Buchstabe a DBA-D/F in Deutschland von einer Besteuerung freizustellen, wobei der Progressionsvorbehalt angewendet werden darf. Die Anwendung des Progressionsvorbehalts[1762] auf das Ergebnis der optierten französischen Personenhandelsgesellschaft ist in der Literatur umstritten.[1763] Wenn er angewendet wird, dann bereits im Moment des Anfallens des Ergebnisses der aus-

[1756] KRAMER erwähnt Art. 9 Abs. 6 Satz 2 Buchstabe a DBA-D/F lediglich im Zusammenhang mit verdeckten Gewinnausschüttungen, schließt aber eine Bedeutung für andere Einkünfte nicht ausdrücklich aus. Vgl. KRAMER, Art. 9, in: DEBATIN/WASSERMEYER, Doppelbesteuerung 2002, Rn. 50.

[1757] Diese Änderung wurde durch das Zusatzabkommen vom 20.12.2001, BGBl. I 2002, S. 2370 vollzogen.

[1758] Vgl. KRAMER, Art. 9, in: DEBATIN/WASSERMEYER, Doppelbesteuerung 2002, Rn. 22. (KRAMER bezieht sich dabei auch auf LEFEBVRE/PÖLLATH/RÄDLER, Steuern in Frankreich 1976, Rn. 2152. Diese ziehen allerdings eine alte Definition des Dividendenbegriffs in Art. 9 Abs. 6 DBA-D/F, vor der Änderung durch das Zusatzabkommen vom 28.9.1989, BGBl. II 1990, S. 772, heran.)

[1759] Vgl. GREIF, in: MÖSSNER, Steuerrecht 1998, Rn. E 21; JACOBS, Internationale Unternehmensbesteuerung 2002, S. 573-574; KNOBBE-KEUK, Bilanz- und Unternehmenssteuerrecht 1993, S. 551; PILTZ, Personengesellschaften 1981, S. 177. Vgl. auch MA-Kommentar zu Art. 1 OECD-MA, Rn. 5, abgedruckt bei DEBATIN/WASSERMEYER, Doppelbesteuerung 2002 und die diesbezüglichen Anmerkungen bei WASSERMEYER, Art. 1, in: DEBATIN/WASSERMEYER, Doppelbesteuerung 2002, Rn. 28d.

[1760] Vgl. allgemein zu Personengesellschaften, die in ihrem Sitzstaat als selbständige Steuersubjekte behandelt werden, GREIF, in: MÖSSNER, Steuerrecht 1998, Rn. E 21. Vgl. auch PILTZ, Personengesellschaften 1981, S. 176. Vgl. hierzu auch Kapitel 6.1.3.1.

[1761] In Art. 4 Abs. 1 DBA-D/F ist nur von Gewinnen eines Unternehmens eines der Vertragsstaaten die Rede. Dieses Unternehmen wird aber von einer in einem Vertragsstaat ansässigen Person betrieben. Diese Person ist in dem vorliegenden Fall die optierte französische Personenhandelsgesellschaft. Vgl. KRABBE, Personengesellschaften und Unternehmensgewinne 2002, S. 145-146. Vgl. auch KNOBBE-KEUK, Qualifikationskonflikte 1991, S. 314.

[1762] Dieser kann sich aufgrund der Zurechnung des Ergebnisses der optierten französischen Personenhandelsgesellschaft auf die Gesellschafter der deutschen Personenhandelsgesellschaft natürlich nur bei Letzteren auswirken.

[1763] Für eine Anwendung des Progressionsvorbehalts sind DEBATIN, GREIF und JACOBS. Vgl. DEBATIN, Doppelbesteuerungsabkommen 1989, S. 3; GREIF, in: MÖSSNER, Steuerrecht 1998, Rn. E 20; JACOBS, Internationale Unternehmensbesteuerung 2002, S. 605. Gegen seine Anwendung sprechen sich KNOBBE-KEUK und VOGEL aus. Vgl. KNOBBE-KEUK, Qualifikationskonflikte 1991, S. 315; VOGEL, Art. 1, in: VOGEL, Doppelbesteuerungsabkommen 1996, Rn. 27d.

ländischen Personenhandelsgesellschaft und somit auch bei thesaurierten Gewinnen.[1764] Der einzubeziehende Betrag entspricht dem anteiligen Gewinn aus der optierten französischen Personenhandelsgesellschaft vor Abzug der entsprechenden Körperschaftsteuerschuld.[1765] Ob schließlich tatsächlich vorgenommene Ausschüttungen aus der optierten französischen Personenhandelsgesellschaft nun als Dividenden i.S.d. Art. 9 Abs. 6 Satz 2 Buchstabe a DBA-D/F eingeordnet werden, ist für die Besteuerungswirkung letztendlich nicht ausschlaggebend. Einerseits ist die Erhebung der reduzierten französischen Quellensteuer durch Art. 9 Abs. 7 DBA-D/F i.V.m. Art. 9 Abs. 2 DBA-D/F bzw. nur durch Art. 9 Abs. 2 DBA-D/F abgesichert. Andererseits stellen die ausgeschütteten Gewinne aus dem Blickwinkel des deutschen Steuerrechts nicht steuerbare Entnahmen aus einer Personenhandelsgesellschaft dar.[1766] Eine Besteuerung in Deutschland würde also auch bei einer abkommensrechtlichen Einstufung der Gewinnausschüttung als Dividende und einem somit in Deutschland gem. Art. 9 Abs. 1 DBA-D/F bestehenden Besteuerungsrecht unterbleiben.

Die deutsche Finanzverwaltung verweist bezüglich der steuerlichen Behandlung der Einkünfte aus einer ausländischen Personengesellschaft, die in ihrem Sitzstaat als nicht transparent behandelt wird, auf mehrere BMF-Schreiben zu verschiedenen DBA.[1767] Demnach kommt in Deutschland auf das Ergebnis einer solchen Personengesellschaft der Progressionsvorbehalt zur Anwendung.[1768] Außerdem wird in einigen dieser BMF-Schreiben darauf hingewiesen, dass eine Ausschüttung aus einer solchen Gesellschaft nach deutschem Steuerrecht als Entnahme aus einer Personengesellschaft nicht besteuert werden kann.[1769] Im Ergebnis entsprechen die Anweisungen der Finanzverwaltung also den vorstehenden Ausführungen, wobei sich die Finanzverwaltung ausdrücklich für eine Anwendung des Progressionsvorbehalts ausspricht.

1764 Vgl. DEBATIN, Doppelbesteuerungsabkommen 1989, S. 9.

1765 Aus deutscher Sicht liegt hier eine Mitunternehmerschaft vor. Somit müssen die deutschen Gewinnermittlungsvorschriften beachtet werden. Vgl. BFH vom 22.5.1991, BStBl. II 1992, S. 94. Demzufolge mindern Steuern vom Einkommen nicht den Gewinn aus der Mitunternehmerschaft, der den Mitunternehmern zuzurechnen ist (§ 12 Nr. 3 EStG). In den Progressionsvorbehalt geht also der Gewinn der französischen Personenhandelsgesellschaft vor Abzug der IS ein. Dies ergibt sich auch aus der Forderung, im Fall des Nichtbestehens eines DBA die im Ausland auf den Gewinn der Personenhandelsgesellschaft erhobene Steuer anzurechnen. Vgl. DEBATIN, Behandlung von Rechtsträgern 1977, S. 3; DIEHL, Qualifikationskonflikte im Außensteuerrecht 1978, S. 520; KRABBE, Qualifikationskonflikte 1976, S. 137; MANKE, in: DEUTSCHES ANWALTSINSTITUT E.V., Jahrbuch der Fachanwälte 1978, S. 344.

1766 Vgl. BARANOWSKI, Personengesellschaften 2002, S. 554-555; GREIF, in: MÖSSNER, Steuerrecht 1998, Rn. E 19; PILTZ, Art. 7, in: DEBATIN/WASSERMEYER, Doppelbesteuerung 2002, Rn. 129; VOGEL, Art. 1, in: VOGEL, Doppelbesteuerungsabkommen 1996, Rn. 27d.

1767 Vgl. BMF vom 24.12.1999, BStBl. I 1999, S. 1076, Rn. 1.1.5.2.

1768 Vgl. BMF vom 21.7.1997, BStBl. I 1997, S. 724; BMF vom 25.8.1997, BStBl. I 1997, S. 796; BMF vom 1.10.1997, BStBl. I 1997, S. 863; BMF vom 28.5.1998, BStBl. I 1998, S. 557. Dies gilt auch für die Gewinnanteile des Kommanditisten einer tschechischen bzw. einer slowakischen KG, die bei der Gesellschaft selbst der tschechischen bzw. slowakischen Körperschaftsteuer unterliegen. Vgl. BMF vom 13.1.1997, BStBl. I 1997, S. 97. Vgl. auch KRABBE, Betriebsstätten-Verwaltungsgrundsätze und Personengesellschaften 2000, S. 864. Die Personengesellschaften werden zwar ausdrücklich als abkommensberechtigte Personen eingestuft – dies gilt nicht für das BMF-Schreiben zum DBA-Jugoslawien –, dennoch stellt die jeweilige Beteiligung an einer ausländischen Personengesellschaft in den Augen der Finanzverwaltung offenbar ein Unternehmen des Gesellschafters mit einer ausländischen Betriebstätte dar. Vgl. JACOBS, Internationale Unternehmensbesteuerung 2002, S. 574. Vgl. hierzu auch Kapitel 6.1.2.2. Somit wird die Abkommensberechtigung der ausländischen Personengesellschaft letztendlich doch missachtet. Vgl. LÜDICKE, in: HERZIG/GÜNKEL/NIEMANN, Steuerberater-Jahrbuch 1998, S. 460. Vgl. kritisch zur Vorgehensweise der Finanzverwaltung SCHMIDT, Ausländische Personengesellschaften 1996, S. 16-20.

1769 Vgl. BMF vom 25.8.1997, BStBl. I 1997, S. 796; BMF vom 1.10.1997, BStBl. I 1997, S. 863; BMF vom 28.5.1998, BStBl. I 1998, S. 557.

In Kapitel 6.1.3.1 wurde gezeigt, dass bei der optierten französischen Personenhandelsgesellschaft auf einen Teil ihrer Ausschüttungen der „précompte“ erhoben wird. Dieser „précompte“ kann dem Empfänger aufgrund einer abkommensrechtlichen Regelung erstattet werden, sofern die ausschüttende Gesellschaft den „précompte“ für die Ausschüttung entrichtet hat (Art. 9 Abs. 4 DBA-D/F). Die Anwendung dieser Vorschrift auf den hier betrachteten Sachverhalt ist aber fraglich. In Art. 9 Abs. 4 Satz 1 DBA-D/F wird auf Dividenden abgestellt. Diesbezüglich wurde bereits aufgezeigt, dass die Einstufung einer Ausschüttung aus einer optierten französischen Personenhandelsgesellschaft als Dividende i.S.d. Art. 9 Abs. 6 Satz 2 Buchstabe a DBA-D/F nicht eindeutig ist. Legt man aber eine Einstufung der Ausschüttung als Dividende zugrunde, so muss auch die Anwendung des Art. 9 Abs. 4 DBA-D/F befürwortet werden. Demnach wird den Gesellschaftern der deutschen Personenhandelsgesellschaft[1770] der „précompte“ unter Einbehaltung einer Quellensteuer in Höhe von 15 % erstattet (Art. 9 Abs. 4 DBA-D/F i.V.m. Art. 9 Abs. 2 DBA-D/F). Aus französischer Sicht soll der „précompte“ immer dann erstattet werden, wenn einem ausländischen Dividendenempfänger der „avoir fiscal“ nicht gewährt wird.[1771] [1772] Genau dies ist im Verhältnis Deutschland-Frankreich (mittlerweile) der Fall.[1773] Somit sollte auch aus diesem Grund Art. 9 Abs. 4 DBA-D/F herangezogen und der „précompte“ erstattet werden.

Anschließend muss geklärt werden, wie der „précompte“ aus deutscher Sicht zu behandeln ist. Durch die ausdrückliche Vorschrift in Art. 9 Abs. 4 Satz 2 DBA-D/F gilt der Bruttobetrag des „précompte“ als Dividende i.S.d. DBA-D/F. Folglich besteht gem. Art. 9 Abs. 1 DBA-D/F ein Besteuerungsrecht in Deutschland. Sofern die Erstattung des „précompte“ aber im deutschen Steuerrecht wie die tatsächliche Ausschüttung aus der optierten französischen Personenhandelsgesellschaft als nicht steuerbare Entnahme aus einer Personenhandelsgesellschaft eingestuft wird, muss eine Besteuerung in Deutschland aufgrund einer fehlenden Rechtsgrundlage unterbleiben.[1774] Außerdem ist die Erstattung des „précompte“ nichts anderes als eine Steuerrückerstattung bezogen auf die in Frankreich erfolgende Besteuerung des Gewinns der optierten französischen Personenhandelsgesellschaft. In den Progressionsvorbehalt geht aber ohnehin der Gewinnanteil eines Gesellschafters vor Abzug der IS ein.[1775] Somit sollte der erstattete „précompte“ in Deutschland steuerfrei vereinnahmt werden können.[1776]

Bei der Ermittlung der Einkünfte aus Gewerbebetrieb der Gesellschafter der deutschen Personenhandelsgesellschaft wird wieder auf der ersten Stufe zunächst der Steuerbilanzgewinn der

---

[1770] In Art. 9 Abs. 4 DBA-D/F wird auf eine in Deutschland ansässige Person als Dividendenempfänger abgestellt. Da die deutsche Personenhandelsgesellschaft nicht abkommensberechtigt ist, werden ihre Gesellschafter, die deutschen natürlichen Personen, herangezogen. Vgl. BMF vom 20.2.1981, BStBl. I 1981, S. 74.

[1771] Dies entspricht der dem „précompte“ zugrunde liegenden Konzeption. Schließlich soll der „précompte“ immer dann zur Anwendung kommen, wenn eine Gesellschaft Gewinne ausschüttet, die bei ihr gar nicht oder nur ermäßigt besteuert wurden. Durch die Erhebung des „précompte“ ist eine Gewährung des Anrechnungsguthabens auf der Ebene des die Ausschüttung empfangenden Gesellschafters dennoch gerechtfertigt. Gerade im hier betrachteten Fall besteht diese Anrechnungsmöglichkeit aber nicht. Vgl. hierzu Kapitel 4.2.2.3.

[1772] Die Erstattung soll sogar dann erfolgen, wenn sie im entsprechenden Doppelbesteuerungsabkommen nicht explizit vorgesehen ist. Vgl. GOUTHIÈRE, Impôts 2001, Rn. 2026. Der „précompte“ wird aber nicht erstattet, wenn der ausgeschüttete Gewinnanteil aus der Rücklage für langfristige Veräußerungsgewinne stammt. Vgl. DOUVIER, Fiscalité Internationale 1996, Rn. 193.

[1773] Vgl. hierzu Kapitel 4.2.1.2.8.

[1774] Somit besteht aber auch keine Möglichkeit, die einbehaltene Quellensteuer anzurechnen. Vgl. hierzu Kapitel 6.1.3.3.

[1775] Vgl. hierzu die vorstehenden Ausführungen.

[1776] Auch bei der Behandlung des „précompte“ als Steuerrückerstattungsbetrag ist eine Anrechnung der französischen Quellensteuer nicht möglich.

Gesellschaft ermittelt, um anschließend mit Hilfe des Gewinnverteilungsschlüssels auf die Gesellschafter verteilt zu werden.[1777]

Die Geschäftsvorfälle bei der optierten französischen Personenhandelsgesellschaft wirken sich in der Buchführung der deutschen Personenhandelsgesellschaft nicht aus.[1778] Bei eventuell bestehenden Lieferungs- und Leistungsbeziehungen zwischen der optierten französischen und der deutschen Personenhandelsgesellschaft wird letztendlich wieder in beiden Ländern grundsätzlich der Fremdvergleichspreis als Vergleichs- und Korrekturmaßstab herangezogen.

Das Ergebnis aus der optierten französischen Personenhandelsgesellschaft geht – wie vorstehend aufgezeigt – nicht in die Einkünfte aus Gewerbebetrieb der Mitunternehmer der deutschen Personenhandelsgesellschaft ein. Da der Gewerbeertrag an den einkommensteuerlichen Gewinn aus Gewerbebetrieb anknüpft, unterliegt das Ergebnis aus der französischen Gesellschaft nicht der Gewerbesteuer. Bei der Erhebung der Grundsteuer auf die Betriebsgrundstücke der deutschen Personenhandelsgesellschaft ergeben sich keine Unterschiede zu Kapitel 6.1.1.2.

Die Erhebung der ISF auf die Anteile, die von der deutschen Personenhandelsgesellschaft gehalten werden, sollte wieder aufgrund der bereits aufgezeigten Vorschrift der Finanzverwaltung, wonach auch Vereinigungen ohne Rechtspersönlichkeit nicht vermögensteuerpflichtig sind, unterbleiben.[1779]

Hinsichtlich der abkommensrechtlichen Zuteilung der Besteuerungsrechte muss wieder auf die deutschen natürlichen Personen abgestellt werden, da die deutsche Personenhandelsgesellschaft nicht abkommensberechtigt ist. Die relevante abkommensrechtliche Vorschrift ist in dem vorliegenden Fall Art. 19 Abs. 5 DBA-D/F. Somit darf sich eine beschränkte Vermögensteuerpflicht in Frankreich ohnehin nicht auswirken. Die deutsche Sichtweise könnte dazu führen, dass Art. 19 Abs. 5 DBA-D/F nicht greift, denn schließlich liegt hier eine Mitunternehmerschaft vor.[1780] Da aber in Deutschland die Vermögensteuer nicht mehr erhoben wird,[1781] ist die deutsche Sichtweise nicht relevant.

6.1.3.3 Ebene der deutschen natürlichen Personen

In Kapitel 6.1.3.2 wurde bereits gezeigt, dass die Gewinnausschüttungen der optierten französischen Personenhandelsgesellschaft einer abkommensrechtlich begrenzten Quellensteuer in Höhe von 15 % unterliegen. Da bei der Besteuerung auf die Gesellschafter der deutschen Personenhandelsgesellschaft abgestellt wird,[1782] sind die deutschen natürlichen Personen mit ihren Einkünften aus Kapitalvermögen in Frankreich beschränkt einkommensteuerpflichtig,[1783]

1777 Vgl. hierzu Kapitel 6.1.1.2.

1778 Aus deutscher steuerlicher Sicht liegt – wie vorstehend aufgezeigt – eine Beteiligung an einer Mitunternehmerschaft vor. Somit kann hinsichtlich der Buchführungspflicht und der Lieferungs- und Leistungsbeziehungen auf die Ausführungen in Kapitel 6.1.2.2 verwiesen werden.

1779 Vgl. hierzu Kapitel 6.1.1.2.

1780 Vgl. zur steuerlichen Behandlung bei einer Einstufung als Mitunternehmerschaft Kapitel 6.1.2.2.

1781 Vgl. BVerfG-Beschluss vom 22.6.1995, BStBl. II 1995, S. 653.

1782 Vgl. hierzu Kapitel 6.1.1.1.

1783 Nach der jüngsten Rechtsprechung des Conseil d'État – vgl. CE vom 13.10.1999, n° 191191 – wird bei ausländischen Personengesellschaften, die keine eigene Rechtsubjektivität haben, auf deren Gesellschafter abgestellt, so dass von einer Durchleitung der Einkünfte durch die Gesellschaft ausgegangen werden kann. Vgl. HAHN, Abkommensberechtigung von Personengesellschaften 2000, S. 265-266. Vgl. auch GOBERT-CHERAMY, Fiscalité immobilière 2002, Rn. 279. Doch auch unabhängig von der Rechtsprechung liegen Einkünfte aus Kapitalvermögen vor. Dies resultiert aus dem Umstand, dass die deutsche Personenhandelsgesellwobei die erhobene Quellensteuer befreiende Wirkung hat.[1784] Auch ein gegebenenfalls erstatteter „précompte“ unterliegt der Quellensteuer von 15 %.

Die Gehälter, welche die deutschen natürlichen Personen für ihre Tätigkeit als Geschäftsführer in der optierten Personenhandelsgesellschaft beziehen, führen bei ihnen zu Einkünften aus Geschäftsführergehältern und lösen somit auch eine beschränkte Einkommensteuerpflicht in Frankreich aus.[1785] Für die Besteuerung dieser Einkunftsart werden die Vorschriften für die Einkünfte aus nichtselbständiger Arbeit herangezogen.[1786] Folglich wird eine Quellensteuer erhoben, die sich ausgehend von den Gehältern aus der Geschäftsführertätigkeit, abzüglich des pauschalen Abzugsbetrags von 10 % und anschließend des Freibetrags von 20 %, berechnet.[1787] Für die Erhebung der IR gelten die besonderen Vorschriften für beschränkt Einkommensteuerpflichtige. Demnach wird eine Steuer nur auf den Teil der Einkünfte erhoben, der mindestens 9.839 EUR beträgt. Für den Teil der Einkünfte ab 9.839 EUR bis 28.548 EUR hat die hierauf erhobene Quellensteuer in Höhe von 15 % befreiende Wirkung. Lediglich der Teil der Einkünfte, der mindestens 28.548 EUR beträgt, wird letztendlich für die Berechnung der IR herangezogen, wobei die auf diesen Teil der Einkünfte gezahlte 25 %ige Quellensteuer angerechnet wird.[1788] Die relevante abkommensrechtliche Regelung weist das Besteuerungsrecht für diese Einkünfte dem Staat zu, in dem die Tätigkeit ausgeübt wird. Demzufolge darf Frankreich die Einkünfte aus nichtselbständiger Arbeit bzw. aus Geschäftsführergehältern auch tatsächlich besteuern.[1789]

Aufgrund der befreienden Wirkung der Quellensteuer auf die Ausschüttung aus der optierten französischen Personenhandelsgesellschaft an ihre Gesellschafter setzt sich ihr zu versteuerndes Einkommen lediglich aus den Einkünften aus Geschäftsführergehältern zusammen, wobei aber nur der Teil der Einkünfte ab 28.548 EUR einbezogen wird. Ihre Einkommensteuerschuld wird durch Anwendung des Familienquotienten ermittelt. CSG, CRDS und der bei Einkünften aus Kapitalvermögen grundsätzlich relevante „prélèvement social“ werden wegen der beschränkten Steuerpflicht der deutschen natürlichen Personen nicht erhoben.[1790]

Die Besteuerung in Deutschland verlangt die Vervollständigung der zweistufigen Ermittlung der Einkünfte aus Gewerbebetrieb.[1791] Da weder Ergänzungs- noch Sonderbilanzen vorliegen, werden nur noch – auf der zweiten Stufe der Einkünfteermittlung – die Geschäftsführergehälter aus der deutschen Personenhandelsgesellschaft zum anteiligen Steuerbilanzergebnis des

---

schaft nach den einkommensteuerlichen Regelungen für Personengesellschaften besteuert wird. Demnach werden Einkünfte aus Kapitalvermögen, die eine Personenhandelsgesellschaft erzielt hat, aus den Einkünften aus Gewerbebetrieb ausgeklammert und bei den Gesellschaftern anteilig besteuert. Vgl. doc. adm. 4 A 2312 vom 1.9.1993, Rn. 3-4.

1784 Vgl. hierzu Kapitel 4.2.1.1.2 und Kapitel 4.2.1.6.

1785 Die Einkünfte zählen zu den bei der Abgrenzung der beschränkten Einkommensteuerpflicht aufgezählten Einkünften aus einer in Frankreich ausgeübten beruflichen Tätigkeit. Vgl. hierzu Kapitel 4.2.1.1.2.

1786 Vgl. zu den Einkünften aus Geschäftsführergehältern Kapitel 4.2.1.2.4.

1787 Außerdem dürften zunächst – vor Anwendung des Abzugs- bzw. Freibetrags – auch Sozialversicherungsbeiträge abgezogen werden. Allerdings besteht für die deutschen natürlichen Personen bei der vorliegenden Unternehmensstruktur keine Sozialversicherungspflicht in Frankreich. Vgl. hierzu – für die geschäftsführenden Gesellschafter einer SNC – Kapitel 3.2.1.8 und 6.1.2.3. Die tatsächlichen „frais professionnels“ dürfen aber nicht angesetzt werden.

1788 Vgl. zur Erhebung der IR Kapitel 4.2.1.6.

1789 Art. 13 Abs. 7 DBA-D/F legt ausdrücklich fest, dass die Geschäftsführertätigkeit in einer körperschaftsteuerpflichtigen Gesellschaft zur nichtselbständigen Arbeit i.S.d. Abkommens zählt. Vgl. zu den Einkünften aus nichtselbständiger Arbeit und den hier greifenden abkommensrechtlichen Regelungen Kapitel 4.2.1.2.6.

1790 Die Vorgehensweise bei der Ermittlung der französischen Einkommensteuerschuld entspricht der in Kapitel 6.1.1.3 beschriebenen. Vgl. zur Nichterhebung des „prélèvement social“ Kapitel 4.2.1.5.

1791 Vgl. hierzu Kapitel 6.1.1.3.

jeweiligen Gesellschafters hinzugerechnet. Der Ergebnisanteil der optierten französischen Personenhandelsgesellschaft ist in Deutschland unter Progressionsvorbehalt freigestellt. Der erstattete „précompte“ sollte steuerfrei vereinnahmt werden können.[1792]

Anschließend müssen die Geschäftsführergehälter aus der französischen Personenhandelsgesellschaft berücksichtigt werden. Im Gegensatz zu Kapitel 6.1.2.3 liegt hier keine übereinstimmende Einkunftsqualifikation vor. Die Gehälter für die geschäftsführende Tätigkeit der beiden Gesellschafter sind bei der optierten französischen Personenhandelsgesellschaft steuerlich abziehbar[1793] und unterliegen als Einkünfte aus Geschäftsführergehältern der vorstehend dargestellten beschränkten Einkommensteuerpflicht in Frankreich. Aus deutscher steuerrechtlicher Sicht stellen die Beteiligungen an der optierten französischen Personenhandelsgesellschaft eine Mitunternehmerschaft i.S.d. § 15 Abs. 1 Satz 1 Nr. 2 EStG dar.[1794] Somit gehören die Vergütungen aus der Tätigkeit als Geschäftsführer grundsätzlich zu den Einkünften aus Gewerbebetrieb der Gesellschafter.

Der Betriebsstättenerlass der Finanzverwaltung enthält bezüglich der steuerlichen Behandlung dieser Vergütungen eine bereits in Kapitel 6.1.2.3 beschriebene Vorschrift. Demnach sollen die Vergütungen grundsätzlich als abkommensrechtliche Unternehmensgewinne eingestuft werden. Die somit zu gewährende Steuerfreistellung unter Progressionsvorbehalt wird aber dann nicht gewährt, wenn der ausländische Staat eine abweichende Qualifikation der Vergütungen vornimmt und eine Steuerfreistellung gewährt oder lediglich eine befreiende Quellensteuer erhebt. Dann soll in Deutschland die Anrechnungsmethode zur Anwendung kommen. In dem hier betrachteten Fall unterliegen die Vergütungen in Frankreich der beschränkten Einkommensteuerpflicht. Die Erhebungsmodalitäten sind so gestaltet, dass ein Teil der Einkünfte freigestellt wird, ein Teil einer befreienden Quellensteuer und ein anderer Teil durch Anrechnung einer Quellensteuer dem normalen französischen Einkommensteuersatz unterliegt. Dennoch wird in Deutschland nicht die Anrechnungsmethode zur Anwendung kommen, denn nach dem Wortlaut des Betriebstättenerlasses muss die Freistellung bzw. die Erhebung der befreienden Quellensteuer aus abkommensrechtlichen Vorschriften resultieren: „wenn der andere Staat [...] sich [...] nach dem DBA gehalten sieht, sie von der Steuer zu befreien oder nur zu einem einen bestimmten Vomhundertsatz der Einnahmen nicht übersteigenden Satz zu besteuern“[1795]. Hier sind aber nicht abkommensrechtliche, sondern nationale steuerrechtliche Vorschriften die Anwendungsgrundlage.[1796]

Die gleiche Vorgehensweise gilt für andere Vergütungen aus Vereinbarungen zwischen der Gesellschaft und ihren Gesellschaftern, wie beispielsweise Vergütungen für die Hingabe von Darlehen oder für die Überlassung von Wirtschaftsgütern. Auch hier entscheidet ihre aus abkommensrechtlichen Vorschriften resultierende Behandlung in Frankreich über eine Besteuerung in Deutschland im Rahmen der abkommensrechtlichen Vorschriften.[1797]

Die weiteren Schritte zur Ermittlung des zu versteuernden Einkommens gestalten sich problemlos. Diesbezüglich wird grundsätzlich auf Kapitel 6.1.1.3 verwiesen. Im Rahmen der Ermittlung der tariflichen Einkommensteuer der beiden deutschen natürlichen Personen müssen die anteiligen Ergebnisse der optierten französischen Personenhandelsgesellschaft und die in Frankreich gezahlten Geschäftsführergehälter bei der Berechnung des Einkommensteuersat-

[1792] Vgl. hierzu Kapitel 6.1.3.2.
[1793] Vgl. hierzu Kapitel 6.1.3.1.
[1794] Vgl. hierzu Kapitel 6.1.3.2.
[1795] BMF vom 24.12.1999, BStBl. I 1999, S. 1076, Rn. 1.2.3.
[1796] Dies ändert aber nichts an der Einbeziehung der französischen Geschäftsführergehälter in den nachstehend beschriebenen deutschen Progressionsvorbehalt.
[1797] Vgl. hierzu Kapitel 6.1.2.3.

zes berücksichtigt werden.[1798] Dabei sind die Ergebnisse schon im Moment ihres Anfallens, nicht erst bei ihrer Ausschüttung zu berücksichtigen. Sofern dann tatsächlich Ausschüttungen aus der optierten französischen Personenhandelsgesellschaft vorgenommen werden, gelten diese aus deutscher steuerrechtlicher Sicht als nicht steuerbare Entnahmen aus einer Personenhandelsgesellschaft.[1799] Somit ist eine Anrechnung der im Ausland erhobenen Quellensteuer in Deutschland nicht möglich.[1800] Auch auf abkommensrechtlicher Ebene wird die Quellensteuer auf die Ausschüttungen explizit von einer solchen Anrechnungsmöglichkeit ausgenommen (Art. 20 Abs. 1 Buchstabe c Satz 2 DBA-D/F).[1801]

Die von den deutschen natürlichen Personen unmittelbar gehaltenen Anteile an der optierten französischen Personenhandelsgesellschaft führen bei ihnen zu Einkünften aus Kapitalvermögen. Somit greift die Ausnahme für beschränkt Vermögensteuerpflichtige, wonach Kapitalanlagen nicht der ISF unterliegen.[1802] Außerdem liegt der Wert der Beteiligungen unterhalb der Eingangsstufe der ISF.[1803] Schließlich darf die ISF aufgrund der in Kapitel 6.1.3.2 dargestellten abkommensrechtlichen Vorschrift ohnehin nicht erhoben werden.

1798 Die in den Progressionsvorbehalt eingehenden ausländischen Einkünfte sind nach den deutschen steuerrechtlichen Vorschriften zu ermitteln. Vgl. BFH vom 22.5.1991, BStBl. II 1992, S. 94. Somit dürfen der in Frankreich bei Einkünften aus nichtselbständiger Arbeit bzw. bei Einkünften aus Geschäftsführergehältern zur Anwendung kommende pauschale Abzugsbetrag von 10 % und der Freibetrag von 20 % nicht angesetzt werden.

1799 Vgl. hierzu Kapitel 6.1.3.2.

1800 Vgl. KRABBE, Personengesellschaften 1998, S. 765; SCHMIDT, Ausländische Personengesellschaften 1996, S. 18.

1801 Vgl. hierzu die Ausführungen zur Anrechnungsmöglichkeit französischer Quellensteuern auf Ausschüttungen aus einer französischen Kapitalgesellschaft in Kapitel 6.1.4.3.

1802 Die Einstufung der Kapitalanlage als vermögensteuerpflichtige Beteiligung greift erst ab einem Anteil am Gesellschaftskapital in Höhe von 10 %. Vgl. hierzu Kapitel 4.3.1.

1803 Vgl. zur Bewertung der Anteile Kapitel 6.1.2.3.

6.1.3.4 Zusammenfassende Darstellung

Land / Ebene	Frankreich	Deutschland
Optierte französische Personenhandelsgesellschaft	**IS;** **Grundsteuer;** **„taxe professionnelle";** **lohnsummenabhängige Steuern.**	–
Deutsche Personenhandelsgesellschaft	**Keine ISF.**	**Gewerbesteuer** – keine Besteuerung des anteiligen Ergebnisses der optierten französischen Personenhandelsgesellschaft und des „précompte" sowie der französischen Geschäftsführergehälter; **Grundsteuer.**
Deutsche natürliche Personen	**IR** – 15 % Quellensteuer auf französische Gewinnausschüttung und „précompte"; – „gestaffelte" Besteuerung der französischen Geschäftsführergehälter; **keine ISF.**	**Einkommensteuer** – Progressionsvorbehalt auf anteiliges Ergebnis der optierten französischen Personenhandelsgesellschaft zuzüglich französischer Geschäftsführergehälter; **Solidaritätszuschlag;** **Kirchensteuer.**

6.1.4 Kapitalgesellschaft als Grundeinheit

6.1.4.1 Ebene der französischen Kapitalgesellschaft

Die Besteuerung der französischen Kapitalgesellschaft gestaltet sich grundsätzlich wie die in Kapitel 6.1.3.1 dargestellte Besteuerung der optierten französischen Personenhandelsgesellschaft. Auch sie ist in Frankreich körperschaftsteuerpflichtig, allerdings greift bei ihr Art. 206 1. CGI. Das Ergebnis ihres in Frankreich betriebenen Unternehmens unterliegt auf der Ebene der Gesellschaft der IS. Im Verhältnis zu Deutschland steht Frankreich gem. Art. 4 Abs. 1 DBA-D/F das Besteuerungsrecht für das in der französischen Betriebstätte erwirtschaftete Ergebnis zu.

Im Gegensatz zur bereits beschriebenen Unternehmensstruktur halten die deutschen natürlichen Personen selbst keine Anteile an der französischen Gesellschaft.[1804] Somit gilt für Vereinbarungen zwischen der französischen Kapitalgesellschaft und den deutschen natürlichen Personen, dass diese grundsätzlich steuerlich anerkannt werden, sofern sie nicht als unübliche Geschäftsführungshandlungen einzustufen sind.[1805] Die an die deutschen natürlichen Personen gezahlten Geschäftsführergehälter sind wie sämtliche Lohn- und Gehaltsaufwendungen bei der Gesellschaft steuerlich abziehbar. Dem Gehalt muss aber wiederum eine tatsächlich ge-

[1804] Hierfür besteht gesellschaftsrechtlich keine Notwendigkeit.

[1805] Das Rechtsinstitut der unüblichen Geschäftsführungshandlung kommt insbesondere bei Mitgliedern der Unternehmensleitung zur Anwendung. Vgl. die Zusammenstellung von Beispielen bei DAVID U.A., Grands arrêts 2000, S. 467-469.

leistete Arbeit gegenüberstehen und es muss der erbrachten Leistung angemessen sein.[1806] Im Rahmen der Darlehensgewährung werden bei der Einstufung als Gesellschafter nur direkt gehaltene Anteile an einer Gesellschaft berücksichtigt.[1807] Somit gelten die angesprochenen Beschränkungen nicht für Darlehen, die der französischen Gesellschaft direkt von den deutschen natürlichen Personen gewährt werden.

Eine Verlustberücksichtigung beschränkt sich auf die Ebene der Kapitalgesellschaft. Der effektive Regelsteuersatz der IS beträgt 34,33 %, die ermäßigten effektiven Steuersätze 19,57 % bzw. 15,45 %. Der „précompte" muss gegebenenfalls, die IFA auf jeden Fall entrichtet werden. Die Erhebung der Grundsteuer, der „taxe professionnelle" und der lohnsummenabhängigen Steuern[1808] gestaltet sich wieder wie in Kapitel 6.1.1.1 beschrieben.

6.1.4.2 Ebene der deutschen Personenhandelsgesellschaft

Die steuerliche Behandlung der französischen Einkünfte in Deutschland richtet sich – wie schon bei der französischen Personenhandelsgesellschaft – nach einer durchzuführenden Subjektqualifikation der französischen Kapitalgesellschaft.[1809] Ein Rechtstypenvergleich wird zeigen, ob die französische Kapitalgesellschaft auch im deutschen Steuerrecht als Kapitalgesellschaft eingestuft wird.[1810] Diesbezüglich geht die deutsche Finanzverwaltung davon aus, dass die SARL, die grundsätzlich der hier vorgenommenen steuerlichen Betrachtung zugrunde liegt, mit der GmbH vergleichbar ist.[1811]

1806 Vgl. hierzu Kapitel 4.2.2.2.

1807 Vgl. doc. adm. 4 C 554 vom 30.10.1997, Rn. 6; REVUE FIDUCIAIRE, Fiscal 2002, Rn. 1292.

1808 Als geschäftsführende Mehrheitsgesellschafter einer französischen Kapitalgesellschaft in der Form einer hier zugrunde gelegten SARL unterliegen die deutschen natürlichen Personen bei der betrachteten Unternehmensstruktur nicht der französischen Sozialversicherungspflicht. Dies ergibt sich aus dem Umstand, dass hier die sozialversicherungsrechtlichen Vorschriften des Wohnsitzstaates greifen. Vgl. für die SARL Kapitel 3.3.1.8. In Deutschland besteht für die geschäftsführenden Gesellschafter der Personenhandelsgesellschaft keine Sozialversicherungspflicht. Vgl. DATEV, Lexikon Sozialversicherungsrecht 2001, S. 373-374. Somit ist die Bemessungsgrundlage der lohnsummenabhängigen Steuern unverändert. Eine Sozialversicherungspflicht ergäbe sich aber im nicht näher betrachteten Fall einer SAS. Vgl. zur SAS Kapitel 3.3.2.8.

1809 PILTZ weist darauf hin, dass eine Qualifikation „in jedem Fall der Anwendung einer deutschen Steuerrechtsnorm, die an die Beteiligung an einer ausländischen Gesellschaft anknüpft" (PILTZ, Personengesellschaften 1981, S. 58), erfolgen muss.

1810 Vgl. grundsätzlich zu einem solchen Rechtstypenvergleich Kapitel 6.1.2.2.

1811 Eine Vergleichbarkeit besteht außerdem für die SA mit der AG bzw. für die SCA mit der KGaA. Vgl. BMF vom 24.12.1999, BStBl. I 1999, S. 1076, Anhang, Tabelle 1. Für die SA und die AG hat dies auch der BFH ausdrücklich festgestellt. Vgl. BFH vom 29.5.1996, BStBl. II 1997, S. 63. Vgl. auch MÖSSNER, in: MÖSSNER, Steuerrecht 1998, Rn. B 48. Hinsichtlich einer steuerlichen Einordnung der SAS macht aber weder die Finanzverwaltung, noch der BFH eine Aussage. Ein Rechtstypenvergleich bezogen auf die SAS, basierend auf den Kriterien des RFH, wird aber auch zu einer Vergleichbarkeit der SAS mit einer deutschen Kapitalgesellschaft führen, wenn auch in Deutschland keine korrespondierende Rechtsform besteht. Der RFH nennt ausgehend von der AG die Merkmale einer deutschen Kapitalgesellschaft. Demzufolge haften die Gesellschafter einer Kapitalgesellschaft nicht persönlich, können ihre Gesellschaftsanteile übertragen und sind nicht aufgrund ihrer Stellung als Gesellschafter an der Geschäftsführung beteiligt. Ihre Gesellschafterstellung wird eher von ihrer Kapitalbeteiligung geprägt, weniger von dem persönlichen Vertrauensverhältnis zu ihren Mitgesellschaftern. Vgl. RFH vom 12.2.1930, RFHE 27, S. 73. Probleme könnte die Forderung nach dem Vorhandensein des letztgenannten Merkmals bei der SAS bereiten, denn bei der SAS spielt die Personenbezogenheit des Gesellschaftsverhältnisses eine bedeutende Rolle. Vgl. hierzu Kapitel 3.3.2.1. Aus diesem Grund wird in Teilen der Literatur zum französischen Gesellschaftsrecht auch eine Einordnung der SAS zwischen den Personen- und Kapitalgesellschaften vorgenommen. Vgl. hierzu Kapitel 2.1.2.6. Ein Rechtstypenvergleich muss aber nicht zu einer vollständigen Übereinstimmung sämtlicher Merkmale führen. Letztendlich entscheidet das Gesamtbild. Vgl. PILTZ, Personengesellschaften 1981, S. 70. Da die anderen gefor-

Die Ermittlung der Einkünfte aus Gewerbebetrieb der Gesellschafter der deutschen Personenhandelsgesellschaft erfolgt auch hier in zwei Stufen, wobei auf der ersten Stufe wieder zunächst der Steuerbilanzgewinn der deutschen Personenhandelsgesellschaft ermittelt und anschließend mit Hilfe des Gewinnverteilungsschlüssels auf die einzelnen Gesellschafter verteilt wird.[1812] Sofern das Ergebnis aus der Beteiligung an der französischen Kapitalgesellschaft in Deutschland steuerlich berücksichtigt wird, zeigt sich dies in der Steuerbilanz der deutschen Personenhandelsgesellschaft. Demzufolge muss an dieser Stelle eine genaue Betrachtung vorgenommen werden.

Das Besteuerungsrecht für das Ergebnis der französischen Kapitalgesellschaft steht aufgrund abkommensrechtlicher Regelungen Frankreich zu.[1813] Schüttet die französische Kapitalgesellschaft Gewinne aus, hat zwar Deutschland das Besteuerungsrecht für diese Dividendenzahlungen (Art. 9 Abs. 1 DBA-D/F), allerdings darf Frankreich eine Quellensteuer in Höhe von 15 % auf den Bruttobetrag der gezahlten Dividende erheben (Art. 9 Abs. 2 DBA-D/F). Eine Erfassung der Gewinnausschüttungen aus einer französischen Kapitalgesellschaft durch den in Art. 9 Abs. 6 DBA-D/F definierten Dividendenbegriff des Abkommens ist hier eindeutig.[1814] Die französische Quellensteuer wird gem. Art. 20 Abs. 1 Buchstabe c Satz 1 DBA-D/F unter Beachtung der deutschen Vorschriften auf die deutsche Steuer angerechnet. Angesichts der fehlenden Abkommensberechtigung der deutschen Personenhandelsgesellschaft erfolgt die Anrechnung der Steuer erst auf der Ebene der Gesellschafter der deutschen Personenhandelsgesellschaft.[1815]

Aufgrund der eindeutigen Einordnung der Gewinnausschüttung als Dividende i.S.d. Art. 9 DBA-D/F wird dem deutschen Dividendenempfänger der von der französischen Kapitalgesellschaft auf die Dividende entrichtete „précompte“ unter Einbehaltung einer französischen Quellensteuer in Höhe von 15 % erstattet.[1816] Die abkommensrechtliche Einordnung des „précompte“ als Dividende führt zum Vorliegen des diesbezüglichen Besteuerungsrechts bei Deutschland. Aus deutscher steuerrechtlicher Sicht sollte der erstattete „précompte“ wie eine empfangene Dividende behandelt werden.[1817] Daher erfolgt wieder – auf der Ebene der Gesellschafter der deutschen Personenhandelsgesellschaft – gem. Art. 20 Abs. 1 Buchstabe c Satz 1 DBA-D/F eine Anrechnung der auf französischer Seite einbehaltenen Quellensteuer unter Beachtung der deutschen Vorschriften.

Die französische Kapitalgesellschaft unterliegt in Frankreich der Buchführungs- und Rechnungslegungspflicht.[1818] Die deutsche Personenhandelsgesellschaft in ihrer Eigenschaft als Gesellschafter der französischen Kapitalgesellschaft ist nicht verpflichtet, für die Geschäftsvorfälle der französischen Kapitalgesellschaft Bücher zu führen.[1819] Die Erträge aus der Beteiligung an der französischen Kapitalgesellschaft werden aber in ihren Büchern erfasst und er-

derten Merkmale bei der SAS vorhanden sind, kann sie mit einer deutschen Kapitalgesellschaft verglichen werden.

1812 Vgl. hierzu Kapitel 6.1.1.2.

1813 Vgl. hierzu Kapitel 6.1.4.1.

1814 Art. 9 Abs. 6 Satz 1 DBA-D/F enthält eine explizite Auflistung verschiedener Dividendenformen.

1815 Da die deutsche Personenhandelsgesellschaft nicht abkommensberechtigt ist, gelten die deutschen natürlichen Personen als Empfänger der Ausschüttung und somit als ansässige Person i.S.d. des Art. 9 Abs. 1 DBA-D/F. Vgl. BMF vom 20.2.1981, BStBl. I 1981, S. 74. Vgl. zur Anrechnung der französischen Quellensteuer Kapitel 6.1.4.3.

1816 Vgl. hierzu Kapitel 6.1.3.2.

1817 Vgl. zur Qualifizierung des „précompte“ als Dividende VIEGENER, Beendigung des Finanzausgleichs 2002, S. 1298.

1818 Vgl. für die SARL Kapitel 3.3.1.9.

1819 Vgl. JACOBS, Internationale Unternehmensbesteuerung 2002, S. 715-716.

scheinen in ihrer Steuerbilanz. Hinsichtlich des Zeitpunkts der Vereinnahmung und somit der Versteuerung der Ausschüttung einer ausländischen – hier der französischen – Kapitalgesellschaft, existierte bis zu einem Beschluss des BFH[1820] im Jahr 2000 unter bestimmten Bedingungen die Möglichkeit der phasengleichen Aktivierung.[1821] Nach diesem Beschluss ist nun aber eine Aktivierung von Dividendenansprüchen aus einer am maßgeblichen Bilanzstichtag noch nicht beschlossenen Gewinnverwendung nicht mehr möglich.[1822] Somit wirkt sich der Gewinn der französischen Kapitalgesellschaft erst in dem Wirtschaftsjahr, in dem der Gewinnverwendungsbeschluss erfolgt[1823] und somit – im hier unterstellten schnellstmöglichen Fall – in dem Wirtschaftsjahr, welches auf das Wirtschaftsjahr folgt, in dem das zugehörige Ergebnis bei der französischen Kapitalgesellschaft erwirtschaftet wurde, auf die Steuerbilanz der deutschen Personenhandelsgesellschaft aus.[1824]

Aufgrund der steuerrechtlichen Selbständigkeit der französischen Kapitalgesellschaft können Verluste, die diese gegebenenfalls erzielt, bei ihrem deutschen Gesellschafter grundsätzlich nicht berücksichtigt werden.[1825] Bei der französischen Kapitalgesellschaft vorliegende Verluste können aber unter Umständen indirekt, auf dem Umweg einer Teilwertabschreibung genutzt werden. Um eine Teilwertabschreibung vornehmen zu können, muss ein deutscher Gesellschafter eine Beteiligung an einer ausländischen Kapitalgesellschaft bilanzieren.[1826] Da die Beteiligung an der französischen Kapitalgesellschaft im Betriebsvermögen der deutschen Personenhandelsgesellschaft gehalten und somit in deren Steuerbilanz aktiviert wird, ist diese Bedingung erfüllt.

Die relevante einkommensteuerliche Vorschrift für die Vornahme einer Teilwertabschreibung ist § 6 Abs. 1 Nr. 2 EStG. Gem. § 6 Abs. 1 Nr. 2 Satz 1 EStG sind u.a. Beteiligungen grundsätzlich mit ihren Anschaffungskosten anzusetzen. Im Fall einer voraussichtlich dauernden Wertminderung kann aber anstelle der Anschaffungskosten der niedrigere Teilwert der Beteiligung angesetzt werden (§ 6 Abs. 1 Nr. 2 Satz 2 EStG).[1827] Steuerrechtlich besteht in diesem Fall also ein Wahlrecht hinsichtlich der Vornahme der Teilwertabschreibung. Aufgrund der hier relevanten handelsrechtlichen Regelung und der für die Personenhandelsgesellschaft greifenden Maßgeblichkeit der Handels- für die Steuerbilanz besteht im Fall einer voraussichtlich dauernden Wertminderung aber auch steuerrechtlich eine Abschreibungspflicht (§ 253 Abs. 2 Satz 3 2. Halbsatz HGB i.V.m. § 5 Abs. 1 Satz 1 EStG).

Die Vornahme einer Teilwertabschreibung ist mit zahlreichen Auflagen bzw. Einschränkungen verbunden. Zu diesen gehört der Nachweis, dass die Wertminderung dauerhaft ist.

[1820] Vgl. BFH vom 7.8.2000, BStBl. II 2000, S. 632.

[1821] Vgl. zu dieser Möglichkeit und zu den geforderten Bedingungen EGE/SCHAUMBURG/WASSERMEYER, Internationales Steuerrecht 2000, S. 19-20. Sofern die geforderten Bedingungen erfüllt wurden, lag handelsrechtlich ein Aktivierungswahlrecht, steuerrechtlich ein Aktivierungsgebot vor. Vgl. mit Nachweisen zur Rechtsprechung SCHWEDHELM, Zeitgleiche Dividendenvereinnahmung 1992, S. 652.

[1822] Vgl. HOFFMANN, Bilanzierung 2000, S. 2558; KRAFT, Phasengleiche Dividendenaktivierung 2001, S. 11; LIPPEK, Aktivierung von Beteiligungserträgen 2000, S. 1089; WASSERMEYER, Keine phasengleiche Aktivierung 2000, S. 1111. A.A. GROH, der lediglich eine Verschärfung der Bedingungen für eine Aktivierung sieht. Vgl. GROH, Phasengleiche Bilanzierung 2000, S. 2444.

[1823] Vgl. WEBER-GRELLET, § 5, in: SCHMIDT, Einkommensteuergesetz 2002, Rn. 270, („Dividendenansprüche").

[1824] Der BFH bezieht sich in seinem Beschluss zwar nur auf die Beteiligung einer Kapitalgesellschaft an einer anderen Kapitalgesellschaft. Vgl. BFH vom 7.8.2000, BStBl. II 2000, S. 632. Eine Ausdehnung auf sämtliche Bilanzierende und somit auch auf Personenhandelsgesellschaften scheint aber geboten. Vgl. KRAFT, Phasengleiche Dividendenaktivierung 2001, S. 7. A.A. LIPPEK, Aktivierung von Beteiligungserträgen 2000, S. 1089-1090.

[1825] Vgl. ROSE, Grundzüge 2000, S. 114.

[1826] Vgl. ROSENBACH, in: GROTHERR, Internationale Steuerplanung 2000, S. 326-327.

[1827] Vgl. zum Teilwert Kapitel 5.2.1.1.

Folglich muss die wirtschaftliche Entwicklung der französischen Kapitalgesellschaft am Bilanzstichtag prognostiziert werden, was grundsätzlich mit Hilfe einer Unternehmensbewertung geschieht.[1828] Außerdem rechtfertigt das Anfallen von Anlaufverlusten bei einer Kapitalgesellschaft nach Ansicht der Rechtsprechung noch keine Teilwertabschreibung auf eine Beteiligung, die an ihr gehalten wird,[1829] denn im normalen Geschäftsbetrieb werden sich Anlaufverluste wieder ausgleichen.[1830] Als Anlaufphase gilt in diesem Zusammenhang – bei ausländischen Kapitalgesellschaften – regelmäßig ein Zeitraum von fünf Jahren.[1831] Eine Teilwertabschreibung ist in diesem Zeitraum nur möglich, wenn die Anschaffung – hier die Gründung – von Anfang an eine Fehlmaßnahme war.[1832] Eine solche liegt nicht vor, wenn ein ordentlicher und gewissenhafter Kaufmann zum Bilanzstichtag – der erste Bilanzstichtag nach der Anschaffung bzw. Gründung – ausgehend von betriebswirtschaftlichen Grundsätzen Erfolgsaussichten sieht.[1833]

Eine Teilwertabschreibung ist in ihrer Höhe zwangsläufig auf den Betrag der Anschaffungskosten der Beteiligung an der französischen Kapitalgesellschaft beschränkt.[1834] Außerdem muss die aufgrund einer Teilwertabschreibung erfolgte niedrigere Bewertung der Beteiligung an der französischen Kapitalgesellschaft gegebenenfalls nachträglich wieder korrigiert werden, denn § 6 Abs. 1 Nr. 2 Satz 3 EStG enthält ein Wertaufholungsgebot. Ergibt sich nach einer vorausgehenden Teilwertabschreibung an einem nachfolgenden Bilanzstichtag wieder ein höherer Teilwert, so muss im Rahmen der Wertobergrenze eine Erhöhung des Wertansatzes der Beteiligung bis zu diesem neuen Wert vorgenommen werden.[1835] Die wohl schwerwiegendste Einschränkung erfährt eine Teilwertabschreibung auf die Beteiligung an der französischen Kapitalgesellschaft aber durch § 3c Abs. 2 Satz 1 EStG. Demnach darf eine solche Teilwertabschreibung nur noch zur Hälfte steuerlich berücksichtigt werden.[1836]

Möglicherweise bestehende Lieferungs- und Leistungsbeziehungen zwischen der deutschen Personenhandelsgesellschaft und der französischen Kapitalgesellschaft, die zu Gewinnverlagerungen nach Frankreich führen, haben Korrekturmaßnahmen bei der deutschen Personenhandelsgesellschaft zur Folge. Grundsätzlich kommt hier § 1 AStG zur Anwendung.[1837] § 1 AStG greift, sofern die Gewinnminderung in Deutschland durch Geschäftsbeziehungen mit nahestehenden Personen ausgelöst wurde, wobei diese Geschäftsbeziehungen mit fremden Dritten unter vergleichbaren Bedingungen so nicht vereinbart worden wären. Die Gewinnminderung drückt sich durch eine Minderung von Einkünften eines Steuerpflichtigen aus. Durch die Berücksichtigung ihrer Gesellschafter werden auch (deutsche) Personengesell-

---

1828 Vgl. EGE/SCHAUMBURG/WASSERMEYER, Internationales Steuerrecht 2000, S. 20; HOFFMANN, § 6, in: LITTMANN/BITZ/PUST, Körperschaftsteuergesetz 2002, Rn. 590. Vgl. zur Ansicht des BFH, wie eine solche Unternehmensbewertung durchzuführen sei und zur hieran geübten Kritik KÜTING/KESSLER, Teilwertabschreibungen auf Beteiligungen 1995, S. 348-350.

1829 Vgl. RFH vom 11.5.1939, RStBl. 1939, S. 805; BFH vom 20.5.1965, BStBl. III 1965, S. 503.

1830 Vgl. BFH vom 23.9.1969, BStBl. II 1970, S. 87.

1831 Bei inländischen Kapitalgesellschaften wird ein Zeitraum von drei Jahren zugrunde gelegt. Vgl. BFH vom 27.7.1988, BStBl. II 1989, S. 274.

1832 Vgl. BFH vom 20.5.1988, BStBl. II 1989, S. 269.

1833 Eine nachträgliche Einstufung als Fehlmaßnahme reicht nicht aus. Vgl. BFH vom 27.7.1988, BStBl. II 1989, S. 274.

1834 Vgl. HEINSEN, Steuerliche Verlustpolitik 2001, S. 49.

1835 Vgl. BMF vom 25.2.2000, BStBl. I 2000, S. 372, Rn. 34.

1836 Vgl. HEINSEN, Steuerliche Verlustpolitik 2001, S. 49. Dabei wird auf den wirtschaftlichen Zusammenhang zu Betriebsvermögensmehrungen oder Einnahmen, die von § 3 Nr. 40 EStG erfasst werden, abgestellt. Vgl. HEINICKE, § 3c, in: SCHMIDT, Einkommensteuergesetz 2002, Rn. 30. Vgl. zur Anwendung des § 3 Nr. 40 EStG im Fall der vorliegenden Beteiligung an der französischen Kapitalgesellschaft Kapitel 6.1.4.3.

1837 Vgl. GROTHERR/HERFORT/STRUNK, Internationales Steuerrecht 1998, S. 253.

schaften – und somit insbesondere Personenhandelsgesellschaften – von § 1 AStG erfasst.[1838] Da die inländische Personenhandelsgesellschaft eine mindestens 25 %ige Beteiligung an der französischen Kapitalgesellschaft hält, ist Letztere eine nahestehende Person i.S.d. § 1 Abs. 1 AStG (§ 1 Abs. 2 Nr. 1 AStG). Sofern § 1 Abs. 1 AStG tatsächlich angewendet wird, hat dies eine Heranziehung des Fremdvergleichspreises als Vergleichs- und Korrekturmaßstab zur Folge.[1839]

§ 1 AStG greift nur, wenn eine Gewinnberichtigung nicht nach anderen Vorschriften vorzunehmen ist.[1840] Nach Ansicht der Finanzverwaltung haben bei Gewinnverlagerungen ins Ausland vor allem die verdeckte Gewinnausschüttung und die verdeckte Einlage Vorrang vor der Anwendung des § 1 AStG.[1841] Während eine verdeckte Gewinnausschüttung bei den hier betrachteten internationalen Unternehmensstrukturen im Fall von Gewinnverlagerungen nach Frankreich nicht möglich ist,[1842] kann eine verdeckte Einlage vorliegen. Eine Definition des Begriffs der „verdeckten Einlage" liefert die Rechtsprechung.[1843] Demnach liegt eine solche vor, wenn ein Gesellschafter seiner Kapitalgesellschaft einen Vermögensgegenstand zuwendet, wobei diese Zuwendung keine gesellschaftsrechtliche Einlage darstellt, ihre Ursache aber im Gesellschaftsverhältnis hat.[1844] Da Nutzungsvorteile und Dienstleistungen nicht einlagefähig sind, wird dieser Bereich von § 1 AStG abgedeckt.[1845] Bei der Beurteilung, ob eine verdeckte Einlage vorliegt, wird ein Fremdvergleich durchgeführt.[1846] Korrekturmaßstab beim die Einlage leistenden Gesellschafter ist der Teilwert (§ 6 Abs. 6 Satz 2 EStG).[1847] Bei Heranziehung des Rechtsinstituts der verdeckten Einlage und bei Anwendung des § 1 AStG kommen also konzeptionell unterschiedliche Wertmaßstäbe zur Anwendung, obwohl in beiden Fällen ein Fremdvergleich durchzuführen ist.[1848]

Geschäftsbeziehungen zwischen international verbundenen Unternehmen müssen also auf der Grundlage des Fremdvergleichs daraufhin untersucht werden, ob sie zu Gewinnverlagerungen ins Ausland führen. Die deutsche Finanzverwaltung gibt für die Überprüfung solcher Geschäftsbeziehungen verschiedene Methoden – die so genannten Standardmethoden zur Prü-

---

[1838] Steuerpflichtige i.S.d. § 1 Abs. 1 AStG sind somit die einzelnen Gesellschafter einer Personengesellschaft. Vgl. BFH vom 30.5.1990, BStBl. II 1990, S. 875; BFH vom 17.12.1997, BStBl. II 1998, S. 321.

[1839] Vgl. BMF vom 2.12.1994, BStBl. I 1995, Sondernummer 1, Rn. 1.1.1.

[1840] Vgl. BFH vom 9.11.1988, BStBl. II 1989, S. 510.

[1841] Vgl. BMF vom 2.12.1994, BStBl. I 1995, Sondernummer 1, Rn. 1.1.2. Neben der verdeckten Gewinnausschüttung und der verdeckten Einlage ist auch das Vorliegen einer Entnahme denkbar. Vgl. BFH vom 17.12.1997, BStBl. II 1998, S. 321.

[1842] Hierzu müsste im Inland eine Kapitalgesellschaft vorliegen, an der ausländische Gesellschafter beteiligt wären.

[1843] Weder das Handels- noch das Steuerrecht enthält eine Definition der verdeckten Einlage. Vgl. KUSSMAUL/KLEIN, Verbuchung verdeckter Einlagen 2001, S. 1045.

[1844] Vgl. m.w.N. BFH vom 16.4.1991, BStBl. II 1992, S. 234. Vgl. auch Abschn. 36a Abs. 1 Satz 1 KStR.

[1845] Vgl. BAUMHOFF, in: MÖSSNER, Steuerrecht 1998, Rn. C 258. Vgl. auch BMF vom 24.7.1979, BStBl. I 1979, S. 564. Vgl. zur Einlagefähigkeit von Nutzungsvorteilen BFH vom 26.10.1987, BStBl. II 1988, S. 348. Vgl. zur Ausdehnung dieses Beschlusses auf Dienstleistungen BFH vom 14.3.1989, BStBl. II 1989, S. 633.

[1846] Dies ergibt sich aus der Rechtsprechung. Demnach ist eine Ursache im Gesellschaftsverhältnis dann gegeben, wenn ein „Nichtgesellschafter bei der Anwendung der Sorgfaltspflichten eines ordentlichen Kaufmanns der Gesellschaft den Vermögensvorteil nicht eingeräumt hätte" (BFH vom 24.3.1987, BStBl. II 1987, S. 705).

[1847] Sofern § 6 Abs. 6 Satz 2 EStG zur Anwendung kommen soll, muss die verdeckte Einlage aus einem Betriebsvermögen heraus, in dem auch die entsprechende Beteiligung an der Kapitalgesellschaft gehalten wird, erfolgen. Vgl. GLANEGGER, § 6, in: SCHMIDT, Einkommensteuergesetz 2002, Rn. 551. Vgl. zur buchmäßigen Behandlung einer verdeckten Einlage beim Gesellschafter KUSSMAUL/KLEIN, Verbuchung verdeckter Einlagen 2001, S. 1049-1050.

[1848] Vgl. zum Teilwert und zum Fremdvergleichspreis Kapitel 5.2.1.1. Dort wird auch auf die möglichen Unterschiede zwischen Teilwert und Fremdvergleichspreis hingewiesen.

fung von Verrechnungspreisen – vor.[1849] Diese Methoden orientieren sich an den Vorgaben der OECD[1850] und sind international anerkannt.[1851] Sie müssen aber nicht in der vorgegebenen Form angewendet werden, sondern können, um den Marktverhältnissen gerecht zu werden, auch modifiziert und kombiniert werden.[1852]

Schließlich muss noch das Verhältnis zwischen den vorstehend dargestellten nationalen Gewinnberichtigungsmethoden und den diesbezüglichen Vorschriften des DBA-D/F beachtet werden. Die hier relevante Regelung ist in Art. 5 DBA-D/F enthalten. Er räumt beiden Staaten die Möglichkeit ein, Gewinnkorrekturen bei verbundenen Unternehmen vorzunehmen, wobei der Fremdvergleichspreis Vergleichs- und Korrekturmaßstab sein soll.[1853] Art. 5 DBA-D/F ist jedoch keine selbständige Rechtsgrundlage für die Gewinnberichtigung. Hierzu müssen die jeweiligen innerstaatlichen – im Fall von Deutschland eben die vorstehend aufgeführten – Vorschriften herangezogen werden.[1854] Kommt es aber zu einem Verständigungs- oder einem Schiedsverfahren,[1855] haben die zuständigen deutschen und französischen Finanzbehörden bei ihrem Einigungsversuch eine gemeinsame abkommensrechtliche Grundlage, welche den Fremdvergleichspreis als Maßstab vorsieht.[1856]

Die Ausführungen zur Erhebung der Gewerbesteuer in Kapitel 6.1.1.2 gelten grundsätzlich auch im vorliegenden Fall. Allerdings erfordert die gewerbesteuerliche Behandlung der von der französischen Kapitalgesellschaft empfangenen Dividende eine gesonderte Betrachtung. Die vorstehenden Ausführungen haben gezeigt, dass Deutschland das Besteuerungsrecht für die Dividende hat. Somit geht diese grundsätzlich auch in den Gewerbeertrag der deutschen Personenhandelsgesellschaft ein. Allerdings greift hier die Kürzungsvorschrift in § 9 Nr. 7 GewStG. Ihre Anwendungsvoraussetzungen sind in § 9 Nr. 7 Satz 1 GewStG definiert. Demnach muss seit Beginn des Erhebungszeitraums ununterbrochen eine mindestens 10 %ige Beteiligung am Nennkapital einer Kapitalgesellschaft mit Sitz und Geschäftsleitung im Ausland bestanden haben.[1857] Außerdem muss die ausländische Kapitalgesellschaft ihre Bruttoerträge aus bestimmten Tätigkeiten bzw. aus Beteiligungen an bestimmten anderen Gesellschaften beziehen. Da die französische Kapitalgesellschaft keine Anteile an anderen Gesellschaften hält, müssen lediglich die ausgeübten Tätigkeiten näher untersucht werden. Hier fordert § 9 Nr. 7 Satz 1 GewStG, dass die ausländische Kapitalgesellschaft Tätigkeiten i.S.d. § 8 Abs. 1

1849 Dabei handelt es sich um die Preisvergleichsmethode, die Wiederverkaufspreismethode und die Kostenaufschlagsmethode. Die Preisvergleichsmethode zieht zur Prüfung den Marktpreis heran, während die Wiederverkaufspreismethode vom Wiederverkaufspreis des abnehmenden Unternehmens abzüglich eines marktüblichen Abschlags ausgeht. Die Kostenaufschlagsmethode erhöht die Selbstkosten des Unternehmens, welches eine Lieferung oder eine Leistung erbringt, um einen Gewinnaufschlag. Vgl. BMF vom 23.2.1983, BStBl. I 1983, S. 218, Rn. 2.2. Außer den Standardmethoden schlägt die OECD auch die so genannten gewinnorientierten Methoden vor. Vgl. hierzu RUNGE, OECD-Verrechnungspreisbericht 1995, S. 508-509. Diese sollen nach Aussagen der Finanzverwaltung aber nur für Schätzungs- und Verprobungszwecke eingesetzt werden. Vgl. BMF, Verrechnungspreisbericht 1995, S. 385. Vgl. zu den gewinnorientierten Methoden FROTSCHER, Internationales Steuerrecht 2001, S. 283-284. In Frankreich werden zwar die Standardmethoden bevorzugt, die Finanzverwaltung kann sich aber auch auf die gewinnorientierten Methoden stützen, wenn die vom betroffenen Unternehmen gewählten Methoden als unzuverlässig beurteilt werden. Vgl. BOURMONT/RUBECHI, Verrechnungspreise 2002, S. 497.

1850 Vgl. GROTHERR/HERFORT/STRUNK, Internationales Steuerrecht 1998, S. 266.

1851 Vgl. JACOBS, Internationale Unternehmensbesteuerung 2002, S. 689.

1852 Unter bestimmten Bedingungen können sogar andere, unternehmensspezifische Methoden herangezogen werden. Vgl. BMF vom 23.2.1983, BStBl. I 1983, S. 218, Rn. 2.4.2.-2.4.3.

1853 Vgl. KRAMER, Art. 5, in: DEBATIN/WASSERMEYER, Doppelbesteuerung 2002, Rn. 3-4.

1854 Vgl. BFH vom 21.1.1981, BStBl. II 1981, S. 517.

1855 Vgl. hierzu Kapitel 4.3.6.

1856 Vgl. BMF vom 23.2.1983, BStBl. I 1983, S. 218, Rn. 2.2.

1857 Vgl. zu den deutschen steuerrechtlichen Begriffen „Sitz" und „Geschäftsleitung" Kapitel 6.2.1.2.

Nr. 1-6 AStG ausübt. Da die französische Kapitalgesellschaft einer in § 8 Abs. 1 Nr. 2 AStG aufgezählten produzierenden Tätigkeit nachgeht, ist die Anwendungsvoraussetzung für die gewerbesteuerliche Kürzungsvorschrift erfüllt. Während Deutschland also abkommensrechtlich ein Besteuerungsrecht für die französischen Dividendeneinkünfte hat, wird dieses für den gewerbesteuerlichen Bereich aufgrund einer nationalen Regelung nicht ausgefüllt.[1858]

§ 3c Abs. 2 Satz 1 EStG wirkt sich über § 7 GewStG auch auf den Gewerbeertrag aus, so dass eine Teilwertabschreibung lediglich zur Hälfte die Bemessungsgrundlage der Gewerbesteuer mindert. Gewerbesteuerlich muss hinsichtlich der vorstehend beschriebenen Teilwertabschreibungen außerdem nach der Abschreibungsursache differenziert werden. Teilwertabschreibungen auf die Beteiligung an der französischen Kapitalgesellschaft können verlust- oder ausschüttungsbedingt sein.[1859] Ist Letzteres der Fall, darf die Teilwertabschreibung aufgrund einer Hinzurechnungsvorschrift in § 8 Nr. 10 Buchstabe a GewStG den Gewerbeertrag überhaupt nicht mindern.[1860] Allerdings ermöglicht die hier betrachtete Unternehmensstruktur wegen ihrer Entstehungsgeschichte ohnehin nicht die Vornahme einer ausschüttungsbedingten Teilwertabschreibung.[1861] Demnach kann für Zwecke der Gewerbesteuer auch keine Hinzurechnung erfolgen.

Bei der Erhebung der Grundsteuer auf die Betriebsgrundstücke der deutschen Personenhandelsgesellschaft ergeben sich keine Besonderheiten im Vergleich zu Kapitel 6.1.1.2, so dass an dieser Stelle ein entsprechender Verweis ausreicht.

Die deutsche Personenhandelsgesellschaft unterliegt mit ihren Anteilen an der französischen Kapitalgesellschaft nicht der ISF. Dies ergibt sich aus der in Kapitel 6.1.1.2 beschriebenen Vorschrift der Finanzverwaltung, wonach auch Vereinigungen ohne eigene Rechtspersönlichkeit nicht vermögensteuerpflichtig sind. Außerdem verhindert Art. 19 Abs. 5 DBA-D/F sowieso eine Erhebung der ISF, wobei hinsichtlich der Anwendung der Vorschrift wegen der fehlenden Abkommensberechtigung der deutschen Personenhandelsgesellschaft auf deren Gesellschafter abgestellt werden muss.

6.1.4.3 Ebene der deutschen natürlichen Personen

Die deutschen natürlichen Personen beziehen für ihre Tätigkeit als Geschäftsführer in der französischen Kapitalgesellschaft Gehälter, welche bei ihnen in Frankreich zu Einkünften aus Geschäftsführergehältern führen.[1862] Somit kann bezüglich der Besteuerung dieser Einkünfte

---

1858 Die Hinzurechnungsvorschrift in § 8 Nr. 5 GewStG greift nicht, weil dort der Kürzungsvorschrift in § 9 Nr. 7 GewStG der Vorrang eingeräumt wird.

1859 Vgl. ROSENBACH, in: GROTHERR, Internationale Steuerplanung 2000, S. 326.

1860 Sofern eine Teilwertabschreibung teilweise durch eine Gewinnausschüttung und teilweise durch andere Gründe bedingt ist, stuft die Finanzverwaltung bei der Anwendung des § 8 Nr. 10 Buchstabe a GewStG die anderen Gründe als überwiegend ein (Abschn. 56 Satz 4 GewStR).

1861 Eine ausschüttungsbedingte Teilwertabschreibung ist nur dann möglich, wenn Reserven – offene Rücklagen oder stille Reserven – ausgeschüttet werden, die beim Erwerb der Beteiligung mitgekauft wurden. Vgl. BFH vom 17.9.1969, BStBl. II 1970, S. 107. Im vorliegenden Fall wurde die Beteiligung an der französischen Kapitalgesellschaft nicht erworben, sondern auf dem Wege einer Sach- und Bargründung verwirklicht. Somit wurden im Moment der Gründung sämtliche in den überführten Wirtschaftsgütern enthaltenen stillen Reserven realisiert. Vgl. hierzu Kapitel 5.2.1.4. Sofern nach der Gründung aufgedeckte stille Reserven – oder auch offene Rücklagen – ausgeschüttet werden, müssen diese nach der Gründung entstanden sein.

1862 Zwar sind sie nicht selbst Gesellschafter der französischen Kapitalgesellschaft. Hinsichtlich einer möglichen Einstufung als geschäftsführende Mehrheitsgesellschafter einer SARL werden aber auch indirekt gehaltene, in diesem Fall also die über die deutsche Personenhandelsgesellschaft gehaltenen Anteile, berücksichtigt. Vgl. CE vom 28.9.1983, n° 30734. Zwar ist keine der deutschen natürlichen Personen an der zwischengeschalteten Gesellschaft mehrheitlich beteiligt, allerdings können hier die Kriterien, die bei einer direkten Beauf Kapitel 6.1.3.3 verwiesen werden.[1863] [1864] Der gleiche Verweis gilt hinsichtlich der französischen Besteuerung der Gewinnausschüttungen aus der französischen Kapitalgesellschaft und des erstatteten „précompte".[1865] Somit bildet wieder nur der Teil ihrer Einkünfte aus Geschäftsführergehältern, der 28.548 EUR übersteigt, ihr zu versteuerndes Einkommen in Frankreich.

Im Rahmen der unbeschränkten Einkommensteuerpflicht der deutschen natürlichen Personen in Deutschland erzielen diese aufgrund ihrer geschäftsführenden Tätigkeit in der französischen Kapitalgesellschaft Einkünfte aus nichtselbständiger Arbeit. Diese müssen in Deutschland aber gem. Art. 13 Abs. 1 DBA-D/F i.V.m. Art. 20 Abs. 1 Buchstabe a DBA-D/F freigestellt werden, wobei der Progressionsvorbehalt zur Anwendung kommt.[1866]

Hinsichtlich der Besteuerung in Deutschland bestehen – bezogen auf die in Deutschland erzielten Einkünfte – bei der Ermittlung der Einkünfte aus Gewerbebetrieb keine Besonderheiten im Vergleich zu Kapitel 6.1.3.3. In ihren Einkünften aus Gewerbebetrieb sind nun aber auch die Dividenden aus der französischen Kapitalgesellschaft und der als Dividende eingestufte, von der französischen Finanzverwaltung erstattete „précompte" enthalten.[1867] Grundsätzlich gehören sie gem. § 20 Abs. 1 Nr. 1 EStG zu den Einkünften aus Kapitalvermögen, werden hier aber gem. § 20 Abs. 3 EStG bei den Einkünften aus Gewerbebetrieb erfasst. Aufgrund von § 3 Nr. 40 Satz 2 EStG i.V.m. § 20 Abs. 3 EStG kommt § 3 Nr. 40 Satz 1 Buchstabe d EStG – das Halbeinkünfteverfahren[1868] – zur Anwendung,[1869] obwohl die Anteile an der französischen Kapitalgesellschaft im Betriebsvermögen der deutschen Personenhandelsgesell-

teiligung relevant sind, übertragen werden. Bei einer direkten Beteiligung werden für die Beurteilung der Mehrheitsverhältnisse die Anteile der betreffenden Gesellschafter zusammengerechnet. Vgl. hierzu Kapitel 4.2.1.2.4.

[1863] Grundsätzlich dürften auch hier wieder Sozialversicherungsbeiträge steuerlich geltend gemacht werden. Für die deutschen natürlichen Personen besteht aber hinsichtlich ihrer Tätigkeit als Geschäftsführer in der SARL keine Sozialversicherungspflicht in Frankreich, denn diese Tätigkeit unterliegt den deutschen sozialversicherungsrechtlichen Vorschriften. Vgl. hierzu Kapitel 3.3.1.8. In Deutschland sind sie als geschäftsführende Gesellschafter einer OHG nicht sozialversicherungspflichtig. Vgl. DATEV, Lexikon Sozialversicherungsrecht 2001, S. 373-374.

[1864] Sofern aufgrund weiterer Vereinbarungen zwischen den deutschen natürlichen Personen und der französischen Kapitalgesellschaft Vergütungen gezahlt werden, gehören diese in Frankreich zu den entsprechenden Einkunftsarten und werden somit wie in Kapitel 4.2.1.2 beschrieben besteuert.

[1865] Der Umstand, dass im hier betrachteten Fall keine gesellschaftsrechtlich notwendige Minderheitsbeteiligung der deutschen natürlichen Personen an der französischen Gesellschaft besteht, wirkt sich steuerlich nicht aus.

[1866] Vgl. hierzu Kapitel 4.2.1.2.6. Auch hier gilt, dass die in den Progressionsvorbehalt eingehenden ausländischen Einkünfte nach den deutschen steuerrechtlichen Vorschriften zu ermitteln sind. Vgl. BFH vom 22.5.1991, BStBl. II 1992, S. 94. Somit dürfen der pauschale Abzugsbetrag von 10 % und der Freibetrag von 20 % nicht berücksichtigt werden. Nach den deutschen steuerrechtlichen Vorschriften darf aber – sofern keine höheren Werbungskosten nachgewiesen werden – der Arbeitnehmer-Pauschbetrag angesetzt werden (§ 9a Satz 1 Nr. 1 EStG). Vgl. OFD Nürnberg vom 23.12.1998, CD Haufe Steuer Office, September 2002, Rn. 3.4.3.1. Da die deutschen natürlichen Personen im vorliegenden Fall in Deutschland keine Einkünfte aus nichtselbständiger Arbeit erzielen und der Arbeitnehmer-Pauschbetrag bisher nicht angesetzt wurde, kann er somit im Rahmen des Progressionsvorbehalts angesetzt werden.

[1867] Aufgrund des Abzugsverbots in § 12 Nr. 3 EStG gehören auch die in Frankreich erhobenen Quellensteuern zu den in Deutschland steuerpflichtigen Einkünften. Sie dürfen bei der Ermittlung der Einkünfte nicht abgezogen werden. Vgl. GROTHERR, Ausländische Beteiligungen 2000, S. 1699.

[1868] Vgl. ausführlich zum Halbeinkünfteverfahren bezogen auf eine Gewinnausschüttung aus einer deutschen Kapitalgesellschaft Kapitel 6.2.1.3.

[1869] Bei der Anwendung des Halbeinkünfteverfahrens wird nicht zwischen in- und ausländischen Dividenden unterschieden. Vgl. DÖTSCH/PUNG, Änderungen 2000, S. 6; GROTHERR, Körperschaftsteuersystem mit Anteilseignerentlastung 2000, S. 853.

schaft gehalten werden. Demnach wird nur die Hälfte dieser Einkünfte in der Steuerbemessungsgrundlage der Steuerpflichtigen erfasst.[1870]

Die weiteren Schritte zur Ermittlung des zu versteuernden Einkommens und zur Berechnung der tariflichen Einkommensteuer entsprechen grundsätzlich den in Kapitel 6.1.1.3 beschriebenen. Die tarifliche Einkommensteuer muss hier unter Berücksichtigung des Progressionsvorbehalts auf die in Frankreich gezahlten Geschäftsführergehälter ermittelt werden. Bei der Ermittlung der festzusetzenden Einkommensteuer ist in dem vorliegenden Fall aber auch die in Kapitel 6.1.4.2 aufgezeigte Anrechnungsmöglichkeit der in Frankreich auf die Ausschüttung aus der französischen Kapitalgesellschaft einbehaltenen Quellensteuer auf die Einkommensteuer zu berücksichtigen. Grundsätzlich ist zwar gem. § 34c Abs. 6 Satz 1 EStG eine Anrechnung ausländischer Quellensteuern bei Bestehen eines DBA nicht erlaubt. Sofern aber im betreffenden DBA – wie hier in Art. 20 Abs. 1 Buchstabe c DBA-D/F – eine Anrechnungsmöglichkeit vorgesehen ist, kann aufgrund der ausdrücklichen Regelung in § 34c Abs. 6 Satz 2 EStG eine Anrechnung erfolgen.[1871] Außerdem sind die in § 34c EStG definierten Anwendungsvoraussetzungen erfüllt.[1872] Die relevanten Vorschriften sind somit § 34c Abs. 6 Satz 2 EStG i.V.m. § 34c Abs. 1 EStG.[1873] § 34c Abs. 1 Satz 2 EStG erreicht allerdings eine Beschränkung der Anrechnung der ausländischen Steuer auf einen Höchstbetrag.[1874] Demnach wird zur Berechnung des Höchstbetrags die deutsche Einkommensteuer im Verhältnis der ausländischen Einkünfte[1875] zur Summe der Einkünfte aufgeteilt, wobei die Steuerermäßigung nach § 35 EStG aufgrund der Ermittlungsvorschrift in § 34c Abs. 1 Satz 2 EStG noch nicht berücksichtigt wurde.[1876] Erst nach der Anrechnung der ausländischen Steuer ist § 35 EStG relevant. Zu einer nur hälftigen Anrechnung der französischen Quellensteuer aufgrund der Anwendung des Halbeinkünfteverfahrens auf die Ausschüttung aus der französischen Kapitalgesellschaft kommt es aber nicht.[1877]

Hinsichtlich der Erhebung der Kirchensteuer muss schließlich noch erwähnt werden, dass das Halbeinkünfteverfahren für die Berechnung der Kirchensteuer nicht herangezogen werden

---

1870 § 3 Nr. 40 Satz 1 Buchstabe d EStG betrifft lediglich die Dividendeneinnahmen. § 3c Abs. 2 EStG enthält eine entsprechende Regelung für die zugehörigen Ausgaben. Somit erfolgt im Ergebnis eine hälftige Besteuerung der Einkünfte.

1871 Vgl. KUSSMAUL/BECKMANN, Methoden zur Vermeidung 2000, S. 707.

1872 § 34c Abs. 1 Satz 1 EStG setzt voraus, dass in Deutschland unbeschränkt Steuerpflichtige von der Anrechnung der ausländischen Steuer Gebrauch machen. Bei einer Personengesellschaft bezieht sich diese Forderung auf deren Gesellschafter, welche in dem hier betrachteten Fall unbeschränkt einkommensteuerpflichtig sind. Vgl. GROTHERR/HERFORT/STRUNK, Internationales Steuerrecht 1998, S. 75.

1873 § 34c Abs. 6 Satz 2 EStG gestattet auch alternativ zur Anrechnung der ausländischen Quellensteuer ihren Abzug bei der Ermittlung der Einkünfte gem. § 34c Abs. 2 EStG. Der Abzug ist aber gegenüber der Anrechnung in erster Linie bei einem negativen zu versteuernden Einkommen vorteilhaft. Vgl. KUSSMAUL, Betriebswirtschaftliche Steuerlehre 2000, S. 686. Vgl. ausführlich zur Vorteilhaftigkeit des Abzugs im Vergleich zur Anrechnung im Bereich der Einkommensteuer KUSSMAUL/BECKMANN, Anrechnung oder Abzug 2000, S. 1191-1196.

1874 Vgl. BFH vom 4.6.1991, BStBl. II 1992, S. 187.

1875 Dabei sind § 3 Nr. 40 EStG sowie § 3c Abs. 2 EStG und somit das Halbeinkünfteverfahren zu beachten (R 212b Satz 4 EStR).

1876 In § 34c Abs. 1 Satz 2 EStG wird die Vorgehensweise bei der Ermittlung der deutschen Einkommensteuer explizit beschrieben: „die sich bei der Veranlagung des zu versteuernden Einkommens [...] nach den §§ 32a, 32b, 34 und 34b ergebende deutsche Einkommensteuer". § 35 EStG wird in diesem Zusammenhang also nicht genannt. Vgl. hierzu auch BMF vom 15.5.2002, BStBl. I 2002, S. 533, Rn. 3.

1877 Vgl. VIEGENER, Beendigung des Finanzausgleichs 2002, S. 1297. Bei der Ermittlung der Einkünfte aus der französischen Kapitalgesellschaft wurde die französische Quellensteuer durch die Anwendung des Halbeinkünfteverfahrens aber nur zur Hälfte in die Steuerbemessungsgrundlage einbezogen. Vgl. GROTHERR, Ausländische Beteiligungen 2000, S. 1699.

darf.[1878] Folglich wird für kirchensteuerliche Zwecke die Hälfte der Bruttobardividende zum zu versteuernden Einkommen hinzugerechnet, die Hälfte der Werbungskosten abgezogen (§ 51a Abs. 2 Satz 2 EStG).

6.1.4.4 Zusammenfassende Darstellung

Land Ebene	Frankreich	Deutschland
Französische Kapitalgesellschaft	**IS;** **Grundsteuer;** **„taxe professionnelle";** **lohnsummenabhängige Steuern.**	–
Deutsche Personenhandelsgesellschaft	**Keine ISF.**	**Gewerbesteuer** – keine Besteuerung der französischen Gewinnausschüttung und des „précompte"; **Grundsteuer.**
Deutsche natürliche Personen	**IR** – 15 % Quellensteuer auf Gewinnausschüttung und „précompte"; – „gestaffelte" Besteuerung der französischen Geschäftsführergehälter.	**Einkommensteuer** – Progressionsvorbehalt auf französische Geschäftsführergehälter; – Halbeinkünfteverfahren auf französische Gewinnausschüttung und „précompte"; – Anrechnung der französischen Quellensteuer; **Solidaritätszuschlag;** **Kirchensteuer.**

6.2 Kapitalgesellschaft als Spitzeneinheit[1879]

6.2.1 Betriebstätte als Grundeinheit

6.2.1.1 Ebene der französischen Betriebstätte

Anfangs muss auch hier geklärt werden, ob die französische Betriebstätte der – in diesem Fall – deutschen Kapitalgesellschaft einer französischen Ertragsteuer unterliegt oder eine solche auslöst.[1880] Diesbezüglich wurde bereits aufgezeigt, dass eine deutsche Kapitalgesellschaft mit dem Ergebnis ihrer französischen Betriebstätte der IS unterliegt.[1881] Voraussetzung hierfür ist, dass das deutsche Stammhaus der französischen Betriebstätte auch aus französischer steuerrechtlicher Sicht als Kapitalgesellschaft und somit als körperschaftsteuerpflichtige

[1878] Vgl. MEMENTO VERLAG AG, Steuerrecht 2002, Rn. 3621; SCHULT, Reformphantasien des Steuergesetzgebers 2001, S. 1020.
[1879] Vgl. zur Darstellung dieser Unternehmensstrukturen Abbildung 1 in Kapitel 2.1.1.
[1880] Vgl. hierzu grundsätzlich Kapitel 6.1.1.1.
[1881] Vgl. hierzu Kapitel 2.1.2.4.

Gesellschaft eingestuft wird. Ansonsten würden wieder die einzelnen Gesellschafter der deutschen Gesellschaft mit ihrem anteiligen Betriebstättenergebnis der IR unterliegen. Die kennzeichnenden Merkmale der deutschen Kapitalgesellschaft, insbesondere die beschränkte Haftung ihrer Gesellschafter für die Verbindlichkeiten der Gesellschaft, führen zu ihrer steuerlichen Einordnung als Kapitalgesellschaft.[1882] Somit ist die französische Betriebstätte der deutschen Kapitalgesellschaft ein in Frankreich betriebenes körperschaftsteuerpflichtiges Unternehmen. Die Körperschaftsteuerpflicht in Frankreich ergibt sich aber ohnehin aus dem Umstand, dass abkommensrechtlich eine französische Betriebstätte besteht[1883] und somit das Besteuerungsrecht für das Betriebstättenergebnis gem. Art. 4 Abs. 1 DBA-D/F bei Frankreich liegt.[1884]

Bei der Aufteilung des im internationalen Unternehmen erwirtschafteten Ergebnisses auf die deutsche Kapitalgesellschaft und die französische Betriebstätte kommen wieder die bereits beschriebenen nationalen und abkommensrechtlichen Vorschriften zur Anwendung.[1885] Demnach wird auch hier die direkte Methode, basierend auf einer eigenen Buchführung und eigenen Abschlüssen der Betriebstätte, herangezogen. Die in diesem Zusammenhang relevanten Gewinnermittlungsvorschriften sind die Regelungen zur Ermittlung der körperschaftsteuerpflichtigen Bemessungsgrundlage.[1886] Somit mindert der Teil des in Deutschland an die deutschen natürlichen Personen gezahlten Geschäftsführergehalts, der aufgrund einer entsprechenden Zurechnung bei der Betriebstätte als Aufwand gebucht wird, auch tatsächlich das steuerliche Ergebnis der Betriebstätte.

Bei der Erhebung der Grundsteuer, der „taxe professionnelle" und der lohnsummenabhängigen Steuern ergeben sich keine Besonderheiten im Vergleich zur Besteuerung der französischen Betriebstätte einer deutschen Personenhandelsgesellschaft.[1887]

6.2.1.2 Ebene der deutschen Kapitalgesellschaft

Im Gegensatz zur französischen Betriebstätte einer deutschen Personenhandelsgesellschaft unterliegen hier nicht die einzelnen Gesellschafter der deutschen Gesellschaft einer französischen Ertragsteuer – der IR – sondern die deutsche Gesellschaft selbst unterliegt aufgrund ihrer Einstufung als Kapitalgesellschaft einer französischen Ertragsteuer – der IS.[1888] Eine Verlustberücksichtigung erfolgt also im Rahmen der Ermittlung des Betriebstättenergebnisses.[1889] Bei der IS kommen die verschiedenen vom zugrunde liegenden Gewinnanteil abhängigen Sätze zur Anwendung.[1890] Der effektive Regelsteuersatz der IS beträgt aufgrund der Erhebung der „contribution sur l'impôt sur les sociétés" 34,33 %.[1891] Langfristige Veräußerungsgewinne werden nur mit dem effektiven Satz von 19,57 % besteuert.[1892] Die in der fran-

[1882] Vgl. BO 14 B-3-99 vom 6.5.1999, Rn. 30.
[1883] Vgl. hierzu Kapitel 2.1.2.4.
[1884] Eine Körperschaftsteuerpflicht in Frankreich besteht dann, wenn ein in Frankreich betriebenes Unternehmen einer Kapitalgesellschaft vorliegt oder wenn Frankreich durch ein Doppelbesteuerungsabkommen ein entsprechendes Besteuerungsrecht zugewiesen wird. Vgl. zur Körperschaftsteuerpflicht Kapitel 4.2.2.1.
[1885] Vgl. hierzu Kapitel 6.1.1.1.
[1886] Vgl. hierzu Kapitel 4.2.2.2.
[1887] Vgl. hierzu Kapitel 6.1.1.1.
[1888] Vgl. doc. adm. 4 H 1423 vom 1.3.1995, Rn. 1. Vgl. hierzu auch Kapitel 6.1.1.1.
[1889] Vgl. zur Verlustberücksichtigung im Rahmen der IS Kapitel 4.2.2.2.
[1890] Vgl. hierzu Kapitel 4.2.2.3.
[1891] Die „contribution sociale sur l'impôt sur les sociétés" wird hier aufgrund der niedrigen Körperschaftsteuerschuld nicht erhoben.
[1892] Auch die in Betriebstätten ausländischer körperschaftsteuerpflichtiger Gesellschaften erzielten langfristigen Veräußerungsgewinne unterliegen dem reduzierten Körperschaftsteuersatz. Allerdings müssen sie ebenfalls

zösischen Betriebstätte anfallenden Gewinne sollten gegebenenfalls auch dem ermäßigten effektiven Körperschaftsteuersatz von 15,45 % für bestimmte kleine Unternehmen unterliegen. Die relevante Vorschrift – Art. 219 I. b CGI – enthält jedenfalls keine Beschränkung auf französische Gesellschaften. Dort ist lediglich von „Steuerpflichtigen" („redevables") bzw. von „Gesellschaften" („sociétés") die Rede.[1893] Die geforderten Bedingungen hinsichtlich der vollständigen Einzahlung des Gesellschaftskapitals und hinsichtlich des Gesellschafterkreises – natürliche Personen müssen zu mindestens 75 % an der betreffenden Gesellschaft beteiligt sein – werden von der deutschen Kapitalgesellschaft erfüllt. Ferner wird die gesetzlich fixierte Umsatzgrenze nicht überschritten.[1894] Also wird der Gewinnanteil der französischen Betriebstätte bis zu 38.120 EUR nur mit dem ermäßigten effektiven Satz von 15,45 % besteuert. Während die deutsche Kapitalgesellschaft mit ihrer französischen Betriebstätte auf keinen Fall dem „précompte" unterliegt,[1895] muss die IFA – auch in Verlustjahren – von der deutschen Kapitalgesellschaft entrichtet werden.[1896]

Die Ausschüttungsteuer, welche grundsätzlich auf die in einer französischen Betriebstätte einer ausländischen Kapitalgesellschaft erwirtschafteten Gewinne erhoben wird, entfällt im hier betrachteten Fall. Zum einen kommt sie schon aufgrund nationaler Vorschriften nicht zur Anwendung – die deutsche Kapitalgesellschaft hat ihren Sitz in einem Staat der Europäischen Union und unterliegt dort der Körperschaftsteuer –, zum anderen verhindert Art. 8 DBA-D/F ohnehin ihre Erhebung.[1897]

Hinsichtlich der Besteuerung der deutschen Kapitalgesellschaft in Deutschland bestehen bedeutende Unterschiede im Vergleich zur deutschen Personenhandelsgesellschaft.[1898] Die deutsche Kapitalgesellschaft unterliegt aufgrund des hier relevanten Trennungsprinzips selbst einer Personensteuer, nämlich der Körperschaftsteuer.[1899] Da sie Sitz[1900] und Geschäftsleitung[1901] in Deutschland hat, ist sie in Deutschland unbeschränkt körperschaftsteuerpflichtig (§ 1 Abs. 1 Nr. 1 KStG). Die unbeschränkte Körperschaftsteuerpflicht erfasst grundsätzlich

---

in eine spezielle Rücklage für langfristige Veräußerungsgewinne eingestellt werden und auch ihre Entnahme aus der Rücklage führt zur nachträglichen Herstellung der normalen Steuerbelastung. Vgl. doc. adm. 4 J 2112 vom 1.11.1995, Rn. 5-6. Dies ergibt sich auch aus CE vom 7.1.2000, n° 186924, conclusion BACHELIER. STAWINOGA stellt die Anwendbarkeit des ermäßigten Steuersatzes auf langfristige Veräußerungsgewinne, die in Betriebstätten ausländischer körperschaftsteuerpflichtiger Gesellschaften erzielt wurden, in Frage. Vgl. STAWINOGA, Körperschaftsteuer 1994, S. 218. Seine Zweifel können mit Blick auf die vorstehend genannten Quellen ausgeräumt werden.

1893 Auch das in Art. 21 Abs. 4 DBA-D/F enthaltene Diskriminierungsverbot für inländische Betriebstätten eines Unternehmens des anderen Vertragsstaates spricht für eine Anwendung des ermäßigten Satzes. Schließlich geht aus einer Anweisung der Finanzverwaltung hervor, dass auch ausländische Gesellschaften von dem reduzierten Satz der IS profitieren können. In der Anweisung werden ihre in Frankreich ausgeübten Tätigkeiten angesprochen. Die Einkünfte aus dieser Tätigkeit werden gerade dann von der IS erfasst, wenn – wie in dem hier betrachteten Fall – eine abkommensrechtliche Betriebstätte vorliegt. Vgl. BO 4 H-4-02 vom 11.10.2002, Rn. 42.

1894 Die Umsatzgrenze bezieht sich nicht nur auf die in Frankreich, sondern auf die insgesamt erzielten Umsätze. Vgl. BO 4 H-4-02 vom 11.10.2002, Rn. 42.

1895 Dies resultiert aus dem Umstand, dass ihre Ausschüttungen nicht mit dem „avoir fiscal" verbunden sind. Vgl. doc. adm. 4 J 21 vom 1.9.1995, Rn. 6.

1896 Vgl. CE vom 7.3.1990, n° 91573 und n° 96231, conclusion HAGELSTEEN.

1897 Vgl. hierzu Kapitel 4.2.2.4.

1898 Vgl. zur Besteuerung einer deutschen Personenhandelsgesellschaft in Deutschland Kapitel 6.1.1.2.

1899 Vgl. hierzu Kapitel 2.1.2.6.

1900 Der Sitz einer Kapitalgesellschaft ist in § 11 AO definiert. Demnach befindet er sich in dem hier betrachteten Fall an dem Ort, der durch den Gesellschaftsvertrag bestimmt wurde.

1901 Gem. § 10 AO ist die Geschäftsleitung der Mittelpunkt der geschäftlichen Oberleitung. Er bestimmt sich nach dem Ort, an dem die Unternehmensleitung der laufenden Geschäftsführung nachgeht. Vgl. BFH vom 7.12.1994, BStBl. II 1995, S. 175.

das Welteinkommen der deutschen Kapitalgesellschaft (§ 1 Abs. 2 KStG). Das in der französischen Betriebstätte erwirtschaftete Ergebnis geht aber aufgrund von Art. 4 Abs. 1 DBA-D/F[1902] i.V.m. Art. 20 Abs. 1 Buchstabe a DBA-D/F nicht in die Steuerbemessungsgrundlage der deutschen Kapitalgesellschaft ein.[1903] Aus diesem Grund besteht das körperschaftsteuerpflichtige Einkommen der hier betrachteten deutschen Kapitalgesellschaft lediglich aus ihrem in Deutschland erwirtschafteten Ergebnis.

Die Einkommensermittlung der Kapitalgesellschaft richtet sich gem. § 8 Abs. 1 Satz 1 KStG grundsätzlich nach einkommensteuerlichen Vorschriften, die gegebenenfalls durch körperschaftsteuerliche Sondervorschriften ergänzt werden.[1904] Im Einzelnen muss zunächst der Umstand, dass eine Kapitalgesellschaft Formkaufmann ist, berücksichtigt werden.[1905] Aus diesem Grund unterliegt sie der handelsrechtlichen Buchführungspflicht (§ 238 Abs. 1 HGB) sowie der Pflicht zur Erstellung eines Jahresabschlusses (§ 242 HGB) und erzielt aufgrund einer expliziten gesetzlichen Regelung nur Einkünfte aus Gewerbebetrieb (§ 8 Abs. 2 KStG). Folglich wird auch bei der Kapitalgesellschaft aus dem handelsrechtlichen Jahresabschluss eine Steuerbilanz abgeleitet (§ 5 Abs. 1 Satz 1 EStG)[1906] und unter Beachtung der einkommensteuerlichen Bilanzierungs- und Bewertungsvorschriften das Steuerbilanzergebnis der Kapitalgesellschaft ermittelt. Nach verschiedenen körperschaftsteuerlichen Hinzurechnungen und Kürzungen ergibt sich hieraus das körperschaftsteuerliche Einkommen vor Verlustabzug.[1907]

Während bei einer Personengesellschaft, insbesondere einer Personenhandelsgesellschaft, vertragliche Vereinbarungen zwischen der Gesellschaft und ihren Gesellschaftern steuerlich nicht anerkannt werden,[1908] ist die steuerliche Anerkennung bei Kapitalgesellschaften grundsätzlich gegeben.[1909] Somit mindern insbesondere die Gehälter, welche an die geschäftsführenden Gesellschafter gezahlt werden, die Steuerbemessungsgrundlage der Kapitalgesellschaft. Die vertraglichen Vereinbarungen müssen aber dem Fremdvergleich standhalten. Ansonsten wird eine verdeckte Gewinnausschüttung angenommen.[1910]

Bei der Kapitalgesellschaft liegt lediglich eine Einkunftsart vor und somit ist ein Verlustausgleich zwischen verschiedenen Einkunftsarten weder möglich noch erforderlich.[1911] Ein Verlustrücktrag oder -vortrag kann aber gegebenenfalls vorgenommen werden (§ 8 Abs. 1 KStG i.V.m. § 10d EStG).[1912] Hieraus resultiert das körperschaftsteuerliche Einkommen, welches

---

1902 Die deutsche Kapitalgesellschaft ist abkommensberechtigt. Dies ergibt sich zum einen aus dem Umstand, dass sie juristische Person und somit Person i.S.d. des Abkommens ist (Art. 2 Abs. 1 Nr. 3 Buchstabe b DBA-D/F). Zum anderen aus ihrer Steuerpflicht in Deutschland und somit aus ihrer Ansässigkeit in Deutschland (Art. 2 Abs. 1 Nr. 4 Buchstabe a DBA-D/F). Demzufolge kann sie ein Unternehmen eines Vertragsstaats sein, das in dem anderen Staat eine Betriebstätte unterhält.

1903 Der abkommensrechtlich zulässige Progressionsvorbehalt kann aufgrund des linearen deutschen Körperschaftsteuertarifs nicht zur Anwendung kommen.

1904 Vgl. HEIGL, Unternehmensbesteuerung 1996, S. 261.

1905 Vgl. hierzu 2.1.2.6.

1906 Das Maßgeblichkeitsprinzip greift „bei Gewerbetreibenden, die auf Grund gesetzlicher Vorschriften verpflichtet sind, Bücher zu führen und regelmäßig Abschlüsse zu machen" (§ 5 Abs. 1 Satz 1 EStG).

1907 Vgl. zur Einkommensermittlung einer Kapitalgesellschaft ROSE, Ertragsteuern 2001, S. 141-142.

1908 Vgl. hierzu Kapitel 6.1.1.2 und Kapitel 6.1.1.3.

1909 Vgl. KUSSMAUL, Betriebswirtschaftliche Steuerlehre 2000, S. 349.

1910 Vgl. zur verdeckten Gewinnausschüttung und zu deren steuerlichen Auswirkungen Kapitel 5.2.4.1. Als Beispiele für verdeckte Gewinnausschüttungen werden in Abschn. 31 Abs. 3 KStR u.a. die Zahlung überhöhter Geschäftsführergehälter an Gesellschafter und überhöhter Zinsen für ein Darlehen von einem Gesellschafter genannt.

1911 Vgl. BRÖNNER/BAREIS, Besteuerung der Gesellschaften 1999, Rn. C 418.

1912 Vgl. hierzu Kapitel 6.1.1.3.

dem Körperschaftsteuersatz in Höhe von 25 % unterliegt (§ 23 Abs. 1 KStG). Die Anwendung des Körperschaftsteuersatzes auf das körperschaftsteuerliche Einkommen führt zur tariflichen Körperschaftsteuer, welche gegebenenfalls nach Vornahme weiterer Modifikationen die festzusetzende Körperschaftsteuer ergibt.[1913]

Die deutsche Kapitalgesellschaft unterliegt aufgrund ihrer Körperschaftsteuerpflicht der Abgabepflicht für den Solidaritätszuschlag (§ 2 Nr. 3 SolZG). In diesem Fall ist der Solidaritätszuschlag eine Ergänzungsabgabe zur Körperschaftsteuer (§ 1 Abs. 1 SolZG). Gem. § 10 Nr. 2 KStG ist er im Rahmen der Erhebung der Körperschaftsteuer eine nichtabziehbare Aufwendung. Wie bei der Einkommensteuer beträgt der Solidaritätszuschlagsatz 5,5 % (§ 4 Abs. 1 Satz 1 SolZG). Seine Bemessungsgrundlage ist nun die festzusetzende Körperschaftsteuer (§ 3 Abs. 1 Nr. 1 SolZG).

Kapitalgesellschaften sind auf jeden Fall gewerbesteuerpflichtig (§ 2 Abs. 2 Satz 1 GewStG i.V.m. § 2 Abs. 1 Satz 1 GewStG). Die Ermittlung des Gewerbeertrags gestaltet sich grundsätzlich so wie bei der Personenhandelsgesellschaft.[1914] Allerdings erfolgt hier natürlich ein Rückgriff auf den nach den Vorschriften des Körperschaftsteuergesetzes ermittelten Gewinn aus dem Gewerbebetrieb (§ 7 Satz 1 GewStG).[1915] Somit werden hier im Rahmen der Erhebung der Gewerbesteuer vertragliche Beziehungen zwischen der Gesellschaft und ihren Gesellschaftern grundsätzlich anerkannt.[1916] Aus dem körperschaftsteuerlichen Gewinn aus dem Gewerbebetrieb wird durch die bekannten Hinzurechnungen (§ 8 GewStG), Kürzungen (§ 9 GewStG) und gegebenenfalls durch den Abzug eines vorgetragenen Gewerbeverlusts (§ 10a Satz 1 GewStG) der Gewerbeertrag ermittelt.

Für Kapitalgesellschaften existiert weder ein Freibetrag noch eine gestaffelte Steuermesszahl. Die einheitliche Steuermesszahl beträgt für eine Kapitalgesellschaft 5 % (§ 11 Abs. 2 Nr. 2 GewStG). Da die Gewerbesteuer aber eine abzugsfähige Betriebsausgabe ist, muss auch hier bei der Ermittlung des Steuermessbetrags gem. § 11 Abs. 1 GewStG die Abzugsfähigkeit von ihrer eigenen Bemessungsgrundlage berücksichtigt werden.[1917] Aus der Anwendung des gemeindeabhängigen Hebesatzes auf den Steuermessbetrag ergibt sich wieder die Gewerbesteuerschuld (§ 16 Abs. 1 GewStG).

Das Ergebnis der französischen Betriebstätte geht auch nicht in den Gewerbeertrag ein. Gem. Art. 4 Abs. 1 DBA-D/F i.V.m. Art. 20 Abs. 1 Buchstabe a DBA-D/F ist das Betriebstättenergebnis von der Besteuerung mit deutschen Ertragsteuern freigestellt.[1918]

Hinsichtlich der Erhebung der Grundsteuer bestehen keine Besonderheiten im Vergleich zur deutschen Personenhandelsgesellschaft.[1919] Auch bei der deutschen Kapitalgesellschaft ist sie als Betriebsausgabe abziehbar und mindert somit die Bemessungsgrundlage der Gewerbe- und der Körperschaftsteuer.[1920]

1913 Zu diesen Modifikationen gehört beispielsweise die Anrechnung ausländischer Steuern. Vgl. JACOBS, Unternehmensbesteuerung 2002, S. 154.

1914 Vgl. hierzu Kapitel 6.1.1.2.

1915 Dieser darf nicht durch einen Verlustabzug nach § 10d EStG gemindert worden sein (Abschn. 40 Abs. 1 Satz 2 Nr. 1 GewStR).

1916 Durch die nachstehend angesprochenen Hinzurechnungen werden aber beispielsweise Zinsen für ein Darlehen von einem Gesellschafter an die Kapitalgesellschaft gem. § 8 Nr. 1 GewStG hälftig hinzugerechnet. Vgl. HEIGL, Unternehmensbesteuerung 1996, S. 291.

1917 Vgl. KUSSMAUL, Betriebswirtschaftliche Steuerlehre 2000, S. 381.

1918 Ohne die genannte Regelung des DBA-D/F würde ohnehin die nationale Kürzungsvorschrift in § 9 Nr. 3 GewStG greifen.

1919 Vgl. hierzu Kapitel 6.1.1.2.

1920 Die Grundsteuer gehört nicht zu den in § 10 Nr. 2 KStG definierten nichtabziehbaren Steuern.

Die deutsche Kapitalgesellschaft ist juristische Person und unterliegt mit ihrem Betriebstättenvermögen aus diesem Grund nicht der ISF.[1921] Das sich aus Art. 19 Abs. 1 DBA-D/F (unbewegliches Vermögen) und Art. 19 Abs. 3 DBA-D/F (bewegliches Betriebstättenvermögen) ergebende abkommensrechtliche Besteuerungsrecht kann in Frankreich also nicht wahrgenommen werden.[1922]

6.2.1.3 Ebene der deutschen natürlichen Personen

In Kapitel 6.1.1.3 wurde bereits geklärt, dass die beiden deutschen natürlichen Personen in Deutschland unbeschränkt einkommensteuerpflichtig sind. Aufgrund des Trennungsprinzips sind die steuerlichen Auswirkungen der gewerblichen Tätigkeit der deutschen Kapitalgesellschaft über ihre französische Betriebstätte gegebenenfalls allein auf der Ebene der deutschen Kapitalgesellschaft zu berücksichtigen.

Die Gesellschafter der deutschen Kapitalgesellschaft erzielen aber dennoch in Frankreich steuerpflichtige Einkünfte und sind damit in Frankreich beschränkt steuerpflichtig. Die in Deutschland an die beiden deutschen natürlichen Personen gezahlten Geschäftsführergehälter gehören gem. Art. 13 Abs. 7 DBA-D/F zu den Einkünften aus nichtselbständiger Arbeit.[1923] Sofern die Vergütungen für die geschäftsführende Tätigkeit von einer Betriebstätte des Arbeitsgebers – der deutschen Kapitalgesellschaft – im anderen Staat – hier also in Frankreich – getragen werden, unterliegen sie der Besteuerung im Betriebstättenstaat (Art. 13 Abs. 4 Nr. 3 DBA-D/F). Gerade dies ist hier der Fall, denn ein Teil der in Deutschland gezahlten Geschäftsführergehälter wird der Betriebstätte als Aufwand zugerechnet. Dabei kommt es nicht auf die zur Anwendung kommende Abgrenzungsmethode – bezüglich der zugerechneten Gehälter also die indirekte Methode – an, sondern nur auf den Umstand, dass die Geschäftsführer für die Betriebstätte tätig geworden sind.[1924] Die deutschen natürlichen Personen erzielen also in Frankreich Einkünfte aus Geschäftsführergehältern. Hinsichtlich deren Besteuerung wird auf Kapitel 6.1.3.3 verwiesen. Demnach werden die gezahlten Gehälter in Teilbeträge zerlegt und mit unterschiedlichen befreienden bzw. anrechenbaren Quellensteuersätzen besteuert.

Die beiden deutschen natürlichen Personen sind als Geschäftsführer in der deutschen Kapitalgesellschaft tätig. Ihre nicht auf die französische Betriebstätte umgelegten Geschäftsführergehälter gehören in Deutschland zu den Einkünften aus nichtselbständiger Arbeit i.S.d. § 19 Abs. 1 Satz 1 Nr. 1 EStG.[1925] [1926] Bei der Ermittlung der Einkünfte aus nichtselbständiger

[1921] Vgl. hierzu Kapitel 4.3.1.

[1922] Die deutsche Kapitalgesellschaft ist – wie vorstehend aufgezeigt – abkommensberechtigt, so dass nicht auf ihre Gesellschafter abgestellt werden muss.

[1923] Dort werden ausdrücklich Geschäftsführungsaufgaben in einer körperschaftsteuerpflichtigen Gesellschaft genannt.

[1924] Vgl. KRAMER, Art. 13, in: DEBATIN/WASSERMEYER, Doppelbesteuerung 2002, Rn. 55.

[1925] Für die Erfassung der Geschäftsführergehälter bei den Einkünften aus nichtselbständiger Arbeit müssen der Zahlung der Gehälter im vornherein getroffene, klare und nachweisbare Vereinbarungen zugrunde liegen. Vgl. BFH vom 29.11.1967, BStBl. II 1968, S. 234.

[1926] Die Einkommensteuer auf die Geschäftsführergehälter wird zunächst als Lohnsteuer in der Form eines Abzugs von den Gehaltszahlungen durch den Arbeitgeber erhoben (§ 38 Abs. 1 Satz 1 EStG und § 38 Abs. 3 Satz 1 EStG). Die Lohnsteuer wird dann als besondere Erhebungsform der Einkommensteuer bei der Einkommensteuerveranlagung auf die festgesetzte Einkommensteuerschuld angerechnet. Vgl. SCHEFFLER, Besteuerung von Unternehmen 2002, S. 64.

Arbeit dürfen Werbungskosten geltend gemacht werden.[1927] Sofern aber keine höheren Werbungskosten nachgewiesen werden, wird gem. § 9a Satz 1 Nr. 1 EStG der Arbeitnehmer-Pauschbetrag in Höhe von 1.044 EUR angesetzt.

Die Beteiligung an der deutschen Kapitalgesellschaft führt bei den natürlichen Personen erst im Moment einer Gewinnausschüttung zu steuerpflichtigen Einnahmen,[1928] die bei den Einkünften aus Kapitalvermögen erfasst werden (§ 20 Abs. 1 Nr. 1 EStG). Dabei kommt das nachstehend beschriebene Halbeinkünfteverfahren zur Anwendung.[1929] Verluste der Kapitalgesellschaft können bei ihren Gesellschaftern – den beiden natürlichen Personen – nicht geltend gemacht werden.[1930]

Die ausschüttende Kapitalgesellschaft muss auf den ausgeschütteten Betrag – die Bruttobardividende – Kapitalertragsteuer einbehalten (§ 43 Abs. 1 Satz 1 Nr. 1 EStG). Sie beträgt 20 % der Ausschüttung (§ 43a Abs. 1 Nr. 1 EStG). Außerdem wird auf die Kapitalertragsteuer der Solidaritätszuschlag in Höhe von 5,5 % erhoben (§ 3 Abs. 1 Nr. 5 SolZG). Der verbleibende Betrag wird als Nettobardividende bezeichnet.[1931] Bei den Ausschüttungsempfängern – den beiden natürlichen Personen – wird die Bruttobardividende nur zur Hälfte in den Einkünften aus Kapitalvermögen erfasst (§ 3 Nr. 40 Satz 1 Buchstabe d EStG).[1932] Gem. § 3c Abs. 2 Satz 1 EStG dürfen aus diesem Grund Werbungskosten, die mit der Ausschüttung aus der Kapitalgesellschaft in Zusammenhang stehen, auch nur zur Hälfte abgezogen werden. Sofern keine höheren Werbungskosten nachgewiesen werden, darf bei zusammen veranlagten Ehegatten ein Werbungskosten-Pauschbetrag in Höhe von 102 EUR angesetzt werden (§ 9a Satz 1 Nr. 2 EStG). Außerdem gilt für Einkünfte aus Kapitalvermögen der so genannte Sparer-Freibetrag, der für zusammen veranlagte Ehegatten 3.100 EUR beträgt (§ 20 Abs. 4 Satz 2 EStG).[1933] Die bei der ausschüttenden Kapitalgesellschaft einbehaltene Kapitalertragsteuer ist auf die Einkommensteuer der Ausschüttungsempfänger vollständig anrechenbar (§ 36 Abs. 2 Satz 2 Nr. 2 Satz 1 EStG). Auch der bei der Kapitalgesellschaft auf die Kapitalertragsteuer einbehaltene Solidaritätszuschlag kann angerechnet werden, wobei hier eine Anrechnung auf den Solidaritätszuschlag, der bei den Ausschüttungsempfängern erhoben wird, erfolgt.[1934]

Die Ermittlung des zu versteuernden Einkommens aus den einzelnen Einkunftsarten und der festzusetzenden Einkommensteuer gestaltet sich grundsätzlich wie bei der Besteuerung der Gesellschafter der deutschen Personenhandelsgesellschaft beschrieben.[1935] Lediglich bei den

1927 Werbungskosten sind gesetzlich definiert als „Aufwendungen zur Erwerbung, Sicherung und Erhaltung der Einnahmen" (§ 9 Abs. 1 Satz 1 EStG). Zu den Werbungskosten gehören beispielsweise die Aufwendungen für die Fahrten zwischen Wohnung und Arbeitsstätte (§ 9 Abs. 1 Satz 3 Nr. 4 EStG).

1928 Vgl. JACOBS, Unternehmensbesteuerung 2002, S. 154-155.

1929 Vgl. zur Funktionsweise des Halbeinkünfteverfahrens BERGEMANN, Schwerpunkte des Steuersenkungsgesetzes 2000, S. 1411-1412; DÖTSCH/PUNG, Änderungen 2000, S. 4-6; KUSSMAUL/RICHTER, Halbeinkünfteverfahren 2001, S. 6-9.

1930 Eine indirekte Verlustberücksichtigung auf dem Wege einer Teilwertabschreibung ist nur bei bilanzierenden Gesellschaftern möglich. Vgl. hierzu Kapitel 6.1.4.2.

1931 Vgl. zu den Begriffen „Bruttobardividende" und „Nettobardividende" SCHEFFLER, Besteuerung von Unternehmen 2002, S. 159.

1932 Die bei der Kapitalgesellschaft einbehaltene Kapitalertragsteuer darf bei der Ermittlung der Einkünfte aus Kapitalvermögen wegen § 12 Nr. 3 EStG nicht abgezogen werden. Vgl. WEBER-GRELLET, § 43, in: SCHMIDT, Einkommensteuergesetz 2002, Rn. 2. Dies gilt auch für den Solidaritätszuschlag (§ 12 Nr. 3 EStG).

1933 Weder der Werbungskosten-Pauschbetrag noch der Sparer-Freibetrag werden wegen der Anwendung des Halbeinkünfteverfahrens gekürzt. Vgl. HEINICKE, § 3c, in: SCHMIDT, Einkommensteuergesetz 2002, Rn. 31.

1934 Vgl. JACOBS, Unternehmensbesteuerung 2002, S. 163. Vgl. auch BERGEMANN, Schwerpunkte des Steuersenkungsgesetzes 2000, S. 1411-1412.

1935 Vgl. hierzu Kapitel 6.1.1.3.

Vorsorgeaufwendungen, die bei den Sonderausgaben erfasst werden, besteht eine Besonderheit. Der Höchstbetrag der abzugsfähigen Vorsorgeaufwendungen reduziert sich in dem hier betrachteten Fall. Dies ergibt sich aus der Vorschrift des § 10 Abs. 3 Nr. 2 Satz 2 Buchstabe a EStG, wonach der Vorwegabzug in Höhe von 6.136 EUR (§ 10 Abs. 3 Nr. 2 Satz 1 EStG) um 16 % der Einnahmen aus nichtselbständiger Arbeit gekürzt werden muss. Die Gesellschafter der deutschen Kapitalgesellschaft erzielen aufgrund ihrer Tätigkeit als Geschäftsführer in der deutschen Kapitalgesellschaft Einnahmen – und somit letztendlich auch Einkünfte – aus nichtselbständiger Arbeit. Eine entsprechende Kürzung des Vorwegabzugs und dadurch des Höchstbetrags ist die Folge. Allerdings müssen daher auch nur Vorsorgeaufwendungen in einer geringeren Höhe nachgewiesen werden.

Bei der Ermittlung der tariflichen Einkommensteuer ist der Progressionsvorbehalt auf die der französischen Betriebstätte zugeordneten Geschäftsführergehälter zu berücksichtigen. Die so ermittelte tarifliche Einkommensteuer vermindert sich hier natürlich nicht um die Steuerermäßigung bei Einkünften aus Gewerbebetrieb, so dass sich unmittelbar die festzusetzende Einkommensteuer ergibt. Die zu zahlende Einkommensteuer resultiert aus dem Abzug der bei der ausschüttenden Kapitalgesellschaft einbehaltenen Kapitalertragsteuer.

Schließlich bemisst sich der Solidaritätszuschlag nach der festzusetzenden Einkommensteuer der deutschen natürlichen Personen. Er wird durch den bei der deutschen Kapitalgesellschaft auf die Kapitalertragsteuer erhobenen Solidaritätszuschlag gemindert. Für die Berechnung der Kirchensteuer kommt das Halbeinkünfteverfahren nicht zur Anwendung.[1936]

6.2.1.4 Zusammenfassende Darstellung

Land Ebene	Frankreich	Deutschland
Französische Betriebstätte	**Grundsteuer;** **„taxe professionnelle";** **lohnsummenabhängige Steuern.**	–
Deutsche Kapitalgesellschaft	**IS** – französisches Betriebstättenergebnis; **keine ISF.**	**Körperschaftsteuer** – keine Besteuerung des französischen Betriebstättenergebnisses; **Gewerbesteuer** – keine Besteuerung des französischen Betriebstättenergebnisses; **Grundsteuer.**
Deutsche natürliche Personen	**IR** – „gestaffelte" Besteuerung der französischen Geschäftsführergehälter.	**Einkommensteuer** – Progressionsvorbehalt auf französische Geschäftsführergehälter; **Solidaritätszuschlag;** **Kirchensteuer.**

[1936] Vgl. hierzu Kapitel 6.1.4.3.

6.2.2 Personenhandelsgesellschaft als Grundeinheit

6.2.2.1 Ebene der französischen Personenhandelsgesellschaft

Die hier untersuchte französische Personenhandelsgesellschaft hat wiederum einen rein deutschen Gesellschafterkreis. Hinsichtlich der Erfassung ihres Ergebnisses durch französische Ertragsteuern kann auf Kapitel 6.1.2.1 verwiesen werden. Aufgrund der Tätigkeit der Gesellschaft in Frankreich sind ihre Gesellschafter mit ihrem anteiligen Gesellschaftsergebnis in Frankreich steuerpflichtig. Dabei kommen die einkommensteuerlichen Vorschriften zur Besteuerung von Personengesellschaften zur Anwendung. Demnach unterliegen natürliche Personen mit ihrem Ergebnisanteil der IR, körperschaftsteuerpflichtige Kapitalgesellschaften der IS. Der anteilsmäßig bedeutendste Gesellschafter, die deutsche Kapitalgesellschaft, wird auch aus französischer steuerrechtlicher Sicht als Kapitalgesellschaft eingestuft[1937] und unterliegt folglich mit seinem Anteil am Ergebnis der französischen Personenhandelsgesellschaft der IS.[1938] Außerdem müssen bei der Ermittlung des Ergebnisses der französischen Personhandelsgesellschaft für das anteilige Ergebnis der deutschen Kapitalgesellschaft die körperschaftsteuerlichen Vorschriften beachtet werden (Art. 238 bis K I. Abs. 1 CGI).

Das DBA-D/F räumt Frankreich das hierzu notwendige Besteuerungsrecht ein. In Art. 4 Abs. 3 DBA-D/F wird auf das in einer französischen Betriebstätte der französischen Personenhandelsgesellschaft erwirtschaftete Ergebnis abgestellt. Demnach darf das anteilige Betriebstättenergebnis eines deutschen Gesellschafters in Frankreich besteuert werden.[1939]

Darüber hinaus erfolgt die steuerliche Behandlung der französischen Personenhandelsgesellschaft wie in Kapitel 6.1.2.1 beschrieben.

6.2.2.2 Ebene der deutschen Kapitalgesellschaft

In Kapitel 6.2.2.1 wurde aufgezeigt, dass die französische Personenhandelsgesellschaft den einkommensteuerlichen Regelungen zur Besteuerung von Personengesellschaften unterliegt. Der Ergebnisanteil der deutschen Kapitalgesellschaft wird nach den körperschaftsteuerlichen Vorschriften ermittelt und durch die IS besteuert. Demzufolge greifen wieder die bekannten Körperschaftsteuersätze:[1940] der effektive Regelsteuersatz von 34,33 %, der effektive ermäßigte Steuersatz auf langfristige Veräußerungsgewinne von 19,57 %[1941] und der bei kleinen Unternehmen greifende effektive ermäßigte Steuersatz von 15,45 % auf Gewinne bis zu 38.120 EUR.[1942] Die IFA fällt grundsätzlich an, wenn in Frankreich die IS erhoben wird. Hiervon ausgenommen ist aber die deutsche Kapitalgesellschaft hinsichtlich ihres Ergebnisanteils an der französischen Personenhandelsgesellschaft.[1943]

[1937] Vgl. hierzu Kapitel 6.2.1.1.

[1938] Vgl. doc. adm. 4 H 1422 vom 1.3.1995, Rn. 56. Vgl. auch STAWINOGA, Körperschaftsteuer 1994, S. 211.

[1939] Dabei wird aufgrund der Abkommensberechtigung der deutschen Kapitalgesellschaft bei der Zurechnung des sich auf die Mehrheitsbeteiligung beziehenden Ergebnisanteils nicht auf deren Gesellschafter abgestellt. Vgl. zur Abkommensberechtigung der deutschen Kapitalgesellschaft Kapitel 6.2.1.2.

[1940] Vgl. hierzu Kapitel 4.2.2.3.

[1941] In Kapitel 4.2.1.3 wurde gezeigt, dass langfristige Veräußerungsgewinne einer nichtoptierten Personen- bzw. Personenhandelsgesellschaft, die auf einen körperschaftsteuerpflichtigen Gesellschafter entfallen, wie langfristige Veräußerungsgewinne einer körperschaftsteuerpflichtigen Gesellschaft besteuert werden.

[1942] Art. 219 I. b CGI ist allgemein formuliert und enthält keine Einschränkungen hinsichtlich der Nationalität des betreffenden Körperschaftsteuerpflichtigen bzw. der betreffenden Gesellschaft. Die geforderten Bedingungen werden erfüllt. Vgl. auch BO 4 H-4-02 vom 11.10.2002, Rn. 42.

[1943] Vgl. CE vom 7.3.1990, n° 91573 und n° 96231, conclusion HAGELSTEEN.

Ein Anwendungsfall für die Erhebung der französischen Ausschüttungsteuer auf in Frankreich erwirtschaftete Gewinne ist in dem vorliegenden Fall nicht gegeben.[1944] Die deutsche Kapitalgesellschaft erwirtschaftet schließlich nicht selbst, sondern auf der Ebene der französischen Personenhandelsgesellschaft Gewinne in Frankreich.[1945] Außerdem verhindern die bekannten nationalen bzw. abkommensrechtlichen Vorschriften ohnehin die Erhebung der Ausschüttungsteuer.[1946]

In Deutschland vollzieht sich die Besteuerung der deutschen Kapitalgesellschaft grundsätzlich wie in Kapitel 6.2.1.2 beschrieben. Demnach ist sie in Deutschland unbeschränkt körperschaftsteuerpflichtig. Ihr Anteil am Ergebnis der französischen Betriebstätte der französischen Personenhandelsgesellschaft wird hier aufgrund der ausdrücklichen abkommensrechtlichen Regelung für Personengesellschaften in Art. 4 Abs. 3 DBA-D/F i.V.m. Art. 20 Abs. 1 Buchstabe a DBA-D/F von einer Besteuerung durch die deutsche Körperschaftsteuer freigestellt.[1947]

Hinsichtlich einer Buchführungspflicht in Deutschland für die Geschäftsvorfälle der französischen Personenhandelsgesellschaft und hinsichtlich der Beurteilung von Lieferungs- und Leistungsbeziehungen wird auf Kapitel 6.1.2.2 verwiesen. Ansonsten entspricht die steuerliche Behandlung der deutschen Kapitalgesellschaft in Deutschland den Darstellungen in Kapitel 6.2.1.2.

Die Beteiligung der deutschen Kapitalgesellschaft an der französischen Personenhandelsgesellschaft unterliegt nicht der ISF. Dies ergibt sich aus dem Umstand, dass die Kapitalgesellschaft juristische Person ist.[1948] Aus abkommensrechtlicher Sicht ist im hier betrachteten Fall wieder nicht Art. 19 Abs. 5 DBA-D/F relevant.[1949] Die somit greifenden und unmittelbar die abkommensberechtigte deutsche Kapitalgesellschaft betreffenden abkommensrechtlichen Regelungen für die Besteuerung von Betriebstättenvermögen weisen Frankreich zwar das Besteuerungsrecht zu. Letzteres kann aber nicht ausgefüllt werden.

1944 Grundsätzlich wäre dies denkbar, denn die Ausschüttungsteuer betrifft nicht nur Gewinne, die von einer ausländischen Kapitalgesellschaft in einer französischen Betriebstätte erwirtschaftet werden, sondern allgemein Gewinne, die von einer ausländischen Kapitalgesellschaft in Frankreich erwirtschaftet werden. Vgl. hierzu Kapitel 4.2.2.4.

1945 Vgl. ähnlich hinsichtlich der Erhebung der IFA CE vom 7.3.1990, n° 91573 und n° 96231, conclusion HAGELSTEEN.

1946 Vgl. hierzu Kapitel 4.2.2.4. Art. 8 DBA-D/F greift nicht nur beim Vorliegen einer Betriebstätte, sondern allgemein, wenn die französische Ausschüttungsteuer erhoben wird. Vgl. KRAMER, Art. 8, in: DEBATIN/WASSERMEYER, Doppelbesteuerung 2002, Rn. 3.

1947 Der Progressionsvorbehalt hat aufgrund des linearen Körperschaftsteuertarifs natürlich keine Auswirkungen. Vgl. zur Einordnung der französischen Personenhandelsgesellschaft aus deutscher steuerrechtlicher Sicht Kapitel 6.1.2.2.

1948 Vgl. hierzu Kapitel 4.3.1.

1949 Vgl. hierzu Kapitel 6.1.2.2.

6.2.2.3 Ebene der deutschen natürlichen Personen

Die Besteuerung der deutschen natürlichen Personen in Frankreich aufgrund ihrer Beteiligung an der französischen Personenhandelsgesellschaft wurde in Kapitel 6.1.2.3 beschrieben. Sie unterliegen mit ihrem Anteil am Ergebnis der französischen Betriebstätte der französischen Personenhandelsgesellschaft der IR.[1950] Zu ihren somit in Frankreich erzielten Einkünften aus Gewerbebetrieb, die ihr dort zu versteuerndes Einkommen bilden, gehören auch ihre Gehälter für ihre geschäftsführende Tätigkeit in der französischen Personenhandelsgesellschaft. In Deutschland ist ihr Anteil am Ergebnis der französischen Personenhandelsgesellschaft unter Progressionsvorbehalt freigestellt.[1951]

Ansonsten entspricht die Besteuerung der beiden natürlichen Personen durch die Einkommensteuer in Deutschland dem in Kapitel 6.2.1.3 beschriebenen Fall. Sie sind also in Deutschland unbeschränkt einkommensteuerpflichtig und erzielen dort Einkünfte aus nichtselbständiger Arbeit und aus Kapitalvermögen. Bei der Ermittlung der tariflichen Einkommensteuer muss lediglich der vorstehend erwähnte Progressionsvorbehalt berücksichtigt werden.

Hinsichtlich der Erhebung der ISF werden die Minderheitsbeteiligungen der deutschen natürlichen Personen an der französischen Personenhandelsgesellschaft als steuerbefreites berufliches Vermögen eingestuft. Dies resultiert erneut aus einer Vorschrift der französischen Finanzverwaltung.[1952] Sie greift, wenn eine natürliche Person gleichzeitig Anteile an einer körperschaftsteuerpflichtigen Gesellschaft und an einer Personengesellschaft hält und wenn die beiden Gesellschaften ähnlichen oder sich ergänzenden Tätigkeiten nachgehen. Die Ausübung der beruflichen Haupttätigkeit der beiden deutschen natürlichen Personen in den Gesellschaften wird dann angenommen, wenn die Entlohnung für die Tätigkeit in der körperschaftsteuerpflichtigen Gesellschaft und die Einkünfte aus Gewerbebetrieb aus der Personengesellschaft bei jedem Gesellschafter zusammen mehr als die Hälfte der beruflichen Einkünfte ausmachen.[1953] Abgesehen von dieser Vorschrift liegt der Wert der Beteiligungen an der französischen Personenhandelsgesellschaft ohnehin unter der Eingangstufe der ISF.[1954] Demzufolge besteht keine Vermögensteuerpflicht in Frankreich. Das abkommensrechtlich eingeräumte Besteuerungsrecht[1955] kann also nicht wahrgenommen werden.

[1950] Die nur mittelbar, über die deutsche Kapitalgesellschaft gehaltenen Anteile werden hierbei natürlich nicht berücksichtigt, denn die Kapitalgesellschaft unterliegt mit dem entsprechenden anteiligen Ergebnis selbst einer Ertragsteuer – der IS. Vgl. hierzu Kapitel 6.2.2.2.

[1951] Sofern die deutschen natürlichen Personen von der französischen Personenhandelsgesellschaft Sondervergütungen erhalten, erfahren diese die bereits aufgezeigte Behandlung.

[1952] Vgl. doc. adm. 7 S 3313 vom 1.10.1999, Rn. 7.

[1953] Einkünfte aus Kapitalvermögen zählen nicht zu den beruflichen Einkünften. Vgl. hierzu Kapitel 4.3.1.

[1954] Vgl. hierzu Kapitel 6.1.2.3.

[1955] Vgl. hierzu Kapitel 6.2.2.2.

6.2.2.4 Zusammenfassende Darstellung

Land Ebene	**Frankreich**	**Deutschland**
Französische Personenhandelsgesellschaft	**Grundsteuer;** **„taxe professionnelle";** **lohnsummenabhängige Steuern.**	–
Deutsche Kapitalgesellschaft	**IS** – anteiliges Ergebnis der französischen Personenhandelsgesellschaft; **keine ISF.**	**Körperschaftsteuer** – keine Besteuerung des anteiligen Ergebnisses der französischen Personenhandelsgesellschaft; **Gewerbesteuer** – keine Besteuerung des anteiligen Ergebnisses der französischen Personenhandelsgesellschaft; **Grundsteuer.**
Deutsche natürliche Personen	**IR** – anteiliges Ergebnis der französischen Personenhandelsgesellschaft zuzüglich französisches Geschäftsführergehalt; **keine ISF.**	**Einkommensteuer** – Progressionsvorbehalt auf anteiliges Ergebnis der französischen Personenhandelsgesellschaft zuzüglich französisches Geschäftsführergehalt; **Solidaritätszuschlag;** **Kirchensteuer.**

6.2.3 Optierte Personenhandelsgesellschaft als Grundeinheit

6.2.3.1 Ebene der optierten französischen Personenhandelsgesellschaft

Bei der Besteuerung der optierten französischen Personenhandelsgesellschaft ergeben sich keine Unterschiede zu den Ausführungen in Kapitel 6.1.3.1. Im hier untersuchten Fall liegt lediglich ein veränderter Gesellschafterkreis vor. Anstelle einer deutschen Personenhandelsgesellschaft hält eine deutsche Kapitalgesellschaft die Mehrheitsbeteiligung an der französischen Gesellschaft. Unabhängig von ihren Gesellschaftern ist die betrachtete optierte französische Personenhandelsgesellschaft in Frankreich mit ihrem in Frankreich betriebenen Unternehmen körperschaftsteuerpflichtig. Abkommensrechtlich steht Frankreich auch tatsächlich das entsprechende Besteuerungsrecht zu.

6.2.3.2 Ebene der deutschen Kapitalgesellschaft

Die Besteuerung der deutschen Kapitalgesellschaft hinsichtlich ihrer Beteiligung an der optierten französischen Personenhandelsgesellschaft entspricht den Ausführungen in Kapitel 6.1.3.2 bzw. in Kapitel 6.1.3.3. Somit ist das anteilige Ergebnis der deutschen Kapitalgesellschaft an der optierten französischen Personenhandelsgesellschaft in Deutschland von der Besteuerung freigestellt.[1956] Ausschüttungen der französischen Gesellschaft unterliegen in

[1956] Der Progressionsvorbehalt, dessen Anwendung insbesondere von der Finanzverwaltung gefordert wird, hat bei der deutschen Kapitalgesellschaft aufgrund des linearen Körperschaftsteuertarifs natürlich keine Auswirkungen.

Frankreich der abkommensrechtlich reduzierten Quellensteuer in Höhe von 15 %. In Deutschland gelten sie als nicht steuerbare Entnahmen aus einer Personenhandelsgesellschaft. In der Folge kann aber auch die französische Quellensteuer nicht angerechnet werden. Auch der gegebenenfalls erstattete „précompte" unterliegt der französischen Quellensteuer von 15 %. In Deutschland ist er freigestellt. Darüber hinaus wird die deutsche Kapitalgesellschaft wie in Kapitel 6.2.1.2 dargestellt besteuert.

Die deutsche Kapitalgesellschaft ist juristische Person. Demzufolge kann sie in Frankreich nicht vermögensteuerpflichtig sein.[1957] Überdies verhindert der hier relevante Art. 19 Abs. 5 DBA-D/F sowieso die Erhebung der ISF.[1958]

6.2.3.3 Ebene der deutschen natürlichen Personen

In Frankreich werden die deutschen natürlichen Personen hinsichtlich ihrer Beteiligung an der optierten französischen Personenhandelsgesellschaft grundsätzlich wie in Kapitel 6.1.3.3 dargestellt besteuert.[1959] Die Ausschüttungen an die deutschen natürlichen Personen, welche in Frankreich zu den Einkünften aus Kapitalvermögen gerechnet werden, unterliegen der abkommensrechtlich reduzierten französischen Quellensteuer in Höhe von 15 %. Die gilt auch für den gegebenenfalls erstatteten „précompte". Die von der optierten französischen Personenhandelsgesellschaft an die deutschen natürlichen Personen gezahlten Geschäftsführergehälter zählen in Frankreich zu den Einkünften aus Geschäftsführergehältern und werden dort wie Einkünfte aus nichtselbständiger Arbeit besteuert. Das französische zu versteuernde Einkommen der deutschen natürlichen Personen setzt sich somit nur aus dem Teil ihrer Geschäftsführergehälter zusammen, der der anrechenbaren Quellensteuer in Höhe von 25 % unterliegt.

In Deutschland wird ihr Anteil am Ergebnis der optierten französischen Personenhandelsgesellschaft einschließlich ihrer Geschäftsführergehälter unter Progressionsvorbehalt von der Besteuerung freigestellt.

Darüber hinaus werden die deutschen natürlichen Personen in Deutschland wie in Kapitel 6.2.1.3 beschrieben besteuert. Demnach erzielen sie Einkünfte aus Kapitalvermögen und Einkünfte aus nichtselbständiger Arbeit. Bei der Ermittlung ihrer tariflichen Einkommensteuer muss der vorstehend erwähnte Progressionsvorbehalt berücksichtigt werden.

Aufgrund ihrer Beteiligung an der optierten französischen Personenhandelsgesellschaft unterliegen die deutschen natürlichen Personen aufgrund der bereits beschriebenen Regelungen auf keinen Fall der ISF.[1960]

[1957] Vgl. hierzu Kapitel 4.3.1.

[1958] Die deutsche Kapitalgesellschaft ist selbst abkommensberechtigte Person. Vgl. hierzu Kapitel 6.2.1.2.

[1959] Die Ergebnisanteile, die sich auf die nur mittelbar über die deutsche Kapitalgesellschaft gehaltenen Anteile an der optierten französischen Personenhandelsgesellschaft beziehen, werden allerdings grundsätzlich bei der deutschen Kapitalgesellschaft selbst berücksichtigt.

[1960] Vgl. hierzu Kapitel 6.1.3.3.

6.2.3.4 Zusammenfassende Darstellung

Land Ebene	Frankreich	Deutschland
Optierte französische Personenhandelsgesellschaft	**IS;** **Grundsteuer;** **„taxe professionnelle";** **lohnsummenabhängige Steuern.**	–
Deutsche Kapitalgesellschaft	**IS** – 15 % Quellensteuer auf französische Gewinnausschüttungen und auf „précompte"; **keine ISF.**	**Körperschaftsteuer** – keine Besteuerung des anteiligen Ergebnisses der optierten französischen Personenhandelsgesellschaft und des „précompte"; **Gewerbesteuer** – keine Besteuerung des anteiligen Ergebnisses der optierten französischen Personenhandelsgesellschaft und des „précompte"; **Grundsteuer.**
Deutsche natürliche Personen	**IR** – 15 % Quellensteuer auf französische Gewinnausschüttung und „précompte"; – „gestaffelte" Besteuerung der französischen Geschäftsführergehälter; **keine ISF.**	**Einkommensteuer** – Progressionsvorbehalt auf anteiliges Ergebnis der optierten französischen Personenhandelsgesellschaft zuzüglich französisches Geschäftsführergehalt; **Solidaritätszuschlag;** **Kirchensteuer.**

6.2.4 Kapitalgesellschaft als Grundeinheit

6.2.4.1 Ebene der französischen Kapitalgesellschaft

Hinsichtlich der Besteuerung der französischen Kapitalgesellschaft, deren Anteile von einer deutschen Kapitalgesellschaft gehalten werden, ergeben sich keine Unterschiede zur Situation in Kapitel 6.1.4.1, in der eine deutsche Personenhandelsgesellschaft Alleingesellschafter ist. Die französische Kapitalgesellschaft unterliegt mit dem Ergebnis ihres in Frankreich betriebenen Unternehmens der IS. Auch abkommensrechtlich steht Frankreich das Besteuerungsrecht an dem in ihrer französischen Betriebstätte erwirtschafteten Ergebnis zu.

6.2.4.2 Ebene der deutschen Kapitalgesellschaft

Die Besteuerung einer Ausschüttung der französischen an die deutsche Kapitalgesellschaft gestaltet sich wie in Kapitel 4.2.2.4 dargestellt. Demnach unterliegt eine solche Ausschüttung grundsätzlich einer Quellensteuer in Höhe von 25 %. Sofern die Ausschüttung aber – wie im vorliegenden Fall – an eine ausländische und somit insbesondere an eine deutsche körperschaftsteuerpflichtige Kapitalgesellschaft, die seit mindestens zwei Jahren ununterbrochen und unmittelbar zu mindestens 25 % an der französischen Kapitalgesellschaft beteiligt ist, erfolgt, wird aufgrund rein französischer Vorschriften keine Quellensteuer erhoben. Art. 9 Abs. 3 DBA-D/F setzt diese Anforderungen sogar noch herunter. Demnach reicht schon eine

Beteiligung von 10 % ohne Beachtung einer Mindestbesitzdauer. Die Ausschüttung ist im betrachteten Fall also auf jeden Fall quellensteuerfrei.

Die deutsche Kapitalgesellschaft ist – wie in Kapitel 6.2.1.2 beschrieben – aufgrund des Trennungsprinzips in Deutschland selbst unbeschränkt körperschaftsteuerpflichtig. Die Ausschüttung aus der französischen Kapitalgesellschaft geht aber nicht in das körperschaftsteuerpflichtige Einkommen der deutschen Kapitalgesellschaft ein. Dies ergibt sich aus § 8b Abs. 1 Satz 1 KStG, wonach u.a. Bezüge im Sinne des § 20 Abs. 1 EStG, zu denen insbesondere Ausschüttungen aus einer Kapitalgesellschaft gehören, bei der Einkommensermittlung nicht berücksichtigt werden. Die in § 8b Abs. 1 KStG normierte allgemeine Dividendenfreistellung[1961] gilt für Ausschüttungen aus in- und ausländischen Kapitalgesellschaften gleichermaßen.[1962] Aber auch ohne die Freistellung aufgrund nationaler Vorschriften müsste eine Besteuerung in Deutschland unterbleiben. Art. 20 Abs. 1 Buchstabe b Satz 1 DBA-D/F i.V.m. Art. 20 Abs. 1 Buchstabe a DBA-D/F verhindert eine Besteuerung in Deutschland. Sofern eine deutsche Kapitalgesellschaft zu mindestens 10 % am Gesellschaftskapital einer französischen Kapitalgesellschaft beteiligt ist, dürfen an die deutsche Kapitalgesellschaft geleistete Dividenden[1963] in Deutschland nicht besteuert werden.[1964] Diese Regelung entspricht dem abkommensrechtlichen internationalen Schachtelprivileg.[1965] Aufgrund der in Deutschland geltenden allgemeinen Dividendenfreistellung gem. § 8b Abs. 1 KStG hat Letzteres aber in diesem Zusammenhang seine Bedeutung verloren.

Der von der französischen Kapitalgesellschaft gegebenenfalls entrichtete „précompte" wird der deutschen Kapitalgesellschaft gem. Art. 9 Abs. 4 Satz 1 DBA-D/F erstattet. Der erstattete „précompte" wird abkommensrechtlich gem. Art. 9 Abs. 4 Satz 2 DBA-D/F als Dividende eingestuft und darf aufgrund des Verweises in Art. 9 Abs. 4 Satz 3 DBA-D/F auf Art. 9 Abs. 3 DBA-D/F in Frankreich nicht durch eine Quellensteuer belastet werden. Eine Besteuerung des „précompte" wird aber auch in Deutschland unterbleiben. Diesbezüglich kann auf die vorstehenden Ausführungen zu den relevanten nationalen bzw. abkommensrechtlichen Vorschriften für Ausschüttungen aus französischen Kapitalgesellschaften verwiesen werden.

Aufgrund von § 8b Abs. 5 KStG wird aber dennoch ein Teil der Ausschüttung und des erstatteten „précompte" von der Körperschaftsteuer erfasst. Erreicht wird dies durch eine Umqualifizierung eines Teils der Ausschüttung aus der französischen Kapitalgesellschaft. 5 % der gem. § 8b Abs. 1 KStG steuerfreien Bezüge werden als nichtabziehbare Betriebsausgaben eingestuft.[1966] Im Ergebnis unterliegen 5 % der eigentlich steuerfreien Ausschüttung aus der französischen Kapitalgesellschaft bei der deutschen Kapitalgesellschaft der Körperschaftsteuer.[1967]

[1961] Vgl. zu dieser Bezeichnung statt vieler GROTHERR, Körperschaftsteuersystem mit Anteilseignerentlastung 2000, S. 854.

[1962] Vgl. DÖTSCH/PUNG, Änderungen 2000, S. 6; KUSSMAUL/BECKMANN, Dividendenbesteuerung 2001, S. 612; WILKE, Internationales Steuerrecht 2002, Rn. 204.

[1963] Die Gewinnausschüttungen aus der französischen Kapitalgesellschaft erfüllen den in Art. 9 Abs. 6 Satz 1 DBA-D/F definierten Dividendenbegriff.

[1964] Der abkommensrechtlich zulässige Progressionsvorbehalt kann sich bei der deutschen Kapitalgesellschaft aufgrund des linearen Körperschaftsteuertarifs nicht auswirken.

[1965] Vgl. BREITHECKER, Internationale Steuerlehre 2002, S. 231; SCHEFFLER, Grenzüberschreitende Unternehmenstätigkeit 2002, S. 145. (SCHEFFLER spricht vom „DBA-Schachtelprivileg".)

[1966] Die nichtabziehbaren Betriebsausgaben werden vor Abzug einer gegebenenfalls erhobenen ausländischen Quellensteuer berechnet. Vgl. KÖHLER, Deutsche Auslandsinvestitionen 2000, S. 614. Vgl. auch BMF vom 10.1.2000, BStBl. I 2000, S. 71.

[1967] Vgl. KÖHLER, Deutsche Auslandsinvestitionen 2000, S. 614; SCHMIDT/HAGEBÖKE, Änderung von § 8b Abs. 5 KStG 2002, S. 151. Vgl. auch BMF vom 10.1.2000, BStBl. I 2000, S. 71. Über diese Pauschale hi-

Hinsichtlich einer Erfassung der Geschäftsvorfälle der französischen Kapitalgesellschaft in den Büchern der deutschen Kapitalgesellschaft und hinsichtlich des Zeitpunkts der Berücksichtigung der Ausschüttung aus der französischen Kapitalgesellschaft gelten die Aussagen aus Kapitel 6.1.4.2 analog. Demnach erfolgt keine Berücksichtigung der genannten Geschäftsvorfälle in den Büchern der deutschen Kapitalgesellschaft. Außerdem darf der Dividendenanspruch nicht mehr phasengleich aktiviert werden. Eine Berücksichtigung erfolgt erst in der Bilanz des Jahres, in dem der Gewinnverwendungsbeschluss getroffen wird. Die Gewinnausschüttung wird zwar – wie vorstehend dargestellt – aufgrund der generellen Dividendenfreistellung in Deutschland grundsätzlich steuerlich nicht erfasst. Allerdings muss § 8b Abs. 5 KStG beachtet werden, wonach letztendlich dennoch 5 % der Ausschüttung besteuert werden. Somit ist der Zeitpunkt der steuerlichen Berücksichtigung der Ausschüttung doch von Bedeutung. Außerdem ist zwar grundsätzlich eine Teilwertabschreibung auf die Beteiligung an der französischen Kapitalgesellschaft möglich. Allerdings verhindert eine körperschaftsteuerliche Vorschrift – § 8b Abs. 3 KStG – die Berücksichtigung einer solchen Gewinnminderung bei der Ermittlung des körperschaftsteuerlichen Einkommens.[1968]

Die in § 8b Abs. 1 KStG geregelte allgemeine Dividendenfreistellung und das Verbot der steuerlichen Berücksichtigung einer Teilwertabschreibung in § 8b Abs. 3 KStG wirken sich über § 7 GewStG auch auf den Gewerbeertrag aus.[1969] Das Gleiche gilt aber auch für § 8b Abs. 5 KStG, so dass 5 % einer Gewinnausschüttung aus der französischen Kapitalgesellschaft auch in den Gewerbeertrag eingehen und somit der Gewerbesteuer unterliegen.[1970]

Da hinsichtlich der ISF keine Unterschiede zwischen Anteilen an einer französischen Kapitalgesellschaft und Anteilen an einer optierten französischen Personenhandelsgesellschaft bestehen, ist die deutsche Kapitalgesellschaft aus den beschriebenen Gründen in Frankreich nicht vermögensteuerpflichtig.[1971]

6.2.4.3 Ebene der deutschen natürlichen Personen

Aufgrund ihrer geschäftsführenden Tätigkeit in der französischen Kapitalgesellschaft erzielen die deutschen natürlichen Personen in Frankreich Einkünfte aus Geschäftsführergehältern. Die Besteuerung dieser Einkünfte erfolgt wie in Kapitel 6.1.4.3 dargestellt. Demzufolge besteht ihr in Frankreich zu versteuerndes Einkommen nur aus dem Teil der Geschäftsführergehälter, der 28.548 EUR übersteigt. In Deutschland werden die Einkünfte freigestellt, aber im Rahmen des Progressionsvorbehalts berücksichtigt.

Die Besteuerung der beiden deutschen natürlichen Personen in Deutschland erfolgt prinzipiell wie in Kapitel 6.2.1.3 dargestellt. Bei der Berechnung der tariflichen Einkommensteuer wirkt sich aber der aus der Einbeziehung der französischen Einkünfte resultierende Progressionsvorbehalt aus.

---

nausgehende Betriebsausgaben können aber unbegrenzt abgezogen werden. Vgl. JACOBS, Internationale Unternehmensbesteuerung 2002, S. 534.

1968 Dies ist die Konsequenz aus der Steuerfreiheit von Gewinnausschüttungen aus einer Kapitalgesellschaft gem. § 8b Abs. 1 KStG bzw. von Veräußerungsgewinnen aus Anteilen an einer Kapitalgesellschaft gem. § 8b Abs. 2 KStG. Vgl. WILKE, Internationales Steuerrecht 2002, Rn. 209. Vgl. auch DÖTSCH/PUNG, Änderungen 2000, S. 9; GROTHERR, Ausländische Beteiligungen 2000, S. 1716.

1969 Vgl. auch EILERS/WIENANDS, Besteuerung der Dividendeneinnahmen 2000, S. 963.

1970 Vgl. BERGEMANN, Schwerpunkte des Steuersenkungsgesetzes 2000, S. 1413.

1971 Vgl. hierzu Kapitel 6.2.3.2.

6.2.4.4 Zusammenfassende Darstellung

Land Ebene	Frankreich	Deutschland
Französische Kapitalgesellschaft	**IS;** **Grundsteuer;** **„taxe professionnelle";** **lohnsummenabhängige Steuern.**	–
Deutsche Kapitalgesellschaft	**Keine IS** – keine Quellensteuer auf französische Gewinnausschüttungen und auf „précompte"; **keine ISF.**	**Körperschaftsteuer** – Besteuerung von 5 % der französischen Gewinnausschüttung und des „précompte"; **Gewerbesteuer** – Besteuerung von 5 % der französischen Gewinnausschüttung und des „précompte"; **Grundsteuer.**
Deutsche natürliche Personen	**IR** – „gestaffelte" Besteuerung der französischen Geschäftsführergehälter.	**Einkommensteuer** – Progressionsvorbehalt auf französische Geschäftsführergehälter; **Solidaritätszuschlag;** **Kirchensteuer.**

6.3 Natürliche Personen und Personenhandelsgesellschaft als Spitzeneinheit[1972]

6.3.1 Personenhandelsgesellschaft als Grundeinheit

6.3.1.1 Ebene der französischen Personenhandelsgesellschaft

In Kapitel 6.1.2.1 wurde bereits dargestellt, dass nicht die französische Personenhandelsgesellschaft selbst einer französischen Ertragsteuer unterliegt. Diesbezüglich wird vielmehr auf die Gesellschafter abgestellt. Im vorliegenden Fall sind im Unterschied zu der bereits untersuchten Unternehmensstruktur ausschließlich die deutschen natürlichen Personen an der französischen Personenhandelsgesellschaft beteiligt. Eine Beteiligung der deutschen Personenhandelsgesellschaft besteht nicht. Das Ergebnis ist dennoch das gleiche. Die deutschen natürlichen Personen unterliegen mit ihrem Anteil am Ergebnis der französischen Personenhandelsgesellschaft der IR. Art. 4 Abs. 3 DBA-D/F sorgt wieder dafür, dass das entsprechende Besteuerungsrecht auch tatsächlich bei Frankreich liegt.

Überdies entspricht die steuerliche Behandlung der französischen Personenhandelsgesellschaft grundsätzlich den Ausführungen in Kapitel 6.1.2.1. Bei der Untersuchung eventuell bestehender Lieferungs- und Leistungsbeziehungen zu der deutschen Personenhandelsgesellschaft muss hier der Umstand beachtet werden, dass Letztere nicht Gesellschafterin der fran-

[1972] Vgl. zur Darstellung dieser Unternehmensstrukturen Abbildung 2 in Kapitel 2.1.1.

zösischen Personenhandelsgesellschaft ist. Somit stellt sich die Frage nach der Anwendbarkeit des Art. 57 CGI. Die Antwort hierauf wurde bereits in Kapitel 5.2.3.1 gegeben. Demnach führt die gleichzeitige geschäftsführende Tätigkeit der beiden deutschen natürlichen Personen in der deutschen und der französischen Personenhandelsgesellschaft zum Vorliegen eines Abhängigkeitsverhältnisses i.S.d. Art. 57 CGI.

6.3.1.2 Ebene der deutschen Personenhandelsgesellschaft

Da die deutsche Personenhandelsgesellschaft keine Anteile an der französischen Personenhandelsgesellschaft hält, kann sich deren Ergebnis erst gar nicht auf die Steuerbilanz der deutschen Personenhandelsgesellschaft auswirken. Letztere dient wieder der Ermittlung der Einkünfte aus Gewerbebetrieb ihrer Gesellschafter.[1973] Dabei ergeben sich keine Besonderheiten im Vergleich zur bereits bekannten Vorgehensweise.

Die Beurteilung und gegebenenfalls die Korrektur von Lieferungs- und Leistungsbeziehungen zwischen der deutschen und der französischen Personenhandelsgesellschaft kann bei der hier betrachteten Unternehmensstruktur mangels eines Gesellschafterverhältnisses nicht mittels Einlage- und Entnahmeregelungen erfolgen.[1974] Demzufolge bleibt der Fremdvergleichspreis als Maßstab. Seine Anwendung kann sich hier nur auf § 1 AStG stützen.[1975] Die französische Personenhandelsgesellschaft ist in Bezug auf die deutsche Personenhandelsgesellschaft eine nahestehende Person i.S.d. § 1 AStG, weil die beiden deutschen natürlichen Personen an beiden Gesellschaften wesentlich[1976] beteiligt sind (§ 1 Abs. 2 Nr. 2 AStG). Die deutschen und französischen Maßstäbe entsprechen sich also auch bei nicht vorhandenen direkten gesellschaftsrechtlichen Verbindungen zwischen den Gesellschaften zumindest grundsätzlich.

Die Erhebung der Gewerbesteuer und die Besteuerung der Betriebsgrundstücke der deutschen Personenhandelsgesellschaft durch die Grundsteuer vollzieht sich wie in Kapitel 6.1.1.2 beschrieben, wobei das Ergebnis der französischen Personenhandelsgesellschaft aufgrund der fehlenden Beteiligung an Letzterer ohnehin nicht in den Gewerbeertrag der deutschen Personenhandelsgesellschaft eingehen kann.

6.3.1.3 Ebene der deutschen natürlichen Personen

Die Besteuerung der deutschen natürlichen Personen erfolgt grundsätzlich wie in Kapitel 6.1.2.3 beschrieben. Der Umstand, dass die deutsche Personenhandelsgesellschaft an der französischen Personenhandelsgesellschaft nicht beteiligt ist, vereinfacht die steuerliche Behandlung lediglich. Das anteilige Ergebnis der deutschen natürlichen Personen an der französischen Personenhandelsgesellschaft zuzüglich ihrer Geschäftsführergehälter bildet ihre Einkünfte aus Gewerbebetrieb und somit ihr in Frankreich zu versteuerndes Einkommen.

Hinsichtlich einer möglichen Vermögensteuerpflicht der deutschen natürlichen Personen bezüglich ihrer Anteile an der französischen Personenhandelsgesellschaft muss die bereits beschriebene Vorschrift der Finanzverwaltung, wonach die Beteiligungen an der französischen

[1973] Vgl. hierzu Kapitel 6.1.1.2.

[1974] Vgl. zu diesen Regelungen Kapitel 6.1.2.2.

[1975] Die Anwendung des § 1 AStG auf die vorliegende Unternehmensstruktur – beteiligungsidentische in- und ausländische Personengesellschaften – fordert auch die deutsche Finanzverwaltung. Vgl. BMF vom 2.12.1994, BStBl. I 1995, Sondernummer 1, Rn. 1.4.3. Lehnt man die Anwendung des § 1 AStG ab, können durch die entsprechende Gestaltung von Lieferungs- und Leistungsbeziehungen beliebige Gewinnverlagerungen ins Ausland erreicht werden.

[1976] Eine wesentliche Beteiligung wird bereits ab einer Beteiligungshöhe von 25 % angenommen (§ 1 Abs. 2 Nr. 1 AStG).

und an der deutschen Personenhandelsgesellschaft bei einer ähnlichen Tätigkeit der Gesellschaften zusammengefasst werden, beachtet werden. Sie bewirkt eine Freistellung von der ISF. Da der vermögensteuerliche Wert der Anteile im hier betrachteten Fall aufgrund der ausschließlichen Beteiligung der deutschen natürlichen Personen bei weitem höher ist und das Besteuerungsrecht abkommensrechtlich bei Frankreich liegt, ist die angesprochene Verwaltungsvorschrift für die vorliegende Unternehmensstruktur von großer Bedeutung.

6.3.1.4 Zusammenfassende Darstellung

Land / Ebene	Frankreich	Deutschland
Französische Personenhandelsgesellschaft	**Grundsteuer;** **„taxe professionnelle";** **lohnsummenabhängige Steuern.**	–
Deutsche Personenhandelsgesellschaft	–	**Gewerbesteuer;** **Grundsteuer.**
Deutsche natürliche Personen	**IR** – anteiliges Ergebnis der französischen Personenhandelsgesellschaft zuzüglich französisches Geschäftsführergehalt; **keine ISF.**	**Einkommensteuer** – Progressionsvorbehalt auf anteiliges Ergebnis der französischen Personenhandelsgesellschaft zuzüglich französisches Geschäftsführergehalt; **Solidaritätszuschlag;** **Kirchensteuer.**

6.3.2 Optierte Personenhandelsgesellschaft als Grundeinheit

6.3.2.1 Ebene der optierten französischen Personenhandelsgesellschaft

Die Besteuerung der optierten französischen Personenhandelsgesellschaft gestaltet sich wie in Kapitel 6.1.3.1 beschrieben. Sie unterliegt mit ihrem in Frankreich erwirtschafteten Ergebnis der IS.

Aufgrund des bereits dargelegten Abhängigkeitsverhältnisses werden mögliche Lieferungs- und Leistungsbeziehungen zwischen der deutschen Personenhandelsgesellschaft und der optierten französischen Personenhandelsgesellschaft auf der Grundlage des Art. 57 CGI beurteilt und gegebenenfalls korrigiert.[1977]

6.3.2.2 Ebene der deutschen Personenhandelsgesellschaft

Da die deutsche Personengesellschaft keine Anteile an der optierten französischen Personenhandelsgesellschaft hält, kann an dieser Stelle auf die Ausführungen in Kapitel 6.3.1.2 verwiesen werden.

[1977] Vgl. zum Vorliegen eines Abhängigkeitsverhältnisses zwischen den beiden Gesellschaften als Anwendungsvoraussetzung des Art. 57 CGI Kapitel 6.3.1.1.

6.3.2.3 Ebene der deutschen natürlichen Personen

Die Besteuerung der deutschen natürlichen Personen gestaltet sich grundsätzlich wie in Kapitel 6.1.3.3 dargestellt. Auch ohne die Zwischenschaltung der deutschen Personenhandelsgesellschaft werden die Ausschüttung aus der optierten französischen Personenhandelsgesellschaft und der erstattete „précompte" von der französischen Quellensteuer erfasst. Die in Frankreich gezahlten Geschäftsführergehälter unterliegen dort der nach Teilbeträgen gestaffelten Besteuerung. In Deutschland erfolgt eine Freistellung unter Progressionsvorbehalt.

Dic Anteile an der optierten französischen Personenhandelsgesellschaft werden hinsichtlich einer Besteuerung durch die ISF grundsätzlich als Kapitalanlagen betrachtet und unterliegen aufgrund der beschränkten Vermögensteuerpflicht der deutschen natürlichen Personen nicht der ISF. Da die Anteile aber jeweils mehr als 10 % des Gesellschaftskapitals repräsentieren, werden sie von der französischen Finanzverwaltung als vermögensteuerpflichtige Beteiligungen eingestuft.[1978] Eine Besteuerung durch die ISF wird nichtsdestotrotz unterbleiben, wenn die Beteiligungen als berufliches Vermögen betrachtet werden. Die Gesellschafter müssen also eine bestimmte Leitungs- oder Aufsichtsfunktion in der optierten französischen Personenhandelsgesellschaft tatsächlich ausüben. Außerdem müssen ihre diesbezüglichen Vergütungen mehr als die Hälfte ihrer beruflichen Einkünfte ausmachen. Bei der Überprüfung dieser Anwendungsvoraussetzung erlaubt die französische Finanzverwaltung das Zusammenfassen von Beteiligungen an körperschaftsteuerpflichtigen Gesellschaften und Personengesellschaften, wenn sich die Tätigkeiten der beiden Gesellschaften ähnlich sind oder sich ergänzen.[1979] Eine Vermögensteuerpflicht besteht somit nicht, wenn die Entlohnung für die Tätigkeit in der körperschaftsteuerpflichtigen Gesellschaft und die Einkünfte aus Gewerbebetrieb aus der Personengesellschaft bei den deutschen natürlichen Personen jeweils mehr als die Hälfte der beruflichen Einkünfte ausmachen.[1980] Unabhängig von dieser rein nationalen Befreiungsvorschrift verhindert der aus französischer Sicht relevante Art. 19 Abs. 5 DBA-D/F ohnehin die Erhebung der ISF.[1981]

[1978] Vgl. hierzu Kapitel 4.3.1.
[1979] Vgl. doc. adm. 7 S 3313 vom 1.10.1999, Rn. 7. Vgl. hierzu auch Kapitel 6.2.2.3.
[1980] Die Einkünfte aus Kapitalvermögen zählen nicht zu den beruflichen Einkünften. Vgl. hierzu Kapitel 4.3.1.
[1981] Vgl. hierzu Kapitel 6.1.3.2.

6.3.2.4 Zusammenfassende Darstellung

Land Ebene	Frankreich	Deutschland
Optierte französische Personenhandelsgesellschaft	**IS;** **Grundsteuer;** **„taxe professionnelle";** **lohnsummenabhängige Steuern.**	–
Deutsche Personenhandelsgesellschaft	–	**Gewerbesteuer;** **Grundsteuer.**
Deutsche natürliche Personen	**IR** – 15 % Quellensteuer auf französische Gewinnausschüttung und „précompte"; – „gestaffelte" Besteuerung der französischen Geschäftsführergehälter; **keine ISF.**	**Einkommensteuer** – Progressionsvorbehalt auf anteiliges Ergebnis der optierten französischen Personenhandelsgesellschaft zuzüglich französisches Geschäftsführergehalt; **Solidaritätszuschlag;** **Kirchensteuer.**

6.3.3 Kapitalgesellschaft als Grundeinheit

6.3.3.1 Ebene der französischen Kapitalgesellschaft

Die Veränderung des Gesellschafterkreises hat auch bei der französischen Kapitalgesellschaft keine Auswirkung auf deren Besteuerung. Sie unterliegt mit dem Ergebnis ihres in Frankreich betriebenen Unternehmens der IS. Somit wird an dieser Stelle auf Kapitel 6.1.4.1 verwiesen. Aufgrund der nicht bestehenden Beteiligung der deutschen Personenhandelsgesellschaft an der französischen Kapitalgesellschaft sei lediglich darauf hingewiesen, dass auch hier bei eventuell bestehenden Lieferungs- und Leistungsbeziehungen zwischen den Gesellschaften Art. 57 CGI zur Anwendung kommt.[1982]

6.3.3.2 Ebene der deutschen Personenhandelsgesellschaft

Da die deutsche Personenhandelsgesellschaft auch in dem hier betrachteten Fall keine Anteile an der französischen Gesellschaft hält, wird auf Kapitel 6.3.1.2 verwiesen. Im Fall von Gewinnverlagerungen nach Frankreich durch Lieferungs- und Leistungsbeziehungen zwischen den Gesellschaften ist neben der Anwendung des § 1 AStG auch das Vorliegen einer verdeckten Einlage denkbar. Demnach hätte Letztere Vorrang vor § 1 AStG.[1983] Eine verdeckte Einlage liegt nicht nur bei der Zuwendung eines Vermögensvorteils an die betreffende Kapitalgesellschaft durch einen ihrer Gesellschafter, sondern auch bei der Zuwendung durch eine nahestehende Person vor (Abschn. 36a Abs. 1 Satz 1 KStR). Dabei kann auch eine Personenhandelsgesellschaft eine nahestehende Person i.S.d. Rechtsinstituts der verdeckten Einlage sein.[1984]

[1982] Das geforderte Abhängigkeitsverhältnis zwischen den beiden Gesellschaften liegt vor. Vgl. hierzu Kapitel 6.3.1.1.

[1983] Vgl. hierzu Kapitel 6.1.4.2.

[1984] Vgl. BFH vom 1.10.1986, BStBl. II 1987, S. 459.

6.3.3.3 Ebene der deutschen natürlichen Personen

Die Besteuerung der deutschen natürlichen Personen entspricht grundsätzlich der in Kapitel 6.1.4.3 dargestellten Behandlung. Allerdings werden die Gewinnausschüttungen aus der französischen Kapitalgesellschaft im hier betrachteten Fall nicht mittelbar über die deutsche Personenhandelsgesellschaft bezogen. In Frankreich unterliegen Gewinnausschüttungen und ein gegebenenfalls erstatteter „précompte“ der Quellensteuer. Die Geschäftsführergehälter werden in Teilbeträge gegliedert besteuert.

In Deutschland gehören die Ausschüttungen aus der französischen Kapitalgesellschaft und der erstattete „précompte“ jeweils einschließlich einbehaltener französischer Quellensteuer zu den Einkünften aus Kapitalvermögen i.S.d. § 20 Abs. 1 Nr. 1 EStG. Sie unterliegen gem. § 3 Nr. 40 Satz 1 Buchstabe d EStG dem Halbeinkünfteverfahren. § 20 Abs. 3 EStG bzw. § 3 Nr. 40 Satz 2 EStG kommen hier nicht zur Anwendung. Die französische Quellensteuer kann angerechnet werden und die französischen Geschäftsführergehälter werden vom Progressionsvorbehalt erfasst.

Da die Anteile an der optierten französischen Personenhandelsgesellschaft und die Anteile an der französischen Kapitalgesellschaft vermögensteuerlich gleich behandelt werden, wird die Erhebung der ISF aus den bereits beschriebenen Gründen unterbleiben.[1985]

6.3.3.4 Zusammenfassende Darstellung

Land Ebene	Frankreich	Deutschland
Französische Kapitalgesellschaft	**IS; Grundsteuer; „taxe professionnelle“; lohnsummenabhängige Steuern.**	–
Deutsche Personenhandelsgesellschaft	–	**Gewerbesteuer; Grundsteuer.**
Deutsche natürliche Personen	**IR** – 15 % Quellensteuer auf Gewinnausschüttung und „précompte“; – „gestaffelte“ Besteuerung der französischen Geschäftsführergehälter; **keine ISF.**	**Einkommensteuer** – Progressionsvorbehalt auf französische Geschäftsführergehälter; – Halbeinkünfteverfahren auf französische Gewinnausschüttung und „précompte“; – Anrechnung der französischen Quellensteuer; **Solidaritätszuschlag; Kirchensteuer.**

1985 Vgl. hierzu Kapitel 6.3.2.3.

6.4 Natürliche Personen und Kapitalgesellschaft als Spitzeneinheit[1986]

6.4.1 Personenhandelsgesellschaft als Grundeinheit

6.4.1.1 Ebene der französischen Personenhandelsgesellschaft

Die Besteuerung der französischen Personenhandelsgesellschaft erfolgt wie in Kapitel 6.3.1.1 beschrieben. Ihr Gesellschafterkreis ist im Vergleich zu der dort beschriebenen Unternehmensstruktur vollkommen identisch.

6.4.1.2 Ebene der deutschen Kapitalgesellschaft

Bei der hier betrachteten Unternehmensstruktur besteht keine Beteiligung der deutschen Kapitalgesellschaft an der französischen Personenhandelsgesellschaft. Sofern dieser Umstand berücksichtigt wird, kann hinsichtlich der Darstellung der Besteuerung der deutschen Kapitalgesellschaft grundsätzlich auf Kapitel 6.2.2.2 verwiesen werden. Bei der Besteuerung der deutschen Kapitalgesellschaft findet das Ergebnis der französischen Personenhandelsgesellschaft also keine Berücksichtigung. Lediglich eventuell bestehende Lieferungs- und Leistungsbeziehungen werden auf mögliche Gewinnverlagerungen hin untersucht. Dabei greift gegebenenfalls § 1 AStG.[1987]

6.4.1.3 Ebene der deutschen natürlichen Personen

Hinsichtlich der Besteuerung der deutschen natürlichen Personen in Frankreich bestehen grundsätzlich keine Unterschiede zu Kapitel 6.2.2.3. Da die deutsche Kapitalgesellschaft keine Anteile an der französischen Personenhandelsgesellschaft hält, fallen die Anteile der deutschen natürlichen Personen am Ergebnis der französischen Gesellschaft höher aus. Diese gehören zusammen mit ihren in Frankreich an sie gezahlten Geschäftsführergehältern zu ihren Einkünften aus Gewerbebetrieb und bilden ihr französisches zu versteuerndes Einkommen. In Deutschland kommt der Progressionsvorbehalt zur Anwendung.

Die Erhebung der ISF auf die Anteile an der französischen Personenhandelsgesellschaft unterbleibt aufgrund der bereits beschrieben Vorschrift der französischen Finanzverwaltung, wonach die Anteile an der französischen Personenhandelsgesellschaft und die Anteile an der deutschen Kapitalgesellschaft zusammengefasst werden.[1988] Somit kann das abkommensrechtlich eingeräumte Besteuerungsrecht nicht ausgefüllt werden.[1989]

1986 Vgl. zur Darstellung dieser Unternehmensstrukturen Abbildung 2 in Kapitel 2.1.1.
1987 Vgl. hierzu Kapitel 6.3.1.2.
1988 Vgl. hierzu Kapitel 6.2.2.3.
1989 Vgl. hierzu Kapitel 6.1.2.3.

6.4.1.4 Zusammenfassende Darstellung

Land Ebene	Frankreich	Deutschland
Französische Personenhandelsgesellschaft	**Grundsteuer;** **„taxe professionnelle";** **lohnsummenabhängige Steuern.**	–
Deutsche Kapitalgesellschaft	–	**Körperschaftsteuer;** **Gewerbesteuer;** **Grundsteuer.**
Deutsche natürliche Personen	**IR** – anteiliges Ergebnis der französischen Personenhandelsgesellschaft zuzüglich französisches Geschäftsführergehalt; **keine ISF.**	**Einkommensteuer** – Progressionsvorbehalt auf anteiliges Ergebnis der französischen Personenhandelsgesellschaft zuzüglich französisches Geschäftsführergehalt; **Solidaritätszuschlag;** **Kirchensteuer.**

6.4.2 Optierte Personenhandelsgesellschaft als Grundeinheit

6.4.2.1 Ebene der optierten französischen Personenhandelsgesellschaft

Bei der Besteuerung der optierten französischen Personenhandelsgesellschaft bestehen keine Unterschiede im Vergleich zur Struktur in Kapitel 6.3.2.1. Ihr in Frankreich erwirtschaftetes Ergebnis unterliegt dort der IS.

6.4.2.2 Ebene der deutschen Kapitalgesellschaft

Die Besteuerung der deutschen Kapitalgesellschaft erfolgt wie in Kapitel 6.4.1.2 beschrieben. Das Ergebnis der optierten französischen Personenhandelsgesellschaft kann sich bei ihr nicht auswirken.

6.4.2.3 Ebene der deutschen natürlichen Personen

Die deutschen natürlichen Personen werden grundsätzlich wie in Kapitel 6.2.3.3 dargestellt besteuert. Lediglich die Gewinnausschüttungen aus der optierten französischen Personenhandelsgesellschaft sind aufgrund der hier nicht bestehenden Beteiligung der deutschen Kapitalgesellschaft höher. Die Gewinnausschüttungen und der gegebenenfalls erstattete „précompte" unterliegen der französischen Quellensteuer. Die Geschäftsführergehälter werden nach Teilbeträgen getrennt besteuert. In Deutschland greift der Progressionsvorbehalt auf die Ergebnisanteile und die Geschäftsführergehälter.

Die Anteile an der optierten französischen Personenhandelsgesellschaft werden als Kapitalanlagen beschränkt Vermögensteuerpflichtiger eingestuft und führen somit eigentlich nicht zur Erhebung der ISF. Da die Anteile aber jeweils mehr als 10 % des Gesellschaftskapitals der optierten französischen Personenhandelsgesellschaft ausmachen, geht die französische Finanzverwaltung vom Vorliegen einer vermögensteuerpflichtigen Beteiligung aus.[1990] Die ISF wird letztendlich doch nicht erhoben, weil eine auf Art. 885 O bis 2° Abs. 1 CGI basierende Vorschrift der französischen Finanzverwaltung für eine Einordnung als vermögensteuerfreies berufliches Vermögen eine gemeinsame Betrachtung von Anteilen an körperschaftsteuerpflichtigen Gesellschaften erlaubt, sofern sich die Tätigkeiten der beiden Gesellschaften ähnlich sind oder sich ergänzen.[1991] Demnach müssen die Entlohnungen aus den Tätigkeiten als Geschäftsführer bei den Gesellschaftern mehr als die Hälfte ihrer beruflichen Einkünfte ausmachen. Da die Einkünfte aus Kapitalvermögen nicht zu ihren beruflichen Einkünften zählen,[1992] ist diese Bedingung erfüllt. Doch auch ohne diese nationale Regelung dürfte die ISF nicht erhoben werden. Aus französischer Sicht fallen die Anteile an der optierten französischen Personenhandelsgesellschaft unter Art. 19 Abs. 5 DBA-D/F. Folglich besteht in Frankreich kein Besteuerungsrecht für die Anteile.

6.4.2.4 Zusammenfassende Darstellung

Land Ebene	Frankreich	Deutschland
Optierte französische Personenhandelsgesellschaft	**IS; Grundsteuer; „taxe professionnelle“; lohnsummenabhängige Steuern.**	–
Deutsche Kapitalgesellschaft	–	**Körperschaftsteuer; Gewerbesteuer; Grundsteuer.**
Deutsche natürliche Personen	**IR** – 15 % Quellensteuer auf französische Gewinnausschüttung und „précompte“; – „gestaffelte“ Besteuerung der französischen Geschäftsführergehälter; **keine ISF.**	**Einkommensteuer** – Progressionsvorbehalt auf anteiliges Ergebnis der optierten französischen Personenhandelsgesellschaft zuzüglich französisches Geschäftsführergehalt; **Solidaritätszuschlag; Kirchensteuer.**

1990 Vgl. hierzu Kapitel 4.3.1.
1991 Vgl. doc. adm. 7 S 3322 vom 1.10.1999, Rn. 22.
1992 Vgl. hierzu Kapitel 4.3.1.

6.4.3 Kapitalgesellschaft als Grundeinheit

6.4.3.1 Ebene der französischen Kapitalgesellschaft

Die Besteuerung der französischen Kapitalgesellschaft vollzieht sich wie in Kapitel 6.3.3.1 beschrieben. Sie unterliegt mit dem Ergebnis ihres in Frankreich betriebenen Unternehmens der IS.

6.4.3.2 Ebene der deutschen Kapitalgesellschaft

Da an der französischen Kapitalgesellschaft keine Beteiligung besteht, ist die Situation im Vergleich zu Kapitel 6.4.1.2 unverändert. Neben § 1 AStG kommt bei Gewinnverlagerungen nach Frankreich durch Lieferungs- und Leistungsbeziehungen auch die vorrangige Anwendung des Rechtsinstituts der verdeckten Einlage in Betracht.[1993] Dies resultiert aus dem Umstand, dass eine verdeckte Einlage auch durch eine nahestehende Person vorgenommen werden kann (Abschn. 36a Abs. 1 Satz 1 KStR). Eine solche kann auch eine juristische Person, hier also die deutsche Kapitalgesellschaft, sein.[1994]

6.4.3.3 Ebene der deutschen natürlichen Personen

Die Besteuerung der deutschen natürlichen Personen hinsichtlich ihrer französischen Einkünfte entspricht grundsätzlich der in Kapitel 6.1.4.3 dargestellten Behandlung. Lediglich die Gewinnausschüttungen werden im hier betrachteten Fall unmittelbar bezogen. Sie werden von der französischen Quellensteuer erfasst. Die Geschäftsführergehälter unterliegen der IR, wobei die bekannten Teilbeträge betrachtet werden.

Die deutschen Einkünfte der deutschen natürlichen Personen werden wie in Kapitel 6.2.1.3 beschrieben besteuert. Bei der Berechnung der tariflichen Einkommensteuer unter Anwendung des Splittingverfahrens muss der Progressionsvorbehalt auf die in Frankreich gezahlten Geschäftsführergehälter berücksichtigt werden. Außerdem kann die französische Quellensteuer angerechnet werden.[1995]

Da auch hier Anteile an einer körperschaftsteuerpflichtigen Gesellschaft vorliegen, unterbleibt die Erhebung der ISF aus den bekannten Gründen.[1996]

[1993] Vgl. zur verdeckten Einlage, insbesondere zu ihrem Verhältnis zu § 1 AStG Kapitel 6.1.4.2.

[1994] Vgl. BFH vom 23.10.1985, BStBl. II 1986, S. 195.

[1995] Dabei sind die Werbungskosten, die mit den ausländischen Einnahmen in wirtschaftlichem Zusammenhang stehen, zu berücksichtigen (R 212b Satz 3 EStR). Außerdem ist der Sparer-Freibetrag anteilig abzuziehen (R 212b Satz 5 EStR).

[1996] Vgl. hierzu Kapitel 6.4.2.3.

6.4.3.4 Zusammenfassende Darstellung

Land Ebene	Frankreich	Deutschland
Französische Kapitalgesellschaft	**IS;** **Grundsteuer;** **„taxe professionnelle";** **lohnsummenabhängige Steuern.**	–
Deutsche Kapitalgesellschaft	–	**Körperschaftsteuer;** **Gewerbesteuer;** **Grundsteuer.**
Deutsche natürliche Personen	**IR** – 15 % Quellensteuer auf Gewinnausschüttung und „précompte"; – „gestaffelte" Besteuerung der französischen Geschäftsführergehälter: **keine ISF.**	**Einkommensteuer** – Progressionsvorbehalt auf französische Geschäftsführergehälter; – Halbeinkünfteverfahren auf französische Gewinnausschüttung und „précompte"; – Anrechnung der französischen Quellensteuer; **Solidaritätszuschlag;** **Kirchensteuer.**

7 Vergleich der Besteuerung der Errichtung der Grundeinheit und der laufenden Tätigkeit

7.1 Vergleich der Besteuerung der Errichtung der Grundeinheit

Vor der Betrachtung der Besteuerung der Errichtung der französischen Grundeinheit muss zusammenfassend dargelegt werden, ob die in der vorliegenden Arbeit untersuchten Unternehmensstrukturen von den in Kapitel 5.1 beschriebenen Steuererleichterungen für neu gegründete Unternehmen profitieren können.

Innerhalb der Gruppe der verschiedenen Steuererleichterungen ist die Befreiung von bzw. die Minderung der Ertragsteuer gem. Art. 44 sexies CGI besonders interessant. Allerdings wird hier die Bereitschaft, in einer der gesetzlich definierten Zonen zu investieren, vorausgesetzt. Darüber hinaus scheint die Anwendung dieser Begünstigungsvorschrift auf die betrachteten Unternehmensstrukturen nicht möglich zu sein. Lediglich für den Fall, dass die Anteile an der französischen Gesellschaft im Privatvermögen der deutschen natürlichen Personen gehalten werden, könnte auf eine Steuerbefreiung hingearbeitet werden. Die Anweisungen der französischen Finanzverwaltung würden aber aufgrund der bestehenden Beziehungen zwischen der deutschen und der französischen Gesellschaft oder aufgrund der Ähnlichkeit der Tätigkeiten der Gesellschaften die angestrebte Steuerbefreiung verhindern. Entscheidend wäre letztendlich insbesondere die Frage, wie stark sich die speziell für den französischen Markt konzipierten Produkte von den Produkten der deutschen Spitzeneinheit unterscheiden. Die Ansicht des Unternehmens, wonach die einschränkenden Anwendungsvoraussetzungen der gesetzlichen Befreiungsvorschrift im betrachteten Fall nicht relevant wären, stünde der Interpretation der Finanzverwaltung entgegen. Folglich müsste die Rechtsprechung für eine Entscheidung sorgen. Außerdem könnte die Ansicht des Steuerpflichtigen, die Tätigkeiten der beiden Gesellschaften wären nicht ähnlich, nachteilige Auswirkungen im Bereich der ISF haben. Dort ist gerade die Ähnlichkeit Voraussetzung für eine Nichterhebung der ISF.[1997]

Die Anwendung des Art. 44 sexies CGI auf die Grundeinheiten der betrachteten Unternehmensstrukturen hat aber auch weiterreichende Bedeutung. Sie gehört zu den Voraussetzungen für die zweijährige Befreiung von der „taxe professionnelle“ gem. Art. 1464 B CGI bzw. von der Grundsteuer auf bebaute Grundstücke. Wird also die angesprochene Befreiung von der Ertragsteuer versagt, ist somit auch eine Steuerbefreiung in diesem Bereich unmöglich. Doch selbst wenn die Befreiungsvorschrift des Art. 44 sexies CGI greifen würde, wäre dennoch ein Beschluss der zuständigen Gebietskörperschaften für eine Befreiung von der „taxe professionnelle“ bzw. von der Grundsteuer erforderlich. Demzufolge ist eine Befreiung von diesen Steuern nicht zwangsläufig gegeben.

Die Befreiung von der „taxe professionnelle“ gem. Art. 1465 CGI ist unabhängig von der Anwendung des Art. 44 sexies CGI. Sofern die mit der Errichtung der Grundeinheit verbundenen Investitionen in den gesetzlich fixierten Gebieten getätigt werden, muss eine Steuerbefreiung grundsätzlich gewährt werden. Nichtsdestotrotz können die von den Gebietskörperschaften festgelegten Beschränkungen hinsichtlich der investierten Beträge ihre Gewährung

[1997] Vgl. hierzu beispielsweise Kapitel 6.1.2.3.

verhindern. Außerdem sind Umfang und Dauer der Befreiung von Entscheidungen der Gebietskörperschaften abhängig, so dass hier lediglich eine eingeschränkte Planbarkeit besteht.

Die weiteren gebietsabhängigen Befreiungsmöglichkeiten von der „taxe professionnelle" sind aufgrund ihres stark eingeschränkten räumlichen Anwendungsbereichs und ihrer vergleichsweise geringen betragsmäßigen Auswirkungen kaum von Interesse. Somit verbleibt lediglich die Steuererleichterung bei der „taxe professionnelle" im Gründungsjahr und in den beiden darauf folgenden Jahren, welche bei den Planungen im Rahmen der Errichtung der Grundeinheit als feste Größe einbezogen werden kann. Sie betrifft die Grundeinheit sämtlicher Unternehmensstrukturen.

Zusammenfassend bietet keine der untersuchten Unternehmensstrukturen Vorteile bei der Gewährung von Steuererleichterungen für neu gegründete Unternehmen. Lediglich diejenigen Strukturen, deren Spitzeneinheit aus deutscher Gesellschaft und deutschen natürlichen Personen gebildet wird, die also mit dem Halten der Anteile an der französischen Gesellschaft im Privatvermögen der deutschen natürlichen Personen verbunden sind, können vielleicht eine Argumentationsbasis für eine anfängliche Befreiung von den Ertragsteuern darstellen. Die Erfolgsaussichten sind dabei aber so gering, dass hier nicht von einer Vorteilhaftigkeit gesprochen werden kann.

Will man die in Kapitel 5.2 beschriebene Besteuerung der Errichtung einer Grundeinheit in Frankreich in Abhängigkeit von den verschiedenen somit entstehenden internationalen Unternehmensstrukturen vergleichen, so reicht eine Beschränkung auf die Betrachtung einer Sachgründung aus. Dabei muss sich die Untersuchung ihrer steuerlichen Wirkungen in erster Linie auf drei Bereiche erstrecken:

- die Besteuerung in Deutschland, insbesondere die steuerliche Behandlung der in den überführten Wirtschaftsgütern enthaltenen stillen Reserven;
- die in Deutschland und Frankreich zur Anwendung kommenden Wertmaßstäbe bei der Bewertung der überführten bzw. empfangenen Wirtschaftsgüter;
- die in Frankreich vorgenommene registersteuerliche Behandlung der in die französische Grundeinheit eingebrachten Wirtschaftsgüter.

Hinsichtlich des ersten Bereichs erfolgt zunächst eine Untersuchung der in Deutschland erfolgenden steuerlichen Behandlung der in den überführten Wirtschaftsgütern enthaltenen stillen Reserven. Diesbezüglich bestehen grundsätzlich keine Unterschiede zwischen den untersuchten internationalen Unternehmensstrukturen. In jedem Fall erfolgt eine Realisierung der stillen Reserven. Lediglich der hierbei herangezogene Wertmaßstab ist nicht immer der gleiche. Während in den meisten Fällen der Fremdvergleichspreis relevant ist, kann in einigen Fällen auch bzw. nur der gemeine Wert zur Anwendung kommen. Aufgrund der konzeptionellen Übereinstimmung dieser marktpreisabhängigen Wertmaßstäbe sollten hieraus aber keine unterschiedlichen steuerlichen Folgen resultieren. Ein wichtiges Unterscheidungskriterium kann aber der Zeitpunkt der Besteuerung sein. In diesem Zusammenhang muss der Ausgleichsposten, der bei der Überführung in eine französische Betriebstätte gebildet werden darf, erwähnt werden. Er verhindert eine sofortige Besteuerung der stillen Reserven. Sie erfolgt erst zu einem späteren Zeitpunkt, spätestens aber nach zehn Jahren. Somit profitieren die Unternehmensstrukturen „deutsche Personenhandelsgesellschaft – französische Betriebstätte" bzw. „deutsche Kapitalgesellschaft – französische Betriebstätte" von entsprechenden Zins- und Liquiditätseffekten. Dennoch kann die Besteuerung der stillen Reserven bestenfalls hinausgezögert, aber nicht verhindert werden.

In Deutschland kann überdies die Umsatzsteuer zu einer steuerlichen Definitivbelastung führen. Hiervon sind grundsätzlich sämtliche Unternehmensstrukturen betroffen, bei denen die

Anteile an der französischen Gesellschaft im Privatvermögen der deutschen natürlichen Personen gehalten werden sollen. Die Belastung durch die Umsatzsteuer kann aber durch eine entsprechende Gestaltung des Gründungsvorgangs hinsichtlich des Wegs bei der Überführung der Wirtschaftsgüter vermieden werden, so dass diese Unternehmensstrukturen letztendlich doch nicht steuerlich benachteiligt sind.

Eine weitere Besonderheit bei der Besteuerung in Deutschland resultiert aus dem Umstand, dass Entnahmen aus einer Kapitalgesellschaft nicht möglich sind. Somit muss eine Ausschüttung aus der deutschen Kapitalgesellschaft an ihre Gesellschafter – die deutschen natürlichen Personen – erfolgen. Diese führt bei Letzteren zu Einkünften aus Kapitalvermögen, die dem Halbeinkünfteverfahren unterliegen. Dementsprechend liegt bei der Spitzeneinheit bestehend aus deutschen natürlichen Personen und deutscher Kapitalgesellschaft im Vergleich zu den anderen Unternehmensstrukturen durch die Besteuerung der Gewinnausschüttung eine steuerliche Zusatzbelastung vor.

Der zweite steuerlich relevante Bereich betrifft die in Deutschland und Frankreich zur Anwendung kommenden Wertmaßstäbe. Während in Deutschland der Fremdvergleichspreis bzw. der gemeine Wert greift, wird in Frankreich der Fremdvergleichspreis bzw. der Verkaufswert herangezogen. Sämtliche Wertmaßstäbe entsprechen sich zumindest konzeptionell. Die aus der Anwendung der verschiedenen Wertmaßstäbe resultierenden Werte können im Ländervergleich dennoch unterschiedlich sein, so dass die Gefahr einer Doppelbesteuerung besteht. Bezüglich der Wahrscheinlichkeit des Entstehens einer solchen Doppelbesteuerung sind verlässliche Aussagen unmöglich. Hier geben die Ansichten der nationalen Finanzverwaltungen den Ausschlag, wobei innerhalb der jeweiligen Länder außerdem auch regional unterschiedliche Ansichten der Finanzverwaltungseinheiten Auswirkungen haben können. Die Gefahr einer Doppelbesteuerung ist für jede Unternehmensstruktur gleich groß. Somit bestehen in diesem Bereich keine Unterschiede zwischen den untersuchten Unternehmensstrukturen.

Schließlich bleibt noch der letzte Bereich, die französischen Registersteuern. Auch hier bestehen grundsätzlich keine Unterschiede zwischen den verschiedenen Unternehmensstrukturen. Entweder werden erst gar keine Registersteuern erhoben oder aber ihre Erhebung kann durch eine Verpflichtung der deutschen Gesellschafter bzw. des deutschen Gesellschafters, die entsprechenden Gesellschaftsanteile mindestens drei Jahre lang zu halten, vermieden werden. Diesbezüglich können sich vier Unternehmensstrukturen als nachteilig erweisen. Hierbei liegt eine deutsche Spitzeneinheit in Form deutscher natürlicher Personen und einer deutschen Personenhandels- bzw. Kapitalgesellschaft vor, die französische Grundeinheit wird von einer optierten Personenhandelsgesellschaft oder einer Kapitalgesellschaft und somit von einer körperschaftsteuerpflichtigen Gesellschaft gebildet. Sofern die Überführung der Wirtschaftsgüter von der deutschen Gesellschaft – nicht von den deutschen natürlichen Personen – vorgenommen wird und die hieraus resultierende Beteiligung an der französischen Gesellschaft anschließend durch Entnahme oder Veräußerung an die deutschen natürlichen Personen übergeht, werden nachträglich Registersteuern auf die Einbringung bestimmter Wirtschaftsgüter fällig. Eine Belastung durch Registersteuern kann aber vermieden werden, wenn die Überführung der Wirtschaftsgüter durch die deutschen natürlichen Personen selbst vorgenommen wird. Somit erweist sich in diesem Bereich keine der betrachteten Unternehmensstrukturen als nachteilig bzw. vorteilhaft.[1998]

[1998] Auch im Fall der optierten französischen Personenhandelsgesellschaft ergeben sie keine steuerlichen Belastungen, denn die Option für die Besteuerung durch die IS verläuft steuerneutral.

Eine Zusammenfassung der vorstehenden Ausführungen führt zu dem Ergebnis, dass zwei der hier untersuchten Unternehmensstrukturen hinsichtlich des Errichtungsvorgangs steuerlich vorteilhaft sind. Es handelt sich hierbei um die Strukturen, die durch das Vorliegen einer französischen Betriebstätte gekennzeichnet sind. Allerdings resultiert diese Vorteilhaftigkeit nicht aus einer endgültigen steuerlichen Entlastung, sondern lediglich aus einer aufgeschobenen Besteuerung durch Bildung eines Ausgleichspostens. Dieser verhindert eine sofortige Besteuerung der in den überführten Wirtschaftsgütern enthaltenen stillen Reserven.

Außerdem erweisen sich einige der betrachteten Strukturen im Vergleich zu den anderen hinsichtlich ihrer steuerlichen Behandlung im Rahmen der Errichtung der Grundeinheit aufgrund des angestrebten Haltens der Anteile im Privatvermögen als nachteilig. Die betroffenen Strukturen sind „deutsche Personenhandelsgesellschaft – deutsche natürliche Personen – optierte französische Personenhandelsgesellschaft“, „deutsche Personenhandelsgesellschaft – deutsche natürliche Personen – französische Kapitalgesellschaft“, „deutsche Kapitalgesellschaft – deutsche natürliche Personen – optierte französische Personenhandelsgesellschaft“ und „deutsche Kapitalgesellschaft – deutsche natürliche Personen – französische Kapitalgesellschaft“. Sie führen entweder zu einer Definitivbelastung durch die Umsatzsteuer auf deutscher Seite oder aber zu einer Belastung durch Registersteuern auf französischer Seite. Außerdem erzielen die deutschen natürlichen Personen bei den beiden letztgenannten Strukturen Einkünfte aus Kapitalvermögen, die dem Halbeinkünfteverfahren unterliegen. Diese Einkünfte liegen außerdem bei der Struktur „deutsche Kapitalgesellschaft – deutsche natürliche Personen – französische Personenhandelsgesellschaft“ vor.

7.2 Vergleich der Besteuerung der laufenden Tätigkeit

7.2.1 Vorbereitung des Steuerbelastungsvergleichs

7.2.1.1 Grundsätzliche Überlegungen im Vorfeld des Steuerbelastungsvergleichs

Die Zielsetzung des im Rahmen der vorliegenden Arbeit durchzuführenden Steuerbelastungsvergleichs ist die Ermittlung der jeweiligen steuerlichen Gesamtbelastung der verschiedenen hier definierten Unternehmensstrukturen. Somit werden die Unterschiede in der Besteuerung der Unternehmensstrukturen und der zugrunde liegenden Rechtsformen aufgezeigt und daran anknüpfend die rechtsformabhängigen Faktoren herausgestellt, die die Höhe der steuerlichen Belastungen beeinflussen.[1999] Der Steuerbelastungsvergleich beschränkt sich also nicht nur auf die Ermittlung der Gesamtsteuerbelastung. Darüber hinaus soll auch deren Struktur und ihre Reagibilität auf die Veränderung von Bemessungsgrundlagen bzw. Bemessungsgrundlagenteilen beschrieben werden.[2000] Auf der Grundlage dieser Informationen können individuelle Entscheidungen hinsichtlich der Wahl der steueroptimalen rechtsformabhängigen Unternehmensstruktur getroffen werden und somit eine Minimierung der steuerlichen Belastung im Rahmen der rechtlichen und wirtschaftlichen Gegebenheiten erreicht werden.[2001]

[1999] Vgl. JACOBS/SCHEFFLER, Steueroptimale Rechtsform 1995, S. 1.
[2000] Vgl. BONE-WINKEL, Internationale betriebswirtschaftliche Steuerbelastungsvergleiche 1994, S. 82.
[2001] Vgl. KAEFER, Steuerbelastungsanalysen 1974, S. 23.

Die Durchführung eines Steuerbelastungsvergleichs erfordert zunächst das Treffen verschiedener Entscheidungen:[2002]

- die Festlegung des Untersuchungsgegenstands;
- die Festlegung des Untersuchungsumfangs;
- die Auswahl einer Analysetechnik.

Während die Festlegung des Untersuchungsgegenstands bereits in Kapitel 2 erfolgt ist, müssen im Folgenden noch der Untersuchungsumfang festgelegt und die anzuwendende Analysetechnik ausgewählt werden.

7.2.1.2 Festlegung des Untersuchungsumfangs

Die Festlegung des Untersuchungsumfangs beinhaltet die Abgrenzung der Belastungssphäre, die Auswahl der einzubeziehenden Steuerarten und die zeitliche Abgrenzung des Steuerbelastungsvergleichs.[2003]

Bei der Abgrenzung der Belastungssphäre muss eine Entscheidung hinsichtlich der Einbeziehung der Gesellschafterebene getroffen werden,[2004] so dass gegebenenfalls gleichzeitig die steuerliche Belastung der Gesellschaften und ihrer Gesellschafter betrachtet wird. Diesbezüglich haben die Ausführungen in Kapitel 6 bereits gezeigt, dass die Einbeziehung der Gesellschafterebene zumindest bei den Personenhandelsgesellschaften unumgänglich ist. Dies ergibt sich aus dem bei Personen-, insbesondere bei Personenhandelsgesellschaften zur Anwendung kommenden Besteuerungsprinzip, wonach – zumindest aus deutscher Sicht – nicht die Gesellschaft, sondern die einzelnen Gesellschafter Subjekt der Ertragsteuern sind.[2005] Zwar wäre bei Kapitalgesellschaften aufgrund des unterschiedlichen Besteuerungsprinzips eine Beschränkung auf die Gesellschaftsebene denkbar, um aber eine Vergleichbarkeit mit den Personenhandelsgesellschaften herzustellen, muss auch hier die Ebene der Gesellschafter einbezogen werden.[2006] Darüber hinaus werden sich die deutschen natürlichen Personen – die Unternehmer – zumindest langfristig auch für die steuerlichen Wirkungen einer Ausschüttung der in der bzw. in den Kapitalgesellschaften erwirtschafteten Gewinne interessieren.[2007] [2008]

Hinsichtlich der Auswahl der in den Steuerbelastungsvergleich einzubeziehenden Steuerarten werden die Steuerarten zunächst nach ihrer Überwälzbarkeit eingeteilt. Demzufolge existiert die Gruppe der direkten Steuern, bei denen Steuerschuldner und Steuerträger identisch sind und die Gruppe der indirekten Steuern, bei denen Steuerschuldner und Steuerträger nicht

---

[2002] Vgl. die zusammenfassende Darstellung bei KIHM, Besteuerung 1999, S. 51, der sich auf eine Abbildung von BONE-WINKEL bezieht. Vgl. BONE-WINKEL, Internationale betriebswirtschaftliche Steuerbelastungsvergleiche 1994, S. 54.

[2003] Vgl. BONE-WINKEL, Internationale betriebswirtschaftliche Steuerbelastungsvergleiche 1994, S. 76. Vgl. zu den ersten beiden Punkten auch ROSE, Betriebswirtschaftliche Steuerlehre 1992, S. 44.

[2004] Vgl. ROSE, Steuerbelastung der Unternehmung 1973, S. 64.

[2005] Im Ergebnis – Zurechnung der Ergebnisse und Besteuerung bei den Gesellschaftern – gilt dies unabhängig von den unterschiedlichen Interpretationen des Transparenzprinzips auch in Frankreich.

[2006] Vgl. zu grundsätzlichen Überlegungen hinsichtlich der steuerlichen Wirkungen im Fall der ausschließlichen Betrachtung der Gesellschaftsebene Kapitel 7.2.4.

[2007] Insbesondere in mittelständischen Unternehmen bietet sich die Einbeziehung der Gesellschafterebene an. Vgl. KUSSMAUL/DREGER, Grenzüberschreitende Finanzierungsplanung 1996, S. 1378.

[2008] Vgl. zur Abgrenzung der Belastungssphäre bei Personen- und Kapitalgesellschaften die Auswertung der relevanten Literatur bei ROSE, Steuerbelastung der Unternehmung 1973, S. 64-65.

identisch sind und Ersterer die Steuern auf Letzteren überwälzt.[2009] Sofern das im Rahmen des Steuerbelastungsvergleichs betrachtete Unternehmen tatsächlich eine Überwälzung einer Steuer(-art) auf seine Kunden erreicht, kann diese aus der Betrachtung ausgeklammert werden. Falls eine entsprechende Marktsituation vorliegt, gilt dies aufgrund ihrer Konzeption für die Umsatzsteuer.[2010] Sie wird dann bei den Unternehmen zu einem durchlaufenden Posten.[2011] Eine solche Marktsituation wird für die nachfolgende Betrachtung unterstellt und die Umsatzsteuer aus diesem Grund nicht in den Steuerbelastungsvergleich einbezogen.

Bei der Auswahl der einzubeziehenden Steuerarten müssen alle Steuerarten einbezogen werden, „die die Zielgröße – je nach Rechtsform – verschieden beeinflussen."[2012] Zielgröße ist – wie in Kapitel 7.2.1.1 dargestellt – die Gesamtsteuerbelastung der jeweiligen Unternehmensstruktur. Demzufolge müssen die ertragsabhängigen Steuern einbezogen werden. In Frankreich sind dies die IR, die IS und grundsätzlich die zugehörigen Zusatzzahlungen bzw. Zuschläge. In Deutschland umfassen die Ertragsteuern die Gewerbesteuer, die Einkommensteuer und die Körperschaftsteuer sowie gegebenenfalls die zugehörigen Zuschlagsteuern – Solidaritätszuschlag und Kirchensteuer.

Aufgrund der vorstehend beschriebenen Notwendigkeit der Einbeziehung der Gesellschafterebene muss hinsichtlich der französischen Steuerarten grundsätzlich auch die ISF einbezogen werden. Sie kann die Gesamtsteuerbelastung einer Unternehmensstruktur in Abhängigkeit von der Rechtsform unterschiedlich beeinflussen.[2013] Allerdings haben die Untersuchungen in Kapitel 6 gezeigt, dass die verschiedenen Ausprägungen des Untersuchungsobjekts der vorliegenden Arbeit in keinem Fall von der ISF betroffen sind.

Anschließend muss eine Entscheidung bezüglich der Einbeziehung der Steuerarten, die bei den verschiedenen Rechtsformen in gleicher Höhe anfallen, getroffen werden. In Frankreich gehören die Grundsteuer, die „taxe professionnelle" und die lohnsummenabhängigen Steuern,[2014] in Deutschland die Grundsteuer zu diesen Steuerarten. Ein wichtiger Grund für deren Einbeziehung sind mögliche Fehler bei der Ermittlung der Gesamtsteuerbelastung, die bei deren Nichteinbeziehung aufgrund bestehender Abhängigkeiten zwischen den Steuerarten auftreten können.[2015] So wird beispielsweise das Vergleichsergebnis eines Steuerbelastungsvergleichs in Abhängigkeit von der Einbeziehung bzw. der Nichteinbeziehung der genannten Steuerarten unterschiedlich ausfallen, sofern Unternehmensstrukturen betrachtet werden, deren Ergebnisse rechtsformabhängig einerseits Steuerarten mit konstanten und andererseits Steuerarten mit proportionalen Grenzsteuersätzen unterliegen.[2016] Da dies bei den hier unter-

---

[2009] Zu den direkten Steuern gehören im allgemeinen die Steuern auf das Einkommen und das Vermögen, zu den indirekten Steuern die Steuern auf die Verwendung von Einkommen und Vermögen. Vgl. zu dieser Einteilung und der zugrunde liegenden Definition LANG, § 8, in: TIPKE/LANG, Steuerrecht 2002, Rn. 20.

[2010] Vgl. WÖHE, Steuerlehre I/1 1988, S. 467.

[2011] Vgl. SCHEFFLER, Besteuerung von Unternehmen 2002, S. 315.

[2012] HEIGL, Unternehmensbesteuerung 1996, S. 551.

[2013] Dies ergibt sich bereits aus den unterschiedlichen Anforderungskriterien an die Einstufung von Vermögensteilen als berufliches Vermögen und der hieran anknüpfenden Steuerbefreiung. Vgl. hierzu Kapitel 4.3.1.

[2014] Die „contribution sociale de solidarité des sociétés" wird nicht in den Steuerbelastungsvergleich einbezogen. Zum einen hat sie lediglich steuerähnlichen Charakter. Zum anderen ist sie betragsmäßig relativ bedeutungslos und würde die Komplexität des Steuerbelastungsvergleichs unnötigerweise erhöhen. Darüber hinaus werden auch die Steuer auf Fahrzeuge der Gesellschaften und die Steuer auf bestimmte Werbungsausgaben ausgeklammert. Sie erfordern hinsichtlich der Determinierung des Untersuchungsobjekts eine Genauigkeit, die den Rahmen der Untersuchung sprengen würde.

[2015] Vgl. hierzu und zu weiteren Gründen für die Einbeziehung der genannten Steuerarten BONE-WINKEL, Internationale betriebswirtschaftliche Steuerbelastungsvergleiche 1994, S. 82.

[2016] Vgl. KIHM, Besteuerung 1999, S. 58.

suchten Unternehmensstrukturen der Fall ist, müssen die vorstehend genannten Steuerarten, deren Höhe rechtsformunabhängig ist, in den Steuerbelastungsvergleich einbezogen werden.

Schließlich können einige Steuerarten aufgrund der Beschränkung des Steuerbelastungsvergleichs auf die laufende Tätigkeit ausgeklammert werden.[2017] Beispielsweise sollen die Steuerbelastungen der Phasen der Gründung, Umwandlung und der Beendigung sowie des Ausscheidens von Gesellschaftern[2018] nicht quantifiziert und verglichen werden. Somit können auf der französischen Seite die Registersteuern, auf der deutschen Seite die Erbschaft- und Schenkungsteuer sowie die Grunderwerbsteuer ausgegrenzt werden.

Unter Berücksichtigung der vorstehenden Ausführungen müssen die in Tabelle 31 aufgeführten Steuerarten in den Steuerbelastungsvergleich aufgenommen werden.

Frankreich	**Deutschland**
Grundsteuer	Grundsteuer
„taxe professionnelle"	Gewerbesteuer
lohnsummenabhängige Steuern	Körperschaftsteuer
IS	Einkommensteuer
IR	Solidaritätszuschlag
	Kirchensteuer

Tabelle 31: In den Steuerbelastungsvergleich einzubeziehende Steuerarten

Abschließend ist noch die zeitliche Abgrenzung des Steuerbelastungsvergleichs vorzunehmen. Diesbezüglich wird im hier betrachteten Fall eine einperiodische Betrachtung durchgeführt. Die herausgegriffene Periode soll einen beträchtlichen zeitlichen Abstand zum Zeitpunkt der Errichtung der französischen Grundeinheit haben. Durch die Aufnahme der unternehmerischen Tätigkeit bedingte Auswirkungen auf die dem Vergleich zugrunde liegenden Daten – beispielsweise interperiodische Umsatzvariationen, erhöhte Aufwendungen – sollen somit ausgeschlossen sein. Darüber hinaus sollen auch keine strukturellen Veränderungen des internationalen Unternehmens durchgeführt worden bzw. geplant sein. Demzufolge ist die Annahme im Zeitablauf gleich bleibender Daten gerechtfertigt. Der ausgewählte, in den Steuerbelastungsvergleich eingehende Datensatz kann als repräsentativ für die davor und danach liegenden Perioden angesehen werden.[2019]

Die nachfolgend durchgeführten Berechnungen zur Ermittlung der steuerlichen Belastungen der verschiedenen Unternehmensstrukturen suggerieren, dass die Perioden, in denen die Ergebnisse der verschiedenen Unternehmensstrukturen steuerliche Auswirkungen zeigen, identisch wären. Dass dies bezogen auf die Ergebnisanteile von Gesellschaftern von Personen(handels-)gesellschaften einerseits und von Kapitalgesellschaften andererseits nicht zutrifft, wurde in Kapitel 6 dargelegt. Während bei Personenhandelsgesellschaften eine sofortige Ergebniszurechnung und somit Besteuerung erfolgt, wird bei Kapitalgesellschaften auf den Zeitpunkt des Ausschüttungsbeschlusses abgestellt.[2020] Auf die Berücksichtigung der genauen

[2017] ROSE spricht in diesem Zusammenhang von den „einmaligen Steuern", die unberücksichtigt bleiben. Vgl. ROSE, Betriebswirtschaftliche Steuerlehre 1992, S. 44.

[2018] Vgl. zu den verschiedenen Phasen, die nicht zur laufenden Tätigkeit gehören, JACOBS/BREWI/SCHUBERT, Steueroptimale Rechtsform 1978, S. 65-66.

[2019] Vgl. HEIGL, Unternehmensbesteuerung 1996, S. 552.

[2020] Die Möglichkeit einer phasengleichen Dividendenaktivierung besteht nicht mehr. Vgl. hierzu Kapitel 6.1.4.2.

Steuerzahlungszeitpunkte verbunden mit entsprechenden Ab- bzw. Aufzinsungen wird hier aus Vereinfachungsgründen verzichtet.[2021]

7.2.1.3 Auswahl der Analysetechnik

Bei der Durchführung des Steuerbelastungsvergleichs bieten sich insbesondere die Verfahren der kasuistischen Veranlagungssimulation und der Teilsteuerrechnung an.[2022] Beide Analysetechniken erlauben die Ermittlung der Gesamtsteuerbelastung von Unternehmensstrukturen[2023] und sollen deshalb im Folgenden näher betrachtet werden.

Die Teilsteuerrechnung dient zwar auch der Ermittlung von Steuerbelastungen, allerdings ist ihr primäres Ziel die Vermittlung der Kenntnis steuerlicher Be- oder Entlastungen, die durch die Veränderung betriebswirtschaftlicher Größen bewirkt werden.[2024] Bei diesen betriebswirtschaftlichen Größen kann es sich beispielsweise um den Jahresüberschuss eines Unternehmens oder um Vergütungen einer Gesellschaft für durch ihre Gesellschafter erbrachte Leistungen handeln.[2025] Für jede einzelne Größe können somit Steuerwirkungsziffern angegeben werden.[2026]

Die Durchführung der Teilsteuerrechnung untergliedert sich in verschiedene Verfahrensschritte:[2027]

- Die juristisch definierten Bemessungsgrundlagen werden nach einer vorausgehenden betriebswirtschaftlichen Analyse zur Identifizierung betriebswirtschaftlich interessierender Größen mit dem Ziel der Gewinnung von Bemessungsgrundlagenteilen zerlegt.[2028]
- Für die verschiedenen Steuerarten müssen Grundgleichungen aufgestellt werden. In diesen Gleichungen werden die juristischen Bemessungsgrundlagen durch die bereits ermittelten Bemessungsgrundlagenteile ausgedrückt.
- Die Grundgleichungen werden zu einer Gleichung für die Gesamtsteuerbelastung zusammengefasst.
- Die Gesamtgleichung ist nach den Bemessungsgrundlagenteilen zu ordnen, so dass die so genannten Multifaktoren,[2029] die die effektive Be- oder Entlastung der Bemessungsgrundlagenteile darstellen, bestimmt werden können.

[2021] HEIGL weist darauf hin, dass grundsätzlich Voraus- und Abschlusszahlungstermine berücksichtigt werden müssten. Vgl. HEIGL, Unternehmensbesteuerung 1996, S. 552. Vgl. grundlegend zur Vorgehensweise bei der Auf- bzw. Abzinsung von Zahlungsreihen BIEG/KUSSMAUL, Investition 2000, S. 96-102.

[2022] Vgl. JACOBS/BREWI/SCHUBERT, Steueroptimale Rechtsform 1978, S. 73. Vgl. auch BONE-WINKEL, Internationale betriebswirtschaftliche Steuerbelastungsvergleiche 1994, S. 104-114. Dort werden neben den genannten Verfahren auch Steuerrechtsvergleiche angeführt. Letztere führen aber nicht zur Quantifizierung von Steuerbelastungen und werden deshalb aus den grundsätzlich zur Verfügung stehenden Analysetechniken ausgeklammert. Vgl. grundlegend zu Verfahren der Steuerplanung KUSSMAUL, Unternehmerkinder 1983, S. 53-58.

[2023] Vgl. SCHEFFLER, Veranlagungssimulation versus Teilsteuerrechnung 1991, S. 69.

[2024] Vgl. JACOBS/BREWI/SCHUBERT, Steueroptimale Rechtsform 1978, S. 75.

[2025] Vgl. ROSE, Betriebswirtschaftliche Steuerlehre 1992, S. 39. Vgl. auch KUSSMAUL, Betriebswirtschaftliche Steuerlehre 1995, S. 7.

[2026] Vgl. ROSE, Betriebswirtschaftliche Steuerlehre 1992, S. 38.

[2027] Vgl. JACOBS/BREWI/SCHUBERT, Steueroptimale Rechtsform 1978, S. 76-77; ROSE, Betriebswirtschaftliche Steuerlehre 1992, S. 39-41; ROSE, Steuerbelastung der Unternehmung 1973, S. 58-59; SCHEFFLER, Veranlagungssimulation versus Teilsteuerrechnung 1991, S. 72.

[2028] ROSE sieht hierin den wichtigsten Schritt bei der Durchführung der Teilsteuerrechnung. Vgl. ROSE, Steuerbelastung der Unternehmung 1973, S. 79.

- Aus den Multifaktoren werden mit Hilfe tariflicher Angaben die Teilsteuersätze ermittelt. Die Multiplikation eines Bemessungsgrundlagenteils mit dem jeweiligen Teilsteuersatz ergibt den Teil der Gesamtsteuerbelastung, der auf die betrachtete betriebswirtschaftliche Größe entfällt.
- Durch die Addition der „Teilsteuern" wird die Gesamtsteuerbelastung ermittelt.

Bei der kasuistischen Veranlagungssimulation wird das Veranlagungsverfahren der Finanzbehörden in einem Modell nachvollzogen.[2030] Dazu wird anfangs die Realisation eines bestimmten Sachverhalts angenommen und darauf aufbauend eine steuerliche Veranlagung simuliert.[2031] Die Gesamtsteuerbelastung ergibt sich dann aus der Addition der für die einzelnen Steuerarten ermittelten Steuerbelastungen.[2032] Die Ergebnisse einer kasuistischen Veranlagungssimulation sind somit im Gegensatz zur Teilsteuerrechnung, deren Ergebnisse auf betriebswirtschaftliche Größen bezogen sind, steuerartenorientiert.[2033]

Vergleicht man beide Analysetechniken, so ist hinsichtlich der Variation betriebswirtschaftlicher Größen die Teilsteuerrechnung der kasuistischen Veranlagungssimulation grundsätzlich vorzuziehen, denn bei Ersterer reicht eine Multiplikation des veränderten Bemessungsgrundlagenteils mit dem zugehörigen Teilsteuersatz, während bei Letzterer eine vollständige Neuberechnung durchgeführt werden muss.[2034] Zum einen kann aber dieser Nachteil durch den Einsatz der EDV ausgeglichen werden.[2035] Zum anderen lässt auch die Teilsteuerrechnung beim Vorliegen nichtlinearer Tarife keine unmittelbare Ermittlung der durch die Variation einer betriebswirtschaftlichen Größe bewirkten Änderung der Steuerbelastung zu. Da die Steuersätze bereits zu Beginn der Berechnungen bekannt sein müssen, ist eine vorausgehende Veranlagungssimulation unumgänglich.[2036]

Für den Steuerbelastungsvergleich der vorliegenden Arbeit wurde die Analysetechnik der EDV-gestützten[2037] kasuistischen Veranlagungssimulation gewählt. Hierbei war deren Anschaulichkeit der ausschlaggebende Vorteil, denn die durchgeführten Belastungsrechnungen kommen in der steuerlichen Praxis bei Steuererklärungen ohnehin zur Anwendung.[2038] Die individuelle Entscheidungssituation kann also mit einer großen Genauigkeit in einer gewohnten Form abgebildet werden.[2039] Die kasuistische Veranlagungssimulation ist aber nicht nur verständlicher, sie kann darüber hinaus auch nichtlineare Tarife einfach berücksichtigen.

Aufgrund bestehender Abhängigkeiten zwischen den einzelnen in Kapitel 7.2.1.2 ausgewählten Steuerarten wurde die in Tabelle 32 dargestellte Berücksichtigungsreihenfolge gewählt.

[2029] Die Bezeichnung „Multifaktoren" resultiert aus dem Umstand, dass die Steuerfaktoren, die in die Gesamtgleichung eingehen, regelmäßig mehr als einer Grundgleichung entstammen und deswegen einen multiplen Charakter haben. Vgl. ROSE, Steuerbelastung der Unternehmung 1973, S. 114.

[2030] Vgl. JACOBS/SCHEFFLER, Steueroptimale Rechtsform 1995, S. 33.

[2031] Vgl. m.w.N. ROSE, Steuerbelastung der Unternehmung 1973, S. 47. Diese Vorgehensweise erklärt das Zustandekommen der Bezeichnung „kasuistische Veranlagungssituation". Vgl. ROSE, Betriebswirtschaftliche Steuerlehre 1992, S. 32.

[2032] Vgl. SCHEFFLER, Veranlagungssimulation versus Teilsteuerrechnung 1991, S. 70.

[2033] Vgl. ROSE, Betriebswirtschaftliche Steuerlehre 1992, S. 38.

[2034] Vgl. SCHEFFLER, Veranlagungssimulation versus Teilsteuerrechnung 1991, S. 74.

[2035] Vgl. BERANEK, Steuerlich optimale Rechtsform 1993, S. 119-120; KUSSMAUL, Betriebswirtschaftliche Steuerlehre 1995, S. 6.

[2036] Vgl. SCHEFFLER, Veranlagungssimulation versus Teilsteuerrechnung 1991, S. 75. Vgl. auch JACOBS, Steuerbelastung der Unternehmung 1974, S. 200.

[2037] Die Veranlagungssimulation wurde mit Hilfe von Microsoft-Excel 2002 Office XP durchgeführt.

[2038] Vgl. JACOBS/BREWI/SCHUBERT, Steueroptimale Rechtsform 1978, S. 78.

[2039] Vgl. BERANEK, Steuerlich optimale Rechtsform 1993, S. 116.

Reihenfolge	Steuerart
1.	Grundsteuer (F), „taxe professionnelle" (F), lohnsummenabhängige Steuern (F)
2.	IS (F)
3.	IR (F)
4.	Grundsteuer (D)
5.	Gewerbesteuer (D)
6.	Körperschaftsteuer (D), Solidaritätszuschlag (D)
7.	Einkommensteuer (D), Solidaritätszuschlag (D), Kirchensteuer (D)

Tabelle 32: Berücksichtigungsreihenfolge der betrachteten Steuerarten im Rahmen der kasuistischen Veranlagungssimulation

Innerhalb der Gruppe der französischen Steuerarten ist die Reihenfolge der Einbeziehung der Grundsteuer, der „taxe professionnelle" und der lohnsummenabhängigen Steuern grundsätzlich beliebig. Da bei der Ermittlung der „taxe professionnelle" aber auch auf Werte zurückgegriffen wird, die für Zwecke der Grundsteuer ermittelt wurden, bietet sich eine vorrangige Berechnung der Grundsteuer an.[2040] Da sämtliche der vorstehend genannten Steuerarten die Bemessungsgrundlage der Ertragsteuern mindern, müssen sie vor der IS bzw. der IR ermittelt werden. Sofern eine Unternehmensstruktur von der IS und der IR gleichzeitig betroffen ist, muss auch die Berücksichtigungsreihenfolge dieser Steuerarten bestimmt werden. Wird die IR in Form einer Quellensteuer auf eine Ausschüttung aus einer körperschaftsteuerpflichtigen französischen Gesellschaft bzw. auf den erstatteten „précompte" erhoben, ist eine vorausgehende Ermittlung der IS auf Gesellschaftsebene unumgänglich. Erst dann kann der Ausschüttungsbetrag bzw. der „précompte" und in der Folge die Quellensteuer berechnet werden. Die IS muss somit vor der IR berechnet werden.

Auf der deutschen Seite ist die Grundsteuer bei der Gewerbesteuer und bei der Körperschaft- bzw. bei der Einkommensteuer eine abzugsfähige Betriebsausgabe. Die Gewerbesteuer wiederum kann von der Bemessungsgrundlage der Körperschaft- bzw. der Einkommensteuer abgezogen werden. Diese Beziehungen führen zu der angegebenen Berücksichtigungsreihenfolge. Die Körperschaftsteuer verringert das Volumen des ausschüttungsfähigen Gewinns und hat somit Auswirkungen auf die Höhe der Einkommensteuer. Demzufolge muss die Körperschaftsteuer vor der Einkommensteuer ermittelt werden. Der Solidaritätszuschlag ist eine Zuschlagsteuer zur Körperschaft- bzw. zur Einkommensteuer. Das Gleiche gilt – bezogen auf die Einkommensteuer – für die Kirchensteuer. Solidaritätszuschlag und Kirchensteuer können erst dann ermittelt werden, wenn die Höhe der zugehörigen Steuern ermittelt wurde.

[2040] Vgl. hierzu und zu weiteren Abhängigkeiten zwischen den einzelnen Steuerarten Kapitel 4 und Kapitel 6.

7.2.2 Durchführung des Steuerbelastungsvergleichs und Zusammenstellung der Ergebnisse

7.2.2.1 Grundlegende steuerliche Daten und Prämissen für die Durchführung des Steuerbelastungsvergleichs

Vor der Durchführung des Steuerbelastungsvergleichs in der Form einer EDV-gestützten kasuistischen Veranlagungssimulation müssen noch einige steuerliche Daten angegeben und Prämissen gemacht werden. Grundsätzlich beziehen sich die verwendeten steuerlichen Daten auf den Veranlagungszeitraum des Jahres 2002. Da in Frankreich aber erst am Jahresende das Finanzgesetz, das teilweise auch Rückwirkungen für das betreffende Jahr enthält, erlassen wird,[2041] mussten in einigen Bereichen, insbesondere beim Einkommensteuertarif, die Daten des Jahres 2001 herangezogen werden. Außerdem beziehen sich einige steuerliche Durchschnittswerte aufgrund der Verfügbarkeit des entsprechenden Zahlenmaterials auf weiter zurückliegende Veranlagungszeiträume. Tabelle 33 und Tabelle 34 stellen die in die Veranlagungssimulation eingehenden Daten dar.

Frankreich	
Grundsteuer	
Abschlag vom Katastermietwert	50 %
Zinssatz bei buchhalterischer Methode	8 %
pauschaler Koeffizient bei Anschaffung der Grundstücke im Jahr 1996	1,041
Steuersatz der Gebietskörperschaften (nationaler Durchschnittssatz 1999[2042])	34,56 %
„taxe professionnelle"	
Bemessungsgrundlagenteil Mietwert des Anlagevermögens	grundsteuerliche Bewertungsvorschriften bzw. 16 % der AK/HK
Bemessungsgrundlagenteil Lohnsumme	18 % der gezahlten Lohnsumme[2043]
Abschlag vom Bemessungsgrundlagenteil Lohnsumme	914.694 EUR
allgemeiner Abschlag von der Bemessungsgrundlage	16 %
Steuersatz der Gebietskörperschaften (nationaler Durchschnittssatz 1999[2044])	26,38 %
auf Wertschöpfung bezogener Satz der „taxe professionnelle" bei Umsatz bis 21.350.000 EUR	3,5 %

[2041] Vgl. hierzu Kapitel 4.1.

[2042] Vgl. INTERNETSEITEN DES FRANZÖSISCHEN FINANZMINISTERIUMS, Sätze 2002.

[2043] Da diesbezüglich nur auf sozialversicherungspflichtige Lohn- und Gehaltszahlungen abgestellt wird, gehen die von der französischen Grundeinheit gezahlten bzw. ihr zugerechneten Geschäftsführergehälter nicht in diesen Bemessungsgrundlagenteil ein.

[2044] Vgl. INTERNETSEITEN DES FRANZÖSISCHEN FINANZMINISTERIUMS, Sätze 2002.

Ausbildungsteuer	
Steuersatz für Elsaß und Lothringen	0,20 %
Weiterbildungsteuer	
Steuersatz bei mindestens 10 Arbeitnehmern	1,50 %
Wohnungsbausteuer	
Steuersatz	2,00 %
IS	
Steuersatz	33,33 %
ermäßigter Steuersatz auf Gewinnbestandteil bis 38.120 EUR	15,00 %
Satz der „contribution sur l'impôt sur les sociétés“	3,00 %
Quellensteuersatz auf Gewinnausschüttungen aus körperschaftsteuerpflichtiger Gesellschaft an deutsche Anteilseigner	15 %
IR	
Einkünfte aus nichtselbständiger Arbeit	
pauschaler Abzug für „frais professionnels“	10 %
Freibetrag	20 %
Quellensteuersätze für beschränkt Steuerpflichtige	
bis 9.839 EUR	0 %
von 9.839 EUR bis 28.548 EUR (befreiend)	15 %
ab 28.548 EUR (anrechenbar)	25 %
Quellensteuersatz auf Gewinnausschüttungen aus körperschaftsteuerpflichtiger Gesellschaft an deutsche Anteilseigner	15 %
Tarif	Veranlagungszeitraum 2001
pauschale Verminderung der Einkommensteuerschuld	5 %
Mindeststeuersatz für beschränkt Steuerpflichtige	25 %
Begrenzung des Steuervorteils aus Anwendung des Familienquotienten (Veranlagungszeitraum 2001)	2.017 EUR/halber Teil

Tabelle 33: Steuerliche Daten (Frankreich)

Deutschland	
Grundsteuer	
Steuermesszahl für Grundstücke	0,35 %
Hebesatz (Durchschnittssatz 1999)[2045]	445 %
Gewerbesteuer	
Hinzurechnungsbetrag bezogen auf die Dauerschuldzinsen	50 %
erhöhter Einheitswert der Betriebsgrundstücke	140 %
Kürzungsbetrag basierend auf erhöhtem Einheitswert der Betriebsgrundstücke	1,2 %
Freibetrag (Personenunternehmen)	24.500 EUR
Hebesatz (Durchschnittssatz 1999)[2046]	428 %
Steuermesszahl Personenunternehmen	1-5 % in Intervallen von 12.000 EUR
Steuermesszahl Kapitalgesellschaften	5 %
Körperschaftsteuer	
Steuersatz	25 %
Hinzurechnungsbetrag (nichtabzugsfähige Betriebsausgaben) bei ausländischen Gewinnausschüttungen	5 %
Einkommensteuer	
Einkünfte aus Kapitalvermögen	
Werbungskosten-Pauschbetrag (angesetzt)	102
Sparer-Freibetrag	3.100 EUR
Kapitalertragsteuer (auf Ausschüttungen bei der ausschüttenden Kapitalgesellschaft)	20 %
Einkünfte aus nichtselbständiger Arbeit	
Arbeitnehmer-Pauschbetrag (angesetzt)	1.044 EUR
Maximalbeträge der Vorsorgeaufwendungen	
Vorwegabzug	6.136 EUR
Grundhöchstbetrag	2.668 EUR
Höchstbetrag freiwillige Pflegeversicherung	368 EUR
Kinderfreibetrag	3.648 EUR/Kind
Freibetrag für Betreuung, Erziehung und Ausbildung	2.160 EUR/Kind
Tarif	Veranlagungszeitraum 2002
Kindergeld	154 EUR/Monat und Kind

[2045] Dieser Hebesatz entspricht dem Durchschnittsatz des Jahres 1999 in Gemeinden mit mindestens 50.000 Einwohnern. Vgl. INSTITUT FINANZEN UND STEUERN E.V., Entwicklung der Realsteuerhebesätze 1999, S. 37.

[2046] Der angegebene Hebesatz entspricht dem Durchschnittsatz des Jahres 1999 in Gemeinden mit mindestens 50.000 Einwohnern. Vgl. INSTITUT FINANZEN UND STEUERN E.V., Entwicklung der Realsteuerhebesätze 1999, S. 27.

Solidaritätszuschlag	
Zuschlagsatz	5,5 %
Kirchensteuer	
Steuersatz	9 %

Tabelle 34: Steuerliche Daten (Deutschland)

Außerdem müssen noch die in Tabelle 35 aufgeführten Prämissen beachtet werden.

Deutsche Gesellschaft (Personenhandels- bzw. Kapitalgesellschaft)	
Verlustvortrag aus vorausgehenden Veranlagungszeiträumen:	keiner
Deutsche Personenhandelsgesellschaft	
Ergänzungsbilanzen der Gesellschafter:	keine
Sonderbilanzen der Gesellschafter:	keine
Deutsche natürliche Personen	
„frais professionnels" bzw. Werbungskosten bei französischen Einkünften aus Geschäftsführergehältern:	keine
Ausgaben in Zusammenhang mit den französischen Einkünften aus Kapitalvermögen:	keine
Werbungskosten bei deutschen Einkünften aus nichtselbständiger Arbeit:	keine
Werbungskosten bei deutschen Einkünften aus Kapitalvermögen:	keine
im Veranlagungszeitraum gezahlte Kirchensteuer:	geschuldete Kirchensteuer des Veranlagungszeitraums
Betrag der gezahlten Vorsorgeaufwendungen, die grundsätzlich als Sonderausgaben abgezogen werden können:	15.000 EUR
Französische Grundeinheit	
Verlustvortrag aus vorausgehenden Veranlagungszeiträumen:	keiner
Gewinne/Verluste aus betrieblichen Veräußerungsgewinnen:	keine
Steuerbemessungsgrundlage der „taxe professionnelle" in den beiden vorausgehenden Jahren:	konstant
Ausgaben, die in den Bereich der Erstausbildung fließen:	keine
Ausgaben, die der Weiterbildung zugute kommen:	keine
Investitionen in Zwecke, die dem Wohnungsbau dienen:	keine
Jahresergebnis:	entspricht deutschen steuerrechtlichen Vorschriften[2047]

Tabelle 35: Steuerliche Prämissen

[2047] Das Ergebnis der französischen Grundeinheit in Form einer Betriebstätte bzw. einer Personenhandelsgesellschaft ist für Zwecke des deutschen Progressionsvorbehalts nach deutschen steuerrechtlichen Vorschriften zu ermitteln. Vgl. hierzu Kapitel 6.1.1.2 und 6.1.2.3. Die hier getroffene Annahme, welche Modifikationen des Ergebnisses der französischen Grundeinheit entbehrlich macht, gewährleistet mit Blick auf die französische Kapitalgesellschaft eine Vergleichbarkeit der Besteuerung der betrachteten Unternehmensstrukturen.

7.2.2.2 Zusammenstellung der Ergebnisse des Steuerbelastungsvergleichs[2048]

Unternehmensstruktur **Steuerart**	**PHG** **BS**	**PHG** **PHG**	**PHG** **opt PHG**	**PHG** **KapGes**
Grundsteuer (F)	8.634 €	8.634 €	8.634 €	8.634 €
"Taxe professionnelle" (F)	42.000 €	42.000 €	42.000 €	42.000 €
Lohnsummenabh. Steuern (F)	22.200 €	22.200 €	22.200 €	22.200 €
IR (F)	44.291 €	44.291 €	16.054 €	16.054 €
IS (F)[2049]	0 €	0 €	36.462 €	36.462 €
Grundsteuer (D)	3.115 €	3.115 €	3.115 €	3.115 €
Gewerbesteuer (D)	88.579 €	88.579 €	88.579 €	88.579 €
Einkommensteuer (D)	106.804 €	106.804 €	106.804 €	105.327 €
Körperschaftsteuer (D)	0 €	0 €	0 €	0 €
Solidaritätszuschlag (D)	5.874 €	5.874 €	5.874 €	5.793 €
Kirchensteuer (D)	12.965 €	12.965 €	12.965 €	14.776 €
Gesamtsteuerbelastung	**334.463 €**	**334.463 €**	**342.687 €**	**342.941 €**

Tabelle 36: Gesamtsteuerbelastungen und deren Bestandteile bei Spitzeneinheit „Personenhandelsgesellschaft“

Tabelle 36 zeigt die Gesamtsteuerbelastungen und ihre Bestandteile bei den Unternehmensstrukturen, deren Spitzeneinheit die Form einer Personenhandelsgesellschaft annimmt. Innerhalb dieser Gruppe weisen die Strukturen mit einer französischen Betriebstätte bzw. einer französischen Personenhandelsgesellschaft als Grundeinheit die niedrigsten Gesamtsteuerbelastungen auf, wobei nicht nur ihre Gesamtsteuerbelastungen, sondern auch deren einzelnen Bestandteile identisch sind. Dies ist das Ergebnis der bei der Beteiligung an der ausländischen Personenhandelsgesellschaft zur Anwendung kommenden Besteuerungskonzeption, wonach die Beteiligung eines deutschen Gesellschafters wie ein deutsches Unternehmen mit einer französischen Betriebstätte behandelt wird. Die Übereinstimmung der steuerlichen Belastung der Unternehmensstrukturen „Personenhandelsgesellschaft – Betriebstätte“ und „Personenhandelsgesellschaft – Personenhandelsgesellschaft“ zeigt, dass diese Konzeption nicht nur bei den Jahresüberschüssen der Grundeinheiten, sondern auch bei den zugerechneten Teilen der Geschäftsführergehälter konsequent beachtet wurde.

Ungünstiger stellt sich im Vergleich hierzu die Unternehmensstruktur „Personenhandelsgesellschaft – optierte Personenhandelsgesellschaft“ dar. Aus deutscher steuerlicher Sicht liegt nach wie vor eine Mitunternehmerschaft vor, weshalb die vorstehend angesprochene Besteuerungskonzeption hinsichtlich der Annahme einer französischen Betriebstätte herangezogen wird. Allerdings erfolgt aufgrund des bestehenden Qualifikationskonflikts eine andere Besteuerung in Frankreich. Während bei den ersten beiden Strukturen ausschließlich die beiden deutschen natürlichen Personen mit ihrem Ergebnisanteil und ihren Geschäftsführergehältern der IR unterlagen, wird nun zunächst auf der Ebene der optierten französischen Personenhandelsgesellschaft die IS erhoben. Im Vergleich zu den ersten beiden Unternehmensstrukturen, bei denen das Ergebnis der Grundeinheit dem Mindesteinkommensteuersatz für beschränkt Steuerpflichtige in Höhe von 25 % unterlag, greift hier in Abhängigkeit vom Gewinnanteil ein effektiver Steuersatz der IS von 15,45 % bzw. von 34,33 %. Außerdem erfasste der Mindest-

[2048] Die einzelnen Berechnungsschritte der jeweiligen kasuistischen Veranlagungssimulation sind im Anhang aufgeführt.

[2049] Hier und bei den nachstehenden Zusammenstellungen ohne „précompte“, da dieser erstattet wird.

steuersatz sämtliche Einkünfte aus Gewerbebetrieb. Zu diesen gehörten auch die Geschäftsführergehälter. Bei der Grundeinheit in Form einer optierten Personenhandelsgesellschaft kommt nun die besondere Besteuerung von Einkünften aus nichtselbständiger Arbeit, die von beschränkt Steuerpflichtigen erzielt werden, zum Einsatz. Demnach unterliegt – bei diesen niedrigen Einkünften – nur ein Teil der Gehälter einem befreienden Quellensteuersatz von 15 %. Somit ist die Ertragsteuerbelastung dieser Unternehmensstruktur zunächst vergleichsweise niedriger. Dieser Vorteil wird aber durch die Erhebung von in Deutschland nicht anrechenbaren Quellensteuern auf die Ausschüttung aus der französischen optierten Personenhandelsgesellschaft und auf den erstatteten „précompte“ zunichte gemacht. Letztendlich ist die hier resultierende Gesamtsteuerbelastung dann doch deutlich höher als die der ersten beiden Unternehmensstrukturen.

Abschließend muss in dieser Gruppe noch die Unternehmensstruktur „Personenhandelsgesellschaft – Kapitalgesellschaft“ betrachtet werden. Hinsichtlich der Belastung mit französischen Ertragsteuern bestehen keine Unterschiede zu der vorstehend untersuchten Unternehmensstruktur mit einer optierten Personenhandelsgesellschaft als Grundeinheit. In beiden Fällen unterliegt das Ergebnis der französischen Gesellschaft der IS, die Geschäftsführergehälter werden teilweise von der befreienden Quellensteuer in Höhe von 15 % erfasst und auch die Ausschüttung aus der Gesellschaft und die Erstattung des „précompte“ werden mit 15 % belastet. Während bei der Grundeinheit in Form der optierten Personenhandelsgesellschaft in Deutschland der Progressionsvorbehalt auf das Ergebnis der französischen Gesellschaft zur Anwendung kam, unterliegt bei der Grundeinheit in Form einer Kapitalgesellschaft die Ausschüttung aus der französischen Gesellschaft dem Halbeinkünfteverfahren. Die hieraus resultierende Belastung mit deutscher Einkommensteuer ist zwar grundsätzlich höher als bei der Anwendung des Progressionsvorbehalts. Allerdings können die französischen Quellensteuern auf die Ausschüttung angerechnet werden, so dass doch noch eine geringere Einkommensteuerschuld entsteht. Letzten Endes schneidet die Struktur mit der französischen Kapitalgesellschaft im Vergleich zur optierten französischen Personenhandelsgesellschaft wegen der relativ hohen Kirchensteuer schlechter ab. Hier wirkt sich der Umstand aus, dass das Halbeinkünfteverfahren im Rahmen der Kirchensteuer nicht gilt.[2050]

Unternehmensstruktur **Steuerart**	**KapGes** **BS**	**KapGes** **PHG**	**KapGes** **opt PHG**	**KapGes** **KapGes**
Grundsteuer (F)	8.634 €	8.634 €	8.634 €	8.634 €
"Taxe professionnelle" (F)	42.000 €	42.000 €	42.000 €	42.000 €
Lohnsummenabh. Steuern (F)	22.200 €	22.200 €	22.200 €	22.200 €
IR (F)	2.448 €	12.564 €	2.476 €	2.448 €
IS (F)	36.462 €	36.375 €	50.040 €	36.462 €
Grundsteuer (D)	3.115 €	3.115 €	3.115 €	3.115 €
Gewerbesteuer (D)	79.501 €	79.501 €	79.501 €	80.294 €
Einkommensteuer (D)	69.350 €	69.341 €	66.525 €	68.978 €
Körperschaftsteuer (D)	79.346 €	79.346 €	79.346 €	80.282 €
Solidaritätszuschlag (D)	8.179 €	8.178 €	8.023 €	8.209 €
Kirchensteuer (D)	13.056 €	13.053 €	12.494 €	12.983 €
Gesamtsteuerbelastung	**364.290 €**	**374.306 €**	**374.354 €**	**365.606 €**

Tabelle 37: Gesamtsteuerbelastungen und deren Bestandteile bei Spitzeneinheit „Kapitalgesellschaft“

[2050] Vgl. hierzu auch Abbildung 7.

Der Vergleich der Gesamtsteuerbelastungen der verschiedenen Unternehmensstrukturen mit einer Spitzeneinheit bestehend aus einer deutschen Kapitalgesellschaft in Tabelle 37 zeigt zunächst einen auffälligen Belastungsunterschied zwischen der Struktur mit der Grundeinheit in Form einer Betriebstätte und der Struktur mit der Grundeinheit in Form einer Personenhandelsgesellschaft. Die vorstehend angesprochene Besteuerungskonzeption gilt zwar auch in diesem Fall, so dass die Beteiligung an der französischen Personenhandelsgesellschaft als Unternehmen mit einer französischen Betriebstätte einzustufen ist. Allerdings resultiert die steuerliche Mehrbelastung ausschließlich aus der Behandlung der zugerechneten bzw. gezahlten Geschäftsführergehälter. Während im Fall einer französischen Betriebstätte einer deutschen Kapitalgesellschaft eine Einstufung als Einkünfte aus nichtselbständiger Arbeit verbunden mit einer niedrigen und darüber hinaus nur teilweise erfolgenden Besteuerung mit einer befreienden Quellensteuer in Höhe von 15 % vorliegt, führt die gesellschaftsrechtlich notwendige Minderheitsbeteiligung der deutschen natürlichen Personen an der französischen Personenhandelsgesellschaft zu einer Besteuerung als Einkünfte aus Gewerbebetrieb. Dies wiederum hat die Erhebung des für beschränkt Steuerpflichtige relevanten Mindesteinkommensteuersatzes in Höhe von 25 % auf den Gesamtbetrag der Geschäftsführergehälter zur Folge. Darüber hinaus gestaltet sich die steuerliche Belastung der beiden Unternehmensstrukturen fast identisch. Die kleinen Differenzen resultieren aus den Minderheitsbeteiligungen der deutschen natürlichen Personen.

Bei einer Grundeinheit in Form einer optierten Personenhandelsgesellschaft liegt wie bei der Betriebstätte eine günstige steuerliche Behandlung der französischen Geschäftsführergehälter vor. Die relativ höhere steuerliche Belastung ist eine Folge der Erhebung nicht anrechenbarer französischer Quellensteuern auf den ausgeschütteten Gewinn aus der optierten französischen Personenhandelsgesellschaft und auf den erstatteten „précompte". In Deutschland erfolgt wie bei den anderen bisher betrachteten Strukturen mit deutscher Kapitalgesellschaft als Spitzeneinheit eine Freistellung. Die bei den deutschen natürlichen Personen anfallende Einkommensteuer ist bei der Grundeinheit in Form der optierten Personenhandelsgesellschaft im Vergleich zu den bisher betrachteten Strukturen niedriger, weil wegen der in Frankreich einbehaltenen Quellensteuer nur eine niedrigere Ausschüttung vorgenommen werden kann und somit ein kleinerer Betrag im Rahmen des Halbeinkünfteverfahrens besteuert wird.

Sofern die Grundeinheit die Form einer Kapitalgesellschaft annimmt, erfolgt insgesamt eine ähnlich günstige Besteuerung wie bei der Grundeinheit in Form einer Betriebstätte. Im Vergleich zur optierten Personenhandelsgesellschaft werden keine Quellensteuern erhoben. Im Unterschied zur (nichtoptierten) Personenhandelsgesellschaft erfolgt eine vorteilhaftere steuerliche Behandlung der französischen Geschäftsführergehälter. Die höhere Gesamtsteuerbelastung im Vergleich zur Betriebstätte hängt lediglich mit § 8b Abs. 5 KStG und der hieraus resultierenden ertragsteuerlichen Erfassung von 5 % der Ausschüttung aus der französischen Kapitalgesellschaft zusammen. Seine Anwendung führt zu einer höheren Körperschaftsteuerschuld verbunden mit einem höheren Solidaritätszuschlag und aufgrund des grundsätzlichen Rückgriffs auf das körperschaftsteuerliche Ergebnis auch zu einer entsprechend höheren Gewerbesteuerschuld.[2051]

[2051] Dieser Nachteil gegenüber der Betriebstätte relativiert sich aber in Anbetracht der Tatsache, dass tatsächlich in Zusammenhang mit der Beteiligung an der französischen Kapitalgesellschaft angefallene Betriebsausgaben unbeschränkt abzugsfähig sind.

Unternehmensstruktur Steuerart	PHG nP PHG	PHG nP opt PHG	PHG nP KapGes
Grundsteuer (F)	8.634 €	8.634 €	8.634 €
"Taxe professionnelle" (F)	42.000 €	42.000 €	42.000 €
Lohnsummenabh. Steuern (F)	22.200 €	22.200 €	22.200 €
IR (F)	44.291 €	16.054 €	16.054 €
IS (F)	0 €	36.462 €	36.462 €
Grundsteuer (D)	3.115 €	3.115 €	3.115 €
Gewerbesteuer (D)	88.579 €	88.579 €	88.579 €
Einkommensteuer (D)	106.804 €	106.804 €	105.327 €
Körperschaftsteuer (D)	0 €	0 €	0 €
Solidaritätszuschlag (D)	5.874 €	5.874 €	5.793 €
Kirchensteuer (D)	12.965 €	12.965 €	14.776 €
Gesamtsteuerbelastung	**334.463 €**	**342.687 €**	**342.941 €**

Tabelle 38: Gesamtsteuerbelastungen und deren Bestandteile bei Spitzeneinheit „Personenhandelsgesellschaft – natürliche Personen"

Die in Tabelle 38 dargestellten steuerlichen Belastungen bei einer Spitzeneinheit in Form einer Personenhandelsgesellschaft und in Form von natürlichen Personen entsprechen denjenigen, die in Tabelle 36 aufgeführt wurden. Dort bestand die Spitzeneinheit lediglich aus einer Personenhandelsgesellschaft. Der Umstand, dass die Anteile an der französischen Gesellschaft – eine Betriebstätte kann bei dieser Art der Spitzeneinheit nicht unterhalten werden – nun im Privatvermögen gehalten werden, wirkt sich nicht auf die Besteuerung der Unternehmensstrukturen aus. Da aus französischer Sicht ohnehin auf die deutschen natürlichen Personen zurückgegriffen wird, ist die Vorgehensweise bei der Besteuerung in Frankreich die gleiche. In Deutschland wirkt sich das Ergebnis der französischen Grundeinheit auch nur auf der Ebene der deutschen natürlichen Personen aus. Gewerbesteuerliche Belastungswirkungen können sich hier erst gar nicht ergeben, weil die Anteile an der französischen Gesellschaft nicht zum Betriebsvermögen gehören. Doch selbst wenn Letzteres der Fall ist, weil die Spitzeneinheit – wie im eingangs betrachteten Fall – lediglich aus einer Personenhandelsgesellschaft besteht, unterbleibt eine Belastung durch die Gewerbesteuer. Dies ergibt sich entweder aus abkommensrechtlichen oder aus rein nationalen Regelungen. Hinsichtlich der relativen Vorteilhaftigkeit der einzelnen Strukturen innerhalb dieser Gruppe wird somit auf die vorstehenden Aussagen verwiesen.

Tabelle 39 zeigt die steuerliche Belastung der Unternehmensstrukturen, deren Spitzeneinheiten aus einer Kapitalgesellschaft und aus natürlichen Personen bestehen. Die steuerlichen Belastungen der Strukturen mit einer Personenhandelsgesellschaft bzw. einer optierten Personenhandelsgesellschaft als Grundeinheit entsprechen sich mit Ausnahme der französischen Ertragsteuern. Bei der französischen Personenhandelsgesellschaft erzielen die deutschen natürlichen Personen in Frankreich Einkünfte aus Gewerbebetrieb. Zu diesen gehören der Gewinn der französischen Gesellschaft und die französischen Geschäftsführergehälter. Hierauf kommt der Mindesteinkommensteuersatz in Höhe von 25 % für beschränkt Steuerpflichtige zur Anwendung. Im Fall einer optierten Personenhandelsgesellschaft als Grundeinheit greifen bezüglich des Ergebnisses der Grundeinheit die effektiven Steuersätze der IS von 15,45 % bzw. von 34,33 %. Die französischen Geschäftsführergehälter unterliegen nur teilweise einer französischen Steuer, nämlich der befreienden Quellensteuer in Höhe von 15 %. Allerdings wird eine – in Deutschland nicht anrechenbare – 15 %ige Quellensteuer auf die Ausschüttung und auf den erstatteten „précompte" erhoben, so dass die Gesamtsteuerbelastung hier höher ist als bei der nichtoptierten Personenhandelsgesellschaft.

Unternehmensstruktur **Steuerart**	**KapGes nP PHG**	**KapGes nP opt PHG**	**KapGes nP KapGes**
Grundsteuer (F)	8.634 €	8.634 €	8.634 €
"Taxe professionnelle" (F)	42.000 €	42.000 €	42.000 €
Lohnsummenabh. Steuern (F)	22.200 €	22.200 €	22.200 €
IR (F)	44.291 €	16.054 €	16.054 €
IS (F)	0 €	36.462 €	36.462 €
Grundsteuer (D)	3.115 €	3.115 €	3.115 €
Gewerbesteuer (D)	79.501 €	79.501 €	79.501 €
Einkommensteuer (D)	61.511 €	61.511 €	57.894 €
Körperschaftsteuer (D)	79.346 €	79.346 €	79.346 €
Solidaritätszuschlag (D)	7.747 €	7.747 €	7.548 €
Kirchensteuer (D)	10.168 €	10.168 €	11.881 €
Gesamtsteuerbelastung	**358.514 €**	**366.738 €**	**364.635 €**

Tabelle 39: Gesamtsteuerbelastungen und deren Bestandteile bei Spitzeneinheit „Kapitalgesellschaft – natürliche Personen"

Schließlich bleibt noch die Struktur mit der Grundeinheit in Form einer Kapitalgesellschaft. Hier ist das Halbeinkünfteverfahren zwar grundsätzlich ungünstiger als der bei den beiden anderen Strukturen relevante Progressionsvorbehalt, allerdings besteht die Möglichkeit einer Anrechnung der französischen Quellensteuern. Folglich ist die Einkommensteuerschuld niedriger als bei den vorstehend betrachteten Strukturen dieser Gruppe. Dieser Vorteil wird teilweise durch die relativ hohe Kirchensteuer, für deren Ermittlung das Halbeinkünfteverfahren nicht gilt, zunichte gemacht.[2052] Letztendlich ist die Gesamtsteuerbelastung niedriger als bei der optierten französischen Personenhandelsgesellschaft, aber höher als bei der nichtoptierten Personenhandelsgesellschaft.

Vergleicht man diese Strukturen nun mit den entsprechenden Strukturen in Tabelle 37, bei denen die Anteile an der französischen Grundeinheit im Betriebsvermögen gehalten werden, so weisen Letztere jeweils eine höhere Gesamtsteuerbelastung auf. Dies ergibt sich zum einen aus der relativen Nachteilhaftigkeit des Halbeinkünfteverfahrens gegenüber dem Progressionsvorbehalt. Das Halbeinkünfteverfahren kommt zur Anwendung, weil die Anteile an der französischen Grundeinheit im Betriebsvermögen gehalten werden: Zunächst können die Gewinne aus der französischen Grundeinheit zwar steuerfrei vereinnahmt werden. Die Einbeziehung der Gesellschafterebene erfordert aber eine Ausschüttung dieser Gewinne an die deutschen natürlichen Personen und somit kommt die bekannte Besteuerungskonzeption zum Tragen.

Zum anderen resultiert die Nachteiligkeit im Fall der Grundeinheit in Form einer Kapitalgesellschaft hauptsächlich aus § 8b Abs. 5 KStG. Grundsätzlich entsprechen sich die in die Gesamtsteuerbelastung eingehenden Elemente weitgehend. Sofern die Anteile im Privatvermögen gehalten werden, unterliegen die Ausschüttungen zwar französischen Quellensteuern, diese können aber fast vollständig auf die deutsche Einkommensteuer angerechnet werden. Außerdem hat die Anrechnung auch eine entsprechend niedrigere Kirchensteuerschuld zur Folge. Der sich aus der nur beschränkt möglichen Anrechnung ergebende Nachteil wird

[2052] Vgl. hierzu auch Abbildung 7.

schließlich durch § 8b Abs. 5 KStG überkompensiert, so dass das Halten der Anteile im Betriebsvermögen doch ungünstiger als das Halten im Privatvermögen ist.

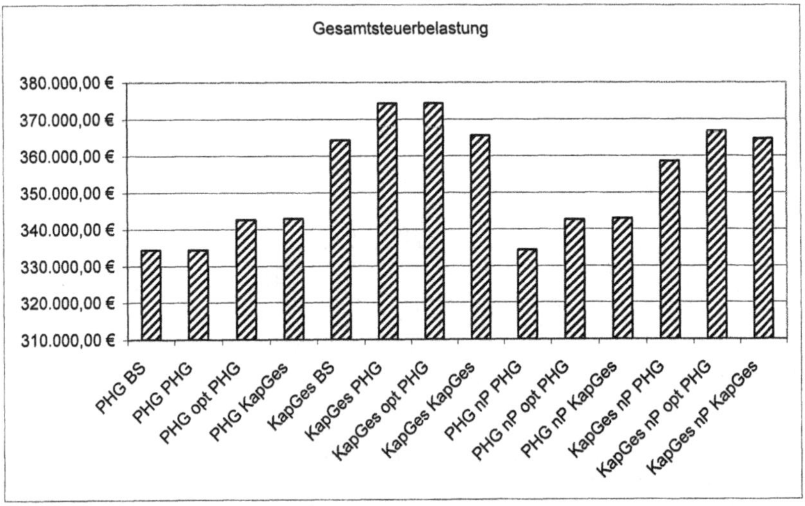

Abbildung 4: Vergleich der Gesamtsteuerbelastungen

Unternehmens-struktur	Gesamtsteuer-belastung	Rang
PHG BS	334.463 €	1
PHG PHG	334.463 €	1
PHG nP PHG	334.463 €	1
PHG opt PHG	342.687 €	4
PHG nP opt PHG	342.687 €	4
PHG KapGes	342.941 €	6
PHG nP KapGes	342.941 €	6
KapGes nP PHG	358.514 €	8
KapGes BS	364.290 €	9
KapGes nP KapGes	364.635 €	10
KapGes KapGes	365.606 €	11
KapGes nP opt PHG	366.738 €	12
KapGes PHG	374.306 €	13
KapGes opt PHG	374.354 €	14

Tabelle 40: Rangfolge der Gesamtsteuerbelastungen

Abbildung 4 und Tabelle 40 zeigen, dass die Unternehmensstrukturen „Personenhandelsgesellschaft – Betriebstätte“, „Personenhandelsgesellschaft – Personenhandelsgesellschaft“ und „Personenhandelsgesellschaft – natürliche Personen – Personenhandelsgesellschaft“ die niedrigsten Gesamtsteuerbelastungen aufweisen. Die Gemeinsamkeit dieser Strukturen ist, dass sie weder in Frankreich noch in Deutschland eine körperschaftsteuerpflichtige Einheit aufweisen. In Frankreich unterliegen die französischen Einkünfte dem Mindesteinkommensteuersatz für beschränkt Steuerpflichtige, während in Deutschland der Progressionsvorbehalt greift. Bei den deutschen Einkünften aus Gewerbebetrieb kommt lediglich die Einkommensteuer zur Anwendung. Eine – wenn auch durch das Halbeinkünfteverfahren gemilderte – Doppelbelastung mit Körperschaftsteuer und Einkommensteuer liegt nicht vor. Eine entscheidende Rolle spielt aber die Anrechnungsmöglichkeit eines Teils der Gewerbesteuer auf die Einkommensteuer der Gesellschafter der deutschen Personenhandelsgesellschaft.

Die Unternehmensstrukturen „Kapitalgesellschaft – Personenhandelsgesellschaft" und „Kapitalgesellschaft – optierte Personenhandelsgesellschaft" weisen – mit einem kleinen Abstand zueinander – die höchsten Gesamtsteuerbelastungen auf. Im Fall der französischen Personenhandelsgesellschaft als Grundeinheit greifen die effektiven französischen Körperschaftsteuersätze, aber auch – bezogen auf die anteiligen Ergebnisse der deutschen natürlichen Personen und deren Geschäftsführergehälter – der Mindesteinkommensteuersatz für beschränkt Steuerpflichtige. In Deutschland kommt das Halbeinkünfteverfahren zur Anwendung, in das auch das anteilige Ergebnis aus der französischen Personenhandelsgesellschaft eingeht. Hinzu kommt der Progressionsvorbehalt auf die in Frankreich erzielten Einkünfte aus Gewerbebetrieb und die nicht bestehende Anrechnungsmöglichkeit von Teilen der Gewerbesteuer.

Besteht die Grundeinheit aus einer optierten Personenhandelsgesellschaft, greifen zwar auch die effektiven französischen Körperschaftsteuersätze, allerdings kommt hier die französische Quellensteuer auf die Ausschüttung und den erstatteten „précompte" hinzu. Die Einkünfte aus den französischen Geschäftsführergehältern werden in Frankreich nach den günstigen Regelungen für beschränkt Steuerpflichtige besteuert. In Deutschland erfolgt aber wieder eine Besteuerung unter Anwendung des Progressionsvorbehalts auf die – aus deutscher Sicht – in Frankreich erwirtschafteten Einkünfte aus Gewerbebetrieb. Eine teilweise Anrechnung der Gewerbesteuer ist nicht möglich.

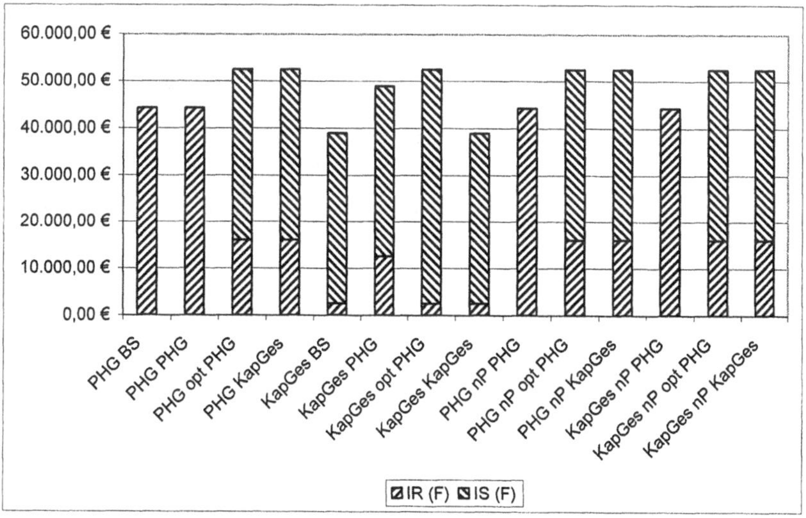

Abbildung 5: Vergleich der Ertragsteuerbelastungen in Frankreich

Abbildung 5 zeigt, dass die vorstehend beschriebenen Strukturen mit den höchsten Gesamtsteuerbelastungen zwar mit die höchsten Belastungen mit französischen Ertragsteuern aufweisen, allerdings gilt dies auch für andere Unternehmensstrukturen. Diese anderen Strukturen sind in der Gesamtbetrachtung aber aus verschiedenen Gründen vorteilhafter. Ein wichtiger Grund ist – zumindest bei den hier zugrunde gelegten Daten – in der Anrechnungsmöglichkeit von Teilen der Gewerbesteuer, ein anderer in der Anrechenbarkeit französischer Quellensteuern zu sehen. Schließlich ist der Progressionsvorbehalt gegebenenfalls vorteilhafter als das Halbeinkünfteverfahren.

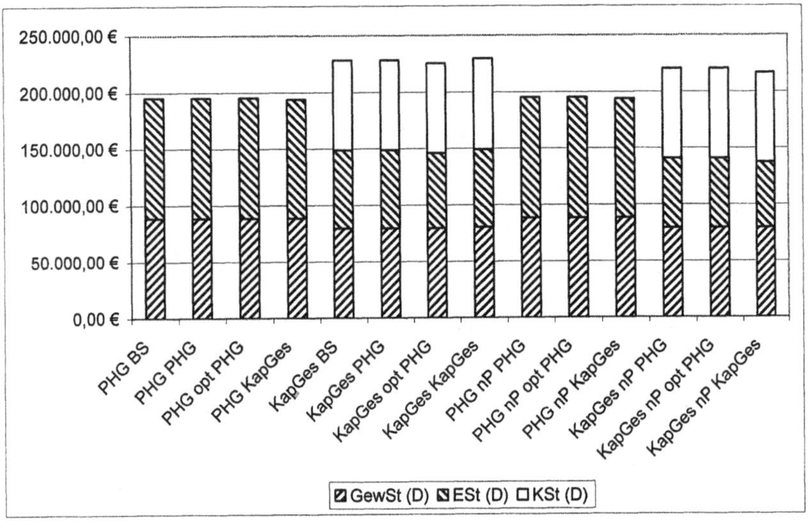

Abbildung 6: Vergleich der Ertragsteuerbelastungen in Deutschland

Unterteilt man die betrachteten Strukturen nach der Art der Spitzeneinheit, so weisen die Unternehmensstrukturen mit einer deutschen Kapitalgesellschaft in der Spitzeneinheit eine höhere Gesamtsteuerbelastung auf als die Strukturen mit einer deutschen Personenhandelsgesellschaft. Die Vermutung, dass sich hier die bei den deutschen Personenhandelsgesellschaften mögliche teilweise Anrechnung der Gewerbesteuer auf die Einkommensteuer der Gesellschafter auswirkt, wird durch den Vergleich der gesamten deutschen Ertragsteuerbelastungen in Abbildung 6 und durch die Berechnungen im Anhang bestärkt. Schließlich zeigt Abbildung 7, dass an die höheren deutschen Ertragsteuern auch eine höhere Belastung durch den Solidaritätszuschlag anknüpft.[2053]

[2053] Vgl. zur Relativierung der Vorteilhaftigkeit der beiden nach der Art der Spitzeneinheit unterteilten Gruppen Kapitel 7.2.4.

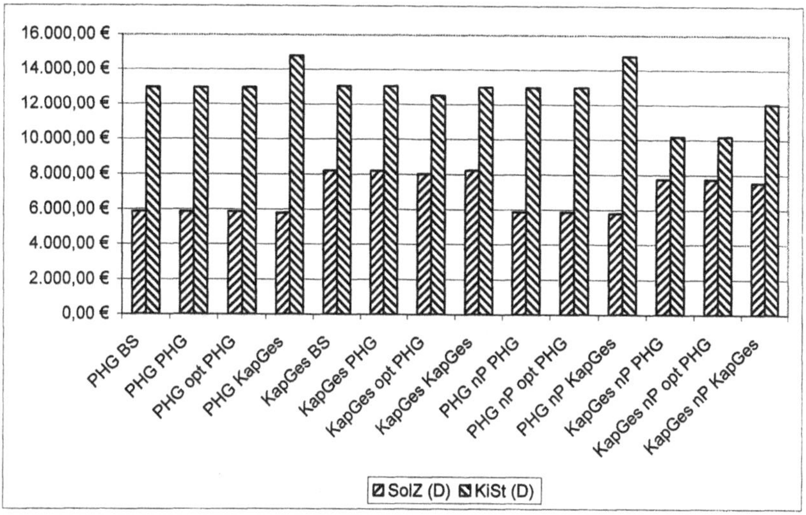

Abbildung 7: Vergleich der Belastung mit Zuschlagsteuern in Deutschland

7.2.3 Sensitivitätsanalyse

7.2.3.1 Variation der Höhe des Jahresüberschusses der Grundeinheit

Zunächst wird im Rahmen der Sensitivitätsanalyse der Parameter „Ergebnis der Grundeinheit" variiert, wobei alle anderen Daten konstant gehalten werden. Dabei nimmt der Jahresüberschuss der Grundeinheit Werte zwischen 100.000 EUR und 400.000 EUR an, die Zwischenwerte werden jeweils um 50.000 EUR erhöht. Die aus den Variationen resultierenden Gesamtsteuerbelastungen sind in Tabelle 41 und Tabelle 42 dargestellt.[2054] Tabelle 43 zeigt die zugehörigen Entwicklungen der Rangfolgen der einzelnen Unternehmensstrukturen auf.

Tabelle 43 zeigt, dass die Unternehmensstrukturen „Personenhandelsgesellschaft – Betriebstätte", „Personenhandelsgesellschaft – Personenhandelsgesellschaft" und „Personenhandelsgesellschaft – natürliche Personen – Personenhandelsgesellschaft" bei einer kontinuierlichen Erhöhung des Jahresüberschusses der Grundeinheit schließlich von ihrer Spitzenposition verdrängt werden. Bei einem Jahresüberschuss der Grundeinheit in Höhe von 400.000 EUR erweisen sich die Unternehmensstrukturen „Personenhandelsgesellschaft – optierte Personenhandelsgesellschaft" und „Personenhandelsgesellschaft – natürliche Personen – optierte Personenhandelsgesellschaft" als vorteilhafter. Dies ist ausschließlich auf die ertragsabhängige

[2054] Aus layouttechnischen Gründen wurde die Darstellung der Gesamtsteuerbelastungen auf zwei Tabellen verteilt. Tabelle 41 zeigt – bezogen auf den ursprünglichen Jahresüberschuss der Grundeinheit in Höhe von 200.000 EUR – die Gesamtsteuerbelastungen der betrachteten Strukturen für geringere Jahresüberschüsse der Grundeinheit. Tabelle 42 stellt die Gesamtsteuerbelastungen bei höheren Jahresüberschüssen der Grundeinheit dar.

Besteuerung in Frankreich zurückzuführen. Während bei den nun ungünstigeren Strukturen der französische Einkommensteuertarif mit entsprechend hohen Grenzsteuersätzen greift, kommt bei den anderen Strukturen der französische Körperschaftsteuertarif und der französische Quellensteuersatz zur Anwendung. Aufgrund der Progression des Einkommensteuertarifs führen Letztere nun zu einer geringeren Belastung mit französischen Ertragsteuern und somit zu einer entsprechend geringeren Gesamtsteuerbelastung.

Jahresüberschuss **Unternehmensstruktur**	**100.000 €**	**150.000 €**	**200.000 €**
PHG BS	302.682 €	318.897 €	334.463 €
PHG PHG	302.682 €	318.897 €	334.463 €
PHG nP PHG	302.682 €	318.897 €	334.463 €
PHG opt PHG	293.481 €	317.529 €	342.687 €
PHG nP opt PHG	293.481 €	317.529 €	342.687 €
PHG KapGes	293.326 €	317.323 €	342.941 €
PHG nP KapGes	293.326 €	317.323 €	342.941 €
KapGes nP PHG	324.912 €	342.400 €	358.514 €
KapGes BS	314.453 €	338.563 €	364.290 €
KapGes nP KapGes	314.855 €	339.111 €	364.635 €
KapGes KapGes	314.767 €	339.388 €	365.606 €
KapGes nP opt PHG	315.712 €	341.032 €	366.738 €
KapGes PHG	324.480 €	348.622 €	374.306 €
KapGes opt PHG	316.982 €	344.996 €	374.354 €

Tabelle 41: Gesamtsteuerbelastungen der Unternehmensstrukturen bei Verminderung des Jahresüberschusses der Grundeinheit

Jahresüberschuss **Unternehmensstruktur**	**200.000 €**	**250.000 €**	**300.000 €**	**350.000 €**	**400.000 €**
PHG BS	334.463 €	360.089 €	387.252 €	414.094 €	440.686 €
PHG PHG	334.463 €	360.089 €	387.252 €	414.094 €	440.686 €
PHG nP PHG	334.463 €	360.089 €	387.252 €	414.094 €	440.686 €
PHG opt PHG	342.687 €	367.232 €	391.430 €	415.308 €	438.936 €
PHG nP opt PHG	342.687 €	367.232 €	391.430 €	415.308 €	438.936 €
PHG KapGes	342.941 €	368.559 €	394.136 €	419.779 €	445.378 €
PHG nP KapGes	342.941 €	368.559 €	394.136 €	419.779 €	445.378 €
KapGes nP PHG	358.514 €	384.334 €	411.472 €	438.185 €	464.590 €
KapGes BS	364.290 €	390.059 €	415.896 €	441.771 €	467.666 €
KapGes nP KapGes	364.635 €	389.864 €	414.895 €	439.760 €	464.408 €
KapGes KapGes	365.606 €	391.892 €	418.149 €	444.512 €	470.856 €
KapGes nP opt PHG	366.738 €	391.477 €	415.650 €	439.398 €	462.839 €
KapGes PHG	374.306 €	400.042 €	425.880 €	451.709 €	477.630 €
KapGes opt PHG	374.354 €	403.695 €	433.137 €	462.602 €	492.110 €

Tabelle 42: Gesamtsteuerbelastungen der Unternehmensstrukturen bei Erhöhung des Jahresüberschusses der Grundeinheit

Jahresüberschuss Unternehmensstruktur	100000 €	150000 €	200000 €	250000 €	300000 €	350000 €	400000 €
PHG BS	5	5	1	1	1	1	3
PHG PHG	5	5	1	1	1	1	3
PHG nP PHG	5	5	1	1	1	1	3
PHG opt PHG	3	3	4	4	4	4	1
PHG nP opt PHG	3	3	4	4	4	4	1
PHG KapGes	1	1	6	6	6	6	6
PHG nP KapGes	1	1	6	6	6	6	6
KapGes nP PHG	14	12	8	8	8	8	10
KapGes BS	8	8	9	10	11	11	11
KapGes nP KapGes	10	9	10	9	9	10	9
KapGes KapGes	9	10	11	12	12	12	12
KapGes nP opt PHG	11	11	12	11	10	9	8
KapGes PHG	13	14	13	13	13	13	13
KapGes opt PHG	12	13	14	14	14	14	14

Tabelle 43: Rangfolgen der Unternehmensstrukturen bei Variation der Höhe des Jahresüberschusses der Grundeinheit

Die negativen Auswirkungen des progressiven französischen Einkommensteuertarifs zeigen sich darüber hinaus auch im Vergleich der Strukturen „Kapitalgesellschaft – natürliche Personen – Personenhandelsgesellschaft“ und „Kapitalgesellschaft – Personenhandelsgesellschaft“. Die erste Struktur, bei der ausschließlich der französische Einkommensteuertarif relevant ist, reagiert – gemessen an der Veränderung der Gesamtsteuerbelastung – stärker auf die Erhöhung des Jahresüberschusses als die zweite Struktur, bei der hauptsächlich der französische Körperschaftsteuertarif greift. Im Ergebnis verringert sich also der Abstand zwischen den beiden Strukturen.

Die Erhöhung des Jahresüberschusses führt außerdem bei der Struktur „Kapitalgesellschaft – natürliche Personen – optierte Personenhandelsgesellschaft“ zu einer deutlichen Verbesserung ihrer Position innerhalb der Rangfolge. Hier wirkt sich wieder der französische Körperschaftsteuertarif positiv aus. Dieser gilt zwar auch bei der Struktur „Kapitalgesellschaft – natürliche Personen – Kapitalgesellschaft“, in diesem Fall hat aber die Berechnungsmodalität der Kirchensteuer negative Auswirkungen, so dass insgesamt eine ungünstigere Entwicklung der Gesamtsteuerlast vorliegt.

Ordnet man die Spitzeneinheiten wieder nach der Rechtsform, so nehmen auch bei einem Jahresüberschuss von 400.000 EUR die Spitzeneinheiten mit Personenhandelsgesellschaften die Spitzenpositionen der Rangliste ein. Innerhalb dieser Gruppe verschieben sich aber die Relationen zugunsten der Strukturen mit körperschaftsteuerpflichtigen Grundeinheiten, wobei hier wieder der Progressionsvorbehalt – optierte französische Personenhandelsgesellschaft – mit zunehmendem Jahresüberschuss der Grundeinheit günstiger als die Anwendung des Halbeinkünfteverfahrens – französische Kapitalgesellschaft – ist. Die Kirchensteuer verstärkt diesen Effekt noch aufgrund der Nichtanwendung des Halbeinkünfteverfahrens.

Der Abstand zur anderen Gruppe mit einer Kapitalgesellschaft in der Spitzeneinheit ist zwar geringer, aber immer noch deutlich erkennbar. Bei diesen Strukturen muss weiter unterschieden werden, ob die Anteile an der französischen Grundeinheit im Privat- oder im Betriebsvermögen gehalten werden. Bei einer Grundeinheit in Form einer nach einkommensteuerlichen Regelungen besteuerten Personenhandelsgesellschaft, deren Anteile im Privatvermögen gehalten werden, zeigt sich, dass der Abstand zur Struktur, bei der die Anteile zum Betriebsvermögen gehören, abgenommen hat. Umgekehrt ist die Vorteilhaftigkeit des Haltens der Anteile im Privatvermögen bei körperschaftsteuerpflichtigen Grundeinheiten nun noch deutlicher ausgeprägt. Die Gründe hierfür sind ganz unterschiedlich. Bei der Grundeinheit in Form einer Personenhandelsgesellschaft kommt bei der Struktur „Kapitalgesellschaft – natürliche Personen – Personenhandelsgesellschaft" der progressive französische Einkommensteuertarif zur Anwendung, während das Halten der Anteile im Betriebsvermögen das Heranziehen des Körperschaftsteuertarifs zur Folge hat. Bei der Grundeinheit in Form einer optierten Personenhandelsgesellschaft ist der Progressionsvorbehalt günstiger als das Halbeinkünfteverfahren. Schließlich lohnt sich bei einer Kapitalgesellschaft als Grundeinheit das Halten der Anteile im Privatvermögen. Dadurch können die Nachteile des § 8b Abs. 5 KStG umgangen werden. Ferner wirkt sich die Anrechnungsmöglichkeit der französischen Quellensteuern mindernd auf die Kirchensteuerbelastung aus.

Trotz der nach wie vor höheren Gesamtsteuerbelastung gewinnen die Spitzeneinheiten mit einer Kapitalgesellschaft mit zunehmendem Jahresüberschuss der Grundeinheit grundsätzlich an Attraktivität. Lediglich die Struktur „Kapitalgesellschaft – optierte Personenhandelsgesellschaft" kann sich kaum verbessern, wobei hier die nicht anrechenbaren französischen Quellensteuern in Verbindung mit dem Halbeinkünfteverfahren als Gründe anzuführen sind.

Bei einer Verringerung des Jahresüberschusses der Grundeinheit schieben sich wieder andere Unternehmensstrukturen vor die im Ausgangsfall günstigsten. Die Strukturen mit der niedrigsten Gesamtsteuerbelastung sind nun die „Personenhandelsgesellschaft – Kapitalgesellschaft" sowie die „Personenhandelsgesellschaft – natürliche Personen – Kapitalgesellschaft". Die Strukturen „Personenhandelsgesellschaft – optierte Personenhandelsgesellschaft" sowie „Personenhandelsgesellschaft – natürliche Personen – optierte Personenhandelsgesellschaft" liegen aber unmittelbar hinter den erstgenannten. Diese vier Strukturen profitieren vor allem von dem (teilweise progressiven) französischen Körperschaftsteuertarif, wobei bei einem Jahresüberschuss von 100.000 EUR sogar ausschließlich der (effektive) Satz von 15,45 % greift. Bei den ehemals günstigsten Strukturen wirkt sich nun die steuerliche Behandlung der Geschäftsführergehälter negativ aus. Sie unterliegen zusammen mit den Ergebnisanteilen an der Grundeinheit dem französischen Mindesteinkommensteuersatz für beschränkt Steuerpflichtige in Höhe von 25 %.

Auch bei einer Verringerung des Jahresüberschusses der Grundeinheit sind die Strukturen mit einer Kapitalgesellschaft in der Spitzeneinheit nach wie vor ungünstiger als diejenigen mit einer Personenhandelsgesellschaft. Innerhalb der erstgenannten Gruppe ist aber eine Verschlechterung hinsichtlich der Rangfolge auffällig. Sie betrifft die Unternehmensstruktur „Kapitalgesellschaft – natürliche Personen – Personenhandelsgesellschaft". Auch hier ist die steuerliche Behandlung der Geschäftsführergehälter zusammen mit den Gewinnanteilen an der französischen Gesellschaft ausschlaggebend, denn sie unterliegen wieder als Einkünfte aus Gewerbebetrieb dem Mindeststeuersatz für beschränkt Einkommensteuerpflichtige.

Die Geschäftsführergehälter sorgen auch dafür, dass – innerhalb der Gruppe der Spitzeneinheiten, die eine Kapitalgesellschaft beinhalten – das Halten der Anteile an einer französischen Personenhandelsgesellschaft im Privatvermögen schließlich ungünstiger ist als das Halten im Betriebsvermögen. Das gleiche Ergebnis ist bei einer französischen Kapitalgesellschaft zu beobachten. Die Gründe hierfür sind aber andere. Hier hat der für die französische Quellensteuer geltende Anrechnungshöchstbetrag größere Auswirkungen als § 8b Abs. 5 KStG. Lediglich bei einer optierten Personenhandelsgesellschaft als Grundeinheit bleibt das Halten im Privatvermögen günstiger.

7.2.3.2 Erzielen eines Verlusts auf der Ebene der Grundeinheit

Auch dieser Teil der Sensitivitätsanalyse besteht in einer Veränderung des Parameters „Ergebnis der Grundeinheit". Da Letzteres nun aber negativ ist, erfolgt eine von der Variation im positiven Bereich getrennte Betrachtung. Der im Rahmen der Veranlagungssimulation zugrunde gelegte Verlust beträgt 100.000 EUR. Die Ergebnisse der Berechnungen sind in Tabelle 44 aufgeführt.

Unternehmens-struktur	Gesamtsteuer-belastung	Rang
PHG BS	252.589 €	1
PHG PHG	252.589 €	1
PHG nP PHG	252.589 €	1
PHG opt PHG	258.787 €	4
PHG nP opt PHG	258.787 €	4
KapGes nP PHG	261.443 €	6
KapGes nP opt PHG	267.641 €	7
PHG KapGes	287.018 €	8
PHG nP KapGes	287.018 €	8
KapGes BS	307.184 €	10
KapGes opt PHG	308.056 €	11
KapGes nP KapGes	308.103 €	12
KapGes KapGes	308.103 €	12
KapGes PHG	314.271 €	14

Tabelle 44: Gesamtsteuerbelastungen und Rangfolge der Unternehmensstrukturen im Fall eines Verlusts bei der Grundeinheit

Auch im Verlustfall weisen die bereits vom Ausgangsfall bekannten Unternehmensstrukturen die niedrigste Gesamtsteuerbelastung auf. Allerdings wurden die „Personenhandelsgesellschaft – Kapitalgesellschaft" sowie die „Personenhandelsgesellschaft – natürliche Personen – Kapitalgesellschaft" von der „Kapitalgesellschaft – natürliche Personen – Personenhandelsgesellschaft" und der „Kapitalgesellschaft – natürliche Personen – optierte Personenhandelsgesellschaft" von ihren Positionen in der Ausgangssituation verdrängt. Somit stehen nun solche Unternehmensstrukturen an der Spitze, die in Deutschland von der Anwendung des negativen Progressionsvorbehalts profitieren. Auffallend ist innerhalb dieser Gruppe die – bezogen auf die nichtoptierten Personenhandelsgesellschaften als Grundeinheiten – relative Schlechterstellung der Strukturen mit einer optierten Personenhandelsgesellschaft als Grundeinheit. Hier zeigen sich die Auswirkungen der Erhebung der IFA,[2055] die eben auch im Verlustfall anfällt, und der unterschiedlichen steuerlichen Behandlung der Geschäftsführergehälter.

Die Ergebnisse würden sich aber ändern, wenn auch die Möglichkeit einer Teilwertabschreibung in Deutschland betrachtet werden würde. Grundsätzlich kann eine Teilwertabschreibung – in den bekannten Grenzen – durchgeführt werden, wenn Anteile an einer französischen Kapitalgesellschaft im Betriebsvermögen gehalten werden. Allerdings ist hierfür einerseits eine Unternehmensbewertung erforderlich, andererseits bestehen (mittlerweile) zahlreiche Einschränkungen, u.a. in Abhängigkeit von der Rechtsform der deutschen Spitzeneinheit, so dass auf die Berechnung der steuerlichen Auswirkungen einer Teilwertabschreibung gänzlich ver-

[2055] Die deutsche Kapitalgesellschaft ist hinsichtlich ihres Ergebnisanteils an der französischen Personenhandelsgesellschaft von der Erhebung der IFA ausgenommen. Vgl. hierzu Kapitel 6.2.2.2.

zichtet wurde. In diesem Zusammenhang erweisen sich die Strukturen mit einer Grundeinheit in der Form einer optierten Personenhandelsgesellschaft gegebenenfalls als vorteilhaft. Bei einer entsprechenden Spitzeneinheit kann der Verlust der körperschaftsteuerpflichtigen französischen Gesellschaft auf dem Wege des negativen Progressionsvorbehalts und somit ohne die Vornahme einer Teilwertabschreibung berücksichtigt werden.

Die Aussagen hinsichtlich der positiven steuerlichen Auswirkungen des negativen Progressionsvorbehalts gelten auch innerhalb der nach der Art der Spitzeneinheiten geordneten Gruppen. Innerhalb der Gruppe mit einer Kapitalgesellschaft in der Spitzeneinheit ist das Halten der Anteile an der französischen Grundeinheit im Privatvermögen günstiger bzw. – bezogen auf eine französische Kapitalgesellschaft als Grundeinheit – gleich günstig wie das Halten im Betriebsvermögen. Letzteres resultiert aus dem Umstand, dass sich § 8b Abs. 5 KStG bei der Struktur „Kapitalgesellschaft – Kapitalgesellschaft“ aufgrund des negativen Ergebnisses der Grundeinheit nicht auswirken kann.

7.2.3.3 Variation der Gewinnverwendung durch die Grundeinheit

Im letzten Teil der Sensitivitätsanalyse erfolgt eine Veränderung des Parameters „Gewinnverwendung durch die Grundeinheit“. Dies bedeutet, dass der von der Grundeinheit erwirtschaftete Gewinn nicht direkt oder indirekt an die deutschen natürlichen Personen transferiert wird, sondern bei der Grundeinheit – beispielsweise für anstehende Investitionen – verwendet werden soll.

Unternehmens-struktur	**Gesamtsteuer-belastung**	**Rang**
PHG KapGes	319.730 €	1
PHG nP KapGes	319.730 €	1
PHG opt PHG	329.082 €	3
PHG nP opt PHG	329.082 €	3
PHG BS	334.463 €	5
PHG PHG	334.463 €	5
PHG nP PHG	334.463 €	5
KapGes BS	340.815 €	8
KapGes KapGes	340.815 €	8
KapGes nP KapGes	340.815 €	8
KapGes opt PHG	340.857 €	11
KapGes PHG	350.884 €	12
KapGes nP opt PHG	353.133 €	13
KapGes nP PHG	358.514 €	14

Tabelle 45: Gesamtsteuerbelastungen und Rangfolge der Unternehmensstrukturen bei Verwendung der Gewinne auf der Ebene der Grundeinheit

Durch die Thesaurierung des Gewinns auf der Ebene der Grundeinheit weisen nun Unternehmensstrukturen mit einer Personenhandelsgesellschaft in der Spitzeneinheit und körperschaftsteuerpflichtigen Grundeinheiten die geringsten Gesamtsteuerbelastungen auf. Dies resultiert zum einen aus dem Wegfall der ausschüttungsbedingten französischen Quellensteuern. Zum anderen wird nun im Fall einer Kapitalgesellschaft als Grundeinheit der von ihr erzielte Gewinn nicht mehr vom Halbeinkünfteverfahren erfasst. Da bei der optierten Personenhandelsgesellschaft als Grundeinheit nach wie vor der deutsche Progressionsvorbehalt zur

Anwendung kommt, nehmen die Unternehmensstrukturen „Personenhandelsgesellschaft – Kapitalgesellschaft" und „Personenhandelsgesellschaft – natürliche Personen – Kapitalgesellschaft" die Spitzenposition ein.

Die Zweiteilung der Unternehmensstrukturen in Abhängigkeit von der Art der Spitzeneinheit bleibt im Fall der Thesaurierung des Gewinns auf der Ebene der Grundeinheit erhalten. Wieder weisen die Strukturen mit einer Personenhandelsgesellschaft in der Spitzeneinheit die geringeren Gesamtsteuerbelastungen auf. Allerdings kommt es nicht nur innerhalb dieser Gruppe zu einer Verschiebung der Vorteilhaftigkeit. Innerhalb der Gruppe mit einer Kapitalgesellschaft in der Spitzeneinheit stehen die Strukturen, bei denen sich der Progressionsvorbehalt nicht auswirken kann bzw. bei denen die französischen Geschäftsführergehälter einer vorteilhaften Besteuerung in Frankreich unterliegen, an der Spitze. Die in Frankreich erwirtschafteten Gewinne werden wegen deren Einbehaltung nicht durch das Halbeinkünfteverfahren erfasst. Außerdem fallen teilweise französische Quellensteuern weg.

7.2.4 Auswertung der Ergebnisse des Steuerbelastungsvergleichs und der Sensitivitätsanalyse

Ausgehend von dem in Kapitel 7.2.2 durchgeführten Steuerbelastungsvergleich und der anschließend in Kapitel 7.2.3 unternommenen Sensitivitätsanalyse können nun Aussagen hinsichtlich der steueroptimalen internationalen Unternehmensstrukturen gemacht werden. Zwar kann keine Unternehmensstruktur identifiziert werden, die in allen Situationen die günstigste ist. Allerdings erweist sich die Gruppe mit einer Personenhandelsgesellschaft in der Spitzeneinheit fast durchgehend als beste Wahl. Somit ist bezüglich der Rechtsform der Gesellschaft, die zur Spitzeneinheit gehört, eine generelle Empfehlung für die Personenhandelsgesellschaft auszusprechen. Natürlich müssen hier aber auch außersteuerliche Faktoren beachtet werden. In diesem Zusammenhang kann die nicht vorhandene Haftungsbeschränkung der Gesellschafter für die Verbindlichkeiten der Personenhandelsgesellschaft eine wichtige Rolle spielen und zur Ablehnung einer solchen Unternehmensstruktur führen. Abhilfe bietet eine Spitzeneinheit in Form einer GmbH & Co. KG. Dabei sollte die Konstruktion so gestaltet sein, dass die beiden deutschen natürlichen Personen (die einzigen) Kommanditisten der KG und gleichzeitig (die einzigen) Gesellschafter der GmbH, die als alleiniger Komplementär der KG fungiert, sind.[2056] Durch dieses Gebilde wird die Haftung der beiden natürlichen Personen auf ihre Einlagen beschränkt,[2057] obwohl die Gesellschaft eine Personengesellschaft ist und steuerlich auch als solche behandelt wird.[2058]

Scheidet die Personenhandelsgesellschaft nicht grundsätzlich als Bestandteil der Spitzeneinheit aus, so muss hinsichtlich der Höhe des Ergebnisses der Grundeinheit und deren Gewinn-

2056 Da hier Personenidentität vorliegt – die natürlichen Personen sind Gesellschafter der Komplementär-GmbH und gleichzeitig Kommanditisten –, handelt es sich um eine GmbH & Co. KG im engeren Sinn. Vgl. JACOBS, Unternehmensbesteuerung 2002, S. 50.

2057 Faktisch ist die GmbH & Co. KG also eine Personengesellschaft mit beschränkter Haftung. Vgl. MEMENTO VERLAG AG, Gesellschaftsrecht 2002, Rn. 1760.

2058 Vgl. WÖHE, Steuerlehre I/2 1992, S. 216. Allerdings ergeben sich bei der steuerlichen Behandlung dieser besonderen Konstruktion einige Besonderheiten. Hierzu gehört insbesondere die Beachtung einer angemessenen Gewinnverteilung zwischen den Kommanditisten, die als natürliche Personen der Einkommensteuer unterliegen, und der Komplementär-GmbH, die als Kapitalgesellschaft der Körperschaftsteuer unterliegt, denn bezüglich des Gewinnanteils der GmbH entsteht bei dessen Ausschüttung eine durch das Halbeinkünfteverfahren gemilderte steuerliche Doppelbelastung aus Körperschaft- und Einkommensteuer. Vgl. hierzu ausführlich JACOBS, Unternehmensbesteuerung 2002, S. 257-259.

verwendung weiter differenziert werden.[2059] Bei einem hohen Gewinn der Grundeinheit bietet sich die Form der optierten Personenhandelsgesellschaft als Grundeinheit an, bei niedrigen Gewinnen sollte die Wahl auf die Kapitalgesellschaft fallen und bei dazwischen liegenden Gewinnen erweisen sich die Personenhandelsgesellschaft und die Betriebstätte als beste Wahl. Dies gilt auch für mögliche Verluste der Grundeinheit. Sollen die bei der Grundeinheit erwirtschafteten Gewinne aber nicht an die deutschen natürlichen Personen weitergeleitet werden, ist wieder die Kapitalgesellschaft die steueroptimale Rechtsform für die Grundeinheit.

Durchläuft die Grundeinheit – die Spitzeneinheit umfasst immer noch eine Personenhandelsgesellschaft – hinsichtlich ihrer Ergebnissituation und -verwendung im Zeitablauf eine Entwicklung, bei der in der Anfangsphase Verluste entstehen, die anschließend vorliegenden relativ geringen Gewinne für Erweiterungsinvestitionen verwendet und die nach der Aufbauphase erzielten hohen Gewinne an die deutschen natürlichen Personen weitergeleitet werden, so erweist sich die optierte Personenhandelsgesellschaft als steueroptimale Betätigungsform. Sie liegt zwar erst bei hohen Jahresüberschüssen an der Spitze der betrachteten Strukturen, allerdings ist sie auch in allen anderen Situationen auf den vorderen Plätzen der jeweiligen Rangliste zu finden.

Treten ausgehend von der gleichen Spitzeneinheit bei der Grundeinheit anfangs keine Verluste, sondern gleich Gewinne in der in der Ausgangslage angenommenen Größenordnung auf und wird auch keine Verwendung der Gewinne auf der Ebene der Grundeinheit angestrebt, so bietet sich zunächst die Personenhandelsgesellschaft als Grundeinheit an. Bei dann zunehmenden Gewinnen sollte schließlich im steuerlich optimalen Zeitpunkt die Option für eine Besteuerung durch die IS ausgeübt werden.[2060]

Kommt eine deutsche Personenhandelsgesellschaft als Bestandteil der Spitzeneinheit nicht in Frage, so muss wieder in Bezug auf die Höhe des Ergebnisses der Grundeinheit und dessen Verwendung differenziert werden. Erzielt die Grundeinheit niedrige Gewinne, so erweist sich die Struktur „Kapitalgesellschaft – Betriebstätte" als optimal. Bei steigenden Gewinnen wird Letztere von der Unternehmensstruktur „Kapitalgesellschaft – natürliche Personen – Personenhandelsgesellschaft" übertroffen und bei hohen Gewinnen belegt die Struktur „Kapitalgesellschaft – natürliche Personen – optierte Personenhandelsgesellschaft" den ersten Platz. Die beiden letztgenannten Strukturen weisen auch im Verlustfall die geringste Gesamtsteuerbelastung auf. Sollen die Gewinne der Grundeinheit von ihr verwendet werden, so ist die Wahl der Strukturen „Kapitalgesellschaft – Betriebstätte", „Kapitalgesellschaft – Kapitalgesellschaft" oder „Kapitalgesellschaft – natürliche Personen – Kapitalgesellschaft" vorteilhaft.

Unterstellt man auch bei dieser Art der Spitzeneinheit wieder die vorstehend beschriebene Entwicklung der Grundeinheit mit einem Verlust in der Anfangsphase, so erweisen sich die Strukturen „Kapitalgesellschaft – natürliche Personen – optierte Personenhandelsgesellschaft" und „Kapitalgesellschaft – natürliche Personen – Kapitalgesellschaft" als beste Wahl. Sie liegen in fast allen betrachteten Situationen bezogen auf die Gruppe mit einer Kapitalgesellschaft in der Spitzeneinheit auf den vorderen Plätzen der Rangliste. Wird eine direkte Beteiligung der deutschen natürlichen Personen an einer Personenhandelsgesellschaft aus Haftungsgründen abgelehnt, so muss bei der verbleibenden Struktur „Kapitalgesellschaft – natürliche Personen – Kapitalgesellschaft" eine im Verlustfall deutlich höhere Gesamtsteuerbelastung in Kauf genommen werden.

[2059] Eine Unterscheidung, ob die Anteile im Privat- oder Betriebsvermögen gehalten werden, ist nicht notwendig, da sich die Steuerbelastungen jeweils entsprechen.

[2060] Eine solche Option lohnt sich natürlich nur dann, wenn sie steuerneutral oder zumindest mit einer möglichst geringen steuerlichen Belastung durchgeführt werden kann.

Eine Veränderung der Vorteilhaftigkeit zwischen der Gruppe mit einer Personenhandelsgesellschaft in der Spitzeneinheit und der Gruppe mit einer Kapitalgesellschaft in der Spitzeneinheit kann sich dann ergeben, wenn die im Rahmen der Festlegung des Untersuchungsumfangs getroffene Abgrenzung der Belastungssphäre[2061] variiert wird. Die grundlegende Abgrenzung der Belastungssphäre besteht in der Einbeziehung der Gesellschafterebene für die Durchführung des Steuerbelastungsvergleichs und der Sensitivitätsanalyse. Die Begründung hierfür liegt in der somit bestehenden Vergleichbarkeit zwischen Strukturen, deren Spitzeneinheit eine Kapitalgesellschaft beinhaltet mit Strukturen, deren Spitzeneinheit eine Personenhandelsgesellschaft beinhaltet. Da bei Letzteren aufgrund des Transparenzprinzips unabhängig von der tatsächlichen Gewinnverwendung eine Besteuerung auf der Ebene der Gesellschafter erfolgt, sollen im Fall einer Spitzeneinheit mit einer Kapitalgesellschaft grundsätzlich sämtliche in dem internationalen Unternehmen erwirtschafteten Gewinne an die Gesellschafter der deutschen Kapitalgesellschaft ausgeschüttet werden.[2062]

Wird im Fall einer deutschen Spitzeneinheit mit einer Kapitalgesellschaft nun aber eine Gewinnthesaurierung unterstellt, kommt das Trennungsprinzip zum Tragen und eine Besteuerung erfolgt lediglich auf der Ebene der Kapitalgesellschaft. Durch das veränderte Ausschüttungsverhalten wird die Gesellschafterebene also nicht in die Betrachtung einbezogen. In zahlreichen (nationalen) Steuerbelastungsvergleichen wird auf die steuerliche Vorteilhaftigkeit einer thesaurierenden Kapitalgesellschaft gegenüber einer Personenhandelsgesellschaft bzw. einem gewerblichen Personenunternehmen hingewiesen.[2063] Dieser Steuervorteil ist aber nicht endgültig, denn die Thesaurierung auf der Ebene der Kapitalgesellschaft führt lediglich zu einer Steuerstundung bis zum Moment der Ausschüttung, so dass in eine Vorteilhaftigkeitsbetrachtung auch Zinseffekte einbezogen werden müssen.[2064]

Letztendlich muss ein konkreter Steuerbelastungsvergleich durchgeführt werden, der insbesondere die beabsichtigte Einkommensverwendung – Verhältnis zwischen ausgeschüttetem und thesauriertem Betrag – berücksichtigt.[2065] Die Einkommensverwendung hängt in einem starken Maß von den persönlichen Bedürfnissen der deutschen natürlichen Personen, welche Gesellschafter der deutschen Kapitalgesellschaft sind, ab. Sie entscheiden, welcher Teil des Gewinns für Konsumzwecke verwendet und somit ausgeschüttet werden soll.[2066] Folglich muss der einzelne Betrachter in Abhängigkeit von seiner persönlichen Situation eine Entscheidung treffen und anschließend einen auf seine persönlichen Bedürfnisse zugeschnittenen Steuerbelastungsvergleich durchführen.

[2061] Vgl. hierzu Kapitel 7.2.1.2.

[2062] Eine Ausnahme besteht lediglich für die in Kapitel 7.2.3.3 unterstellte Situation einer Gewinnverwendung auf der Ebene der Grundeinheit.

[2063] Vgl. KESSLER/TEUFEL, Umgekehrte Betriebsaufspaltung 2001, S. 870; LOTHMANN/LOTHMANN, Steueroptimale Rechtformwahl 2000, S. 2153; SCHIFFERS, Steuerliche Rechtsformwahl 2000, S. 1007.

[2064] Außerdem sind die geplanten Senkungen des Einkommensteuerspitzensatzes zu berücksichtigen. Vgl. KESSLER/TEUFEL, Auswirkungen der Unternehmenssteuerreform 2000, S. 1838.

[2065] Vgl. LOTHMANN/LOTHMANN, Steueroptimale Rechtformwahl 2000, S. 2154.

[2066] Vgl. KESSLER/TEUFEL, Umgekehrte Betriebsaufspaltung 2001, S. 870.

8 Schlussbetrachtung

Die Internationalisierung der Unternehmenstätigkeit spielt auch im Mittelstand eine immer größere Rolle. Diesbezüglich bietet Frankreich ein traditionell interessantes Betätigungsfeld für mittelständische deutsche Unternehmen. Die Erschließung des französischen Marktes erfordert letztendlich die Errichtung eines festen Stützpunkts in Frankreich und somit die Vornahme einer Direktinvestition. Grundsätzlich kann diese die Form einer Betriebstätte, einer Personengesellschaft oder einer Kapitalgesellschaft annehmen. Unter Berücksichtigung steuerlicher französischer Besonderheiten wurden für die vorliegende Untersuchung die Betriebstätte, die Personenhandelsgesellschaft, die optierte Personenhandelsgesellschaft und die Kapitalgesellschaft als mögliche Formen der französischen Grundeinheit des internationalen Unternehmens ausgewählt. Die deutsche Spitzeneinheit kann als Personenhandels- oder als Kapitalgesellschaft geführt werden, wobei hinsichtlich des Haltens der Anteile an der französischen Grundeinheit zwischen Betriebs- und Privatvermögen unterschieden werden muss. Letzteres macht das Unterhalten einer Betriebstätte unmöglich und erklärt somit das Vorliegen der vierzehn untersuchten Unternehmensstrukturen.

Eine Untersuchung der Einheiten der verschiedenen Unternehmensstrukturen führte zu dem Ergebnis, dass die französische Zweigniederlassung den deutschen steuerrechtlichen und den französischen steuerrechtlichen sowie den abkommensrechtlichen Betriebstättenbegriff erfüllt. Eine Beschreibung der deutschen und der französischen Personenhandels- bzw. Kapitalgesellschaften zeigte, dass die wichtigsten Merkmale der jeweiligen Rechtsformgruppe im Ländervergleich große Gemeinsamkeiten aufweisen. Dies gilt – zumindest im Ergebnis – insbesondere für die grundsätzlich zur Anwendung kommenden Besteuerungskonzeptionen.

Dem deutschen Investor stehen mit der SNC und der SCS im Bereich der Personenhandelsgesellschaften zwei Rechtsformen zur Verfügung, die er als OHG und KG vom deutschen Gesellschaftsrecht her kennt. Zwar müssen einige französische gesellschaftsrechtliche Besonderheiten – beispielsweise im Bereich der Rechnungslegung und der Prüfungspflicht – beachtet werden, dennoch liegt eine weitgehende Übereinstimmung bezüglich der rechtsformspezifischen Merkmale vor.

Auch im Bereich der Kapitalgesellschaften werden mit der SARL, der SCA und der SA zunächst Rechtsformen angetroffen, die im deutschen Gesellschaftsrecht ihre Pendants haben. Die SCA und die SA scheiden zwar aus gesellschaftsrechtlichen Gründen für die geplante Form der Direktinvestition aus, mit der SARL bleibt aber eine Rechtsform, welche ursprünglich aus dem deutschen Recht übernommen und trotz einer Weiterentwicklung im französischen Gesellschaftsrecht immer noch zahlreiche Gemeinsamkeiten mit der GmbH hat. Somit ist auch in diesem Bereich der Rückgriff auf eine vertraute Rechtsform möglich. Darüber hinaus kann innerhalb der Gruppe der Kapitalgesellschaften mit der SAS für die Grundeinheit aber auch eine innovative Rechtsform, die kein deutsches Gegenstück hat, gewählt werden. Sie ist in der aktuellen, reformierten Form auch ein Novum im französischen Gesellschaftsrecht. Demzufolge begibt sich der deutsche Investor bei der Wahl dieser Rechtsform einerseits auf gesellschaftsrechtliches Neuland und wird – wie der französische Investor auch – mit zahlreichen Unbekannten konfrontiert. Andererseits wird sein Mut durch eine große vertragliche Gestaltungsfreiheit bei einer gleichzeitigen Haftungsbeschränkung der Gesellschafter belohnt. Sofern sich die SAS in der nun vorliegenden Form als Rechtsform des französischen Mittelstands bewährt, sollte sie in den Augen des deutschen Gesetzgebers eine interessante Alternative zur kleinen AG, aber auch zur GmbH darstellen.

Die Ausführungen zum französischen Steuerrecht haben gezeigt, dass zahlreiche Parallelen zum deutschen Steuerrecht bestehen. Dennoch wecken einige Besonderheiten des französischen Steuerrechts das Interesse des deutschen Betrachters. Hierzu gehören im Bereich der französischen Einkommensteuer, der IR, die Vorgehensweise bei der Ermittlung der Einkünfte aus nichtselbständiger Arbeit. Nach dem Abzug der geleisteten Sozialversicherungsbeiträge kommen – gegebenenfalls – ein pauschaler Werbungskostenabzug und ein Freibetrag zur Anwendung, so dass letztendlich nur 72 % der verbleibenden Löhne und Gehälter in die Steuerbemessungsgrundlage eingehen. Außerdem ist das – auf einen Höchstbetrag begrenzte – Familiensplitting bei der Ermittlung der Einkommensteuerschuld zu nennen. Beide Regelungen zeigen im Rahmen des abschließenden Steuerbelastungsvergleichs ihre Auswirkungen.

Die französische Körperschaftsteuer, die IS, erinnert an die deutsche Körperschaftsteuer vor der Abschaffung des Anrechnungsverfahrens. Allerdings kommt hier grundsätzlich ein einheitlicher, zumindest aber ein von der Art der Gewinnverwendung unabhängiger Steuersatz zur Anwendung. Die abkommensrechtliche Abschaffung der grenzüberschreitenden Anrechnungsmöglichkeit des „avoir fiscal" ist aufgrund des in Deutschland eingeführten Halbeinkünfteverfahrens aus französischer Sicht konsequent und mit Blick auf die zwischenzeitlich bestehende Rechtsunsicherheit im deutsch-französischen steuerlichen Bereich zu begrüßen. Gegebenenfalls muss aber die Erstattung des „précompte" an deutsche Gesellschafter vorgenommen werden. In rein nationaler Hinsicht sind der in bestimmten Grenzen progressive französische Körperschaftsteuertarif und die IFA, die Mindestkörperschaftsteuer, zu nennen. Auch sie zeigen ihre Wirkung im abschließenden Steuerbelastungsvergleich.

Die Erhebung der französischen Vermögensteuer, der ISF, ist sicherlich einer der markantesten Unterschiede im Vergleich zum deutschen Steuerrecht. Allerdings relativiert sich die Bedeutung der ISF aufgrund ihrer großzügig bemessenen Eingangsstufe und den Ausnahmen für berufliches Vermögen.

Das Fehlen einer zweiten, die unternehmerische Tätigkeit belastenden Ertragsteuer ist begrüßenswert, allerdings erfassen die „taxe professionnelle" und die lohnsummenabhängigen Steuern die von einem Unternehmen gezahlte Lohnsumme und erweisen sich somit als beschäftigungsfeindlich. Auch dieser erste Eindruck muss schließlich revidiert werden. Zum einen hat der französische Gesetzgeber auf den genannten Kritikpunkt reagiert, so dass die Lohnsumme als Bemessungsgrundlagenteil der „taxe professionnelle" entfallen wird. Zum anderen bieten die lohnsummenabhängigen Steuern die Möglichkeit, alternativ zur Entrichtung der jeweiligen Steuer Zahlungen im Bildungs- und Wohnungsbaubereich zu leisten.

Schließlich wird der deutsche Unternehmensgründer noch mit den Registersteuern konfrontiert. Auch sie haben in dieser Form keine Entsprechung im deutschen Steuerrecht. Mit der Grunderwerbsteuer und der Erbschaft- und Schenkungsteuer finden sich schließlich aber zumindest in einigen Bereichen die deutschen Pendants zu dieser Steuerart.

Bei der Besteuerung der Gründung erwies sich die Bargründung als unproblematisch, während die Sachgründung umfangreiche Untersuchungen erforderte. Diese zeigten, dass eine Besteuerung der in den überführten Wirtschaftsgütern enthaltenen stillen Reserven unvermeidbar ist. Lediglich die Betriebstätte erwies sich hinsichtlich des Zeitpunkts der Besteuerung aufgrund der von der Finanzverwaltung eingeräumten Möglichkeit des Aufschubs als privilegierte Form der Grundeinheit. Unverständlich ist aber, warum bei der Überführung von Wirtschaftsgütern in eine beteiligungsidentische ausländische Personenhandelsgesellschaft kein Ausgleichsposten gebildet werden darf, denn letztendlich kommen hinsichtlich der Besteuerung einer ausländischen Betriebstätte und der Besteuerung des Haltens einer Beteiligung an einer ausländischen Personenhandelsgesellschaft die gleichen Besteuerungskonzeptionen zum Tragen.

Die in Deutschland bzw. in Frankreich bei der Errichtung der Grundeinheit zur Anwendung kommenden Wertmaßstäbe sind zwar aufgrund ihrer Marktpreisorientierung konzeptionell gleich, letztendlich können sie aber leicht zu einer Doppelbesteuerung führen. Dem deutschen Investor muss diese Gefahr bei der Herstellung der deutsch-französischen Unternehmensstruktur bewusst sein. Tritt eine solche Doppelbesteuerung tatsächlich ein, bleibt nur die Möglichkeit eines langwierigen Verständigungs- oder Schiedsverfahrens. Hier könnte eine der Errichtung der Grundeinheit vorausgehende Kooperation der zuständigen deutschen bzw. französischen Finanzbehörden eine Erhöhung der Planungssicherheit bezüglich der steuerlichen Folgen des Gründungsvorgangs bewirken und dadurch die Aufnahme einer grenzüberschreitenden unternehmerischen Tätigkeit erleichtern.

Die Beschreibung der Besteuerung der laufenden Tätigkeit der französischen Grundeinheit hat zur Identifizierung einer Rechtsform geführt, die als Bestandteil einer deutsch-französischen Unternehmensstruktur zu komplexen steuerlichen Problemen führen kann. Dabei handelt es sich um die französische Personenhandelsgesellschaft bzw. um die optierte französische Personenhandelsgesellschaft. Gerade in Bezug auf die grenzüberschreitende steuerliche Behandlung einer Beteiligung an einer optierten französischen Personenhandelsgesellschaft fehlen eindeutige steuerliche Regelungen, so dass bezüglich der Anwendung des Progressionsvorbehalts in Deutschland und der Behandlung des erstatteten „précompte" keine Klarheit besteht.

Ferner können insbesondere von einer (optierten) französischen Personenhandelsgesellschaft an ihre deutschen Gesellschafter gezahlte Sondervergütungen zu einem Qualifikationskonflikt führen, welcher die aus deutscher und gleichzeitig aus französischer Sicht zufrieden stellende Anwendung der abkommensrechtlichen Regelungen verhindert. Die entsprechenden Vorschriften im Betriebsstättenerlass der deutschen Finanzverwaltung verdeutlichen, dass die grenzüberschreitende Beteiligung an Personengesellschaften zu den Bereichen des internationalen Steuerrechts gehört, die zur Vermeidung einer Minder- oder Doppelbesteuerung eigentlich eine einheitliche Vorgehensweise der betroffenen Finanzbehörden erfordern. Da eine solche aber oftmals nicht gewährleistet ist, kann hieraus – wie im deutschen Fall – eine sehr eigenständige, von nationalen Interessen geprägte Interpretation der abkommensrechtlichen Regelungen resultieren. Die vorgenommenen Betrachtungen haben einen Eindruck vermittelt, welche Komplexitätssteigerungen durch zusätzliche Vereinbarungen zwischen der Personenhandelsgesellschaft und ihren Gesellschaftern entstehen können.

Die abschließende Veranlagungssimulation und die Sensitivitätsanalyse haben die generelle Vorteilhaftigkeit einer Personenhandelsgesellschaft als Bestandteil der deutschen Spitzeneinheit gezeigt. Der Abstand zur anderen Gruppe mit einer Kapitalgesellschaft in der Spitzeneinheit ist teilweise sehr deutlich ausgeprägt, so dass aus steuerlicher Sicht eine Entscheidung für eine Struktur der ersten Gruppe nahe liegt. Allerdings müssen hierbei auch die eingangs angesprochenen außersteuerlichen Faktoren beachtet werden, wobei insbesondere die fehlende Haftungsbeschränkung der Gesellschafter eine wichtige Rolle zu spielen vermag. Hier ist der einzelne Investor aufgefordert abzuwägen, ob der steuerliche Vorteil in seinen Augen den haftungsrechtlichen Nachteil ausgleichen kann.

Der vorstehend angesprochene Qualifikationskonflikt bei einer Personenhandelsgesellschaft als Grundeinheit kann aber auch positive Auswirkungen haben. Dabei geht es um die unterschiedliche Subjektqualifikation bei einer optierten französischen Personenhandelsgesellschaft. Während aus französischer Sicht eine körperschaftsteuerpflichtige Gesellschaft vorliegt, geht die deutsche Seite von einer Mitunternehmerschaft aus. In Kombination mit einer Spitzeneinheit, die eine deutsche Personenhandelsgesellschaft einschließt, entsteht eine Unternehmensstruktur, die sich bei unterschiedlich hohen Jahresüberschüssen bzw. bei einem

Verlust auf der Ebene der Grundeinheit und bei einer Einbehaltung der Gewinne durch die Grundeinheit durch eine konstant niedrige relative Steuerbelastung auszeichnet. Hier zeigt das Zusammenspiel des ansatzweise progressiven französischen Körperschaftsteuertarifs mit dem deutschen – gegebenenfalls negativen – Progressionsvorbehalt und der Anrechnungsmöglichkeit eines Teils der Gewerbesteuer trotz der Erhebung französischer Quellensteuern eine positive Wirkung.

Die durchgeführte Sensitivitätsanalyse hat auch die Auswirkungen der unterschiedlichen steuerlichen Behandlung der in Frankreich gezahlten Geschäftsführergehälter aufgezeigt. Grundsätzlich treffen hier die von den deutschen Personenhandelsgesellschaften her bekannte Besteuerungskonzeption, welche zu einer Erfassung der Gehälter bei den Einkünften aus Gewerbebetrieb führt, und die vorteilhafte Behandlung als Einkünfte aus nichtselbständiger Arbeit im Rahmen einer beschränkten Einkommensteuerpflicht aufeinander. Jedenfalls kann die Besteuerung der Geschäftsführergehälter einen spürbaren Einfluss auf die relative Vorteilhaftigkeit der verschiedenen Unternehmensstrukturen haben. Somit ist ihre Aufnahme in den Steuerbelastungsvergleich insbesondere unter Berücksichtigung der Tatsache, dass hier ein mittelständisches Unternehmen betrachtet wird, unvermeidlich.

Ein weiterer Faktor, der einen Einfluss auf die relative Vorteilhaftigkeit der Unternehmensstrukturen haben kann, ist § 8b Abs. 5 KStG. Er führt zu einer Schlechterstellung der Unternehmensstruktur mit einer deutschen und einer französischen Kapitalgesellschaft im Vergleich zur Struktur mit einer deutschen Kapitalgesellschaft und einer französischen Betriebstätte. Die körperschaftsteuerliche Regelung hinsichtlich des fiktiven Vorliegens nichtabziehbarer Betriebsausgaben führt zu der Situation, dass bezüglich der steuerlichen Behandlung der Ausschüttung aus einer ausländischen Kapitalgesellschaft nur von einer teilweisen Dividendenfreistellung gesprochen werden kann. Natürlich werden bei der Wahl der Form der Grundeinheit wieder auch andere Faktoren eine Rolle spielen, grundsätzlich hat hier der Gesetzgeber aber eine Privilegierung der Betriebstätte erreicht.

Des Weiteren kann auch die Kirchensteuer bei der Entscheidung für eine Unternehmensstruktur eine nicht zu vernachlässigende Bedeutung haben. Hier wirkt sich bei verschiedenen Strukturen die Nichtanwendung des Halbeinkünfteverfahrens bei der Berechnung der Kirchensteuer aus. Diese Berechnungsmodalität kann leicht übersehen werden, hat zum Teil aber spürbare steuerliche Mehrbelastungen zur Folge.

Abschließend ist noch auf eine mittelstandsfreundliche Regelung des französischen Steuerrechts hinzuweisen. Dabei handelt es sich um den ansatzweise progressiven französischen Körperschaftsteuertarif, der aufgrund seiner Anwendungsvoraussetzungen nur bei bestimmten kleineren Unternehmen greift. Der abschließende Steuerbelastungsvergleich hat gezeigt, dass er die Attraktivität körperschaftsteuerpflichtiger Betätigungsformen steigern kann. Da er eine Regelung darstellt, die relativ einfach in das deutsche Steuerrecht integriert werden könnte, ist der deutsche Gesetzgeber an dieser Stellte aufgefordert, einen vergleichbaren Schritt zur steuerlichen Förderung des Mittelstands zu unternehmen.

Anhang

Unternehmensstrukturunabhängige Steuern

Grundsteuer (F)

	Anschaffungskosten der Grundstücke und Gebäude	600.000 €
•	Zinssatz (Ann. II, Art. 310 L CGI i.V.m. Ann. II, Art. 310 J bis CGI)	8,00%
=	Katastermietwert nach der buchhalterischen Methode (Art. 1499 CGI)	48.000 €
•	pauschaler Koeffizient bei Anschaffung bzw. Herstellung im Jahr 1996 (Art. 1518 bis CGI)	1,041
=	aktualisierter Katastermietwert	49.968 €
./.	Abschlag in Höhe von 50 % (Art. 1388 CGI)	24.984 €
=	verminderter aktualisierter Katastermietwert	24.984 €
•	zusammengefasster Steuersatz der Gebietskörperschaften (Art. 1636 B sexies I. 1. CGI)	34,56%
=	**Grundsteuerschuld**	**8.634 €**

„Taxe professionnelle" (F)

	Anschaffungs- bzw. Herstellungskosten der nicht grundsteuerpflichtigen Gegenstände des Anlagevermögen	1.200.000 €
•	Bewertungssatz der „taxe professionnelle" für nicht grundsteuerpflichtige Gegenstände des Anlagevermögens	16,00%
=	Mietwert der nicht grundsteuerpflichtigen Gegenstände des Anlagevermögens (Art. 1469 3° Abs. 1 CGI)	192.000 €
	Mietwert der grundsteuerpflichtigen Gegenstände des Anlagevermögens (Art. 1469 1° Abs. 1 CGI)	49.968 €
+	Mietwert der nicht grundsteuerpflichtigen Gegenstände des Anlagevermögens	192.000 €
=	Summe der Mietwerte der Gegenstände des Anlagevermögens (Art. 1467 1° a) CGI)	241.968 €
	Lohnsumme	600.000 €
•	Bewertungssatz der „taxe professionnelle" für die Lohnsumme	18,00%
=	anteilige Lohnsumme für „taxe professionnelle" (Art. 1467 1° b) CGI)	108.000 €
./.	Abschlag (Art. 1467 bis CGI)	914.694 €
=	anteilige Lohnsumme für Bemessungsgrundlagenteil „taxe professionnelle" nach Abschlag (mindestens 0 €)	0 €
	Summe der Mietwerte der Gegenstände des Anlagevermögens	241.968 €
+	anteilige Lohnsumme nach Abschlag	0 €
=	Bemessungsgrundlage „taxe professionnelle" (Art. 1467 1° CGI)	241.968 €
./.	allgemeiner Abschlag (16 % der Bemessungsgrundlage)	38.715 €
=	Bemessungsgrundlage „taxe professionnelle" nach allgemeinem Abschlag (Art. 1472 A bis CGI)	203.253 €
•	zusammengefasster Steuersatz der Gebietskörperschaften (Art. 1636 B sexies I. 1. CGI)	26,38%
=	**vorläufige Steuerschuld „taxe professionnelle"**	**53.618 €**
	Wertschöpfung	1.200.000 €
•	relevanter umsatzabhängiger Satz	3,50%
=	Maximalbetrag[2067] (Art. 1467 sexies CGI)	42.000 €
→	Begrenzung der „taxe professionnelle" auf Maximalbetrag	
→	**endgültige Steuerschuld „taxe professionnelle"**	**42.000 €**

2067 Hierbei handelt es sich um eine Vereinfachung. Die sich tatsächlich ergebende Steuerschuld kann höher sein, sofern sich die Sätze der „taxe professionnelle" seit 1995 verändert haben. Vgl. DISLE/SARAF, Droit fiscal corrigés 2002, S. 193.

Ausbildungsteuer (F)

	Sozialversicherungspflichtige Lohnsumme (Art. 225 Abs. 1 CGI)	600.000 €
•	Satz Ausbildungsteuer (Bas-Rhin, Haut-Rhin und Moselle) (Art. 230 B CGI i.V.m. Art. R. 119-33-1 Abs. 1 Code du travail i.V.m. R. 119-1 Abs. 1 Code du travail)	0,20%
=	**Steuerschuld Ausbildungsteuer**	**1.200 €**

Weiterbildungsteuer (F)

	Sozialversicherungspflichtige Lohnsumme	600.000 €
•	Satz Weiterbildungsteuer	1,50%
=	**Steuerschuld Weiterbildungsteuer**	**9.000 €**
	(Art. 235 ter D CGI und Art. 235 ter KA Abs. 1 CGI)	

Wohnungsbausteuer (F)

	Sozialversicherungspflichtige Lohnsumme	600.000 €
•	Satz Wohnungsbausteuer	2,00%
=	**Steuerschuld Wohnungsbausteuer**	**12.000 €**
	(Art. 235 bis CGI)	

Grundsteuer (D)

	Einheitswert der Betriebsgrundstücke (§ 13 Abs. 1 Satz 2 GrStG)	200.000 €
•	Steuermesszahl (§ 15 Abs. 1 GrStG)	0,35%
=	Steuermessbetrag (§ 13 Abs. 1 Satz 1 GrStG)	700 €
•	Hebesatz (§ 25 Abs. 1 GrStG)	445,00%
=	**Grundsteuerschuld**	**3.115 €**

Personenhandelsgesellschaft – Betriebstätte

IR (F)

	Jahresüberschuss französische Betriebstätte vor Steuern	200.000 €
./.	Grundsteuer (F)	8.634 €
./.	„taxe professionnelle“ (F)	42.000 €
./.	lohnsummenabhängige Steuern (F)	22.200 €
=	**Jahresüberschuss französische Betriebstätte nach ertragsunabhängigen Steuern**	**127.166 €**
→	anteiliger Jahresüberschuss französische Betriebstätte nach ertragsunabhängigen Steuern	63.583 €
+	anteiliges auf Betriebstätte umgelegtes Geschäftsführergehalt	25.000 €
=	**Einkünfte aus Gewerbebetrieb**	**88.583 €**
=	Bruttoeinkommen	
=	Nettoeinkommen	
=	**zu versteuerndes Einkommen** (Art. 13 2. CGI)	**88.583 €**
÷	Anzahl Teile (Art. 193 Abs. 1 CGI; Anzahl der Teile gem. Art. 194 I. Abs. 1 CGI)	3
=	Familienquotient	29.528 €
→	Steuerschuld pro Teil (Art. 193 Abs. 2 CGI; Anwendung des Tarifs in Art. 197 I. 1. CGI)	6.967 €
•	Anzahl Teile (Art. 193 Abs. 3 CGI)	3
=	vorläufige Einkommensteuerschuld vor Abschlag	20.902 €
./.	5%iger Abschlag (Art. 1 loi n° 2002-1050 vom 6.8.2002)	1.045 €
=	**vorläufige Einkommensteuerschuld nach Abschlag**	**19.857 €**

	Beschränkung des Vorteils aus der Anwendung des Familienquotienten (Art. 197 I. 2. CGI)	
	Zu versteuerndes Einkommen	88.583 €
÷	Anzahl Teile (lediglich Teile für verheiratete Steuerpflichtige) (Art. 193 Abs. 1 CGI; Anzahl der Teile gem. Art. 194 I. Abs. 1 CGI)	2
=	Familienquotient	44.291 €
→	Steuerschuld pro Teil (Art. 193 Abs. 2 CGI; Anwendung des Tarifs in Art. 197 I. 1. CGI)	13.406 €
•	Anzahl Teile (Art. 193 Abs. 3 CGI)	2
=	vorläufige Einkommensteuerschuld vor Abschlag	26.813 €
./.	5%iger Abschlag (Art. 1 loi n° 2002-1050 vom 6.8.2002)	1.341 €
=	**Einkommensteuerschuld bei modifizierter Anzahl der Teile nach Abschlag**	**25.472 €**
./.	vorläufige Einkommensteuerschuld	19.857 €
=	Vorteil aus Anwendung Familienquotient	5.615 €
>	maximaler Vorteil pro kinderbezogenem halbem Teil	2.017 €
•	Anzahl kinderbezogene halbe Teile	2
=	maximaler Gesamtvorteil	4.034 €
→	**Korrektur der Einkommensteuerschuld**	
	Einkommensteuerschuld bei modifizierter Anzahl der Teile	25.472 €
./.	maximaler Gesamtvorteil	4.034 €
=	**Einkommensteuerschuld bei begrenztem Gesamtvorteil**	**21.438 €**
	Überprüfung auf Mindeststeuersatz für beschränkt Steuerpflichtige (Art. 197 A a) CGI)	
	Einkommensteuerschuld bei begrenztem Gesamtvorteil	21.438 €
÷	zu versteuerndes Einkommen	88.583 €
=	effektiver Steuersatz	24,20%
<	Mindeststeuersatz für beschränkt Steuerpflichtige	25,00%
→	**endgültige Einkommensteuerschuld**	**22.146 €**

Gewerbesteuer (D)

	Jahresüberschuss deutsche Personenhandelsgesellschaft vor Steuern	400.000 €
./.	Grundsteuer	3.115 €
+	deutsche Geschäftsführergehälter	100.000 €
=	einkommensteuerlicher Gewinn aus Gewerbebetrieb nach Grundsteuer, vor Abzug Gewerbesteuer (§ 7 Satz 1 GewStG)	496.885 €
+	Hälfte der Dauerschuldzinsen (§ 8 Nr. 1 GewStG)	57.500 €
./.	1,2% des gem. § 121a BewG erhöhten Einheitswerts der Betriebsgrundstücke (§ 9 Nr. 1 GewStG)	3.360 €
=	Gewerbeertrag vor Freibetrag und Rundung	551.025 €
./.	Abrundung auf volle 100 € (§ 11 Abs. 1 Satz 3 GewStG)	25 €
./.	Freibetrag (§ 11 Abs. 1 Satz 3 Nr. 1 GewStG)	24.500 €
=	**Gewerbeertrag**	**526.500 €**
→	Anwendung Staffeltarif und Hebesatz (§ 11 Abs. 2 Nr. 1 GewStG und § 16 Abs. 1 GewStG) (Berücksichtigung der Abzugsfähigkeit der Gewerbesteuer von ihrer eigenen Bemessungsgrundlage)	
=	**Gewerbesteuerschuld**	**88.579 €**

Einkommensteuer (D)

	Jahresüberschuss deutsche Personenhandelsgesellschaft vor Steuern		400.000 €
./.	Grundsteuer (D)		3.115 €
./.	Gewerbesteuer (D)		88.579 €
=	**Jahresüberschuss deutsche Personenhandelsgesellschaft nach Steuern**		**308.306 €**
→	anteiliger Jahresüberschuss deutsche Personenhandelsgesellschaft nach Steuern		154.153 €
+	anteiliges auf deutsche Personenhandelsgesellschaft entfallendes Geschäftsführergehalt		50.000 €
=	**Einkünfte aus Gewerbebetrieb** (§ 15 Abs. 1 Satz 1 Nr. 2 EStG)		**204.153 €**
=	Summe der Einkünfte (§ 2 Abs. 3 Satz 1 EStG)		204.153 €
=	**Gesamtbetrag der Einkünfte** (§ 2 Abs. 4 EStG)		**204.153 €**
./.	**Sonderausgaben**		
	Kirchensteuer (§ 10 Abs. 1 Nr. 4 EStG)	6.483 €	
	+ Vorsorgeaufwendungen (10 Abs. 1 Nr. 2 EStG)		
	Vorwegabzug (§ 10 Abs. 3 Nr. 2 Satz 1 EStG)	6.136 €	
	./. Kürzung um 16 % der Einnahmen aus nichtselbständiger Arbeit (§ 10 Abs. 3 Nr. 2 Satz 2 Buchstabe a EStG)	0 €	
	+ Grundhöchstbetrag (§ 10 Abs. 3 Nr. 1 EStG)	2.668 €	
	+ Höchstbetrag für freiwillige zusätzliche Pflegeversicherung (§ 10 Abs. 3 Nr. 3 EStG)	368 €	
	+ hälftiger Höchstbetrag (§ 10 Abs. 3 Nr. 4 EStG)	1.334 €	
	= Summe Vorsorgeaufwendungen	10.506 €	
	= Summe Sonderausgaben		**16.989 €**
=	**Einkommen** (§ 2 Abs. 4 EStG)		**187.164 €**
./.	**Freibeträge** (§ 32 Abs. 6 EStG)		
	Kinderfreibetrag	7.296 €	
	+ Freibetrag für Betreuung, Erziehung und Ausbildung	4.320 €	
	= Summe Freibeträge		**11.616 €**
=	**zu versteuerndes Einkommen (tariflich gerundet)** (§ 2 Abs. 5 Satz 1 EStG)		**175.572 €**
→	**tarifliche Einkommensteuer ohne Progressionsvorbehalt** (§ 32a EStG; Splittingverfahren)		**65.408 €**

	Progressionsvorbehalt		
	(32b EStG)		
	Zu versteuerndes Einkommen		175.548 €
+	französische Einkünfte aus Gewerbebetrieb		88.583 €
=	modifiziertes zu versteuerndes Einkommen		264.132 €
→	fiktive tarifliche Einkommensteuer (Splittingverfahren)		108.360 €
→	Einkommensteuersatz		41,02%
	Anwendung auf zu versteuerndes Einkommen		175.572 €
→	**tarifliche Einkommensteuer mit Progressionsvorbehalt**		**72.028 €**
	(Splittingverfahren)		
	Verringerung der tariflichen Einkommensteuer um Steuerermäßigungen		
	(§ 2 Abs. 6 Satz 1 EStG)		
	Tarifliche Einkommensteuer mit Progressionsvorbehalt		72.028 €
	(Splittingverfahren)		
./.	**Steuerermäßigung bei Einkünften aus Gewerbebetrieb**		
	(35 Abs. 1 Nr. 2 EStG)		
	Gewerbesteuer	88.579 €	
	/ Hebesatz	428,00%	
	/ Anzahl Gesellschafter	2	
	= anteiliger Steuermessbetrag	10.348 €	
	• Multiplikator	1,8	
	= vorläufiger Steuerermäßigungsbetrag	18.626 €	
	< Einkommensteuer auf gewerbliche Einkünfte	72.028 €	
	→ endgültiger Steuerermäßigungsbetrag		**18.626 €**
=	**festzusetzende Einkommensteuer**		**53.402 €**
=	zu zahlende Einkommensteuer		53.402 €
	Vergleich Vorteil durch Ansatz Freibeträge gem. § 32 Abs. 6 EStG mit Kindergeld		
	Festzusetzende Einkommensteuer ohne Freibeträge		58.746 €
./.	festzusetzende Einkommensteuer		53.402 €
=	Vorteil durch Ansatz Freibeträge		5.344 €
	> Kindergeld		3.696 €

Solidaritätszuschlag auf Einkommensteuer (D)

	Festzusetzende Einkommensteuer (§ 3 Abs. 1 Nr. 1 SolZG i.V.m. § 3 Abs. 2 SolZG)	53.402 €
•	Solidaritätszuschlagsatz (§ 4 Abs. 1 Satz 1 SolZG)	5,50%
=	**Solidaritätszuschlag**	**2.937 €**

Kirchensteuer (D)

	Festzusetzende Einkommensteuer	53.402 €
+	Steuerermäßigung gem. § 35 EStG	18.626 €
=	Bemessungsgrundlage Kirchensteuer (§ 51a Abs. 2 EStG)	72.028 €
•	Kirchensteuersatz	9,00%
=	**Kirchensteuer**	**6.483 €**

Personenhandelsgesellschaft – Personenhandelsgesellschaft

IR (F)

	IR (F)	
	Jahresüberschuss französische Personenhandelsgesellschaft vor Steuern	200.000 €
./.	Grundsteuer (F)	8.634 €
./.	„taxe professionnelle" (F)	42.000 €
./.	lohnsummenabhängige Steuern (F)	22.200 €
=	**Jahresüberschuss französische Personenhandelsgesellschaft nach ertragsunabhängigen Steuern**	**127.166 €**
→	anteiliger Jahresüberschuss französische Personenhandelsgesellschaft nach Steuern	63.583 €
+	anteiliges von französischer Personenhandelsgesellschaft gezahltes Geschäftsführergehalt	25.000 €
=	**Einkünfte aus Gewerbebetrieb**	**88.583 €**
=	Bruttoeinkommen	
=	Nettoeinkommen	
=	**zu versteuerndes Einkommen** (Art. 13 2. CGI)	**88.583 €**
÷	Anzahl Teile (Art. 193 Abs. 1 CGI; Anzahl der Teile gem. Art. 194 I. Abs. 1 CGI)	3
=	Familienquotient	29.528 €
→	Steuerschuld pro Teil (Art. 193 Abs. 2 CGI; Anwendung des Tarifs in Art. 197 I. 1. CGI)	6.967 €
•	Anzahl Teile (Art. 193 Abs. 3 CGI)	3
=	vorläufige Einkommensteuerschuld vor Abschlag	20.902 €
./.	5%iger Abschlag (Art. 1 loi n° 2002-1050 vom 6.8.2002)	1.045 €
=	**vorläufige Einkommensteuerschuld nach Abschlag**	**19.857 €**

	Beschränkung des Vorteils aus der Anwendung des Familienquotienten (Art. 197 I. 2. CGI)	
	Zu versteuerndes Einkommen	88.583 €
÷	Anzahl Teile (lediglich Teile für verheiratete Steuerpflichtige) (Art. 193 Abs. 1 CGI; Anzahl der Teile gem. Art. 194 I. Abs. 1 CGI)	2
=	Familienquotient	44.291 €
→	Steuerschuld pro Teil (Art. 193 Abs. 2 CGI; Anwendung des Tarifs in Art. 197 I. 1. CGI)	13.406 €
•	Anzahl Teile (Art. 193 Abs. 3 CGI)	2
=	vorläufige Einkommensteuerschuld vor Abschlag	26.813 €
./.	5%iger Abschlag (Art. 1 loi n° 2002-1050 vom 6.8.2002)	1.341 €
=	**Einkommensteuerschuld bei modifizierter Anzahl der Teile nach Abschlag**	**25.472 €**
./.	vorläufige Einkommensteuerschuld	19.857 €
=	Vorteil aus Anwendung Familienquotient	5.615 €
>	maximaler Vorteil pro kinderbezogenem halbem Teil	2.017 €
•	Anzahl kinderbezogene halbe Teile	2
=	maximaler Gesamtvorteil	4.034 €
→	**Korrektur der Einkommensteuerschuld**	
	Einkommensteuerschuld bei modifizierter Anzahl der Teile	25.472 €
./.	maximaler Gesamtvorteil	4.034 €
=	**Einkommensteuerschuld bei begrenztem Gesamtvorteil**	**21.438 €**
	Überprüfung auf Mindeststeuersatz für beschränkt Steuerpflichtige (Art. 197 A a) CGI)	
	Einkommensteuerschuld bei begrenztem Gesamtvorteil	21.438 €
÷	zu versteuerndes Einkommen	88.583 €
=	effektiver Steuersatz	24,20%
<	Mindeststeuersatz für beschränkt Steuerpflichtige	25,00%
→	**endgültige Einkommensteuerschuld**	**22.146 €**

Gewerbesteuer (D)

	Jahresüberschuss deutsche Personenhandelsgesellschaft vor Steuern	400.000 €
./.	Grundsteuer	3.115 €
+	deutsche Geschäftsführergehälter	100.000 €
=	einkommensteuerlicher Gewinn aus Gewerbebetrieb nach Grundsteuer, vor Abzug Gewerbesteuer (§ 7 Satz 1 GewStG)	496.885 €
+	Hälfte der Dauerschuldzinsen (§ 8 Nr. 1 GewStG)	57.500 €
./.	1,2% des gem. § 121a BewG erhöhten Einheitswerts der Betriebsgrundstücke (§ 9 Nr. 1 GewStG)	3.360 €
=	Gewerbeertrag vor Freibetrag und Rundung	551.025 €
./.	Abrundung auf volle 100 € (§ 11 Abs. 1 Satz 3 GewStG)	25 €
./.	Freibetrag (§ 11 Abs. 1 Satz 3 Nr. 1 GewStG)	24.500 €
=	**Gewerbeertrag**	**526.500 €**
→	Anwendung Staffeltarif und Hebesatz (§ 11 Abs. 2 Nr. 1 GewStG und § 16 Abs. 1 GewStG) (Berücksichtigung der Abzugsfähigkeit der Gewerbesteuer von ihrer eigenen Bemessungsgrundlage)	
=	**Gewerbesteuerschuld**	**88.579 €**

Einkommensteuer (D)

	Einkommensteuer (D)		
	Jahresüberschuss deutsche Personenhandelsgesellschaft vor Steuern		400.000 €
./.	Grundsteuer (D)		3.115 €
./.	Gewerbesteuer (D)		88.579 €
=	**Jahresüberschuss deutsche Personenhandelsgesellschaft nach Steuern**		**308.306 €**
→	anteiliger Jahresüberschuss deutsche Personenhandelsgesellschaft nach Steuern		154.153 €
+	anteiliges von deutscher Personenhandelsgesellschaft gezahltes Geschäftsführergehalt		50.000 €
=	**Einkünfte aus Gewerbebetrieb** (§ 15 Abs. 1 Satz 1 Nr. 2 EStG)		**204.153 €**
=	Summe der Einkünfte (§ 2 Abs. 3 Satz 1 EStG)		204.153 €
=	**Gesamtbetrag der Einkünfte** (§ 2 Abs. 4 EStG)		**204.153 €**
./.	**Sonderausgaben**		
	Kirchensteuer (§ 10 Abs. 1 Nr. 4 EStG)	6.483 €	
+	Vorsorgeaufwendungen (10 Abs. 1 Nr. 2 EStG)		
	Vorwegabzug (§ 10 Abs. 3 Nr. 2 Satz 1 EStG)	6.136 €	
./.	Kürzung um 16 % der Einnahmen aus nichtselbständiger Arbeit (§ 10 Abs. 3 Nr. 2 Satz 2 Buchstabe a EStG)	0 €	
+	Grundhöchstbetrag (§ 10 Abs. 3 Nr. 1 EStG)	2.668 €	
+	Höchstbetrag für freiwillige zusätzliche Pflegeversicherung (§ 10 Abs. 3 Nr. 3 EStG)	368 €	
+	hälftiger Höchstbetrag (§ 10 Abs. 3 Nr. 4 EStG)	1.334 €	
=	Summe Vorsorgeaufwendungen	10.506 €	
=	Summe Sonderausgaben		**16.989 €**
=	**Einkommen** (§ 2 Abs. 4 EStG)		**187.164 €**
./.	**Freibeträge** (§ 32 Abs. 6 EStG)		
	Kinderfreibetrag	7.296 €	
+	Freibetrag für Betreuung, Erziehung und Ausbildung	4.320 €	
=	Summe Freibeträge		**11.616 €**
=	**zu versteuerndes Einkommen (tariflich gerundet)** (§ 2 Abs. 5 Satz 1 EStG)		**175.572 €**
→	**tarifliche Einkommensteuer ohne Progressionsvorbehalt** (§ 32a EStG; Splittingverfahren)		**65.408 €**

	Progressionsvorbehalt		
	(32b EStG)		
	Zu versteuerndes Einkommen		175.548 €
+	französische Einkünfte aus Gewerbebetrieb		88.583 €
=	modifiziertes zu versteuerndes Einkommen		264.132 €
→	fiktive tarifliche Einkommensteuer (Splittingverfahren)		108.360 €
→	Einkommensteuersatz		41,02%
	Anwendung auf zu versteuerndes Einkommen		175.572 €
→	**tarifliche Einkommensteuer mit Progressionsvorbehalt**		**72.028 €**
	(Splittingverfahren)		
	Verringerung der tariflichen Einkommensteuer um Steuerermäßigungen		
	(§ 2 Abs. 6 Satz 1 EStG)		
	Tarifliche Einkommensteuer mit Progressionsvorbehalt		72.028 €
	(Splittingverfahren)		
./.	**Steuerermäßigung bei Einkünften aus Gewerbebetrieb**		
	(35 Abs. 1 Nr. 2 EStG)		
	Gewerbesteuer	88.579 €	
	÷ Hebesatz	428,00%	
	÷ Anzahl Gesellschafter	2	
	= anteiliger Steuermessbetrag	10.348 €	
	• Multiplikator	1,8	
	= vorläufiger Steuerermäßigungsbetrag	18.626 €	
	< Einkommensteuer auf gewerbliche Einkünfte	72.028 €	
	→ endgültiger Steuerermäßigungsbetrag		**18.626 €**
=	**festzusetzende Einkommensteuer**		**53.402 €**
=	zu zahlende Einkommensteuer		53.402 €
	Vergleich Vorteil durch Ansatz Freibeträge gem. § 32 Abs. 6 EStG mit Kindergeld		
	Festzusetzende Einkommensteuer ohne Freibeträge		58.746 €
./.	festzusetzende Einkommensteuer		53.402 €
=	Vorteil durch Ansatz Freibeträge		5.344 €
	> Kindergeld		3.696 €

Solidaritätszuschlag auf Einkommensteuer (D)

	Festzusetzende Einkommensteuer (§ 3 Abs. 1 Nr. 1 SolZG i.V.m. § 3 Abs. 2 SolZG)	53.402 €
•	Solidaritätszuschlagsatz (§ 4 Abs. 1 Satz 1 SolZG)	5,50%
=	**Solidaritätszuschlag**	**2.937 €**

Kirchensteuer (D)

	Festzusetzende Einkommensteuer	53.402 €
+	Steuerermäßigung gem. § 35 EStG	18.626 €
=	Bemessungsgrundlage Kirchensteuer (§ 51a Abs. 2 EStG)	72.028 €
•	Kirchensteuersatz	9,00%
=	**Kirchensteuer**	**6.483 €**

Personenhandelsgesellschaft – optierte Personenhandelsgesellschaft

IS (F)

	Jahresüberschuss optierte französische Personenhandelsgesellschaft vor Steuern		200.000 €
./.	Grundsteuer (F)		8.634 €
./.	„taxe professionnelle" (F)		42.000 €
./.	lohnsummenabhängige Steuern (F)		22.200 €
=	**Jahresüberschuss nach ertragsunabhängigen Steuern**		**127.166 €**
	Aufteilung Jahresüberschuss		
	→ Ermäßigt besteuerter Teil des Jahresüberschusses	38.120 €	
	→ Normal besteuerter Teil des Jahresüberschuss	89.046 €	
	Berechnung IS		
	Ermäßigt besteuerter Teil des Jahresüberschusses	38.120 €	
	• ermäßigter Satz IS	15,00%	
	= IS auf ermäßigt besteuerten Teil der Bemessungsgrundlage (Art. 219 I. b Abs. 1 CGI)	5.718 €	
	Normal besteuerter Teil des Jahresüberschuss	89.046 €	
	• normaler Satz IS	33,33%	
	= IS auf normal besteuerten Teil der Bemessungsgrundlage (Art. 219 I. Abs. 2 CGI)	29.682 €	
→	Gesamtbetrag IS		**35.400 €**
	Zuschläge zur IS		
	„contribution sur l'impôt sur les sociétés"		
	Körperschaftsteuerschuld	35.400 €	
	• Satz der „contribution sur l'impôt sur les sociétés"	3,00%	
	= „contribution sur l'impôt sur les sociétés" (Art. 235 ter ZA I. CGI)	1.062 €	
	„contribution sociale sur l'impôt sur les sociétés"		
	Körperschaftsteuerschuld	35.400 €	
	./. Grenze für Erhebung der „contribution sociale sur l'impôt sur les sociétés"	763.000 €	
	= übersteigender Teil	0 €	
	• Satz der „contribution sociale sur l'impôt sur les sociétés"	3,30%	
	= „contribution sociale sur l'impôt sur les sociétés" (Art. 235 ter ZC I. CGI)	0 €	
→	Gesamtbetrag Zuschläge		**1.062 €**

→	Jahresüberschuss nach ertragsunabhängigen Steuern	127.166 €
./.	IS	35.400 €
./.	Zuschläge zur IS	1.062 €
=	**Jahresüberschuss nach Steuern**	**90.704 €**

„précompte"

Ausgeschütteter Jahresüberschuss	**85.143 €**
bestehend aus:	
▪ normal besteuertem Teil (nach Abzug IS)	59.364 €
▪ ermäßigt besteuertem Teil (nach Abzug IS)	25.780 €

Ermittlung „précompte" auf ermäßigt besteuerten Teil
(Art. 223 sexies 1. Abs. 1 CGI)

	Ermäßigt besteuerter Teil nach Abzug IS	25.780 €	
+	hierauf lastende ermäßigte IS	4.549 €	
=	Bruttobetrag vor IS	30.329 €	
•	normaler Satz IS	33,33%	
=	„normale" IS auf ermäßigten Teil	10.110 €	
./.	ermäßigte IS	4.549 €	
=	Differenz zur „normalen" IS	5.560 €	
→	**zu zahlender „précompte"**		**5.560 €**

IR (F)

	Anteiliges von optierter französischer Personenhandelsgesellschaft gezahltes Geschäftsführergehalt		25.000 €
=	Einnahmen aus Geschäftsführergehältern		25.000 €
./.	pauschaler Abzugsbetrag (Art. 83 3° Abs. 2 CGI)		2.500 €
=	Einnahmen aus Geschäftsführergehältern nach pauschalem Abzugsbetrag		22.500 €
./.	Freibetrag (Art. 158 5. a) Abs. 4 CGI)		4.500 €
=	**Einkünfte aus Geschäftsführergehältern**		**18.000 €**
→	Aufteilung der Einkünfte aus Geschäftsführergehältern (Art. 182 A III. und IV. CGI)		
	1. Teilbetrag (bis 9.839 €)	9.839 €	
	• Steuersatz 1. Teilbetrag	0,00%	
	= **Quellensteuer**		**0 €**
	2. Teilbetrag (ab 9.839 € bis 28.548 €)	8.161 €	
	• Steuersatz 2. Teilbetrag	15,00%	
	= **Quellensteuer (befreiend)**		**1.224 €**
	3. Teilbetrag (ab 28.548 €)	0 €	
	• Steuersatz 3. Teilbetrag	25,00%	
	= **Quellensteuer (anrechenbar)**		**0 €**
	Ausschüttung		
	Anteilige Ausschüttung aus optierter französischer Personenhandelsgesellschaft	42.572 €	
	• Quellensteuersatz	15,00%	
	= **Quellensteuer (befreiend)** (Art. 119 bis 2. CGI i.V.m. Art. 187 1. CGI) (Art. 9 Abs. 7 DBA-D/F i.V.m. Art. 9 Abs. 2 DBA-D/F)		**6.386 €**
	Erstatteter „précompte"		
	Anteiliger erstatteter „précompte"	2.780 €	
	• Quellensteuersatz	15,00%	
	= **Quellensteuer (befreiend)** (Art. 9 Abs. 4 DBA-D/F i.V.m. Art. 9 Abs. 2 DBA-D/F)		**417 €**
→	**befreiende Quellensteuer**		**8.027 €**
→	**anrechenbare Quellensteuer**		**0 €**
→	**zu versteuerndes Einkommen** (Art. 13 2. CGI)		**0 €**

Gewerbesteuer (D)

	Jahresüberschuss deutsche Personenhandelsgesellschaft vor Steuern	400.000 €
./.	Grundsteuer	3.115 €
+	deutsche Geschäftsführergehälter	100.000 €
=	einkommensteuerlicher Gewinn aus Gewerbebetrieb nach Grundsteuer, vor Abzug Gewerbesteuer (§ 7 Satz 1 GewStG)	496.885 €
+	Hälfte der Dauerschuldzinsen (§ 8 Nr. 1 GewStG)	57.500 €
./.	1,2% des gem. § 121a BewG erhöhten Einheitswerts der Betriebsgrundstücke (§ 9 Nr. 1 GewStG)	3.360 €
=	Gewerbeertrag vor Freibetrag und Rundung	551.025 €
./.	Abrundung auf volle 100 € (§ 11 Abs. 1 Satz 3 GewStG)	25 €
./.	Freibetrag (§ 11 Abs. 1 Satz 3 Nr. 1 GewStG)	24.500 €
=	**Gewerbeertrag**	**526.500 €**
→	Anwendung Staffeltarif und Hebesatz (§ 11 Abs. 2 Nr. 1 GewStG und § 16 Abs. 1 GewStG) (Berücksichtigung der Abzugsfähigkeit der Gewerbesteuer von ihrer eigenen Bemessungsgrundlage)	
=	**Gewerbesteuerschuld**	**88.579 €**

Einkommensteuer (D)

	Berechnung Einkommensteuer		
	Jahresüberschuss deutsche Personenhandelsgesellschaft vor Steuern		400.000 €
./.	Grundsteuer (D)		3.115 €
./.	Gewerbesteuer (D)		88.579 €
=	**Jahresüberschuss deutsche Personenhandelsgesellschaft nach Steuern**		**308.306 €**
→	anteiliger Jahresüberschuss deutsche Personenhandelsgesellschaft nach Steuern		154.153 €
+	anteiliges von deutscher Personenhandelsgesellschaft gezahltes Geschäftsführergehalt		50.000 €
=	**Einkünfte aus Gewerbebetrieb** (§ 15 Abs. 1 Satz 1 Nr. 2 EStG)		**204.153 €**
=	Summe der Einkünfte (§ 2 Abs. 3 Satz 1 EStG)		204.153 €
=	**Gesamtbetrag der Einkünfte** (§ 2 Abs. 4 EStG)		**204.153 €**
./.	**Sonderausgaben**		
	Kirchensteuer (§ 10 Abs. 1 Nr. 4 EStG)	6.483 €	
	+ Vorsorgeaufwendungen (10 Abs. 1 Nr. 2 EStG)		
	Vorwegabzug (§ 10 Abs. 3 Nr. 2 Satz 1 EStG)	6.136 €	
	./. Kürzung um 16 % der Einnahmen aus nichtselbständiger Arbeit (§ 10 Abs. 3 Nr. 2 Satz 2 Buchstabe a EStG)	0 €	
	+ Grundhöchstbetrag (§ 10 Abs. 3 Nr. 1 EStG)	2.668 €	
	+ Höchstbetrag für freiwillige zusätzliche Pflegeversicherung (§ 10 Abs. 3 Nr. 3 EStG)	368 €	
	+ hälftiger Höchstbetrag (§ 10 Abs. 3 Nr. 4 EStG)	1.334 €	
	= Summe Vorsorgeaufwendungen	10.506 €	
	= Summe Sonderausgaben		**16.989 €**
=	**Einkommen** (§ 2 Abs. 4 EStG)		**187.164 €**
./.	**Freibeträge** (§ 32 Abs. 6 EStG)		
	Kinderfreibetrag	7.296 €	
	+ Freibetrag für Betreuung, Erziehung und Ausbildung	4.320 €	
	= Summe Freibeträge		**11.616 €**
=	**zu versteuerndes Einkommen (tariflich gerundet)** (§ 2 Abs. 5 Satz 1 EStG)		**175.572 €**
→	**tarifliche Einkommensteuer ohne Progressionsvorbehalt** (§ 32a EStG; Splittingverfahren)		**65.408 €**

	Progressionsvorbehalt (32b EStG)		
	Zu versteuerndes Einkommen		175.548 €
+	in Frankreich erzielte Einkünfte aus Gewerbebetrieb		88.583 €
=	modifiziertes zu versteuerndes Einkommen		264.132 €
→	fiktive tarifliche Einkommensteuer (Splittingverfahren)		108.360 €
→	Einkommensteuersatz		41,02%
	Anwendung auf zu versteuerndes Einkommen		175.572 €
→	**tarifliche Einkommensteuer mit Progressionsvorbehalt** (Splittingverfahren)		**72.028 €**
	Verringerung der tariflichen Einkommensteuer um Steuerermäßigungen (§ 2 Abs. 6 Satz 1 EStG)		
	Tarifliche Einkommensteuer mit Progressionsvorbehalt (Splittingverfahren)		72.028 €
./.	**Steuerermäßigung bei Einkünften aus Gewerbebetrieb** (35 Abs. 1 Nr. 2 EStG)		
	Gewerbesteuer	88.579 €	
	÷ Hebesatz	428,00%	
	÷ Anzahl Gesellschafter	2	
	= anteiliger Steuermessbetrag	10.348 €	
	• Multiplikator	1,8	
	= vorläufiger Steuerermäßigungsbetrag	18.626 €	
	< Einkommensteuer auf gewerbliche Einkünfte	72.028 €	
	→ endgültiger Steuerermäßigungsbetrag		**18.626 €**
=	**festzusetzende Einkommensteuer**		**53.402 €**
=	zu zahlende Einkommensteuer		53.402 €
	Vergleich Vorteil durch Ansatz Freibeträge gem. § 32 Abs. 6 EStG mit Kindergeld		
	Festzusetzende Einkommensteuer ohne Freibeträge		58.746 €
./.	festzusetzende Einkommensteuer		53.402 €
=	Vorteil durch Ansatz Freibeträge		5.344 €
	> Kindergeld		3.696 €

Solidaritätszuschlag auf Einkommensteuer (D)

	Festzusetzende Einkommensteuer (§ 3 Abs. 1 Nr. 1 SolZG i.V.m. § 3 Abs. 2 SolZG)	53.402 €
•	Solidaritätszuschlagsatz (§ 4 Abs. 1 Satz 1 SolZG)	5,50%
=	**Solidaritätszuschlag**	**2.937 €**

Kirchensteuer (D)

	Festzusetzende Einkommensteuer	53.402 €
+	Steuerermäßigung gem. § 35 EStG	18.626 €
=	Bemessungsgrundlage Kirchensteuer (§ 51a Abs. 2 EStG)	72.028 €
•	Kirchensteuersatz	9,00%
=	**Kirchensteuer**	**6.483 €**

Personenhandelsgesellschaft – Kapitalgesellschaft

IS (F)

	Jahresüberschuss französische Kapitalgesellschaft vor Steuern		200.000 €
./.	Grundsteuer (F)		8.634 €
./.	„taxe professionnelle“ (F)		42.000 €
./.	lohnsummenabhängige Steuern (F)		22.200 €
=	**Jahresüberschuss nach ertragsunabhängigen Steuern**		**127.166 €**
	Aufteilung Jahresüberschuss		
	→ Ermäßigt besteuerter Teil des Jahresüberschusses	38.120 €	
	→ Normal besteuerter Teil des Jahresüberschuss	89.046 €	
	Berechnung IS		
	Ermäßigt besteuerter Teil des Jahresüberschusses	38.120 €	
	• ermäßigter Satz IS	15,00%	
	= IS auf ermäßigt besteuerten Teil der Bemessungsgrundlage (Art. 219 I. b Abs. 1 CGI)	5.718 €	
	Normal besteuerter Teil des Jahresüberschuss	89.046 €	
	• normaler Satz IS	33,33%	
	= IS auf normal besteuerten Teil der Bemessungsgrundlage (Art. 219 I. Abs. 2 CGI)	29.682 €	
→	Gesamtbetrag IS		**35.400 €**
	Zuschläge zur IS		
	„contribution sur l'impôt sur les sociétés“		
	Körperschaftsteuerschuld	35.400 €	
	• Satz der "contribution sur l'impôt sur les sociétés"	3,00%	
	= „contribution sur l'impôt sur les sociétés“ (Art. 235 ter ZA I. CGI)	1.062 €	
	„contribution sociale sur l'impôt sur les sociétés“		
	Körperschaftsteuerschuld	35.400 €	
	./. Grenze für Erhebung der „contribution sociale sur l'impôt sur les sociétés“	763.000 €	
	= übersteigender Teil	0 €	
	• Satz der „contribution sociale sur l'impôt sur les sociétés“	3,30%	
	= „contribution sociale sur l'impôt sur les sociétés“ (Art. 235 ter ZC I. CGI)	0 €	
→	Gesamtbetrag Zuschläge		**1.062 €**
→	Jahresüberschuss nach ertragsunabhängigen Steuern		127.166 €
./.	IS		35.400 €
./.	Zuschläge zur IS		1.062 €
=	**Jahresüberschuss nach Steuern**		**90.704 €**

„précompte“

Ausgeschütteter Jahresüberschuss	**85.143 €**
bestehend aus:	
▪ normal besteuertem Teil (nach Abzug IS)	59.364 €
▪ ermäßigt besteuertem Teil (nach Abzug IS)	25.780 €

Ermittlung „précompte“ auf ermäßigt besteuerten Teil
(Art. 223 sexies 1. Abs. 1 CGI)

	Ermäßigt besteuerter Teil nach Abzug IS	25.780 €	
+	hierauf lastende ermäßigte IS	4.549 €	
=	Bruttobetrag vor IS	30.329 €	
•	normaler Satz IS	33,33%	
=	"normale" IS auf ermäßigten Teil	10.110 €	
./.	ermäßigte IS	4.549 €	
=	Differenz zur "normalen" IS	5.560 €	
→	**zu zahlender „précompte“**		**5.560 €**

IR (F)

	IR (F)		
	Anteiliges von französischer Kapitalgesellschaft gezahltes Geschäftsführergehalt		25.000 €
=	Einnahmen aus Geschäftsführergehältern		25.000 €
./.	pauschaler Abzugsbetrag (Art. 83 3° Abs. 2 CGI)		2.500 €
=	Einnahmen aus Geschäftsführergehältern nach pauschalem Abzugsbetrag		22.500 €
./.	Freibetrag (Art. 158 5. a) Abs. 4 CGI)		4.500 €
=	**Einkünfte aus Geschäftsführergehältern**		**18.000 €**
→	Aufteilung der Einkünfte aus Geschäftsführergehältern (Art. 182 A III. und IV. CGI)		
	1. Teilbetrag (bis 9.839 €)	9.839 €	
	• Steuersatz 1. Teilbetrag	0,00%	
	= **Quellensteuer**		**0 €**
	2. Teilbetrag (ab 9.839 € bis 28.548 €)	8.161 €	
	• Steuersatz 2. Teilbetrag	15,00%	
	= **Quellensteuer (befreiend)**		**1.224 €**
	3. Teilbetrag (ab 28.548 €)	0 €	
	• Steuersatz 3. Teilbetrag	25,00%	
	= **Quellensteuer (anrechenbar)**		**0 €**
	Ausschüttung		
	Anteilige Ausschüttung aus französischer Kapitalgesellschaft	42.572 €	
	• Quellensteuersatz	15,00%	
	= **Quellensteuer (befreiend)** (Art. 119 bis 2. CGI i.V.m. Art. 187 1. CGI) (Art. 9 Abs. 2 DBA-D/F)		**6.386 €**
	Erstatteter „précompte“		
	Anteiliger erstatteter „précompte“	2.780 €	
	• Quellensteuersatz	15,00%	
	= **Quellensteuer (befreiend)** (Art. 9 Abs. 4 DBA-D/F i.V.m. Art. 9 Abs. 2 DBA-D/F)		**417 €**
→	**befreiende Quellensteuer**		**8.027 €**
→	**anrechenbare Quellensteuer**		**0 €**
→	**zu versteuerndes Einkommen** (Art. 13 2. CGI)		**0 €**

Gewerbesteuer (D)

	Jahresüberschuss deutsche Personenhandelsgesellschaft vor Steuern	400.000 €
./.	Grundsteuer	3.115 €
+	deutsche Geschäftsführergehälter	100.000 €
=	einkommensteuerlicher Gewinn aus Gewerbebetrieb nach Grundsteuer, vor Abzug Gewerbesteuer (§ 7 Satz 1 GewStG)	496.885 €
+	Hälfte der Dauerschuldzinsen (§ 8 Nr. 1 GewStG)	57.500 €
./.	1,2% des gem. § 121a BewG erhöhten Einheitswerts der Betriebsgrundstücke (§ 9 Nr. 1 GewStG)	3.360 €
=	Gewerbeertrag vor Freibetrag und Rundung	551.025 €
./.	Abrundung auf volle 100 € (§ 11 Abs. 1 Satz 3 GewStG)	25 €
./.	Freibetrag (§ 11 Abs. 1 Satz 3 Nr. 1 GewStG)	24.500 €
=	**Gewerbeertrag**	**526.500 €**
→	Anwendung Staffeltarif und Hebesatz (§ 11 Abs. 2 Nr. 1 GewStG und § 16 Abs. 1 GewStG) (Berücksichtigung der Abzugsfähigkeit der Gewerbesteuer von ihrer eigenen Bemessungsgrundlage)	
=	**Gewerbesteuerschuld**	**88.579 €**

Einkommensteuer (D)

	Einkommensteuer (D)		
	Jahresüberschuss deutsche Personenhandelsgesellschaft vor Steuern		445.352 €
	▪ einschließlich hälftiger Ausschüttung aus französischer Kapitalgesellschaft vor französischer Quellensteuer	42.572 €	
	▪ einschließlich hälftigem erstattetem „précompte" vor französischer Quellensteuer (§ 3 Nr. 40 Satz 2 EStG i.V.m. § 20 Abs. 3 EStG und § 3 Nr. 40 Satz 1 Buchstabe d EStG)	2.780 €	
./.	Grundsteuer (D)		3.115 €
./.	Gewerbesteuer (D)		88.579 €
=	**Jahresüberschuss deutsche Personenhandelsgesellschaft nach Steuern**		353.658 €
→	anteiliger Jahresüberschuss deutsche Personenhandelsgesellschaft nach Steuern		176.829 €
+	anteiliges von deutscher Personenhandelsgesellschaft gezahltes Geschäftsführergehalt		50.000 €
=	**Einkünfte aus Gewerbebetrieb** (§ 15 Abs. 1 Satz 1 Nr. 2 EStG)		**226.829 €**
=	Summe der Einkünfte (§ 2 Abs. 3 Satz 1 EStG)		226.829 €
=	**Gesamtbetrag der Einkünfte** (§ 2 Abs. 4 EStG)		**226.829 €**
./.	**Sonderausgaben**		
	Kirchensteuer (§ 10 Abs. 1 Nr. 4 EStG)	7.388 €	
	+ Vorsorgeaufwendungen (10 Abs. 1 Nr. 2 EStG)		
	Vorwegabzug (§ 10 Abs. 3 Nr. 2 Satz 1 EStG)	6.136 €	
	./. Kürzung um 16 % der Einnahmen aus nichtselbständiger Arbeit (§ 10 Abs. 3 Nr. 2 Satz 2 Buchstabe a EStG)	0 €	
	+ Grundhöchstbetrag (§ 10 Abs. 3 Nr. 1 EStG)	2.668 €	
	+ Höchstbetrag für freiwillige zusätzliche Pflegeversicherung (§ 10 Abs. 3 Nr. 3 EStG)	368 €	
	+ hälftiger Höchstbetrag (§ 10 Abs. 3 Nr. 4 EStG)	1.334 €	
	= Summe Vorsorgeaufwendungen	10.506 €	
	= Summe Sonderausgaben		**17.894 €**
=	**Einkommen** (§ 2 Abs. 4 EStG)		**208.935 €**
./.	**Freibeträge** (§ 32 Abs. 6 EStG)		
	Kinderfreibetrag	7.296 €	
	+ Freibetrag für Betreuung, Erziehung und Ausbildung	4.320 €	
	= Summe Freibeträge		**11.616 €**
=	**zu versteuerndes Einkommen (tariflich gerundet)** (§ 2 Abs. 5 Satz 1 EStG)		**197.316 €**

→	**tarifliche Einkommensteuer ohne Progressionsvorbehalt** (§ 32a EStG; Splittingverfahren)		**75.954 €**
	Progressionsvorbehalt (32b EStG)		
	Zu versteuerndes Einkommen		197.319 €
+	aus Frankreich stammende Einnahmen aus nichtselbständiger Arbeit (französisches Geschäftsführergehalt)		25.000 €
./.	Arbeitnehmer-Pauschbetrag (§ 9a Satz 1 Nr. 1 EStG)		1.044 €
=	modifiziertes zu versteuerndes Einkommen		221.292 €
→	fiktive tarifliche Einkommensteuer (Splittingverfahren)		87.582 €
→	Einkommensteuersatz		39,58%
	Anwendung auf zu versteuerndes Einkommen		197.316 €
→	**tarifliche Einkommensteuer mit Progressionsvorbehalt** (Splittingverfahren)		**78.093 €**
	Verringerung der tariflichen Einkommensteuer um Steuerermäßigungen (§ 2 Abs. 6 Satz 1 EStG)		
	Tarifliche Einkommensteuer mit Progressionsvorbehalt (Splittingverfahren)		78.093 €
./.	**Anrechnung der französischen Quellensteuern** (§ 34c Abs. 6 Satz 2 EStG i.V.m. § 34c Abs. 1 EStG)		
	Berechnung des Anrechnungshöchstbetrags (§ 34c Abs. 1 Satz 2 EStG)		
	tarifliche Einkommensteuer mit Progressionsvorbehalt (Splittingverfahren)	78.093 €	
÷	Summe der Einkünfte	226.829 €	
•	ausländische Einkünfte	22.676 €	
=	Anrechnungshöchstbetrag	7.807 €	
>	anteilige ausländische Quellensteuer auf Ausschüttung und „précompte“	6.803 €	
→	anteilige ausländische Quellensteuer auf Ausschüttung und „précompte“		**6.803 €**
./.	**Steuerermäßigung bei Einkünften aus Gewerbebetrieb** (35 Abs. 1 Nr. 2 EStG)		
	Gewerbesteuer	88.579 €	
÷	Hebesatz	428,00%	
÷	Anzahl Gesellschafter	2	
=	anteiliger Steuermessbetrag	10.348 €	
•	Multiplikator	1,8	
=	vorläufiger Steuerermäßigungsbetrag	18.626 €	
<	Einkommensteuer auf gewerbliche Einkünfte	71.290 €	
→	endgültiger Steuerermäßigungsbetrag		**18.626 €**
=	**festzusetzende Einkommensteuer**		**52.664 €**
=	zu zahlende Einkommensteuer		52.664 €
	Vergleich Vorteil durch Ansatz Freibeträge gem. § 32 Abs. 6 EStG mit Kindergeld		
	Festzusetzende Einkommensteuer ohne Freibeträge		58.179 €
./.	festzusetzende Einkommensteuer		52.664 €
=	Vorteil durch Ansatz Freibeträge		5.516 €
>	Kindergeld		3.696 €

Solidaritätszuschlag auf Einkommensteuer (D)

	Festzusetzende Einkommensteuer (§ 3 Abs. 1 Nr. 1 SolZG i.V.m. § 3 Abs. 2 SolZG)	52.664 €
•	Solidaritätszuschlagsatz (§ 4 Abs. 1 Satz 1 SolZG)	5,50%
=	**Solidaritätszuschlag**	**2.897 €**

Kirchensteuer (D)

	Modifizierte festzusetzende Einkommensteuer (keine Anwendung des Halbeinkünfteverfahrens)	63.465 €
+	Steuerermäßigung gem. § 35 EStG	18.626 €
=	Bemessungsgrundlage Kirchensteuer (§ 51a Abs. 2 EStG)	82.091 €
•	Kirchensteuersatz	9,00%
=	**Kirchensteuer**	**7.388 €**

Kapitalgesellschaft – Betriebstätte

IS (F)

	Jahresüberschuss französische Betriebstätte vor Steuern		200.000 €
./.	Grundsteuer (F)		8.634 €
./.	„taxe professionnelle" (F)		42.000 €
./.	lohnsummenabhängige Steuern (F)		22.200 €
=	**Jahresüberschuss nach ertragsunabhängigen Steuern**		**127.166 €**
	Aufteilung Jahresüberschuss		
→	Ermäßigt besteuerter Teil des Jahresüberschusses		38.120 €
→	Normal besteuerter Teil des Jahresüberschuss		89.046 €
	Berechnung IS		
	Ermäßigt besteuerter Teil des Jahresüberschusses	38.120 €	
	• ermäßigter Satz IS	15,00%	
	= IS auf ermäßigt besteuerten Teil der Bemessungsgrundlage (Art. 219 I. b Abs. 1 CGI)	5.718 €	
	Normal besteuerter Teil des Jahresüberschuss	89.046 €	
	• normaler Satz IS	33,33%	
	= IS auf normal besteuerten Teil der Bemessungsgrundlage (Art. 219 I. Abs. 2 CGI)	29.682 €	
→	Gesamtbetrag IS		**35.400 €**
	Zuschläge zur IS		
	„contribution sur l'impôt sur les sociétés"		
	Körperschaftsteuerschuld	35.400 €	
	• Satz der „contribution sur l'impôt sur les sociétés"	3,00%	
	= „contribution sur l'impôt sur les sociétés" (Art. 235 ter ZA I. CGI)	1.062 €	
	„contribution sociale sur l'impôt sur les sociétés"		
	Körperschaftsteuerschuld	35.400 €	
	./. Grenze für Erhebung der „contribution sociale sur l'impôt sur les sociétés"	763.000 €	
	= übersteigender Teil	0 €	
	• Satz der „contribution sociale sur l'impôt sur les sociétés"	3,30%	
	= „contribution sociale sur l'impôt sur les sociétés" (Art. 235 ter ZC I. CGI)	0 €	
→	Gesamtbetrag Zuschläge		**1.062 €**
→	Jahresüberschuss nach ertragsunabhängigen Steuern		127.166 €
./.	IS		35.400 €
./.	Zuschläge zur IS		1.062 €
=	**Jahresüberschuss nach Steuern**		**90.704 €**

IR (F)

	Anteiliges auf französische Kapitalgesellschaft entfallendes Geschäftsführergehalt		25.000 €
=	Einnahmen aus Geschäftsführergehältern		25.000 €
./.	pauschaler Abzugsbetrag (Art. 83 3° Abs. 2 CGI)		2.500 €
=	Einnahmen aus Geschäftsführergehältern nach pauschalem Abzugsbetrag		22.500 €
./.	Freibetrag (Art. 158 5. a) Abs. 4 CGI)		4.500 €
=	**Einkünfte aus Geschäftsführergehältern**		**18.000 €**
→	Aufteilung der Einkünfte aus Geschäftsführergehältern (Art. 182 A III. und IV. CGI)		
	1. Teilbetrag (bis 9.839 €)	9.839 €	
	• Steuersatz 1. Teilbetrag	0,00%	
	= **Quellensteuer**		**0 €**
	2. Teilbetrag (ab 9.839 € bis 28.548 €)	8.161 €	
	• Steuersatz 2. Teilbetrag	15,00%	
	= **Quellensteuer (befreiend)**		**1.224 €**
	3. Teilbetrag (ab 28.548 €)	0 €	
	• Steuersatz 3. Teilbetrag	25,00%	
	= **Quellensteuer (anrechenbar)**		**0 €**
→	**befreiende Quellensteuer**		**1.224 €**
→	**anrechenbare Quellensteuer**		**0 €**
→	**zu versteuerndes Einkommen** (Art. 13 2. CGI)		**0 €**

Gewerbesteuer (D)

	Jahresüberschuss deutsche Kapitalgesellschaft vor Steuern	400.000 €
./.	Grundsteuer	3.115 €
=	körperschaftsteuerlicher Gewinn aus Gewerbebetrieb nach Grundsteuer, vor Abzug Gewerbesteuer (§ 7 Satz 1 GewStG)	396.885 €
+	Hälfte der Dauerschuldzinsen (§ 8 Nr. 1 GewStG)	57.500 €
./.	1,2% des gem. § 121a BewG erhöhten Einheitswerts der Betriebsgrundstücke (§ 9 Nr. 1 GewStG)	3.360 €
=	Gewerbeertrag vor Freibetrag und Rundung	451.025 €
./.	Abrundung auf volle 100 € (§ 11 Abs. 1 Satz 3 GewStG)	25 €
=	**Gewerbeertrag**	**451.000 €**
→	Anwendung Steuermesszahl und Hebesatz (§ 11 Abs. 2 Nr. 2 GewStG und § 16 Abs. 1 GewStG) (Berücksichtigung der Abzugsfähigkeit der Gewerbesteuer von ihrer eigenen Bemessungsgrundlage)	
=	**Gewerbesteuerschuld**	**79.501 €**

Körperschaftsteuer (D)

	Jahresüberschuss deutsche Kapitalgesellschaft vor Steuern	400.000 €
./.	Grundsteuer (D)	3.115 €
./.	Gewerbesteuer (D)	79.501 €
=	körperschaftsteuerliches Einkommen (§ 8 KStG)	317.384 €
•	Körperschaftsteuersatz (§ 23 Abs. 1 KStG)	25,00%
=	tarifliche Körperschaftsteuer	79.346 €
=	**festzusetzende Körperschaftsteuer**	**79.346 €**

Solidaritätszuschlag auf Körperschaftsteuer (D)

	Festzusetzende Körperschaftsteuer (§ 3 Abs. 1 Nr. 1 SolZG)	79.346 €
•	Solidaritätszuschlagsatz (§ 4 Abs. 1 Satz 1 SolZG)	5,50%
=	**Solidaritätszuschlag**	**4.364 €**

Berechnung der Ausschüttungsbetrags (D)

	Jahresüberschuss deutsche Kapitalgesellschaft vor Steuern	400.000 €
+	Jahresüberschuss französische Betriebstätte nach ertragsunabhängigen Steuern	127.166 €
./.	Grundsteuer (D)	3.115 €
./.	Gewerbesteuer (D)	79.501 €
./.	Körperschaftsteuer (D)	79.346 €
./.	Solidaritätszuschlag (D)	4.364 €
./.	IS (F)	35.400 €
./.	Zuschläge zur IS (F)	1.062 €
=	**Bruttobardividende**	**324.378 €**
./.	Kapitalertragsteuer (D) (§ 43 Abs. 1 Satz 1 Nr. 1 EStG; § 43a Abs. 1 Nr. 1 EStG)	64.876 €
=	Nettobardividende	259.502 €
./.	Solidaritätszuschlag (D) (§ 3 Abs. 1 Nr. 5 SolZG; § 4 Abs. 1 Satz 1 SolZG)	3.568 €
=	Auszahlungsbetrag (Nettobardividende nach Solidaritätszuschlag)	255.934 €

Einkommensteuer (D)

Hälftige anteilige Bruttobardividende (§ 3 Nr. 40 Satz 1 Buchstabe d EStG)	81.094 €	
./. Werbungskosten-Pauschbetrag (§ 9a Satz 1 Nr. 2 EStG)	102 €	
./. Sparer-Freibetrag (§ 20 Abs. 4 Satz 2 EStG)	3.100 €	
= **Einkünfte aus Kapitalvermögen** (§ 20 Abs. 1 Nr. 1 EStG)		**77.892 €**
Anteiliges auf deutsche Kapitalgesellschaft entfallendes Geschäftsführergehalt	50.000 €	
./. Arbeitnehmer-Pauschbetrag (§ 9a Satz 1 Nr. 1 EStG)	1.044 €	
= **Einkünfte aus nichtselbständiger Arbeit** (19 Abs. 1 Satz 1 Nr. 1 EStG)		**48.956 €**
→ Summe der Einkünfte (§ 2 Abs. 3 Satz 1 EStG)		126.848 €
= **Gesamtbetrag der Einkünfte** (§ 2 Abs. 4 EStG)		**126.848 €**
./. **Sonderausgaben**		
Kirchensteuer (§ 10 Abs. 1 Nr. 4 EStG)	6.528 €	
+ Vorsorgeaufwendungen (10 Abs. 1 Nr. 2 EStG)		
Vorwegabzug (§ 10 Abs. 3 Nr. 2 Satz 1 EStG)	6.136 €	
./. Kürzung um 16 % der Einnahmen aus nichtselbständiger Arbeit (§ 10 Abs. 3 Nr. 2 Satz 2 Buchstabe a EStG)	8.000 €	
= verbleibender Vorwegabzug	0 €	
+ Grundhöchstbetrag (§ 10 Abs. 3 Nr. 1 EStG)	2.668 €	
+ Höchstbetrag für freiwillige zusätzliche Pflegeversicherung (§ 10 Abs. 3 Nr. 3 EStG)	368 €	
+ hälftiger Höchstbetrag (§ 10 Abs. 3 Nr. 4 EStG)	1.334 €	
= Summe Vorsorgeaufwendungen	4.370 €	
= Summe Sonderausgaben		**10.898 €**
= **Einkommen** (§ 2 Abs. 4 EStG)		**115.951 €**
./. **Freibeträge** (§ 32 Abs. 6 EStG)		
Kinderfreibetrag	7.296 €	
+ Freibetrag für Betreuung, Erziehung und Ausbildung	4.320 €	
= Summe Freibeträge		**11.616 €**
= **zu versteuerndes Einkommen (tariflich gerundet)** (§ 2 Abs. 5 Satz 1 EStG)		**104.364 €**
→ **tarifliche Einkommensteuer** (§ 32a EStG; Splittingverfahren)		**30.916 €**

	Progressionsvorbehalt	
	(32b EStG)	
	Zu versteuerndes Einkommen	104.335 €
+	französisches Geschäftsführergehalt	25.000 €
=	modifiziertes zu versteuerndes Einkommen	129.348 €
→	fiktive tarifliche Einkommensteuer (Splittingverfahren)	42.988 €
→	Einkommensteuersatz	33,23%
	Anwendung auf zu versteuerndes Einkommen	104.335 €
→	**tarifliche Einkommensteuer mit Progressionsvorbehalt** (Splittingverfahren)	**34.675 €**
=	**festzusetzende Einkommensteuer**	**34.675 €**
./.	anteilige bei Kapitalgesellschaft auf Ausschüttung einbehaltene Kapitalertragsteuer	32.438 €
=	zu zahlende Einkommensteuer	2.237 €

	Vergleich Vorteil durch Ansatz Freibeträge gem. § 32 Abs. 6 EStG mit Kindergeld	
	Festzusetzende Einkommensteuer ohne Freibeträge	39.991 €
./.	festzusetzende Einkommensteuer	34.675 €
=	Vorteil durch Ansatz Freibeträge	5.316 €
	> Kindergeld	3.696 €

Solidaritätszuschlag auf Einkommensteuer (D)

	Festzusetzende Einkommensteuer (§ 3 Abs. 1 Nr. 1 SolZG i.V.m. § 3 Abs. 2 SolZG)	34.675 €
•	Solidaritätszuschlagsatz (§ 4 Abs. 1 Satz 1 SolZG)	5,50%
=	**Solidaritätszuschlag**	**1.907 €**
./.	anteiliger Solidaritätszuschlag auf Kapitalertragsteuer	1.784 €
=	zu zahlender Solidaritätszuschlag	123 €

Kirchensteuer (D)

	Modifizierte festzusetzende Einkommensteuer (keine Anwendung des Halbeinkünfteverfahrens)	72.532 €
=	Bemessungsgrundlage Kirchensteuer (§ 51a Abs. 2 EStG)	72.532 €
•	Kirchensteuersatz	9,00%
=	**Kirchensteuer**	**6.528 €**

Kapitalgesellschaft – Personenhandelsgesellschaft

IS (F)

	Jahresüberschuss französische Personenhandelsgesellschaft vor Steuern		200.000 €
./.	Grundsteuer (F)		8.634 €
./.	„taxe professionnelle" (F)		42.000 €
./.	lohnsummenabhängige Steuern (F)		22.200 €
=	**Jahresüberschuss nach ertragsunabhängigen Steuern**		**127.166 €**
→	**anteiliger Jahresüberschuss nach ertragsunabhängigen Steuern**		**126.911 €**
	Aufteilung Jahresüberschuss		
→	Ermäßigt besteuerter Teil des Jahresüberschusses		38.120 €
→	Normal besteuerter Teil des Jahresüberschuss		88.791 €
	Berechnung IS		
	Ermäßigt besteuerter Teil des Jahresüberschusses	38.120 €	
•	ermäßigter Satz IS	15,00%	
=	IS auf ermäßigt besteuerten Teil der Bemessungsgrundlage (Art. 219 I. b Abs. 1 CGI)	5.718 €	
	Normal besteuerter Teil des Jahresüberschuss	88.791 €	
•	normaler Satz IS	33,33%	
=	IS auf normal besteuerten Teil der Bemessungsgrundlage (Art. 219 I. Abs. 2 CGI)	29.597 €	
→	Gesamtbetrag IS		**35.315 €**
	Zuschläge zur IS		
	„contribution sur l'impôt sur les sociétés"		
	Körperschaftsteuerschuld	35.315 €	
•	Satz der „contribution sur l'impôt sur les sociétés"	3,00%	
=	„contribution sur l'impôt sur les sociétés" (Art. 235 ter ZA I. CGI)	1.059 €	
	„contribution sociale sur l'impôt sur les sociétés"		
	Körperschaftsteuerschuld	35.315 €	
./.	Grenze für Erhebung der „contribution sociale sur l'impôt sur les sociétés"	763.000 €	
=	übersteigender Teil	0 €	
•	Satz der „contribution sociale sur l'impôt sur les sociétés"	3,30%	
=	„contribution sociale sur l'impôt sur les sociétés" (Art. 235 ter ZC I. CGI)	0 €	
→	Gesamtbetrag Zuschläge		**1.059 €**

→	Jahresüberschuss nach ertragsunabhängigen Steuern	126.911 €
./.	IS	35.315 €
./.	Zuschläge zur IS	1.059 €
=	**Jahresüberschuss nach Steuern**	**90.537 €**

IR (F)

	Jahresüberschuss französische Personenhandelsgesellschaft vor Steuern	200.000 €
./.	Grundsteuer (F)	8.634 €
./.	„taxe professionnelle" (F)	42.000 €
./.	lohnsummenabhängige Steuern (F)	22.200 €
=	**Jahresüberschuss französische Personenhandelsgesellschaft nach ertragsunabhängigen Steuern**	**127.166 €**
→	anteiliger Jahresüberschuss französische Personenhandelsgesellschaft nach ertragsunabhängigen Steuern	127 €
+	anteiliges von französischer Personenhandelsgesellschaft gezahltes Geschäftsführergehalt	25.000 €
=	**Einkünfte aus Gewerbebetrieb**	**25.127 €**
=	Bruttoeinkommen	
=	Nettoeinkommen	
=	**zu versteuerndes Einkommen** (Art. 13 2. CGI)	**25.127 €**
÷	Anzahl Teile (Art. 193 Abs. 1 CGI; Anzahl der Teile gem. Art. 194 I. Abs. 1 CGI)	3
=	Familienquotient	8.376 €
→	Steuerschuld pro Teil (Art. 193 Abs. 2 CGI; Anwendung des Tarifs in Art. 197 I. 1. CGI)	356 €
•	Anzahl Teile (Art. 193 Abs. 3 CGI)	3
=	vorläufige Einkommensteuerschuld vor Abschlag	1.067 €
./.	5%iger Abschlag (Art. 1 loi n° 2002-1050 vom 6.8.2002)	53 €
=	**vorläufige Einkommensteuerschuld nach Abschlag**	1.014 €
	Beschränkung des Vorteils aus der Anwendung des Familienquotienten (Art. 197 I. 2. CGI)	
	Zu versteuerndes Einkommen	25.127 €
/	Teile (lediglich Teile für verheiratete Steuerpflichtige) (Art. 193 Abs. 1 CGI; Anzahl der Teile gem. Art. 194 I. Abs. 1 CGI)	2
=	Familienquotient	12.564 €
→	Steuerschuld pro Teil (Art. 193 Abs. 2 CGI; Anwendung des Tarifs in Art. 197 I. 1. CGI)	1.235 €
•	Anzahl Teile (Art. 193 Abs. 3 CGI)	2
=	vorläufige Einkommensteuerschuld vor Abschlag	2.470 €
./.	5%iger Abschlag (Art. 1 loi n° 2002-1050 vom 6.8.2002)	124 €
=	**Einkommensteuerschuld bei modifizierter Anzahl der Teile nach Abschlag**	**2.347 €**
./.	vorläufige Einkommensteuerschuld	1.014 €
=	Vorteil aus Anwendung Familienquotient	1.333 €
<	maximaler Vorteil pro kinderbezogenem halbem Teil	2.017 €
•	Anzahl kinderbezogene halbe Teile	2
=	maximaler Gesamtvorteil	4.034 €
→	**keine Korrektur der Einkommensteuerschuld**	

Überprüfung auf Mindeststeuersatz für beschränkt Steuerpflichtige
(Art. 197 A a) CGI)

	Einkommensteuerschuld	1.014 €
÷	zu versteuerndes Einkommen	25.127 €
=	effektiver Steuersatz	4,04%
<	Mindeststeuersatz für beschränkt Steuerpflichtige	25,00%
→	**endgültige Einkommensteuerschuld**	**6.282 €**

Gewerbesteuer (D)

	Jahresüberschuss deutsche Kapitalgesellschaft vor Steuern	400.000 €
./.	Grundsteuer	3.115 €
=	körperschaftsteuerlicher Gewinn aus Gewerbebetrieb nach Grundsteuer, vor Abzug Gewerbesteuer (§ 7 Satz 1 GewStG)	396.885 €
+	Hälfte der Dauerschuldzinsen (§ 8 Nr. 1 GewStG)	57.500 €
./.	1,2% des gem. § 121a BewG erhöhten Einheitswerts der Betriebsgrundstücke (§ 9 Nr. 1 GewStG)	3.360 €
=	Gewerbeertrag vor Freibetrag und Rundung	451.025 €
./.	Abrundung auf volle 100 € (§ 11 Abs. 1 Satz 3 GewStG)	25 €
=	**Gewerbeertrag**	**451.000 €**
→	Anwendung Steuermesszahl und Hebesatz (§ 11 Abs. 2 Nr. 2 GewStG und § 16 Abs. 1 GewStG) (Berücksichtigung der Abzugsfähigkeit der Gewerbesteuer von ihrer eigenen Bemessungsgrundlage)	
=	**Gewerbesteuerschuld**	**79.501 €**

Körperschaftsteuer (D)

	Jahresüberschuss deutsche Kapitalgesellschaft vor Steuern	400.000 €
./.	Grundsteuer (D)	3.115 €
./.	Gewerbesteuer (D)	79.501 €
=	körperschaftsteuerliches Einkommen (§ 8 KStG)	317.384 €
•	Körperschaftsteuersatz (§ 23 Abs. 1 KStG)	25,00%
=	tarifliche Körperschaftsteuer	79.346 €
=	**festzusetzende Körperschaftsteuer**	**79.346 €**

Solidaritätszuschlag auf Körperschaftsteuer (D)

	Festzusetzende Körperschaftsteuer (§ 3 Abs. 1 Nr. 1 SolZG)	79.346 €
•	Solidaritätszuschlagsatz (§ 4 Abs. 1 Satz 1 SolZG)	5,50%
=	**Solidaritätszuschlag**	**4.364 €**

Berechnung des Ausschüttungsbetrags (D)

	Ausschüttung	
	Jahresüberschuss deutsche Kapitalgesellschaft vor Steuern	400.000 €
+	anteiliger Jahresüberschuss französische Personenhandelsgesellschaft nach ertragsunabhängigen Steuern	126.911 €
./.	Grundsteuer (D)	3.115 €
./.	Gewerbesteuer (D)	79.501 €
./.	Körperschaftsteuer (D)	79.346 €
./.	Solidaritätszuschlag (D)	4.364 €
./.	IS (F)	35.315 €
./.	Zuschläge zur IS (F)	1.059 €
=	**Bruttobardividende**	**324.211 €**
./.	Kapitalertragsteuer (D) (§ 43 Abs. 1 Satz 1 Nr. 1 EStG; § 43a Abs. 1 Nr. 1 EStG)	64.842 €
=	Nettobardividende	259.369 €
./.	Solidaritätszuschlag (D) (§ 3 Abs. 1 Nr. 5 SolZG; § 4 Abs. 1 Satz 1 SolZG)	3.566 €
=	Auszahlungsbetrag (Nettobardividende nach Solidaritätszuschlag)	255.802 €

Einkommensteuer (D)

	Hälftige anteilige Bruttobardividende (§ 3 Nr. 40 Satz 1 Buchstabe d EStG)	81.053 €	
./.	Werbungskosten-Pauschbetrag (§ 9a Satz 1 Nr. 2 EStG)	102 €	
./.	Sparer-Freibetrag (§ 20 Abs. 4 Satz 2 EStG)	3.100 €	
=	**Einkünfte aus Kapitalvermögen** (§ 20 Abs. 1 Nr. 1 EStG)		**77.851 €**
	Anteiliges von deutscher Kapitalgesellschaft gezahltes Geschäftsführergehalt	50.000 €	
./.	Arbeitnehmer-Pauschbetrag (§ 9a Satz 1 Nr. 1 EStG)	1.044 €	
=	**Einkünfte aus nichtselbständiger Arbeit** (19 Abs. 1 Satz 1 Nr. 1 EStG)		**48.956 €**
→	Summe der Einkünfte (§ 2 Abs. 3 Satz 1 EStG)		126.807 €
=	**Gesamtbetrag der Einkünfte** (§ 2 Abs. 4 EStG)		**126.807 €**
./.	**Sonderausgaben**		
	Kirchensteuer (§ 10 Abs. 1 Nr. 4 EStG)	6.526 €	
	+ Vorsorgeaufwendungen (10 Abs. 1 Nr. 2 EStG)		
	Vorwegabzug (§ 10 Abs. 3 Nr. 2 Satz 1 EStG)	6.136 €	
	./. Kürzung um 16 % der Einnahmen aus nichtselbständiger Arbeit (§ 10 Abs. 3 Nr. 2 Satz 2 Buchstabe a EStG)	8.000 €	
	= verbleibender Vorwegabzug	0 €	
	+ Grundhöchstbetrag (§ 10 Abs. 3 Nr. 1 EStG)	2.668 €	
	+ Höchstbetrag für freiwillige zusätzliche Pflegeversicherung (§ 10 Abs. 3 Nr. 3 EStG)	368 €	
	+ hälftiger Höchstbetrag (§ 10 Abs. 3 Nr. 4 EStG)	1.334 €	
	= Summe Vorsorgeaufwendungen	4.370 €	
	= Summe Sonderausgaben		**10.896 €**
=	**Einkommen** (§ 2 Abs. 4 EStG)		**115.910 €**
./.	**Freibeträge** (§ 32 Abs. 6 EStG)		
	Kinderfreibetrag	7.296 €	
	+ Freibetrag für Betreuung, Erziehung und Ausbildung	4.320 €	
	= Summe Freibeträge		**11.616 €**
=	**zu versteuerndes Einkommen (tariflich gerundet)** (§ 2 Abs. 5 Satz 1 EStG)		**104.292 €**
→	**tarifliche Einkommensteuer** (§ 32a EStG; Splittingverfahren)		**30.882 €**

	Progressionsvorbehalt (32b EStG)	
	Zu versteuerndes Einkommen	104.294 €
+	französische Einkünfte aus Gewerbebetrieb	25.127 €
=	modifiziertes zu versteuerndes Einkommen	129.420 €
→	fiktive tarifliche Einkommensteuer (Splittingverfahren)	43.024 €
→	Einkommensteuersatz	33,24%
	Anwendung auf zu versteuerndes Einkommen	104.292 €
→	**tarifliche Einkommensteuer mit Progressionsvorbehalt** (Splittingverfahren)	**34.671 €**
=	**festzusetzende Einkommensteuer**	**34.671 €**
./.	anteilige bei Kapitalgesellschaft auf Ausschüttung einbehaltene Kapitalertragsteuer	32.421 €
=	zu zahlende Einkommensteuer	2.249 €

	Vergleich Vorteil durch Ansatz Freibeträge gem. § 32 Abs. 6 EStG mit Kindergeld	
	Festzusetzende Einkommensteuer ohne Freibeträge	39.977 €
./.	festzusetzende Einkommensteuer	34.671 €
=	Vorteil durch Ansatz Freibeträge	5.307 €
	> Kindergeld	3.696 €

Solidaritätszuschlag auf Einkommensteuer (D)

	Festzusetzende Einkommensteuer (§ 3 Abs. 1 Nr. 1 SolZG i.V.m. § 3 Abs. 2 SolZG)	34.671 €
•	Solidaritätszuschlagsatz (§ 4 Abs. 1 Satz 1 SolZG)	5,50%
=	**Solidaritätszuschlag**	**1.907 €**
./.	anteiliger Solidaritätszuschlag auf Kapitalertragsteuer	1.783 €
=	zu zahlender Solidaritätszuschlag	124 €

Kirchensteuer (D)

	Modifizierte festzusetzende Einkommensteuer (keine Anwendung des Halbeinkünfteverfahrens)	72.514 €
=	Bemessungsgrundlage Kirchensteuer (§ 51a Abs. 2 EStG)	72.514 €
•	Kirchensteuersatz	9,00%
=	**Kirchensteuer**	**6.526 €**

Kapitalgesellschaft – optierte Personenhandelsgesellschaft

IS (F)

	Jahresüberschuss optierte französische Personenhandelsgesellschaft vor Steuern		200.000 €
./.	Grundsteuer (F)		8.634 €
./.	„taxe professionnelle“ (F)		42.000 €
./.	lohnsummenabhängige Steuern (F)		22.200 €
=	**Jahresüberschuss nach ertragsunabhängigen Steuern**		**127.166 €**
	Aufteilung Jahresüberschuss		
	→ Ermäßigt besteuerter Teil des Jahresüberschusses	38.120 €	
	→ Normal besteuerter Teil des Jahresüberschuss	89.046 €	
	Berechnung IS		
	Ermäßigt besteuerter Teil des Jahresüberschusses	38.120 €	
	• ermäßigter Satz IS	15,00%	
	= IS auf ermäßigt besteuerten Teil der Bemessungsgrundlage (Art. 219 I. b Abs. 1 CGI)	5.718 €	
	Normal besteuerter Teil des Jahresüberschuss	89.046 €	
	• normaler Satz IS	33,33%	
	= IS auf normal besteuerten Teil der Bemessungsgrundlage (Art. 219 I. Abs. 2 CGI)	29.682 €	
→	Gesamtbetrag IS		**35.400 €**
	Zuschläge zur IS		
	„contribution sur l'impôt sur les sociétés“		
	Körperschaftsteuerschuld	35.400 €	
	• Satz der „contribution sur l'impôt sur les sociétés“	3,00%	
	= „contribution sur l'impôt sur les sociétés“ (Art. 235 ter ZA I. CGI)	1.062 €	
	„contribution sociale sur l'impôt sur les sociétés“		
	Körperschaftsteuerschuld	35.400 €	
	./. Grenze für Erhebung der „contribution sociale sur l'impôt sur les sociétés“	763.000 €	
	= übersteigender Teil	0 €	
	• Satz der „contribution sociale sur l'impôt sur les sociétés“	3,30%	
	= „contribution sociale sur l'impôt sur les sociétés“ (Art. 235 ter ZC I. CGI)	0 €	
→	Gesamtbetrag Zuschläge		**1.062 €**

→	Jahresüberschuss nach ertragsunabhängigen Steuern		127.166 €
./.	IS		35.400 €
./.	Zuschläge zur IS		1.062 €
=	**Jahresüberschuss nach Steuern**		**90.704 €**
	„précompte"		
	Ausgeschütteter Jahresüberschuss		**85.143 €**
	bestehend aus:		
	▪ normal besteuertem Teil (nach Abzug IS)		59.364 €
	▪ ermäßigt besteuertem Teil (nach Abzug IS)		25.780 €
	Ermittlung „précompte" auf ermäßigt besteuerten Teil		
	(Art. 223 sexies 1. Abs. 1 CGI)		
	Ermäßigt besteuerter Teil nach Abzug IS	25.780 €	
	+ hierauf lastende ermäßigte IS	4.549 €	
	= Bruttobetrag vor IS	30.329 €	
	• normaler Satz IS	33,33%	
	= „normale" IS auf ermäßigten Teil	10.110 €	
	./. ermäßigte IS	4.549 €	
	= Differenz zur „normalen" IS	5.560 €	
→	**zu zahlender „précompte"**		**5.560 €**

	Ausschüttung		
	Anteilige Ausschüttung aus optierter französischer Personenhandelsgesellschaft	84.973 €	
•	Quellensteuersatz	15,00%	
=	**Quellensteuer (befreiend)**		**12.746 €**
	(Art. 119 bis 2. CGI i.V.m. Art. 187 1. CGI)		
	(Art. 9 Abs. 7 DBA-D/F i.V.m. Art. 9 Abs. 2 DBA-D/F)		
	Erstatteter „précompte"		
	Anteiliger erstatteter „précompte"	5.549 €	
•	Quellensteuersatz	15,00%	
=	**Quellensteuer (befreiend)**		**832 €**
	(Art. 9 Abs. 4 DBA-D/F i.V.m. Art. 9 Abs. 2 DBA-D/F)		
→	**Summe befreiende Quellensteuer**		**13.578 €**

IR (F)

	Anteiliges von optierter französischer Personenhandelsgesellschaft gezahltes Geschäftsführergehalt		25.000 €
=	Einnahmen aus Geschäftsführergehältern		25.000 €
./.	pauschaler Abzugsbetrag (Art. 83 3° Abs. 2 CGI)		2.500 €
=	Einnahmen aus Geschäftsführergehältern nach pauschalem Abzugsbetrag		22.500 €
./.	Freibetrag (Art. 158 5. a) Abs. 4 CGI)		4.500 €
=	**Einkünfte aus Geschäftsführergehältern**		**18.000 €**
→	Aufteilung der Einkünfte aus Geschäftsführergehältern (Art. 182 A III. und IV. CGI)		
	1. Teilbetrag (bis 9.839 €)	9.839 €	
	• Steuersatz 1. Teilbetrag	0,00%	
	= **Quellensteuer**		**0 €**
	2. Teilbetrag (ab 9.839 € bis 28.548 €)	8.161 €	
	• Steuersatz 2. Teilbetrag	15,00%	
	= **Quellensteuer (befreiend)**		**1.224 €**
	3. Teilbetrag (ab 28.548 €)	0 €	
	• Steuersatz 3. Teilbetrag	25,00%	
	= **Quellensteuer (anrechenbar)**		**0 €**
	Ausschüttung		
	Anteilige Ausschüttung aus optierter französischer Personenhandelsgesellschaft	85 €	
	• Quellensteuersatz	15,00%	
	= **Quellensteuer (befreiend)** (Art. 119 bis 2. CGI i.V.m. Art. 187 1. CGI) (Art. 9 Abs. 7 DBA-D/F i.V.m. Art. 9 Abs. 2 DBA-D/F)		**13 €**
	Erstatteter „précompte“		
	Anteiliger erstatteter „précompte“	6 €	
	• Quellensteuersatz	15,00%	
	= **Quellensteuer (befreiend)** (Art. 9 Abs. 4 DBA-D/F i.V.m. Art. 9 Abs. 2 DBA-D/F)		**1 €**
→	**befreiende Quellensteuer**		**1.238 €**
→	**anrechenbare Quellensteuer**		**0 €**
→	**zu versteuerndes Einkommen** (Art. 13 2. CGI)		**0 €**

Gewerbesteuer (D)

	Jahresüberschuss deutsche Kapitalgesellschaft vor Steuern	400.000 €
./.	Grundsteuer	3.115 €
=	körperschaftsteuerlicher Gewinn aus Gewerbebetrieb nach Grundsteuer, vor Abzug Gewerbesteuer (§ 7 Satz 1 GewStG)	396.885 €
+	Hälfte der Dauerschuldzinsen (§ 8 Nr. 1 GewStG)	57.500 €
./.	1,2% des gem. § 121a BewG erhöhten Einheitswerts der Betriebsgrundstücke (§ 9 Nr. 1 GewStG)	3.360 €
=	Gewerbeertrag vor Freibetrag und Rundung	451.025 €
./.	Abrundung auf volle 100 € (§ 11 Abs. 1 Satz 3 GewStG)	25 €
=	**Gewerbeertrag**	**451.000 €**
→	Anwendung Steuermesszahl und Hebesatz (§ 11 Abs. 2 Nr. 2 GewStG und § 16 Abs. 1 GewStG) (Berücksichtigung der Abzugsfähigkeit der Gewerbesteuer von ihrer eigenen Bemessungsgrundlage)	
=	**Gewerbesteuerschuld**	**79.501 €**

Körperschaftsteuer (D)

	Jahresüberschuss deutsche Kapitalgesellschaft vor Steuern	400.000 €
./.	Grundsteuer (D)	3.115 €
./.	Gewerbesteuer (D)	79.501 €
=	körperschaftsteuerliches Einkommen (§ 8 KStG)	317.384 €
•	Körperschaftsteuersatz (§ 23 Abs. 1 KStG)	25,00%
=	tarifliche Körperschaftsteuer	79.346 €
=	**festzusetzende Körperschaftsteuer**	**79.346 €**

Solidaritätszuschlag auf Körperschaftsteuer (D)

	Festzusetzende Körperschaftsteuer (§ 3 Abs. 1 Nr. 1 SolZG)	79.346 €
•	Solidaritätszuschlagsatz (§ 4 Abs. 1 Satz 1 SolZG)	5,50%
=	**Solidaritätszuschlag**	**4.364 €**

Berechnung des Ausschüttungsbetrags (D)

	Jahresüberschuss deutsche Kapitalgesellschaft vor Steuern	400.000 €
+	anteilige Ausschüttung aus optierter französischer Personenhandelsgesellschaft	84.973 €
+	anteiliger erstatteter „précompte"	5.549 €
./.	Grundsteuer (D)	3.115 €
./.	Gewerbesteuer (D)	79.501 €
./.	Körperschaftsteuer (D)	79.346 €
./.	Solidaritätszuschlag (D)	4.364 €
./.	IS (Quellensteuer) (F)	13.578 €
=	**Bruttobardividende**	**310.618 €**
./.	Kapitalertragsteuer (D) (§ 43 Abs. 1 Satz 1 Nr. 1 EStG; § 43a Abs. 1 Nr. 1 EStG)	62.124 €
=	Nettobardividende	248.494 €
./.	Solidaritätszuschlag (D) (§ 3 Abs. 1 Nr. 5 SolZG; § 4 Abs. 1 Satz 1 SolZG)	3.417 €
=	Auszahlungsbetrag (Nettobardividende nach Solidaritätszuschlag)	245.078 €

Einkommensteuer (D)

	Hälftige anteilige Bruttobardividende (§ 3 Nr. 40 Satz 1 Buchstabe d EStG)	77.654 €	
./.	Werbungskosten-Pauschbetrag (§ 9a Satz 1 Nr. 2 EStG)	102 €	
./.	Sparer-Freibetrag (§ 20 Abs. 4 Satz 2 EStG)	3.100 €	
=	**Einkünfte aus Kapitalvermögen** (§ 20 Abs. 1 Nr. 1 EStG)		**74.452 €**
	Anteiliges von deutscher Kapitalgesellschaft gezahltes Geschäftsführergehalt	50.000 €	
./.	Arbeitnehmer-Pauschbetrag (§ 9a Satz 1 Nr. 1 EStG)	1.044 €	
=	**Einkünfte aus nichtselbständiger Arbeit** (19 Abs. 1 Satz 1 Nr. 1 EStG)		**48.956 €**
→	Summe der Einkünfte (§ 2 Abs. 3 Satz 1 EStG)		123.408 €
=	**Gesamtbetrag der Einkünfte** (§ 2 Abs. 4 EStG)		**123.408 €**
./.	**Sonderausgaben**		
	Kirchensteuer (§ 10 Abs. 1 Nr. 4 EStG)	6.247 €	
	+ Vorsorgeaufwendungen (10 Abs. 1 Nr. 2 EStG)		
	Vorwegabzug (§ 10 Abs. 3 Nr. 2 Satz 1 EStG)	6.136 €	
	./. Kürzung um 16 % der Einnahmen aus nichtselbständiger Arbeit (§ 10 Abs. 3 Nr. 2 Satz 2 Buchstabe a EStG)	8.000 €	
	= verbleibender Vorwegabzug	0 €	
	+ Grundhöchstbetrag (§ 10 Abs. 3 Nr. 1 EStG)	2.668 €	
	+ Höchstbetrag für freiwillige zusätzliche Pflegeversicherung (§ 10 Abs. 3 Nr. 3 EStG)	368 €	
	+ hälftiger Höchstbetrag (§ 10 Abs. 3 Nr. 4 EStG)	1.334 €	
	= Summe Vorsorgeaufwendungen	4.370 €	
	= Summe Sonderausgaben		**10.617 €**
=	**Einkommen** (§ 2 Abs. 4 EStG)		**112.791 €**
./.	**Freibeträge** (§ 32 Abs. 6 EStG)		
	Kinderfreibetrag	7.296 €	
	+ Freibetrag für Betreuung, Erziehung und Ausbildung	4.320 €	
	= Summe Freibeträge		**11.616 €**
=	**zu versteuerndes Einkommen (tariflich gerundet)** (§ 2 Abs. 5 Satz 1 EStG)		**101.196 €**
→	**tarifliche Einkommensteuer** (§ 32a EStG; Splittingverfahren)		**29.442 €**

	Progressionsvorbehalt (32b EStG)	
	Zu versteuerndes Einkommen	101.175 €
+	aus Frankreich stammende Einkünfte aus Gewerbebetrieb	25.127 €
=	modifiziertes zu versteuerndes Einkommen	126.324 €
→	fiktive tarifliche Einkommensteuer (Splittingverfahren)	41.522 €
→	Einkommensteuersatz	32,87%
	Anwendung auf zu versteuerndes Einkommen	101.196 €
→	**tarifliche Einkommensteuer mit Progressionsvorbehalt** (Splittingverfahren)	**33.263 €**
=	**festzusetzende Einkommensteuer**	**33.263 €**
./.	anteilige bei Kapitalgesellschaft auf Ausschüttung einbehaltene Kapitalertragsteuer	31.062 €
=	zu zahlende Einkommensteuer	2.201 €
	Vergleich Vorteil durch Ansatz Freibeträge gem. § 32 Abs. 6 EStG mit Kindergeld	
	Festzusetzende Einkommensteuer ohne Freibeträge	38.554 €
./.	festzusetzende Einkommensteuer	33.263 €
=	Vorteil durch Ansatz Freibeträge	5.292 €
	> Kindergeld	3.696 €

Solidaritätszuschlag auf Einkommensteuer (D)

	Festzusetzende Einkommensteuer (§ 3 Abs. 1 Nr. 1 SolZG i.V.m. § 3 Abs. 2 SolZG)	33.263 €
•	Solidaritätszuschlagsatz (§ 4 Abs. 1 Satz 1 SolZG)	5,50%
=	**Solidaritätszuschlag**	**1.829 €**
./.	anteiliger Solidaritätszuschlag auf Kapitalertragsteuer	1.708 €
	zu zahlender Solidaritätszuschlag	121 €

Kirchensteuer (D)

	Modifizierte festzusetzende Einkommensteuer (keine Anwendung des Halbeinkünfteverfahrens)	69.412 €
=	Bemessungsgrundlage Kirchensteuer (§ 51a Abs. 2 EStG)	69.412 €
•	Kirchensteuersatz	9,00%
=	**Kirchensteuer**	**6.247 €**

Kapitalgesellschaft – Kapitalgesellschaft

IS (F)

	Jahresüberschuss französische Kapitalgesellschaft vor Steuern		200.000 €
./.	Grundsteuer (F)		8.634 €
./.	„taxe professionnelle" (F)		42.000 €
./.	lohnsummenabhängige Steuern (F)		22.200 €
=	**Jahresüberschuss nach ertragsunabhängigen Steuern**		**127.166 €**
	Aufteilung Jahresüberschuss		
	→ Ermäßigt besteuerter Teil des Jahresüberschusses	38.120 €	
	→ Normal besteuerter Teil des Jahresüberschuss	89.046 €	
	Berechnung IS		
	Ermäßigt besteuerter Teil des Jahresüberschusses	38.120 €	
	• ermäßigter Satz IS	15,00%	
	= IS auf ermäßigt besteuerten Teil der Bemessungsgrundlage (Art. 219 I. b Abs. 1 CGI)	5.718 €	
	Normal besteuerter Teil des Jahresüberschuss	89.046 €	
	• normaler Satz IS	33,33%	
	= IS auf normal besteuerten Teil der Bemessungsgrundlage (Art. 219 I. Abs. 2 CGI)	29.682 €	
→	Gesamtbetrag IS		**35.400 €**
	Zuschläge zur IS		
	„contribution sur l'impôt sur les sociétés"		
	Körperschaftsteuerschuld	35.400 €	
	• Satz der „contribution sur l'impôt sur les sociétés"	3,00%	
	= „contribution sur l'impôt sur les sociétés" (Art. 235 ter ZA I. CGI)	1.062 €	
	„contribution sociale sur l'impôt sur les sociétés"		
	Körperschaftsteuerschuld	35.400 €	
	./. Grenze für Erhebung der „contribution sociale sur l'impôt sur les sociétés"	763.000 €	
	= übersteigender Teil	0 €	
	• Satz der „contribution sociale sur l'impôt sur les sociétés"	3,30%	
	= „contribution sociale sur l'impôt sur les sociétés" (Art. 235 ter ZC I. CGI)	0 €	
→	Gesamtbetrag Zuschläge		**1.062 €**
→	Jahresüberschuss nach ertragsunabhängigen Steuern		127.166 €
./.	IS		35.400 €
./.	Zuschläge zur IS		1.062 €
=	**Jahresüberschuss nach Steuern**		**90.704 €**

„précompte“

Ausgeschütteter Jahresüberschuss	**85.143 €**
bestehend aus:	
▪ normal besteuertem Teil (nach Abzug IS)	59.364 €
▪ ermäßigt besteuertem Teil (nach Abzug IS)	25.780 €

Ermittlung „précompte“ auf ermäßigt besteuerten Teil
(Art. 223 sexies 1. Abs. 1 CGI)

	Ermäßigt besteuerter Teil nach Abzug IS	25.780 €	
+	hierauf lastende ermäßigte IS	4.549 €	
=	Bruttobetrag vor IS	30.329 €	
•	normaler Satz IS	33,33%	
=	„normale“ IS auf ermäßigten Teil	10.110 €	
./.	ermäßigte IS	4.549 €	
=	Differenz zur „normalen“ IS	5.560 €	
→	**zu zahlender „précompte“**		**5.560 €**

IR (F)

	Anteiliges von französischer Kapitalgesellschaft gezahltes Geschäftsführergehalt		25.000 €
=	Einnahmen aus Geschäftsführergehältern		25.000 €
./.	pauschaler Abzugsbetrag (Art. 83 3° Abs. 2 CGI)		2.500 €
=	Einnahmen aus Geschäftsführergehältern nach pauschalem Abzugsbetrag		22.500 €
./.	Freibetrag (Art. 158 5. a) Abs. 4 CGI)		4.500 €
=	**Einkünfte aus Geschäftsführergehältern**		**18.000 €**
→	Aufteilung der Einkünfte aus Geschäftsführergehältern (Art. 182 A III. und IV. CGI)		
	1. Teilbetrag (bis 9.839 €)	9.839 €	
	• Steuersatz 1. Teilbetrag	0,00%	
	= **Quellensteuer**		**0 €**
	2. Teilbetrag (ab 9.839 € bis 28.548 €)	8.161 €	
	• Steuersatz 2. Teilbetrag	15,00%	
	= **Quellensteuer (befreiend)**		**1.224 €**
	3. Teilbetrag (ab 28.548 €)	0 €	
	• Steuersatz 3. Teilbetrag	25,00%	
	= **Quellensteuer (anrechenbar)**		**0 €**
→	**befreiende Quellensteuer**		**1.224 €**
→	**anrechenbare Quellensteuer**		**0 €**
→	**zu versteuerndes Einkommen** (Art. 13 2. CGI)		**0 €**

Gewerbesteuer (D)

	Jahresüberschuss deutsche Kapitalgesellschaft vor Steuern	400.000 €
./.	Grundsteuer	3.115 €
+	nichtabziehbare Betriebsausgaben aufgrund der Ausschüttung aus der französischen Kapitalgesellschaft und des erstatteten „précompte" (8b Abs. 5 KStG)	4.535 €
=	körperschaftsteuerlicher Gewinn aus Gewerbebetrieb nach Grundsteuer, vor Abzug Gewerbesteuer (§ 7 Satz 1 GewStG)	401.420 €
+	Hälfte der Dauerschuldzinsen (§ 8 Nr. 1 GewStG)	57.500 €
./.	1,2% des gem. § 121a BewG erhöhten Einheitswerts der Betriebsgrundstücke (§ 9 Nr. 1 GewStG)	3.360 €
=	Gewerbeertrag vor Freibetrag und Rundung	455.560 €
./.	Abrundung auf volle 100 € (§ 11 Abs. 1 Satz 3 GewStG)	60 €
=	**Gewerbeertrag**	**455.500 €**
→	Anwendung Steuermesszahl und Hebesatz (§ 11 Abs. 2 Nr. 2 GewStG und § 16 Abs. 1 GewStG) (Berücksichtigung der Abzugsfähigkeit der Gewerbesteuer von ihrer eigenen Bemessungsgrundlage)	
=	**Gewerbesteuerschuld**	**80.294 €**

Körperschaftsteuer (D)

	Jahresüberschuss deutsche Kapitalgesellschaft vor Steuern	400.000 €
./.	Grundsteuer (D)	3.115 €
./.	Gewerbesteuer (D)	80.294 €
+	nichtabziehbare Betriebsausgaben aufgrund der Ausschüttung aus der französischen Kapitalgesellschaft und dem erstattetem „précompte" (8b Abs. 5 KStG)	4.535 €
=	körperschaftsteuerliches Einkommen (§ 8 KStG)	321.126 €
•	Körperschaftsteuersatz (§ 23 Abs. 1 KStG)	25,00%
=	tarifliche Körperschaftsteuer	80.282 €
=	**festzusetzende Körperschaftsteuer**	**80.282 €**

Solidaritätszuschlag auf Körperschaftsteuer (D)

	Festzusetzende Körperschaftsteuer (§ 3 Abs. 1 Nr. 1 SolZG)	80.282 €
•	Solidaritätszuschlagsatz (§ 4 Abs. 1 Satz 1 SolZG)	5,50%
=	**Solidaritätszuschlag**	**4.415 €**

Berechnung des Ausschüttungsbetrags (D)

	Ausschüttung	
	Jahresüberschuss deutsche Kapitalgesellschaft vor Steuern	400.000 €
+	Ausschüttung aus französischer Kapitalgesellschaft	85.143 €
+	erstatteter „précompte"	5.560 €
./.	Grundsteuer (D)	3.115 €
./.	Gewerbesteuer (D)	80.294 €
./.	Körperschaftsteuer (D)	80.282 €
./.	Solidaritätszuschlag (D)	4.415 €
=	**Bruttobardividende**	**322.597 €**
./.	Kapitalertragsteuer (D) (§ 43 Abs. 1 Satz 1 Nr. 1 EStG; § 43a Abs. 1 Nr. 1 EStG)	64.519 €
=	Nettobardividende	258.078 €
./.	Solidaritätszuschlag (D) (§ 3 Abs. 1 Nr. 5 SolZG; § 4 Abs. 1 Satz 1 SolZG)	3.549 €
=	Auszahlungsbetrag (Nettobardividende nach Solidaritätszuschlag)	254.529 €

Einkommensteuer (D)

Einkommensteuer (D)		
Hälftige anteilige Bruttobardividende (§ 3 Nr. 40 Satz 1 Buchstabe d EStG)	80.649 €	
./. Werbungskosten-Pauschbetrag (§ 9a Satz 1 Nr. 2 EStG)	102 €	
./. Sparer-Freibetrag (§ 20 Abs. 4 Satz 2 EStG)	3.100 €	
= **Einkünfte aus Kapitalvermögen** (§ 20 Abs. 1 Nr. 1 EStG)		**77.447 €**
Anteiliges von deutscher Kapitalgesellschaft gezahltes Geschäftsführergehalt	50.000 €	
./. Arbeitnehmer-Pauschbetrag (§ 9a Satz 1 Nr. 1 EStG)	1.044 €	
= **Einkünfte aus nichtselbständiger Arbeit** (19 Abs. 1 Satz 1 Nr. 1 EStG)		**48.956 €**
→ Summe der Einkünfte (§ 2 Abs. 3 Satz 1 EStG)		126.403 €
= **Gesamtbetrag der Einkünfte** (§ 2 Abs. 4 EStG)		**126.403 €**
./. **Sonderausgaben**		
Kirchensteuer (§ 10 Abs. 1 Nr. 4 EStG)	6.491 €	
+ Vorsorgeaufwendungen (10 Abs. 1 Nr. 2 EStG)		
Vorwegabzug (§ 10 Abs. 3 Nr. 2 Satz 1 EStG)	6.136 €	
./. Kürzung um 16 % der Einnahmen aus nichtselbständiger Arbeit (§ 10 Abs. 3 Nr. 2 Satz 2 Buchstabe a EStG)	8.000 €	
= verbleibender Vorwegabzug	0 €	
+ Grundhöchstbetrag (§ 10 Abs. 3 Nr. 1 EStG)	2.668 €	
+ Höchstbetrag für freiwillige zusätzliche Pflegeversicherung (§ 10 Abs. 3 Nr. 3 EStG)	368 €	
+ hälftiger Höchstbetrag (§ 10 Abs. 3 Nr. 4 EStG)	1.334 €	
= Summe Vorsorgeaufwendungen	4.370 €	
= Summe Sonderausgaben		**10.861 €**
= **Einkommen** (§ 2 Abs. 4 EStG)		**115.542 €**

./.	**Freibeträge** (§ 32 Abs. 6 EStG)		
	Kinderfreibetrag	7.296 €	
	+ Freibetrag für Betreuung, Erziehung und Ausbildung	4.320 €	
	= Summe Freibeträge		**11.616 €**
=	**zu versteuerndes Einkommen (tariflich gerundet)** (§ 2 Abs. 5 Satz 1 EStG)		**103.932 €**
→	**tarifliche Einkommensteuer** (§ 32a EStG; Splittingverfahren)		**30.714 €**
	Progressionsvorbehalt (32b EStG)		
	Zu versteuerndes Einkommen		103.926 €
+	französisches Geschäftsführergehalt		25.000 €
=	modifiziertes zu versteuerndes Einkommen		128.916 €
→	fiktive tarifliche Einkommensteuer (Splittingverfahren)		42.780 €
→	Einkommensteuersatz		33,18%
	Anwendung auf zu versteuerndes Einkommen		103.932 €
→	**tarifliche Einkommensteuer mit Progressionsvorbehalt** (Splittingverfahren)		**34.489 €**
=	**festzusetzende Einkommensteuer**		**34.489 €**
./.	anteilige bei Kapitalgesellschaft auf Ausschüttung einbehaltene Kapitalertragsteuer		32.260 €
=	zu zahlende Einkommensteuer		2.229 €
	Vergleich Vorteil durch Ansatz Freibeträge gem. § 32 Abs. 6 EStG mit Kindergeld		
	Festzusetzende Einkommensteuer ohne Freibeträge		39.796 €
./.	festzusetzende Einkommensteuer		34.489 €
=	Vorteil durch Ansatz Freibeträge		5.306 €
	> Kindergeld		3.696 €

Solidaritätszuschlag auf Einkommensteuer (D)

	Festzusetzende Einkommensteuer (§ 3 Abs. 1 Nr. 1 SolZG i.V.m. § 3 Abs. 2 SolZG)	34.489 €
•	Solidaritätszuschlagsatz (§ 4 Abs. 1 Satz 1 SolZG)	5,50%
=	**Solidaritätszuschlag**	**1.897 €**
./.	anteiliger Solidaritätszuschlag auf Kapitalertragsteuer	1.774 €
	zu zahlender Solidaritätszuschlag	123 €

Kirchensteuer (D)

	Modifizierte festzusetzende Einkommensteuer (keine Anwendung des Halbeinkünfteverfahrens)	72.127 €
=	Bemessungsgrundlage Kirchensteuer (§ 51a Abs. 2 EStG)	72.127 €
•	Kirchensteuersatz	9,00%
=	**Kirchensteuer**	**6.491 €**

Personenhandelsgesellschaft – natürliche Personen – Personenhandelsgesellschaft

IR (F)

	Jahresüberschuss französische Personenhandelsgesellschaft vor Steuern	200.000 €
./.	Grundsteuer (F)	8.634 €
./.	„taxe professionnelle" (F)	42.000 €
./.	lohnsummenabhängige Steuern (F)	22.200 €
=	**Jahresüberschuss französische Personenhandelsgesellschaft nach ertragsunabhängigen Steuern**	**127.166 €**
→	anteiliger Jahresüberschuss französische Personenhandelsgesellschaft nach Steuern	63.583 €
+	anteiliges von französischer Personenhandelsgesellschaft gezahltes Geschäftsführergehalt	25.000 €
=	**Einkünfte aus Gewerbebetrieb**	**88.583 €**
=	Bruttoeinkommen	
=	Nettoeinkommen	
=	**zu versteuerndes Einkommen** (Art. 13 2. CGI)	**88.583 €**
÷	Anzahl Teile (Art. 193 Abs. 1 CGI; Anzahl der Teile gem. Art. 194 I. Abs. 1 CGI)	3
=	Familienquotient	29.528 €
→	Steuerschuld pro Teil (Art. 193 Abs. 2 CGI; Anwendung des Tarifs in Art. 197 I. 1. CGI)	6.967 €
•	Anzahl Teile (Art. 193 Abs. 3 CGI)	3
=	vorläufige Einkommensteuerschuld vor Abschlag	20.902 €
./.	5%iger Abschlag (Art. 1 loi n° 2002-1050 vom 6.8.2002)	1.045 €
=	**vorläufige Einkommensteuerschuld nach Abschlag**	**19.857 €**

	Beschränkung des Vorteils aus der Anwendung des Familienquotienten (Art. 197 I. 2. CGI)	
	Zu versteuerndes Einkommen	88.583 €
÷	Anzahl Teile (lediglich Teile für verheiratete Steuerpflichtige) (Art. 193 Abs. 1 CGI; Anzahl der Teile gem. Art. 194 I. Abs. 1 CGI)	2
=	Familienquotient	44.291 €
→	Steuerschuld pro Teil (Art. 193 Abs. 2 CGI; Anwendung des Tarifs in Art. 197 I. 1. CGI)	13.406 €
•	Anzahl Teile (Art. 193 Abs. 3 CGI)	2
=	vorläufige Einkommensteuerschuld vor Abschlag	26.813 €
./.	5%iger Abschlag (Art. 1 loi n° 2002-1050 vom 6.8.2002)	1.341 €
=	**Einkommensteuerschuld bei modifizierter Anzahl der Teile nach Abschlag**	**25.472 €**
./.	vorläufige Einkommensteuerschuld	19.857 €
=	Vorteil aus Anwendung Familienquotient	5.615 €
>	maximaler Vorteil pro kinderbezogenem halbem Teil	2.017 €
•	Anzahl kinderbezogene halbe Teile	2
=	maximaler Gesamtvorteil	4.034 €
→	**Korrektur der Einkommensteuerschuld**	
	Einkommensteuerschuld bei modifizierter Anzahl der Teile	25.472 €
./.	maximaler Gesamtvorteil	4.034 €
=	**Einkommensteuerschuld bei begrenztem Gesamtvorteil**	**21.438 €**
	Überprüfung auf Mindeststeuersatz für beschränkt Steuerpflichtige (Art. 197 A a) CGI)	
	Einkommensteuerschuld bei begrenztem Gesamtvorteil	21.438 €
÷	zu versteuerndes Einkommen	88.583 €
=	effektiver Steuersatz	24,20%
<	Mindeststeuersatz für beschränkt Steuerpflichtige	25,00%
→	**endgültige Einkommensteuerschuld**	**22.146 €**

Gewerbesteuer (D)

	Jahresüberschuss deutsche Personenhandelsgesellschaft vor Steuern	400.000 €
./.	Grundsteuer	3.115 €
+	deutsche Geschäftsführergehälter	100.000 €
=	einkommensteuerlicher Gewinn aus Gewerbebetrieb nach Grundsteuer, vor Abzug Gewerbesteuer (§ 7 Satz 1 GewStG)	496.885 €
+	Hälfte der Dauerschuldzinsen (§ 8 Nr. 1 GewStG)	57.500 €
./.	1,2% des gem. § 121a BewG erhöhten Einheitswerts der Betriebsgrundstücke (§ 9 Nr. 1 GewStG)	3.360 €
=	Gewerbeertrag vor Freibetrag und Rundung	551.025 €
./.	Abrundung auf volle 100 € (§ 11 Abs. 1 Satz 3 GewStG)	25 €
./.	Freibetrag (§ 11 Abs. 1 Satz 3 Nr. 1 GewStG)	24.500 €
=	**Gewerbeertrag**	**526.500 €**
→	Anwendung Staffeltarif und Hebesatz (§ 11 Abs. 2 Nr. 1 GewStG und § 16 Abs. 1 GewStG) (Berücksichtigung der Abzugsfähigkeit der Gewerbesteuer von ihrer eigenen Bemessungsgrundlage)	
=	**Gewerbesteuerschuld**	**88.579 €**

Einkommensteuer (D)

	Jahresüberschuss deutsche Personenhandelsgesellschaft vor Steuern		400.000 €
./.	Grundsteuer (D)		3.115 €
./.	Gewerbesteuer (D)		88.579 €
=	**Jahresüberschuss deutsche Personenhandelsgesellschaft nach Steuern**		308.306 €
→	anteiliger Jahresüberschuss deutsche Personenhandelsgesellschaft nach Steuern		154.153 €
+	anteiliges von deutscher Personenhandelsgesellschaft gezahltes Geschäftsführergehalt		50.000 €
=	**Einkünfte aus Gewerbebetrieb** (§ 15 Abs. 1 Satz 1 Nr. 2 EStG)		**204.153 €**
=	Summe der Einkünfte (§ 2 Abs. 3 Satz 1 EStG)		204.153 €
=	**Gesamtbetrag der Einkünfte** (§ 2 Abs. 4 EStG)		**204.153 €**
./.	**Sonderausgaben**		
	Kirchensteuer (§ 10 Abs. 1 Nr. 4 EStG)	6.483 €	
	+ Vorsorgeaufwendungen (10 Abs. 1 Nr. 2 EStG)		
	Vorwegabzug (§ 10 Abs. 3 Nr. 2 Satz 1 EStG)	6.136 €	
	./. Kürzung um 16 % der Einnahmen aus nichtselbständiger Arbeit (§ 10 Abs. 3 Nr. 2 Satz 2 Buchstabe a EStG)	0 €	
	+ Grundhöchstbetrag (§ 10 Abs. 3 Nr. 1 EStG)	2.668 €	
	+ Höchstbetrag für freiwillige zusätzliche Pflegeversicherung (§ 10 Abs. 3 Nr. 3 EStG)	368 €	
	+ hälftiger Höchstbetrag (§ 10 Abs. 3 Nr. 4 EStG)	1.334 €	
	= Summe Vorsorgeaufwendungen	10.506 €	
	= Summe Sonderausgaben		**16.989 €**
=	**Einkommen** (§ 2 Abs. 4 EStG)		**187.164 €**
./.	**Freibeträge** (§ 32 Abs. 6 EStG)		
	Kinderfreibetrag	7.296 €	
	+ Freibetrag für Betreuung, Erziehung und Ausbildung	4.320 €	
	= Summe Freibeträge		**11.616 €**
=	**zu versteuerndes Einkommen (tariflich gerundet)** (§ 2 Abs. 5 Satz 1 EStG)		**175.572 €**
→	**tarifliche Einkommensteuer ohne Progressionsvorbehalt** (§ 32a EStG; Splittingverfahren)		**65.408 €**

	Progressionsvorbehalt		
	(32b EStG)		
	Zu versteuerndes Einkommen		175.548 €
+	französische Einkünfte aus Gewerbebetrieb		88.583 €
=	modifiziertes zu versteuerndes Einkommen		264.132 €
→	fiktive tarifliche Einkommensteuer (Splittingverfahren)		108.360 €
→	Einkommensteuersatz		41,02%
	Anwendung auf zu versteuerndes Einkommen		175.572 €
→	**tarifliche Einkommensteuer mit Progressionsvorbehalt**		**72.028 €**
	(Splittingverfahren)		
	Verringerung der tariflichen Einkommensteuer um Steuerermäßigungen		
	(§ 2 Abs. 6 Satz 1 EStG)		
	Tarifliche Einkommensteuer mit Progressionsvorbehalt		72.028 €
	(Splittingverfahren)		
./.	**Steuerermäßigung bei Einkünften aus Gewerbebetrieb**		
	(35 Abs. 1 Nr. 2 EStG)		
	Gewerbesteuer	88.579 €	
	÷ Hebesatz	428,00%	
	÷ Anzahl Gesellschafter	2	
	= anteiliger Steuermessbetrag	10.348 €	
	• Multiplikator	1,8	
	= vorläufiger Steuerermäßigungsbetrag	18.626 €	
	< Einkommensteuer auf gewerbliche Einkünfte	72.028 €	
	→ endgültiger Steuerermäßigungsbetrag		**18.626 €**
=	**festzusetzende Einkommensteuer**		**53.402 €**
=	zu zahlende Einkommensteuer		53.402 €
	Vergleich Vorteil durch Ansatz Freibeträge gem. § 32 Abs. 6 EStG mit Kindergeld		
	Festzusetzende Einkommensteuer ohne Freibeträge		58.746 €
./.	festzusetzende Einkommensteuer		53.402 €
=	Vorteil durch Ansatz Freibeträge		5.344 €
	> Kindergeld		3.696 €

Solidaritätszuschlag auf Einkommensteuer (D)

	Festzusetzende Einkommensteuer (§ 3 Abs. 1 Nr. 1 SolZG i.V.m. § 3 Abs. 2 SolZG)	53.402 €
•	Solidaritätszuschlagsatz (§ 4 Abs. 1 Satz 1 SolZG)	5,50%
=	**Solidaritätszuschlag**	**2.937 €**

Kirchensteuer (D)

	Festzusetzende Einkommensteuer	53.402 €
+	Steuerermäßigung gem. § 35 EStG	18.626 €
=	Bemessungsgrundlage Kirchensteuer (§ 51a Abs. 2 EStG)	72.028 €
•	Kirchensteuersatz	9,00%
=	**Kirchensteuer**	**6.483 €**

Personenhandelsgesellschaft – natürliche Personen – optierte Personenhandelsgesellschaft

IS (F)

	Jahresüberschuss optierte französische Personenhandelsgesellschaft vor Steuern		200.000 €
./.	Grundsteuer (F)		8.634 €
./.	„taxe professionnelle" (F)		42.000 €
./.	lohnsummenabhängige Steuern (F)		22.200 €
=	**Jahresüberschuss nach ertragsunabhängigen Steuern**		**127.166 €**
	Aufteilung Jahresüberschuss		
	→ Ermäßigt besteuerter Teil des Jahresüberschusses	38.120 €	
	→ Normal besteuerter Teil des Jahresüberschuss	89.046 €	
	Berechnung IS		
	Ermäßigt besteuerter Teil des Jahresüberschusses	38.120 €	
	• ermäßigter Satz IS	15,00%	
	= IS auf ermäßigt besteuerten Teil der Bemessungsgrundlage (Art. 219 I. b Abs. 1 CGI)	5.718 €	
	Normal besteuerter Teil des Jahresüberschuss	89.046 €	
	• normaler Satz IS	33,33%	
	= IS auf normal besteuerten Teil der Bemessungsgrundlage (Art. 219 I. Abs. 2 CGI)	29.682 €	
→	Gesamtbetrag IS		**35.400 €**
	Zuschläge zur IS		
	„contribution sur l'impôt sur les sociétés"		
	Körperschaftsteuerschuld	35.400 €	
	• Satz der „contribution sur l'impôt sur les sociétés"	3,00%	
	= „contribution sur l'impôt sur les sociétés" (Art. 235 ter ZA I. CGI)	1.062 €	
	„contribution sociale sur l'impôt sur les sociétés"		
	Körperschaftsteuerschuld	35.400 €	
	./. Grenze für Erhebung der „contribution sociale sur l'impôt sur les sociétés"	763.000 €	
	= übersteigender Teil	0 €	
	• Satz der „contribution sociale sur l'impôt sur les sociétés"	3,30%	
	= „contribution sociale sur l'impôt sur les sociétés" (Art. 235 ter ZC I. CGI)	0 €	
→	Gesamtbetrag Zuschläge		**1.062 €**

→	Jahresüberschuss nach ertragsunabhängigen Steuern		127.166 €
./.	IS		35.400 €
./.	Zuschläge zur IS		1.062 €
=	**Jahresüberschuss nach Steuern**		**90.704 €**
	„précompte"		
	Ausgeschütteter Jahresüberschuss		**85.143 €**
	bestehend aus:		
	• normal besteuertem Teil (nach Abzug IS)		59.364 €
	• ermäßigt besteuertem Teil (nach Abzug IS)		25.780 €
	Ermittlung „précompte" auf ermäßigt besteuerten Teil		
	(Art. 223 sexies 1. Abs. 1 CGI)		
	Ermäßigt besteuerter Teil nach Abzug IS	25.780 €	
	+ hierauf lastende ermäßigte IS	4.549 €	
	= Bruttobetrag vor IS	30.329 €	
	• normaler Satz IS	33,33%	
	= „normale" IS auf ermäßigten Teil	10.110 €	
	./. ermäßigte IS	4.549 €	
	= Differenz zur „normalen" IS	5.560 €	
→	**zu zahlender „précompte"**		**5.560 €**

IR (F)

	Anteiliges von optierter französischer Personenhandelsgesellschaft gezahltes Geschäftsführergehalt		25.000 €
=	Einnahmen aus Geschäftsführergehältern		25.000 €
./.	pauschaler Abzugsbetrag (Art. 83 3° Abs. 2 CGI)		2.500 €
=	Einnahmen aus Geschäftsführergehältern nach pauschalem Abzugsbetrag		22.500 €
./.	Freibetrag (Art. 158 5. a) Abs. 4 CGI)		4.500 €
=	**Einkünfte aus Geschäftsführergehältern**		**18.000 €**
→	Aufteilung der Einkünfte aus Geschäftsführergehältern (Art. 182 A III. und IV. CGI)		
	1. Teilbetrag (bis 9.839 €)	9.839 €	
	• Steuersatz 1. Teilbetrag	0,00%	
	= **Quellensteuer**		**0 €**
	2. Teilbetrag (ab 9.839 € bis 28.548 €)	8.161 €	
	• Steuersatz 2. Teilbetrag	15,00%	
	= **Quellensteuer (befreiend)**		**1.224 €**
	3. Teilbetrag (ab 28.548 €)	0 €	
	• Steuersatz 3. Teilbetrag	25,00%	
	= **Quellensteuer (anrechenbar)**		**0 €**
	Ausschüttung		
	Anteilige Ausschüttung aus optierter französischer Personenhandelsgesellschaft	42.572 €	
	• Quellensteuersatz	15,00%	
	= **Quellensteuer (befreiend)** (Art. 119 bis 2. CGI i.V.m. Art. 187 1. CGI) (Art. 9 Abs. 7 DBA-D/F i.V.m. Art. 9 Abs. 2 DBA-D/F)		**6.386 €**
	Erstatteter „précompte“		
	Anteiliger erstatteter „précompte“	2.780 €	
	• Quellensteuersatz	15,00%	
	= **Quellensteuer (befreiend)** (Art. 9 Abs. 4 DBA-D/F i.V.m. Art. 9 Abs. 2 DBA-D/F)		**417 €**
→	**befreiende Quellensteuer**		**8.027 €**
→	**anrechenbare Quellensteuer**		**0 €**
→	**zu versteuerndes Einkommen** (Art. 13 2. CGI)		**0 €**

Gewerbesteuer (D)

	Jahresüberschuss deutsche Personenhandelsgesellschaft vor Steuern	400.000 €
./.	Grundsteuer	3.115 €
+	deutsche Geschäftsführergehälter	100.000 €
=	einkommensteuerlicher Gewinn aus Gewerbebetrieb nach Grundsteuer, vor Abzug Gewerbesteuer (§ 7 Satz 1 GewStG)	496.885 €
+	Hälfte der Dauerschuldzinsen (§ 8 Nr. 1 GewStG)	57.500 €
./.	1,2% des gem. § 121a BewG erhöhten Einheitswerts der Betriebsgrundstücke (§ 9 Nr. 1 GewStG)	3.360 €
=	Gewerbeertrag vor Freibetrag und Rundung	551.025 €
./.	Abrundung auf volle 100 € (§ 11 Abs. 1 Satz 3 GewStG)	25 €
./.	Freibetrag (§ 11 Abs. 1 Satz 3 Nr. 1 GewStG)	24.500 €
=	**Gewerbeertrag**	**526.500 €**
→	Anwendung Staffeltarif und Hebesatz (§ 11 Abs. 2 Nr. 1 GewStG und § 16 Abs. 1 GewStG) (Berücksichtigung der Abzugsfähigkeit der Gewerbesteuer von ihrer eigenen Bemessungsgrundlage)	
=	**Gewerbesteuerschuld**	**88.579 €**

Einkommensteuer (D)

	Jahresüberschuss deutsche Personenhandelsgesellschaft vor Steuern		400.000 €
./.	Grundsteuer (D)		3.115 €
./.	Gewerbesteuer (D)		88.579 €
=	**Jahresüberschuss deutsche Personenhandelsgesellschaft nach Steuern**		308.306 €
→	anteiliger Jahresüberschuss deutsche Personenhandelsgesellschaft nach Steuern		154.153 €
+	anteiliges von deutscher Personenhandelsgesellschaft gezahltes Geschäftsführergehalt		50.000 €
=	**Einkünfte aus Gewerbebetrieb** (§ 15 Abs. 1 Satz 1 Nr. 2 EStG)		**204.153 €**
=	Summe der Einkünfte (§ 2 Abs. 3 Satz 1 EStG)		204.153 €
=	**Gesamtbetrag der Einkünfte** (§ 2 Abs. 4 EStG)		**204.153 €**
./.	**Sonderausgaben**		
	Kirchensteuer (§ 10 Abs. 1 Nr. 4 EStG)	6.483 €	
	+ Vorsorgeaufwendungen (10 Abs. 1 Nr. 2 EStG)		
	Vorwegabzug (§ 10 Abs. 3 Nr. 2 Satz 1 EStG)	6.136 €	
	./. Kürzung um 16 % der Einnahmen aus nichtselbständiger Arbeit (§ 10 Abs. 3 Nr. 2 Satz 2 Buchstabe a EStG)	0 €	
	+ Grundhöchstbetrag (§ 10 Abs. 3 Nr. 1 EStG)	2.668 €	
	+ Höchstbetrag für freiwillige zusätzliche Pflegeversicherung (§ 10 Abs. 3 Nr. 3 EStG)	368 €	
	+ hälftiger Höchstbetrag (§ 10 Abs. 3 Nr. 4 EStG)	1.334 €	
	= Summe Vorsorgeaufwendungen	10.506 €	
	= Summe Sonderausgaben		**16.989 €**
=	**Einkommen** (§ 2 Abs. 4 EStG)		**187.164 €**
./.	**Freibeträge** (§ 32 Abs. 6 EStG)		
	Kinderfreibetrag	7.296 €	
	+ Freibetrag für Betreuung, Erziehung und Ausbildung	4.320 €	
	= Summe Freibeträge		**11.616 €**
=	**zu versteuerndes Einkommen (tariflich gerundet)** (§ 2 Abs. 5 Satz 1 EStG)		**175.572 €**
→	**tarifliche Einkommensteuer ohne Progressionsvorbehalt** (§ 32a EStG; Splittingverfahren)		**65.408 €**

	Progressionsvorbehalt		
	(32b EStG)		
	Zu versteuerndes Einkommen		175.548 €
+	in Frankreich erzielte Einkünfte aus Gewerbebetrieb		88.583 €
=	modifiziertes zu versteuerndes Einkommen		264.132 €
→	fiktive tarifliche Einkommensteuer (Splittingverfahren)		108.360 €
→	Einkommensteuersatz		41,02%
	Anwendung auf zu versteuerndes Einkommen		175.572 €
→	**tarifliche Einkommensteuer mit Progressionsvorbehalt**		**72.028 €**
	(Splittingverfahren)		
	Verringerung der tariflichen Einkommensteuer um Steuerermäßigungen		
	(§ 2 Abs. 6 Satz 1 EStG)		
	Tarifliche Einkommensteuer mit Progressionsvorbehalt		72.028 €
	(Splittingverfahren)		
./.	**Steuerermäßigung bei Einkünften aus Gewerbebetrieb**		
	(35 Abs. 1 Nr. 2 EStG)		
	Gewerbesteuer	88.579 €	
	÷ Hebesatz	428,00%	
	÷ Anzahl Gesellschafter	2	
	= anteiliger Steuermessbetrag	10.348 €	
	• Multiplikator	1,8	
	= vorläufiger Steuerermäßigungsbetrag	18.626 €	
	< Einkommensteuer auf gewerbliche Einkünfte	72.028 €	
	→ endgültiger Steuerermäßigungsbetrag		**18.626 €**
=	**festzusetzende Einkommensteuer**		**53.402 €**
=	zu zahlende Einkommensteuer		53.402 €
	Vergleich Vorteil durch Ansatz Freibeträge gem. § 32 Abs. 6 EStG mit Kindergeld		
	Festzusetzende Einkommensteuer ohne Freibeträge		58.746 €
./.	festzusetzende Einkommensteuer		53.402 €
=	Vorteil durch Ansatz Freibeträge		5.344 €
	> Kindergeld		3.696 €

Solidaritätszuschlag auf Einkommensteuer (D)

	Festzusetzende Einkommensteuer (§ 3 Abs. 1 Nr. 1 SolZG i.V.m. § 3 Abs. 2 SolZG)	53.402 €
•	Solidaritätszuschlagsatz (§ 4 Abs. 1 Satz 1 SolZG)	5,50%
=	**Solidaritätszuschlag**	**2.937 €**

Kirchensteuer (D)

	Festzusetzende Einkommensteuer	53.402 €
+	Steuerermäßigung gem. § 35 EStG	18.626 €
=	Bemessungsgrundlage Kirchensteuer (§ 51a Abs. 2 EStG)	72.028 €
•	Kirchensteuersatz	9,00%
=	**Kirchensteuer**	**6.483 €**

Personenhandelsgesellschaft – natürliche Personen – Kapitalgesellschaft

IS (F)

	Jahresüberschuss französische Kapitalgesellschaft vor Steuern		200.000 €
./.	Grundsteuer (F)		8.634 €
./.	„taxe professionnelle“ (F)		42.000 €
./.	lohnsummenabhängige Steuern (F)		22.200 €
=	**Jahresüberschuss nach ertragsunabhängigen Steuern**		**127.166 €**
	Aufteilung Jahresüberschuss		
	→ Ermäßigt besteuerter Teil des Jahresüberschusses	38.120 €	
	→ Normal besteuerter Teil des Jahresüberschuss	89.046 €	
	Berechnung IS		
	Ermäßigt besteuerter Teil des Jahresüberschusses	38.120 €	
	• ermäßigter Satz IS	15,00%	
	= IS auf ermäßigt besteuerten Teil der Bemessungsgrundlage (Art. 219 I. b Abs. 1 CGI)	5.718 €	
	Normal besteuerter Teil des Jahresüberschuss	89.046 €	
	• normaler Satz IS	33,33%	
	= IS auf normal besteuerten Teil der Bemessungsgrundlage (Art. 219 I. Abs. 2 CGI)	29.682 €	
→	Gesamtbetrag IS		**35.400 €**
	Zuschläge zur IS		
	„contribution sur l'impôt sur les sociétés“		
	Körperschaftsteuerschuld	35.400 €	
	• Satz der „contribution sur l'impôt sur les sociétés“	3,00%	
	= „contribution sur l'impôt sur les sociétés“ (Art. 235 ter ZA I. CGI)	1.062 €	
	„contribution sociale sur l'impôt sur les sociétés“		
	Körperschaftsteuerschuld	35.400 €	
	./. Grenze für Erhebung der „contribution sociale sur l'impôt sur les sociétés“	763.000 €	
	= übersteigender Teil	0 €	
	• Satz der „contribution sociale sur l'impôt sur les sociétés“	3,30%	
	= „contribution sociale sur l'impôt sur les sociétés“ (Art. 235 ter ZC I. CGI)	0 €	
→	Gesamtbetrag Zuschläge		**1.062 €**
→	Jahresüberschuss nach ertragsunabhängigen Steuern		127.166 €
./.	IS		35.400 €
./.	Zuschläge zur IS		1.062 €
=	**Jahresüberschuss nach Steuern**		**90.704 €**

„précompte"

Ausgeschütteter Jahresüberschuss		**85.143 €**
bestehend aus:		
▪ normal besteuertem Teil (nach Abzug IS)		59.364 €
▪ ermäßigt besteuertem Teil (nach Abzug IS)		25.780 €

Ermittlung „précompte" auf ermäßigt besteuerten Teil
(Art. 223 sexies 1. Abs. 1 CGI)

	Ermäßigt besteuerter Teil nach Abzug IS	25.780 €	
+	hierauf lastende ermäßigte IS	4.549 €	
=	Bruttobetrag vor IS	30.329 €	
•	normaler Satz IS	33,33%	
=	„normale" IS auf ermäßigten Teil	10.110 €	
./.	ermäßigte IS	4.549 €	
=	Differenz zur „normalen" IS	5.560 €	
→	**zu zahlender „précompte"**		**5.560 €**

IR (F)

	Anteiliges von französischer Kapitalgesellschaft gezahltes Geschäftsführergehalt		25.000 €
=	Einnahmen aus Geschäftsführergehältern		25.000 €
./.	pauschaler Abzugsbetrag (Art. 83 3° Abs. 2 CGI)		2.500 €
=	Einnahmen aus Geschäftsführergehältern nach pauschalem Abzugsbetrag		22.500 €
./.	Freibetrag (Art. 158 5. a) Abs. 4 CGI)		4.500 €
=	**Einkünfte aus Geschäftsführergehältern**		**18.000 €**
→	Aufteilung der Einkünfte aus Geschäftsführergehältern (Art. 182 A III. und IV. CGI)		
	1. Teilbetrag (bis 9.839 €)	9.839 €	
•	Steuersatz 1. Teilbetrag	0,00%	
=	**Quellensteuer**		0 €
	2. Teilbetrag (ab 9.839 € bis 28.548 €)	8.161 €	
•	Steuersatz 2. Teilbetrag	15,00%	
=	**Quellensteuer (befreiend)**		**1.224 €**
	3. Teilbetrag (ab 28.548 €)	0 €	
•	Steuersatz 3. Teilbetrag	25,00%	
=	**Quellensteuer (anrechenbar)**		**0 €**
	Ausschüttung		
	Anteilige Ausschüttung aus französischer Kapitalgesellschaft	42.572 €	
•	Quellensteuersatz	15,00%	
=	**Quellensteuer (befreiend)** (Art. 119 bis 2. CGI i.V.m. Art. 187 1. CGI) (Art. 9 Abs. 2 DBA-D/F)		**6.386 €**
	Erstatteter „précompte“		
	Anteiliger erstatteter „précompte“	2.780 €	
•	Quellensteuersatz	15,00%	
=	**Quellensteuer (befreiend)** (Art. 9 Abs. 4 DBA-D/F i.V.m. Art. 9 Abs. 2 DBA-D/F)		**417 €**
→	**befreiende Quellensteuer**		**8.027 €**
→	**anrechenbare Quellensteuer**		**0 €**
→	**zu versteuerndes Einkommen** (Art. 13 2. CGI)		**0 €**

Gewerbesteuer (D)

	Jahresüberschuss deutsche Personenhandelsgesellschaft vor Steuern	400.000 €
./.	Grundsteuer	3.115 €
+	deutsche Geschäftsführergehälter	100.000 €
=	einkommensteuerlicher Gewinn aus Gewerbebetrieb nach Grundsteuer, vor Abzug Gewerbesteuer (§ 7 Satz 1 GewStG)	496.885 €
+	Hälfte der Dauerschuldzinsen (§ 8 Nr. 1 GewStG)	57.500 €
./.	1,2% des gem. § 121a BewG erhöhten Einheitswerts der Betriebsgrundstücke (§ 9 Nr. 1 GewStG)	3.360 €
=	Gewerbeertrag vor Freibetrag und Rundung	551.025 €
./.	Abrundung auf volle 100 € (§ 11 Abs. 1 Satz 3 GewStG)	25 €
./.	Freibetrag (§ 11 Abs. 1 Satz 3 Nr. 1 GewStG)	24.500 €
=	**Gewerbeertrag**	**526.500 €**
→	Anwendung Staffeltarif und Hebesatz (§ 11 Abs. 2 Nr. 1 GewStG und § 16 Abs. 1 GewStG) (Berücksichtigung der Abzugsfähigkeit der Gewerbesteuer von ihrer eigenen Bemessungsgrundlage)	
=	**Gewerbesteuerschuld**	**88.579 €**

Einkommensteuer (D)

	Jahresüberschuss deutsche Personenhandelsgesellschaft vor Steuern		445.352 €
	▪ einschließlich hälftiger Ausschüttung aus französischer Kapitalgesellschaft vor französischer Quellensteuer	42.572 €	
	▪ einschließlich hälftigem erstattetem „précompte" vor französischer Quellensteuer (§ 3 Nr. 40 Satz 2 EStG i.V.m. § 20 Abs. 3 EStG und § 3 Nr. 40 Satz 1 Buchstabe d EStG)	2.780 €	
./.	Grundsteuer (D)		3.115 €
./.	Gewerbesteuer (D)		88.579 €
=	**Jahresüberschuss deutsche Personenhandelsgesellschaft nach Steuern**		**353.658 €**
→	anteiliger Jahresüberschuss deutsche Personenhandelsgesellschaft nach Steuern		176.829 €
+	anteiliges von deutscher Personenhandelsgesellschaft gezahltes Geschäftsführergehalt		50.000 €
=	**Einkünfte aus Gewerbebetrieb** (§ 15 Abs. 1 Satz 1 Nr. 2 EStG)		**226.829 €**
=	Summe der Einkünfte (§ 2 Abs. 3 Satz 1 EStG)		226.829 €
=	**Gesamtbetrag der Einkünfte** (§ 2 Abs. 4 EStG)		**226.829 €**
./.	**Sonderausgaben**		
	Kirchensteuer (§ 10 Abs. 1 Nr. 4 EStG)	7.388 €	
	+ Vorsorgeaufwendungen (10 Abs. 1 Nr. 2 EStG)		
	Vorwegabzug (§ 10 Abs. 3 Nr. 2 Satz 1 EStG)	6.136 €	
	./. Kürzung um 16 % der Einnahmen aus nichtselbständiger Arbeit (§ 10 Abs. 3 Nr. 2 Satz 2 Buchstabe a EStG)	0 €	
	+ Grundhöchstbetrag (§ 10 Abs. 3 Nr. 1 EStG)	2.668 €	
	+ Höchstbetrag für freiwillige zusätzliche Pflegeversicherung (§ 10 Abs. 3 Nr. 3 EStG)	368 €	
	+ hälftiger Höchstbetrag (§ 10 Abs. 3 Nr. 4 EStG)	1.334 €	
	= Summe Vorsorgeaufwendungen	10.506 €	
	= Summe Sonderausgaben		**17.894 €**
=	**Einkommen** (§ 2 Abs. 4 EStG)		**208.935 €**
./.	**Freibeträge** (§ 32 Abs. 6 EStG)		
	Kinderfreibetrag	7.296 €	
	+ Freibetrag für Betreuung, Erziehung und Ausbildung	4.320 €	
	= Summe Freibeträge		**11.616 €**
=	**zu versteuerndes Einkommen (tariflich gerundet)** (§ 2 Abs. 5 Satz 1 EStG)		**197.316 €**
→	**tarifliche Einkommensteuer ohne Progressionsvorbehalt** (§ 32a EStG; Splittingverfahren)		**75.954 €**

	Progressionsvorbehalt		
	(32b EStG)		
	Zu versteuerndes Einkommen		197.319 €
+	aus Frankreich stammende Einnahmen aus nichtselbständiger Arbeit (französisches Geschäftsführergehalt)		25.000 €
./.	Arbeitnehmer-Pauschbetrag (§ 9a Satz 1 Nr. 1 EStG)		1.044 €
=	modifiziertes zu versteuerndes Einkommen		221.292 €
→	fiktive tarifliche Einkommensteuer (Splittingverfahren)		87.582 €
→	Einkommensteuersatz		39,58%
	Anwendung auf zu versteuerndes Einkommen		197.316 €
→	**tarifliche Einkommensteuer mit Progressionsvorbehalt** (Splittingverfahren)		**78.093 €**
	Verringerung der tariflichen Einkommensteuer um Steuerermäßigungen		
	(§ 2 Abs. 6 Satz 1 EStG)		
	Tarifliche Einkommensteuer mit Progressionsvorbehalt (Splittingverfahren)		78.093 €
./.	**Anrechnung der französischen Quellensteuern**		
	(§ 34c Abs. 6 Satz 2 EStG i.V.m. § 34c Abs. 1 EStG)		
	Berechnung des Anrechnungshöchstbetrags (§ 34c Abs. 1 Satz 2 EStG)		
	tarifliche Einkommensteuer mit Progressionsvorbehalt (Splittingverfahren)	78.093 €	
	÷ Summe der Einkünfte	226.829 €	
	• ausländische Einkünfte	22.676 €	
	= Anrechnungshöchstbetrag	7.807 €	
	> anteilige ausländische Quellensteuer auf Ausschüttung und „précompte“	6.803 €	
	→ anteilige ausländische Quellensteuer auf Ausschüttung und „précompte“		**6.803 €**
./.	**Steuerermäßigung bei Einkünften aus Gewerbebetrieb**		
	(35 Abs. 1 Nr. 2 EStG)		
	Gewerbesteuer	88.579 €	
	÷ Hebesatz	428,00%	
	÷ Anzahl Gesellschafter	2	
	= anteiliger Steuermessbetrag	10.348 €	
	• Multiplikator	1,8	
	= vorläufiger Steuerermäßigungsbetrag	18.626 €	
	< Einkommensteuer auf gewerbliche Einkünfte	71.290 €	
	→ endgültiger Steuerermäßigungsbetrag		**18.626 €**
=	**festzusetzende Einkommensteuer**		**52.664 €**
=	zu zahlende Einkommensteuer		52.664 €
	Vergleich Vorteil durch Ansatz Freibeträge gem. § 32 Abs. 6 EStG mit Kindergeld		
	Festzusetzende Einkommensteuer ohne Freibeträge		58.179 €
./.	festzusetzende Einkommensteuer		52.664 €
=	Vorteil durch Ansatz Freibeträge		5.516 €
	> Kindergeld		3.696 €

Solidaritätszuschlag auf Einkommensteuer (D)

	Festzusetzende Einkommensteuer (§ 3 Abs. 1 Nr. 1 SolZG i.V.m. § 3 Abs. 2 SolZG)	52.664 €
•	Solidaritätszuschlagsatz (§ 4 Abs. 1 Satz 1 SolZG)	5,50%
=	**Solidaritätszuschlag**	**2.897 €**

Kirchensteuer (D)

	Modifizierte festzusetzende Einkommensteuer (keine Anwendung des Halbeinkünfteverfahrens)	63.465 €
+	Steuerermäßigung gem. § 35 EStG	18.626 €
=	Bemessungsgrundlage Kirchensteuer (§ 51a Abs. 2 EStG)	82.091 €
•	Kirchensteuersatz	9,00%
=	**Kirchensteuer**	**7.388 €**

Kapitalgesellschaft – natürliche Personen – Personenhandelsgesellschaft

IR (F)

	Jahresüberschuss französische Personenhandelsgesellschaft vor Steuern	200.000 €
./.	Grundsteuer (F)	8.634 €
./.	„taxe professionnelle“ (F)	42.000 €
./.	lohnsummenabhängige Steuern (F)	22.200 €
=	**Jahresüberschuss französische Personenhandelsgesellschaft nach ertragsunabhängigen Steuern**	**127.166 €**
→	anteiliger Jahresüberschuss französische Personenhandelsgesellschaft nach Steuern	63.583 €
+	anteiliges von französischer Personenhandelsgesellschaft gezahltes Geschäftsführergehalt	25.000 €
=	**Einkünfte aus Gewerbebetrieb**	**88.583 €**
=	Bruttoeinkommen	
=	Nettoeinkommen	
=	**zu versteuerndes Einkommen** (Art. 13 2. CGI)	**88.583 €**
÷	Anzahl Teile (Art. 193 Abs. 1 CGI; Anzahl der Teile gem. Art. 194 I. Abs. 1 CGI)	3
=	Familienquotient	29.528 €
→	Steuerschuld pro Teil (Art. 193 Abs. 2 CGI; Anwendung des Tarifs in Art. 197 I. 1. CGI)	6.967 €
•	Anzahl Teile (Art. 193 Abs. 3 CGI)	3
=	vorläufige Einkommensteuerschuld vor Abschlag	20.902 €
./.	5%iger Abschlag (Art. 1 loi n° 2002-1050 vom 6.8.2002)	1.045 €
=	**vorläufige Einkommensteuerschuld nach Abschlag**	19.857 €

Beschränkung des Vorteils aus der Anwendung des Familienquotienten
(Art. 197 I. 2. CGI)

	Zu versteuerndes Einkommen	88.583 €
÷	Anzahl Teile (lediglich Teile für verheiratete Steuerpflichtige) (Art. 193 Abs. 1 CGI; Anzahl der Teile gem. Art. 194 I. Abs. 1 CGI)	2
=	Familienquotient	44.291 €
→	Steuerschuld pro Teil (Art. 193 Abs. 2 CGI; Anwendung des Tarifs in Art. 197 I. 1. CGI)	13.406 €
•	Anzahl Teile (Art. 193 Abs. 3 CGI)	2
=	vorläufige Einkommensteuerschuld vor Abschlag	26.813 €
./.	5%iger Abschlag (Art. 1 loi n° 2002-1050 vom 6.8.2002)	1.341 €
=	**Einkommensteuerschuld bei modifizierter Anzahl der Teile nach Abschlag**	**25.472 €**
./.	vorläufige Einkommensteuerschuld	19.857 €
=	Vorteil aus Anwendung Familienquotient	5.615 €
>	maximaler Vorteil pro kinderbezogenem halbem Teil	2.017 €
•	Anzahl kinderbezogene halbe Teile	2
=	maximaler Gesamtvorteil	4.034 €
→	**Korrektur der Einkommensteuerschuld**	
	Einkommensteuerschuld bei modifizierter Anzahl der Teile	25.472 €
./.	maximaler Gesamtvorteil	4.034 €
=	**Einkommensteuerschuld bei begrenztem Gesamtvorteil**	**21.438 €**

Überprüfung auf Mindeststeuersatz für beschränkt Steuerpflichtige
(Art. 197 A a) CGI)

	Einkommensteuerschuld	21.438 €
÷	zu versteuerndes Einkommen	88.583 €
=	effektiver Steuersatz	24,20%
<	Mindeststeuersatz für beschränkt Steuerpflichtige	25,00%
→	**endgültige Einkommensteuerschuld**	22.146 €

Gewerbesteuer (D)

	Jahresüberschuss deutsche Kapitalgesellschaft vor Steuern	400.000 €
./.	Grundsteuer	3.115 €
=	körperschaftsteuerlicher Gewinn aus Gewerbebetrieb nach Grundsteuer, vor Abzug Gewerbesteuer (§ 7 Satz 1 GewStG)	396.885 €
+	Hälfte der Dauerschuldzinsen (§ 8 Nr. 1 GewStG)	57.500 €
./.	1,2% des gem. § 121a BewG erhöhten Einheitswerts der Betriebsgrundstücke (§ 9 Nr. 1 GewStG)	3.360 €
=	Gewerbeertrag vor Freibetrag und Rundung	451.025 €
./.	Abrundung auf volle 100 € (§ 11 Abs. 1 Satz 3 GewStG)	25 €
=	**Gewerbeertrag**	**451.000 €**
→	Anwendung Steuermesszahl und Hebesatz (§ 11 Abs. 2 Nr. 2 GewStG und § 16 Abs. 1 GewStG) (Berücksichtigung der Abzugsfähigkeit der Gewerbesteuer von ihrer eigenen Bemessungsgrundlage)	
=	**Gewerbesteuerschuld**	**79.501 €**

Körperschaftsteuer (D)

	Jahresüberschuss deutsche Kapitalgesellschaft vor Steuern	400.000 €
./.	Grundsteuer (D)	3.115 €
./.	Gewerbesteuer (D)	79.501 €
=	körperschaftsteuerliches Einkommen (§ 8 KStG)	317.384 €
•	Körperschaftsteuersatz (§ 23 Abs. 1 KStG)	25,00%
=	tarifliche Körperschaftsteuer	79.346 €
=	**festzusetzende Körperschaftsteuer**	**79.346 €**

Solidaritätszuschlag auf Körperschaftsteuer (D)

	Festzusetzende Körperschaftsteuer (§ 3 Abs. 1 Nr. 1 SolZG)	79.346 €
•	Solidaritätszuschlagsatz (§ 4 Abs. 1 Satz 1 SolZG)	5,50%
=	**Solidaritätszuschlag**	**4.364 €**

Berechnung des Ausschüttungsbetrags (D)

	Jahresüberschuss deutsche Kapitalgesellschaft vor Steuern	400.000 €
./.	Grundsteuer (D)	3.115 €
./.	Gewerbesteuer (D)	79.501 €
./.	Körperschaftsteuer (D)	79.346 €
./.	Solidaritätszuschlag (D)	4.364 €
=	**Bruttobardividende**	**233.674 €**
./.	Kapitalertragsteuer (D) (§ 43 Abs. 1 Satz 1 Nr. 1 EStG; § 43a Abs. 1 Nr. 1 EStG)	46.735 €
=	Nettobardividende	186.939 €
./.	Solidaritätszuschlag (D) (§ 3 Abs. 1 Nr. 5 SolZG; § 4 Abs. 1 Satz 1 SolZG)	2.570 €
=	Auszahlungsbetrag (Nettobardividende nach Solidaritätszuschlag)	184.369 €

Einkommensteuer (D)

Hälftige anteilige Bruttobardividende (§ 3 Nr. 40 Satz 1 Buchstabe d EStG)	58.419 €	
./. Werbungskosten-Pauschbetrag (§ 9a Satz 1 Nr. 2 EStG)	102 €	
./. Sparer-Freibetrag (§ 20 Abs. 4 Satz 2 EStG)	3.100 €	
= **Einkünfte aus Kapitalvermögen** (§ 20 Abs. 1 Nr. 1 EStG)		**55.217 €**
Anteiliges von deutscher Kapitalgesellschaft gezahltes Geschäftsführergehalt	50.000 €	
./. Arbeitnehmer-Pauschbetrag (§ 9a Satz 1 Nr. 1 EStG)	1.044 €	
= **Einkünfte aus nichtselbständiger Arbeit** (19 Abs. 1 Satz 1 Nr. 1 EStG)		**48.956 €**
→ Summe der Einkünfte (§ 2 Abs. 3 Satz 1 EStG)		104.173 €
= **Gesamtbetrag der Einkünfte** (§ 2 Abs. 4 EStG)		**104.173 €**
./. **Sonderausgaben**		
Kirchensteuer (§ 10 Abs. 1 Nr. 4 EStG)	5.084 €	
+ Vorsorgeaufwendungen (10 Abs. 1 Nr. 2 EStG)		
Vorwegabzug (§ 10 Abs. 3 Nr. 2 Satz 1 EStG)	6.136 €	
./. Kürzung um 16 % der Einnahmen aus nichtselbständiger Arbeit (§ 10 Abs. 3 Nr. 2 Satz 2 Buchstabe a EStG)	8.000 €	
= verbleibender Vorwegabzug	0 €	
+ Grundhöchstbetrag (§ 10 Abs. 3 Nr. 1 EStG)	2.668 €	
+ Höchstbetrag für freiwillige zusätzliche Pflegeversicherung (§ 10 Abs. 3 Nr. 3 EStG)	368 €	
+ hälftiger Höchstbetrag (§ 10 Abs. 3 Nr. 4 EStG)	1.334 €	
= Summe Vorsorgeaufwendungen	4.370 €	
= Summe Sonderausgaben		**9.454 €**
= **Einkommen** (§ 2 Abs. 4 EStG)		**94.718 €**

./.	**Freibeträge** (§ 32 Abs. 6 EStG)		
	Kinderfreibetrag	7.296 €	
	+ Freibetrag für Betreuung, Erziehung und Ausbildung	4.320 €	
	= Summe Freibeträge		**11.616 €**
=	**zu versteuerndes Einkommen (tariflich gerundet)** (§ 2 Abs. 5 Satz 1 EStG)		**83.124 €**
→	**tarifliche Einkommensteuer** (§ 32a EStG; Splittingverfahren)		**21.572 €**
	Progressionsvorbehalt (32b EStG)		
	Zu versteuerndes Einkommen		83.102 €
+	französische Einkünfte aus Gewerbebetrieb		88.583 €
=	modifiziertes zu versteuerndes Einkommen		171.684 €
→	fiktive tarifliche Einkommensteuer (Splittingverfahren)		63.522 €
→	Einkommensteuersatz		37,00%
	Anwendung auf zu versteuerndes Einkommen		83.124 €
→	**tarifliche Einkommensteuer mit Progressionsvorbehalt** (Splittingverfahren)		**30.755 €**
=	**festzusetzende Einkommensteuer**		**30.755 €**
./.	anteilige bei Kapitalgesellschaft auf Ausschüttung einbehaltene Kapitalertragsteuer		23.367 €
=	zu zahlende Einkommensteuer		7.388 €
	Vergleich Vorteil durch Ansatz Freibeträge gem. § 32 Abs. 6 EStG mit Kindergeld		
	Festzusetzende Einkommensteuer ohne Freibeträge		35.733 €
./.	festzusetzende Einkommensteuer		30.755 €
=	Vorteil durch Ansatz Freibeträge		4.978 €
	> Kindergeld		3.696 €

Solidaritätszuschlag auf Einkommensteuer (D)

	Festzusetzende Einkommensteuer (§ 3 Abs. 1 Nr. 1 SolZG i.V.m. § 3 Abs. 2 SolZG)	30.755 €
•	Solidaritätszuschlagsatz (§ 4 Abs. 1 Satz 1 SolZG)	5,50%
=	Solidaritätszuschlag	**1.692 €**
./.	anteiliger Solidaritätszuschlag auf Kapitalertragsteuer	1.285 €
=	**zu zahlender Solidaritätszuschlag**	**406 €**

Kirchensteuer (D)

	Modifizierte festzusetzende Einkommensteuer (keine Anwendung des Halbeinkünfteverfahrens)	56.491 €
=	Bemessungsgrundlage Kirchensteuer (§ 51a Abs. 2 EStG)	56.491 €
•	Kirchensteuersatz	9,00%
=	**Kirchensteuer**	**5.084 €**

Kapitalgesellschaft – natürliche Personen – optierte Personenhandelsgesellschaft

IS (F)

	Jahresüberschuss optierte französische Personenhandelsgesellschaft vor Steuern		200.000 €
./.	Grundsteuer (F)		8.634 €
./.	„taxe professionnelle" (F)		42.000 €
./.	lohnsummenabhängige Steuern (F)		22.200 €
=	**Jahresüberschuss nach ertragsunabhängigen Steuern**		**127.166 €**
	Aufteilung Jahresüberschuss		
	→ Ermäßigt besteuerter Teil des Jahresüberschusses	38.120 €	
	→ Normal besteuerter Teil des Jahresüberschuss	89.046 €	
	Berechnung IS		
	Ermäßigt besteuerter Teil des Jahresüberschusses	38.120 €	
	• ermäßigter Satz IS	15,00%	
	= IS auf ermäßigt besteuerten Teil der Bemessungsgrundlage (Art. 219 I. b Abs. 1 CGI)	5.718 €	
	Normal besteuerter Teil des Jahresüberschuss	89.046 €	
	• normaler Satz IS	33,33%	
	= IS auf normal besteuerten Teil der Bemessungsgrundlage (Art. 219 I. Abs. 2 CGI)	29.682 €	
→	Gesamtbetrag IS		**35.400 €**
	Zuschläge zur IS		
	„contribution sur l'impôt sur les sociétés"		
	Körperschaftsteuerschuld	35.400 €	
	• Satz der „contribution sur l'impôt sur les sociétés"	3,00%	
	= „contribution sur l'impôt sur les sociétés" (Art. 235 ter ZA I. CGI)	1.062 €	
	„contribution sociale sur l'impôt sur les sociétés"		
	Körperschaftsteuerschuld	35.400 €	
	./. Grenze für Erhebung der „contribution sociale sur l'impôt sur les sociétés"	763.000 €	
	= übersteigender Teil	0 €	
	• Satz der „contribution sociale sur l'impôt sur les sociétés"	3,30%	
	= „contribution sociale sur l'impôt sur les sociétés" (Art. 235 ter ZC I. CGI)	0 €	
→	Gesamtbetrag Zuschläge		**1.062 €**

→	Jahresüberschuss nach ertragsunabhängigen Steuern	127.166 €
./.	IS	35.400 €
./.	Zuschläge zur IS	1.062 €
=	**Jahresüberschuss nach Steuern**	**90.704 €**

„précompte“

Ausgeschütteter Jahresüberschuss	**85.143 €**
bestehend aus:	
▪ normal besteuertem Teil (nach Abzug IS)	59.364 €
▪ ermäßigt besteuertem Teil (nach Abzug IS)	25.780 €

Ermittlung „précompte“ auf ermäßigt besteuerten Teil
(Art. 223 sexies 1. Abs. 1 CGI)

	Ermäßigt besteuerter Teil nach Abzug IS	25.780 €	
+	hierauf lastende ermäßigte IS	4.549 €	
=	Bruttobetrag vor IS	30.329 €	
•	normaler Satz IS	33,33%	
=	„normale“ IS auf ermäßigten Teil	10.110 €	
./.	ermäßigte IS	4.549 €	
=	Differenz zur „normalen“ IS	5.560 €	
→	**zu zahlender „précompte“**		**5.560 €**

IR (F)

	Anteiliges von optierter französischer Personenhandelsgesellschaft gezahltes Geschäftsführergehalt		25.000 €
=	Einnahmen aus Geschäftsführergehältern		25.000 €
./.	pauschaler Abzugsbetrag (Art. 83 3° Abs. 2 CGI)		2.500 €
=	Einnahmen aus Geschäftsführergehältern nach pauschalem Abzugsbetrag		22.500 €
./.	Freibetrag (Art. 158 5. a) Abs. 4 CGI)		4.500 €
=	**Einkünfte aus Geschäftsführergehältern**		**18.000 €**
→	Aufteilung der Einkünfte aus Geschäftsführergehältern (Art. 182 A III. und IV. CGI)		
	1. Teilbetrag (bis 9.839 €)	9.839 €	
	• Steuersatz 1. Teilbetrag	0,00%	
	= **Quellensteuer**		**0 €**
	2. Teilbetrag (ab 9.839 € bis 28.548 €)	8.161 €	
	• Steuersatz 2. Teilbetrag	15,00%	
	= **Quellensteuer (befreiend)**		**1.224 €**
	3. Teilbetrag (ab 28.548 €)	0 €	
	• Steuersatz 3. Teilbetrag	25,00%	
	= **Quellensteuer (anrechenbar)**		**0 €**
	Ausschüttung		
	Anteilige Ausschüttung aus optierter französischer Personenhandelsgesellschaft	42.572 €	
	• Quellensteuersatz	15,00%	
	= **Quellensteuer (befreiend)** (Art. 119 bis 2. CGI i.V.m. Art. 187 1. CGI) (Art. 9 Abs. 7 DBA-D/F i.V.m. Art. 9 Abs. 2 DBA-D/F)		**6.386 €**
	Erstatteter „précompte"		
	Anteiliger erstatteter „précompte"	2.780 €	
	• Quellensteuersatz	15,00%	
	= **Quellensteuer (befreiend)** (Art. 9 Abs. 4 DBA-D/F i.V.m. Art. 9 Abs. 2 DBA-D/F)		**417 €**
→	**befreiende Quellensteuer**		**8.027 €**
→	**anrechenbare Quellensteuer**		**0 €**
→	**zu versteuerndes Einkommen** (Art. 13 2. CGI)		**0 €**

Gewerbesteuer (D)

	Jahresüberschuss deutsche Kapitalgesellschaft vor Steuern	400.000 €
./.	Grundsteuer	3.115 €
=	körperschaftsteuerlicher Gewinn aus Gewerbebetrieb nach Grundsteuer, vor Abzug Gewerbesteuer (§ 7 Satz 1 GewStG)	396.885 €
+	Hälfte der Dauerschuldzinsen (§ 8 Nr. 1 GewStG)	57.500 €
./.	1,2% des gem. § 121a BewG erhöhten Einheitswerts der Betriebsgrundstücke (§ 9 Nr. 1 GewStG)	3.360 €
=	Gewerbeertrag vor Freibetrag und Rundung	451.025 €
./.	Abrundung auf volle 100 € (§ 11 Abs. 1 Satz 3 GewStG)	25 €
=	**Gewerbeertrag**	**451.000 €**
→	Anwendung Steuermesszahl und Hebesatz (§ 11 Abs. 2 Nr. 2 GewStG und § 16 Abs. 1 GewStG) (Berücksichtigung der Abzugsfähigkeit der Gewerbesteuer von ihrer eigenen Bemessungsgrundlage)	
=	**Gewerbesteuerschuld**	**79.501 €**

Körperschaftsteuer (D)

	Jahresüberschuss deutsche Kapitalgesellschaft vor Steuern	400.000 €
./.	Grundsteuer (D)	3.115 €
./.	Gewerbesteuer (D)	79.501 €
=	körperschaftsteuerliches Einkommen (§ 8 KStG)	317.384 €
•	Körperschaftsteuersatz (§ 23 Abs. 1 KStG)	25,00%
=	tarifliche Körperschaftsteuer	79.346 €
=	**festzusetzende Körperschaftsteuer**	**79.346 €**

Solidaritätszuschlag auf Körperschaftsteuer (D)

	Festzusetzende Körperschaftsteuer (§ 3 Abs. 1 Nr. 1 SolZG)	79.346 €
•	Solidaritätszuschlagsatz (§ 4 Abs. 1 Satz 1 SolZG)	5,50%
=	**Solidaritätszuschlag**	**4.364 €**

Berechnung des Ausschüttungsbetrags (D)

	Jahresüberschuss deutsche Kapitalgesellschaft vor Steuern	400.000 €
./.	Grundsteuer (D)	3.115 €
./.	Gewerbesteuer (D)	79.501 €
./.	Körperschaftsteuer (D)	79.346 €
./.	Solidaritätszuschlag (D)	4.364 €
=	**Bruttobardividende**	**233.674 €**
./.	Kapitalertragsteuer (D) (§ 43 Abs. 1 Satz 1 Nr. 1 EStG; § 43a Abs. 1 Nr. 1 EStG)	46.735 €
=	Nettobardividende	186.939 €
./.	Solidaritätszuschlag (D) (§ 3 Abs. 1 Nr. 5 SolZG; § 4 Abs. 1 Satz 1 SolZG)	2.570 €
=	Auszahlungsbetrag (Nettobardividende nach Solidaritätszuschlag)	184.369 €

Einkommensteuer (D)

	Hälftige anteilige Bruttobardividende (§ 3 Nr. 40 Satz 1 Buchstabe d EStG)	58.419 €	
./.	Werbungskosten-Pauschbetrag (§ 9a Satz 1 Nr. 2 EStG)	102 €	
./.	Sparer-Freibetrag (§ 20 Abs. 4 Satz 2 EStG)	3.100 €	
=	**Einkünfte aus Kapitalvermögen** (§ 20 Abs. 1 Nr. 1 EStG)		**55.217 €**
	Anteiliges von deutscher Kapitalgesellschaft gezahltes Geschäftsführergehalt	50.000 €	
./.	Arbeitnehmer-Pauschbetrag (§ 9a Satz 1 Nr. 1 EStG)	1.044 €	
=	**Einkünfte aus nichtselbständiger Arbeit** (19 Abs. 1 Satz 1 Nr. 1 EStG)		**48.956 €**
→	Summe der Einkünfte (§ 2 Abs. 3 Satz 1 EStG)		104.173 €
=	**Gesamtbetrag der Einkünfte** (§ 2 Abs. 4 EStG)		**104.173 €**
./.	**Sonderausgaben**		
	Kirchensteuer (§ 10 Abs. 1 Nr. 4 EStG)	5.084 €	
	+ Vorsorgeaufwendungen (10 Abs. 1 Nr. 2 EStG)		
	Vorwegabzug (§ 10 Abs. 3 Nr. 2 Satz 1 EStG)	6.136 €	
	./. Kürzung um 16 % der Einnahmen aus nichtselbständiger Arbeit (§ 10 Abs. 3 Nr. 2 Satz 2 Buchstabe a EStG)	8.000 €	
	= verbleibender Vorwegabzug	0 €	
	+ Grundhöchstbetrag (§ 10 Abs. 3 Nr. 1 EStG)	2.668 €	
	+ Höchstbetrag für freiwillige zusätzliche Pflegeversicherung (§ 10 Abs. 3 Nr. 3 EStG)	368 €	
	+ hälftiger Höchstbetrag (§ 10 Abs. 3 Nr. 4 EStG)	1.334 €	
	= Summe Vorsorgeaufwendungen	4.370 €	
	= Summe Sonderausgaben		**9.454 €**
=	**Einkommen** (§ 2 Abs. 4 EStG)		**94.718 €**

./.	**Freibeträge**		
	(§ 32 Abs. 6 EStG)		
	Kinderfreibetrag	7.296 €	
	+ Freibetrag für Betreuung, Erziehung und Ausbildung	4.320 €	
	= Summe Freibeträge		**11.616 €**
=	**zu versteuerndes Einkommen (tariflich gerundet)**		**83.124 €**
	(§ 2 Abs. 5 Satz 1 EStG)		
→	**tarifliche Einkommensteuer**		**21.572 €**
	(§ 32a EStG; Splittingverfahren)		
	Progressionsvorbehalt		
	(32b EStG)		
	Zu versteuerndes Einkommen		83.102 €
+	in Frankreich erzielte Einkünfte aus Gewerbebetrieb		88.583 €
=	modifiziertes zu versteuerndes Einkommen		171.684 €
→	fiktive tarifliche Einkommensteuer (Splittingverfahren)		63.522 €
→	Einkommensteuersatz		37,00%
	Anwendung auf zu versteuerndes Einkommen		83.124 €
→	**tarifliche Einkommensteuer mit Progressionsvorbehalt**		**30.755 €**
	(Splittingverfahren)		
=	**festzusetzende Einkommensteuer**		**30.755 €**
./.	anteilige bei Kapitalgesellschaft auf Ausschüttung einbehaltene Kapitalertragsteuer		23.367 €
=	zu zahlende Einkommensteuer		7.388 €
	Vergleich Vorteil durch Ansatz Freibeträge gem. § 32 Abs. 6 EStG mit Kindergeld		
	Festzusetzende Einkommensteuer ohne Freibeträge		35.733 €
./.	festzusetzende Einkommensteuer		30.755 €
=	Vorteil durch Ansatz Freibeträge		4.978 €
	> Kindergeld		3.696 €

Solidaritätszuschlag auf Einkommensteuer (D)

	Festzusetzende Einkommensteuer (§ 3 Abs. 1 Nr. 1 SolZG i.V.m. § 3 Abs. 2 SolZG)	30.755 €
•	Solidaritätszuschlagsatz (§ 4 Abs. 1 Satz 1 SolZG)	5,50%
=	**Solidaritätszuschlag**	**1.692 €**
./.	anteiliger Solidaritätszuschlag auf Kapitalertragsteuer	1.285 €
	zu zahlender Solidaritätszuschlag	406 €

Kirchensteuer (D)

	Modifizierte festzusetzende Einkommensteuer (keine Anwendung des Halbeinkünfteverfahrens)	56.491 €
=	Bemessungsgrundlage Kirchensteuer (§ 51a Abs. 2 EStG)	56.491 €
•	Kirchensteuersatz	9,00%
=	**Kirchensteuer**	**5.084 €**

Kapitalgesellschaft – natürliche Personen – Kapitalgesellschaft

IS (F)

	Jahresüberschuss französische Kapitalgesellschaft vor Steuern		200.000 €
./.	Grundsteuer (F)		8.634 €
./.	„taxe professionnelle" (F)		42.000 €
./.	lohnsummenabhängige Steuern (F)		22.200 €
=	**Jahresüberschuss nach ertragsunabhängigen Steuern**		**127.166 €**
	Aufteilung Jahresüberschuss		
	→ Ermäßigt besteuerter Teil des Jahresüberschusses	38.120 €	
	→ Normal besteuerter Teil des Jahresüberschuss	89.046 €	
	Berechnung IS		
	Ermäßigt besteuerter Teil des Jahresüberschusses	38.120 €	
	• ermäßigter Satz IS	15,00%	
	= IS auf ermäßigt besteuerten Teil der Bemessungsgrundlage (Art. 219 I. b Abs. 1 CGI)	5.718 €	
	Normal besteuerter Teil des Jahresüberschuss	89.046 €	
	• normaler Satz IS	33,33%	
	= IS auf normal besteuerten Teil der Bemessungsgrundlage (Art. 219 I. Abs. 2 CGI)	29.682 €	
→	Gesamtbetrag IS		**35.400 €**
	Zuschläge zur IS		
	„contribution sur l'impôt sur les sociétés"		
	Körperschaftsteuerschuld	35.400 €	
	• Satz der „contribution sur l'impôt sur les sociétés"	3,00%	
	= „contribution sur l'impôt sur les sociétés" (Art. 235 ter ZA I. CGI)	1.062 €	
	„contribution sociale sur l'impôt sur les sociétés"		
	Körperschaftsteuerschuld	35.400 €	
	./. Grenze für Erhebung der „contribution sociale sur l'impôt sur les sociétés"	763.000 €	
	= übersteigender Teil	0 €	
	• Satz der „contribution sociale sur l'impôt sur les sociétés"	3,30%	
	= „contribution sociale sur l'impôt sur les sociétés" (Art. 235 ter ZC I. CGI)	0 €	
→	Gesamtbetrag Zuschläge		**1.062 €**
→	Jahresüberschuss nach ertragsunabhängigen Steuern		127.166 €
./.	IS		35.400 €
./.	Zuschläge zur IS		1.062 €
=	**Jahresüberschuss nach Steuern**		**90.704 €**

„précompte"		
Ausgeschütteter Jahresüberschuss		**85.143 €**
bestehend aus:		
▪ normal besteuertem Teil (nach Abzug IS)		59.364 €
▪ ermäßigt besteuertem Teil (nach Abzug IS)		25.780 €
Ermittlung „précompte" auf ermäßigt besteuerten Teil		
(Art. 223 sexies 1. Abs. 1 CGI)		
Ermäßigt besteuerter Teil nach Abzug IS	25.780 €	
+ hierauf lastende ermäßigte IS	4.549 €	
= Bruttobetrag vor IS	30.329 €	
• normaler Satz IS	33,33%	
= „normale" IS auf ermäßigten Teil	10.110 €	
./. ermäßigte IS	4.549 €	
= Differenz zur „normalen" IS	5.560 €	
→ **zu zahlender „précompte"**		**5.560 €**

IR (F)

	Anteiliges von französischer Kapitalgesellschaft gezahltes Geschäftsführergehalt		25.000 €
=	Einnahmen aus Geschäftsführergehältern		25.000 €
./.	pauschaler Abzugsbetrag (Art. 83 3° Abs. 2 CGI)		2.500 €
=	Einnahmen aus Geschäftsführergehältern nach pauschalem Abzugsbetrag		22.500 €
./.	Freibetrag (Art. 158 5. a) Abs. 4 CGI)		4.500 €
=	**Einkünfte aus Geschäftsführergehältern**		**18.000 €**
→	Aufteilung der Einkünfte aus Geschäftsführergehältern (Art. 182 A III. und IV. CGI)		
	1. Teilbetrag (bis 9.839 €)	9.839 €	
	• Steuersatz 1. Teilbetrag	0,00%	
	= **Quellensteuer**		**0 €**
	2. Teilbetrag (ab 9.839 € bis 28.548 €)	8.161 €	
	• Steuersatz 2. Teilbetrag	15,00%	
	= **Quellensteuer (befreiend)**		**1.224 €**
	3. Teilbetrag (ab 28.548 €)	0 €	
	• Steuersatz 3. Teilbetrag	25,00%	
	= **Quellensteuer (anrechenbar)**		**0 €**

	Ausschüttung		
	Anteilige Ausschüttung aus französischer Kapitalgesellschaft	42.572 €	
	• Quellensteuersatz	15,00%	
	= **Quellensteuer (befreiend)** (Art. 119 bis 2. CGI i.V.m. Art. 187 1. CGI) (Art. 9 Abs. 2 DBA-D/F)		**6.386 €**
	Erstatteter „précompte“		
	Anteiliger erstatteter „précompte“	2.780 €	
	• Quellensteuersatz	15,00%	
	= **Quellensteuer (befreiend)** (Art. 9 Abs. 4 DBA-D/F i.V.m. Art. 9 Abs. 2 DBA-D/F)		**417 €**
→	**befreiende Quellensteuer**		**8.027 €**
→	**anrechenbare Quellensteuer**		**0 €**
→	**zu versteuerndes Einkommen** (Art. 13 2. CGI)		**0 €**

Gewerbesteuer (D)

	Jahresüberschuss deutsche Kapitalgesellschaft vor Steuern	400.000 €
./.	Grundsteuer	3.115 €
=	körperschaftsteuerlicher Gewinn aus Gewerbebetrieb nach Grundsteuer, vor Abzug Gewerbesteuer (§ 7 Satz 1 GewStG)	396.885 €
+	Hälfte der Dauerschuldzinsen (§ 8 Nr. 1 GewStG)	57.500 €
./.	1,2% des gem. § 121a BewG erhöhten Einheitswerts der Betriebsgrundstücke (§ 9 Nr. 1 GewStG)	3.360 €
=	Gewerbeertrag vor Freibetrag und Rundung	451.025 €
./.	Abrundung auf volle 100 € (§ 11 Abs. 1 Satz 3 GewStG)	25 €
=	**Gewerbeertrag**	**451.000 €**
→	Anwendung Steuermesszahl und Hebesatz (§ 11 Abs. 2 Nr. 2 GewStG und § 16 Abs. 1 GewStG) (Berücksichtigung der Abzugsfähigkeit der Gewerbesteuer von ihrer eigenen Bemessungsgrundlage)	
=	**Gewerbesteuerschuld**	**79.501 €**

Körperschaftsteuer (D)

	Jahresüberschuss deutsche Kapitalgesellschaft vor Steuern	400.000 €
./.	Grundsteuer (D)	3.115 €
./.	Gewerbesteuer (D)	79.501 €
=	körperschaftsteuerliches Einkommen (§ 8 KStG)	317.384 €
•	Körperschaftsteuersatz (§ 23 Abs. 1 KStG)	25,00%
=	tarifliche Körperschaftsteuer	79.346 €
=	**festzusetzende Körperschaftsteuer**	**79.346 €**

Solidaritätszuschlag auf Körperschaftsteuer (D)

	Festzusetzende Körperschaftsteuer (§ 3 Abs. 1 Nr. 1 SolZG)	79.346 €
•	Solidaritätszuschlagsatz (§ 4 Abs. 1 Satz 1 SolZG)	5,50%
=	**Solidaritätszuschlag**	**4.364 €**

Berechnung des Ausschüttungsbetrags (D)

	Jahresüberschuss deutsche Kapitalgesellschaft vor Steuern	400.000 €
./.	Grundsteuer (D)	3.115 €
./.	Gewerbesteuer (D)	79.501 €
./.	Körperschaftsteuer (D)	79.346 €
./.	Solidaritätszuschlag (D)	4.364 €
=	**Bruttobardividende**	**233.674 €**
./.	Kapitalertragsteuer (D) (§ 43 Abs. 1 Satz 1 Nr. 1 EStG; § 43a Abs. 1 Nr. 1 EStG)	46.735 €
=	Nettobardividende	186.939 €
./.	Solidaritätszuschlag (D) (§ 3 Abs. 1 Nr. 5 SolZG; § 4 Abs. 1 Satz 1 SolZG)	2.570 €
=	Auszahlungsbetrag (Nettobardividende nach Solidaritätszuschlag)	184.369 €

Einkommensteuer (D)

	Hälftige anteilige Bruttobardividende deutsche Kapitalgesellschaft (§ 3 Nr. 40 Satz 1 Buchstabe d EStG)	58.419 €	
+	hälftige anteilige Ausschüttung französische Kapitalgesellschaft und hälftiger erstatteter „précompte“ (§ 3 Nr. 40 Satz 1 Buchstabe d EStG)	22.676 €	
./.	Werbungskosten-Pauschbetrag (§ 9a Satz 1 Nr. 2 EStG)	102 €	
./.	Sparer-Freibetrag (§ 20 Abs. 4 Satz 2 EStG)	3.100 €	
=	**Einkünfte aus Kapitalvermögen** (§ 20 Abs. 1 Nr. 1 EStG)		**77.892 €**
	Anteiliges von deutscher Kapitalgesellschaft gezahltes Geschäftsführergehalt	50.000 €	
./.	Arbeitnehmer-Pauschbetrag (§ 9a Satz 1 Nr. 1 EStG)	1.044 €	
=	**Einkünfte aus nichtselbständiger Arbeit** (19 Abs. 1 Satz 1 Nr. 1 EStG)		**48.956 €**
→	Summe der Einkünfte (§ 2 Abs. 3 Satz 1 EStG)		126.848 €
=	**Gesamtbetrag der Einkünfte** (§ 2 Abs. 4 EStG)		**126.848 €**
./.	**Sonderausgaben**		
	Kirchensteuer (§ 10 Abs. 1 Nr. 4 EStG)	5.941 €	
+	Vorsorgeaufwendungen (10 Abs. 1 Nr. 2 EStG)		
	Vorwegabzug (§ 10 Abs. 3 Nr. 2 Satz 1 EStG)	6.136 €	
./.	Kürzung um 16 % der Einnahmen aus nichtselbständiger Arbeit (§ 10 Abs. 3 Nr. 2 Satz 2 Buchstabe a EStG)	8.000 €	
=	verbleibender Vorwegabzug	0 €	
+	Grundhöchstbetrag (§ 10 Abs. 3 Nr. 1 EStG)	2.668 €	
+	Höchstbetrag für freiwillige zusätzliche Pflegeversicherung (§ 10 Abs. 3 Nr. 3 EStG)	368 €	
+	hälftiger Höchstbetrag (§ 10 Abs. 3 Nr. 4 EStG)	1.334 €	
=	Summe Vorsorgeaufwendungen	4.370 €	
=	Summe Sonderausgaben		**10.311 €**
=	**Einkommen** (§ 2 Abs. 4 EStG)		**116.538 €**

./.	**Freibeträge**		
	(§ 32 Abs. 6 EStG)		
	Kinderfreibetrag	7.296 €	
	+ Freibetrag für Betreuung, Erziehung und Ausbildung	4.320 €	
	= Summe Freibeträge		**11.616 €**
=	**zu versteuerndes Einkommen (tariflich gerundet)**		**104.940 €**
	(§ 2 Abs. 5 Satz 1 EStG)		
→	**tarifliche Einkommensteuer**		**31.186 €**
	(§ 32a EStG; Splittingverfahren)		
	Progressionsvorbehalt		
	(32b EStG)		
	Zu versteuerndes Einkommen		104.922 €
+	französisches Geschäftsführergehalt		25.000 €
=	modifiziertes zu versteuerndes Einkommen		129.924 €
→	fiktive tarifliche Einkommensteuer (Splittingverfahren)		43.268 €
→	Einkommensteuersatz		33,30%
	Anwendung auf zu versteuerndes Einkommen		104.940 €
→	**tarifliche Einkommensteuer mit Progressionsvorbehalt**		**34.948 €**
	(Splittingverfahren)		
	Verringerung der tariflichen Einkommensteuer um Steuerermäßigungen		
	(§ 2 Abs. 6 Satz 1 EStG)		
	Tarifliche Einkommensteuer mit Progressionsvorbehalt (Splittingverfahren)		34.948 €
./.	**Anrechnung der französischen Quellensteuern**		
	(§ 34c Abs. 6 Satz 2 EStG i.V.m. § 34c Abs. 1 EStG)		
	Berechnung des Anrechnungshöchstbetrags		
	(§ 34c Abs. 1 Satz 2 EStG)		
	tarifliche Einkommensteuer mit Progressionsvorbehalt (Splittingverfahren)	34.948 €	
	÷ Summe der Einkünfte	126.848 €	
	• ausländische Einkünfte abzüglich anteiliger Werbungskosten-Pauschbetrag und Sparer-Freibetrag	21.781 €	
	= Anrechnungshöchstbetrag	6.001 €	
	< anteilige ausländische Quellensteuer auf Ausschüttung und „précompte"	6.803 €	
	→ Anrechnungshöchstbetrag		**6.001 €**
=	**festzusetzende Einkommensteuer**		**28.947 €**
./.	anteilige bei Kapitalgesellschaft auf Ausschüttung einbehaltene Kapitalertragsteuer		23.367 €
=	zu zahlende Einkommensteuer		5.580 €
	Vergleich Vorteil durch Ansatz Freibeträge gem. § 32 Abs. 6 EStG mit Kindergeld		
	Festzusetzende Einkommensteuer ohne Freibeträge		34.258 €
./.	festzusetzende Einkommensteuer		28.947 €
=	Vorteil durch Ansatz Freibeträge		5.311 €
	> Kindergeld		3.696 €

Solidaritätszuschlag auf Einkommensteuer (D)

	Festzusetzende Einkommensteuer (§ 3 Abs. 1 Nr. 1 SolZG i.V.m. § 3 Abs. 2 SolZG)	28.947 €
•	Solidaritätszuschlagsatz (§ 4 Abs. 1 Satz 1 SolZG)	5,50%
=	**Solidaritätszuschlag**	**1.592 €**
./.	anteiliger Solidaritätszuschlag auf Kapitalertragsteuer	1.285 €
	zu zahlender Solidaritätszuschlag	307 €

Kirchensteuer (D)

	Modifizierte festzusetzende Einkommensteuer (keine Anwendung des Halbeinkünfteverfahrens)	66.006 €
=	Bemessungsgrundlage Kirchensteuer (§ 51a Abs. 2 EStG)	66.006 €
•	Kirchensteuersatz	9,00%
=	**Kirchensteuer**	**5.941 €**

Quellenverzeichnis

Literatur (Monographien, Zeitschriftenaufsätze und Sammelwerke)

ADLER, HANS/DÜRING, WALTHER/SCHMALTZ, KURT (HRSG.): [§ 18, Rechnungslegung und Prüfung 1997] Kommentierung § 18, Rechnungslegung und Prüfung der Unternehmen: Kommentar zum HGB, AktG, GmbHG, PublG nach den Vorschriften des Bilanzrichtlinien-Gesetzes, Teilband 4, 6. Aufl., Stuttgart 1997, S. 109-150.

ALBRECHT: [Organisationsstruktur 1970] Die Organisationsstruktur multinationaler Unternehmungen, DB 1970, S. 2085-2089.

ARBEITSKREIS PROFESSOR DR. KRÄHE DER SCHMALENBACH-GESELLSCHAFT: [Konzernorganisation 1964] Konzernorganisation, 2. Aufl., Köln/Opladen 1964.

AX, ROLF/GROSSE, THOMAS/MELCHIOR, JÜRGEN: [Abgabenordnung 2001] Abgabenordnung und Finanzgerichtsordnung, 17. Aufl., Stuttgart 2001.

BÄHR, GOTTFRIED: [Gewinnermittlung ausländischer Zweigbetriebe 1971] Gewinnermittlung ausländischer Zweigbetriebe, München 1971.

BAMBERGER, INGOLF/WRONA, THOMAS: [in: MACHARZINA/OESTERLE, Internationales Management 2002] Ursachen und Verläufe von Internationalisierungsentscheidungen mittelständischer Unternehmen, in: Handbuch Internationales Management: Grundlagen – Instrumente – Perspektiven, hrsg. von KLAUS MACHARZINA und MICHAEL-JÖRG OESTERLE, 2. Aufl., Wiesbaden 2002, S. 273-313.

BARANOWSKI, KARL-HEINZ: [Besteuerung 1996] Besteuerung von Auslandsbeziehungen, 2. Aufl., Herne/Berlin 1996.

BARANOWSKI, KARL-HEINZ: [Grundsätze der Verwaltung 2002] Grundsätze der Verwaltung für die Prüfung der Aufteilung des Betriebsvermögens und der Einkünfte bei Betriebsstätten international tätiger Unternehmen, IWB vom 26.1.2000, Fach 3 Deutschland, Gruppe 2, S. 813-842 und IWB vom 9.2.2000, Fach 3 Deutschland, Gruppe 2, S. 843-862.

BARANOWSKI, KARL-HEINZ: [Personengesellschaften 2002] Zur Besteuerung der Einkünfte aus Beteiligungen an ausländischen Personengesellschaften, IWB vom 25.8.1990, Fach 3 Deutschland, Gruppe 2, S. 549-556.

BAUMANN, JÜRGEN: [Rechtswissenschaft 1989] Einführung in die Rechtswissenschaft: ein Studienbuch, 8. Aufl., München 1989.

BAUMHOFF, HUBERTUS: [in: MÖSSNER, Steuerrecht 1998] C. Allgemeine Grundsätze der Gewinnermittlung: II. Einkunftsabgrenzung bei international verbundenen Unternehmen, in: Steuerrecht international tätiger Unternehmen – Handbuch der Besteuerung von Auslandsaktivitäten inländischer Unternehmen und von Inlandsaktivitäten ausländischer Unternehmen, hrsg. von JÖRG M. MÖSSNER, 2. Aufl., Köln 1998, S. 344-493.

BAYER, WALTER: [§ 18, in: KROPFF/SEMLER, Münchener Kommentar 2000] Kommentierung § 18, in: Münchener Kommentar zum Aktiengesetz, hrsg. von BRUNO KROPFF und JOHANNES SEMLER, Band 1, 2. Aufl., München 2000, S. 395-413.

BECHTEL, JÖRG: [Deutsch-französische Investitionen 1993] Deutsch-französische Investitionen legten zu, Europäische Gegenwart 1993, Nr. 1, S. 16-17.

BECKER, HELMUT: [Funktionsnutzen oder Erwirtschaftungsgrundsatz 1990] Funktionsnutzen oder Erwirtschaftungsgrundsatz – Wege zur Ermittlung des zutreffenden Betriebsstättenergebnisses, DB 1990, S. 392-395.

BELLSTEDT, CHRISTOPH: [Besteuerung 1973] Die Besteuerung international verflochtener Gesellschaften, 3. Aufl., Köln 1973.

BELTRAME, PIERRE: [Fiscalité 2001] La fiscalité en France, 8. Aufl., Paris 2001.

BERANEK, AXEL: [Steuerlich optimale Rechtsform 1993] Die steuerlich optimale Rechtsform der Unternehmung: Analyse und EDV-gestützter Modellansatz zur Besteuerung als Entscheidungskomponente, Diss., Hamburg 1993.

BERGEMANN, ACHIM: [Schwerpunkte des Steuersenkungsgesetzes 2000] Unternehmenssteuerreform 2001: Schwerpunkte des Steuersenkungsgesetzes, DStR 2000, S. 1410-1419.

BERGERES, MAURICE-CHRISTIAN: [Caractère attractif 1983] Une manifestation du caractère attractif des bénéfices industriels et commerciaux – l'article 155 du C.G.I., DF 1983, S. 380-384.

BERNHARD, WINFRED: [Verlängerung der Schiedsverfahrenskonvention 1999] Die Verlängerung der Schiedsverfahrenskonvention, IWB vom 25.8.1999, Fach 11 Europäische Gemeinschaften, Gruppe 3, S. 243-246.

BICKEL, WOLFGANG: [Gewerblicher Mittelstand 1981] Der gewerbliche Mittelstand – Definition und Einordnung, ZO 1981, S. 181-184.

BIEG, HARTMUT: [Schwebende Geschäfte 1977] Schwebende Geschäfte in Handels- und Steuerbilanz – Die derzeitige und mögliche bilanzielle Behandlung beiderseits noch nicht erfüllter synallagmatischer Verträge unter besonderer Berücksichtigung der Interessen der Bilanzadressaten, Diss., Frankfurt am Main/Bern 1977.

BIEG, HARTMUT/KUSSMAUL, HEINZ: [Externes Rechnungswesen 2003] Externes Rechnungswesen, 3. Aufl., München/Wien 2003.

BIEG, HARTMUT/KUSSMAUL, HEINZ: [Investition 2000] Investitions- und Finanzierungsmanagement, Band 1: Investition, München 2000.

BIEG, HARTMUT/KUSSMAUL, HEINZ: [Finanzierung 2000] Investitions- und Finanzierungsmanagement, Band 2: Finanzierung, München 2000.

BIEG, HARTMUT/KUSSMAUL, HEINZ: [Finanzwirtschaftliche Entscheidungen 2000] Investitions- und Finanzierungsmanagement, Band 3: Finanzwirtschaftliche Entscheidungen, München 2000.

BIERGANS, ENNO: [Einkommensteuer und Steuerbilanz 1992] Einkommensteuer und Steuerbilanz: systematischer Kommentar, 6. Aufl., München/Wien 1992.

BIRK, DIETER: [§ 12, in: HÜBSCHMANN/HEPP/SPITALER, Abgabenordnung 2002] Kommentierung § 12 in: HÜBSCHMANN, WALTER/HEPP, ERNST/SPITALER, ARMIN: Abgabenordnung – Finanzgerichtsordnung: Kommentar, bearb. von HARTMUT SÖHN, 10. Aufl., Köln 1995 ff. (Loseblatt), Stand: September 2002, Rn. 1-48.

BONE-WINKEL, THOMAS J.: [Internationale betriebswirtschaftliche Steuerbelastungsvergleiche 1994] Internationale betriebswirtschaftliche Steuerbelastungsvergleiche: Stand, Methoden, Entwicklungsmöglichkeiten, Diss., Bielefeld 1994.

BORRMANN, WERNER A.: [in: PERRIDON, Managementprobleme 1970] Typus und Struktur internationaler Unternehmungen, in: Managementprobleme internationaler Unternehmungen, hrsg. von LOUIS PERRIDON, Wiesbaden 1970, S. 17-49.

BOURMONT, JACQUES-HENRY DE/RUBECHI, GUILLAUME: [Verrechnungspreise 2002] Verrechnungspreise im deutsch-französischen Umfeld: Wie sollten sich Konzerne auf eine Betriebsprüfung vorbereiten?, IStR 2002, S. 495-501.

BRACHET, BERNARD: [Système fiscal 1997] Le système fiscal français, 7. Aufl., Paris 1997.

BRANDIS, DIRK: [Einflußfaktoren 1980] Typologie von Einflußfaktoren für private Direktinvestitionen im Ausland, Diss., Frankfurt am Main, 1980.

BREITHECKER, VOLKER: [Internationale Steuerlehre 2002] Einführung in die Internationale Betriebswirtschaftliche Steuerlehre: mit Fallbeispielen, Übungsaufgaben und Lösungen, 2. Aufl., Bielefeld 2002.

BRENNER, DIETER: [in: HAARMANN, Unternehmensstrukturen und Rechtsformen 1996] Personengesellschaften im internationalen Steuerrecht, in: Unternehmensstrukturen und Rechtsformen im internationalen Steuerrecht: aktuelle Schwerpunkte in der Diskussion: Standortwettbewerb, Doppelansässigkeit, Personengesellschaft, stille Gesellschaft, Trust, hrsg. von WILHELM HAARMANN, Köln 1996, S. 63-88.

BRÖNNER, HERBERT/BAREIS, PETER: [Besteuerung der Gesellschaften 1999] Die Besteuerung der Gesellschaften, des Gesellschafterwechsels und der Umwandlungen, 17. Aufl., Stuttgart 1999.

BUCIEK, KLAUS: [§ 6 Abs. 5 EStG 2000] § 6 Abs. 5 EStG im außensteuerlichen Kontext, DStZ 2000, S. 636-639.

BUCIEK, KLAUS: [in: PILTZ/SCHAUMBURG, Internationale Betriebsstättenbesteuerung 2001] Grenzüberschreitender Betriebsvermögenstransfer, in: Internationale Betriebsstättenbesteuerung, hrsg. von DETLEV J. PILTZ und HARALD SCHAUMBURG, Köln 2001, S. 43-64.

BÜLOW, PETER: [Handelsrecht 2001] Handelsrecht, 4. Aufl., Heidelberg 2001.

BUNDESMINISTERIUM FÜR FINANZEN (BMF): [Verrechnungspreisbericht 1995] Stellungnahme des BMF zum neuen Verrechnungspreisbericht des OECD-Rates, IStR 1995, S. 384-385.

BUNDESMINISTERIUM FÜR WIRTSCHAFT (BMWI) (HRSG.): [Unternehmensgrößenstatistik 1997] Unternehmensgrößenstatistik 1997/98 – Daten und Fakten –, bearb. von Institut für Mittelstandsforschung, Bonn 1997.

BÜRKLE, THOMAS/KNEBEL, ANDREAS: [Beteiligungen an Personengesellschaften 1998] Bilanzierung von Beteiligungen an Personengesellschaften, DStR 1998, S. 1067-1072.

BUSSE VON COLBE, WALTHER: [Planung der Betriebsgröße 1964] Die Planung der Betriebsgröße, Wiesbaden 1964.

BUSSIEK, JÜRGEN: [Informationsmanagement im Mittelstand 1994] Informationsmanagement im Mittelstand: Erfolgspotentiale erkennen und nutzen, Wiesbaden 1994.

CABRILLAC, REMY: [Droit 2001] Introduction générale au droit, 4. Aufl., Paris 2001.

CAISSE NATIONALE D'ASSURANCE MALADIE DES PROFESSIONS INDEPENDANTES (CANAM): [Objectif entreprise 2002] Objectif entreprise, 7. Aufl., Saint-Denis 2002.

CANARIS, CLAUS-WILHELM: [Handelsrecht 2000] Handelsrecht – Ein Studienbuch, 23. Aufl., München 2000.

CATTELAENS, HEINER: [Übertragung von Wirtschaftsgütern 1999] Steuerentlastungsgesetz 1999/2000/2002: Neuregelung der Übertragung von Wirtschafsgütern, DB 1999, S. 1083-1084.

CHAMBAULT, ANDRE: [France 1986] France, Cahiers de droit fiscal international LXXIa 1986, S. 291-320.

CHAPPERT, ANDRE: [Constitution de société 1990] Les chausse-trapes fiscales d'une constitution de société, RDef 1990, S. 385-423, S. 449-474, S. 513-534 und S. 577-595.

CHAUSSADE-KLEIN, BERNADETTE: [Gesellschaftsrecht 1998] Gesellschaftsrecht in Frankreich: eine Einführung mit vergleichenden Tabellen, 2. Aufl., München/Berlin/Rehm 1998.

COLASSE, BERNARD: [Comptabilité Générale 2001] Comptabilité Générale (PCG 1999 et IAS), 7. Aufl., Paris 2001.

COZIAN, MAURICE: [Les grands principes 1999] Les grands principes de la fiscalité des entreprises, 4. Aufl., Paris 1999.

COZIAN, MAURICE: [Précis de fiscalité 2002] Précis de fiscalité des entreprises, 26. Aufl., Paris 2002.

COZIAN, MAURICE: [Odieux traquenard 1996] Un odieux „traquenard" fiscal: l'assujettissement à l'impôt sur les sociétés des sociétés civiles à objet commercial, BJ 1996, S. 103-111.

COZIAN, MAURICE/VIANDIER, ALAIN/DEBOISSY, FLORENCE: [Droit des Sociétés 2001] Droit des Sociétés, 14. Aufl., Paris 2001.

COZIAN, MAURICE/VIANDIER, ALAIN/DEBOISSY, FLORENCE: [Droit des Sociétés 2002] Droit des Sociétés, 15. Aufl., Paris 2002.

DAIGRE, JEAN-JACQUES: [Société 1999] Faut-il banaliser la société par actions simplifiée, JCP éd. E, actualité, S. 977-978.

DALLOZ (HRSG.): [Méga Code 2002] Méga Code de commerce – Édition 2002, 2. Aufl., Paris 2002.

DAMMANN, REINHARD: [Insolvenzrecht 1996] Das neue französische Insolvenzrecht, ZIP 1996, S. 300-304.

DATEV (HRSG.): [Lexikon Sozialversicherungsrecht 2001] Lexikon Sozialversicherungsrecht von A-Z, Versicherungsrecht – Melderecht – Beitragsrecht, Nürnberg 2001.

DAVID, CYRILLE U.A.: [Grands arrêts 2000] Les grands arrêts de la jurisprudence fiscale, 3. Aufl., Paris 2000.

DE WAAL, ALLARD: [Transparence, translucidité 1994] Transparence, translucidité, théorie de la dette d'impôt – Les différents visages de la société de personnes et leurs conséquences dans l'ordre fiscal international, DF 1994, S. 1624-1629.

DEBATIN, HELMUT: [Behandlung von Rechtsträgern 1977] Außensteuerrechtliche und internationalrechtliche Behandlung von Rechtsträgern und daran bestehenden Beteiligungen, DB 1977, Beilage 13, S. 1-8.

DEBATIN, HELMUT: [Betriebsstättenprinzip 1989] Das Betriebsstättenprinzip der deutschen Doppelbesteuerungsabkommen, DB 1989, S. 1692-1697 und 1739-1744.

DEBATIN, HELMUT: [Steuerentstrickung 1990] Die sogenannte Steuerentstrickung und ihre Folgen, BB 1990, S. 826-829.

DEBATIN, HELMUT: [Mitunternehmerschaften im Ausland 1978] Inländische Beteiligungen an Mitunternehmerschaften im Ausland, BB 1978, S. 669-674.

DEBATIN, HELMUT: [Doppelbesteuerungsabkommen 1989] Subjektiver Schutz unter Doppelbesteuerungsabkommen, BB 1989, Beilage 2, S. 1-10.

DEBATIN, HELMUT: [Beteiligungen an Personengesellschaften 1992] Zur Behandlung von Beteiligungen an Personengesellschaften unter den Doppelbesteuerungsabkommen im Lichte der neueren Rechtsprechung des Bundesfinanzhofs, BB 1992, S. 1181-1188.

DEBATIN, HELMUT/WASSERMEYER, FRANZ (HRSG.): [DEBATIN/WASSERMEYER, Doppelbesteuerung 2002] Doppelbesteuerung, Band 1, 11. Aufl., München 2000 ff. (Loseblatt), Stand: Oktober 2002.

DEROUIN, PHILIPPE: [Transparence fiscale 1997] La transparence fiscale des sociétés de personnes – ou faut-il dissuader les étrangers de participer à des sociétés de personnes françaises, DF 1997, S. 1443-1449 und S. 1484-1490.

DEUTSCHE BUNDESBANK (HRSG.): [Jahresabschlüsse westdeutscher Unternehmen 1999] Jahresabschlüsse westdeutscher Unternehmen – Statistische Sonderveröffentlichung 5, Frankfurt am Main 1999.

DIDIER, PAUL: [Droit commercial 1999] Droit commercial: L'entreprise en société – Les groupes de sociétés, Band 2, 3. Aufl., Paris 1999.

DIEHL, WOLFRAM: [Qualifikationskonflikte im Außensteuerrecht 1978] Qualifikationskonflikte im Außensteuerrecht, FR 1978, S. 517-526.

DIRECTION GENERALE DES IMPOTS (DGI): [Précis 2002] Précis de fiscalité, Stand: 4.1.2002, http://aida.jouve-hdi.com (30.11.2002).

DISLE, EMMANUEL/SARAF, JACQUES: [Droit fiscal 2002] Droit fiscal 2002/2003, Paris 2002.

DISLE, EMMANUEL/SARAF, JACQUES: [Droit fiscal corrigés 2002] Droit fiscal 2002/2003 – corrigés du manuel, Paris 2002.

DÖTSCH, EWALD/PUNG, ALEXANDRA: [Änderungen 2000] Steuersenkungsgesetz: Die Änderungen bei der Körperschaftsteuer und bei der Anteilseignerbesteuerung, DB 2000, Beilage 10, S. 1-27.

DOUVIER, PIERRE-JEAN: [Fiscalité Internationale 1996] Fiscalité Internationale – 20 études de dossiers, Paris 1996.

DÜLFER, EBERHARD: [Auswirkungen der Internationalisierung 1985] Die Auswirkungen der Internationalisierung auf Führung und Organisationsstruktur mittelständischer Unternehmen, BFuP 1985, S. 493-514.

DUFILS, PIERRE/LOPATER, CLAUDE/GUYOMARD, EMMANUELLE: [Mémento Comptable 2002] Mémento Pratique Francis Lefebvre – Comptable 2003, 22. Aufl., Levallois 2002.

DÜLL, ALEXANDER/FUHRMANN, GERD/EBERHARD, MARTIN: [Wiedereinführung des Mitunternehmererlasses 2000] Unternehmenssteuerreform 2001: Die Neuregelung des § 6 Abs. 5 Satz 3 EStG – sog. Wiedereinführung des Mitunternehmererlasses, DStR 2000, S. 1713-1718.

DURAND, PHILIPPE: [Autonomie 1994] Autonomie et contradictions du droit fiscal, RA 1994, S. 252-255.

DUTHILLEUL, FRÉDÉRIC: [Anh., in: DEBATIN/WASSERMEYER, Doppelbesteuerung 2002] Anhang Frankreich, in: Doppelbesteuerung, Band 2, hrsg. von HELMUT DEBATIN und FRANZ WASSERMEYER, 11. Aufl., München 2000 ff. (Loseblatt), Stand: Oktober 2002, Anh. Frankreich.

EDEN, HARO: [in: KRYSTEK/ZUR, Internationalisierung 2002] Kleine und mittlere Unternehmen im Prozess der Internationalisierung, in: Handbuch Internationalisierung: Globalisierung – eine Herausforderung für die Unternehmensführung, hrsg. von ULRICH KRYSTEK und EBERHARD ZUR, 2. Aufl., Berlin u.a. 2002, S. 35-80.

EGE, GERHARD/SCHAUMBURG, HARALD/WASSERMEYER, FRANZ: [Internationales Steuerrecht 2000] Internationales Steuerrecht – Dividendenbezug aus dem Ausland, Doppelbesteuerungsabkommen, in- und ausländische Betriebsstätten, Bonn/Berlin 2000.

EILERS, STEPHAN/WIENANDS, HANS-GERD: [Besteuerung der Dividendeneinnahmen 2000] Steuersenkungsgesetz: Besteuerung der Dividendeneinnahmen von Körperschaften nach der Neufassung von § 8b Abs. 1 KStG, GmbHR 2000, S. 957-964.

EISENHARDT, ULRICH: [Gesellschaftsrecht 2002] Gesellschaftsrecht, 10. Aufl., München 2002.

EMMERICH, VOLKER/SONNENSCHEIN, JÜRGEN: [Konzernrecht 2001] Konzernrecht: Das Recht der verbundenen Unternehmen bei Aktiengesellschaft, GmbH, Personengesellschaften, Genossenschaft, Verein und Stiftung, 7. Aufl., München 2001.

FALTERBAUM, HERMANN/BOLK, WOLFGANG/REISS, WOLFRAM: [Buchführung und Bilanz 2001] Buchführung und Bilanz: unter besonderer Berücksichtigung des Bilanzsteuerrechts und der steuerrechtlichen Gewinnermittlung, 18. Aufl., Achim 2001.

FEDERMANN, RUDOLF: [Bilanzierung 2000] Bilanzierung nach Handelsrecht und Steuerrecht: Gemeinsamkeiten, Unterschiede und Abhängigkeiten von Handels- und Steuerbilanz unter Berücksichtigung internationaler Rechnungslegungsstandards, 11. Aufl., Berlin 2000.

FICHTELMANN, HELMAR: [Übertragung von Wirtschaftsgütern 2002] Schwestergesellschaften – Ist die Übertragung von Wirtschaftsgütern zum Buchwert möglich?, EStB 2002, S. 184-189.

FISCHER, KLAUS: [Internationale Unternehmung 1967] Die internationale Unternehmung – Umriß eines Unternehmungstyps, Diss., Nürnberg 1967.

FISCHER, LUTZ: [Internationale Steuerlehre 1998] Internationale Betriebswirtschaftliche Steuerlehre, begr. von LUTZ FISCHER und PERYGRIN WARNEKE, 4. Aufl., Bielefeld 1998.

FISCHER-ZERNIN, JUSTUS: [Sondervergütungen und DBA 1991] Sondervergütungen und DBA, RIW 1991, S. 493-497.

FÖRSTER, HARTMUT: [Besteuerung von Auslandsbeziehungen 2003] Praxis der Besteuerung von Auslandsbeziehungen: typische Fallgestaltungen für natürliche Personen sowie Kapital- und Personengesellschaften im In- und Ausland, 2. Aufl., Neuwied/Kriftel 2003.

FRANKOWSKI, MARTIN: [DBA-Frankreich 1994] DBA-Frankreich: Kommentar und Dokumentation zum Doppelbesteuerungsabkommen Frankreich, Bielefeld 1994.

FRIEDRICH, KATJA: [§ 6, in: MÜLLER/HOFFMANN, Beck'sches Handbuch Personengesellschaften 2002] § 6 Besteuerung der Personengesellschaft – Gewinnermittlung und laufende Besteuerung, in: Beck'sches Handbuch der Personengesellschaften, hrsg. von WELF MÜLLER und WOLF-DIETER HOFFMANN, 2. Aufl., München 2002, S. 457-521.

FROTSCHER, GERRIT: [Internationales Steuerrecht 2001] Internationales Steuerrecht, München 2001.

FUJITA, MASATAKA: [Transnationalisierung 1993] Zur Transnationalisierung von kleinen und mittleren Unternehmungen, Internationales Gewerbearchiv 1993, S. 247-260.

GANTZEL, KLAUS-JÜRGEN: [Unternehmung 1962] Wesen und Begriff der mittelständischen Unternehmung, Köln/Opladen 1962.

GERBINO, ELIE: [Immobilisations corporelles 1999] Le provisionnement d'immobilisations corporelles amortissables ou le droit comptable contre le droit fiscal, DF 1999, S. 1109-1113.

GERMAIN, MICHEL: [SAS libérée 1999] La SAS libérée, JCP éd. E 1999, actualité, S. 1505-1506.

GERMAIN, MICHEL: [Société 1994] La société par actions simplifiée, JCP éd. E 1994, études et chroniques, S. 153-162.

GERMAIN, MICHEL: [Droit commercial 2002] RIPERT, GEORGES/ROBLOT, RENÉ: Traité de droit commercial, Band 1, 2. Halbband: Les sociétés commerciales, 18. Aufl., Paris 2002.

GERSCH, EVA-MARIA: [§ 12, in: KLEIN/ORLOPP: Abgabenordnung 2000] Kommentierung § 12, in: Abgabenordnung – einschließlich Steuerstrafrecht –, begr. von FRANZ KLEIN und GERD ORLOPP, 7. Aufl., München 2000.

GESSLER, ERNST: [§ 17, in: GESSLER U.A., Aktiengesetz 1973] Kommentierung § 17, in: Aktiengesetz (Kommentar), hrsg. von ERNST GESSLER U.A., Band 1, München 1973, S. 207-233.

GESSLER, ERNST: [§ 18, in: GESSLER U.A., Aktiengesetz 1973] Kommentierung § 18, in: Aktiengesetz (Kommentar), hrsg. von ERNST GESSLER U.A., Band 1, München 1973, S. 233-255.

GEST, GUY: [Fiscalité internationale 1995] La fiscalité internationale des sociétés de personnes françaises – Entre personnalité fiscale et transparence, RFC 1995, S. 52-59.

GLANEGGER, PETER: [§ 6, in: SCHMIDT, Einkommensteuergesetz 2002] Kommentierung § 6, in: Einkommensteuergesetz: Kommentar, hrsg. von LUDWIG SCHMIDT, 21. Aufl., München 2002, S. 490-616.

GLESSNER, MIRIAM: [Grenzüberschreitende stille Gesellschaft 2000] Die grenzüberschreitende stille Gesellschaft im Internationalen Steuerrecht: Einkommen- und körperschaftsteuerliche Wirkungen aus deutscher Sicht, Diss., Frankfurt am Main 2000.

GOBERT-CHERAMY, PIERRE: [Fiscalité immobilière 2002] Fiscalité immobilière des non résidents, Paris 2002.

GÖTTSCHE, MAX/STANGL, INGO: [Betriebsstättenerlass 2000] Der Betriebsstättenerlass des BMF vom 24.12.1999 – Anmerkungen und Zweifelsfragen, DStR 2000, S. 498-508.

GOUTHIERE, BRUNO: [Impôts 2001] Les impôts dans les affaires internationales – Trentes études pratiques, 5. Aufl., Levallois 2001.

GREIF, MARTIN: [in: MÖSSNER, Steuerrecht 1998] E. Auslandsaktivitäten inländischer Unternehmen: I. Beteiligung an ausländischen Personengesellschaften, in: Steuerrecht international tätiger Unternehmen – Handbuch der Besteuerung von Auslandsaktivitäten inländischer Unternehmen und von Inlandsaktivitäten ausländischer Unternehmen, hrsg. von JÖRG M. MÖSSNER, 2. Aufl., Köln 1998, S. 549-618.

GREIF, MARTIN: [in: HAARMANN, Unternehmensstrukturen und Rechtsformen 1996] Steuergestaltung bei einer international tätigen Personengesellschaft, in: Unternehmensstrukturen und Rechtsformen im internationalen Steuerrecht – Aktuelle Schwerpunkte in der Diskussion: Standortwettbewerb, Doppelansässigkeit, Personengesellschaft, stille Gesellschaft, Trust, hrsg. von WILHELM HAARMANN, Köln 1996, S. 89-117.

GREIF, MARTIN: [in: Internationales Umwandlungssteuerrecht 1997] Umwandlung ausländischer Kapitalgesellschaften in Personengesellschaften – Ein Praxisbericht –, in: Internationales Umwandlungssteuerrecht – Aktuelle Schwerpunkte: Grundlagen, deutsches und ausländisches Umwandlungs- und Umwandlungssteuerrecht, inländische, grenzüberschreitende und ausländische Umwandlungen, hrsg. von HARALD SCHAUMBURG und DETLEV J. PILTZ, Köln 1997, S. 214-232.

GREIF, MARTIN/FISCHER, BRIGITTE: [Internationale Einkommensteuerprobleme 1995] Internationale Probleme bei Personengesellschaften – Deutscher Nationalbericht zum Thema I des 49. IFA-Kongresses in Cannes 1995, IWB vom 13.9.1995, Fach 1 IFA-Mitteilungen, S. 1375-1384.

GROCHLA, ERWIN: [Betriebsverband und Verbandbetrieb 1959] Betriebsverband und Verbandbetrieb – Wesen, Formen und Organisation der Verbände aus betriebswirtschaftlicher Sicht, Berlin 1959.

GROCHLA, ERWIN: [in: VON BECKERATH U.A., Handwörterbuch der Sozialwissenschaften 1959] Unternehmung und Betrieb, in: Handwörterbuch der Sozialwissenschaften, hrsg. von ERWIN VON BECKERATH u.a., Band 10, Stuttgart/Tübingen/Göttingen 1959, S. 583-588.

GROH, MANFRED: [Bilanzen der Mitunternehmerschaft 1995] Die Bilanzen der Mitunternehmerschaft, StuW 1995, S. 383-389.

GROH, MANFRED: [Vermögensübertragung auf Schwesterpersonengesellschaften 2002] Die Vermögensübertragung auf Schwesterpersonengesellschaften als Lehrstück der Mitunternehmerbesteuerung, DB 2002, S. 1904-1908.

GROH, MANFRED: [Phasengleiche Bilanzierung 2000] Kein Abschied von der phasengleichen Bilanzierung – Anmerkungen zum Beschluss des Großen Senats vom 7.8.2000 GrS 2/99, DB 2000, S. 2444-2446.

GROSCLAUDE, JACQUES/MARCHESSOU, PHILIPPE: [Droit fiscal 2001] Droit fiscal général, 3. Aufl., Paris 2001.

GROSCLAUDE, JACQUES/MARCHESSOU, PHILIPPE: [Procédures fiscales 2001] Procédures fiscales, 2. Aufl., Paris 2001.

GROTHERR, SIEGFRIED: [Ausländische Beteiligungen 2000] Änderungen bei der Besteuerung von Einkünften aus ausländischen Beteiligungen durch das Steuersenkungsgesetz, IWB vom 22.11.2000, Fach 3 Deutschland, Gruppe 1, S. 1697-1708 und IWB vom 6.12.2000, S. 1709-1720.

GROTHERR, SIEGFRIED: [Körperschaftsteuersystem mit Anteilseignerentlastung 2000] Das neue Körperschaftsteuersystem mit Anteilseignerentlastung bei der Besteuerung von Einkünften aus Beteiligungen, BB 2000, S. 849-861.

GROTHERR, SIEGFRIED/HERFORT, CLAUS/STRUNK, GÜNTHER: [Internationales Steuerrecht 1998] Internationales Steuerrecht, Achim 1998.

GRUHLER, WOLFRAM: [Wirtschaftsfaktor Mittelstand 1994] Wirtschaftsfaktor Mittelstand: Wesenselement der Marktwirtschaft in West und Ost, 2. Aufl., Köln 1994.

GRUNEWALD, BARBARA: [Gesellschaftsrecht 2002] Gesellschaftsrecht, 5. Aufl., Tübingen 2002.

GÜNKEL, MANFRED/LIEBER, BETTINA: [Qualifikation von Sondervergütungen 2000] Abkommensrechtliche Qualifikation von Sondervergütungen, FR 2000, S. 853-858.

GÜNKEL, MANFRED U.A.: [in: HERZIG/GÜNKEL/NIEMANN, Steuerberater-Jahrbuch 1998] Internationales Steuerrecht – Podiumsdiskussion, in: Steuerberater-Jahrbuch 1997/98, hrsg. von NORBERT HERZIG, MANFRED GÜNKEL und URSULA NIEMANN, Köln 1998, S. 493-536.

GUTENBERG, ERICH: [Grundlagen der Betriebswirtschaftslehre 1983] Grundlagen der Betriebswirtschaftslehre: Die Produktion, Band 1, 24. Aufl., Berlin/Heidelberg/New York 1983.

HABERSTOCK, LOTHAR: [Steuerplanung 1976] Die Steuerplanung der internationalen Unternehmung, Wiesbaden 1976.

HABERSTOCK, LOTHAR: [Steuerbilanz und Vermögensaufstellung 1991] Steuerbilanz und Vermögensaufstellung: mit Fragen, Aufgaben und Lösungen, 3. Aufl., Hamburg 1991.

HAHN, HARTMUT: [Abkommensberechtigung von Personengesellschaften 2000] Ein Urteil des Conseil d'Etat zur Abkommensberechtigung von Personengesellschaften, IStR 2000, S. 265-266.

HAISS, UTA: [Gewinnabgrenzung bei Betriebsstätten 2000] Gewinnabgrenzung bei Betriebsstätten im Internationalen Steuerrecht: Vermögens-, Aufwands- und Ertragszuordnung nach OECD-Musterabkommen und neuem Betriebsstättenerlass, Neuwied/Kriftel 2000.

HARDY, JACQUES: [Collectivités locales 1998] Les collectivités locales, Paris 1998.

HEBELER, CHRISTIAN: [Beteiligung an Personengesellschaften 1998] Verlustanteile aus der Beteiligung an Personengesellschaften in den Bilanzen einer Kapitalgesellschaft, BB 1998, S. 206-210.

HEIDER, KARSTEN: [§ 4, in: KROPFF/SEMLER, Münchener Kommentar 2000] Kommentierung § 4, in: Münchener Kommentar zum Aktiengesetz, hrsg. von BRUNO KROPFF und JOHANNES SEMLER, Band 1, 2. Aufl., München 2000, S. 151-169.

HEIGL, ANTON: [Unternehmensbesteuerung 1996] Unternehmensbesteuerung: Grundriß, 2. Aufl., München/Wien 1996.

HEINICKE, WOLFGANG: [§ 3c, in: SCHMIDT, Einkommensteuergesetz 2002] Kommentierung § 3c, in: Einkommensteuergesetz: Kommentar, hrsg. von LUDWIG SCHMIDT, 21. Aufl., München 2002, S. 144-151.

HEINICKE, WOLFGANG: [§ 10, in: SCHMIDT, Einkommensteuergesetz 2002] Kommentierung § 10, in: Einkommensteuergesetz: Kommentar, hrsg. von LUDWIG SCHMIDT, 21. Aufl., München 2002, S. 858-903.

HEINSEN, OLIVER: [Steuerliche Verlustpolitik 2001] Steuerliche Verlustpolitik bei grenzüberschreitenden Unternehmen, Diss., Herne/Berlin 2001.

HELFRE, NICOLAS/SPENGEL, CHRISTOPH: [Optimisation fiscale 1998] Optimisation fiscale et choix de la forme sociale. Comment conseiller un investisseur allemand désireux de s'installer en France?, RFC 1998, S. 24-29.

HELLIO, FRANÇOIS/RÄDLER, ALBERT JR.: [Option zur Körperschaftsteuer 2000] Anmerkungen zur Diskussion um die Option zur Körperschaftsteuer aus französischer Sicht, IStR 2000, S. 401-405.

HELLIO, FRANÇOIS/THILL, PIERRE-SÉBASTIEN: [Steuern in Frankreich 2002] Steuern in Frankreich, 2. Aufl., Köln 2002.

HELLWIG, HANS-JÜRGEN: [in: MACHARZINA/WELGE, Export 1989] Internationale Joint Venture-Verträge, in: Handwörterbuch Export und internationale Unternehmung, hrsg. von KLAUS MACHARZINA und MARTIN K. WELGE, Stuttgart 1989, Sp. 1064-1071.

HEMMELRATH, ALEXANDER: [Art. 7, in: VOGEL, Doppelbesteuerungsabkommen 1996] Kommentierung Art. 7, in: Doppelbesteuerungsabkommen der Bundesrepublik Deutschland auf dem Gebiet der Steuern vom Einkommen und Vermögen: Kommentar auf der Grundlage der Musterabkommen, hrsg. von KLAUS VOGEL, 3. Aufl., München 1996, S. 542-644.

HENKEL, UDO W.: [in: MÖSSNER, Steuerrecht 1998] E. Auslandsaktivitäten inländischer Unternehmen: II.-III. Beteiligung an ausländischen Kapitalgesellschaften, Basisgesellschaften, in: Steuerrecht international tätiger Unternehmen – Handbuch der Besteuerung von Auslandsaktivitäten inländischer Unternehmen und von Inlandsaktivitäten ausländischer Unternehmen, hrsg. von JÖRG M. MÖSSNER, 2. Aufl., Köln 1998, S. 619-791.

HOFFMANN, WOLF-DIETER: [Transfer von Einzel-Wirtschaftsgütern 2002] Der Transfer von Einzel-Wirtschaftsgütern gemäß § 6 Abs. 5 EStG nach Verabschiedung des UntStFG, GmbHR 2002, S. 125-134.

HOFFMANN, WOLF-DIETER: [in: WIDMANN, Besteuerung 1997] Die Rechtsbeziehungen zwischen GmbH und ihren Gesellschaftern, insbesondere deren Einlagen, in: Besteuerung der GmbH und ihrer Gesellschafter: Grundfragen des Körperschaftsteuerrechts, hrsg. von SIEGFRIED WIDMANN, Köln 1997, S. 141-195.

HOFFMANN, WOLF-DIETER: [Bilanzierung 2000] Kein Abschied von der phasengleichen Bilanzierung – Erwiderung und Replik zu dem Beitrag in DB 2000, S. 2444 – I. Erwiderung, DB 2000, S. 2557-2558.

HOFFMANN, WOLF-DIETER: [§ 6, in: LITTMANN/BITZ/PUST, Körperschaftsteuergesetz 2002] Kommentierung § 6, in: Das Einkommensteuerrecht, hrsg. von HORST BITZ und HARTMUT PUST, begr. von EBERHARD LITTMANN, 15. Aufl., Stuttgart 1988 ff. (Loseblatt), Stand: November 2002, Rn. 1-1490.

HOHLOCH, GERHARD: [in: HOHLOCH, Gesellschaftsrecht 2001] Deutschland, in: EU-Handbuch Gesellschaftsrecht, hrsg. von GERHARD HOHLOCH, Herne/Berlin 1997 ff. (Loseblatt), Stand August 2001, S. 1-129.

HOMMELHOFF, PETER: [in: WITTMANN U.A., Handwörterbuch der Betriebswirtschaft 1993] Gesellschaftsrecht und Unternehmung, in: Handwörterbuch der Betriebswirtschaft, hrsg. von WALDEMAR WITTMANN U.A., Teilband 1, 5. Aufl., Stuttgart 1993, Sp. 1433-1449.

HOPT, KLAUS J.: [Handelsgesetzbuch 2000] Handelsgesetzbuch: mit GmbH & Co., Handelsklauseln, Bank- und Börsenrecht, Transportrecht (ohne Seerecht), begr. von ADOLF BAUMBACH, 30. Aufl., München 2000.

HORSCHITZ, HARALD/GROSS, WALTER/SCHNUR, PETER: [Bewertungsrecht 2001] Bewertungsrecht, Grundsteuer, Erbschaft- und Schenkungsteuer, 15. Aufl., Stuttgart 2001.

HÜBNER, ULRICH/CONSTANTINESCO, VLAD: [Recht 2001] Einführung in das französische Recht, 4. Aufl., München 2001.

HUECK, GÖTZ: [Gesellschaftsrecht 1991] Gesellschaftsrecht: ein Studienbuch, 19. Aufl., München 1991.

HUECK, GÖTZ/FASTRICH, LORENZ: [§ 4, in: FASTRICH U.A., GmbH-Gesetz 2000] Kommentierung § 4, in: GmbH-Gesetz: Gesetz betreffend die Gesellschaften mit beschränkter Haftung, hrsg. von LORENZ FASTRICH U.A., begr. von ADOLF BAUMBACH, 17. Aufl., München 2000, S. 70-85.

HÜFFER, UWE: [Aktiengesetz 2002] Aktiengesetz, 5. Aufl., München 2002.

INSTITUT DER WIRTSCHAFTSPRÜFER E.V. (IDW): [Verwaltungsgrundsätze 1997] Aus der Facharbeit des IDW – Entwurf eines BMF-Schreibens zu Verwaltungsgrundsätzen für die Prüfung der Aufteilung der Einkünfte und des Vermögens der Betriebsstätten international tätiger Unternehmen, WPg 1997, S. 641-644.

INSTITUT DER WIRTSCHAFTSPRÜFER E.V. (IDW): [Ermittlung des Betriebsstättengewinns 1988] Stellungnahme zur Ermittlung des Betriebsstättengewinns 1988, DB 1988, S. 309-312.

INSTITUT DER WIRTSCHAFTSPRÜFER E.V. (IDW) (HRSG.): [Wirtschaftsprüfer-Handbuch 2000] Wirtschaftsprüfer-Handbuch 2000: Handbuch für Rechnungslegung, Prüfung und Beratung, Band 1, 12. Aufl., Düsseldorf 2000.

INSTITUT FINANZEN UND STEUERN E.V.: [Entwicklung der Realsteuerhebesätze 1999] Entwicklung der Realsteuerhebesätze der Gemeinden mit 50.000 und mehr Einwohnern in 1999 gegenüber 1998, Bonn 1999.

INVEST IN FRANCE NETWORK (IFA) (HRSG.): [Deutsche Investitionen 2000] Deutsche Investitionen in Frankreich – Profile, Strategien und Ansiedlungsmodalitäten, Frankfurt am Main 2000.

INVEST IN FRANCE NETWORK (IFA) (HRSG.): [Win 2001] Win in France 2000, Paris 2001.

JACOBS, OTTO H.: [Steuerbelastung der Unternehmung 1974] Die Steuerbelastung der Unternehmung – Grundzüge der Teilsteuerrechnung, ZfB 1974, S. 197-200.

JACOBS, OTTO H. (HRSG.): [Internationale Unternehmensbesteuerung 2002] Internationale Unternehmensbesteuerung, 5. Aufl., München 2002.

JACOBS, OTTO H. (HRSG.): [Unternehmensbesteuerung 2002] Unternehmensbesteuerung und Rechtsform, 3. Aufl., München 2002.

JACOBS, OTTO H./SCHEFFLER, WOLFRAM: [Steueroptimale Rechtsform 1995] Steueroptimale Rechtsform: eine Belastungsanalyse für mittelständische Unternehmen, 2. Aufl., München 1995.

JACOBS, OTTO H./BREWI, KARL/SCHUBERT, RAINER: [Steueroptimale Rechtsform 1978] Steueroptimale Rechtsform mittelständischer Unternehmen, München 1978.

JÄGER, AXEL: [in: SUDHOFF, Personengesellschaften 1999] 1. Teil. Die Wahl der Rechtsform – A. Gesellschaftsrechtliche Aspekte der Rechtsformwahl, in: Personengesellschaften, begr. von HEINRICH SUDHOFF, 7. Aufl., München 1999, S. 1-10.

JEANTIN, MICHEL: [Associés 1994] Les associés de la société par actions simplifiée, RS 1994, S. 223-237.

JUGLART, MICHEL DE/IPPOLITO, BENJAMIN: [Sociétés commerciales 1999] Les sociétés commerciales – Cours de droit commercial, Band 2, 10. Aufl., Paris 1999.

JUNGNICKEL, ROLF: [in: MACHARZINA/WELGE, Export 1989] Internationale Direktinvestitionen, in: Handwörterbuch Export und internationale Unternehmung, hrsg. von KLAUS MACHARZINA und MARTIN K. WELGE, Stuttgart 1989, Sp. 308-315.

KAEFER, WOLFGANG: [Steuerbelastungsanalysen 1974] Grundlagen und Modelle zu Steuerbelastungsanalysen und -vergleichen mit Hilfe der automatischen Datenverarbeitung, Köln 1974.

KÄFER, KARL/MÜNSTERMANN, HANS: [Konzernbilanz 1958] Konzernbilanzen, Zürich 1958.

KAMINSKI, BERT: [Überführung von Wirtschaftsgütern 1996] Ertragsteuerliche Konsequenzen bei der Überführung von Wirtschaftsgütern in eine ausländische Betriebsstätte, DStR 1996, S. 1794-1797.

KAMINSKI, BERT: [Steuerliche Gestaltungsmöglichkeiten 1996] Steuerliche Gestaltungsmöglichkeiten und deren Beurteilung bei der Verlagerung eines inländischen unternehmerischen Engagements in das Ausland, Diss., Baden-Baden 1996.

KEBSCHULL, DIETRICH: [in: MACHARZINA/WELGE, Export 1989] Internationalisierungsmotive, in: Handwörterbuch Export und internationale Unternehmung, hrsg. von KLAUS MACHARZINA und MARTIN K. WELGE, Stuttgart 1989, Sp. 973-982.

KEMPER, NICOLAS/KONOLD, ROBERT: [Übertragung von Wirtschaftsgütern 2000] Übertragung von Wirtschaftsgütern zwischen beteiligungsidentischen Schwesterpersonengesellschaften zum Buchwert, DStR 2000, S. 2119-2123.

KESSLER, WOLFGANG/TEUFEL, TOBIAS: [Auswirkungen der Unternehmenssteuerreform 2000] Auswirkungen der Unternehmenssteuerreform 2001 auf die Rechtsformwahl, DStR 2000, S. 1836-1842.

KESSLER, WOLFGANG/TEUFEL, TOBIAS: [Umgekehrte Betriebsaufspaltung 2001] Die umgekehrte Betriebsaufspaltung zwischen Schwestergesellschaften – eine attraktive Rechtsformkombination nach der Unternehmenssteuerreform 2001, DStR 2001, S. 869-878.

KESSLER, WOLFGANG/SCHIFFERS, JOACHIM: [§ 1, in: MÜLLER/HOFFMANN, Beck'sches Handbuch Personengesellschaften 2002] § 1 Rechtsformwahl, in: Beck'sches Handbuch der Personengesellschaften, hrsg. von WELF MÜLLER und WOLF-DIETER HOFFMANN, 2. Aufl., München 2002, S. 1-83.

KIHM, AXEL: [Besteuerung 1999] Die Besteuerung deutscher internationaler Unternehmungen: Steuerbelastungsvergleich und -analyse grenzüberschreitender Unternehmensstrukturen am Beispiel des Auslandsstandortes Luxemburg, Diss., Stuttgart 1999.

KINDLER, PETER: [§ 1, in: BOUJONG/EBENROTH/JOOST, Handelsgesetzbuch 2001] Kommentierung § 1, in: Handelsgesetzbuch, hrsg. von KARLHEINZ BOUJONG, THOMAS EBENROTH und DETLEV JOOST, Band 1, München 2001, Rn. 1-95.

KLEINDIEK, DETLEF: [Strukturvielfalt 1991] Strukturvielfalt im Personengesellschafts-Konzern: Rechtsformspezifische und rechtsformübergreifende Aspekte des Konzernrechts, Diss., Köln u.a. 1991.

KLEINEIDAM, HANS-JOCHEN: [Gewinnermittlung bei Auslandsbetriebstätten 1993] Gewinnermittlung bei Auslandsbetriebstätten, IStR 1993, S. 349-352 und S. 395-400.

KLEINEIDAM, HANS-JOCHEN: [Rechnungslegung bei Auslandsbeziehungen 1992] Rechnungslegung bei Auslandsbeziehungen nach Handels- und Steuerrecht, Freiburg im Breisgau 1992.

KLEINEIDAM, HANS-JOCHEN: [Weiterentwicklung 1970] Zur Weiterentwicklung der betriebswirtschaftlichen Steuerlehre, ZfB 1970, S. 105-118.

KLUGE, VOLKER: [Internationales Steuerrecht 2000] Das Internationale Steuerrecht: Gemeinschaftsrecht, Außensteuerrecht, Abkommensrecht, 4. Aufl., München 2000.

KLUNZINGER, EUGEN: [Gesellschaftsrecht 2002] Grundzüge des Gesellschaftsrechts, 12. Aufl., München 2002.

KLUNZINGER, EUGEN: [Handelsrecht 2003] Grundzüge des Handelsrechts, 12. Aufl., München 2003.

KNOBBE-KEUK, BRIGITTE: [Bilanz- und Unternehmenssteuerrecht 1993] Bilanz- und Unternehmenssteuerrecht, 9. Aufl., Köln 1993.

KNOBBE-KEUK, BRIGITTE: [Qualifikationskonflikte 1991] „Qualifikationskonflikte“ im internationalen Steuerrecht der Personengesellschaften, RIW 1991, S. 306-316.

KÖHLER, FRANZ: [Betriebsstättenprinzip 1991] Das Betriebsstättenprinzip im Recht der deutschen Doppelbesteuerungsabkommen bei Mitunternehmerschaftsgebilden – Zugleich eine kritische Anmerkung zum BFH-Urteil vom 27.2.1991, RIW 1991, S. 1024-1038.

KÖHLER, STEFAN: [Deutsche Auslandsinvestitionen 2000] Diskussionsforum Unternehmenssteuerreform: Auswirkungen der steuerlichen Änderungen auf deutsche Auslandsinvestitionen, DStR 2000, S. 613-620.

KOLBECK, ROSEMARIE: [in: WITTMANN U.A., Handwörterbuch der Betriebswirtschaft 1993] Rechtsformwahl, in: Handwörterbuch der Betriebswirtschaft, hrsg. von WALDEMAR WITTMANN U.A., Teilband 3, 5. Aufl., Stuttgart 1993, Sp. 3741-3759.

KÖNIG, ROLF/SURETH, CAREN: [Besteuerung und Rechtsformwahl 2002] Besteuerung und Rechtsformwahl, 3. Aufl., Herne/Berlin 2002.

KÖNIG, ROLF J./KUNKEL, PATRICIA/STEGMAIER, WOLFGANG: [Einführung des Staffeltarifs 1992] Auswirkungen der Einführung des Staffeltarifs bei der Gewerbeertragsteuer DStR 1992, S. 922-927.

KOPPENSTEINER, HANS-GEORG: [§ 18, in: ZÖLLNER, Kölner Kommentar 1988] Kommentierung § 18, in: Kölner Kommentar zum Aktiengesetz, hrsg. von WOLFGANG ZÖLLNER, Band 1, 2. Aufl., Köln u.a. 1986, S. 233-248.

KORMANN, HERMUT: [Steuerpolitik 1970] Die Steuerpolitik der internationalen Unternehmung, 2. Aufl., Düsseldorf 1970.

KORT, MICHAEL: [Begriff des Kaufmanns 1993] Zum Begriff des Kaufmanns im deutschen und französischen Handelsrecht, AcP 1993, S. 453-480.

KOVARIK, MIROSLAW: [Droit allemand 1973] Contribution à l'étude du droit allemand des sociétés commerciales: Qualité de commerçant, la „Firma", registre du commerce, RS 1973, S. 249-272.

KRABBE, HELMUT: [Behandlung von Sondervergütungen 2001] Abkommensrechtliche Behandlung von Sondervergütungen – Eine Replik, FR 2001, S. 129-131.

KRABBE, HELMUT: [Betriebsstätten-Verwaltungsgrundsätze und Personengesellschaften 2000] Betriebsstätten-Verwaltungsgrundsätze und Personengesellschaften, IWB vom 23.2.2000, Fach 3 Deutschland, Gruppe 2, S. 863-870.

KRABBE, HELMUT: [in: FISCHER, Grenzüberschreitende Aktivitäten 1997] Beurteilung der EU-Schiedsverfahrenskonvention als Instrument zur Vermeidung der Doppelbesteuerung, in: Grenzüberschreitende Aktivitäten deutscher Unternehmen und EU-Recht: internationales Unternehmensrecht, Bilanzsteuerrecht, Diskriminierungsverbot, EU-Schiedsverfahrenskonvention, Umstrukturierung, Euro-Holding, hrsg. von LUTZ FISCHER, Köln 1997.

KRABBE, HELMUT: [Personengesellschaften und Unternehmensgewinne 2002] Personengesellschaften und Unternehmensgewinne nach den DBA, IStR 2002, S. 145-150.

KRABBE, HELMUT: [Qualifikationskonflikte 1976] Qualifikationskonflikte bei ausländischen Personengesellschaften, RIW/AWD 1976, S. 135-139.

KRABBE, HELMUT: [Personengesellschaften 1998] Steuerliche Behandlung der Personengesellschaften nach den Doppelbesteuerungsabkommen, IWB vom 11.2.1998, Fach 3 Deutschland, Gruppe 2, S. 753-772.

KRAFT, ALFONS/KREUTZ, PETER: [Gesellschaftsrecht 2000] Gesellschaftsrecht, 11. Aufl., Neuwied 2000.

KRAFT, GERHARD: [Phasengleiche Dividendenaktivierung 2001] Schlussfolgerungen aus der Entscheidung des Großen Senats des Bundesfinanzhofs zur phasengleichen Dividendenaktivierung für die Rechnungslegungspraxis, WPg 2001, S. 2-11.

KRAMER, JÖRG-DIETRICH: [in: DEBATIN/WASSERMEYER, Doppelbesteuerung 2001] Frankreich, in: Doppelbesteuerung, Band 2, hrsg. von HELMUT DEBATIN und FRANZ WAS-

SERMEYER, 11. Aufl., München 2000 ff. (Loseblatt), Stand: Oktober 2002, Art. 1-31 Frankreich (ohne „Exkurs").

KRAMER, JÖRG-DIETRICH: [Gewinnabgrenzung und Gewinnermittlung 1991] Gewinnabgrenzung und Gewinnermittlung bei Verbringung von Wirtschaftsgütern zwischen Betriebsstätten im Internationalen Steuerrecht, StuW 1991, S. 151-164.

KRAMER, JÖRG-DIETRICH: [Französisches Steuerrecht 1981] Grundzüge des französischen Steuerrechts, RIW 1981, S. 826-832.

KRAMER, JÖRG-DIETRICH: [Verbringung von Wirtschaftsgütern 2000] Verbringung von Wirtschaftsgütern zwischen Betriebsstätten im internationalen Steuerrecht, IStR 2000, S. 449-457.

KROPPEN, HEINZ-KLAUS: [Art. 4, in: BECKER U.A., DBA-Kommentar 2002] Kommentierung Art. 4, in: DBA-Kommentar, Teil 3, hrsg. von HELMUT BECKER U.A., Herne/Berlin 1997 ff. (Loseblatt), Stand: August 2002, DBA-Frankreich, Rn. 1-23.

KROPPEN, HEINZ-KLAUS/SCHREIBER, KLAUS: [International relevante Aspekte 1999] International relevante Aspekte des Steuerentlastungsgesetzes 1999/2000/2002, IWB vom 23.6.1999, Fach 3 Deutschland, Gruppe 3, S. 1227-1248.

KRYSTEK, ULRICH/ZUR, EBERHARD: [in: KRYSTEK/ZUR, Handbuch Internationalisierung 2002] Internationalisierung als Herausforderung für die Unternehmensführung: Eine Einführung, in: Handbuch Internationalisierung: Globalisierung – eine Herausforderung für die Unternehmensführung, hrsg. von ULRICH KRYSTEK und EBERHARD ZUR, 2. Aufl., Berlin u.a. 2002, S. 3-19.

KÜBLER, FRIEDRICH: [Gesellschaftsrecht 1998] Gesellschaftsrecht: Die privatrechtlichen Ordnungsstrukturen und Regelungsprobleme von Verbänden und Unternehmen, 5. Aufl., Heidelberg 1998.

KUMPF, WOLFGANG: [Besteuerung inländischer Betriebstätten 1982] Besteuerung inländischer Betriebstätten von Steuerausländern, Köln 1982.

KUMPF, WOLFGANG: [in: CURTIUS-HARTUNG/HERZIG/NIEMANN, Steuerberater-Jahrbuch 1989] Ergebnis- und Vermögenszuordnung bei Betriebsstätten, in: Steuerberater-Jahrbuch 1988/89, hrsg. von RUDOLF CURTIUS-HARTUNG, NORBERT HERZIG und URSULA NIEMANN, Köln 1989, S. 399-422.

KUMPF, WOLFGANG/ROTH, ANDREAS: [Betriebsstätten-Verwaltungsgrundsätze 2000] Einzelfragen der Ergebniszuordnung nach den neuen Betriebsstätten-Verwaltungsgrundsätzen, DB 2000, S. 787-793.

KUSSMAUL, HEINZ: [Angemessene Verrechnungspreise 1987] Angemessene Verrechnungspreise im internationalen Konzernbereich, RIW 1987, S. 679-693.

KUSSMAUL, HEINZ: [Betriebliche Altersversorgung 1994] Betriebliche Altersversorgung von Geschäftsführern: Voraussetzungen und finanzwirtschaftliche Auswirkungen, München 1994.

KUSSMAUL, HEINZ: [Betriebswirtschaftliche Steuerlehre 2000] Betriebswirtschaftliche Steuerlehre, 2. Aufl., München/Wien 2000.

KUSSMAUL, HEINZ: [Betriebswirtschaftslehre für Existenzgründer 2001] Betriebswirtschaftslehre für Existenzgründer: Grundlagen mit Fallbeispielen und Fragen der Existenzgründungspraxis – Arbeitsbuch, 3. Aufl., München/Wien 2001.

KUSSMAUL, HEINZ: [Betriebswirtschaftliche Steuerlehre 1995] Die Betriebswirtschaftliche Steuerlehre als steuerliche Betriebswirtschaftslehre?, StuW 1995, S. 3-14.

KUSSMAUL, HEINZ: [in: BÜNZ/HEINSIUS, Praxishandbuch Familiengesellschaften 1999] Familiengesellschaften – Motive, Probleme, Gestaltungsbereiche –, in: Praxishandbuch Familiengesellschaften, begr. von VINCENT BÜNZ und ERNST W. HEINSIUS, Freiburg im Breisgau 1980 ff. (Loseblatt), Stand: November 2000, Gruppe 4, S. 1-57.

KUSSMAUL, HEINZ: [Nutzungsrechte 1987] Nutzungsrechte an Grundstücken in Handels- und Steuerbilanz, Hamburg 1987.

KUSSMAUL, HEINZ: [Unternehmerkinder 1983] Unternehmerkinder: ihre zivil- und steuerrechtliche Berücksichtigung in personenbezogenen, mittelständischen Familienunternehmen, Diss., Köln u.a. 1983.

KUSSMAUL, HEINZ/BECKMANN, STEFAN: [Anrechnung oder Abzug 2000] Anrechnung oder Abzug ausländischer Steuern – Vorteilhaftigkeitsanalyse und Entscheidungshilfe –, StuB 2000, S. 1188-1198.

KUSSMAUL, HEINZ/BECKMANN, STEFAN: [Dividendenbesteuerung 2001] Die Dividendenbesteuerung im nationalen und internationalen Kontext, DB 2001, S. 608-614.

KUSSMAUL, HEINZ/BECKMANN, STEFAN: [Methoden zur Vermeidung 2000] Methoden zur Vermeidung einer möglichen Doppelbesteuerung im Rahmen des Einkommensteuergesetzes – Darstellung der unterschiedlichen Methoden des § 34c EStG –, StuB 2000, S. 706-716.

KUSSMAUL, HEINZ/DREGER, MARTINA: [Grenzüberschreitende Finanzierungsplanung 1996] Steuerlich orientierte grenzüberschreitende Finanzierungsplanung – Kapitalausstattung einer ausländischen Tochtergesellschaft, DStR 1996, S. 1376-1380.

KUSSMAUL, HEINZ/KLEIN, NICOLE: [Verbuchung verdeckter Einlagen 2001] Die Verbuchung verdeckter Einlagen aus handels- und steuerrechtlicher Sicht, StuB 2001, S. 1045-1050.

KUSSMAUL, HEINZ/KLEIN, NICOLE: [Maßgeblichkeitsprinzip 2001] Maßgeblichkeitsprinzip bei verdeckter Einlage und verdeckter Gewinnausschüttung? Gleichzeitig eine Analyse der handels- und steuerrechtlichen Wirkungen verdeckter Einlage und verdeckter Gewinnausschüttung, DStR 2001, S. 189-194.

KUSSMAUL, HEINZ/RICHTER, LUTZ: [Halbeinkünfteverfahren 2001] Die Ersetzung des körperschaftsteuerlichen Vollanrechnungsverfahrens durch das sog. Halbeinkünfteverfahren im Rahmen eines Steuersenkungsgesetzes, Arbeitspapiere zur Existenzgründung, Band 11, Saarbrücken 2001.

KUSSMAUL, HEINZ/SCHÄFER, RENÉ: [Gliederung des Eigenkapitals 1999] Die Gliederung des verwendbaren Eigenkapitals einer französischen Kapitalgesellschaft, IStR 1999, S. 741-746.

KUSSMAUL, HEINZ/SCHÄFER, RENÉ: [Option von Personengesellschaften 2000] Die Option von Personengesellschaften für eine Besteuerung durch die Körperschaftsteuer im französischen Steuerrecht – Voraussetzungen und steuerliche Wirkungen im Optionszeitpunkt –, IStR 2000, S. 161-166.

KUSSMAUL, HEINZ/SCHÄFER, RENÉ: [Verschmelzung von Kapitalgesellschaften 2000] Die Verschmelzung von Kapitalgesellschaften im französischen Steuerrecht – Voraussetzungen und steuerliche Wirkungen im Optionszeitpunkt –, IStR 2000, S. 105-110.

KÜTING, KARLHEINZ: [in: KÜTING/WEBER, Handbuch der Konzernrechnungslegung 1998] Recht der verbundenen Unternehmen, in: Handbuch der Konzernrechnungslegung, hrsg. von KARLHEINZ KÜTING und CLAUS-PETER WEBER, Band 2, 2. Aufl., Stuttgart 1998, S. 517-554.

KÜTING, KARLHEINZ: [Konzernstrukturen 1980] Zur Systematisierung von Konzernstrukturen, WiSt 1980, S. 6-10.

KÜTING, KARLHEINZ/KESSLER, HARALD: [Teilwertabschreibungen auf Beteiligungen 1995] Teilwertabschreibungen auf Beteiligungen unter besonderer Berücksichtigung der höchstrichterlichen Finanzrechtsprechung, GmbHR 1995, S. 345-356,

KÜTING, KARLHEINZ/WEBER, CLAUS-PETER: [Konzernabschluss 2001] Der Konzernabschluss, 7. Aufl., Stuttgart 2001.

KÜTING, KARLHEINZ/ZÜNDORF, HORST: [in: LÜCK, Rechnungslegung und Abschlussprüfung 1998] Konzernbegriff, in: Lexikon der Rechnungslegung und Abschlussprüfung, hrsg. von WOLFGANG LÜCK, 4. Aufl., München/Wien 1998, S. 465-466.

KÜTING, KARLHEINZ/ALTMEIER, DAVID/GÜNTHER, BARBARA: [Französisches Bilanzrecht 1998] Die Grundpfeiler des französischen Bilanzrechts, IWB vom 14.1.1998, Fach 5 Frankreich, Gruppe 3, S. 529-544.

LAMY (HRSG.): [Fiscal 2002] Fiscal 2002, Paris 2002.

LANG, JOACHIM: [§ 8, in: TIPKE/LANG, Steuerrecht 2002] § 8 Einführung in das besondere Steuerschuldrecht, in: Steuerrecht, begr. von KLAUS TIPKE, fortgef. von JOACHIM LANG, 17. Aufl., Köln 2002, S. 178-209.

LANG, JOACHIM: [§ 9, in: TIPKE/LANG, Steuerrecht 2002] § 9 Einkommensteuer, in: Steuerrecht, begr. von KLAUS TIPKE, fortgef. von JOACHIM LANG, 17. Aufl., Köln 2002, S. 210-434.

LANZ, THOMAS: [Rechtsform 1978] Die Wahl der Rechtsform als Entscheidungsproblem unter besonderer Berücksichtigung einer mittelständischen Unternehmung, Diss., Berlin 1978.

LE CANNU, PAUL: [Dirigeants 1994] Les dirigeants de la société par actions simplifiée, RS 1994, S. 239-256.

LEFEBVRE, FRANCIS (HRSG.): [Allemagne 2000] Dossiers Internationaux Francis Lefebvre: Allemagne, 6. Aufl., Levallois 2000.

LEFEBVRE, FRANCIS (HRSG.): [Évaluation 2001] Évaluation 2001, 3. Aufl., Levallois 2001.

LEFEBVRE, FRANCIS (HRSG.): [Fiscal 1998] Fiscal 1998, Levallois 1998.

LEFEBVRE, FRANCIS (HRSG.): [Fiscal 2002] Fiscal 2002, Levallois 2002.

LEFEBVRE, FRANCIS (HRSG.): [Création d'entreprise 2000] La pratique de la création d'entreprise, 2. Aufl., Levallois 2000.

LEFEBVRE, FRANCIS (HRSG.): [Social 2002] Social 2002, Levallois 2002.

LEFEBVRE, FRANCIS/PRICE WATERHOUSE COOPERS (HRSG.): [PCG 1999] PCG – Refonte 1999, Levallois 1999.

LEFEBVRE, FRANCIS/PÖLLATH, REINHARD/RÄDLER, ALBERT J.: [Steuern in Frankreich 1976] Steuern in Frankreich, Köln 1976.

LE GALL, JEAN-PIERRE: [Sociétés de personnes 2000] Fiscalité internationale des sociétés de personnes – L'arrêt Diebold: un incident ou un cataclysme?, DF 2000, S. 621-627.

LEGEAIS, DOMINIQUE: [Droit commercial 2001] Droit commercial et des affaires, 14. Aufl., Paris 2001.

LEHNER, MORIS: [Art. 4, in: VOGEL, Doppelbesteuerungsabkommen 1996] Kommentierung Art. 4, in: Doppelbesteuerungsabkommen der Bundesrepublik Deutschland auf dem Gebiet der Steuern vom Einkommen und Vermögen: Kommentar auf der Grundlage der Musterabkommen, hrsg. von KLAUS VOGEL, 3. Aufl., München 1996, S. 337-401.

LEHNER, MORIS: [Art. 25, in: VOGEL, Doppelbesteuerungsabkommen 1996] Kommentierung Art. 25, in: Doppelbesteuerungsabkommen der Bundesrepublik Deutschland auf dem Gebiet der Steuern vom Einkommen und Vermögen: Kommentar auf der Grundlage der Musterabkommen, hrsg. von KLAUS VOGEL, 3. Aufl., München 1996, S. 1666-1732.

LIPPEK, VOLKER: [Aktivierung von Beteiligungserträgen 2000] Die Aktivierung von Beteiligungserträgen – Zur Auslegung der §§ 242, 243, 246, 252 Abs. 1 Nr. 4 Halbsatz 2 HGB –, StuB 2000, S. 1085-1090.

LOTHMANN, WERNER/LOTHMANN, ROLF: [Steueroptimale Rechtformwahl 2000] Unternehmenssteuerreform 2001: Ausnutzung des möglichen Thesaurierungsvorteils der Kapitalgesellschaft – einige Thesen zur steueroptimalen Rechtsformwahl, DStR 2000, S. 2153-2157.

LÜDICKE, JÜRGEN: [in: HERZIG/GÜNKEL/NIEMANN, Steuerberater-Jahrbuch 1998] Neue Entwicklungen der Besteuerung von Personengesellschaften im internationalen Steuerrecht, in: Steuerberater-Jahrbuch 1997/98, hrsg. von NORBERT HERZIG, MANFRED GÜNKEL und URSULA NIEMANN, Köln 1998, S. 449-492.

MANKE, KLAUS: [in: DEUTSCHES ANWALTSINSTITUT E.V., Jahrbuch der Fachanwälte 1978] Personengesellschaften im internationalen Steuerrecht, in: Jahrbuch der Fachanwälte für Steuerrecht 1978/1979, hrsg. vom DEUTSCHEN ANWALTSINSTITUT E.V., Herne/Berlin 1978, S. 152-172.

MÄRKLE, RUDI: [Rechtsprechung zur Mitunternehmerschaft 2000] Neue Beratungssignale der Rechtsprechung zur Mitunternehmerschaft, DStR 2000, S. 797-808.

MARWEDE, EBERHARD: [Abgrenzungsproblematik 1983] Die Abgrenzungsproblematik mittelständischer Unternehmen – Eine Literaturanalyse, Augsburg 1983.

MEFFERT, HERIBERT/BOLZ, JOACHIM: [Internationales Marketing-Management 1998] Internationales Marketing-Management, 3. Aufl., Stuttgart/Berlin/Köln 1998.

MEISSNER, HANS G./GERBER, STEPHAN: [Auslandsinvestition 1980] Die Auslandsinvestition als Entscheidungsproblem, BFuP 1980, S. 217-228.

MEMENTO VERLAG AG (HRSG.): [Gesellschaftsrecht 2002] Memento Rechtshandbücher – Gesellschaftsrecht für die Praxis – Alle Gesellschaftsformen mit steuerlichen Auswirkungen plus Handels- und Aktienrecht, 4. Aufl., Freiburg im Breisgau 2002.

MEMENTO VERLAG AG (HRSG.): [Memento Steuerrecht 2002] Memento Rechtshandbücher – Steuerrecht für die Praxis – Alle betrieblichen und privaten Steuerarten, 3. Aufl., Freiburg im Breisgau 2002.

MENCK, THOMAS: [in: MÖSSNER, Steuerrecht 1998] D. Durchsetzung und Kontrolle – Internationale Zusammenarbeit der Steuerverwaltungen, in: Steuerrecht international tätiger Unternehmen – Handbuch der Besteuerung von Auslandsaktivitäten inländischer Unternehmen und von Inlandsaktivitäten ausländischer Unternehmen, hrsg. von JÖRG M. MÖSSNER, 2. Aufl., Köln 1998, S. 494-546.

MENCK, THOMAS: [Gewinnermittlung bei Betriebsstätten 1994] OECD: Bericht zur Gewinnermittlung bei Betriebsstätten, IStR Beihefter 5 1994, S. 1.

MERCADAL, BARTHELEMY/JANIN, PHILIPPE: [Mémento Sociétés Commerciales 2002] Mémento Pratique Francis Lefebvre – Droit des Affaires – Sociétés Commerciales 2003, Levallois 2002.

MERCIER, JEAN-YVES/PLAGNET, BERNARD: [Impôts 2002] Les impôts en France, 34. Aufl., Levallois 2002.

MERLE, PHILIPPE: [Sociétés commerciales 2001] Droit commercial – Sociétés commerciales, 8. Aufl., Paris 2001.

MESTRE, JACQUES/PANCRAZI, MARIE-EVE: [Droit commercial 2001] Droit commercial, 25. Aufl., Paris 2001.

MESTRE, JACQUES/VELARDOCCHIO, DOMINIQUE: [Lamy Sociétés Commerciales 2002] Lamy Sociétés Commerciales Édition 2002, Paris 2002.

MITSCH, BERND: [Übertragungen 2002] Übertragungen im Bereich von Einzelunternehmen und Mitunternehmerschaften nach dem UntStFG 2002, INF 2002, S. 77-82.

MITSCH, BERND/GRÜTER, GIDO: [Steuerneutrale Übertragung 2000] Steuerneutrale Übertragung von Einzelwirtschaftsgütern – Ein Vergleich der Rechtslage nach dem Mitunternehmererlass, dem Steuerentlastungsgesetz 1999/2000/2001 und dem Steuersenkungsgesetz –, INF 2000, S. 620-624 und S. 651-655.

MÖSSNER, JÖRG M.: [in: MÖSSNER, Steuerrecht 1998] B. Steuerhoheit und deren Anknüpfungskriterien: I.-III. Grundlagen, persönliche und sachliche Anknüpfungskriterien, in: Steuerrecht international tätiger Unternehmen – Handbuch der Besteuerung von Auslandsaktivitäten inländischer Unternehmen und von Inlandsaktivitäten ausländischer Unternehmen, hrsg. von JÖRG M. MÖSSNER, 2. Aufl., Köln 1998, S. 51-156.

MÜLLER, HEIKO: [Bewertung von Sacheinlagen 2002] Die steuerliche Bewertung von Sacheinlagen – ein Überblick, StuB 2002, S. 163-172.

MÜLLER, TINA-FIONA: [§ 8, in: MÜLLER/HOFFMANN, Beck'sches Handbuch Personengesellschaften 2002] § 8 Erbfolge, Schenkung, Güterstandsregelungen, in: Beck'sches Handbuch der Personengesellschaften, hrsg. von WELF MÜLLER und WOLF-DIETER HOFFMANN, 2. Aufl., München 2002, S. 597-679.

MÜLLER, WELF: [§ 4, in: MÜLLER/HOFFMANN, Beck'sches Handbuch Personengesellschaften 2002] § 4 Der Gesellschafter, in: Beck'sches Handbuch der Personengesellschaften, hrsg. von WELF MÜLLER und WOLF-DIETER HOFFMANN, 2. Aufl., München 2002, S. 275-379.

NICKEL, EGBERT: [§ 1, in: ENSTHALER: Handelsgesetzbuch 1999] Kommentierung § 1, in: Gemeinschaftskommentar zum Handelsgesetzbuch, hrsg. von JÜRGEN ENSTHALER, 6. Aufl., Neuwied/Kriftel 1999, S. 26-35.

ORGANISATION FOR ECONOMIC CO-OPERATION AND DEVELOPMENT (OECD): [Partnerships 1999] The Application of the OECD Model Tax Convention to Partnerships, Issues in International Taxation, No. 6, 1999.

OUDENOT, PHILIPPE: [Fiscalité approfondie 2001] Fiscalité approfondie des sociétés, 2. Aufl., Paris 2001.

O.V.: [Definition KMU 1996] Definition kleiner und mittlerer Unternehmen (KMU), DB 1996, S. 591.

PACH-HANSSENHEIMB, FERDINAND: [Transfer von Wirtschaftsgütern 1992] Der Transfer von Wirtschaftsgütern in eine und aus einer ausländischen Betriebsstätte durch unbeschränkt Steuerpflichtige, BB 1992, S. 2115-2124.

PACH-HANSSENHEIMB, FERDINAND: [Verstrickung von Wirtschaftsgütern 1991] Die Verstrickung von Wirtschaftsgütern in die deutsche Steuerhoheit, Diss., Baden-Baden 1991.

PAILLUSSEAU, JEAN: [Société 1999] La nouvelle société par actions simplifiée. Le big-bang du droit des sociétés!, RD 1999, S. 333-346.

PATT, JOACHIM: [§ 6 Abs. 3-7 EStG, in: RAUPACH/PRINZ/WENDT, HERRMANN/HEUER/RAUPACH 2001] Kommentierung § 6 Abs. 3-7 EStG, in: HERRMANN/HEUER/RAUPACH: Einkommensteuer- und Körperschaftsteuergesetz – Steuerreform-Kommentierung, hrsg. von ARNDT RAUPACH, ULRICH PRINZ und MICHAEL WENDT, 21. Aufl., Köln 2001 ff. (Loseblatt), Stand: August 2001, Rn. R 90-R 170.

PEDAMON, MICHEL: [Droit commercial 2000] Droit commercial – Commerçants et fonds de commerce – Concurrence et contrats du commerce, 2. Aufl., Paris 2000.

PELLAS, JEAN-RAPHAËL: [Fiscalité internationale 2002] Le vade-mecum de la fiscalité internationale, Colombelles 2002.

PERRIDON, LOUIS: [in: COENENBERG/VON WYSOCKI, Handwörterbuch der Revision 1992] Wirtschaftsprüfung, Frankreich, in: Handwörterbuch der Revision, hrsg. von ADOLF G. COENENEBERG und KLAUS VON WYSOCKI, 2. Aufl., Stuttgart 1992, Sp. 2240-2254.

PFAAR, MICHAEL: [Überführung von Wirtschaftsgütern 2000] Keine Besteuerung bei der Überführung von Wirtschaftsgütern in ausländische Betriebsstätten, IStR 2000, S. 42-46.

PFOHL, HANS-CHRISTIAN: [in: PFOHL, Betriebswirtschaftslehre 1997] Abgrenzung der Klein- und Mittelbetriebe von Großbetrieben, in: Betriebswirtschaftslehre der Mittel- und Kleinbetriebe: größenspezifische Probleme und Möglichkeiten zu ihrer Lösung, hrsg. von HANS-CHRISTIAN PFOHL, 3. Aufl., Berlin 1997, S. 1-25.

PILTZ, DETLEV J.: [Personengesellschaften 1981] Die Personengesellschaften im internationalen Steuerrecht der Bundesrepublik Deutschland, Heidelberg 1981.

PILTZ, DETLEV J.: [Art. 7, in: DEBATIN/WASSERMEYER, Doppelbesteuerung 2002] Kommentierung Art. 7 OECD-MA 2000, in: Doppelbesteuerung, Band 1, hrsg. von HELMUT DEBATIN und FRANZ WASSERMEYER, 11. Aufl., München 2000 ff. (Loseblatt), Stand: Oktober 2002, Rn. 66-148.

POHL, DIRK: [in: LÜDICKE, Internationale Unternehmensbesteuerung 2002] Grenzüberschreitende Ent- und Verstrickung, in: Fortentwicklung der Internationalen Unternehmensbesteuerung, hrsg. von JÜRGEN LÜDICKE, Köln 2002, S. 33-64.

PROKISCH, RAINER: [Art. 15, in: VOGEL, Doppelbesteuerungsabkommen 1996] Kommentierung Art. 15, in: Doppelbesteuerungsabkommen der Bundesrepublik Deutschland auf dem Gebiet der Steuern vom Einkommen und Vermögen: Kommentar auf der Grundlage der Musterabkommen, hrsg. von KLAUS VOGEL, 3. Aufl., München 1996, S. 1128-1215.

RÄDLER, ALBERT JR./BULLINGER, PATRICK: [Direktinvestitionen in Frankreich 1999] Ertragsteuern mit Ergänzungsabgaben bei deutschen Direktinvestitionen in Frankreich, IStR 1999, S. 225-231.

RAISER, THOMAS: [Kapitalgesellschaften 2001] Recht der Kapitalgesellschaften: ein Handbuch für Praxis und Wissenschaft; Aktiengesellschaft, Gesellschaft mit beschränkter Haftung, Kapitalgesellschaft & Co.; Umwandlung, Verschmelzung, Spaltung, Konzernrecht, 3. Aufl., München 2001.

RANDOUX, DOMINIQUE: [Liberté contractuelle 1994] La liberté contractuelle réservée aux grandes entreprises: la société par actions simplifiée (SAS), JCP éd. N 1994, doctrine, S. 69-76.

REGNIET, MICHAEL: [Ergänzungsbilanzen 1990] Ergänzungsbilanzen bei der Personengesellschaft: Sonderbilanzen der Gesellschafter und Wertkorrekturen der Gesellschaftsbilanz, Diss., Köln 1990.

REIS, DETLEF: [Finanzmanagement 1999] Finanzmanagement in internationalen mittelständischen Unternehmen, Diss., Wiesbaden 1999.

REISS, WOLFRAM: [Beteiligungen an Personengesellschaften 1998] Bilanzierung von Beteiligungen an Personengesellschaften, DStR 1998, S. 1887-1890.

REISS, WOLFRAM: [Vorschläge des BMF 2001] Fortentwicklung des Unternehmenssteuerrechts bei Mitunternehmerschaften – Bemerkungen zu den Vorschlägen des BMF, BB 2001, S. 1225-1232.

REVUE FIDUCIAIRE (HRSG.): [Comptable 2000] Dictionnaire RF 2001 Comptable, 7. Aufl., Paris 2000.

REVUE FIDUCIAIRE (HRSG.): [Fiscal 2002] Dictionnaire RF 2002 Fiscal, CD-Rom Revue Fiduciaire Fiscal, Oktober 2002.

RISTHAUS, ANNE/PLENKER, JÜRGEN: [Geänderte Verlustverrechnungsmöglichkeiten 1999] Steuerentlastungsgesetz 1999/2000/2002 – Geänderte Verlustverrechnungsmöglichkeiten im Rahmen der Einkommensteuerfestsetzung, DB 1999, S. 605-610.

RÖDDER, THOMAS/SCHUMACHER, ANDREAS: [Regierungsentwurf 2001] Der Regierungsentwurf eines Gesetzes zur Fortentwicklung des Unternehmenssteuerrechts, DStR 2001, S. 1634-1641 und S. 1685-1693.

RÖHNER, UDO: [Betriebsstättenerlass 2000] Betriebsstättenerlass: Überblick und Praxisfolgen, RIW 2000, S. 182-186.

ROHRLACK-SOTH, LARS/KAUFMANN, JÜRGEN F.: [Besteuerung französischer Gesellschaften 1992/1993] Besteuerung französischer Gesellschaften und ihrer deutschen Anteilseigner, IStR 1992, S. 95-98 und IStR 1993, S. 6-11.

ROSE, GERD: [Ertragsteuern 2001] Betrieb und Steuer: Grundlagen zur Betriebswirtschaftlichen Steuerlehre, 1. Buch: Die Ertragsteuern, 16. Aufl., Wiesbaden 2001.

ROSE, GERD: [Grundzüge 2000] Betrieb und Steuer: Grundlagen zur Betriebswirtschaftlichen Steuerlehre, 5. Buch: Grundzüge des Internationalen Steuerrechts, 5. Aufl., Wiesbaden 2000.

ROSE, GERD: [Betriebswirtschaftliche Steuerlehre 1992] Betriebswirtschaftliche Steuerlehre: eine Einführung für Fortgeschrittene, 3. Aufl., Wiesbaden 1992.

ROSE, GERD: [Steuerbelastung der Unternehmung 1973] Die Steuerbelastung der Unternehmung, Wiesbaden 1973.

ROSE, GERD: [Erbschaftsteuer 2002] Erbschaftsteuer: mit Schenkungsteuer und Bewertungsrecht, 11. Aufl., Bielefeld 2002.

ROSE, GERD/GLORIUS-ROSE, CORNELIA: [Unternehmen 2001] Unternehmen: Rechtsformen und Verbindungen – Ein Überblick aus betriebswirtschaftlicher, rechtlicher und steuerlicher Sicht, 3. Aufl., Köln 2001.

ROSENBACH, GEORG: [in: GROTHERR, Internationale Steuerplanung 2000] Planungsmaßnahmen zur steuerlichen Verlustnutzung im Konzern, in: Handbuch der internationalen Steuerplanung, hrsg. von SIEGFRIED GROTHERR, Herne/Berlin 2000, S. 315-340.

ROSSIGNOL, JEAN-LUC: [Éléments incorporels 2000] L'amortissement des éléments incorporels – Lecture et relecture fiscales face à l'évolution de la jurisprudence, RFC 2000, S. 73-79.

ROTH, ANDREAS: [in: GROTHERR, Internationale Steuerplanung 2000] Die aufgeschobene Gewinnverwirklichung bei der grenzüberschreitenden Überführung von Wirtschaftsgütern in eine Betriebsstätte unter steuerplanerischen Gesichtspunkten, in: Handbuch der internationalen Steuerplanung, hrsg. von SIEGFRIED GROTHERR, Herne/Berlin 2000, S. 77-106.

RUNGE, BERNDT: [OECD-Verrechnungspreisbericht 1995] Quo vadis, internationaler Verrechnungspreis, cui bono, neuer OECD-Verrechnungspreisbericht?, IStR 1995, S. 505-511.

RUSS, WERNER: [§ 1, in: GLANEGGER U.A., Handelsgesetzbuch 2002] Kommentierung § 1, in: Heidelberger Kommentar zum Handelsgesetzbuch: Handelsrecht – Bilanzrecht – Steuerrecht – Kommentar zum Handelsgesetzbuch mit den Rechnungslegungsvorschriften nach dem Bilanzrichtlinien-Gesetz und den Steuern der kaufmännischen Personenunternehmen, hrsg. von PETER GLANEGGER U.A., 6. Aufl., Heidelberg 2002, S. 122-134.

SASS, GERT: [Schlichtungsverfahren 1991] Zum EG-Abkommen über die Beseitigung der Doppelbesteuerung (Schlichtungsverfahren) im Falle einer Gewinnberichtigung bei Geschäftsbeziehungen zwischen verbundenen Unternehmen, DB 1991, S. 984-987.

SAUTER, WOLFGANG: [§ 2, in: MÜLLER/HOFFMANN, Beck'sches Handbuch Personengesellschaften 2002] § 2 Gründung und Beitritt, in: Beck'sches Handbuch der Personengesellschaften, hrsg. von WELF MÜLLER und WOLF-DIETER HOFFMANN, 2. Aufl., München 2002, S. 85-147.

SCHAUMBURG, HARALD: [Internationales Steuerrecht 1998] Internationales Steuerrecht: Außensteuerrecht, Doppelbesteuerungsrecht, 2. Aufl., Köln 1998.

SCHAUMBURG, HARALD: [in: RUPPE, Gewinnrealisierung im Steuerrecht 1981] Spezielle Gewinnrealisierungsprobleme im außensteuerlichen Kontext, in: Gewinnrealisierung im Steuerrecht, hrsg. von HANS GEORG RUPPE, Köln 1981, S. 247-257.

SCHAUMBURG, HARALD U.A.: [Personengesellschaft 1999] Die Personengesellschaft im internationalen Steuerrecht, Stbg 1999, S. 97-105 und S. 156-166.

SCHAUMBURG, HARALD U.A.: [in: PILTZ/SCHAUMBURG, Internationale Betriebsstättenbesteuerung 2001] Grundsatzfragen der Betriebsstättenbesteuerung – Podiumsdiskussion, in: Internationale Betriebsstättenbesteuerung, hrsg. von DETLEV J. PILTZ und HARALD SCHAUMBURG, Köln 2001, S. 65-83.

SCHEFFLER, WOLFRAM: [Grenzüberschreitende Unternehmenstätigkeit 2002] Besteuerung der grenzüberschreitenden Unternehmenstätigkeit, 2. Aufl., München 2002.

SCHEFFLER, WOLFRAM: [Besteuerung von Unternehmen 2002] Besteuerung von Unternehmen I: Ertrag-, Substanz- und Verkehrsteuern, 5. Aufl., Heidelberg 2002.

SCHEFFLER, WOLFRAM: [Veranlagungssimulation versus Teilsteuerrechnung 1991] Veranlagungssimulation versus Teilsteuerrechnung, WiSt 1991, S. 69-75.

SCHELLE, DIETHER: [Geschäftsverlagerung 1995] Steuerliche Probleme bei der Geschäftsverlagerung ins Ausland, IStR 1995, S. 307-311.

SCHIFFERS, JOACHIM: [Konsequenzen verdeckter Gewinnausschüttungen 2001] Konsequenzen verdeckter Gewinnausschüttungen nach dem Systemwechsel bei der Besteuerung von Kapitalgesellschaften, GmbHR 2001, S. 885-892.

SCHIFFERS, JOACHIM: [Steuerliche Rechtsformwahl 2000] Steuersenkungsgesetz: Steuerliche Rechtsformwahl und Steueroptimierung, GmbHR 2000, S. 1005-1014.

SCHILD, CLAUS/EHLERMANN, CHRISTIAN: [in: GROTHERR, Internationale Steuerplanung 2000] Besteuerungsprobleme bei Beteiligungen an ausländischen Personengesellschaften, in: Handbuch der internationalen Steuerplanung, hrsg. von SIEGFRIED GROTHERR, Herne/Berlin 2000, S. 1245-1261.

SCHMIDT, CHRISTIAN: [Ausländische Personengesellschaften 1996] Zur DBA-Anwendung und inländischen Steuerpflicht bei im Sitzstaat rechtsfähigen ausländischen Personengesellschaften – Zugleich eine kritische Auseinandersetzung mit den Verlautbarungen verschiedener Landesfinanzbehörden zur Qualifizierung tschechischer bzw. slowakischer Kommanditgesellschaften und deren Ausschüttungen, IStR 1996, S. 14-23.

SCHMIDT, KARSTEN: [Gesellschaftsrecht 2002] Gesellschaftsrecht, 4. Aufl., Köln u.a. 2002.

SCHMIDT, KARSTEN: [Handelsrecht 1999] Handelsrecht, 5. Aufl., Köln u.a. 1999.

SCHMIDT, LUDWIG: [§ 15, in: SCHMIDT, Einkommensteuergesetz 2002] Kommentierung § 15, in: Einkommensteuergesetz: Kommentar, hrsg. von LUDWIG SCHMIDT, 21. Aufl., München 2002, S. 1191-1324.

SCHMIDT, LUTZ/HAGEBÖKE, JENS: [Änderung von § 8b Abs. 5 KStG 2002] Die erneute Änderung von § 8b Abs. 5 KStG durch das UntStFG, IStR 2002, S. 150-157.

SCHMITT, MICHAEL/FRANZ, ROLAND: [Umstrukturierung von Personenunternehmen 2001] Die Umstrukturierung von Personenunternehmen im Lichte des Berichts zur Fortentwicklung des Unternehmenssteuerrechts, BB 2001, S. 1278-1287.

SCHNEELOCH, DIETER: [Rechtsformwahl 1997] Rechtsformwahl und Rechtsformwechsel mittelständischer Unternehmen: Auswahlkriterien, Steuerplanung, Gestaltungsempfehlungen, Herne/Berlin 1997.

SCHÖN, WOLFGANG: [Sonderbetriebsvermögen 1993] Zum Stande der Lehre vom Sonderbetriebsvermögen, DStR 1993, S. 185-194.

SCHRÖDER, SIEGFRIED: [in: MÖSSNER, Steuerrecht 1998] C. Allgemeine Grundsätze der Gewinnermittlung: I. Gewinnermittlung bei Betriebsstätten, in: Steuerrecht international tätiger Unternehmen – Handbuch der Besteuerung von Auslandsaktivitäten inländischer Unternehmen und von Inlandsaktivitäten ausländischer Unternehmen, hrsg. von JÖRG M. MÖSSNER, 2. Aufl., Köln 1998, S. 235-343.

SCHRÖDER, SIEGFRIED: [Betriebsstätte 1978] Die Betriebsstätte im deutschen Außensteuerrecht, StBp 1978, S. 169-181.

SCHUBERT, WERNER/KÜTING, KARLHEINZ: [Unternehmungszusammenschlüsse 1981] Unternehmungszusammenschlüsse, München 1981.

SCHULT, EBERHARD: [Reformphantasien des Steuergesetzgebers 2001] Reformphantasien des Steuergesetzgebers – jetzt auch Kirchensteuersätze über 100 %!, BB 2001, S. 1019-1020.

SCHWEDHELM, ROLF: [Zeitgleiche Dividendenvereinnahmung 1992] Bilanzielle Behandlung der Körperschaftsteuer und Kapitalertragsteuer bei zeitgleicher Dividendenvereinnahmung, GmbHR 1992, S. 652-653.

SEER, ROMAN: [§ 21, in: TIPKE/LANG, Steuerrecht 2002] § 21 Durchführung der Besteuerung, in: Steuerrecht, begr. von KLAUS TIPKE, fortgef. von JOACHIM LANG, 17. Aufl., Köln 2002, S. 728-844.

SEIBERT, ULRICH: [Kleine AG 1994] Gesetzentwurf: Kleine AG und Aktienrechtsderegulierung. A. Einführung – Aktueller Stand und Vorgeschichte, ZIP 1994, S. 247-249.

SEIDEL, GERNOT: [Gewinnverschiebungen 1972] Gewinnverschiebungen über die Grenze, Diss., Düsseldorf 1972,

SEMLER, JOHANNES: [§ 278, in: GESSLER U.A., Aktiengesetz 1986] Kommentierung § 278, in: Aktiengesetz (Kommentar), hrsg. von ERNST GESSLER U.A., Band 5, München 1986, S. 19-74.

SERLOOTEN, PATRICK: [Transparence fiscale 1999] Brèves réflexions sur l'utilité actuelle du régime de transparence fiscale des sociétés de personnes, JCP éd. E 1999, commentaires, S. 1477-1479.

SERLOOTEN, PATRICK: [Rémunération 2000] Le choix du mode de rémunération des dirigeants sociaux: critère fiscal, BJS 2000, S. 887-893.

SERLOOTEN, PATRICK: [Droit commercial 1997] RIPERT, GEORGES/ROBLOT, RENE: Traité de droit commercial, Band 3: Droit fiscal des affaires, 5. Aufl., Paris 1997.

SIEBER, EUGEN H.: [in: ENGELEITER, Gegenwartsfragen 1966] Die internationale Unternehmung, in: Gegenwartsfragen der Unternehmensführung, hrsg. von HANS-JOACHIM ENGELEITER, Herne/Berlin 1966, S. 51-68.

SIEKER, KLAUS: [Betriebsstättengewinn und Fremdvergleichsgrundsatz 1996] Betriebsstättengewinn und Fremdvergleichsgrundsatz, DB 1996, S. 110-113.

SONNENBERGER, HANS J.: [Handels- und Wirtschaftsrecht 1991] Französisches Handels- und Wirtschaftsrecht, 2. Aufl., Heidelberg 1991.

SONNENBERGER, HANS J./AUTEXIER, CHRISTIAN: [Französisches Recht 2000] Einführung in das französische Recht, 3. Aufl., Heidelberg 2000.

STAWINOGA, RAINER: [Körperschaftsteuer 1994] Handbuch der französischen Körperschaftsteuer, 3. Aufl., Bielefeld 1994.

STOCKMANN, FRANK: [Art. 22, in: VOGEL, Doppelbesteuerungsabkommen 1996] Kommentierung Art. 22, in: Doppelbesteuerungsabkommen der Bundesrepublik Deutschland auf dem Gebiet der Steuern vom Einkommen und Vermögen: Kommentar auf der Grundlage der Musterabkommen, hrsg. von KLAUS VOGEL, 3. Aufl., München 1996, S. 1376-1410.

STORCK, ALFRED: [Ausländische Betriebstätten 1980] Ausländische Betriebstätten im Ertrag- und Vermögensteuerrecht, Frankfurt am Main 1980.

STRUNK, GÜNTHER/KAMINSKI, BERT: [Betriebsstättenerlaß 2000] Anmerkungen zum Betriebsstättenerlaß, IStR 2000, S. 33-42.

TELKAMP, HEINZ-JÜRGEN: [Betriebstätte oder Tochtergesellschaft 1975] Betriebstätte oder Tochtergesellschaft im Ausland, Diss., Wiesbaden 1975.

THEISEN, RENÉ M.: [Konzern 2000] Der Konzern: betriebswirtschaftliche und rechtliche Grundlagen der Konzernunternehmung, 2. Aufl., Stuttgart 2000.

TILLMANNS, WOLFHARD: [Besteuerung französischen Grundbesitzes 2001] Besteuerung französischen Grundbesitzes, IWB vom 25.7.2001, Fach 5 Frankreich, Gruppe 2, S. 1279-1292.

TILLMANNS, WOLFHARD: [in: HOHLOCH, Gesellschaftsrecht 2001] Frankreich, in: EU-Handbuch Gesellschaftsrecht, hrsg. von GERHARD HOHLOCH, Herne/Berlin 1997 ff. (Loseblatt), Stand: August 2001, S. 1-120.

TILLMANNS, WOLFHARD: [in: MENNEL/FÖRSTER, Steuern 2002] Frankreich, in: Steuern in Europa, Amerika und Asien, hrsg. von ANNEMARIE MENNEL und JUTTA FÖRSTER, Herne/Berlin 1998 ff. (Loseblatt), Stand: November 2002, Frankreich, S. 1-117.

TISCHBIREK, WOLFGANG: [Art. 10, in: VOGEL, Doppelbesteuerungsabkommen 1996] Kommentierung Art. 10, in: Doppelbesteuerungsabkommen der Bundesrepublik Deutschland auf dem Gebiet der Steuern vom Einkommen und Vermögen: Kommentar auf der Grundlage der Musterabkommen, hrsg. von KLAUS VOGEL, 3. Aufl., München 1996, S. 761-924.

UELNER, ADALBERT: [in: DORALT, Probleme des Steuerbilanzrechts 1991] Ergänzungs- und Sonderbilanzen, in: Probleme des Steuerbilanzrechts, hrsg. von WERNER DORALT, Köln, 1991.

VIANDIER, ALAIN/CAUSSAIN, JEAN-JACQUES: [Droit des sociétés 1994] Chronique – Droit des sociétés, JCP éd. E 1994, études et chroniques, S. 267-272.

VIDAL, DOMINIQUE: [Droit des Sociétés 2001] Droit des Sociétés, 3. Aufl., Paris 2001.

VIEGENER, JOHANNES: [Beendigung des Finanzausgleichs 2002] Zur Beendigung des Finanzausgleichs (avoir fiscal) aus französischer Sicht, IWB vom 13.2.2002, Fach 5 Frankreich, Gruppe 2, S. 1293-1300.

VOGEL, KLAUS: [Art. 1, in: VOGEL, Doppelbesteuerungsabkommen 1996] Kommentierung Art. 1, in: Doppelbesteuerungsabkommen der Bundesrepublik Deutschland auf dem Gebiet der Steuern vom Einkommen und Vermögen: Kommentar auf der Grundlage der Musterabkommen, hrsg. von KLAUS VOGEL, 3. Aufl., München 1996, S. 183-246.

VOGEL, LOUIS: [Droit commercial 2002] RIPERT, GEORGES/ROBLOT, RENÉ: Traité de droit commercial, Band 1, 1. Halbband: Commerçants – Tribunaux de commerce – Fonds de commerce – Propriété industrielle – Concurrence, 18. Aufl., Paris 2002.

VÖGELE, ALEXANDER/VÖGELE, FLORENCE: [Verbindliche Auskünfte 2002] Verbindliche Auskünfte zwischen international verbundenen Unternehmen – Advance Pricing Agreements im Rahmen der künftigen deutschen Verwaltungsgrundsätze für die Verfahren bei der Einkunftsabgrenzung, SteuerStud 2002, S. 82-87.

VOGELGESANG, RALPH: [Art. 13, in: BECKER U.A., DBA-Kommentar 2002] Kommentierung Art. 13, in: DBA-Kommentar, Teil 3, hrsg. von HELMUT BECKER U.A., Herne/Berlin 1997 ff. (Loseblatt), Stand: August 2002, DBA-Frankreich, Rn. 1-11; 16-35; 38-44.

WALLENHORST, ROLF/HALACZINSKY, RAYMOND: [Vereine und Stiftungen 2000] Die Besteuerung gemeinnütziger Vereine und Stiftungen, 4. Aufl., München 2000.

WALPERT, KLAUS: [in: SUDHOFF, Personengesellschaften 1999] 1. Teil. Die Wahl der Rechtsform – B. Steuerliche Aspekte der Rechtsformwahl, in: Personengesellschaften, begr. von HEINRICH SUDHOFF, 7. Aufl., München 1999, S. 11-20.

WASSERMEYER, FRANZ: [in: PILTZ/SCHAUMBURG, Internationale Betriebsstättenbesteuerung 2001] Dealing-at-arm's-length Prinzip, in: Internationale Betriebsstättenbesteuerung, hrsg. von DETLEV J. PILTZ und HARALD SCHAUMBURG, Köln 2001, S. 25-42.

WASSERMEYER, FRANZ: [Fremdvergleich als Tatbestandsmerkmal 1994] Der Fremdvergleich als Tatbestandsmerkmal der verdeckten Gewinnausschüttung, DB 1994, S. 1105-1109.

WASSERMEYER, FRANZ: [Einkommens- und Vermögensminderung 1990] Die Einkommens- und Vermögensminderung bei einer verdeckten Gewinnausschüttung, DStR 1990, S. 549-551.

WASSERMEYER, FRANZ: [Keine phasengleiche Aktivierung 2000] Gewinnermittlung: Keine phasengleiche Aktivierung von Gewinnen der Tochtergesellschaft bei der Mutter-GmbH – Der GmbHR-Kommentar (1), GmbHR 2000, S. 1111-1113.

WASSERMEYER, FRANZ: [Art. 1, in: DEBATIN/WASSERMEYER, Doppelbesteuerung 2002] Kommentierung Art. 1 OECD-MA 2000, in: Doppelbesteuerung, Band 1, hrsg. von HELMUT DEBATIN und FRANZ WASSERMEYER, 11. Aufl., München 2000 ff. (Loseblatt), Stand: Oktober 2002, Rn. 1-79.

WASSERMEYER, FRANZ: [Art. 4, in: DEBATIN/WASSERMEYER, Doppelbesteuerung 2002] Kommentierung Art. 4 OECD-MA 2000, in: Doppelbesteuerung, Band 1, hrsg. von HELMUT DEBATIN und FRANZ WASSERMEYER, 11. Aufl., München 2000 ff. (Loseblatt), Stand: Oktober 2002, Rn. 1-112.

WASSERMEYER, FRANZ: [Art. 5, in: DEBATIN/WASSERMEYER, Doppelbesteuerung 2002] Kommentierung Art. 5 OECD-MA 2000, in: Doppelbesteuerung, Band 1, hrsg. von HELMUT DEBATIN und FRANZ WASSERMEYER, 11. Aufl., München 2000 ff. (Loseblatt), Stand: Oktober 2002, Rn. 1-86; 151-258.

WASSERMEYER, FRANZ: [Art. 7, in: DEBATIN/WASSERMEYER, Doppelbesteuerung 2002] Kommentierung Art. 7 OECD-MA 2000, in: Doppelbesteuerung, Band 1, hrsg. von HELMUT DEBATIN und FRANZ WASSERMEYER, 11. Aufl., München 2000 ff. (Loseblatt), Stand: Oktober 2002, Rn. 1-62; 151-194; 207-216; 231-397.

WASSERMEYER, FRANZ: [Art. 22, in: DEBATIN/WASSERMEYER, Doppelbesteuerung 2002] Kommentierung Art. 22 OECD-MA 2000, in: Doppelbesteuerung, Band 1, hrsg. von HELMUT DEBATIN und FRANZ WASSERMEYER, 11. Aufl., München 2000 ff. (Loseblatt), Stand: Oktober 2002, Rn. 1-110.

WASSERMEYER, FRANZ: [Art. 23A, in: DEBATIN/WASSERMEYER, Doppelbesteuerung 2002] Kommentierung Art. 23A OECD-MA 2000, in: Doppelbesteuerung, Band 1, hrsg. von

HELMUT DEBATIN und FRANZ WASSERMEYER, 11. Aufl., München 2000 ff. (Loseblatt), Stand: Oktober 2002, Rn. 1-174.

WASSERMEYER, FRANZ: [Tausch und Einlage 1990] Tausch und Einlage von Anteilen an Kapitalgesellschaften über die Grenze, DB 1990, S. 855-859.

WEBER-GRELLET, HEINRICH: [§ 5, in: SCHMIDT, Einkommensteuergesetz 2002] Kommentierung § 5, in: Einkommensteuergesetz: Kommentar, hrsg. von LUDWIG SCHMIDT, 21. Aufl., München 2002, S. 367-485.

WEBER-GRELLET, HEINRICH: [§ 43, in: SCHMIDT, Einkommensteuergesetz 2002] Kommentierung § 43, in: Einkommensteuergesetz: Kommentar, hrsg. von LUDWIG SCHMIDT, 21. Aufl., München 2002, S. 2234-2245.

WESTERFELHAUS, HERWARTH: [Definition 1994] Die Definition der verdeckten Gewinnausschüttung – eine steuerrechtliche Studie mit Blick auf das Gesellschaftsrecht, GmbHR 1994, S. 224-232.

WESTERMANN, HARM P.: [in: WESTERMANN/WESTERMANN, Personengesellschaften 2001] I. Teil: Gesellschaftsrecht, in: Handbuch der Personengesellschaften: Gesellschaftsrecht, Betriebswirtschaft, Unternehmensrechnung, Steuerrecht, Arbeitsrecht, Sozialversicherungsrecht, hrsg. von HARM P. WESTERMANN und HARRY WESTERMANN, 4. Aufl., Köln 1994 ff. (Loseblatt), Stand: Mai 2001, Rn. 1-1552.

WIESE, GÖTZ T.: [§ 4, in: RÖMERMANN, GmbH-Recht 2002] § 4 Kapitalaufbringung, in: Münchener Anwalts-Handbuch GmbH-Recht, hrsg. von VOLKER RÖMERMANN, München 2002, S. 251-319.

WILKE, KAY-MICHAEL: [Art. 2, in: BECKER U.A., DBA-Kommentar 2002] Kommentierung Art. 2, in: DBA-Kommentar, Teil 3, hrsg. von HELMUT BECKER U.A., Herne/Berlin 1997 ff. (Loseblatt), Stand: August 2002, DBA-Frankreich, Rn. 1-15.

WILKE, KAY-MICHAEL: [Internationales Steuerrecht 2002] Lehrbuch des internationalen Steuerrechts, 7. Aufl., Herne/Berlin 2002.

WÖHE, GÜNTER: [Steuerlehre I/1 1988] Betriebswirtschaftliche Steuerlehre, Band 1, 1. Halbband, Die Steuern des Unternehmens – Das Besteuerungsverfahren, 6. Aufl., München 1988.

WÖHE, GÜNTER: [Steuerlehre I/2 1992] Betriebswirtschaftliche Steuerlehre, Band 1, 2. Halbband, Der Einfluß der Besteuerung auf das Rechnungswesen des Betriebes: Steuerbilanz – Vermögensaufstellung – Steuerliche Betriebsprüfung, 7. Aufl., München 1992.

WÖHE, GÜNTER: [Steuerlehre II/1 1990] Betriebswirtschaftliche Steuerlehre, Band 2, 1. Halbband, Der Einfluß der Besteuerung auf die Wahl und den Wechsel der Rechtsform des Betriebes, 5. Aufl., München 1990.

WÖHE, GÜNTER: [Steuerlehre II/2 1996] Betriebswirtschaftliche Steuerlehre, Band 2, 2. Halbband, Der Einfluß der Besteuerung auf Unternehmenszusammenschlüsse und Standortwahl im nationalen und internationalen Bereich, 4. Aufl., München 1996.

WÖHE, GÜNTER/BIEG, HARTMUT: [Grundzüge 1995] Grundzüge der Betriebswirtschaftlichen Steuerlehre, 4. Aufl., München 1995.

WÖHE, GÜNTER/DÖRING, ULRICH: [Allgemeine Betriebswirtschaftslehre 2002] Einführung in die allgemeine Betriebswirtschaftslehre, 21. Aufl., München 2002.

WÖHE, GÜNTER/KUSSMAUL, HEINZ: [Buchführung und Bilanztechnik 2002] Grundzüge der Buchführung und Bilanztechnik, 4. Aufl., München 2002.

WOHLGEMUTH, MICHAEL: [Konzern 1987] Konzern, DBW 1987, S. 349-350.

WOSSIDLO, PETER R.: [in: WITTMANN U.A., Handwörterbuch der Betriebswirtschaft 1993] Mittelständische Unternehmungen, in: Handwörterbuch der Betriebswirtschaft, hrsg. von WALDEMAR WITTMANN U.A., Teilband 2, 5. Aufl., Stuttgart 1993, Sp. 2888-2898.

ZAQUIN, GERARD: [Introduction 1981] Introduction au Livre des procédures fiscales, DF 1981, S. 1189-1193.

ZEITEL, GERHARD: [Perspektiven 1986] Perspektiven mittelständischer Betriebe im Rahmen der aktuellen Wirtschaftspolitik, DBW 1986, S. 415-420.

ZENTES, JOACHIM/SWOBODA, BERNHARD: [in: ZENTES/SWOBODA, Globales Handelsmanagement 1998] Globalisierung des Handels – Rahmenbedingungen – Antriebskräfte – Strategische Konzepte –, in: Globales Handelsmanagement: Voraussetzungen – Strategien – Beispiele, hrsg. von JOACHIM ZENTES und BERNHARD SWOBODA, Frankfurt am Main 1998, S. 3-24.

ZENTES, JOACHIM/SWOBODA, BERNHARD: [Internationales Management 1997] Grundbegriffe des internationalen Managements, Stuttgart 1997.

ZENTES, JOACHIM/SWOBODA, BERNHARD: [Motive und Erfolgsgrößen 1999] Motive und Erfolgsgrößen internationaler Kooperation mittelständischer Unternehmen – Überprüfung kontingenztheoretischer Hypothesen, DBW 1999, S. 44-60.

ZIMMERER, CARL/ROGER, EMMANUEL: [in: VON BOEHMER, Deutsche Unternehmen 1991] Frankreich als Investitionsstandort, in: Deutsche Unternehmen in Frankreich, hrsg. von HENNING VON BOEHMER, Stuttgart 1991, S. 7-19.

ZWEIGERT, KONRAD/KÖTZ, HEIN: [Rechtsvergleichung 1996] Einführung in die Rechtsvergleichung auf dem Gebiete des Privatrechts, 3. Aufl., Tübingen 1996.

Gesetze, Verordnungen und Verträge

Deutschland

Abgabenordnung (AO) vom 1.10.2002, BGBl. I 2002, S. 3869.

Bewertungsgesetz (BewG) vom 1.2.1991, BGBl. I 1991, S. 231, zuletzt geändert durch das Gesetz zur Änderung steuerlicher Vorschriften (Steueränderungsgesetz 2001 - StÄndG 2001) vom 20.12.2001, BGBl. I 2001, S. 3794.

Einkommensteuer-Durchführungsverordnung (EStDV) vom 10.5.2000, BGBl. I 2000, S. 718, zuletzt geändert durch das Gesetz zur Änderung steuerrechtlicher Vorschriften und zur Errichtung eines Fonds „Aufbauhilfe" (Flutopfersolidaritätsgesetz) vom 19.9.2002, BGBl. I 2002, S. 3651.

Einkommensteuergesetz (EStG) vom 16.4.1997, BGBl. I 1997, S. 823, zuletzt geändert durch das Gesetz zur Änderung steuerrechtlicher Vorschriften und zur Errichtung eines Fonds „Aufbauhilfe" (Flutopfersolidaritätsgesetz) vom 19.9.2002, BGBl. I 2002, S. 3651.

Gesetz für kleine Aktiengesellschaften und zur Deregulierung des Aktienrechts vom 2.8.1994, BGBl. I 1994, S. 1961.

Gesetz über die Besteuerung bei Auslandsbeziehungen (Außensteuergesetz) vom 8.9.1972, BGBl. I 1972, S. 1713, zuletzt geändert durch das Gesetz zur Fortentwicklung des Unternehmenssteuerrechts (Unternehmenssteuerfortentwicklungsgesetz – UntStFG) vom 20.12.2001, BGBl. I 2001, S. 3858.

Gesetz zu dem Zusatzabkommen vom 20. Dezember 2001 zwischen der Bundesrepublik Deutschland und der Regierung der Französischen Republik zum Abkommen vom 21. Juli 1959 zwischen der Bundesrepublik Deutschland und der Französischen Republik zur Vermeidung der Doppelbesteuerungen und über gegenseitige Amts- und Rechtshilfe auf dem Gebiete der Steuern vom Einkommen und vom Vermögen sowie der Gewerbesteuern und der Grundsteuern vom 11.9.2002, BGBl. I 2002, S. 2370.

Gesetz zur Fortentwicklung des Unternehmenssteuerrechts (Unternehmenssteuerfortentwicklungsgesetz – UntStFG) vom 20.12.2001, BGBl. I 2001, S. 3858.

Gewerbesteuergesetz (GewStG) vom 15.10.2002, BGBl. I 2002, S. 4168.

Grunderwerbsteuergesetz (GrEStG) vom 26.2.1997, BGBl. I 1997, S. 419, zuletzt geändert durch das Dritte Gesetz zur Änderung verwaltungsverfahrensrechtlicher Vorschriften vom 21.8.2002, BGBl. I 2002, S. 3322.

Grundsteuergesetz (GrStG) vom 7.8.1973, BGBl. I 1973, S. 965, zuletzt geändert durch das Gesetz zur Umrechnung und Glättung steuerlicher Euro-Beträge (Steuer-Euroglättungsgesetz - StEuglG) vom 19.12.2000, BGBl. I 2000, S. 1790.

Körperschaftsteuergesetz (KStG) vom 15.10.2002, BGBl. I 2002, S. 4145.

Solidaritätszuschlaggesetz (SolZG) vom 15.10.2002, BGBl. I 2002, S. 4131.

Steuerentlastungsgesetz 1999/2000/2002 vom 24.3.1999, BGBl. I 1999, S. 402.

Umsatzsteuergesetz (UStG) vom 9.6.1999, BGBl. I 1999, S. 1271, zuletzt geändert durch das Gesetz zur Sicherstellung einer Übergangsregelung für die Umsatzbesteuerung von Alt-Sportanlagen vom 1.9.2002, BGBl. I 2002, S. 3441.

Deutschland – Frankreich

Abkommen zwischen der Bundesrepublik Deutschland und der Französischen Republik zur Vermeidung der Doppelbesteuerungen und über gegenseitige Amts- und Rechtshilfe auf dem Gebiete der Steuern vom Einkommen und vom Vermögen sowie der Gewerbesteuern und der Grundsteuern vom 21.7.1959, BGBl. II 1961, S. 398, zuletzt geändert durch das Zusatzabkommen vom 20.12.2001, BGBl. I 2002, S. 2370.

Europäische Union

Verordnung (EWG) Nr. 1408/71 des Rates vom 14.6.1971 zur Anwendung der Systeme der sozialen Sicherheit auf Arbeitnehmer und Selbständige sowie deren Familienangehörige, die innerhalb der Gemeinschaft zu- und abwandern, ABl. L 149 vom 5.7.1971, S. 2 (Konsolidierte Fassung – ABl. Nr. L 28 vom 30.1.1997, S. 1), zuletzt geändert durch Verordnung (EG) Nr. 1386/2001 des Europäischen Parlaments und des Rates vom 5.6.2001, ABl. Nr. L 187 vom 10.7.2001, S. 1.

Übereinkommen über die Beseitigung der Doppelbesteuerung im Falle von Gewinnberichtigungen zwischen verbundenen Unternehmen (90/436/EWG), BStBl. I 1993, S. 819.

Frankreich:

Code civil, http://www.legifrance.gouv.fr (30.11.2002 – Berücksichtigung des Journal Officiel vom 18.10.2002).

Code de commerce, http://www.legifrance.gouv.fr (30.11.2002 – Berücksichtigung des Journal Officiel vom 18.10.2002).

Code de la construction et de l'habitation, http://www.legifrance.gouv.fr (30.11.2002 – Berücksichtigung des Journal Officiel vom 18.10.2002).

Code de la sécurité sociale, http://www.legifrance.gouv.fr (30.11.2002 – Berücksichtigung des Journal Officiel vom 12.10.2002).

Code du travail, http://www.legifrance.gouv.fr (30.11.2002 – Berücksichtigung des Journal Officiel vom 15.10.2002).

Code général des impôts, http://www.legifrance.gouv.fr (30.11.2002 – Berücksichtigung des Journal Officiel vom 18.10.2002).

Décret n° 55-22 vom 4.1.1955, Journal Officiel vom 7.1.1955, n° 7, S. 346.

Décret n° 67-236 vom 23.3.1967, Journal Officiel vom 24.3.1967, n° 71, S. 2843.

Décret n° 83-1020 vom 29.11.1983, Journal Officiel vom 1.12.1983, n° 278, S. 3461.

Décret n° 84-406 vom 30.5.1984, Journal Officiel vom 31.5.1984, n° 127, S. 1698.

Décret n° 96-650 vom 19.7.1996, Journal Officiel vom 22. und 23.7.1996, n° 170, S. 11122.

Décret n° 96-749 vom 26.8.1996, Journal Officiel vom 26. und 27.8.1996, n° 199, S. 12840.

Décret n° 98-58 vom 28.1.1998, Journal Officiel vom 31.1.1998, n° 26, S. 1556.

Loi n° 66-537 vom 24.7.1966, Journal Officiel vom 25. und 26.7.1966, n° 171, S. 6402.

Loi n° 85-98 vom 25.1.1985, Journal Officiel vom 26.1.1985, n° 22, S. 1097.

Loi n° 85-695 vom 11.7.1985, Journal Officiel vom 12.7.1985, n° 160, S. 7855.

Loi n° 94-126 vom 11.2.1994, Journal Officiel vom 13.2.1994, n° 37, S. 2493.

Loi n° 98-261 vom 6.4.1998, Journal Officiel vom 7.4.1998, n° 82, S. 5384.

Loi n° 98-1266 vom 30.12.1998, Journal Officiel vom 31.12.1998, n° 303, S. 20050.

Loi n° 99-587 vom 12.7.1999, Journal Officiel vom 12. und 13.7.1999, n° 160, S. 10396.

Loi n° 2002-1050 vom 6.8.2002, Journal Officiel vom 8.8.2002, n° 184, S. 13576.

Ordonnance n° 96-50 vom 24.1.1996, Journal Officiel vom 25.1.1996, n° 21, S. 1226.

Ordonnance n° 2000-912 vom 18.9.2000, Journal Officiel vom 21.9.2000, n° 219, S. 14783.

Urteile, Beschlüsse und Gutachten

1. Europäischer Gerichtshof

Urteile

Datum	**Aktenzeichen**	**Fundstelle**
15.2.2000	C-34/98	CD-Rom Revue Fiduciaire Fiscal, Oktober 2002.
15.2.2000	C-169/98	CD-Rom Revue Fiduciaire Fiscal, Oktober 2002.

2. Bundesverfassungsgericht

Beschlüsse

Datum	**Aktenzeichen**	**Fundstelle**
22.6.1995	2 BvL 37/91	BStBl. II 1995, S. 655.

3. Reichsfinanzhof

Urteile

Datum	**Aktenzeichen**	**Fundstelle**
12.2.1930	VI A 899/27	RFHE 27, S. 73.
25.5.1938	VI 276/38	RStBl. 1938, S. 619.
11.5.1939	III 140/38	RStBl. 1939, S. 805.

4. Bundesfinanzhof

Beschlüsse

Datum	Aktenzeichen	Fundstelle
21.2.1974	IV B 28/73	BStBl. II 1974, S. 404.
10.11.1977	IV B 3334/76	BStBl. II 1978, S. 15.
10.11.1980	GrS 1/79	BStBl. II 1981, S. 164.
25.6.1984	GrS 4/82	BStBl. II 1984, S. 751.
26.10.1987	GrS 2/86	BStBl. II 1988, S. 348.
25.2.1991	GrS 7/89	BStBl. II 1991, S. 691.
3.5.1993	GrS 3/92	BStBl. II 1993, S. 616.
3.7.1995	GrS 1/93	BStBl. II 1995, S. 617.
31.8.1999	VIII B 74/99	BStBl. II 1999, S. 794.
7.8.2000	GrS 2/99	BStBl. II 2000, S. 632.

Gutachten

Datum	Aktenzeichen	Fundstelle
16.12.1958	I D 1/57 S	BStBl. III 1959, S. 30.

Urteile

Datum	Aktenzeichen	Fundstelle
20.5.1965	IV 49/65 U	BStBl. III 1965, S. 503.
29.11.1967	I 96/64	BStBl. II 1968, S. 234.
16.7.1969	I 266/65	BStBl. II 1970, S. 175.
17.9.1969	I 189/65	BStBl. II 1970, S. 107.
23.9.1969	I R 71/67	BStBl. II 1970, S. 87.
2.11.1971	VIII R 1/71	BStBl. II 1972, S. 360.
30.5.1972	VIII R 111/69	BStBl. II 1972, S. 760.
28.1.1976	I R 84/74	BStBl. II 1976, S. 744.
12.2.1980	VIII R 114/77	BStBl. II 1980, S. 494.
21.1.1981	I R 153/77	BStBl. II 1981, S. 517.
19.2.1981	IV R 152/76	BStBl. II 1981, S. 602.

29.4.1981	IV R 131/78	BStBl. II 1981, S. 663.
8.5.1981	III R 26/79	BStBl. II 1981, S. 702.
8.5.1981	III R 109/76	BStBl. II 1981, S. 700.
28.1.1982	IV R 197/79	BStBl. II 1982, S. 389.
6.10.1982	I R 121/79	BStBl. II 1982, S. 34.
18.5.1983	I R 5/82	BStBl. II 1983, S. 771.
25.8.1983	IV R 218/80	BStBl. II 1984, S. 33.
25.1.1984	I R 183/81	BStBl. II 1984, S. 422.
20.6.1985	IV R 36/83	BStBl. II 1985, S. 654.
23.10.1985	I R 247/81	BStBl. II 1986, S. 195.
12.11.1985	VIII R 286/81	BStBl. II 1986, S. 55.
6.5.1986	VIII R 160/85	BStBl. II 1986, S. 838.
1.10.1986	I R 54/83	BStBl. II 1987, S. 459.
4.12.1986	IV R 162/85	BFH NV 1987, S. 296.
24.3.1987	I R 202/83	BStBl. II 1987, S. 705.
3.2.1988	I R 134/84	BStBl. II 1988, S. 588.
14.4.1988	IV R 271/84	BStBl. II 1988, S. 667.
20.5.1988	III R 151/86	BStBl. II 1989, S. 269.
14.6.1988	VIII R 387/83	BStBl. II 1989, S. 187.
20.7.1988	I R 49/84	BStBl. II 1989, S. 140.
27.7.1988	I R 104/84	BStBl. II 1989, S. 274.
9.11.1988	I R 335/83	BStBl. II 1989, S. 510.
1.2.1989	I R 73/85	BStBl. II 1989, S. 522.
22.2.1989	I R 44/85	BStBl. II 1989, S. 475.
14.3.1989	I R 8/85	BStBl. II 1989, S. 633.
12.4.1989	II R 213/85	BStBl. II 1989, S. 545.
13.9.1989	I R 117/87	BStBl. II 1990, S. 57.
30.5.1990	I R 97/88	BStBl. II 1990, S. 875.
30.5.1990	I R 179/86	BStBl. II 1990, S. 906.
24.7.1990	VIII R 226/84	BFH NV 1991, S. 588.
17.10.1990	I R 182/87	BStBl. II 1991, S. 136.
23.10.1990	VIII R 142/85	BStBl. II 1991, S. 401.
19.2.1991	VIII R 65/89	BStBl. II 1991, S. 789.

27.2.1991	I R 15/89	BStBl. II 1991, S. 444.
16.4.1991	VIII R 100/87	BStBl. II 1992, S. 234.
22.5.1991	I R 32/90	BStBl. II 1992, S. 94.
4.6.1991	X R 35/88	BStBl. II 1992, S. 187.
13.11.1991	I R 3/91	BStBl. II 1992, S. 345.
23.6.1992	IX R 182/87	BStBl. II 1992, S. 972.
7.7.1992	VIII R 54/88	BStBl. II 1993, S. 331.
28.1.1993	IV R 131/91	BStBl. II 1993, S. 509.
19.5.1993	I R 60/92	BStBl. II 1993, S. 714.
14.7.1993	I R 71/92	BB 1994, S. 59.
28.7.1993	I R 15/93	BStBl. II 1994, S. 148.
22.11.1994	VIII R 63/93	BStBl. II 1996, S. 93.
7.12.1994	I K 1/93	BStBl. II 1995, S. 175.
28.9.1995	IV R 39/94	BStBl. II 1996, S. 276.
29.5.1996	I R 21/95	BStBl. II 1997, S. 63.
4.11.1997	VIII R 18/95	BStBl. II 1999, S. 384.
17.12.1997	I B 96/97	BStBl. II 1998, S. 321.
19.10.1998	VIII R 69/95	BStBl. II 2000, S. 230.
28.10.1999	VIII R 66-70/97	BStBl. II 2000, S. 183.
17.11.1999	I R 7/99	BStBl. II 2000, S. 605.
6.9.2000	IV R 69/99	BStBl. II 2001, S. 731.
11.12.2001	VIII R 58/98	BFH NV 2002, S. 576.

5. Conseil d'État

Urteile

Datum	Aktenzeichen	Fundstelle
14.6.1974	n° 80624	DF 1974, n° 1058.
24.10.1980	n° 17147	CD-Rom Revue Fiduciaire Fiscal, Oktober 2002.
28.10.1981	n° 22280	CD-Rom Revue Fiduciaire Fiscal, Oktober 2002.
11.7.1983	n° 33942	CD-Rom Revue Fiduciaire Fiscal, Oktober 2002.
28.9.1983	n° 30734	RJF 1983, n° 1307.
9.1.1985	n° 40589	CD-Rom Revue Fiduciaire Fiscal, Oktober 2002.
2.3.1988	n° 45625	CD-Rom Revue Fiduciaire Fiscal, Oktober 2002.
11.3.1988	n° 50774	CD-Rom Revue Fiduciaire Fiscal, Oktober 2002.
13.5.1988	n° 49437	DF 1989, n° 252.
21.4.1989	n° 79683	CD-Rom Revue Fiduciaire Fiscal, Oktober 2002.
17.5.1989	n° 45220	CD-Rom Revue Fiduciaire Fiscal, Oktober 2002.
7.3.1990	n° 91573 und n° 96231	conclusion HAGELSTEEN, DF 1990, n° 2059.
25.4.1990	n° 58034	RJF 1990, n° 690.
27.6.1994	n° 121748	CD-Rom Revue Fiduciaire Fiscal, Oktober 2002.
3.11.1995	n° 126513	CD-Rom Revue Fiduciaire Fiscal, Oktober 2002.
23.11.1998	n° 197839	RJF 1998, n° 1420.
13.10.1999	n° 191191	DF 1999, n° 948.

7.1.2000	n° 186108	CD-Rom Revue Fiduciaire Fiscal, Oktober 2002.
7.1.2000	n° 186924	conclusion BACHELIER, DF 2000, n° 513.
9.2.2000	n° 178389	RJF 2000, n°342.

6. Cours Administratives d'Appel

Urteile

Ort	**Datum**	**Aktenzeichen**	**Fundstelle**
Paris	12.11.1992	n° 90556	RJF 1993, n° 328.
Nancy	29.6.2000	n° 962660	DF 2001, n° 594.

7. Cour de Cassation

Urteile

Datum	**Aktenzeichen**	**Fundstelle**
3.3.1975	Société N. et W. Rose c. Consorts Rose	RS 1975, S. 454, note RANDOUX.
12.10.1976	Dame Sene et autres c. Banque populaire de touraine et du Haut-Poitou	Bulletin des arrêts de la cour de cassation civile 1976, IV, n° 258, S. 220.
17.12.1979	Labouerie c. Greppo et autres	RS 1981, S. 81, note SORTAIS.
4.5.1981	SARL Grandes minoteries de Parcey et autre c. Banque nationale de Paris et autres	RD 1982, S. 482, note DAIGRE.
25.10.1983	Huchet c. SARL Artop	RS 1984, S. 523, note SIBON.
24.10.1989	C. Espuna, R. Lozano, Augier (Hispania SARL) c. Lecué et autres	RS 1990, S. 264, note VIDAL.
30.5.2000	n° 1214	RJF 2000, n° 1178.

Verwaltungsanweisungen

Arrêtés

Arrêté vom 21.1.1992, Journal Officiel vom 15.2.1992, n° 39, S. 2408-2409.

Arrêté vom 24.2.1997, Journal Officiel vom 18.3.1997, n° 65, S. 4229.

BMF-Schreiben

BMF vom 20.12.1977, IV B 2 – S 2241 – 231/77, Besteuerung der Mitunternehmer von Personengesellschaften, BStBl. I 1978, S. 8.

BMF vom 24.7.1979, IV B 7 – S 2741 – 6/79, Verdeckte Einlage; hier: Zinslose oder verbilligte Darlehnsgewährung an eine Kapitalgesellschaft durch ihren Anteilseigner, BStBl. I 1979, S. 564.

BMF vom 20.2.1980, IV C 5 – S 1301 – Fra – 27/79, Deutsch-französisches Doppelbesteuerungsabkommen; hier: Verständigungsvereinbarung zur 183-Tage-Regelung (Art. 13 Abs. 4) und zur Anwendung der Grenzgängerregelung (Art. 13 Abs. 5), BStBl. I 1980, S. 88.

BMF vom 1.12.1980, IV B 7 – S 2741 – 20/80, Vermeidung der Doppelbelastung im Verhältnis zu Chile: Behandlung einer „sociedad de responsabilidad limitada" als Personengesellschaft oder Kapitalgesellschaft, DB 1981, S. 139.

BMF vom 20.2.1981, IV C 5 – S 1301 Frau – 23/81, Erstattung von französischer Kapitalertragsteuer und Gewährung der französischen Steuergutschrift an deutsche Dividendenempfänger nach dem deutsch-französischen Doppelbesteuerungsabkommen (Abkommen); hier: Inanspruchnahme der Abkommensvergünstigungen durch deutsche Personengesellschaften für ihre Gesellschafter, BStBl. I 1981, S. 74.

BMF vom 23.2.1983, IV C 5 – S 1341 – 4/83, Grundsätze für die Prüfung der Einkunftsabgrenzung bei international verbundenen Unternehmen (Verwaltungsgrundsätze), BStBl. I 1983, S. 218.

BMF vom 1.7.1985, IV C 5 – S 1301 Fra – 108/85, Deutsch-französisches Doppelbesteuerungsabkommen; hier: Grenzgängerregelung des Artikel 13 Absatz 5, BStBl. I 1985, S. 310.

BMF vom 12.2.1990, IV B 2 – S 2135 – 4/90/IV C 5 - S 1300 - 21/90, Überführung von Wirtschaftsgütern in eine ausländische Betriebsstätte, deren Einkünfte durch ein Doppelbesteuerungsabkommen freigestellt sind, und ihre Rückführung ins Inland, BStBl. I 1990, S. 72.

BMF vom 3.6.1992, IV B 2 – S 2135 – 4/92, Überführung von Wirtschaftsgütern in eine ausländische Betriebsstätte, DB 1992, S. 1655.

BMF vom 2.12.1994, IV C 7 – S 1340 – 20/94, Grundsätze zur Anwendung des Außensteuergesetzes, BStBl. I 1995, Sondernummer 1.

BMF vom 11.6.1996, IV C 5 – S 1301 Fra – 16/96, Deutsch-französisches Doppelbesteuerungsabkommen vom 21. Juli 1959 in der Fassung des Zusatzabkommens vom 28. September 1989; Grenzgebiet im Sinne von Artikel 13 Abs. 5 des Abkommens – Grenzgängerregelung –, BStBl. I 1996, S. 645.

BMF vom 13.1.1997, IV C 5 – S 1301 Tsche – 2/96, DBA-Tschechoslowakei; Steuerliche Behandlung tschechischer/slowakischer Personengesellschaften und ihrer Gesellschafter, BStBl. I 1997, S. 97.

BMF vom 1.7.1997, IV C 5 – S 1300 – 189/96, Merkblatt zum internationalen Verständigungs- und Schiedsverfahren in Steuersachen, BStBl. I 1997, S. 717.

BMF vom 21.7.1997, IV C 6 – S 1301 Slow – 4/97, Anwendung des Doppelbesteuerungsabkommens mit Jugoslawien vom 26. März 1987 (DBA-Jugoslawien); Dividendenausschüttungen slowenischer Gesellschaften, BStBl. I 1997, S. 724.

BMF vom 25.8.1997, IV C 6 – S 1301 Tun – 1/97, Deutsch-tunesisches Abkommen zur Vermeidung der Doppelbesteuerung vom 23. Dezember 1975 (DBA-Tunesien) – Steuerliche Behandlung einer tunesischen Société en commandite simple und einer tunesischen Société en nom collectif sowie ihrer Gesellschafter, BStBl. I 1997, S. 796.

BMF vom 1.10.1997, IV C 6 – S 1301 Rum – 7/97, DBA-Rumänien; Steuerliche Behandlung rumänischer Personengesellschaften und ihrer Gesellschafter, BStBl. I 1997, S. 863.

BMF vom 28.5.1998, IV C 5 – S 1301 Spa – 2/98, Steuerliche Behandlung spanischer Personengesellschaften nach dem deutsch-spanischen Doppelbesteuerungsabkommen, BStBl. I 1998, S. 557.

BMF vom 24.12.1999, IV B 4 – S 1300 – 111/99, Grundsätze der Verwaltung für die Prüfung der Aufteilung der Einkünfte bei Betriebsstätten international tätiger Unternehmen (Betriebsstätten-Verwaltungsgrundsätze), BStBl. I 1999, S. 1076.

BMF vom 10.1.2000, IV D 3 – S 1300 – 217/99, Anwendung des § 8b Abs. 7 KStG, BStBl. I 2000, S. 71.

BMF vom 25.2.2000, IV C 2 – S 2171 b – 14/00, Neuregelung der Teilwertabschreibung gemäß § 6 Abs. 1 Nrn. 1 und 2 EStG durch das Steuerentlastungsgesetz 1999/2000/2002; voraussichtlich dauernde Wertminderung; Wertaufholungsgebot; steuerliche Rücklage nach § 52 Abs. 16 EStG, BStBl. I 2000, S. 372.

BMF vom 29.3.2000, IV C 2 – S 2178 – 4/00, Behandlung der Einbringung einzelner zum Privatvermögen gehörender Wirtschaftsgüter in das betriebliche Gesamthandsvermögen einer Personengesellschaft als tauschähnlicher Vorgang; Anwendung des BFH-Urteils vom 19. Oktober 1998 – VIII R 69/95 –, BStBl. I 2000, S. 462.

BMF vom 15.5.2002, IV A 5 – S 2296 a – 16/02, Anwendungsschreiben zu der Steuerermäßigung bei Einkünften aus Gewerbebetrieb nach § 35 EStG, BStBl. I 2002, S. 533.

Bulletins Officiels

BO 4 D-1-88 vom 29.2.1988, CD-Rom Revue Fiduciaire Fiscal, Oktober 2002.

BO 4 A-1-92 vom 31.12.1991, CD-Rom Revue Fiduciaire Fiscal, Oktober 2002.

BO 13 L-3-93 vom 15.3.1993, CD-Rom Revue Fiduciaire Fiscal, Oktober 2002.

BO 4 L-1-95 vom 21.9.1995, CD-Rom Revue Fiduciaire Fiscal, Oktober 2002.

BO 4 A-7-96 vom 14.8.1996, CD-Rom Revue Fiduciaire Fiscal, Oktober 2002.

BO 5 G-2-97 vom 17.1.1997, CD-Rom Revue Fiduciaire Fiscal, Oktober 2002.

BO 5 H-1-97 vom 10.7.1997, CD-Rom Revue Fiduciaire Fiscal, Oktober 2002.

BO 5 D-1-98 vom 19.3.1998, CD-Rom Revue Fiduciaire Fiscal, Oktober 2002.

BO 4 E-1-98 vom 27.3.1998, CD-Rom Revue Fiduciaire Fiscal, Oktober 2002.

BO 14 B-3-99 vom 6.5.1999, CD-Rom Revue Fiduciaire Fiscal, Oktober 2002.

BO 5 J-3-99 vom 21.6.1999, CD-Rom Revue Fiduciaire Fiscal, Oktober 2002.

BO 8 A-6-99 vom 24.6.1999, CD-Rom Revue Fiduciaire Fiscal, Oktober 2002.

BO 4 G-2-99 vom 30.7.1999, CD-Rom Revue Fiduciaire Fiscal, Oktober 2002.

BO 4 A-6-01 vom 20.11.2001, http://alize.finances.gouv.fr/dgiboi/boi2001/boi.htm (30.11.2002).

BO 14 A-1-02 vom 19.2.2002, http://alize.finances.gouv.fr/dgiboi/boi2002/boi.htm (30.11.2002).

BO 4 H-4-02 vom 11.10.2002, http://alize.finances.gouv.fr/dgiboi/boi2002/cadliste.htm (30.11.2002).

OFD-Verfügungen

OFD Frankfurt am Main vom 25.10.1994, S 1301 A – 54 – St III 1a, DB 1994, S. 2372.

OFD Nürnberg vom 23.12.1998, S 1300 – 124/St 31, CD Haufe Steuer Office, September 2002.

Réponses Ministérielles

Rép. Bourgeois, JO, Déb. AN, 4.12.1975, S. 9327 (auch RS 1976, S. 203).

Rép. Valleix, JO, Déb. AN, 22.9.1980, S. 4019.

Rép. Balligand, JO, Déb. AN, 28.1.1991, S. 299 (auch DF 1991, n° 867).

Richtlinien

Deutschland

Einkommensteuer-Richtlinien 2001 (EStR 2001), Allgemeine Verwaltungsvorschrift zur Anwendung des Einkommensteuerrechts vom 23.11.2001, BStBl. I 2001 Sondernummer 2.

Gewerbesteuer-Richtlinien 1998 (GewStR 1998), Allgemeine Verwaltungsvorschrift zur Anwendung des Gewerbesteuerrechts vom 21.12.1998, BStBl. I 1998, Sondernummer 2.

Körperschaftsteuer-Richtlinien 1995 (KStR 1995), Allgemeine Verwaltungsvorschrift zur Körperschaftsteuer vom 15.12.1995, BStBl. I 1996 Sondernummer 1.

Frankreich

Doc. adm. 6 B 12 vom 15.12.1988, CD-Rom Revue Fiduciaire Fiscal, Oktober 2002.

Doc. adm. 6 B 131 vom 15.12.1988, CD-Rom Revue Fiduciaire Fiscal, Oktober 2002.

Doc. adm. 6 B 2 vom 15.12.1988, CD-Rom Revue Fiduciaire Fiscal, Oktober 2002.

Doc. adm. 6 C 12 vom 15.12.1988, CD-Rom Revue Fiduciaire Fiscal, Oktober 2002.

Doc. adm. 6 C 13 vom 15.12.1988, CD-Rom Revue Fiduciaire Fiscal, Oktober 2002.

Doc. adm. 6 C 211 vom 15.12.1988, CD-Rom Revue Fiduciaire Fiscal, Oktober 2002.

Doc. adm. 6 C 251 vom 15.12.1988, CD-Rom Revue Fiduciaire Fiscal, Oktober 2002.

Doc. adm. 6 C 2521 vom 15.12.1988, CD-Rom Revue Fiduciaire Fiscal, Oktober 2002.

Doc. adm. 6 C 2523 vom 15.12.1988, CD-Rom Revue Fiduciaire Fiscal, Oktober 2002.

Doc. adm. 6 C 2531 vom 15.12.1988, CD-Rom Revue Fiduciaire Fiscal, Oktober 2002.

Doc. adm. 6 C 41 vom 15.12.1988, CD-Rom Revue Fiduciaire Fiscal, Oktober 2002.

Doc. adm. 6 E 121 vom 1.9.1991, CD-Rom Revue Fiduciaire Fiscal, Oktober 2002.

Doc. adm. 6 E 122 vom 1.9.1991, CD-Rom Revue Fiduciaire Fiscal, Oktober 2002.

Doc. adm. 5 I 3226 vom 15.12.1991, CD-Rom Revue Fiduciaire Fiscal, Oktober 2002.

Doc. adm. 8 O 112 vom 15.6.1993, CD-Rom Revue Fiduciaire Fiscal, Oktober 2002.

Doc. adm. 4 A 1211 vom 1.9.1993, CD-Rom Revue Fiduciaire Fiscal, Oktober 2002.

Doc. adm. 4 A 2312 vom 1.9.1993, CD-Rom Revue Fiduciaire Fiscal, Oktober 2002.

Doc. adm. 4 A 2532 vom 1.9.1993, CD-Rom Revue Fiduciaire Fiscal, Oktober 2002.

Doc. adm. 4 H 1412 vom 1.3.1995, CD-Rom Revue Fiduciaire Fiscal, Oktober 2002.

Doc. adm. 4 H 1414 vom 1.3.1995, CD-Rom Revue Fiduciaire Fiscal, Oktober 2002.

Doc. adm. 4 H 1422 vom 1.3.1995, CD-Rom Revue Fiduciaire Fiscal, Oktober 2002.

Doc. adm. 4 H 1423 vom 1.3.1995, CD-Rom Revue Fiduciaire Fiscal, Oktober 2002.

Doc. adm. 4 H 2112 vom 1.3.1995, CD-Rom Revue Fiduciaire Fiscal, Oktober 2002.

Doc. adm. 4 H 2113 vom 1.3.1995, CD-Rom Revue Fiduciaire Fiscal, Oktober 2002.

Doc. adm. 4 H 2114 vom 1.3.1995, CD-Rom Revue Fiduciaire Fiscal, Oktober 2002.

Doc. adm. 4 H 2132 vom 1.3.1995, CD-Rom Revue Fiduciaire Fiscal, Oktober 2002.

Doc. adm. 5 L 121 vom 1.6.1995, CD-Rom Revue Fiduciaire Fiscal, Oktober 2002.

Doc. adm. 5 L 321 vom 1.6.1995, CD-Rom Revue Fiduciaire Fiscal, Oktober 2002.

Doc. adm. 4 J 21 vom 1.9.1995, CD-Rom Revue Fiduciaire Fiscal, Oktober 2002.

Doc. adm. 4 J 1321 vom 1.11.1995, CD-Rom Revue Fiduciaire Fiscal, Oktober 2002.

Doc. adm. 4 J 1322 vom 1.11.1995, CD-Rom Revue Fiduciaire Fiscal, Oktober 2002.

Doc. adm. 4 J 1324 vom 1.11.1995, CD-Rom Revue Fiduciaire Fiscal, Oktober 2002.

Doc. adm. 4 J 2112 vom 1.11.1995, CD-Rom Revue Fiduciaire Fiscal, Oktober 2002.

Doc. adm. 5 G 112 vom 15.12.1995, CD-Rom Revue Fiduciaire Fiscal, Oktober 2002.

Doc. adm. 5 G 113 vom 15.12.1995, CD-Rom Revue Fiduciaire Fiscal, Oktober 2002.

Doc. adm. 5 G 114 vom 15.12.1995, CD-Rom Revue Fiduciaire Fiscal, Oktober 2002.

Doc. adm. 5 G 25 vom 15.12.1995, CD-Rom Revue Fiduciaire Fiscal, Oktober 2002.

Doc. adm. 6 E 22 vom 10.9.1996, CD-Rom Revue Fiduciaire Fiscal, Oktober 2002.

Doc. adm. 6 E 2211 vom 10.9.1996, CD-Rom Revue Fiduciaire Fiscal, Oktober 2002.

Doc. adm. 6 E 2221 vom 10.9.1996, CD-Rom Revue Fiduciaire Fiscal, Oktober 2002.

Doc. adm. 6 E 2222 vom 10.9.1996, CD-Rom Revue Fiduciaire Fiscal, Oktober 2002.

Doc. adm. 6 E 241 vom 10.9.1996, CD-Rom Revue Fiduciaire Fiscal, Oktober 2002.

Doc. adm. 6 E 242 vom 10.9.1996, CD-Rom Revue Fiduciaire Fiscal, Oktober 2002.

Doc. adm. 4 H 2211 vom 30.10.1996, CD-Rom Revue Fiduciaire Fiscal, Oktober 2002.

Doc. adm. 4 H 2222 vom 30.10.1996, CD-Rom Revue Fiduciaire Fiscal, Oktober 2002.

Doc. adm. 4 D 111 vom 26.11.1996, CD-Rom Revue Fiduciaire Fiscal, Oktober 2002.

Doc. adm. 4 D 1321 vom 26.11.1996, CD-Rom Revue Fiduciaire Fiscal, Oktober 2002.

Doc. adm. 4 D 141 vom 26.11.1996, CD-Rom Revue Fiduciaire Fiscal, Oktober 2002.

Doc. adm. 4 D 142 vom 26.11.1996, CD-Rom Revue Fiduciaire Fiscal, Oktober 2002.

Doc. adm. 4 D 143 vom 26.11.1996, CD-Rom Revue Fiduciaire Fiscal, Oktober 2002.

Doc. adm. 4 D 1542 vom 26.11.1996, CD-Rom Revue Fiduciaire Fiscal, Oktober 2002.

Doc. adm. 4 D 1543 vom 26.11.1996. CD-Rom Revue Fiduciaire Fiscal, Oktober 2002.

Doc. adm. 4 D 2123 vom 26.11.1996, CD-Rom Revue Fiduciaire Fiscal, Oktober 2002.

Doc. adm. 4 D 2223 vom 26.11.1996, CD-Rom Revue Fiduciaire Fiscal, Oktober 2002.

Doc. adm. 4 E vom 26.11.1996, CD-Rom Revue Fiduciaire Fiscal, Oktober 2002.

Doc. adm. 4 E 3 vom 26.11.1996, CD-Rom Revue Fiduciaire Fiscal, Oktober 2002.

Doc. adm. 7 C 1213 vom 20.12.1996, CD-Rom Revue Fiduciaire Fiscal, Oktober 2002.

Doc. adm. 7 C 1225 vom 20.12.1996, CD-Rom Revue Fiduciaire Fiscal, Oktober 2002.

Doc. adm. 5 B 7111 vom 1.7.1997, CD-Rom Revue Fiduciaire Fiscal, Oktober 2002.

Doc. adm. 5 B 7122 vom 1.7.1997, CD-Rom Revue Fiduciaire Fiscal, Oktober 2002.

Doc. adm. 5 B 7123 vom 1.7.1997, CD-Rom Revue Fiduciaire Fiscal, Oktober 2002.

Doc. adm. 4 H 66 vom 12.7.1997, CD-Rom Revue Fiduciaire Fiscal, Oktober 2002.

Doc. adm. 4 H 6611 vom 12.7.1997, CD-Rom Revue Fiduciaire Fiscal, Oktober 2002.

Doc. adm. 4 L 213 vom 30.8.1997, CD-Rom Revue Fiduciaire Fiscal, Oktober 2002.

Doc. adm. 4 L 23 vom 30.8.1997, CD-Rom Revue Fiduciaire Fiscal, Oktober 2002.

Doc. adm. 4 L 6 vom 30.8.1997, CD-Rom Revue Fiduciaire Fiscal, Oktober 2002.

Doc. adm. 4 L 65 vom 30.8.1997, CD-Rom Revue Fiduciaire Fiscal, Oktober 2002.

Doc. adm. 4 L 753 vom 30.8.1997, CD-Rom Revue Fiduciaire Fiscal, Oktober 2002.

Doc. adm. 4 C 11 vom 30.10.1997, CD-Rom Revue Fiduciaire Fiscal, Oktober 2002.

Doc. adm. 4 C 221 vom 30.10.1997, CD-Rom Revue Fiduciaire Fiscal, Oktober 2002.

Doc. adm. 4 C 231 vom 30.10.1997, CD-Rom Revue Fiduciaire Fiscal, Oktober 2002.

Doc. adm. 4 C 232 vom 30.10.1997, CD-Rom Revue Fiduciaire Fiscal, Oktober 2002.

Doc. adm. 4 C 31 vom 30.10.1997, CD-Rom Revue Fiduciaire Fiscal, Oktober 2002.

Doc. adm. 4 C 441 vom 30.10.1997, CD-Rom Revue Fiduciaire Fiscal, Oktober 2002.

Doc. adm. 4 C 4422 vom 30.10.1997, CD-Rom Revue Fiduciaire Fiscal, Oktober 2002.

Doc. adm. 4 C 4451 vom 30.10.1997, CD-Rom Revue Fiduciaire Fiscal, Oktober 2002.

Doc. adm. 4 C 551 vom 30.10.1997, CD-Rom Revue Fiduciaire Fiscal, Oktober 2002.

Doc. adm. 4 C 554 vom 30.10.1997, CD-Rom Revue Fiduciaire Fiscal, Oktober 2002.

Doc. adm. 4 G 343 vom 25.6.1998, CD-Rom Revue Fiduciaire Fiscal, Oktober 2002.

Doc. adm. 4 F 1111 vom 7.7.1998, CD-Rom Revue Fiduciaire Fiscal, Oktober 2002.

Doc. adm. 4 F 1221 vom 7.7.1998, CD-Rom Revue Fiduciaire Fiscal, Oktober 2002.

Doc. adm. 4 F 23 vom 7.7.1998, CD-Rom Revue Fiduciaire Fiscal, Oktober 2002.

Doc. adm. 5 F 1121 vom 10.2.1999, CD-Rom Revue Fiduciaire Fiscal, Oktober 2002.

Doc. adm. 5 F 1151 vom 10.2.1999, CD-Rom Revue Fiduciaire Fiscal, Oktober 2002.

Doc. adm. 5 F 121 vom 10.2.1999, CD-Rom Revue Fiduciaire Fiscal, Oktober 2002.

Doc. adm. 5 F 2312 vom 10.2.1999, CD-Rom Revue Fiduciaire Fiscal, Oktober 2002.

Doc. adm. 5 F 2542 vom 10.2.1999, CD-Rom Revue Fiduciaire Fiscal, Oktober 2002.

Doc. adm. 5 D 11 vom 10.3.1999, CD-Rom Revue Fiduciaire Fiscal, Oktober 2002.

Doc. adm. 5 D 113 vom 10.3.1999, CD-Rom Revue Fiduciaire Fiscal, Oktober 2002.

Doc. adm. 4 B 131 vom 7.6.1999, CD-Rom Revue Fiduciaire Fiscal, Oktober 2002.

Doc. adm. 4 B 213 vom 7.6.1999, CD-Rom Revue Fiduciaire Fiscal, Oktober 2002.

Doc. adm. 4 B 2243 vom 7.6.1999, CD-Rom Revue Fiduciaire Fiscal, Oktober 2002.

Doc. adm. 4 B 231 vom 7.6.1999, CD-Rom Revue Fiduciaire Fiscal, Oktober 2002.

Doc. adm. 5 B 111 vom 1.9.1999, CD-Rom Revue Fiduciaire Fiscal, Oktober 2002.

Doc. adm. 5 B 1121 vom 1.9.1999, CD-Rom Revue Fiduciaire Fiscal, Oktober 2002.

Doc. adm. 5 B 221 vom 1.9.1999, CD-Rom Revue Fiduciaire Fiscal, Oktober 2002.

Doc. adm. 5 B 2611 vom 1.9.1999, CD-Rom Revue Fiduciaire Fiscal, Oktober 2002.

Doc. adm. 5 B 2612 vom 1.9.1999, CD-Rom Revue Fiduciaire Fiscal, Oktober 2002.

Doc. adm. 7 H 14 vom 1.9.1999, CD-Rom Revue Fiduciaire Fiscal, Oktober 2002.

Doc. adm. 7 H 21 vom 1.9.1999, CD-Rom Revue Fiduciaire Fiscal, Oktober 2002.

Doc. adm. 7 H 2221 vom 1.9.1999, CD-Rom Revue Fiduciaire Fiscal, Oktober 2002.

Doc. adm. 7 H 24 vom 1.9.1999, CD-Rom Revue Fiduciaire Fiscal, Oktober 2002.

Doc. adm. 7 H 321 vom 1.9.1999, CD-Rom Revue Fiduciaire Fiscal, Oktober 2002.

Doc. adm. 7 H 331 vom 1.9.1999, CD-Rom Revue Fiduciaire Fiscal, Oktober 2002.

Doc. adm. 7 H 351 vom 1.9.1999, CD-Rom Revue Fiduciaire Fiscal, Oktober 2002.

Doc. adm. 7 H 3712 vom 1.9.1999, CD-Rom Revue Fiduciaire Fiscal, Oktober 2002.

Doc. adm. 7 S 21 vom 1.10.1999, CD-Rom Revue Fiduciaire Fiscal, Oktober 2002.

Doc. adm. 7 S 211 vom 1.10.1999, CD-Rom Revue Fiduciaire Fiscal, Oktober 2002.

Doc. adm. 7 S 212 vom 1.10.1999, CD-Rom Revue Fiduciaire Fiscal, Oktober 2002.

Doc. adm. 7 S 213 vom 1.10.1999, CD-Rom Revue Fiduciaire Fiscal, Oktober 2002.

Doc. adm. 7 S 3211 vom 1.10.1999, CD-Rom Revue Fiduciaire Fiscal, Oktober 2002.

Doc. adm. 7 S 33 vom 1.10.1999, CD-Rom Revue Fiduciaire Fiscal, Oktober 2002.

Doc. adm. 7 S 331 vom 1.10.1999, CD-Rom Revue Fiduciaire Fiscal, Oktober 2002.

Doc. adm. 7 S 3313 vom 1.10.1999, CD-Rom Revue Fiduciaire Fiscal, Oktober 2002.

Doc. adm. 7 S 3321 vom 1.10.1999, CD-Rom Revue Fiduciaire Fiscal, Oktober 2002.

Doc. adm. 7 S 3322 vom 1.10.1999, CD-Rom Revue Fiduciaire Fiscal, Oktober 2002.

Doc. adm. 7 S 346 vom 1.10.1999, CD-Rom Revue Fiduciaire Fiscal, Oktober 2002.

Doc. adm. 7 S 351 vom 1.10.1999, CD-Rom Revue Fiduciaire Fiscal, Oktober 2002.

Doc. adm. 7 S 36 vom 1.10.1999, CD-Rom Revue Fiduciaire Fiscal, Oktober 2002.

Doc. adm. 7 S 41 vom 1.10.1999, CD-Rom Revue Fiduciaire Fiscal, Oktober 2002.

Doc. adm. 3 A 1221 vom 20.10.1999, CD-Rom Revue Fiduciaire Fiscal, Oktober 2002.

Doc. adm. 5 E 1111 vom 15.5.2000, CD-Rom Revue Fiduciaire Fiscal, Oktober 2002.

Doc. adm. 5 E 1112 vom 15.5.2000, CD-Rom Revue Fiduciaire Fiscal, Oktober 2002.

Doc. adm. 7 D 112 vom 15.6.2000, CD-Rom Revue Fiduciaire Fiscal, Oktober 2002.

Doc. adm. 7 D 2111 vom 15.6.2000, CD-Rom Revue Fiduciaire Fiscal, Oktober 2002.

Doc. adm. 7 D 221 vom 15.6.2000, CD-Rom Revue Fiduciaire Fiscal, Oktober 2002.

Doc. adm. 7 D 23 vom 15.6.2000, CD-Rom Revue Fiduciaire Fiscal, Oktober 2002.

Doc. adm. 7 D 50 vom 15.6.2000, CD-Rom Revue Fiduciaire Fiscal, Oktober 2002.

Doc. adm. 7 D 5112 vom 15.6.2000, CD-Rom Revue Fiduciaire Fiscal, Oktober 2002.

Drucksachen

Bundestagsdrucksachen

Entwurf eines Gesetzes für kleine Aktiengesellschaften und zur Deregulierung des Aktienrechts, Bundestagsdrucksache 12/6721 vom 1.2.1994.

Entwurf eines Gesetzes zur Fortentwicklung des Unternehmenssteuerrechts (Unternehmensteuerfortentwicklungsgesetz – UntStFG) Bundestagsdrucksache 14/6882 vom 10.9.2001.

Bundesratsdrucksachen

Entwurf eines Gesetzes zu dem Zusatzabkommen vom 20. Dezember 2001 zwischen der Regierung der Bundesrepublik Deutschland und der Regierung der Französischen Republik zum Abkommen vom 21. Juli 1959 zwischen der Bundesrepublik Deutschland und der Französischen Republik zur Vermeidung der Doppelbesteuerungen und über gegenseitige Amts- und Rechtshilfe auf dem Gebiete der Steuern vom Einkommen und vom Vermögen sowie der Gewerbesteuern und der Grundsteuern, Bundesratsdrucksache 215/02 vom 15.3.2002.

Sonstige Quellen

COMITE DE LA REGLEMENTATION COMPTABLE: Règlement n° 2000-06 vom 7.12.2000, www.finances.gouv.fr/CNCompta/rcrc/rcrc2000/00_06/06.htm (30.11.2002).

CONSEIL NATIONAL DE LA COMPTABILITE: Avis n° 00-01 vom 21.4.2000, www.finances.gouv.fr/reglementation/avis/avisCNCompta/2000/avis0001.htm (30.11.2002).

CONSEIL NATIONAL DE LA COMPTABILITE: Avis n° 2000-D des Comité d'urgence vom 21.12.2000, www.finances.gouv.fr/CNCompta (30.11.2002).

INTERNETSEITEN DES FRANZÖSISCHEN FINANZMINISTERIUMS: [Außenhandel 2002] http://www.minefi.gouv.fr/minefi/chiffres/index.htm, „chiffres", „résultats complets", „données nationales", „données détaillées", „exportations" bzw. „importations" (18.01.2002).

INTERNETSEITEN DES FRANZÖSISCHEN FINANZMINISTERIUMS: [Sätze 2002] http://www.finances.gouv.fr/pole_ecofin/finances_locales/fiscalite_locale/FDL/97a99/fiscloc2.htm (30. 11.2002).

INTERNETSEITEN DES STATISTISCHEN BUNDESAMTES: [Außenhandel 2002] http://www.destatis.de/download/aussh/aussh_d/rangfolge.pdf (30.11.2002).

Kolibri 360 GmbH
Ferdinand-Jühlke-Straße 7
99095 Erfurt, Deutschland
produktsicherheit@kolibri360.de

Druck:
CPI Druckdienstleistungen GmbH
im Auftrag der
Kolibri 360 GmbH
Ferdinand-Jühlke-Str. 7
99095 Erfurt